MANUAL BIBLICO ILUSTRADO

MANUAL BIBLICO ILUSTRADO

Compilado por

DAVID ALEXANDER
PAT ALEXANDER

Con la ayuda de
David Field
Donald Guthrie
Gerald Hughes
Alan Millard
I. Howard Marshall

EDITORIAL CARIBE
Miami, Florida, EE. UU.

a. C.	antes de Cristo	n.	nacido (en tal año)
ca.	cerca (de tal año)	*op. cit.*	obra citada
cp.	compárese	p.	página
cm	centímetro, centímetros	pp.	páginas
d.C.	después de Cristo	p.ej.	por ejemplo
et al.	y otras (personas)	qq.	quintales
etc.	y otras (cosas)	s.	siguiente
e.d.	es decir	s.f.	sin fecha
ibid.	en el mismo (lugar)	ss.	siguientes
idem	el mismo (autor)	t.	tomo
kg	kilogramo, kilogramos	v.g.	verbigracia
km	kilómetro, kilómetros	=	equivale, igual a
m	metro, metros	→	ver, véase (artículo en el mismo libro)
Mt.	monte	//	pasajes paralelos
m.	muerto (en tal año)		

MANUAL BIBLICO ILUSTRADO

1360 *N. W.* 88 *Ave., Miami, FL* 33172, *EE. UU.*

Titulo del original en inglés: Lion Handbook to the Bible

Berkhamsted, Herts, England

Traducido por: W. Dayton Roberts, Coordinador general
Grace S. de Roberts
José María Blanch
Pedro Vega
Efraín Calderón
Carlos Alonso Vargas

Library of Congress Catalog number: 75-42536

Impreso y encuadernado en Gran Bretaña.
Type set in Spain, colour printing and binding in
Great Britain by Purnell & Sons Ltd, Paulton, Bristol.

Prefacio

Hoy día muchas personas están volviendo de nuevo a la Biblia, ya sea por mera curiosidad o por verdadero interés, o porque buscan ayuda e inspiración. Este *Manual bíblico ilustrado* ha sido concebido como un estímulo y una guía para tal efecto.

Consta de cuatro partes. La primera monta el escenario y proporciona ayuda e información acerca de la Biblia como un todo, su trasfondo, su uso y su vigencia actual.

La segunda y tercera parte, sobre el Antiguo y Nuevo Testamento, estudian la Biblia libro por libro, sección por sección. El propósito es proporcionar información para que el lector pueda entender la Biblia por sí solo; no se pretende ofrecer comentarios sobre el pasaje. Se presenta el tema principal de cada porción mediante un título o breve descripción. Las notas referentes a dificultades contribuyen a una mayor comprensión. Las fotografías, cuadros y mapas ayudan a evocar una imagen viva y exacta del escenario del pasaje. Artículos breves por expertos en el ramo permiten un enfoque más amplio de áreas de especial interés.

La cuarta parte proporciona material de referencia para aquellos que desean estudiar temas particulares o que necesitan ayuda y quieren saber en dónde encontrarla en la Biblia. El tomo se preocupa, pues, esencialmente por proveer información, la cual es presentada de una manera sencilla, útil y visualmente atractiva. Muchos de los contribuyentes son autores de obras técnicas sobre temas que aquí son reducidos a una o dos páginas. Los editores agradecen a éstos su gentileza en permitir que sus investigaciones sean reproducidas aquí en un estilo más popular.

No han sido abordados como tales aquellos problemas técnicos de fecha y paternidad literaria que pueden ser de interés más académico. La preocupación principal ha sido el contenido y el significado de la Biblia antes que materias de interpretación, y el texto se ha tomado tal cual es. Aún cuando se hayan adoptado ciertas posturas en vez de argumentarlas, no ha sido sin tomar en cuenta los estudios contemporáneos, en particular los descubrimientos arqueológicos del Cercano Oriente que contribuyen a nuestra comprensión del trasfondo y del significado del texto.

Muchos encontrarán el fruto de sus estudios en estas páginas. Los textos clásicos de referencia han sido una fuente valiosa de información. Los editores agradecen a todos los que hayan contribuido a este libro directa o indirectamente, compartiendo su interpretación de las enseñanzas bíblicas, poniendo sus escritos a nuestra disposición o simplemente por medio de su propio entusiasmo en el estudio de la Biblia y en la convicción de su vigencia y poder para transformar la vida.

También se agradece a todos aquellos que han colaborado en otras formas. Algunos se mencionan en la sección de "Reconocimientos", aunque tal referencia no hace justicia al aporte entusiasta recibido de muchas fuentes: directores de museos y colecciones especiales, y aquellos que nos brindaron su hospitalidad, ayuda e información.

LOS EDITORES

Contenido

Parte primera

Parte segunda

Parte tercera

Parte cuarta

PARA REFERENCIA RAPIDA
Antiguo Testamento: mapa, página 116; visión panorámica, página 118
Nuevo Testamento: mapa, página 464; visión panorámica, página 466

Contribuyentes

Profesor E. M. Blaiklock, Profesor emérito de estudios clásicos, Universidad de Auckland, Nueva Zelandia *(La familia herodiana. El Nuevo Testamento y la historia)*
Rdo. Robert Brow, pastor, Ontario, Canadá, ex-misionero de la India *(El origen de la religión)*
Rdo. J. Philip Budd, Catedrático, Trinity Theological College, Bristol, Inglaterra *(El sistema sacrificial, Fiestas y festividades)*
George S. Cansdale, ex-superintendente, Sociedad Zoológica de Londres, Inglaterra *(Aves y animales, La codorniz, Animales puros e impuros. La pesca en el lago de Galilea)*
Sir Frederick Catherwood, Director gerente, John Laing e Hijo, ex-director general, Consejo Nacional de Desarrollo Económico, Inglaterra *(La Biblia y la sociedad)*
David Clines, Catedrático mayor, Departamento de Estudios Bíblicos, Universidad de Sheffield, Inglaterra *(Los libros apócrifos)*
Peter Cousins, Catedrático de Estudios Religiosos, Gipsy Hill College of Education, Inglaterra, editor de "Spectrum" *(La Biblia es diferente)*
Rdo. Arthur E. Cundall, Catedrático de estudios vetero-testamentarios, London Bible College, Inglaterra *(Descifremos la cronología de los reyes)*
Rdo. David Field, Tutor mayor, Oak Hill Theological College, Londres, Inglaterra *(La Biblia y la vida cristiana, El reino de Dios y el reino de los cielos)*
Dr. Richard T. France, Bibliotecario, Biblioteca Tyndale House para la Investigación Bíblica, Cambridge, Inglaterra *(Jesucristo y la Biblia, El trasfondo religioso del Nuevo Testamento, Citas del Antiguo Testamento en el Nuevo)*
Rdo. Ralph R. Gower, Oficial de Educación, Autoridad Educativa, Liverpool, Inglaterra *(La vida cotidiana en tiempos bíblicos)*
Canónigo Michael Green, Director, St. John's College Nottingham, Inglaterra *(La predicación cristiana primitiva)*
Rdo. Geoffrey W. Grogan, Director, Instituto de Entrenamiento Bíblico, Glasgow, *(El Espíritu Santo en los Hechos)*
Dr. Donald Guthrie, Secretario general de Estudios Avanzados y Catedrático del Nuevo Testamento, London Bible College, Inglaterra *(Textos y versiones, Las Epístolas: Introducción)*
Dr. Colin J. Hemer, Biblioteca Tyndale House para la Investigación Bíblica, Cambridge, Inglaterra *(Trasfondo histórico y político del Nuevo Testamento)*
F. Nigel Hepper, Oficial científico principal, Herbario, Jardines Botánicos Reales, Kew, Inglaterra *(Plantas de la Biblia)*
Dr. J. M. Houston, Director, Regent College, Vancouver, Canadá *(La Biblia en su medio ambiente)*
Kenneth G. Howkins, Catedrático mayor en Estudios Religiosos, Balls Park College of Education, Hertford, Inglaterra *(Ante las objeciones)*
Rdo. F. Derek Kidner, Custodio, Biblioteca Tyndale House para la Investigación Bíblica, Cambridge, Inglaterra *(Poesía y literatura sapiencial: Introducción)*
Kenneth A. Kitchen, Catedrático de lengua egipcia y copta, Facultad de Arqueología y Estudios Orientales, Universidad de Liverpool, Inglaterra *(Egipto)*
John P. U. Lilley, Gerente de instrucción en el proceso de datos, Inglaterra *(Los tiempos y las sazones)*
Dr. I. Howard Marshall, Catedrático mayor en Exégesis Neotestamentaria, Universidad de Aberdeen, Escocia *(La Biblia y la doctrina cristiana, Los Evangelios y Jesucristo. Los milagros del Nuevo Testamento)*
Alan R. Millard, Catedrático Rankin de hebreo y lenguas semíticas antiguas, Universidad de Liverpool, Inglaterra *(Los métodos y descubrimientos de la arqueología, Otros relatos de la creación, Relatos del diluvio. El Antiguo Testamento y el Cercano Oriente antiguo. Las ciudades de la conquista, Los templos, La amenaza de Asiria, El cautiverio en Babilonia)*
Terence C. Mitchell, Subconservador, Departamento de Antigüedades Asiáticas Occidentales, Museo Británico, Londres, Inglaterra *(Naciones y pueblos de tierras bíblicas)*
Dr. Leon Morris, Director, Ridley College, Universidad de Melbourne, Australia *(Los Evangelios y la crítica moderna)*
Rdo. J. Alec Motyer, Director, Trinity College, Bristol, Inglaterra *(Los nombres de Dios, El tabernáculo, El significado del sacrificio cruento, Los Profetas: Introducción)*
Dr. Harold Rowdon, Catedrático de historia eclesiástica, London Bible College, Inglaterra *(Pilato, Los soldados romanos en el Nuevo Testamento)*
Rdo. John A. Simpson, Vicario de Ridge, Hertfordshire, Inglaterra *(El nacimiento virginal de Jesús)*
Rdo. John B. Taylor, Vicario, Iglesia de Todos los Santos, Woodford Wells, ex-subdirector, Oak Hill Theological College, Londres, Inglaterra *(Los "Cinco Libros": Introducción, Los libros Históricos: Introducción)*
Dr. Gordon Wenham, Catedrático de estudios semíticos, Queen's University, Belfast, Irlanda *(La crítica literaria y el Antiguo Testamento, Pactos y tratados del Cercano Oriente)*
Rdo. John Wenham, Rector de Cottisford, Brackley, Northants, Inglaterra *(Las enormes cifras del Antiguo Testamento)*
Rdo. David Wheaton, Director, Oak Hill Theological College, Londres, Inglaterra *(Los relatos de la resurrección)*

Parte primera

1 AL DESCUBRIMIENTO DE LA BIBLIA

2 UNA BIBLIA PARA HOY

3 LA BIBLIA EN SU CONTEXTO

1 AL DESCUBRIMIENTO DE LA BIBLIA

La Biblia en su medio ambiente

JAMES HOUSTON

Gran parte del medio ambiente físico del hombre ha sido hecho por él mismo. Como Cicerón hace que lo exprese Balbo en un discurso: "Nos solazamos con los frutos de las praderas y las montañas; los ríos y los lagos son nuestros; regamos el maíz; sembramos árboles; fertilizamos el suelo mediante la irrigación. Encerramos los ríos y enderezamos sus cauces. Con nuestras manos procuramos crear como si fuera un segundo mundo dentro del mundo de la naturaleza".

Pocas regiones del globo han soportado tanto impacto humano, ya sea para bien o para mal, como las tierras de la Biblia. En este puente céntrico de tierra que une los continentes de Africa, Asia y Europa, el hombre primitivo aprendió por primera vez los rudimentos de la agricultura, quizás entre 12000 y 8000 a.C., y domesticó algunos de los animales más útiles al hombre. Aquí también se desarrollaron los primeros sistemas de irrigación y se fundaron las primeras aldeas en algún período durante el 5º y 4º milenio a.C. Pero aquí también el hombre ha destruido la cobertura vegetal, ha provocado la erosión del suelo y tal vez incluso el deterioro del clima. Aquí, pues, en donde se desarrollaron las civilizaciones más antiguas del mundo, en Mesopotamia y Egipto, las interrelaciones del hombre, la cultura y el medio ambiente físico han sido antiquísimas y muy complejas.

EL MEDIO AMBIENTE Y LA VISION HUMANA DEL MUNDO

Las grandes culturas idólatras de Egipto y Mesopotamia reflejaban con exactitud su medio físico. Su religión, como la de los hititas y los cananeos, estaba centrada en la naturaleza. No tenían un concepto verdadero de un Dios Creador, único y todopoderoso. De manera que los desvaríos climáticos, los eventos de la agricultura y la geografía del mundo que los rodeaba, los atribuían a la intervención de una vasta gama de dioses. La geografía distintiva de Egipto y Mesopotamia —en particular los grandes sistemas fluviales del Nilo y del Tigris/Eufrates— determinó en gran medida la diferencia de su estilo de vida.

Las caídas pluviales y la religión

El Eufrates y el Tigris nacen en las montañas de Armenia y fluyen unos 2.200 km hasta el golfo Pérsico. El Eufrates es el más tranquilo y extenso. Pero el curso empinado del Tigris provoca prontas inundaciones. La elevación del agua en la baja Mesopotamia ocurre en mayo y junio cuando las nieves que se derriten se combinan con las máximas lluvias de la primavera. No siempre coinciden las dos, de manera que las inundaciones son variables y difíciles de predecir. De ahí que los gobernantes mesopotámicos no podían arrogarse poderes de pronosticación, por lo cual nunca fueron aclamados como dioses de sus pueblos.

En contraste, Egipto tenía un solo río, el Nilo, cuyas aguas son reguladas por los grandes lagos del Africa oriental. Las lluvias del monzón de las altiplanicies etíopes producen una corriente fija y pronosticable en el Nilo Azul.

Había tres estaciones fijas en el calendario anual del bajo Nilo: "Inundación", desde mediados de julio a noviembre, "La Salida" (cuando sale la tierra del agua y crece la semilla), desde mediados de noviembre a mediados de marzo; y "La Sequía". Quizás haya sido este ritmo fijo del Nilo lo que daba base a la confianza en los faraones, elevándolos así al status de dioses en el concepto del pueblo. Ciertamente para sus súbditos el faraón parecía poseer poderes extraordinarios sobre la naturaleza no igualados por ningún gobernante de Mesopotamia.

Desde el comienzo de la primera dinastía de reyes de Egipto, se mantuvieron los registros de la elevación de las subidas del Nilo y se hacían cálculos anuales de las inundaciones y de las posibles cosechas. El relato de José indica que él conocía los secretos de la ciencia del río, mas sin embargo atribuía su éxito al único Dios.

Lámina de Nínive del siglo VII a.C. que contiene presagios basados en las inundaciones, el color y los depósitos de los ríos.

La naturaleza y la fe

La mezcla de culturas ha logrado encubrir los contrastes entre las dos grandes civilizaciones fluviales. Mientras que Mesopotamia estaba expuesta a ser invadida tanto por los pueblos montañeros como por los nómadas del desierto, Egipto se encontraba más seguro en su aislamiento. Las planicies bajas de Mesopotamia también eran amenazadas por inundaciones imprevistas, por los caprichos climáticos y los derrumbes que ocasionalmente formaban presas en los grandes tributarios del Tigris. Las aguas así contenidas entonces irrumpían, soltando enormes torrentes de agua. La amenaza de salinidad, que tornaba infértil la tierra, quizás explique la general migración hacia el norte a las planicies medias de Mesopotamia, después de la caída de la civilización sumeria.

No es extraño, pues, que el hombre creyera que el destino de Mesopotamia era determinado año tras año por los dioses, ninguno de los cuales tenía poder absoluto. Era una sociedad que requería la estabilidad de las leyes y pactos. En contraste, Egipto consideraba que su mundo era resultado de un solo proceso creador, así como el Nilo era el único factor de su economía. El dominio del rey era, en teoría, absoluto, así como era único intermediario oficial entre los dioses y el pueblo. Teóricamente, pues, la ley era emitida como voluntad del faraón, aunque en la práctica apareció un cuerpo jurídico y consuetudinario. Este era suplementado por edictos reales. La historia se medía en función de dos normas: la remota edad de oro cuando el dios-sol había gobernado en la tierra, y el *maat,* o sea el ideal de un orden mundial estable y justo al cual debían conformarse dioses, rey y pueblo. De ahí que para los antiguos egipcios el "progreso" era un retorno a las viejas normas.

EL DIOS DE LA NATURALEZA

En tanto que estas perspectivas del mundo iban evolucionando, en Asia y en el Mediterráneo occidental prevalecía un malestar general. Ya para mediados del 2° milenio la civilización de Harappa en el Valle del Indo y la civilización minoica en el Egeo se habían derrumbado. Una resequedad general del clima ponía el marco a los movimientos de gentes en el sudoeste de Africa y a las resultantes presiones sobre las tribus se-

LIBIANOS
GRIEGOS
FRIGIANOS
HITITAS
CILICIANOS
CARIANOS
CHIPRIOTAS
CRETENSES
FENICIOS
Mar Grande (Mediterráneo)
AMONITAS
CANANEOS
Israel
FILISTEOS
MOABIT
EGIPCIOS
EDOMIT
MADIANIT

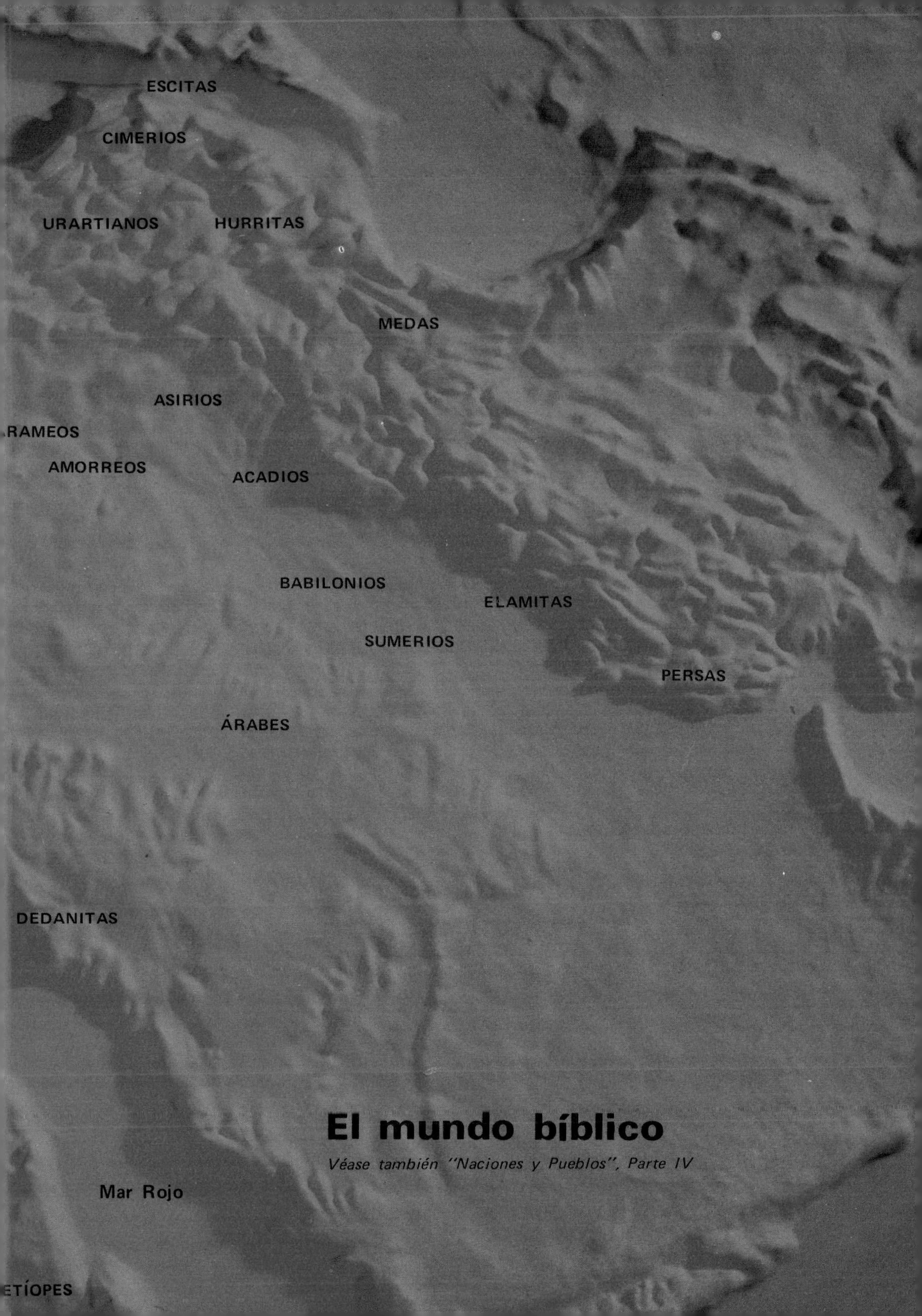

El mundo bíblico

Véase también "Naciones y Pueblos", Parte IV

míticas del occidente. Entre estos habiru o "apiru" ("personas desplazadas") estaba Abraham, "un arameo errante". La posterior migración y llegada al poder de la familia de José en Egipto refleja el período posterior a la 12ª dinastía (finalizada alrededor de 1786 a.C.) cuando grupos de hicsos (asiáticos) relacionados dominaban Palestina y Egipto.

De nómadas a administradores de la tierra

La presencia de los israelitas en Palestina en el siglo XIII a.C. y el arribo de los "pueblos del Mar" (de los cuales los filisteos son los mejores conocidos) a las costas de Palestina, con su empleo del hierro, son eventos significativos de la época. La transición efectuada de nómadas a un estilo de vida sedentario por parte de los israelitas en Palestina es reconocida como un evento decisivo en la región. Pero el proceso que dio base a todo ello —a saber, la separación de Abraham de esa concepción del mundo sustentada por los mesopotamios, y la emancipación de Moisés de las costumbres egipcias— es de índole más crucial aún.

El concepto que de la naturaleza tiene el hombre determina su uso de ella. El conocimiento del Dios Creador característico de los israelitas les inculcaba una actitud muy diferente hacia la naturaleza y el manejo de la tierra. "La tierra a la cual entras para tomarla no es como la tierra de Egipto de donde habéis salido, donde sembrabas tu semilla, y regabas con tu pie, como huerta de hortaliza. La tierra a la cual pasáis para tomarla es tierra de montes y de vegas, que bebe las aguas de la lluvia del cielo; tierra de la cual Jehová tu Dios cuida; siempre están sobre ella los ojos de Jehová tu Dios, desde el principio del año hasta el fin." (Deuteronomio 11:10-12).

Dios en la naturaleza... y por encima de ella

Por lo tanto los israelitas no tenían otro vocablo para la naturaleza más que la idea de la actividad de Dios mismo. Era Dios quien hablaba en la tormenta. El bendecía en la lluvia; maldecía en la sequía. Dios respiraba en el viento así como juzgaba en el terremoto y manifestaba su gloria en los cielos.

La fe hebrea que contemplaba a Dios obrando dentro de la actividad y de los misterios de la naturaleza, comprendía que él la trascendía y estaba sobre ella. Dios no estaba limitado por el medio ambiente, como pensaban los sirios paganos. El concepto que Israel tenía de Dios y la naturaleza no era filosófico sino que nacía de la fe y la experiencia.

El clima de la sub-planicie de Palestina, con sus lluvias inciertas, constituyó siempre un reto a la vida moral de Israel. Las tabletas de Ras Samra revelan cómo Baal, dios de la fertilidad y de la lluvia, dominaba el panteón cananeo. Dentro de ese marco la victoria de Elías sobre los sacerdotes en el Monte Carmelo fue una vindicación triunfal de Dios. Como luego dijo el profeta, "¿Hay entre los ídolos de las naciones quien haga llover? ¿y darán los cielos lluvias? ¿No eres tú, Jehová, nuestro Dios? En ti, pues, esperamos, pues tú hiciste todas estas cosas" (Jeremías 14:22). También estuvieron tentados a confiar en la provisión material de las cisternas de agua, labradas de la piedra caliza. La invención de una mezcla impermeable en la edad de bronce facilitó ese almacenaje. Esto explica la rápida expansión de los asentamientos israelitas en las colinas de Judea y Samaria, en los que cultivaban los claros de bosques antes deshabitados. Jeremías declaró: "Dos males ha hecho mi pueblo: me dejaron a mí, fuente de agua viva, y cavaron para sí cisternas, cisternas rotas que no retienen agua". Las cisternas rotas sin duda fueron resultado de las sacudidas sísmicas que destrozaron la piedra caliza, dejando escapar el agua que había sido almacenada para las emergencias del verano.

CONSERVACION DE LA TIERRA Y SUS RECURSOS

Si Dios cuidaba de su tierra, sus fieles, cual buenos mayordomos, debían también tener conciencia de su responsabilidad ecológica. El clima mediterráneo, su flora y su suelo, se hallan en un equilibrio delicado. La guerra amenaza este equilibrio. De ahí que al conquistar la tierra Dios les dijo a los israelitas: "No los echaré delante de ti en un año [e.d. los cananeos], para que no quede la tierra desierta, y se aumenten contra ti las fieras del campo. Poco a poco los echaré de delante de ti, hasta que te multipliques y tomes posesión de la tierra".

La desforestación y el despojo de la capa vegetal inducen la erosión de la tierra, a lo que

posiblemente alude Job: 14:18-19; los caminos resbalosos de que habla el A. T. con frecuencia dan fe de la rapidez del proceso de sequedad y el escarpado relieve de las planicies semi-áridas. Ya para los primeros siglos d.C. había leyes judías contra la cría de ovejas y cabras por el sobre-pastoreo y la erosión de la tierra. Por ejemplo, Rabbí Aquiba afirma: "Aquellos que crían ganado pequeño y cortan árboles... no verán señal de bendición". En Proverbios 28:3 se asemeja el opresor de los pobres a una "lluvia torrencial que deja sin pan", y la destrucción de las terrazas en las montañas que detenían la erosión son descritas en Ezequiel como una calamidad terrible. "Y se desmoronarán los montes, y los vallados [terrazas] caerán, y todo muro caerá a tierra".

Juntamente con el uso cuidadoso de la tierra se presenta la pequeña comunidad democrática de los minifundios. El propósito del Año de Jubileo era preservar el sistema. Los profetas resistían la formación de grandes latifundios, aun cuando en días de David existían tierras de la corona y el trabajo forzado. Las conquistas por las grandes potencias como la de los asirios eran desastrosas para el delicado equilibrio del medio ambiente de Israel.

LA GEOGRAFIA DE LAS TIERRAS BIBLICAS

Las referencias bíblicas a la geografía de la tierra son exactas y confiables. Pero estas alusiones son incidentales, y no céntricas al relato. No obstante, si cotejamos los datos sobre la distribución de la flora, referencias al clima y otro material del Antiguo Testamento, encontramos que la descripción es correcta. A la verdad, la evidencia es lo suficientemente precisa para demostrar que durante los tiempos bíblicos el clima era estable, y las zonas ecológicas que describimos hoy son las mismas de los tiempos del Antiguo Testamento; la única diferencia serían las coberturas de bosques, la ubicación de los asentamientos y otras variables similares de ocupación humana.

El dios cananita Baal se invocaba en diferentes formas: como el dios del clima, de la guerra o de la fertilidad. El profeta Elías en el Mte. Carmelo retó a Baal sobre su propio terreno: pero el Dios único y verdadero, y no Baal, se manifestó como señor de los elementos.

Principales regiones geográficas

Las divisiones geográficas de Palestina se pueden apreciar en el mapa. Hemos de concentrarnos en aquellos aspectos geográficos que afectaron los eventos políticos de los tiempos del Antiguo Testamento. Las distinciones sobresalientes son entre "el desierto y lo sembrado", las montañas y los planos costeros. Al sur de una línea que se extiende de Alepo a El Haseke en Siria las caídas pluviales disminuyen y los planos se transforman en un "desierto, una serie de sabanas onduladas", entre los 100 y 350 metros. La parte meridional de Palestina, el triángulo del Neguev, también es un desierto. El sector occidental es una planicie nivelada, de suaves ondulaciones; la región oriental es montañosa, muy erosionada, un desierto rocoso. El Neguev y Sinaí al sur fueron escenario de las peregrinaciones de los israelitas antes de que se asentaran en "la tierra".

La espina dorsal del macizo calcáreo del norte del Neguev forma varias cadenas montañosas que se extienden desde Judea por Samaria hasta la baja Galilea. La Galilea superior consiste de estratos de lavas de basalto recientes que rompen la capa calcárea. Sobre ella se yergue el Monte Líbano con sus picos que se elevan más de 1000 metros, y luego se extiende hacia el norte hasta las montañas de Ankara. Este espinazo montañoso formaba el núcleo del territorio israelita. Al este de esta cadena se halla el sistema de valles hendidos, entrelazados por el Valle del Jordán entre el Lago de Galilea y el Mar Muerto al sur, mientras que las depresiones de Orontes-Hama-Ghab continúan la fisura geológica al norte, hacia Siria.

La costa al norte de Gaza consiste en una faja ancha de dunas arenosas que disminuye progresivamente. Desde Jafa Tel Aviv hacia el norte hay suficiente humedad como para

REGIONES PRINCIPALES GEOGRÁFICAS

◀ El desierto del Neguev, cerca de Avdat.

Las colinas de Judea: en primer plano viñedos.

Las colinas de Samaria: picos rocosos, laderas cultivadas.

producir una cobertura vegetal que impide la extensión de las dunas de arena, y esta porción hasta el río Yarkon era territorio filisteo. El llano de Sarón entre el Yarkon y el Cocodrilo era pantanoso o de espesos bosques, y formaba una zona protectora entre Filistea y Fenicia, en cuya región despoblada pudo establecerse la tribu de Efraín. Más al norte del Monte Carmelo la costa es más accidentada y rocosa, y aquí los fenicios afirmaron su poderío en los puertos naturales de Tiro y Sidón.

La influencia de la geografía sobre los sucesos

La transición ecológica entre "la tierra" y "el desierto" fue muy significativa en la Biblia. El contraste entre el "espinazo" montañoso y las llanuras costeras fue de aún mayor importancia. Las montañas llevaban cierta ventaja por la lluvia, por tener mejor drenaje y por ser más propicias para el cultivo de arboledas. Existía una fuerte demanda por el vino, el aceite, las pasas y los higos secos producidos en la región. Más aún, el terreno quebrado permitía que cada aldea fuese una fortaleza y había abundante piedra para la construcción de sus complejas defensas amuralladas. Pero en las llanuras no había piedra y los asentamientos eran difíciles de proteger, de ahí que la carretera internacional Vía Maris construida por los egipcios permaneciera mucho tiempo bajo su propio control. La llanura efectivamente constituyó el lindero oriental del mundo mediterráneo, en lugar de la orilla occidental de Asia con sus pueblos de las estepas.

Los filisteos ocuparon el sector meridional de la costa con el consentimiento de los egipcios, y fueron guardianes de la vía marítima. Pero el dominio fenicio empezaba donde partía el camino para cruzar las montañas del Carmelo y entrar al Valle de Jezreel. Parece ser que los fenicios respetaban la esfera de influencia egipcio-filistea y

La llanura costeña.

Galilea: valles cultivados entre montañas áridas, al lado del "Cineret", lago con forma de arpa mejor conocido como Mar de Galilea.

RASGOS PRINCIPALES DE LA TIERRA DE ISRAEL

no se extendieron más hacia el sur. Al decaer la influencia egipcia, David y sus generales despojaron a los fenicios de sus conquistas en la Sefela, o sea la zona al pie de las montañas más allá de la costa, y los confinaron a las llanuras costeras del sur. Filistea nunca recuperó su poderío anterior. Pero Israel respetaba la esfera de influencia fenicia, por cuanto le era vital su comercio con ella. Salomón no estaba en condiciones de rivalizar con el poderío de los comerciantes fenicios en el Mediterráneo, aun cuando se benefició directamente de las oportunidades de comerciar en el Mar Rojo y el Océano Indico, por su puerto de Ezión-geber en el Golfo de Acaba.

Empero la penetración del Océano Indico por parte de Israel, y mediante él la de los comerciantes fenicios, amenazó un monopolio celosamente mantenido por Egipto. Así fue como Egipto llegó a ser centro de intrigas contra Salomón, e instigó más tarde la rebelión de Edom en la ruta comercial. Todavía más tarde Egipto respaldó la sublevación de Jeroboam que puso fin al reino unido y terminó con la amenaza del comercio judío en el Mar Rojo.

Grecia, Roma y el Nuevo Testamento

La aparición del mundo griego por las conquistas de Alejandro Magno introdujo un factor nuevo.

Los pozos a veces eran simples hoyos, provistos de baldes y mecates. Otros, más complicados, usaban aparatos mecánicos, en que se empleaban burros o bueyes para sacar el agua en baldes. Este se encuentra en Ascalón, Israel.

Quedó brutalmente finalizado el reinado milenario de Fenicia. Para mantener los intereses marítimos por ella desarrollados, Alejandro garantizó a todos los pueblos del interior sus prerrogativas y derechos. Así fueron introduciéndose las colonias griegas con su lenguaje y cultura en las costas de Palestina, las que permanecieron —levemente modificadas por los romanos— por mil años. Con la caída del imperio cartaginés en el oeste, el poderío romano asestó el golpe final a la civilización de los fenicios, y ahí siguió la ocupación romana de Palestina.

En el Nuevo Testamento palpamos el contraste del medio rural del interior de Judea (tal como lo pintan los evangelios) y el ambiente cívico de la vida urbana romana de las costas y más allá del Mediterráneo (descrita en las epístolas). Con la caída de Jerusalén en 70 d.C. se intensifica la ocupación de las tierras altas, ligadas al mundo helenizado de las costas mediante una red de carreteras y campamentos romanos.

En las tierras secas del Cercano Oriente las aguas pluviales se pierden si no se hace algún esfuerzo por recogerlas y almacenarlas.

BIBLIA
3000 a.C.
Imper Antigu
Egipcia Antigua
2000 a.C.
Abram
Minoica (Cretense)
Imperio Medio
Los Hicsos
Imperio Nuevo
Éxodo
1000 a.C.
David
Griega
Exilio y retorno
Romana
0
Jesús
Bizantina
1000 d.C.
Europea
Norteamericana
Otomana (Turquesca)
El día de hoy

Las civilizaciones mundiales y la Biblia

Algunas de las civilizaciones mejor conocidas vistas en relación al período abarcado por la Biblia

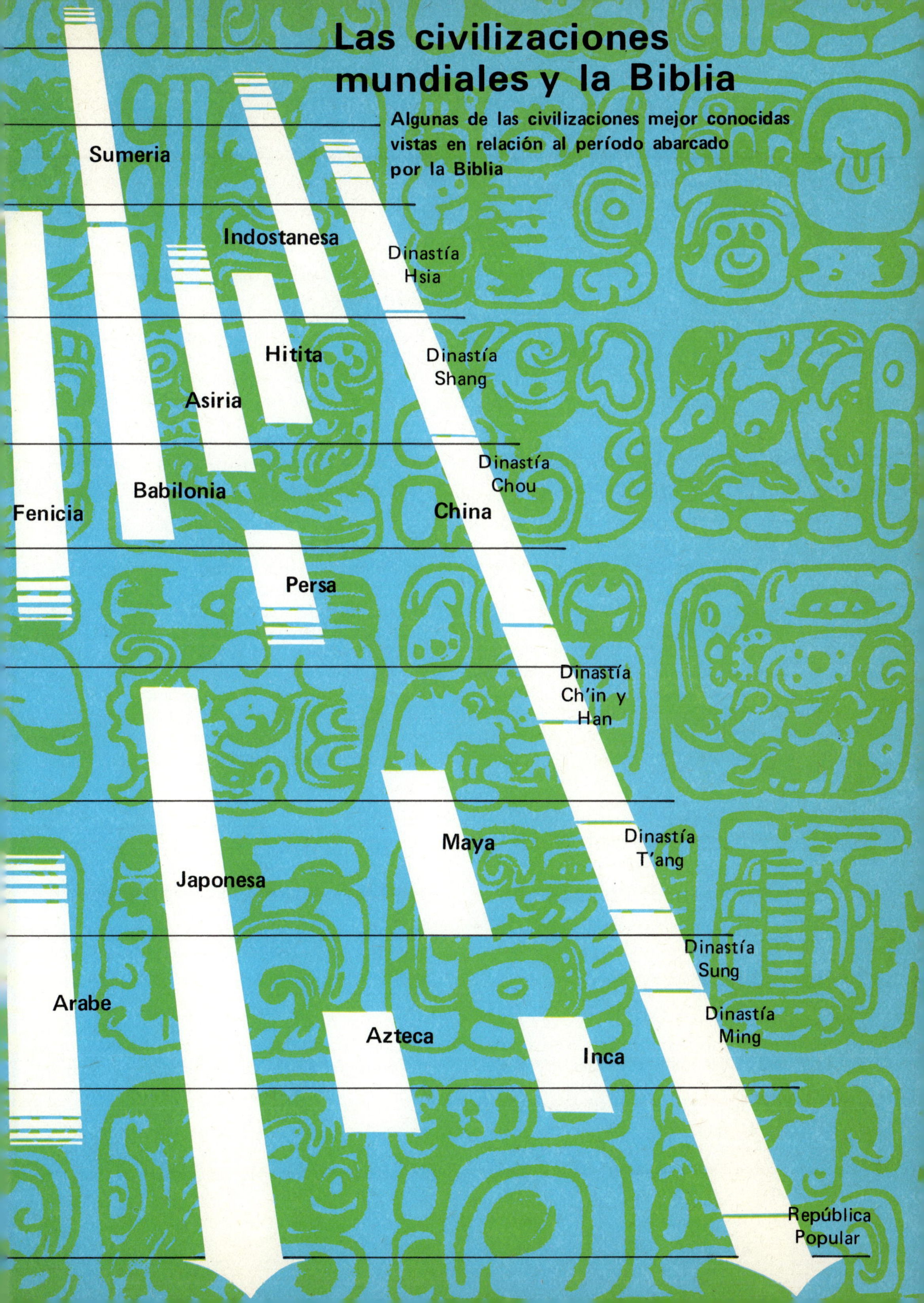

El origen de la religión

ROBERT BROW

El origen de la religión ha sido muchas veces motivo de conjetura. Las conjeturas más comunes dicen por ejemplo: Las primeras criaturas que anduvieron erectas deben haber sido animales de corazón. Sabemos que los animales no tienen religión. Sabemos también que hace dos mil años, en el tiempo de Jesucristo, el hombre ya hacía alcanzado un nivel elevado de religión. De ahí que en el intervalo tiene que haber ocurrido una evolución paulatina de religión hasta llegar a las formas más elevadas.

El próximo paso es dar por entendido que las formas inferiores de religión fueron algo así como las tribus de la edad de piedra de hoy día que se mantienen intocadas por la civilización moderna. Estas gentes tribales temen a los espíritus de la selva oscura, dependen de los brujos para practicar la magia, piensan que las almas de los difuntos revolotean en el ambiente por un tiempo y luego regresan bajo otras formas (animismo). Es lógico razonar que los curanderos eventualmente llegan a ser sacerdotes, con sus sacrificios, templos y libros rituales. El próximo paso es concluir que con el tiempo se le ocurrió a la gente que el amor al prójimo es la médula de la religión, y que quien primero lo enseñó con claridad fue Jesucristo, fundador del cristianismo, o sea la forma más elevada de la religión.

LOS COMIENZOS DEL HOMBRE

Entonces es evidente que si las conjeturas de este tipo acerca de la religión son correctas, los primeros capítulos de la Biblia y partes del Antiguo Testamento no son históricamente confiables. De ahí que muchas personas aparentan sentir agrado por las enseñanzas de Cristo pero no aceptan el Génesis. En el apogeo de la filosofía evolucionista, los estudiosos del Antiguo Testamento procuraron reconstruir lo que estimaban ser la verdadera historia del A.T. conforme a sus teorías acerca de la evolución de la religión.

En realidad, ¿qué dice el Génesis?

Es preciso, pues, que examinemos de cerca el relato de la primera religión del hombre tal como lo presenta la Biblia. Han surgido ideas equivocadas por cuanto hay quienes le atribuyen mucho más de lo que en realidad contiene. En primer lugar el libro de Génesis nos informa que la raza humana comenzó con un varón y una hembra. Estén o no en lo correcto los científicos al aseverar que evolucionamos de formas inferiores, tienen que haber existido el primer varón verdaderamente humano, y la primera hembra verdaderamente humana, y tienen que haber sido capaces de propagar una raza de humanos.

¿Cómo era esta pareja de verdaderos humanos? ¿Eran cavernícolas, medio encorvados, con rostro de gorila, que comenzaban el largo ascenso a la civilización? La Biblia lo calla. No se nos dice si eran blancos o negros, encorvados o erguidos, altos o bajos, ñatos o de nariz romana. No obstante, sí se nos brindan tres hechos básicos en cuanto a su naturaleza.

La primera pareja humana fue hecha del "polvo de la tierra" (Génesis 2:7). Cuando se realiza un análisis químico del cuerpo humano se ve que no consiste más que de un tanto de carbono, calcio, fósforo, hierro, agua, etc. En segundo lugar, por clasificación zoológica, los primeros humanos pertenecían a la clase de los animales por cuanto tenían el aliento de vida, un aparato respiratorio de la misma naturaleza que las bestias de la tierra, los pájaros y los reptiles (compárese Génesis 2:7 y 1:30).

Lo que distinguía a esta pareja de todos los animales era que estaba hecha a imagen de Dios (Génesis 1:26,27). Es importante destacar que en la Biblia el hombre no se define porque camina erguido, o tiene una determinada capacidad cerebral, o emplea un idioma, o es especialmente inteligente. Al fin y al cabo, ha habido humanos de espaldas encorvadas, de cerebro más pequeño, que apenas han podido hablar. Algunos animales, por otro lado, son en extremo inteligentes. La única cosa que hace al hombre particularmente hombre es que fue creado a imagen de Dios.

Obviamente el hombre no es como Dios en su forma, o poder sobrenatural, o en su capacidad de estar en más de un lugar a la vez. Pero hay una cosa que sí entraña esa imagen de Dios en el hombre y es que puede comprender y tomar la decisión de escuchar la voz de Dios (Génesis 2:16,17; 3:9-13).

LOS COMIENZOS DE LA RELIGION

Cuando buscamos los orígenes de la religión, pues, comenzamos con humanos que podían responder a la voz de Dios. Se presume que al principio lo amaban de todo corazón y también se amaban entre sí. Ya para el tercer y cuarto capítulo del Génesis encontramos que este primer amor por Dios y por sí mismos es destruido por el pecado.

En Hazor, en el norte de Israel, fueron hallados estos símbolos mudos que representan al hombre en procura de alcanzar lo desconocido. Este recinto sagrado de los cananeos también contenía un Baal sentado.

En ese primer estado el humano no necesitó de templos, sacerdotes o sacrificios. Sólo cuando entró el pecado fue que se hizo necesario el sacrificio. En Génesis 4 vemos que Caín traía una ofrenda del fruto de la tierra y Abel traía un sacrificio animal. El sacrificio animal de Abel fue aceptado por Dios; pero se le rechazó la ofrenda de los frutos de Caín, pues Dios conocía sus móviles. Ya había sido manifestada la única manera en que el hombre pecador podía acercarse a un Dios santo: por derramamiento de sangre, por la muerte. Pues el pecado significa el rompimiento inexorable con Dios, y eso significa la muerte.

Al principio el jefe de familia o tribu presidía la ofrenda del sacrificio. Después del éxodo de Egipto Moisés nombró un linaje especial de sacerdotes descendientes de Aarón para supervisar los sacrificios matinales y vespertinos, semanales, mensuales y especiales. Luego, en tiempos de Salomón, se construyó un gran templo para ese propósito, y las ofrendas de sacrificios continuaron entre los judíos hasta 70 d.C., cuarenta años después de la muerte de Cristo.

No había nada de particular de bárbaro o primitivo en los sacrificios animales. En nuestras ciudades se degüellan miles de animales a diario para el alimento. En el Antiguo Testamento la matanza de cada animal adquiría un significado religioso, y ese significado solo llegó a en-

tenderse plenamente con la muerte de Jesucristo en la cruz. (Véase Juan 1:29; Hebreos 9:11-14).

EL DESARROLLO DE LA RELIGION

De manera que según la Biblia la primera religión del hombre era el monoteísmo, la fe en un solo Dios, y el sacrificio de animales indicaba que existía una manera de recibir perdón y ser aceptado por él. Esto nos ayuda a entender la historia posterior de la religión. El Antiguo Testamento nos da ejemplos de cómo una y otra vez el hombre se inclinaba a cambiar el monoteísmo por el politeísmo (culto a más de un dios). Labán fue un típico politeísta y sabemos que en la época de Labán el politeísmo ya era la religión principal de la India. La *Iliada* y la *Odisea* ilustran el politeísmo tan complejo de los dioses griegos en tiempos de Homero.

Un cordero a punto de ser sacrificado en la Meca.

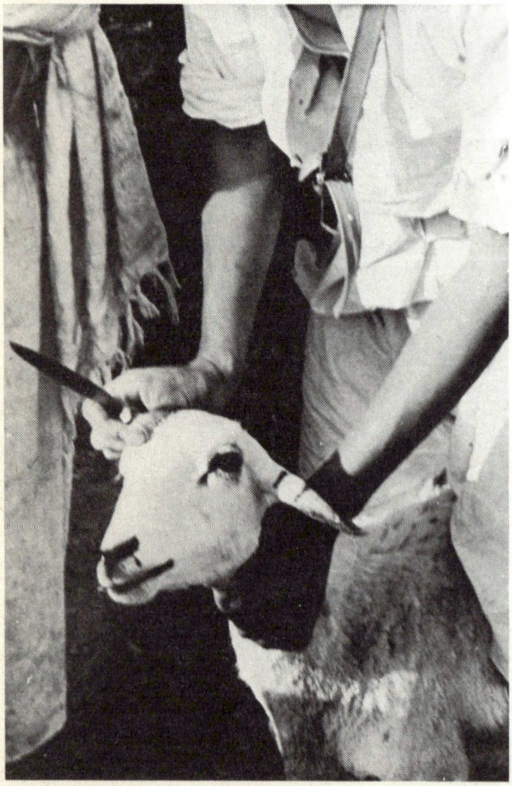

Se desarrollan la brujería y el animismo en donde el hombre teme lo sobrenatural y las fuerzas de la naturaleza. Un brujo aquí aplaca los espíritus malos y ahuyenta la enfermedad mediante sus encantaciones y sus brebajes mágicos.

El sacerdocio y la magia

Asimismo hay una constante tentación de convertir la provisión del sacrificio por la gracia de Dios en un ritual al que se le atribuye valor en sí mismo. Los brahmanes de la India y los sacerdotes de Egipto y Grecia pretendían que sus sacrificios agradaban a Dios y podían lograr bendiciones para sus adoradores. Contra esta visión falsa —no contra el sacrificio en sí mismo— es que arremetían los profetas de Israel. Hay un solo paso del sacerdocio a la magia y a la religión del hechicero tribal. Es así como se realiza un constante proceso de degeneración de la religión a las formas inferiores de politeísmo, hechicería y magia.

Es en este marco de degeneración que debemos entender el llamamiento de Abraham a salir de la idolatría y la magia de Ur de los Caldeos e ir a adorar al único Dios verdadero con una fe simple basada en la forma de sacrificio exigida por Dios. Más adelante, Moisés debía enseñarle al pueblo de Israel que había sido corrompido en Egipto, a adorar al único Dios verdadero y ofrecer sacrificio de tal manera que resultara claro que no había propósito de magia.

Un adorador toca el brazo del sacerdote para identificarse con el sacrificio a los dioses.

El mantenimiento de la verdadera religión

La Biblia ilustra, pues, el proceso histórico de la degeneración de la religión, y el envío de los profetas para restaurar y reformar la verdadera religión.

Después de la muerte de Jesús, Dios proveyó el pan y el vino de la santa comunión para conmemorar el sacrificio de su Hijo. Entre los judíos y muchas otras naciones cesó la práctica de los sacrificios de animales. Esto, no obstante, no detuvo la tendencia hacia la degeneración. Tanto en la iglesia cristiana como en religiones como el hinduismo los sacerdotes tienen la tendencia a afirmar que mediante su ritual pueden obligar a Dios a otorgar sus favores en esta vida y en la otra.

LA BIBLIA Y LA ANTROPOLOGIA

- Por cuanto el culto al único Dios verdadero basado en sacrificios de animales no deja evidencia para los arqueólogos, hemos de mirar con sospecha los esfuerzos por reconstruir las formas primitivas de religión mediante conjeturas basadas en unos cuantos cráneos y en dibujos de cavernas.

- Mucho antes de Abraham, los antiguos egipcios, sumerios y los pueblos de la civilización del Valle del Indo en la India edificaban templos y usaban ídolos. Estas religiones indican que el proceso de degeneración ya se había efectuado, y la tarea de Abraham era restaurar la verdadera religión, y no el tomar un paso hacia arriba en su evolución.

- En el siglo VI a.C., tanto Buda, fundador del budismo, como Majavir, fundador del jainismo, enseñaron que el hombre podía alcanzar la salvación mediante su propio esfuerzo, y rechazaban el concepto de sacrificios animales, recomendando más bien el vegetarianismo. Tenían razón en rechazar la magia sacerdotal de los brahmanes, pero no entendieron el camino de perdón propuesto por Dios.

- Se suele presumir que las tribus de la edad de piedra descubiertas durante los últimos cien años nos proporcionan ejemplos de religiones primitivas originales. Esta suposición no tiene base en los hechos. Por ejemplo, las investigaciones sugieren que virtualmente todas las llamadas tribus primitivas tienen reminiscencias de un "Dios Supremo" que es paternal y bueno. Aumenta también la evidencia que demuestra que los sacrificios de los hechiceros con propósitos mágicos son una degeneración de formas superiores y no restos de una religión primitiva.

Los samaritanos aún hoy sacrifican la Pascua en el monte Gerizim. En tiempos de Jesús fueron detestados por herejes. En la actualidad, bien que son una pequeña minoría, ellos a su vez detestan el estado secular de Israel por no practicar los sacrificios antiguos. → también p. 497.

Abram
1500 a.C.
Hitita
Egipcia
Babiloni
Moisés
1000 a.C.
David
Cultos
fertilida
Monoteísmo hebreo
Isaías
500 a.C.
Mitraísm
Druidism
Religiones
misterio
Griega
Romana
0
Jesús
Gnosticism
Maniqueísm
Zoroastrianismo
Judaísmo
500 d.C.
Cristianismo
Islamismo
Animismo
Espiritismo
Politeísmo
1000 d.C.
Parsismo
1500 d.C.
Racionalismo
Humanismo
Comunismo
El día de hoy

Ideologías del mundo

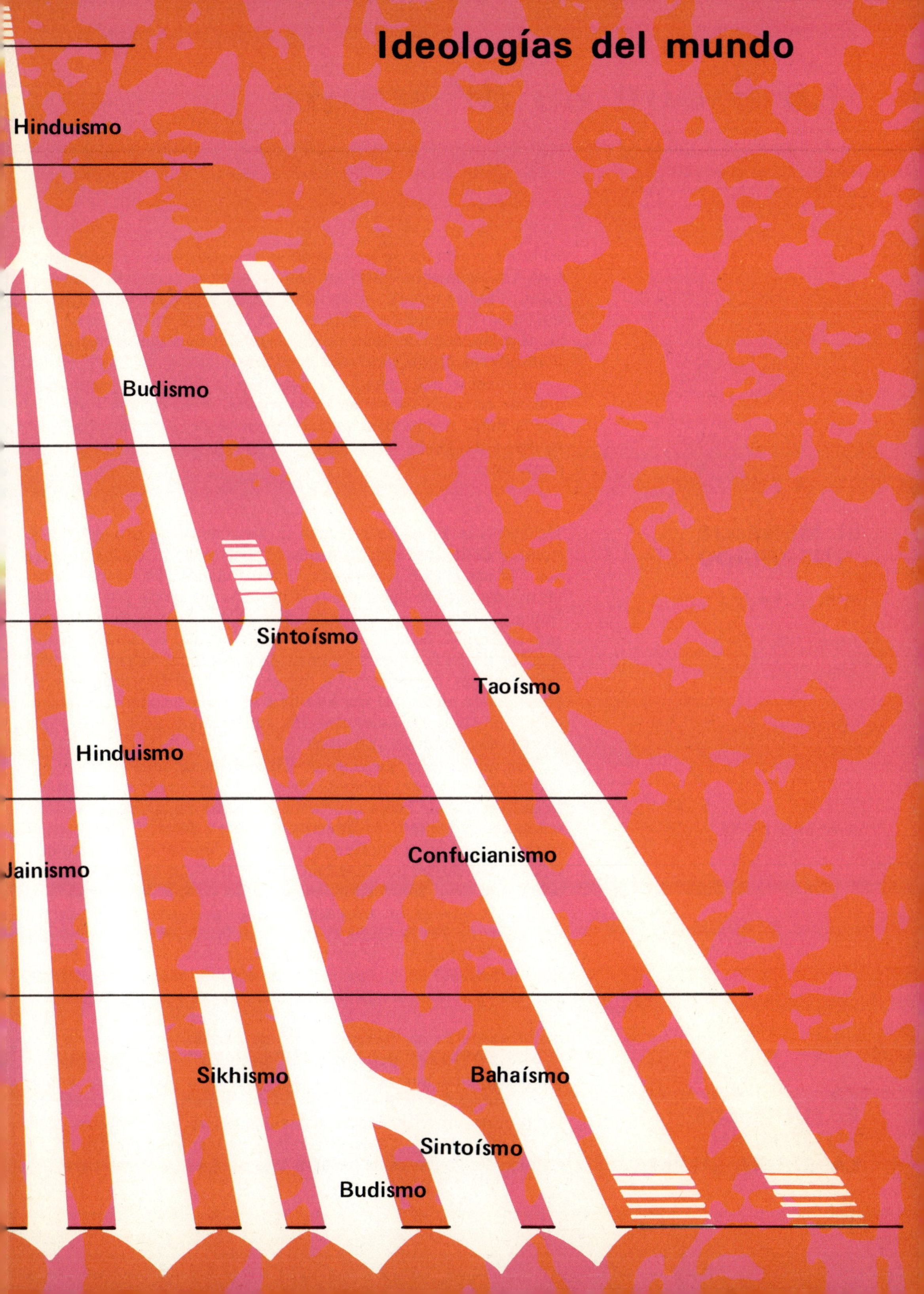

La Biblia es diferente

PETER COUSINS

El hombre siempre se ha sentido sobrecogido ante el poder creativo. Lo estimamos como un don otorgado a personas excepcionales. Calificamos de "inspirada" su obra porque nos inspira a nosotros, y porque en cierta manera el artista mismo siente que su obra proviene de fuera de él mismo. Es más que el mero producto de su propia actividad consciente.

De manera que cuando se dice que la Biblia es "inspirada" muchas personas entienden así la palabra. Pero cuando vemos lo que la Biblia misma dice de sí, encontramos que su "inspiración" va más a fondo. Es inspirada en un sentido muy diferente a otras obras de arte.

EL MENSAJE "INSPIRADO"

Oseas 1:1; Joel 1:1

2 Pedro 1:21

1 Pedro 1:10-12

Jeremías 23:28-29

De hecho la Biblia se refiere a su mensaje como proveniente al hombre desde más allá de sí mismo. Las palabras de los profetas son "la palabra de Jehová que vino a Fulano". De hecho, Pedro afirma claramente que "nunca la profecía fue traída por voluntad humana, sino que los santos hombres hablaron siendo inspirados por el Espíritu Santo". No es de extrañar que él también señale que los profetas no comprendían de lleno todas la implicaciones de su propia enseñanza. La fuente de su habla yacía fuera de ellos; era en efecto "el Espíritu de Cristo que estaba en ellos... el cual anunciaba de antemano los sufrimientos de Cristo, y las glorias que vendrían tras ellos"

Naturalmente el mensaje de Dios produce una reacción extraordinaria en sus oyentes. Para usar las frases de Jeremías, cuando el profeta habla la palabra de Dios y no sus propias ideas, entonces el hombre es alimentado (le es como "trigo") o es quebrantado por su impacto (es como un "martillo"). De ahí que algunos concluyen que la inspiración de la Biblia estriba en el impacto que tiene sobre ellos, en el hecho de que les inspira.

Pero se equivocan. Lo cierto es que tal experiencia se deriva del hecho de que la Biblia es inspirada. Puede llevar al hombre a estudiar la Biblia más de cerca para saber cómo explicar su poder. Pero la realidad de su inspiración de ninguna manera depende de que sea recibida por el hombre. Pues es en este punto que estamos obligados a acatar lo que la Biblia afirma acerca de sí misma. Este ha de ser nuestro punto de partida.

△ **ESTUDIE LOS PUNTOS EN LA BIBLIA MISMA**

El uso "bíblico" de la palabra "inspirada" —término empleado únicamente una vez, en la segunda carta de Pablo a Timoteo— indica que la inspiración no está basada en la reacción de los oyentes, ni en la experiencia subjetiva de los escritores, sino en el hecho de que "toda la Escritura es inspirada por Dios". El significado literal de la palabra que se traduce "inspirada" es

2 Timoteo 3:16

"que recibe el aliento de Dios". No se trata de que algunas partes de las Escrituras sean inspiradas y que sólo éstas sean útiles en la forma en que están señaladas. Es más bien una afirmación general acerca de las "Escrituras", en que se asegura, no que sean inspiradoras en alguna forma vaga, ni aun que estén escritas por hombres inspirados, sino que la Escritura misma tiene "un aliento" de Dios.

LA POSTURA DEL NUEVO TESTAMENTO EN CUANTO AL ANTIGUO

Hechos 4:25; 28:25

Romanos 9:17
Gálatas 3:8

Véase el artículo "Jesucristo y la Biblia

Es evidente que los escritores del Nuevo Testamento tratan al Antiguo Testamento como si creyesen lo anterior. No lo cuestionan; simplemente lo dan por sentado. Por ejemplo, hablan de lo que escribieron el salmista y el profeta como lo dicho por Dios por medio de su Espíritu Santo. Para Pablo, lo que dicen las Escrituras es igual a lo que dice Dios. Al tomar esta postura los escritores novotestamentarios siguen el ejemplo y el precepto del mismo Jesús. Para ellos el Antiguo Testamento es mucho más que una serie de historias con sentido.

Dios ha dispuesto trasmitir su mensaje al hombre por medio de palabras, y por lo tanto los escritores del Nuevo Testamento toman en serio las palabras empleadas. Esto no significa que tomen las palabras por separado, como si fuera posible expresarse con palabras aisladas sin formar frases, oraciones y párrafos. Pero su ejemplo basta para prevenirnos contra una actitud ligera o selectiva con las palabras que Dios mismo ha dado en la Escritura.

La actitud del Nuevo Testamento ante el Antiguo es paralela a lo que éste afirma de sí mismo. Más de 3.800 veces se anteponen a alguna afirmación fórmulas como éstas: "El Señor habló", "Así dice Jehová", "La palabra de Jehová vino". Amós y Jeremías afirmaron que Dios los compelió a hablar; Ezequiel tiene órdenes de dar a su pueblo el mensaje divino, sin que importen las consecuencias.

Amós 3:7-8; Jeremías 20:9; Ezequiel 2:7

De hecho, el Nuevo Testamento habla poco acerca de su propia inspiración. En general, el hecho de que tenga el apoyo de la autoridad apostólica es por sí mismo garantía suficiente. Empero Pablo dice claramente que fue enseñado del Espíritu Santo y apoya el Evangelio que predica afirmando que le fue revelado por Jesucristo. En 1 Juan 1:5 el autor afirma que el mensaje que escribe proviene directamente de Cristo. En otro lugar, Pablo dice que juzga la percepción espiritual de un hombre por la manera en que responde al contenido de sus epístolas. Es más, creyó que tanto él como los apóstoles estaban capacitados para revelar las verdades más profundas que nunca antes habían sido manifestadas.

Ver Juan 16:12-15

1 Corintios 2:13
Gálatas 1:12

1 Corintios 14:37

Efesios 3:3-5

2 Pedro 3:15-16

Pedro, en forma más explícita, reúne todas las cartas de Pablo con "las otras Escrituras". Esta frase, no cabe duda, se refiere al Antiguo Testamento e implica que en esa época las epístolas de Pablo se leían en el culto público con la misma autoridad que el Antiguo Testamento.

UNA AFIRMACION ESTUPENDA

Puede haber poca duda, pues, de lo que la Biblia enseña acerca de su propia inspiración. Las palabras escritas originalmente por autores humanos fueron palabras de Dios. Esto es algo muy

diferente de una inspiración meramente "artística". Ciertamente el Dios Creador es quien por su Espíritu Santo otorga a todos los hombres creados a imagen suya la capacidad de crear belleza. De igual manera los capacita para cuidar de sus hijos y ser sabios gobernantes. Empero esta gracia concedida a todos los hombres, aun a los que odian a Dios, no debe confundirse con el poder salvífico que opera cuando Dios asegura que el hombre puede ver y escuchar las palabras de él. De alguna manera semejante es cierto que la imagen de Dios puede ser vista en todo hombre, pero que solo un hombre, Jesucristo, despliega la imagen divina sin distorsión alguna.

ALGUNOS MALENTENDIDOS

Para dar su justo valor a lo dicho acerca de la palabra de Dios escrita estamos obligados a sostener dos verdades a la vez, como lo hacemos en el caso de Jesús, la Palabra encarnada. La Biblia es a la vez divinamente inspirada y plenamente humana.

El hecho de que Dios hable directa y singularmente por medio de la Biblia no reduce, sin embargo, a los escritores biblícos a meras máquinas de escribir. Cada libro presenta clara evidencia del aspecto humano de su historia. Es evidente que los escritores y editores no fueron simples máquinas automáticas. Lucas recolectó con sumo esmero el material para sus dos tomos y se cuidó de que fueran relatos fidedignos. Asimismo los escritores del Antiguo Testamento ejercen un criterio selectivo, omitiendo lo que estiman que no viene al caso pero incluyendo lo necesario. Pablo escribió sus espístolas atendiendo a situaciones específicas. Entre sus escritos y los de Juan hay tan inmensas diferencias de estilo como entre, por ejemplo, Isaías y Oseas.

Lucas 1:1-4

Josué 10:13;
1 Reyes 15:7, 31

Por otro lado, el hecho de que la Biblia sea un libro humano no implica automáticamente que tenga errores. Después de todo fue Dios, el Señor de toda la creación, quien formó los caracteres y las circunstancias de quienes tuvieron la responsabilidad de plasmar su revelación. Él los capacitó para que llevaran a cabo su propósito. No podemos negarle, dentro de su propósito salvífico y su infinita sabiduría, su autoridad para asegurarse de que el relato fuese cierto y confiable.

El hecho de que la Biblia sea inspirada en ninguna manera nos exime del esfuerzo espiritual y mental necesario para comprenderla e interpretarla correctamente. Tampoco implica que toda la Biblia revele a Dios en el mismo grado. Decir que tanto Levítico 3 como Juan 3 son inspirados no significa otra cosa sino que Dios ha dirigido la escritura de ambos textos en forma tal que las palabras usadas son las que mejor se adaptan para expresar las verdades salvíficas que él quería.

Dios ha escogido, pues, manifestar su mensaje de salvación mediante la palabra escrita: nuestro Antiguo y Nuevo Testamento. Precisamente cómo y por qué lo ha hecho es tan difícil de comprender como la doctrina de la Trinidad, o la manera en que Dios se hizo hombre en Jesucristo. Pero en cada caso la enseñanza bíblica es más razonable que las teorías humanas o

Un judío ortodoxo lee la *Tora*, la ley de Dios.

las tentativas de hallar términos medios. Aceptando lo que la Biblia misma afirma al respecto, nos situamos en la mejor posición para aprender de Dios, y afirmar con el salmista: "Mi porción es Jehová; he dicho que guardaré tus palabras" (Salmo 119:57).

La exactitud de la Biblia en cuanto a los detalles queda ilustrada en el relato acerca de Pablo en Filipos, narrado por Lucas en *Los Hechos*. Los cargos oficiales que se traducen "autoridades" "magistrados" y "alguaciles" eran correctos en cuanto al tiempo y al lugar.

Jesucristo y la Biblia

RICHARD FRANCE

Como cristiano yo quiero seguir a Jesucristo. Quiero hacer lo que él mandó, ir a donde él me guíe, seguir su ejemplo, participar de la vida que él ofrece.

Para ello debo leer el testimonio ocular de quienes lo conocieron. Descubro que él afirmó ser la revelación misma de Dios, el que nos revela cómo es Dios. Y descubro también que él es la culminación de largos siglos de revelación divina registrada en documentos que se remontan a centenares de años antes de su época.

Me amparo a la autoridad de Jesús; y a la vez él me ayuda a descubrir la autoridad de la Biblia.

Leer el principio de la primera carta de Juan.

No podemos tener la una sin la otra. Ciertamente Jesús reveló a Dios ante el hombre de una manera en que el Antiguo Testamento escrito nunca lo pudo haber hecho por sí solo. La gente común lo vio, lo escuchó, lo tocó, convivió con él. Pero nosotros no estuvimos allí presentes. Ni podemos saber cómo era Jesús, lo que dijo y lo que hizo, con solo consultar los historiadores seculares de su época. Solo nos dirán que un profeta judío llamado Jesús vivió, predicó, se enfrentó a las autoridades y fue ejecutado. Uno que otro quizá pareciera tener conocimiento de su resurrección. Pero hasta ahí llegan. Si hemos de conocer la revelación de Jesús, hemos de buscarla en el Nuevo Testamento.

El hecho de que sea necesario un libro para conocer a Jesús no es de lamentar. Es, de hecho, lo que Jesús se propuso. Una de sus prioridades perentorias fue la selección y la formación de sus apóstoles, ese círculo íntimo de sus discípulos que habían de preservar y transmitir sus enseñanzas. La Iglesia se fundó sobre las enseñanzas de los apóstoles. El Nuevo Testamento es el relato de lo que enseñaron. Es una colección de aquellos libros que fueron aceptados por la iglesia primitiva como escritos por los mismos apóstoles, o por sus socios más íntimos, por lo cual exponen la verdadera fe apostólica.

LA BIBLIA DE JESUS

Si hemos de conocer a Jesús y su ensenanza, debemos volvernos al Nuevo Testamento, al testimonio de quienes él mismo escogió y en quienes confió para transmitir su enseñanza. Con ese fin él mismo envió al Espíritu Santo, quien los guiaría a "toda la verdad"

Véase Juan 14:26; 15:26; 16:13-15

Si aceptamos la autoridad de Jesús podemos tambien aceptar el Nuevo Testamento como fuente de todo conocimiento acerca de él y de sus enseñanzas. Pero también hemos de aceptar el Antiguo Testamento. Pues Jesús mismo, el Hijo encarnado de Dios, lo aceptó como palabra de Dios al hombre. Siendo él nuestra autoridad, no podemos hacer menos que él.

En cada sinagoga de Israel se guardaba un rollo de la *Tora,* la ley. Este es el Pentateuco de los samaritanos, preservado por sus descendientes hasta el día de hoy.

La Enseñanza acerca del Antiguo Testamento

Mateo 5:17-18

Jesús hizo algunas afirmaciones fuertes acerca del Antiguo Testamento: "No penséis que he venido para abrogar la ley o los profetas; no he venido para abrogar, sino para cumplir. Porque de cierto os digo que hasta que pasen el cielo y la tierra, ni una jota ni una tilde pasará de la ley, hasta que todo sea cumplido"

Juan 10:35

"La Escritura no puede ser quebrantada"

Lucas 24:44

"Era necesario que se cumpliese todo lo que fue escrito de mí en la ley de Moisés, en los profetas y en los salmos"

Marcos 7:1-13

Algunos de sus juicios más severos los reservó para aquellos que trataban de evadir los mandamientos de Dios (estipulados en la ley del Antiguo Testamento) por medio de meras tradiciones humanas, aunque fueran tan venerables.

Apelación al Antiguo Testamento

Ejemplos: Mateo 12:3-4, 5, 7; 21:16; 22:32, 44

Mateo 4:4, 7, 10
Marcos 15:34; Lucas 23:46 que cita Salmos 22:1; 31:5

De mucho mayor importancia que los ocasionales pronunciamientos de Jesús acerca del Antiguo Testamento es su constante referencia a él dentro de una gran variedad de situaciones disímiles. En las controversias con sus opositores continuamente cita el Antiguo Testamento para poner fin a la discusión. Y esto no era solo para debatirse con los hombres en su terreno. De igual forma confía en la autoridad del Antiguo Testamento en su enfrentamiento con el diablo. Aun en la última agonía de la cruz, son palabras del Antiguo Testamento las que escapan de sus labios.

Citas del Antiguo Testamento

Mateo 24; Marcos 13; Lucas 21

Mateo 24:29-31; de Isaías 13:10; 34:4; Daniel 7:13; Zacarías 12:12; Isaías 27:13; Deuteronomio 30:4; Zacarías 2:6

Es al enseñar a sus discípulos, no obstante, que Jesús se refiere con más frecuencia al Antiguo Testamento, tanto con citas explícitas como por inumerables ecos verbales, de manera que algunos pasajes parecen un rompecabezas de palabras e ideas veterotestamentarias. Por ejemplo, su predicción acerca de la destrucción de Jerusalén y de su segunda venida está llena de lenguaje del Antiguo Testamento. En solo tres versículos se citan nada menos que siete pasajes del Antiguo Testamento.

Cumplimiento del Antiguo Testamento

Mateo 19:18-19; 22:37-40- véase Deuteronomio 6:5; Levítico 19:18

Mateo 5:21-22, 27-28, etc.

No es una simple cuestión de lenguaje. El contenido real de la enseñanza de Jesús se basa en gran parte en el Antiguo Testamento. Las leyes éticas fundamentales emanan de la ley de Moisés. Si discrepaba de sus contemporáneos en asuntos de ética, era solo porque los acusaba de tener en poco los mandamientos del Antiguo Testamento.

Sobre todo, su enseñanza acerca de su propio papel en los propósitos de Dios depende enteramente de su convicción de que él ha de cumplir el Antiguo Testamento. Su enseñanza después de la resurrección, cuando "comenzando desde Moisés, y siguiendo por todos los profetas, les declaraba en todas las Escrituras lo que de él decían", fue el clímax de todo cuanto les había enseñado a lo largo de todos los años de su ministerio.

Lucas 24:27

En numerosos pasajes hay afirmaciones enfáticas de que él había venido a cumplir las profecías. Pero éstas eran apenas el reflejo de una seguridad que sustentaba toda su enseñanza acerca de su propia misión. Había venido a "cumplir", y había un imperativo divino en lo que estaba escrito. Debía cumplirse.

Lucas 4:21; Marcos 9:12-13; Lucas 18:31; Marcos 14:21, 27; Lucas 22:37; Mateo 26:54; Lucas 24:44-47

Así pues el cristiano es seguidor de uno para quien el Antiguo Testamento era indiscutiblemente la palabra autoritativa de Dios. Jesús creía sus afirmaciones, respaldaba sus enseñanzas, obedecía sus mandantos y se dispuso a cumplir la pauta de redención propuesta en esa palabra. Para quien llama 'Señor' a Jesús es evidentemente inconsecuente tener en poco aquellas escrituras que para él eran la suprema revelación de Dios.

EL NUEVO TESTAMENTO DA VALOR AL ANTIGUO

Huelga decir que el resto del Nuevo Testamento respalda plenamente el criterio de Jesús acerca del Antiguo. Las citas y alusiones tan frecuentes del Antiguo Testamento revelan la plena confianza en las enseñanzas veterotestamentarias con respecto al carácter y propósitos de Dios. Fue Dios quien habló por medio de los profetas, declara el escritor de hebreos. En efecto, le declara Pablo a Timoteo, "toda Escritura es inspirada por Dios". El Antiguo Testamento es el mensaje de Dios.

Hebreos 1:1, véase también 2 Pedro 1:21; 2 Timoteo 3:16

Romanos 3:2

Es interesante que el Nuevo Testamento no haga diferencia alguna entre lo que dice la "Escritura" y lo que dice Dios. Las citas del Antiguo Testamento se presentan como pronunciadas por Dios, aun cuando Dios no fuera directamente el que hablaba en el contexto referido. A la inversa, las palabras habladas de Dios en el relato veterotestamentario se atribuyen a la "Escritura". En donde Jesús marcó la pauta al aceptar el Antiguo Testamento como Palabra de Dios, el Nuevo Testamento lo sigue fielmente. Si nosotros los cristianos sobreponemos nuestros juicios y tradiciones heredadas a las Escrituras, nos apartamos del Señor y de los apóstoles, y nos desconectamos de nuestra única fuente de conocimiento acerca de Dios.

Mateo 19:4-5; Hechos 2:24-25; Hebreos 1:6-12

Romanos 9:17; Gálatas 3:8

PROBLEMAS QUE ENFRENTAR

No pretendemos eliminar por anticipado todos los problemas. La interpretación y la aplicación de las enseñanzas de la Biblia plantean muchos problemas y los cristianos pueden diferir legítimamente en su interpretación en algunos puntos. Pero donde ocurren esas discrepancias, debemos siempre procurar descubrir, mediante el estudio más cuidadoso y riguroso de que seamos capaces, qué significan en verdad los pasajes pertinentes, estén o no de acuerdo con nuestras ideas previas al respecto. Luego, habiendo descubierto el verdadero significado, hemos de aceptarlo como palabra de Dios. No siempre será fácil; a veces será imposible; empero ese es el ideal.

Quizás estemos convencidos intelectualmente de la autoridad de la Biblia, pero llegaremos a estar todavía más convencidos cuando permitamos que ella ejerza su autoridad en nuestras vidas. Tendremos la experiencia personal de que Dios nos hable directamente a nosotros mediante su revelación escrita. La Biblia es la palabra de Dios, es lo que Dios ha dicho. Aún nos habla por medio de ella en el día de hoy.

No sólo en tiempos antiguos se atesoraba la Biblia. Esta mujer en Rumania lee una edición de la Biblia de 1968, ejemplar de gran estima en un país comunista en donde la difusión de la Biblia ha sido restringida.

Ante las objeciones

KENNETH HOWKINS

Gran parte de la Biblia se halla en forma de historia. No es, sin embargo, mera historia. Si eso fuera todo lo que vemos, se nos escaparía lo medular. Desde cierto punto de vista es historia, historia con un propósito. Se relatan las historias no simplemente porque ocurrieron, sino porque revelan algo de Dios y de su actividad en el mundo. Por lo tanto a veces se le llama "historia de la salvación".

HISTORIA CON UNA DIFERENCIA

Esto altera la perspectiva. El historiador profano se asombrará de que un antiguo nómada hebreo, Abram, ocupe más de 13 capítulos, mientras que a un déspota poderoso se le trata someramente en menos de una docena de versículos. Los documentos arqueológicos ni siquiera mencionan a Abram, aunque su historia se ubica bien dentro de lo que se sabe de su época; pero Omri fue ampliamente conocido en generaciones posteriores. En la Biblia Abram fue fundador de Israel, hombre escogido por Dios, un hombre de fe, depositario de las promesas de Dios, y hombres de enorme importancia tanto para el judío como para el cristiano; pero Omri fundó la ciudad de Samaria y era un hombre malo. Por lo tanto se le tiene en poco en la narración. A medida que se va manifestando la revelación de Dios mismo y prosigue su obra de salvación, los hombres y los eventos asumen diferente categoría.

Discrepancias

Es fácil encontrar problemas históricos en la Biblia. Pero la investigación esmerada ha resuelto muchos de ellos. Las aparentes discrepancias entre diferentes pasajes de la Biblia se deben a veces simplemente a la carencia de datos precisos, de manera que no se deben destacar demasiado las contradicciones. Por ejemplo, tanto en Hechos como en Gálatas hay referencias a las visitas de Pablo a Jerusalén. Es difícil hacer calzar las dos, y saber cuáles visitas corresponden en los dos libros. Pero es evidente que el libro de los Hechos no pretende dar un relato completo de las actividades de Pablo, y es posible que él haya visitado Jerusalén en otras ocasiones que no se mencionan.

Además, pueden existir aparentes discrepancias entre la versión bíblica de un evento y la versión de otros relatos antiguos. Es curioso que los que procuran desprestigiar la confiabilidad de la Biblia parecen confiar ciegamente en la fidedignidad de otras fuentes antiguas. De manera que primero debemos estar seguros de la confiabilidad del otro relato y, luego, recordar cuán poca es la evidencia que tenemos del pasado remoto. El debate en torno al libro de Daniel bien ilustra el punto. Ya no es posible meramente descartar a Darío como "no histórico". Existen problemas, pero asimismo hay posibles soluciones.

Problemas con los números

En varias ocasiones surgen dificultades en relación con los números en la Biblia. Encontramos que muchos de los manuscritos varían en sus cifras. Hay que recordar que las letras del alfabeto, tanto en hebreo (al menos después del exilio) como el griego, servían también de numerales. Por la semejanza que había entre ciertas letras, era muy fácil que se deslizaran errores al copiar. También se emplearon diferentes métodos de hacer cálculos. Un año puede ser calculado por el sol o por el reinado de algún rey. También se empleaban cálculos inclusivos. Por ejemplo, del mediodía del domingo hasta el mediodía del domingo siguiente podían contarse ocho días, en vez de siete, por cuanto estaban incluidos ocho días, aunque el primero y el último no fueran días completos. Sí existen problemas, pues, pero en alguna medida se pueden ir superando.

El mito

Actualmente se escucha con frecuencia la crítica de que razonar sobre si la historia bíblica es verdadera o no es pecar de mucho literalismo. Se nos dice que lo importante no es si ocurrió tal o cual evento, sino lo que significa. Este es el extremo opuesto al criterio de que es *mera* historia; se pretende que los relatos no son historia sino un "mito", término empleado en diferentes formas, y notoriamente difícil de definir con precisión. No quiere decir que el relato sea completamente falso, pero sí que no es literalmente cierto. Se emplea el calificativo cada vez que se presenta algo sobrenatural o diferente al curso normal de la naturaleza.

Ahora bien, la primera cuestión que se debe considerar es si los escritores bíblicos se proponían que sus palabras fuesen tomadas como historia o como mito. Es evidente que los relatos de milagros en la Biblia están escritos con la misma precisión que los otros eventos. La segunda interrogante, pues, es si los podemos aceptar como historia, o si debemos tratarlos como mitos y "desmitologizarlos", es decir, dar por entendido que el milagro no ocurrió realmente como un evento milagroso, sino que entraña una verdad espiritual en forma simbólica.

La base para este tipo de argumento es que la Biblia fue escrita en una época no científica, cuando la gente pensaba en un universo "de tres pisos", con un Dios que persistía en inmiscuirse; pero que ahora, en nuestra iluminada era científica sabemos que su visión del mundo estaba totalmente equivocada. Se dice que los milagros hallan cabida dentro de los conceptos no científicos de los antiguos, pero no dentro de nuestras propias concepciones científicas. Se pretende que ahora sabemos que el mundo opera con base en ciertas leyes, de manera que no hace falta meter a Dios para explicar las cosas.

Hoy en día esta perspectiva de la ciencia ya está caducada. La ciencia, o más bien los científicos, ya no sustentan un concepto tan rígido de las leyes de la naturaleza. Las leyes describen lo que se observa normalmente. Si una ley no explica todo lo que ocurre, entonces hay que modificarla. La ciencia, como tal, no descarta los milagros, aun cuando algunos científicos puedan rechazarlos.

Hemos estado considerando el tema de la historia. La interrogante de si ocurrieron o no los milagros es asunto de historia y no de ciencia. La historia trata de los acontecimientos y luego procura explicarlos. La ciencia toma el conocimiento de lo que ocurrió y procura sistematizar ese conocimiento.

LA CUESTION DE LOS MILAGROS

El milagro más grande de la Biblia es la resurrección de Jesús de entre los muertos. Algunos dirían que el universo es tal que no sería posible que se efectuara una resurrección, y basarían esta aseveración en la "ciencia". Pero en vista de la evidencia histórica de la resurrección, sería más científico preguntarse qué luz arroja sobre la naturaleza del universo el suceso de tal resurrección. En otras palabras, la ciencia no refuta la resurrección: la resurrección es uno de los hechos que la ciencia tiene que tomar en cuenta. Y lo que se dice acerca de la resurrección puede aplicarse a los otros milagros.

Desde luego que existen aquí objeciones que hay que encarar. Si se realizaran milagros continuamente, no habría orden en el universo, y sin la regularidad de la naturaleza estaríamos totalmente confusos. Es más, si Dios siempre intervi-

Un texto hebreo, con tipos hebreos vocalizados y acentuados. Lleva notas en arameo al margen.

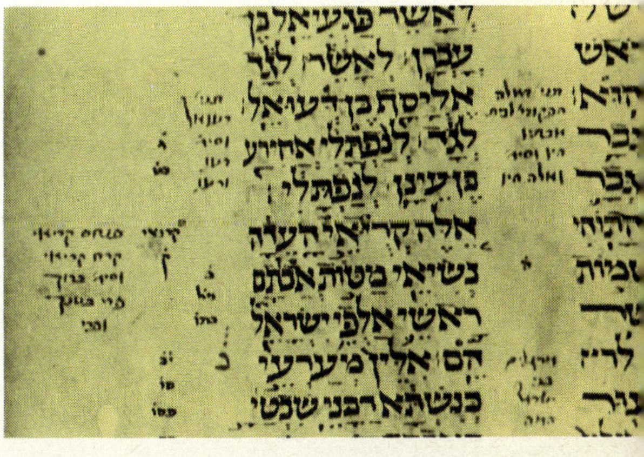

niera para librarnos de las dificultades o de los peligros, nunca aprenderíamos a ser personas responsables. Pero la Biblia no nos presenta un milagro en cada página. Abarca unos 2.000 años de historia, pero la mayoría de los milagros están agrupados en torno a unas pocas personas y eventos:

- Moisés y los comienzos de la nación de Israel;
- Elías y Eliseo y el surgimiento de una línea de profetas que llamaron a la nación a regresar a su alianza con Dios;
- Jesús y la revelación final de Dios y su salvación, seguido por los apóstoles y la fundación de la iglesia cristiana.

Así es que la mayoría de los milagros ocurrieron durante estos tres períodos separados. Habrá que verlos en perspectiva.

Relatos complementarios

No es posible encontrar siempre una teoría científica que explique y describa cada aspecto de un evento. A veces se requieren dos o más teorías, no como alternativas, sino conjuntas. Se puede definir la luz en función de ondas y partículas. Ninguna de las dos descripciones es suficiente en sí; ambas se necesitan. Puede haber un sinnúmero de niveles diferentes de explicación.

Ahora bien, cuando un científico investiga un "milagro" podrá o no ofrecer una explicación "natural". Esta es la función de la ciencia. El relato del paso del Mar Rojo en la Biblia hace mención de un viento fuerte. Esta es la explicación natural. Pero el mismo relato atribuye el evento a Dios. Se dan dos niveles descriptivos. Ambos son verídicos. Uno contesta la pregunta *cómo,* el otro la pregunta *por qué.* Atribuirle el milagro a Dios es señalar la causa última y a la vez darle sentido. La descripción que ofrece la ciencia (donde pueda existir) explica *cómo* lo hizo Dios.

En la Biblia, los milagros no se separan de otros eventos con la precisión con que solemos contemplarlos. Se atribuyen a Dios los eventos ordinarios de la naturaleza, así como los extraordinarios. A Dios se le ve activo en toda la naturaleza, y no solo en los milagros; estos son simplemente la manera extraordinaria en que actúa Dios.

La verdad religiosa y la histórica

En el plano filosófico se plantea todavía otra objeción contra la veracidad histórica de los relatos milagrosos. Se nos dice que existen dos categorías que se deben mantener absolutamente separadas. De ahí que los que objetan dirían que es una afirmación cierta, "religiosamente" hablando, que Dios levantó a Cristo de entre los muertos y que esto tiene un significado religioso;

Se realiza aquí un experimento con rayos laser. Se puede describir la luz como ondas (y las ondas se alinean para formar rayos laser). Puede también describirse como partículas. Las dos descripciones son complementarias, no contradictorias. En igual manera, la ciencia y la Biblia nos dan descripciones complementarias de los mismos hechos.

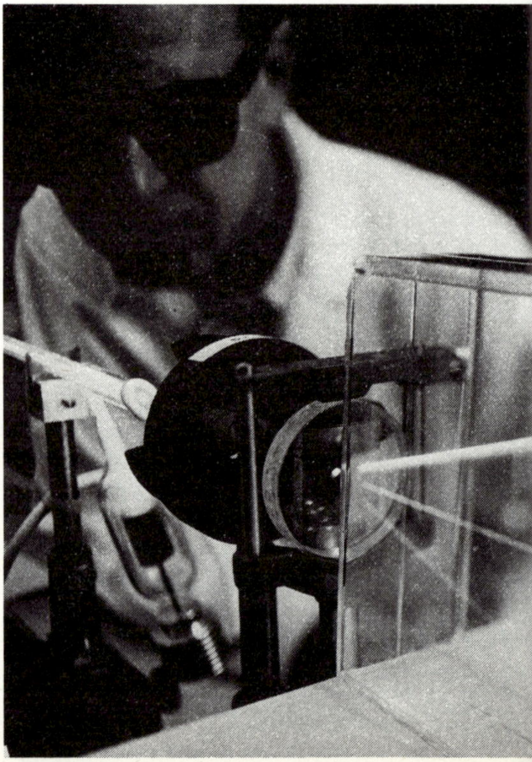

pero que en el plano histórico, Jesús murió y permaneció muerto y sepultado. Se nos dice que afirmar que el cuerpo de Jesús de veras volvió a vivir es "confundir las categorías". Pero ¿cuáles son esas categorías, y de dónde provienen? Existen solamente en la mente del que las inventó. No se pueden probar ni negar. Pero hay algo más importante aún. Si comenzamos por aceptar esas categorías, entonces comenzamos diciendo que Jesús no resucitó de entre los muertos, en el sentido corriente de esas palabras. Pese a la fuerza de la evidencia histórica de la resurrección, nunca la aceptaremos. Simplemente buscaremos otra solución.

Esta objeción filosófica es en realidad la misma que la llamada objeción científica de que los milagros no ocurren en este mundo o universo. En ambos casos la objeción se acepta como válida, sin prueba de ello, y aun antes de considerar la evidencia. En realidad, toda "evidencia" es descartada automáticamente. Este es un ejemplo perfecto de esquivar la pregunta: se acepta la respuesta antes de comenzar. A tales detractores simplemente les hacemos la siguiente pregunta: ¿qué clase de evidencia exigirían ustedes para convencerse de que los milagros sí ocurrieron?

Historias de la creación

Un problema similar surge en el puro principio de la Biblia, en los relatos de la creación. Algunos los descartan como mitos, como cuentos de viejas. Otros los llaman mitos en el sentido de que contienen algo de verdad, aun cuando no sean literal e históricamente ciertos. Si fuera así, ¿en qué sentido son verdad? ¿Cuál es el propósito central del relato?

Se hacen objeciones a los relatos de la creación en nombre de la ciencia. De ahí que sorprenderá lo poco que tienen que ver con la ciencia. En forma audaz se presenta a Dios como Creador de todo: del universo, del hombre, y de todo lo demás. Pero no se demuestra *cómo* fue que Dios lo hizo. Si Dios hizo al hombre del polvo de la tierra, eso nos revela algo acerca de la naturaleza del hombre, la criatura, comparado con Dios, el Creador. Somos simple polvo, y existimos *sólo* porque Dios nos ha hecho vivir. Entonces aparte de Dios, nuestra vida no tiene sentido. Pero ¿cómo creó Dios al hombre del polvo de la tierra? Esta es una pregunta científica, de manera que acudimos a la ciencia, y no a la Biblia, para buscar la respuesta o una respuesta sugerida. No quedaremos satisfechos con una teoría que no haga justicia al concepto bíblico de la naturaleza del hombre, pero a la vez debemos estar seguros de que comprendemos el concepto bíblico y de que no lo hemos simplemente acomodado a nuestras propias ideas.

LA VALIDEZ DEL ANTIGUO TESTAMENTO

Algunas personas rechazan el Antiguo Testamento, en parte o del todo, como si fuera no-cristiano o sub-cristiano. Esto no es novedad. En primer lugar, el concepto cristiano del Antiguo Testamento tendrá que ser el mismo que sostuvo Cristo. Es evidente que él aceptó su autoridad y validez. La pregunta es si Cristo y el cristianismo han presentado un concepto nuevo y más veraz de Dios que invalide la enseñanza del Antiguo Testamento.

En algunos aspectos el Antiguo Testamento *ya* está de hecho invalidado. Ya no se necesitan los sacrificios, por cuanto Cristo se ofreció a sí mismo como sacrificio final, de una vez por todas. El resto de la ley ceremonial judía ha sido también reemplazado. Pero esto no significa que deban relegarse por completo aquellos rituales antiguos. Revelan algo permanentemente verdadero acerca de la naturaleza de Dios y de la relación del hombre con él. La enseñanza es la misma, pero la proyección práctica es diferente a causa de Cristo. Dios sigue siendo santo.

Las porciones del Antiguo Testamento que causan más indignación son aquellas que representan a Dios como un Dios de ira, el cual obliga a sus siervos a actuar como jueces en su lugar. Esto, se dice, es un concepto primitivo de Dios, y muy diferente del Nuevo Testamento, que proclama que Dios es amor. Pero en realidad no existe oposición fundamental entre el Antiguo y el Nuevo Testamento. El Antiguo contiene mucho acerca del amor y perdón de Dios, y hay mucho acerca de su justa ira y juicio en el Nuevo. De hecho, algunas de las palabras más severas se hallan en los labios del mismo Jesús. Quienes rechazan el concepto del Antiguo Testamento habrán de rechazar también partes del Nuevo. Todo el concepto de la justicia de Dios, de su ira contra el mal y del juicio, no es agradable, especialmente en esta época licenciosa. Pero no le resta veracidad. (Véase las notas en las Partes II y III sobre problemas particulares de orden moral.)

Una tumba en la roca del primer siglo d.C., recientemente descubierta debajo del convento de las Hermanas de Nazaret, Israel. La gran piedra era rodada para sellar la tumba. Este ejemplo de un sepulcro como aquel en que fuera colocado Jesús hace más vívido el relato de su resurrección que ofrecen los evangelios.

¿HOMBRES O MAQUINAS?

Una última objeción al concepto cristiano de la Biblia es que pasa de lado el pensamiento humano, y transforma al hombre en una máquina. Se afirma que con este criterio los escritores apuntaron mecánicamente lo que Dios decía, y que el lector no necesita pensar, porque cada bocado de la verdad se le presenta como sobre una bandeja. Pero esta objeción revela una incomprensión fundamental. Aunque la Biblia afirma de sí misma que Dios sí habló directamente por medio de los hombres y que los dirigía de tal manera que decían lo que el deseaba, está claro también que los escritores en cuestión usaban su propia mente en el proceso.

Sus personalidades quedan reveladas a través de su estilo particular y de sus distintos enfoques. (Véase el artículo "La Biblia es diferente.")

Queda claro también que el cristiano ha de usar su propia mente para recibir la palabra de Dios. Deberá leer con cuidado, comparar un pasaje con otro y emplear todas las ayudas que pueda. Además debe buscar la ayuda del Espíritu Santo, mediante quien fue escrita la Palabra, para iluminar su significado. Así como en los escritores de la Biblia, también en los lectores, todo el ser y toda la mente han de estar consagrados a Dios. Uno de los rasgos notables de la Escritura es que contiene suficiente para mantener ocupados los más grandes intelectos durante toda una vida, y sin embargo el alma más sencilla puede leer y comprender, y al leer con corazón humilde puede encontrar a Dios.

La Biblia y la vida cristiana

DAVID FIELD

Se puede leer la Biblia como una gran obra literaria, o como la historia de Israel, o como una fuente de información teológica. Es todo esto. Pero ninguno de estos aspectos otorga el debido lugar al propósito de las Escrituras como lo proponen los mismos autores, ni a la experiencia cumulativa de los lectores de la Biblia a través de los siglos.

Nehemías 8

Cuando el escriba Esdras leyó porciones de la ley de Moisés a los repatriados en Jerusalén se nos dice que el pueblo "podía entender" y que ora "lloraban oyendo las palabras de la ley" ora "gozaban de gran alegría". Al día siguiente regresaron para construir las cabañas en celebración de la Fiesta de los Tabernáculos, tal como mandaba la Ley. El hecho de escuchar y entender las Escrituras despertó en ellos gran emoción y los puso en acción.

Siglos después de Esdras, J. B. Phillips describe su experiencia similar al traducir el Nuevo Testamento. "Aunque hice lo posible por mantenerme desprendido emocionalmente", escribe, "una y otra vez encontré que el material que tenía en mis manos cobraba una vitalidad extraordinaria: hablaba a mi condición en forma misteriosa".

Jeremías 23:29; 1 Pedro 2:2; Hebreos 5:13-14; Salmos 119:105; Efesios 6:17; Santiago 1:23-25; 1 Tesalonicenses 2:13; Hechos 20:32; Hebreos 4:12

Estas descripciones reflejan con exactitud las vívidas metáforas que encontramos en la Biblia, empleadas por los escritores para describir el impacto de la palabra de Dios sobre su propia vida. Es fuego que calienta y martillo que despedaza, agua que purifica, leche que nutre, carne que da vigor, luz que guía, espada para la lucha, y espejo que revela. Es la Palabra que "actúa en vosotros los creyentes", "es poderosa para sobreedificaros", es "viva y eficaz... penetrante... discierne".

LA BIBLIA TIENE VIGENCIA

Todo lo anterior significa que el lector que se acerca a la Biblia con indiferencia está en peligro de perder de vista su propósito primordial, que es un propósito práctico, dinámico. Su objeto es *producir algo* en la vida del lector, así como atraer su interés estético y proveerle información histórica y teológica. La enorme brecha que existe entre los tiempos bíblicos y los nuestros pone de relieve lo admirable del propósito, pero la Biblia puede justificar de dos maneras su pretensión de tener vigencia en nuestros tiempos.

En primer lugar, se ocupa de aquellos elementos de la *naturaleza humana* que siempre existen. Los hombres y las mujeres de quienes leemos en la Biblia tienen aspiraciones y flaquezas con las cuales nos identificamos fácilmente, y aun los heroes de las Escrituras se despliegan a la fría luz de la verdad. Como dijera San Agustín, "El relato sagrado, como fiel espejo, no pinta lisonjeramente".

En segundo lugar, las verdades bíblicas son siempre vigentes porque *Dios mismo* no cambia, ni en su naturaleza ni en su trato con el hombre. Al leer la Biblia descubrimos verdades fundamentales acerca de Dios, y las vemos demostradas en sucesos de la vida de su pueblo que iluminan su carácter y son ejemplo de su voluntad para todos los hombres de todos los tiempos. De ahí que aun los sucesos de tiempos pasados "están escritos para amonestarnos a *nosotros*" a fin de que en el presente y para el futuro "por la consolación de las Escrituras tengamos esperanza".

1 Corintios 10:11; Romanos 15:4

LA BIBLIA ES PRACTICA

La Biblia, pues, retiene su valor contemporáneo. ¿Cuáles son los propósitos prácticos que procura lograr?

Dirige a los hombres hacia Jesús

El propósito del Evangelio de Juan está claramente señalado: "Hizo además Jesús muchas otras señales en presencia de sus discípulos, las cuales no están escritas en este libro. Pero éstas se han escrito para que creáis que Jesús es el Cristo, el Hijo de Dios, y para que creyendo, tengáis vida en su nombre".

Juan 20:30, 31

Al apuntar con candidez esta finalidad propagandística —centrarse en Jesucristo— el discípulo se mantuvo fiel a la forma extraordinaria en que su Maestro resumía el propósito de *toda* Escritura. Una vez respondió Jesús a sus críticos: "Escudriñad las Escrituras, porque a vosotros os parece que en ellas tenéis la vida eterna; y ellas son las que dan testimonio de *mí*. Porque si creyeseis a Moisés, me creeríais a mí, porque de *mí* escribió él".

Juan 5:39, 46

No es de extrañar que los discípulos que lo escuchaban fueran lentos para captar el significado pleno de estas palabras. Después de la resurrección Jesús hubo de reprocharles por su torpeza, antes de mostrarles de nuevo —y ahora más explícitamente— cómo, cual los radios de una rueda, todo el mensaje de la Biblia convergía en él mismo. "Comenzando desde Moisés, y siguiendo por todos los profetas, les declaraba en todas las Escrituras lo que de él decían". Procede Lucas a relatar que Jesús destacó especialmente aquellos pasajes del Antiguo Testamento que hablaban de su muerte y resurrección, los cuales serían estímulo al arrepentimiento y base para el perdón de los pecados.

Lucas 24:27

Es evidente que Jesús creía que el fin principal de las Escrituras del Antiguo Testamento era señalarles a los hombres al mismo Jesús; lo cual en la práctica (si agregamos la evidencia de Lucas a la de Juan) significa que por el arrepentimiento y la fe el hombre puede encontrar el perdón y la vida por los cuales Jesús había muerto y resucitado.

Mediante su prédica y sus escritos, los apóstoles demostraron que habían captado por fin la tesis de Jesús: que el propósito principal de la Biblia es atraer al hombre a Cristo como su

Hechos 10:34

Dos lámparas de aceite del tipo usado en tiempos bíblicos. Con frecuencia la Biblia se compara a una lámpara o una luz que alumbra el camino.

Hechos 10:34

Santiago 1:21

2 Timoteo 3:15

Salvador. "De este", proclamó Pedro, "dan testimonio todos los profetas, que todos los que en él creyeren, recibirán perdón de pecados por su nombre". Santiago instaba a sus lectores a "recibir con mansedumbre la palabra implantada, la cual puede salvar vuestras almas". Pablo le recordó a Timoteo cómo "desde la niñez has sabido las Sagradas Escrituras, las cuales te pueden hacer sabio para la salvación por la fe que es en Cristo Jesús".

Establece una relación con Dios

1 Pedro 1:23

1 Pedro 2:2

Hebreos 5:12-14

Según Martín Lutero, así como una madre va a la cuna únicamente para hallar a su niño, así nosotros acudimos a la Biblia solamente para encontrar a Cristo. El propósito de la Biblia es atraer al hombre al Salvador, despertando en él el principio de la fe. Pero esta no es la única función práctica que pretende cumplir. Pedro y el autor de la epístola a los Hebreos emplean la analogía del nacimiento y el crecimiento para ilustrar otra función de las Escrituras. Quienes han depositado su fe en Cristo como Salvador "han renacido... por la Palabra de Dios que vive y permanece para siempre"; pero, como niños recién nacidos, han de desear la "leche espiritual" de la Palabra, si es que han de sobrevivir y crecer; y ya pasada la infancia necesitan alimento sólido, que es la "carne" de la Palabra de Dios.

Jeremías 15:16

Salmo 19:10

Este proceso de crecimiento es, ante todo, un crecimiento en la relación con Dios. Es función de la Biblia alimentar el conocimiento personal del Padre que puede disfrutar el "hijo" cristiano. Y la palabra "disfrutar" es la correcta, porque a medida que el creyente aprende más acerca de Dios aumenta su deleite en él. El estudio de la Biblia, por consiguiente, no tiene por qué resultar aburrido para el cristiano. "Tu palabra", exclama Jeremías, "me fue por gozo y por alegría de mi corazón; porque tu nombre se invocó sobre mí, oh Jehová Dios de los ejércitos". Toda relación personal se alimenta con palabras, y a lo largo de las páginas de su Biblia el cristiano escucha a Dios que le habla: experiencia, afirma el salmista, que es "dulce más que miel".

Juan 14:23, 24

Si esto suena como una carta de amor, no ha de sorprendernos, pues la relación a la que nos invita Dios como creyentes es de amor. Su amor, sin embargo, es un amor cuyas exigencias son absolutas. La información que recibe el cristiano acerca de Dios y su voluntad mediante la lectura de la Biblia exige una respuesta firme, en nada sentimental. "Él que me ama", fue la enseñanza de Jesús, "mi palabra guardará; y mi Padre le amará, y vendremos a él, y haremos morada con él... y la palabra que habéis oído no es mía, sino del Padre que me envió".

Apresta para el combate

Esa exigencia tan severa es necesaria pues una vez que alguien se hace cristiano, se encuentra reclutado en las filas de Dios para una batalla de toda la vida. Está llamado tanto a defender su fe ante fuerte oposición como a esparcirla entre sus amigos. Para ambas acciones, la defensiva y la ofensiva, su arma principal es la Biblia. Es "la espada del Espíritu", declara Pablo, con la cual podrá combatir ideas hostiles y marcar una senda recta para la verdad de Dios en el baluarte más íntimo de la voluntad humana.

Efesios 6:17

Hebreos 4:12

Jesús mismo marcó la pauta para este uso práctico de la Biblia en su propio ministerio. Los curiosos, si eran sinceros, como el escriba que inquirió acerca del mayor mandamiento, quedaban impresionados y atraídos por sus enseñanzas bíblicas (aunque, como el joven rico, no todos respondían positivamente). Por otra parte Jesús combatió con palabras de la Biblia las enseñanzas falsas, ya fueran los argumentos de hombres como los saduceos o las sugerencias insidiosas del archienemigo en el desierto. Las palabras bíblicas en sí no tienen poderes mágicos, pero puesto que todas las palabras expresan ideas, y las palabras son la base de la acción, la Palabra de Dios es un arma poderosa para afectar las convicciones y la conducta del hombre. Jesús entabló batalla, usando sus propias palabras y las palabras de su Biblia, y envió a sus discípulos a predicar las dos.

Marcos 12:28-34

Mateo 19:16-22

Mateo 22:23-33

Mateo 4:1-11

Esto otorga al cristiano todo el incentivo que requiere para llenar su mente con la doctrina de la Biblia. Sin una concepción clara, por ejemplo, acerca de lo que la Biblia enseña de la naturaleza humana, pronto quedará mudo ante las exigencias de la humanidad del siglo XX. Si no tiene una idea clara acerca de la muerte y resurrección de Cristo, no puede esperar llevar a otros a Jesús como su Salvador. De ahí la insistencia de los últimos libros del Nuevo Testamento en el sentido de que el que pretende servir a Cristo fielmente ha de procurar conocer y conservar la verdad de Dios. "Guarda el buen depósito por el Espíritu Santo que mora en nosotros", le escribe a Pablo a Timoteo, y "lo que has oído de mí ante muchos testigos, esto encarga a hombres fieles que sean también idóneos para enseñar a otros".

2 Timoteo 1:14; 2:2

Orienta la conducta

En su primera carta a Timoteo, Pablo le había señalado ya la importancia de mantener normas correctas de conducta junto a las creencias correctas. "Militar la buena milicia" incluye el mantener "la fe y *la buena conciencia*". La una no puede ser sustituta de la otra; en verdad, cualquier falta de buena conducta inevitablemente redundará en un fracaso de creencias. "Desechando la buena conciencia algunos han naufragado en cuanto a la fe". Este es un tema principal de la Biblia. En el Antiguo Testamento, el agricultor Amós, con su rústica candidez, ataca a quienes pretenden presentar una fachada piadosa sin la conducta correspondiente; y el franco Santiago, su contra parte del Nuevo Testamento, denuncia a los que son "oidores de la Palabra" pero no son "hacedores" de ella. Jesús destaca el mismo tema en su parábola de los dos edificadores.

1 Timoteo 1:18, 19

Santiago 1:22

Mateo 7:24-27

Aquellas mismas presiones que atentan contra la fe del cristiano pueden inducirlo a un relajamiento moral; pero la Biblia, que provee su principal defensa contra las enseñanzas falsas, es también un arma eficaz contra las tentaciones morales. Señala, tanto con ejemplos como con mandatos directos, las diferencias entre el bien y el mal, de manera que el hombre que mide su conducta por las normas biblícas es "redargüido" cuando está en el error y "corregido" para colocarlo nuevamente en buen camino. La Biblia además llega a ser su baluarte contra la impotencia moral, haciéndole recordar constantemente el poder divino que está a su alcance para superar sus debilidades ("porque Dios es el que en vosotros produce así el querer como el hacer por su buena voluntad"). El hombre que conoce las promesas de la Biblia, y se las apropia tendrá el poder para llevar una vida que de otra forma le sería totalmente imposible.

2 Timoteo 3:16

Filipenses 2:13

Los mandamientos morales de la Biblia se presentan más como principios e ideales orientadores que como un conjunto de reglas meticulosamente detalladas para la vida diaria. Se proyectan más allá de las acciones correctas a los móviles correctos, y su aplicación bien puede variar de una persona a otra según las circunstancias.

Véase Romanos 14

Lo bueno se define como aquello que agrada a Dios, de manera que el cristiano de conciencia limpia es el que está totalmente

Hebreos 13:21

dedicado a agradarle. Y, como ya hemos visto, es función de la Biblia alimentar y fomentar esa relación.

LA BIBLIA ES PARA LA GENTE CORRIENTE

La Biblia no está escrita en una clave secreta espiritual que haya que descifrar para entender su mensaje. Suponiendo que se lea en forma racional (véase la sección "Para comprender la Biblia"), es lo suficientemente clara como para que el cristiano más sencillo se oriente por ella, y es también lo suficientemente profunda para dar qué pensar al erudito más brillante por toda una vida. Las cualidades determinantes para el estudio provechoso de la Biblia son de orden espiritual y no intelectual.

Entre las cualidades que sugiere la Biblia misma, se destacan las siguientes:

La determinación de obedecer

Juan 7:17

"El que quiera hacer la voluntad de Dios", dijo Jesús, "conocerá si la doctrina es de Dios". Este es un requisito fundamental para que la enseñanza de la Biblia se arraigue en la vida del lector. Bien se ha dicho que "la Biblia jamás es dominada por el lector que rehúsa ser dominado por ella".

Concentración

Los vocablos que significan esfuerzo sostenido ("buscad", "medutad", "examinad") se emplean en la Biblia para indicar la manera en que ha de ser leida para obtener el máximo beneficio de ella. "Procura con *diligencia* presentarte a Dios aprobado, como *obrero* que no tiene de qué avergonzarse, que usa bien la palabra de verdad"

2 Timoteo 2:15

En todo el mundo se reúnen grupos y familias en hogares e iglesias con un solo propósito: descubrir lo que dice la Biblia y aplicarlo a sus propias circunstancias. La Biblia no es solo un libro del pasado. Es leído por más gente hoy que nunca.

Paciencia

Hebreos 6:12

Véase Hebreos 11:17-19

Es mediante "la fe y la paciencia" que se reciben las promesas de la Biblia. La convicción persistente de que se puede confiar en la Palabra de Dios será el sostén del creyente en días de angustia.

Perseverancia

Lucas 8:18

La promesa y la advertencia de Jesús, "a todo el que tiene se le dará; y a todo el que no tiene, aun lo que piense tener se le quitará", fue pronunciada en el contexto de escuchar la palabra de Dios. Al buscador persistente la Biblia entrega más y más de sus riquezas.

Sumisión al Espíritu Santo

Lucas 24:45

Cuando Jesús se reunió con sus discípulos después de la resurrección "les abrió el entendimiento para que comprendiesen las Escrituras", relacionando lo que leían en sus Biblias con la realidad en que se encontraban. Es por la instancia del Espíritu Santo que el lector de la Biblia adquiere la mente de Cristo, que le permite aplicar a la vida contemporánea las enseñanzas de siglos atrás.

Véase 1 Corintios 2:9-16

2 Timoteo 3:15-17 (Versión Popular)

Sería imposible mejorar el resumen que hace Pablo del potencial práctico y devocional de la Biblia: "Conoces las Sagradas Escrituras, que pueden instruirte y llevarte a la salvación por medio de la fe en Cristo Jesús. Toda Escritura está inspirada por Dios, y es útil para enseñar y reprender, para corregir y educar en una vida recta, para que el hombre de Dios esté capacitado y bien preparado para hacer toda clase de bien".

La Biblia
una biblioteca

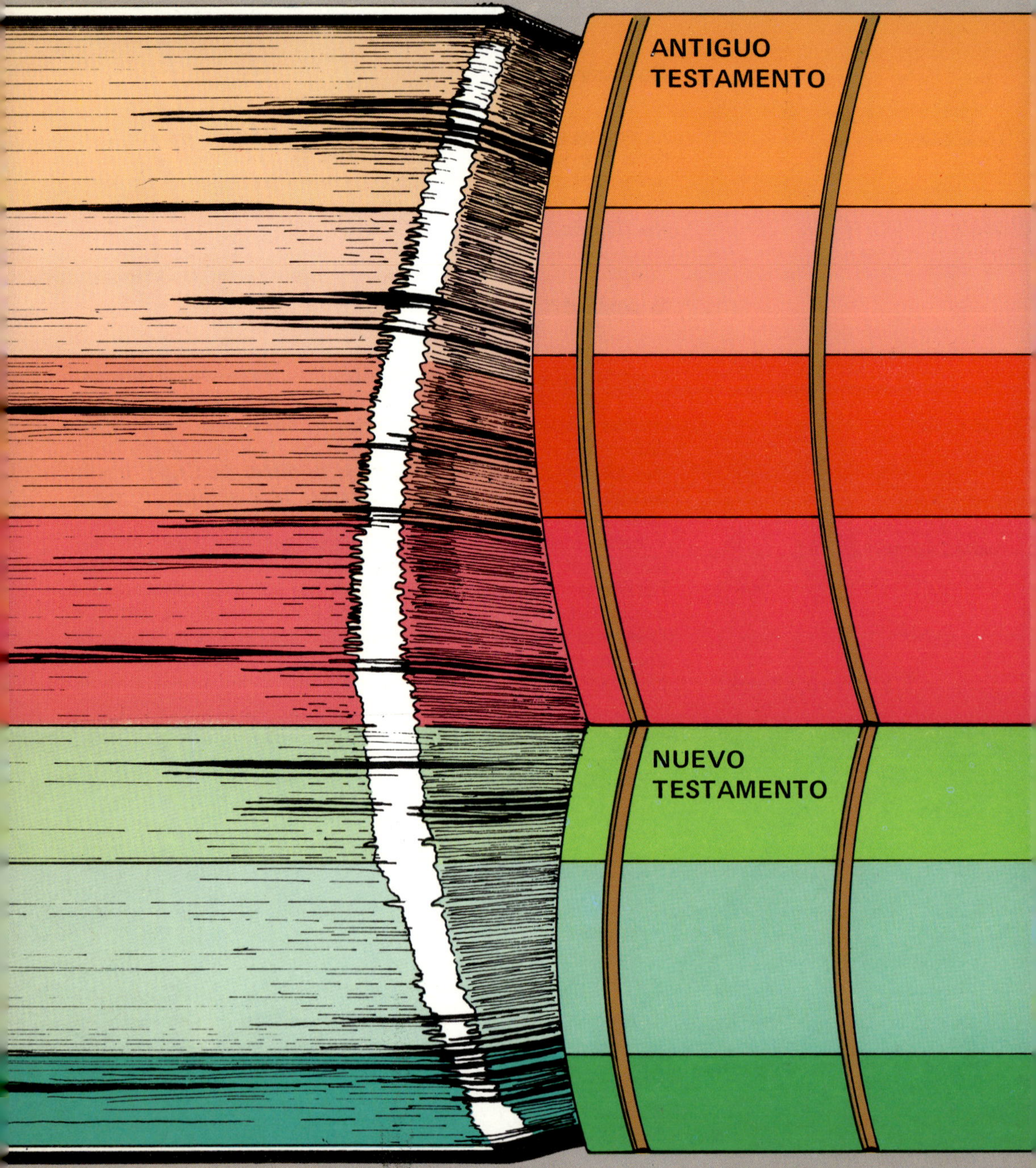

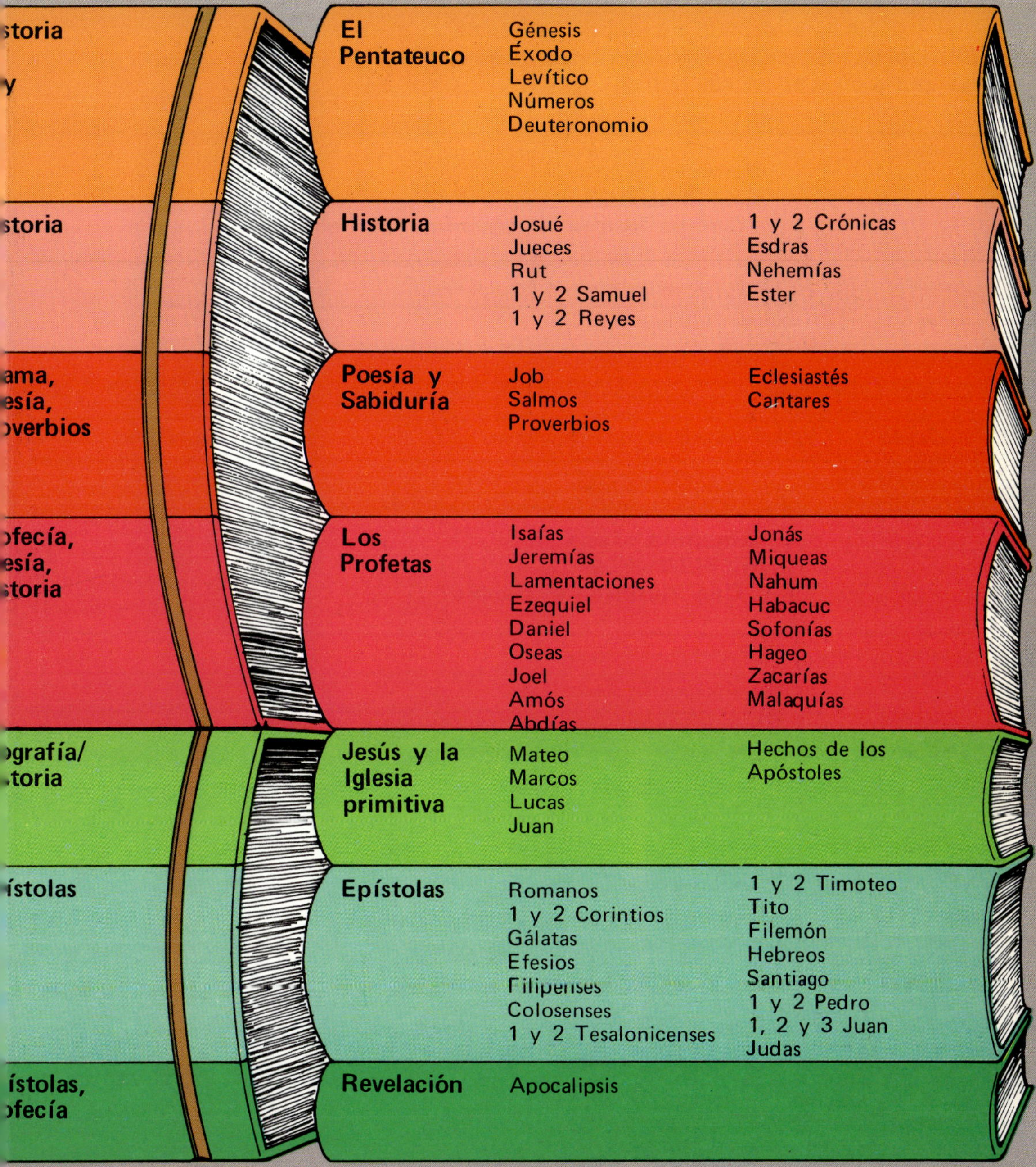
storia
y
storia
ama,
esía,
overbios
ofecía,
esía,
storia
ografía/
storia
ístolas
ístolas,
ofecía
El Pentateuco
Génesis
Éxodo
Levítico
Números
Deuteronomio
Historia
Josué
Jueces
Rut
1 y 2 Samuel
1 y 2 Reyes
1 y 2 Crónicas
Esdras
Nehemías
Ester
Poesía y Sabiduría
Job
Salmos
Proverbios
Eclesiastés
Cantares
Los Profetas
Isaías
Jeremías
Lamentaciones
Ezequiel
Daniel
Oseas
Joel
Amós
Abdías
Jonás
Miqueas
Nahum
Habacuc
Sofonías
Hageo
Zacarías
Malaquías
Jesús y la Iglesia primitiva
Mateo
Marcos
Lucas
Juan
Hechos de los Apóstoles
Epístolas
Romanos
1 y 2 Corintios
Gálatas
Efesios
Filipenses
Colosenses
1 y 2 Tesalonicenses
1 y 2 Timoteo
Tito
Filemón
Hebreos
Santiago
1 y 2 Pedro
1, 2 y 3 Juan
Judas
Revelación
Apocalipsis

Para entender la Biblia

Con frecuencia el sentido de un paisaje bíblico es claro y evidente. Cuando no, las siguientes indicaciones podrán contribuir a su comprensión y aplicación actual.

Primera etapa
ENTIENDALO
¿Qué es lo que en realidad dice el pasaje?

EL MARCO	¿Cuándo y dónde se escribió el libro o el pasaje?	Véanse 2ª y 3ª parte para obtener las notas sobre cada libro de la Biblia
PROPOSITO	¿Por qué se escribió?	
CONTEXTO	¿De qué trata todo el libro?	
FORMA	¿Cómo, o en qué forma, fue escrito?	Véase página opuesta
PALABRAS	¿Qué significan las diferentes palabras?	Por ej véase 4 ª parte

Segunda etapa
EXPLIQUELO
¿Qué significa el pasaje?

¿Qué significaba el pasaje para los primeros lectores?

¿Cuál es el principal tema o enseñanza del pasaje?

¿Cómo puede compararse con otros pasajes de la Biblia, quizá más claros?

Si fue escrito para llenar alguna necesidad particular de la época, ¿cuál será el principio general?

Tercera etapa
APLIQUELO
¿Qué significa el pasaje hoy?

¿Cuál sería una situación de hoy equivalente a la de los primeros lectores?

¿Contiene el pasaje alguna enseñanza específica acerca de Dios, el hombre, el mundo, la iglesia...?

¿Contiene algún ejemplo que seguir, o una advertencia, o una promesa?

¿Se exige alguna acción, a la luz del pasaje?

¿Conduce a la alabanza o a la oración? ¿Podemos hacer nuestras las palabras escritas por el autor?

HISTORIA/BIOGRAFIA Libros históricos del Antiguo Testamento, Evangelios y Hechos del Nuevo Testamento	**Ejemplos**
☐ ¿Cuál era el trasfondo histórico del pasaje? (Véanse los cuadros históricos y los mapas.)	Esdras 1:1 Lucas 2:1-2, 3:1-2
☐ ¿Qué fue lo que en realidad ocurrió? ¿Quiénes fueron los participantes? ¿Dónde ocurrió?	Nehemías 1 Isaías 36
☐ A menudo se seleccionaba el material para enfatizar algo: ¿hay algún punto expresado o implícito?	Jueces 6:1, 7, 8
LA LEY Exodo, Levítico, Deuteronomio, Números	
☐ Contenido del pasaje: ¿ley moral, asuntos de conducta?	Exodo 20
¿ley social, del estado?	Levítico 25:13sigs.
¿ley doméstica, asuntos de higiene?	Levítico 12
¿ley religiosa, culto, sacrificio?	Levítico 1-7
¿bendiciones y maldiciones? (Véase artículo sobre Pactos en 2ª Parte)	Deuteronomio 28
☐ ¿Cuál fue la finalidad principal de la ley en ese tiempo?	Levítico 20:22-26
☐ ¿Fue superada en el Nuevo Testamento? Si fue así, ¿cuál principio estaba involucrado?	Hebreos 9
POESIA Job, Salmos, Cantar de los Cantares, profetas, etc.	
☐ ¿Es un drama, con personajes, como en una obra teatral?	Job
☐ ¿Es poesía, que expresa los sentimientos de alguien con quien podemos identificarnos?	Salmos 42, 29, 68
☐ ¿Es símbolo? ¿Pertenece al culto o a la historia de Israel el lenguaje empleado? ¿A qué se refiere?	Salmos, 77, 78, 79
☐ ¿Existe un escenario histórico que permita comprender mejor el poema? ¿O fue escrito para ser usado en el culto de Israel?	Jueces 4 y 5 Salmos 134, 136
☐ ¿Se presenta la repetición o el contraste para efectos poéticos? (Véase la Introducción a los libros sapienciales y poéticos, 2ª Parte)	Salmo 67 Proberbios 10:11
"SENTENCIAS SAPIENCIALES" Proverbios, Eclesiástes	
☐ ¿Es un proverbio o un dicho aislado o existe un tema común?	Proberbios 8 Proverbios 23:13-14
☐ ¿Es un comentario agudo sobre la vida? ¿O una afirmación sobre algo común? ¿O describe la situación del hombre sin Dios?	Proverbios 25:25 Proverbios 10:1-4 Eclesiastes 1:2-11
PROFECIA Profetas del Antiguo Testamento, Apocalipsis	
☐ ¿Cuál fue el trasfondo histórico? (Véanse los cuadros históricos y las notas sobre cada libro.)	Daniel 1:1
☐ ¿Está escrito en estilo poético? (Véase Poesía, arriba)	Isaías 36:22-29
☐ ¿Es simbólico el lenguaje? ¿De dónde se ha tomado la figura? (Véanse notas en la 1ª y 2ª Parte)	Daniel 7
☐ ¿Cuál fue el propósito original de la profecía, en su tiempo? ¿Cuál principio universal entraña la profecía?	Apocalipsis 6 Isaías 30:1-5
☐ ¿Existen afirmaciones específicas en cuanto a su cumplimiento en el Nuevo Testamento?	Isaías 53; Hechos 8
PARABOLAS Evangelios, los libros históricos y proféticos del Antiguo Testamento	
☐ ¿Se relató la parábola para contestar una pregunta o ilustrar un punto?	Lucas 10:25-37 2 Samuel 12:1-5
☐ ¿Cuál fue el punto clave?	Lucas 10:36, 37
☐ ¿Se le da sentido especial a los detalles en el pasaje, o pertenecen simplemente a la historia como tal?	Marcos 4:1-20 Lucas 14:15-24
CARTAS Epístolas del Nuevo Testamento	
☐ ¿Cuál fue el propósito de la carta? ¿Quién la escribió? ¿A quién? (Véanse las notas sobre las epístolas en la Parte 3ª)	1 Juan 4:13 1 Corintios 1:1-2
☐ ¿Cuál es el argumento o el tema del libro en total? ¿Cómo encaja en esto el pasaje?	Gálatas 1:6

La Biblia y la sociedad

SIR FREDERICK CATHERWOOD

Dios creó el universo. Lo sustenta. El cuida de toda la humanidad y nos ha proporcionado en la Biblia una guía para dirigir nuestra vida.

La Biblia nos muestra cómo conducirnos en relación con Dios y con nuestros semejantes. Y como Dios es sempiterno, la sabiduría de la Biblia también es sempiterna.

La Biblia tiene vigencia para el individuo, así como para la sociedad. El cristianismo no tiene aplicación únicamente a la conducta privada o al culto público. Es un sistema mundial que compite con otros sistemas mundiales. Arguye desde una postura superior con el marxismo, el existencialismo, el nacionalismo y el capitalismo. Cada uno de estos sistemas está fundamentado en una visión particular de la conducta humana, y todos tienen sus propias normas de moral. El cristiano cree que por cuanto la enseñanza cristiana es verdad, será más beneficiosa y pertinente que la de cualquier otro sistema. La Biblia le ofrece al hombre del siglo veinte exactamente aquello que anhela.

LA BIBLIA RESPONDE A LAS NECESIDADES HUMANAS FUNDAMENTALES

Deuteronomio 6:24

Si no hay Dios, no puede haber ley divina. Si no hay ley divina los hombres tendrán que recordar entre sí lo que es el bien y lo que es el mal. Pero si están en desacuerdo, ¿quién tiene la última palabra? Por eso es que luchan las naciones y las clases, y el conflicto aumenta a medida que se remueve la autoridad externa.

La Biblia declara que existe una moralidad externa dada por Dios para el bien de toda la humanidad. Tanto los gobernantes como los gobernados han de responder ante él. Sus leyes son normativas para todo hombre.

Una base para la ciencia

Otras filosofías dicen depender de la ciencia. Pero la ciencia misma está basada en la enseñanza cristiana. Fue la creencia en un Dios de orden, un Dios de razón, un Dios de leyes inmutables, lo que llevó al desarrollo del método científico en el siglo XVII. Cuando la ciencia abandona esta base, se pierde. Algunos han endiosado la ciencia. Algunos ahora la rechazan del todo. La esperanza de la ciencia radica en volver a su fundamento cristiano.

Una visión realista del hombre

El mal es demasiado evidente en nuestro mundo. La educación no lo puede erradicar, ni tampoco un medio ambiente mejorado.

La revolución y los cambios de gobierno suelen ser simplemente el cambiar un mal por otro. La Biblia lo explica. El mal no es simplemente cosa externa; radica en lo más interno del hombre. La desobediencia inicial al Creador ha dejado a la naturaleza humana con una inclinación al mal que es permanente e innata Ni la razón ni la fuerza pueden mudar esto. La Biblia también enseña que Dios otorga a todo hombre ciertos beneficios comunes: la conciencia, el reconocimiento del bien y del mal, y ciertas instituciones (familia, estado, iglesia) que incitan al bien y desaniman al mal.

Génesis 3; Jeremías 17:9; Mateo 15:18-19

Lo humano restaurado

El racionalismo extensivo de nuestro siglo, que ha infiltrado toda nuestra cultura y filosofía, ha reducido al hombre a un animal, condenado a una existencia sin sentido que termina en muerte. Pero el hombre rehúsa esa concepción. Siente que existe algo fuera del cajón de tiempo y de espacio en que se encuentra. E instintivamente busca la verdad cristiana de que el hombre no es sólo cuerpo; es alma y espíritu también. No es un simple átomo pasajero en un universo abrumador, sino que tiene valor eterno.

Génesis 1:26-31; Salmo 8:3-8

LA BIBLIA Y EL ORDEN SOCIAL

La vigencia de la Biblia no se limita a generalizaciones amplias. Nos permite comprendernos y evaluarnos a nosotros mismos y al mundo en que vivimos. Nos depara una visión del mundo, una filosofía por la cual vivir. Pero se dirige también a situaciones prácticas, a la manera en que llevamos la vida y ordenamos nuestra sociedad.

Gran parte de la enseñanza bíblica, se remonta a la manera en que fuimos creados; se remonta a la creación misma. Los mismos principios básicos fueron confirmados por la ley del Antiguo Testamento y reforzados por el mismo Jesús en el Nuevo.

Hebreos 9

La ley ceremonial del Antiguo Testamento tocó a su fin en la crucifixión, cumplido su propósito. La ley civil tenía aplicación directa únicamente en Israel como nación, y no puede extraerse de ese contexto, aun cuando muchos de los principios que encierra tienen aún validez en la sociedad moderna. Pero la ley moral del Antiguo Testamento retiene su validez eterna. Se puede obligar al hombre a cambiar sus leyes pero Dios nunca cambiará las suyas. Esta ley moral incluye los diez mandamientos. Cristo vino a cumplir la ley moral, no a destruirla. Señaló todas las implicaciones de ella en el Sermón del Monte y en otras partes. No solo era pecado el acto de adulterio, sino incluso una mirada lasciva. La ley moral había sido encubierta por la hipocresía y la casuística. Cristo arrancó la tapa y puso al descubierto el deber del hombre para su prójimo.

Exodo 20
Mateo 5:17-48

La ley moral cristiana no sólo tiene validez eterna para todos los tiempos; se dirige también a todos los hombres. Aun cuando

Muchas de las leyes bíblicas aplicaban los principios del amor y la preocupación por el prójimo en medios rurales. En muchas partes del mundo se aplican en la misma forma hoy día. Pero a menudo precisa que en las sociedades industriales esos principios sean aplicados con tal frescor que las enseñanzas sean relevantes.

Deuteronomio 23:19-20

Levítico 25

encuentre demasiado elevadas sus normas, la mayoría de la gente cree en el bien y el mal, la verdad y la mentira. La ley cristiana tiene amplio apoyo, y con buena razón.

Una ley que protege al débil

Las grandes masas de la población mundial están expuestas a ser explotadas de una u otra forma. La ley moral cristiana es un baluarte que protege al hombre, dondequiera que se le pueda enseñar a este a respetarla. Protege al débil contra el fuerte, al pobre contra el rico, a las mujeres y niños, huérfanos y viudas contra quienes los abandonan y los explotan.

La intención de la ley del Antiguo Testamento sobre la usura, por ejemplo, era hacer que el hombre utilizara su buena fortuna para socorrer a su prójimo menos afortunado en tiempos aciagos, hasta que pudiera recuperar su capacidad de autosostén. La ley protegía a los agricultores que vivían en condiciones infrahumanas que necesitaban sustento entre una cosecha y otra, especialmente si la cosecha había sido mala. Sin una tal ley, los ricos podían abusar de los pobres. Podrían cobrar intereses tan altos que el pobre agricultor tendría que vender su finca para pagarlos. Ciertamente no era una prohibición de préstamos con intereses que pudieran ser ganados por el prestatario. El préstamo de ahorros en desuso es vital para el desarrollo económico.

La mayoría de las personas están de acuerdo en que la ley moral protege al débil. El sindicalista teme que en un capitalismo competitivo el débil se hunda. El trabajador apoya sinceramente un credo destinado a ayudar al pobre.

En forma similar, el principio de la Ley de Jubileo era que al rico no se le permitiera acumular todos los derechos de la propièdad. Cada cincuenta años había una redistribución de la tierra para devolverla a los dueños originales.

El concepto de la ley y el orden

Romanos 13:1-7

Exodo 21, 22

La ley cristiana protege a la sociedad contra el caos. El poder civil, les dice Pablo a los romanos, ha sido establecido por Dios para mantener el bien y suprimir el mal.

Cuando se trata del crimen y el castigo, las penas señaladas en el Antiguo Testamento para las ofensas personales son más severas que aquellas contra la propiedad. Las personas son de mayor importancia que las cosas. Este es un ideal que tendemos a olvidar hoy día.

El crimen exige un justo castigo. Pero al criminal hay que tratarlo con compasión. Así el cristiano se sitúa entre la línea "dura" en cuanto al castigo y la línea "suave". Las leyes veterotestamentarias se proponían asegurar que el castigo no fuera mayor que la ofensa, y en todo caso fuera menor que la retribución privada. Cristo mismo le dijo a la mujer sorprendida en adulterio

Juan 8:11

—para el cual el castigo era la muerte—. "Vete, y no peques más".

Por el otro extremo, el cristiano no está en libertad de basar sus conceptos acerca del crimen y el castigo en la presuposición de que el crimen es un tipo más de enfermedad, y por lo tanto susceptible de ser curado. La Biblia contempla el crimen como un acto moral por el cual es responsable el criminal, cosa que no sucede con la enfermedad. El interés del cristiano en la reforma del criminal nunca le permitirá ni negar la ofensa ni dejar de proteger a la sociedad contra el ofensor. Pero una vez cumplida la sentencia, el criminal tiene derecho a la ayuda de la sociedad para llegar a ser un buen ciudadano.

Un peligro en tratar todo crimen como enfermedad es que hace del criminal un ciudadano de segunda clase. La sentencia del juez normalmente se limita por la naturaleza del crimen, pero un médico puede proseguir hasta estar seguro de que el paciente está curado, y si se pone de lado una norma moral objetiva, ¿qué puede detener a una mayoría de la sociedad —o aun una minoría en el poder— de recluir en una institución psiquiátrica a aquellos que disienten de ellos hasta que estén "curados"? Y tal cosa ha sucedido...

Inicialmente el método científico se basó en los principios cristianos derivados de la Biblia. Muchos sostienen que la ciencia de nuevo podría ser restaurada a una base segura si los científicos volvieran al teísmo que les otorga su verdadera perspectiva.

Apoyo para la familia

La ley cristiana protege a la institución básica de la sociedad: la familia. La Biblia tiene mucho que decir acerca del concepto de la familia, y el ideal cristiano difiere mucho de algunos conceptos modernos.

Mateo 19:5-6

La idea de permanencia es básica al concepto cristiano del matrimonio. Esto proporciona seguridad a los cónyuges y a los hijos. Las relaciones pueden ser mucho más libres dentro de un marco seguro que cuando los dos cónyuges o los hijos tienen que tener en mente el posible derrumbe de toda la estructura básica. La tensión que surge de la inseguridad puede muchas veces precipitar el colapso. Surgen áreas totalmente nuevas de celos y fricción.

La Biblia no permite en ninguna parte el divorcio por causas de incompatibilidad. Existen incompatibilidades en todo matrimonio. Pero la Biblia coloca al matrimonio dentro de un contexto más amplio. No es meramente una unión romántica entre dos individuos con la exclusión de todo el mundo. La familia extensa de ambos lados está involucrada. Así también la sociedad. La familia extensa protege al esposo y a la esposa, como también a los hijos, de las tensiones y la tirantez de la pequeña familia nuclear moderna, en donde todo contacto con tíos, tías, primos y aun abuelos se limita a una llamada telefónica por semana.

El ideal cristiano es el matrimonio entre un hombre y una mujer, factor que ha elevado enormemente el status de la mujer en el mundo. Quien se atreva a cuestionar la validez de la monogamia debe leer las tribulaciones de Jacob, David y otros que tomaron a más de una mujer. El marido debe amar a su mujer. No tiene derechos absolutos sobre ella. Pero sí es, no obstante, la cabeza de la familia, el último árbitro.

Efesios 5:21-33

En el sentido más estricto, la Biblia concibe las relaciones sexuales prematrimoniales como una contradicción de términos. Vivir juntos en unión física *es* matrimonio. Ambos cónyuges son una sola carne. Pero allí no termina el asunto. El matrimonio es social tanto como físico. Implica el abandonar a los padres. Incluye a otras personas: la sociedad en general. La ceremonia matrimonial presta reconocimiento a este hecho. Aparentemente la única causa de divorcio que admite Cristo es el adulterio de uno u otro de los cónyuges con una tercera persona.

Génesis 2:24;
1 Corintios 6:16

Mateo 19:1-9

El sexo, según lo ve la Biblia, es parte integral de una relación más amplia. Debe ser la expresión de un respeto duradero y un amor que se sacrifica. Dentro de esa relación aumenta el amor y el respeto. Fuera de ella, pareciera que tiene el efecto opuesto. Y la mujer, por su grado de mayor dependencia, generalmente es la que sale perdiendo.

2 Samuel 13

Siempre ha habido promiscuidad. Nadie sabe cómo sería una sociedad si todo el mundo actuara con base en el consejo de aquellos que la propician. Aun así, la mayoría no encuentra que este criterio sea ni práctico ni deseable. En cambio, el concepto cristiano del matrimonio es a la vez práctico y mucho más feliz que cualquier otra alternativa.

En el choque de ideologías hoy día la Biblia nos habla con nuevo vigor: aquellas filosofías que hacen caso omiso de sus enseñanzas fundamentales sobre la naturaleza del hombre y de la sociedad no pueden tomar en cuenta al hombre tal como es y tal como está destinado a ser.

EL OFRECIMIENTO DE NUEVA VIDA

Estas son simplemente ilustraciones de la vigencia que tiene la Biblia para la sociedad de hoy, para el hombre moderno. Se fundamentan principalmente en la creación y en una ley que es fiel a la realidad del hombre y de la sociedad.

Romanos 3:9-26

Pero la Biblia no se limita a la ley de Dios para la humanidad. Reconoce que el hombre es incapaz de guardar estas leyes y de reparar las ofensas contra un Dios santo. De manera que la ley tiene el propósito no sólo de ordenar la conducta en un mundo imperfecto, sino también de mostrarnos nuestras imperfecciones y así conducirnos a Cristo.

Pues Cristo, por su muerte, ha cumplido la sentencia por nuestro pecado, y ofrece perdón y nueva vida a todos los hombres. Para los cristianos de todas las generaciones, por dos mil años y en todas las naciones y razas, esta es la realidad suprema. Conocen el perdón. Conocen la comunión con Dios mediante el culto y la oración. Conocen la presencia del Espíritu Santo que transforma su vida. Saben que las leyes de Dios son buenas y verdaderas. Para ellos la Biblia no es simplemente un libro realista acerca de la naturaleza humana. Lo han puesto a prueba y saben que es la verdad.

La Biblia y la doctrina cristiana

HOWARD MARSHALL

Lo que creemos determina nuestra manera de vivir. De manera que el cristiano no puede decir: "No tengo tiempo para la doctrina". La doctrina no es una opción extra. Lo que creemos afecta todo el estilo de nuestra vida.

Como cristianos somos seguidores de Cristo. Vamos a quere hacer lo que él nos manda. "Si me amáis", dijo él, "guardaréis mis mandamientos" Esto entraña el descubrimiento de lo que en realidad enseñó Jesús. Exige, además, averiguar lo que enseñaron sus apóstoles, cómo explicaron su venida, muerte y resurrección, y cómo se relaciona esto con sus seguidores y a su iglesia.

El concepto que Jesús tenía de la Biblia ha de ser el nuestro también, si es que vamos a seguirlo. Será nuestra fuente de información, nuestra inspiración, no sólo la fuente de nuestra devoción sino también de las creencias básicas que habrán de moldear nuestro carácter y nuestra vida. Pues nuestras creencias habrán de reflejarse en la sociedad, el trabajo, en todo nuestro sistema de valores. Es vital que establezcamos un credo, un conjunto de doctrinas que estén acordes con lo que enseñó Jesús y con lo que enseña toda la Biblia.

LA FUENTE DE LA FE CRISTIANA

La Biblia es el relato de cómo Dios habló a una variedad de personas dentro de su situación particular a lo largo de los siglos. Es un registro histórico, y no una tabulación sistemática de doctrina.

De ahí que lo que enseña la Biblia sobre algún tema en particular, tal como Dios, el hombre, el mal, la iglesia, va tomando cuerpo a medida que se cotejan las enseñanzas de varias partes de la Biblia hasta formar el cuadro completo. Estamos en busca de la suma total de la revelación dada en "muchas y variadas maneras", como lo expresa el autor de Hebreos.

Del Viejo al Nuevo Testamento

Una pregunta práctica inmediata es la relación mutua de las diferentes partes de la Biblia. El Antiguo Testamento es incompleto sin el Nuevo. Hubo una evolución en cuanto a la comprensión y la revelación que dio Dios.

Esto significa que evidentemente el Nuevo Testamento ha de tener la última palabra. Lo que se dice en el Antiguo Testamento no debe tomarse en forma aislada; ha de verse dentro del contexto de la revelación total de Dios.

El mismo tipo de problema puede surgir también en el Nuevo Testamento. Si tratamos de construir una doctrina de la vida cristiana exclusivamente a partir de los Evangelios, encontraremos que el tema principal es la relación de los discípulos con su Maestro. Pero así perderíamos todo el resto de la enseñanza del Nuevo Testamento: la enseñanza de nuestra relación con un Salvador crucificado y resucitado.

De igual manera sería posible concentrarnos enteramente en las enseñanzas de las epístolas acerca de la unión con Cristo, y olvidar lo que dicen los Evangelios en cuanto a los mandamientos tan prácticos que Jesús dio a sus discípulos durante su vida terrenal. De ahí que debemos balancear nuestra enseñanza a partir de las varias partes de la Biblia, aunque hagamos normativo el Nuevo Testamento.

Texto y contexto

También debemos cuidarnos de no sacar textos fuera de su contexto para darles el significado que queramos.

La Biblia no es una colección de verdades eternas que se puedan intercambiar sin reparo en su trasfondo y propósito original. No se puede simplemente recopilarlas de todas partes de la Biblia y sumarlas para formar una doctrina. El significado de una afirmación depende en parte de su contexto. Debemos estar seguros de que se entienda un versículo a la luz de todo el pasaje que lo enmarca, al considerar lo que se enseña con respecto a una doctrina en particular.

PALABRAS Y FORMAS DE PENSAMIENTO

Cuando Juan le escribió a la gente de su época: "el Verbo fue hecho carne", estaba compartiendo una concepción común en cuanto a los vocablos "Verbo" y "carne". De manera que expresaba su mensaje en forma que sus lectores podían comprender.

Pero estas expresiones pueden significar algo muy distinto en el habla moderna. De manera que no se puede elaborar una doctrina o formar una teología mediante la mera repetición de ciertas afirmaciones bíblicas sin acatar el significado de las palabras ayer y hoy. Se suma a esto la responsabilidad de re-expresar las afirmaciones de tal manera que el sentido original sea claro para

"No os conforméis a este mundo" (no permitáis que el mundo os forme en su molde), escribió Pablo a los Romanos (12:2). Lo que creemos inevitablemente afecta nuestra manera de vivir. Este relieve de tiempos romanos se exhibe a la par del molde del cual fue formado.

la gente de hoy. Si algunos términos bíblicos ya no se comprenden, debemos tratar de encontrar otros que transmitan el sentido sin pérdida de contenido.

¿Tarea para expertos?

Pareciera, por lo tanto, que se hace difícil usar la Biblia como fuente de nuestra doctrina cristiana. Claro que hemos de estar apercibidos de las dificultades. Pero no debemos exagerarlas.

Primero, la Biblia fue escrita para que la gente corriente la entendiera. Esto quisieron dar a entender los reformadores con la "perspicuidad" de las Sagradas Escrituras, y es un principio que también aceptan hoy otras tradiciones. La Biblia es lo suficientemente clara para no requerir la interposición de una casta sacerdotal para explicar sus secretos al laico sencillo. Ni necesitamos una nueva generación de eruditos para desplazar a los sacerdotes, para transmitir el mensaje esencial de la Biblia a la persona común y corriente.

Segundo, existe una sabiduría acumulada de interpretación bíblica reunida a través de los siglos. Sería torpe y carente de visión si nos quedáramos con nuestras propias interpretaciones, haciendo caso omiso de los resultados de mucho estudio cristiano de la Biblia. Hemos de verificar nuestra propia investigación a la luz de las doctrinas aceptadas. O de otra forma, apropiarnos la doctrina aceptada verificándola en la Escritura misma.

DOCTRINA BIBLICA Y PENSAMIENTO MODERNO

Habiendo sistematizado lo que enseña la Biblia en una forma coherente, metódica, queda un paso más. La Biblia presenta la palabra de Dios hablada al hombre en períodos particulares de la historia y dentro del marco de sus problemas y necesidades. No abarca la totalidad del conocimiento e investigación humana, y sería irrazonable esperar que así fuera.

De ahí que hemos de remitir lo que dice la Biblia al resto del conocimiento humano, y el resto del conocimiento humano a lo que dice la Biblia.

Conocimiento científico

Por ejemplo, la Biblia relata la creación del universo, pero la Biblia no es un libro de texto científico. Lo que dice la Biblia en cuanto a la creación tiene que ser relacionado con los descubrimientos científicos. Toda verdad es verdad de Dios. Dios, quien habla por "revelación especial" en la Biblia, también habla en "revelación general" mediante las investigaciones científicas y los descubrimientos. La Biblia habrá de ser la autoridad suprema si hay discrepancias evidentes, pues solo así se justifican las enseñanzas de Jesús y lo que la misma Biblia pretende ser. Empero la verdad de Dios no será contradictoria: hemos de procurar más luz sobre el asunto.

El hombre es un ser caído, cuyo entendimiento ha sido entenebrecido por el pecado. De manera que lo dicho por el científico puede ser falso e inadecuado, o basado en presuposiciones falsas. Pero nosotros también somos criaturas caídas, sujetas al error, de manera que procuraremos evaluar toda afirmación a la luz de la palabra de Dios. Y hemos de hacer todo lo posible por escuchar y comprender la palabra de Dios clara y correctamente. Sólo de esta manera podremos esperar armonizar el conocimiento de Dios y el universo que presenta la Biblia y el que da la revelación general y así llegar a una percepción unificada.

DE LA FE A LA VIDA

A Dios lo podemos conocer solamente en la medida en que él se revele a sí mismo. De otra forma no tenemos medios para conocerlo. No tenemos ningún conocimiento verdadero de Jesucristo salvo por lo que leemos en la Biblia. No podemos conocer nada del gozo de la vida cristiana o de la vida y comunión de la iglesia, a menos que recurramos a la Biblia que Dios nos ha dado para obtener una idea de ellas.

De manera que cada cristiano ha de formarse una idea clara de lo que la Biblia enseña con respecto a los grandes temas (→ Parte IV). Solamente así podrá adquirir una base cristiana para la vida. Pues lo que creemos es lo que inevitablemente será expresado en nuestra vida diaria.

Textos y versiones

DONALD GUTHRIE

Nuestra Biblia es una colección de no menos de 66 libros. Sus orígenes se remontan a centenares de años atrás. La historia de cómo fue escrita la Biblia y transmitida a nosotros, y cómo fueron seleccionados los varios libros, es fascinante. Es, además, de vital importancia para nosotros, puesto que la Biblia es la base de la fe y la enseñanza para toda la Iglesia cristiana.

EL TEXTO DEL ANTIGUO TESTAMENTO

Es difícil investigar la historia del Antiguo Testamento y la recopilación de los libros simplemente porque gran parte del material es muy antiguo. Además está el problema de que los hebreos destruían los manuscritos antiguos al preparar los nuevos. Hasta el asombroso descubrimiento de la biblioteca de Qumrán —los rollos del Mar Muerto— en 1947, los manuscritos hebreos más tempranos que se conocían de cualquier porción del Antiguo Testamento eran copias del siglo IX d.C. del Pentateuco, primeros cinco libros de la Biblia, y los libros históricos y proféticos. Estos manuscritos preservan lo que se conoce como el "texto masorético", editado en forma fija alrededor del año 500 d.C. Todos los manuscritos más tardíos son sustancialmente idénticos a estos textos del siglo IX, lo cual atestigua el cuidado extraordinario que tuvieron los escribas al copiar el texto hebreo.

La evidencia de Qumrán nos lleva atrás otros mil años al siglo I a.C. Sólo se han preservado unos pocos textos completos de los libros veterotestamentarios, pero incluso los fragmentos tienen inmenso valor para confirmar el esmero con que se trasmitió el texto. Estos hallazgos nos animan a tener mayor confianza en que el texto fuera también preservado con igual cuidado a través de épocas anteriores. Desde luego nos gustaría tener evidencia todavía más antigua acerca de las porciones más remotas del Antiguo Testamento. Pero el hecho de que los judíos conservaran sus escrituras con tanta precisión durante tantos siglos dice mucho acerca de la

En 1947 un pastorcillo halló un tesoro incalculable en esta cueva: los rollos del Mar Muerto, manuscritos del Antiguo Testamento y otros libros que datan a una época anterior a Cristo. Cerca se encuentran las ruinas de Qumrán, el "monasterio" de una comunidad que hubo de ocultar su biblioteca de rollos en las cuevas por motivo de la inminente invasión romana.

ΚΓ 23

ΤΝΑϢⲢΠΙϹΤΕΥΕ ΕΤΕΤΝ
ΧΙ ΕΑΥ ΑΒΑΛ ϨΙΤΝ ΝΕΤΝΕΡΗΥ
ΑΥⲰ ΠΕΑΥ ΑΒΑΛ ϨΙΤΝ ΠΟΥ
ΕΕΟΥΑΕΕΤϤ ΤΕΤΝϢΙΝΕ Ν
ϹⲰϤ ΕΝ· ΜΠⲢΜΕΕΥΕ ΧΕ Α
ΝΑΚ ΠΕΤΝΑⲢ ΚΑΤΗΓΟΡΙ Μ
ΜⲰΤΝ ΝΑϨⲢΝ ΠΕΙⲰΤ· ϤϢΟ
ΟΠ ΧΙ ΠΕΤΝΑⲢ ΚΑΤΗΓΟΡΙ
ΜΜⲰΤΝ ΜⲰΥϹΗϹ ΠΕΤΕ[...]
ΤⲰΤΝ [...] ΕΤΕΤΝ[...]ϨΕΛΠΙ
ϨΕ ΑΡΑϤ· ΕΝΕΝ [.]ΑΤΕΤΝ
ⲢΠΙϹΤΕΥΕ ΓΑⲢ Α[...]
ΝΕΤΕΤΝΑ ⲢΠΙϹΤΕ[...]
ⲢΑΕΙ ΠΕ· ΑΠΕΤΜΜΕ[...]
ϨΕΕΙ ΕΤΒΗΤ' ΕϢΠΕ Τ[...]
ⲢΠΙϹΤΕΥΕ ΔΕ ΕΝ ΑΝ [...]ϨΕΙ Μ
ΠΕΤΜΜΕΥ ΝΕϢ ΝϨΕΕ
ΤΝΑⲢΠΙϹΤΕΥΕ ΑΝΑϹΕ[...]
ΜΝΝϹΑ ΝΕΕΙ Α ΙΗϹ ΒⲰΚ [...]
ΠΙΚⲢΟ ΝΘΑΛΑϹϹΑ ΝΤΓ[...]
ΛΙΛΑΙΑ ΝΤΙΒΕⲢΙΑϹ· ΝΕ[...]
ΟΥΜΗΗϢΕ ΕΝΑϢⲰϤ [...]
ΝϹⲰϤ ΧΕ ΝΕΥΝΕΥ ΑΝ Μ
ΕΙΝΕ ΕΤϤΙⲢΕ ΜΜΑΥ ΑΧΝ ΝΕ
ΤϢⲰΝΕ· ΙΗϹ ΔΕ ΑϤΒⲰΚ
ΑϨⲢΗΙ ΑΧΝ ΠΤΑΥ ΑϤϨΜΕΙ[...]
ΟΥΑΕΕΤϤ ΜΝ ΝΕϤΜΑΘΗ
ΤΗϹ· ΝΕϤϨΗΝ ΔΕ ΑϨΟΥΝ
ΧΙ ΠΠΑϹΧΑ ΠϢΑ ΕΙΕΝΝ
ΤΑΕΙ· ΙΗϹ ΔΕ ΑϤϤΙ ΝΕϤΒΕ
ΑϨⲢΗΙ ΑϤΝΕΥ ΧΕ ΟΥΝΟ[...]
ΜΗΗϢΕ ΝΝΗΥ ϢΑⲢΑϤ ΠΕ[...]
ΧΕϤ ΜΦΙΛΙΠΠΟϹ ΧΕ ΕΝΑ
ΤΑΥ ΑΕΙΚ ΤΟ ΧΕ ΕⲢΕ ΝΕΕΙ
[...]ΟΥⲰΜ· ΝΤΑϤΧΕ ΠΕ

confiabilidad del texto. Desde luego esto no indica que no haya problemas. Hay numerosos casos en que el texto original no es claro, y el traductor o editor deberá guiarse por lo que sea más probable.

La primera traducción de la Biblia

No obstante, aun en estos casos no es simplemente asunto de adivinar. Tenemos la ayuda de la versión griega del Antiguo Testamento, la versión de los Setenta (LXX). Esta fue la versión empleada por los judíos de habla griega a principios de la era cristiana, y por los primeros cristianos. Su origen es incierto, pero la tradición coloca a los Setenta en el período de Tolomeo Filadelfo de Egipto (285-246 a.C.).

Los rollos del Mar Muerto también nos han proporcionado los manuscritos más primitivos de porciones del Antiguo Testamento en griego. Existe en ellos una similitud apreciable con los textos anteriores de la LXX, aunque ciertas variantes han inducido a algunos estudiosos a pensar si en efecto la evidencia de Qumrán revela un texto anterior. En principio, no obstante, el texto hebreo se considera más fidedigno, ya que los editores griegos se tomaban muchas libertades en la traducción. Aun así, es posible que haya casos en que el texto griego conserve más del texto antiguo que los manuscritos hebreos existentes.

Además de la LXX, otros textos griegos circulaban durante los primeros siglos de la era cristiana. Orígenes de Alejandría recogió una obra conocida como las *Héxaplas,* en la cual hace una yuxtaposición del texto hebreo y de la LXX, junto con otros textos por Aquila, Símmaco y Teodoción, y luego su propia revisión del texto. En solo un caso pudieron estas versiones competir con la LXX; en alguna época temprana la traducción de Teodoción del libro de Daniel sustituyó al original de la LXX, de inferior calidad. Después de Orígenes hubo otras ediciones por redactores cristianos (Luciano, Hesiquio).

Un papiro del Evangelio de Juan, escrito en cóptico en el siglo IV. Contiene 43 páginas escritas en ambos lados, casi la totalidad del Evangelio.

Conforme se iba extendiendo la Iglesia cristiana al mundo donde no se hablaba griego, se hicieron traducciones al latín, siriaco y egipcio, a la par de los textos del Nuevo Testamento que se mencionan más abajo.

LA FORMACION DEL ANTIGUO TESTAMENTO

La historia de cómo se formó el "canon" (colección aceptada de libros) del Antiguo Testamento es difícil de establecer por falta de información. Pero existe lo suficiente para indicar lo que contenía el Antiguo Testamento durante el período inmediatamente anterior a la era cristiana. Y esto contribuye a establecer lo que Cristo y los discípulos habrían considerado como las Escrituras. Existe una tradición judía que dice que fue el escriba Esdras quien ordenó el canon, aunque mucho antes de su época existieron colecciones del Pentateuco y de algunos de los profetas.

Los libros del canon hebreo estaban dispuestos en tres grupos: la Ley, los Profetas, y las Escrituras (que incluían los libros sapienciales, algunos escritos históricos como Esdras, Nehemías y las Crónicas y un libro profético, Daniel). El prólogo al apócrifo *Libro de Sirac* o *Eclesiástico* (alrededor de 130 a.C.) contiene evidencia de ésta triple agrupación, pero no indica el contenido de cada sección. Los manuscritos de la biblioteca de Qumrán incluyen textos o fragmentos de todos los libros del Antiguo Testamento con excepción del libro de Ester (que aún puede aparecer).

Josefo, historiador del primer siglo d.C. reconoció 22 libros; el *Apocalipsis de Esdras* (hacia 100 d.C.) reconocía 24. Si Josefo incluía a Rut con Jueces, y Lamentaciones con Jeremías, ambos están de acuerdo. Los 24 libros del canon hebreo equivalen a los 39 libros del canon griego (puesto que Samuel, Reyes, Crónicas, Esdras-Nehemías y los doce profetas menores se contaban como libros únicos en la lista hebrea). La mayoría de los libros de nuestro Antiguo Testamento se citan en el Nuevo, lo que sugiere que el canon del Antiguo Testamento usado por Jesús fue idéntico al usado generalmente por los judíos, y conocido por Josefo. Los libros conocidos como Apócrifos, que estaban incluidos en el canon griego pero excluidos del hebreo, por lo visto que no fueron aceptados sobre la misma base que la Escritura por los primeros cristianos. Nunca se citan como autorizados en el Nuevo Testamento.

EL TEXTO DEL NUEVO TESTAMENTO

Cuando nos volvemos al texto del Nuevo Testamento nos enfrentamos con tal cantidad de evidencias que el problema consiste en encontrar un principio básico para su edición. Poseemos miles de manuscritos: contraste notable con los pocos manuscritos existentes de los clásicos griegos. No sólo hay miles de manuscritos griegos; también existen muchos manuscritos de traducciones al latín, siríaco, egipcio, y otros idiomas. Tenemos también citas del Nuevo Testamento en los escritos de los primeros Padres de la Iglesia. Pero estas evidencias deben usarse con cautela, por cuanto no todos son notables por su exactitud.

La gran mayoría de los manuscritos griegos contienen un texto que llegó a ser oficial en el siglo V. Unos cuantos manuscritos parecen conservar un texto mucho más primitivo, y los editores textuales les consignan mayor importancia a éstos. La primera edición impresa del texto griego fue la de Erasmo, publicada en 1516. Antes de esto no se había pensado siquiera en examinar la historia del texto. La autenticidad completa del texto reconocido —apoyada también por la biblia latina (la Vulgata)— se aceptaba incuestionablemente. Varias ediciones publicadas en los siglos XVI y XVII anotaban la evidencia de manuscritos que diferían del texto oficial. Las más notables de estas fueron las ediciones de Estéfano, que dio base a la versión del Rey Jacobo en Inglaterra, y la de Elzevir, que llegó a ser el texto estándar continental (fue esta la que se autotitulaba "Textus Receptus", o Texto Recibido).

Sin embargo, el texto oficial en sí permaneció en gran parte inalterado, hasta que los críticos textuales comenzaron a investigar su historia en los siglos XVIII y XIX. Descubrieron que muchos de los manuscritos más antiguos discrepaban de este.

Bengel fue el erudito que ayudó a establecer el principio de que la antigüedad y la calidad del manuscrito eran más importantes que la cantidad. Otros eruditos (por ejemplo Griesbach) desarrollaron la idea de agrupar los manuscritos en familias con base en ciertas características. Esto dio como resultado el rechazo del texto oficial del siglo V y su sustitución por otros grupos más antiguos, por ejemplo el Texto Alejandrino (o Neutral) y el Texto Occidental.

Variaciones en los manuscritos

Los sistemas antiguos de publicar eran muy diferentes de los de hoy. Generalmente los manuscritos eran reproducidos por un grupo de escribas que escribían al dictado de un escriba jefe. Inevitablemente a veces no oían bien y cometían algún error, pero estos se detectaban fácilmente. En caso de que un escriba escribiera solo, produciendo una sola copia de un manuscrito, podía equivocarse leyendo mal el texto. Por lo difícil de la labor de producir manuscritos a mano, estos eran demasiado caros para el uso corriente y tendían a preservarse para el uso de grupos, tal como en las iglesias cristianas.

La forma de manuscrito que se empleaba en la iglesia primitiva era el rollo de papiro, cuero o pergamino, que había estado en uso por siglos. Pero hay buena razón para creer que ya en temprana época (el siglo II d.C.) los cristianos comenzaron a usar la forma de "códice" o libro, para mayor facilidad. Todo el Nuevo Testamento llenaría varios rollos, pero podría ser incluido en un solo códice cuando se empleaba el estilo de escritura más pequeña, la cursiva.

Manuscritos del Nuevo Testamento

Entre los manuscritos de mayor importancia que se conocen hoy día hay dos grupos escritos en papiro: los Papiros Bodmer (uno de los cuales data del fin del siglo II) y los Papiros Chester Beatty (generalmente fechados a principios o mediados del siglo III). Ambos grupos son fragmentarios. Pero tenemos dos manuscritos, producidos durante el siglo IV por escribas profesionales en Alejandría, que contienen mucho más del Nuevo Testamento. En realidad, el Codex Sinaíticus contiene todo el Nuevo Testamento. Y el Codex Vaticanus, más antiguo, nos lleva hasta Hebreos 9:13.

Ninguno de estos manuscritos se empleó en las primeras versiones españolas. Pero casi todas las autoridades sobre textos concuerdan en que preservan un texto mejor que el oficial del siglo V, que demuestra evidencias claras de haber sido sometidos a corrección de estilo. Estos dos manuscritos forman la base del texto preparado en el siglo XIX por los eruditos Westcott y Hort, y el texto paralelo empleado para preparar las versiones españolas más recientes. Los manuscritos de papiro mencionados arriba no se conocían entonces, pero han sido usados en ediciones recientes del texto.

Dos siglos y medio de cuidadosa labor han establecido un texto del Nuevo Testamento lo más cercano posible del original. En pocos casos existen todavía algunas dudas en cuanto a la forma precisa del texto, pero estas son de menor importancia y ninguna afecta la enseñanza esencial del Nuevo Testamento.

LA FORMACION DEL NUEVO TESTAMENTO

Es fascinante trazar los comienzos del Nuevo Testamento tal como lo conocemos hoy día. Tenemos pocas evidencias tempranas, pero es fácil hacer un cálculo de lo que pudo haber sucedido. El Antiguo Testamento se leía con regularidad en los cultos de la iglesia primitiva y sería muy natural agregar la lectura de algún documento auténtico acerca de la vida y muerte de Jesucristo. Al principio los apóstoles mismos podían proveer un testimonio hablado, pero después de su muerte la iglesia necesitaba el relato escrito de lo que habían dicho. Sus cartas se agregaban entonces a los Evangelios, porque daban orientación acerca de la conducta cristiana. Los Hechos de los Apóstoles se incluían como continuación del Evangelio de Lucas, siendo el único relato auténtico en cuanto al comienzo del cristianismo. El Apocalipsis de Juan, también, tenía gran aplicación en esa época de persecución.

Pero ¿qué evidencia tenemos de cómo fue formulado el Nuevo Testamento? Existe lo suficiente para formarnos una idea de la situación al final del siglo II. Ya para esta época los cuatro Evangelios, y nada más, estaban en uso oficial. Ireneo, uno de los Padres de la iglesia primitiva que mantenía relaciones tanto con las iglesias de occidente como con las de oriente, no nos deja dudas acerca del Evangelio "cuádruple". Tertuliano y otros de los Padres de la época así lo confirman. Circulaba mucha literatura espuria (gran parte obra de herejes) que incluía algunos "Evangelios". Pero no existe evidencia de que otros Evangelios aparte de Mateo, Marcos, Lucas y Juan fueran aceptados como Escrituras dentro de la iglesia ortodoxa. Al final del siglo II los cuatro Evangelios y los Hechos eran ya escritos indiscutiblemente "aceptados". No hay duda, además, de que las trece epístolas de Pablo también se aceptaban al mismo nivel que los Evangelios.

Manuscristo en caracteres siriacos que datan de los albores del siglo XIII. Contiene el Nuevo Testamento Peshitta (o lenguaje simple). Tiene registrados no solo el nombre de sus dueños, sino el de su escribiente, "el débil, el pecador Marcos de Yariya".

Ante las necesidades de la Iglesia

Existe menos evidencia acerca de los libros restantes, aparte de 1 Pedro y 2 Juan. En realidad la historia del canon en los siglos III y IV gira en torno a la posición de estos otros libros. Se sabe que el libro del Apocalipsis se usaba en el siglo II, pero no es sino hasta el siglo III que se generaliza la evidencia de su uso. La epístola a los Hebreos era conocida y usada en una fecha temprana (Clemente de Roma la cita alrededor de 95 d.C.), pero luego hubo en occidente más renuencia a aceptarla que en oriente. Orígenes no creyó que su autor fuera Pablo, pero no la rechazó como escrito apostólico. No fue sino en el siglo IV que recibió aceptación general en la iglesia occidental. Muchas iglesias la aceptaban como de Pablo, pero algunos de los Padres (entre ellos Agustín) adoptaron el mismo criterio que Orígenes. En tiempos modernos este concepto ha sido adoptado casi universalmente.

Las epístolas "generales" —2 Pedro, 2 y 3 Juan, Santiago y Judas— encontraron resistencia en algunas iglesias, pero no se sabe la razón. Podría haber cierta duda en cuanto a la propiedad de su contenido, más que en cuanto a su origen. En la selección de libros "aprobados" mediaba el aspecto de su utilidad para la lectura pública en la iglesia, y es fácil entender por qué estas epístolas breves no se usaron mucho con tal propósito.

Hasta aquí nada se ha dicho de los concilios eclesiásticos. La razón es que ninguno de ellos se pronunció en cuanto al canon hasta mucho después de que éste ya estaba establecido y en uso en las diferentes iglesias. Los libros que enumera el Concilio de Laodicea (363 d.C.) y la lista semejante aprobada en el de Cartago (397 d.C.) son los mismos que en nuestro Nuevo Testamento, salvo que la primera lista omitía el Apocalipsis. Es claro que el canon del Nuevo Testamento no fue resultado de pronunciamientos eclesiásticos, sino que fue creciendo de acuerdo con las necesidades de la Iglesia. El criterio determinante en la selección fue la "apostolicidad", la convicción de que los libros representaban la postura de la era apostólica.

LAS TRADUCCIONES

Debemos decir algo acerca de las traducciones si es que queremos examinar la historia de la Biblia hasta los tiempos modernos. Durante la Edad Media la Vulgata Latina fue la versión oficial de la Iglesia. Pero después de la Reforma surgió el deseo de traducir la Biblia a los idiomas nacionales para que el pueblo pudiese comprenderla. Hubo también un nuevo interés por las lenguas originales, y un deseo de basar las traducciones nuevas en el "texto original" en vez de la Vulgata. La versión de Lutero fue adoptada oficialmente por las iglesias luteranas alemanas, y hubo traducciones a varios otros idiomas europeos. Al principio del siglo XIX se fundaron las principales Sociedades Bíblicas, para servir a los alcances misioneros de las iglesias. Su objetivo es preparar y difundir ejemplares de la Biblia (o porciones) en todos los idiomas que sea posible. Las versiones que han preparado y difundido ya suman centenares, y hay grupos de especialistas, como los Traductores Bíblicos Wycliffe, que están ocupados en llenar las lagunas que aún quedan.

Traducciones al español

En España hubo varios intentos de traducir las Escrituras al castellano, siendo la primera la llamada Biblia Alfonsina, por el año 1260, pero esta era parcial y parafraseada. La Biblia del duque de Alba, 1430, es el Antiguo Testamento traducido por el judío Moisés Arragel. La Biblia de Ferrara fue publicada por unos judíos en 1553. El primer Nuevo Testamento editado en español fue el de Francisco de Enzinas (1543), seguido en 1556 por el de Juan Pérez.

La "Biblia del Oso" (por la estampa en su carátula) fue la primera versión completa en español traducida de las lenguas originales, y se debe a Casiodoro de Reina, que la publicó en Basilea en 1569. En 1602 apareció una segunda edición, revisada por Cipriano de Valera. Esta Biblia, conocida hoy como Reina-Valera, ha tenido enorme difusión en el mundo hispano tras varias revisiones, de las cuales la más reciente y notable es la de 1960.

Las primeras versiones católicas se hicieron a partir de la Vulgata Latina, y fueron la de Felipe Scío de San Miguel (1793), la de Félix Torres Amat (1823) y la de Rivera (1833), siendo esta la primera publicada en América en español.

Luz para el mundo

Primeras traducciones de la Biblia a los principales idiomas
Aparecen entre paréntesis las traducciones de porciones bíblicas

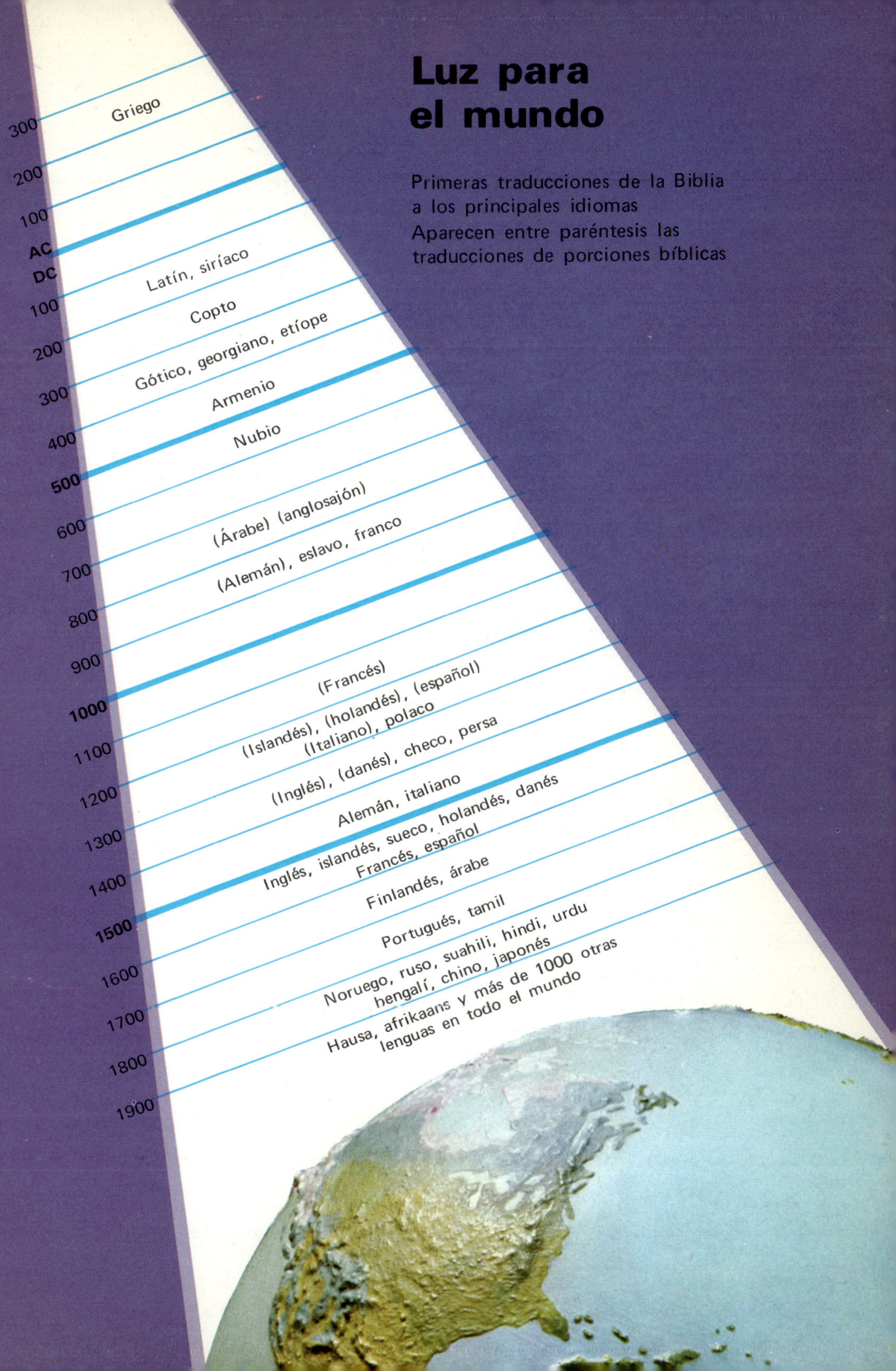

Todas las versiones posteriores se han hecho a partir de las lenguas originales; las principales aparecen en el cuadro de la página 78 y en las páginas siguientes. Otras más están por publicarse.

Esta variada gama de traducciones muestra la eficacia e interés con que la Palabra de Dios se ha difundido en el mundo de habla hispana, y deja ver también la continua búsqueda de una mayor precisión, actualidad y lucidez.

La primera Biblia completa en inglés fue obra del erudito de Oxford Juan Wycliffe y sus seguidores. Una mayor comprensión del evangelio los impulsó a traducir la Biblia para el pueblo común. Este ejemplar manuscrito del Nuevo Testamento, escrito alrededor de 1420, es uno de los 170 que han perdurado hasta hoy.

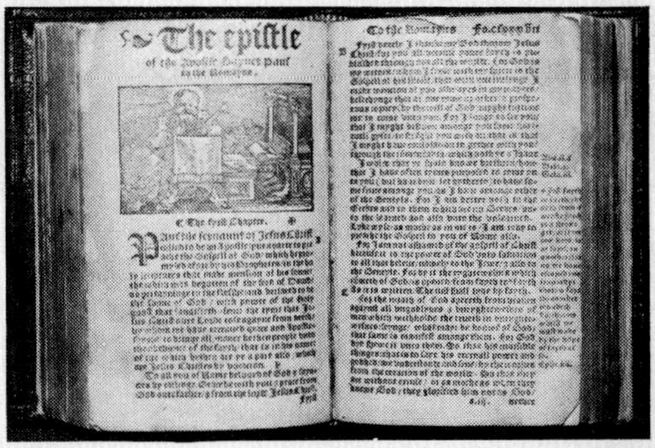

La traducción de la Biblia al inglés hecha por William Tyndale en 1526, al principio hubo de ser metida en Inglaterra de contrabando, tal era la oposición a la mera idea de una versión en la lengua común o a una traducida del hebreo y del griego en vez del latín. Esta edición del Nuevo Testamento data del 1535, y se cree fue la última revisada por el mismo traductor, quien fue sentenciado a muerte por sus esfuerzos.

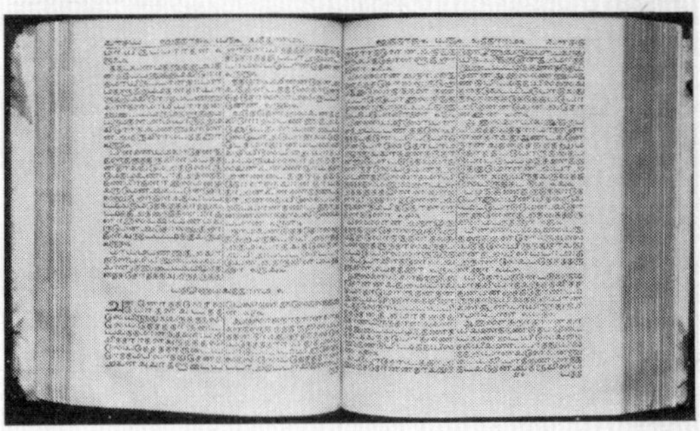

La primera edición del Nuevo Testamento que se imprimiera en una lengua de la India es esta versión del Tamil. Fue traducida en 1714-15 por Bartholomaus Ziegenbalg, uno de los primeros misioneros a la India, con la ayuda de Johann Ernst Gründler.

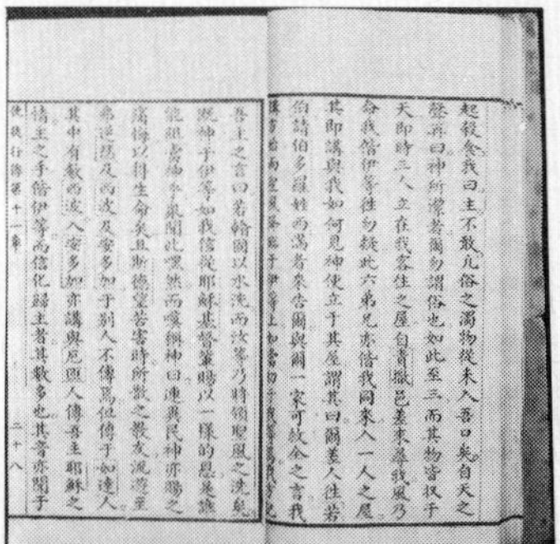

La primera Biblia en el chino fue traducida por Robert Morrison y su colega William Milne y fue publicado en Cantón en 1823. Esta impresión de los Hechos (en el ''alto *Wen-Lí*'') fue producida anteriormente, en 1810.

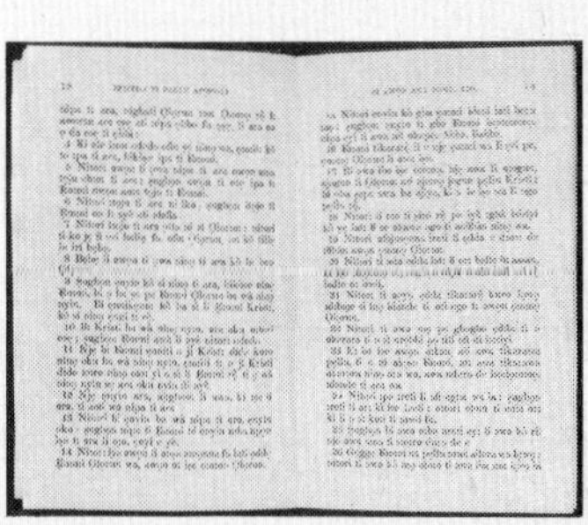

Primera edición de la Epístola a los Romanos en el Yoruba, idioma de la región sudoccidental de Nigeria. Fue impresa en 1850. Uno de los traductores fue Samuel Adjai Crowther, quien luego llegó a ser obispo del Niger.

Principales traducciones de la Biblia al español

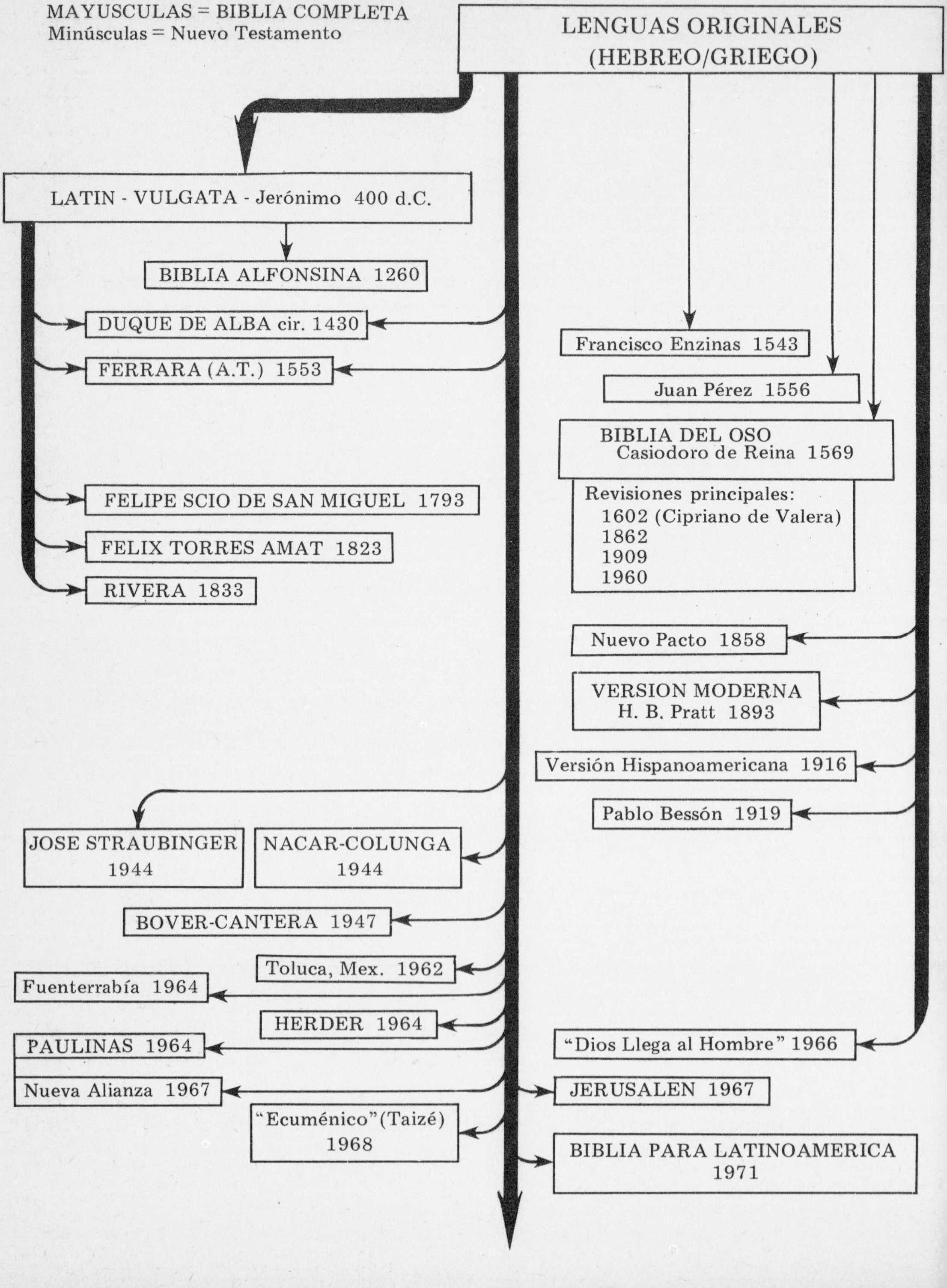

Versiones actuales de la Biblia en español

La **Biblia del Oso** de Casiodoro de Reina se publicó hace más de 400 años. Las revisiones subsiguientes de esa versión (**Reina-Valera**) han mantenido su conformación general, pero introduciendo revisiones de lenguaje y del texto a la luz del mayor conocimiento de los textos originales hebreos y griegos. En el siglo XX ha habido una serie de traducciones que no sólo han procurado verter un texto preciso sino también usar el español de hoy. Sus principales diferencias son:

● Algunas son revisiones (p. ej. la **Reina-Valera**), otras son traducciones completamente nuevas a partir de las lenguas originales (p. ej. **Nácar-Colunga, Biblia de Jerusalén, Biblia para Latinoamérica**).

● Algunas usan lenguaje ''literario'', inclusive términos formales o académicos (p.ej. **Nácar-Colunga, Biblia de Jerusalén**); otras usan el español familiar (p.ej. **Lo más importante es el amor**) o el español común (**Versión Popular**), la lengua usada tanto en la escritura como en el habla.

● Algunas traducciones procuran mantener los modismos, la fuerza y el significado general del original; otras se apegan en lo posible a las palabras y sintaxis originales.

● Algunas mantienen cuando es posible las formas literarias originales, imprimiendo por ejemplo la poesía en forma versificada.

● Algunas son traducciones hechas por una sola persona (p.ej. la **Versión Moderna** de H. B. Pratt, 1893), otras por un equipo.

● Algunas traducciones se hacen para conservar tradiciones teológicas o lingüísticas particulares.

Principales revisiones y traducciones al español en el siglo XX

1909	**Santa Biblia**	Primera revisión en este siglo de la versión de Reina-Valera. Hubo sucesivas ediciones.
1916	*Versión hispanoamericana*	Nuevo Testamento preparado por una comisión, basado en textos griegos más fidedignos.
1919	**Pablo Besson,** *Nuevo Testamento*	Versión apropiada más para estudiosos que para el lector común.
1928	**Torres Amat,** *Sagrada Biblia*	Revisión de la versión de Torres Amat (1823), traducida de la Vulgata, con notas y expresiones perifrásticas. Sucesivas ediciones hasta la de 1953.
1944	**Nácar-Colunga,** *Sagrada Biblia*	Primera versión católica hecha de las lenguas originales, con un estilo claro y moderno de considerable precisión. Muchas ediciones posteriores.
1944	**José Straubinger,** *Sagrada Biblia*	Versión católica muy difundida.
1947	**Bover-Cantera,** *Sagrada Biblia*	Traducción católica hecha con espíritu crítico y muy apta para el estudio.

1960	*Santa Biblia*	Nueva revisión de la versión Reina-Valera, preparado por una amplia comisión; conserva la traducción de Reina-Valera pero modernizando el lenguaje e introduciendo correcciones críticas. Muchas ediciones posteriores.
1962	*Nuevo Testamento*	Edición preparada en Toluca, Méjico.
1964	*La Santa Biblia,* **Ediciones Paulinas**	Edición católica muy valiosa por su estilo y apego a los originales.
1964	*Edición Popular de las Sagradas Escrituras,* **Editorial Herder**	Edición católica cotejada cuidadosamente con los originales.
1964	**Felipe Fuenterrabía,** *Nuevo Testamento*	Traducción de grandes méritos por su estilo y fidelidad.
1966	*Versión Popular, Dios llega al hombre*	Versión popular del Nuevo Testamento, muy clara y al alcance de todos.
1967	*Libro de la Nueva Alianza*	Traducción del Nuevo Testamento dirigida al pueblo que no tiene los conocimientos críticos ni los recursos idiomáticos para asimilar traducciones eruditas.
1967	*Nuevo Testamento*	Versión ecuménica auspiciada por la Comunidad de Taizé, muy clara y a la vez ceñida al texto original.
1967	*Biblia de Jerusalén*	Versión católica preparada por la Escuela Bíblica de Jerusalén. Es muy preciada y difundida por su gran precisión y claridad de lenguaje, su calidad literaria y su minucioso aparato crítico.
1963	*Traducción del Nuevo Mundo de las Escrituras Griegas Cristianas* **(del inglés, 1961)**	Versión del Nuevo Testamento preparada por los Testigos de Jehová para introducir su propia interpretación de ciertos pasajes.
1971	*La Biblia para Latinoamérica*	Traducción de lenguaje sencillo y moderno a la vez que preciso, con numerosas guías y notas.
1972	*Lo más importante es el amor*	Paráfrasis del NT con lenguaje coloquial, ideada para la lectura familiar y para ayudar a la comprensión de versiones clásicas.

3 LA BIBLIA EN SU CONTEXTO

Los métodos y descubrimientos de la arqueología

ALAN MILLARD

La arqueología nació con los avances científicos de la revolución industrial. Enormes cantidades de tierra fueron removidas con propósitos comerciales o en la colocación de ferrocarriles, y en el proceso se descubrió que las diferentes capas de tierra contenían variados tipos de objetos fabricados por el hombre. Obviamente los artículos de la superficie tenían que ser de origen más reciente.

Fue así como se desarrolló el estudio de los implementos de hierro prehistóricos, especialmente en Inglaterra y la Europa septentrional.

Entretanto, la expansión del comercio y el mejoramiento de los medios de transporte permitió un mayor conocimiento de las tierras donde fue escrita la Biblia. Diplomáticos, mercaderes y viajeros se interesaron más por las antigüedades que encontraron, como pocos lo habían hecho antes, y algunos comenzaron a estudiar con seriedad. Gobiernos, museos y millonarios perseguían el prestigio que les brindaba la posesión de antiguas obras de arte, y daban su apoyo a cualquiera que pudiese suministrárselos.

LA ARQUEOLOGIA: UNA NUEVA CIENCIA

Fue así como comenzaron a llegar a Europa y a América los grandes monumentos, primero de Italia y Grecia, luego de Egipto y Asiria. Esto había ocurrido gradualmente en los siglos XVII y XVIII, pero en el siglo XIX llegó a ser un gran negocio. La egiptología comenzó con la expedición de Napoleón a Egipto, que incluía un cuerpo de expertos para examinar las antigüedades y llevarse algunas de ellas a Francia. Algunos de los exploradores del Medio Oriente no eran más que buscadores de tesoros, pero muchos se tomaron el cuidado de anotar las circunstancias del descubrimiento, haciendo planos de los sitios, los edificios y los objetos con mucho detalle.

Desde entonces, el estudio del pasado a partir de los restos materiales ha llegado a ser una ciencia compleja que requiere más conocimientos de los que puede tener un solo hombre. Para obtener la máxima información de las ruinas de ciudades, tumbas, y otros restos antiguos, se procura la colaboración de ciencias tan variadas como la física nuclear, la bacteriología, la botánica, la astronomía y muchas más. Esta investigación se realiza en museos, universidades y laboratorios así como en los mismos sitios arqueológicos. Todo hay que cotejarlo y compararlo con pesquisas más antiguas antes de que se puedan obtener resultados válidos. Los nuevos avances técnicos a menudo generan una revisión de las conclusiones anteriores, factor que no se debe dejar de lado cuando los descubrimientos arqueológicos parecen estar en desacuerdo con las afirmaciones que aparecen en textos bíblicos o "tradicionales".

La excavación

La mayoría de las grandes ciudades que se nombran en la Biblia pueden ser identificadas sobre el terreno, ya sea por consideraciones geográficas de orden general o por la tradición (no siempre fidedigna), o bien por la preservación de los viejos nombres entre la gente local. En muchos casos es posible estudiar la historia de algún lugar mediante la excavación de las ruinas. Pero algunas poblaciones importantes aún están ubicadas en su antiguo asiento, y por lo tanto poco se puede aprender acerca de su cultura material (Damasco es un ejemplo importante.)

Por todo el Medio Oriente existen montículos de escombros que marcan el lugar donde en un tiempo florecieron antiguos pueblos y ciudades (el *tell* árabe, o "montículo", indica esto en los topónimos). Evidentemente la excavación de un pueblo entero es tarea imposible. Los arqueólogos habitualmente se dedican al lugar más promisorio, en donde se levantaban los templos o palacios, o excavan sus trincheras en tal forma que puedan estudiar cada época de la existencia en la vida de determinado lugar. Para ello, pueden excavar una trinchera que atraviese el montículo lo cual rinde información acerca de cada uno de los niveles. Cada edificio o período de ocupación podrá haber dejado sus huellas en el montículo en forma de pisos, restos de paredes y escombros. Estos estarán comprimidos entre restos anteriores por debajo y posteriores encima.

El aspecto más importante de la excavación es el análisis del suelo. Los objetos que se encuentran en tierra apelmazada pertenecen generalmente a la época cuando estaba en uso ese suelo. Lo que se halla debajo seguramente pertenece a una época anterior. Pero si se excava el sitio de un basurero, atravesando pisos más antiguos, las cosas que se echaron a la zanja mucho más tarde se podrían confundir con las cosas que se encuentren en los niveles que ella atraviesa. De ahí que el arqueólogo habrá de buscar en el suelo las diferencias que señalan la presencia de la zanja.

Reconstruyendo el cuadro de antaño

En raras ocasiones en Palestina, pero con más frecuencia en Egipto y Mesopotamia, hay documentos escritos que dan la fecha a que pertenece un edificio. Faltando esto, la alfarería común del pueblo es una guía valiosa. Las modas y los procesos de manufactura de la alfarería varían de época en época y de lugar en lugar, de manera que una pieza fechada con seguridad mediante las inscripciones u otros medios permite fechar otra pieza comparable de algún otro sitio en donde no haya posibilidades de fijar la fecha.

La vasija o la inscripción es de poco valor para el arqueólogo una vez separada de su medio en la tierra, de manera que es de primordial importancia anotar con exactitud el lugar del hallazgo. Todas las anotaciones hechas durante la excavación, los planos y las fotografías que se tomaron se evalúan junto con los informes de expertos especializados. Luego se sacan conclusiones en cuanto a la historia del lugar, la vida cotidiana, el desarrollo cultural y la religión de sus habitantes. Para esta etapa se requiere un conocimiento lo más completo y balanceado posible. Si se descuida cualquier aspecto de la evidencia, se puede incurrir en un cuadro distorsionado. En particular, los textos escritos no deben interpretarse aparte de los escombros materiales. Ni tampoco habrán de explicarse los objetos recuperados de una excavación sin referencia a la evidencia escrita, cuando esta exista.

La suma total de lo que se conoce despues de un siglo de estudio llevado a cabo en esta forma llenaría muchos tomos si se recopilara entera. Se puede obtener una idea de los avances logrados en los últimos ochenta años comparando el

Tablero de alrededor del 2600 a.C., sacado de las tumbas reales de Ur. Confeccionado de madera, está decorado con un mosaico hecho de lapislázuli azul, nácar, hueso, pasta roja y piedra caliza.

Tell o montículo de la ciudad de Laquis. Los escombros de los períodos sucesivos de una ciudad se iban amontonando uno encima del otro hasta adquirir la forma característica de un *tell*.

Arqueólogos ocupados en sus labores: la zanja, al atravesar el *tell*, muestra los diferentes niveles, lo que permite a los arqueólogos reconstruir la historia del lugar.

nuevo *Diccionario Ilustrado de la Biblia* de Nelson (1974) con el *Diccionario de la Santa Biblia* de Rand (1890).

RAICES DE LA CIVILIZACION DEL MEDIO ORIENTE

Desde el año 6000 a.C. y aún antes (las fechas se basan en una técnica desarrollada por los físicos atómicos, conocida como carbono 14), el hombre levantaba sus asentamientos según sus primeros intentos de cultivar plantas comestibles, domesticar animales y regular el uso del agua. Aún en esta etapa la gente no habría podido llevar a cabo estos proyectos sin alguna forma de colaboración organizada, aunque no existe suficiente evidencia para indicar cómo estaba constituida la sociedad. Solamente se han encontrado unos pocos de estos centros —Jericó es un ejemplo notable— pero son bastantes para indicar el lento desarrollo de la cultura a través de los siglos.

En alguna época anterior al año 5000 a.C. se empezó a usar la cerámica. Las técnicas para modelar, hornear y decorar se perfeccionaron en los diez siglos siguientes hasta llegar a una calidad sumamente elevada. La cerámica en uso se quebraba mucho, y los fragmentos revelan ahora el sitio de los asentamientos. Aun cuando el desarrollo fue lento, ocasionalmente sobrevenían empujes de progreso rápido. Y se presentaban asimismo cambios repentinos, provocados por sequías, enfermedad o acción de los enemigos.

El asentamiento en el oasis de Jericó estaba fuertemente guarnecido por una muralla de piedra y una torre de más de 10 metros de alto, por ahí del año 7000 a.C. No es posible que tamañas fortificaciones se hayan erigido meramente para protección contra los animales salvajes. Indican el temor que el hombre tenía al hombre aun en época tan remota. Una idea de sus creencias se adquiere por el hecho de que preservaban las calaveras, cuyas caras eran cuidadosamente reconstruidas con arcilla. No se sabe si eran antepasados venerados, o trofeos, o talismanes para ahuyentar espíritus. Figuras humanas y animales se modelaban en arcilla y se labraban en hueso y en piedra, no se sabe con qué propósito. En Anatolia los cuadros en vivos colores pintados en las paredes de barro indican, tal vez, un culto al toro y otras criaturas. El culto a la figura materna se halla por todas partes. Solo se puede conjeturar hasta qué época perduraron esas creencias y ritos.

Vista de arriba a abajo de una antigua torre de Jericó.

Templos y chucherías

Babilonia y Egipto vieron el surgimiento de sus principales culturas desde 4000 a.C. en adelante. La necesidad de centralizar el control de las obras públicas promovió la formación de reinos más grandes. Las ciudades más grandes fueron adquiriendo mayores poderes. Las burocracias a la vez fomentaban el arte de la escritura desde antes del año 3000 a.C. El comercio tomó auge a medida, por ejemplo, que se hizo necesario acarrear piedra para construcciones grandes, o en el intercambio de granos, dátiles o bienes manufacturados, o para poder importar materiales exóticos para uso de los templos y los gobernantes. Un ejemplo de esto es una piedra azul, el lapislázuli. Se extraía en Afganistán pero se conocía por todo el Medio Oriente y Egipto ya en 3500 a.C. El nivel de artesanía en el IV milenio a.C. era muy avanzado, tanto en Egipto como en Babilonia.

Desde luego, los objetos finos eran artículos de lujo, nunca conocidos por los aldeanos, cuyas humildes viviendas de adobe han dejado muy poco para los arqueólogos. Una vez establecido el estilo básico de vida en estas tierras, cambió poco, en cuanto al hombre común se refiere, hasta que llegó la revolución industrial.

El esclarecimiento de estas raíces de la civilización es quizás el logro más importante de los descubrimientos arqueológicos. Muchos descubrimientos aislados nos han legado ejemplos sobresalientes del gran talento artesanal; por ejemplo la abundancia de artículos de oro y joyas de la tumba de Tutankhamen y de las tumbas reales de Ur; la estupenda arquitectura de las pirámides; los templos de Baalbek; las murallas de la ciudad de Boghazköy en Turquía o Tirio en Grecia; las murallas labradas de los templos egipcios y los palacios asirios; los frescos pintados de Cnosos en Creta. Pero los resultados más reveladores se logran siempre reuniendo toda una gama de descubrimientos. Quizá se puedan señalar dos grupos principales: los objetos relacionados a la religión, y los documentos escritos.

RELIGION Y ESCRITURA

Las principales creencias y ritos de religiones estatales o metropolitanas se conocen por los

Cueva de antigua sepultura en Jericó: nótese los huesos y vasijas. Está reconstruida en el Museo Rockefeller de Jerusalén.

textos, pero las creencias de la gente común —analfabeta en los principales centros de Egipto y Babilonia— solo se pueden recoger de los restos de pequeñas capillas, santuarios caseros y amuletos y figurillas de barro usadas para evitar el mal. Algunos descubrimientos elementales de medicina capacitaban a los médicos para aliviar el dolor y curar algunos males, pero en su mayor parte las enfermedades habían de dejarse en manos de los dioses. Los demonios y la hechicería podrían ser causa de enfermedad; ésta se combatía con la magia. Asimismo, la enfermedad o cualquier infortunio se podría atribuir a un castigo divino, y podría evitarse mediante actos de devoción y sacrificio. En un mundo donde la mortalidad del hombre era evidente, el respeto y el temor de lo sobrenatural matizaba cada aspecto de la vida.

Sin las ruinas de templos grandes y pequeños, sin las estatuillas de los dioses, los documentos que tratan de asuntos religiosos serían aburridos e incomprensibles. Esto se puede aseverar en cuanto a muchos tipos de textos, pese a lo valioso de su contenido. La recuperación de los escritos antiguos implica todos los riesgos de la preservación. En Egipto los rollos de papiro perduran solamente cuando yacen en las partes desecadas del desierto o en las regiones incultas. Ocasionalmente pueden sobrevivir en otras tierras en circunstancias similares (e.g. los Rollos del Mar Muerto.) Las tablillas de arcilla de Babilonia son más durables, aunque muy frágiles al momento de descubrirse. Pero existen muy pocos documentos de países como Siria, Palestina y Grecia, donde normalmente se usaban el papel y el cuero. Simplemente se han podrido en la tierra. Unicamente cuando las inscripciones se grababan en piedra para el rey o el estado o se escribían en fragmentos de arcilla por los pobres que no podían comprar papel, es que había mayor posibilidad de que perduraran.

Los textos antiguos y la vida cotidiana

Como resultado de lo anterior, hay mucho mejor documentación para algunos sectores y épocas que para otros. Generalmente las décadas posteriores de la vida de un pueblo dejan más textos que las anteriores, por cuanto no se botan. Ocasionalmente se descubre algún botadero municipal que contiene restos de papel, como ocurrió cerca de un grupo de aldeas grecorromanas en Egipto. Estos miles de papiros (los llamados papiros Oxyrhynchus) han proporcionado suficiente información para poder reconstruir el gobierno y la vida del pueblo con lujo de detalles. En donde se carece de textos de alguna

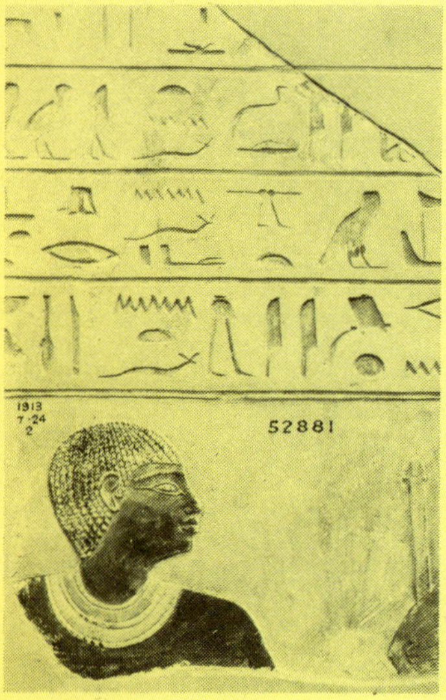

Las crónicas escritas se remontan a más de 5000 años. Las primeras formas de escritura fueron cuadros sencillos estilizados que representaban objetos o ideas básicas. Los antiguos egipcios escribían ya en **jeroglíficos** allá por el 3000 a.C. Esta muestra data del año 1750 a.C. aproximadamente.

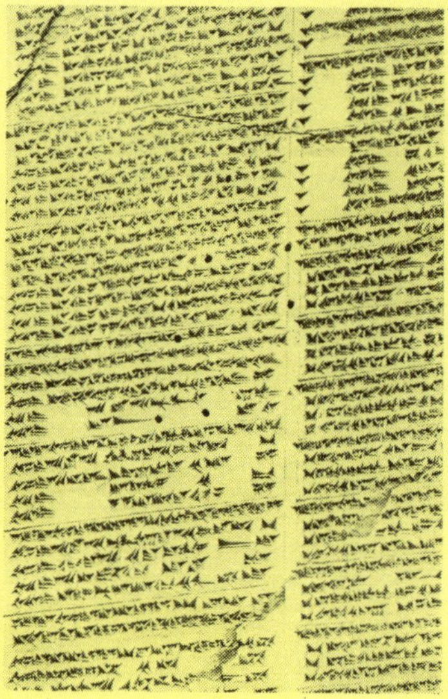

En Mesopotamia las formas primitivas de escritura ideográfica evolucionaron hasta la forma de **escritura cuneiforme,** la que se imprimía fácilmente en la arcilla, material común para escribir. Esta tableta fue confeccionada para la Biblioteca Real de Asiria en Nínive en el siglo VII a.C.

Con el desarrollo de un símbolo para cada consonante (antes de 1500 a.C.) la escritura progresó notablemente, pues se redujo el número de signos que había que aprender. El **hebreo,** idioma en que se escribió la mayor parte del Antiguo Testamento, tiene 22 consonantes (al principio no se representaban las vocales) y se lee de derecha a izquierda. Posteriormente las letras también denominaban a los números.

región que existan en otra por una casualidad de preservación, se puede suponer que la región más pobre poseía textos similares, si su cultura es similar en otros aspectos.

La acumulación de los hallazgos a lo largo de varias décadas indica que el II milenio a.C. fue el período en que se inventó el alfabeto. Inspirado en los jeroglíficos egipcios, un sistema sencillo de 20 a 30 símbolos se desarrolló a través de los siglos, perfeccionándose alrededor del año 1000 a.C. Con esto, el arte de escribir quedó al alcance de cualquier hombre, y dejó de ser patrimonio exclusivo del escriba.

El esfuerzo de los arqueólogos y de los ex-

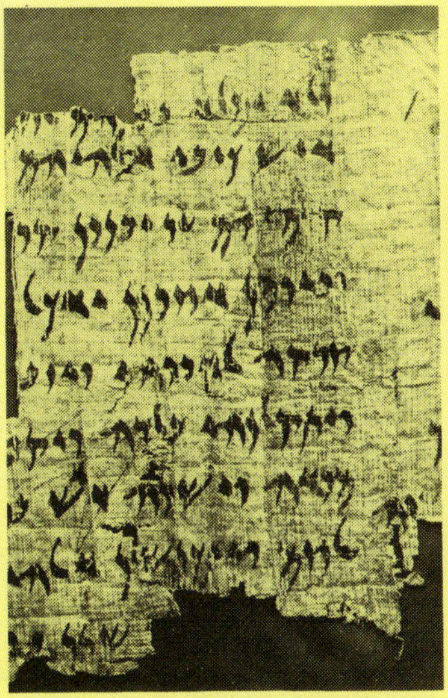

Escritura aramea en un papiro de alrededor del siglo V a.C. El idioma arameo se asemeja mucho al hebreo. Era empleado en la diplomacia ya en época de Senaquerib (705-681 a.C.) y llegó a ser idioma oficial del imperio persa después del 550 a.C. El libro de Daniel contiene pasajes en arameo. En tiempos novotestamentarios el arameo, en vez del hebreo, fue el idioma común de Palestina. Todavía hoy día se habla en las aldeas de Malula en Siria.

Los documentos del Nuevo Testamento fueron escritos en el **griego** común *(koiné)*, lenguaje internacional del cercano oriente y de los países mediterráneos en tiempos romanos. El alfabeto griego surgió de la misma fuente que el hebreo. Este es un papiro griego de la Epístola a los Hebreos, del siglo III or IV d.C.

En el antiguo Israel la mayoría de los documentos eran escritos en pergaminos o papiros y no perduraban en el suelo húmedo de Palestina. Pero se escribían facturas, recibos, notas y apuntes de toda clase en pequeños trozos de barro, llamados **óstraca,** que abundaban. El óstraca aquí representado contiene un mensaje del comandante del cuartel de Laquis, alrededor del 586 a.C. El escritor manda un saludo en el nombre de Dios (Yahvéh).

pertos de quienes ellos dependen ha contribuido enormemente a nuestro conocimiento del pasado del hombre. No obstante, cualesquiera que sean las formas de los hallazgos, desafortunadamente la conclusión final es la misma. Las pericias y las labores del hombre, grandes y pequeñas, no han logrado mejorar su naturaleza. Han aparecido grandes civilizaciones, pero el hombre, en su vida diaria, sus aspiraciones, temores y anhelos religiosos, parece ser siempre el mismo. El mensaje divino de fe y renovación era tan necesario en tiempos de Abraham y David como hoy.

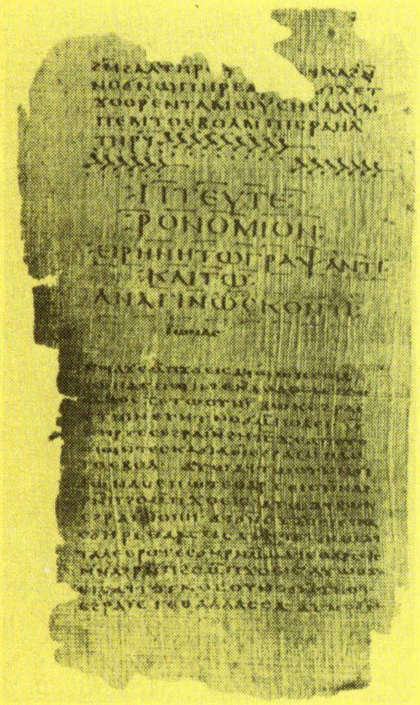

La planta del papiro, del cual se fabricaba el papel, crecía en las tierras pantanosas de Egipto (→ página 100). El uso del **papiro** como material de escritura era por lo tanto muy generalizado en Egipto. Se hacía de láminas delgadas sacadas del tallo de la planta. Se colocaba una capa horizontal sobre otra vertical y éstas se amartillaban sobre una superficie dura. El producto era una lámina durable de papel blanco que tendía a ponerse amarillento con el tiempo. La escritura aquí es en cóptico. Se trata del final del Deuteronomio y la primera parte de Jonás, del siglo IV d.C. (→ otra muestra de papiro en la página 70).

El "libro" en tiempos bíblicos era un **rollo** largo de pergamino o papiro. Se escribía en columnas de un lado, y si era necesario se continuaba al dorso. El lector soltaba una punta y enrollaba la otra a medida que leía. Los pergaminos se hacían de pieles de animales especialmente curados. Era un material más duradero que el papiro y muy común en Palestina.

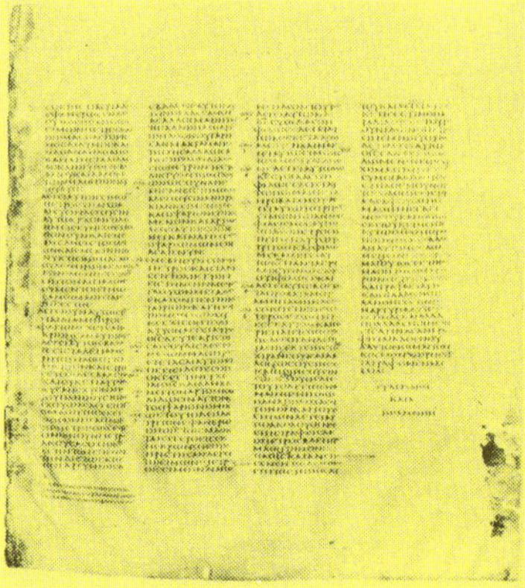

En el segundo siglo d.C. el rollo comenzó a ser reemplazado por el códice, verdadero predecesor del libro moderno. El códice consistía en un número de hojas escritas, dobladas y sujetas de un lado, y a menudo protegidas con forros. En la foto aparece Juan 21:1-2 en la Biblia griega del siglo IV, el Códice Sinaítico. Está escrita en pergamino (papel vitela).

La vida cotidiana en tiempos bíblicos

RALPH GOWER

Los patriarcas —Abraham y los demás— eran semi-nómadas. Vivían en tiendas y se movían de un lugar a otro con sus manadas y rebaños en busca de pasto y aguas frescas. Su vida era muy similar a la de los beduinos de hoy. Pero después del éxodo, el pueblo de Israel se asentó en la Tierra Prometida. Y desde entonces —a través de todos los cambios políticos, la aparición de reyes y la división del reino— la vida de la gente común siguió un estilo que cambió muy poco.

LA VIDA DOMESTICA

La vida doméstica estaba centrada en el hogar, construido para llenar las exigencias del clima y los límites impuestos por el dinero y las materias primas. Durante la mayor parte del año el clima era seco y caliente, interrumpido por las lluvias tempranas del otoño y las tardías de la primavera. El agua escaseaba, especialmente en la zona meridional, de poca precipitación. Por eso las casas se construían para que fueran frescas. Los pobres vivían en casas de un solo aposento, construidas de adobe sobre cimientos de piedra y luego de piedra caliza. El techo plano daba campo para el almacenamiento y servía de azotea, y se llegaba a él por una escalera exterior. Las ventanas eran pequeñas, apenas una rendija, o aperturas tapadas con celosías que impedían la entrada de cualquier intruso pero admitían la luz y el aire.

El interior de la casa era fresco y sombreado. Una plataforma levantada en un extremo probablemente proveía el espacio para cocinar y dormir, y el resto del suelo de tierra servía para almacenar las grandes tinajas y utensilios, inclusive el molino de mano, y daba lugar para los animales. Los ricos tenían casas mejor construidas, de piedra labrada, con rejas de metal en las ventanas. Algunos construían sus casas con varios pisos para proporcionar un "aposento alto", mientras otros edificaban horizontalmente para permitir uno o más patios, muchos de los cuales tenían atractivos jardines. Los beduinos del desierto eran los más pobres, pues vivían en carpas hechas de cueros de cabra, tradicionales desde los tiempos de Abraham.

Dentro de la habitación, los pobres se sentaban y dormían en esteras, iluminados por una lámpara de aceite. Por su parte, los ricos se sentaban a una mesa, dormían en camas, y eran atendidos por criados que les servían manjares y música en vez de la leche de cabra, aceitunas y pan de cebada que era la dieta acostumbrada de los demás.

Alimento y vestido

La familia campesina tenía que trabajar para vivir. El hombre labraba el campo o se ocupaba

El beduino hoy día tiene el mismo estilo de vida que los nómadas del desierto de hace siglos.

de alguna artesanía, mientras que la mujer y los niños se encargaban de los quehaceres domésticos, sacando agua del pozo del pueblo antes de que calentara el día, con un balde hecho de cuero de cabra. Luego escogían la semilla para evitar la inclusión de taras venenosas. Mientras algunas eran "reventadas" en una lámina de metal caliente, la mayor parte se molía en el molino de mano y se formaba en tortillas antes de ser cocidas en hornos de barro. El pan crecía al añadirle parte de una masa con levadura preparada el día anterior.

La vestimenta estaba condicionada también por el clima. Se usaban mantos largos y holgados para mantenerse fresco, pero la tela la determinaba la riqueza de la persona. El campesino usaba un delantal o una túnica y manto. La túnica del hombre era blanca y llegaba hasta la rodilla, de manera que para trabajar o correr había de recogerla alrededor de la cintura, lo que se conocía como "ceñirse los lomos". La túnica de la mujer era parecida, pero probablemente más adornada y colorida. El manto externo era largo, y de lana, con franjas alternadas de tonos de color café, partido en los hombros para los brazos. Como la mayoría de los telares judíos medían solo un metro de ancho, se cosían juntos dos pedazos de tela para lograr la longitud deseada; la túnica inconsútil de Jesús era una excepción.

Los ricos podían darse el lujo de poseer telas teñidas en brillantes colores, y usaban una chaqueta corta encima de la túnica. A menudo la ropa era señal de la profesión de la persona: las vestimentas especiales de los sacerdotes, por ejemplo, o los mantos con franja azul de los rabinos. El calzado del pobre, si lo tenía, era una suela de cuero atada al tobillo por una faja que pasaba entre los dos dedos grandes. Su amigo más pudiente podría usar zapatillas de cuero. Como había que proteger del sol la cabeza, se usaba un turbante, o una tela cuadrada sujetada a la cabeza con un cordón. Los pobres no tenían qué ponerse para dormir. Simplemente se aflojaban el cinturón y se envolvían en el manto.

Casas de barro y vestido tradicional de la mujer obrera en una aldea del desierto al norte de Siria.

LA VIDA LABORAL

Los israelitas vivían principalmente como una comunidad agrícola. Por lo tanto su trabajo se relacionaba con la agricultura o era alguna artesanía común.

El agricultor

La agricultura era la ocupación más importante. Cuando las lluvias tempranas del otoño suavizaban la tierra, se hacían eras con un sencillo arado de madera, tirado por un buey. La semilla se esparcía a mano y las lluvias tardías de la primavera producían la cosecha. Para cosechar se arrancaba la planta de cuajo o si no se cortaban los tallos con una hoz de madera en cuyo filo había aristas cortantes. Se llevaba el grano a

El aventamiento: el grano se avienta al aire y el viento arrebata el tamo.

un piso duro de tierra nivelada, llamado desgranador, en donde por las pisadas de los bueyes o mediante un implemento de madera tirado por estos se separaba el grano de la paja. Cuando soplaba la brisa de la tarde, se aventaba el grano con un gran tridente. El viento se llevaba la paja liviana que era luego recogida y amarrada para servir de combustible en los hornos caseros. Se terminaba la tarea mediante el uso de una pala que también removía el polvo. Luego el grano puro se medía y se empacaba para el uso o para la venta.

Otras cosechas importantes eran las uvas, las aceitunas y los higos. Las uvas se pisaban en un lagar y se fermentaba el jugo para preservarlo. Las aceitunas se majaban también para elaborar el aceite, elemento indispensable para la cocina, las lámparas, la medicina y la limpieza.

El pescador

En tiempos del Antiguo Testamento se pescaba un poco, pero los israelitas eran malos marineros, de manera que la pesca se limitaba a unos pocos ríos y lagos, en especial el lago de Galilea. Ya para los tiempos de Jesús florecía la industria pesquera en Galilea. El lago abundaba en pesca de tal manera que era posible coger los peces con solo lanzar un círculo con pesas o una red desde la ribera y luego halarla hacia la playa. El procedimiento más corriente era suspender entre dos barcos una red barredera con pesas abajo y corchos por encima, atrapando así el pescado en un círculo de redes en medio lago, o si no arrastrándolo hacia la playa para atraparlo en los bajíos. Parte de la pesca se vendía en seguida y el resto se salaba.

También se pescaba con arpón y aún con cañas y cuerdas. La tarea podía ser peligrosa porque a menudo se levantaban tormentas sin previo aviso. Estas eran causadas a veces por los vientos fríos que bajaban las laderas nevadas del monte Hermón, o a veces por las corrientes de aire caliente que provenían del lago y se mezclaban con el aire fresco que cruzaba las colinas desde el Mediterráneo.

El pastor

Desde los primeros tiempos el trabajo de pastoreo era también muy importante. Como el pastor tenía que alimentar y también proteger a

Aldea siria compuesta de casas de techo plano y rodeada por campos en que pacen los rebaños.

su rebaño viajaba distancias largas, especialmente en el caluroso verano. Todas las noches debía contar el rebaño, y él mismo se acostaba en la puerta del corral y así era "la puerta de las ovejas". Debía mantener una vigilia constante por razón de los animales silvestres que aparecían de los bosques del Valle del Jordán, en cuenta los chacales y los leones de los tiempos veterotestamentarios. El pastor normalmente tenía a su cargo un rebaño mixto de cabras y ovejas. A las cabras tenía que arrearlas, pero las ovejas iban detrás de él. Tanto la lana como el pelo de cabra se usaban para hacer ropa. Las cabras también daban leche, y ambas especies eran una fuente importante de carne.

Artesanía del pueblo

Aun en tiempos primitivos se practicaba todo tipo de artesanía doméstica. El carpintero confeccionaba y reparaba los implementos agrícolas —los arados, los rastrillos y desgranadores— y los muebles básicos del hogar. Pero había poca madera, pues no abundaban los árboles. El albañil sacaba la piedra caliza que constituye la base del suelo de Palestina, dándole la forma necesaria para las construcciones. El alfarero usaba la arcilla para confeccionar los utensilios caseros, empleado un torno (que primero manejó a mano, luego con los pies) y un horno primitivo. El curtidor también tenía una ocupación importante, pero trabajaba fuera del pueblo, cerca de algún río, por motivo del olor. Allí elaboraba las sandalias, los cinturones y los odres de cuero de cabra usados para llevar agua o vino.

COSTUMBRES Y VIDA SOCIAL

Había tres días que predominaban en la memoria de cualquier familia israelita: el día del nacimiento, el del matrimonio y el de la muerte.

El nacimiento

En el oriente siempre se miraba la esterilidad como una calamidad, y se era feliz en proporción (así se decía) al número de hijos que se tenía, especialmente varones. Cuando nacía el primogénito, la madre llegaba a ser "La madre de..." en vez de "La hija de..." Una hija no era tan bienvenida, por su posición subordinada. Era una ventaja para la familia sólo como trabajadora.

Al nacer se frotaba al niño con sal para afirmar la piel, y se le envolvía bien en pañales para que crecieran bien sus miembros. Al niño se le ponía un nombre escogido cuidadosamente de antemano que indicaba alguna cualidad moral o física que se presumía lo caracterizaba. El varón era circuncidado a los ocho días y el primogénito era redimido un mes después mediante un pago al sacerdote. No era destetado sino a los dos o tres años.

El matrimonio

Los matrimonios los arreglaban los padres, y había poca mezcla entre los sexos. Era deber de todos casarse. Y como la novia constituía una ventaja laboral, había que pagar un precio por ella.

Lo primero era una ceremonia formal de compromiso firme, con intercambio de regalos. Llegado el día de la boda, el novio y sus amigos

Los burros se cargan con tierra y escombros.

Estatuilla de arcilla de tiempos bíblicos: modelo de una mujer que se lava.

hacían por la tarde una procesión a la casa de la novia, en donde los esperaba esta con su familia. La pareja recibía la bendición y entonces el novio llevaba a su esposa por las calles del pueblo a su propia casa, mientras los invitados se alineaban en las orillas de las calles con antorchas encendidas. Luego seguía una gran fiesta que podía durar hasta una semana.

La muerte

Una muerte en la familia iniciaba un ceremonial de duelo muy complicado. Se pagaba a plañideras profesionales para los lloros y lamentos. En un clima tan caliente había que enterrar el cuerpo en cuestión de 24 horas. Se le lavaba y se envolvía en ropas; en tiempos del Nuevo Testamento se ungía (algunas veces) y se envolvía en vendas especiales, con un sudario de lino en la cabeza. A los pobres se les enterraba en una fosa común o en cuevas. Los ricos tenían tumbas cavadas especialmente en las rocas y selladas con una piedra grande (en tiempos del N.T. esta era una puerta de piedra plana, en forma de rueda).

LA EDUCACION Y LA JUSTICIA

En tiempos del Antiguo Testamento no había "escuelas" para los niños de la gente común. Sus padres debían enseñarles las ocupaciones corrientes y también explicarles la ley y los festivales religiosos. En tiempos de Jesús, la educación de las niñas estaba enteramente en manos de su madre, pero cada varón asistía a la escuela de la sinagoga cuando tenía seis años. El Antiguo Testamento era su único libro de texto mientras aprendía la historia, geografía, literatura y ley de su pueblo. Si era lo suficientemente inteligente podía enviársele a Jerusalén a sentarse a los pies de algún rabino famoso para asimilar su enseñanza.

Además del conocimiento de la ley, el niño judío debía aprender algún oficio. Tanto esto como el significado de los festivales era tarea de su padre. Cuando el muchacho cumplía los trece años, llegaba a ser un "Bar Mitzvah" —hijo de la ley— y para efectos religiosos era considerado un hombre. Reunía las condiciones necesarias para ser incluido en el Minyan, el grupo de diez hombres imprescindibles para celebrar asamblea en una sinagoga. Al siguiente sábado leía una porción de la ley en hebreo y recibía la bendición del Principal.

La administración de la ley

En Israel no había una separación muy marcada entre la ley civil y la ley religiosa. Los sacerdotes, levitas y ancianos cumplían el mismo propósito y participaban en la administración de la justicia. En la puerta de la ciudad o del pueblo se ventilaban los procesos legales y se juzgaban los casos.

La corte suprema de tiempos neotestamentarios era el Sanedrín. Este cuerpo de 70 hombres se reunía en el templo. Las autoridades romanas les permitían pasar sentencia sobre cualquier cosa bajo la ley judaica menos la pena de muerte.

Las querellas locales la resolvían siempre en la "puerta" de la aldea los ancianos.

LA VIDA RELIGIOSA

La vida religiosa de Israel estaba centrada primero en el tabernáculo y luego en el templo, y se regía por los reglamentos que imponía la ley con respecto a las ofrendas y los sacrificios y los grandes festivales anuales.

El gran día del año era el Día de la Expiación, la única ocasión en que el sumo sacerdote entraba al santuario más interno del templo para expiar sus propios pecados y los del pueblo. Los otros festivales importantes eran el de los panes sin levadura o Pascua, que conmemoraba la salida de Egipto; el de las Semanas (luego llamado Pentecostés) que celebraban el comienzo de la cosecha; el de los Tabernáculos o cabañas que era la fiesta de la cosecha; las Trompetas; y Purim, que conmemoraba la liberación de los judíos en tiempos de Ester. La ley exigía la

Judíos ortodoxos con sus filacterias (→ lámina y nota sobre Deuteronomio 6:8).

presencia del pueblo en el templo para los festivales tres veces al año, pero los que vivían lejos podían asistir una sola vez. Eran ocasiones solemnes y de celebraciones de júbilo.

La médula de la vida religiosa nacional era el sábado, día de reposo, para recordar la bondad de Dios y disfrutar del fruto de las labores cotidianas. Era tan importante día que los profetas tomaban la temperatura espiritual de la nación, por decirlo así, por la manera en que la gente común valoraba y guardaba el sábado.

El templo y la sinagoga

Entre el final del Antiguo Testamento y comienzos del Nuevo hubo un desarrollo marcado en la vida religiosa formal de los judíos. El culto regular se celebraba ahora en la sinagoga local, práctica que nació en los días del exilio cuando no había templo. Solamente los hombres podían participar activamente en el culto de la sinagoga, pues las mujeres y los niños estaban separados en las galerías. El Principal de la sinagoga estaba encargado y era elegido por los ancianos del pueblo. El servicio seguía un modelo con credo, oraciones y lecturas de la Ley y los Profetas. Luego seguía el sermón y un espacio en el cual los hombres podían hacer preguntas al ministro. Detrás del púlpito, un recinto tapado con una cortina contenía el "arca" de los rollos sagrados, que solamente los doctores de la ley podían abrir. Los lectores se sentaban entre el recinto y el púlpito de cara a la congregación, junto con los principales maestros, quienes se sentaban en asientos levantados conocidos como cátedras de Moisés.

Cuando fuera posible se hacía una visita al templo de Jerusalén que había sido reconstruido por Herodes. Seguía la estructura básica del de Salomón, pero en una dimensión mucho más grande. Básicamente era un recinto abierto y vasto dividido en atrios por una serie de murallas. Los no judíos estaban limitados al atrio externo, que también servía de acceso a la ciudad, mercado de ganado y cambio de dinero. Los judíos podían entrar a los atrios centrales. Los varones podían observar los sacrificios desde un atrio cercano al de los sacerdotes, pero las mujeres se mantenían a distancia. El sacerdote si era uno de los afortunados, tenía permiso una vez en la vida de ofrecer el incienso en el lugar santo, el edificio más recóndito del recinto del templo. Como anteriormente, el sumo sacerdote entraba en el lugar santísimo, el santuario interior (desocupado en tiempos neotestamentarios), solamente una vez al año.

De manera que la historia de la Biblia se desenvuelve en un ambiente tradicional de vida familiar y rural que permaneció inmutable a lo largo de los siglos. También se desenvolvió en medio de las luchas de imperios y la vida cosmopolita del Imperio Romano en el siglo I. Jesús vino a participar en la vida de ambas.

Para más información sobre el trasfondo de los tiempos del Nuevo Testamento → los artículos en la Parte III.

Plantas de la Biblia

NIGEL HEPPER

En la Biblia con frecuencia se mencionan plantas de diferentes clases. La mayoría, como el higo, la granada, el olivo y la vid, son bien conocidas y fáciles de identificar. La naturaleza exacta de otras, como el lirio del campo y la rosa se prestan a opiniones. Aquí se ilustran algunas de las más importantes e interesantes.

El bien conocido dátil es fruto de la **palmera datilera** *(Phoenix dactylifera)* que crece en los oasis del Sinaí y en las partes cálidas de Palestina. Es una palmera alta de tronco recto, coronada de un copete de hojas enormes. La forma de las hojas a menudo servía de modelo en el adorno de los capiteles de las columnas de piedra egipcias. La palmera llegó a ser uno de los símbolos nacionales de Israel. Cuando Jesús hizo su entrada triunfal a Jerusalén montado en un borrico, la gente tendía a su paso ramas de palma.

El **higo** era una fruta importante en tiempos bíblicos. Las higueras *(Ficus carica)* se encontraban frecuentemente al lado de los caminos y cerca de las casas, así como en los viñedos. Hay referencias frecuentes a los higos en la Biblia y Jesús habló de la higuera en varias parábolas e ilustraciones. Como sus hojas salen temprano, son heraldos de la primavera. La fruta madura en el verano entre las grandes hojas lobuladas que caen en el otoño. Otro tipo del higo es el **sicómoro** *(Ficus sycomorus)*.

Los cereales formaban parte principal de la dieta del pueblo en la antigua Palestina. Del **trigo,** ilustrado aquí, se confeccionaba la mejor harina y pan, mientras que la cebada era el alimento de los pobres. El grano se sembraba cuando las lluvias comenzaban en el otoño y se cosechaba temprano en el verano; la cebada madura antes que el trigo. La harina de trigo era empleada en los sacrificios sacerdotales al Señor.

El **mirto** *(Myrtus communis)* se halla a veces en los matorrales de Palestina. Es un arbusto agradable con hojas verdes, lustrosas y fragantes y con numerosas florecillas blancas. Tradicionalmente los judíos lo emplean para las cabañas de la Fiesta de los Tabernáculos (→ Nehemías 8:15). Isaías lo menciona como uno de los árboles buenos que crecerá en lugar de la zarza (Isaías 41:19; 55:13).

La bella flor del **almendro** *(Prunus amydalus)* es blanca u, ocasionalmente en Palestina, rosada. Florece en la primavera, siendo la primera flor de árboles frutales. Las almendras son deliciosas. Se menciona el árbol y sus frutos numerosas veces en la Biblia; quizá la referencia más famosa sea la vara de Aarón que echó flores y reverdeció de la noche a la mañana (Números 17:8).

El **olivo** *(Olea europaea)* era uno de los principales árboles frutales de Palestina. Las aceitunas se comían encurtidas, pero, lo que es de mayor importancia, la fruta majada producía el aceite. El aceite de oliva se usaba extensamente en la cocina y como combustible para las lámparas. En el clima seco del Mediterráneo era útil como suave ungüento, y en la Biblia se usaba para ungir a lar personas que deseaban consagrar a un oficio especial; por eso llegó a ser símbolo de la unción del Espíritu Santo.

El **lino** para las telas proviene de la planta de flores azules *(Linum usitatissimum)* que crece a una altura de 45 cm. Después de que se arrancan las plantas, se separan las fibras del tallo, colocándolas en agua. Las fibras se usaban también en la fabricación de cordeles, redes y mechas para lámparas.

Las flores rojas de la **granada** *(Punica granatum)* contrastan con las hojas de verde oscuro de este arbusto. Las granadas son del tamaño de una naranja, con una dura corteza amarillenta. Por dentro, las numerosas semillas están encerradas en una pulpa jugosa. En Exodo 28:33 leemos que las orlas del manto del sumo sacerdote debían estar bordadas de granadas. También adornaban las columnas del templo de Salomón (1 Reyes 7:20).

La **vid** *(Vitis vinifera)* es un arbusto trepador muy cultivado en viñedos en países de climas cálidos. Llegó a ser símbolo del pueblo hebreo por cuanto las uvas eran abundantes y características de la tierra prometida ocupada por Israel. Las uvas se comían frescas o secas como pasas, pero especialmente en forma de vino, la bebida corriente. Una vez maduras las uvas se cosechaban para pisarlas, lo que en tiempos antiguos se hacía a menudo con los pies. El jugo se dejaba fermentar en grandes jarrones de barro o en odres de cuero.

El famoso **cedro del Líbano** *(Cedrus libani)* es un enorme árbol conífero limitado a las montañas del Líbano. Casi no existen hoy día. Pero en tiempos del Antiguo Testamento se cargaban los grandes troncos al mar, donde flotaban por la costa de Palestina antes de ser llevados a Jerusalén. Allí eran empleados en la construcción del Templo del rey Salomón (I Reyes 5:6-10). El interior estaba forrado con cedro y los bellos grabados cubiertos de oro. Vigas de cedro sostenían el techo.

En tiempos bíblicos había muchos bosques de **encinas** en las montañas de Palestina. Esta fotografía es de los bosques del Mte. Carmelo con la encina siempre verde *(Quercus coccifera)*, que probablemente formaba los ''cipos'' donde se verificaban las prácticas idólatras e inmorales condenadas por los profetas. Existe otro roble importante, el Tabor o Vallonea *(Q. aegilops)* que es de hojas caedizas y era común en las llanuras de Sarón, pero que ahora está limitado a las colinas.

Arbol de **acacia;** → página 167.

Papiro es el nombre que se le da al papel del mundo antiguo, y a la planta de la que proviene. Es un junco *(Cyperus papyrus)* que todavía se encuentra en los pantanos de Hulé al norte de Palestina y en un tiempo era común en el delta del Nilo. Sus flores verdosas se elevan como mechones sobre las cañas de 3 m. de altura. Los tallos triangulares se rajaban y se prensaban en dos capas para confeccionar el papel. Gran parte de la Biblia fue escrita en papiro.

El tronco del **incienso** *(Boswelia)* tiene una corteza fina, que se escama. Los árboles crecen en Africa, Arabia del sur y la India. Al cortarse el tronco sale una resina verde clara, la cual se recoge y se vende como incienso. Este se usó en los cultos de las antiguas civilizaciones, inclusive la hebrea. Los magos de Oriente trajeron a Jesús una ofrenda de incienso, junto con el oro y la mirra. La mirra es un arbusto de Africa de donde también se obtiene una resina.

Las **zarzas y espinos** abundan en tierras secas como Palestina. Sus flores, como este cardo lechoso *(Silybum marianum)* pueden ser hermosas, pero tienen espinas punzantes. Quizá Jesús pensó en esta planta cuando narró su parábola del sembrador (Lucas 8). Crece en grupos cerrados a orillas de los trigales y pronto sofoca las tiernas matas de trigo. Los agricultores recogen las zarzas para quemarlas, cuadro usado con frecuencia en la Biblia para representar el destino de los malvados.

El **culantro** *(Coriandrum sativum)* es una hierba anual que crece de 30 a 60 cm. de alto. Los israelitas lo conocían en Egipto, puesto que describieron el maná del desierto como semilla de culantro (Exodo 16:31). El culantro siempre se ha usado con propósitos medicinales y culinarios.

La **ruda** *(Ruta graveolens)* es un pequeño arbusto que crece unos 60 cm. Sus hojas grises verdosas contienen un aceite fragante y ha sido usado desde la antigüedad como desinfectante y para dar sabor. Se le menciona únicamente en el relato de cómo Jesús increpó a los fariseos por diezmar la ruda mientras descuidaban asuntos más espirituales (Lucas 11:42).

Es imposible saber exactamente cuál planta tenía en mente Jesús cuando dijo, "considerad los lirios del campo" (Mateo 6:28). Podría pensarse en cualquiera de las plantas silvestres de Palestina tales como la anémona, la amapola, la manzanilla o el **crisantemo amarillo** *(Chrysanthemum coronarium)* ilustrado aquí.

Aves y animales

GEORGE CANSDALE

Debido a la variedad de sus climas y a su situación como ruta migratoria, Palestina tiene una gran riqueza de aves. La Biblia refleja este factor, haciendo mención de muchas diferentes especies que son difíciles de identificar por sus nombres hebreos. Solamente se anotan aquí las más comunes. Los animales que aparecen en esta lista son los más prominentes en la Biblia.

Las **palomas y las tórtolas** son las aves mejor conocidas e importantes de todas las que menciona la Biblia. Un pobre que no podía comprar una oveja o una cabra podía sacrificar un par de tórtolas al Señor. En efecto, la gente las guardaba como aves domésticas. Muchas variedades habitan en Palestina, o migran en el invierno. El suave arrullo de la paloma es un excelente símbolo del amor en el Cantar de los Cantares.

La **perdiz.** El nombre se aplica quizás a tres variedades: la perdiz de la roca, representada aquí, la perdiz del desierto y la perdiz negra. La primera de éstas se oculta tan bien que se le oye antes de verla. La perdiz es una típica ave para cacería, cuyos huevos siempre han servido para comer. David, perseguido por Saúl, se describe a sí mismo como ''una perdiz en la montaña'' (1 Samuel 26:20).

Aguilas y buitres. La palabra que se traduce ''águila'' generalmente incluye el águila propiamente dicha, y el buitre, retratado aquí. A cierta distancia ambos se parecen mucho. Son buitres los que se juntan en el cielo, listos a lanzarse sobre un cadáver aunque el ''águila'' de Mateo 24:28 representa también la potencia de Roma. El vigor y la fuerza del águila se destacan en dos citas bien conocidas: ''los que esperan en Jehová tendrán nuevas fuerzas; levantarán alas como las águilas (Isaías 40:31), y ''de modo que te rejuvenezcas como el águila'' (Salmo 103:5).

El **búo.** De los búhos que habitan en Palestina el búho águila es el más grande. Los más comunes son el búho leonardo, la lechuza, y el pequeño y huidizo autillo. En la Biblia la morada del búho es símbolo de desolación (Isaías 34:15).

La **cigüeña.** Tanto las cigüeñas blancas como las negras atraviesan Palestina todos los años, en su vuelo hacia el norte desde sus guaridas invernales en Arabia y Africa.. La cigüeña blanca, que pasa en grandes cantidades, es la más conocida. Jeremías (8:7) ilustra una lección del hecho de que ''aún la cigüeña en el cielo conoce su tiompo''.

Serpiente. La palabra ''serpiente'' sirve para traducir cuatro términos hebreos y dos griegos. Por toda Palestina se encuentran muchas variedades de culebras, inofensivas en su mayoría. Sin embargo, todas las referencias bíblicas designan culebras venenosas. La especie que tiene más probabilidades de ser la ''serpiente ardiente'' de Números 21 es la víbora escamada, que a veces aparece en grandes números y es sumamente agresiva. Aquí vemos una víbora de arena.

El **escorpión** es notable por el aguijón que tiene en la cola, con el cual paraliza o mata a su víctima. Existen en Palestina cerca de doce clases, ninguna de las cuales tiene una ponzoña capaz de matar a una persona, aunque su picadura puede ser muy molesta.

Ciervo y gacela. La caza de animales salvajes proporcionaba sin duda buena parte de la carne que se comía en el campo. Las tres variedades comunes eran el corzo, la gacela y el íbice nubio. La gacela, que aquí retratamos, tiene un par de cuernos en forma de lira, y su color de arena la hace difícil blanco para el cazador. El venado, la cierva y la gacela proveen a los autores bíblicos excelentes imágenes para la agilidad, La gracia y la dulzura (Cantar de los Cantares 2:8-9).

El **burro (asno) y la mula.** El burro desciende del onagro nordafricano. La mula es un hídrido de burro y yegua caballar, y combina las cualidades de ambos. Tanto el asno como la mula eran bestias de carga. Son de pie firme, capaces de llevar cargas pesadas, y pueden pacer en terrenos mucho más áridos que los caballos. Los hebreos, incluso los ricos, montaban asnos y mulas. El Mesías había de declarar su reinado pacífico viniendo a su pueblo al lomo de un borrico (Zacarías 9:9, Marcos 11).

Vacas. El ganado vacuno fue domesticado mucho antes de que Abraham bajara a Canaán, y había llegado a ser una importante fuente de carne, leche y cuero. El buey era también un apreciado animal de tiro, para uncirlo al arado, para tirar del desgranador, o para llevar carretas. Tanto los bueyes como las novillas se hicieron después importantes para sacrificios, pero casi sólo en ocasiones especiales, porque eran pocos los pequeños finqueros que criaban ganado vacuno. Se criaban en ciertas regiones de buenos pastos, especialmente Basán y Transjordania.

El **caballo.** Aunque los hebreos conocieron los caballos durante su estadía en Egipto no fue sino hasta el final del reinado de David que se los empezó a criar en Israel. Como resultado de una victoria, David se dejó caballos para cien carros. El caballo aparece continuamente en la Biblia como símbolo del poder guerrero, el poder en que los hombres tienen tentación de confiar cuando más bien deberían depender de Dios (Isaías 31:1). Era patrimonio de reyes y nobles; nunca de la gente común.

Ovejas y cabras. Las ovejas y las cabras eran fundamentales para la economía nacional e individual desde los más remotos tiempos. Unas y otras daban carne, leche y vestido. Lo más corriente era guardar el agua en odres de cuero de cabra. El pelo de cabra se tejía para hacer fuertes telas para las carpas. La lana de las ovejas se hilaba y servía para tejer cálidos mantos y túnicas. Ambos animales eran esenciales para los sacrificios y ofrendas que se hacían en el tabernáculo y en el templo. No necesitaban pasto fresco. Podían prosperar en los áridos collados y rebuscar entre los rastrojos. Los rebaños, a menudo mixtos, vagaban libres bajo la vigilante mirada del pastor, que mantenía alejadas las fieras, conducía al rebaño hacia nuevas aguas y prados, hacía volver las descarriadas y vivía con su grey la mayor parte del tiempo. Conocía a cada una, y ellas obedecían su voz (Juan 10).

El **camello.** El camello que aparece en la mayor parte de la narración veterotestamentaria es el dromedario árabe de una sola joroba, que se ambienta mejor en los desiertos cálidos. Pero el camello bactriano de dos jibas se conoce también en las tierras bíblicas. Sabemos que el rey Salmanasar III de Asiria los recibió como tributo hacia 850 a.C. Se discute un poco acerca del origen del camello. Posiblemente se empezó a emplear en la época patriarcal, y pasó al uso general al final del segundo milenio a.C. Puede vivir con poco alimento y pasar varios días sin beber. Siempre ha sido de primordial importancia en el desierto y cerca de él. Ordinariamente puede soportar una carga de 200 kilos además del jinete.

Los depredadores: el león, el oso, el lobo, la zorra y el chacal. Los leones abundaban en Palestina y en los países vecinos durante la época del Antiguo Testamento. Podían constituir una serie amenaza para hombres y ganados. En tiempos neotestamentarios el león era ya raro. Mientras que los leones habitaban la maleza del valle del Jordán, el oso sirio (retratado aquí) vivía en las partes montañosas y boscosas de Palestina. Los osos se alimentan de frutas, raíces, panales, hormigueros, huevos, y en fin, casi de cualquier cosa. El hambre los puede llevar a hacer presa de una oveja de la majada (1 Samuel 17:34). A la media luz del crepúsculo el pastor tiene que estar atento ante el acecho de los lobos. Jesús usa la conocida figura de los "lobos rapaces" para describir a los falsos profetas que vienen a diezmar el "rebaño" de su pueblo (Mateo 7:15). Las zorras y los chacales son parientes del lobo. La zorra, que caza solitaria, tiene debilidad por las frutas y es una amenaza en las viñas. El chacal caza en manada y es principalmente un depredador nocturno. Probablemente fueron chacales, y no zorras, lo que usó Sansón para incendiar las mieses de los filisteos (Jueces 15:4).

Otros animales son los siguientes (→ también el artículo sobre animales puros e impuros en la sección del Levítico, Parte II):

Cuervo. El término designa posiblemente la familia de los cuervos y cornejas en general. Esto explicaría su inclusión en las listas de aves "impuras" (Levítico 11:15) puesto que las cornejas son aves de carroña. Después del diluvio, Noé envió primero un cuervo y luego una paloma para ver si la tierra estaba seca (Génesis 8:7).

Damán (Reina-Valera: "conejo"; Biblia de Jerusalén: "damán"). El damán es como del tamaño de un conejo, pero con orejas pequeñas y sin cola visible. Los damanes son animales tímidos, y viven en colonias en lugares rocosos. Se describen con propiedad en Proverbios 30:26 BJ: "Los damanes —multitud sin poder— que ponen sus casas en la roca".

Codorniz. Véase el artículo especial de la página 189.

Pesas y medidas

Antiguo Testamento

Aunque David y Ezequiel (46:10-12) hacen referencia a ciertas normas básicas, éstas solían variar. Un comprador a menudo llevaba sus propias pesas en una bolsa (Proverbios 16:11) para rectificar la medida de los mercaderes. Tanto la ley como los profetas insisten en pesos y medidas justas. Las normas generales de conducta comercial proporcionan una justa evaluación del estado espiritual de una nación.

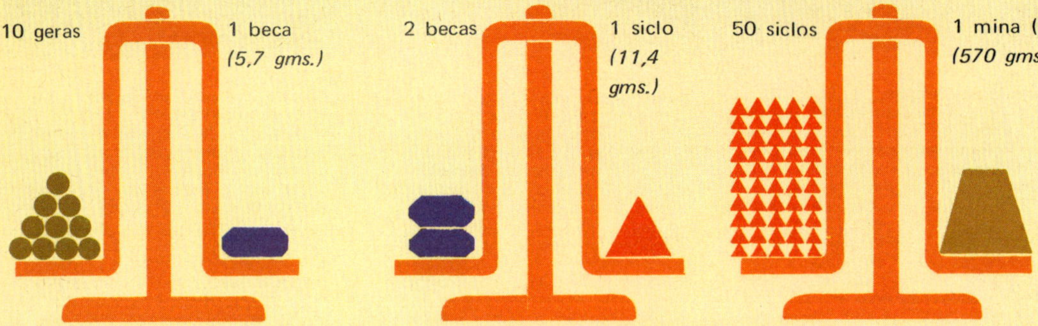

1 gera *(Aprox. 0,5 gms.)*

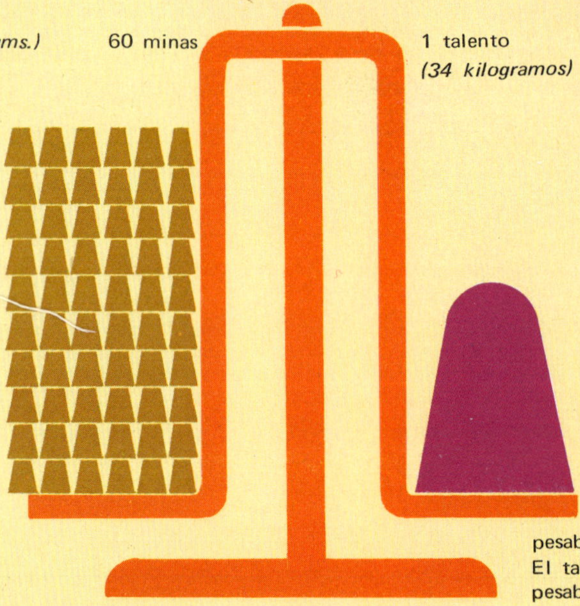

El siclo pesado o real pesaba 13 gramos
El talento pesado de doble m
pesaba 60 kilogramos

Pesos del Nuevo Testamento

Se mencionan únicamente dos pesos en el Nuevo Testamento

La libra = aprox. 327 gms.

El talento = los cálculos varían entre 20 y 40 kgms.

Medidas lineales

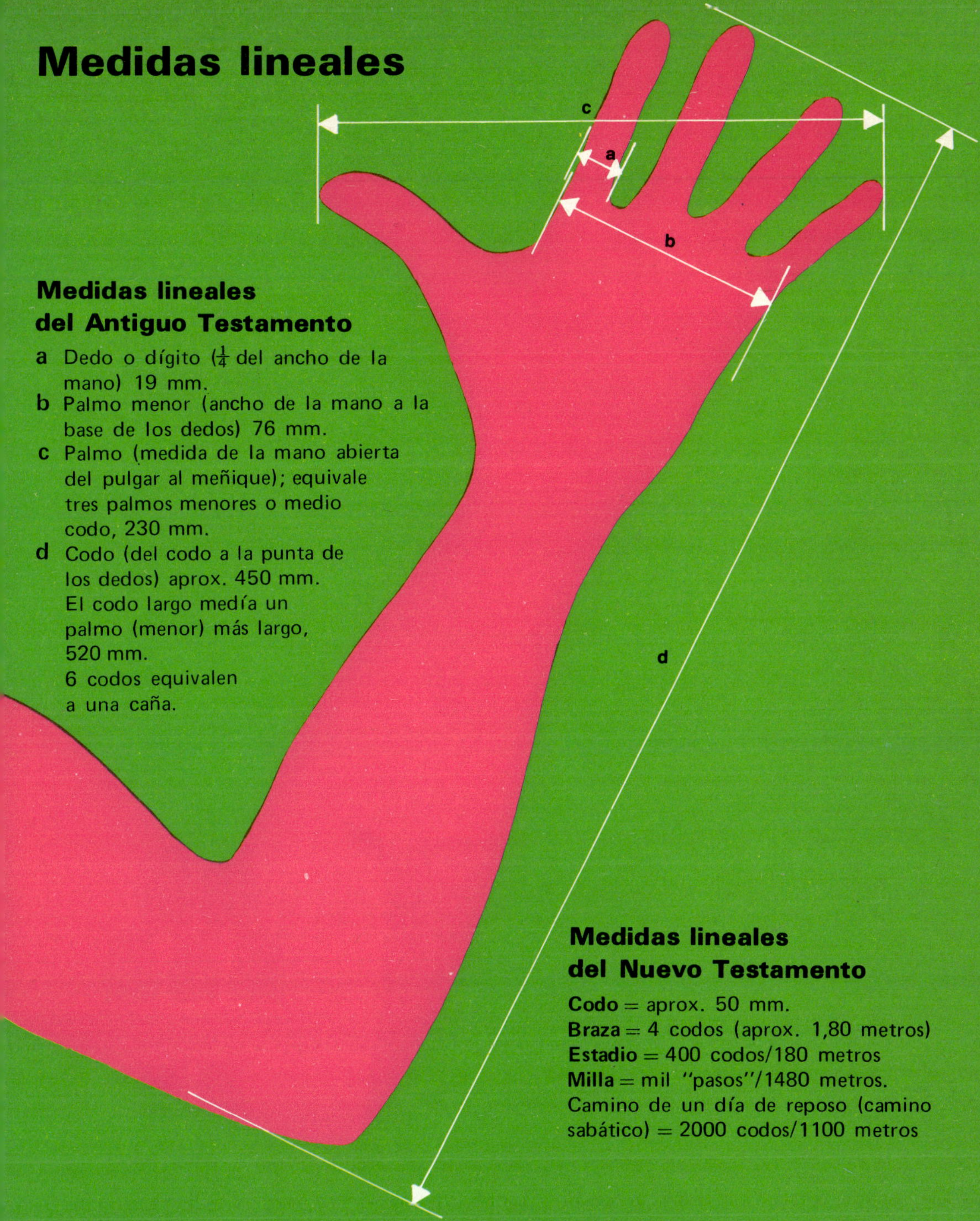

Medidas lineales del Antiguo Testamento

a Dedo o dígito ($\frac{1}{4}$ del ancho de la mano) 19 mm.
b Palmo menor (ancho de la mano a la base de los dedos) 76 mm.
c Palmo (medida de la mano abierta del pulgar al meñique); equivale tres palmos menores o medio codo, 230 mm.
d Codo (del codo a la punta de los dedos) aprox. 450 mm. El codo largo medía un palmo (menor) más largo, 520 mm. 6 codos equivalen a una caña.

Medidas lineales del Nuevo Testamento

Codo = aprox. 50 mm.
Braza = 4 codos (aprox. 1,80 metros)
Estadio = 400 codos/180 metros
Milla = mil "pasos"/1480 metros.
Camino de un día de reposo (camino sabático) = 2000 codos/1100 metros

Medidas veterotestamentarias de capacidad

Los términos se derivan de los envases que contienen una cantidad estipulada

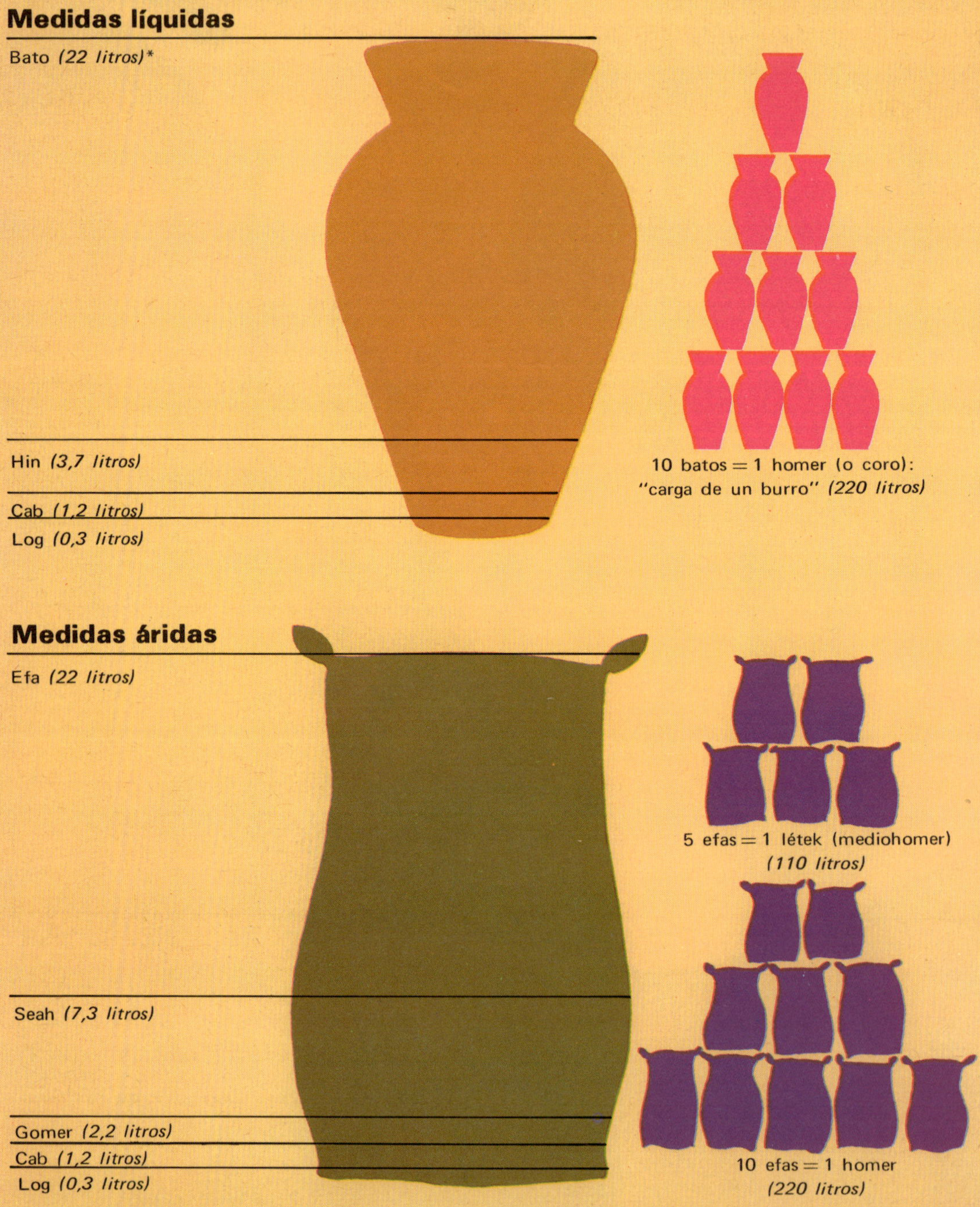

Todos los equivalentes son aproximados

Medidas neotestamentarias de capacidad

Medidas líquidas

Cántaro (o metretes)
*(40 litros)**

Xestes *(0,3 litros)*

Medidas áridas

Sato: "medida" *(13 litros)*

Modio: "almud" *(8,7 litros)*

Quénice *(1,2 litros)*

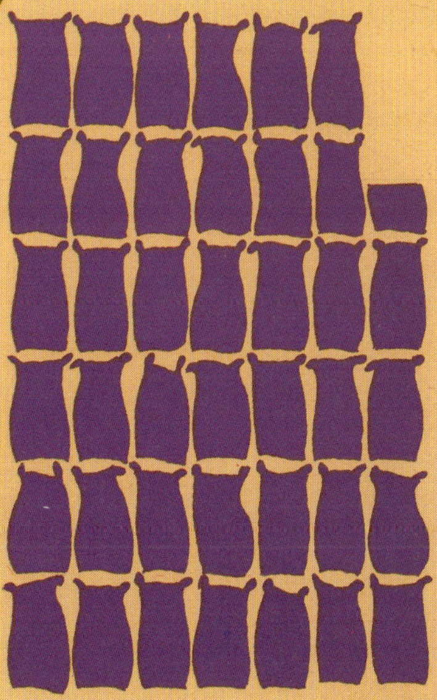

40,5 satos = 1 coro *(525 litros)*

**Todos los equivalentes son aproximados*

Monedas

Epoca del Antiguo Testamento

Parece haberse empezado a usar dinero en el siglo VII a.C. Anteriormente se canjeaban metales y bienes tanto perecederos como imperecederos: lana, cebada, dátiles, madera, ganado, etc. El oro, la plata y el cobre se pesaban y su calidad se determinaba. Algunos de los nombres de pesos pasaron a servir de nombres de monedas. Las monedas antiguas eran simplemente pedazos de metal que llevaban impreso algún sello. Rara vez pesaban más de un siclo en oro o plata.

Moneda de plata

Siclo (pesa aprox. 11,4 gramos)

50 siclos = 1 mina (aprox. 500 gramos)

60 minas = 1 talento (30 kilos)

Moneda de oro

Siclo

50 siclos = 1 mina

60 minas = 1 talento

Epoca del Nuevo Testament

Circulaba en Palestina en la época del Nuevo Testamento dinero de tres difer fuentes. Había la moneda oficial, impe (romana normal); también moneda

Judío

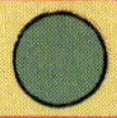

1 leptón

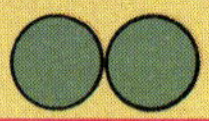

2 leptones

1 siclo

30 siclos

provincial, acuñada en Antioquía y Tiro (griega normal); y moneda local judía, acuñada posiblemente en Cesarea. No es de sorprenderse que prosperaran los cambistas. Se acuñaban monedas de oro, plata, cobre y bronce o latón. El *as* romano y el *leptón* judío, ambas monedas de poco valor, eran de bronce. Las monedas de plata más comunes que se mencionan en el Nuevo Testamento son el *tetradracma* griego y el *denario* romano, que representaban un jornal para el trabajador ordinario.

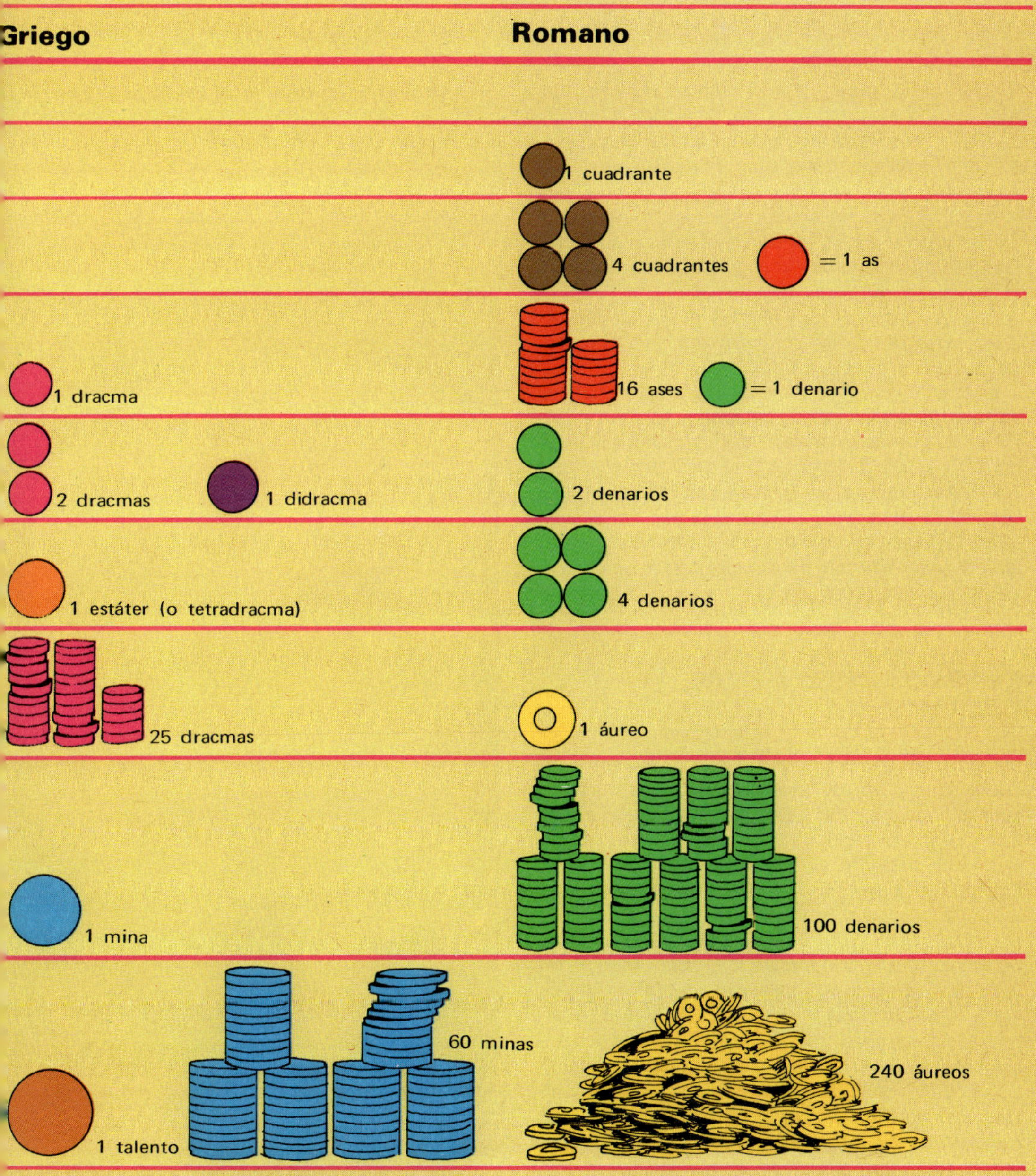

Los tiempos y las sazones

JOHN LILLEY

El calendario es una de esas cosas esenciales que todos aceptamos y damos por sentadas. Los calendarios primitivos se basaban en las estaciones del año agrícola y los ritos religiosos relacionados con ellas. Por esta relación, y puesto que la cuestión en sí era tan complicada, los sacerdotes llegaron a ser expertos en el manejo del calendario. El comercio y el gobierno tenían sus exigencias particulares con respecto a las fechas. Así es que los grandes imperios de Mesopotamia y el valle del Nilo desarrollaron sus propios sistemas con gran exactitud.

Sabemos muy poco acerca del antiguo calendario de Israel, aparte de las leyes y los festivales. Pero la Mishná (colección de ley judía del final del siglo II d.C.) describe con precisión el sistema elaborado por los judíos bajo la influencia babilónica. Este se mantiene a la par del calendario romano, modificado con tanta eficacia por Julio César, que ha perdurado casi intacto por 2.000 años.

ELABORACION DE UN CALENDARIO

Básicamente, todos los calendarios se basan en el sol, la luna y las estrellas. El sol proporciona la unidad básica del día, y las estaciones del año. La luna, al crecer y menguar, divide el año más o menos en períodos de 29 ó 30 días. Las fechas de grandes fiestas fueron dispuestas de modo que coincidieran con la luna llena. Pero en la Palestina, relativamente libre de nubes, era más fácil contar desde el día de aparición de la luna nueva (catorce o quince días hasta el festival, y luego hasta la próxima luna nueva). Desde los albores de la civilización el hombre ha sabido que la disposición nocturna de las constelaciones cambiaba en un ciclo relacionado con las estaciones del año. Los pastores a menudo podían predecir los tiempos por las estrellas con mavor facilidad que por el sol.

El problema en todo esto, desde luego, era la precisión. Doce meses lunares suman unos once días menos que el año solar. Los babilonios y los griegos llegaron a la conclusión de que 19 años suman un total de 235 meses lunares, hecho confirmado por las medidas astronómicas

El ''Calendario de Gezer'', simple recordatorio en hebreo de las temporadas agrícolas. Data del año 900 a.C. y apareció en Gezer.

modernas. De manera que había que saber cómo y cuándo distribuir los meses que sobraban. Seguramente Israel logró esa distribución desde tiempos remotos, porque los meses tenían nombres y números y las fiestas anuales se celebraban en meses numerados. Cuando la luna nueva después del 12°. mes iba a aparecer más de 14 días antes del equinoccio, decretaban la repetición del 12° mes (un segundo Adar) para arreglar las cosas. En esta forma podían estar seguros de que las fiestas principales, ligadas a las cosechas de trigo y de frutas, calzaban con el progreso de las cosechas en la mejor manera posible.

EL CALENDARIO DEL ANTIGUO TESTAMENTO

El calendario del Antiguo Testamento tiene sus raíces en dos cosas: el sistema de las fiestas y el ciclo de la agricultura.

El sistema de las fiestas, instituido por Moisés, comenzaba con la Pascua que conmemoraba el éxodo. Casi todas las referencias veterotestamentarias a los meses son por número, desde este punto. Los otros festivales se basaban en las cosechas naturales (Exodo 23:14ss; Deuteronomio 16:9-15), pero una vida civilizada demandaba que fueran fijadas por el calendario lunar (Levítico 23; 1 Reyes 8:2; 12:32).

El ciclo agrícola culminaba con la cosecha de frutas (Exodo 23:16b) y comenzaba de nuevo con las lluvias tempranas que preparaban el suelo para la labranza. "El mes sétimo, el primero del mes" (Tisrí) todavía es el Año Nuevo judío (→ Levítico 23:24). Probablemente los reyes de Judá contaban sus años desde esta fecha, hasta las invasiones babilónicas al final del siglo VII a.C. Las fechas de los eventos históricos eran señaladas por el número de años desde el ascenso del rey al poder, o mediante la referencia a grandes eventos nacionales (éxodo, el exilio, etc.).

El sábado semanal (día de descanso) presentaba sus propios problemas porque el año no tiene un número completo de semanas, ni un número completo de meses tampoco. (¡Este hecho engorroso complica la vida de los contabilistas y burócratas gubernamentales hasta hoy!) Tal vez en tiempos primitivos el sábado semanal se ajustaba para coincidir con las fiestas principales, o aún con los novilunios (→ Levítico 23). Después del exilio se observó más estrictamente el descanso del sétimo día, que llegó a independizarse del calendario lunisolar. De manera que los judíos ortodoxos tenían problemas acerca de la relación entre los sábados y los festivales.

EN EL NUEVO TESTAMENTO

La mayoría de los autores del Nuevo Testamento señalan los eventos según el calendario judío de la época. De vez en cuando calculan las fechas mediante referencias a gobernantes no judíos. Lucas, por ejemplo, comienza su historia de la vida de Jesús "en el año decimoquinto del imperio de Tiberio César". Generalmente los relatos se puntualizan por la celebración de los grandes festivales anuales: la Pascua, los Tabernáculos, Pentecostés. Pero incluso en esto no había absoluta uniformidad en tiempos del Nuevo Testamento. Existen diferencias mínimas entre el calendario seguido por los fariseos y el de los saduceos.

De mayor importancia fue el calendario "sectario" producido en el Libro de los Jubileos. Este era un sistema que hacía que todos los festivales cayeran siempre en el mismo día de la semana. Había que dividir el año en cuatro trimestres de 13 semanas, que a su vez subdividían en tres meses de treinta días, con un día extra cada trimestre. El año siempre comenzaba un miércoles, y ningún festival caía en sábado. (Todavía nos resulta un misterio cómo podía reconciliarse un año de 364 días con el ritmo inexorable de las estaciones después de una generación.) Es posible que la comunidad de Qumrán haya adoptado este calendario. Lo cierto es que guardaban los festivales en días distintos a los que se observaban en el templo. Es posible que la práctica haya variado en los días de Cristo más de lo que se pensaba en un tiempo; esto quizás explique por qué la Ultima Cena no coincidió con el día de la Pascua en el templo.

Comparación de calendarios

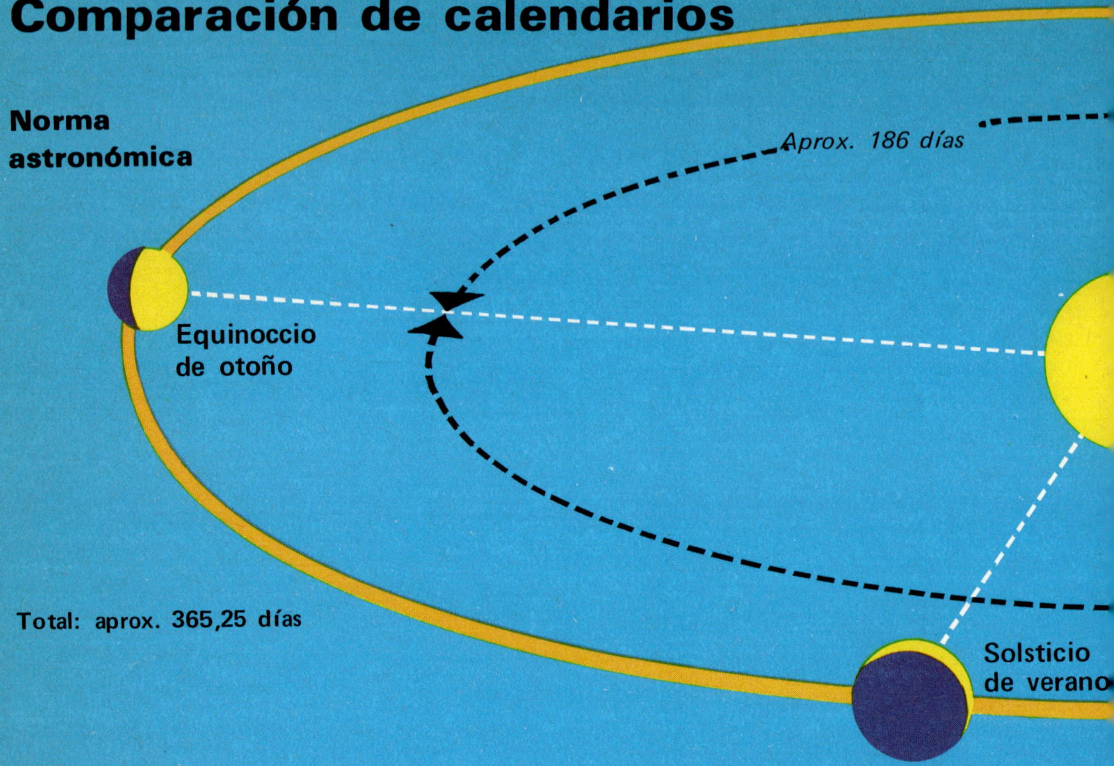

Romano (Juliano)

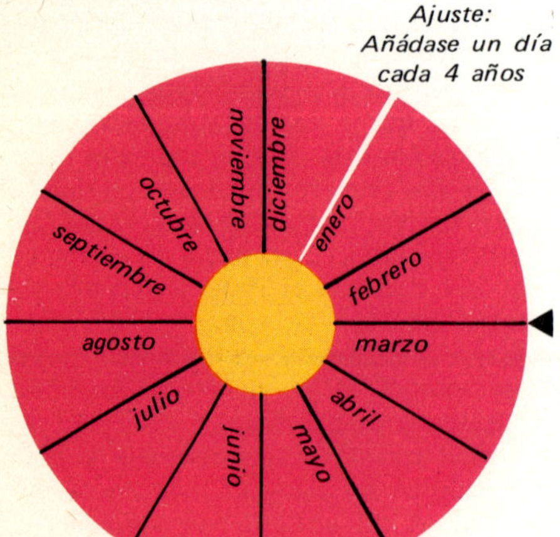

12 meses fijos de 30/31 días (28 en febrero)

Total 365 días

Judío ortodoxo

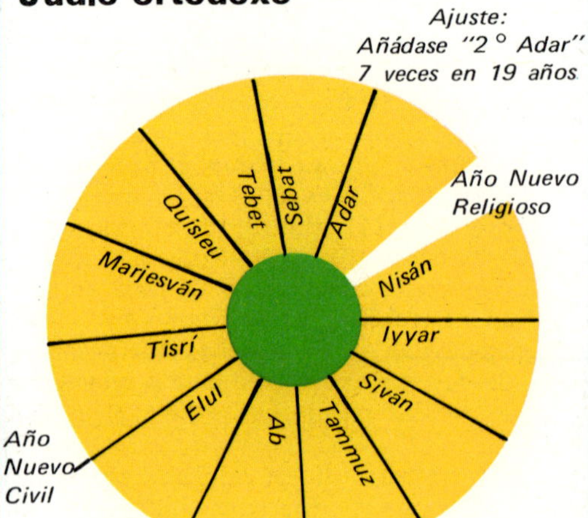

12 meses lunares comenzando con cada luna nueva (creciente)

Total aprox. 354 días

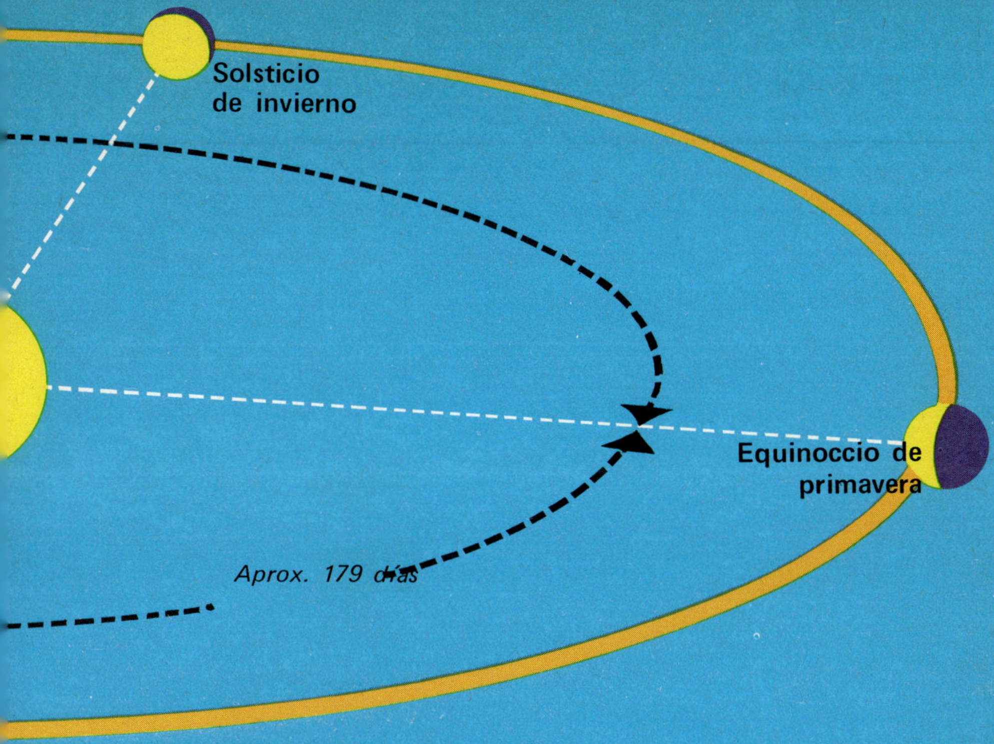

Jubileos

(uso histórico incierto)

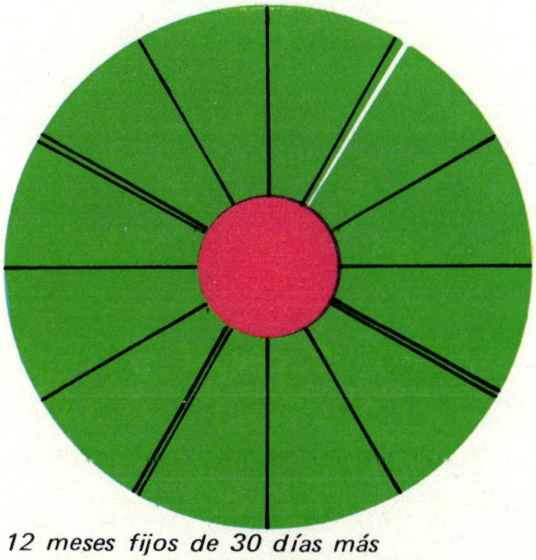

12 meses fijos de 30 días más 1 día extra cada trimestre: equivalente a 52 semanas. Sin ajuste

Total 364 días

Egipcio (fiscal)

12 meses fijos de 30 días más 5 días adicionales. Año agrario controlado por el ascenso helíaco de Sirio (Sothis). Sin ajuste: se avanza el Año Nuevo gradualmente en relación con el año agrario en un "ciclo Sótico" de 1460 años

Total 365 días

El calendario del Israel antiguo

13/14:
Purim
(Ester 9:26-28)
Lluvia tardía
Jeremías 3:3
14:
Pascua, seguida de los
Panes sin levadura
(Éxodo 12:6; Lucas 22:13-20)
21:
Primicias
Rastrilleo
del lino
Cosecha
de cebada
Rut 1:22
12.° mes
Adar
Cosecha
de cebada
1.er mes
Nisán
(nombre antiguo
Abib)
brero
marzo
abril
(Siete
semanas)
2.° mes
Iyyar
(nombre antiguo
Zif)
Cosecha
general
mayo
Semanas/Pentecostés
3.er mes
Siván
junio
Viticultura
julio
agosto
4.° mes
Tammuz
5.° mes
Ab
Primeras
uvas:
Números 13:20
Frutas de
verano
"Calor
estival"

ISRAEL EN TIEMPOS DEL ANTIGUO TESTAMENTO

Parte segunda

1 LOS "CINCO LIBROS"

2 LOS LIBROS HISTORICOS

3 POESIA Y LITERATURA SAPIENCIAL

4 LOS PROFETAS

Visión panorámica de la historia del Antiguo Testamento

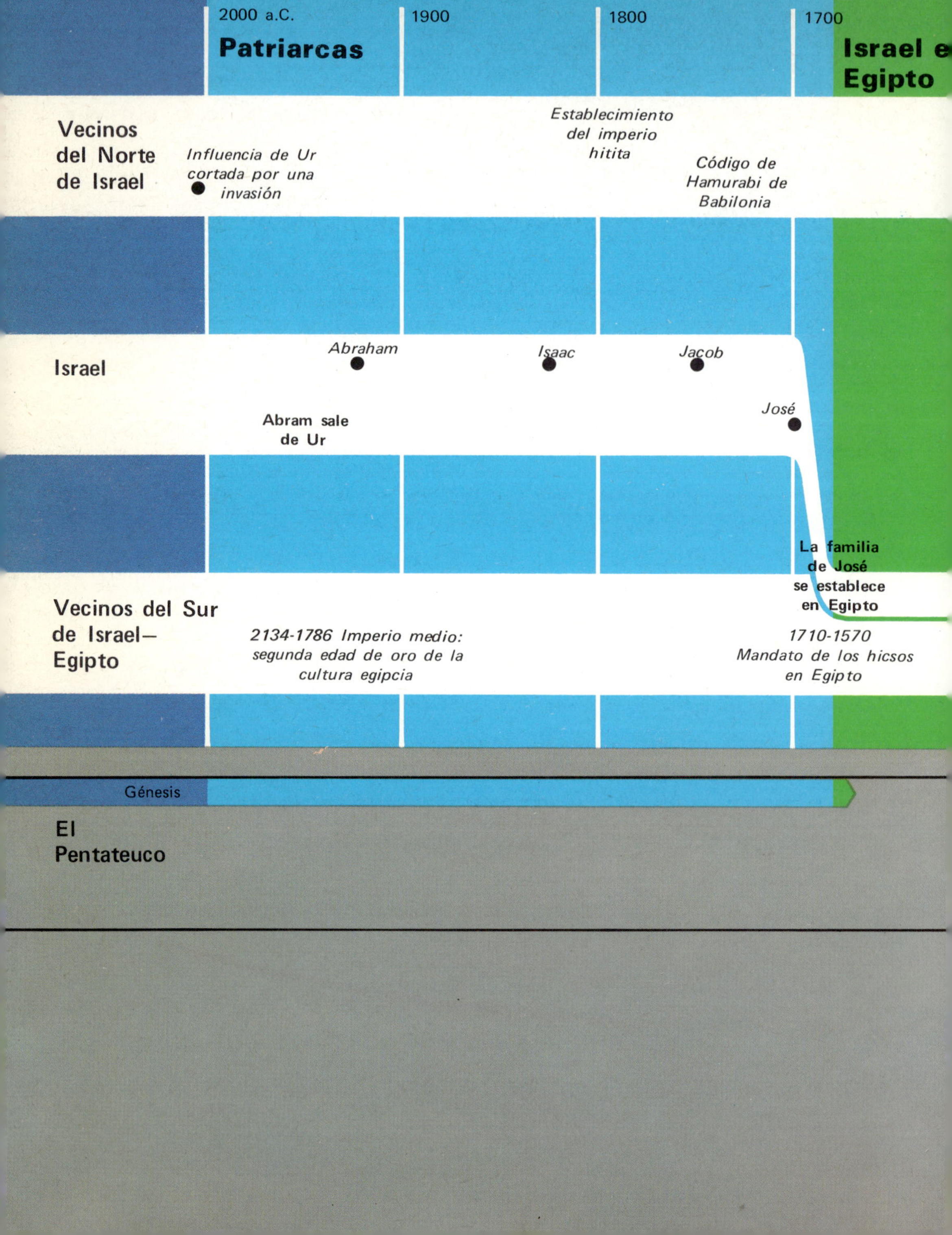

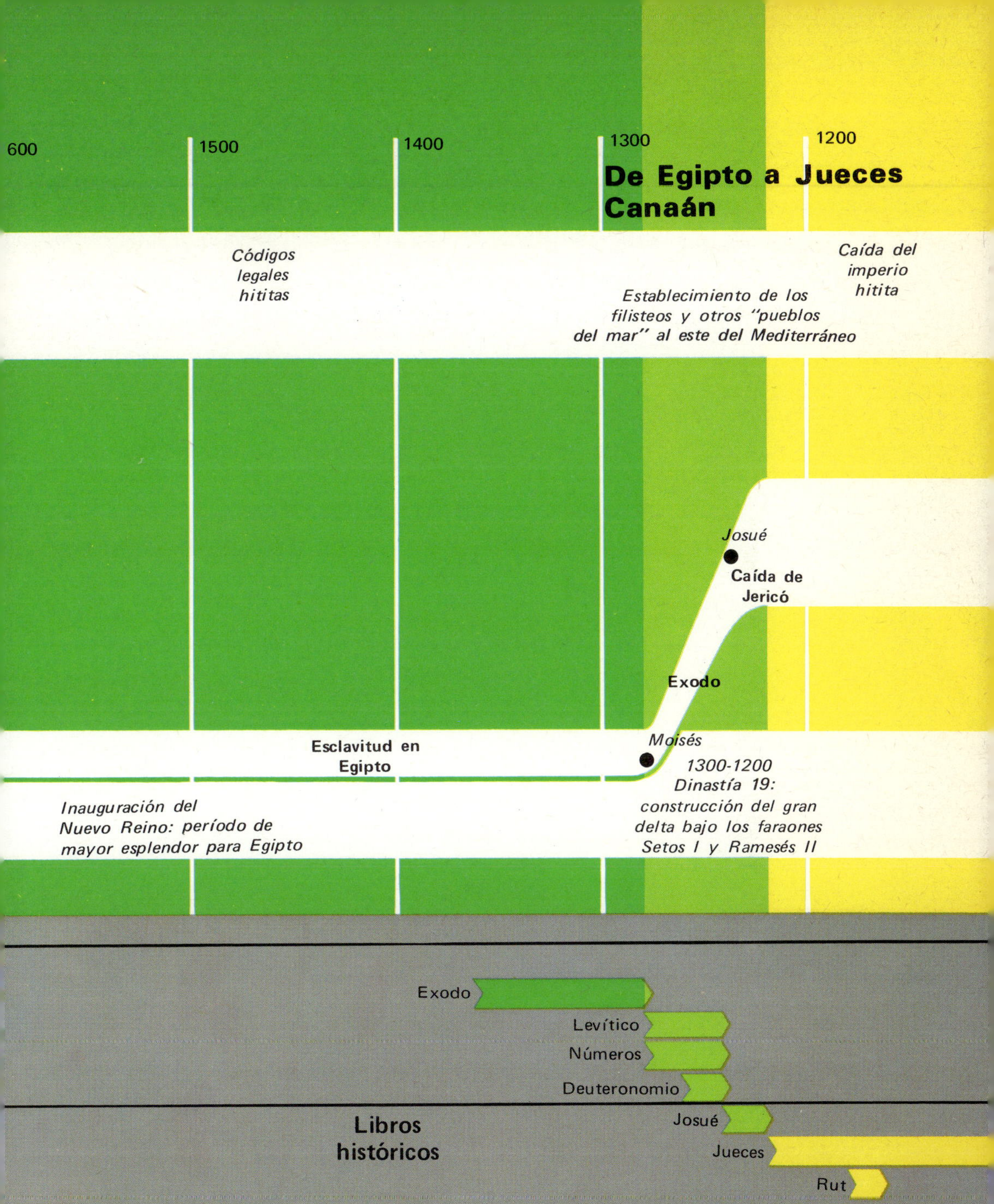
600
1500
1400
1300
1200
De Egipto a Canaán
Jueces
Códigos legales hititas
Caída del imperio hitita
Establecimiento de los filisteos y otros "pueblos del mar" al este del Mediterráneo
Josué
Caída de Jericó
Exodo
Moisés
Esclavitud en Egipto
1300-1200 Dinastía 19: construcción del gran delta bajo los faraones Setos I y Ramesés II
Inauguración del Nuevo Reino: período de mayor esplendor para Egipto
Exodo
Levítico
Números
Deuteronomio
Libros históricos
Josué
Jueces
Rut

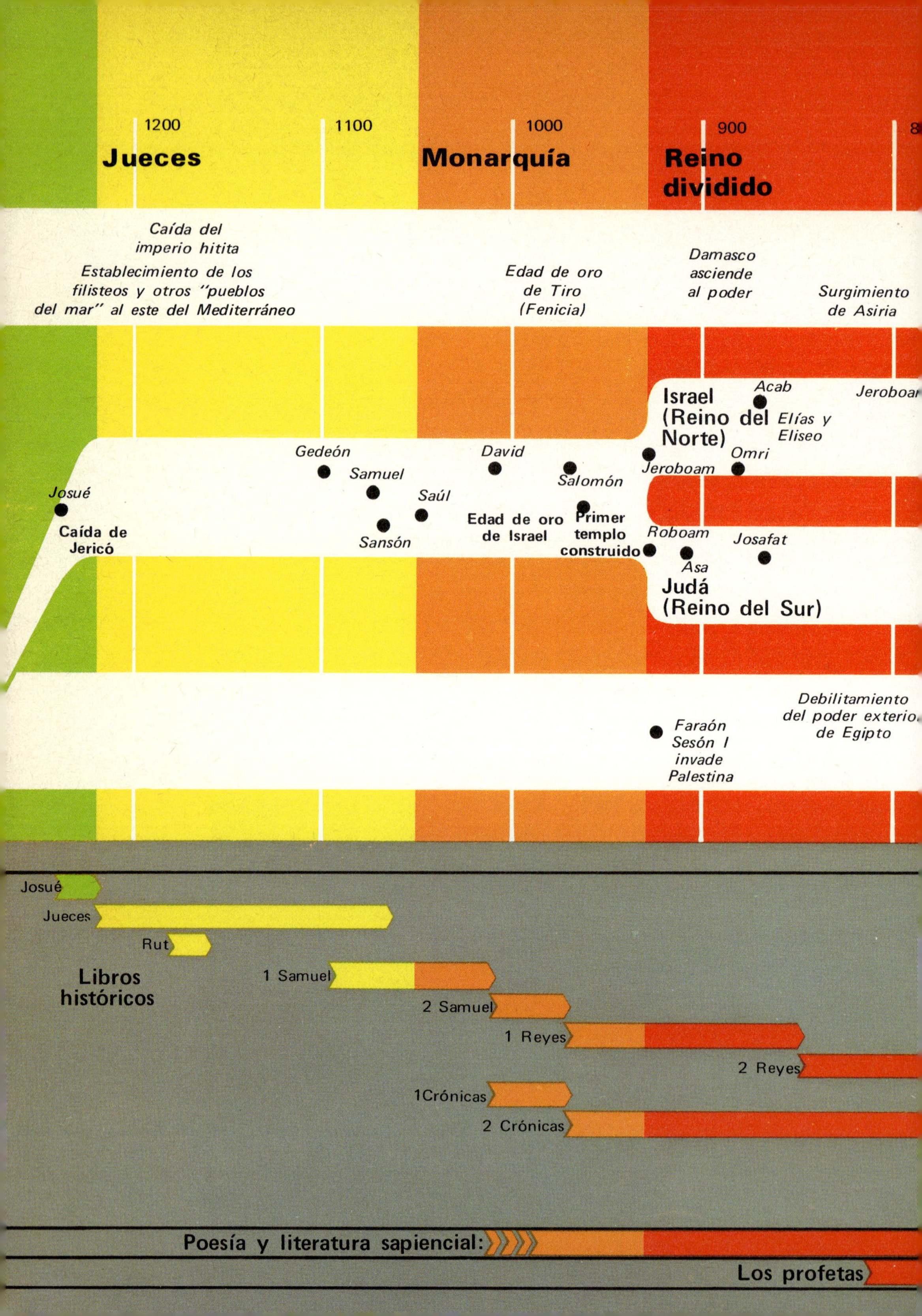

1200
1100
1000
900
8
Jueces
Monarquía
Reino dividido
Caída del imperio hitita
Establecimiento de los filisteos y otros "pueblos del mar" al este del Mediterráneo
Edad de oro de Tiro (Fenicia)
Damasco asciende al poder
Surgimiento de Asiria
Israel (Reino del Norte)
Acab
Elías y Eliseo
Jeroboa
Omri
Jeroboam
Gedeón
Samuel
Saúl
Sansón
David
Salomón
Josué
Caída de Jericó
Edad de oro de Israel
Primer templo construido
Roboam
Asa
Josafat
Judá (Reino del Sur)
Faraón Sesón I invade Palestina
Debilitamiento del poder exterio de Egipto
Josué
Jueces
Rut
Libros históricos
1 Samuel
2 Samuel
1 Reyes
2 Reyes
1Crónicas
2 Crónicas
Poesía y literatura sapiencial:
Los profetas

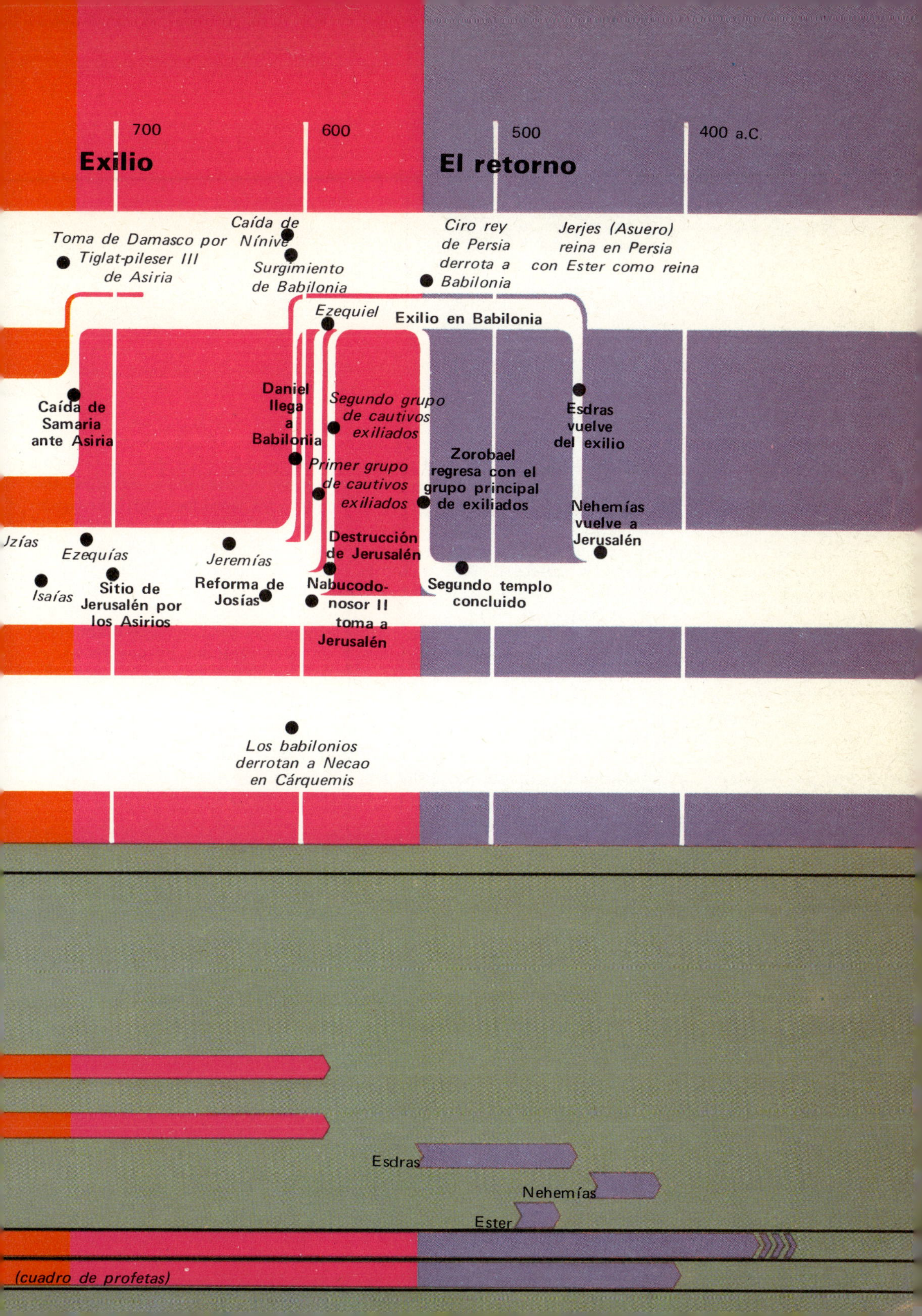
700
600
500
400 a.C.
Exilio
El retorno
Toma de Damasco por Tiglat-pileser III de Asiria
Caída de Nínive
Surgimiento de Babilonia
Ciro rey de Persia derrota a Babilonia
Jerjes (Asuero) reina en Persia con Ester como reina
Ezequiel
Exilio en Babilonia
Caída de Samaria ante Asiria
Daniel llega a Babilonia
Segundo grupo de cautivos exiliados
Primer grupo de cautivos exiliados
Zorobabel regresa con el grupo principal de exiliados
Esdras vuelve del exilio
Nehemías vuelve a Jerusalén
Uzías
Ezequías
Isaías
Sitio de Jerusalén por los Asirios
Jeremías
Reforma de Josías
Destrucción de Jerusalén
Nabucodonosor II toma a Jerusalén
Segundo templo concluido
Los babilonios derrotan a Necao en Cárquemis
Esdras
Nehemías
Ester
(cuadro de profetas)

1 LOS "CINCO LIBROS"

Introducción

JOHN TAYLOR

Se da el nombre "Pentateuco" a los cinco primeros libros de la Biblia. Procede de dos palabras griegas que significan 'cinco pergaminos'. Pero es mejor pensar en el Pentateuco como en un libro dividido en cinco secciones, más que como cinco libros enrollados como uno. De este modo se respeta no sólo su origen hebreo, donde se llamaba la Torah (Ley) o los "Cinco quintos de Moisés", sino también su unidad intrínseca.

Esto no quiere decir que el Pentateuco consista en un extenso relato escrito en orden rigurosamente cronológico. Le resulta obvio al lector que contiene una vasta gama de material literario —relatos, leyes, instrucciones rituales, sermones de los patriarcas Abraham, Isaac, Jacob y fuentes. Sí significa, no obstante, que se ha elaborado cuidadosamente el material dentro de un marco narrativo, con un propósito claro y con objetivos reconocibles de parte del autor o compilador.

EL MARCO

El marco del Pentateuco consiste en la historia del pueblo de Dios desde el llamamiento de Abraham hasta la muerte de Moisés. Abarca un período de más de 600 años, es decir, desde alrededor de 1900 a.C. hasta alrededor de 1250 a.C., aunque es muy difícil estar seguro de las fechas en una época tan temprana de la historia de Israel. El relato tiene dos secciones. La primera está dominada por las cuatro generaciones de los patriarcas Abraham, Isaac, Jacob y José (Génesis 12-50); la segunda por la figura majestuosa de Moisés (Exodo-Deuteronomio). Las precede un prólogo (Génesis 1-11), que consiste de relatos y tradiciones antiguas, que sirven no sólo para introducir los principales temas del relato sino también para relacionarlos con los propósitos de Dios en el mundo de los hombres caídos, de naciones divididas y de un orden creado que originalmente fue bueno. Es mejor considerar primero los temas principales de los libros como un todo, y luego examinar el significado de estos capítulos introductorios.

CUATRO TEMAS IMPORTANTES

Elección

El Antiguo Testamento se escribió para el pueblo de Israel, el pueblo que se remontaba a Jacob (= Israel) como antepasado común y hasta Abraham como fundador de su nación. También los cristianos consideran a Abraham como padre de todos los que dependen de Dios en fe y no de algo que pueden hacer por sí mismos (→ Romanos 4:16). Por esto leemos la historia del llamamiento divino de Abraham para que fuera antepasado del pueblo escogido de Dios, no simplemente como un evento en el pasado lejano, sino como algo con significado actual para nosotros.

La idea de "elección" —de selección especial de personas por parte de Dios— conlleva dos rasgos subsidiarios: promesa y responsabilidad. Génesis 12-22 está lleno de palabras de promesa que Dios dirigió a Abraham. Se le prometen a

Abraham descendientes tan numerosos como las estrellas del cielo. Se le da la tierra de Canaán como herencia de sus hijos. Se le promete un gran nombre en el futuro. Y el favor especial de Dios se manifestaría no sólo a Abraham y a su familia sino a todos los hombres a través de él.

Así pues, las promesas de Dios a Abraham no fueron sólo para el disfrute egoísta de unos pocos. Debían utilizarse en forma responsable para que otros pudieran compartir los beneficios. En la médula misma de la elección de Israel por parte de Dios se ve claramente que Dios tiene un propósito misionero. La historia de Israel debe leerse como el largo relato de sus intentos por cumplir con sus responsabilidades. Tuvo algunos éxitos, pero muchos fracasos notorios.

Pacto

Para la mente moderna un 'pacto' es simplemente un asunto de documentos legales y sellos de cera. Pero para la mente hebrea abarcaba todas las relaciones humanas. Era el vínculo que unía a personas en obligaciones mutuas, ya fuera en un contrato matrimonial, en una empresa comercial o en un compromiso verbal. Resultó natural que la relación del hombre con Dios tuviera que expresarse en términos de pacto.

Estos términos de pacto se utilizan en el Pentateuco para describir tres ocasiones distintas:

- Las promesas de Dios a Noé de que nunca volvería a enviar un diluvio sobre la tierra (Génesis 9:9).
- Las promesas de Dios a Abraham (Génesis 15:18; 17:4).
- El pacto del Sinaí establecido con Moisés y resumido en el 'libro del pacto' (Exodo 24:7).

Si bien se efectuaban pactos entre iguales, el uso religioso del término se refería siempre a una relación entre un socio mayor y otro menor. Recientes descubrimientos de tratados de soberanía hititas establecidos entre un rey y su vasallo han ayudado mucho para ilustrar la forma del pacto entre Dios e Israel en Exodo y Deuteronomio. Consistía en una introducción histórica, una lista de estipulaciones, maldiciones y bendiciones invocadas sobre los contratantes, un juramento solemne y una ceremonia religiosa para ratificar el pacto. La mayor parte de estos elementos se encuentran en los pactos del Antiguo Testamento. (Véase "Pactos y tratados del Cercano Oriente".)

Más importante que la forma del pacto, sin embargo, era su significado teológico.

Se basaba en la iniciativa de Dios. Este actuaba por misericordia y con soberanía. Hizo una promesa incondicional de no juzgar nunca al género humano con otro diluvio (Génesis 9:11). Escogió a Abraham y a sus descendientes para que fueran canales de su misericordia para un mundo caído. Cementó esta elección, comprometiéndose con la nación israelita con las palabras, "Os tomaré por mi pueblo y seré vuestro Dios" (Exodo 6:7).

Implicaba una nueva revelación de Dios. Se apareció a Abraham como su escudo (Génesis 15:1) y como Dios Todopoderoso (El Shaddai', Génesis 17:1). Se apareció a Moisés como "Yahweh" ("Yo soy el que soy", Exodo 3:14), y luego como "Jehová tu Dios, que te saqué de la tierra de Egipto" (Exodo 20:2). (Véase "Los Nombres de Dios", página 157.)

Imponía exigencias morales y rituales al pueblo. Las estipulaciones del pacto incluían estos dos aspectos. Lo ritual estaba representado por el rito de la circuncisión dado a Abraham (Génesis 17:10), por la observancia del sábado, el día de descanso (Exodo 20:8ss.) y por todos los detallados requisitos, relacionados con el culto y el sacrificio, que se encuentran en el Pentateuco. Al mismo tiempo las exigencias éticas se especificaban en los Diez Mandamientos y otras leyes. Aunque a primera vista estas dos exigencias parecen extrañamente aisladas, de hecho coinciden en la idea de la santidad de Dios. Un Dios santo exige que su pueblo refleje su carácter tanto en el culto como en la conducta.

Ley

La idea de ley es básica en el Pentateuco y, como hemos visto, dio su nombre al libro como un todo. En su forma más simple, abarcaba los Diez Mandamientos (Exodo 20; Deuteronomio 5), pero en relación con éstos hay varias colecciones de leyes que se han clasificado como:

el libro del pacto (Exodo 21-23);
el código de santidad (Levítico 17-26);
la ley del Deuteronomio (Deuteronomio 12-26).

Se han establecido comparaciones con otras antiguas leyes —códigos del Próximo Oriente, sobre todo con el Código de Hamurabi—, y se han advertido muchas semejanzas. Esto ilustra el hecho de que Israel era parte de la cultura mediterránea oriental y compartía con sus vecinos ideas y experiencias. Pero lo que es muy significativo no son tanto las semejanzas sino las diferencias que hicieron distintas a las leyes d Israel. Se puede resumir así:

- su monoteísmo intransigente (todo se relaciona con un solo Dios);
- su notable preocupación por los que están en desventaja: esclavos, extranjeros, mujeres, huérfanos;
- su espíritu comunitario, basado en la relación de pacto que todo Israel compartía con el Señor

También se ha señalado que las leyes del Antiguo Testamento se pueden clasificar ya como "apodícticas" en la forma ("harás" o "no harás") o como "casuística" ("cuando alguno..., hara..."). Como las antiguas leyes-códigos eran del tipo casuístico, quizá lo apodíctico era una forma peculiarmente israelita, en cuyo caso el decáligo (los Diez Mandamientos) fue exclusivo de Israel.

Algunos cristianos equivocadamente han visto en la enseñanza de Jesús en el Sermón del Monte un repudio de la ley judía en favor de su nueva ley de amor. Pero las críticas de Jesús se dirigieron de hecho no a las leyes, sino a la forma en que los rabinos las habían interpretado. ("Oísteis que fue dicho" era la fórmula rabínica tradicional para introducir su interpretación.) Puso al descubierto los motivos internos de los mandamientos, los cuales los intérpretes no habían sabido valorar.

Algunos han criticado también a los Diez Mandamientos por ser negativos. Pero se siguen de una afirmación positiva: "Yo soy Jehová tu Dios..." Los que han experimentado la liberación de manos de Dios, y viven bajo su soberanía, deben mostrarlo con una conducta peculiar. Los Diez Mandamientos por tanto comienzan como la carta fundamental de Dios para su pueblo liberado. Consistían no en generalidades sino en mandatos específicos para situaciones específicas: culto, trabajo, vida de hogar, matrimonio, respeto por la vida y la propiedad, justicia elemental, y el ámbito personal de la voluntad. Para todas las esferas de la experiencia humana Dios tiene una palabra que era explícita e ineludible. Cristo no la destruyó: la cumplió y la amplió.

No se puede decir lo mismo de las leyes ceremoniales y rituales que abarcan gran parte de Levítico y otras partes del Pentateuco. El propósito de estas leyes fue no sólo guiar en la administración diaria de la comunidad israelita, sino enseñar cómo un pueblo santo debía adorar a un Dios santo. En consecuencia, además de normas para el rito (festividades, sacrificios, etc.), se daba instrucción detallada para la preservación de la pureza ritual. El pueblo de Israel debía mantenerse libre de contaminación de fuentes externas, especialmente de la influencia corruptora de la religión Cananea. Debía acercarse a Dios con un sentido de su peculiaridad moral y ritual.

Estas normas ya no se aplican a la iglesia cristiana, aunque los principios subyacentes pueden todavía enseñar mucho. Y el elaborado sistema de sacrificios ha encontrado su plenitud en el único sacrificio de Cristo —el Cordero perfecto de Dios— por medio del cual se perdonan los pecados y se ofrece expiación por todos los hombres para siempre (→ Hebreos 10:1-18).

Exodo

El cuarto tema mayor que se encuentra en el Pentateuco, y que se repite en toda la Biblia, es el éxodo de Egipto, descrito en Exodo 1-12. Para el judío este fue el gran acto salvador de Dios que todas las generaciones posteriores recordaban con agradecimiento. Fue una intervención milagrosa de parte de Dios en respuesta a los lamentos de su pueblo esclavizado (Exodo 3:7). Fue esencialmente una acción de Dios "con mano fuerte, con brazo extendido". Fue un gran triunfo sobre los dioses de Egipto que demostró su total supremacía. Fue el momento histórico recordado cada año en la fiesta de la Pascua. A las generaciones posteriores se les recordaba a menudo que en otro tiempo habían sido miembros de una comunidad oprimida a la que el Señor había redimido misericordiosamente de la esclavitud. Se les estimulaba a recordar el pasado y se les ponía sobre aviso del peligro de olvidar lo que Dios había hecho por ellos (p.e. Deuteronomio 6:12).

Como evento histórico el éxodo fue definitivo. El hecho de que Dios lo hubiera hecho una vez significaba que lo podía volver a hacer. Cuando Israel estaba cautivo en Babilonia la nación esperaba un segundo éxodo (Isaías 51:9-11). Y cuando Cristo vino, su acción liberadora fue descrita con el lenguaje del éxodo (p.e. Lucas 9:31).

Estos son, pues, los cuatro temas que nunca están muy ocultos en el Pentateuco. Son la preocupación constante de estos cinco libros. El único otro tema —que se presenta con regularidad deprimente— es la pecaminosidad persistente del pueblo de Israel. Les costó aceptar a Moisés como su libertador. Se quejaban de los inconvenientes del viaje. Incluso añoraban la antigua vida en Egipto (la cual habían idealizado exageradamente, Números 11:5). Se acobardaron ante la perspectiva de ir a la tierra de Canaán. Y vagaron por 40 años en el desierto de la indecisión. Ni siquiera Moisés quedó inmune, y se le castigó, no permitiéndosele conducir el pueblo a la tierra prometida. Pero el pecado no era ningún problema nuevo. Para descubrir por qué, debemos recurrir a los capítulos introductorios de Génesis.

El Prólogo

Algunos cristianos en un tiempo llegaron a considerar los primeros capítulos de Génesis como motivo de perplejidad y vergüenza. Pero las antiguas controversias entre ciencia y fe son cada vez más cosa del pasado. De hecho, a estos capítulos se les considera ahora entre las formulaciones teológicas más destacadas que contiene la Biblia. Una vez que los hombres se sintieron libres de la obligación de defenderlos como documentos científicos pudieron escuchar lo que en efecto dice el texto.

La forma de este mensaje se ha descrito a menudo como "mito". Pero este término desorienta, incluso cuando se entiende "mito" en el sentido técnico de "texto religioso que tiene como fin explicar una costumbre, una institución u otro fenómeno". También es desorientador porque se piensa que no es histórico ni verdadero. Pero de hecho estos primeros capítulos de Génesis *son* históricos, en cuanto dan testimonio de sucesos que en realidad ocurrieron. El mundo fue creado; el hombre y la mujer fueron hechos a imagen de Dios. La caída sucedió en el tiempo. El problema consiste en el grado de simbolismo utilizado para describir estos sucesos. Acerca de esto, las opiniones seguirán siendo muy variadas.

Acudimos a estos capítulos para obtener orientación bíblica en cuanto a preguntas fundamentales respecto a Dios, al hombre y al mundo. Dios está presente en todas las fases. No se reduce meramente a presuponerlo; está constante y activamente actuando. Este mundo es su mundo. La historia humana es la realización de su plan. El es totalmente responsable por el mundo y por todo lo que hay en él. Todos los hombres son creación suya, hechos "a su omagen", con capacidad espiritual para el bien, para el culto y comunión con él. No queda lugar ninguno para otros dioses. Génesis 1 es comprensivo: el sol, la luna y las estrellas son obras de sus manos, con deberes que realizar en este universo ordenado; incluso los monstruos marinos (los *tanninim* de la mitología antigua) los creó él (Génesis 1:21).

El hombre es el punto culminante de la creación, superior a todo lo demás pero subordinado a su Creador. Sólo cuando el hombre aspira más allá de su condición y desea ser como Dios cae en una posición más baja en la cual se dañan todas sus relaciones. El sexo, en lugar de ser una relación buena, sociable y libre de vergüenza, se convierte en secreta, codiciosa y anómala. El tener hijos es doloroso y arriesgado. El noble arte agropecuario se convierte en trabajo penoso. Incluso la tierra queda afectada, y en lugar de producir alimentos en abundancia hay que sudar la gota gorda, cuidándola y mimándola. No hay nada que el pecado no haya dañado. Sus efectos alcanzan la vida familiar, en la que la religión se convierte en rivalidad, el amor fraterno en homicidio, y la justicia degenera en sed de sangre (Génesis 4).

La respuesta de Dios al pecado es, como era de esperar, una mezcla de juicio y misericordia. Desde el proveer de vestimenta a Adán y a Eva, y la protección del sendero hasta el camino de la vida, hasta la confusión de lenguas de Babel,

Dios mezcla la justicia con la salvación. Más allá del castigo inmediato de arrojar a Adán del jardín del Edén o a Caín de la sociedad humana, más allá de la destrucción efectuada por el diluvio y del desparramamiento de las naciones, la intención última de Dios siempre es el bienestar y bienaventuranza del hombre. Así pues, en un mundo de desorden y corrupción, armonizó completamente con la naturaleza de Dios el que decidiera llamar a un hombre, Abraham, y por medio de él a sus descendientes los judíos, para que fueran el conducto de la gracia y de la revelación para todo el género humano.

Esta es la historia que nos cuenta el Pentateuco.

Génesis

El libro de Génesis es un relato épico, un drama en gran escala. Comienza en el mismo principio. Dios hizo el mundo, un mundo que era bueno. Hizo al hombre, culminación de toda la creación.

El "prólogo" (capítulos 1-11) nos ofrece una historia general del hombre a lo largo de miles de años. Vemos la creación de Dios corromperse cada vez más como consecuencia del pecado del hombre al tratar éste de hacerse igual a Dios. Luego todo desaparece bajo el diluvio. Se comienza de nuevo, sólo para acabar en la locura de Babel y la división y dispersión de las naciones.

En el capítulo 12 cambia el énfasis. Se deja la historia del hombre en general para centrarse en la historia de una persona, Abraham, y sus descendientes. Dios no destruirá su creación. Por el contrario, comienza a actuar, a través de un hombre de su elección y de una nación de su elección, para la renovación del mundo. Génesis conduce el relato a través de Isaac y de Jacob hasta la muerte de José en Egipto. Y con todo, apenas si ha comenzado el relato del gran propósito de Dios para el género humano. Prosigue a lo largo de las páginas de la Escritura hasta las últimas palabras del libro de Apocalipsis.

1 - 2:4 CREACION

El gran drama del comienzo de todas las cosas se inicia en Dios. El lenguaje es sencillo pero vívido. Evoca la maravilla y riqueza de la creación desde su condición informe hasta la vida abundante.

Pero es más que poesía. Nos dice lo que necesitamos saber a fin de entendernos a nosotros mismos y al mundo que nos rodea:

- El origen del mundo y de la vida no fue accidental. Hay un Creador: Dios.
- Dios hizo todo lo que existe.
- Todo lo que Dios hizo era bueno.
- El punto culminante de toda la acción creadora de Dios fue hacer el hombre.
- El género humano se distingue de todas las demás criaturas en dos aspectos: sólo él fue hecho a imagen de Dios; y está a cargo de todo lo demás.
- Los seis "días" de la actividad creadora de Dios, seguidos de un "día" de descanso, establece la pauta para la vida activa del hombre.

Se describe a la creación como ocurriendo en seis días. Hay ocho actos de creación, cada uno de ellos introducido por las palabras "dijo Dios..."

DIA 1 Luz y tinieblas/día y noche.
DIA 2 Atmósfera de la tierra (el firmamento)
DIA 3 Separación de tierra y aguas. Plantas y árboles.
DIA 4 Sol, luna y estrellas; estaciones, días, años
DIA 5 Criaturas del mar y pájaros
DIA 6 Animales de la tierra. Hombre
DIA 7 Terminada la creación, Dios descansa

Los sucesos se describen desde el punto de vista de un observador que ve el desarrollo de la creación en torno a él. El orden no es necesariamente cronológico (¡idea moderna!). Se describen, por ejemplo, a la luz y las tinieblas antes del sol, de la luna y las estrellas. El relato es tal que todos lo podemos entender, desde el campesino más simple hasta el hombre del siglo XX educado en la ciencia.

No es un tratado de geología, biología, ni ninguna otra ciencia. No se nos dice *cuándo* ocurrió la creación. Ni se nos dan detalles de *cómo* Dios dio la existencia a la tierra y la vida, ni cuanto tiempo tomó esto. Algunos toman los "días" como períodos de tiempo. Otros piensan que esta pauta de siete días es simplemente la forma más vívida de expresar la energía creadora y la satisfacción de Dios, el orden y la sencilla majestad de la forma en que creó todas las cosas.

La "imagen" o "semejanza" de Dios (1:27): de toda la creación sólo al hombre (incluyendo al hombre y a la mujer) se lo describe como hecho a semejanza de Dios. No importa como se entienda, la expresión coloca al hombre aparte de los animales. Lo establece en una relación especial con Dios. Dios da al hombre control sobre el mundo recién hecho y todas su criaturas. La "semejanza" es tan básica para la estructura del hombre que la caída no la destruyó. El pecado sí la ha manchado y ofuscado, pero el hombre sigue siendo una criatura que razona, moral y creadora. Sigue estando al frente de su ambiente. Hacer de él sólo un animal es hacerlo menos que hombre a semejanza de Dios.

2:5 - 3:24 EL HOMBRE: PRUEBA Y CAIDA

2:5 - 25 El hombre como centro

Esta segunda descripción de la creación no es una simple repetición de la primera. Está escrita desde una perspectiva diferente, esta vez centrándose en el hombre. También utiliza un nombre diferente para Dios. En el primer relato era el *Elohim*, Dios Creador, el grande y altísimo que habita la eternidad. Ahora es *Yahweh* (Jehovah) *Elohim*, Dios en relación con su pueblo (ver Los Nombres de Dios", pág. 157). Los dos relatos quizá representan dos tradiciones o fuentes diferentes. Pero esto no justifica tratar de presentarlos como contradictorios. Tampoco debería ser esto escusa para despedazar a Génesis con el fin de encajarlo en una teoría acerca de la evolución de la religión o cualquier otra cosa.

Dios crea al hombre. (La palabra hebrea traducida como "Adán" significa "hombre".) Planta un jardín en Edén, en el este, donde el hombre va a vivir. Pero el hombre no está hecho para una existencia solitaria y autosuficiente. Los animales y pájaros no le dan la clase de compañía que necesita. Por ello Dios crea a la mujer, un nuevo ser, pero que comparte en esencia la naturaleza del hombre.

El capítulo primero afirma el principio de un día de descanso entre siete. El relato del capítulo segundo establece la pauta del matrimonio.

Los dos árboles: la expansión "del bien y del mal" quizá sea un modismo hebreo equivalente al ámbito total de conocimiento moral representado por los dos extremos. Comer del árbol del conocimiento del bien y del mal, en consecuencia, hará al hombre igual a Dios. El árbol de vida, inaccesible al hombre una vez ha pecado, vuelve a aparecer en el último libro de la Biblia. Se yergue junto al río en la ciudad de la nueva Jerusalén, donde Dios y su pueblo viven de nuevo juntos, y sus hojas son para la "sanidad de las naciones" (Apocalipsis 22:2). La vida verdadera depende en último término de la presencia de Dios.

3 El hombre desobedece a Dios

La serpiente discute lo que Dios ha dicho, luego llama a Dios embustero. La mujer tiene que colocar el atractivo fruto —el deseo de poseer conocimiento como Dios mismo— frente al claro mandato de Dios. La decisión es deliberada y fatal. El hombre ha desobedecido a Dios, rechazado su autoridad, decidido seguir su propio camino y convertirse él mismo en "dios".

El resultado es inevitable. Un Dios santo no puede vivir con el pecado. Primero es sentenciada la serpiente (el versículo 14 no quiere decir que antes tuviera patas). La mujer va a experimentar sufrimiento en el alumbramiento, el proceso humano más fundamental. Va a saber qué significa que su esposo "gobierne" sobre ella. De entonces en adelante el trabajo de Adán será fatiga y sudor.

Debido al pecado, ahora se les niega acceso al árbol de vida. Tienen que abandonar el jardín, y no se puede volver. La muerte espiritual, ser separados de Dios, es inmediata. La muerte física sigue en el curso del tiempo. La advertencia de Dios fue verdadera. Pero él sigue cuidando de ellos, y los viste antes de que se vayan.

4 LA PRIMERA FAMILIA Y EL PRIMER HOMICIDIO

Adán y Eva, después de su expulsión del jardír tienen dos hijos: Caín, el agricultor, y Abel, e pastor. A su debido tiempo cada uno de ellos presenta su ofrenda a Dios. La de Abel es aceptada, pero no la de Caín. No era *lo que* Abel ofrecía, sino su fe, lo que hacía su ofrenda aceptable (Hebreos 11:4). El amargo resentimiento de Caín muestra un espíritu muy diferente.

Caín mata a Abel —hay un sólo paso entre la rebelión y el derramamiento de sangre— y Dios lo condena a una vida nómada, aunque lo protege contra la muerte. Los versículos 17-24 enumeran a algunos de los descendientes de Caín, y muestran los comienzos de la vida civilizada. Enoc construye la primera ciudad. Sus sucesores aprenden a interpretar música y disfrutarla, y también a forjar hierro y bronce. Lo bueno florece, y también lo malo. Lamec toma dos esposas y se jacta con ellas del homicidio cometido, superando a Caín.

Los últimos dos versículos dan un destello de esperanza. Set nace a Adán y Eva, y los hombres comienzan a invocar el nombre de Jehová.

La esposa de Caín: el versículo 17 y los versículos 14-15 dan la impresión de una tierra hasta cierto punto poblada. La forma más simple de explicarlo es pensar en otros hijos de Adán y Eva no mencionados. Otros, y partiendo del hecho de que la palabra *adán* quiere decir hombre, o género humano, arguyen que fue creada una raza, no una sola pareja. Pero como quiera que se resuelva el problema, nunca debemos desmentir la enseñanza básica de otros textos, de que la desobediencia de un hombre sumergió a todo el género humano en el pecado, sometiéndonos a todos a la muerte (→ por ejemplo Romanos 5:12ss.).

Otros relatos de la Creación

ALAN MILLARD

Otros relatos de la creación que pertenecen a pueblos antiguos han dado vigencia a la idea de que Génesis contiene solamente una versión más, adaptada a las creencias hebreas.

Relatos populares en todo el mundo

Génesis 1 y 2 consisten en un relato general de la creación de los cielos y de la tierra, seguido de una descripción más detallada de la creación del hombre. Existen numerosos relatos de la creación cósmica o del hombre, ya en forma separada ya simultánea, y muchos tienen varios puntos en común: deidad preexistente; creación por mandato divino; el hombre criatura suprema; el hombre formado de la tierra al igual que una vasija; el hombre que refleja de algún modo la divinidad. Casi todas las creencias politeístas poseen árboles genealógicos de sus dioses que a menudo figuran en los relatos de la creación. Al frente de la familia divina, todos los miembros de la cual representan o controlan los elementos y fuerzas naturales, está una primera pareja, o incluso un solo dios autocreado que se autopropaga.

Para algunos pueblos, el universo físico o algún elemento básico, tal como el agua o la tierra, existió siempre, y los dioses surgieron de él. Para otros fue obra de un dios o dioses. Estos son conceptos simples basados en la observación y lógica elemental. Por ejemplo, se deduce fácilmente del ciclo de muerte y descomposición que el hombre es "polvo".

Sin embargo, que las ideas sean comunes no significa que compartan el mismo origen; es falso reducir historias diferentes de todo el mundo a sus factores comunes a fin de afirmar que sí lo tienen. Es improbable que haya una única fuente para todos los relatos diferentes o para muchos de ellos.

Relatos antiguos del Medio Oriente

Sin embargo, está bien comparar Génesis con otros relatos del mundo del Antiguo Testamento. Al hacerlo, encontramos que pocos de los relatos antiguos de la creación comparten más de uno o dos conceptos básicos, tales como la separación del cielo y tierra, y la creación del hombre a partir del polvo. La literatura babilónica, sin embargo, presenta algunas semejanzas sorprendentes. Desde el siglo en que una pieza de la misma fue traducida al inglés, se han citado los relatos babilónicos como la fuente última de las creencias hebreas. Recientemente, la recuperación de más textos y el reavalúo de los que se han conocido por largo tiempo han mostrado que muchas de las semejanzas aceptadas son de hecho ilusorias.

El famoso *Génesis Babilónico,* que se suele relacionar con el relato hebreo de la creación, es uno de muchos, y no fue ni el más antiguo ni el más popular. Escrito hacia finales del segundo milenio a.C. para honrar a Marduk, dios de Babilonia, quien es su héroe, comienza con una figura materna acuática, Tiamat, de la que nacen los dioses. (El nombre tiene relación con la palabra hebrea 'lo profundo' a través de conexiones lingüísticas prehistóricas entre el babilónico y el hebreo.) Marduk la mata en una batalla con sus hijos cuyo ruido la había enojado, y su cadáver se transforma en el mundo. El hombre es hecho para ayudar a los dioses en la fatiga de mantener la tierra en orden, a fin de que los dioses puedan descansar.

Hay claros indicios de que este relato fue compuesto a base de otros más antiguos, y se han encontrado composiciones anteriores que contienen algunos de estos aspectos. Sólo un tema se presenta a menudo, el aliviar a los dioses en su trabajo por medio de la formación del hombre con un ingrediente divino. La batalla de los dioses en el *Génesis Babilónico* no tiene equivalente en el Antiguo Testamento, a pesar de los intentos de muchos estudiosos por descubrir referencias subyacentes al mismo en el texto de Génesis 1:2 y otros pasajes que hablan del poder de Dios sobre las aguas.

Tablilla con una parte del relato babilónico de la creación. Esta versión es una copia de alrededor del siglo VII a.C. pero depende de otros relatos que se remontan al tercer milenio a.C.

Poema épico del hombre primitivo

Un poema babilónico, la *Epopeya Atrakhasis,* permite cierta comparación con Génesis. Se ocupa de la infancia del hombre y del comienzo de la sociedad, y sugiere el orden del mundo sin describir su creación. Comienza con los dioses menores que trabajan para irrigar la tierra, luego se rebelan contra su suerte, de la cual se ven libres con la creación del hombre que ha de trabajar en lugar de ellos. El hombre es un sustituto satisfactorio hasta que su ruido produce perturbación y conduce a su destrucción en el diluvio (→ Relatos del Diluvio).

En síntesis, la *Atrakhasis* (conocida por copias hechas alrededor de 1600 a.C.) tiene ciertas semejanzas con partes de Génesis 2-8. El hombre es hecho de arcilla y de una parte divina ("aliento" en Génesis, la carne y la sangre de un dios en la *Atrakhasis*); la tarea del hombre es mantener en tierra en orden (labor fatigosa en las *Atrakhasis,* control del paraíso en Génesis); con el tiempo el diluvio destruye al hombre, con excepción de una familia. Por otra parte, la *Atrakhasis* presenta al hombre que se fatiga desde el principio, no tiene un Adán único; ni una creación separada de la mujer, no hay Edén, ni caída. De hecho no contiene ninguna enseñanza moral. El sentido es más bien que así es como comenzó el destino del hombre, y éste debe aceptarlo.

Una versión sumeria menciona cinco ciudades importantes del tiempo antes del diluvio y se relaciona con listas conservadas separadamente de reyes anteriores al diluvio cuyas edades excedieron con mucho a las de los patriarcas en Génesis 5. Los escritores babilónicos consideraron el diluvio como una interrupción importante en la historia de su país. En cuanto a la cobertura general, por tanto, Génesis y la tradición representada por la *Atrakhasis* consideran los mismos eventos. Algunos de los temas del relato babilónico —en particular, el puesto del hombre como trabajador sustituto— se pueden encontrar en un poema sumerio, *Enki* y *Ninmakh,* escrito antes del 2000 a.C.

Memoria popular y revelación

Estas semejanzas de hecho sólo sirven para subrayar la gran diferencia en la perspectiva moral y espiritual entre el Génesis hebreo y sus equivalentes más cercanos. No hay por qué argumentar que Génesis se derivó de los otros, como se han apresurado a hacer algunos críticos de la Biblia. Las diferencias de punto de vista y contenido son de hecho tan notorias que sirven para poner de relieve la inspiración divina del Génesis más que para socavarla.

5 DE ADAN A NOE

En la Biblia se dan a menudo árboles genealógicos parecidos a éste del capítulo 5 para referir una línea de descendencia. Muchos son selectivos, a veces para dar una pauta simétrica de un cierto número de nombres (p.e. Mateo 1). Por esto no se puede deducir la duración de todo el período simplemente tomando todas las cifras dadas.

La duración de la vida de estos hombres es notable. Oscila entre 777 años para Lamec y 969 años para Matusalén (aparte de Enoc, a quien Dios llevó a los 365). Muchos pueblos tienen tradiciones de vida excepcionalmente larga entre sus primeros antepasados. Pero ninguna de las explicaciones intentadas hasta ahora han resultado satisfactorias.

Cada uno de los diez relatos sigue la misma fórmula:

Una vez A hubo vivido x años engendró a B. Vivió después del nacimiento de B y años y tuvo otros hijos e hijas. Así pues sus días fueron z años, y murió.

La nota sombría de la expresión final "y murió" cambia sólo en el caso de Enoc, el hombre que "caminó con Dios". Dios tenía para él otros planes. Noé, el último de los diez, también "caminó con Dios" (6:9). Y en su caso, también Dios intervino para salvarlo de la muerte.

El relato del jardín de Edén se desarrolla en los irrigados valles de la antigua Mesopotamia.

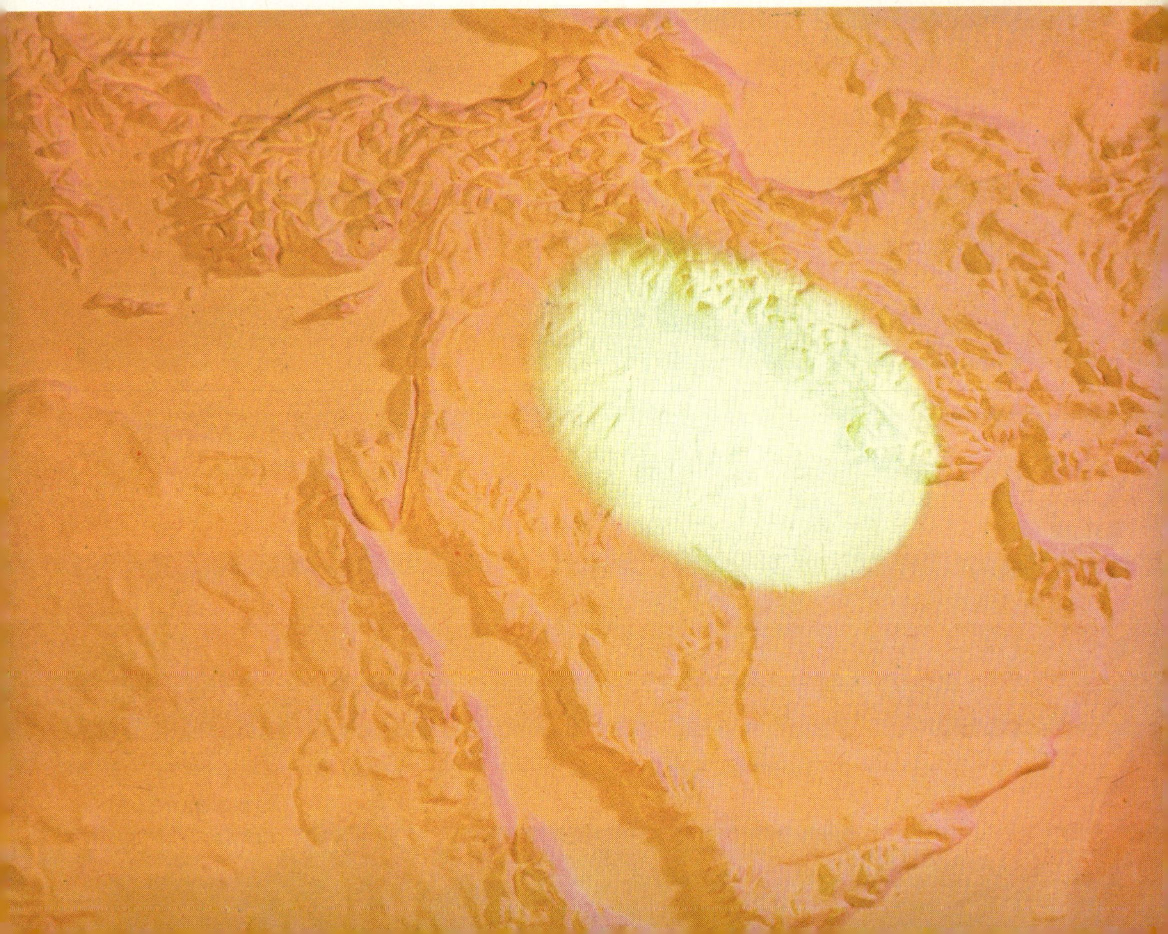

6 - 9 EL GRAN DILUVIO

6 - 9:17 El rescate, y la promesa de Dios a Noé

En muchas lenguas de la mayoría de las partes del mundo han sido legados relatos del diluvio. Los relatos babilónicos (sumerios, y en especial acádicos) tienen semejanzas considerables con el relato mencionado aquí. No sorprende si ambos reflejan recuerdos de un suceso real en la misma zona general. No hace falta asumir que el escritor de Génesis debe haberse basado en relatos babilónicos para su información. En realidad, la tosquedad de éstos (con sus muchos dioses caprichosos y peleones) hace muy improbable esto.

Extensión y fecha del diluvio. Si tomamos los términos utilizados en Génesis 7:19ss en su sentido moderno, el diluvio debió ser universal. Pero los escritores bíblicos utilizan expresiones semejantes en contextos que evidentemente no se refieren a todo el mundo como nosotros lo entendemos (p.e. Genésis 41:56-57; Hechos 2:5). Si se toma la descripción en su sentido mínimo, el diluvio cubrió una amplia área, "todo el mundo" de la historia primera del hombre tal como se encuentra en Génesis 2ss.

Su universalidad respecto a la vida humana depende de cuándo sucedió de hecho, y lo único que se puede hacer es conjeturar la fecha. La lista de naciones que descendieron de los hijos de Noé (Génesis 10) indica que el diluvio tuvo que ocurrir en realidad muy temprano. Ciertamente fue mucho antes de los diversos diluvios de Mesopotamia meridional de los que se han encontrado huellas en excavaciones.

El arca. La palabra hebrea significa "caja" o "cofre". Sólo se usa otra vez para referirse a la "arquilla" impermeable en la que el niño Moisés flotó por el Nilo, paralelo interesante.

El arca es grande, diseñada para flotar, no navegar, ¡y no presentó problemas de botadura! Un codo de 18 pulgadas da la medida de 137 x 23 x 14 metros.

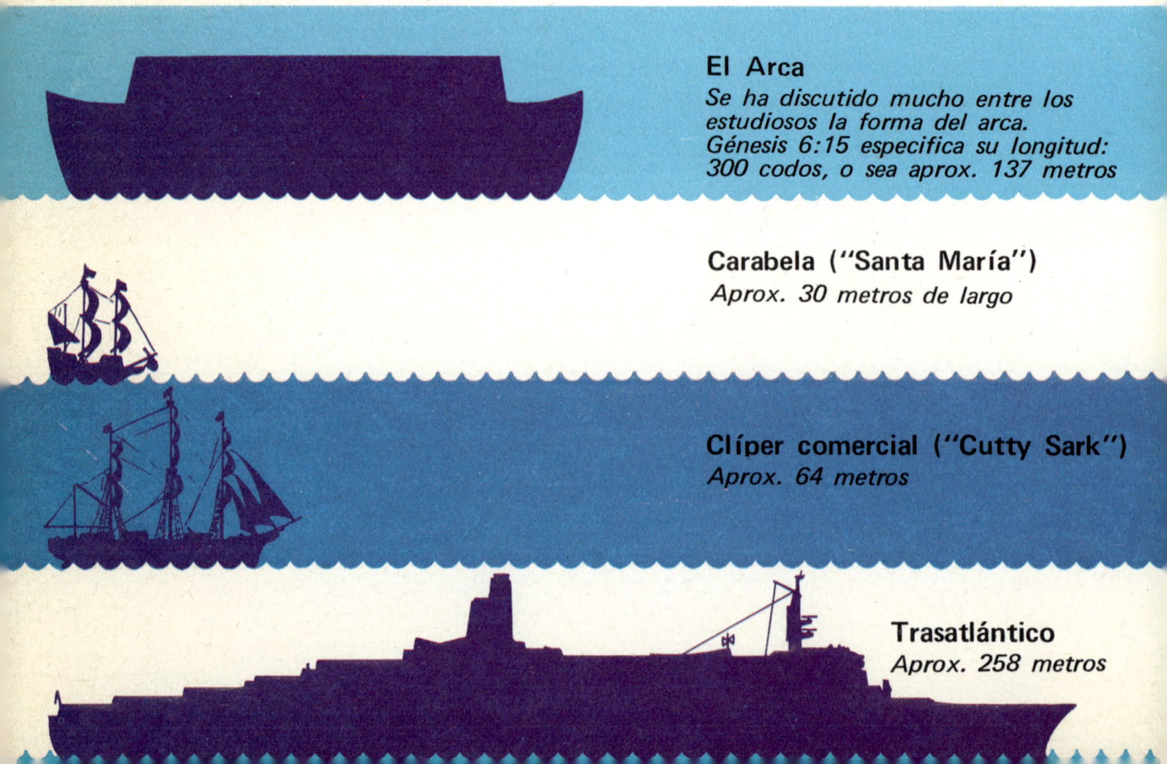

Relatos del Diluvio

ALAN MILLARD

En todo el mundo se encuentran recuerdos de un gran diluvio o de grandes diluvios. Como era de esperarse, poseen rasgos comunes tales como la huída en bote, animales a bordo, y el varamiento en un elevado pico. Sólo Babilonia nos ha dado un relato tan parecido al del Génesis que ha planteado seriamente la cuestión de influencia directa o plagio.

Durante un siglo se ha conocido este relato como la *Epopeya de Gilgamesh*, tablilla 11. Su tema es que el hombre no puede esperar su inmortalidad, ya que el único que la consiguió es el Noé babilónico. Se incorporó en la serie Gilgamesh tomada de una obra más antigua la Epopeya Atrakhasis (ver "Otros Relatos de la Creación", página 129). En este caso forma parte de un relato más largo de la historia del hombre desde su creación, como en Génesis.

Relato Babilónico

Después de que fueron hechos los primeros hombres, relata, el ruido de sus muchos hijos era tan grande que el dios de la tierra no podía dormir. Sus planes para disminuir el ruido del hombre se frustraron cuando el piadoso Atrakhasis consiguió la intervención del dios del cual el hombre era criatura. Finalmente, los dioses decidieron un diluvio catastrófico, juramentándose todos en mantener el plan secreto. Pero Atrakhasis recibió aviso, instruyéndole el dios en un sueño para que construyera un bote, tomara a bordo a la familia y sus animales, y explicara su acción a todos los demás hombres como castigo infligido a él pero que les beneficiaría a ellos. Cuando todos estuvieron a bordo, comenzó la tempestad y todo el género humano desapareció.

También los dioses quedaron afectados. Una vez destruido el hombre, perdieron la comida y bebida que se les daba en las ofrendas de sacrificio y permanecieron sentados llenos de tristeza en el cielo hasta que la tempestad de siete días hubo terminado. Entonces Atrakhasis envió a pájaros para comprobar si la tierra era de nuevo habitable (episodio conservado sólo en la versión Gilgamesh), y ofreció sacrificios en la montaña donde el bote había llegado a parar. Los dioses se reunieron ansiosamente "como moscas", olfateando el aroma de la ofrenda y jurando no volver a producir tal destrucción. La diosa madre juró por un collar de piedras azules. Pero el Dios cuyo sueño había sido turbado no estaba todavía satisfecho, y una vez discutido lo poco justo del castigo discriminado, se estableció un sistema en el cual algunas mujeres evitarían tener hijos entrando en órdenes religiosas, en tanto que otras perderían a sus hijos en enfermedades, con lo cual se limitaría la población. (Los términos utilizados dicen claramente que se trataba de una explicación del sistema social del tiempo del autor.)

Una cuestión de teología

El relato del diluvio en Babilonia también se conoce por un texto sumerio que dice en la práctica lo mismo, aunque en forma más breve, y muchas composiciones sumerias se refieren a los días lejanos del diluvio o antes.

El relato del diluvio del Génesis tiene antecedentes reconocibles en Mesopotamia, y las numerosas semejanzas sugieren que es un relato del mismo acontecimiento que el babilónico. Pero su contenido moral y teológico es obviamente muy diferente. La revelación de Dios consiste no sólo en contar los hechos sino también en su interpretación.

La undécima tablilla de la versión asiria de la *Epopeya de Gilgamesh*, que contiene el relato babilónico del diluvio, siglo VII a.C.

El pacto (6-18): tema importante y frecuente en la Biblia. Dios establece su pacto (acuerdo) sucesivamente con Noé, con Abraham, con la nación de Israel (por medio de Moisés) y con David. Cada pacto resulta más rico en promesas que el anterior, hasta que la vida de Cristo culmina en el "nuevo pacto".

En todos los casos Dios toma la iniciativa: no se trata de un acuerdo entre partes iguales. Dios establece los términos. Los da a conocer. Y sólo él garantiza su cumplimiento. Los hombres disfrutan de las bendiciones del pacto en tanto que obedezcan los mandatos de Dios. (→ "Pactos y Tratados en el Próximo Oriente").

9:18-19 Embriaguez de Noé

Incluso el volver a comenzar no cambia al hombre, como este pequeño relato vergonzoso demuestra claramente. Cam deshonra a su embriagado padre, y Noé lo maldice a través de sus descendientes. Los cananeos —descendientes de Cam a través de Canaán— de hecho quedaron sometidos a los descendientes de Sem, los israelitas.

10 - 11 DESDE NOE HASTA EL LLAMAMIENTO DE ABRA(HA)M

10 Las familias de los tres hijos de Noé

La genealogía se distribuye de la siguiente forma:

Encabezamiento (1)
Descendientes de Jafet (2-4)

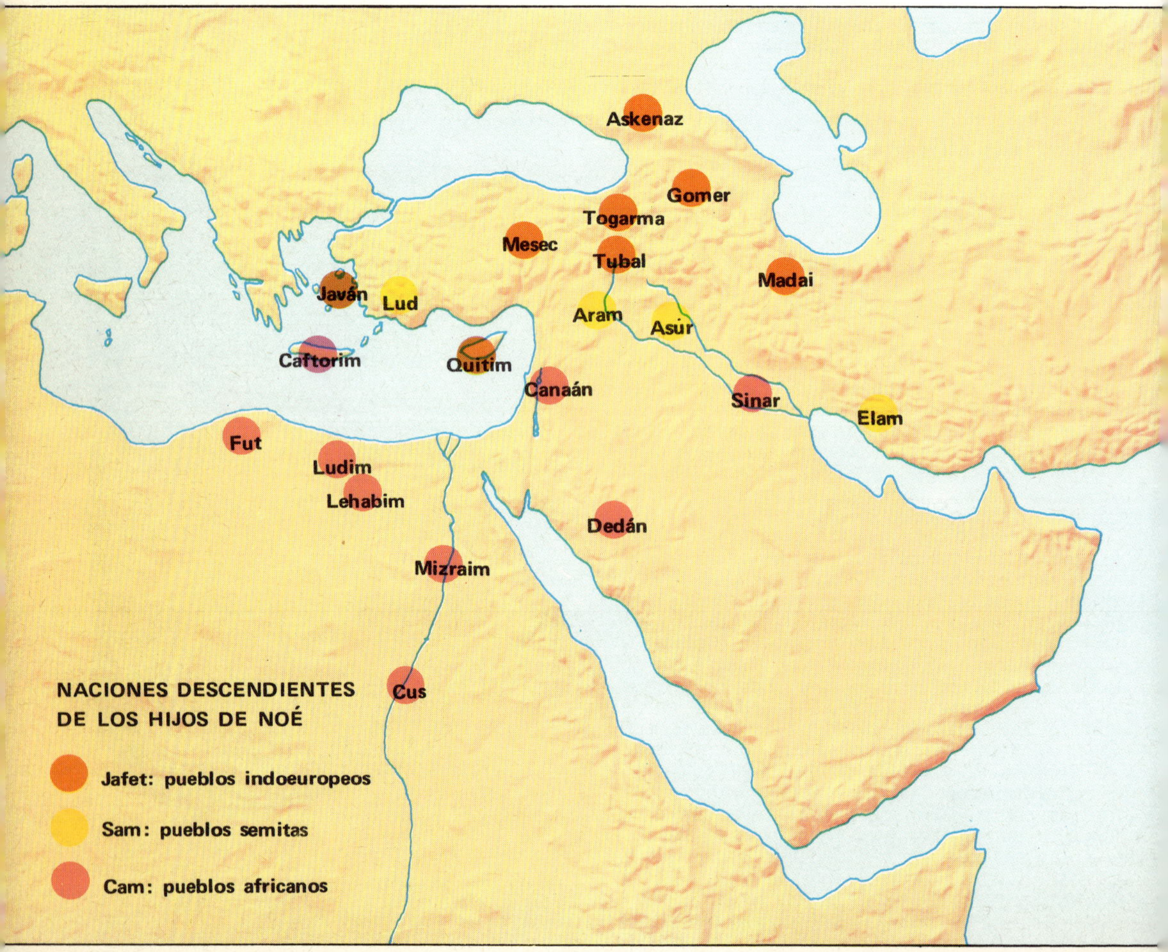

Detalles especiales sobre Javán (5a)
Resumen (5b)

Descendientes de Cam (6-7, 13-18a)
Detalles específicos sobre Nimrod [Nemrod] (8-12)
y Canaán (18b-19)
Resumen (20)

Descendientes de Sem (22-29a)
Detalles especiales sobre Sem (21)
y Joctán [Yogtán] (29b-30)
Resumen (31)
Resumen de toda la lista (32)

La familia de Sem es la última, por ser estas las naciones en torno a las cuales se desarrolla la siguiente fase del relato.

11:1-9 Babel

En Sinar [Senaar], reino de Nimrod [Nemrod] el cazador (10:10), se reunieron los hombres para un proyecto muy grande de construcción: una ciudad y una torre con la cúspide en el cielo. Dios observa este esfuerzo cooperativo del hombre que trata de hacerse como Dios y lo ve como el principio de una mayor rebelión contra él. Por ello divide al hombre con barreras de lenguaje, y los dispersa, precisamente lo que trataban de evitar. Y la gran torre sigue incompleta.

La torre de Babel fue muy probablemente una torre-templo de varios pisos, o *zigurat,* parecido a los que se construyeron en Babilonia a principios del tercer milenio a.C.

11:10-32 De Sem a Abraham

También aquí la lista de nombres es selectiva, con lo que probablemente se abrevia la duración total del tiempo implicado. Los antepasados de Noé vivieron considerablemente más tiempo que los de Taré [Téraj], y la edad de ser padre ahora es mucho más temprana. Al llegar al nombre de Taré la lista se vuelve más detallada. Esta es la familia en la que hay que concentrarse. Se mencionan los tres hijos de Taré, y su ciudad natal es Ur de los caldeos. Después de la muerte de Harán, Taré sale para Canaán, con su nieto Lot y su hijo Abram y su nuera estéril Sarai. De camino, sin embargo, se establecen en Harán. Taré muere, y queda el escenario preparado para el relato de Abraham (el nuevo nombre contiene la promesa de Dios de hacer de este hombre el padre de muchas naciones, 17:5).

Este zigurat o torre-templo parcialmente reconstruido en Ur da idea de cómo pudo estar construida la Torre de Babel, con escalinatas que conducían de un nivel a otro. Las paredes de las casas hacen recordar el hecho de que Abraham recibió el llamado de salir de Ur cuando era una ciudad floreciente y próspera.

12 - 25:18 ABRAHAM: UN NUEVO COMIENZO

12:1-9 Llamamiento de Dios y el viaje a Canaán

12:1 relata el llamamiento de Dios y la promesa a un hombre, Abram, y su obediente respuesta. Pero las consecuencias de este simple comienzo iban a expandirse como rizos en un estanque. Como resultado directo nace una nueva nación. Y a su tiempo todo el mundo cosecha los beneficios.

"Y se fue Abram..." Ya había salido de Ur, ciudad próspera, segura y con un alto nivel de vida. Ahora comienza la segunda etapa del viaje, con Sarai, su esposa estéril, y su sobrino Lot.

En Siquem, en medio de territorio cananeo, Dios le habla de nuevo. Esta tierra será herencia de los descendientes de Abram. Pero el viaje continúa, hacia Neguev, región árida de unos 7500 Km. cuadrados, que se extiende al sur desde Beerseba hasta el Sinaí. Allí hay pastos para rebaños nómadas.

A la guerra de Abraham con los reyes tribales le siguió la comida de amistad con Melquisedec, rey de Salem. El estandarte de Ur, que data aproximadamente de 2500 a.C., tiene escenas guerreras por un lado, y escenas de paz por el lado que se presenta aquí: el rey en festejos y recibiendo el botín. El estandarte es un mosaico de concha, piedra caliza roja y lapislázuli.

12:10-20 Hambre

El hambre empuja a Abram hasta Egipto. Bajc el temor y la inseguridad finge, lo cual arriesga todo el plan de Dios. Dios interviene con plagas y Abram es expulsado ignominiosamente.

Edad de Sarai. Sorprende que se describa a Sarai a los 65 años, como "hermosa en gran manera" (12:14). Al parecer, como se dice que vivió 12 años, tener sesenta equivaldría a treinta o cua renta de ahora.

13 Separación de Lot

El crecimiento de los rebaños produjo la últim rotura de vínculos familiares. Lot, a quien su tí generosamente deja elegir, escoge los fértile pastos del valle del Jordán.

14 Guerra de los reyes, y encuentro con Melquisedec

En tiempos de Abram, aunque era común la vid semi-nómada, también había vida sedentaria e pueblos y "ciudades" amuralladas. Sus jefes era "jeques" locales, quienes a su vez solían ser vasallos de reyes más poderosos.

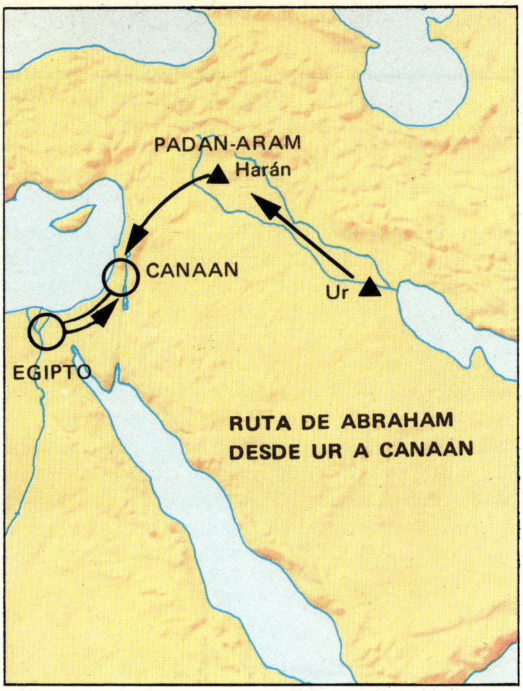

Quedorlaomer [Kedorlaomer] de Elam (1): los señores de las ciudades del Mar Muerto procedían de las lejanas Elam y Babilonia. Las rutas comerciales facilitaban viajar y las comunicaciones entre Canaán y la tierra donde nació Abram. Los elamitas tenían bastante poder en Babilonia. Ur figuraba entre las ciudades que habían conquistado y saqueado en esta época.

Amorreos (7): los aliados de Abram pertenecían a un tribu que habitaba la región junto con los cananeos. Tenían motivos para apoyar a Abram, ya que su propio pueblo había sido víctima del ataque. La rapidez de la persecución y un ataque sorpresivo dieron el triunfo a Abram.

Melquisedec (18): esta es la única vez en que aparece el misterioso rey/sacerdote de Salem (probablemente Jerusalén). La autoridad de Melquisedec (el "diezmo" era la parte de Dios, de modo que al dar a Melquisedec el diezmo de todo, Abram lo reconocía como representante de Dios), la ausencia de antepasados y descendientes mencionados por su nombre (muy importante para cualquier persona que se dijera rey o sacerdote), y su papel doble como sacerdote y rey indujo a escritores posteriores a ver en él una prefiguración del Mesías (→ Salmo 110:4; Hebreos 7:1-10).

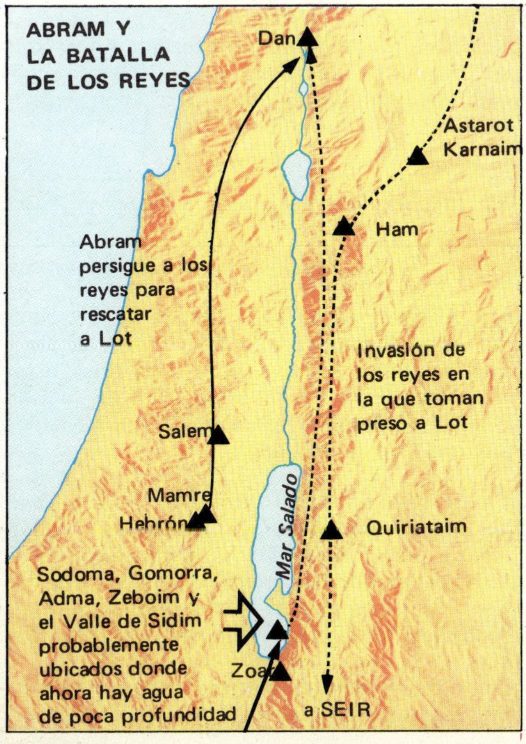

15 Confirmación del pacto

La arqueología ha mostrado que las costumbres referidas aquí y en capítulos posteriores reflejan las conocidas pautas sociales y culturales de Mesopotamia septentrional en el segundo milenio a.C.

El heredero: era práctica bastante común en ese tiempo que las parejas sin hijos adoptaran un heredero, a veces, como aquí, un esclavo. El contrato de adopción podía contener una cláusula de que si nacía un hijo natural tendría preferencia como heredero legal.

Versículo 6: "Y creyó a Jehová, y le fue contado por justicia". Uno de los versículos más significativos de la Biblia, y dadas las circunstancias una respuesta de fe extraordinaria. Gálatas 3:6ss.

Un jeque beduino cerca de Beerseba ilustra la vida del jefe del desierto. Viven en espaciosas tiendas y pueden libremente conducir sus rebaños a los mejores pastos.

enseña que, como en el caso de Abram, nuestra posición frente a Dios depende totalmente de la fe. No podemos ganar un lugar en el cielo con buenas obras como tampoco lo pudo él.

El ritual del pacto: proceso típico para la confirmación de un tratado (→ Jeremías 34:18). Con la muerte y división de animales, las partes contratantes indicaban claramente que el castigo por violación del acuerdo era la muerte. En este caso, significativamente, sólo Dios hace el juramento pasando por entre los animales divididos. La oscuridad, el humo y el fuego indican la presencia de Dios, como en el Sinaí (→ Exodo 19:18; Hebreos 12:18).

Cuatrocientos años (15:13)... la cuarta generación (15:16): La palabra "generación" puede significar también "toda la vida", y la vida toda de Abram fue de más de cien años.

Versículo 16b: "porque aún no ha llegado a su colmo la maldad del amorreo hasta aquí". Esto ayuda a entender las órdenes de destruir a las naciones cananeas al conquistarlas. Fue cuestión de justicia. Dios les dio más de cuatro siglos para que cambiaran. En el tiempo de Josué habían llegado a un estado de contumacia. Como en el caso de Sodoma y Gomorra, ya no se podía diferir el juicio.

16 Un hijo de una esclava

La estéril Sarai sigue la costumbre de ofrecer su esclava a Abram. Esta provisión podía incorporarse en el contrato de matrimonio. El hijo que naciera sería de la esposa. Pero en una situación así las emociones humanas son complejas, y la secuela desagradable no sorprende.

17 Nombres nuevos y una señal del pacto

La quinta afirmación que hace Dios de su pacto con Abram está señalada con el dar nombres nuevos —Abram se convierte en "Abraham"; Sarai se convierte en "Sara"— y la señal física de la circunsición. Veinticuatro años después de la salida de Harán se anuncia el tiempo de la llegada del hijo prometido.

Circuncisión: no era un rito nuevo. En las naciones circundantes señalaba la admisión a la condición de adulto en la tribu. Pero para Israel fue la señal externa de una relación: Dios iba a ser su Dios; ellos iban a ser su pueblo. Era una señal de propiedad, y un recordatorio del pacto "entre mí y ti, y tu descendencia después de tí" (17:7). Hay buenas razones médicas en favor de esta práctica, y en favor de la elección del octavo día.

18 Tres visitantes, y oración de Abraham por Sodoma

Abraham acogió a un extraño y, sin saberlo, recibió al Señor mismo en su casa. La acogida generosa y los agasajos (a pesar del inconveniente de la llegada de los visitantes durante la hora de la siesta) son típicos de la hospitalidad de los nómadas del desierto, incluso hoy día. El "bocado de pan" ofrecido a los huéspedes se convierte en una comida de panes recién cocidos, mantequilla y leche y el mejor becerro. Las palabras. "¿Hay para Dios alguna cosa difícil?" manifiestan la verdadera identidad del visitante, y la risa incrédula de Sara se convierte en temor.

La oración de Abraham hace ver la clase de relación que tenía con Dios. No sorprende que 2 Crónicas 20:7 lo describe como "amigo" de Dios. En este caso, Sodoma no pudo presentar ni siquiera diez hombres buenos, pero hemos visto algo de hasta donde llega la misericordia de Dios.

19 Destrucción de Sodoma y Gomorra: rescate de Lot

Las nuevas versiones de la Biblia aclaran más el significado del versículo 5. El "conocimiento" que deseaban era por medio de relaciones homosexuales. Todos los hombres de la ciudad andan en ello: nadie apoya la protesta de Lot contra la violación de las leyes más sagradas de hospitalidad (para no decir humanidad).

La destrucción: la arqueología confirma la catástrofe que dejó a esta zona sin ocupantes. La causa probable fue un terremoto y la explosión de gases, y ahora las aguas poco profundas de la parte meridional del Mar Muerto cubren las ciudades. Nada pudo salvar a las ciudades del juicio de Dios, aunque por razón de Lot Dios perdona a Zoar [Soar] y demora el cataclismo hasta que Lot está a salvo. "Nada podré hacer hasta que hayas llegado allí" (19:22). Sin em-

El Mar Muerto está tan por debajo del nivel del mar que no tiene salida; el agua se evapora, por lo que deja una elevada concentración de sales que matan toda vida.

Estas rocas de sal cerca del Mar Muerto, y el agrio tufo en el ambiente, evocan silenciosamente el destino de la mujer de Lot: renuente a salir de Sodoma, quedó aprisionada en la catástrofe y lluvia de sal.

bargo la mujer de Lot se demora, se detiene para mirar, y muere. La tradición local todavía llama a los riscos de sal junto al mar Muerto con el nombre de ella.

Moab y Amón (37-38): ambas tribus iban a resultar una amenaza constante para Israel (→ Números 25, y las frecuentes acusaciones de los profetas).

20 Abraham y el rey Abimelec

La repetición del mismo pecado bajo circunstancias parecidas de prueba no hacen que sea duplicación de 12:10-20. Abraham no es el único hombre al que se avergüenza dos veces delante de aquellos que él consideraba que no guiaban sus acciones según el "temor de Dios" (acerca de Abimelec, → 26:1).

21:1-21 Nacimiento de Isaac: salida de Agar e Ismael

Han pasado veinticinco años entre la promesa y su cumplimiento. Los ancianos padres de Isaac tienen razón de sentirse llenos de gozo por su nacimiento. La exigencia de Sara de echar a Agar e Ismael va en contra de la costumbre. Abraham necesita una palabra de Dios antes de estar de acuerdo. Gálatas 4:22ss. muestra por qué la rotura era inevitable.

El hijo (14): Ismael de hecho tenía ya por este tiempo unos 16 años. Isaac habría tenido dos o tres años para cuando fue detestado.

21:22-34 Disputa acerca de pozos

Los pozos eran de gran valor para los pastores del seco clima de Palestina meridional, y a menudo se suscitaban disputas respecto a su

Un antiguo odre para agua en el Museo Agrícola, Jerusalén.

propiedad (→ 26:17ss.). La lluvia mensual en la zona oscila entre 100 mm en enero y nada en absoluto durante los cuatro meses de verano.

22 La prueba suprema

La experiencia anterior que Abraham tuvo de Dios no lo hubiera hecho pensar que le iba a agradar el sacrificio del hijo. Tampoco era práctica común en tiempo de Abraham. Además, Dios había prometido específicamente descendientes a través de Isaac, y éste todavía no se había casado. Sólo se puede explicar, como dice Hebreos 11:19, por cuanto la fe de Abraham en la palabra de Dios era tal, que creyó que podía devolver la vida al muchacho. Esto se deduce de lo que dice Abraham: "volveremos a vosotros" (versículo 5). La equivalencia entre el sacrificio de Abraham y el sacrificio mayor del Hijo mismo de Dios es sorprendente, pero la lección que Hebreos saca de este capítulo se refiere a la fe.

La tierra de Moriah (2): la ofrenda de Abraham ocurrió en una de las colinas sobre las que está construida ahora Jerusalén (posiblemente la misma colina del templo (→ 2 Crónicas 3:1). El viaje de unos 80 Km. lo hizo en tres días.

Representación de la cabeza de un carnero, del tiempo de Abraham, que se encontró en Acana, Turquía.

23 Muerte y sepultura de Sara

Estos hititas quizás eran antiguos emigrantes del Imperio Hitita de Turquía (fue fundado alrededor de 1800 a.C.). Toda la transacción está del todo de acuerdo con la conocida ley hitita (la mención de los árboles, el pesar la plata según la práctica popular, y la proclamación en presencia de testigos en la puerta de la ciudad). También eran comunes las tumbas familiares, a menudo excavadas en roca. El lugar tradicional de la cueva sepulcro en Hebrón está hoy día cubierto por una mezquita.

24 Esposa para Isaac

Este es uno de los relatos más encantadores y mejor narrados del Antiguo Testamento. Refleja el convenio matrimonial tradicional en oriente. Los dones del criado en el versículo 53 sellan el compromiso. Es conclusión adecuada que Dios, quien había guiado con tanta claridad en cada

Abrevando rebaños de ovejas y cabras en un pozo en las colinas de Judea.

etapa, confirmara el matrimonio con el amor profundo de Isaac por Rebeca.

25:1-11 Ultimos días de Abraham

Los hijos de Cetura [Queturá] son los antepasados de varios pueblos de Arabia del norte. Isaac fue el único heredero de su padre, y a la muerte de Abraham la bendición de Dios pasó a ser suya.

25:12-18 Descendientes de Ismael

'Havila [Javilá] hasta Shur [Sur]' —las tribus ocuparon el Sinaí y Arabia nordoccidental.

25:19 - 26:35 HOGAR INFELIZ DE ISAAC

De nuevo sigue la descendencia por acción directa de Dios. Después de una espera de 20 años nacen Esaú y Jacob.

La primogenitura (25:31): como hijo primogénito Esaú iba a suceder a Isaac como cabeza de la familia y a heredar una participación doble de sus posesiones. Cuando vende su primogenitura renuncia a cualquier derecho a la bendición que conlleva.

A Rebeca le regalaron adornos de oro y plata: una joven judía yemenita en el Israel actual ostenta un collar y una faja frontal de plata tradicionales.

Tablilla de contrato para la venta de un lote de tierra y (derecha) el sobre que ostenta el texto duplicado con los sellos de once testigos. Babilonio antiguo, cerca de 1750 a.C.

No se alaba el frío cálculo de Jacob, pero la Biblia censura abiertamente la actitud de Esaú. Fue "profano" (Hebreos 12:16-17) "por una sola comida vendió su primogenitura". "Así menosprecio Esaú la primogenitura" (25:34).

Abimelec, rey filisteo (26:1): el nombre es probablemente nombre de familia o de soberano. Es probable, pues, que haya sido un rey distinto del que encontró Abraham (20-21). Los filisteos (uno de los pueblos marítimos comerciantes, muchos de los cuales se establecieron en las costas orientales del Mediterráneo), quienes dieron su nombre a Palestina, invadieron la zona por fuerza en el siglo 12 a.C. El grupo que encontraron los patriarcas fue probablemente uno de los primeros establecidos por comerciantes egeos.

27 - 35 ENGAÑO Y PRACTICAS ASTUTAS: EXILIO Y REGRESO DE JACOB

27 La bendición

Nadie en la familia resulta bien en este relato. El plan de Isaac va en contra de lo que Dios reveló antes de que nacieran los hijos (25:23). Esaú, al estar de acuerdo con el plan, viola su juramento (25:33). Jacob y Rebeca, aunque con derecho,

La tradición señala a Hebrón, a más de 1000 metros en las colinas de Judea, como el lugar en que fueron enterrados los patriarcas. El edificio sobre la fosa sepulcral se remonta al tiempo de Herodes, con agregados hechos en la época bizantina y durante las cruzadas.

no recurren a Dios, sino que hacen trampa y mienten para conseguir sus fines.

Isaac depende por completo de sus sentidos, y todos ellos le fallan, incluso el sentido de gusto del cual se jactaba. Cuando sus oídos le dicen la verdad, no escucha. La bendición es para Jacob, como Dios siempre quiso, pero a un alto costo. Esaú está dispuesto a matar. La relación entre Isaac y Rebeca se deteriora. Y Rebeca nunca volverá a ver a su hijo favorito. Jacob, el amante del hogar, se exila.

28 El fugitivo

La bendición de despedida de Isaac reconoce a Jacob como heredero de la promesa de Dios.

Padan-aram, o Aram-naharaim, 'tierra de los dos ríos' (2): patria de Rebeca, Padan-aram [Paddan-

Los camellos, ya usados en tiempo de los patriarcas, representaban el principal medio de transporte en paz y en guerra por las épocas de Salomón y Acab.

aram], está entre los ríos Eufrates y Habur. Los arameos más adelante penetraron hacia el sur y el este, estableciéndose en Siria y Mesopotamia.

Bet-el, 'casa de Dios' (19): Jacob llega a Bet-el, a 60 millas al norte de Beerseba, al caer la noche. En este lugar desolado, en un momento de soledad insoportable, Dios está con Jacob. Le repite a este hombre poco prometedor la promesa hecha a Abraham e Isaac. Y agrega su garantía personal de compañía y protección, con la seguridad del regreso a salvo.

La "escalera" es de hecho una escalinata (quizá como la del *zigurat,* → página 135), ya que suben y bajan por ella ángeles (comparar las palabras de Jesús a Natanael en Juan 1:51).

La "piedra" —no muy grande—, consagrada con el aceite, se coloca para conmemorar la visión.

29 - 31 Los años con Labán: Jacob encuentra a su igual

Estos tres capítulos abarcan los 20 años del exilio de Jacob: el servicio de 14 años por sus dos esposas y 6 por rebaños propios. Los años ofrecen poco gozo a Jacob, quien se encuentra con un tratante tan astuto como él en su tío Labán. El engaño en cuanto a Lea conduce a una vida de hogar intolerable. La esposa no amada espera con cada nuevo hijo ganarse el afecto del esposo. Raquel, amorosa y amada, está amargada por la esterilidad. Y Jacob se encuentra en tensión entre las dos. No sorprende que la ley luego prohibiera que un hombre se casara con la hermana de la esposa durante la vida de la esposa.

29:14: "Ciertamente hueso mío y carne mía eres". La implicación quizá sea que Labán adopta a Jacob como hijo, sobre todo porque no se menciona a ningún hijo propio de esa época. El matrimonio con una hermana por adopción era bastante frecuente.

29:18: Jacob ofrece su servicio en lugar del tradicional don matrimonial. Labán no es remiso en aprovecharse de la generosidad de la oferta. El don de una esclava a su hija (versículo 24) quizá formaba parte de la dote.

29:26: la costumbre a la que se refiere Labán no se conoce por ninguna otra fuente.

29:28: después de las fiestas de una semana Raquel fue entregada a Jacob, bajo condición de que éste sirviera otros siete años a cambio de ella.

30:3: esto refleja la misma costumbre que Sara observó (16:1-2).

30:14: se creía que las mandrágoras hacían fecunda, lo cual hace resultar irónico el embarazo subsiguiente de Lea [Lía].

30:37ss.: Jacob pensó que el ver varas durante la gestación afectaría a los corderos por nacer. De hecho debía sus rebaños a la decisión de Dios, y a la práctica de cría selectiva revelada en el sueño.

31:14: Lea y Raquel tenían derecho a parte de la riqueza que sus dotes le habían dado a Labán.

31:19: Raquel actuó, según creyó, en interés de Jacob. La posesión de ídolos domésticos refrendaría la legalidad de su alegato a la herencia.

31:44: el pacto de no agresión establecido entre Labán y Jacob tiene muchos paralelos contemporáneos. La comida de convenio lo sella.

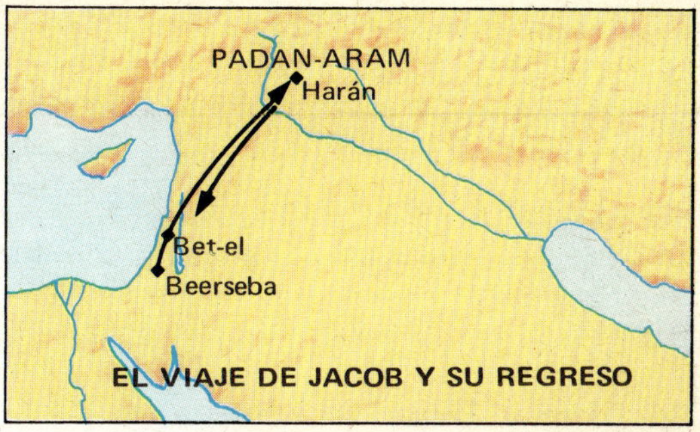

EL VIAJE DE JACOB Y SU REGRESO

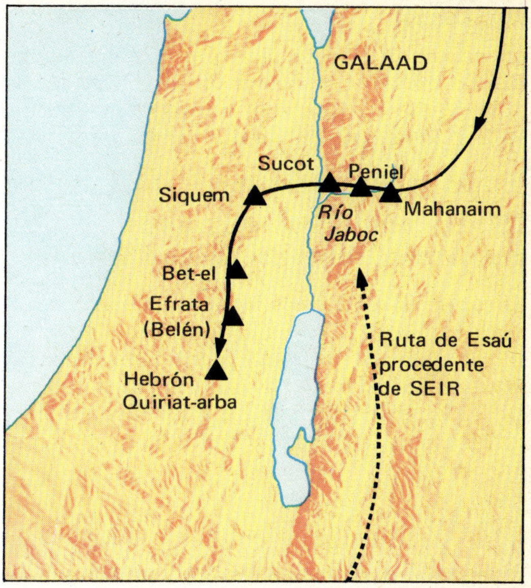

32 Dios se encuentra con Jacob

Aunque Esaú se ha establecido en Seir en el extremo sur, es inevitable el encuentro entre los dos hermanos. Las noticias de que Esaú viene rápidamente y con fuerza militar atemorizan a Jacob. Esta vez, sin embargo, planea *y* ora.

Solo y desvelado, la lucha de toda la vida de Jacob contra Dios culmina en este extraño enfrentamiento. Al final del mismo, Jacob queda tullido, pero renovado. El siguiente altar que levante será, no al Dios de sus padres, sino a "Dios, el Dios de Israel" ("El-Elohe-Israel", 33:20).

33 Jacob se encuentra con Esaú

La bienvenida que da Esaú al hermano que lo había engañado es tan sorprendentemente generosa que Jesús quizá la tuvo presente al contar la historia del hijo pródigo (ver Lucas 15:20). El regalo de Jacob, y la aceptación del mismo por parte de Esaú, sellan la reconciliación.

Versículo 14: Jacob no tiene intención de ir a Seir, como lo demuestra la siguiente etapa del viaje. Ni siquiera ahora es rectilíneo en cuanto a esto.

34 Dina y Siquem: violación y masacre

La ciudad de Siquem tiene una larga e importante historia. La permanencia en ella de Jacob le costó caro, y la venganza traidora de Simeón y Leví no se echo en olvido (→ 49:5ss.).

35 Regreso a Bet-el: nace Benjamín: mueren Raquel e Isaac

Este capítulo concluye la sección de Génesis centrada en Jacob. Se rechazan los dioses foráneos. Dios reafirma su pacto con Israel. Raquel muere cerca de Belén (Efrata) al dar a luz al último de los 12 hijos de Jacob. Esaú y Jacob vuelven a encontrarse a la muerte del anciano Isaac.

Piedra erecta en las ruinas de Siquem, algunas de las cuales datan del tiempo de los cananeos.

36 ESAU Y SUS DESCENDIENTES

Una vez más, antes de comenzar una nueva fase de la historia, se nos pone al día acerca de la otra rama de la familia.

Seir/Edom (8): valle entre el mar Muerto y el mar Rojo (golfo de Acaba) y la zona montañosa a ambos lados. El camino real, importante carretera comercial, discurría por la meseta oriental. En tiempos posteriores quedó muy poco afecto entre Edom e Israel.

37 - 50 JOSE, LA CARESTIA Y LA MIGRACION A EGIPTO

37 José vendido a Egipto

La sección final de Génesis, centrada en José, comienza ahora.

Túnica especial de José (3): los hermanos de José vieron esto como señal de que Isaac quería pasarlos por alto para hacer de José su heredero (→ 48:21-22 y 49:22ss.).

Versículo 24: la cisterna, misericordiosamente seca, era para almacenar agua.

Mercaderes ismaelitas y madianitas (28): estos dos grupos de beduinos eran descendientes de Abraham. Los nombres son equivalentes (comparar versículos 28 y 36; Jueces 8:24). El empleo de nombres alternativos es característico de la literatura del cercano Oriente. El "bálsamo" de Galaad, área hacia el este del Jordán y norte del Jaboc [Yabboq], era famoso, y el tráfico de especias era importante desde tiempos primitivos. Las especias tenían diferentes usos: para preparación de comida y manufactura de incienso y cosméticos. La ruta comercial desde Damasco hasta la costa pasaba por Dotán.

Versículo 28: a pesar de lo que dice el versículo, y de la interpretación de la Biblia de Jerusalén, los versículos 27 y 45:4 hacen más probable que a José lo vendieran sus hermanos. La ausencia de Rubén no es improbable: había rebaños que vigilar. Ni esto, ni la referencia a los mercaderes ismaelitas y madianitas, hacen necesario ver la historia como una combinación de dos tradiciones diferentes.

Verduras a la venta esparcidas en el suelo en el mercado beduino de Beerseba.

Oficial (36): la palabra se suele traducir "eunuco", como en la Biblia de Jerusalén, pero también puede tener el significado más general de "oficial de la corte", lo cual es más probable aquí, dado el matrimonio de Potifar [Putifar].

38 Hijos de Judá

Esta historia no demasiado loable probablemente se incluye porque forma parte del árbol genealógico de la casa real (posteriormente), de la cual descendió el mismo Mesías (Mateo 1:3; Lucas 3:33).

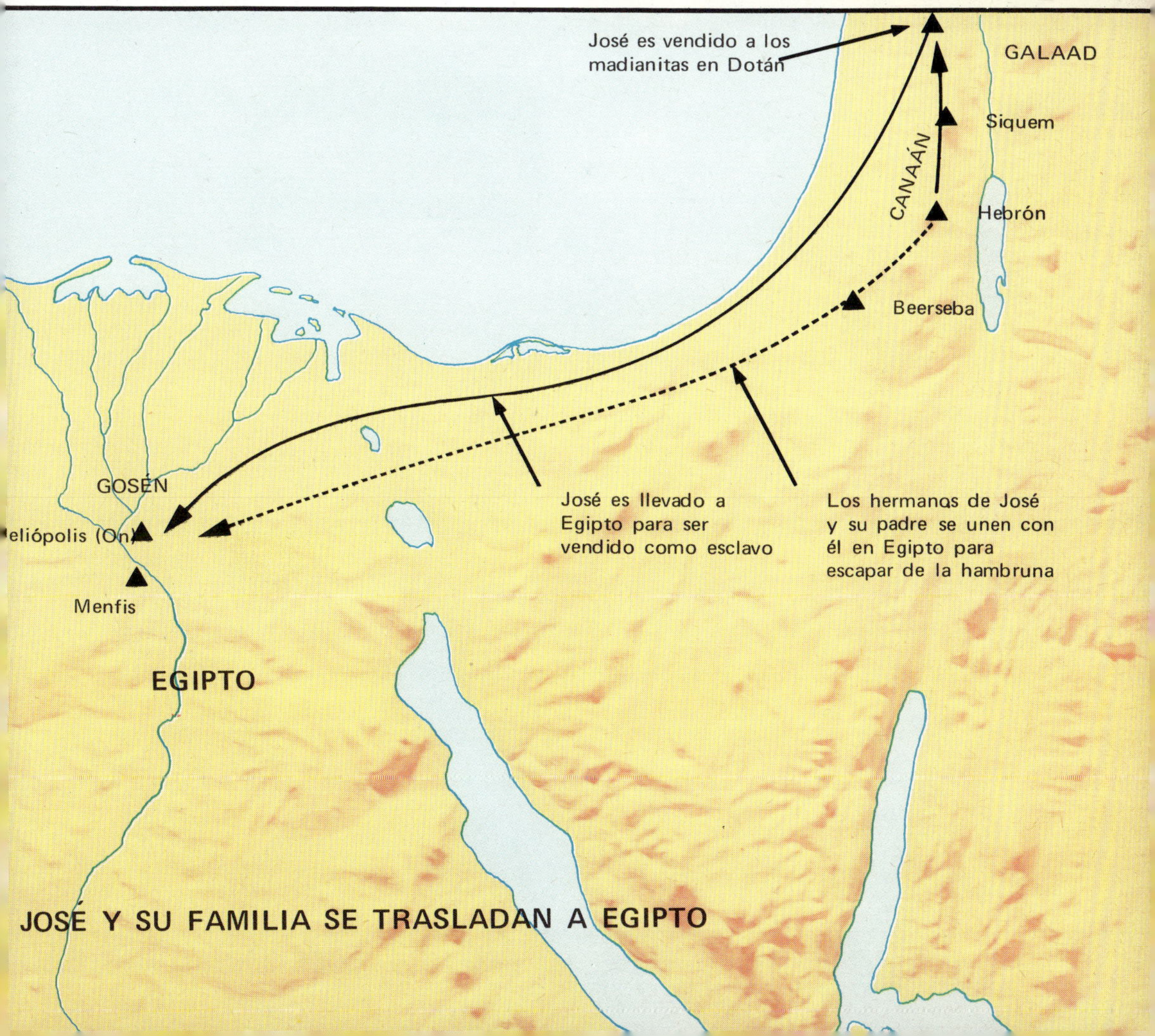

Versículo 8-10: si alguien moría sin descendencia, su hermano tenía obligación de darle herederos con la viuda (establecido como ley de levirato, Deuteronomio 25:5).

39 Acusación y encarcelamiento de José

El relato de la vida de José en Egipto dado en los capítulos 39-50 armoniza muy bien con el marco general de Egipto bajo los faraones semitas e hicsos. Gobernaron desde alrededor de 1710-1570 a.C., con sede en una capital (Avaris) en la parte oriental del delta del Nilo. Gosén también estaba ubicada en esta región.

El *Relato de Dos Hermanos* egipcio narra incidentes parecidos a los de este capítulo, lo que pone de relieve el hecho lamentable de que ocurran cosas así.

40 Los sueños del mayodormo y panadero

El relato subraya el significado de los sueños y de su interpretación en ese tiempo. Los sabios egipcios tenían manuales de sueños para ayu-

Medición de cereales con fines tributarios; de la tumba de Menna, al oeste de Tebas, alrededor del 1400 a.C.

Estatuilla de un alto oficial egipcio del tiempo de José.

darlos a su interpretación. José, por el contrario, depende completamente de Dios para explicarlos.

El copero (1): escanciador del faraón, funcionario importante (véase Nehemías 2:1).

41 El sueño del faraón y promoción de José

Dos años después el mismo faraón tiene un sueño que elude a sus magos y sabios, a pesar de toda su preparación y de toda una biblioteca de libros de referencia. Cuando el copero por fin recuerda a José, éste no sólo demuestra ser capaz de explicar el mensaje de Dios, sino que presenta un plan de acción concreto.

Versículo 14: la costumbre egipcia indica que José debe afeitarse y vestirse de lino para presentarse en la corte.

Versículo 40-43: la investidura de José sigue la tradición egipcia: el anillo (distintivo de autoridad), lino finísimo (ropa para la corte) y una cadena de oro o collar como recompensa por sus servicios. Los caballos y los carruajes habían ayudado a los faraones hicsos a dominar a Egipto. Después de 13 años de esclavitud, José se convierte en visir del faraón.

Versículo 45: On (Heliópolis, 16 kilómetros al noroeste del Cairo) era el centro del culto egipcio al sol.

Versículo 54: las carestías recias no eran desconocidas en Egipto. Pero era raro que el hambre azotara simultáneamente a Egipto y Palestina.

42 - 45 Hambre y reunión familiar

Estos capítulos relatan en forma conmovedora el encuentro de José, la prueba y la reunión con sus

Un manual de sueños egipcio del tiempo de José. Los sueños buenos y malos se enumeran en columnas con sus interpretaciones.

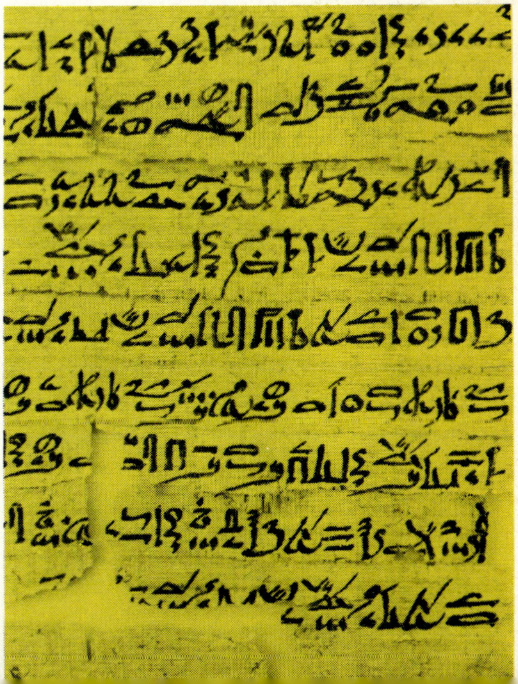

hermanos. Detrás de su aparente dureza hay un perdón completo y generoso del mal que se le ha hecho y una profunda comprensión de la forma cómo Dios controla el destino humano (45: 5ss). Ante cada nueva dificultad los hermanos muestran un cambio genuino de actitud respecto a antes. Veinte años no han borrado su sentido de culpa (42:21-22). No se van a comportar respecto al nuevo favorito (Benjamín) como lo hicieron con el antiguo.

43:32: los egipcios probablemente consideraban que la presencia de extraños en la mesa contaminaba la comida. Por la misma razón, más tarde, los judíos no comían con los gentiles.

44:2, 5: José quizás usó su copa de plata para adivinar (interpretar sucesos por el movimiento de gotas de aceite en el agua). O el mayordomo quizás implique la imposibilidad de evitar ser descubierto por su sabio y poderoso señor.

45:10: se sabe que en tiempos de carestía los nómadas de Palestina obtenían permiso para pastar en el delta oriental.

46 - 47 Israel se establece en Egipto

La casa de Jacob cuenta con 70 personas al entrar en Egipto (las 66 de 46:26 excluyen a Jacob, y José y sus dos hijos ya estaban allí). Con todas las esposas y siervos el grupo sería mucho más numeroso.

46:34: el desagrado de los egipcios por los pastores nómadas no difiere probablemente del sentimiento de la mayoría de los pueblos sedentarios respecto a los gitanos errantes. Aquí el disgusto cumple un fin útil al mantener a la familia como unidad aislada. De lo contrario se hubiera podido perder muy pronto la identidad del grupo.

47:16-19: bajo la política económica de José el faraón obtiene la propiedad de la tierra, y la gente se convierte en inquilina suya. Sólo los sacerdotes conservaron sus propiedades.

48 - 49 Bendición de Jacob

La bendición de los hijos de José fue un acto de fe (Hebreos 11:21). ¡Con qué sencillez se extienden las manos de Jacob para transmitir la bendición de Dios al hijo menor! ¡Qué contraste con el relato del capítulo 27! José disfruta de una herencia doble a través de Efraín y Manasés.

La bendición de Jacob al morir se centra en el futuro lejano, cuando los descendientes de estos doce ocuparán la tierra prometida.

Versículo 4: la ira que se menciona en 35:22 le cuesta a Rubén su primogenitura como hijo mayor.

Versículo 5-7: el juicio que pronuncia Jacob sobre la conducta de Simeón y Leví en Siquem (34:13ss.) es claro. Ambas tribus serán dispersas, pero la de Leví sería repartida como sacerdocio en la nación.

Versículo 10: de Judá descendió la línea real de Israel, de la cual nacería a su tiempo el Mesías.

Versículo 13: aunque estaba lo bastante cerca como para enriquecerse con el comercio marítimo, el territorio de Zabulón no llegó al mar.

Versículo 19: estas incursiones se mencionan en la Piedra Moabita del siglo IX.

50 De la muerte de Jacob a la muerte de José: el fin del principio

Jacob se junta con Lea en la tumba familiar en Hebrón. Es el último miembro de la familia que es enterrado en Canaán por más de 400 años. El gran cuadro de Génesis, comenzado con las grandes pinceladas de la creación y de la vida palpitante en Edén, continuó a través de la destrucción, la promesa, y el nacimiento de una nueva nación en Canaán, y se termina con la muerte de José en Egipto.

Versículo 2-3: era normal emplear embalsamadores profesionales, pero quizá José quiso evitar conflictos religiosos. Dos siglos más tarde el período normal de embalsamamiento era de 70 días. El luto que se observó al morir Jacob fue sólo dos días más corto que el que se observaba por un faraón.

Versículo 22: la duración de la vida de José de 110 años era el ideal egipcio, prenda de la bendición de Dios. Su petición al morir resume la fe de una vida.

Versículo 26: El ataúd sería de madera, con una cabeza pintada.

Egipto

K. A. KITCHEN

EL PAIS

El verdadero Egipto no es el cuadro vacío de los mapas políticos modernos. Es los 1000 kilómetros de valle angosto al norte desde Aswán que terminan en el ancho delta donde el río Nilo desemboca en el mar Mediterráneo. En un mapa físico, el delta y el valle parecen como una flor de loto en un tallo curvilíneo; el pequeño 'botón' es la provincia lacustre de Fayum.

La única fuente de vida es la inundación anual del Nilo. Antes de las grandes represas modernas, un ''buen Nilo'' significa prosperidad, al dejar una nueva capa de sedimento y agua abundante para las cosechas. Pero un Nilo bajo significaba calamidades de hambre y un Nilo crecido, mucha destrucción. Hasta donde alcanzan sus aguas, hay vida vegetal abundante; todo lo demás está seco, muerto, como desierto amarillento.

Flanqueado por desiertos, el Egipto habitado en la cinta de cultivo del valle y en las llanuras del ancho delta estaba aislado pero no separado de sus vecinos. Internamente, el Nilo era una ruta importante. Más allá, había rutas que cruzaban el norte del Sinaí para llevar a Palestina, y a través de los valles desérticos orientales hasta el mar Rojo. El Nilo suministra una economía agrícola, y los desiertos daban piedras y metales.

HISTORIA Y CULTURA

La historia de Egipto —como la de Sumeria y Babilonia— es un rico panorama que abarca 30 siglos. Comenzó alrededor del 3000 a.C., cuando el valle y el delta estaban unidos bajo un solo rey, poco después de la invención de los jeroglíficos (un sistema de escritura parcialmente gráfico). Treinta familias o ''dinastías'' reales forman la larga línea de reyes egipcios o ''faraones''. Pero todo el período desde el 3000 hasta el 300 a.C. se visualiza más fácilmente en siete épocas: una inicial (edad ''arcaica''), tres épocas de grandeza (Reinos Antiguos, Medios, Nuevos) separadas por el primero y segundo períodos ''intermedios'' de disensión, y el Período Final de decadencia última.

A lo largo de la mayor parte de la historia de Egipto, la verdadera capital estuvo en la unión del valle y el delta, usualmente Menfis [Memfis]. En el Reino Nuevo, Tebas —500 km. más al sur— se convirtió en la capital meridional; siguió siendo por mucho tiempo centro religioso como ciudad del Dios Amón. En el Período Final, Menfis compartió su papel con varias ciudades del delta. Siempre el faraón fue la piedra clave de la sociedad, como intermediario entre los dioses y los hombres. Sus dioses eran encarnaciones de los poderes de la naturaleza, o sus fenómenos (sol, luna), o de conceptos (orden justo). Los grandes templos servían para mantener el culto oficial (el ritual cotidiano de ofrendas) al cual sólo tenían

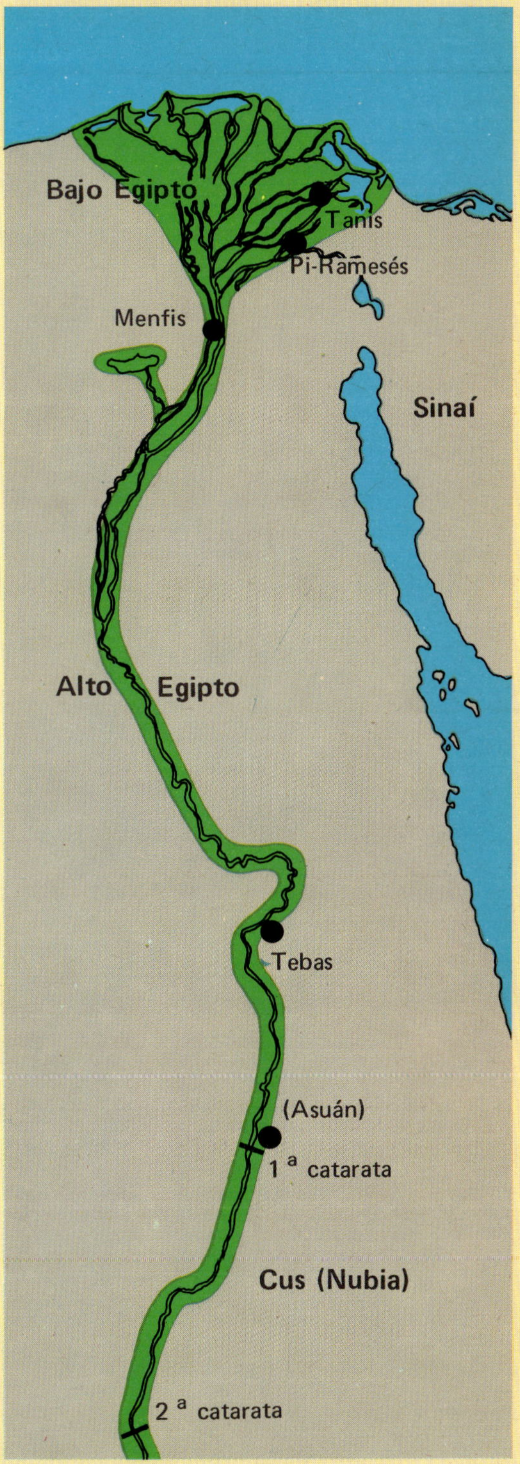

El vestido de una princesa se muestra en esta pintura mural de la reina Nefertari, esposa de Ramesés II, de Tebas, alrededor del 1250 a.C.

acceso el faraón, los sacerdotes y altos dignatarios. Sólo con ocasión de los espectaculares festivales procesionales participaba el hombre de la calle en el tributo a los grandes dioses cuya bendición sobre Egipto se buscaba por medio de ritos en el templo. De ordinario la gente común daba culto a sus dioses domésticos, en las capillas más sencillas de los grandes dioses, y en oratorios junto a las puertas de los grandes templos. La magia floreció como parte integral de la religión. Vista desde el aspecto positivo, para utilizar los términos del maestro del Rey Merikare, era un arma para esquivar los golpes de la vida. Pero practicar la magia negra era un crimen que se castigaba.

El aspecto secular del gobierno del faraón en la práctica lo compartía con los altos oficiales del estado: grandes visires para el sur y el norte, tesoreros, superintendentes de graneros, incluso oficiales de impuestos. Estos departamentos recibían apoyo de una burocracia central y local de escribas en la capital y las provincias. Los grandes sacerdotes tenían sus propias posesiones y administraciones. A partir del Reino Nuevo, el faraón también dirigía y mantenía un ejército permanente de carruajes e infantería. La educación se basaba en la formación al estilo de escribas en las escuelas de la administración civil y del templo. Egipto desarrolló una rica literatura de relatos, libros de sabiduría (parecidos a los Proverbios), poesía religiosa y lírica, algunos de los cuales se convirtieron en clásicos y ''textos'' para los estudiantes. La base y fundamento de la pirámide social era el trabajo de los campesinos. La magnificencia de los monumentos egipcios —desde gigantescas tumbas-pirámides y templos hasta delicados frescos y diminutas sortijas con sello— surgió de la habilidad de un gran cuerpo de artistas y artesanos que servían al faraón, a los templos y a los hombres importantes de cada época.

Estimulados por las cualidades preservadoras de los áridos desiertos que los rodeaban, los egipcios desarrollaron abundantes teorías del más allá. En todas ellas, se momificaba el cuerpo (embalsamaba) al morir, para servir como morada para el alma en la noche, mientras la tumba albergaba al cuerpo. Comúnmente, el más allá se veía como contraparte de la vida terrenal, en el reino de Osiris, dios de la muerte. Por medios mágicos, los pertrechos y pinturas en las tumbas iban a servir a sus dueños en esa existencia.

EGIPTO Y LA BIBLIA

Desde Abraham hasta José

El primer papel importante de Egipto en la Biblia es servir de refugio contra el hambre a los patriarcas (Génesis 12:10ss.; 42-47). Como Egipto tenía el Nilo, podía prosperar independientemente de las lluvias del Mediterráneo, que eran vitales para Siria y Palestina. Muchos otros, además de los padres fundadores hebreos, buscaron alivio para la escasez de alimentos en Egipto. Ya en el Reino Antiguo, extranjeros hambrientos aparecen en escenas esculpidas, en tanto que mil años después (alrededor de 1230 a.C.) se admitieron hombres edomitas a las piscinas de Pitón, ''para mantenerlos vivos, y para mantener vivos sus rebaños, gracias a la gran provisión del faraón''. Egipto tenía guardas y oficiales fronterizos en la frontera oriental, y los visitantes a veces eran escoltados para introducirlos en el país (como Sinuhe en el *Relato de Sinuhe*) o al salir de él (como Abraham en Génesis 12:20).

Los faraones del tiempo de Abraham y de José probablemente pertenecían a las dinastías 12° y 13°/15° respectivamente (Reino Medio y después), cuando muchos extranjeros encontraron empleo en Egipto en distintos niveles, desde esclavos a altos administradores (como José bajo Potifar [Putifar], Génesis 39:1-4). Y como José (Génesis 41:45), muchos de estos contemporáneos no egipcios segundos nombres egipcios. En todas las esferas de la vida, entre los de arriba y los de abajo, se consideraban importantes los sueños; tanto, que escribas cultos escribieron libros de texto para ayudar a interpretarlos. El tema de las siete vacas se presenta no sólo en el sueño del faraón (Génesis 41:18ss.) sino también en el Período 148 del *Libro de los Muertos,* el cual habla de la alimentación en el más allá.

En la esfera económica, las autoridades egipcias mantenían registros detallados de posesión de tierra, y medían las cosechas la víspera de recogerlas con el fin de fijar impuestos. Con un sistema así, se hubieran podido implementar fácilmente las medidas propuestas por José (Génesis 41:34-35, 48-49; 47:23ss.). También, el delta era zona preferida para pastos (Génesis 46:34), hecho evidente por una inscripción de alrededor del 1600 a.C.

La vestimenta de lino fino que llevaba José como alto oficial (Génesis 41:42) se conoce por innumerables pinturas egipcias, en tanto que la momificación y ataudes de Egipto (Génesis 50:2-3, 26) al igual que sus tumbas (Exodo 14:11), han sido proverbiales desde ese tiempo hasta hoy.

Caza de aves: representación en una tumba egipcia.

Moisés y el éxodo

Cuatro siglos mas tarde, muchos hebreos se habían convertido en esclavos en las construcciones de ladrillo del Egipto del Reino Nuevo para los grandes proyectos de construcción de esa época. Sus labores culminaron en trabajo en las ciudades Pitón [Pitom] y Ramesés (Exodo 1:11), esta última famosa residencia de Pi-Raamese, en el delta oriental, construida por Ramsés II. En papiros contemporáneos, se nos habla de los Apiru (pueblos que incluyen a los hebreos) ''quienes acarrearon piedra para la gran puerta pilón de... (un templo de) Ramsés II'' de hombres que hacían a diario su cuota de ladrillos; y de oficiales que no tenían ni hombres ni paja para producir ladrillos; (→ Exodo 5:7). Las condiciones de Exodo 5 se repiten en documentos egipcios de la época. En la aldea de Tebas occidental en que habitaban los trabajadores que construyeron las tumbas reales han aparecido informes de trabajo garabateados en cascos (fragmentos de alfarería que eran el

HISTORIA DE EGIPTO ANTIGUO

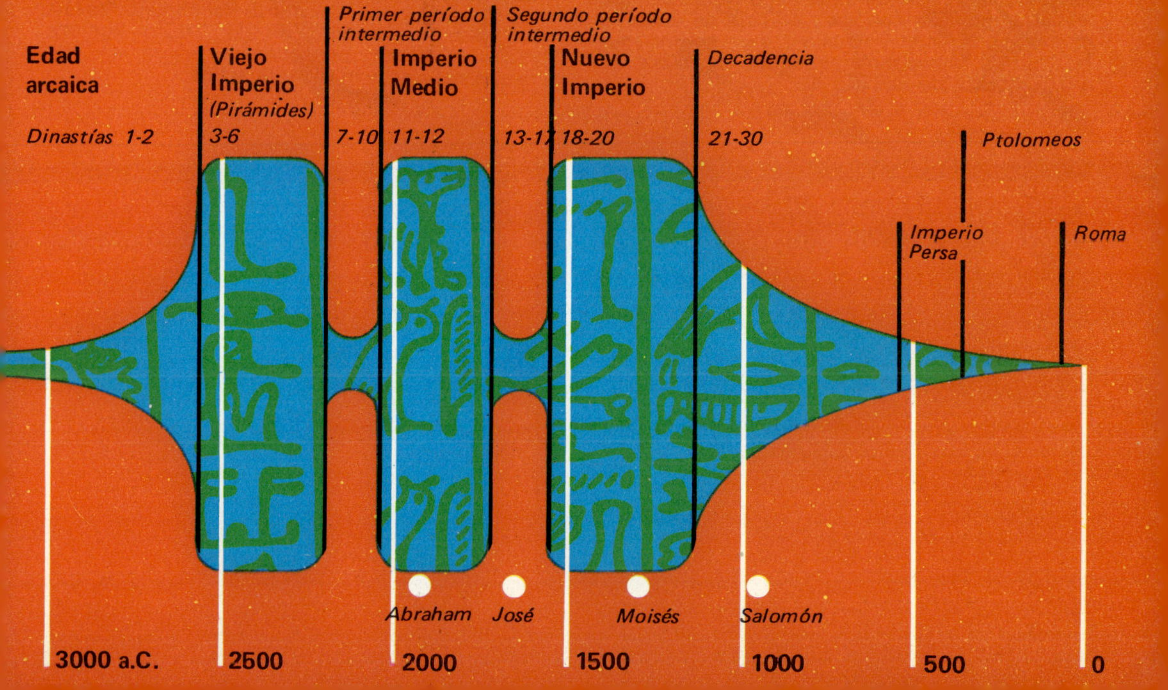

equivalente antiguo de las tablillas para apuntes). Estas mencionan en detalle los días trabajados y los días "ociosos" dando a veces razones específicas del ausentismo de personas: "su esposa está enferma", o "preparando cerveza con el jefe", o (¡qué triste!) "picado por un escorpión". Muy interesantes son las referencias a un hombre "ofrendando a su dios", o a todo el grupo tomando varios días libres para una fiesta religiosa local. (Comparar Exodo 5:1-5, donde Moisés pide permiso para los hebreos, pero el faraón no quiere conceder más fiestas públicas ni reconocer al Dios de Moisés.)

Que una princesa en un harem del delta oriental cuidara de un niño extranjero, como en Exodo 2, no sorprende en la sociedad cosmopolita del Egipto del Reino Nuevo. Sabemos que en harenes de otros lugares se cuidó de niños de Canaán. Había extranjeros en todos los niveles de la sociedad, desde el más insignificante esclavo hasta el copero de la diestra del faraón; un Moisés no era una anomalía. Los magos y hombres sabios de Exodo (7:11; 8:7; 18; 9:11) eran los sumos sacerdotes-lectores y escribas cultos. Los egipcios mismos contaban relatos entretenidos de las hazañas famosas de esos hombres.

Cuando Israel salió de Egipto, el faraón —probablemente Ramsés II— despachó sus carruajes para perseguirlos. Seiscientos carros (Exodo 14:7) eran una fuerza considerable pero perfectamente factible, ya que de esa época se conocen fuerzas mucho mayores. En el período del desierto, el tabernáculo —en esencia un edificio prefabricado— utilizó técnicas por mucho tiempo conocidas en Egipto para edificios que tenían que erigirse y desmantelarse rápidamente con propósitos seculares y religiosos. Que Israel había salido de Egipto y estaba en la Palestina Occidental hacia finales de siglo XIII a.C. lo confirman la única mención conocida egipcia de Israel (en contexto con Gezer y Ascalón), en el poema triunfal libio de Merneptah (alrededor del 1230/1220 a.C.), sucesor de Ramsés II.

Períodos posteriores

Egipto vuelve a aparecer en el relato bíblico en tiempo de David y Salomón. Salomón se casó con una hija de un faraón que conquistó Gezer [Guézer] y se la dió como dote (1 Reyes 9:16). Ese faraón probablemente fue Siamun (alrededor del 970 a.C.), quien probablemente saqueó a los filisteos y a la Palestina sudoccidental, a juzgar por un relieve triunfal roto encontrado en Tanis, capital de su dinastía (la bíblica Zoán [Soán].

La estructura literaria de Proverbios —en gran parte "libros de sabiduría" de Salomón— muestra parecidos con otras obras del género del Cercano Oriente bíblico, entre las cuales hay algunas egipcias. Sin embargo, la afirmación a menudo repetida de que Proverbios en parte deriva directamente de la obra egipcia de Amenemope no tiene suficiente fundamento.

La descendencia de Siamun fue pronto reemplazada por un nuevo rey y descendencia: Seskonq I, fundador de la dinastía 22º, el bíblico Sisac [Sosaq] (1 Reyes 11:40; 14:25). Sisac vio a la Israel de Salomón como rival político y comercial. Y cuando Roboam sucedió a Salomón utilizó a Jeroboam para dividir ese reino en dos fracciones opuestas y en poco tiempo sometió la dividida monarquía hebrea para provecho material propio. Una gran escena triunfal en el templo Karnak de Amún en Tebas conmemora su campaña, además de inscripciones que se encuentran en Karnak y en Meguido [Meguiddo] y en la misma Palestina.

Después el poder de Egipto empezó a decaer. Los profetas hebreos censuraron a sus reyes por depender del apoyo egipcio (Isaías 30, 31; Jeremías 46). Egipto no pudo competir con Asiria o Babilonia, y con el ascenso del Imperio Persa en realidad se convirtió en un "reino humilde" (Ezequiel 29:15), perdiendo su verdadera independencia nacional durante siglos.

Exodo

El libro de Exodo es el relato del nacimiento de Israel como nación. Es un poema épico dominado por el personaje central de Moisés. El fue quien sacó al pueblo de Egipto, el 'éxodo' que da al libro su nombre. Por medio de él Dios dio la ley. El libro se divide en dos partes principales:

1. Huida de Israel de la esclavitud en Egipto (capítulos 1-19).
2. La transmisión de la ley y la construcción del tabernáculo en Sinaí (capítulos 20-40).

1 - 12:36 ISRAEL EN EGIPTO; DIOS ENVIA UN LIBERTADOR

1 Escenario

Han pasado unos 300 años desde la muerte de José y el final del Génesis. El pueblo de Jacob ha estado en Egipto unos 370 años. Ya no tiene su antigua posición privilegiada. Ahora son una nación esclava bajo un nuevo faraón, de una dinastía que desde hace tiempo ha olvidado la deuda de Egipto para con José (→ Génesis 41).

Las cosas han cambiado en Egipto. El poder de los faraones hicsos se ha quebrantado y el Alto y el Bajo Egipto vuelven a estar unidos. La nación está en la cima de su poder militar, gobernada desde Tebas y Menfis por una nueva dinastía de faraones. Pero con la subida de Setos I (probablemente el "nuevo rey" de 1:8) se vuelve a centrar la atención en la fértil región del delta. Se comienza un gran programa de construcciones, incluyendo una nueva residencia para el faraón. Se le da el nombre del sucesor de Setos. Ramsés II (quien fue principal responsable de su construcción), "la Casa de Ramsés", "Ramesés" (1:11). Y en el área está disponible una fuerza de trabajo grande: los israelitas.

La existencia de un grupo extranjero tan grande (ver 12:37) en territorio fronterizo ha tenido intranquilo al faraón por mucho tiempo. Aquí tiene la oportunidad de asegurarse de que no hagan nada malo. Se organiza al pueblo en grupos, bajo capataces, para excavar la tierra y hacer los ladrillos para edificar las nuevas ciudades.

Pero por duro que sea el trabajo, continúa la explosión demográfica. El faraón decide resolver el problema en forma más directa (15-22), sólo para verse derrotado por la fe de las comadronas.

2 Moisés, príncipe y refugiado

Todos los niños varones hebreos deben ser arrojados al Nilo. Este es el decreto del faraón. Pero el agua que ahoga también se puede utilizar para hacer flotar una cesta impermeable (la misma palabra hebrea traducida "arca" de Noé), y la vida de Moisés queda a salvo gracias a la acción habilidosa de su madre.

Moisés tenía 40 años cuando realizó su primer intento libertador (2:11-12), el que terminó en desastre. Pasaron 40 años más antes de los sucesos del capítulo 3 (Hechos 7:23 y Exodo 7:7).

La hija del faraón era probablemente hija de una de sus concubinas, no princesa de sangre real. Probablemente llevó a Moisés al harem donde se educó con otros, aprendiendo a leer y a escribir los jeroglíficos y escritos "cursivos" egipcios (→ las ilustraciones de la página 86), y consiguiendo destreza en varias artes y deportes (→ Hechos 7:22). No era infrecuente que se educara a extranjeros de esta manera, y que se preparasen para puestos de responsabilidad en el ejército, el sacerdocio o el servicio civil.

Madian (15): los madianitas eran descendientes de Abraham por su segunda mujer, Cetura [Queturá]. Eran beduinos del desierto, de modo que Moisés no hubiera podido prepararse mejor para el viaje por el desierto con Israel que con estos años de vida nómada.

3 - 4 La zarza ardiente: Dios llama y pertrecha a su hombre

Moisés se encuentra en el momento en el Sinaí (Horeb), lugar mismo donde más tarde recibirá la ley, cuando llega el mandamiento de Dios.

Dios tiene un encargo estupendo para Moisés: debe ser el mensajero de Dios ante el faraón, y conducir a su pueblo a la libertad. Pero el misionero está muy renuente. Presenta objeción tras objeción, y a todas ellas responde Dios:

- **3:11:** "¿Quién soy yo para hacer esto?" Pero "Yo estaré contigo", dice Dios.
- **3:13:** "¿Cómo le explicaré al pueblo quién me envia?" Dios se revela como el Dios de sus antepasados, y Dios del presente: "Yo soy"
- **4:1:** "Ellos no me creerán". Dios le da tres señales para convencerlos.
- **4:10:** "Nunca he sido hombre de fácil palabra". Dios hizo que lo fuera; lo capacita para hablar.
- **4:13:** "Por favor, envía a otro" Dios no quiere esto, pero le envía a Aarón como portavoz.

Mt Horeb (3:1): la ubicación exacta es incierta, pero una antigua tradición lo identifica con Gebel Musa (2233 metros) en la punta sur de la península del Sinaí.

El botín de Egipto (3:21s.): ver 11:2-3; 12:35-36. Con esto se adornó el tabernáculo (35:20ss.).

4:19: La muerte del faraón se mencionó en 2:23.

Aarón (4:14): tres años mayor que Moisés (7:7), probablemente nacido antes del edicto del faraón. María parece que era mayor que ambos.

Circuncisión (4:24-26): Moisés no cincuncidó a su hijo, y Dios no puede pasar por alto la desobediencia, ni siquiera en un elegido suyo. Sefora lo circuncida y a Moisés se le perdona la vida.

5 - 6:13 El primer asalto contra el faraón

La primera petición hecha al faraón simplemente agrava la situación. El pueblo se vuelve contra su "libertador". Moisés, frustrado, acude de nuevo a Dios.

La petición (5:1): esto parece ser menos que toda la verdad; pero es propio de un caso de prueba. Israel tenía que salir de Egipto para poder sacrificar, ya que la índole de su sacrificio era ofensiva para los egipcios (8:26). La reacción del faraón revela su hostilidad implacable, que Dios ya había predicho (3:19).

Acceso al faraón: Ramsés II fue ıamoso por abrir las pûertas incluso a pedigüeños ordinarios (véase 5:15ss.). Moisés, criado en el harem, tenía derechos especiales a la atención del faraón.

Hombre torpe de labios (6:12): Biblia de Jerusalén: "torpe de palabra"

6:14-27 Arbol genealógico de Moisés y Aarón

Como tantas veces en la Biblia, la lista es selectiva. Se muestra que Moisés y Aarón descendían de Jacob a través de la línea de Leví. La lista abarca el período de la permanecia de Israel en Egipto.

Modelo egipcio de un hombre cavando o azadonando.

6:28 - 10:29 El enfrentamiento con el faraón: las nueve plagas

El faraón ha oído y rechazado la petición de Moisés. Ha demostrado su temple: "¿Quién es Jehová...? Yo no conozco a Jehová, ni tampoco dejaré ir a Israel' (5:2).

Ahora Dios comienza una serie de sentencias para enseñar al faraón y a su pueblo quién es Jehová, y para mostrarle hasta dónde alcanza su poder sobre la creación (7:5, 17; 8:10, 22; 9:14). Dios actúa nueve veces, y el faraón y sus magos y todos los dioses de Egipto son impotentes para cambiar sus sentencias. Los magos pueden falsear, pero no pueden revocar.

1. El Nilo —centro de la economía y el culto de la región— se convierte en sangre, y sus aguas contaminadas matan los peces (7:14-24).
2. Siete días más tarde, las ranas, ahuyentadas de las riberas del río por los peces en descomposición, inundan las casas (7:25 - 8:15).
3 y 4. Primero piojos y luego moscas, que se multiplican entre los cadáveres de peces y ranas, invaden el país (8:16-32).
5 y 6. La enfermedad asola a los rebaños, y una infección cutánea surge entre los hombres y las bestias, trasmitida por las ranas y los insectos (9:1-12).
7. Granizo y tormentas destrozan las cosechas de lino y cebada, pero no el trigo y la espelta, que todavía no han crecido. Y los egipcios que toman nota de la advertencia de Dios quedan a salvo (9:13-35).
8. El viento trae una plaga de langosta de Etiopía que consume todo lo verde que quedaba en el país (10:1-20).
9. Durante tres días la luz del sol queda oculta con densas tinieblas (probablemente una tormenta de polvo *khamsin*) (10:21-29).
Las plagas probablemente se dieron en un período de un año. En cada caso Dios decidió utilizar desórdenes naturales para confundir al faraón y a los dioses de Egipto (12:2). Hizo que el "dios Nilo" acarreará ruina, no prosperidad; que las ranas trajeran enfermedad en vez de fertilidad; y el poder de Ra, el dios sol, se oscureció. Toda la secuencia de sucesos sigue una pauta lógica que quizá comenzó con una inundación insólitamente alta del Nilo, que trajo tierra roja y microcosmos que contaminaban el agua. Pero sea lo que fuere lo que sucedió, no fue simple 'coincidencia. Dios demostraba su control absoluto. Diferenció entre su pueblo y los egipcios. Con-

Los nombres de Dios

J. A. MOTYER

LAS PALABRAS Y EL NOMBRE

Dos palabras hebreas se traducen "Dios":

EL "La Deidad", Dios en el poder y características de su naturaleza divina.
ELOHIM De forma plural que significa no "dioses" sino El que posee completamente todos los atributos divinos.

Se emplea también una tercera palabra para Dios:

ADON Describe a Dios como "Soberano" o "Señor" subrayando su autoridad divina y gobierno ejecutivo.

A diferencia de estos nombres, está también el nombre personal Yahweh. Para eludir el uso de este nombre divino (supuestamente por reverencia) en las lecturas públicas se utilizaba una palabra que significa "Señor". Las traducciones de la Biblia por desgracia perpetúan el mismo escrúpulo, poniendo "Señor" por Yahweh, o cuando se usa en conexión con Adonai (forma de Adon), como "Señor Dios". Se pierde mucho en la lectura de la Biblia si nos olvídamos de ir más allá de la palabra sustituta para llegar al nombre personal e íntimo de Dios mismo.

Al decirle su nombre al pueblo, Dios quería revelarles su naturaleza más íntima. Como palabra, Yahweh tiene relación con el verbo hebreo "ser". Este verbo va más allá de "existir", significa más bien "ser activamente presente". Yahweh (Exodo 3:13-16) es el Dios activamente presente en medio de su pueblo. Pero el momento que escogió para dar a conocer esto fue cuando ellos, como esclavos sin remedio, necesitaban la redención.

En otras palabras, la idea de "presencia activa" nos dice que Dios está con nosotros pero no qué clase de Dios es. Al escoger el momento del éxodo para revelar el significado de su nombre, se identifica como el Dios que salva a su pueblo y derrota a sus adversarios.

La santidad de Dios está en la raíz de su autorevelación como Yahweh (Exodo 3:5). Esto se manifiesta en la santa redención y santa ira de la Pascua (Exodo 12).

Cómo entiende el Antiguo testamento la índole que el nombre revela, se ve muy bien en pasajes como Exodo 34:6ss.; Salmo 103; 111; 146; Miqueas 7:18-19.

EL PROGRESO DE LA REVELACION

El nombre Yahweh aparece en la Biblia desde los primeros tiempos (Génesis 4:1) y de tal forma que da a entender que los hombres lo conocían y lo usaban (p.e. Génesis 4:26; 14:22. ¿Cómo, pues, puede Dios decir a Moisés (Exodo 6:2-3) que "en mi nombre Jehová no me di a conocer a ellos" (es decir, a Abraham, etc.)?

Estudios especializados del Antiguo Testamento han solido responder a esta pregunta diciendo que tenemos tradiciones diferentes de la historia primitiva del pueblo de Dios: una tradición en la que se conocía el nombre divino desde los primeros momentos, y otra tradición —contradictoria— que fue revelada por primera vez a Moisés.

Por muy influyente que haya demostrado ser esta teoría, no es ni ineludible ni necesaria. "Conocer" en el Antiguo Testamento va, más allá de la mera posesión de información, hasta el disfrute activo de comunión con la persona conocida. Por ejemplo, los hijos de Elí ciertamente conocían el nombre como "etiqueta" divina pero "no tenían conocimiento de Jehová" (1 Samuel 2:12; comparar 3:7; Exodo 33:12-13). Así pues Exodo 6:2-3 nos dice que lo que hasta ese momento había poseído sólo el significado de una "etiqueta", una forma de dirigirse a Dios, ahora adquiere significado como afirmación del carácter que tenía el Dios que recibía ese nombre, que es el Redentor y Juez Santo, siempre presente entre su pueblo.

Esta perspectiva del significado de Exodo 6:2-3 se confirma con la prueba del Génesis. Si se le hubiera preguntado a Abraham "¿Quién es Yahweh?" habría sin duda respondido "Dios Todopoderoso" o uno de los otros títulos de Dios que utilizaron los patriarcas:

EL SHADDAY Shadday probablemente significa "montaña", en el sentido simbólico de inmutabilidad y fortaleza perenne, en contraste con la incapacidad del hombre. Ver por ejemplo Génesis 17:1s.; 28:3s.; 35:11; 43:14; 48:3; 49:25.
EL ELYON "Dios Altísimo", Génesis 14:18.
EL ROI "Dios que ve", Génesis 16:13.
EL OLAM "Dios Eterno", Génesis 21:33.
EL BETHEL "Dios de Bet-el", Génesis 31:13.
EL ELOHE YISRAEL "Dios, el Dios de Israel", Génesis 33:20.

Así pues cuando se dice de Yahweh que es "el Dios de vuestros padres" en Exodo 3 (versículos 6, 13, 15, 16), se añade toda esta riqueza de significado a la revelación del Redentor santo.

"NO HAY DIOS COMO TU"

Dios en sí mismo

Algunos atributos de Dios expresan de tal modo la entraña de su naturaleza divina que se emplean como títulos:

EL SANTO El título más básico e importante de todos: → Josué 24:19; Isaías 5:16; 10:17; Habacuc 1:12.
EL SANTO DE ISRAEL Variante empleada sobre todo por Isaías, p.e. Isaías 1:4.
EL DIOS "CUYO NOMBRE ES CELOSO" Muestra su amor apasionado por su pueblo: → Exodo 34:14.
EL SEÑOR DE LOS EJERCITOS se repite a menudo y alude a los "ejércitos" de potestades y poderes en la naturaleza divina, sugiriendo algo muy parecido a "omnipotente". Por ejemplo, → Jeremías 32:18b-24.

Además, es el Dios *verdadero, vivo* (Jeremías 10:10) *altísimo* (Miqueas 6:6) *y retribuidor* (Jeremías 51:56).

Dios de toda la creación

Un Dios así no puede serlo de un solo pueblo. Es:

CREADOR	Isaías 40:28
JUEZ	Génesis 18:25
REY	Jeremías 10:7
DIOS DE TODA CARNE	Números 16:22 Jeremías 32:27.

El Dios de Israel

El Dios que se revela especialmente a un pueblo:

EL ANGEL DEL SEÑOR Sin disminuir su divinidad, se ajusta para hablar al hombre: Génesis 16:7s.; Jueces 13:16s., etc.
EL DIOS DE LOS HEBREOS Exodo 5:3.
EL DIOS DE ISRAEL Josué 24:2

Es también, como para subrayar la gracia y condescendencia implicadas, EL DIOS DE JACOB (Salmo 81:4) en santidad (Isaías 1:4) y poder (Salmo 132:2).

El Dios de cada persona

Dentro de su pueblo escogido, es el Dios de personas: "mi amado" (Isaías 5:1), "el Dios de mi salvación" (Salmo 18:46). La riqueza de la conciencia personal de Dios en el Antiguo Testamento difícilmente se puede ver mejor que a través de la riqueza de metáforas aplicadas al Dios conocido y amado en la vida cotidiana:

ROCA	Título procedente de Exodo 17:1-7 → sobre todo Deuteronomio 32
PASTOR	Salmo 23:1.
ESCUDO, CASTILLO	Salmo 18:2.
LUZ	Salmo 27:1.
FORTALEZA	Salmo 28:7.
REFUGIO	Salmo 37:39.
SOL	Salmo 84:11.
PADRE	Salmo 89:26; Isaías 63:16.
AVE MADRE	Salmo 91:4; comparar con Isaías 31:5.
AYUDA	Salmo 115:9.
SOMBRA	Salmo 121:5.
PORCION	Salmo 142:5.
CANCION	Isaías 12:2.
REDENTOR	Isaías 41:14.
GUERRERO	Isaías 42:13.
ALFARERO	Isaías 45:9.
ESPOSO	Isaías 54:5.
FUENTE	Jeremías 2:13.
ROCIO	Oseas 14:5.
LEON, LEOPARDO, OSO	Oseas 13:7-8.

troló la extensión y las áreas afectadas por cada plaga. Anunció la llegada de cada una, y podía detenerlas en cualquier momento como respuesta a la oración.

La dureza del corazón del faraón: Varias veces en estos capítulos se dice que Dios endureció el corazón del faraón y lo hizo obstinado (4:21; 10:1, 20, 27). Pero esto no se hizo contra la voluntad del faraón. Si bien Dios *pudo* haber ablandado el corazón del faraón (como hizo con el de Pablo) simplemente lo abandonó a sí mismo. Dios lo entrega (→ Romanos 1; 9:17) —lo deja hacer lo que quería hacer, lo deja seguir su propio camino— de modo que al final el poder de Dios sea manifiesto a todos.

11 - 12:36 La muerte del primogénito, y la pascua

Han concluido los preparativos: está a punto de consumarse la advertencia de Dios 4:22-23. Para el faraón y su pueblo es el final del camino. Pero para Israel es el comienzo. Es el día que se recor-

Magia egipcia: el *Libro de los muertos*, escrito para el sumo sacerdote de Amún, alrededor del 1000 a.C.

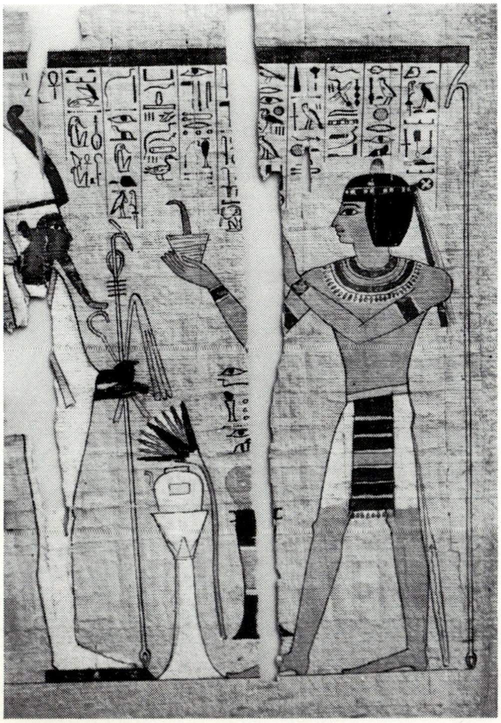

Una langosta; → también página 443.

dará por todas las edades: cuando Dios tocó con la muerte a los primogénitos de Egipto, pero hizo gracia a su propio pueblo y lo liberó. Se instituye una nueva fiesta, y comienza un nuevo año (religioso). El cordero pascual habla de la protección y provisión de Dios para con su pueblo: Israel es su primogénito. Las hierbas amargas les recuerdan todos sus sufrimientos en Egipto. El pan ázimo recuerda la prisa de su partida (sin tiempo para emplear levadura y esperar que el pan creciera). Incluso así, no salen con las manos vacías. Los años de esclavitud se ven en cierto modo compensados por los vestidos y joyas que los egipcios, ahora ya muy ansiosos de verlos partir, les prodigan.

12:37 - 19:25 FUERA DE EGIPTO: HACIA EL SINAI

12:37 - 13:21 Comienza la travesía; instrucciones acerca de la Pascua, el Pan Azimo y el primogénito

Tal como Dios predijo (Génesis 15:13-14), después de cuatro siglos en tierra extranjera (desde el siglo 18 a.C. hasta alrededor de 1300 o 1290 a.C.) Israel está libre. La travesía hacia la frontera comienza. Pero primero se dan otras instrucciones acerca de cómo hay que celebrar la Pascua, quién puede participar, y dónde ha de celebrarse. Los acontecimientos han de conmemorarse además de dos maneras:

- Durante un período de siete días después de la pascua el pueblo ha de comer pan ázimo, recordatorio de la partida apresurada de Egipto.
- Como la libertad de Israel se ha comprado con la muerte de los primogénitos de Egipto, los primogénitos de la nación pertenecen de una manera especial a Dios y han de ser "rescatados" de él.

600,000 hombres (12:37): Contando las mujeres y niños sería un total de unos dos millones de personas, cifra elevada (aunque no necesariamente imposible) que presenta algunos problemas. Capítulos posteriores dice con claridad que su número resultaba ciertamente demasiado grande para que el desierto los sostuviera. De ahí la provisión especial del maná por parte de Dios. A veces también carecían de agua, aunque sin duda aprendieron a pasar con poca, y sus campamentos seguramente estuvieron esparcidos a fin de aprovechar los diferentes cursos de agua en cada parada de la travesía.

Los huesos de José (13:19): → Génesis 50:24-25.

14 Persecución y desastre

Rodeados del mar y las montañas, con agua frente a ellos y las fuerzas del faraón a su

El faraón Ramesés II en acción: esta pintura mural lo presenta en su carruaje persiguiendo a los nubios.

Colosal estatua de Ramesés II, faraón en la época del éxodo.

espalda, el pueblo de Israel se enfrenta con la primera gran prueba de su fe... y se asustan. Al ver que Dios hace retirar las aguas de modo que puedan cruzar a salvo, y deja caer la pared de agua sobre las fuerzas del faraón para que las arrastre, Israel aprende la verdad de las palabras de Moisés: "Jehová peleará por vosotros, y vosotros estaréis tranquilos" (14:14).

15:1-21 Cántico triunfal de Moisés

Si alguna vez una victoria merece quedar grabada para la posteridad sería esta. Moisés se dirige al pueblo en un gran himno de triunfo: Dios ha salvado a Israel; ha destruido a su enemigo. María y las demás mujeres repiten el refrán y danzan de gozo. El cántico es un magnífico ejemplo de poesía antigua (→ "Poesía y Literatura Sapiencial". Introducción).

15:22 - 17:7 Comienza la queja, pero Dios ayuda

A no tardar comienzan las quejas. En Egipto había mucho pescado para comer, frutas y verduras y no faltaba el agua. Pero en el desierto el pueblo pronto siente sed y hambre, y se amotina. El método que emplea Dios para proveer tiene como fin enseñarles obediencia, y dependencia cotidiana de él.

Codornices (16:13): → página 189.

Gomer (16:16): una taza que contiene alrededor de 2 1/4 litros.

Maná (16:31): se han identificado con la descripción que se da aquí a varios fenómenos naturales, pero ninguno encaja exactamente. Esta sustancia fue el alimento básico de Israel durante 40 años, y cesó de repente cuando entraron en Canaán.

Los israelitas sacaron de Egipto gran cantidad de ganado. Esta pintura egipcia es de la tumba de Nebamún en Tebas, alrededor del 1400 a.C.

Mujer tocando la pandereta, Museo Rockefeller, Jerusalén.

Agua de la roca (17:6): La piedra caliza del Sinaí es conocida por conservar la humedad. Este incidente, y los nombres Masah [Massá] y Meribah [Meribá], se convirtieron en sinónimos de rebeldía (→ Hebreos 3:7ss.).

La ruta del éxodo. No ha sido precisada con exactitud. No tomaron la ruta directa costera (13:17) porque no estaban preparados para enfrentarse con las fuerzas filisteas. En vez de ello se dirigieron hacia el sur a Sucot [Sukkot], tomaron hacia el norte antes de cruzar el mar, y luego otra vez hacia el sur hacia el oeste de la península del Sinaí. El "Mar Rojo", ó "Mar de Cañas", puede referirse a la región de los Lagos Amargos o al Golfo de Suez. El cruce probablemente ocurrió en algún punto entre Qantara (50 kilómetros al sur de Port Said) y al norte mismo de Suez, junto a las marismas de papiro.

17:8 - 16 Batalla con los amalecitas

Josué (sucesor de Moisés) dirige una fuerza selecta contra esta tribu nómada descendiente de Esaú. Pero es Dios quien da la victoria, por la intercesión de Moisés.

18 Consejo de Jetro

La carga del liderazgo es pesada, y el consejo que da Jetro en cuanto a reorganización y delegación es saludable. Jetro, aunque no es israelita, es considerado como hombre piadoso. Es bien recibido y sus consejos se toman en cuenta. En asuntos religiosos, sin embargo, él aprende de Moisés (8-11), y no viceversa como algunos sugieren. No aparece claro cuando regresó a casa Séfora, pero quizá fue poco después del incidente relatado en 4:24-26.

Algunos creen que se ha exagerado la cantidad de oro que los israelitas se llevaron, pero se ha encontrado una cantidad sorprendente de oro de ese tiempo. Este es un electrotipo de una daga y funda de oro descubiertas en los Sepulcros Reales de Ur, de fecha muy anterior, alrededor del 2600 a.C.

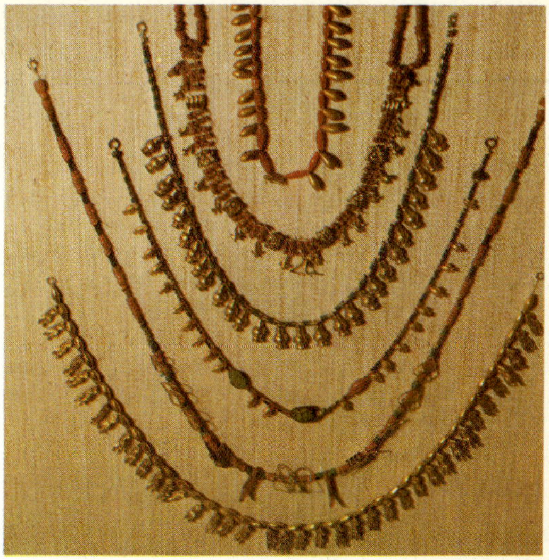

Joyas egipcias del tiempo de Moisés: el ''botín'' de los israelitas incluía ''alhajas de plata, y de oro''.

19 El campamento en el Sinaí

Como Dios prometió (3:12), Moisés conduce al pueblo de Dios a él en el Mte. Sinaí, donde establecerá su pacto con la nación. Truenos, fuego, temblores y relámpagos anuncian la presencia de Dios y demuestran su poder (20:20 explica por qué; véase la experiencia de Elías en el mismo lugar —1 Reyes 19:8ss.— y el contraste presentado en Hebreos 12:18-25). El Señor Dios, santo, terrible, inaccesible, habla.

SALIDA DE EGIPTO
PEREGRINACIÓN POR EL DESIERTO

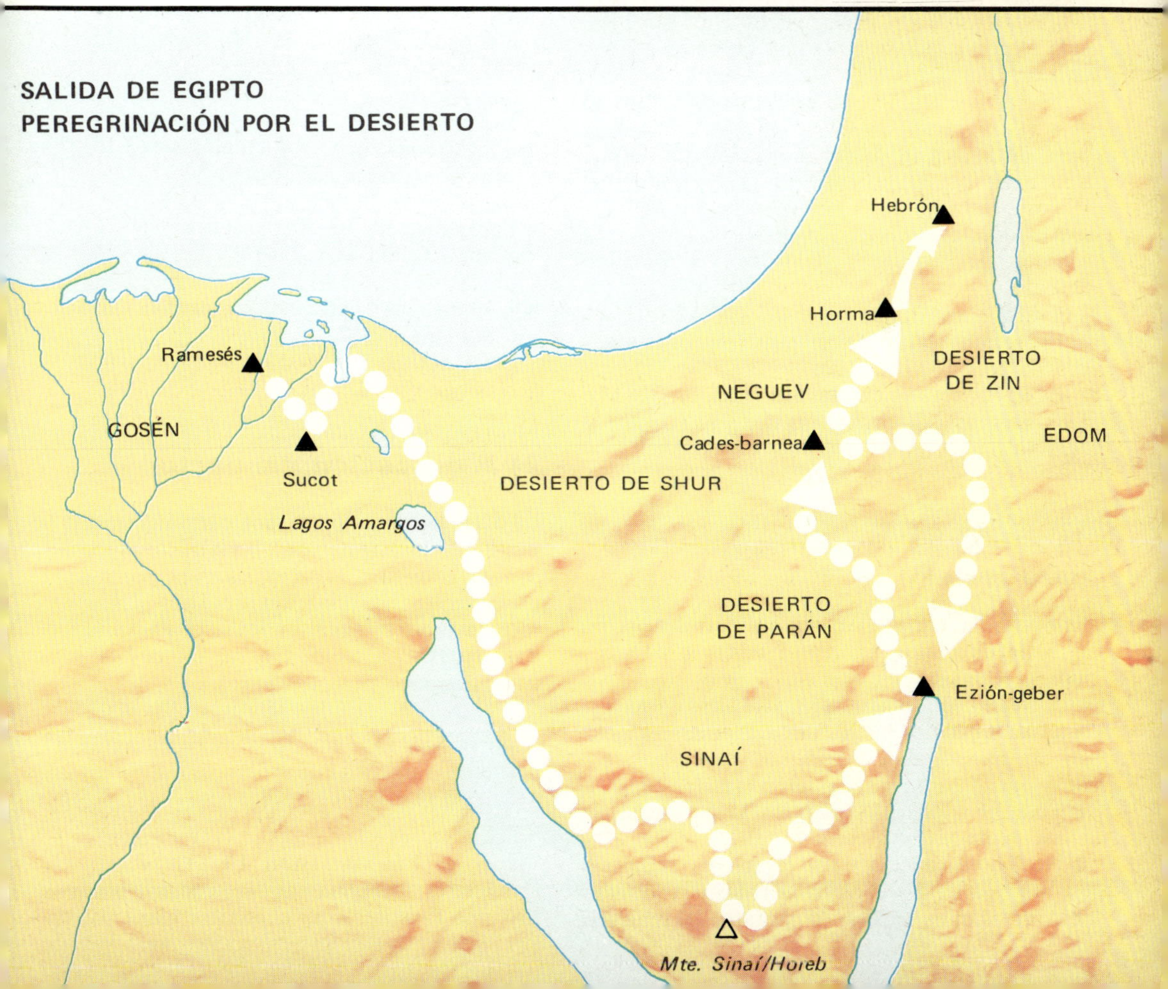

20 - 40 LEY DE DIOS PARA ISRAEL; LA ERECCION DEL TABERNACULO

20:1 - 21 Los Diez Mandamientos

Este resumen y combinación del pacto-acuerdo de Dios con su pueblo establece una norma ética básica, aplicable a todos los hombres de todos los tiempos (puesto que de hecho son las "instrucciones del Hacedor"). Los cuatro primeros. mandamientos se refieren a la relación de los hombres con Dios, los otros seis a sus relaciones mutuas. De ahí el resumen de la ley en dos cláusulas que Jesús da en Mateo 22:37-40.

Los mandamientos muestran la preocupación de Dios por toda la vida. Establecen normas que gobiernan las relaciones familiares, la consideración por la vida humana, el sexo, la propiedad, el habla y el pensamiento. Dios nos hizo: sólo él puede mostrarnos cómo debemos conducirnos.

Escritos en tablillas de piedra, conservados en el arca del pacto, las diez "palabras" fueron la base de la ley de Israel. En cuanto a forma, siguen las pautas generales de los tratados del Próximo Oriente comunes en el siglo 13 a.C., sobre todo los establecidos entre vasallos y sus señores (→ "Pactos y Tratados del Próximo Oriente"):

Título: identifica al autor del pacto (2a).

Prólogo histórico: describe las relaciones pasadas de las dos partes (2b).

Obligaciones impuestas al vasallo (3-17), acompañadas de "bendiciones" (p.e. 6, 12b) y "maldiciones" (5, 7b).

20:22 - 23:33 Ley-código de Dios para Israel

Esta sección, conocida como 'el libro del pacto', es el relato más antiguo que tenemos de leyes judías. Consiste en "juicios" —o sea leyes casuístas— y "estatutos", mandatos directos. Aunque parecidos en la forma a otros códigos-ley antiguos de Asia Occidental, el código judío tiene varias características propias:

- Todo el código descansa en la autoridad de Dios, no de un rey.
- No hay separación entre ley civil y religiosa. La mayoría de los códigos orientales se ocupan sólo de asuntos legales: lo moral y lo religioso pertenecen a otro campo. En la Biblia las leyes legales, morales y religiosas son inseparables, mostrando la preocupación de Dios por la vida como un todo.
- Hay una ley para todos, sea cual fuere la posición del hombre. Son sobre todo llamativas las normas que protegen a los débiles y desamparados (esclavos, huérfanos, viudas, forasteros).
- Una visión elevada de la vida humana demostrada en los castigos concretos, limitados: un crimen, un castigo.

La legislación contempla la vida agrícola sedentaria de Canaán. La rebeldía de Israel todavía no lo había condenado a 40 años en la península del Sinaí. La sección se puede sintetizar así:

- Instrucciones generales acerca del culto (20:22-26).
- Leyes civiles (21:1-23:13).
  los derechos de los esclavos (21:1-11).
  homicidio y daño a la vida humana (21:12-32).
  ofensas, robos y daños a la propiedad (21:33 - 22:15).
  obligaciones sociales y religiosas (22:16-31)
  justicia y derechos humanos (23:1-13).
- Leyes para las tres fiestas principales: Pan Azimo, Primicias y Cosecha (23:14-19).
- Iniciativas de Dios para su pueblo obediente (23:20-33).

Estas normas dan detalles de lo contenido en el resumen de 20:1-17.

24 Ratificación del pacto

La aceptación del pacto por parte del pueblo se rubrica formalmente con un sacrificio especial, y con la comida del pacto ingerida por sus representantes en presencia de Dios. La sangre rociada sobre el pueblo y sobre el altar une a las dos partes del pacto. De hecho, ambas juran cumplirlo bajo pena de muerte.

Nadab y Abiu (1): dos de los hijos de Aarón que murieron más tarde después de cometer sacrilegio (Levítico 10:1-2).

Vieron al Dios de Israel (9-11): comer con alguien es la cima de la comunión en el Próximo Oriente. Aquí el escritor busca palabras

Las montañas del Sinaí.

para describir la indescriptible comunión que seguía al sacrificio y que cumplía el pacto.

Hur [Jur] (14): obviamente hombre de prestigio en Israel. Aaron y él sostuvieron las manos de Moisés en oración durante la batalla con Amalec (17:12).

Cuarenta días y noches (18): Algunos números tienen un significado especial en la Biblia. El número redondo "40" se encuentra en casi todas las nuevas fases de la historia de Israel: p.e. en el diluvio, el tiempo de los espías en Canaán, el viaje de Elías a Horeb, el tiempo de Jesús en el desierto, y el tiempo entre su resurrección y ascensión.

25 - 27 Instrucción para construir y adornar el tabernáculo

Dios ha sacado a los Israelitas de Egipto. Ha establecido los términos de su pacto, y ellos han estado de acuerdo. Ahora, como señal visible de que es su pueblo, con el cual estará siempre presente, da instrucciones a Moisés para que construya una tienda especial para él. Quiere tener un hogar en medio de ellos como sus propias casas. Los guiará y acompañará donde quiera que vayan, y así sabrán que no es una divinidad local cuyo poder está limitado al Sinaí. Desde tiempos anteriores los egipcios construían templos portátiles y prefabricados, parecidos al tabernáculo. Aquí, aunque la descripción es detallada, faltan algunos puntos prácticos; no es un plano completo. El techo de la tienda, por ejemplo, puede haber sido plano o elevado con un poste. La descripción muestra la estructura básica y la posición de los accesorios. El marco de la tienda estaba revestido de cortinas de lino unidas, sobre las cuales había un revestimiento de piel de cabra y encima dos cubiertas resistentes a la temperatura (de pieles de carnero teñidas de rojo, y de piel de foca o de piel de marsopa).

Muchos de los materiales empleados los trajeron los israelitas de Egipto (11:2-3) y fueron ofrendados voluntariamente, para que el tabernáculo de Dios fuera lo más digno de él que pudieran hacerlo. Antes de que hubiera bancos era práctico convertir la riqueza en joyas, que podían llevarse y transportarse fácilmente. La madera es escasa en el desierto del Sinaí, pero la acacia es uno de los pocos árboles que crecen en él. Sus propios rebaños proveyeron las pieles, y las pieles de foca venían del mar Rojo.

Los pueblos del antiguo Cercano Oriente eran hábiles en el arte de hilar y tejer y en el empleo de tintes naturales (escarlata del insecto cochinilla; púrpura, para los ricos, de la concha murice). También se producían delicados bordados. Se cortaban, pulían y grababan piedras preciosas y semipreciosas (como las hechas para Aarón). Se batían el oro y la plata y se convertían en diseños primorosos. Dios puso en juego todas estas habilidades para la construcción de su tabernáculo.

28 - 30 Los sacerdotes y sus deberes

Si la morada de Dios debe ser un lugar de hermosura y esplendor, su sacerdote también debe vestirse debidamente. Sus vestiduras tienen como fin darle "honra y hermosura" (28:2), no por sí mismo, sino por Aquel al cual sirve y representa. Las piedras preciosas con la inscripción de los nombres de las doce tribus sugieren sus otras funciones, como representante de su pueblo en la expiación de su pecado.

Reconstrucción del tabernáculo por el Rev. L. Schouten en el Museo Bíblico, Amsterdam.

Detalle de la reconstrucción del tabernáculo, con el revestimiento hacia atrás para mostrar los diferentes materiales empleados.

Urim y Tumim (28:30): dos objetos que representan el "sí" y el "no". No se sabe cómo se utilizaban para descubrir la voluntad de Dios.

Las campanillas en la orla del manto de Aarón (28:33-34): quizá para garantizar que no entrara sin anunciarse en la presencia de Dios.

La consagración: todo lo relativo a esta elaborada ceremonia habla de la singularidad de Dios. Estará con su pueblo, pero no debe haber familiaridad. Se acercarán a él sólo en la forma que él establece. El pecado inhabilita para entrar en la presencia de Dios. Los sacerdotes y todos sus objetos deben estar exclusivamente a su servicio. Por esto Aarón y sus hijos deben ser purificados, con vestiduras especiales y deben expiarse sus pecados con sacrificios antes de que puedan asumir su oficio. El Dios vivo no es una imagen impotente para ser adorada según convenga el hombre. Dios establece los únicos requisitos de acuerdo con los cuales le es posible morar con su pueblo.

31:1 - 11 Dios escoge a sus artesanos

Cuando Dios escoge a personas para algo específico también los dota para ello. El versículo

El Tabernáculo

J. A. MOTYER

El pueblo de Dios estaba acampado en el Mte. Sinaí. Cada día miraban con temblor la nube que cubría la montaña (Exodo 19:16-29), porque significaba el descenso de Dios para hablar con ellos. Pero durante su permanencia, a instrucción de Moisés, ofrecían materiales para la construcción de la complicadísima tienda que se ha dado en llamar el tabernáculo. El día en que por fin se completó y erigió, mientras miraban, "una nube cubrió el tabernáculo de reunión, y la gloria de Jehová llenó el tabernáculo" (Exodo 40:34). El Señor en su gloria había venido de hecho a morar entre su pueblo. Este es el significado supremo del tabernáculo.

Sinaí

La ley había sido dada en el Mte. Sinaí. Pero había algo más. La ceremonia que se describe en Exodo 24 sitúa la promulgación de la ley en su contexto correcto. Incluyó los siguientes elementos:

- El altar con sus doce columnas (versículo 4) significa la conducción de todo el pueblo de Dios a su presencia (porque había doce tribus de Israel). Esta verdad se representa en piedra: la relación es permanente.

- Rociar la mitad de la sangre del sacrificio (versículo 6) sobre el altar significa que por medio de sangre derramada el pueblo puede llegar a la presencia de Dios. El pecado significa inevitablemente muerte, separación de Dios. Pero cuando ha sido satisfecha la pena de muerte, el pueblo puede volver a Dios y establecerse permanentemente en su presencia.

- Luego, Moisés repasa la ley de Dios, la pauta de obediencia que Dios exige de su pueblo comprado con sangre (versículo 7).

- El pueblo se compromete a una vida de obediencia, y Moisés rocía el resto de la sangre sobre ellos (versículo 8) identificándolos con el sacrificio a su favor, el cual era aplicable a aquél momento y a los fallos y pecados de la vida cotidiana.

Así pues el Mte. Sinaí representa el cumplimiento de una mitad de la promesa del pacto de Exodo 6:7: "os tomaré por mi pueblo". Dios los ha traído a sí, y con la sangre derramada les ha proporcionado la manera de vivir y andar con él.

El Dios morador

Pero ¿qué ocurre con la otra mitad de la promesa del pacto? Dios también había dicho "seré vuestro Dios" (Exodo 6:7). Al residir entre ellos, al levantar su tienda en medio de sus tiendas, el Señor se identifica con su pueblo en este otro aspecto. Es realmente su Dios. El tabernáculo representa la consumación y culminación de la redención de su pueblo por parte de Dios. Todo lo que había hecho fue con este propósito último: "para habitar en medio de ellos" (Exodo 29:43-46).

Se enfatiza mucho este hecho de la morada de Dios a lo largo del relato del tabernáculo. Se subraya de dos formas específicas. Primero hay toda una serie de versículos que tienen esto por tema (v.g. 25:8, 22; 29:42ss.; 40:34-38). La intención fue que su pueblo llevara siempre consigo los valores aprendidos en el Mte. Sinaí. Allí Dios moró entre ellos y vieron la manifestación visible de su presencia. Pero Dios no proveía solamente un recuerdo del cual depender. Estaba decidido a vivir entre su pueblo, a trasladarse con ellos. El tabernáculo representa algo todavía más intenso que la experiencia en el Sinaí (comparar 24:18 con 40:35). No se les deja con el resplandor decreciente de una experiencia que pasa. Por el contrario, al vivir entre ellos, Dios mismo les garantizará la realidad cabal de su presencia personal.

La historia del tabernáculo se ve interrumpida y corrompida con el incidente del becerro de oro (Exodo 32:34). Por un lado de este hecho de rebelión están los detalles del plan para el tabernáculo (Exodo 25-31), y del otro lado los detalles de la ejecución de ese plan, punto por punto (Exodo 35-40). ¿Por qué se nos narra el proceso de construcción con tanto detalle? ¿Por qué no es suficiente la afirmación en resumen de 40:16ss? ¿Por qué hay que mencionar por separado cada paso del trabajo? Es sin duda para subrayar esta gran verdad: ni siquiera los actos más audaces de testarudez y rebelión humana pueden apartar al Señor del propósito que ha escogido de morar entre su pueblo. Ha establecido esto por su propia voluntad, y nadie lo puede desviar. El hombre puede rebelarse con impaciencia, pero Dios continuará pacientemente.

Religión centrada en Dios

La verdad general que el tabernáculo expresa, pues, es que el Señor decidió vivir entre su pueblo, y la voluntad de Dios —lo que él quiere— dirige por igual todo el plan de la gran tienda y su construcción. Desde 25:10 en adelante la descripción pasa del interior al exterior: primero el mobiliario, el arca, la mesa y el candelero (25:10-40), luego el revestimiento de la tienda (26:1-37), luego más allá, afuera, el altar y el atrio (27:1-19). Es un relato ordenado, pero al reflexionar, sorprende el orden por lo inesperado. Uno hubiera podido esperar razonablemente que primero hubiera venido el "edificio" y luego lo que se contiene en él. Pero esto habría sido empezar por lo visible, y todo el tabernáculo existe como la "envoltura" necesaria para el Dios invisible cuando venga a estar con su pueblo. Dios y su naturaleza lo determinan todo, no el hombre y sus necesidades.

De esta forma el tabernáculo sintetiza una verdad bíblica básica acerca de la religión: se debe conformar a la voluntad y naturaleza de Dios. Mucho de la Biblia existe para poner de manifiesto la tendencia del hombre a hacer que la religión convenga a su propio gusto, o como se podría decir, esté de acuerdo con lo que halla "útil". Pero si la religión no se conforma a la voluntad de Dios es en último término futil (por ejemplo → Isaías 29:13).

El arca del pacto

En el centro mismo de toda esta religión dictada por Dios estaba el arca. Todo señalaba hacia ella. Tres entradas iguales (26:31, 32, 36, 37; 27:16, 17) conducían a ella, porque el propósito de entrar en el atrio del tabernáculo era entrar en la presencia de Dios mismo. En el sendero que conducía al arca estaba el altar de ofrendas cruentas (27:1-8), el altar del incienso (30:1-6), y el propiciatorio donde por fin se rociaba la sangre del sacrificio (25:17ss.; Levítico 16:14), mostrando que sólo con el sacrificio, la oración, y la eficacia de la sangre derramada el hombre podía acudir a Dios.

Dentro del arca estaban las tablas de la ley, que eran la suprema afirmación verbal de la santidad de Dios (25-16) y a la misma vez la razón por la que Dios moraba solo (porque nadie puede igualar su santidad). Pero por medio de la sangre el pecador podía entrar en su presencia (porque la sangre habla de vida dada en pago por el pecado).

La estructura toda del tabernáculo, por consiguiente, habla de verdades claras y espléndidas. Ofrece una síntesis visible de las afirmaciones centrales de la Biblia: que Dios mora con su pueblo (→ 1 Corintios 3:16; Efesios 2:19-22); que quiere que su pueblo lo adore de acuerdo con su voluntad no según el capricho de ellos (→ Marcos 7:6-13); y que sólo con el sacrificio y el derramamiento de sangre pueden los pecadores llegar a vivir con el Santo (→ Efesios 2:11-18; Hebreos 10:19-?).

3 es una de las alusiones primeras a la obra del Espíritu Santo.

31:12 - 18 La ley sabática

La forma en que se observa el sábado es índice de la salud espiritual de la nación. La odediencia en esto es prueba de su obediencia a Dios en otras cosas también.

32 La adoración del becerro de oro y consecuencias

Sólo seis semanas después de hacer la solemne promesa-pacto con Dios, el pueblo pide una réplica de los dioses de oro de Egipto. Y el sumo sacerdote de Dios no sólo hace el becerro de oro, sino que lo identifica con Dios. El castigo para los que violan el pacto es la muerte, pero la intercesión desprendida de Moisés impide el exterminio de Israel. Las tablas rotas proclaman en forma dramática la rotura del pacto. Semejante pecado no puede quedar sin castigo: la propia tribu de Moisés, los levitas, ejecutan el juicio de Dios.

33 Moisés ora de nuevo y ve la gloria de Dios

Dios no se retractará de su promesa, pero Israel ha perdido el derecho a su presencia. Y sin ella, la tierra prometida no es nada. Moisés vuelve a suplicar por el pueblo en tiempo de crisis. La respuesta de Dios lo estimula a hacer un ruego personal de que Dios se revele en todo su esplendor.

Modelo del sumo sacerdote (en el Museo Bíblico, Amsterdam) que muestra la túnica azul orlada con campanas y granadas; y la pechera con sus doce piedras preciosas, una para cada tribu. En la mano del sumo sacerdote está la vara de almendro de Aarón (Números 17).

Borla dorada como la que usaba el sumo sacerdote. Esta es de Carquemis, siglo XIV a.C.

El politeísmo egipcio mostrado en el culto al becerro de oro, tuvo una influencia muy extendida. Esta figura de bronce egipcia de un buey apis fue descubierta es Ascalón, Israel.

Renovación del pacto

Vuelven a inscribirse las tablas como prueba de la renovación del pacto por parte de Dios. Esta selección específica de leyes está influida por la reciente adoración idólatra de Israel, y también por las tentaciones futuras de la religión cananea. El primogénito de Israel pertenece a Dios, pero se le "rescata". No hay sacrificio del hijo como en Canaán. No deben olvidar la ley sabática en las estaciones venideras de mucho trabajo de siembra y cosecha. Las primicias deben ofrendarse a Dios, ya que él es quien hace fértil la tierra. Israel no ha de recurrir a la práctica cananea de hervir a un cabrito en la leche de su madre para aumentar la fertilidad.

La larga comunión de Moisés con Dios se manifiesta en su rostro cuando regresa a su pueblo: comienza a reflejar algo de la gloria misma de Dios (→ 2 Corintios 3:18).

35 - 40 La creación del tabernáculo

Estos capítulos refieren cómo se cumplieron a la letra las instrucciones dadas en los capítulos 25-31. Los artesanos se ponen a trabajar, el pueblo entrega sus dones, y el tabernáculo, su ornamentación y las vestiduras de los sacerdotes se hacen exactamente como Dios ha establecido. Cuando concluye el trabajo, Dios da a Moisés instrucciones para la erección y arreglo del tabernáculo, para su consagración. Se unge a Aarón y a sus hijos para que sirvan. Cuando todo ha concluido, Dios manifiesta su satisfacción. La nube, la prueba visible de su presencia, se posa sobre el tabernáculo, y el lugar se llena con su gloria. Por 300 años, hasta que es reemplazado por el templo en tiempo de Salomón, el tabernáculo será el centro del culto de la nación.

Niños nómadas en la región del Mte. Sinaí. Ilustran la lucha de los israelitas por sobrevivir en el desierto.

Levítico

Levítico es básicamente un libro de reglas. Es el libro de leyes dadas por Dios a su pueblo a través de Moisés en el Sinaí. Las leyes abarcan el ritual, el culto y muchos aspectos de la vida, pero todo visto en relación con Dios. El libro toma su nombre del hecho de que eran los sacerdotes levitas (Aarón y sus hijos y descendientes, ayudados en el trabajo práctico del tabernáculo por el resto de los levitas) quienes administraban las leyes. Pero el libro no es sólo para los sacerdotes. Dios quería que todo su pueblo conociera y cumpliera su ley. Se le dice repetidas veces a Moisés que "hable al pueblo de Israel".

Para muchos lectores modernos puede parecer un libro extraño, quizás incluso repulsivo con todos sus sacrificios cruentos. Algunos ven en él el reflejo de un conjunto extraño de tabús antiguos. Pero si se suprime, porciones enteras de la Biblia resultan inexplicables. Sin el mensaje de Levítico el evento clave de todos los tiempos, la muerte de Jesucristo, es un enigma. El ritual y las reglas nunca eran un fin en sí mismos. Los sacrificios se realizaban días tras día, año tras año; el Día de Expiación se celebraba periódicamente, y con todo ello se le recordaba a Israel constantemente el pecado que lo había apartado de la presencia de Dios. Habían roto el pacto con Dios al desobedecer sus leyes y estaban bajo sentencia de muerte. Pero Dios en su misericordia les mostraba que aceptaría un sustituto, la muerte de un animal, perfecto e intachable, en lugar del ofensor. Dios era santo —una santidad moral desconocida en los dioses de las naciones de alrededor—. Exigía santidad en su pueblo. Las leyes acerca de la pureza ritual hacían entender esto en la experiencia práctica de cada día.

Pero el libro tiene valor aparte de su papel vital en el mensaje de salvación de Dios. Las leyes en Levítico muestran cómo Dios actúa en armonía con sus propias leyes naturales para el bien de su pueblo. Aunque Israel tenía que obedecer las leyes con confianza ciega (cuando decidían hacerlo), vemos cómo estas leyes de hecho contribuían a la salud y bienestar de la nación. Como hoy día sabemos más acerca de las fuentes de infección y contaminación, acerca de la cuarentena y el aislamiento, la higiene y la medicina preventiva, podemos ver que la obediencia de Israel de hecho cumplía la promesa de Dios de quitar de ellos toda enfermedad (Exodo 23:25). Y esto no con magia, sino mediante la eficacia natural de principios que ahora podemos entender, por lo menos en parte.

Muchas de las leyes que nos parecen más extrañas encajan también cuando las contemplamos en relación con las religiones contemporáneas de Egipto y Canaán. En contraste con esos tonos negros, la moralidad y la religión de Israel brillan como una estrella. Sólo Dios mismo es la razón de ello.

1 - 7 LOS SACRIFICIOS

Se dan instrucciones a sacerdotes y pueblo acerca de cinco ofrendas diferentes:

1. Los holocaustos (capítulo 1 y 6:8-13): único sacrificio en que se consumía todo el animal; prenda de dedicación.

2. La ofrenda de granos o comida (capítulo 2 y 6:14-18); a menudo acompañaba a los holocaustos y a las ofrendas de paz.

3. La ofrenda de paz (capítulo 3 y 7:11-36): reestablecía la comunión entre el ofrendador y Dios; o podía ser una ofrenda de acción de gracias.

4. La ofrenda por el pecado (4:1 - 5:13 y 6:24-30): hecha para obtener perdón. No está clara la relación entre esta y la ofrenda expiatoria. Hablando en general, la ofrenda por el pecado parece haberse referido a ofensas contra Dios, y la ofrenda expiatoria a ofensas sociales. (Pero incluso el pecado contra otros se ve como pecado contra Dios, como lo dice claramente 6:2.)

5. La ofrenda expiatoria (5:14 - 6:7 y 7:1 - 10)

Había una pauta común del ritual. El que rendía culto traía la ofrenda (un animal físicamente perfecto de su rebaño, o, en el caso de un pobre, tórtolas o palomas) al atrio del tabernáculo. Le imponía las manos, dando a entender que lo representaba, y lo sacrificaba. (Si era una ofrenda pública esto lo hacía el sacerdote.) El sacerdote tomaba el recipiente de sangre y la rociaba en el altar. Quemaba una parte específica con ciertas cantidades de grasa (o todo el animal en el caso del holocausto). El resto lo comían los sacerdotes, o los sacerdotes y sus familias, o (en el caso de la ofrenda de paz) los sacerdotes y ofrendadores juntos.

Entre los pueblos antiguos el sacrificio de alguna clase era una práctica casi universal, y los sacrificios de Israel tienen ciertas semejanzas con los de sus vecinos. Sin embargo, ciertos rasgos son únicos:

- El monoteísmo absoluto de Israel —creencia en un único verdadero Dios— y el ritual como revelación directa de él.

- El énfasis en la ética y moralidad, que precede de la absoluta santidad moral del mismo Dios; el pecado como impedimento para la comunión; la necesidad de arrepentimiento y expiación; la insistencia en la obediencia a la ley de Dios (tanto moral como ceremonial).

- La ausencia completa (y prohibición) de prácticas asociadas a otras religiones; ni magia ni brujería.

- El elevado tono del sistema sacrificial: nada de frenesí, ni prostitución, ni orgías, ni ritos de fertilidad, ni sacrificios humanos, etc.

Ejemplo de un altar con cuatro "cuernos": este se encontró en Meguido, Israel.

Olor grato para Dios (1:9); forma humana de expresar la satisfacción de Dios con las ofrendas. La gente sabía que Dios no necesitaba que ellos lo alimentaran: *él* los alimentaba a *ellos* con el maná.

Ni levadura ni miel... ofrenda de sal (2:11ss.): la levadura y la miel causaban fermentación. Quizá la parte desempeñada por el vino en los excesos de la religión cananea están a la raíz de esta regla. La sal, por otra parte, es un preservativo y recordatorio de la solemne comida del pacto.

No comeréis ninguna sangre (7:26): la razón se da en 17:10-14; y → "El significado del Sacrificio Cruento", página 178.

8 - 10 LA CONSAGRACION DE AARON Y SUS HIJOS

8 La investidura

Una vez se han numerado los deberes sacrificiales del sacerdote, Moisés cumple las instrucciones dadas en Exodo 29. En un ritual elaborado e impresionante se incorpora a Aarón y a sus hijos al sacerdocio. Moisés realiza los deberes sacerdotales en su nombre. La sangre en la oreja, mano y dedo del pie de Aarón indican la dedicación de todo el hombre al servicio de Dios.

9 Aarón y sus hijos asumen el oficio

Es significativo el orden de sus primeros sacrificios:
1. Una ofrenda por el pecado: obtener purificación y perdón.
2. Un holocausto de dedicación a Dios.
3. Una ofrenda de paz: se restablece la comunión con Dios y se disfruta.

10 Sacrilegio

El gozo dura poco. Al poco tiempo los hijos de Aarón deciden hacer las cosas a *su* manera: y Dios reduce el sacerdocio a tres. Quizás estaban bajo la influencia de la bebida (10:9). Sea cual fuere la razón, la santidad aterradora de Dios no puede permitir la desobediencia en los que están dedicados a su servicio más elevado. Sus mandamientos son absolutos; nadie puede cambiarlos para acomodarlos a sus deseos.

Versículo 6: se prohíbe el luto.

Versículo 9: los sacerdotes de Dios deben evitar los excesos de Canaán, donde se utiliza mucho el vino.

El sistema sacrificial

PHILIP BUDD

La ofrenda de sacrificios era un elemento regular en la religión del Cercano Oriente. Israel parece haber compartido muchas de las técnicas y concepciones del sacrificio de sus vecinos, pero sus propias observancias estaban firmemente establecidas en el marco de la revelación de Dios en el Sinaí. El procedimiento establecido en Levítico presupone un santuario, un altar, y un sacerdocio oficiante, aunque el uso y desarrollo histórico de estos rituales permanece oscuro.

Holocaustos (Levítico 1)

El rasgo distintivo era quemar todo el animal. El nombre hebreo del sacrificio transmite la idea de "ascender", y la expresión "olor grato para Dios" es común. Tomando juntos estos puntos se sugiere que el holocausto simbolizaba el homenaje del adorador y la dedicación total a Dios. El poner la mano en el animal lo identificaba completamente con el sacrificio. La ofrenda tenía que costarle algo: que fuese uno de su propio rebaño o manada (al pobre se le permitía un pájaro); y tenía que ser de lo mejor: "macho sin defecto"

Ofrenda de paz (Levítico 3)

El rasgo sobresaliente es el compartir el sacrificio. Se quemaba parte en reconocimiento de Dios, parte pertenecía a los sacerdotes, y parte lo comía el ofrendante y su familia. El nombre hebreo indica "paz" o "bienestar", y estos sacrificios a veces se consideran como ritos de comunión. En general es mejor considerarlos como expresión de un deseo de mantener y demostrar relaciones adecuadas entre Dios, el hombre y su prójimo. Esta armonía se expresaría como una ofrenda que acompañaba a alguna clase de voto (Levítico 22:21), o como ofrenda de acción de gracias (Levítico 22:29) u ofrenda voluntaria (Levítico 22:21). La ofrenda expresaba la gratitud de la persona hacia Dios por su bondad, o era simplemente expresión espontánea de devoción.

Ofrenda de grano (Levítico 2)

La palabra hebrea tiene el sentido de "don" o "tributo" No es evidente el significado de la ofrenda; probablemente expresaba homenaje y acción de gracias.

Versículo 16: la ofrenda por el pecado del pueblo la debían comer los sacerdotes en el lugar santo como señal de que Dios aceptaba la ofrenda. La excusa de Aarón no es clara, pero Moisés la acepta.

11 - 15 LEYES PARA LA VIDA DIARIA: PUREZA E IMPUREZA

Hoy día podemos entender y apreciar mejor los sanos principios de dieta, higiene y medicina que expresan estas leyes. Dios actúa en y a través de los procesos que ha incorporado al mundo natural.

11 Leyes de dieta: criaturas puras e impuras

Israel puede comer:

- Animales que rumian *y* tienen pezuñas hendidas.
- Animales acuáticos que tienen aletas y escamas.
- No se mencionan pájaros prohibidos.
- Insectos que pertenecen a cuatro clases de la familia de la langosta.

Entre los prohibidos están:

- Animales carnívoros, que fácilmente transmitían infecciones en un clima calido donde la carne se descompone rápidamente.

Ofrenda por el pecado y expiatoria (Levítico 4-6:7)

El procedimiento es parecido en estos dos sacrificios, y es difícil señalar una diferencia de significado. Quizá la ofrenda por el pecado trata de infracciones de la ley de Dios, mientras que la ofrenda expiatoria, al suscitar el problema de la compensación, trata de situaciones en las que está envuelta la ofensa humana. Ambas ofrendas demuestran la necesidad de ocuparse en forma objetiva del pecado, y destacan el uso de la sangre. Ambos sacrificios tratan de violaciones inconscientes o inevitables de la ley. De ahí que "pecado" en estos contextos a menudo tiene un significado puramente ritual (como la ofrenda por el pecado después del parto: Levítico 12:6). En este caso el sacrificio conduce de nuevo al ofrendante a la comunión completa de la comunidad santa.

En varias partes de la Biblia se dice que todas estas ofrendas "expían" —cubren el pecado— indicando que todo acto de culto se enmarcaba en el contexto de la gracia perdonadora de Dios.

El sistema de sacrificios estaba claramente expuesto al abuso, y en más de una ocasión los profetas lo criticaron (p.e. Amós 5:25; Isaías 1:11-12; Jeremías 7:22) probablemente a la luz de actitudes contemporáneas. Y algunos otros textos subrayan el hecho de que la obediencia cuenta más que el sacrificio (p.e. 1 Samuel 15:22-23; Salmo 40:6-8). Era demasiado fácil presumir la aceptación de la ofrenda por parte de Dios y negligir la obligación moral de obedecerlo. Al hacer del pecado algo puramente externo se reducía su gravedad.

Por otra parte el sistema de sacrificio sí exigía una actitud interna adecuada. La ofrenda por el pecado debía acompañarse de la confesión, y, a ser posible, de un esfuerzo genuino de rectificar (Levítico 5:5; Números 5:7). En el Día de Expiación el sumo sacerdote confesaba los pecados de toda la comunidad antes de soltar el macho cabrío (Levítico 16:21). Además la ley no provee sacrificio por el pecado "con soberbia", o sea, pecado voluntario y deliberado (Números 15:27-31).

Todo sacrificio, sostenido por la promesa y poder de Dios, tenía efecto y poder verdaderos, pero no era un poder que el hombre pudiera manipular. Por el contrario, se reconocía que el sistema era en todos sus detalles divino. Era una esfera de contacto dado por Dios entre Dios y el hombre, que conducía al hombre a comunión con Dios. Visto así, la observancia meticulosa de estas leyes podía inspirar confianza en Dios. Y en cualquier caso, la actividad humana no era el único factor en la observancia. Los sacerdotes, como representantes de Dios tenían que declarar la aceptación o rechazo, por parte de Dios, del ofrendante y su ofrenda.

La carta a los Hebreos aclara que el sacrificio del Antiguo Testamento era cuando más una respuesta incompleta al problema del pecado. Los sacrificios mismos han desaparecido, pero nos ayudan mucho a entender el significado de la cruz, el sacrificio de Jesucristo.

→ *también*
El significado del sacrificio cruento, página 178.
El origen de la religión, página 24.
Fiestas y festividades, página 180.

● Cerdo: especialmente peligroso en este sentido, como lo recalca la antigua costumbre inglesa de comerlo sólo en los meses fríos. El cerdo también alberga parásitos.

● Sabandijas y aves de rapiña: trasmisores probables de enfermedad.

● Mariscos: incluso hoy con frecuencia producen envenenamiento y enteritis.

Los versículos 32-40 establecen medidas para impedir la contaminación del alimento y suministros de agua. Los mismos principios rigen hoy día las normas de salubridad pública.

12 Purificación después del parto

En Canaán, la prostitución y los ritos de fertilidad estaban mezclados con el culto. En Israel, por el contrario, se excluía rigurosamente del culto a Dios todo lo que sugería sexo o sensualidad, como es evidente en este capítulo y el capítulo 15. La intención no es excluir este aspecto de la vida como "sucio", como indican claramente otras partes de la Biblia. El propósito es garantizar que esté separado del culto de Dios. La regla de limpieza estricta en todos los asuntos sexuales era también una salvaguardia positiva de la salud.

Animales puros e impuros

GEORGE CANSDALE

Las listas de animales puros e impuros en Levítico 11 y Deuteronomio 14 (en gran parte repetición la una de la otra) tienen un significado que a menudo se olvida. Lejos de ser un catálogo de tabús dietéticos basados en modas o fantasías, estas listas subrayan un hecho que no se descubrió hasta finales del siglo pasado y que sigue siendo bastante desconocido: que los animales acarrean enfermedades peligrosas para el hombre.

Se reconocen cinco grandes grupos —mamíferos, aves, reptiles, animales acuáticos e insectos— aunque no en estos términos precisos.

1. Los animales puros de piel pertenecen a una sola clase, ya fueran domesticados o salvajes. Se conocen como rumiantes y siguen siendo todavía los productores de carne más importantes. Se consideran comestibles algunos otros, pero era más seguro tener una norma simple: el mamífero puro era el de pezuña hendida y que rumiaba. Los que eran o una cosa o la otra quedaban excluidos, y se mencionan tres: la liebre, el conejo y el cerdo. El propósito principal era probablemente excluir el cerdo, conocido ahora como portador de varios parásitos humanos peligrosos. El cerdo es seguro sólo cuando se cocina muy bien. Además, el cerdo come carroña y puede difundir mecánicamente otras enfermedades.

2. Como las aves son mucho más variadas, no se pueden clasificar con una norma simple y las clases prohibidas se mencionan; todas las demás se pueden comer. Algunos de estos nombres son muy difíciles, sin que el contexto ayude, y las traducciones varían mucho. Pero existe un acuerdo general de que se trata de aves de presa, cuervos y otras aves carnívoras y que comen carroña.
3. La lista de Levítico 11:29-30 se cree que consiste sobre todo de reptiles, todos los cuales estaban prohibidos. En el versículo 42 se prohíbe la serpiente por arrastrarse sobre la tierra.
4. Aunque de hecho no se mencionan los peces en ninguna lista, se incluyen en la clase más general "todos los animales que viven en las aguas" (9). De hecho el requisito en este grupo es que los "puros" deben tener aletas y escamas, de modo que solo se podían comer peces ordinarios. Quedaban excluidos prudentemente todos los crustáceos, mariscos, etc.
5. A pesar de su gran cantidad, se comen pocas clases de insectos, incluso en países con pocas proteínas animales. Las termitas (hormigas blancas) pueden ser localmente útiles, pero la familia de la langosta —fácilmente reconocible por el par de patas para saltar— es mucho más importante. Estos son los únicos insectos puros en la ley mosaica, descritos con la arcaica pero vívida "que tuviere piernas además de sus patas para saltar con ellas". A las langostas se les llama mejor saltamontes gregarios. Son totalmente vegetarianas y alimento útil debido al elevado contenido de proteínas y calorías. En los países más cálidos las langostas han sido comida común desde tiempos primitivos y es probable que se comieran regularmente en la travesía del desierto.

13 - 14 Impureza debida a enfermedades cutáneas

Aunque se emplea en todas partes la palabra "lepra", la verdadera lepra como la definiríamos hoy es solamente una de las enfermedades que se mencionan aquí. El capítulo 13 está escrito en jerga técnica: libro de texto profesional de diagnóstico para el médico-sacerdote que le permitía distinguir entre formas "agudas" y "crónicas" de las varias enfermedades. Esta es la formulación más antigua que se haya descubierto en el Cercano Oriente antiguo de normas de cuarentena y de medicina preventiva en relación con estas enfermedades. En cuanto a vestimenta y edificios, la "lepra" es un moho, un hongo.

14:34ss.: Poseemos hoy día un sistema semejante de inspección de casas y de tratamiento para el deterioro interno.

Madera de cedro (14:49): contiene una sustancia utilizada en medicina para enfermedades cutáneas.

Hisopo (14:49): hierba, posiblemente mejorana, que contiene un antiséptico suave.

15 Impurezas físicas

(→ capítulo 12). Se dan normas tanto para secreciones normales (de semen y menstruales) y anormales, posiblemente malignas. Se restablece el lavado tanto para prevenir la infección como para esterilizarla.

16 EL DIA DE LA EXPIACION

El 10º día del séptimo mes (Tishri: septiembre/octubre) era el Día Anual de Expiación para la nación. Sólo en esta ocasión se le permitía a Aarón entrar en la parte más profunda del tabernáculo, donde se albergaba el arca del pacto. Primero debe obtener perdón y purificación por su propio pecado. Sólo entonces podría purificar el tabernáculo y hacer la ofrenda por los pecados del pueblo. En Hebreos 9 y 10 tenemos la perspectiva neotestamentaria del Día de Expiación.

Azazel (8, 10): Lugar en el desierto al que se enviaba el macho cabrío, que simbólicamente llevaba los pecados de Israel. El significado es incierto, pero no se puede referir a una ofrenda a un demonio, como algunos sugieren, porque esto estaba severamente prohibido (→ p.e. 17:7).

Fuera del campamento (27): no se podía comer ninguna de las dos ofrendas ya que nadie debía comer nada de lo ofrecido por su propio pecado, y Aarón se identifica con el pueblo en su ofrenda por el pecado.

17 OTRAS NORMAS ACERCA DEL SACRIFICIO

Como salvaguarda contra la apostasía (17:7), se podía ofrecer sacrificio sólo en el lugar adecuado, y a la Persona adecuada. Acerca de 17:10ss. → "El Significado del Sacrificio Cruento", página 178.

18 - 20 LEYES ETICAS Y MORALES

18:3 es la clave para estos capítulos. Por lo que sabemos de las religiones cananea y egipcia, es evidente que muchas de estas leyes van contra prácticas específicas de los vecinos de Israel.

18 Ofensas sexuales

6-18: en Israel se prohíbe el matrimonio entre los parientes cercanos por sangre o por matrimonio. En Egipto, que no tenía leyes matrimoniales, esos matrimonios eran comunes.

19-30: el adulterio, el sacrificio de niños, la homosexualidad, la bestialidad (quizá resultado del culto a los animales) eran todos parte de las religiones indescriptiblemente envilecidas de Canaán. Israel ha de evitar la conducta que pueda traer el juicio de Dios sobre la tierra (véase Génesis 15:16).

19 Varias leyes

19:2 está en el corazón de la ley moral, tanto de judíos como cristianos (→ 1 Pedro 1:15-16). La santidad de Dios, la santidad que hemos de reflejar, se manifiesta en preocupación por los desposeídos (9-10, 14, 20), en honestidad, trato justo y justicia imparcial (11, 13, 15) y en respeto por la vida y reputación (16-18).

Versículo 23-25: con esta práctica aumenta mucho la probabilidad de cosecha abundante.

Versículo 26b-31: todas estas son prácticas paganas.

20 Ofensas y crímenes graves castigables con la muerte

Los versículos 6-21 enumeran los castigos por desobediencia a las leyes de los capítulos 18 y 19 (comparar, p.e., 6 con 19:31; 9 con 19:3; 10 con 18:20). Parece increíblemente duro para el lector modernó que una variedad tan grande de ofensas se castigaran con la muerte. Merece la pena advertir, sin embargo, que las ofensas enumeradas eran o un desafío voluntario de la ley santa de Dios, u ofensas contra individuos, no contra propiedades.

Moloc [Molek] (2-5): dios amoneo. Entre los fenicios se colocaban niños vivos en los brazos de un ídolo, y morían en las llamas que ardían dentro de él. Aquí se tiene en mente alguna práctica igualmente horrible.

El significado del sacrificio cruento

J. A. MOTYER

La práctica del sacrificio, el derramamiento de sangre de animales, se remonta al comienzo mismo de la relación de Dios con el hombre pecador (→ Génesis 4:4). Está presente en toda la Biblia. En el Nuevo Testamento proporciona los términos en los cuales se explican la muerte de Jesucristo (→ por ejemplo Hebreos 9:11ss.).

El versículo clave, Levítico 17:11, dice que el sacrificio es algo que Dios ha dado al hombre: es la provisión que él hace para la necesidad humana. Contradice a esto decir (como muchos especialistas del Antiguo Testamento afirman) que el significado básico del sacrificio es de ofrenda o don a Dios. Por cierto, la palabra traducida por "ofrenda" significa don. Por eso, se dice, la persona que trae la ofrenda adquiere posesión de la vida, la sangre, del animal sacrificado, y la puede ofrecer a Dios. Por este medio el ofrendante comunica nueva vida a su relación con Dios. O también se pretende interponer una malla viva entre sí mismo como pecador y Dios el Santo. Pero ¿cómo se puede interpretar algo que Dios da al hombre como algo que el hombre da a Dios?

Levítico 17:11 nos da dos grandes claves del significado de la sangre y el sacrificio. Primero: el propósito de la sangre es expiar. Cuantas veces se usaba el vocablo que es traducido por "expiación", significaba pagar un precio, un rescate. Por eso no es suficiente decir que la sangre "protege" (como una malla) al ofensor. Esto lo hace proporcionando un precio suficiente para pagar la deuda de pecado delante de Dios.

Por eso quí, como siempre en la Biblia, "la paga del pecado es muerte" Ningún pecado, ningun pecador, puede llegar a la presencia de un Dios totalmente santo. Estar separado de Dios es muerte. Sólo si se puede pagar este precio, tomar el castigo, cargar con la sentencia, el hombre pecador puede esperar el perdón y volver a la presencia de Dios. Esto, dice Levítico 17:11, es precisamente lo que hace la sangre.

Se nos dice, en segundo lugar, que la sangre puede hacer esto "por la vida" (Biblia Jerusalén). El "por" traduce una preposición hebrea empleada regularmente para expresar precio o gasto (p.e. 1 Reyes 2:23; proverbios 7:23; Lamentaciones 5:9). Se encuentra en un pasaje legal básico acerca de la necesidad de la justicia exacta, en la expresión "vida por vida" (Deuteronomio 19:21), o sea, "vida en pago de vida". Por tanto en Levítico 17:11, así como "hacer expiación" significa "pagar el precio de rescate", así "por la vida" significa "mediante el pago de la vida".

En otras palabras "sangre" significa muerte —la terminación de la vida— del mismo modo que en el uso metafórico ordinario (→ por ejemplo Génesis 9:5; 37:26; etc.). En el sacrificio, se terminaba la vida. La sangre que brotaba era el símbolo y prueba de que la vida se había tomado en pago por los pecados del culpable y como sustitución por su propia vida manchada de culpa.

El sacrificio de animales expresaba el principio. La realidad plena ocurrió en la muerte del Señor Jesucristo. En el Antiguo Testamento el pueblo tuvo un anticipo dado por Dios de la sangre derramada de Jesús, su muerte en sustitución por nosotros, por nuestros pecados, el justo por el injusto, de una vez por todas.

Reconstrucciones de objetos del tabernáculo: el altar del incienso, el candelabro de siete brazos, la mesa de los panes de la proposición.

21 - 22 LEYES PARA LOS SACERDOTES

Debido a su posición y deberes los sacerdotes están sujetos a reglas particularmente exigentes en cuanto a pureza ritual. Cualquier contaminación los descalificaba para el contacto con las cosas santas. Las normas para el sumo sacerdote (21:10-15) son todavía más estrictas (comparar 11 con 1-2; 13-14 con 7). Nadie con defectos físicos podía servir como sacerdote, aunque podía participar en comer las ofrendas. Sólo lo mejor que el hombre pueda dar —ya sea en el sacerdocio o en las ofrendas sacrificiales— es en alguna forma digno de Dios.

23 LAS FIESTAS ESTABLECIDAS

Las festividades especiales de Israel, como el sábado semanal, reflejan una pauta de sietes, volviendo a la santificación por parte de Dios del séptimo día en la creación.

1. El sábado: un día de descanso entre siete.
2. La pascua, seguida por la Fiesta de siete días de Panes sin Levadura (marzo/abril).
3. Las Primicias (abril), seguidas siete semanas más tarde por
4. La Fiesta de las Semanas (Pentecostés): la festividad de la cosecha (junio).
5. La Fiesta de las Trompetas: primera de tres festividades en el séptimo mes (septiembre/octubre); las otras son
6. El Día de Expiación; y
7. La Fiesta de los Tabernáculos: recordatorio perpetuo de los días en que la nación vivió en tiendas después de la liberación de Egipto.

24 LA LAMPARA, EL PAN DE LA PROPOSICION Y EL PECADO DE BLASFEMIA

El capítulo 24 pasa de las festividades especiales a dos deberes regulares: la lámpara que debe mantenerse ardiendo, y la ofrenda semanal de doce panes. Los panes recuerdan a las tribus su completa dependencia de la provisión de Dios. No se ponen allí para que Dios los coma (como en religiones paganas). Se instruye claramente a

Fiestas y festividades

PHILIP BUDD

Desde tiempos muy remotos el año judío estuvo recargado de grandes festividades: las "fiestas del Señor". Algunas coincidían con las estaciones cambiantes, para recordar al pueblo la provisión constante de Dios para ellos dándole una oportunidad de devolver a Dios una prenda de todo lo que les había dado. Otras conmemoraban los grandes acontecimientos de la historia de Israel, las ocasiones en que en una forma inconfundible Dios había intervenido para liberar a su pueblo. Todas estas ocasiones eran de gran deleite y disfrute de los buenos dones de Dios, y al mismo tiempo reuniones sobrias para buscar su perdón y purificación.

Nunca tuvieron como fin que se observaran por mera formalidad y ritual vacío. Los profetas utilizaron palabras duras contra los que las redujeron a este nivel. El propósito de las festividades era espiritual: una reunión grande y gloriosa de Dios y su pueblo.

Probablemente había muchas festividades locales (Jueces 21:21), pero en tres ocasiones en el año se exigía a todos los hombres que asistieran a grandes celebraciones nacionales:

1. La Pascua y la Fiesta del Pan sin Levadura (Exodo 12:1-20; 23:15). Estas dos fiestas, que combinaban elementos pastorales y agrícolas, se observaban juntas para conmemorar la salida de Israel de Egipto (→ en Exodo 11-12). La observancia comenzaba en el catorceavo día del primer mes y duraba una semana.
2. La Fiesta de las Semanas (cosecha) (Exodo 23:16; Levítico 23:15-21). Luego conocida como

Pentecostés, se celebraba cincuenta días después del comienzo de la Pascua. Era esencialmente una celebración agrícola en la que se ofrecían a Dios las primicias de la cosecha.
3. La Fiesta de la Cosecha (Tabernáculos) (Exodo 23:16; Levítico 23:33-43). Festividad de otoño al final de la cosecha. El pueblo vivía durante siete días en abrigos hechos de ramas. Esencialmente era una acción de gracias agrícola pero también era recordatorio de sus días de vivir en tiendas en el desierto (Levítico 23:43).

Todas estas festividades se consideraban como "santas", ocasiones en las que se dejaba todo el trabajo ordinario. Había también otras celebraciones (todas relacionadas de alguna forma con el número siete).
4. Sábado. En el séptimo día se prohibía todo trabajo y se duplicaban los sacrificios diarios. Esta observancia estaba relacionada con la conclusión del trabajo de Dios en la creación (Exodo 20:11), la liberación de Egipto (Deuteronomio 5:15), y la simple necesidad del hombre de descanso y refrigerio (Exodo 23:12). Después del exilio se hacían observar con rigor las reglas del sábado (Nehemías 13:15-22), y su observancia pasó a ser una de las características sobresalientes del judaísmo.
5. Luna nueva. Se menciona a menudo junto con el sábado (p.e. Isaías 1:13). Los sacrificios especiales (Números 28:11-15) y el toque de trompetas (Números 10:10) eran distintivos de la festividad de la nueva luna. En las primeras épocas había también comidas especiales y sacrificios familiares (1 Samuel 20:5, 24), y a veces se consultaba a los profetas (2 Reyes 4:23). En la luna nueva del séptimo mes había una **Fiesta especial de las Trompetas** (Números 29:1).
6. Año sabático. Por ley, cada séptimo año se dejaba descansar a la tierra (Levítico 25:1-7), y cada quincuagésimo año era **Año de Jubileo** (Levítico 25:8-34) cuando se devolvían a sus dueños las propiedades hipotecadas y se ponían en libertad los esclavos hebreos.
7. Día de expiación (Levítico 16). En el décimo día del séptimo mes había una ceremonia anual especial de confesión y expiación por el pecado.

Había otras fiestas que no se mencionan en las leyes bíblicas. Una era la **Fiesta de Purim** (Ester 9) para conmemorar la liberación judía de Amán, y luego la **Fiesta de Dedicación** (Juan 10:22) para celebrar la purificación del templo después de su profanación por Antíoco Epífanes en el 168 a.C.

Aarón y a los sacerdotes que coman los panes ellos mismos.

Los versículos 10-23 relatan las normas acerca de la violación del tercer mandamiento. Se enfatiza que es una sola ley tanto para los israelitas como para el extranjero que vive entre ellos.

La ley del desquite (lex talionis, versículo 15ss.): El principio que expresa esta ley es de justicia pública exacta, en oposición a la revancha individual. En concreto, la compensación por ofensas asumía a menudo la forma de multa (como lo implica la excepción hecha en el caso de homicidio: Números 35:31ss.). El hecho de que estuviera legalmente permitido el desquite literal por mutilación corporal no quiere decir necesariamente que se practicara. Era una afirmación legal estricta contra prácticas tales como disputas familiares (cuyos males se muestran, por ejemplo, en los dramas griegos).

25 LOS AÑOS SEPTIMO Y QUINCUAGESIMO: SABADO Y JUBILEO

La pauta de los siete que se refleja en las festividades (capítulo 23) se extiende ahora a la tierra. Un año de cada siete ha de quedar sin cultivar: año en que el pueblo, liberado de mucho de su trabajo ordinario, debía ser instruido en la ley de Dios (Deuteronomio 31:10ss.). El quincuagésimo año, el siguiente al séptimo grupo de siete, es un año extra de barbecho para la tierra, la cual vuelve a su dueño original. Es la época en que los que han pasado por malos tiempos recuperan su libertad y propiedad. El jubileo cumple un propósito doble. Recuerda al pueblo que la tierra pertenece a Dios e impide que los ricos acaparen tierra.

26 PROMESA Y ADVERTENCIA: BENDICION Y MALDICION

La recompensa de la obediencia se describe como un idilio de paz y abundancia. Sobre todo, Dios andará entre su pueblo, como lo hizo en el jardín con el primer hombre. Es la restauración del Edén. La desobediencia, por otra parte, acarreará calamidades sobre la nación: enfermedad fatal, hambre, animales salvajes que asolarán la tierra, y la guerra que conducirá al exilio. Las maldiciones se detallan más que las bendiciones: siendo como es la naturaleza humana, el temor consigue una respuesta más pronta que el amor. Sin embargo, incluso después de toda la desobediencia, Dios todavía promete responder al llamamiento del arrepentimiento genuino.

27 VOTOS Y DIEZMOS

Los hijos primogénitos, los primerizos de los rebaños, y las primicias del campo son de Dios por derecho (acepta una parte por el todo). Una décima parte de todos los rebaños y cosechas son también de él. Aparte y por encima de esto, los hombres podían prometer personas o posesiones a Dios como dedicación o acción de gracias. Normalmente estas cosas se redimían por su valor establecido, más un quinto.

Consagrado al Señor (28): separado voluntariamente para Dios y en consecuencia ya no disponible para el hombre. El versículo 29 probablemente se refiere a alguien "separado" bajo sentencia de muerte.

El versículo 34 nos hace volver a la fuente de autoridad para estas y todas las leyes de Levítico. Los mandamientos son de Dios, dados por medio de Moisés, en el Sinaí.

Crítica literaria y el Antiguo Testamento

GORDON WENHAM

La "crítica" es una ayuda indispensable para interpretar el Antiguo Testamento. En el habla ordinaria es sin duda una palabra negativa. Pero en el sentido especializado abarca una serie de disciplinas que se aplican a la mayor parte de las literaturas, y ha hecho una contribución muy positiva a la comprensión de la Biblia.

Las seis ramas principales de la crítica bíblica son textual, de fuentes, de tradición, de redacción, de forma, e histórica. Las cinco primeras se ocupan básicamente de las estructuras literarias y de las diversas formas en que un autor se expresa a sí mismo. La última, la crítica histórica, se ocupa más del significado y verdad de las afirmaciones del autor.

Crítica textual

La crítica textual se ocupa de recuperar el texto original de un documento. Es probable que en todo documento copiado a mano haya errores, y la tarea del crítico textual es identificar estos errores y —cuantas veces sea posible— corregirlos. Por medio del estudio de numerosos manuscritos, los críticos textuales han podido establecer una serie de principios que se pueden aplicar a muchas diferentes clases de documentos.

En su mayor parte los escribas que copiaron el Pentateuco fueron muy cuidadosos, y parecería que en el texto hebreo hay muy pocos errores. En el caso de otros libros del Antiguo Testamento —especialmente Samuel y Jeremías— hay pasajes en que es más difícil volver a establecer el texto original.

El descubrimiento de los manuscritos del Mar Muerto fue, por tanto, muy importante, ya que nos da un texto hebreo de la mayor parte del Antiguo Testamento unos mil años más antiguo que cualquiera de los que teníamos antes. Los rollos ya han arrojado mucha luz sobre la historia del Antiguo Testamento, y han ayudado a los expertos a establecer su forma original.

Crítica de fuentes

La crítica de las fuentes es un intento por descubrir y definir el material escrito en el cual se basaron diferentes autores bíblicos. Tiene consecuencias importantes para la confiabilidad de los libros de la Biblia. Algunos libros del Antiguo Testamento describen acontecimientos que ocurrieron muchos años antes de que fueran escritos. El libro de Reyes, por ejemplo, se escribió probablemente después del último suceso que menciona —la liberación del rey Joaquín de la prisión en el 562 a.C.— sin embargo también relata la subida de Salomón, unos 400 años antes, además de numerosos acontecimientos intermedios. Los relatos que se trasmiten por tradición oral a lo largo del tiempo son probablemente menos precisos que los escritos desde un principio. Pero los críticos de fuentes, impulsados por la expresión frecuente "Los demás hechos del rey X, ¿no está todo escrito en el libro de las crónicas de los reyes de Judá/Israel?", han concluido que gran parte del material primitivo del libro efectivamente fue tomado de anales reales y otras fuentes contemporáneas confiables.

Es sumamente difícil distinguir diferentes fuentes literarias en un mismo documento a no ser que algunas de estas fuentes hayan en verdad sobrevivido. En ese caso el material de la fuente se puede quitar del documento referido para así dejar la contribución o material propios del autor o los tomados de otra fuente. En la Biblia muy pocas veces tenemos dos o más documentos paralelos en los que se pueda ver cómo un escritor utilizó a otro como fuente. Los evangelios sinópticos (Mateo, Marcos, Lucas) en el Nuevo Testamento y en el Antiguo Testamento el libro de Reyes, con su paralelo en Crónicas, son las excepciones.

En otros libros bíblicos, aunque hay presunciones razonables de que los escritores utilizaron fuentes, hay muy pocas o ninguna prueba objetiva de que fue así. Han tenido que utilizarse para distinguir las fuentes criterios más subjetivos y menos confiables, tales como cambios en el estilo o vocabulario. Con el empleo de estos criterios se ha vuelto costumbre distinguir por lo menos cuatro fuentes en el Pentateuco (comúnmente designadas J, E, D, y P). Más recientemente, sin embargo, se ha argüido que las diferencias en estilo hebreo que se utilizan para definir las fuentes pentateucas no tienen significado a la luz de antiguas convenciones literarias, y que se necesita un enfoque nuevo a este aspecto de la crítica del Pentateuco.

Crítica de la tradición

La crítica de la tradición pretende seguir el desarrollo de un relato o tradición bíblicos desde el momento en que se dijo por primera vez hasta cuando fue escrito. Por ejemplo, las historias de Abraham probablemente pasaron de boca en boca durante varias generaciones antes de incorporarse en una fuente escrita posterior utilizada por el autor del Génesis. El historiador, preocupado por reconstruir la vida de Abraham lo más exactamente posible, desea conocer qué cambios sufrió la historia de Abraham en el proceso de la repetición. La crítica de la tradición trata de identificar y explicar tales cambios. Sin embargo, excepto cuando se conocen los medios y circunstancias precisos en los que se trasmitió un relato, los resultados de la crítica de la tradición son discutibles y deben tratarse con precauciones.

Crítica de la redacción

La tarea de la crítica de la redacción es determinar cómo el compilador (redactor) de un libro bíblico utilizó sus fuentes, qué omitió y qué añadió y cuál fue su sesgo propio. Sólo cuando el crítico tiene acceso a todas las fuentes que estuvieron a disposición del compilador pueden ser absolutamente ciertas sus conclusiones. Y en el Antiguo Testamento, el crítico tiene, cuando más, sólo algunas de las fuentes (p.e. el libro de Reyes utilizado por el autor de Crónicas). En otros casos, con la misma obra compilada, se reconstruyen deficientemente las fuentes. Entonces la crítica de la redacción es de valor limitado, pero sus métodos pueden ayudar para hacer resaltar los intereses especiales del compilador y de este modo conducir a una valoración más plena de la teología expresada en su obra. Por ejemplo, aunque es difícil reconstruir las fuentes usadas en el libro de Deuteronomio o Josué, la crítica de la redacción hace posible ver cuál fue el objetivo de los compiladores.

Crítica de las formas

La crítica de las formas se ocupa del estudio de la forma literaria en la Biblia. Escritos diferentes tienen formas diferentes. Un ensayo difiere en forma de un poema. La forma de una ley difiere de la de un salmo. A menudo la forma de una pieza literaria puede arrojar luz sobre la naturaleza de la pieza y sus antecedentes, o "marco vital". El método básico de la crítica de las formas es comparar iguales, para determinar los rasgos característicos de un tipo concreto de literatura y luego sugerir explicaciones de estas características.

La crítica de las formas se ha utilizado con mucho provecho en los salmos y ha revolucionado nuestra comprensión de los mismos. Los salmos pertenecen a diferentes categorías, tales como himnos, acciones de gracias, lamentos, salmos reales, cánticos de peregrinaje, etc. Se solía sostener que la mayor parte de los salmos eran poemas personales de judíos piadosos después del exilio. Ahora, gracias a la crítica de las formas, se reconoce que la mayor parte de los salmos se cantaban en el culto público del templo, antes de su destrucción en el 587 a.C.

Crítica histórica

La crítica histórica es una disciplina muy amplia que abarca todos los aspectos de la redacción de la historia. Hay dos aspectos de esto que son de interés especial en los estudios bíblicos.

En primer lugar, la crítica histórica ha fijado las técnicas utilizadas para fechar un documento. ¿Cómo sabemos cuándo fue escrito y la fecha de la copia que poseemos? A no ser que poseamos el original, la fecha de composición será desde luego siempre anterior a la de una copia. Esta última es relativamente fácil de determinar con los métodos modernos de paleografía y arqueología. Sin embargo, nuestro manuscrito más antiguo del Exodo data de alrededor del 250 a.C., y todos están de acuerdo en que no es un original y que Exodo fue compuesto mucho antes. Descubrir esta fecha es un proceso mucho más complicado. Si su autor se menciona en el texto, ayuda. Pero cualquier falsificación puede asegurar que fue escrita por Moisés utilizando los mismos términos con que lo aseguraría un escrito de Moisés auténtico. Una segunda clave para fechar un libro se tiene en los sucesos que relata. Obviamente su fecha de composición debe ser posterior al último suceso mencionado (en el caso de Exodo, la erección del tabernáculo). Pero esto sólo nos dice la fecha más temprana en que el libro pudo haberse escrito, no la fecha última, que es de más interés.

Si no hay afirmaciones explícitas en el texto mismo acerca de la fecha de composición, hay que depender de pruebas indirectas, tales como las aseveraciones del escritor. El autor del libro de Jueces se descubre cuando escribe varias veces, "En esos días no había rey en Israel; todos hacían lo que era justo en sus propios ojos". La implicación obvia es que el escritor había experimentado el orden que un rey justo podía crear, y escribía después del establecimiento de la monarquía.

La segunda tarea importante de la crítica histórica es comprobar la información encontrada en las fuentes bíblicas. Cuando un documento dice algo, ¿cómo sabemos que dice la verdad? Esta pregunta básica puede descomponerse en una serie de preguntas más pequeñas. ¿Cuán próximo es el documento a los sucesos que describe? ¿Están sus afirmaciones refrendadas por otras fuentes, bíblicas o no bíblicas, o por la arqueología? ¿Pudieron suceder los sucesos como se describen? Al tratar de contestar estas preguntas el historiador va montando un cuadro más pleno y rico de lo que sucedió. Descubir al autor de una fuente puede iluminar mucho el significado de una narración; y las fuentes no bíblicas pueden completar los antecedentes del relato bíblico.

La crítica bíblica se ha valido de estas distintas formas para interpretar el Antiguo Testamento y defender su integridad contra aquellos que discuten su verdad. Demasiado a menudo la crítica del Antiguo Testamento, sobre todo la crítica histórica, se ha visto viciada con la introducción de presunciones racionalistas injustificadas (p.e. que los milagros no ocurren). Pero en conjunto, se ha demostrado el valor de la crítica con sus conclusiones generalmente positivas. Ciertamente todos los que creen en el valor del Antiguo Testamento deben tomar seriamente la crítica, ya que deben ser los primeros en desear fijar un texto preciso y tener seguridad de su significado.

Números

Números abarca 38 años de la historia de Israel: el período de travesía del desierto en la península del Sinaí. Comienza dos años después de la salida de Egipto. Concluye en la víspera de la entrada en Canaán. El título proviene del "número" (censo) de Israel en los primeros capítulos y en el capítulo 26. El libro se podía haber llamado "Las Quejas de una Nación". Es una larga y triste historia de lamentaciones y descontento. Como consecuencia de ello, de toda la generación que había visto las maravillas de la liberación de Dios de Egipto, sólo tres hombres —Moisés, Josué, y Caleb— sobreviven hasta el final del libro. Y sólo dos —Josué y Caleb— iban a disfrutar de la tierra prometida.

1 - 10:10 ISRAEL EN EL DESIERTO DE SINAI

1 El censo general

El propósito del censo es enumerar a todos los hombres de más de 20 años aptos para el servicio militar. Estaban exentos los levitas, en virtud de sus otros deberes. Moisés y Aarón, jefes cívicos y religiosos, están al frente de la enumeración, ayudados por un representante de cada tribu. En el segundo censo (capítulo 26), tomado 38 años después, después de la muerte de Aarón, su hijo Eleazar ocupa su lugar. El total posterior, 601,730, es ligeramente inferior a la cifra que se da aquí, 603,550. En Egipto la población de Israel creció rápidamente, pero las condiciònes difíciles del desierto, y los juicios que su desobediencia les trae mantienen las cifras estables.

El problema de números elevados: una fuerza militar de más de 600,000 implica una población total de unos 2 ó 3 millones. El recuento bíblico indica claramente que los números eran considerables. Israel no hubiera podido vivir en el desierto sin la provisión milagrosa de Dios. Aun así, de 2 a 3 millones era toda la población de Canaán, y hay pasajes que dicen que los cananeos eran más numerosos que los israelitas (Deuteronomio 7:7, 17, 22). Por esta razón, se han hecho varios intentos por reducir los números. Algunos crecen, por ejemplo, que la palabra traducida por "miles" debería ser "capitanes"; otros que debería ser "familias". También es posible que los números se utilicen como símbolos de poder e importancia, más que como recuento literal de personas. → Las "Grandes Cifras del Antiguo Testamento", página 191.

Un camino por el desierto: en el Neguev.

2 El campamento

Cuando la nación se desplazaba, las tres tribus orientales, encabezadas por Judá, iban al frente. 10:17 da un orden ligeramente diferente de la sección intermedia —los gersonitas y meranitas llevaban el tabernáculo, luego Rubén, Simeón y Gad, seguidos de los coatitas que llevaban el santuario. Las tribus nórdicas, Dan, Aser y Neftalí, cerraban la marcha. Los líderes tribales son los mismos que ayudaron en el censo. Ramsés II de Egipto (contemporáneo de Moisés) utilizó en su campaña siria esta misma formación rectangular hueca, de modo que parece como si Moisés aprovechara su preparación militar adquirida en Egipto.

Las enseñas (2:2): según la tradición judía, un león para Judá, una cabeza humana para Rubén, un buey para Efraín y un águila para Dan.

3 Dios escoge a los levitas para un servicio especial

El derecho divino al primogénito se remonta a la noche de la Pascua (Exodo 12). Ahora Dios acepta a los levitas en lugar de los primogénitos de todo Israel. El primer censo los empareja uno a uno, dejando un excedente de 273 que son redimidos con dinero.

Este plato de oro que data de la última parte del segundo milenio a.C. es un ejemplo de las vasijas de oro y plata que trajeron los principales de Israel.

Siclos del santuario (3:47): un peso de unos 10 gramos, no una moneda.

4 Se asignan tareas a las familias levíticas

El segundo censo de levitas enumera los que están entre 30 y 50 años, elegibles para el servicio del tabernáculo. (Los límites de edad variaban según los tiempos: → 8:24; 1 Crónicas 23:24).

Versículos 1-20: los **coatitas** son responsables de trasladar los objetos sagrados del santuario después de que los sacerdotes los han desmontado y cubierto.

Versículos 21-28: los **gersonitas** están a cargo de transportar las cortinas y cubiertas del tabernáculo y atrio de entrada bajo la supervisión de Itamar.

Versículos 29-33: los **meraritas** tienen que cuidar y transportar el armazón —pilares, estacas, cuerdas— todo bajo la supervisión de Itamar. Se les proporciona a los gersonitas y meraritas carretas arrastradas por un yugo de bueyes (7:7-8).

5 Leyes varias: el juicio por celos

Los versículos 11-31 describen el juicio por prueba de una supuesta infidelidad. En los tiempos antiguos no eran infrecuentes esta clase de pruebas, y también son conocidas en Africa y en India. Esta es benigna de acuerdo a ciertas pautas y también mucho menos encaminada que otras hacia un veredicto de culpabilidad. No está claro si el agua contenía alguna hierba que producía la pérdida del embarazo si la mujer era culpable y estaba embarazada, o si actuaba simplemente por sugestión sicológica.

6:1 - 21 Los nazareos

Un voto especial da al nazareo su posición espiritual. Las señales externas de consagración a Dios son:

- abstinencia de vino y bebidas fuertes;
- llevar el pelo sin cortar;
- cuidado especial de evitar contaminación por el contacto con un cuerpo muerto (→ capítulo 19).

Se solía hacer el voto por un tiempo limitado, pero Sansón (nazareo algo heterodoxo) hizo un voto perpétuo (Jueces 13-16). Quizá Samuel también fue nazareo. No se sabe ni cómo ni cuándo se iniciaron estas prácticas.

6:22 - 27 Bendición de Aarón

7 Las tribus traen sus ofrendas

La dedicación del altar fue anterior en un mes a los sucesos de Números 1. En días sucesivos el líder de cada tribu trae una bandeja de plata y una jofaina de plata llena de ofrenda de granos, un plato dorado de incienso, y animales para la ofrenda expiatoria, la ofrenda por el pecado y la ofrenda por la paz (→ Levítico 1-7).

8 Consagración de los levitas

Los que sirven a Dios deben ser completamente puros. El lavarse y afeitarse garantiza la limpieza externa. La sangre del sacrificio limpia al hombre de la mancha interna del pecado.

9:1 - 14 Normas acerca de la Pascua

Nadie puede dejar de celebrar la Pascua (→ Exodo 12). Pero el que esté ausente y cualquiera que sea ritualmente impuro en esa época puede observar la fiesta un mes después.

9:15 - 23 La nube y el fuego

La dirección de Dios en el desierto fue una realidad clara y visible. Su presencia en el tabernáculo, que estaba literalmente en medio de ellos, la señalaba una nube durante el día y fuego durante la noche. Cuando la nube se levantaba se ponían en marcha. Cuando se detenía, acampaban: si la nube no se movía, el pueblo no se movía.

10:1 - 10 Las trompetas de plata

Tocaban la alarma, convocaban a reunión, y anunciaban las fiestas y los nuevos meses. Trompetas largas como éstas eran comunes en Egipto alrededor de 1400-1300 a.C. Algunas fueron sepultadas con el faraón Tutankamen (alrededor del 1350 a.C.).

10:11 - 12:16 DEL SINAI A HAZEROT

10:11-36 Comienza el viaje

Unas tres semanas después del censo, levantan el campamento y abandonan el Mte. Sinaí. (→ el capítulo 2 en cuanto al orden de la caravana.) El cuñado de Moisés va con ellos como guía. La dirección y compañía del Señor son algo muy real (33-36).

11 Quejas acerca de la dieta monótona

El primer sabor delicioso del maná (→ Exodo 16) era como de barquillos hechos con miel. Ahora, por simple monotonía, se pega a la boca como arena. Los recuerdos deleitosos de los peces y verduras que abundaban en el delta de Egipto pronto producen un ansia irresistible. Dios les da lo que desean... hasta que enferman con ello. Y con ello viene el juicio por la actitud que demuestra su queja.

Versículo 29: actitud notable en un líder: poder sin sombra de corrupción (ver 12:3).

Codornices (31): como en el año anterior (Exodo 16), era un vuelo migratorio de regreso a Europa en primavera. → artículo, pág. 189.

Montones (32): 10 montones es la medida de su glotonería.

12 María y Aarón desafían el liderazgo de Moisés

La razón básica de la disputa no es el matrimonio de Moisés, sino su posición. Como María es la que iba a ser castigada, es probable que ella fuera la instigadora. Moisés guarda silencio, pero la respuesta de Dios es un tributo notable al hombre (6-8).

Cusita (1): se suele tomar en el sentido de "etíope"

Trompeta de plata usada para convocar a la gente y para levantar campamento.

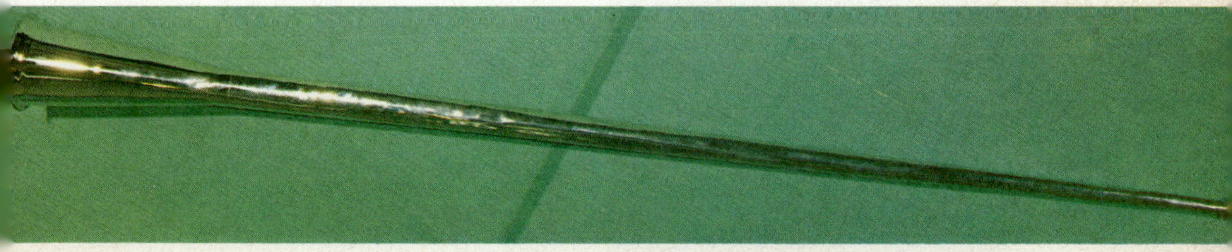

13 - 20:21 EN LA ZONA DE HAZEROT

Escasean los detalles, pero parece que pasaron ahí la mayor parte de unos 38 años: toda una generación.

13 - 14 Los doce espías y sus informes; motín

Por Deuteronomio 1:19-25 parece claro que Moisés quiso ir directamente a la tierra prometida; fue sugerencia del pueblo que enviaran espías primero. Sin duda que Moisés luego deseó no haberlos escuchado. Los dos hombres de fe dan la verdadera interpretación de los hechos (Números 13:30), pero el pueblo escuchó a los diez profetas del desastre, con sus relatos de gigantes y langostas. Se olvidaron de Dios y de la buena tierra. Con la meta a la vista, toda una generación se mantuvo a sí misma alejada de todo lo que se les había prometido. La oración de Moisés a este respecto es sobrecogedora. Sólo la intervención de Dios lo ha salvado de la muerte por lapidación. Sin embargo ahí está, suplicando por la vida de la nación obstinada que sólo le ha producido problemas. Una y otra vez se interpone entre Israel y la total destrucción (Exodo 32:7-14; Números 11:1-2; 16:41-48; 21:5-9). Ahora su súplica lo implica a él con ellos en la sentencia.

Los anacitas... los gigantes: → Génesis 6:4. Nada se sabe de ellos aparte de la Biblia, pero eran evidentemente una raza de gigantes como Goliat.

Caleb nunca perdió su confianza total en Dios. Cuarenta y cinco años después, a la edad de 85, escoge el territorio anacita para conquistarlo para sí (Josué 14:6-15).

15 Leyes varias

Versículos 1-31: ofrendas que hay que hacer después de la conquista de Canaán.

Versículos 32-36: la gravedad de la violación del sábado.

Después de muchos años en el desierto, la fértil garganta que encontraron los espías, con sus uvas, granadas e higos, debe haber resultado un anticipo exuberante de la tierra prometida. Esta fotografía es de Ein Avdat, en el extremo norte del desierto de Neguev.

Versículos 27-41: el borde de los vestidos para que el olvidadizo Israel recuerde a Dios y sus mandamientos.

16 La rebelión de Coré, Datán y Abiram [Abirón]

Esta alianza profana tiene un doble filo. El agravio de Coré el levita es el monopolio de Aarón sobre el sacerdocio (10b). Datán y Abiram desafían a Moisés basados en la arrogancia de éste y su fracaso en conducirlos a la tierra prometida (13-14). Pero en su raíz el ataque es contra Dios (11), y es Dios quien calma la rebelión.

Sacar los ojos (14): el "cegar" de la Biblia de Jerusalén da el sentido adecuado.

La tierra abrió su boca (32): Dios utiliza fuerzas naturales para ejecutar sentencia (como en las nueve plagas de Egipto). El fenómeno en este caso quizá sea el rompimiento (quizá por tempestad) de la dura superficie que se forma sobre los profundos lagos de barro líquido en el valle agrietado de Arabia donde ocurrió este incidente.

17 La vara de Aarón florece

Como todos los milagros bíblicos, este tiene un aspecto muy práctico. Todos pueden ver de qué

La codorniz

GEORGE CANSDALE

La codorniz es uno de los pocos pájaros bíblicos que se pueden identificar con certeza. Es el más pequeño de la familia de pájaros de caza y el único que tiene hábitos migratorios. La codorniz común, *Coturnix coturnix,* se multiplica en muchas partes de Asia Occidental y Europa, incluyendo Gran Bretaña, y vuela al sur en invierno, para llegar a Africa septentrional y a Asia suroccidental. Tiene unos 180 milímetros de longitud, y se oye más de lo que se ve, ya que su color café jaspeado la hace pasar desapercibida.

Dos veces al año la ruta migratoria común de la codorniz la lleva a través de la región que atravesaban los israelitas en el tiempo del éxodo. Y este fenómeno natural lo utilizó Dios para suministrar comida al pueblo. Se mencionan dos ocasiones específicas. La primera (Exodo 16:13) fue unas seis semanas después de que los israelitas salieron de Egipto, cuando habían alcanzado el desierto de Sin. La segunda (Números 11) fue un año más tarde en Tabera, en la misma zona. En ambas ocasiones fue hacia la segunda mitad de abril, cuando los pájaros vuelan hacia el norte.

El relato indica claramente que se trataba de grandes cantidades. Pero las cifras son sin duda difíciles. Se ha calculado que si la unidad familiar era de diez montones, la matanza total debe haber sido de unos nueve millones de pájaros. Las exportaciones anuales de Egipto durante los últimos 100 años han sido de hecho de una cantidad parecida. Durante muchos años la matanza fue de más de dos millones, a veces de tres, pero esta destrucción continuada redujo de tal manera la capacidad reproductora que alrededor de 1920 se había detenido ya la migración masiva que había venido ocurriendo desde el tiempo de Moisés.

Esta mención de dos codos (900mm) en Números 11:31 ha producido confusión y se ha interpretado de distintas maneras. "Dos codos sobre la faz de la tierra" (versión Reina-Valera) es indefinida. "En una extensión de una jornada de camino a uno y otro lado alrededor del campamento, y a una altura de dos codos por encima del suelo" (Biblia de Jerusalén) sugiere una situación imposible. Quizá la versión de Douai es la mejor: "vuelva por el aire a dos codos por encima del suelo". La codorniz depende, en parte por lo menos, del viento para migrar, y se afirma que llegaban con el viento, también que llegaban en la tarde, lo que sigue ocurriendo con las manadas mucho más pequeñas de hoy día. Se recogían durante dos días, lo cual responde al hecho de que los pájaros están a veces tan cansados que deben descansar durante uno o dos días antes de seguir volando. Números 11:32 afirma que el pueblo las esparcía alrededor del campamento. Siglos más tarde Herodoto relató que los egipcios todavía preparaban las codornices de esa forma, primero limpiándolas y luego secándolas al sol.

lado está la predilección de Dios, y ya no se da más pie para disputas.

18 - 19 Deberes y obligaciones de los sacerdotes y levitas; el rito de purificación

Ni los sacerdotes ni los levitas participaban en la herencia de la tierra. En lugar de ello, Dios les daba a los sacerdotes el remanente de todas las ofrendas de sacrificios, primicias y primerizos. A los levitas se le dan los diezmos de la nación (una décima parte de todos los rebaños y productos), de lo cual ellos a su vez dan una décima parte a los sacerdotes.

El rito con la escarlata (19:1-10) es el remedio para la contaminación por contacto con un cuerpo muerto, descrito en los versículos 11-22. Para reducir al máximo el riesgo de contaminación accidental, más adelante se pintaban las tiendas de blanco (→ Mateo 23:27).

20:1-13 La muerte de María; agua de la roca

María, Aarón (20:25ss.; 33:38s.) y Moisés (Deuteronomio 34:5-8) murieron todos en el mismo año... a punto de entrar en Canaán. Gran parte de los 38 años han transcurrido desde 13:1.

Versículo 2-13: el pecado de Moisés parece ser su falta en no dar a Dios el mérito por el suministro de agua. Le cuesta la tierra en la que tanto había anhelado entrar. Incluso los mayores siervos de Dios después de una vida de confianza y obediencia, pueden caer. Nada parece curar las quejas del pueblo. Se lamentaban cuando salieron por primera vez de Egipto. Siguen lamentándose, después de tantos años de ayuda por parte de Dios.

Agua de la roca: la piedra caliza del Sinaí es famosa por retener el agua (ver en Exodo 17:6).

20:14-21 Edom les niega el paso

Israel tu hermano (14): no es una simple manera de hablar: los edomitas eran descendientes de Esaú, hermano de Jacob.

El camino real (17): → mapa página 196. La negativa de Edom de dejar pasar a Israel les obliga a un largo rodeo por el sur.

20:22 - 21:35 RODEO PARA EVITAR A EDOM

20:22-29 La muerte de Aarón

Mte. Hor quizá sea Jebel Madeira, al norte de Hader, en el límite nordoccidental de Edom.

21 Triunfo sobra Arad y Sehón [Sijón]; el incidente de las serpientes venenosas

Vuelven las quejas cuando se dirigían hacia el Golfo de Acaba (aquí Mar Rojo o Mar de Cañas), para evitar el territorio de Edom. Jesús utiliza en su discurso con Nicodemo el incidente de la serpiente de bronce para explicar su propia muerte (Juan 3:14). En el desierto, para vivir, el pueblo no tenía sino que mirar.

El pozo (16): en algunas partes de la provincia del Sinaí y de Transjordania meridional el agua está casi en la superficie. Los israelitas a menudo no tenían más que hacer pequeños hoyos para encontrarla.

22 - 36 ISRAEL EN LAS LLANURAS DE MOAB

22 - 24 Balac y Balaam: la bendición de Israel

Con los israelitas acampados a su puerta, el rey de Moab envía a Petor (probablemente Pitru, cerca de Carquemis [Karkemis], en el Eufrates para pedir que Balaam el adivino venga a maldecir a sus enemigos. Para el profeta era un asunto rutinario de negocios, en un tiempo cuando todo el mundo creía en el poder de las palabras (especialmente en bendiciones y maldiciones formales) para influir en eventos. Lo que sorprende es la revelación de que la fuente del conocimiento de Balaam es Dios mismo. Y ni la soberbia ni la amenaza le hacen apartarse de la verdad que Dios le revela.

Repite el mismo ritual tres veces (22:41 - 23:10; 23:13-24; 23:27 - 24:9). Tres veces Balaam bendice a Israel, para disgusto creciente de Balac. El cuarto oráculo supera a todos (24:15-24): una notable predicción del futuro de Israel.

Las enormes cifras del Antiguo Testamento

JOHN WENHAM

El Antiguo Testamento en varios lugares menciona números que aparecen inverosímilmente grandes. A menudo se ha dicho que estas cifras eran simplemente inventadas, y que son prueba de que la Biblia es históricamente poco confiable. Pero ¿quién podría inventar cifras que son abiertamente absurdas? ¿Inventaría alguien que estuviera en sus cinco sentidos una historia de un accidente de autobús, por ejemplo, en el que murieran 16,000 pasajeros? Es mucho más probable que estas cifras del Antiguo Testamento fueran copiadas fielmente, a pesar del hecho de que no parecían tener sentido. La fantasía no parece una explicación satisfactoria. La explicación debe buscarse en otro lugar. Por cierto, pacientes investigaciones han aclarado bastante este difícil problema.

La corrupción de las cifras

Hay pruebas de que el texto del Antiguo Testamento en conjunto se ha conservado maravillosamente bien. También hay pruebas, por algunos pasajeros paralelos en Samuel, Reyes y Crónicas y especialmente en Esdras 2 y Nehemías 7, que los números eran especialmente difíciles de trasmitir con precisión. Tenemos ejemplos de ceros extras añadidos a un número: 2 Samuel 10:18 dice ''700 carros''; 1 Crónicas 19:18 dice ''...siete mil hombres de carro''. Asimismo un dígito puede desaparecer: 2 Reyes 24:8 da la edad de Joaquín al tomar el poder como de 18, mientras 2 Crónicas 36:9 la da como 8. O puede desaparecer todo un número: 1 Samuel 13:1, traducido literalmente del hebreo, diría ''Saúl tenía un año cuando llegó a ser rey'' (→ Biblia de Jerusalén, nota). En Esdras 2 y Nehemías 7 los dígitos a menudo varían en una unidad. Hay otros errores de copia, muchos de los cuales se pueden explicar fácilmente.

La confusión de palabras

En la Biblia hebrea moderna todos los números se escriben completos, pero por mucho tiempo el texto se escribió sin vocales. La ausencia de vocales hacía posible confundir dos palabras que son cruciales en cuanto a este problema: *''elef''* y *''alluf''*. Sin puntos vocálicos estas palabras parecen idénticas. *''ip'' ''elef''* comúnmente quiere decir ''mil'', pero también se puede usar en muchos otros sentidos: p.e. ''familia'' (Jueces 6:15) o ''capitanes'' (Zacarías 9:7; 12:5, 6; la Biblia de Jerusalén dice ''familia''). *''alluf''* se usa en el sentido de ''jefes'' de Edom (en Génesis 36:25-43); probablemente se aplicaba al comandante de ''mil'' soldados; y casi seguro al soldado profesional totalmente armado.

Estadísticas militares

En ciertos períodos las guerras las realizaban dos tipos claramente diferentes de guerreros: los soldados profesionales totalmente armados (los ''Goliat''), y el ejército popular (los ''David'', cuyas únicas armas eran las de un pastor). Parece claro que en ciertos lugares la palabra que quiere decir ''soldados profesionales'' se ha interpretado mal por escribas posteriores la tomaron en el sentido de ''mil''. Tomemos, por ejemplo, el ataque a la pequeña ciudad de Gabaa [Guibeá] en Jueces 20. En el texto hebreo, el versículo 2 dice que se reunieron 400.000 hombres de a pie ''que sacaban espada''. Ahora bien, si suponemos una confusión de cifras por falta de puntos vocálicos (véase arriba), y si estos ''hombres de a pie'' fueron en realidad 400 soldados completamente armados, el relato subsiguiente tiene mucho más sentido. Las fuerzas de Benjamín (versículo 15) consistían entonces en 26 soldados armados de espadas, junto con 700 hombres armados sólo con hondas. En el primer ataque (versículo 21) los israelitas perdieron 22 de sus soldados de primer orden,, al siguiente día (versículo 25) perdieron otros 18; al tercer día (versículos 29, 34) se prepara una emboscada, guiada por 10 de ellos. (¿Hubieran podido 10.000 hombres ocupar esas posiciones sin ser descubiertos?). Las pérdidas comienzan de nuevo (versículo 31) ''como las otras veces'', y en este caso la escala de pérdidas se ha conservado claramente, porque mueren 30 israelitas (al parecer no soldados armados de espada), 25 soldados de Benjamín y 100 más. Dieciocho de ellos fueron muertos en la primera fase de la persecución, cinco fueron luego ''abatidos... en los caminos'' y dos más en Gidom (Gueba). Los otros 600 honderos que quedaban se refugiaron en la roca de Rimón.

De forma parecida, en el asalto de Hay [Ay] (Josué 7-8), las verdaderas proporciones del relato quedan claras si se aplican las mismas suposiciones y se cae en la cuenta que la pérdida desastrosa de 30 hombres se compensa con la preparación de una emboscada, no de 30.000 hombres de valor, sino de 30.

La fiesta de David en Hebrón en 1 Crónicas 12 parece concurrida por enormes números, no de hombres ordinarios, sino de líderes distinguidos: unos 340,800. En este caso parece que en realidad eran ''capitanes de miles'' y ''capitanes de centenares'', y que por metonimia o por abreviación se ha usado "mil" en lugar de "capitanes de miles" y "cien" en lugar de "capitanes de centenares". "Mil" y "cien" se han considerado como numerales y se han sumado. Cuando se descifran estas cantidades, se llega a un total de aproximadamente 2.000 "principales", lo cual parece sumamente razonable.

La mayor parte de los problemas numéricos de la historia posterior se pueden resolver en forma parecida. En 1 Reyes 20:27-30, el pequeño ejército israelita mató a 100 (no 100.000) soldados de infantería, y el muro de Afec [Afeg] mató a 27 (no 27.000) más. La invasión egipcia fue de mil, no un millón, de soldados (2 Crónicas 14:9). De lo alto de la roca fueron arrojados 10 (no 10.000 (2 Crónicas 25:12).

El tamaño de la nación israelita

El punto más interesante, más difícil y (desde el punto de vista del historiador) más importante es el tamaño de la población israelita en las diferentes etapas de su historia. los textos indican que las 70 almas en tiempos de José se habían convertido en dos o tres millones para el tiempo del Exodo (Números 1) y hasta por lo menos cinco millones en tiempo de David (2 Samuel 24:9; 1 Crónicas 21:5). Respecto a esto último, R. de Vaux dice con razón: "(2 Samuel) menciona que 800.000 hombres estaban sujetos al servicio militar en Israel y 500.000 en Judá... El total más bajo en 2 Samuel, es todavía demasiado elevado: 1.300.000 hombres de edad militar implicarían por lo menos cinco millones de habitantes, lo cual para Palestina, significaría casi dos veces más gente por milla cuadrada que en los países más densamente poblados de la Europa moderna."

La solución del problema de los números en Exodo es una larga historia. Basta decir que hay buena razón para creer que los censos originales en Números 1 y 26 presentan las cantidades de cada tribu, en forma parecida a la siguiente:

Simeón:	57 hombres armados;	23 "centenares" (unidades militares
Esto llegó a ser copiado así:	57 *'lp;*	2 *'lp* 3 "centenares")

Al no darse cuenta de que *"lp"* en un caso significaba "hombre armado" y en el otro "mil", se llegó a leer como 59.300. Cuando se descifran cuidadosamente estas cantidades, se presenta un cuadro notablemente claro de toda la organización militar. La fuerza guerrera total es de unos 18.000, lo cual significaría probablemente una cifra de unos 72.000 para toda la migración.

Las cifras de los levitas parecen haber añadido sistemáticamente un cero más. El misterio de la Atlántida de Platón se ha solucionado al reconocer esta misma confusión numérica. Platón obtuvo *de sacerdotes egipcios* lo que ahora resulta ser un relato detallado de la civilización de Minos y su subitánea terminación. Pero como todas las cantidades se multiplicaron por un factor de diez, el área era demasiado grande para que cupiera en el Mediterráneo, de modo que la colocó en el Atlántico; y la fecha fue retrocedida a la antigüedad remota, a un período demasiado temprano. Esta misma multiplicación por un factor de diez se encuentra en las cifras de los levitas en el libro de Números. Cuando se elimina, Leví encaja en la pauta como una tribu de tamaño normal de alrededor de 2.200 varones. Estas cifras concuerdan muy bien con los otros indicadores de población en el período de la conquista y de los jueces.

El censo de David

La discrepancia entre los dos conjuntos de cifras del censo de David se pueden explicar si se reconocen en fases o etapas diferentes en la trasmisión, primero, la añadidura de ceros, y luego, un malentendido del *'lp*. Si postulamos cifras originales: Israel: 80.000 más 30 *'lp,* Judá: 40.000 más 70 *'lp,* el texto actual tanto de Samuel como de Crónicas se puede explicar así:

	Etapa	*Israel*	*Judá*
CRONICAS	1	80.000 más 30 *'lp*	40.000 más 70 *'lp*
	2	800.000 más 300 *'lp*	400.000 más 70 *'lp*
	3	1.100.000	470.000
SAMUEL	1	80.000 más 30 *'lp*	40.000 más 70 *'lp*
	2	800.000 más 30 *'lp*	470.000

Parece que en esta etapa el copista se sentía confundido por el factor "más 30 *'lp*", lo que él interpretó como 30.000. Equivocadamente lo combinó con la cifra de Judá, lo que produjo las siguientes sumas:

	3	800.000	500.000

Si las cifras originales representaron 120.000 hombres de edad militar, junto con 100 soldados profesionales, la población toda hubiera sido de cerca de medio millón, lo cual también armoniza con otros indicios en el texto.

Con el empleo de estos métodos se pueden resolver una gran parte de las dificultades numéricas.

El incidente del asno: el propósito de Dios parece ser impresionar tanto a Balaam que por mucho que Balac trate de convencerlo, el profeta permanezca fiel a la verdad.

El origen de estos oráculos: no se sabe cómo llegaron a incluirse estos oráculos en Números. Pero hay factores lingüísticos y de otra índole que indican que los oráculos fueron escritos en el siglo XII a.C.

25 Idolatría en Peor

Por consejo de Balaam (31:16), las mujeres madianitas sedujeron a Israel en Peor. Y Balaam pagó por ello con su vida (31:8).

Empezó a fornicar (1): lo hicieron literalmente y también en cuanto a la religión. Al adherirse al culto pagano, Israel faltó a su compromiso con Dios.

Baal-Peor (3): la divinidad local del lugar. "Baal" (que significa "señor") con el tiempo se convirtió en nombre propio del gran dios de la fertilidad de los cananeos. Los sucesos descritos aquí muestran ya una mezcla de prácticas sexuales y religiosas.

Las montañas de Edom vistas desde el desierto de Neguev.

Moabitas... Madianitas: el intercambio de términos produce confusión, pero desde los tiempos patriarcales tardíos en adelante, hubo mucha superposición en el uso de los términos "madianita", "ismaelita", "medanita", "moabita".

26 El segundo censo

→ capítulo 1.

27:1-11 El derecho de las hijas a heredar

En otros países antiguos del Cercano Oriente las mujeres no podían normalmente heredar, pero en Israel se da la ley de que las hijas que no tienen hermanos pueden heredar. Sin embargo, para salvaguardar la herencia de la tribu, deben casarse dentro de su propia tribu (→ capítulo 36).

27:12-23 Nombramiento de Josué como sucesor de Moisés

La vida de Moisés ha llegado casi a su término. Josué, su mano derecha (Exodo 17:9ss.; 24:13; 33:11; Números 11:28) y uno de los dos espías fieles (14:6ss.), es investido de autoridad para guiar a la nación.

Mt. Abarim (12): nombre de la cadena montañosa. El Mt. Nebo, que domina a Jericó, fue la cima desde la que Moisés contempló a Canaán.

Fuísteis rebeldes a mi mandato (14): → en 20:2-13.

28-30 Normas para el culto público y los votos

28: 1-8, ofrendas diarias; 9, 10, ofrendas sabáticas; 11-15, ofrendas para cada mes; 16-25, ofrendas para la Pascua y el pan sin levadura; 26-31, la Fiesta de las Semanas (primicias).

Capítulo 29: las fiestas del séptimo mes. Versículos 1-6, ofrendas para la Fiesta de las Trompetas; 7-11, para el Día de Expiación; 12-38, para la Fiesta de las Cabañas.

En cuanto a las fiestas, → Levítico 23, y página 180. En cuanto a las ofrendas → Levítico 1-7, y página 174.

Capítulo 30: votos. Los hombres de Israel quedan atados incondicionalmente cualquier clase de voto (1, 2). Versículo 3-15: los términos bajo los cuales son obligatorios los votos de las mujeres.

31 Venganza contra los madianitas; reparto del botín

Se castiga a los madianitas por su pecado de inducir a Israel a adorar a otros dioses (→ capítulo 25 y notas). El ejército y la nación se dividen el botín a la mitad. A los sacerdotes les corresponde un quinto de un uno por ciento de la parte de ejército. A los levitas, una quincuagésima parte de lo que corresponde a la nación. Los versículos 48-54 relatan la ofrenda especial que el ejército presenta en gratitud por su retorno a salvo.

32 Rubén, Gad y medio Manasés se establecen al este del Jordán

→ mapa. Se permite esto con la condición de que ayuden a la conquista de Canaán antes de volver a la vida sedentaria.

33 Enumeración de las etapas del viaje desde Egipto hasta las llanuras de Moab

→ mapa y descripción.

Idolos de piedra... lugares altos (52): o sea, esculturas de piedra, y cimas o "lugares altos" artificiales en los que se edificaban altares. La intención es eliminar todo lo que está asociado con las religiones idólatras.

34 Los límites ideales de Israel

→ también Josué 13-19.

35 Ciudades y pasto para los levitas: las seis ciudades de refugio para los que matan por accidente

→ también Josué 20-21.

36 Salvaguarda en el caso de herencia de las hijas

→ en 27:1-11.

Deuteronomio

Deuteronomio es la crónica de los discursos de despedida de Moisés a Israel, pronunciados alrededor de 1260 a.C. en las llanuras de Moab, en vísperas de la entrada a la tierra prometida. El título, que procede de la traducción griega, implica una segunda promulgación de la ley, pero de hecho el libro contiene un replanteamiento y una reafirmación del pacto del Sinaí. Sigue la pauta específica del tratado (→ "Pactos y Tratados del Cercano Oriente", página 198):

1 *Introducción* 1:1-5
2 *Prólogo histórico* 1:6 - 4:49
3 *Estipulaciones* 5:1 - 26:19
4 *Maldiciones y bendiciones* 27:1 - 30:20
5 *Arreglos de sucesión y lectura pública* 31:1 - 34:5

Las leyes incluidas en Exodo, Levítico y Números se compilan y aplican específicamente a la vida sedentaria de Canaán que está a punto de comenzar.

1:1-5 INTRODUCCION

Se especifican cuidadosamente el tiempo y el lugar. Cuarenta años después del éxodo, al final de la travesía por el desierto, Moisés da a Israel el mensaje de Dios en las llanuras al otro lado del Jordán.

Viaje de once días desde Horeb...(2): Se ha demostrado recientemente que el viaje desde Jebel Musa (ubicación tradicional del Mte. Sinaí o Horeb) hasta Cades (área de Ain Qudeirat), toma precisamente este tiempo, pasando por Dacab en la costa oriental de Sinaí, y subiendo y atravesando la costa.

1:6 - 4:49 PROLOGO HISTORICO: MOISES RECUERDA

1:6-46 De Sinaí a Cades; los espías y la revuelta

Versículos 9-18: Moisés recuerda cómo halló alivio del agobio solitario del liderazgo al delegar responsabilidades. El sabio consejo de hacer esto se lo dio su suegro, Jetro (→ Exodo 18:13-26).

Versículos 19-46; → en Números 13-14, y mapa, página 163.

Aquel grande y terrible desierto (19): "desierto" significa simplemente tierra deshabitada. Al norte del Sinaí la tierra es estéril y desolada, con ásperos picachos y terreno cubierto de piedras y pedernal. Pero hay oasis, con una cantidad sorprendente de vegetación después de las lluvias invernales.

Amorreos (44): Números 14-43 emplea el término más amplio de "cananeos".

2 Edom, Moab, y Amón: guerra contra los amorreos

Versículos 1-8: → Números 20:14-21. Si bien los edomitas negaron a Israel el paso por el camino real, parece que algunos estuvieron dispuestos a venderles alimentos. La cordialidad mostrada hacia Edom (descendientes de Esaú), Moab y Amón (descendientes de Lot, → Génesis 19:36-38) basada en parentesco, es característica de los tiempos patriarcales y mosaícos. Dios cumple su palabra a través del tiempo, y espera que su pueblo cumpla la suya.

Versículo 26-37: → Números 21:21-35.

Seir (8): las montañas de "Seir", es decir, Edom, se levantan al sur y al este del Mar Muerto.

...obstinado su corazón (30): el Antiguo Testamento no ve conflicto entre la soberanía de Dios y la libertad del hombre. Dios nunca aparece "endureciendo el corazón" de un hombre bueno. → También bajo Exodo 6-10.

3 Guerra contra el rey Og; establecimiento de las dos tribus y media

Números 21:33-35, y capítulo 32. La tierra de Og era parte del reino amorreo. Basán, afamada

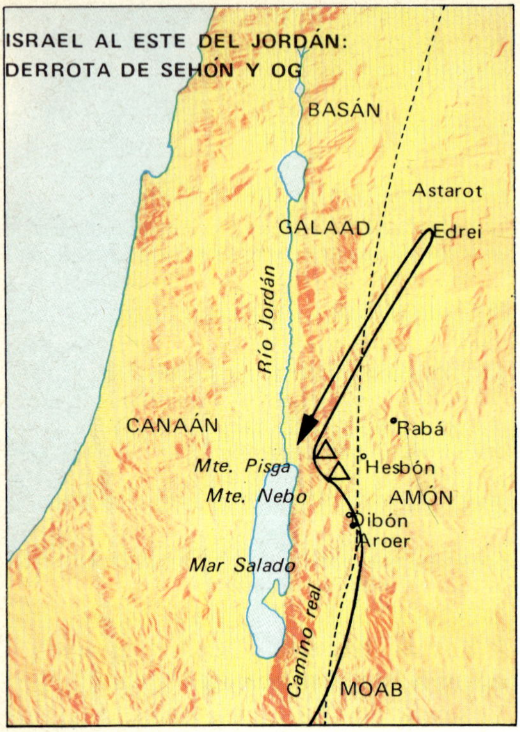

por su ganado, junto con el área circundante, era un prospecto atractivo para los pastores de Rubén, Gad y Manasés.

Su cama (11): probablemente un ataúd. El "codo común" era de unos 450 mm.

El Arabá (17): el valle hendido que discurre desde el Mar de Galilea por el sur hasta el Golfo de Acaba. "Cineret" es Galilea: la palabra proviene de la forma de arpa del lago. El "Mar Salado" es el Mar Muerto.

Versículos 23-26: el precio de la desobediencia fue grave. Lo que Moisés anhelaba por encima de todo era guiar a su pueblo a la tierra prometida. "A causa de vosotros" no es simplemente un intento de eludir la responsabilidad. Fue la provocación del pueblo lo que lo indujo a ira.

4:1-40 Advertencia de Moisés y llamamiento a la obediencia

Moisés ha relatado la historia del trato de Dios con Israel en los últimos 40 años. Ahora les recuerda acerca del carácter de Dios tal como se ve en sus actos, y les advierte sobre las consecuencias inevitables de la desobediencia a El. "El Señor es Dios arriba en los cielos y abajo en la tierra; no hay otro fuera de él... guardad sus estatutos... entonces todo os irá bien"

Baal-peor (3): → Números 25.

Estatutos (8): normas permanentes de conducta; **ordenanzas/juicios:** leyes casuísticas, decisiones judiciales.

4:41-43 Tres ciudades de refugio para Transjordania

4:44-49 Replanteamiento del marco histórico y geográfico del pacto

5 - 11 MANDAMIENTOS BASICOS

5 Los Diez Mandamientos y la promulgación de la ley en el Sinaí

→ También Exodo 19:16 - 20:21 (y las notas anteriores acerca de Exodo 20). Moisés no vacila en modificar la aplicación, a fin de que tenga relación más estrecha con una vida sedentaria (14-16, 21).

6 El gran mandamiento; instrucción para enseñar a generaciones futuras

Jesús dijo que toda la ley se podía resumir en las palabras del versículo 5 y Levítico 19:18 (→ Mateo 22:37-40).

Las escribirás (9): la gente ordinaria no tenía copia de la ley, de modo que ésta debía enseñarse oralmente, y las partes importantes escribirse donde nadie pudiera dejar de verlas. Toda la ley también estaba grabada en piedras enyesadas y exhibida en lugares públicos (→ 27:1-10; Josué 8:32).

Cisternas (11): pozos para almacenar agua recogida de la lluvia o de un manantial. El interior estaba revestido con mezcla impermeable. Los pozos se estrechaban en la parte alta para reducir la evaporación.

Masah (16): → Exodo 17:6-7.

7 - 11 Moisés invita a la nación a la fe y a la obediencia

Moisés pasa del pasado al presente y futuro. Israel se encontrará muy pronto entre naciones

Judío ortodoxo con una filacteria (trozos de la ley en una cajita) atada a la frente en obediencia literal a Deuteronomio 6:8.

paganas. Saborearán la gloria impetuosa del triunfo (capítulo 7). La prosperidad traerá un incremento sin precedentes en el nivel de vida. Habrá mucho que disfrutar (capítulo 8). Y todo esto trae riesgos: el riesgo de perder su identidad como pueblo de Dios; el riesgo del falso orgullo (capítulo 9), de felicitarse por todo lo que han alcanzado; el riesgo de dejar de lado a Dios.

Pero si quieren, el pasado los puede mantener en la línea debida para el futuro. Por esto Moisés los incita: "Acuérdate"; "No te olvides". Acuérdate de Egipto (7:8). Acuérdate del desierto (8:2). Acuérdate cómo eras en realidad (9:7). Acuérdate del amor de Dios, de su poder, de su provisión, de su ley, de sus juicios. Y que este recuerdo te mantenga humilde, fiel, obediente (capítulos 10-11).

No es como la tierra de Egipto (11:10): allí las cosechas de verduras dependían de la irrigación que utilizaba agua del Nilo.

Bendición y Maldición: Gerizim... Ebal (11:26ss.): → capítulo 27.

12 - 26 LEYES DETALLADAS

12 - 13 Idolos a destruir; el lugar para las ofrendas; trato para con los transgresores

12:1-14: deben arrasar todos los lugares en los que los cananeos practicaban sus ritos depravados. Israel no ha de utilizarlos. Una vez establecida la nación, Dios escogerá un lugar específico para los sacrificios.

12:15-32: la carne no era alimento básico para el israelita ordinario, pero todos disfrutaban de ella en las fiestas y sacrificios. Respecto a la sangre, → Levítico 17:10ss. y "El Significado del Sacrificio de sangre", página 178.

13:1-18: era muy real el peligro de verse atraído hacia religiones falsas. Quien estimulara esto debería recibir muerte inmediata. Era un caso de acción drástica para impedir el contagio.

14 Animales puros e impuros; diezmos

Versículos 3-21: → Levítico 11, y "Animales Puros e Impuros", página 176.

Versículos 22-29: → también Levítico 27 y Números 18. Toda la riqueza del hombre es don

Las familias judías tradicionalmente ponen en una "Mezuza" (una cajita fijada en la jamba de la puerta) el texto de Deuteronomio 6:4-9 y 11:13-21.

de Dios. Para recordar esto se separa regularmente una parte. Los escritores judíos generalmente ven aquí al diezmo (un décimo) como un "segundo diezmo", ya que el primero se da a los levitas. Proporciona oportunidad para el disfrute, para participar en el resultado del trabajo de uno, y para compartir generosamente con otros.

15 El séptimo año

Cada séptimo año era de liberación para los esclavos hebreos, y cancelación de deudas contraídas por compatriotas israelitas. → Levítico 25.

Versículos 19-23: → Levítico 27.

16 Las tres fiestas principales

→ la lista completa, Levítico 23, y "Fiestas y Festividades", página 180. Tres veces cada año —Pascua, Semanas (Pentecostés) y Tiendas (Tabernáculos)— todos los judíos varones debían presentarse en el lugar escogido para la asamblea.

Asera... estatua (21-22): imágenes de madera, y símbolos de divinidades paganas.

17 Pena de muerte por idolatría (1-7); casuística legal (8-13); el futuro rey (14-20)

Versículos 14-20: Dios permite la monarquía, pero no la establece. Los peligros que se preven

Pactos y tratados del Cercano Oriente

GORDON WENHAM

El hebreo emplea la misma palabra con que designa un tratado internacional para designar un pacto entre Dios y su pueblo. Estudios recientes han mostrado que las semejanzas entre los tratados antiguos del Cercano Oriente y los pactos del Antiguo Testamento van mucho más allá que esto; al comparar los pactos con los tratados, se han aclarado considerablemente las características de los pactos del Antiguo Testamento así como la comprensión que por lo general hemos tenido del mismo.

La mayoría de los tratados antiguos descubiertos este siglo datan de alrededor del 1500 al 600 a.C., período en el que se compuso gran parte del Antiguo Testamento. En consecuencia, parece probable que los escritores estuvieran familiarizados con la forma en que se redactaban los tratados. Más aún, su empleo de términos e ideas afines al tratado muestra que la relación entre los partícipes de tratados les pareció una representación apta del pacto entre Dios y su pueblo.

El pacto más antiguo mencionado en la Biblia se estableció con Noé (Génesis 9). También se hicieron pactos con Abraham (Génesis 15, 17). Pero con mucho, el pacto más importante en el Antiguo Testamento es el pacto del Sinaí (Exodo 19ss.). Aunque se suele pensar en el Sinaí como el lugar en que la ley de Dios se dio a conocer a Israel, en realidad la promulgación de la ley fue sólo una parte de un suceso mucho más amplio, el llamamiento hecho a Israel a ser nación santa con fidelidad exclusiva al Señor. La nueva relación fue llamada un pacto. El pacto establecido en el Sinaí fue el paso decisivo en la creación de Israel como nación; todos los pactos siguientes evocaban al del Sinaí como modelo, y en un sentido eran considerados como renovaciones del mismo.

Los pactos se parecen a los tratados en tres aspectos principales: en el lenguaje, la forma y la ideología.

Lenguaje

El propósito de un tratado es garantizar la fidelidad total de un rey o estado vasallos al otro participante en el tratado, sea éste un rey o un imperio. Con este fin se utiliza en los tratados un lenguaje florido y retórico para excitar las emociones del vasallo y grabar en él la importancia de la obediencia. Desde hace tiempo se ha considerado el estilo retórico como característico de Deuteronomio, obra que en otros aspectos se parece mucho a un tratado de vasallo. En los tratados se utilizan ciertos términos para describir la conducta de un vasallo obediente. Un buen vasallo debería "buscar", "temer", "amar" a su señor y "oír con atención su voz". Un vasallo rebelde "peca". Esta fraseología a menudo halla eco en el Antiguo Testamento.

aquí —la agresión militar y la sensualidad, que conduce a idolatría— llegaron a ser una realidad incómoda en el reino de Salomón, 300 años más tarde.

18 Ingresos para sacerdotes y levitas (1-8); brujería (9-14); el futuro profeta (15-22)

Versículos 1-8: → también Números 18.

Versículos 9-14: compárese con Levítico 18:3, 24-30; 20:1-6.

Un profeta como yo (15): Dios levantó a muchos profetas en siglos sucesivos. Pero el Nuevo Testamento parece ver en esto una alusión al profeta por excelencia, Jesús mismo (Juan 5:46; Hechos 3:22-26).

19 Ciudades de refugio (1-3); provisiones en cargo de muerte accidental y homicidio (4-13); prohibición de adquirir propiedad por fraude (14); testigos (15-21)

Se añaden tres ciudades de refugio en Canaán a las tres en Transjordania (4:41-43). Josué 20 las menciona como: Cedes (Quedes), Siquem,

Forma

La semejanza más notable entre los tratados y los pactos del Antiguo Testamento está en su forma, en su esquema estructural básico. El tratado clásico del Cercano Oriente utilizado por los hititas tenía seis partes:

1. **Un preámbulo** que menciona al autor del tratado.
2. **Un prólogo histórico** que expone las relaciones entre ambas partes antes de la firma del tratado.
3. **Estipulaciones** que explican las responsabilidades mutuas de ambas partes.
4. **Una cláusula documental** que describe el documento del tratado y que establece que el vasallo lo lea a intervalos regulares.
5. **Una lista de dioses** que son testigos del tratado.
6. **Maldiciones y bendiciones,** que amenazan al vasallo con enfermedad, muerte, destierro, etc., si viola el tratado, pero que le prometen prosperidad y bendiciones si permanece fiel.

Los pactos del Antiguo Testamento tienen una estructura semejante aunque no idéntica. Por ejemplo, al creerse en un Dios, se omitía la lista de dioses como testigos. Deuteronomio contiene la mayoría de los elementos de la forma del tratado:

1-3 Prólogo histórico
4-26 Estipulaciones
27 Cláusula documental
28 Bendiciones y maldiciones.

Exodo 19-24, , y 1 Samuel 12 son otros ejemplos más cortos de la forma del tratado en el Antiguo Testamento.

Ideología

● Los tratados y pactos comienzan con aspectos históricos y ambos insisten en la gracia y misericordia del autor del pacto. El rey hitita puede recordarle a su vasallo su bondad al permitirle continuar como rey del estado vasallo a pesar de su reciente rebelión. En forma semejante, Dios le recuerda a Israel su misericordia, ''Yo soy Jehová tu Dios, que te saqué de la tierra de Egipto'' (Exodo 20:2).

● Tanto en los tratados como en los pactos, la base de las estipulaciones es el favor inmerecido del señor. Las estipulaciones o leyes vienen después de que se le ha recordado al vasallo lo que el señor del tratado ha hecho por él. Se espera que obedezca las estipulaciones por pura gratitud. Así también en el Antiguo Testamento, la ley sigue a la gracia. Debido a la forma en que Dios los ha salvado, se insta a Israel a obedecer.

● Se promete bendición y prosperidad si el vasallo permanece obediente, pero se invocan maldiciones sobre él si se rebela. Los redactores de los tratados y los autores del Antiguo Testamento, conociendo bien el corazón humano, tienden a extenderse más en las maldiciones que en las bendiciones. Se describen cuadros aterradores de los sufrimientos que el pueblo ha de soportar si no cumple las exigencias del pacto (→ Deuteronomio 28:15-68). A menudo son eco de estas maldiciones de los pactos las amenazas proféticas del juicio venidero. Los profetas recuerdan al pueblo que la relación del pacto implica responsabilidad tanto como privilegio (p.e. Amós 3:2)

Los Manuscritos del Mar Muerto muestran que las ideas de los pactos siguieron siendo importantes en la teología judía aún hasta la época del Nuevo Testamento. Jesús mismo dio claramente por sentado que sus discípulos conocían esta forma de pensar, cuando se refirió a su muerte como inicio de un nuevo pacto (Marcos 14:24).

Quiriatarba (Hebrón), Beser, Ramot Galaad y Golán.

Vengador de la sangre (6): el pariente más próximo del difunto, cuyo deber era el de vengar su muerte. La reglamentación aquí tiene como fin impedir el desarrollo de una enemistad y lucha entre familias.

Mojón (14): una piedra en la que constaban los límites de la propiedad.

La ley de venganza (21): → bajo Levítico 24.

20 Leyes para la guerra

Quedan exentos del servicio militar los que han construído una casa nueva o plantado una nueva viña, los recién casados y los medrosos. Los versículos 10-18 distinguen entre el trato de las naciones cananeas y las de más lejos.

Los destruirás completamente... (17): en contraste con la compasión y el humanitarismo de los versículos 1-11 y con el interés por la conservación en los versículos 19-20, esta ley parece increíblemente dura. Pero en ella no hay nada arbitrario. Las malas y corruptas prácticas religiosas de las naciones cananeas —el sacrificio de niños, la prostitución y mucho más— eran muy contagiosas y por consiguiente sumamente peligrosas para la nueva nación de Israel. Y Dios, en su paciencia, había dado a estas naciones muchos siglos para cambiar sus costumbres (Génesis 15:16).

21 homicidio por mano desconocida (1-9); mujeres cautivas (10-14); el derecho del primogénito (15-17); hijos fuera del control de los padres (18-21); ejecución en la horca (22-23)

Dios da un valor y dignidad básicos a toda vida humana, incluso a la del individuo que la sociedad tiene menos en cuenta.

Rapará su cabeza (12): ya sea en señal de purificación del paganismo, o como luto.

Derecho del primogénito (17): ya era costumbre antigua. El problema en la familia de Jacob procedía de esta clase de favoritismo.

Hito contemporáneo en que aparece un rey babilonio con arco.

El hijo contumaz y rebelde (18) no sólo descartaba la autoridad de sus padres sino también la de Dios mismo.
Maldito por Dios (23): → Gálatas 3:13-14.

22 Animales y propiedad perdidos (1-4); distinción de sexos (5); nidos de aves (6-7); edificaciones, cultivos, vestimenta (8-12); relaciones sexuales (13-30)

Estos son preceptos que estimulan actitudes de ayuda y cuidado mutuos y de preocupación por la pureza.
Versículo 5: precepto para proteger contra la perversión e inmoralidad.
Versículo 9-11: el hombre no debe borrar las distinciones claras que Dios ha puesto en la naturaleza.
Flecos (12): → Números 15:37-41.
Prueba de virginidad (14): una prenda de vestir manchada de sangre en la noche de bodas sigue presentándose como prueba de la castidad de la esposa en algunos lugares del Cercano Oriente.

23 Pertenencia a la congregación (1-8); preceptos sociales (9-25)

La comunidad del Señor es tanto inclusiva (7-8) como exclusiva (1-6). La caracterizan la pureza y la santidad (10-14, 17-18), y el humanitarismo práctico (15-16, 19-20).
Versículos 1 y 17-18: protesta y salvaguarda contra las prácticas cúlticas cananeas. "Perro" (18) se refiere a un varón que se prostituye.
Versículo 2: una condenación no del individuo implicado, sino de la relación sexual ilícita en la que fue concebido.
Balaam (4): → Números 22-24.
Versículo 2: una condenación no del individuo implicado, sino de la relación sexual ilícita en la que fue concebido.

24 Divorcio (1-4); leyes humanitarias (5-22)

Versículos 1-4: Moisés no instituye el divorcio sino que regula la práctica antigua, primero al insistir en un agravio concreto, y segundo al emitir un documento formal.

Versículo 5-22: incluso al ejercer sus derechos, el pueblo de Dios debe preocuparse por los otros. Quitarle a alguien la piedra del molino, por ejemplo, lo dejaba incapaz de moler la harina para hacer el pan cotidiano.
Lepra (8): el término abarca varias enfermedades cutáneas. → Levítico 13-14.
María (9): → Números 12.

25 Castigo corporal (1-3); compasión por los animales de trabajo (4); ley matrimonial del Levirato (5-10); peleas (11-12); pesos justos (13-16); castigo de los amalecitas (17-19)

Versículos 1-3: el látigo es para castigar la culpa, no para hacer confesar. Nunca debe violar la dignidad humana o el respeto propio. Los "cuarenta azotes" luego se convirtieron en 39, por temor de exceder el límite inadvertidamente (→ 2 Corintios 11:24).

Versículos 5-10: la ley del levirato (del "cuñado") tenía como fin impedir la calamidad de que el nombre familiar desapareciera. → Rut (y en cuanto a la costumbre de la sandalia. Rut 4:7).
Poner bozal al buey (4): el Nuevo Testamento extiende este principio. → 1 Corintios 9:3-14.

26 Primicias y diezmos (1-15); instancia final (16-19)

→ 14:22-29. La ceremonia de las primicias incluye el recital de una atractiva oración de recuerdo y alabanza que sintetiza la vida de Israel.

Versículos 16-19: la bendición llega por la obediencia.
Un arameo a punto de perecer (5): después de salir de Ur, Abraham permaneció en Aram-naharaim, donde se estableció parte de su familia (convirtiéndose en arameos), en tanto que él siguió hasta Canaán.

27 - 30 MALDICIONES Y BENDICIONES

Las maldiciones y bendiciones son parte integral del pacto del Cercano Oriente antiguo. → página 198.

27:1-10 Inscripciones de la ley

→ bajo 6:9.

27:11-26 Las maldiciones

Gerizim y Ebal son las dos colinas más destacadas en el centro natural de Palestina. Con seis tribus a cada lado, los levitas deben pronunciar una maldición sobre doce violaciones de la ley, y el pueblo debe asentir. → Josué 8:30-35.

28:1-14 Bendiciones

La obediencia traerá los beneficios de la victoria la paz, la fertilidad, la prosperidad.

28:15-68 Maldiciones solemnes

La desobediencia producirá enfermedad, hambre, derrota, servidumbre, y en último término el cautiverio, la pérdida de la patria y de todos los gozos de la vida. No se trata de una amenaza vacía, como lo demostraron sucesos posteriores que incluso llegaron a los horrores del asedio (→ 2 Reyes 6:24-30; Lamentaciones 2).

Polvo y ceniza (24): tormentas de arena y de polvo en lugar de lluvia.

27 - 30 Moisés invita a la nación a una nueva entrega

La vida de Moisés se acerca rápidamente al final. Pone todo su corazón en este último llamamiento. Suplica (29:2-15). Advierte (16-28). Anima (30:1-14). Les plantea la elección: vida o muerte, bendición o maldición (15-20).

La embriaguez quita la sed (29:19): El refrán destaca la posibilidad de entorpecer las aspiraciones y obligaciones espirituales con un exceso de gratificación propia.

Sodoma y Gomorra, Adma y Zeboim (29:23): ciudades en el extremo meridional del mar Muerto sumergidas durante la catástrofe de Génesis 19:24ss.).

Cosas secretas (29:29): ciertos asuntos de significado eterno los conoce sólo Dios (→ también Hechos 1:7).

La ley israelita refleja (en forma y detalle, si no en intención y finalidad básicas) otros códigos de leyes del Cercano Oriente, incluso el de Hamurabi, el rey de Babilonia, cuya imagen aparece en este relieve de piedra caliza.

30:11-14: Moisés habla de la accesibilidad de la palabra de Dios. Pablo (Romanos 10:5-8) toma el pensamiento y lo aplica a Cristo, el Verbo hecho carne.

31 SE COLOCA EL PACTO EN LUGAR SEGURO; GARANTIA DE SUCESION

La ley se deposita para seguridad en manos de los levitas, y se prescribe su lectura pública regular. A lo largo de la historia subsiguiente, Israel prosperó en tanto y por cuanto escuchó la palabra de Dios y la obedeció. Se nombra formalmente a Josué como sucesor de Moisés (→ Números 27:12-23).

Salir y entrar (2): "moverse o movilizarse libremente" dar el sentido. La expresión se aplica a ciudadanos que "entran y salen" de una ciudad, etc.

32:1-47 CANTICO DE MOISES

Dios es el mejor de los maestros. Instruye a Moisés para que advierta a su pueblo acerca de su deslealtad futura con un cántico para que les resulte inolvidable (31:19).

Niña de su ojo (10): la pupila, de la que depende la vista.

Jesurún (15): nombre poético de Israel.

32:48 - 34:12 BENDICION Y MUERTE DE MOISES

32:48-52 Moisés recibe sus últimas órdenes

33 Moisés bendice a las tribus

Después de todas las advertencias, esta última bendición contempla un grande y glorioso futuro para Israel. A Simeón no se lo incluye en las tribus: Judá absorbió más adelante a su pueblo. (Compárese con la bendición de Jacob en Génesis 49.)

Versículos 2-5: la entrega de la ley en el Sinaí se describe como un amanecer oriental.

Viva Rubén (6): el tamaño de la tribu se redujo debido a la rebelión de Datán y Abiram (Números 16).

Tumim y Urim (8): dos objetos que se colocaban en la pechera del sumo sacerdote y con los cuales éste indagaba la voluntad de Dios (→ Exodo 28:30). *Masah, Meriba:* → Exodo 17 y Números 20.

Entre sus hombros morará (12): ya sea una descripción de Dios como pastor, acarreando a su cordero, o una alusión a la casa de Dios en Jerusalén que se edificaría en territorio benjamita.

Los más escogidos frutos (14): en los valles de Efraín y Manasés abundaban los frutos todos los años.

Cuando salieres...; en tus tiendas (18): el éxito de Zabulón fue en el comercio; el de Isacar en la agricultura y la vida doméstica.

El occidente y el sur (23): la tierra fértil al sur y oeste del mar de Galilea.

Aceite (24): el territorio de Aser era famoso por sus aceitunas.

34:1-8 La muerte de Moisés

Por fin Moisés ve la tierra en la que por 40 años ha anhelado entrar. Israel ya no lo ve más. Pero lo encontramos una vez más en la Biblia: en un monte, hablando con el Señor (Marcos 9:2-4).

34:9-12 Conclusión

La acción pasa ahora a manos de Josué, pero el libro concluye con un sencillo y conmovedor tributo al mayor de los líderes israelitas. No habrá otro profeta como él hasta Elías; nadie lo sobrepasará sino Cristo mismo.

Introducción

JOHN TAYLOR

En la Biblia Hebrea el relato de la historia de Israel se da en dos secciones separadas:
Los Profetas, que incluyen Josué, Jueces, 1 y 2 Samuel, 1 y 2 Reyes;
Los Escritos, que incluyen 1 y 2 Crónicas, Esdras y Nehemías.

HISTORIA PROFETICA

La narración histórica desde Josué hasta 2 Reyes recibió por cierto el título hebreo de "Los Primeros Profetas". Esto fue para distinguir entre estos libros y los Ultimos Profetas: Isaías, Jeremías, Ezequiel y los doce profetas menores. Lo interesante es que se le llamara "profecía" a los primeros.

Hay dos posibles razones para ello. O fue porque el objetivo principal de los libros era enseñar, o porque son la historia, no tanto de la nación, sino de la forma en que el mensaje de Dios se cumplió en la vida de la nación.

Este grupo de seis libros (sin contar a Rut, que pertenece, en la Biblia Hebrea a "Los Escritos"), ha sido considerado por muchos expertos como una obra histórica completa. Algunos la llaman la "historia deuteronómica", debido a que el punto de vista teológico que expresa se parece al de Deuteronomio.

Formación de la "historia profética"

Si se consideran los libros como una unidad básica, la fecha más antigua que se les puede asignar sería poco después del último suceso en 2 Reyes: la liberación del rey Joaquín de la prisión en el 561 a.C. Sin embargo, esto se aplicaría sólo a la labor editorial más tardía. En su mayor parte el material es muy anterior si bien a menudo se utilizaron fuentes contemporáneas.

Las fuentes que se citan en el texto incluyen el Libro de Jasar (quizás un antiguo libro nacional de cánticos de Israel), el libro de los Hechos de Salomón y las Crónicas de los Reyes de Judá e Israel (que no tienen relación con los libros de Crónicas en nuestras Biblias). Se trataba de archivos de la corte, o historias populares basadas en ellos. Ilustran dos cosas: la cantidad de relatos históricos que se habían escrito en Israel durante la monarquía; y la cantidad de fuentes escritas que estuvieron disponibles para los autores bíblicos. Se puede suponer que las fuentes citadas no fueron las únicas que utilizaron, y que recurrieron también a otros escritos tales como a una historia de la corte de David y a una colección de relatos de Elías y Eliseo.

Contenido de la "historia profética"

El período que abarcan estos libros se extiende desde la entrada de Josué en la tierra de Canaán hasta la mitad del exilio. La mayoría de los expertos prefieren situar la fecha de la conquista a finales del siglo XIII en lugar de una fecha anterior (en base a 1 Reyes 6:1 se ha sugerido el 1400 a.C.) y verían los sucesos de Josué y Jueces como ocurriendo entre 1240 y 1050 a.C.

Josué abarca la vida del sucesor de Moisés y describe la conquista de Canaán desde el cruce del río Jordán hasta la ceremonia de renovación del pacto en Siquem, la cual estableció las tribus en una lealtad común al Señor. También se dedica espacio a una descripción detallada de la distribución de Canaán entre las doce tribus (Josué 13-21).

Jueces comienza con un recordatorio de que la conquista bajo Josué no fue en forma alguna completa y que casi todas las porciones territoriales de las tribus seguían conteniendo enclaves de resistencia enemiga. De hecho, este es el marco en que se da todo el libro, porque en todo el período de los jueces las tribus por aparte sufrieron a causa de incursiones de vecinos hostiles (o ¡antiguos residentes!) y los jueces, o "libertadores", fueron puestos para guiar a las tribus contra ellos en guerra abierta o en guerra de guerrillas.

Los más destacados fueron *Débora* y *Barac,* quienes guiaron a las fuerzas combinadas de Zabulón y Neftalí contra los cananeos bajo Sísara; *Gedeón* de Manasés, quien derrotó a los madianitas y amalecitas; *Jefté* el galaadita quien subyugó a los amonitas; y *Sansón* el danita quien con éxito emboscó a los filisteos. El libro concluye con dos episodios fantásticos. El primero describe el establecimiento de un nuevo santuario para la tribu de Dan (Jueces 17-18). El segundo se ocupa del castigo de Benjamín por una ofensa cometida por el pueblo de Gabaa (o Guibeá, Jueces 19-21).

Hasta ahora el elemento histórico en estos escritos ha sido relativamente pequeño: el estilo ha sido episódico, ocasionalmente moralista, y en gran parte producto del arte de contar cuentos. Con **1 y 2 Samuel** (la división en ellos es artificial y probablemente se debe sólo a la extensión de los rollos) comenzamos a tener un relato más cronológico de sucesos, y esto es cierto sobre todo en la historia de David. *Samuel* es una figura importante al principio ya que es juez y profeta al mismo tiempo. Pero el interés se centra realmente en la cuestión de la realeza, y Samuel desaparece a medida que primero *Saúl* y luego *David* dominan la escena. Saúl probablemente reinó desde poco después de la derrota en Afec en el 1050 a.C., cuando los filisteos capturaron el arca, hasta alrededor del 1011 a.C. David reinó desde entonces hasta 971 (los primeros siete años en Hebrón y luego en Jerusalén).

1 y 2 Reyes continúan el relato, partiendo de la subida de *Salomón* al trono de su padre, a lo largo del derrumbamiento del reino 40 años más tarde, y de la rivalidad continua entre los reinos septentrional y meridional de Israel y Judá. Esto siguió hasta que Israel quedó absorbido en el Imperio Asirio después de la caída de Samaria en el 722 a.C. Después de esto, Judá sobrevivió a duras penas por más de un siglo, experimentando una milagrosa liberación del asedio asirio en el reino de *Ezequías* y disfrutando de las extensas reformas del reino de *Josías* (640-609). Luego vino el colapso ante el peso conjunto del desagrado de Dios y de los ejércitos de Nabucodonosor, y el exilio en Babilonia. La melancolía de la derrota la alivian solamente las palabras finales de 2ª Reyes que hablan de la liberación del rey Joaquín de su cautiverio babilónico. No se había extinguido totalmente la esperanza de un sobreviviente descendiente de David.

Temas clave de la "historia profética"

Como hemos visto, uno de los principales puntos de interés de esta historia profética o "deuteronómica" es la *realeza,* y sobre todo la dinastía del rey David. En Jueces 9 hubo un intento malogrado del hijo de Gedeón, Abimelec, por constituirse en monarca hereditario en Siquem. En Jueces 17-21, los males de la época se atribuían al hecho de que "en estos días no había rey en Israel; cada uno hacía lo que bien le parecía". En 1 Samuel, se dedican cinco capítulos (8-12) al establecimiento de una monarquía. Parece que el historiador la aceptó más bien a regañadientes, ya que Israel era una teocracia, y el Señor era su único y legítimo Rey. Pero con el surgimiento de David desaparecen todas las vacilaciones, aunque la moralidad personal de éste a menudo dejó mucho que desear. El punto culminante de su reino fue la promesa divina de una sucesión duradera (2 Samuel 7). El cumplimiento de esta palabra se puede percibir en las vidas de todos los reyes subsiguientes de Judá.

Un segundo punto de interés fueron los profetas y **la palabra del Señor.** La forma como el escritor presenta a Débora y a Samuel, a Natán y a Gad, a Ahías y a Miqueas, a Elías y a Eliseo, da testimonio de la importancia que otorgaba al oficio de profeta. Estos hombres podían hacer y destruir reyes. Actuaban como consejeros de la corte y guardianes políticos. Eran los hombres de poder porque a ellos, a su vez, los controlaba la palabra de Dios. Y, a los ojos del escritor, la palabra de Dios era la que controlaba la historia. Una vez que se pronunciaba una palabra —por ejemplo la maldición sobre la casa de Acab— inexorablemente se cumplía.

Un tercer interés del escritor era el **templo** de Jerusalén. Desde el principio de 1 Samuel se puede percibir una preocupación especial por la preservación del arca del Señor en su traslado de Silo hasta Filistea, a Quiriat-Jearim y más tarde a Jerusalén. David quiso construirle al arca una morada más permanente y esto fue ocasión para que Natán profetizara acerca de la realeza hereditaria. Y en tiempos de Salomón, por fin, se erigió el templo como casa permanente para ésta.

Finalmente estaba la norma fija según la cual se evaluaban todos los reyes. Esta era ante todo un asunto de culto. ¿Se adoraba al Señor en Jerusalén con pureza, o se permitían influencias extrañas e idólatras? ¿Se eliminaban los lugares altos (templos antiguos, paganos) o se permitía que siguieran? Por la índole misma de la evaluación, ninguno de los reyes de Israel dio la talla porque perpetuaron el culto en los santuarios de Betel y Dan que Jeroboam había establecido. Tampoco dieron la talla los reyes de Judá cuando por razones políticas incorporaron las prácticas religiosas de un señor extranjero como señal de sumisión al mismo. Sólo Ezequías y Josías recibieron alabanza sin restricciones. Es pues razonable concluir que el propio punto de vista teológico del historiador fue influido por las reformas de éstos.

LA LABOR DEL CRONISTA

La segunda parte del relato de la historia de Israel, incluía en "Los Escritos" en la Biblia Hebrea, fue originalmente compilada en un libro. El autor o compilador recibe a menudo el nombre de Cronista. El período anterior al exilio lo cubren 1 y 2 Crónicas, y los primeros cien años después del cautiverio lo cubren Esdras y Nehemías. Al principio sólo la segunda sección fue incorporada a la Biblia hebrea, posiblemente debido a la superposición entre Crónicas y Samuel y Reyes, pero luego fueron integradas 1 y 2 Crónicas. Por eso en la Biblia hebrea Esdras y Nehemías anteceden a Crónicas. Para que su unidad original quedara clara, los versículos iniciales de Esdras se añadieron al final de 2 Crónicas.

Período abarcado

Un resumen del contenido muestra claramente los intereses particulares del Cronista y el campo que abarcan estos cuatro libros:

1 Crónicas 1-9: genealogías desde Adán hasta Saúl.

1 Crónicas 10-29: el reinado de David.

2 Crónicas 1-9: el reinado de Salomón.

2 Crónicas 10-36: la historia de Judá desde Roboam hasta el exilio.

Esdras 1-6: la reconstrucción del templo después del exilio.

Esdras 7-10: llegada de Esdras a Jerusalén y reformas.

Nehemías 1-7: reconstrucción de las murallas de Jerusalén por parte de Nehemías.

Nehemías 8-13: lectura de la ley por parte de Esdras y reformas de Nehemías.

Con esto se puede ver que no se toma en cuenta el reino septentrional, Israel, y que se dedica la mayor parte del espacio a David y Salomón y a asuntos relacionados con el templo de Jerusalén. En este sentido el autor seguía los mismos pasos del historiador deuteronómico. Era un vigoroso partidario de la dinastía de David y no consideraba que el reino septentrional, después de su separación de Judá, perteneciera ya al verdadero pueblo de Dios. Así también, cuando se realizaban las actividades de reconstrucción, tanto en el templo como en los muros de la ciudad, tuvo cuidado de mencionar que los samaritanos —descendientes de la población israelita mixta— fueron excluidos de participar en el trabajo, o fueron activamente hostiles al mismo.

Los intereses del Cronista

El Cronista era también fanático de David como principal arquitecto del templo, de su culto y de su organización. Aunque Salomón fue el edificador, las ideas procedieron todas de David. Esto produjo lo que se ha llamado una imagen idealizada de David, muy diferente a la del falible líder guerrillero convertido en monarca de la versión de Samuel y Reyes. Pero no es justo acusar al Cronista de encubrir deliberadamente las faltas de David. No escribía una historia política de Israel. Pasó por alto acontecimientos y relatos que no tenían relación con el templo. Su principal interés fue hacer remontar la historia del templo y su culto hasta sus primeros orígenes, y contar lo más posible de las contribuciones de David y de Salomón para engrandecerlo más.

Sin embargo, al contrario que con el autor de Samuel y Reyes, al Cronista le fascinó el papel desempeñado por sacerdotes y levitas, y a menudo se subraya su importancia. Así ocurrió también con la posición única de ellos como oficiales del culto. Al Cronista le interesó la lepra de Osías, producida por entrar en el templo ilegalmente para quemar incienso; y el cuidado asumido por no involucrar a nadie sino a sacerdotes y levitas en el destronamiento de Atalías, que también ocurrió en el templo.

La evaluación de cada uno de los reyes de Judá concuerda con la de 1 y 2 Reyes. Pero el Crónista se esmeró en dar las explicaciones de casos poco comunes allí donde parecía no funcionar una estricta ley de retribución, por ejemplo, en la muerte trágica de un buen rey tal como Josías, o el prolongado reinado de un rey malo como Manasés. De nuevo, no hay pruebas para mostrar que tergiversó o inventó los hechos para subrayar sus ideas, aunque sí utilizó abiertamente su material en forma selectiva porque escribía como historiador eclesiástico, no político.

Su interés por lo sacerdotal no lo aisló del mundo profético. Porque además de utilizar abundantemente los anales, p.e. "el libro de los reyes de Israel y Judá" y muchos relatos semejantes, también utilizó muchas colecciones de dichos proféticos, de Samuel, Natán, Gad e Ido. Esto nos lleva a respetar el cuidado meticuloso con que reunió y seleccionó sus materiales.

En el período de Esdras y Nehemías utilizó las memorias de estos dos hombres (nótese el em-

Meguido ha sido escenario de muchas batallas, ubicada al borde de la llanura de Jezreel, junto a la entrada al paso de la cadena montañosa del Mte. Carmelo. Esta maqueta, hecha para mostrar los diferentes niveles arqueológicos, está en el museo de la ciudad.

pleo de la primera persona del singular en Esdras 7:27-9:15 y Nehemías 1:1-7:5; 13:6-31). De hecho la tradición judía ha sostenido que el Cronista fue el mismo Esdras, lo cual no es en modo alguno imposible. Por lo menos se puede decir casi con seguridad que el Cronista formaba parte del personal del templo, que era hombre de gran devoción (prueba de ello son las muchas oraciones que contiene su obra, y que escribió al final del siglo V o principios del IV a.C.).

Josué

El libro de Josué continúa con el relato de la historia de Israel a partir de la muerte de Moisés, a lo largo de la conquista de Canaán, hasta la muerte de Josué. Los capítulos 1-12 abarcan los primeros cinco o seis años después de la muerte de Moisés. Los acontecimientos relatados en los últimos dos capítulos probablemente ocurrieron unos veinte años más tarde. La conquista comenzó probablemente alrededor del 1240 a.C., según recientes pruebas arqueológicas y de otra índole. Parece probable que este relato fuera escrito en los primeros tiempos de la monarquía (1045 a.C.), durante la vida de Samuel, y antes de que David capturara Jerusalén (→ Josué 15:63).

Josué mismo nació en Egipto. Pasó a ser la mano derecha de Moisés durante el éxodo y la travesía del desierto. Fue un excelente jefe militar (Exodo 17:8ss.). En la entrega de la ley en el Sinaí fue compañero de Moisés (Exodo 24:13). Josué fue uno de los 12 espías que Moisés envió para reconocer el territorio. Sólo él y Caleb tuvieron la fe y el valor para recomendar seguir adelante (Números 14:16ss.), y en consecuencia fueron los únicos que sobrevivieron los 40 años de travesía. Cuando Moisés murió, Josué fue la preferencia obvia para sucederlo como guía de la nación (Deuteronomio 34:9).

1 - 4 ISRAEL ENTRA EN LA TIERRA PROMETIDA

1 Josué asume el liderato

Este relato del ascenso de Josué es uno de los grandes capítulos de la Biblia. Moisés ha muerto, pero el propósito de Dios para con la nación prosigue. La clave de este preludio de la conquista es el llamamiento repetido a ser fuertes y tener valor (6, 7, 9, 18).

Este libro de la ley (8): → Deuteronomio 31:24-26. Josué estaba con Moisés cuando se entregó la ley en el Sinaí.

Dentro de tres días (11): o bien los sucesos del capítulo 2 ya han ocurrido, o bien el significado es simplemente "pronto"

Acordaos de la palabra... (13): → Números 32.

2 Rahab y los espías

Jericó, la "ciudad de las palmeras", queda al oeste del río Jordán. La intención de Josué era atacar primero por el centro de Palestina, para abrir una brecha entre el norte y el sur. Jericó estaba directamente en la ruta y obviamente era el primer blanco. → "Las Ciudades de la Conquista", página 213.

El hecho de que Rahab acogiera a los espías no nació del temor, sino de creer que el Dios de Israel es el *verdadero* Dios (→ Hebreos 11:31, donde se alaba su fe, no su inmoralidad). La casa de Rahab estaba construida sobre los muros de la ciudad o dentro de ellos, con un techo plano en el que se podían poner a secar productos agrícolas, en este caso lino con el cual ella hacía hilo. Su casa era un lugar al que los espías podían ir sin que se les preguntara nada; y sin duda era un buen sitio para recoger información. Los israelitas cumplieron la promesa que le hicieron (6:22ss.) Rahab se nacionalizó, se casó con Salmón, y por medio de su hijo Booz (→ Rut 2-4) fue antepasada de David y de Jesús mismo (Mateo 1:5).

3 Los israelitas cruzan el Jordán

Era primavera, y el río estaba crecido por causa de las nieves derretidas, cuando Dios condujo a

Jericó, "ciudad de palmeras", es un oasis verde y subtropical junto a colinas estériles. En la página 84 hay una fotografía de las excavaciones de la antigua Jericó; también la foto en la página 272.

su pueblo a través del Jordán. Al mojarse los sacerdotes sus pies en el agua desbordada, la corriente se detuvo pues quedó bloqueada en Adam, unos 25 kilómetros más arriba, dejando secos unos 45 o 50 kilómetros del lecho del río. (En 1927 unos temblores de tierra produjeron el desprendimiento de las altas márgenes de arcilla en el mismo lugar, y el Jordán quedó bloqueado por más de 21 horas.)

El arca del pacto (3): que contenía las tablas con la ley. Era símbolo visible de la presencia de Dios entre su pueblo, y de su dirección y guía.

Santificaos (5): es decir, "preparaos delante de Dios", mediante purificaciones rituales y un examen de conciencia.

4 Las piedras conmemorativas

Las amontonaron en dos pilas. Una por donde los sacerdotes habían entrado en el borde oriental del río; la otra en Gilgal, su lugar de campamento en el oeste. Ambos iban a servir como recordatorio perpétuo de la grandeza de Dios. (Este es el mismo tramo del Jordán en el que se realizó el ministerio de Juan y el bautismo de Jesús.)

Delante de vosotros... de nosotros (23): ya no quedaban muchos de los que habían cruzado el Mar Rojo. De los que tenían más de 20 años cuando fueron enviados los espías, sólo vivían Josué y Caleb.

5:1 - 12 GILGAL: CIRCUNCISION DE ISRAEL

El rito de la circuncisión no se había practicado porque el pacto mismo estuvo, por así decirlo, suspendido durante 40 años como resultado de la falta de fe y de la desobediencia del pueblo (Números 14). Ahora la circuncisión de la nueva generación señala la renovación de la antigua relacion entre Dios y su pueblo.

Cuchillos afilados (2): para esta época los instrumentos de bronce habían sustituido a los de piedra, pero para el rito religioso se utilizan los instrumentos tradicionales.

El maná cesó (12): → Exodo 16:13ss. Esta provisión especial de Dios nunca había fallado a lo largo de los años en el desierto. Ahora ya no se necesitaba.

5:13 - 6:27 LA CAIDA DE JERICO

La conquista de Canaán fue una guerra santa. Dios estaba al frente del ejército. Nadie sabía esto mejor que Josué, después de su experiencia de 5:13ss. Israel lo sabía, ya que el arca de la presencia de Dios guiaba a las fuerzas. Y los enemigos de Israel lo sabían, y se estremecieron (2:10-11; 5:1). Fue una guerra de nervios para

Un *shofar,* o cuerno de carnero.

los hombres de Jericó; día tras día las tropas en asedio, los toques de trompeta y el ejército silencioso contribuyen a la gran culminación del sétimo día.

"No toquéis el anatema" (18): la ciudad y todo lo que en ella hay están completamente dedicados a Dios. Es pues sacrilegio que alguien tome algo para sí.

Fuera del campamento (23): hasta el momento en que fueran "limpiados" mediante un período de purificación.

Maldito... el hombre (26): los escombros siguieron así por 400 años, hasta el reinado de Acab. Entonces Hiel reconstruyó Jericó y heredó la maldición (→ 1 Reyes 16:34).

7 DESAFIO DE ACAN

Debido al pecado de Acán (→ 6:18) murieron 36 hombres en Hai, y toda la nación quedó avergonzada delante de sus enemigos cananeos. Dios exige obediencia absoluta; y la desobediencia de una persona afecta a todo el pueblo de Dios.

Hai (2): "La Ruina". → "Las Ciudades de la Conquista", página 213.

Santificaos (13): → bajo 3:5.

La... que Jehová tomare (14): se descubrió al culpable por medio de la suerte sagrada, las dos piedras que estaban en la pechera del sumo sacerdote. No se sabe exactamente cómo se realizó esto.

Los apedrearon... los quemaron (25): es decir, a Acán y los bienes robados, no fuera que la familia lo supiera también y en consecuencia resultaran culpables (→ Deuteronomio 24:16).

8 TOMA DE HAI

La evidencia de los escombros en Et-Tell difícilmente concuerda con este relato bíblico, lo cual sugiere de hecho que quizás ésta no sea la ubicación correcta de Hai. Pero véase la página 214. La huida de Josué y la estrategia de emboscada son provecho que sacan de la anterior derrota de Israel.

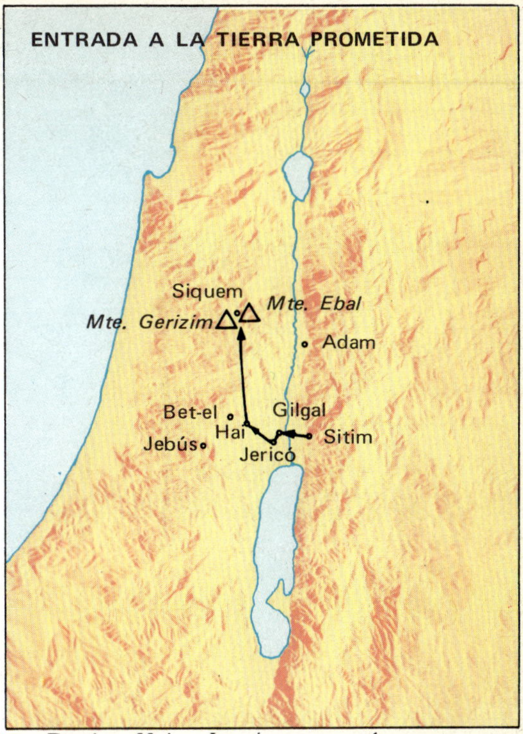

Desde Hai, Josué pasa al norte para establecerse en Siquem, en el valle entre los montes Ebal y Gerizim. Toma posesión de la tierra en nombre de Dios. Y se juramenta el pacto como Moisés había mandado (Deuteronomio 27).

30.000 (3): quizá se refiere a las fuerzas globales, a no ser que hubiera dos emboscadas (12). Pero las cifras elevadas en el Antiguo Testamento crean un verdadero problema. → Números 1, y página 191.

Bet-el (9): el lugar donde Jacob tuvo la visión. Ciudad bien fortificada y próspera durante los primeros tiempos de Israel en Egipto; había declinado algo en tiempo de Josué. El rey de Bet-el fue derrotado (12:16) en esta campaña (Bet-el y Hai estaban sólo a 2 1/2 Km. de distancia) o quizá más tarde.

9 - 10 LA CAMPAÑA EN EL SUR

9 Gabaón engaña a Israel para que firme un tratado

Gabaón era una ciudad importante unos diez kilómetros al norte de Jerusalén. El tratado fir-

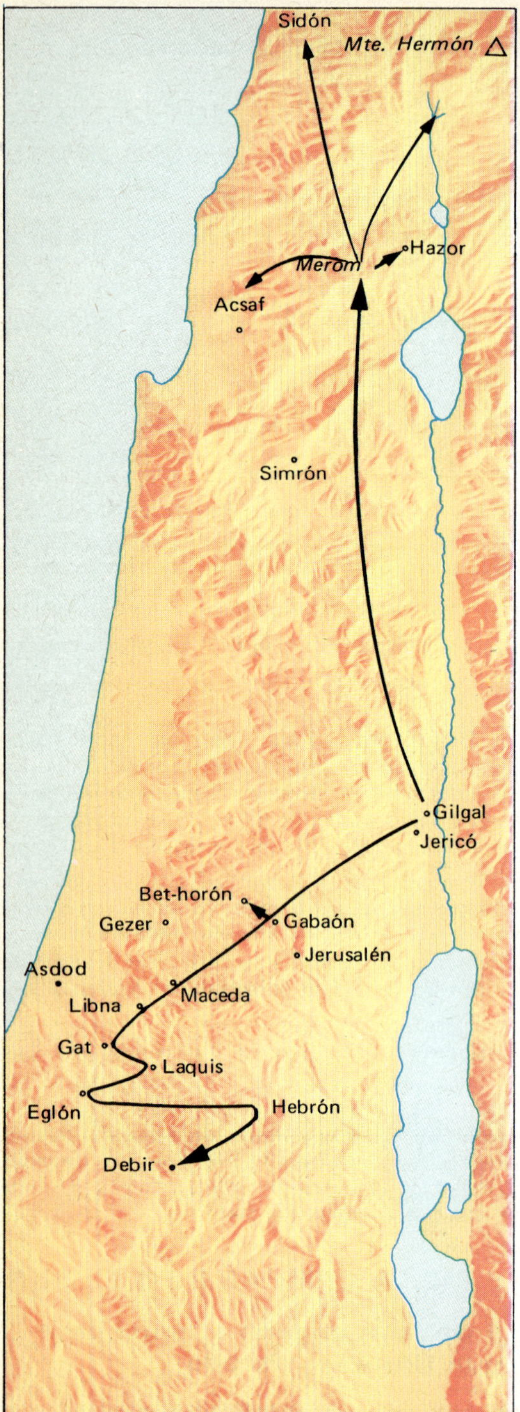

CAMPAÑAS DE JOSUÉ

mado debido a tal astucia (incluso con el fingimiento de que las noticias de las recientes victorias en Jericó y Hai no les habían llegado, 9-10) incluía también a tres ciudades más (17). Israel no pudo rescindir el tratado confirmado en amistad (la comida que tuvieron juntos, 14). Este siguió siendo válido en el tiempo de David. Lo peor que pudieron hacer fue reducir a los gabaonitas a la condición de esclavos (21).

10 Alianza de los cinco reyes amorreos; el "largo día"

El tratado con los gabaonitas lleva muy pronto a Israel a la guerra. Los cinco reyes amorreos mueren en Maceda y sus ciudades estado (excepto Jerusalén) quedan destruidas en la campaña que siguió al destrozo en Bet-horón. Todas las ciudades estratégicas del sur caen frente al ejército de Josué. Israel ahora controla el territorio desde Cades-barnea en el sur hasta Gaza en el oeste, y hacia el norte hasta Gabaón.

El largo día (12-14): se suele entender como una prolongación de la luz del día (no necesariamente por medio de la detención del sol). Pero puede ser una prolongación de la *oscuridad*. Se ha sugerido recientemente que quizás hubo un eclipse de sol. El ataque sorpresivo de Josué fue al amanecer (como lo indican también las posiciones del sol y la luna en el versículo 12) y la tormenta de granizo incrementó las tinieblas y la confusión consiguiente. "Ponerse" (13) puede significar simplemente "legar" o "ir".

Libro de Jaser (13): un libro de cánticos en alabanza a los héroes nacionales.

Poned vuestros pies sobre los cuellos (24): gesto acostumbrado de subyugación total.

Gosén (41): ciudad al sur de Hebrón, no Gosén en Egipto.

11 LA CAMPAÑA SEPTENTRIONAL

El poderoso rey de Hazor al mando de sus vasallos forma una alianza todavía más formidable que la del sur. Pero no con más éxito. Si bien las ciudades estratégicas estaban en manos de Israel al poco tiempo de haber entrado en Canaán, las operaciones de limpieza tomaron mucho más tiempo (18).

Hazor (1): vasta metrópoli de 40,000 habitantes, varias veces mayor que Jerusalén en tiempos de David. La ciudad inferior que Josué destruyó nuca fue reconstruida. → "Las Ciudades de la Conquista"

Las ciudades de la conquista

ALAN MILLARD

Los relatos de la Biblia respecto a la entrada de Israel en Canaán mencionan la destrucción sólo de unas pocas ciudades. Siempre subrayan que Israel expulsó a los antiguos habitantes y tomó posesión de sus propiedades (las heredó). Una tierra desolada con sus ciudades en ruinas sería de poco provecho para los israelitas, que salían apenas de 40 años de vida seminómada. Lo que *había que* destruir eran los templos paganos de los cananeos junto con su instrumental para el culto.

Jericó fue un caso especial. La ciudad fue una ofrenda a Dios, una "principal" de la conquista. También saquearon a Hai y Hazor. Pero éstos también fueron casos excepcionales, quizá por ser puntos focales de oposición. Si se cree el relato bíblico, entonces no hay que esperar el hallazgo de muchas pruebas físicas de la conquista israelita. El cambio de propiedad probablemente dejó pocas señales reconocibles excepto en la esfera religiosa. Quizá fueron saqueadas más ciudades en ese tiempo de lo que Josué y Jueces indican, pero los relatos hebreos no obligan a creer que esto haya sido así.

En consecuencia, no precisa tratar de relacionar todas las señales de destrucción en las ciudades cananeas de la Edad de Bronce tardía con la invasión israelita. Las excavaciones efectuadas en Bet-el, Bet-semes, ¿Debir? (Tell Beit Mirsim), Hazor y Laquis, han revelado señales de destrucción violenta durante el siglo XIII a.C., pero las fechas son sólo aproximadas y quizá las ciudades no fueron todas destruidas al mismo tiempo. Después de su destrucción, las ciudades quedaron desiertas, o bien fueron ocupadas de nuevo en una escala menos compleja.

Es importante advertir que Israel fue sólo uno de los enemigos de los cananeos, aunque en último término el peor. La historia del siglo XIII a.C. incluye acciones militares importantes, invasiones, y un descenso general en el nivel cultural. El faraón de Egipto era señor de Canaán, y del Líbano y Damasco. Sus gobernadores y oficiales residían en ciudades importantes (p.e. Gaza, Meguido), y otros lugares servían como guarniciones. Había rebeliones periódicas sofocadas por vecinos leales o por las fuerzas egipcias. Después de un período de debilidad egipcia, el faraón Seti I desarrolló una campaña en Canaán y al este del Jordán alrededor de 1300 a.C. Los arqueólogos a menudo identifican su invasión con niveles de destrucción en ciudades en ruinas, como en Hazor. Poco después, su hijo, Ramesés II, tuvo que sofocar una sublevación luego de una batalla fracasada con los hititas en Siria. En esta ocasión se adentró hasta Moab (alrededor de 1285 a.C.).

Entre las extensas excavaciones en Hazor se encuentra este altar cananeo o "lugar elevado". Hazor, la ciudad principal de toda la zona en tiempo de Josué, fue una de las pocas destruidas por completo.

Quizá como consecuencia de estas medidas firmes, una vez Ramesés hubo hecho las paces con el rey hitita (alrededor del 1270 a.C.), no hubo otra invasión de Egipto por más de medio siglo. Los problemas resurgieron en el reinado de Mernepta, hijo de Ramesés. Se sabe poco aparte del hecho de la intervención egipcia en Canaán, y de pruebas indirectas de ininterrumpido control egipcio. Un relato proporciona la más antigua alusión no bíblica a Israel, calificándolo como uno de tantos enemigos derrotados. Mernepta había detenido una oleada de invasores del noroeste, los "Pueblos del Mar". Egipto estuvo seguro hasta que otra oleada repitió la amenaza al marchar por Siria y Canaán y también al atacar a Egipto por mar.

Esta oleada la frenó Ramesés III quien destruyó la flota y detuvo el avance antes de que llegaran a la frontera, restableciendo su control de Canaán por un tiempo. Pero muchos de los invasores se quedaron, y algunos de ellos se apoderaron de ciertas ciudades. Los filisteos, por ejemplo, se apoderaron de Asdod, Ascalón, Ecrón, Gad y

Gaza; y otro grupo controló Dor. Todos estos acontecimientos, y otros que desconocemos, trajeron saqueos y destrucción a las ciudades de Canaán alrededor de la época de la conquista. Los príncipes vecinos podían producir tanta devastación como una fuerza invasora.

Aun así se nos dice que Israel prendió fuego a tres ciudades, Jericó, Hai, y Hazor. En Hazor en Galilea, hay evidencia de que la última ciudad de la Edad de Bronce tardía fue violentamente destruida en algún período del siglo XIII a.C. Las ruinas de la última ciudad cananea no se conservaron bien, en parte debido a la acción de los elementos y a los daños producidos al arar. Pero quedó lo suficiente para mostrar que era una ciudad importante, aunque ya hubiera dejado atrás su mejor época. Son muy parecidas otras ciudades del mismo período. Todas estaban bien fortificadas, aunque los muros a menudo incluían antiguas defensas o eran renovaciones de las mismas. Las ciudades en las rutas principales, Meguido, por ejemplo, tendían a ser mucho más ricas. Por otra parte la pobreza relativa de lugares como Tell Beit Mirsim (¿Debir?) atrajo la atención de los excavadores a detalles de estilos en alfarería, de los que depende la arqueología palestina para su cronología comparativa.

En Jericó, lugar en el que se podría haber esperado encontrar la evidencia más clara del ataque de Israel, no se ha encontrado nada que demuestre la existencia de una ciudad en ese lugar a mediados del siglo XIII a.C. La fuerte erosión de las ruinas de ladrillo ha dejado pocas huellas de períodos anteriores en la vida de la ciudad. Por esta razón, no se puede descartar la posibilidad de que existiera allí, en época mas tardía en ese siglo, una ciudad fortificada. Sus ruinas habrían desaparecido durante el largo abandono del lugar desde el tiempo de Josué hasta el de Acab (unos 400 años; → 1 Reyes 16:34). Los muros de la ciudad, considerados en un tiempo como prueba del ataque de Josué, de hecho datan de un período muy anterior; las excavaciones muestran una ciudad que ya había sido a menudo destruida y reconstruida antes del tiempo de Josué.

Hai también presenta problemas. Las excavaciones han revelado que la ciudad estuvo abandonada desde alrededor de 2500 a.C. hasta después del 1200 a.C., si bien fue importante en el período anterior. El nombre de Hai significa "ruina", y muchos ven el relato de Jesué simplemente como un intento de explicar las impresionantes ruinas. Pero incluso si se acepta la prueba arqueológica, sigue siendo posible que un grupo de cananeos, en su lucha contra los israelitas utilizara las antiguas fortificaciones de este estratégico punto fuerte. Una ocupación tan breve como ésta hubiera dejado pocas o ninguna huella.

En resumen, no hay que esperar encontrar en las ruinas de Canaán muchas e inconfundibles señales de una conquista específicamente israelita. De todos modos, la misión de Israel no fue completamente destructora. Y hubo otras causas de destrucción. Las ciudades quizás estuvieron abandonadas como resultado de una agitación general, o de haber estado parcialmente deshabitadas, hasta que los israelitas se establecieron en esa tierra y pudieron explotarla. No pudieron hacer esto en forma plena mientras los filisteos y los enemigos del otro lado del Jordán los amenazaban. Los pocos restos en varios asentamientos post-cananeos (Edad de Hierro temprana) atestiguan esta situación.

Muchos expertos han explicado la posesión de Israel de la tierra prometida en función de una infiltración gradual de pastores nómadas. O la ven como una combinación de infiltración y movimiento de unos pocos grupos tribales desde Egipto, quizás en más de una ocasión y por varias generaciones. O incluso contemplan una revolución general de la gente del territorio. Estas opiniones tan diversas están todas relacionadas con teorías que involucran el análisis documental del Pentateuco. Estas atribuyen los relatos a una serie de fuentes diferentes, proponiendo así orígenes independientes para los mismos, y fomentando puntos de vista de historias tribales sin relación. En estrecha relación con esto está una teoría de que el concepto de Israel como nación se formó mucho después de la "conquista", y de que fue incorporado a épocas anteriores por historiadores israelitas posteriores.

La idea de un proceso gradual está refrendada por la analogía con otras invasiones y desplazamientos de pueblos. Se enfatiza que la ocupación fue limitada. (Jueces 1, por ejemplo, enumera las principales ciudades cananeas en las rutas mayores como no conquistadas, o sólo ocupadas junto con los ciudadanos nativos.) Los relatos en Josué se atribuyen a fuentes tribales o cúlticas. Se piensa que describen lo que en realidad fueron sucesos pequeños y locales, o que relatan leyendas creadas en torno al origen de ciudades en ruinas cuya verdadera historia se había olvidado.

Siempre es provechoso tener cautela al argüir en base a analogías, y así es en el caso de la "conquista". Las analogías de infiltraciones nómadas se usan para hacer encajar a Israel en una pauta conocida. Pero todos sus documentos prueban que Israel fue diferente. Estos enfoques deberían considerarse, cuando más como experimentales, no como arraigados en los hechos. Descartar el relato dado de hecho en la Biblia por razón de que no es común, resulta poco científico y parcializado.

Hasta Sidón la grande (8): es evidente que Tiro todavía no había llegado a destacarse.
Los anaceos (21): la raza colosal que atemorizó los corazones de los espías (Números 13:33).
Gaza, Gat, Asdod (22): eran todos puntos fuertes de los filisteos. El gigante Goliat procedía de Gat (1 Samuel 17:4).

12 LISTA DE LOS REYES CANANEOS DERROTADOS

Se mencionan treinta y un reyes, incluyendo a los derrotados bajo Moisés. La lista concluye la sección acerca de la conquista.

13 - 21 DIVISION DEL TERRITORIO

No toda la tierra repartida había sido completamente subyugada y no todas las tribus realizaron su ideal, pues no conquistaron todo el territorio asignado. En varios lugares el escritor comenta acerca de la situación de su propia época (p.e. 15:63).

13:1 - 7 Tierra todavía no conquistada

13:8 - 14 Territorio al este del Jordán

13:15 - 23 La tribu de Rubén

13:24 - 28 La tribu de Gad

13:29 - 33 La media tribu de Manasés

14:1 - 5 La tierra al oeste del Jordán

La herencia de cada tribu se decide echando suertes, y lo hace el sumo sacerdote.

14:6 - 15 Caleb reclama Hebrón

Cuarenta y cinco años después del episodio de los espías (Números 13-14). Caleb sigue siendo hombre de fe inquebrantable. A pesar de 20:21ss., todavía hay sobrevivientes anaceos de los cuales ocuparse (15:14; Jueces 1:10-15, 20). Hebrón pasa a ser propiedad levita (21:11-13),

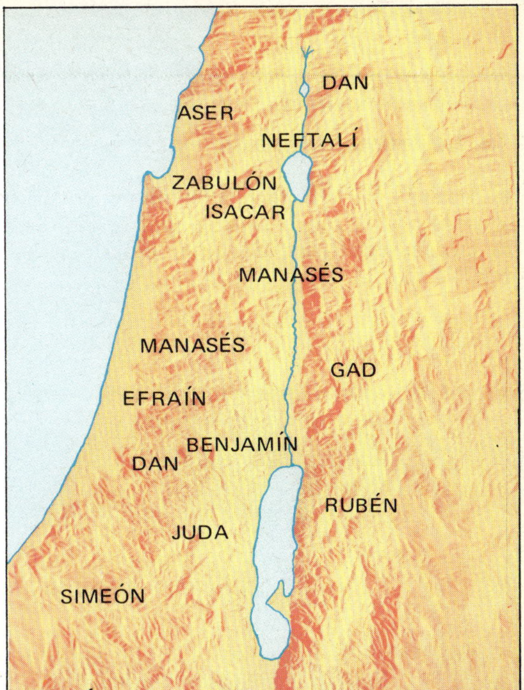

DIVISIÓN DE LA TIERRA ENTRE LAS TRIBUS

Lista de terrenos identificados por los nombres de sus propietarios; siglo XIV a.C., Ras Samra (escrito en cuneiforme ugarítico).

pero Caleb retuvo el territorio y los pueblos circundantes.

15 La tribu de Judá

La herencia de Judá incluía las tierras de Caleb y también Jerusalén, o parte de ella (18:28). Pero la ciudad seguía sin conquistar cuando se escribió Josué (63).

16 - 17 Los hijos de José: las tribus de Efraín y Manasés

Tenían que haber extendido su territorio por medio de limpieza y conquista, pero se lo impidieron los caballos y carruajes de los cananeos que poseían las llanuras.

Los pueblos pequeños y las aldeas, de casas de adobe, habrían ofrecido poca resistencia al ejército de Josué.

18:1 - 10 Desplazamiento a Silo; reconocimiento del territorio; la herencia de las siete tribus restantes

18:11 - 28 La tribu de Benjamín

Jerusalén parece que estuvo parcialmente en tierra de Judá, y parcialmente en la de Benjamín (15:63; Jueces 1:8,21).

19:1 - 9 La tribu de Simeón

El pueblo de Simeón, cuyo territorio era parte del territorio de Judá, fue absorbido por una tribu más grande.

19:10 - 16 La tribu de Zabulón

19:17 - 23 La tribu de Isacar

19:24 - 31 La tribu de Aser

19:32 - 39 La tribu de Neftalí

19:40 - 48 La tribu de Dan

19:49 - 51 La ciudad de Josué

20 Las ciudades de refugio

→ Números 35:6-34; Deuteronomio 19:1-13. Las ciudades eran salvaguarda contra la venganza y las luchas sangrientas, pues protegían a los que habían causado muertes accidentales.

21 Las ciudades de los levitas

Los levitas no reciben herencia tribal: Dios es su herencia. Pero se les dan 48 ciudades, con pastos, de parte de otras tribus. Esto garantiza que los líderes de la fe y culto de la nación queden dispersos entre las tribus.

22 REGRESAN LAS TRIBUS ESTABLECIDAS AL ESTE DEL JORDAN; EL ALTAR DEL TESTIMONIO

Rubén, Gad y Manasés han cumplido con su obligación de ayudar en la conquista. Ahora regresan a casa, con la bendición de Josué, y comparten el botín. El temor de que, una vez al otro lado del Jordán, Israel pueda en el futuro repudiarlos los induce a erigir el altar que causó tal malentendido. Esto ni fue señal de idolatría, ni un segundo santuario. Era una prueba de solidaridad con el resto de Israel con el que estaban unidos por la fe y el culto al único Dios.

La maldad de Peor (17): cuando Israel rindió culto a Baal (Números 25).

Acán (20): 36 hombres murieron por su pecado (capítulo 7).

El Poderoso, Dios, el Señor (22): juramento solemne, repetido dos veces, y que utiliza los tres nombres de Dios: El, Elohim, Yahweh (→ página 157.

Las ciudades fortificadas tenían muros de piedra, parecidos a estos del período, excavados en Siquem.

23 - 24 ULTIMOS DIAS DE JOSUE

23 Josué aconseja a los líderes

Han pasado unos años desde la división del territorio. Josué ha llegado al fin de una larga vida, y no nombra a un sucesor único. Por consiguiente resulta vital asegurarse de que los líderes guarden la ley y permanezcan fieles a Dios, el Dios que cumple sus promesas (23:14; → 21:45).

24 Josué y la nación renuevan el pacto

Aquí, como en Deuteronomio, el pacto sigue la pauta de los tratados contemporáneos (→ artículo. "Pactos y tratados del Cercano Oriente", página 198). Al título del rey (2a) le sigue una recitación sobre sus antiguos favores (2b-13). Las estipulaciones se efectúan en 14-15, con advertencias en cuanto a las consecuencias de la desobediencia (19-20). La disposición misma de Josué de entregarse totalmente a Dios sigue inquebrantable al fin de su larga vida. El ansia del pueblo por seguirlo en la renovación del pacto es en sí mismo tributo suficiente a su liderato. El versículo 31 es indicio de la fuerza de su influencia para el bien.

Balac... Balaam (9): → Números 22-24.

Envié tábanos (12): imagen vívida del pánico y la confusión que Dios creó entre los enemigos de Israel.

Jueces

El libro de los Jueces abarca, en la historia de Israel, el período entre la muerte de Josué y el surgimiento de Samuel, aproximadamente del 1220 al 1050 a.C Fue un tiempo de transición, cuando las tribus dispersas se mantuvieron unidas solo por su fe común. La lealtad a Dios significaba una nación unida y fuerte. Acudir a los dioses del lugar traería debilidad y división.

El escritor mira hacia atrás, probablemente desde el tiempo de los primeros reyes de Israel —Saúl o David— hasta el tiempo en que la nación no tenía rey. Escribió después de la destrucción del santuario en Silo (18:31), pero antes de que David capturara Jerusalén (1:21). Une los relatos de los héroes de la nación; y el cántico de Débora, escrito inmediatamente después de la batalla, lo cita al pie de la letra. Se describe con algunos detalles a seis de los doce jueces mencionados: Otoniel, Aod (Ehúd), Débora, Barac, Gedeón, Jefté y Sansón. Estos "jueces" de Israel no eran simples consejeros legales. Eran hombres de acción que liberaban a la tribu o nación de su sometimiento a las naciones circundantes, llegando a ser jefes locales o nacionales.

El marco humano en Jueces es deprimente. El destino de la nación sigue un ciclo monótono y repetitivo. Israel abandona a Dios por los dioses paganos. En consecuencia Dios permite que sufran en manos de los cananeos. Israel clama a Dios en busca de ayuda. Dios envía a un libertador. Todo va bien hasta su muerte: entonces vuelve a aparecer la vieja pauta de infidelidad. En ningún otro lugar de la Escritura se describe en forma más gráfica la tendencia esencial del hombre hacia el pecado, tendencia que se manifiesta incluso entre los que conocen a Dios.

La maravilla es el amor y preocupacion constante de Dios frente a todo esto. A pesar de las antiguas infidelidades, y de que sabe que volverá a suceder, en cuanto Israel acude a él, responde. Y utiliza a las personas menos prometedoras: Jael (Yael), quien conculca todas las leyes sagradas de hospitalidad; Aod, quien llega al asesinato; Sansón, que lleva una vida de promiscuidad sexual; una nación que se regodea en actos de venganza cruel contra el enemigo. *Y la Biblia en ninguna parte alaba estas cosas* ni justifica a las personas que las cometieron. Dios las aceptó y utilizó debido a su fe (Hebreos 11:32ss.), y a pesar de su moral. En consecuencia, como Dios es un Dios así, hay esperanza para el hombre pecador.

Cronología. Los escritores orientales no muestran la misma preocupación por un orden cronológico preciso que los historiadores occidentales modernos muestran. Si se suman todas, las cifras de Jueces ascienden a 390 años. Sin embargo, siendo la fecha más probable de la conquista alrededor de 1240, el período que se abarca debe ser de menos de 200 años. Una de las razones de esta discrepancia aparente es el traslapo entre los períodos de los diferentes jueces. Sabemos, por ejemplo, por 10:7, que la opresión amonita en el este y la opresión filistea en el oeste ocurrieron al mismo tiempo. Es probable que haya traslapos considerables en otros países. Otro factor es el uso frecuente de "cuarenta años" como cifra redonda para "una generación" en vez de una duración precisa de tiempo.

A. E. Cundall sugiere la siguiente cronología aproximada:

1200 Otoniel (Otniel)
1170 Aod (Ehúd)
1150 Samgar
1125 Débora y Barac (Baraq)
1100 Gedeón
1070 Jefté
1070 Sansón

1 - 2:5 EXTENSION Y LIMITES DE LA CONQUISTA DESPUES DE LA MUERTE DE JOSUE

1:1-21 Campañas en Canaán meridional

Versículos 10-15: → Josué 15:13-19.

Los 12 jueces y sus victorias

1. **Otoniel** de Judá (3:9): victoria contra Cusan-risataim (Kušán-Riseatáyim).
2. **Aod** de Benjamín (3:15): victoria contra Eglón de Moab.
3. **Samgar** (3:31): victoria contra los filisteos.
4. **Débora** (de Efraín) y **Barac** (de Neftalí) (4:4-6): victoria sobre Jabín (Yabín) y Sísara.
5. **Gedeón** de Manasés (6:11): victoria sobre los madianitas y amalecitas.
6. **Tola** de Isacar (10:1).
7. **Jair** (Yaír) de Galaad (10:3).
8. **Jefté** de Galaad (11:11): victoria sobre los amonitas.
9. **Ibzán** de Belén (12:8).
10. **Elón** de Zabulón (12:11).
11. **Abdón** de Efraín (12:13).
12. **Sansón** de Dan (15:20): victoria contra los filisteos.

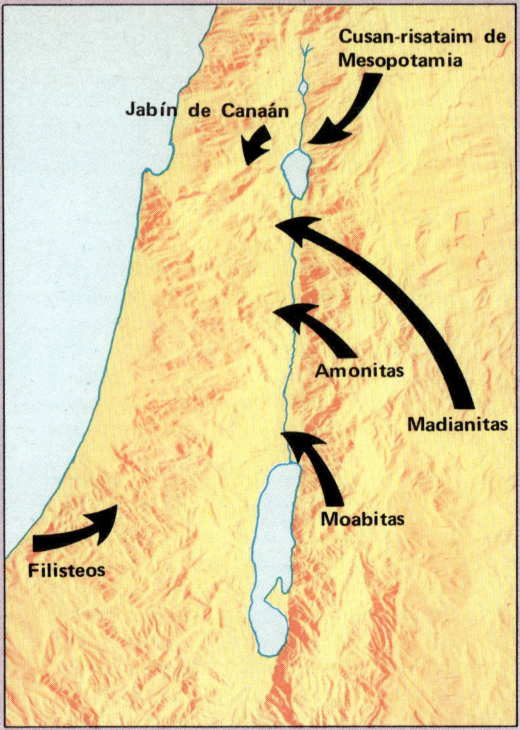

Ciudad de las palmeras (16): Jericó.

Carros herrados (19): era el comienzo de la Edad de Hierro. Los filisteos introdujeron y controlaron la industria metalúrgica en Palestina y la protegieron celosamente (→ 1 Samuel 13:19-22). Hasta el tiempo de David, Israel estuvo en desventaja frente a las armas y carruajes de hierro de sus enemigos.

1:22-26 Captura de Bet-el

1:27-36 Ciudades sin conquistar

2:1-5 Juicio de Dios sobre la desobediencia

El ángel de Jehová (1): mencionado varias veces en Jueces (aquí y en los relatos de Gedeón y Sansón) al igual que en otros pasajes bíblicos. Siempre se presenta como representante de Dios, con un mensaje especial de Dios. Habla en nombre de Dios. Y aquellos a quienes se aparece lo identifican virtualmente con Dios (→ p.e.j. 13:22). A veces se presenta como hombre ordinario, a veces como ser celestial (→ capítulo 13). Pero nadie que lo vea se queda con dudas en cuanto a su autoridad.

2:6 - 16:31 ISRAEL BAJO LOS JUECES

2:6 - 3:6 Introducción

Los versículos 11-23 presentan la repetida pauta de sucesos que comenzaron una vez hubo desaparecido la generación de la conquista (10). Como resultado de la desobediencia, las naciones circundantes no son expulsadas. Permanecen para probar a Israel y mantenerla como nación luchadora (2:20 - 3:6).

Baal y Astarot (Astarté) (2:13): dios y diosa locales de la fecundidad y la vegetación.

Cinco príncipes de los filisteos (3:3): príncipes de las ciudades-estado de Asdod, Ascalón, Ecrón, Gaza, Gat (→ el relato de Sansón, capítulo 13-16 y 1 Samuel 17:1-54). Judá no retuvo las tres ciudades por mucho tiempo (1:18).

3:7-11 Otoniel (Otniel)

Si Cusan-risataim fue realmente rey de "Mesopotamia" (8: es decir, la Siria oriental de hoy, Irak septentrional) el ataque tuvo que proceder del norte, lo cual hace sorprendente su derrota en manos de un guerrero meridional. Pero algunos modificarían el nombre por "Cusan jefe de Temán" (en Edom).

El Espíritu de Jehová vino sobre él (10): se emplea la misma frase para Gedeón, Jefté y Sansón. El poder de estos paladines era un don especial de Dios.

3:12-30 Aod (Ehúd)

Eglón de Moab encabezó una alianza oriental que incluía a amonitas y amalecitas. No sólo dominaron el territorio al este del Jordán, sino que cruzaron el río para establecer una avanzada en Jericó.

Al igual que Aod, muchos de los benjaminitas eran zurdos o ambidextros, los honderos zurdos nativos tenían gran reputación (→ 20:16; 1 Crónicas 12:2). En esta ocasión quiso decir que el movimiento no despertó sospecha.

3:31 Samgar

Esta acción aislada no frenó por mucho tiempo a los filisteos. → capítulos 13-16.

4 - 5 Débora y Barac (Baraq)

Débora es juez en el sentido judicial, Barac el líder militar. El cántico de Débora —uno de los escritos más viejos del Antiguo Testamento— proporciona la clave de la victoria. Una lluvia copiosa convirtió el Cisón (Quišón) en un

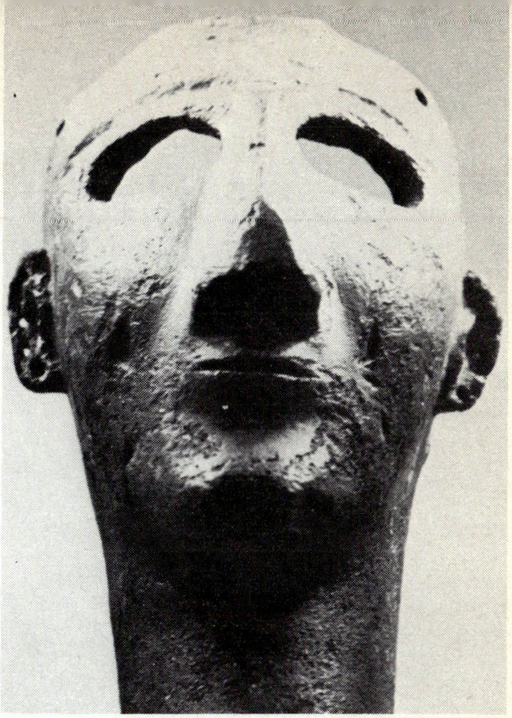

Cabeza de Baal, el dios cananeo de la tempestad y fertilidad.

torrente furioso (5:21). Muchos de los carros fueron arrastrados, y los demás quedaron completamente atascados en el barro.

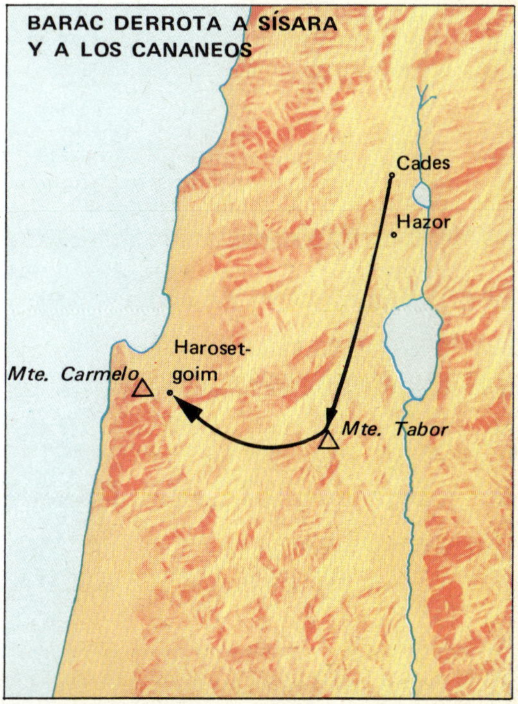

Hazor (Jasor) (4:2): Josué derrotó a un Jabín más antiguo, y destruyó la ciudad. La parte inferior nunca se reconstruyó, pero el montículo (tell) lo volvieron a construir otra vez los cananeos, y más adelante Salomón.

6 - 8:28 Gedeón

Los madianitas, beduinos procedentes del este, ocuparon todo Israel meridional hasta la ciudad filistea de Gaza. El terror que crearon estos violentos camelleros se describe vívidamente en 6:11. Gedeón se ve forzado a trillar en secreto, cerca del lagar, la escasa cosecha de cereales. La fe de este hombre, a pesar de su cautela inicial, se ve en su disponibilidad a enfrentarse con las hordas madianitas con una fuerza de sólo 300 hombres. Gedeón utilizó su ingenio en un ataque sorpresivo, pero la victoria en el destrozo siguiente es de Dios.

Barac atacó cuesta abajo del Mte. Tabor, de forma redondeada y de fuertes pendientes, para enfrentarse a los ejércitos de Sísara.

Asera (6:25): imagen de madera de la diosa madre cananea. (En la Biblia de Jerusalén es traducido simplemente "cipo").

Un efod (8:27): probablemente una imagen de Dios, que la ley prohibía. El lugar se convirtió luego en rival del santuario oficial de Israel.

8:29-35 Ultimos años de Gedeón

9 El ascenso y caída del usurpador Abimelec

Gedeón, con ciertos derechos al reino, lo rechazó firmemente. Abimelec, su brutal y ambicioso hijo, no muestra tales escrúpulos.

Siquem (1): en el corazón de Palestina; → mapa. Siquem era el santuario central de Israel en tiempo de Josué. Pero ahora tenía un templo a Baal (versículos 4 y 46). La historia de la ciudad se remonta al tiempo de Jacob y antes.

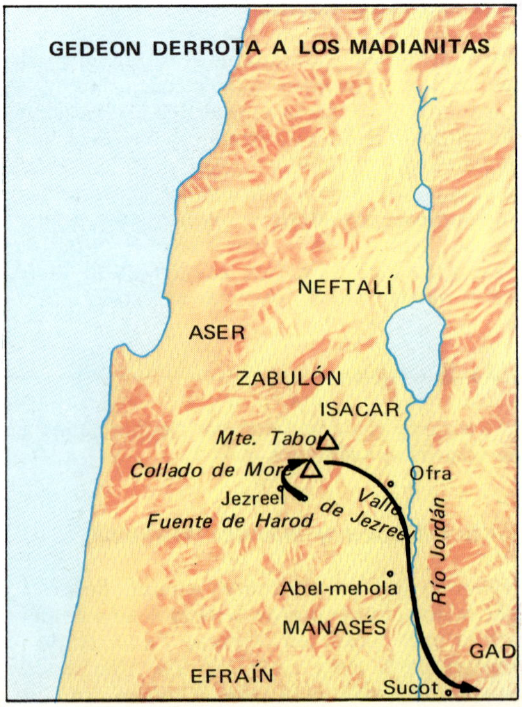

La sembró de sal (45): destinando simbólicamente a la ciudad a desolación permanente. De hecho fue reconstruida 150 años después, en el tiempo de Jeroboam I.

Piedra de molino (53): los granos se movían entre dos losas de piedra circulares y pesadas, de unos 45 cm. de diámetro.

10:1-2 Tola (Tolá)

10:3-5 Jair (Yaír)

10:6 - 11:40 Jefté

La parte sur de Israel se halla atrapada entre la espada y la pared, con los filisteos al oeste y los amonitas al este. Frente a Amón, el nuevo adalid es el jefe bandolero Jefté. Números 20-21 describe los sucesos a los que se refiere la conversación de 11:12-28. Moab de hecho tenía más derecho a la tierra ya que parte de ella había sido suya hasta que Sehón (Sijón) los desposeyó.

Trescientos años (11:26): o sea, era el tercer siglo después de los sucesos descritos (en realidad, unos 160 años).

El voto de Jefté, y otros problemas morales en Jueces: el voto es un indicio de lo poco que los israelitas entendían a Dios en ese tiempo. El sacrificio humano podía agradar a los dioses paganos, pero nunca al Dios de Israel. Sin embargo, aunque ignorantes y equivocados, el voto se hizo de buena fe, y se observó, aunque le costara a Jefté su única hija. Y el autor de Hebreos en el Nuevo Testamento alaba la fe de este hombre, así como que alaba la fe de Sansón, Gedeón y Barac (Hebreos 11:32). Este ejemplo de sacrificio infantil, el odioso homicidio de Sísara por Jael, el asesinato de Eglón por Aod, la conducta egoísta, sensual e irresponsable de

Escenario del ataque sorpresivo de Gedeón contra los madianitas.

Campamento de Gedeón, fuente de Harod

Collado de More

Campamento madianita

Sansón (→ Introducción, página 219) son una verdadera fuente de confusión para muchos cristianos. ¿Cómo se puede alabar la fe de personas así? ¿Cómo pudo Dios utilizarlas? No hay respuesta completamente satisfactoria para preguntas como estas. Los "héroes" de Jueces son personas de su época, una época que según la Biblia muestra claramente fue de decadencia religiosa, alejada de las pautas de la ley del Antiguo Testamento, y mucho más de las que Cristo establece. El hecho y la maravilla es que Dios utilizara y siga utilizando a hombres cuyas vidas están lejos de ser irreprochables, que quizás incluso actúan por motivos completamente equivocados. No tenemos que imitar sus deficiencias. En la Escritura no se condena ni disculpa su inmoralidad. Sólo se alaban su fe y valor. Dios no permite que sus propósitos últimos se vean detenidos ni siquiera en una época de decadencia al parecer sin esperanza. Las épocas tenebrosas de un período como el de los Jueces pueden ir seguidas de una época de verdadero progreso espiritual.

Ruinas de Ascalón, escenario de las hazañas de Sansón, en su mayor parte de época romana.

12:1-7 Celos de Efraín

En tanto que Gedeón utilizó palabras suaves para aplacar a estos hombres tan sensibles (8:1-3), Jefté toma la espada. Ante el vado, la pronunciación dialectal de "Shibolet" los delata.

12:8-10 Ibzán

12:11-12 Elón

12:13-15 Abdón

13:1 - 16:31 Sansón

El campeón contra el enemigo en el oeste (→ 10:7) es escogido para la tarea desde el momento de su concepción. Para Sansón el voto de nazareo (→ Números 6) fue de por vida. Sin embargo, lo trata con un descuido que equivale a desprecio, y llegado el caso le permite a Dalila que le corte el largo cabello que era la señal de su dedicación a Dios. La debilidad moral le quita al hombre fuerte tanto la estatura espiritual como la proeza física, ya que su fortaleza se la da Dios para un propósito explícito.

Matrimonio de Sansón: no del tipo judío usual, aunque los padres lo acordaron formalmente. La esposa, en vez de ir a la casa de Sansón, permaneció con su familia y su marido la visitaba, llevándole regalos. Debido al engaño en cuanto al enigma, no hubo consumación al final de la fiesta de siete días. Un segundo matrimonio apresurado con el padrino fue un intento de disminuir la vergüenza de la esposa.

Trescientas zorras (15:4): más probablemente chacales que merodean en grupos, y en consecuencia sería más fácil atraparlos en grandes cantidades que a la solitaria zorra.

17 - 21 APENDICES

Esta sección final difiere del resto de Jueces. El escritor pasa de los héroes de Israel a los incidentes que ilustran el mal estado de la religión y la moralidad en los días en que Israel no tenía gobierno central y todo el mundo hacía lo que le parecía bien a sus propios ojos.

17 - 18 Micaía (Miká), el levita y la migración danita

La historia se refiere al tiempo en que la presión filistea en el territorio meridional condujo a la migración masiva de los danitas hacia la parte norte de Israel. La imagen que levantó Micaía la prohibía estrictamente la ley que los levitas se suponía administraban. "Efod y terafines": se utilizaban como medios de adivinación y estaban también estrictamente prohibidos.

19 - 21 Violación de la concubina en Gabaa (Guibá); castigo de los benjaminitas

Cuando los benjaminitas se negaron a entregar a los hombres de Gabaa —compañeros de la tribu que cometieron el ultraje— estalla la guerra civil. El resultado es la casi extinción de Benjamín, y un gran luto nacional. El capítulo 21 refiere los extremos a que llegaron las tribus para evadir el apresurado juramento hecho en Mizpa (Mispá) (21:1).

El autor no necesita mencionar una moraleja. Es suficiente la simple afirmación del versículo 25. Todo el libro plantea claramente las consecuencias desastrosas de la falta de autoridad, cuando los hombres se convierten en ley para sí mismos, estableciendo sus propias pautas de licencia.

Rut

Este apacible relato de vida común contrasta marcadamente con la guerra y luchas del libro de los Jueces, que se refiere al mismo período general. No cabe duda de que muchos vivieron una vida pacífica y normal durante esta época. Y aunque la religión en general estuvo en un nivel muy bajo, el libro de Rut indica claramente que permaneció fuerte la fe personal de muchos en Israel. El rasgo más notable de este relato sencillo y hermoso es el sentido de preocupación íntima de Dios por asuntos humildes. El es quien ordena todas las circunstancias de la vida diaria, incluso para las personas menos importantes. Y así, la fe recién hallada de una muchacha moabita y su abnegado amor por su suegra se incorporan al gran mosaico del plan de salvación de Dios. Porque de Rut descendió el rey David, y del linaje de David procede el Mesías mismo.

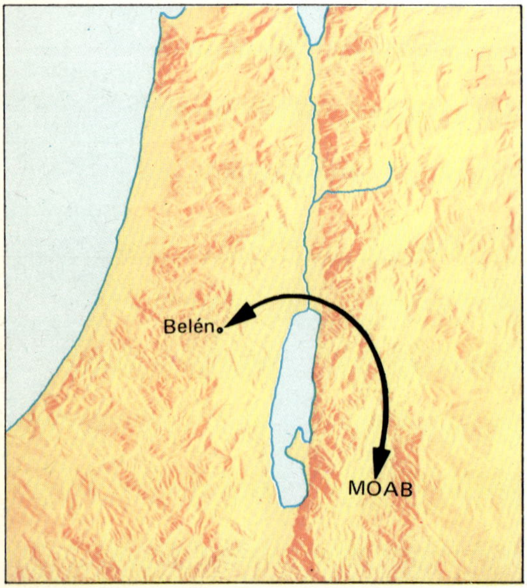

1:1-5 Elimelec lleva a su familia a Moab

El viaje era de unos 75 Km., hasta la orilla más lejana del Mar Muerto.

1:6-22 Noemí, viuda, regresa a Belén con su nuera Rut

Ha terminado el hambre: Dios ha vuelto a mostrar su cuidado por el pueblo. Orfa (Orpá), llena de pena, vuelve a casa con la esperanza de un segundo matrimonio. Pero Rut no abandonará a Noemí para que tenga una vejez solitaria. Elige el pueblo de Noemí, y, sobre todo, el Dios de Noemí. Las dos llegan a Belén en abril.

2 Rut sale a espigar y se gana la protección de Booz

No había muchas formas en que las viudas pudieran ganarse la vida, y Rut y Noemí eran pobres. Pero la ley (Levítico 19:9-10) establecía que los restos de la siega debían dejarse a los pobres. Por "casualidad", en el barbecho, Rut espiga en la parte que pertenece a Booz, pariente de Elimelec. Su amabilidad va más allá de la exigencia de la ley (9, 14-16).

Potaje (14): espigas frescas de cebada asadas en una sartén.

Un efa de cebada (17): el efa era un recipiente grande que contenía unos 22 litros. Rut había espigado tanta cebada gracias a su propio trabajo y a la generosidad de Booz.

Era, junto a Belén, en una cima en las colinas de Judea.

3 La era; recurso a Booz como pariente cercano

Bajo la ley del levirato (a la que Noemí se refiere en 1:11-13), cuando un hombre moría sin hijos su hermano tenía que darle un heredero con la viuda. Esta ley se extendía al pariente inmediato, y de ahí el plan de Noemí. Rut, con su acción en el versículo 7, exigía este derecho. El asunto se complica por el hecho de que Booz no es en realidad el pariente más cercano de Elimelec, pero promete hacerse cargo de ella.

4:1-12 Transacción entre los parientes

La puerta de la ciudad era el lugar para asambleas importantes. Era también el lugar en el que se podían tratar públicamente asuntos legales, como aquí. Los ancianos actuaban como testigos. Además de la obligación de dar un heredero para que continuara el nombre del difunto, el pariente cercano también tenía que comprar su tierra, para mantenerla como posesión de la familia. Booz habla primero de la tierra, y luego de la viuda. El pariente hubiera comprado la tierra para añadirla a su propia herencia. Pero cuando oye que de hecho iría a manos de Rut y de su hijo, y que tendría que cuidar de Rut, se declara incapaz de la compra.

Fares (Peres) (12): antepasado de Booz; hijo de Tamar con su suegro. Judá se había negado a cumplir con la costumbre que la ley del levirato formalizó más tarde.

4:13-22 Rut se casa y se convierte en tatarabuela del rey David

Booz cumple su propia oración de 2:12. Dios recompensa a Rut con el don de un marido y un hijo. Y Noemí encuentra solaz para su dolor en este nieto. Cuando Dios interviene, los sucesos ordinarios de la vida asumen un significado extraordinario. El hijo Obed llegó a ser abuelo del fundador de la línea real de Israel de la cual Cristo mismo tomó carne humana con su nacimiento en Belén.

El Antiguo Testamento y el Cercano Oriente antiguo

ALAN MILLARD

La Biblia es un texto antiguo, un registro histórico. Como tal es muy útil estudiarla a la luz de nuestro conocimiento del mundo en el cual fue escrita.

En esto no hay nada no cristiano. La fe cristiana depende de sucesos históricos, cosas que de hecho sucedieron. Los sucesos relatados y explicados en la Biblia se pueden situar junto a los sucesos conocidos por otras fuentes históricas. La Biblia misma consta de documentos tan antiguos y tan históricamente verificables como cualesquiera otros.

Comprobación de la exactitud de la Biblia

También se puede probar su exactitud y verificarla frente a otras fuentes históricas conocidas. Sin embargo, esto no resulta siempre tan sencillo como parece. Los documentos a menudo se dañan o son incompletos. Las pruebas arqueológicas en muchos casos están abiertas a más de una interpretación. Poseemos muy pocos escritos antiguos que describan los mismos sucesos que describe la Biblia, y en cualquier caso dos observadores rara vez describirán el mismo suceso desde el mismo punto de vista.

Los hebreos eran un pueblo relativamente insignificante. Su vida causó poco impacto en las potencias mayores cuyos relatos poseemos. Apenas si algún personaje bíblico aparece en otros escritos, aparte de algunos de los últimos reyes de Israel y de Judá. Sin embargo, cuando se pueden establecer comparaciones, la exactitud de los escritores bíblicos es impresionante. Aunque raras veces encontramos relatos paralelos de los mismos sucesos, a menudo encontramos ejemplos de costumbres y acontecimientos muy parecidos a los descritos en el Antiguo Testamento, aunque no estén en modo alguno relacionados. Claro que una semejanza superficial puede engañar, por lo cual hay que ser cauteloso. Y puede ser útil el conocimiento del Cercano Oriente antiguo, aún cuando no proporcione ni pruebas directas ni circunstanciales de la exactitud histórica de la Biblia. El estudio de los vecinos de

Israel —costumbres, cultura, literatura, historia— nos da una idea de qué esperar en el caso de la nación hebrea.

Estos tres tipos de evidencia —pruebas directas, pruebas circunstanciales y pruebas de analogía— deben examinarse una por una para mostrar cómo arrojan luz sobre la Biblia.

Pruebas directas

Como hemos visto, son raras las referencias directas a Israel, y casi se limitan a nombres de reyes. Entre las que sí tenemos está la crónica de una invasión por Sisac (Sosaq), rey de Egipto, que reinó alrededor de 945-924 a.C. (1 Reyes 14:25s.). Su inscripción en Tebas, conservada precariamente, enumera muchas ciudades conquistadas en Palestina, lo que se prueba de su campaña. Tiglat-pileser III (Teglatfalasar), alrededor de 745-727 a.C., reestableció el dominio de Asiria sobre Siria y Palestina después de unas décadas de debilitamiento, cuando Jeroboam había hecho prosperar a Israel y Uzías (Ozías) había desarrollado Judá. El asirio relata el tributo que dio Manahem (Menajem) de Samaria y se jacta de haber sido el que sustituyó a Peka (Pecaj) por Oseas (2 Reyes 15:19-20, 30). En 2 Reyes 15:19 (también → 1 Crónicas 5:26) a Tiglat-pileser se le llama Pul y fue conocido con este nombre por los cronistas babilónicos del siglo VI a.C., cuando se cree se hizo la compilación final de 1 y 2 Reyes. Posteriormente el dominio asirio en Samaria incluyó a Judá como vasallo, pero sus reyes prefirieron luchar por la independencia, buscando la ayuda de Egipto. Ezequías se rebeló, y Senaquerib condujo a sus fuerzas para subyugar a Judá y asedió Jerusalén. El asirio nos habla de esto en muchas inscripciones. Relata cómo Ezequías le envió tributos a Nínive (las cantidades parecen diferir ligeramente de 2 Reyes 18:14ss.), pero no dice haber capturado Jerusalén, ni como es natural, menciona el fin de su ejército.

En el relato de los proyectos de construcción de Salomón, 1 Reyes 9:15 menciona tres ciudades mayores además de Jerusalén: Hazor, Meguido y Gezer. Excavaciones hechas en cada una de ellas han puesto al descubierto murallas del siglo X a.C., todas del mismo estilo. Cada una de ellas está abierta en una puerta inmensa, y todas son idénticas en plano y medidas, dentro de un margen de pocos centímetros. Ahí tenemos un documento material que demuestra la verdad del texto bíblico. Ahí tenemos también señales físicas de una autoridad planeadora superior, un poder central. En realidad, la gloria de Salomón, por fabulosa que pueda parecer, se vuelve más y más creíble cuando se sitúa en su contexto antiguo.

Pruebas circunstanciales

La mayor parte de los descubrimientos que se mencionan en libros de arqueología y en la Biblia entran en la categoría de pruebas circunstanciales: asuntos que no se refieren directamente a los sucesos bíblicos, pero proporcionan ejemplos de prácticas e incidentes al parecer comparables con pasajes de la Biblia. Así pues, nos enteramos de que el matrimonio de Abraham con la esclava Agar, debido a la esterilidad de Sara, y la posterior resistencia de Abraham —hasta que Dios lo confirma— a sacarla de su hogar, coinciden con conceptos de las leyes contemporáneas de Hammurabi de Babilonia. Los nombres de los patriarcas de Israel también son similares a los nombres usados generalmente en el segundo milenio a.C. que aparecen en millares de documentos de la época.

Otra de las glorias de Salomón se comprueba a partir de fuentes egipcias. Según 1 Reyes 9:16, se casó con la hija del faraón. Sin embargo dos o tres siglos antes, en el apogeo de Egipto, las princesas de Egipto no abandonaban la corte, y cuando un rey extranjero importante pedía una como esposa se le negaba. En el siglo X a.C., sin embargo, bajo la menos gloriosa 21.ª dinastía y su sucesor, esta norma se violaba. Así fue como Salomón recibió a su esposa.

Un poco antes del tiempo de Salomón, el héroe Gedeón llamó a un muchacho para que le hiciera una lista de comerciantes de Sucot. Al parecer se trataba de un muchacho que estaba disponible (Jueces 8:14). Que en esa época se pudieran escribir y reconocer nombres fácilmente lo muestran las puntas de lanzas de cobre encontradas cerca de Belén, y en otros lugares, inscritas con los nombres de sus propietarios y pertenecientes a los siglos XII y XI a.C.

Las pruebas de analogía

El hecho de que virtualmente no tengamos, aparte del Antiguo Testamento, documentos escritos de la vida, pensamiento e historia hebreos antiguos significa que muchos aspectos de la vida apenas si se pueden conocer. Los procesos normales de deterioro han destruido los documentos de cuero o papiro enterrados en las ciudades de Palestina junto con muebles y vestimenta. Cuando esos elementos se han preservado en culturas vecinas, a veces resulta posible atribuir usos semejantes al antiguo Israel. Cada caso necesita una prueba minuciosa para asegurar que las circunstancias son realmente paralelas, pero algunas son suficientemente claras para ayudarnos a evaluar el Antiguo Testamento.

No ha quedado literatura de las ciudades israelitas, pero no cabe duda de que existió. El Antiguo Testamento mismo nos lo atestigua, aunque los expertos debaten la antigüedad de su forma escrita. En Egipto y Babilonia los complicados sistemas de escritura dieron el monopolio a los escribas. En Israel (y los estados vecinos) el sencillo alfabeto de 22 letras se aprendía fácilmente, de modo que la escritura estaba más difundida entre la población, aunque los escribas profesionales tenían un papel importante. Las pruebas procedentes de varios documentos menores demuestran este hecho respecto del antiguo Israel. Si se empleaba la escritura para asuntos diarios, esto implica que también se podía usar para obras literarias. La palabra escrita se trataba con respeto. Se copiaban con gran cuidado valiosos libros antiguos. Podían ser revisados y corregidos, pero raras veces se puede descubrir la forma en que esto se hizo a no ser que sobrevivan algunas copias más antiguas para comparación.

Egipto, Asiria y Babilonia, los hititas y cananeos, todos tenían ritos religiosos muy elaborados, sacrificios y órdenes sacerdotales. Sus templos eran de refinada construcción y adornados con lujo, sobre todo por reyes exitosos. Si Israel hubiera sido diferente en esto hubiera sido la excepción, pero de hecho no lo fue. Estas analogías muestran que el tabernáculo, el templo de Salomón, y las normas levíticas eran lo equivalente en Israel. Además, al igual que en las naciones vecinas, la masa del pueblo trabajaba y sufría para proporcionar la magnificencia que el rey exigía.

Esperaríamos que Israel, como nación entre naciones de extracción parecida, compartiera modos parecidos de pensamiento y expresión. Cuando la literatura babilonia o egipcia presenta características ajenas al pensamiento moderno, nos esforzamos en entenderlas, explicar las incoherencias, paradojas y aparentes contradicciones sin impugnar la exactitud de los textos que son nuestra única fuente de información (a no ser que haya razones objetivas y firmes para hacerlo). Se puede esperar que la literatura de Israel contenga idiosincracias semejantes, y también en este caso deben tratarse con respeto. Algunas son claras, por ejemplo la narración de sucesos sin orden cronológico, y la compilación de elementos sin relación evidente con el contexto.

Semejanzas y diferencias

Estos ejemplos son suficientes para mostrar el valor de reunir, estudiar y aplicar todo lo que el Cercano Oriente antiguo nos proporciona a modo de telón de fondo de la Biblia. Las pruebas directas e indirectas están de acuerdo en forma tan notable con el Antiguo Testamento que es realmente desconfiable cualquier intento de desacreditar el cuadro que presenta de la cultura y vida de Israel. No se ha demostrado que ningún descubrimiento contradiga los documentos hebreos. Puede haber discrepancia, incertidumbre, preguntas sin contestar. La índole incompleta de todas nuestras pruebas hace que esto sea inevitable. Los nuevos descubrimientos solucionan antiguos problemas, a menudo poniendo al descubierto premisas falsas en las teorías modernas. Al mismo tiempo pueden plantear interrogantes nuevos y estimular un estudio más hondo, nuevos enfoques, y mejor comprensión.

Si bien las semejanzas entre Israel y sus vecinos constituyen la parte principal de la contribución de la arqueología bíblica, las diferencias también merecen atención. El Antiguo Testamento proclama un abismo infranqueable entre Israel y sus vecinos. Aunque en lengua y cultura tienen mucho en común, su fe fue algo totalmente aparte. Es difícil encontrar huellas materiales de la fe monoteísta de Israel, de su culto sin imágenes y centralizado. Sus vecinos consideraron a su Dios como un simple dios nacional al estilo de los suyos propios (Quemos [Kemóš] de Moab, o Milcom de Amón), ignorantes de su carácter único. Para complicar más las cosas, Israel nunca permaneció totalmente fiel, de modo que se pueden encontrar objetos religiosos paganos en las ruinas de sus ciudades.

Las distinciones se perciben mejor al comparar la enseñanza bíblica con textos de la época. Las exigencias absolutas de los Diez Mandamientos, la devoción exclusiva al Dios de Israel, la igualdad de las personas que compensa sus responsabilidades colectivas, el altruismo de los profetas... todas estas cosas, y muchas otras, no encuentran eco en el mundo del Antiguo Testamento.

A algunos les pueden parecer increíbles, pero poseemos de hecho manuscritos que les garantizan una antigüedad de más de 2.000 años.

A algunos les pueden parecer inaceptables, pero, aunque antiguas, siguen teniendo sentido para el hombre moderno.

Si los aspectos históricos y culturales armonizan con nuestro conocimiento de los tiempos antiguos, como de hecho es el caso, las distinciones éticas y religiosas necesitan explicación. El Antiguo Testamento nos da una sola: Dios habló.

1 y 2 Samuel

Estos dos libros formaban originalmente un solo volumen en la Biblia hebrea. Contienen la historia de Israel desde el final del período de los Jueces hasta los últimos años de David, el segundo y más grande rey de la nación, unos 100 años, pues (alrededor de 1075-975 a.C.). Es básicamente historia religiosa: la historia de Dios y de la nación, y sobre todo, Dios y los líderes de la nación. Samuel da su nombre a los libros, no como autor, sino como figura dominante de los primeros capítulos, y "hacedor de rey" de Israel bajo la guía de Dios. El fue quien ungió como reyes primero a Saúl y luego a David.

El historiador pudo muy bien sacar los hechos de los escritos mismos de Samuel (1 Samuel 10:25) y de los profetas que lo siguieron (1 Crónicas 29:29). Ciertamente conocía algunos de los poemas de David (que cita en 2 Samuel 1:19-27; 22:2-51; 23:1-7). Y él mismo era narrador nato y maestro del suspenso. Debe de haber escrito algo después de la división del reino. (Varias veces se refiere al reino separado de Judá, pero la nación todavía no estaba en exilio: p.e.j. → 1 Samuel 27:6.) El año 900 a.C. es, por tanto, la fecha probable más antigua de los libros tal como los conocemos. Los críticos han argüido en favor de varios autores, sobre todo debido a los relatos "duplicados" de varios sucesos (p.e.j. los dos perdones de la vida de Saúl; las dos ocasiones en que Samuel anunció el repudio de Saúl por Dios). Un examen más minucioso, sin embargo, revela que la mayoría de los llamados duplicados resultan claramente dos sucesos separados aunque semejantes, vueltos a narrar por el autor a fin de enfatizar ciertos puntos. La repetición es una característica de su técnica literaria.

1 SAMUEL

1 - 3 NACIMIENTO Y PRIMEROS AÑOS DE SAMUEL

1 Dios responde a la petición de Ana por un hijo

En el Antiguo Testamento, cuando Dios tiene un propósito especial para alguien, a menudo se da algo especial en su nacimiento. Al igual que Ana, así Sara y Rebeca en el Antiguo Testamento y Elisabet (Isabel) en el Nuevo experimentaron la amargura de la esterilidad. Al igual que Samuel, así Isaac y Jacob y Juan el Bautista fueron la respuesta de Dios a muchos años de oración. Todos ellos desempeñaron un papel especial en el gran plan de Dios. Al dar Dios a Ana el hijo que anhelaba, también dio a Israel el último y mayor de los jueces, y el primero (después de Moisés) de los grandes profetas: el hombre que iba a iniciar la realeza.

Sacrificios... en Silo (3): centro de culto en el período de los jueces; el lugar en que Josué levantó el tabernáculo (Josué 18:1). (El "templo" en sí —versículo 9— no fue construido sino en tiempo de Salomón.)

Lo dedicaré a Jehová... (11): dedica el hijo a Dios de por vida bajo un voto de nazareo (→ Números 6, y comparar con el voto hecho por los padres de Sansón en Jueces 13).

Solamente se movían sus labios (13): lo frecuente era orar en alta voz. Elí se precipita a sacar una conclusión equivocada. La vida religiosa debe de haber estado en un nivel muy bajo si venían al

El sitio de Silo no es ahora sino una ruina de piedras caidas. En tiempo de Elí y de sus hijos el santuario del lugar se había convertido en edificio para el culto israelita, reemplazando la tienda como un "templo" con puerta y dintel.

tabernáculo adoradores borrachos. Compárese con la conducta de los mismos hijos de Elí, 2:12ss.

Después que lo hubo destetado (24): Samuel debía de tener dos o tres años.

2:1-10 Cánticos de acción de gracias de Ana

El cántico de Ana tiene su eco en el de María en el Nuevo Testamento (Lucas 1:46-55). En el pequeño espejo de su propia experiencia Ana ve reflejada toda la maravilla de la naturaleza de Dios. Dios ha mudado su suerte (1). Se han acallado las mofas de Penina (Peninná) (3, 5). El vacío, la infelicidad, la vergüenza han desaparecido; en su lugar hay vida, gozo, honra. Y lo que Dios puede hacer para uno, puede hacerlo y lo hará por todo su pueblo.

Seol (6): la tierra tenebrosa de los muertos.

Su Rey (10): o esto es profecía inspirada de parte de Ana, o los versículos 2-10 son parte de un salmo añadido por el narrador como muy apropiado para la experiencia de ella.

2:11-36 Elí el sacerdote y sus perversos hijos

Los sacerdotes tenían derecho a una parte de las ofrendas sacrificiales (→ Números 18:8-20; Deuteronomio 18:1-5). Pero lo que sucede aquí es una parodia de la ley. Los hijos de Elí se apoderan de las partes mejores antes de que la ofrenda haya ni siquiera sido presentada a Dios (15). Lo que es más, introducen la prostitución en el culto a Dios, según las peores tradiciones de la religión cananea (22). A la muerte de Elí estos dos serán los "arzobispos" de la nación, ¡y todo lo que Elí puede hacer es razonar con ellos!

Versículos 27-36: la predicción del varón de Dios se cumple en la muerte de los hijos de Elí en la batalla de Afec (4:11). El sacerdocio pasó de la familia de Elí a la descendencia de Sadoc en tiempos de David (2 Samuel 8:17).

Efod de lino (18): túnica que llevaban los sacerdotes (→ versículo 28).

Jehová había resuelto hacerlos morir (25): el escritor lo dice así porque Dios es soberano en toda circunstancia. Es igualmente verdad que su

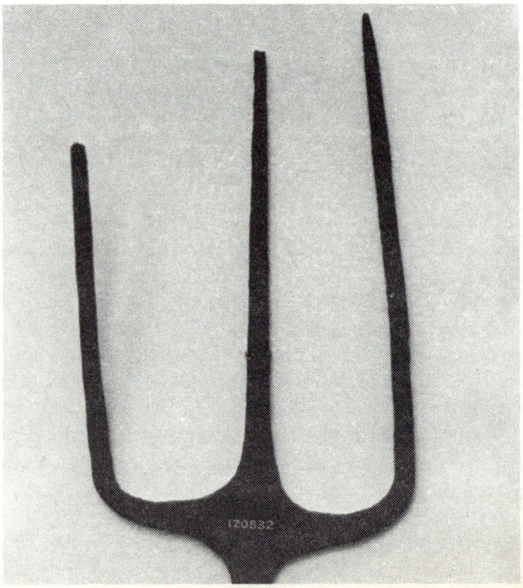

Horquilla de tres dientes que se usaba para sacar la carne de la caldera hirviente; ésta fue hallada en Ur.

muerte es resultado directo de su propia decisión libre de desobedecer a Dios. La Biblia no ve conflicto alguno entre la soberanía de Dios y el libre albedrío del hombre. → bajo Exodo 6:28-10:29.

3 Samuel escucha el llamado de Dios

De madrugada (antes de que se acabara el aceite de la lámpara, como ocurría al amanecer), cuando está de servicio cerca del arca, dentro del tabernáculo, Samuel oye que Dios le habla por primera vez: un mensaje de juicio para Elí. A partir de ese momento, Samuel es el mensajero de Dios, y toda la nación lo sabe, desde Dan en el extremo norte hasta Berseba en el límite del desierto meridional.

4:1 - 7:1 LOS FILISTEOS Y EL ARCA DE DIOS

4:1-11 Los filisteos derrotan a Israel y capturan el arca

El arca (→ Exodo 25 - 27) era la posesión más valiosa de Israel, el centro del tabernáculo. Se guardaba en ella una copia de la ley. Su cubierta era sede de misericordia, símbolo de la presencia de Dios.

Pero ahora la nación desea utilizarla como talismán, como protección última contra los filisteos. El resultado es el desastre total: derrota del ejército, el arca en manos del enemigo.

Filisteos (1): → "Naciones y Pueblos", página 660.

4:12-22 Muerte de Elí

El arca no regresó nunca a Silo. Aunque aquí no se menciona, los filisteos probablemente añadieron a su victoria la destrucción de esta ciudad (→ Jeremías 26:6). Estos versículos registran el cumplimiento del juicio de Dios sobre la familia de Elí (2:27-36; 3:11-14).

Había juzgado a Israel cuarenta años (18): la mayor parte de los jueces de Israel fueron líderes guerreros (→ Jueces). Pero los dos últimos, Elí

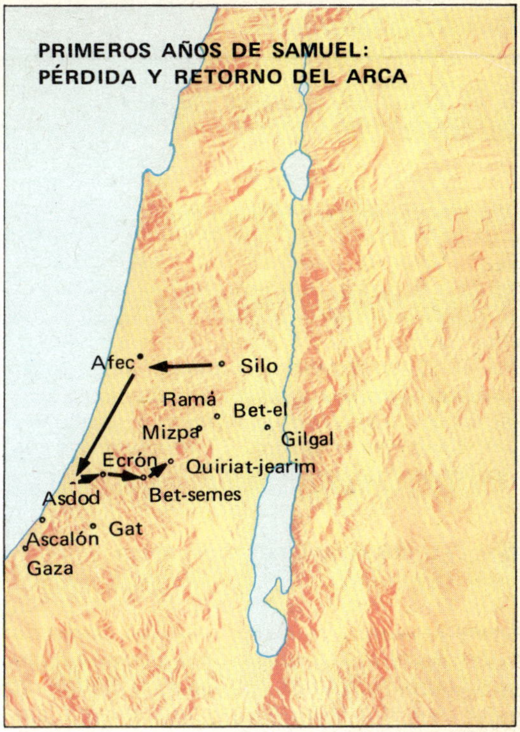

Mampostería maciza descubierta en Bet-semes, a donde fue llevada el arca después de recuperarla de los filisteos. Los muros de casamata son probablemente del tiempo de las guerras de David con los filisteos.

y Samuel, fueron líderes religiosos y administradores de justicia.

5 El arca en manos de los filisteos

Para la forma de pensar de los filisteos, Dagón, su dios, les había dado la victoria. Por esto colocan el arca como trofeo de guerra a sus pies. Pero Dagón no pertenece a la misma categoría del Dios de Israel. Dios no es un ídolo hecho por el hombre, y trata a la figura de Dagón como ellos habrían tratado a un rey cautivo (→ Jueces 1:6-7). Como demostración ulterior de su poder se desencadena una plaga (peste bubónica, transmitida por la pulga de las ratas; → versículo 6 y 6:4, Biblia de Jerusalén). El desplazar el arca simplemente difunde la enfermedad.

6 - 7:1 Devolución del arca

Después de siete meses de esto, los filisteos han tenido bastante. Los líderes religiosos aconsejan la devolución del arca; pero de una forma tal que se muestre, de una vez por todas, si el Dios de Israel es o no responsable por los desastres. Las vacas, no acostumbradas al yugo, no es probable que tiren juntas. Según la índole de las cosas también se hubiera esperado que permanecieran con sus terneros. Sin embargo responden al yugo como una yunta de bueyes, y se dirigen directamente a la frontera.

El versículo 19 (→ Biblia de Jerusalén) da una nota trágica en medio del gozo. Incluso Israel debe aprender a no pasarse de la línea. No es bueno tratar a Dios como un objeto de curiosidad ociosa.

7:2-17 AVIVAMIENTO NACIONAL: SAMUEL COMO JUEZ

Pasan veinte años, y hay un retorno genuino a Dios (versículo 2). Los antiguos ídolos —hasta Baal y Astarot, los dioses cananeos de la fertilidad— son destruidos. Y Samuel, juez y líder religioso en lugar de Elí (→ 15-17), conduce a la nación en el acto de arrepentimiento y purificación. De inmediato viene la prueba. Los filisteos avanzan, y Dios aprovecha la ocasión para mostrar a Israel lo que hará por un pueblo que tiene fe en él. Israel interviene sólo en la operación de limpieza. Se escoge el nombre del lugar de una antigua derrota (4:1) para señalar la victoria actual (12). La ayuda de Dios es la que hace posible un cambio tan dramático.

Todos los días de Samuel (13): esto incluye la mayor parte del reinado de Saúl. La guerra siguió, pero Saúl y David mantuvieron a distancia a los filisteos hasta la gran batalla de Gilboa (Gelboé) en la que Saúl y Jonatán perdieron la vida.

Desde Ecrón hasta Gat (14): las dos ciudades-estado filisteas del interior. Israel reconquistó las ciudades fronterizas.

El arca permaneció por 20 años en Quiriat-jearim, que se suele identificar con el pueblo de Abu Ghosh, unos 14 kilómetros al oeste de Jerusalén.

Bet-el, Gilgal, Mizpa, Ramá (16-17): Samuel hacía un recorrido anual de las cuatro ciudades santuario.

8 - 12 SAUL, PRIMER REY DE ISRAEL

8 El pueblo pide un rey; advertencia de Samuel

La historia se repite en el caso de los hijos de Samuel. Resultan poco mejores que los de Elí (2:12). Esto da al pueblo una excusa fácil para pedir un rey, como las naciones vecinas. Samuel advierte del costo. No tienen más que mirar a los estados vecinos para ver que tener rey significa servicio militar, trabajos forzados, impuestos, y pérdida de libertad personal. Pero ni siquiera esto los detiene.

9 - 10:16 Saúl es hecho rey: la unción privada

La búsqueda de asnas perdidas, precisamente, conduce al futuro rey de Israel de Gabaa (Guibeá) hasta Ramá, y produce el encuentro con Samuel. Todo Israel conoce al profeta, pero no, al parecer, a este joven provinciano. El aceite (10:1) aparta a Saúl para el elevado oficio. El cumplimiento detallado de las predicciones de Samuel garantiza a Saúl la autoridad del profeta. Saúl regresa a casa renovado (10:9).

El lugar alto (9:12): el santuario; la expresión todavía no ha adquirido la connotación idólatra de tiempos posteriores.

Terrado (9:25): lugar agradablemente fresco en el calor veraniego.

Bajarás... a Gilgal (10:8): la instrucción parece relacionarse con reunirse para la batalla. Cuando esto ocurrió (capítulo 13), Saúl desobedeció.

Cuando llegaron allá... (10:10): la experiencia extática de Saúl ocurrió en su misma ciudad natal.

10:17-27 La proclamación pública

Dios escoge al rey de Israel; no se lo deja al pueblo.

Figura de Baal: profetas como Samuel recordaban constantemente al pueblo que no acudieran a los dioses paganos locales de la guerra, de la fertilidad y del tiempo.

11 La primera victoria de Saúl reduce la oposición

Dios mueve a Saúl para que haga el llamamiento (6), y al pueblo para que responda (7). Quizá por primera vez desde Josué la nación está unida: un buen comienzo para el reinado del nuevo rey.

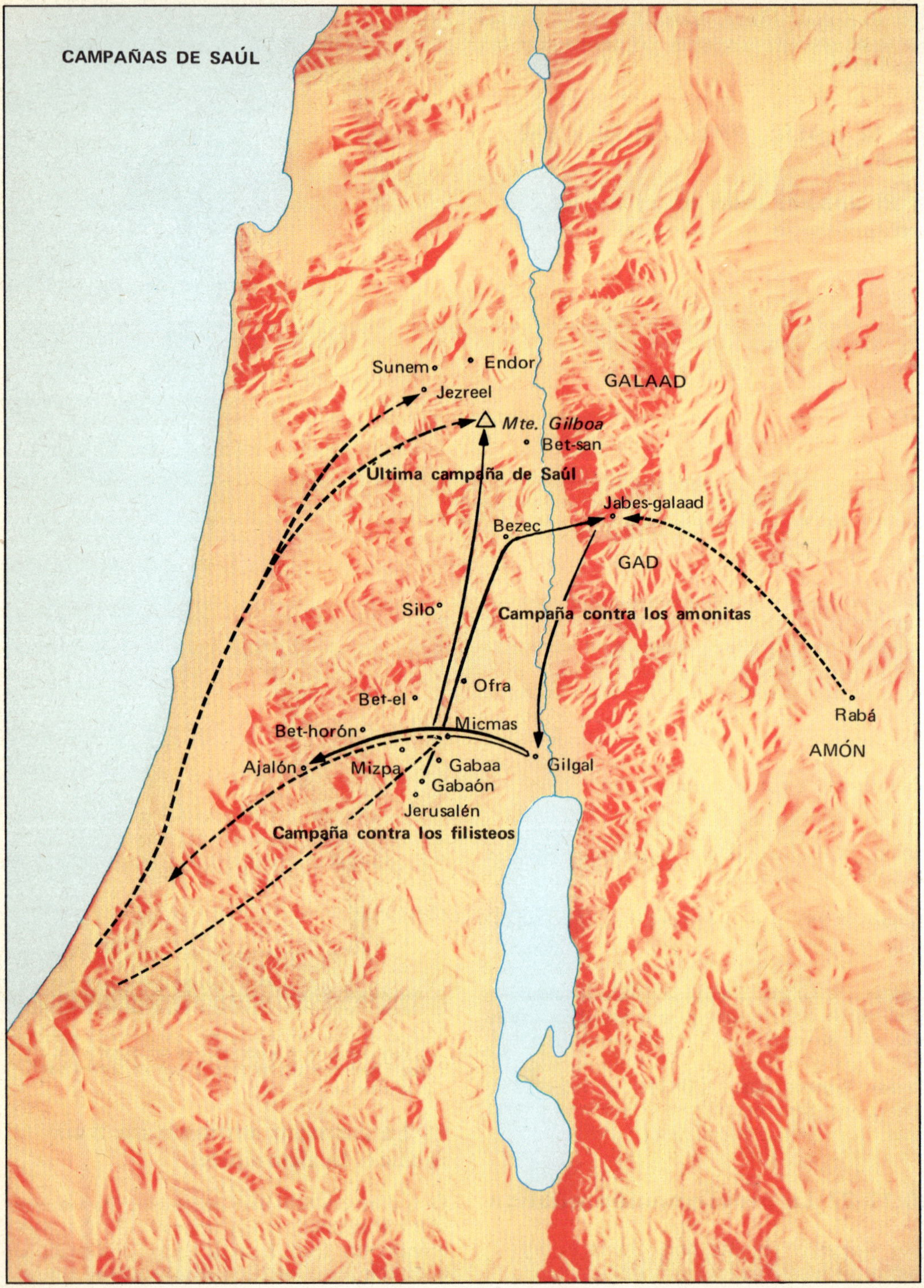
CAMPAÑAS DE SAÚL
Sunem
Endor
Jezreel
GALAAD
Mte. Gilboa
Bet-san
Última campaña de Saúl
Jabes-galaad
Bezec
GAD
Silo
Campaña contra los amonitas
Ofra
Bet-el
Rabá
Micmas
Bet-horón
AMÓN
Ajalón
Mizpa
Gabaa
Gilgal
Gabaón
Jerusalén
Campaña contra los filisteos

12 Samuel advierte al pueblo en Gilgal

Samuel siempre ha estado pendiente de los peligros de la monarquía (8; 10:17ss.). Políticamente la decisión de escoger rey fue sin duda sabia. Religiosamente fue un paso en la dirección equivocada, un paso que aleja del ideal de Dios solo como Rey de Israel. Y si Dios deja de ser Rey para su pueblo, desaparecerán tanto la nación como la monarquía (25).

Versículo 9: *Sísara* derrotado por Débora y Barac (Jueces 4 - 5); *el rey de Moab,* Eglón, asesinado por Aod (Ehúd) (Jueces 3:12-30).

Versículo 11: *Jerobaal,* o sea Gedeón (Jueces 6-8); *Jefté,* Jueces 11 - 12; *Samuel* (parece raro procediendo de sus propios labios. Quizá deberíamos leer "Sansón", Jueces 13 - 16).

13 - 15 SAUL DESOBEDECE Y ES REPUDIADO

13 - 14 Guerra con los filisteos: desobediencia y estupidez de Saúl

Saúl reúne a sus tropas y espera siete días; durante este tiempo el ejército va menguando. Pero no llega a ver el término del sétimo día. Y su desobediencia y arrogancia al asumir la función de profeta le cuesta la dinastía.

Capítulo 14: Jonatán y su escudero parece que fueron vistos como desertores, por lo que pudieron coger por sorpresa a los filisteos. Temblores de tierra incrementan el pánico y la confusión. Los desertores israelitas cambian de parte para ayudar al triunfo de Saúl. Se ve a Jonatán como hombre de fe y valor extraordinarios. En contraste, el relato comienza a mencionar las fallas de la personalidad de Saúl que luego se convirtieron en grave desorden mental.

13:1: el texto original está incompleto. Algunas versiones lo omiten totalmente. La *Reina-Valera* interpretativamente suple las palabras que faltan, pero difiere de la *Versión Moderna,* que interpreta que allí se habla de la edad de Saúl al comenzar a reinar. Si es así, posiblemente aquí se ha omitido la decena y el texto debería leerse 32 años (→ "Descifremos la cronología de los Reyes", página 269). Sabemos por 9:2 que Saúl ascendió joven al trono. Debe de haber tenido unos treinta años ya que su hijo era suficientemente mayor para pelear.

Treinta mil (15:5): más probablemente 3.000; → "Las enormes cifras del Antiguo Testamento", página 191.

Se escondieron (13:6): la atmósfera se parece mucho a la del tiempo de Gedeón, cuando el pueblo se atemorizó de los madianitas (Jueces 6:2).

Trae el arca (14:18): quizá dado el mandato de Saúl al sacerdote en el versículo 19, la Biblia de Jerusalén traduce "efod" en vez de "arca". Era la túnica con el pectoral que contenía los Urim y Tumim (41), las suertes que se echaban para descubrir la voluntad de Dios.

Peca... comiendo la carne con la sangre (14:33): prohibida en Levítico 17:10ss.

Isúi (Išyó) (14:49): abreviación de Is-boset (Išbaal).

Abner (14:50): más tarde puso a Is-boset como rey frente a David (2 Samuel 2:8 - 3:39).

15 Dios ordena la destrucción de los amalecitas; Saúl vuelve a desobedecer

Esta vez la desobediencia es deliberada (9). Dios repudia personalmente a Saúl como rey, y Samuel ya no lo visita más oficialmente. El profeta había previsto problemas. Habría podido muy bien alegrarse de la caída de Saúl. Por el contrario, regresa dolido.

Amalec (2): los amalecitas eran antiguos enemigos cuyo castigo se había predicho tiempo atrás (Exodo 17:8-16; Deuteronomio 25:17-19). Incluso así encontramos difícil aceptar la orden de destruirlos completamente, a pesar de las atrocidades inigualadas de nuestro propio siglo. En el mundo más realista y menos individualista del tiempo de Saúl se consideraba responsable a toda la comunidad por las malas acciones de sus miembros, y sufrían las consecuencias. La desobediencia de Saúl (por el más bajo de los motivos) dejó a su pueblo abierto al hostigamiento constante de los amalecitas.

Ceneos (quenitas) (6): tribu nómada madianita en la que Moisés halló esposa. Los ceneos fueron

El arpa de David era un *kinnor,* como el de esta reconstrucción en el Museo de Música de Haifa. Es el primer instrumento musical que se menciona en la Biblia (Génesis 4:21); la de David era de madera de ciprés (2 Samuel 6:5).

guías de Israel en el desierto (Números 10:29-33).

Obedecer es mejor que los sacrificios (22-23): La afirmación de Samuel fue tema importante para los profetas posteriores.

16 - 31 SAUL Y DAVID

16:1-13 Samuel unge a David como rey

Con la unción, como en el caso de Saúl, viene el poder espiritual (13). De nuevo Dios escoge a su hombre y lo prepara mucho antes de que llegue a ser figura nacional.

16:14-23 David encuentra lugar en la corte

Cuando el Espíritu de Dios abandona a Saúl, toman posesión las fuerzas malas. Saúl queda a merced de su propio temperamento ingobernable. Su mente desordenada lo hunde en depresión y violencia. Pero la música puede descorrer las sombras, y por esto la necesidad de Saúl se convierte en la oportunidad de David.

Un espíritu malo de parte de Dios (15): para el observador, Saúl está "poseído" por su espíritu que Dios envía como castigo.

17 David y Goliat

El paladín filisteo mide tres metros, completamente armado con cota de malla. Pero el tiempo que David ha pasado solo en las montañas con las ovejas le ha enseñado fe y precisión mortífera con la honda. El gigante no tiene posibilidades.

Versículos 55-58: es difícil de armonizar con 16:18ss. Los sucesos del capítulo 17 quizás han ocurrido mientras David acudía a la corte solo de vez en cuando, cuando se apoderaban de Saúl los malos humores. Por lo tanto, 16:21-22 se refiere a un tiempo posterior. O posiblemente la pregunta es puramente formal acerca de los antecedentes familiares de David. Al vencedor, después de todo, se le había prometido en matrimonio la hija del rey (17:25).

18 La amistad con Jonatán; Saúl se pone celoso

David recordaría su amistad con Jonatán como una de las cosas mejores de su vida (2 Samuel 1:26). Nada podía debilitar el sorprendente vínculo entre el hijo del rey y el hombre que, humanamente hablando, iba a desposeerlo del trono.

Al crecer el prestigio de David, aumenta la sospecha celosa de Saúl, y trama la muerte de aquél. La pobreza de David da a Saúl la oportunidad para sugerir por la esposa un precio que probablemente le costará la vida. Este tributo se podía exigir solo de los filisteos, enemigo número uno de Israel; las otras naciones practicaban la circuncisión. David duplica la demanda de Saúl y regresa ileso, para exigir su princesa.

Ejemplo de armadura contemporánea; yelmo asirio.

19 - 20 David obligado a abandonar la corte de Saúl al atentarse contra su vida

Tiene éxito el primer intento de Jonatán de reconciliarlos (1-7). Pero sigue uno de los malos humores de Saúl y solo el engaño de Mical salva la vida de David (8-17). Por un tiempo se une a Samuel y su escuela de profetas en Ramá (18-24). Jonatán trata de garantizar el retorno a salvo de David, pero su padre se vuelve contra él (20:30-33). Y los dos amigos se ven obligados a separarse (35-42).

Pastorcillo con una honda.

¿También Saúl entre los profetas? (19-24): comparar con 10:10-13. Tan irresistible es el poder del Espíritu de Dios que no solo se frustra el plan malvado de Saúl, sino que el rey mismo queda "infectado". Al igual que sus mensajeros, también él —por lo menos de momento— se vuelve profeta.

Mañana será nueva luna (20:5): el primer día de cada nuevo mes era feriado.

21 Ahimelec (Ajimélek) ayuda a David a huir

El sacerdote pagaría caro el ayudar a David (22:11-19). David recibe alimentos y armas y logra huír a la ciudad filistea de Gat. Ante el peligro de ser reconocido finge locura y lo hace tan bien que Aquis (Akíš) se convence por completo (→ también 27:5-12).

Nob (1): santuario principal de Israel en ese tiempo.

Pan sagrado (4): cada sábado se colocaban doce panes frescos en el altar y se quitaban los doce rancios. Solo los sacerdotes tenían derecho de comerlos.

Vasos (5): o sea, "cuerpos" (versículo 6, Biblia de Jerusalén). Los soldados israelitas se abstenían de relaciones sexuales durante las campañas. Si Urías no hubiera cumplido bien las normas, David no habría tenido ocasión de recurrir al homicidio (2 Samuel 11:11).

22 David proscrito; venganza de Saúl contra Ahimelec

Habitaban con el rey de Moab (4): por seguridad. David tenía sangre moabita en sus venas (→ Rut).

Doeg (9ss.): el título del Salmo 52 lo relaciona con este episodio.

23 La persecución: Keila (Queilá), Zif, Maón

David organiza su banda de proscritos en una eficaz fuerza militar. Pero la persecución implacable de Saúl lo mantiene constantemente en movimiento.

El efod (6): → bajo 14:18.

24 David perdona la vida de Saúl en la cueva de En-gadi

Saúl está completamente en manos de David. La negativa de subir al trono por un atajo hace recapacitar al rey. Pero no se puede confiar en la palabra de Saúl.

25 La muerte de Samuel; David y Abigail

No hubo otro líder religioso igual a Samuel hasta Elías. El viejo profeta había ungido al más grande rey de Israel, pero no vivió para verlo reinar.

En las colinas y cuevas alrededor de En-gadi había muchos escondrijos para el que huía. La fresca agua del manantial fluye por una garganta hacia el Mar Muerto, lo cual permite que haya vegetación abundante en una zona por lo demás estéril y desértica.

La petición de David a Nabal no es irrazonable. No pide dinero para protección, sino algún pago por servicios pasados (15-16). Después de todo, el hombre era rico y era tiempo de esquila de las ovejas, ocasión festiva. La acción rápida de Abigail salva la vida de su esposo e hijos (22). Evidentemente causó buena impresión a David (→ versículo 39). Dios se ocupa del castigo de Nabal. Muere de una doble trombosis cerebral.

26 David vuelve a perdonar la vida de Saúl

Los zifeos (Zifitas) favorables a Saúl de nuevo dan información contra David. Y una vez más Saúl se encuentra a merced de David y llega al arrepentimiento por vergüenza. Sin duda que muchos habrían considerado esto como una oportunidad enviada del cielo para adelantar su carrera. David sabía que Dios podía y quería ponerlo en el trono sin ninguna ayuda de su parte.

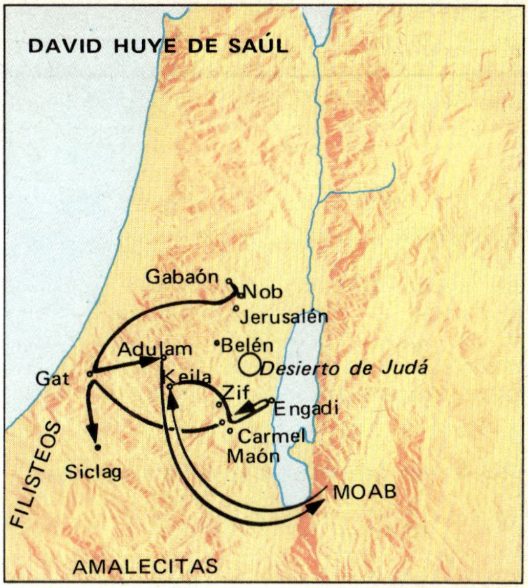

Beduinos del desierto, con sus tiendas negras, son la única señal de vida en esta fotografía del desierto de Judea.

Abisai (Abisay) hijo de Sarvia (6): Abisai, Joab y Asael (Asahel), líderes militares de David, eran todos hijos de su hermanastra. Aunque eran valientes, le causaron muchos problemas cuando fue rey (2 Samuel 3:39; 18:14; 20:10).

27 De nuevo en el país de los filisteos

De nuevo Aquis es completamente engañado (→ 21:10-15). Mientras simula asolar a Israel y a sus aliados (10), David de hecho arrasa ciudades enemigas (8), sin dejar a nadie vivo para contarlo (11).

28 Saúl consulta a una médium

Saúl no puede conseguir respuesta de Dios (6). La brujería siempre había estado prohibida en Israel (Levítico 19:31). Pero desesperado, sale de noche y disfrazado para ir, con riesgo, cerca del campamento enemigo en Sunem, para consultar a la médium de Endor. Sin embargo, no encuentra que Samuel le diera mayor apoyo en muerte que en vida.

29 Desconfianza en David

Los otros señores filisteos son menos crédulos que Aquis, por lo que David no tiene que encontrarse en la situación incómoda de enfrentarse a sus compatriotas en el campo de batalla. Este capítulo se refiere a sucesos anteriores a los del capítulo 28. Los filisteos se reúnen en Afec. Todavía no se habían desplazado hacia el norte a Sunem.

30 Ataque amalecita a Siclag (Siquelag); represalia exitosa de David

El regreso de David es a buen tiempo, y la información del esclavo más que un golpe de suerte. Todo se recupera. Y Judá y los calebitas, también víctimas del ataque (14), comparten el botín.

31 La batalla de Gilboa (Gelboé); muerte de Saúl y Jonatán

El autor de las Crónicas (1 Crónicas 10) encontró este relato de la muerte de Saúl más creíble que la historia del amalecita (2 Samuel 1:4-10). Este último pudo muy bien arreglar los hechos para que sirvieran a sus propios fines. Como convenía, son los hombres de Jabes (Yabéš) los que recuperan los cuerpos. No han olvidado lo que le debían a la primera gran victoria de Saúl (capítulo 11).

2 SAMUEL

El reinado de David; también referido en 1 Crónicas 11 - 29.

1 - 4 LOS PRIMEROS AÑOS DEL REINADO DE DAVID

1 Noticias de la muerte de Saúl; endecha de David

La historia del amalecita difiere del relato de la muerte de Saúl en 1 Samuel 31. Si tergiversó los hechos en espera de recompensa, no conocía a David. Después del ataque amalecita a Siclag (1 Samuel 30) David no tenía por qué amar a esta raza. Pero fue su fuerte convicción que la vida del rey era sagrada (14; y → 1 Samuel 24 y 26), no la discriminación racial, lo que condujo a la sentencia de muerte.

La endecha por Saúl y Jonatán es uno de los poemas más conmovedores y hermosos de David. Su pesar por el rey parece totalmente sincero; su angustia ante la pérdida de Jonatán, honda y genuina.

Al tercer día (2): había 160 km. de Gilboa a Siclag.

El libro de Jaser (del Justo) (18): antología perdida (→ Josué 10:13).

Saúl y Jonatán perdieron la vida en las montañas de Gilboa, en la lejanía en esta fotografía. Sus cuerpos fueron traídos aquí a Bet-sán y colgados en los muros. Estos restos de templos hallados en las extensas excavaciones pueden haber sido aquellos en los que se exhibió la armadura de Saúl.

El escudo... ungido con aceite (21): el escudo era de cuero, el aceite impedía que se resecara y quebrara.

2 Guerra civil; Abner mata a Asael (Asahel)

Solo Judá (que por este tiempo probablemente incluía a Simeón) aclama a David como rey. Las otras diez tribus siguen el liderato de Abner, comandante del ejército de Saúl, y prestan fidelidad a Is-boset, hijo de Saúl. Durante dos años la nación está dividida.

Nada resuelve un intento de solucionar el problema por medio de un solo combate representativo (14 → Biblia de Jerusalén) en Gabaón, y sigue una guerra civil total.

Hijos de Sarvia (18): → bajo 1 Samuel 26:6.

El regatón (cuento) de la lanza (23): Abner no se proponía matar a Asael. Pero el regatón era afilado de modo que quedara clavado en tierra, y la herida resultó fatal.

El Arabá (29): el largo valle hendido desde Galilea hasta el Mar Muerto y más allá; aquí, el valle del Jordán.

3 Abner establece condiciones; Joab venga a su hermano

Is-boset no es el hombre que era su padre. Abner es el verdadero jefe. Si decide apoyar a David, la nación lo sigue. Pero no calcula el odio implacable de Joab. David guía a la nación en el duelo por Abner. A pesar de la pública declaración de inocencia, la mancha del asesinato sigue con él toda la vida (1 Reyes 2:5).

Había tenido Saúl una concubina (7): el harén del rey pasaba normalmente a su heredero, lo que hace que la acción de Abner equivalga a una pretensión al trono. Véase la acción de Absalón, 16:20ss. Rizpa (Rispá) aparece de nuevo en el capítulo 21.

Cabeza de perro de Judá (8): o sea, "uno de los seguidores especiales de David".

Desde Dan hasta Beerseba (10): todo el país, de norte a sur.

Mi mujer Mical... (14): → 1 Samuel 18:20-27. Saúl había dado la esposa de David a otro hombre.

Quien padezca flujo... (29): contaminado y por consiguiente inepto para el servicio religioso; *pero use broca:* apto solo para trabajo femenino.

4 Asesinato de Is-boset (Isbaal)

Un segundo incidente (comparar con 1:1-16) que muestra el fracaso completo de los seguidores de David en entender su actitud hacia Saúl y la familia real. Se entierra honorablemente a Is-boset, y los dos asesinos son públicamente deshonrados.

5 - 12 ESTABLECIMIENTO DEL REINO DE DAVID

5 David, rey de todo Israel; la nueva capital en Jerusalén

El escritor aclara que David no es un usurpador. Dios le ha dado el derecho al trono: hecho que reconocieron Saúl (1 Samuel 24:18-20), Abner (3:9-10) y finalmente toda la nación (5:2).

Aunque parte de Jerusalén cayó ante Judá en la conquista (Jueces 1:8), la fortaleza misma nunca había sido tomada (Josué 15:63; Jueces 1:21). Los jebuseos (yebuseos) tenían algún fundamento para jactarse de que una guarnición de ciegos y tullidos podía defenderla (6). Pero subestimaron a David. Jerusalén estuvo en manos de Judá hasta que Nabucodonosor la destruyó 400 años más tarde. Fue una excelente elección de capital.

Milo (Mil·ló) (9): parte de las fortificaciones.

Hiram (Jiram), rey de Tiro (11): contemporáneo de David y Salomón (1 Reyes 5). Hiram reinó alrededor de 979-945 a.C. El puerto marítimo de Tiro era capital del reino fenicio. El reinado de Hiram fue una edad de oro de expansión política y prosperidad comercial, cuando florecieron las artes y oficios. Sus artesanos ayudaron a edificar el templo.

6 El arca es traída a Jerusalén

→ 1 Crónicas 13, 15-16. Después de que los filisteos devolvieron el arca (1 Samuel 4-6), permaneció en Quiriat-jearim (Baala de Judá, 2; → 1 Crónicas 13:6). Ahora David la trae a su nueva capital. La ocasión se celebra con toda la exuberancia del culto judío. Incluso el rey baila de gozo. Sólo Mical permanece ajena a todo, fría e inconmovida por la presencia de Dios.

Uza extendió su mano al arca (6): que ni siquiera los levitas podían tocar. David se echa la culpa de no seguir las instrucciones que Moisés estableció (1 Crónicas 15:2-15). En el siguiente intento los levitas llevaron el arca sobre varas.

7 La casa de Dios y el trono de David

David no es el hombre que construirá el templo de Dios; esto lo hará su hijo, hombre de paz, no guerrero (1 Crónicas 22ss.). Pero Dios compensa el desengaño prometiendo a David una "casa", una dinastía que será "para siempre" (16). Sobre esta promesa descansa una esperanza que se encuentra en todo el Antiguo Testamento, la esperanza de un Mesías. Y cuando llegó, la promesa se cumplió. Cristo nació en la ciudad

Hebrón, la capital de David antes de que ocupara Jerusalén.

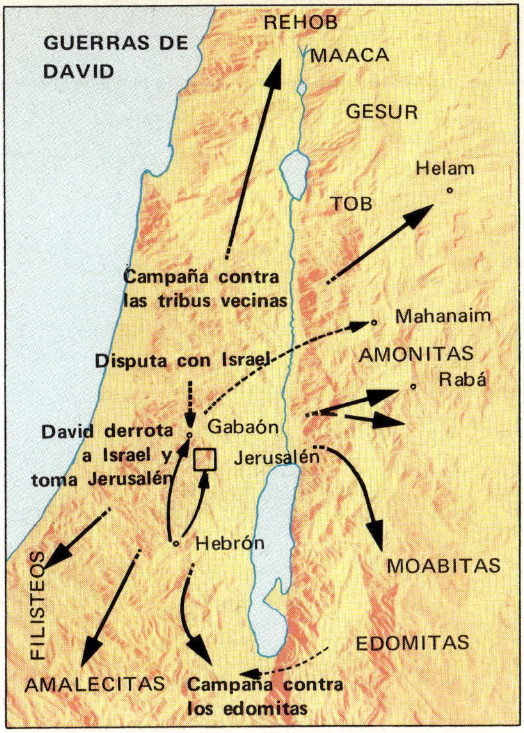

natal de David, Belén, y "de la casa y familia de David" (Lucas 2:4). El ángel dice a María: "El Señor Dios le dará el trono de David su padre; y reinará sobre la casa de Jacob para siempre, y su reino no tendrá fin" (Lucas 1:32-33).

Uno de tu linaje... edificará casa (12-13): Salomón lo hizo (1 Reyes 5-7). Pero David contribuyó en mucho: dibujó los planos y suministró materiales (1 Crónicas 28:11ss.; 22:2ss.).

8 Victorias de David

→ el mapa arriba. Este capítulo antecede a los sucesos del capítulo 7 (→ 7:1).

Moab (2): antes David estuvo en buenas relaciones con ellos (1 Samuel 22:3-4).

Valle de la Sal (13): probablemente en la parte estéril del gran valle hendido al sur del Mar Muerto.

Cereteos (kereteos) y Peleteos (18): mercenarios filisteos.

Los hijos de David eran los príncipes (sacerdotes, BJ) (18): aunque no era de familia sacerdotal, David era como un rey-sacerdote (→ capítulo 6), como Melquisedec, un rey de la Jerusalén de tiempo atrás (Génesis 14:18).

9 David y Mefi-boset (Meribbaal), hijo de Jonatán

Los sucesos del capítulo 21 quizás anteceden a este capítulo. De ser así, sin duda que los requerimientos del rey aterraron a Mefi-boset. Pero los motivos de David son totalmente buenos, "por amor de Jonatán" (→ 1 Samuel 20:42). Restaura las propiedades de la familia (7) y trata al joven como propio hijo (11).

Lodebar (4): al norte de Galaad, no lejos de Jabes (Yabés).

Versículo 10: parece contradictorio, pero estar en la corte significaría un incremento en los gastos generales, aunque se les dieran las comidas.

10 Derrota de la alianza sirio-amonita

→ 1 Crónicas 19. Hanún (Janún) provocó la guerra con su trato ofensivo a los embajadores. Pero sin duda las naciones vecinas tenían sospechas y temían al poderoso rey de Israel.

La campaña de los versículos 16-18 quizá sea la mencionada en 8:3ss.

11 Adulterio de David con Betsabé

Su ejército está luchando contra los amonitas, pero esta primavera el rey no está con ellos. Se pasea a la sombra después de la siesta, en el terrado del palacio. Y desde ese ventajoso lugar puede ver el patio abierto de una casa vecina, donde Betsabé está en el ritual de purificación. Los sucesos que siguen —adulterio y homicidio— son la línea divisoria de la vida de David. A partir de ese momento recoge el amargo fruto de su pecado.

Rabá (1): hoy día Amán, capital de Jordania.

Urías heteo (hitita) (3): para empeorar las cosas, Urías era de la guardia especial de David (23:39), y se hallaba en la guerra del rey.

La antigua ciudad de Jerusalén desde el Mte. de los Olivos; el valle de Cedrón está en medio.

Versículo 11: el ejército está en campaña, bajo tiendas, y la norma es que los hombres se abstengan de relaciones sexuales. Si Urías hubiera sido hombre de menos principios habría ido donde su esposa. El hijo entonces habría podido pasar por suyo y Urías no habría sido muerto. Pero quizá sospechaba ya la verdad.

Jerobaal (Yerubbaal) (21): o sea Gedeón (Jueces 9). Siendo "Baal" un nombre pagano, los escribas luego lo substituyeron por la palabra "boset"/"beset", "vergüenza", Jerobaal se convirtió en Jerobeset; Isbaal pasó a ser Isboset; Meribaal, Mefiboset, y así sucesivamente.

12 Visita de Natán; muerte del hijo

Urías ha muerto; ha pasado la boda; ha nacido el niño. Todo parece haber salido muy bien... hasta que llega Natán. Y entonces se pone al descubierto todo el sórdido episodio. A David se le hace verse como Dios lo ve: experiencia humillante para un rey (→ Salmo 51). Dios lo perdona, pero es castigado, y el niño muere.

Pagar... con cuatro tantos (6): → Exodo 22:1.

Versículos 10-11: se cumplió la profecía. Tres de los hijos de David fueron asesinados, dos por sus propios hermanos. Y en la rebelión, Absalón se apoderó del harén de su padre (16:22).

Envió un mensaje... (25): al parecer para tranquilizar a David de que su hijo no moriría.

Un talento de oro (30): alrededor de 30 kilos.

13 - 20 DAVID Y SUS HIJOS MAYORES: REBELION DE ABSALON

13 Amnón y Tamar; venganza de Absalón

Ante la violación de su hija por el hermanastro, David no hace nada. El vigoroso rey es un padre fatalmente débil (→ 1 Reyes 1:6). Si David hubiera intervenido, habría podido impedir tanto el asesinato como la rebelión posterior.

Hables al rey (13): Tamar no excluye la posibilidad de matrimonio (aunque ante Levítico

18:11 habrían necesitado una dispensa especial). La "dificultad" del versículo 2 estriba en el aislamiento completo de ella; Amnón solo deseaba satisfacer su deseo, no había pensado en el matrimonio.

14 La mujer de Tecoa; perdón de Absalón

Joab penetra en las defensas del rey tanto como lo había hecho Natán (capítulo 12), pero con un pleito fingido. Esta vez solicita pasar por alto la obligación del pariente próximo para vengar a su pariente asesinado. La aplicación a David mismo es obvia. Está dispuesto a hacerlo así en el caso de uno de sus súbditos; ¿por qué no en el caso de su heredero?

Joab gana la discusión, y Absalón regresa del exilio. Pero su padre no lo admite en su presencia sino dos años después.

Versículo 26: el cabello de Absalón fue lo que con el tiempo le produjo la muerte (18:9). El peso es de casi 2 kilos.

15 Rebelión de Absalón; David se va de Jerusalén

Con Amnón excluido, y muerto el hijo de Abigail, Absalón es el sucesor al trono. Pero el heredero escogido de David es Salomón. Durante cuatro años Absalón urde sus planes (1-6), ganándose poco a poco al pueblo. Cuando sale a la luz (7-12), el reto a David es sumamente grave.

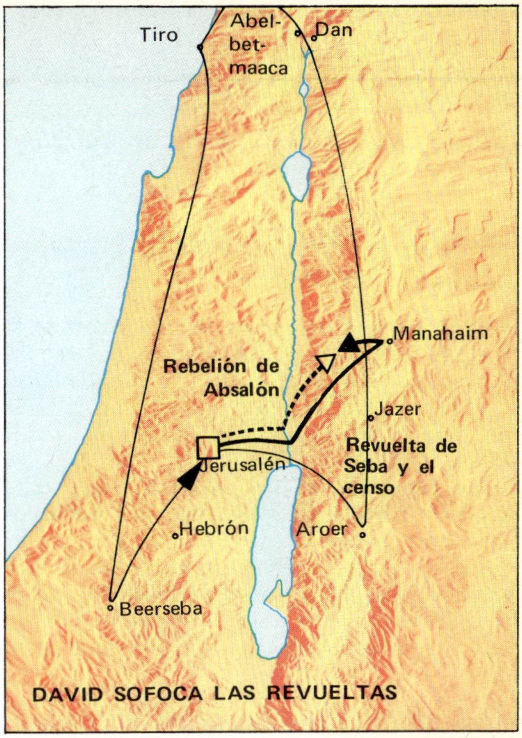

El rey es cogido por sorpresa. Para salvar la ciudad y ganar tiempo, abandona Jerusalén. Pero organiza un sistema de espionaje. Husai (Jušay) es enviado para contrarrestar la astucia de Ahitofel (Ajitófel), cuyo sabio consejo de otro modo haría prevalecer a Absalón.

La puerta (2): donde se celebraban las transacciones comerciales y legales de la ciudad (→ Rut 4:1ss.)

Los antiguos títulos de los Salmos relacionan muchos de los salmos de David con sucesos de su vida

Huida del palacio: 1 Samuel 19:11ss.: Salmo 59
David finge locura: 1 Samuel 21: Salmo 34 (aunque la diferencia de nombres quizás indica otra ocasión no relatada en Samuel).
David escondido en la cueva: 1 Samuel 22:11ss.; 24:3ss.: Salmos 57, 142
Traición de Doeg a los sacerdotes en Nob: 1 Samuel 22: Salmo 52
Los informantes zifeos: 1 Samuel 23:19ss.: Salmo 54
David en el desierto de Judá: 1 Samuel 24:1-2, 22; y también en 2 Samuel 15ss.: Salmo 63
Derrota de los edomitas: 2 Samuel 8:13: Salmo 60
Pecado de David con Betsabé: 2 Samuel 11-12: Salmo 51 (y probablemente 32)
Rebelión de Absalón: 2 Samuel 15:13ss.: Salmo 3
Cántico de liberación de David: 2 Samuel 22: el mismo poema que Salmo 18

Hebrón (7): antigua capital de David, en Judá.

La cuesta de los Olivos (30): lugar donde Jesús pasó la noche de su entrega.

Ahitofel (Ajitófel) (31): abuelo de Betsabé; el más sabio de los consejeros de David.

16 Siba y Simei (Semeí); Husai (Jušay) y Ahitofel

Siba (1-4) tiene claramente la vista puesta en la oportunidad principal. Mefiboset niega luego las acusaciones que se le hacen (19:24-30). Simei (5-14) se complace vengativamente en la caída del hombre que despojó del trono a su familia (5-8).

En Jerusalén (15-19) Husai consigue convencer a Absalón de su lealtad. Los versículos 20-23 son un ejemplo de la estrategia política de Ahitofel. Al apoderarse del harén de David, Absalón convencerá a sus seguidores de que la reconciliación con su padre es imposible. Ningún rey podría perdonar una ofensa pública como esa.

17 Absalón rechaza el plan de Ahitofel

El consejo de Ahitofel es atacar de repente, y sólo a la persona del rey, para evitar la guerra civil. Pero Husai gana tiempo para David con un plan que halaga la vanidad de Absalón (11ss.). Ahitofel tiene la previsión de darse cuenta de las probables consecuencias; de ahí su suicidio (24). Entretanto Jonatán y Ahimaas (Ajimaas), que se dirigen a David con la información, apenas evitan ser descubiertos escondiéndose en una cisterna seca, una de las muchas que había para guardar agua llovida (17-20).

18 - 19:8 Derrota y muerte de Absalón; dolor de David

Joab es lo suficientemente astuto como para ver que sólo la muerte del pretendiente —o del rey— puede resolver el problema. Pero David aún ama a su hijo, y no le perdona a Joab el desoír sus órdenes (→ 19:13). Resultó irónico que el hermoso cabello de Absalón (14:26) se enredara en la encina y lo dejara a merced de Joab.

Un montón muy grande de piedras (18:17): señalaban la tumba de un criminal.

No tengo hijo (18:18): al parecer los mencionados en 14:27 murieron jóvenes.

Ahimaas y el etíope (el cusita) (18:19-32): Joab escoge al sudanés negro para que lleve las malas noticias. El rey habría naturalmente supuesto (como lo hace en 27) que el hijo del sacerdote le traía buenas noticias. Joab quizá también pensó en el destino de los anteriores mensajeros (1:11-16; 4:9-12). Pero la ruta directa por la colina resultó más lenta que la ruta que Ahimaas tomó a lo largo del valle del Jordán (23).

18:33 - 19:8: el dolor y el remordimiento (→ 12:10) ciegan al rey en cuanto al efecto de su conducta sobre el pueblo. Las bruscas palabras de Joab lo hacen recapacitar y le evitan un desastre político.

19:9-43 Consecuencias de la rebelión

Judá había apoyado a Absalón. El intento de David de reconquistarlos, y su nombramiento de

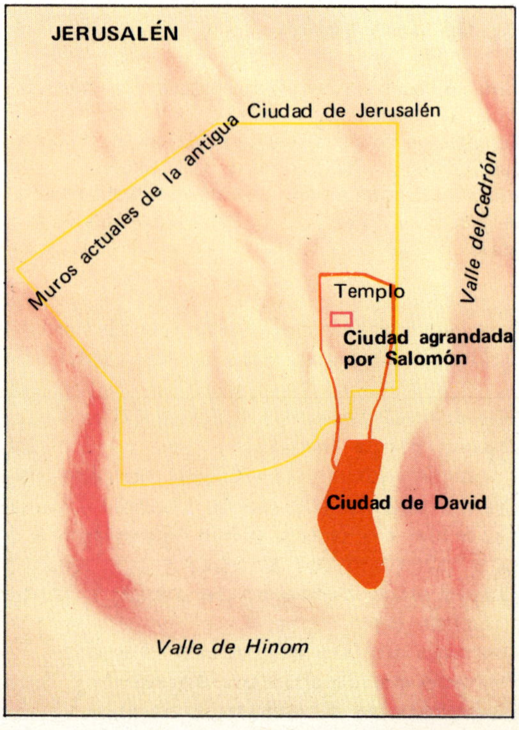

Amasa (comandante del ejército de Absalón, y su propio sobrino) en lugar de Joab, lleva a mayores problemas (41-43 y capítulo 20). David de hecho castiga la lealtad y recompensa la rebelión. Ahora que el rey está de nuevo en el poder, hay algunos que están ansiosos de reconciliarse (Simei, 16-22, → 16:5-14; Mefiboset, 24-30, → 16:1-4; acerca de Simei y Barzilai, también → 1 Reyes 2).

20 Sublevación de Seba; Joab mata a Amasa

A pesar de la afirmación del versículo 2, los que apoyaban a Seba, cuando fue necesario, fueron pocos (14ss.). Joab se apresura a matar a Amasa (miembro de su propia familia) como lo hizo con Abner, cuando su propia posición se vio antes amenazada. En ambos casos su traición es despreciable. El beso y el golpe de espada traen a la memoria la traición de Jesús por parte de Judas. David no olvidó ni perdonó (→ I Reyes 2:5-6).

Los siervos de tu señor (6): los hombres de la guardia especial de David (7 y 23:18ss.), guiados por Abisai.

Se le cayó (8): en manos de Joab.

Adoram (24): en una posición difícil para ganar amigos. Fue lapidado hasta la muerte en el reinado del hijo de Salomón.

21 - 24 RELATOS DE SUCESOS EN EL REINADO DE DAVID

Con la muerte de Seba, la nación de nuevo se encuentra unida y en paz. El autor reúne ahora sucesos e información que pertenecen a diversos períodos del reino de David.

21 Apaciguamiento de Gabaón; derrota de los gigantes filisteos

Los versículos 1-14 probablemente anteceden a la bienvenida de Mefiboset a la corte (capítu-

lo 9). La historia del pacto de Israel con Gabaón se menciona en Josué 9:3-27. Saúl había violado el tratado, a pesar de sus conexiones familiares con la ciudad (1 Crónicas 8:29ss.).

Para que bendigáis... (3): y así quitar la maldición que el hambre trajo.

Ahorquemos ("despeñaremos", Biblia de Jerusalén) (6): el hebreo no especifica la forma de muerte.

Mical (Merab, Biblia de Jerusalén) (8): la hija que había sido prometida a David como esposa.

Tomó una tela de cilicio y la tendió... (10): para formar una tienda. Rizpa quizás estuvo ahí hasta seis meses. La llegada de la lluvia puso fin al hambre y a la maldición, dejando a David libre para actuar.

Elhanán... mató a Goliat (19): esto parece estar en desacuerdo con 1 Samuel 17. Quizás el texto está confuso. R. K. Harrison sugiere que debería leerse: "Elhanán, hijo de Jaare (Yaír) el belemita, mató al hermano de Goliat", lo que concuerda con 1 Crónicas 20:5. Otra posibilidad es que un nuevo campeón tomara el nombre del que David había matado.

22 Canto triunfal de David

Es casi idéntico al Salmo 18, y se puede comparar con el cántico de Moisés en Deuteronomio 32. Pertenece al período de las primeras grandes victorias de David. Los versículos 21-25 contrastan con el más profundo autoconocimiento que siguió al episodio con Betsabé y Urías, expresado en el Salmo 51.

23:1-7 "Palabras postreras" de David

Quizá fueron las últimas palabras que puso en poesía (→ 1 Reyes 2 para su encomienda final a Salomón). Sus pensamientos se centran en lo que constituye un buen gobernante, en su propia posición frente a Dios, y en la dinastía prometida: conclusión adecuada para la vida del rey que fue "varón conforme al corazón de Dios".

23:8-39 Anales de los hombres de la guardia especial de David

Las hazañas de "Los Tres" frente a los filisteos (8-12) van seguidas de un incidente de la campaña descrita en 5:17-25 (13-17; Belén era la ciudad de David). Luego vienen las hazañas de dos líderes (Abisai, líder de "Los Treinta", y Benaía (Benaías), líder de los mercenarios filisteos), seguidos por una lista de la guardia especial. El grupo se constituyó probablemente en Siclag, y ayudó a colocar a David en el trono (1 Crónicas 12:1; 11:10). Se enumeran más de treinta: los muertos (p.ej. Asael, Urías) fueron reemplazados por otros.

Ariel (BJ; "leones", RVR) (20): "león de Dios"; tal vez leones de tamaño excepcional, o metáfora para designar grandes guerreros.

24 El censo y la plaga

No está claro por qué era malo tomar el censo. Quizás indicaba confianza en los números y no en Dios. Satanás es el que incita en 1 Crónicas 21:1. Aquí es Dios, ya que todo está en último término bajo su control.

Versículos 8-25: a los primeros lectores no había que decirles el significado tremendo de la compra de David, explícitamente mencionada en 1 Crónicas 21:18 - 22:1. Sobre este campo de labranza se edificó el templo, cerca del lugar donde Abraham ofreció a Isaac (2 Crónicas 3:1; Génesis 22:2).

1 y 2 Reyes

Los libros de los Reyes abarcan cuatro siglos de la historia de Israel. Pasamos desde el final del reinado de David, a través de la edad de oro de Salomón y la división entre Israel y Judá, hasta la caída de Samaria en 722 a.C. y la destrucción de Jerusalén en 587 a.C. El relato comienza con un reino estable y unido bajo un rey fuerte y concluye con el colapso total y la deportación en masa a Babilonia. Es una historia sombría, y en ella el escritor ve una clara moraleja. Dios es el Señor de la historia, e interviene en los asuntos de los hombres. Cuando la nación y sus líderes miran hacia él y obedecen sus leyes, se siguen la paz y la prosperidad. El desastre político y económico cae sobre Israel y Judá como consecuencia directa del debilitamiento de la fibra moral y religiosa de la nación.

El escritor es desconocido; probablemente un profeta en Babilonia durante el cautiverio, alrededor del 550 a.C. Menciona una serie de fuentes (p.ej. 1 Reyes 11:41; 15:31): relatos de la corte y oficiales y ciclos de historias acerca de los profetas. Escribió su relato en un volumen, para que se leyera desde el principio hasta el fin. Mucho del contenido tiene paralelos en las Crónicas.

1 - 2 LOS ULTIMOS DIAS DE DAVID: SUBIDA DE SALOMON

1 Adonías y Salomón; rivales por el trono

El rey David ya es anciano. El pensamiento se vuelve hacia su sucesor. Muertos los tres hermanos mayores, Adonías es el heredero forzoso. Tiene el apoyo de Joab, comandante del ejército, y de Abiatar, uno de los dos sumos sacerdotes. Pero el trono ha sido prometido a Salomón (1:13, y → 1 Crónicas 22:9). Y gracias al pensar rápido del profeta Natán, y a una acción todavía más rápida del viejo rey, le ganan la delantera a Adonías. Salomón es hecho rey, corregente con David.

Abisag sunamita (3): de Sunem, cerca de Nazaret. Aunque a veces se identifica a Abisag como la heroína del Cantar de los Cantares, no hay fundamento verdadero para ello.

Nunca la conoció (4): no tuvo relaciones sexuales con ella. El verbo "conocer" tiene a menudo este sentido en el Antiguo Testamento (Génesis 4:1).

Versículos 7-8: Sadoc y Abiatar, → 2 Samuel 15:24ss.; Benaía, 2 Samuel 23:20-23; Natán, 2 Samuel 12. Los valientes: la guardia especial de David, 2 Samuel 23:8-39.

Gihón (Guijón) (33): manantial al exterior de la muralla oriental de Jerusalén, en el valle del Cedrón.

Cereteos (kereteos) y peleteos (38): mercenarios extranjeros (filisteos).

El tabernáculo (39): en el que se conservaba el arca.

Los cuernos del altar (50): piezas curvas en las cuatro esquinas; → fotografía, página 173.

Gezer fue una de las ciudades que reconstruyó Salomón después de que los egipcios la destruyeran.

2:1-12 Ultimas instrucciones a Salomón; muerte de David

Los consejos elevados (1-4) van bruscamente seguidos de sabiduría mundana de dudosa moralidad (5-9).

Joab (5): → 2 Samuel 3:26-30; 20:8-10.

Barzilai (7): → 2 Samuel 17:27-29; 19:31-40.

Simei (8): David no consideró que su promesa a Simei obligara a Salomón; → 2 Samuel 16:5-14 y 19:16-23.

2:13-46 Salomón afirma su posición

Esta vez Adonías paga caro por lo que puede haber sido una petición irreflexiva. Salomón la interpreta como una pretensión al trono, ya que la posesión del harén de su predecesor era parte del derecho del rey oriental al trono (véase la acción de Absalón, 2 Samuel 16). Se ocupa de Abiatar y Joab al mismo tiempo. Y Simei, otro perturbador potencial, es puesto en libertad bajo palabra en Jerusalén para mantenerlo alejado de sus compañeros benjaminitas. Cuando viola su palabra, aunque por una razón inocente, Salomón lo hace matar.

La palabra... sobre la casa de Elí (27): → 1 Samuel 2:27-36.

3 - 11 EL REINADO DE SALOMON

3:1-15 Sueño de Salomón; el don de sabiduría

Salomón está en Gabaón, ciudad a 10 km. de Jerusalén, donde se conservan el tabernáculo y el altar, cuando Dios se le aparece. Su reinado brilla por su sabio juicio, prosperidad económica y fama, precisamente lo que Dios prometió.

Versículo 1: "la ciudad", o sea, la ciudadela en el monte Sion. → también el artículo "Egipto".

Lugares altos (2): los antiguos altares cananeos (a menudo, pero no siempre, en colinas) que los israelitas cogieron. No pasó mucho antes de que el culto a Dios en estos lugares se mezclara con prácticas paganas. Los profetas posteriores las condenaron.

Holocaustos (4): generalmente para sacrificio, → bajo Levítico 1 - 7.

3:16-28 Salomón, el sabio juez

Se nos da un ejemplo para ilustrar el don de Salomón recibido de Dios. Cuando se trata de la palabra de una mujer frente a la de otra, se necesita una especial perspicacia en cuanto a la naturaleza humana para descubrir los verdaderos hechos. El incidente muestra la accesibilidad del rey a personas ordinarias, incluso dos prostitutas.

El rey Hiram de Tiro suministró a Salomón los materiales y artesanos para la construcción del templo. Los israelitas no eran navegantes, y los fenicios al norte, de Tiro (en la fotografía) y Sidón debían su importancia a su papel de comerciantes internacionales.

Los templos

ALAN MILLARD

En el viaje a través del desierto, cuando la nación vivía en tiendas, Israel tenía un santuario ''tienda'': el tabernáculo. La idea básica de un pabellón portátil se encuentra en Egipto desde antes del 2.000 a.C. Los especímenes que nos quedan tienen un marco de vigas y varas de madera, revestidas de metal precioso y hechas de junturas y huecos para encajar, a fin de erigirlas fácilmente. Grabados antiguos muestran cómo en otro tiempo estaban cubiertas de cortinas. (→ página 167).

Los artesanos israelitas preparados en Egipto debieron saber cómo hacer este armazón, y todos los materiales empleados se podían obtener en Sinaí, o estaban ya en su posesión (por ejemplo, el oro y la plata).

El tabernáculo se construye sobre un plan sencillo. Un patio contenía las dos habitaciones del lugar santo, el altar para holocaustos y la pila para lavados rituales. Las dos habitaciones tenían unos 5 metros de ancho. La de adentro, el ''lugar santísimo'', era cuadrada; la exterior de unos 10 metros de largo. Después de la conquista de Canaán, el tabernáculo se transportaba de un lugar a atro hasta que Salomón lo colocó en el templo.

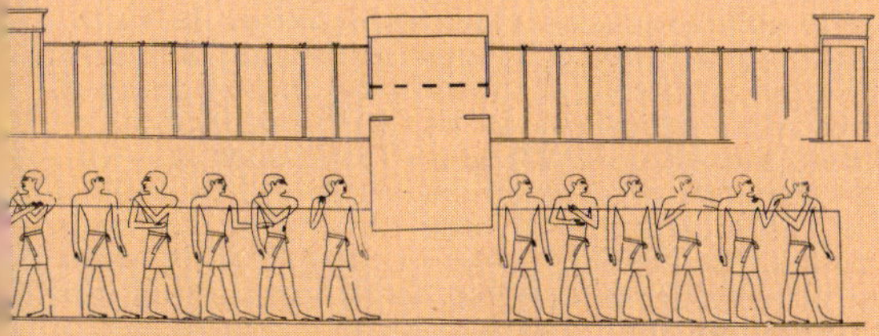

Un equivalente egipcio del tabernáculo: una ''Tienda de Purificación'', dibujado con tinta en la pared de una de las tumbas de piedra de Meir, que data de una época cerca de 2.200 a.C.

La gran ambición de David fue construir un templo, aunque sólo su hijo pudo levantarlo. Es natural que un rey poderoso honre a su Dios de esta manera, y el tabernáculo existente daba la pauta para un santuario central sencillo. La colina que David compró es el lugar hoy ocupado por el ''Maram es-Sherif'', la mezquita de Omar, en Jerusalén. La capa rocosa central fue quizás el lugar del altar de holocaustos.

El templo se construyó de piedra y madera de cedro libanés: esta arboleda de cedros es una de las pocas que quedan en Líbano.

Las descripciones detalladas de 1 Reyes 6-7, y 2 Crónicas 3-4, dan un cuadro bastante completo del templo. A esto se añaden pruebas de los descubrimientos arqueológicos. El plano del tabernáculo se extendía con un pórtico de entrada, con las tres habitaciones resultantes formando un esquema similar al de algunos templos cananeos (p.ej. en Azor y Ras Samra). Quizá fue obra de los constructores fenicios cuyas habilidades utilizó Salomón. Una serie de recámaras de almacenaje de tres pisos de altura discurrían alrededor de la parte exterior del lugar santísimo y de la habitación del medio (el "lugar santo"). El pórtico estaba franqueado por dos pilares gigantescos aislados, cuya función es incierta.

Si se compara con el templo de Ezequiel, se tiene la impresión de que todo el edificio se levantaba sobre una plataforma por encima del nivel del atrio. El sacerdote oficiante habría atravesado el atrio, pasando el gran altar de bronce de los sacrificios (alrededor de 3 metros cuadrados, 3 metros de alto) y la enorme pila de bronce para el agua, sostenida por doce bueyes de bronce, antes de subir las gradas hacia el santuario. Al parecer el pórtico no tenía puertas; quizá se cerraba el paso con portones, pero el sacerdote habría tenido que pasar por un par de puertas plegables a la entrada del "lugar santo". Estas estaban hechas de madera de ciprés, talladas con flores, palmeras, y querubines, y revestidas por completo con oro, como era siempre el caso con el maderamen. En esta habitación el sacerdote vería el altar dorado del incienso, la mesa del pan de la proposición, y cinco pares de candelabros. Llegaba más luz de una hilera de ventanas en la parte alta de la pared. Debajo de sus pies había un piso de oro. Y si pudiera asomarse al "lugar santísimo" la habitación habría brillado como oro opaco a la luz que entraba por la puerta. Pero estas puertas se abrían muy pocas veces, quizá sólo para la ceremonia anual de expiación. Los motivos decorativos son bien conocidos por tallas de marfil fenicias y trabajos en bronce de los siglos próximos al tiempo de Salomón. Y los reyes egipcios y babilonios se jactan de adornar sus templos con pavimentos, puertas y muebles dorados.

El templo de Salomón fue destruido por Nabucodonosor en 587 a.C. Gran parte de su gloria había desaparecido, pagado como tributo cuando los conquistadores extranjeros amenazaban a Judá. Los penosos cautivos en Babilonia se vieron alentados por la visión de Ezequiel de un nuevo templo (Ezequiel 40-43), descrito con atención minuciosa, y que incluye datos acerca del atrio que casi no aparecen en el relato de la obra de Salomón. Este santuario nunca fue construido, pero los cautivos que regresaron alrededor del 537 a.C., después de cierta demora, completaron la reconstrucción del antiguo en el 515 a.C. Lo poco que sabemos acerca del mismo muestra que siguió muy de cerca el antiguo diseño, aunque de apariencia inferior. Nada ha quedado del primer templo. Pero un largo muro de piedra sobre el valle de Cedrón, al este del lugar, quizá sea parte del terraplén sobre el cual se erigió este segundo templo, y que Herodes incorporó a sus murallas.

La índole cosmopolita de Jerusalén después del cautiverio causó problemas y habladurías al introducir a no judíos en el recinto sagrado (Nehemías 13:4-9). Probablemente estos los llevó a señalar un atrio externo y otro interno; en este último sólo podían entrar los judíos. Así fue con seguridad en el templo de Herodes. Se han encontrado dos piedras con una inscripción para advertir a los no judíos que si pasaban de ahí era a riesgo personal (→ reproducción, pág. 567).

El templo de Herodes representaba el intento de ese rey idumeo de adular a sus súbditos judíos. La mayor parte del mismo se edificó entre el 19 y 9 a.C., aunque continuó el trabajo hasta el 64 d.C. Los romanos lo destruyeron en el año 70 d.C. Todavía se ven partes de su voluminosa subestructura en los lados oeste (el "Muro de las Lamentaciones") y este; se han recuperado en excavaciones algunos bloques de los antepechos.

Tenemos información acerca de este espléndido edificio gracias a las descripciones del historiador judío Josefo y a notas de escritos rabínicos. El gran atrio estaba rodeado de un pórtico en el que había escuelas y se hacían transacciones comerciales (Juan 10:23; Lucas 19:47; Juan 2:14-16). Al otro lado del límite mencionado estaba el Atrio de las Mujeres, en el que había alcancías para dinero (Marcos 12:41-44), luego el Atrio de Israel, y por fin el Atrio de los Sacerdotes, en el que estaban el altar y el templo propiamente dicho. Este último era una versión ampliada del templo de Salomón.

El "lugar santísimo", sin embargo, estaba vacío, como en el segundo templo. Ya no existía el arca que contenía el pacto, y sobre cuya cubierta (la "sede de misericordia") había aparecido Dios. Significativamente, el templo también desapareció al establecerse el nuevo pacto y el nuevo Israel.

4 Funcionarios del Estado: disposiciones para abastecer la corte

Sólo el harén de Salomón era enorme (11:3). Su corte —que incluía no sólo la familia real, sino también, servidores civiles y sirvientes— debe de haber sido de varios miles. No sorprende que fuera a hacer arreglos elaborados para su sostenimiento (7-28) (4:7—5:8, BJ).

El rey superó a sus contemporáneos más importantes en sabiduría, que expresó, al igual que los demás, en proverbios y cánticos y sentencias basadas en la vida natural y animal (→ por ejemplo, Salmos 72 y 127, cuyos títulos los atribuyen a Salomón, y Proverbios 10:1 - 22:16).

Versículos 1-6: Azarías era jefe de rentas internas, a cargo de los que colectaban los impuestos (en especie). "Amigo del rey", o sea, consejero del rey.

Cada uno debajo de su parra... (25) (5:5, BJ): frase proverbial que indicaba condiciones idílicas de paz y abundancia.

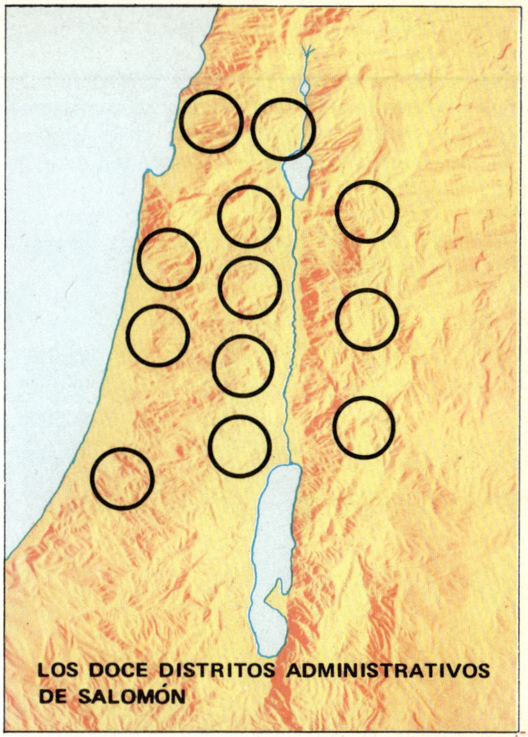

5 (5:15-32, BJ) El pacto comercial con Hiram (Jiram); comienza el trabajo en el templo

Se cimienta más la amistad con Tiro (→ bajo 2 Samuel 5:11) con el acuerdo de que Hiram

Muy por debajo de la ciudad de Jerusalén, estas grandes canteras penetran hasta más de 200 metros en la roca. Todavía se pueden ver las señales de los picos utilizados para extraer los materiales de construcción para el templo. → página 257 (1 Reyes 6:7).

suministraría materias primas para el templo a cambio de alimentos

Cedros del Líbano (6) (20, BJ): la madera más fina que existía. Hoy día quedan pocos de esos grandes árboles, pero el Líbano tuvo en otro tiempo muchos bosques. → fotografías, páginas 253 y 330.

Coros (11) (cargas, BJ, 5:25): medidas de capacidad. Un coro de trigo: una carga de asno. Un coro de aceite: 190 litros.

6 La construcción del templo

En tamaño, el templo era más capilla que catedral. Estaba destinado a ser casa de Dios, no contener grandes reuniones de gente. Media alrededor de 30 m. de largo x 10 m. de ancho x 15 m. de alto, dividido en dos secciones, con parte

Reconstrucción del templo de Salomón, en el Museo Bíblico, Amsterdam.

de la sección interior separada por una cortina para formar el santuario. Al frente había un pórtico de entrada de 5 m. y a los lados había salas de almacenaje.

Año 480 (1): el éxodo probablemente ocurrió unos 300 años antes de que Salomón edificara el templo. La cifra (12 x 40) quizás indique doce generaciones y no tanto un número exacto de años.

Ni martillos ni hachas se oyeron (7): incluso en esta etapa se consideraba santo el lugar. La piedra se extraía de canteras cercanas, pero a tanta profundidad que no se oían ruidos.

7 Otros proyectos de edificación; adornos de bronce vaciado para el templo

Versículos 1-12: Salomón edifica la Casa del Bosque del Líbano (posiblemente un arsenal, → 10:17; Isaías 22:8), el Pórtico de Columnas, el Pórtico del Trono, y palacios para sí mismo y para la hija del faraón (su reina; quizá también acogía al resto del harén).

Versículos 13-51: Hiram, el artesano de Tiro, supervisa el vaciado en bronce de dos pilastras decorativas para la entrada del templo (15-22); un enorme recipiente con capacidad de cerca de 40.000 litros de agua (23-26); diez basas sobre ruedas para sostener más recipientes (27-39), y numerosos objetos más pequeños (40).

8 Dedicación del templo: oración de Salomón

Terminado el trabajo, se trae el arca desde la ciudadela y se instala en el santuario interior. Y todo el edificio se llena de la gloria de la presencia de Dios: la nube que en otro tiempo descansó sobre el tabernáculo en el desierto (Exodo 40:34-38).

La oración de Salomón, por la casa real (23-26) y por la nación (27-53), recuerda el lenguaje de Moisés. Pide que Dios escuche las oraciones y que perdone el pecado de su pueblo cuando éste se centra en el templo, aún cuando ningún edificio de la tierra puede jamás contener al Dios del cielo.

A la oración sigue la bendición (54-61); a la bendición el sacrificio (62-64); al sacrificio festividades por todo el territorio (65; → bajo 2 Crónicas 7).

En la cual estuviese mi nombre (16): Dios mismo está presente en un sentido especial en el templo, como lo estaba en el tabernáculo. Pero en contraste con el templo pagano, el de Israel no contenía ninguna estatua que representara a su Dios.

Juramento (31): en el cual jura solemnemente su inocencia.

9:1-9 Dios habla de nuevo a Salomón

Habla en promesa (3-5) y en advertencia (6-9).

Como... en Gabaón (2): cuando Salomón recibió el don de sabiduría: 3:3-14.

El altar del incienso sobre ruedas pudo parecerse a este pedestal de bronce del 1200-1100 a.C.

9:10-28 Negocio y comercio; construcciones y obras públicas

A pesar de su riqueza, Salomón tuvo su parte de problemas comerciales. En esta ocasión (10-14) ofrece 20 ciudades a Hiram de Tiro como garantía por un préstamo.

Versículos 15-22: la gran mano de obra que se necesita para nuevas construcciones y obras de defensa se saca de dos fuentes. Los cananeos nativos suministran el trabajo de esclavos permanentes. Y se obliga a los israelitas a trabajo forzado de corta duración.

Versículos 26-28: Salomón es el primero de los reyes de Israel en crear una marina mercante. Sus barcos comerciaron con Arabia y más allá.

Ofir (28): se sugiere que significa Arabia del sur, Africa Oriental, e incluso la India.

Se utilizaban criaturas aladas para decorar la franja de esta charretera de oro del siglo VII a.C.

10:1-13 La visita de la reina de Sabá

Informes intrigantes de la sabiduría y esplendor de Salomón traen a la reina desde el Yemen hasta Jerusalén. A diferencia de la gente del tiempo de Cristo (Mateo 12:42), esta mujer estuvo dispuesta a emprender un largo viaje para descubrir por sí misma la verdad de lo que había oído.

Madera de sándalo (almugguim, BJ) (11): posiblemente el sándalo rojo de Ceilán y la India.

10:14-29 Riqueza y poder de Salomón

Los ingresos de Salomón por negocios e impuestos (incluyendo lucrativos negocios turísticos, 24-25) son enormes. Pero los gastos de consumo los igualan. La posición del país hizo del mismo un intermediario adecuado de carruajes de Egipto y caballos de Turquía (Cilicia. BJ; Egipto, RVR).

El uso de la Biblia en la arqueología

El profesor Yigael Yadin, catedrático de arqueología en la Universidad Hebrea de Jerusalén, describe cómo utilizó relatos antiguos, especialmente la Biblia, para recuperar la historia de una ciudad perdida: Hazor.

Al pie del gran terraplén, Yadin descubrió la ciudad inferior, un área construida de 68 hectáreas; la ciudad más grande de la Tierra Santa del tiempo cananeo; la ciudad que la Biblia describe como "cabeza de todos estos reinos" (Josué 11:10). Quedaba una espesa capa de cenizas, probablemente prueba de la destrucción de la ciudad por parte de Josué en la segunda mitad del siglo XIII a.C.

La ciudad inferior nunca fue reconstruida. Los campos actuales apenas cubren las ruinas de la última ciudad cananea. Pero la Biblia nos dice que Salomón reconstruyó la ciudad. Así pues, ¿dónde estaba...?

De hecho encontramos la ciudad de Salomón en el montículo propiamente dicho. Cuando excavamos debajo de los últimos estratos descubrimos las fortificaciones de Salomón. Eran lo que llamamos muralla casamata: una doble muralla con una muralla exterior e interior divididas en habitaciones. Encontramos cerca la puerta de la ciudad de Salomón. Nos sorprendió el hecho de que era muy semejante en diseño a la puerta descubierta muchos años antes en Meguido, también atribuida a Salomón. La razón era, claro está, que Salomón reconstruyó tres ciudades: Gezer, cerca de Jerusalén, Meguido y Hazor. Así que copiamos el plano de la puerta de Meguido antes de seguir con la excavación. La marcamos en el suelo y dijimos a nuestros obreros: "Excaven aquí y encontrarán un muro. Excaven aquí y encontrarán una habitación."

¡Desde luego que, cuando las cosas resultaban exactamente como habíamos dicho, pensaban que éramos magos! Sin embargo, los trabajadores que conocían la Biblia —cuando yo les releía el pasaje bíblico— se daban cuenta de cómo habíamos llegado a esta solución. Nuestro prestigio disminuyó mucho; el de la Biblia se elevó más que nunca.

Así pues en Meguido y Hazor se encontraron puertas de exactamente el mismo diseño, las mismas dimensiones. ¿Qué se puede decir de la tercera ciudad, Gezer, mencionada en ese pasaje del libro de los Reyes...? Debido al pasaje bíblico, decidí estudiar de nuevo el informe en tres volúmenes de Macalister sobre excavaciones hechas mucho antes en ese lugar. Para sorpresa y deleite mío, en el primer volumen encontré lo que Macalister llamaba plano del castillo macabeo, que parecía idéntico a nuestra puerta y muralla de casamata. Había excavado sólo la mitad de la puerta, y debido a ello no se podía ver la similitud. Pero yo publiqué un artículo que sugería que de hecho era la puerta y fortificaciones de Salomón...

En años recientes una expedición americana del Hebrew Union College se dirigió a Gezer, y uno de sus propósitos fue someter a prueba mi teoría. Fueron muy cautelosos. Pero sí encontraron la segunda mitad de la puerta, y lo que es más importante, en el pavimento de la puerta encontraron alfarería del siglo X, época de Salomón. De modo que en las tres ciudades mencionadas en la Biblia, reconstruidas por Salomón, se encontraron idénticas fortificaciones y puertas.

Puerta de la ciudad de Salomón en Hazor: refrendo dramático de la precisión histórica de la Biblia.

BARCOS DE LA EPOCA DEL ANTIGUO TESTAMENTO

Barco de guerra egipcio

Barco de guerra filisteo

Modelos del Museo Marítimo de Haifa, Israel

Barco mercante de la flota del rey Salomón

"Hippos", barco mercante fenicio de largo alcance

Talentos (14): unos 34 kg. Se desconoce el poder de adquisición de la barra.

Siclos (16): 11,4 gm.

Libras (minas, BJ) (17): 570 gm.

Naves de Tarsis (21-22): buques de carga grandes.

Pesas de mina y media mina. → Pesas y Medidas, página 104.

11 Locura de Salomón, y sus enemigos

Versículos 1-13: las alianzas políticas de Salomón por medio de matrimonio sin duda contribuyen a la paz y seguridad del país. Pero las esposas extranjeras traen consigo dioses extranjeros. Y Salomón ya anciano se aparta de Dios para adorar a los ídolos, pecado que le cuesta a su hijo la mayor parte de su reino y divide a la nación.

El reinado de Salomón no se ve totalmente libre de problemas. En el sur hay problemas con Hadad de Edom (14-22; relato que recuerda el de José); en el norte, con Rezón de Damasco (23-25); y en su propia nación está Jeroboam (26-40), hombre destinado por Dios a gobernar a las diez tribus que se separarían después de la muerte del rey

Astoret (Astarté), Milcom, Quemos (Kemós), Moloc (5, 7): el culto a estos dioses implicaba prácticas perversas y horripilantes: sacrificios de niños, ritos de fertilidad, prostitución, desviaciones sexuales.

Una tribu (13): el estado meridional de Judá incluye también la tribu mucho más pequeña de Benjamín (12:21). Las otras diez tribus se separaron para formar el reino septentrional de Israel.

Casa de José (28): las tribus de Efraín y Manasés.

Silonita (29): de Silo, ciudad-santuario de Israel en tiempo de Elí.

Libro de los hechos de Salomón (41): nada se conoce de él.

Versículos 41-43: esta fórmula, con ligeras variaciones, se repite a lo largo del libro de los Reyes, al final de cada reinado.

12 - 14 EL REINO SE DIVIDE EN DOS

Nunca fue fácil mantener unidas a las doce tribus. Sobre todo Efraín envidiaba el poder de Judá. La separación había sido inminente en tiempo de David (2 Samuel 20). El secreto de la unidad y fortaleza nacionales estuvo siempre en el vínculo de culto común de un solo Dios. La monarquía en sí misma no bastaba. Sin el vínculo religioso, el rey y el pueblo caerían juntos, como Samuel previó tan claramente en la coronación de Saúl. Si tanto "vosotros como el rey... servís a Jehová vuestro Dios, haréis bien. Mas... si fuéreis rebeldes a las palabras de Jehová, la mano de Jehová estará contra vosotros" (1 Samuel 12:14-15). La historia de la nación tal como se relata en los libros de los Reyes comprueba esto. La división es consecuencia directa de la idolatría de Salomón. Y al alejarse Israel cada vez más de la ley y culto de

El sello de Sema, con la inscripción: *"perteneciente a Sema, siervo de Jeroboam".*

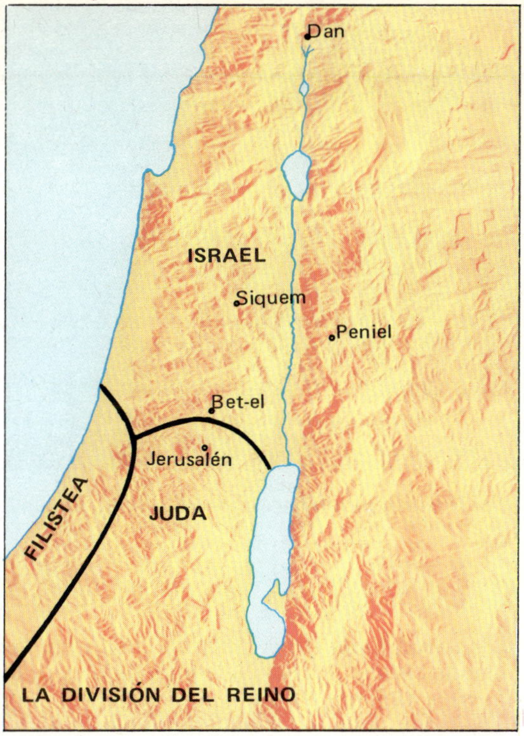

Dios, las cosas van de mal en peor. Las luchas internas debilitan ambos reinos. La nación cae presa de vecinos más poderosos, y llega a ser absorbida por las grandes potencias.

12:1-24 Roboam sucede a Salomón; la revuelta

Las tribus septentrionales encuentran un líder y portavoz en Jeroboam. Pero las negociaciones fracasan ante la táctica fuerte de Roboam. Las tribus rebeldes se declaran independientes y establecen el reino rival de Israel, pero este reino nunca disfrutó de la estabilidad de una sola dinastía como en el caso de Judá.

La división es permanente, con un estado constante de guerra caliente o fría entre los reinos. Sólo en el reinado de Acab (Ajab)-Ocozías-Joram en Israel y Josafat-Joram-Ocozías en Judá las disensiones cesaron temporalmente gracias a una alianza matrimonial. Y esto produjo la casi extinción de la casa real de Judá en manos de la reina Atalía.

Escorpiones (11): púas que se usaban para los esclavos.

Adoram (18): el Adoniram de 4:6; 5:14.

Ciento ochenta mil (21): la cantidad parece demasiado elevada; → "Las grandes cifras del Antiguo Testamento", página 191.

12:25-33 Jeroboam rey de Israel; una nueva capital y nuevos centros religiosos

Jerusalén había sido el centro religioso del reino unido. Jeroboam crea ahora dos nuevos santuarios para el reino septentrional para contrarrestar su atracción e impedir a la gente que fuera a Jerusalén y cayera bajo la influencia del rey de Judá. Pero su acción estimula la idolatría, y con el paso del tiempo el culto israelita degeneró cada vez más.

Uno de los centros de la religión rival de Jeroboam era Dan, en la fotografía. La expresión *"Dan a Beerseba"* se refería a todo Israel, desde Dan en el norte hasta Beerseba en el sur.

13 El hombre de Dios y el profeta

El hombre de Dios yerra al aceptar la palabra del profeta cuando ésta contradice la propia palabra de Dios. Su muerte es señal para Jeroboam e Israel del rigor con que Dios trata la desobediencia. Pero no hay peor ciego que el que no quiere ver (33)

Josías (2): el rey que comenzó la reforma más meticulosa en Judá. → 2 Reyes 23.

Se le secó (4): se le paralizó.

El león (24): los leones abundaban en Palestina, sobre todo en el valle del Jordán, hasta la Edad Media. Aquí la extraña visión del león que está junto a su presa sin tocar ni el cuerpo ni el asno indica que el suceso tiene significado especial. Es "señal" para Israel.

Este brazalete pudo haber sido hecho del oro saqueado al templo. Perteneció a Nemoret, hijo del faraón Sisac quien derrotó a Jeroboam y saqueó el oro del templo.

14:1-20 Profecía de Ahías (Ajías) contra Jeroboam

Ahías había predicho el ascenso de Jeroboam (11:29ss.). Ahora anuncia su caída.

Sólo él será sepultado (13): significa que todos los demás morirán violentamente.

León que mata a un hombre: marfil del Fuerte Salmanasar, siglo IX a.C.

Los esparcirá más allá del Eufrates (15): Israel fue llevado cautivo por Asiria después de la caída de Samaria (2 Reyes 17).

Tirsa (17): capital de Israel en tiempo de Baasa (15:33).

Libro de las historias... (19): no es el mismo que el de las Crónicas en la Biblia.

14:21-31 El reinado de Roboam en Judá

El reino meridional también se vuelve hacia los dioses paganos. El estado debilitado pierde los tesoros del templo ante el faraón egipcio que lo invade. → 2 Crónicas 12:1-12.

Sisac (Šošaq) (25): Šešonq, fundador libio de la XXII dinastía egipcia. Dejó un registro de su campaña grabado en un templo de Karnak, Egipto.

15 - 16:28 REYES DE ISRAEL Y JUDA

Las fechas de los reyes de Judá en esta sección incluyen una cantidad de períodos de corregencia entre un rey y su predecesor. Casi todas las fechas que se dan sólo pueden ser aproximadas. → "Descifremos la cronología de los Reyes", página 269.

15:1-24 Abiam (Abiyyam) y Asa de Judá

El autor del libro de los Reyes define a un buen rey como el que promueve el culto de Dios; un mal rey es el que cae en prácticas idólatras. Según esta definición, el reinado de tres años de Abiam (más o menos 913-911) fue malo (→ 2 Crónicas 13). Asa, por lo contrario, fue un buen rey. Gobernó durante 41 años, alrededor de 911 a 870. La guerra contra Israel continuó, pero él estableció una alianza con Siria. → 2 Crónicas 15-16.

Lo tocante a Urías heteo (5): → 2 Samuel 11.
Maaca (10, 13): abuela de Asa.
Ramá (17): apenas unos kilómetros al norte de Jerusalén.

15:25 - 16:28 Reyes de Israel

Todos los reyes de Israel fueron automáticamente malos según la definición del autor, aunque algunos fueron peores que otros. Después de gobernar por dos años (910-909) Nadab (15:25-32) fue muerto por Baasa (Bašá).

15:33-16:7: Baasa inicia una nueva dinastía y gobierna sobre Israel por 24 años, alrededor de 909-886.

16:8-14: su sucesor, Ela, gobierna por dos años (886-885) antes de que lo asesine Zimri.

16:15-20: Zimri inicia una nueva dinastía muy breve (885) y se suicida ante el asedio de Omri.

16:21-28: aunque sólo se menciona brevemente, Omri fue uno de los reyes políticamente más poderosos de Israel. Inicia una nueva dinastía y gobierna durante 12 años, alrededor de 885-874, fortificando a Samaria como su nueva capital. Durante 150 años a partir de este tiempo, Asiria se refiere a Israel como "la tierra de Omri".

Conforme a la palabra de Jehová (15:29): → 14:6-16.
Jehú (16:1): un profeta, no el rey posterior.

16:29 - 2 REYES 1, EL REY ACAB Y EL PROFETA ELIAS

La vida religiosa de Israel alcanzó su punto más bajo en el reinado de 22 años de Acab (Ajab). El

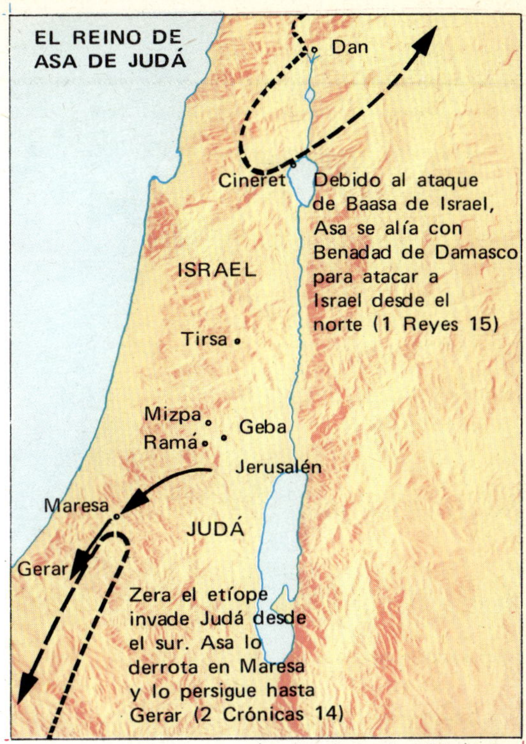

y su perversa esposa, Jezabel de Tiro, introdujeron el culto corrupto del dios fenicio Melqart (el "Baal" de estos capítulos). Ante esta situación crítica Dios envió a Elías, el mayor de todos los profetas (→ Mateo 17:3 y 10-13).

16:29-34 Acab de Israel 874-853

Versículo 34: → Josué 6:26

17 Elías predice la sequía; la viuda de Sarepta

Se adoraba a Baal como Dios de los fenómenos atmosféricos. En consecuencia Dios hace demostración de que sólo él tiene poder sobre el sol y la lluvia. Y cuida de Elías en el propio país de Baal, en Sarepta, cerca de Sidón.

Versículo 21: Elías quizás usó el "beso de vida"; pero la curación fue resultado de su oración, no simplemente una forma específica de resucitación.

Mujer palestina que hace pan: modelo de arcilla.

A poca distancia de la cima del Mte. Carmelo, en un sendero, está un anfiteatro natural, lleno de piedras. El sendero conduce hasta el arroyo abajo. Desde la cima se puede ver el mar.

18 La contienda con los profetas de Baal en el monte Carmelo

Después de tres años, en los que Jezabel ha hecho lo que ha podido para eliminar el culto de Dios en Israel (4), Elías vuelve con un reto. Baal debería poder producir fuego tan fácilmente como lluvia. Pero el resultado de la contienda da prueba tangible de que Dios es Dios, y de que Baal es impotente. Incluso así, no hubo una reforma religiosa profunda y duradera.

Corrió delante de Acab (46): 27 km. hasta el palacio veraniego en Jezreel.

19 La huida a Sinaí; vocación de Eliseo

La euforia pasa. Tensiones espirituales y físicas dejan a Elías en depresión, temor, desengaño. Jezabel sigue con mano castigadora. Elías huye al sur, al desierto, y al Sinaí (Mte. Horeb). En el lugar donde Dios se dio a conocer a Moisés, le habla a Elías, en medio del silencio. Se ocupa de su autocompasión, le restaura el sentido de proporción, y le planea la senda a seguir. Elías se había sentido intolerablemente solo, sin más que hacer. Se le da un compañero y sucesor, Eliseo. La obra de Dios continúa.

Ungirás a Hazael (Jazael)... a Jehú... y a Eliseo (15-16): Eliseo es "ungido", llamado a convertirse en profeta, por medio de la acción simbólica de Elías de echarle su manto alrededor. Elías deja la unción de Hazael y Jehú a Eliseo (2 Reyes 8-9).

20 Guerra entre Israel y Siria

Ben-adad de Siria y los reyes aliados de 32 ciudades-estado atacan Samaria. El intercambio diplomático (2-9) es difícil de seguir. Pero Ben-adad tiene que comerse sus palabras frente al doble triunfo de Israel. Acab le perdona la vida, pero al hacerlo así crea problemas a Israel. (Israel y Siria lucharon como aliados contra Salmanasar III de Asiria en Qarqar en 853, pero luego rompieron; → 22:1-2.)

Todos los hijos de Israel... siete mil (15): al parecer representantes de todo Israel.

100.000... 27.000 (29-30): las cifras parecen excesivamente elevadas. → "Las grandes cifras del Antiguo Testamento", página 191.

Mi padre... al tuyo (34): significa antepasado, no verdadero padre.

La disputa con los profetas de Baal en el Carmelo los retó en su propio terreno: aquí se representa a Baal como dios del tiempo con una hacha y un rayo; siglo VIII a.C., de Siria.

21 Acab toma la viña de Nabot; Elías juzga

En Israel era ilegal apoderarse de la tierra o comprarla por fuerza. La herencia de uno tenía que

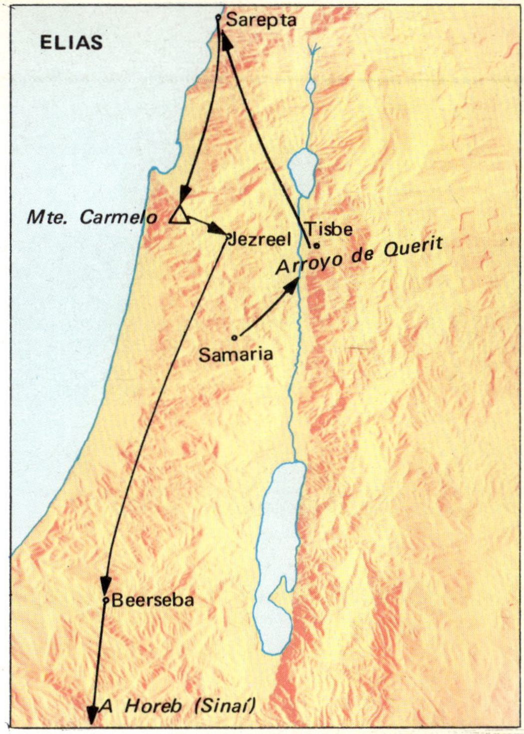

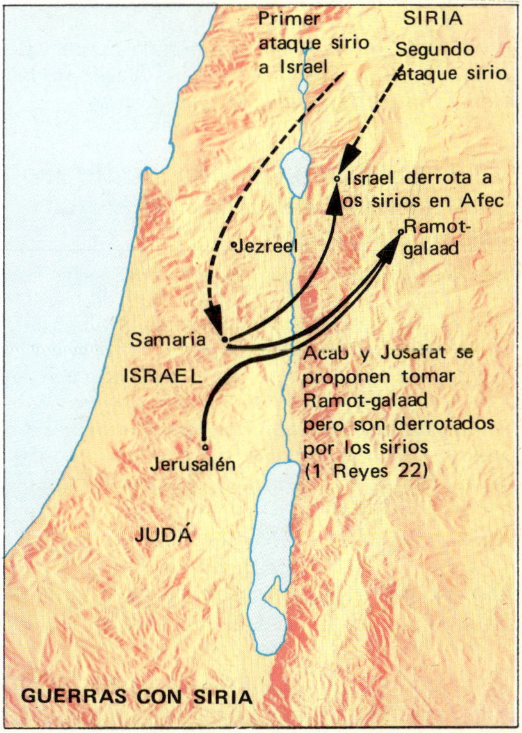

Viña, con la casa de techo plano de su propietario.

pasar a la generación siguiente. Pero los derechos de los demás no preocupan a Jezabel. Mientras su esposo se enfurruña como un niño mimado, arregla en secreto la eliminación de Nabot. Sólo tiene que inventar una acusación de blasfemia —respaldada, claro está, por el número mandado de testigos— y las tierras del "criminal" quedan confiscadas. Elías, el antiguo profeta del castigo, es la única nota amarga. Pero Elías dice la verdad (→ 22:37; 2 Reyes 9:30-37).

22:1-40 La alianza con Judá; la profecía de Micaías (Miqueas); muerte de Acab

→ también 2 Crónicas 18. El hijo de Josafat, Joram, se ha casado con la hija de Acab, Atalía. Israel y Judá son, por el momento, aliados contra Siria. A petición de Josafat, Micaías acude al rey con su ominosa profecía. Se hace caso omiso de la advertencia, y Acab encuentra la muerte en la guerra en Ramot de Galaad, al este del Jordán. (En cuanto a verdaderos y falsos profetas, → bajo 2 Crónicas 18).

22:41-50 Josafat de Judá 873-848

→ 2 Crónicas 17-20. Josafat fue un rey 'bueno'. Reinó 25 años.

Versículo 48: → bajo capítulos 9 y 10. Los fuertes vientos del norte quizás arrojaron la flota contra las rocas.

22:51 - 2 Reyes 1, Ocozías de Israel 853-852

Ocozías reinó dos años durante los cuales Moab se independizó. Ocozías consulta al dios filisteo después de una caída y Elías pronuncia el juicio de Dios sobre su idolatría. Se necesitan tres pelotones militares para traer a Elías al rey. Pero nada puede alterar la sentencia.
Baal-zebub (3): "Señor de las moscas", ironía despreciativa del verdadero nombre de dios, Baal-zebub.

Marfil de una mujer en el estilo del período.

Descifremos la cronología de los reyes

ARTHUR CUNDALL

A primera vista parece que hay suficientes datos acerca de los reyes de Israel y Judá para construir una cronología precisa.

Se especifica claramente el reinado de cada rey (excepto el de Saúl: 1 Samuel 13:1 es dudoso); y durante el período posterior a la escisión entre Israel y Judá, la subida de cada rey se menciona en función del reinado del rey en el otro reino.

Hay también "puntos de comprobación", en los que un suceso afectó simultáneamente a ambos reinos, tales como el asesinato de Joram de Israel y de Ocozías de Judá en manos de Jehú en el mismo día (2 Reyes 9:21-28). El historiador ha integrado cuidadosamente las cronologías de los dos reinos. Conserva el paralelismo de ambas historias ocupándose de todo el reino de un rey desde su subida hasta su muerte, y luego volviendo a ocuparse de los reyes del otro reino cuyos reinados *comenzaron* durante este período. La única excepción se encuentra en 2 Reyes 8-9 donde la muerte de Joram y Ocozías en manos de Jehú obligó al historiador a mencionar a Joram y Ocozías de Judá (2 Reyes 8:16-29), de los que normalmente no se habría ocupado sino hasta después de la muerte de Joram de Israel.

Problemas

Sin embargo, un examen más minucioso suscita graves problemas. Por ejemplo, en Judá, desde Roboam hasta la muerte de Ocozías hay 95 años, en tanto que el período idéntico de Israel, desde Jeroboan hasta la muerte de Joram, suma 98 años.

Aparece una discrepancia mayor en el período desde el golpe de Jehú hasta la caída de Samaria. En este caso la suma total de los reinados de Judá es de 165 años y de los de Israel es sólo de 144 años. Otro problema menor es que aunque se nos dice que la reina Atalía, la usurpadora, reinó durante 6 años (2 Reyes 11:3), no se la incluye en el esquema cronológico normal.

Otro dolor de cabeza se encuentra en las fechas aparentemente contradictorias respecto de la subida de Joram de Israel (2 Reyes 1:17 y 3:1). Es razonablemente seguro que la muerte de Salomón no pudo haber sido antes del 930 a.C., lo cual indicaría que pasaron unos 343 años entre este suceso y la caída de Jerusalén en 587 a.C. Pero la suma menor que podemos establecer con las cifras bíblicas que se nos dan para este período es de unos 372 años.

Pistas

Tres factores, sin embargo, aumentan en mucho nuestra comprensión de los aparentes problemas de la cronología del período y nos hacen avanzar mucho hacia su completa solución.

● **En el Cercano Oriente antiguo se utilizaban dos métodos diferentes de contar los reinados de los reyes.** Uno fue el método del "año de no-subida"; el otro, el método del "año de subida".

En el sistema del año de no-subida (o fecha adelantada) la muerte de un rey significaba que un año se contaba dos veces, ya que la porción del año en la que caía la muerte del rey se contaba como un año entero para él, en tanto que el resto del año se contaba como un año entero de su sucesor. Para reducir este sistema a un conteo cronológico, se debe restar un año de cada rey que reinó.

El sistema de año de subida (o fecha posterior) no contaba ninguna *porción* de un año en los años totales del reinado de un rey. La porción del año que correspondía a un rey *antes* de su primer año completo según el calendario, se consideraba como su año de subida. Este sistema permitía un conteo cronológico exacto.

Es evidente que, en el período primero de la monarquía dividida, Israel utilizaba el primer método y Judá el segundo. La discrepancia en números totales entre los dos reinos corresponde al número mayor de reyes israelitas en este período. Otra posible complicación surge de las pruebas que sugieren que el año en Judá (por lo menos en la primera parte del período) comenzaba en el mes de Tisri (setiembre/octubre), en tanto que el año en Israel comenzaba en el mes Nisán (marzo/abril).

● **Algunos reinados se traslapan debido a la práctica de las corregencias.** Se encuentra el precedente de esto en el caso de David y Salomón, que eficazmente impidieron que Adonías tomara el poder (2 Reyes 1). Otro ejemplo claro es el caso de Jotam, quien actuó como corregente cuando su padre Uzías fue castigado con la lepra (2 Crónicas 26:21). No cabe duda de que esta práctica, que parece haberse limitado a Judá, dio estabilidad a la dinastía de David.

Muchos peritos creen que hubo corregencias entre Asa y Josafat, Josafat y Joram, Ocozías y Uzías, Jotam y Acaz, Acaz y Ezequías, y Ezequías y Manasés. En algunos casos la persona más joven (por ejemplo Ezequías) brilló más que su

La organización administrativa de Acab se refleja en el tamaño de sus almacenes en Meguido. Acab proporcionó 2.000 carros y 10.000 hombres a una alianza antisiria.

Ataderos y abrevadero de los establos de Meguido.

padre (Acaz) y esto ha conducido a que los sucesos se fechen en relación con el corregente más que con el verdadero rey (p.ej. 2 Reyes 19:9-10).

El conocimiento de estas costumbres significa una reducción del total de los años de los reinados de los reyes de Judá, y también nos ayuda a entender el significado de las cifras bíblicas. Por ejemplo, Manasés de Judá reinó del 687 al 642 a.C. (En 2 Reyes 21:1 se dice que reinó 55 años, lo cual nos conduce a presumir una corregencia desde 697 y 687, hecho probablemente más plausible, dada la grave enfermedad de Ezequías (2 Reyes 20:1).

● **Algunos reinados pueden haber ocurrido al mismo tiempo que otros.** Así sucedió probablemente en el reino septentrional de Israel durante las últimas décadas turbulentas después de la muerte de Jeroboam II. Los reinados combinados de los seis reyes de este período son 41 años y 7 meses, mientras que históricamente el período no puede haber sido mayor de 31 años; de hecho, muchos expertos sostienen que abarcó sólo 24 años. La probabilidad es que, en un período casi anárquico, hubo ocasiones en que reyes rivales ''gobernaban'' sobre diferentes partes del reino al mismo tiempo.

Comprobaciones externas

Con una cuidadosa aplicación de estos factores se pueden integrar las cronologías de Judá e Israel. Pero el proceso de relacionar la cronología resultante con los sucesos del mundo circundante, para obtener una cronología absoluta y no relativa, ha resultado posible sobre toda gracias a los descubrimientos arqueológicos. Los hallazgos más significativos son los siguientes:

● **Las listas epónimas o del Limmu en Asiria.** En Asiria un oficial que ocupaba un cargo anual daba su nombre a ese año específico. Nos han llegado listas notablemente completas de estos oficiales, que abarcan el período 892-648 a.C., y en las que se anotaban sucesos significativos durante su período en el puesto. Se menciona un eclipse de sol en el mes Simanu cuando Bur-Sagale era *Limmu,* que los astrónomos han situado en el 15 de junio de 763 a.C. Esto suministra una base confiable para determinar todas las demás fechas en las listas del *Limmu.* Como las historias bíblicas y asirias convergen en algunos puntos, también se pueden fechar con precisión algunos sucesos bíblicos.

● **La lista de reyes de Korsabad.** Esta y copias duplicadas, ofrecen una lista completa de los reyes asirios hasta 745 a.C., incluyendo a menudo la duración de sus reinados. Esta lista coincide con la lista del *Limmu.*

● **El canon de Tolomeo.** Aunque esta obra es del siglo III d.C., su exactitud ha quedado demostrada fuera de toda duda razonable. Conserva los nombres y duraciones de los reinados de los reyes babilonios desde el ascenso de Nabonasar en 747 a.C.

● **La Crónica Babilónica.** Estas tablillas, algunas de publicación muy reciente, tratan de la

Se han encontrado numerosos marfiles del período de Acab, incluyendo muchos de Samaria misma. Este es una criatura alada, típica de la decoración del período.

Los restos del palacio de Acab en la cima de la colina fortificada de Samaria.

historia babilónica durante el período desde Ezequías hasta la caída de Jerusalén. Son de especial interés para los estudiosos bíblicos para el período en que Judá estuvo sometida a Babilonia, o sea después de 605 a.C. Se han podido resolver muchos hechos que antes no resultaban claros. Por ejemplo, no se sabía qué llevó al rey de Judá, Joacim (Yoyaquim) a rebelarse contra los babilonios en 601/600 a.C., o por qué la revuelta no fue aplastada hasta 598/597 a.C. La Crónica Babilónica nos dice que en noviembre/diciembre de 601 a.C. hubo un encuentro violento entre Babilonia y Egipto en la frontera de Egipto. Aunque la batalla quedó sin resolver, las pérdidas babilónicas fueron grandes y significaron su retirada de la región y el reagrupamiento del ejército. Fue esta evidente debilidad lo que condujo a Joacim a rebelarse. La Crónica da la única fecha exacta de un suceso en la historia del Antiguo Testamento, la captura de Jerusalén el 15-16 de marzo de 597 a.C.

Subsiste un pequeño problema. No es seguro si el año civil hebreo seguía uniformemente la pauta babilónica. Esto deja la incertidumbre de un año en fechas durante el reinado de Sedequías, el último rey de Judá. La caída de Jerusalén se fecha, por ejemplo, ya sea en 587 ó en 586 a.C. Los dos modos de contar aparecen en Jeremías 52:12 y 29, donde a primera vista, los prisioneros fueron sacados de Jerusalén un año antes de que fuera capturada.

● **Numerosas inscripciones de la época se refieren a sucesos específicos:** tales como la batalla de Qarqar en 853 a.C., entre Asiria y una coalición de pequeños estados que incluían a Israel bajo el rey Acab; o el pago de Jehú de tributo al rey asirio, Salmanasar III en 841 a.C.; o la caída de Samaria ante los asirios en 722/721 a.C. Estos documentos proporcionan clavos confiables en los cuales colgar la información bíblica.

Aplicando cuidadosamente los principios que subyacen las cronologías bíblicas, y correlacionándolas con la cronología establecida gracias a los contactos entre Judá e Israel y las potencias mundiales de entonces, podemos establecer una cronología absoluta, incluyendo todos los datos bíblicos, con una precisión de un año para la mayor parte del período de los reyes. El reinado de Saúl es una excepción. Los 40 años que se mencionan en Hechos 13:21 son probablemente una cifra redondeada, y parece ser demasiado elevada. Como "2" es la única cifra que queda en el texto hebreo, la mayor parte de los expertos aceptan que el número de las decenas han desaparecido y sugiere un reinado de 12, 22 ó 32 años. Veintidós es probablemente la más aceptable ya que armoniza mejor con los otros datos cronológicos, tales como los del período de los Jueces.

2 - 8:15 HISTORIAS DE ELISEO

2 La dramática partida de Elías

Elías parece querer enfrentarse él solo con su última experiencia. Pero Eliseo permanece con él todo el viaje. La escena final —el remolino de viento que atrapa al profeta, y la visión de Eliseo de un carro de fuego y caballos— ocurre al este del Jordán, cerca del lugar donde murió Moisés. Es un final notable para una vida notable. La reaparición de Elías en la transfiguración de Jesús (Mateo 17) subraya la posición única de este hombre entre todos los profetas de Dios. Eliseo, ya solo, asume de inmediato su tarea.

Hijos de los profetas (3): grupos que poseen dones extáticos; no siempre hombres de elevado calibre espiritual.

Una doble porción (9): o sea, la porción que correspondía al heredero, al hijo mayor, que heredaba dos veces más que cualquier otro. Por esto Eliseo pide, no dos veces el poder espiritual de Elías, sino la porción que lo señalaría como heredero espiritual del profeta.

Carro de Israel... (12): significa que Elías valía más para la nación que los ejércitos.

Unos muchachos (23): jóvenes, patanes del lugar, que gritaban ofensas al profeta y a su Dios, diciéndole "sube" como Elías.

3 Joram de Israel, 852-841, y los moabitas

Joram reinó 12 años. Una expedición de castigo contra Moab de parte de las fuerzas aliadas de Israel, Judá y Edom se vuelve peligrosa debido a la sequía. Eliseo, con sus facultades estimuladas por la música (costumbre profética común), promete el fin de la sequía, y el triunfo.

Hubo grande enojo (27): el sacrificio del hijo del rey estimuló de tal modo a los moabitas, o aterró tanto a los israelitas, que se detuvo el avance.

Jericó, ciudad de palmeras, todavía depende de los manantiales; el montículo de la antigua Jericó (con la cabaña blanca) se yergue detrás.

4 Cuatro de los milagros de Eliseo

Los milagros de Eliseo, como los del Señor, muestran el cuidado de Dios por la gente ordinaria y sus necesidades. Versículos 1-7: la viuda cuyos hijos iban a hacerse esclavos para pagar sus deudas; 8-37 la mujer estéril de Sunem que ofrece generosa hospitalidad a Eliseo; 38-41 y 42-44 el dar de comer a los hambrientos. No están necesariamente en orden cronológico.

Ay, mi cabeza... (19): el niño se había asoleado demasiado.

No es nueva luna, ni día de reposo (23): tiempos especiales de observancia religiosa cuando sería natural visitar a un hombre santo. La mujer no le dijo a su marido que el niño había muerto.

Calabazas silvestres (39): debido al hambre un hombre recogió colocíntidas, purgante muy violento, amargo y venenoso si se toma en grandes cantidades.

Panes de primicias (42): la ofrenda hecha normalmente a los sacerdotes al comienzo de la cosecha.

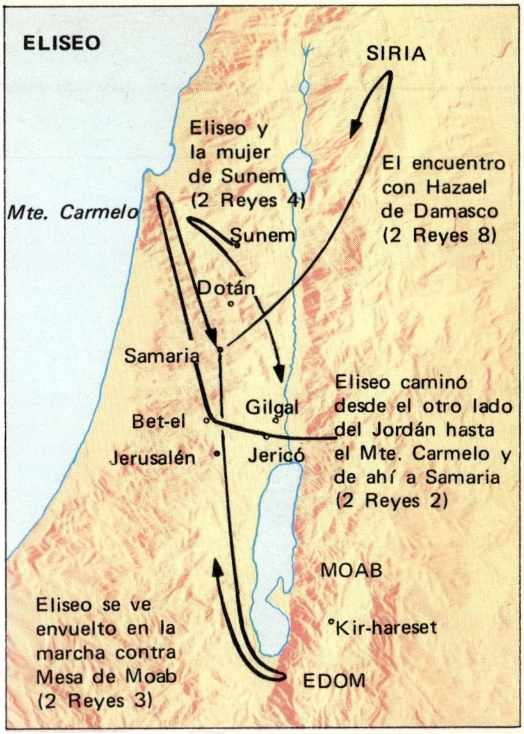

5 La curación de Naamán el leproso

La preocupación de Dios no se limita a Israel (→ Lucas 4:27; Siria estaba a menudo en guerra con Israel, y Naamán era el comandante del ejército). Una joven esclava israelita, capturada en un ataque fronterizo, habla a su amo sirio del poder de Eliseo. Se concierta una visita por medio de canales diplomáticos. Las instrucciones del profeta no son lo que Naamán esperaba. Pero sus consejeros lo persuaden que pruebe, y se cura. Profundamente impresionado por la cura y por la negativa de Eliseo de recibir pago, el jefe del ejército de Siria se convierte en seguidor del Dios de Israel. La codicia de Giezi (Guejazí) habría podido echarlo todo a perder, y no podía quedar sin castigo.

Talentos, piezas (5): no había monedas todavía; estas eran pesas; → bajo 1 Reyes 10.

El río Jordán es desde luego poco pretensioso en comparación con los ríos de la patria de Naamán; aquí discurre por Galilea.

La carga de un par de mulas (17): tomó tierra del país del Dios de Israel para poder adorarlo en su propio país, no dándose cuenta de su naturaleza como Dios de todo el mundo.

6:1-23 Eliseo y el ejército sirio

Versículos 1-7: la cabeza de hacha que flota. Los densos bosques del valle del Jordán constituyen una fuente accesible de madera para el nuevo edificio comunitario que necesitaban los profetas. El milagro de Eliseo fue simplemente un acto de amabilidad desinteresada.

Versículos 8-23: el pueblo de Dios está bajo su protección, y esto es algo muy real. Eliseo parecía estar a merced del ejército sirio. De hecho los tiene en la palma de la mano: les muestra misericordia *a ellos.*

Dotán (13): dieciséis kilómetros al norte de Samaria.

6:24 - 7:20 El asedio de Samaria

La paz que consiguió Eliseo (23) no duró para siempre. Los asirios asedian Samaria y la condenan al hambre y al canibalismo. El rey culpa a Eliseo por decirle que se detenga y por prometerle liberación (33). Los leprosos, que dependían de donaciones de comida, están peor que la mayoría. Su hambre desesperada hace que sean los primeros en descubrir la verdad de la predicción de Eliseo. El ejército sirio huyó ante la cercanía, pensaron ellos, de una fuerza de ayuda.

6:25: el asno era animal "impuro", alimento prohibido; el estiércol de paloma, una especie de mala hierba. Durante el hambre, ambos alcanzaron precios astronómicos.

Las defensas de Samaria dominan el territorio cercano que ocuparía un ejército asediador.

8:1-15 Eliseo y Hazael (Jazael) de Damasco

Los versículos 1-6 ocurren después de 4:8-37 y antes de la lepra de Giezi, 5:25-27.

Versículos 7-15: Eliseo cumple el encargo de Dios de Elías (1 Reyes 19:15). Hazael, al modo de Macbeth, recurre al asesinato para convertir la predicción en hecho y apoderarse del trono.

8:16 - 17:41 REYES DE ISRAEL Y JUDA HASTA LA CAIDA DE SAMARIA

El escritor vuelve a la historia de los reyes que se había interrumpido con los relatos de Eliseo.

8:16-24 Joram de Judá 853-841

Joram fue un rey "malo", bajo la influencia de su mujer Atalia, hija de Acab y Jezabel. Reinó ocho años, más una corregencia, y durante este tiempo debilitaron a Judá las sublevaciones exitosas de Edom (en el sudeste) y Libna (en la frontera filistea al sudoeste). → 2 Crónicas 21.

8:25-29 Ocozías de Judá 841

Ocozías fue otro rey que se apartó de Dios para seguir su propio camino. Reinó sólo un año. → 2 Crónicas 22.

9 Jehú ungido rey de Israel (841-814); muerte del rey Joram y de Jezabel, la reina madre

Eliseo cumple el último encargo hecho a Elías (I Reyes 19:16) en tanto que los ejércitos de Israel y Judá están defendiendo Ramot de Galaad frente a Siria. Como el rey se está recuperando de sus heridas en Jezreel, a 55 km de distancia. la ocasión es favorable para el golpe de Jehú.

Aquel loco (11): el estado extático del hombre permite a los oficiales del ejército renonocerlo como profeta.

Heredad de Nabot (21): la viña capturada por Acab, 1 Reyes 21.

Versículo 26: → 1 Reyes 21:19.

Se pintó los ojos (30): el maquillaje de las mujeres, incluso en ese tiempo, era complicado: colirio de antimonio negro para delinear los ojos; sombra de ojos, de lapislázuli; cochinilla triturada que servía como lápiz de labios; y alheña roja para pintar las uñas de las manos y de los pies. También había polvos, y un surtido de perfumes y ungüentos.

Zimri... (31): asesino del rey Ela, 1 Reyes 16: 8-10.

La palabra de Dios... por medio de Elías (36): 1 Reyes 21:23.

10 Purga de Jehú

El reinado de Jehú se inicia con un baño de sangre en el que perdieron la vida toda la familia

EL OBELISCO NEGRO

Salmanasar III erigió un obelisco en honor de sus propias victorias. Contiene una inscripción que dice:

El tributo de Jehú, hijo de Omri. Plata, oro, un tazón de oro, un jarro de oro, tacitas de oro, baldes de oro, estaño, un báculo para la mano real (¿?), frutas puruhati.

Escena del obelisco negro que menciona específicamente a Jehú, visto aquí que trae tributo.

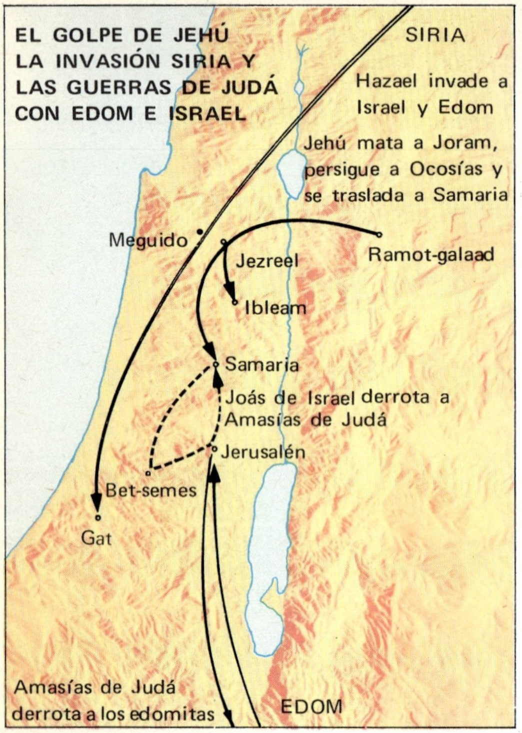

de Acab (1-11), muchos de la casa real de Judá (12-14), y los profetas, sacerdotes y adoradores de Baal (18-27). Se destruyen los objetos relacionados con el culto de Baal. Pero los templos de Jeroboam en Bet-el y Dan permanecen y se pasa por alto la ley de Dios. Jehú reinó 28 años, comenzando una nueva dinastía. Durante su reinado se perdió frente a Siria el territorio al este del Jordán.

11:1-20 La reina Atalía de Judá 841-835

Atalía reinó seis años. → 2 Crónicas 22:10 - 23:21. Estos figuran entre los días más oscuros de la historia de la nación. La descendencia real de David casi desaparece; sólo el niño Joás sobrevive. El sacerdote Joiada (Yehoyadá, esposo de la princesa Joseba [Yehošebá], quien rescató a Joás) dirige el bien planeado y casi incruento golpe que pone a Joás en el trono. Se restablece la monarquía constitucional, y se reafirma la lealtad a Dios en el juramento de un nuevo pacto.

11:21 - 12:21 Joás de Judá 835-896; reparación del templo

Joás fue uno de los mejores reyes de Judá, y reinó durante 40 años. → 2 Crónicas 24. Bajo la guía de Joiada, Joás gobierna bien. Pero durante algunos años el dinero entregado para la reparación del templo no sale de las manos de los sacerdotes. Se idea un nuevo método de recolecta y se inicia el trabajo. Los fondos provienen de impuestos (2 Crónicas 24:6; Exodo 10:11-16) y de ofrendas voluntarias. Los últimos años de Joás ven un declive en la esfera política (17ss.), moral y religiosa (2 Crónicas 24:17ss.). Siria hace incursiones en Judá y amenaza a Jerusalén. El rey muere a manos de sus servidores.

13:1-9 Joacaz de Israel 814-798

Joacaz reinó 17 años, durante los cuales Israel cayó bajo Siria.

Salvador (5): se han sugerido varios nombres: Adad-nirari de Asiria, que recibió tributo de Damasco y de Joás de Israel; Jeroboam II; Eliseo.

Versículo 7: compárese con los 2.000 carros de Acab.

13:10-25 Joás de Israel 798-782

Este Joás reinó 16 años. Hubo guerra con Judá. Se cumple la última predicción de Eliseo en cuanto a la victoria sobre Siria. El profeta muere.

Carro de Israel (14): → bajo 2:12.

14:1-22 Amasías de Judá 796-767

Amasías fue un "buen" rey que reinó 29 años. → 2 Crónicas 25. El triunfo sobre Edom se le sube a la cabeza. El reto desastroso a Joás atrae a las fuerzas de Israel hasta la misma Jerusalén, con saqueo del templo y de otros tesoros. El pueblo hace corregente a Azarías (Ozías, BJ). Otra conspiración contra Amasías termina con su muerte en Laquis.

En el libro de la ley (6): Deuteronomio 24:16.

Valle de la Sal (7): la zona al sur del mar Muerto.

Relieve de Tiglat-pileser III, rey de Asiria, del palacio en Nimrud.

Prueba dramática de la invasión de Hazor por Tiglat-pileser III es este muro construido apresuradamente, levantado en la víspera de la invasion.

El cardo... en el Líbano (9): Joás replica con sutil parábola al desafío temerario de Amasías a pelear.

Elat (22): Ezión-geber, en el golfo de Aqaba, base naval de la flota de Salomón en el mar Rojo. El puerto cayó en manos de los edomitas pero se recuperó con el triunfo de Amasías.

14:23-29 Jeroboam II de Israel 793-753

Jeroboam II goberno durante 41 años, incluso un período como corregente. Fue políticamente fuerte, y dominó al país desde el norte del Líbano (Hamat) hasta el mar Muerto (mar del Arabá). Derrotó a una Siria debilitada. El reinado de Jeroboam es un veranillo de San

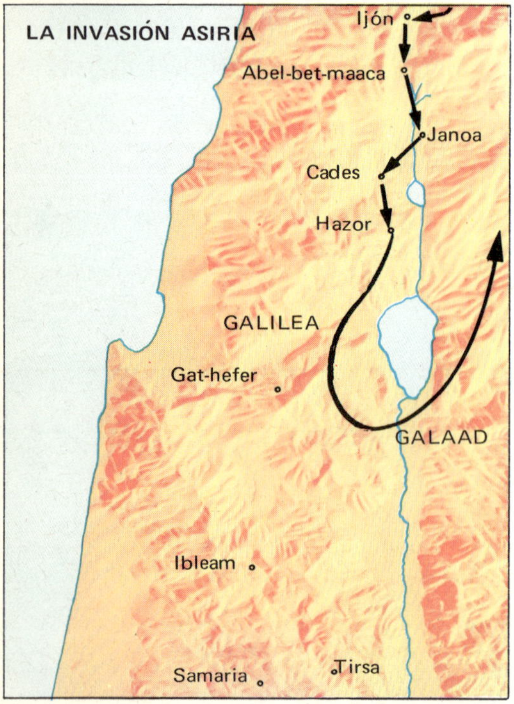

En este relieve asirio de las conquistas de Tiglat-pileser III de Nimrud, unos escribas reciben el tributo de Manahem.

Martín para Israel. Después de su muerte la nación se descompone. Amós (2:6ss.) y Oseas revelan la corrupción dentro de Israel: extremos de riqueza y pobreza; abuso contra los pobres y los débiles.

¿No está escrito? (28): no está claro el significado del texto.

15:1-7 Azarías (Uzías, Ozías) de Judá 791-749

Azarías, un "buen" rey, reinó 52 años, incluso un período como corregente. → 2 Crónicas 26. Azarías fue un rey fuerte que derrotó a los filisteos y árabes y redujo a Amón a estado vasallo. Pero el orgullo lo condujo a un desagradable fin (5; 2 Crónicas 26:16ss.).

15:8-31 la sucesión en Israel 753-732

Versículos 8-12: Zacarías hijo de Jeroboam gobierna durante seis meses y es asesinado por Salum, 753-752.

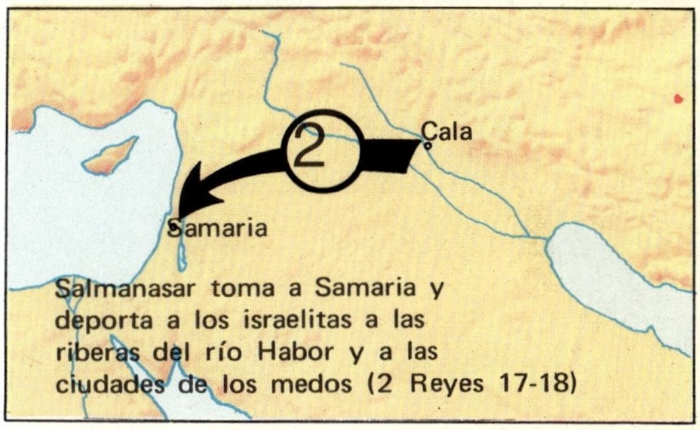

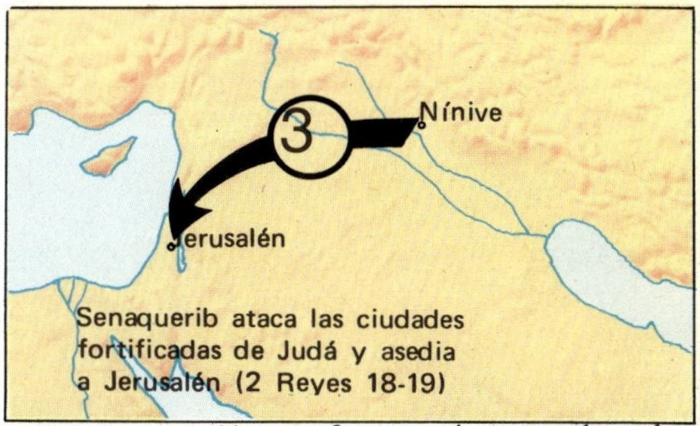

Versículos 13-16: Salum gobierna sólo un mes antes de que lo asesine Manahem (Menajem).

Versículos 17-22: Manahem comienza una nueva dinastía, gobierna 10 años (752-742) y se convierte en vasallo del poderoso Tiglat-pileser III (Pul) de Asiria.

Versículos 23-26: Pekaía (Pecajías) hijo de Manahem gobierna dos años y es destronado por un golpe del ejército conducido por Peka (Pecaj), 740.

Versículos 27-31: Peka comienza una nueva dinastía y gobierna 20 años, que incluyen un período de corregencia que comenzó a partir del ascenso de Manahem, 752-732. Su política antiasiria lleva a deportaciones en masa del pueblo por Tiglat-pileser. Es asesinado por Oseas.

15:32-38 Jotam de Judá 750-732

Jotam fue un rey piadoso. Durante su reinado (y corregencia) de 16 años encontró oposición de Siria e Israel.

16 Acaz (Ajaz) de Judá 735-716

Acaz fue uno de los peores reyes de Judá. → 2 Crónicas 28; Isaías 7. Durante su reinado y corregencia de 16 años Judá estuvo bajo ataques por todos los flancos: Siria e Israel en el norte; Edom y Filistea en el sur. Se despojó al templo de su oro y su plata para pagar los pesados tributos exigidos por Asiria a cambio de la ayuda. Algunas de las profecías de Isaías datan de este tiempo.

Oseas, último rey de Israel, 732-723; Samaria cae en manos de Asiria

Oseas reinó nueve años como vasallo de Asiria. Resultó fatal un intento de conseguirse el apoyo egipcio. Samaria cayó tras un asedio de tres años, y toda la población restante fue deportada. El destino de Israel se ve como consecuencia directa de una persistente idolatría, de seguir con prácticas paganas, de desobedecer la ley, de hacer caso omiso de los profetas (7-18).

Asiria repobló el país con otros pueblos conquistados, cada uno con su propia religión. Pero los problemas se atribuyen a su fracaso en aplacar al dios local, y se envía de nuevo a un sacerdote israelita. De esta extraña mescolanza de religiones surgió una forma más pura de culto entre sus descendientes, los samaritanos.

Versículo 6: el pueblo fue deportado a Mesopotamia septentrional y oriental (Halah, Gozán, Media): o sea Siria nororiental, Turquía e Irán.

18 - 25 REYES DE JUDA HASTA LA CAIDA DE JERUSALEN

18:1-12 Comienza el reinado de Ezequías

Ezequías fue uno de los mejores reyes de Judá, y gobernó 29 años además de una corregencia, 729-687. → 2 Crónicas 29-32.

EL PRISMA DE SENAQUERIB

Los puntos de vista de Senaquerib acerca del asedio de Jerusalén pueden leerse en este prisma hexagonal de arcilla, inscrito con los detalles de sus ocho campañas. También se conoce como "Prisma de Taylor", y tiene 375 mm. de altura.

*En cuanto a Ezequías, el judío, que no se inclinó para someterse a mi yugo, asedié cuarenta y seis de sus ciudades fortificadas e innumerables pueblos más pequeños en su vecindario y los conquisté descendiendo por rampas de tierra, luego utilizando arietes, con el asalto de soldados a pie, con brechas, túneles y operaciones de zapa. Hice salir de ellos 200.150 personas, jóvenes y viejos, hombres y mujeres, innumerables caballos, mulas, asnos, camellos, ganado grande y pequeño, y los consideré como botín de guerra. A él lo aprisioné como pájaro enjaulado en Jerusalén, su ciudad real. Puse puestos de vigía alrededor de la ciudad y devolví a su desastre a cualquiera que saliera por la puerta de la ciudad. Las ciudades que saqueé las separé de su tierra, dándoselas a Mitinti, rey de Asdod, Padi, rey de Ecrón, y Silibel, rey de Gaza, y así reduje su territorio. Además, establecí sobre él un incremento en la cantidad a entregar como regalos-*katre *para mi señoría, además del antiguo tributo, que se entrega anualmente. En cuanto a Ezequías, el terrible esplendor de mi señorío lo abrumó, y me envió luego a Nínive, mi ciudad señorial, las tropas regulares e irregulares que había él traído para reforzar a Jerusalén, su ciudad real, y había obtenido para su protección, junto con 30 talentos de oro, 300 talentos de plata, piedras preciosas, antimonio, grandes bloques de piedra roja, divanes (incrustados) de marfil, sillones de marfil, cuero de elefante, colmillos de elefante, madera de ébano, madera de boj, toda clase de tesoros valiosos, al igual que sus hijas, concubinas y músicos varones y hembras. Envió un mensajero personal para entregar el tributo y rendir pleitesía de esclavo.*

La serpiente de bronce (4): → Números 21:4-9. Esto muestra cuán fácilmente un objeto que es inocente en sí mismo se puede utilizar mal una vez que ha servido para su propósito.

18:13-37 Senaquerib ataca Jerusalén

Ocho años después de la caída de Samaria, los asirios vuelven su atención a la rebelde Judá. Laquis, en las tierras bajas a 47 kilómetros al suroeste de Jerusalén, es asediada, y se envían mensajeros a Ezequías. Los tres asirios (el "Tartán", comandante en jefe del ejército; "Rabsaris", alto oficial militar; "Rabsaces", probablemente alto dignatario civil) son maestros en la guerra psicológica. Se niegan a hablar en privado con el gabinete de Ezequías, e insisten en arengar al público. Y encienden los temores de la gente al hablar en hebreo —no en arameo, la lengua diplomática— para que todos los entiendan. Pero su jactancia de que Dios no puede salvar a Judá de Asiria sella su destino.

19 Ezequías consulta a Isaías; muerte en el campamento asirio

→ Isaías 36-39; 2 Crónicas 32:9-23. La crisis pone al descubierto lo mejor del rey. Dios responde a su oración y vindica su confianza. Se cumple la profecía de Isaías. Jerusalén se salva.

Isaías (2): uno de los grandes profetas de Judá. Según Isaías 1:1 profetizó durante los reinados de Uzías, Jotam, Acaz y Ezequías. Su hogar estaba en Jerusalén. → más bajo el libro de Isaías.

Libna (8): dieciséis kilómetros al norte de Laquis.

Tirhaca (9): el faraón Taharqa, de descendencia etíope; a cargo del ejército, pero todavía no en el trono.

Relieve de arqueros y honderos asirios.

Gozán (12): en Siria del nordeste: *Edén:* la ciudad-estado aramea de Bit-Adini en el Eufrates.

Mi garfio (28): Dios los guiará mansamente como cautivos, como un hombre lleva a su buey o caballo. Los asirios ponían anillos en la nariz de los reyes cautivos.

Salió el ángel de Jehová (35): no está claro qué sucedió, posiblemente un brote de peste bubónica. → 2 Crónicas 32:21; Isaías 37:36.

20 Enfermedad de Ezequías; la embajada de Babilonia

Versículos 1-11: para los hombres del Antiguo Testamento la esperanza de vida después de la muerte era algo vago. La perspectiva de la muerte llena a Ezequías de angustia (→ también su poema, referido en Isaías 38:9-20).

Versículos 12-21: Babilonia en esa época era un pequeño estado al sur de Asiria, en busca de aliados. Isaías predice su futuro poderío, y el destino de Judá.

Masa de higos (7): era el tratamiento rutinario para las úlceras y abscesos.

Senaquerib asedia una ciudad amurallada: relieve del palacio de Senaquerib en Nimrud.

Versículo 11: "hizo retroceder la sombra diez grados sobre los grados de Ajaz" (Biblia de Jerusalén), escalera usada como cuadrante de reloj de sol.

21:1-18 Manasés 696-642

Manasés fue el Acab de Judá. Reinó 55 años, parte de ellos como corregente, y condujo a Judá al borde mismo del desastre: una degradación peor que la de las naciones cananeas que los israelitas habían destruido. Los profetas anuncian el inevitable juicio de Dios. Jerusalén compartirá el destino de Samaria. → 2 Crónicas 33, que refiere un cambio completo en Manasés antes del fin de sus días (33:10-13).

21:19-26 Amón 642-640

Amón fue otro rey malo. Después de reinar dos años, lo asesinaron sus propios servidores domésticos. → 2 Crónicas 33:21-25.

22 Josías 640-609; Hilcías (Jilquías) descubre el libro de la ley

Josías reinó 31 años. Fue el mejor de los reyes de Judá, y llevó a cabo una reforma religiosa total. → 2 Crónicas 34-35. En el curso de la reparación del templo, encuentran un libro de la ley (probablemente una copia del Deuteronomio). Al leerlo ven cuan lejos de las normas ha caído Judá, y cuál es el castigo.

23:1-30 Reforma de Josías

A la lectura publica de la ley de Dios le sigue la renovación del pacto con Dios (1-3). Luego viene una purificación de los lugares públicos, que elimina del país los objetos asociados con el culto pagano (4-14). La limpieza se extiende más allá de Judá hasta el antiguo territorio israelita (15-20). Se celebra una vez más la olvidada Fiesta de Pascua (21-23; → 2 Crónicas 35), y se acaba con las malas prácticas privadas (24-25). El juicio de Dios se aplaza pero no se cambia: el corazón de la nación no ha cambiado con la reforma oficial. Josías muere en inútil conflicto con el faraón Necao (Nekó), quien avanzaba para unirse con las tropas asirias, después de que la capital asiria (Nínive) hubo caído ante los babilonios.

23:31-35 Joacaz 609

Joacaz permaneció en el trono durante un perverso reinado de tres meses. Luego fue deportado a Egipto por Necao. → 2 Crónicas 26:1-4.

23:36-24:7 Joacim (Yoyaquim) 609-597

El hijo de Josías, Eliacim, a quien se le puso el nombre de Joacim como señal de su sometimiento, fue puesto en el trono por el faraón Necao. Reinó 11 años. Al principio sometido a Egipto, Joacim pasó a ser súbdito de Babilonia después de la derrota de Egipto en Carquemis en 605. Judá siguió como vasallo de Nabucodonosor por tres años, y luego se pasó de nuevo a Egipto. Esto produjo más ataques de parte de los babilonios, y repetidas advertencias del profeta Jeremías. → 2 Crónicas 36:5-8.

24:8-17 Joaquín 597

El hijo de Joacim, Joaquín, fue depuesto del trono después de tres meses, por Nabucodonosor. Fue llevado a Babilonia con los tesoros de Jerusalén y todos los dirigentes de Judá.

24:18 - 25:30 Sedequías (Sedecías) 597-587; la destrucción de Jerusalén

→ también 2 Crónicas 36:11-21; Jeremías 37-39. El nuevo rey títere también se rebela. Jerusalén sufre un terrible asedio de 18 meses. Sedequías trata de escapar hacia el sur pero es capturado y llevado a Babilonia. La ciudad cae ante el ejército babilonio, es saqueada y completamente destruida. A excepción de la gente más pobre, que queda bajo el gobernador Gedalías (Godolias), todos los demás son llevados al exilio. Pero Gedalías es asesinado y el pueblo huye a Egipto para evitar la ira inevitable de Babilonia. En 25:27-30 se transmite un rayo de esperanza. Bajo un nuevo rey de Babilonia 35 años más tarde, Joaquín, el depuesto rey de Judá, es puesto en libertad y tratado con amabilidad.

RELATO BABILONICO DE LA CAIDA DE JERUSALEN

La captura de Jerusalén se describe en una tablilla babilónica como sigue:

En el sétimo año, en el mes Kisléu. el rey babilonio reunió a sus tropas, y, habiendo avanzado hacia la tierra de Hatti, asedió la ciudad de Judá, y en el segundo día del mes de Adar tomó la ciudad y capturó al rey. Nombró a un rey a gusto propio, recibió su oneroso tributo y (los) envió a Babilonia.

Vista del *tell*, o montículo, de Laquis. Vastos descubrimientos arqueológicos en el lugar incluyen una tumba general y señales inconfundibles de fuego en los muros.

Los reyes de Israel y Judá

(la coincidencia parcial en las fechas indica períodos de corregencia)

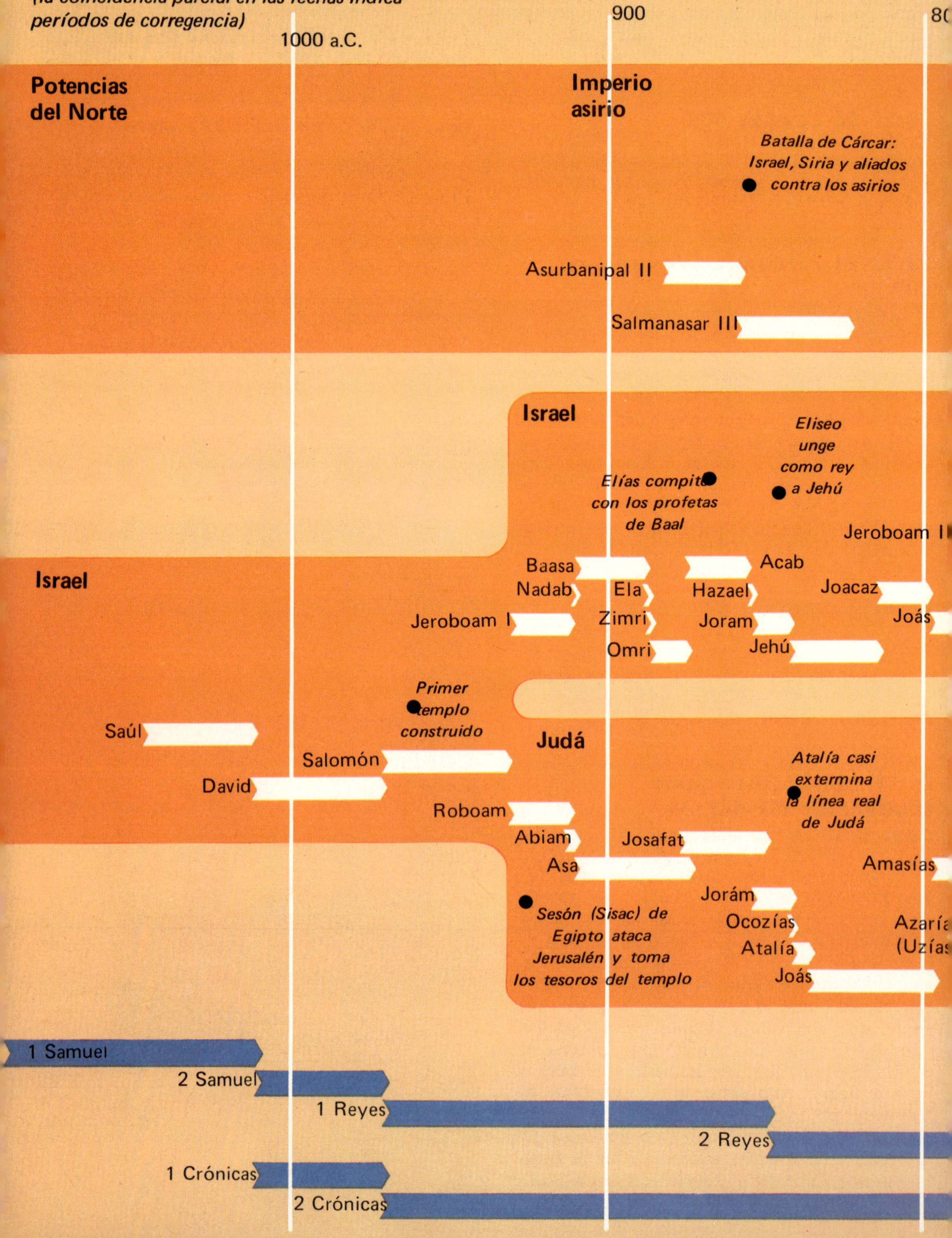

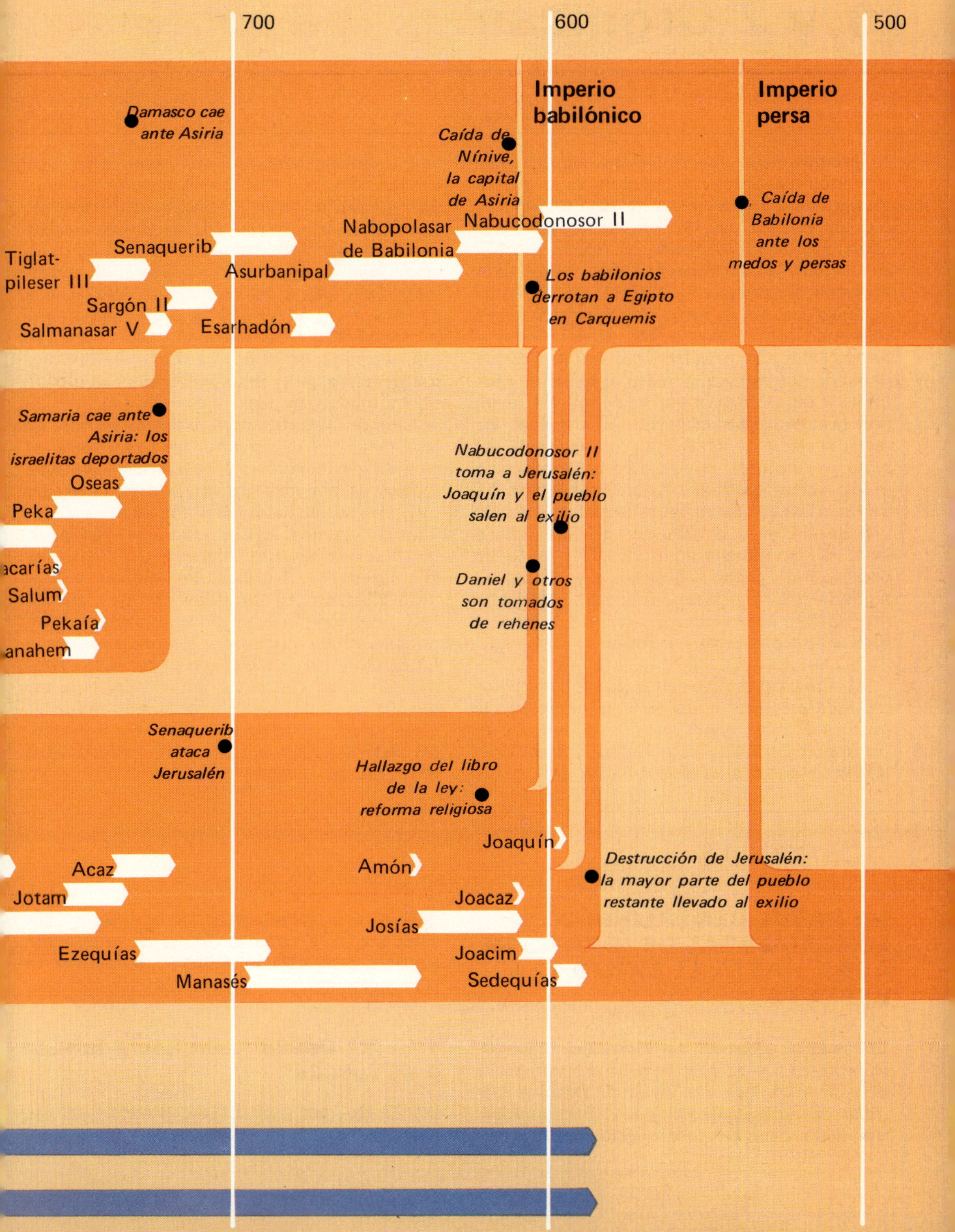

700
600
500
Imperio babilónico
Imperio persa
Damasco cae ante Asiria
Caída de Nínive, la capital de Asiria
Caída de Babilonia ante los medos y persas
Nabopolasar de Babilonia
Nabucodonosor II
Tiglat-pileser III
Senaquerib
Asurbanipal
Sargón II
Salmanasar V
Esarhadón
Los babilonios derrotan a Egipto en Carquemis
Samaria cae ante Asiria: los israelitas deportados
Oseas
Peka
acarías
Salum
Pekaía
anahem
Nabucodonosor II toma a Jerusalén: Joaquín y el pueblo salen al exilio
Daniel y otros son tomados de rehenes
Senaquerib ataca Jerusalén
Hallazgo del libro de la ley: reforma religiosa
Joaquín
Amón
Acaz
Jotam
Joacaz
Josías
Ezequías
Joacim
Manasés
Sedequías
Destrucción de Jerusalén: la mayor parte del pueblo restante llevado al exilio

1 y 2 Crónicas

A primera vista, las Crónicas parecen una repetición más insulsa y moralista de lo que ya tenemos en 2 Samuel y los Reyes. En efecto, el cronista escribió para los que ya conocían los libros anteriores. No necesitaba repetir, excepto en lo que le conviniera. Estaba libre para proseguir temas específicos dentro de un marco histórico aproximadamente cronológico. Y estaba interesado sobre todo en dos temas —el verdadero culto y la verdadera línea real de Israel— de modo que escogió su material histórico conforme a eso. (Después de la división del reino, por ejemplo, sigue solamente la suerte de los reyes de la línea de David, prescindiendo del reino septentrional. E incluso en la introducción —los árboles genealógicos de los capítulos 1-9— se concentra en las tribus meridionales, Judá y Benjamín, y en la tribu de Leví, que daba a Israel sus sacerdotes y ministros.) Esto no quiere decir, como algunos han dicho, que el cronista tergiverse los hechos históricos para acomodarlos. Un libro no tiene que ser un texto de historia para ser históricamente confiable.

El Cronista escogió estos temas específicos teniendo presentes a sus lectores originales: la gente que había regresado del cautiverio para reconstruir Jerusalén bajo Esdras y Nehemías. (Quizás escribió alrededor del 400 a.C.; y sus libros forman parte de una serie más larga Crónicas-Esdras-Nehemías.) La nueva comunidad necesitaba tener vínculos con el pasado. Necesitaban conocer las directrices justas sobre las cuales restablecer normas de culto. Y, si no se quería que la historia se repitiera, necesitaban sobre todo que se les recordara la lección más importante que su historia les podía enseñar: que la prosperidad y el bienestar dependían absolutamente de la fidelidad a Dios. La idolatría y negligencia de la ley de Dios siempre han producido y producirán juicio y desastre.

Afirmar la confiabilidad histórica esencial de las Crónicas no es negar que haya problemas. Al cronista no le importa "modernizar", describir sucesos en términos que la gente de su tiempo entienda. Sus elevadas cifras son también difíciles para el hombre moderno (no para el antiguo). → "Las enormes cifras del Antiguo Testamento", página 191. A menudo los nombres se deletrean diferente en las Crónicas que en los libros anteriores, aunque al menos algunos de los cambios deben atribuirse a los que copiaron el texto. (Nosotros también podemos hacer mención de la gran anarquía que existía en la ortografía española antes de que la Real Academia de la Lengua fijara ciertas normas a principios del siglo XIX. Un ejemplo es la variedad de la ortografía del nombre "Berceo".)

1 CRONICAS

1-9 ARBOL GENEALOGICO FUNDAMENTAL DE ISRAEL: DE ADAN HASTA EL EXILIO Y DESPUES

Las listas no pretenden ser realmente completas. De acuerdo con su propósito, el cronista presta atención sobre todo a la familia de David, y a las tribus de Judá, Benjamín y Leví (→ introducción más arriba). Los árboles genealógicos suministran una introducción a la historia que comienza en el capítulo 10, y un vínculo con aquellos para quienes el libro se escribió en primer término.

1:1 - 2:2 Desde Adán hasta Israel y su familia

1:1-27: de Adán a Abram; descendientes de Noé mediante Jafet, Cam y Sem. La lista se toma del

Génesis, aunque aquí la forma de escribir muchos nombres es ligeramente diferente.

1:28-54: Abraham, Isaac, Israel (Jacob); descendientes de Ismael y Esaú. La atención se centra en el padre de la nación.

2:1-2: los doce hijos de Israel.

2:3 - 3:24 El linaje real

2:3-55: los descendientes de Judá: antepasados de David.

3:1-16: dinastía de David hasta el exilio.

3:17-24: linaje real a partir del exilio.

Acán (Akar) (2:7): → Josué 7.

Quelubai (2:9): Caleb. No es necesariamente el contemporáneo de Josué, que no era israelita, aunque fue adoptado en la tribu de Judá.

Padre de Quiriat-jearim (2:50): o sea, fundador de esa ciudad.

Bet-súa (3:5): Betsabé.

Elisama (3:6): Elisúa.

Johanán (Yojanán) (3:15): no fue rey de Judá.

Zorobabel (3:19): líder al regresar del exilio. → Esdras.

4 - 7 Las tribus de Israel

4:1-23 Judá; 4:24-43 Simeón; 5:1-10 Rubén; 5:11-22 Gad; 5:23-26 la media tribu de Manasés.

6 Leví. Versículos 2-15: la descendencia de los sumos sacerdotes; 16-30 las familias de Gersón, Coat (Quchat) y Merari; 31-48 familia de los cantores; 49-53 descendientes de Aarón; 54-81 listas de ciudades levíticas.

7:1-5 Isacar; 7:6-12 Benjamín (esto no concuerda con el capítulo 8; se ha sugerido que 6-11 es Zabulón y 12 es el fin de una lista perdida de Dan); 7:13 Neftalí; 7:14-19 Manasés; 7:20-29 Efraín; 7:30-40 Aser.

Rubén (5:1): se alude a Génesis 35:22.

5:26: Pul y Tiglat-pileser son la misma persona.

6:27 (6:12, BJ): después de Elcana debería insertarse "Samuel su hijo". Se alude al profeta Samuel.

8 La descendencia de Benjamín; la familia de Saúl

9:1-34 Los que regresaron del exilio para vivir en Jerusalén

9:35-44 Arbol genealógico de Saúl

10 - 29 EL REINADO DE DAVID

10 La muerte de Saúl

→ bajo 1 Samuel 31 y 2 Samuel 1. La historia del auge y caída de Saúl se narra en 1 Samuel 9ss. Para el cronista la historia de la monarquía comienza con David; 10:13-14 es comentario suficiente acerca del primer rey de Israel.

11 - 12 David hecho rey

11:4-9: la captura de Jerusalén. Versículos 10-47: guardia especial de David, → bajo 2 Samuel 23. 12:1-22: defensores de David en Siclag. Los propios parientes de Saúl se pasaron a David, y los guerreros de Gad estaban tan ansiosos de unirse a él que cruzaron el Jordán cuando estaba en crecida. Versículos 23-40: las tropas que hicieron a David rey en Hebrón.
12:21 (12:22, BJ): 1 Samuel 30.

13 El primer intento de traer el arca a Jerusalén

→ bajo 2 Samuel 6. En armonía con este propósito de delinear la historia *religiosa* de la nación, el cronista asigna a este suceso el primer lugar dentro del relato del reinado de David. De hecho sucedió después.

14 Relaciones exteriores

→ 2 Samuel 5. David pudo manejar muy bien las naciones circundantes. Su punto débil fue la vida familiar, como lo dicen claramente los otros relatos (2 Samuel 13ss.; 1 Reyes 1:6).

15 - 16:6 Los levitas traen el arca

→ 2 Samuel 6. Después de tres meses, David trae el arca a Jerusalén y la coloca en la tienda que ha hecho levantar. La tienda original (el tabernáculo) y el altar permanecen en Gabaón. El cronista detalla el papel de los levitas en la ceremonia. El culto adecuado se caracteriza tanto por el orden como por la alegría. Desde los primeros tiempos la música ha ocupado un lugar especial en el culto.

16:7-43 Llamamiento a la alabanza; se reinstituyen las ofrendas regulares

En los versículos 8-36 se reúnen extractos de varios salmos. Estos quizá sean muestras de lo que el coro de Asaf cantaba delante del arca, no precisamente las palabras mismas. En Jerusalén y en Gabaón se hizo provisión para los sacrificios diarios y la alabanza a Dios con palabras y música.

David formó un coro y orquestas con los levitas, ayudantes de los sacerdotes; este modelo es del Museo Bíblico de Amsterdam.

17 Petición de David de construir el templo

→ bajo 2 Samuel 7. Le parece mal a David tener un palacio para vivir en tanto que el arca de Dios se alberga todavía en una tienda. Y su actitud es justa (confróntese Hageo 1:4). Dios niega la petición, a pesar de todo. Pero manifiesta su amor y aprobación por David en la promesa de una dinastía que nunca se extinguirá, y al permitir a Salomón construir el templo. David no permite que el desengaño oscurezca su alegre aceptación de la respuesta de Dios.

18 Victorias de David; expansión del reino

→ el mapa bajo 2 Samuel.
Versículo 4: las cifras son grandes. Este problema no ocurre sólo en el Antiguo Testamento. Otros documentos contemporáneos dan también cifras grandes de soldados y carros. Las estadísticas que dan los bandos opuestos de una guerra pocas veces concuerdan, ¡ni siquiera hoy! → "Las enormes cifras del Antiguo Testamento", página 191.
Príncipes (17): el escritor de Samuel los llama "sacerdotes", pero en el tiempo del cronista la palabra sacerdote había adquirido un significado técnico, y de ahí el cambio.

19 - 20 Guerras con los amonitas, sirios y filisteos

Capítulo 19: → bajo 2 Samuel 10. El episodio de Betsabé y Urías ocurrió entre 20:1 y 20:2. No es un intento de encubrir a David; el cronista suele omitir detalle de la vida privada, de acuerdo con su propósito. De todos modos, estos incidentes ya se conocían por relatos anteriores.
19:18: 2 Samuel 10:18 dice 700 carros, cifra más probable. Pero la palabra carro en este caso puede significar simplemente "hombres montados". Los soldados de a pie aquí son los "hombres de a caballo" de Samuel, ya que en aquel tiempo, en el Cercano Oriente antiguo, los hombre de a caballo desmontaban para pelear.

Era cerca de un pueblo en Siria septentrional.

21 - 22:1 Censo y plaga: compra del lugar para el templo

→ bajo 2 Samuel 24. Para el cronista, el censo y la plaga son significativos simplemente como conducentes a la decisión de David (22:1) de construir el templo en el lugar de la era de Ornán, hecho ni siquiera mencionado en Samuel.

Satanás (21:1): "Dios" en 2 Samuel. Satanás tiene poder sólo dentro de los límites establecidos por Dios (→ Job 1-2). Su existencia en el mundo de Dios, y la utilización de él por parte de Dios, siguen siendo un misterio.

Pecado a Israel (3): la solidaridad nacional es un hecho. Cuando el rey como líder peca el pueblo sufre.

Versículo 5: estas cifras difieren de 2 Samuel 24:9. El cronista quizá tomó las cifras de una fuente diferente.

Versículo 18: Era: un espacio abierto y plano donde las gavillas podían esparcirse. Bueyes que tiraban de lastras con tachones hacían caer el grano, que era luego limpiado, arrojándolo al aire. "Ornán" es el "Arauna" de Samuel. Quizá surgieron dificultades debido a que era un nombre extranjero.

Escondieron (20): quizás en la cueva debajo del piso de piedra, que ahora está debajo de la mezquita llamada Cúpula de la Roca, erigida en el lugar del templo.

Versículo 25: 2 Samuel refiere el precio pagado por la era, y este versículo al parecer, el precio pagado por todo el lugar.

22:2-19 Preparativos para el templo

Esta sección no tiene paralelo en Samuel. Se sigue naturalmente de la mención del templo en el versículo 1. En cuanto a tiempo, probablemente pertenece al período de la corregencia de Salomón con su padre (23:1; 1 Reyes 1), que quizá duró algunos años. David nunca dejó de anhelar construir para Dios una casa digna. Aceptó la contrariedad de la negativa de Dios y dedicó toda su energía y entusiasmo a lo que *podía* hacer: seleccionar el lugar; reunir los materiales; decidir el plano.

Extranjeros (2): los cananeos que permanecieron en el territorio fueron obligados a trabajar como peones esclavos.

Tú has derramado mucha sangre (8): esto no implica que Salomón fuera moralmente mejor que David, o que las guerras de David no estuvieran justificadas (a menudo se dice que Dios estuvo con él en sus campañas). Estas mismas guerras convirtieron el reinado de Salomón en un reino fuerte, y con ello hubo libertad para que el rey y la nación se concentraran por fin en la gran tarea de edificar el templo de Dios.

Versículo 14: tomado literalmente, esto haría a David mucho más rico que Salomón. El significado está claro. David había reunido enormes suministros: una fortuna en oro; fantástica riqueza de plata; gran cantidad de bronce y acero.

23 Los deberes de los levitas

Los capítulos 23-27 refieren la organización que David tenía de la administración religiosa y civil de la nación.

Desde los primeros tiempos de la travesía del desierto, el papel de los levitas había sido el cuidado y transporte del tabernáculo. También habían servido a los sacerdotes, en tiempos posteriores en los muchos santuarios esparcidos por el país. Ahora el arca iba a tener un hogar permanente, y el culto iba a centralizarse en el templo de Jerusalén. Por esto David asigna nuevos deberes a los levitas: el cuidado y mantenimiento del templo; nombramientos como magistrados, porteros, músicos, y coristas; y ayuda general a los sacerdotes.

Versículos 3, 27: la edad en que un levita podía empezar a ejercer había sido 30 años. David ordenó que, una vez estuviera completado el templo, fuera 20 años.

Versículo 13: los hijos de Amram eran descendientes de Aarón y de Moisés.

24 Divisiones de sacerdotes

Veinticuatro grupos de sacerdotes habían de encargarse de los sacrificios del templo, cada uno de ellos durante dos semanas al año. El orden se decidía por suertes.

Nadab, Abiú (1): → Levítico 10.

Versículo 4: el hecho de que la familia de Elí descendiera de Itamar explica en parte las cifras pequeñas. Debido a los pecados de los hijos de Elí, muchos de sus descendientes hallaron muerte violenta (→ 1 Samuel 2:3ss.).

25 Los músicos

La música, instrumental o vocal, era importante tanto en el culto judío, como en la vida social en general. Los músicos del templo eran "profetas" (25:1, 3). Asaf, Hemán y Jedutún (Yedutún) fueron de los más famosos: se mencionan en los Salmos. Pero en el servicio del templo no hay rango. El maestro y el discípulo comparten el mismo lugar (8). David, músico hábil (1 Samuel

Relieve contemporáneo de músicos; de Carquemis, siglo XVIII a.C.

16:15ss.; 2 Samuel 23:1), debe haberse deleitado sobremanera en esta parte de los arreglos, sobre los cuales ejerció supervisión personal (2, 6).

26:1-19 Los porteros

Tenían que guardar por turno el templo y el almacén.

Versículo 18: el significado de "parbar" no se conoce; Reina-Valera traduce "cámara de los utensilios".

26:20-32 Tesoreros del templo, oficiales y magistrados

Los tesoros del templo —obtenidos mediante donativos, impuestos y botines de guerra— eran grandes.

27 Comandantes del ejército, jefes de tribu, funcionarios del servicio civil y del gobierno

Los doce jefes del ejército parecen haber procedido de la guardia especial de "valientes" de David (→ capítulo 11). Los versículos 26-31 enumeran a los que estaban a cargo de las posesiones reales, cada uno de ellos especializado en una rama específica de la agricultura.
Veinte años abajo (23): los de menos de veinte años no eran elegibles para el servicio militar y nunca se contaban en los censos.
Versículo 32: Jonatán y Jehiel (Yejiel) eran tutores de los hijos del rey.
Versículo 33: Ahitofel (Ajitófel) y Husai (Jušay) aparecen en el relato de la rebelión de Absalón, 2 Samuel 15:31ss. "Amigos del rey" es un título oficial.

28 - 29 El gobierno pasa a manos de Salomón; planos e instrucciones para el templo

Una asamblea pública formal acompaña a la coronación oficial de Salomón, después del precipitado asunto de 1 Reyes 1 (→ 29:22). David presenta su hijo al pueblo (1-8) y le hace un solemne encargo (9, 10) antes de poner a su cuidado los planos del templo (11-19). El diseño lo dio Dios, siguiendo muy de cerca la pauta dada a Moisés para la construcción del tabernáculo. Al mismo tiempo, David entrega la lista de deberes del templo (21; → capítulo 23-36).

Capítulo 29: además de todo lo que ha apartado durante los años. David hace un último y es-

Relieve de un adorador.

pléndido regalo personal al fondo para la construcción del templo (1-5). Su ejemplo e invitación (5) logran respuesta voluntaria y alegre por parte del pueblo, y los donativos abundan (6-9). Profundamente conmovido, David da gracias a Dios de corazón porque tales ofrendas son posibles de parte de hombres que, si no fuera por la bondad de Dios, no tendrían nada. Su oración es una de las más grandiosas en todo el Antiguo Testamento. Muestra, como quizás en ningún otro pasaje, por qué a este hombre se le pudo describir como "un hombre según el corazón de Dios".

Versículo 4: → bajo 22:14.

Dracmas (7): el dárico (BJ) era una moneda persa de oro, anacrónica en tiempo de David, pero que nos da indicios de la fecha en que escribió el cronista.

Todos los hijos del rey David (24): antes, Adonías había intentado quitarle el trono a Salomón (1 Reyes 1); más tarde, Salomón le dio muerte. Pero en este momento había armonía.

El muro meridional de la zona del templo de Jerusalén, con el lugar donde estaba ubicada la ciudad de David en primer plano. El terreno declina hacia el valle de Cedrón a la derecha. → También la fotografía en la página 249.

2 CRONICAS

1 - 9 EL REINADO DE SALOMON

1 Salomón asciende al trono

→ bajo 1 Reyes 3 y 10.
Sefela (Tierra Baja, BJ) (15): las colinas bajas entre Judea y la llanura costera filistea.

2 Arreglos comerciales con Hiram (Juram) acerca de materiales de construcción para el templo

→ bajo 1 Reyes 5.

Puerta actual hacia la antigua zona del templo.

Hiram (Juram) (3): el mismo de Reyes, que en BJ es "Jiram" → bajo 2 Samuel 5.
Hiram-abi (Juram-Abí) (13): en otros lugares abreviado a Hiram.

3 La construcción del templo

→ bajo 1 Reyes 6 - 7, y las ilustraciones.
Mte. Moríah (1): en una montaña en la tierra de Moríah se le dijo a Abraham que sacrificara a Isaac (Génesis 22:2).
Parvaim (6): desconocido; posiblemente en Arabia.
El velo (14): el santuario en que se conservaba el arca estaba dividida de la parte principal del edificio por esta cortina.

4 - 5:1 El mobiliario del templo

→ bajo 1 Reyes 7.

3.000 batos (5): es decir, 66.000 litros, en base al cálculo normal de 22 litros por bato. 1 Reyes 7:26 da 2.000 batos (44.000 litros).

5:2 - 6:11 La dedicación del templo

→ bajo 1 Reyes 8. Se instala el arca con música y cánticos alegres y mucha acción de gracias. La gloria de la presencia de Dios llena el templo (2-14). Salomón habla al pueblo (6:3-11).
Los levitas cantores... (12): → bajo 1 Crónicas 25.
Versículo 2: en los tiempos del desierto, cuando ellos mismos vivían en tiendas, el pueblo hizo una tienda para Dios (el tabernáculo). Ahora que se han establecido en casas, se edifica el templo como casa para Dios. No era una catedral en la que se reunían para el culto. Las reuniones tenían lugar al aire libre, frente al templo, donde estaban el altar y la gran pila.

6:12-42 Oración de Salomón

→ bajo 1 Reyes 8. El fundamento de esta oración, y de toda oración, es el hecho de que Dios y sus promesas son completamente confiables. Las peticiones se basan en otros hechos vitales acerca de Dios: su amor por su pueblo; sus normas morales absolutas; su disposición a escuchar y perdonar a aquellos que con sinceridad se aparten del pecado.

Versículos 41-42: cita libre del Salmo 132:8-10.

7 La fiesta de la dedicación; respuesta de Dios a Salomón

→ bajo 1 Reyes 8 - 9. Las llamas consumen los sacrificios como prenda de la presencia y aprobación de Dios. Los siete días de festividades se extienden hasta la Fiesta de los Tabernáculos de una semana de duración, con un día final de reunión solemne antes de que todos se dispersen (esto aclara 1 Reyes 8:65-66).

Versículos 11-22: Dios está de acuerdo con todas las peticiones de Salomón. Pero a cambio, espera obediencia leal.

8 Actividades de Salomón para la construcción y el comercio

→ bajo 1 Reyes 9:10ss.

Versículo 2: las ciudades de 1 Reyes 9:10-14, que Salomón recuperó de Hiram.

Versículo 10: los 250 funcionarios, más 3.600 capataces (2:18) suman el mismo total que 550 más 3.300 de 1 Reyes 9:23; 5:16.

Mandamiento de Moisés (13): en cuanto a las fiestas establecidas → Levítico 23; los sacrificios, Levítico 1-7.

Versículo 14: se dan las instrucciones de David en 1 Crónicas 23-26.

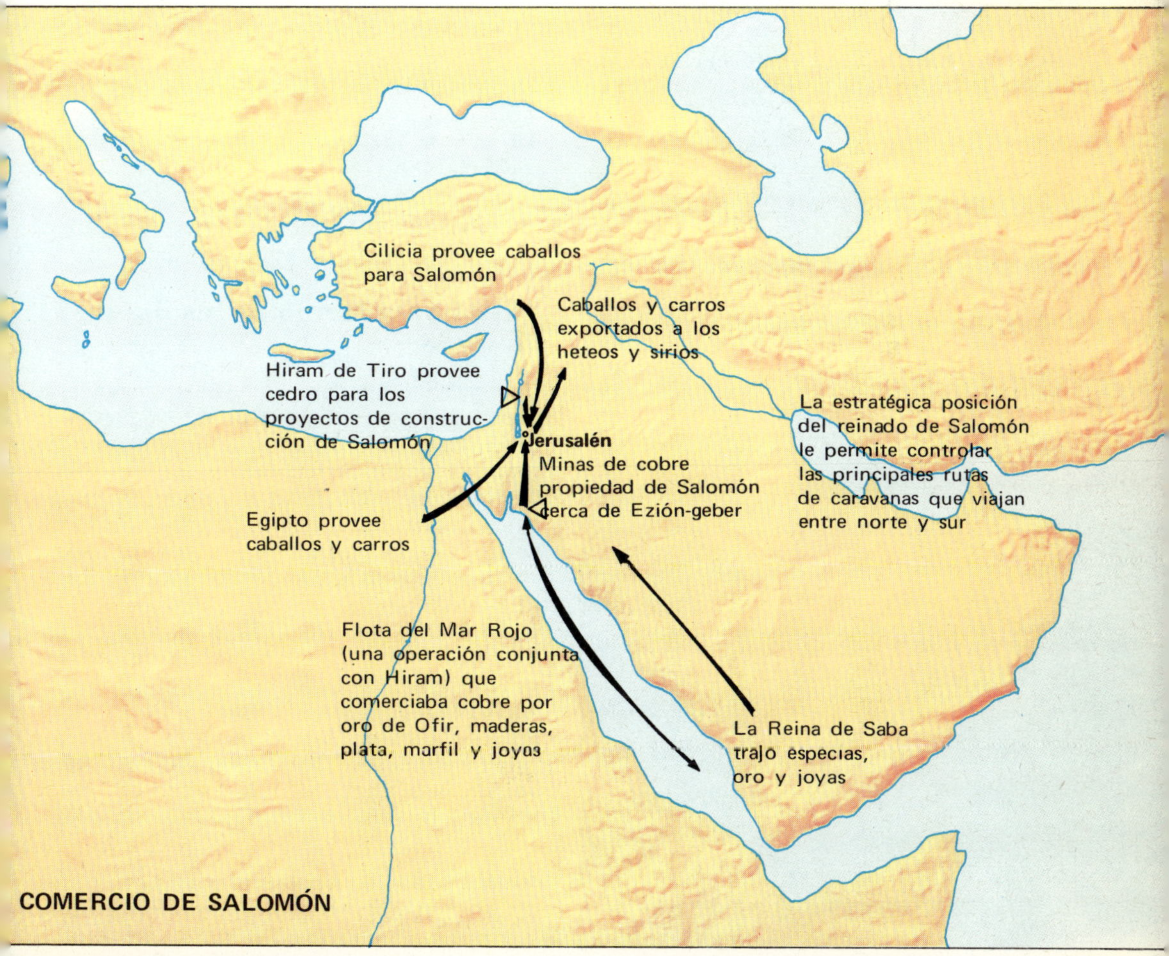

COMERCIO DE SALOMÓN

9:1-12 La visita de la reina de Sabá

→ bajo 1 Reyes 10. El cronista incluye la visita como ilustración de la extendida fama y reputación de Salomón.

Sándalo (10): en BJ "algummim", que es el "almugguim" de 1 Reyes; es una esencia extranjera que no es posible determinar.

9:13-31 Riqueza y gloria de Salomón

→ bajo 1 Reyes 10:14-29.

Versículo 21: es muy improbable un viaje desde Elat, alrededor de Africa, hasta Tarsis (Tartessos) en España. En Reyes la frase "naves de Tarsis" describe el tipo de barco: buques de carga de altamar.

Profecía de Ahías (29): se ha perdido esta fuente, pero dos de las profecías de Ahías se registran en 1 Reyes 11 y 14.

10 - 36 LOS REYES DE JUDA

Las fechas y duración del reinado de cada rey se dan en las secciones paralelas de 1 y 2 de Reyes. Muchos de ellos incluyen un período de corregencia con un predecesor, de modo que a menudo hay superposición. → "Descifremos la cronología de los Reyes", página 269. También → el gráfico de la página 284.

El cronista no reconoce a los reyes de Israel. Sólo los descendientes de David son los verdaderos reyes de la nación. Desde la época de la división prescinde en gran parte del reino septentrional, y a menudo se refiere a Judá como "Israel" Incluso así, las diez tribus se siguen considerando como parte de la nación israelita, y contienen elementos que siguen fieles a Dios y al rey verdadero.

10 El rey Roboam y la separación entre Israel y Judá

→ 1 Reyes 12. Roboam heredó de Salomón un reino rico que empezaba a dar señales de debilidad. En la época de su muerte sólo quedaban, para legar a su sucesor, una fracción de esa tierra y riqueza.

En Egipto (2): → 1 Reyes 11:26ss.

La palabra que había hablado por Ahías (15): 1 Reyes 11:30-39.

Adoram (18): el mismo de Reyes.

11 Roboam fortalece las defensas de Judá

Una palabra oportuna de Semaías impide la guerra civil (1-4). En vez de esto, Roboam se concentra en la fortificación de su pequeño reino contra el ataque de sus vecinos mayores y más fuertes, sobre todo Israel y Egipto. Sacerdotes refugiados acuden a Judá desde Israel como consecuencia de las medidas de Jeroboam de romper los lazos religiosos con Jerusalén (→ 1 Reyes 12:26-33).

Demonios (sátiros, BJ) (15): demonios del desierto en forma de macho cabrío del antiguo culto a la naturaleza.

Abías (20): el mismo de Reyes.

Hija de Absalón (20): el Antiguo Testamento emplea a menudo "hijo de" o "hija de" en el sentido más amplio de "descendiente". Maaca era nieta de Absalón (→ 13:2).

Por encima de las excavaciones de la antigua Siquem se yerguen el Mt. Gerizim (izquierda) y el Mt. Ebal (derecha).

12 Roboam se vuelve infiel; invasión de Sisac

La invasión, aquí y más adelante, se ve como consecuencia directa de la deslealtad a Dios. El arrepentimiento nacional limita sus efectos, pero Judá permanece bajo la dominación egipcia durante algunos años. → 1 Reyes 14.
Todo Israel (1): el cronista quiere decir el verdadero Israel, o sea, Judá.
Sisac (Sosaq) (2): Sesonq I, fundador libio de la XXII dinastía de Egipto.

13 El rey Abías; guerra total con Israel

→ 1 Reyes 15:1-8. El relato completo aquí amplía lo que constituye culto "adecuado", y la razón de la victoria de Judá.
Micaías (2): Maaca (11:20; 1 Reyes 15:2).
Pacto de sal (5): la sal tenía un uso ritual en la ratificación de tratados. Simbolizaba la fe, la lealtad y permanencia (sobre todo en "pactos" hechos con Dios).
500.000 (17): mejor tomarlo simplemente con el significado de "un gran número".

14 Paz bajo el rey Asa; invasión de Zera

→ 1 Reyes 15:9-24.
Zera (Zéraj) (9): Etiopía (Cus) es el moderno Sudán. Zera fue probablemente un jefe egipcio o árabe (su antigua identificación con el faraón Osorkon se ha abandonado ya).
Un millón (9): mejor tomarlo en el sentido simple de "un enorme número".

15 Mensaje de Azarías de parte de Dios que alienta a la reforma religiosa

Efraín, Manasés y Simeón (9): hombres leales de las dos tribus septentrionales que emigraron a Judá. Pero el territorio de Simeón siempre había estado en el sur, y la tribu hacía mucho que había sido asimilada por Judá.
Maaca (16): abuela de Asa. Ver bajo 11:20.
Versículo 17: a primera vista, contradicción de 14:3. Pero Asa probablemente destruyó los templos en los que se daba culto a dioses extraños y respetó los otros.

16 La alianza con Siria contra Israel

En sus últimos años se debilita la fe de Asa sometida a prueba. Pide ayuda exterior. Y recurre a curanderos que curaban con magia. Sin embargo, al morir, su pueblo lo honra.
Fuego (14): no cremación, sino quema de especias (→ Jeremías 34:5).

17 Josafat: rey a quien hay que tener en cuenta

→ 1 Reyes 15:24; 22:1-50.
Josafat desarrolla un fuerte ejército y defensas. Determina que al pueblo se le enseñe la ley. Y las naciones circundantes lo respetan mucho.
Los árabes (11): antiguos nómadas que se establecieron en Edom y Moab.
Versículo 14: tal como están, las cifras que se dan son demasiado altas. Es posible que el término "mil" sea un término colectivo más que un numeral. → "Las enormes cifras del Antiguo Testamento", página 191.

18 Alianzas militares y de matrimonio con Acab; batalla en Ramot de Galaad

Repetición de la historia de 1 Reyes 22.

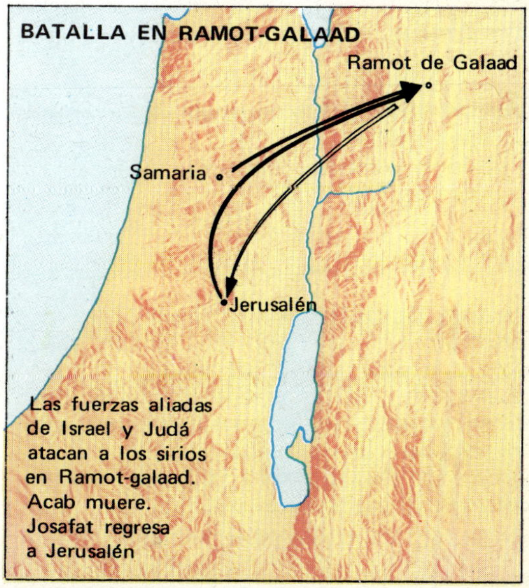

Contrajo parentesco (1): el hijo de Josafat, Joram, se casó con Atalía, hija de Acab. En vez de reunificar el reino, este vínculo produjo casi un desastre a Judá en años posteriores (22:10).

Profetas verdaderos y falsos (4ss.): nunca era fácil distinguir entre los dos. Aquí Josafat percibe por el optimismo superficial de su mensaje que estos profetas le están diciendo a Acab lo que desea oír. Los falsos se pueden distinguir de los verdaderos sólo por su vida y mensaje, no por métodos o modos (→ Deuteronomio 18:17-22). Ningún profeta verdadero predicaba algo que no sucediera; no practicaba ni estimulaba la inmoralidad; ni guiaba al pueblo lejos de Dios ni de su ley.

19 Reforma del sistema legal

Después de Ramot de Galaad, Josafat se concentra en asuntos internos. Nombra jueces civiles, establece tribunales locales y un tribunal de apelación mixto en Jerusalén.

Jehú (2): probablemente nieto del Jehú de 1 Reyes 16:1. Existía la costumbre de alternar los nombres dentro de las familias.

El juicio de Jehová (8): casos abarcados por la ley de Moisés; las otras causas eran asuntos civiles.

Hermanos (10): jueces compañeros, no parientes.

20 Guerra con las fuerzas aliadas de Amón, Moab y Edom

La confianza de Judá en Dios recibe amplia vindicación. Los invasores disputan entre sí y dejan el botín a Judá. Sólo la alianza con Israel echaba a perder el expediente del reino de Josafat.

Amonitas (Maonitas, BJ) (1): de un distrito de Edom cerca del monte Seir.

El mar (2): el mar Muerto.

Versículo 33: concuerda con 1 Reyes 22:43; pero contradice 17:6. (→ bajo 15:17.) Los lugares altos (a menudo colinas, pero no siempre), eran simplemente plataformas sobre las que se ponían los objetos de culto. Como los lugares mismos se consideraban santos, nada que no fuera la profanación llevada a cabo por Josías podía impedir que el pueblo las usara.

Tarsis (36): → bajo 9:21.

21 El rey Joram

→ 2 Reyes 8:16-24. La mala influencia de la esposa de Joram (Atalía era la hija de Acab y Jezabel) demostró ser más fuerte que el buen ejemplo de su padre. Joram perdió el control sobre Edom y Libna (en la frontera filistea) y condujo a la nación a la idolatría. Nadie lamentó su muerte (20): epitafio terrible.

Carta de Elías (12): por 2 Reyes 3:11 (en el reinado de Josafat), parecería que Elías murió algo antes de esto, aunque no existe seguridad de ello. Posiblemente, previendo el desarrollo de los acontecimientos, el profeta dejó un mensaje escrito que su sucesor entregó.

Joacaz (17): forma alternativa de escribir Ocozías (22:1). Ambos son compuestos de "Acaz", que significa "retiene", o "posee" y el nombre de Dios (escrito Jeho- o Jo- como prefijo; -iahu o -iah como sufijo. Todo el nombre, pues, significa "Dios tiene posesión". La mayor parte de los reyes de Judá tienen nombres compuestos de esta forma.

22:1-9 El rey Ocozías

→ 2 Reyes 8:25-29. Ocozías no aprendió nada del terrible fin de su padre. La amistad con Israel condujo directamente a su muerte en la purga de Jehú.

Versículo 2: 42 debería ser 22, como en 2 Reyes 8:26.

Versículo 9: parece diferir de 2 Reyes 9 y 10, donde Ocozías muere en Meguido, y antes de la muerte de sus sobrinos. Es posible que "Samaria" se emplee aquí por el reino más bien que por la ciudad misma.

22:10 - 23:21 Atalía usurpa el trono; Joás se convierte en favorito

→ 2 Reyes 11. El hijo todavía pequeño de Ocozías, Joás, es el heredero legítimo. Pero han sido destruidos tantos de la familia real (21:17; 22:8) que la reina madre consigue que no se discuta su súplica. La usurpadora es derrocada a los seis años. El cronista subraya el papel de los sacerdotes y levitas en la restauración del monarca legítimo al trono.

24 El rey Joás; reparación del templo

→ 2 Reyes 11:21 - 12:21. Bajo la influencia de Joiada (Yehoyadá) Joás comenzó bien. Después de la muerte del sacerdote, el rey cae bajo influencias menos saludables, hasta hundirse en el asesinato del hijo de Joiada por sus abiertas críticas. En consecuencia su propia vida acaba en derrota ignominiosa y asesinato.
La ofrenda (6): → Exodo 30:12ss.

25 El rey Amasías

→ 2 Reyes 14. La cruel victoria de Amasías sobre Edom conduce a su caída. Trae consigo los dioses extraños. Y en medio de su orgullo ostentoso le arroja el guante al poderoso Israel. La derrota vuelve al pueblo contra él. Parece que Uzías, el "Azarías" de 2 Reyes, es puesto como corregente. Y una conspiración posterior culmina con el fin de la vida de Amasías.

Versículo 4: Deuteronomio 24:16.
100.000 (6): cifra redonda que indica una gran cantidad.

Israel... Efraín (7): el cronista dice claramente que en este caso se refiere al reino septentrional.

26 El rey Uzías (Ozías)

→ 2 Reyes 15:1-7. Rey fuerte, Uzías comienza bien, buscando a Dios y extendiendo su soberanía hasta el mar Rojo. Ama la tierra y protege el ganado contra los asaltantes del desierto (10). Procura tener al ejército bien equipado y armado con los últimos proyectiles dirigidos (14-15). Pero al igual que les ha ocurrido a muchos hombres antes y desde entonces, el poder y el éxito son su ruina. Por orgullo asume el papel de sacerdote. Dios le envía la lepra, prenda visible de esa contaminación invisible del pecado que lo hizo indigno de la presencia de Dios.

27 El rey Jotam

→ 2 Reyes 15:32-38. Jotam demuestra ser un buen rey. Mantiene e incrementa el poder de su padre, añadiendo Amón a sus estados tributarios. Pero la religión del pueblo sigue mezclada.

Un "lugar alto" cananeo, o santuario, descubierto por los arqueólogos en Meguido, muy por debajo del nivel actual del terreno.

28 El rey Acaz (Ajaz)

→ 2 Reyes 16; Isaías 7. La terrible apostasía de Acaz lleva a Judá casi a la destrucción. Dios incluso utiliza el reino septentrional idólatra para castigar a su pueblo, y para avergonzarlo haciendo que los del Norte trataran con misericordia casi increíble a los prisioneros de guerra. Todavía había algunos "buenos samaritanos" en Israel. La crisis lleva a algunos a una fe más honda, pero no a Acaz.
Valle de los hijos de Hinom (3): el valle de Gehenna, al sur de Jerusalén.
Rey de los sirios (5): Rezín, → 2 Reyes 16.
Tiglat-pileser (20): no es una invasión, sino la imposición de un tributo aplastante.
Altares (24): a dioses paganos.

29 El rey Ezequías

→ 2 Reyes 18:20. La primera preocupación de Ezequías es restaurar el templo a su uso adecuado. El relato detallado de la purificación y rededicación del templo profanado es característico del cronista. Una vez listo el edificio, el rey, los sacerdotes y el pueblo mismo se purifican del pecado mediante la ofrenda de sacrificios.

Versículo 25: → 1 Crónicas 25. Gad y Natán fueron ambos profetas en tiempo de David.

El cántico de Jehová (27): muchos de los salmos fueron escritos para utilizarse en el templo en variadas ocasiones.

30 La gran celebración de la Pascua

(En cuanto al origen y significado de la Pascua, → bajo Exodo 11-13.) Samaria había caído ante Asiria en el reinado de Acaz (cuando Ezequías era corregente); → 2 Reyes 17. La mayor parte de los israelitas septentrionales habían sido hecho cautivos y su territorio había sido repoblado. El llamamiento de Ezequías se dirige a los pocos israelitas que quedan para que se unan con Judá para la festividad (9). A pesar de la escasa respuesta, no había habido Pascua semejante a éste desde el tiempo de Salomón. Y el gozo general fue tal que la fiesta se extendió una semana más.

Versículo 3: la fecha normal era el 14 del primer mes, pero en Números 9 también se permite la fecha posterior.

Versículo 15: muchos sacerdotes y levitas fueron lentos en regresar al culto reformado (29:34).

Versículo 19: el cronista, que había de darle mucho valor a las formas adecuadas de culto, dice claramente que lo que más importa es la actitud del corazón.

31 Los sacerdotes reasumen sus funciones; se traen diezmos y ofrendas

Se reimplatan las antiguas leyes que regulaban el culto y el sostenimiento de los sacerdotes. El simple volumen de productos reunidos mediante el diezmo coge a todos por sorpresa. Se toma especial cuidado de ver que se distribuya adecuadamente.

Versículo 7: el pueblo comenzó a dar en mayo/junio durante la cosecha de cereales y continuó hasta el fin de las cosechas de frutas y vino en setiembre/octubre.

32 Invasión de Senaquerib

→ 2 Reyes 18-19. Una vez arrasado el reino septentrional, los asirios penetran en Judá, que ha mostrado señales de independencia. Pero Senaquerib no puede tomar Jerusalén. La razón, dice el cronista, es que en la crisis el rey de Judá puso su confianza totalmente en Dios.

Versículo 12: el emisario asirio entendió mal las reformas de Ezequías.

Versículo 18: utilizaron el hebreo. El pueblo no habría entendido el arameo, lengua diplomática.

Versículo 31: → 2 Reyes 20:12ss. "Abandonado a sí mismo", Ezequías muestra sus tesoros con orgullo necio.

33:1-20 Reinado perverso de Manasés

→ 2 Reyes 21:1-18. Durante casi todo su largo reinado Manasés fue uno de los peores reyes de Judá, responsable por la profanación del templo y por la práctica de sacrificios humanos. Pero el cronista menciona un canbio de corazón no mencionado en Reyes. Posiblemente Manasés fue capturado en la revuelta del hermano de Asurbanipal, rey vasallo de Babilonia, y se le pidió que diera cuenta de sí mismo allá después del triunfo de Asurbanipal. Dios respondió a la desesperada oración del rey, y su liberación y retorno lo cambiaron a él, pero no al pueblo.

Versículo 6: el valle de Gehenna.

Grillos (11): los reyes conquistados por los asirios tenían grillos o anillos que perforaban la nariz.

33:21-25 Amón

→ 2 Reyes 21:19-26. Amón reinó dos años, 642-640. Siguió el mal ejemplo de Manasés y sus servidores lo asesinaron.

34 Josías: último y mayor de los reformadores de Judá

→ 2 Reyes 22-23. Josías profanó y demolió lugares y objetos de culto pagano, y reparó el

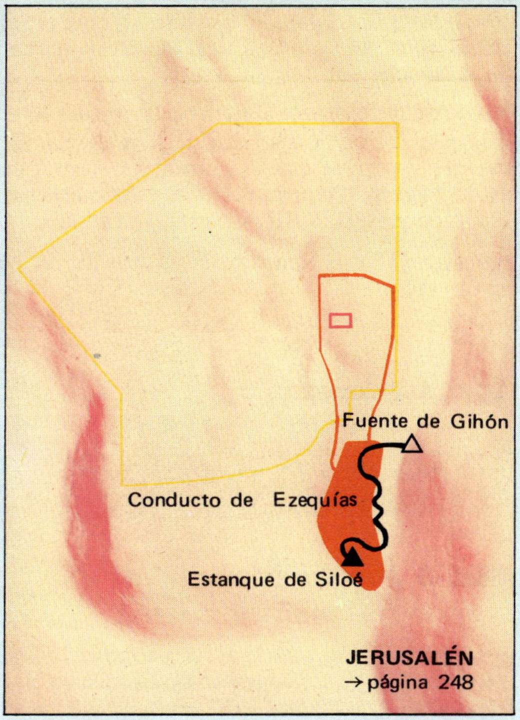

CONDUCTO DE EZEQUIAS

Para garantizar el suministro de agua frente a los invasores, Ezequías canalizó el agua desde el manantial de Gihón hasta el estanque de Siloé. El túnel tiene más de 620 m. de largo, y serpentea para seguir el curso del yacimiento rocoso.

En 1880 un niño que se había estado bañando en la piscina de Siloé encontró una inscripción que narra la historia: *...Y esta es la historia de la penetración. Mientras (los cortadores de piedras manejaban sus) hachas, cada uno hacia su compañero, y mientras quedaban todavía tres codos por ser perforados, (se oyó) la voz de un hombre que llamaba a su compañero, porque había uña grieta (¿?) a la derecha... Y en el día de la perforación, los cortadores de piedra cortaron cada uno hasta encontrar a su compañero, hacha frente a hacha. Entonces corrió el agua desde el manantial hasta el estanque por mil doscientos codos, y la altura de la roca por encima de la cabeza de los cortadores de piedra era de cien codos.*

El manantial de Gihón, cuyas aguas corrían a través del Conducto de Ezequías.

La inscripción del túnel.

Detalle de la inscripción.

templo. Durante su reinado fue descubierto el libro de la ley, y sigue un cierto arrepentimiento verdadero. Pero, a pesar del liderato del rey, la respuesta de la gente es demasiado poca y tardía para impedir el juicio. Hay algunas diferencias entre los relatos en Reyes y Crónicas, sobre todo en el orden de los sucesos, pero ninguno de los dos escritores está primordialmente preocupado por la cronología. El verdadero significado de los sucesos radica en lo que enseñan.

Versículo 3: el poder asirio estaba en declive, y las hordas escitas lo atacaban por el norte, de modo que Josías se encontró gradualmente más libre para dar el paso políticamente peligroso de liberar a su país de los dioses asirios.

35 Pascua de Josías; el trágico fin de su reinado

→ 2 Reyes 23:21-30. Durante la monarquía se había olvidado la Pascua. Ahora la celebración constituye el clímax de la reforma. La nación

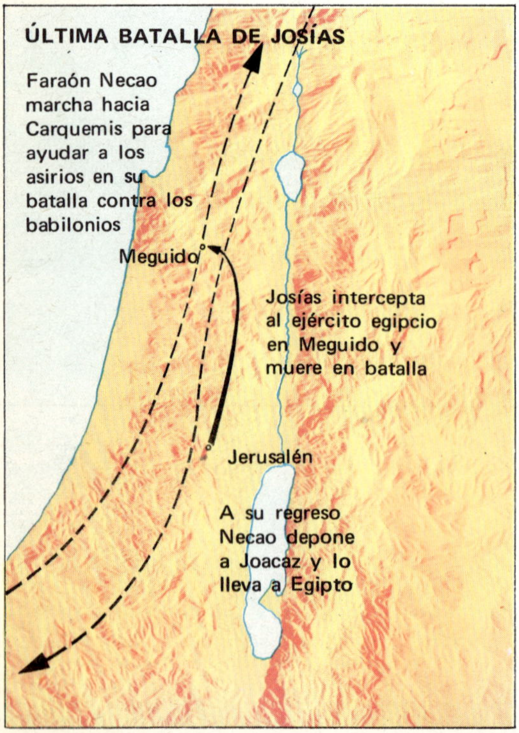

recuerda su liberación de la esclavitud en Egipto, pocos años antes de una segunda esclavitud, la de Babilonia.

Versículo 20: Necao se dirigía hacia el norte en el 609 para ayudar a Asiria frente a Babilonia. De camino a su tierra depuso y deportó al sucesor de Josías, Joacaz. Pero en el 605 fue derrotado por Nabucodonosor de Babilonia, en Carquemis.

Jeremías (25): el lamento del profeta no se ha conservado.

36:1-4 Joacaz

→ 2 Reyes 23:31-35. → bajo 35:20.

36:5-8 Joacim (Yoyaquim)

→ 2 Reyes 23:36 - 24:7. Joacim comenzó como títere de Egipto, y terminó como cautivo en Babilonia.

36:9-10 Joaquín

→ 2 Reyes 24:8-16. A los tres meses Joaquín fue depuesto y llevado cautivo a Babilonia. (Tenía 18 años cuando subió al trono, y no 8; y Sedequías era su tío.)

36:11-21 Sedequías; la destrucción de Jerusalén

→ 2 Reyes 24:18 - 25:30. Dios dio a Sedequías y a la nación muchas advertencias por medio de Jeremías y de los otros profetas, pero no les hicieron caso. El juicio que llegó significaba muerte o exilio para toda la nación. El exilio duró hasta que los persas conquistaron el Imperio Babilónico.

Reposo (21): el cronista implica que estos sábados no se observaban bajo los reyes. → Levítico 25:1-7; 26:34-35.

Asurbanipal, rey de Asiria, aparece en este relieve de Babilonia en un acto ritual de trabajo esclavo.

36:22-23 Nueva esperanza

Cuando el libro de Esdras se separó de las Crónicas, estos versículos se conservaron al final de las Crónicas y se repitieron al comienzo de Esdras. Las Crónicas no podían terminar en el versículo 21. Dios no había abandonado totalmente a su pueblo. Jeremías había pronunciado palabras ardientes de juicio y condenación de Dios; pero también había hablado del amor ininterrumpido de Dios por su pueblo deportado, y de su regreso futuro (Jeremías 24:4-7).

Nínive
Cala
Asur
IMPERIO ASIRIO

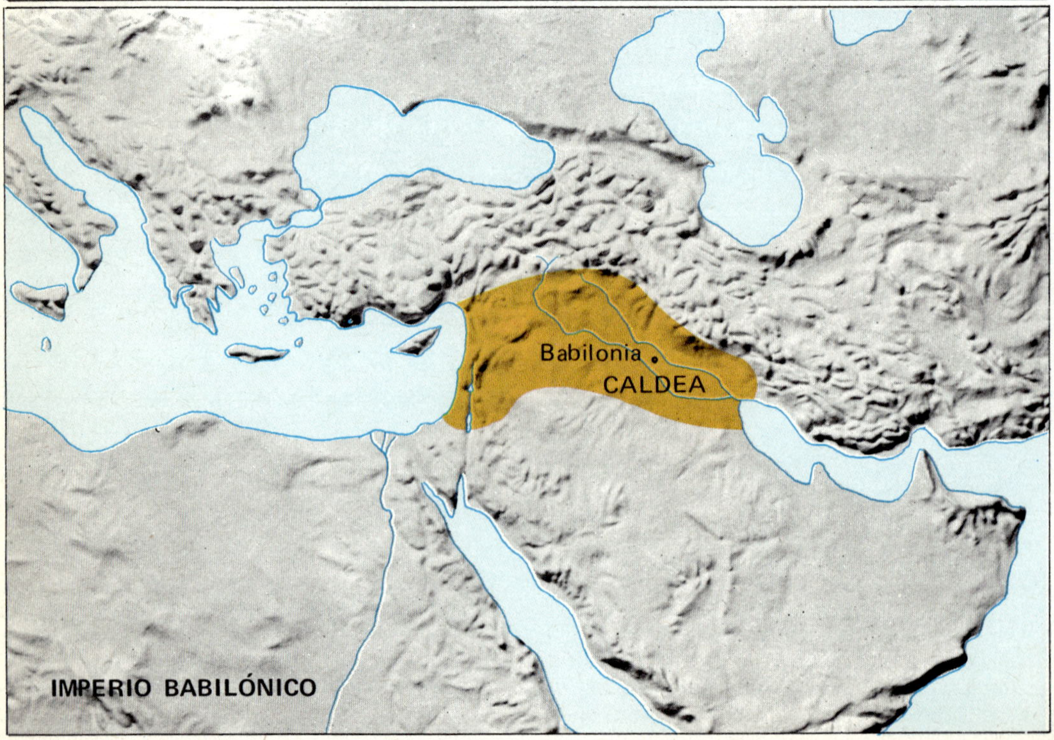
Babilonia
CALDEA
IMPERIO BABILÓNICO

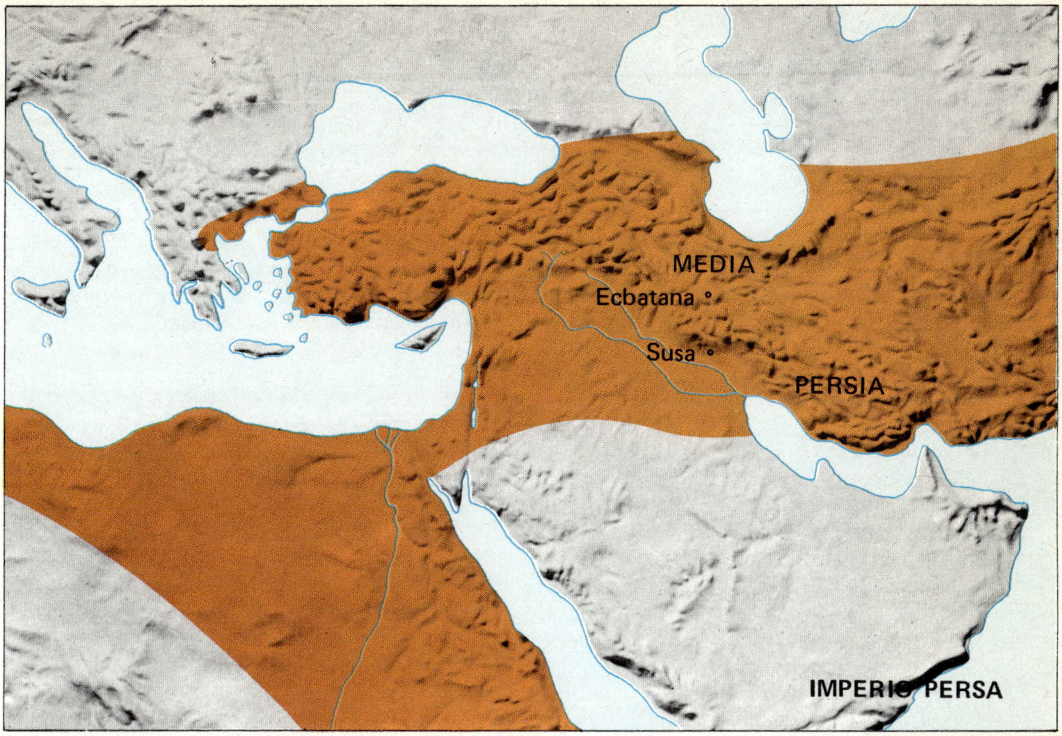
MEDIA
Ecbatana
Susa
PERSIA
IMPERIO PERSA

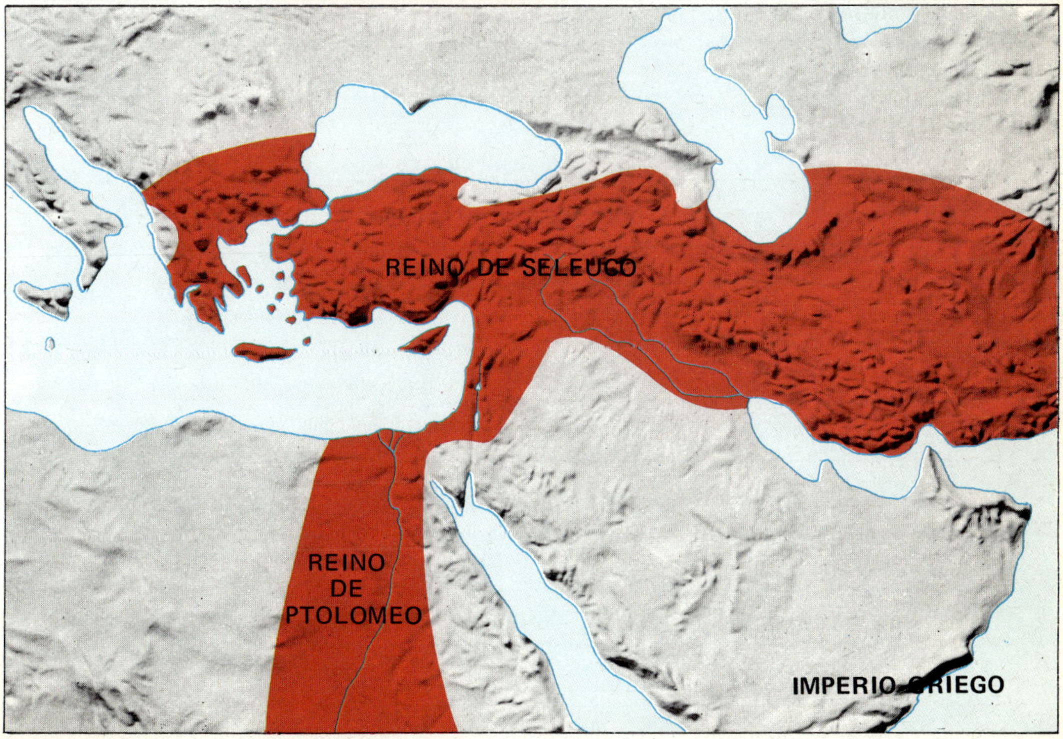
REINO DE SELEUCO
REINO
DE
PTOLOMEO
IMPERIO GRIEGO

Esdras

Esdras, Nehemías y Ester abarcan el último siglo de la historia judía del Antiguo Testamento, aproximadamente del 538-433 a.C. Esdras sigue de inmediato a Crónicas (2 Crónicas 36:22-23 y Esdras 1:1-3 son idénticos), que termina con la destrucción de Jerusalén y con el destierro de la nación que fue llevada cautiva a Babilonia por Nabucodonosor (587). Esdras y Nehemías describen el retorno en tres etapas: el grupo principal, que regresó con Zorobabel en 538/7; el grupo que regresó con Esdras 80 años después, en el 458 (según la fecha tradicional pero esto suscita algunos problemas importantes, y prosigue el debate al respecto); y el grupo de Nehemías en el 445. La historia de Ester pertenece a la época entre la reconstrucción del templo en Jerusalén y el retorno de Esdras (Esdras 7:1).

En un plano más amplio, los sucesos judíos pertenecen al tiempo que siguió al derrocamiento del Imperio Babilónico por Ciro, rey de Persia, en el 539. Esdras y Nehemías abarcan los reinados de cinco reyes persas.

El escritor. No aparece claro quién escribió qué o cuándo. El compilador fue quizás el Cronista. Pero parece claro que los recuerdos personales de Esdras y Nehemías constituyen la mayor parte de los libros que llevan sus nombres.

1 - 2 LOS JUDIOS EXILIADOS REGRESAN A JERUSALEN

1 Decreto de Ciro

La política de los reyes babilónicos había sido deportar a los pueblos que conquistaban. Pero Babilonia ha caído ahora ante Persia (como los profetas predijeron). Y una de las primeras acciones de Ciro es repatriar a los pueblos exiliados, y permitirles restaurar a sus dioses nacionales. Entre los que se benefician del cambio de política están los judíos. (→ la notable profecía de Isaías 44:26-28; 45:1-13).

Versículo 1: → p. 303 (2 Crónicas 36:22-23).

CIRO 559-530	Retorno del exilio. Esdras 1	Fin de la vida de Daniel (1:21; 10:1)
CAMBISES 530-522	No se menciona.	
DARIO I 522-486	Reconstrucción de templo Esdras 4:5, 24:5	Hageo y Zacarías
JERJES I 486-465 (ASUERO)	Esdras 4:6. El rey que hizo de Ester su reina y de Mordoqueo su gran visir.	
ARTAJERJES I 464-423	Esdras 4:7-23; 7:1ss.; Nehemías 2:1. El rey que patrocinó el retorno de Esdras y Nehemías. Reconstrucción de los muros de Jerusalén. Reformas.	Malaquías

Versículo 6: Dios se preocupó de que los exiliados no regresaran con las manos vacías, como lo había hecho también en el éxodo (Exodo 12:35-36).

2 Lista de los que regresaron

→ también en Nehemías 7.

Jesúa (2): el Josué de Hageo 1:1.
Nehemías (2): no es la misma persona que el gobernador posterior.
Versículo 59: los árboles genealógicos se consideraban de gran importancia. Los que no podían probar su ascendencia quedaban excluidos del sacerdocio.
Barzilai (61): 2 Samuel 17:27; 19:31ss.
Versículo 64: las cifras no suman este total. Puede haber habido errores en el copiar o interpretar los números.

3 - 6 RECONSTRUCCION DEL TEMPLO

3 Se colocan los cimientos

Lo primero que se reconstruye es el altar, de modo que puedan comenzar de nuevo el culto y el sacrificio, según las pautas establecidas por Moisés (Levítico 1-7). El Líbano suministra de nuevo la escogida madera de cedro para el edificio (→ 2 Crónicas 2). Pero la obra adelanta poco después de los fundamentos.
Versículos 10-11: → 1 Crónicas 25. Hay dos coros (o coro y solista) que cantan alternándose.
Versículo 12: los ancianos lloraron por las glorias del templo que había sido destruido.

4 Se detiene la obra

Versículos 1-5, 24: la oposición logra detener la obra durante 15 años, hasta que Darío es rey. Los versículos 6-23 interrumpen la secuencia cronológica para relatar la oposición a lo largo de la época de Esdras y Nehemías. El punto de conflicto es la reconstrucción de las murallas de la ciudad (12).
Judá y Benjamín (1): los que regresaron fueron sobre todo exiliados del reino meridional. Sus "adversarios" son las gentes mezcladas que Asiria había establecido en el territorio, y que luego se conocieron como samaritanos. Ahora adoran a Dios, pero junto con otras "divinidades" (2 Reyes 17:24-41).

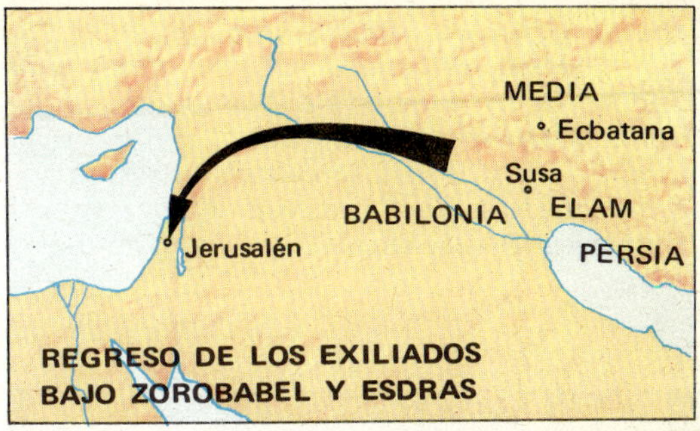

REGRESO DE LOS EXILIADOS BAJO ZOROBABEL Y ESDRAS

Versículo 7: El arameo era la lengua diplomática internacional del Imperio Persa.
Asnapar (10): versión aramea de Asurbanipal. "Del otro lado del río"/"Del otro lado del Eufrates": título de la quinta "satrapia" o provincia, que incluía a toda Palestina y Siria.
Comer la sal (14): o sea, el rey los mantenía; oficiales del rey pagados.
Versículo 23: esta es la situación relatada en Nehemías 1:3.

5 - 6 Se concluye el templo

Apremiado por los profetas Hageo (Ageo) y Zacarías, el pueblo continúa la construcción. Esta vez el intento de conseguir que el nuevo rey, Darío, la detuviera tiene el efecto opuesto. En cuatro años se completa el templo y el pueblo puede celebrar la Pascua. Para una nación recientemente librada de una segunda "esclavitud", esto debe haber tenido significado especial.
6:11: forma común de ejecución de la pena capital en Persia; en efecto crucifixión.
Rey de Asiria (22): o sea, rey de lo que fue en otro tiempo territorio asirio.

7 - 10 REGRESO DE ESDRAS A JERUSALEN

Unos 60 años separan 7:1 de 6:22, y durante este tiempo Ester logra evitar una masacre completa del pueblo judío e, indirectamente, salvar las vidas de Esdras y Nehemías. Artajerjes está bien dispuesto hacia los judíos, y Esdras el

erudito y maestro (descendiente directo de los sumos sacerdotes) recibe refrendo oficial para enseñar la ley y nombrar magistrados en su patria, y para ofrecer sacrificios y embellecer el templo. (Las memorias de Esdras, escritas en hebreo, comienzan en el versículo 27.)
Versículo 9: el viaje de 1400 km. les tomó cuatro meses.

8 Los hombres que acompañaron a Esdras

El grupo de Esdras de más de 1700 personas incluye a sacerdotes, al pueblo y, un poco a regañadientes, a levitas. Toman consigo regalos de un valor superior a $ 2.500,000. Esdras se enfrenta con un viaje largo y peligroso en un tiempo de gran desasosiego. Y después de haberse jactado de su confianza en Dios, le es difícil ahora solicitar escolta al rey. Su oración es sentida, y Dios recompensa su fe con un salvoconducto.
Sátrapas (36): gobernadores muy poderosos; de ordinario sólo uno para cada "satrapía" o provincia, con varios subordinados.

9 - 10 El problema de los matrimonios mixtos

Desde su regreso, sacerdotes y levitas, gobernantes y pueblo se han unido en forma mixta con los pueblos paganos de alrededor, cosa prohibida por Dios (Deuteronomio 7:1-5), no por prejuicio racial sino porque llevaba a la idolatría. Esta misma práctica había sido un factor importante en la caída de la nación bajo los reyes. Pero incluso los horrores de la derrota y el exilio no le ha enseñado la lección al pueblo. No sorprende la amarga angustia de Esdras ante el descubrimiento. Su intima identificación con los ofensores y el hondo dolor de su oración llevan a la nación a una acción rápida, a pesar de la época del año (fuertes lluvias de diciembre, 10:9). Su dirección salva a toda la nación de la extinción. La culpa de toda la infelicidad de todos los matrimonios rotos no recae en Esdras, sino en los que se enumeran en 10:18-44: los hombres que contrajeron estos matrimonios en desafío a la ley de Dios. Y algunos de ellos (como indica claramente Malaquías 2:10-16) incluso habían roto anteriores matrimonios con esposas judías para casarse con paganas → también p. 312 (Nehemías 13).

Calle en el sector antiguo de Jerusalén

Nehemías

→ introducción a Esdras.

1 - 2 NEHEMIAS REGRESA A JERUSALEN

1 Malas noticias; oración de Nehemías

En diciembre del 446. el hermano de Nehemías Hanani (Janani, → 7:2), trae malas noticias de la colonia de Jerusalén (→ Esdras 4:23). Nehemías tiene el puesto de confianza de copero del rey en la corte persa, por esa época con sede en la capital invernal de Susa. Su oficio es degustar el vino del rey, en caso de que esté envenenado. Aunque lejos de su patria, está tan preocupado por su pueblo que por cuatro meses continúa entristecido, orando por la situación. Y, típicamente, cuando llega la oportunidad tiene un plan práctico para someter al rey.
Acuérdate de la palabra (8): es decir, Deuteronomio 30:1-5.
Aquel varon (11): el rey persa.

2 Consentimiento del rey; recorrido de inspección de Nehemías

El estado lamentable de Jerusalen es consecuencia directa del decreto de Artajerjes de que debía detenerse la construcción (Esdras 4:7-23). En consecuencia Nehemías toma sobre sí la responsabilidad de patrocinar una ciudad que había sido presentada al rey como cuna de rebeliones. Incluso al dejar que su dolor se manifieste ante la presencia del rey se coloca en peligro grave. Pero la preocupación de Nehemías por su pueblo supera su propio interés. Dios contesta su oración, y Artajerjes concede su petición.

A la llegada a Jerusalén no menciona sus planes a nadie hasta haber inspeccionado secreta y personalmente la ciudad.
Versículo 6: Nehemías regresó después de 12 años como gobernador (5:14), pero el período acordado aquí fue probablemente más corto.
Sanbalat (Sambal-lat). Tobías (19): → también 4:1-9; 6:1-18; 13:4-9. Gesem (Guesem o Gasmu, 6:6): jefe tribal de Kedar en el área septentrional.

3 - 6 CONSTRUCCION DE LOS MUROS

3 Lista de los constructores

Gente de todas clases se unen en la labor de reconstrucción. La lista menciona a sacerdotes y perfumadores, orfebres y mercaderes, gobernantes, incluso mujeres. Algunos trabajaron en una doble sección. Nehemías, astuto como siempre, pone a la gente a trabajar en secciones cerca de sus propias casas, por las cuales tienen una preocupación especial. Los líderes en general son ciudadanos de prestigio; no se mencionan ni Esdras ni los hombres de su grupo.

4 Oposición del enemigo

El pueblo tiene voluntad para trabajar, y un líder dinámico. Sin embargo tienen que enfrentarse primero con un ridículo, luego con un terrorismo de parte de opositores poderosos. La respuesta de Nehemías es oración y fe, además de acción práctica: "oramos... pusimos guarda" (9); "Acordaos del Señor... y pelearás" (14).
Versículo 2: los muros habían sido abrasados, y el fuego hizo desintegrarse la piedra caliza local.
Versículos 4-5: las oraciones del Antiguo Testa-

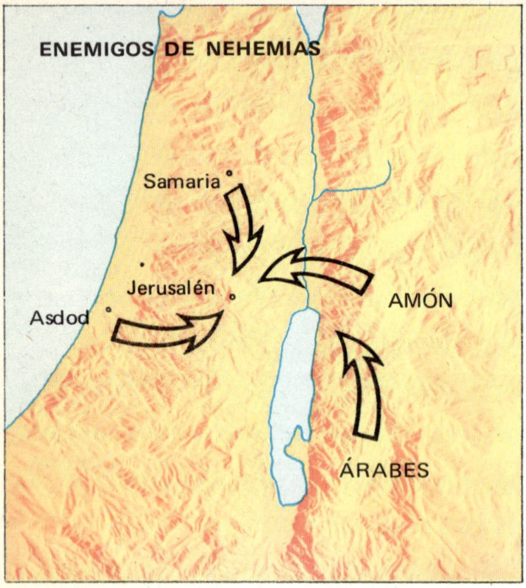

mento como ésta no están a la altura de las normas de Cristo. Pero el motivo que hay detrás de ellas no es la venganza personal, sino la preocupación por el honor de Dios que está en juego cuando su pueblo sufre ataques.

5 Problemas internos

Mientras que Nehemías ha estado rescatando a esclavos hebreos y prestando dinero y alimentos para los pobres (incluso cubriendo sus propios gastos como gobernador), judíos ricos han estado cobrando interés de sus compatriotas, en contra de la ley (Exodo 22:25), y vendiéndolos como esclavos a los extranjeros. Nehemías toma una acción firme para corregir esto.

6 Terminación del muro

La oposición se da cuenta de que la única forma de detener el trabajo es librarse de Nehemías. Su primer intento es tratar de persuadirlo a salir de Jerusalén para conversaciones (2). Cuando esto fracasa apelan al chantaje (5-7) y la intimidación (10). Las respuestas de Nehemías (3, 8, 11) son soberbias. No permitirá nada que lo aparte de la tarea que Dios le ha dado. Y en dos meses se terminan los muros, una hazaña tan fantástica que incluso los enemigos de Israel se ven obligados a reconocer en ello la mano de Dios.

7:1-73a LISTA DE LOS QUE REGRESARON CON ZOROBABEL

Versículos 6-7: → también la lista prácticamente idéntica en Esdras 2. Se refiere al primer y principal grupo de judíos que regresan en el 538 tras el decreto de Ciro.

7:73b - 8:18 ESDRAS LEE LA LEY AL PUEBLO

La petición proviene del pueblo (8:1). Esdras lee y los levitas explican, posiblemente traduciendo también para algunos que no sabían hebreo. Cuando se entera de la dimensión total de las normas de Dios, el pueblo queda sobrecogido de dolor ante la magnitud de sus faltas (como el rey Josías lo había estado, mucho antes; 2 Reyes 22).

En el curso del estudio, redescubren las instrucciones originales para la Fiesta de los Tabernáculos. Y por primera vez desde el tiempo de Josué hacen cabañas de hojas para vivir en ellas como recordatorio del tiempo en el desierto.

9:1-37 CONFESION DEL PUEBLO Y ORACION DE ESDRAS

El arrepentimiento de la nación es genuino. Se corrige lo malo y el pueblo acude a Dios en confesión y culpa. La oración de Esdras —preludio a la renovación del pacto— recuerda el trato amoroso y fiel de Dios desde el tiempo de Abraham hasta estos días.

9:38 - 10:39 RENOVACION DEL PACTO

Nehemías el gobernador, los sacerdotes, los levitas y líderes firman la renovación del pacto por toda la nación. Se ratifica con una maldición

El macizo muro del extremo suroeste de la zona del templo contiene mampostería que se remonta a la época de Zorobabel.

(a aquellos que lo conculquen) y un juramento (de lealtad a Dios). El pueblo promete específicamente guardar las exigencias de la ley en cuanto al matrimonio, el reposo, y los impuestos, diezmos y ofrendas para el mantenimiento de los servicios del templo, de los sacerdotes y levitas.

11 - 12 LISTA DE RESIDENTES

11:3-19: probablemente lista de los que ya vivían en Jerusalén (es en esencia la misma de 1 Crónicas 9:2-17). El número había aumentado con un reclutamiento de un 10 por ciento en las aldeas de alrededor.

Versículos 25-36: lista de las aldeas ocupadas.

12:1-9: los sacerdotes y levitas que regresaron con Zorobabel.

11:23: → 1 Crónicas 25.

12:9: había dos coros que cantaban o salmodiaban respondiéndose el uno al otro.

Una entrada en el sector antiguo de la ciudad de Jerusalén.

12:27-47 DEDICACION DEL MURO

Dos procesiones, cada una precedida por un coro, se dirigen en direcciones opuestas a lo largo de la ancha cima del muro, encontrándose en el área del templo para la acción de gracias y los sacrificios finales. Es ocasión para gozo exultante.

13 ABUSOS Y REFORMAS

Los versículos 1-3 parecen más íntimamente relacionados con 4-9 que con 12:44. En el 433 Nehemías regresó a la corte del rey Artajerjes. A su regreso descubre que se han suscitado varios abusos en su ausencia. Nada menos que el mismo sumo sacerdote le ha brindado albergue al antiguo enemigo de Nehemías, Tobías (quien ni siquiera es israelita), en habitaciones anexas al templo. Los levitas no están recibiendo lo que les corresponde. Las leyes de reposo se conculcan abiertamente. Y de nuevo (→ Esdras 9 - 10) los israelitas han contraído matrimonio con mujeres extranjeras. Nehemías adopta medidas fuertes para resolver los abusos y enfrentarse a los ofensores.

Los logros de Esdras y Nehemías en los años cruciales que siguieron al regreso de su diezmada nación del exilio son notables. Sin la enseñanza de la ley, sin la fe invencible y la acción decidida de estos dos líderes, es dudoso que hubiera podido sobrevivir una religión y comunidad judías distintivas, con todo lo que esto significa para el mundo a través del nacimiento y muerte de Cristo. Para este fin era esencial su posición fuerte en cuanto a los matrimonios mixtos. La objeción a las mujeres extranjeras no se debía a la raza, sino a sus religiones envilecidas. (El Antiguo Testamento no condena el matrimonio interracial si ambas partes adoran al Dios de Israel.) La historia les había enseñado que la mezcla con el paganismo, con sus normas fáciles y su atractivo a lo bajo de la naturaleza humana, podría rápidamente llevar la fe judía al borde de la extinción.

Ester

Ester narra la historia de una trama para exterminar a toda la nación judía en tiempos del rey persa Asuero (Jerjes), y como fue desbaratada. También explica el origen de la fiesta judía de Purim. La valoración del libro varía, sobre todo debido a la aparente improbabilidad de los sucesos. Algunos lo consideran como pura ficción. Otros lo ven como una novela histórica. Otros piensan que el conocimiento que poseemos de los asuntos persas en el siglo V a.C. da pie para considerar a Ester como historia.

Se desconoce el autor, pero su nacionalismo y conocimiento preciso de la vida persa hace probable que fuera un judío que vivió en Persia antes de que el imperio cayera frente a los griegos.

Aunque el libro no menciona a Dios por nombre, habla claramente de su dirección en los asuntos de los hombres, y de su cuidado indefectible por su pueblo. Si el plan de Amán hubiera tenido éxito no hubiera habido Nehemías ni, mucho más importante, Cristo.

1 Asuero destrona a su reina

Asuero reinó sobre un imperio que se extendía desde el Indo hasta el Sudán septentrional (→ mapa, pág. 305). Su capital invernal (insoportablemente caliente en verano) era Susa, ciudad en Elam, 250 Km. al este de Babilonia. El historiador griego Herodoto describe a Asuero como hombre cruel, caprichoso y sensual, lo que armoniza bien con lo que se dice de él en este libro. En el 483 ofrece una gran fiesta, el clímax de una ostentación de poderío y riqueza que había durado seis meses. Pero su reina (no se nos dice por qué) se niega a prestarse a formar parte de la exhibición. Y con el consejo de sus astrólogos el rey la depone.

La reina Vasti (9): Herodoto dice que Amestris fue la reina de Asuero. Quizá sucedió tanto a Vasti como a Ester. El rey pudo haber tenido más de una esposa, pero solamente habría una reina.

Envío cartas (22): Darío había establecido un servicio postal rápido y excelente que operaba por todo el imperio.

2 Ester llega a reina; Mardoqueo salva la vida del rey

Los años de la desastrosa guerra griega —las batallas de Termópilas y Salamina— ocurren entre los capítulos 1 y 2. Pasan cuatro años antes de que el rey pueda dedicarse a escoger una nueva reina. Entre las hermosas muchachas reunidas para ser llevadas a la capital para un tratamiento de belleza de doce meses, y escogidas al azar por el rey, y luego olvidadas en su mayoría, estaba una joven judía, Ester, prima de Mardoqueo. Cuando le llega el turno, complace al rey y éste la hace su reina.

Versículos 5-6: Mardoqueo hubiera tenido cerca de 120 años si hubiera sido llevado personal-

Reina y servidores: antiguo relieve.

mente en cautiverio en el 597. Significa probablemente que su familia estaba entre los cautivos.
Hadasa/Ester (7): algunos insisten mucho en el hecho de que los nombres "Ester" y "Mardoqueo" son semejantes a los dioses babilonios "Istar" y "Marduc". Pero esto no sorprende si estos nombres se les dieron en el cautiverio, como dice este versículo que fue en el caso de Ester.
Tebet (16): diciembre/enero del 479.
Versículo 23: esta mención en la crónica de la corte resulta más tarde importante (6:1-2).

3 Promoción de Amán y conjura contra los judíos

No se nos dice por qué Mardoqueo se negó a hacer reverencia. Debe haber considerado que la exigencia de Amán excedía la cortesía de la corte. Haber accedido hubiera implicado idolatría. En su furia irracional Amán planea la destrucción de toda la raza. La superstición exige que escoja "un día propicio". Y afortunadamente para los judíos caía 11 meses más tarde. El consentimiento del rey se consigue fácilmente acusando de rebelión a los judíos y prometiendo una tajada de $ 7,200,000. (Amán planea recoger el dinero con el saqueo de los bienes de los judíos y la confiscación de sus tierras.)

4 Ester oye la noticia

Ester es la única de su pueblo que tiene acceso al rey, y no ha sido convocada a su presencia por un mes. La única forma que queda es el paso peligroso de llegar hasta él sin que se le solicite. Está de acuerdo en asumir el riesgo.
Versículo 14-16: aunque no se menciona a Dios, la fe de Mardoqueo es evidente. El ayuno implicaría oración.

Brazalete persa de oro, decorado con grifos, del Tesoro del Oxus.

5 Ester ofrece un banquete

El rey permite la audiencia. Pero Ester procede sagazmente. Invita al rey y a sus favoritos a un banquete. En la atmósfera suave de después de la cena ofrece una segunda invitación. Amán no sospecha nada, ya que nada sabe de la relación de Ester con Mardoqueo, y se siente muy halagado. Va a casa y hace construir una horca en lo

alto del muro de la ciudad, en la cual quiere colgar a su enemigo.

6 El rey honra a Mardoqueo

Una noche de insomnio y de lectura de las crónicas de la corte dan un nuevo giro a los sucesos. Para mortificación suya, Amán se encuentra a sí mismo acumulando sobre su enemigo honores que él había pensado iban dirigidos a sí mismo. Sus supersticiosos consejeros ven en esto el comienzo de su caída.

7 El desenmascaramiento de la villanía de Amán

Después del banquete en la segunda noche Ester presenta su petición. Amán queda estupefacto. Y su acción de echarse a los pies de Ester mientras ésta está reclinada en la litera sólo consigue que añada el intento de rapto a las acusaciones que se le formulan. La suprema ironía es que termina su vida en el cadalso que él mismo había hecho.

Le cubrieron el rostro a Amán (8): o sea, como prenda de la sentencia de muerte.

8 Mardoqueo se convierte en gran visir; un nuevo edicto

Subsiste todavía el problema del edicto de Amán. Como se ha emitido en nombre del rey y bajo su sello, no se puede revocar (8). Pero en respuesta a otra súplica de Ester el rey autoriza un segundo decreto que permite que los judíos se defiendan a sí mismos frente a ataques.

Versículo 11: se les permitió a los judíos tratar a sus enemigos exactamente como ellos mismos hubieran sido tratados (→ 3:13).

9 Venganza judía; la Fiesta de Purim

Cuando llega el día señalado, los judíos se libran de sus enemigos, incluyendo los diez hijos de Amán; pero no toman botín. No hay excusa para la petición vengativa de Ester. Demuestra ser hija de su época. Se cuelgan los cuerpos de los hijos de Amán para dar públicamente a conocer su destino.

En conmemoración de la liberación de la nación, el 14 y 15 de Adar se convierten en días de fiesta anuales, precedidos por ayuno el día 13. Hasta ahora los judíos celebran Purim, leyendo en voz alta el libro de Ester, y recordando milagros mucho más recientes de liberación.

10 Conclusión

El autor concluye con una nota histórica final, dando fe del buen uso que hizo Mardoqueo de su poder.

3 POESIA Y LITERATURA SAPIENCIAL

Introducción

DEREK KIDNER

POESIA

La palabra "poesía" nos puede sugerir una rama altamente especializada del arte literario, que unos pocos producen para unos pocos. Pero, aplicado en este sentido a cualquier parte del Antiguo Testamento sería un término engañador. Un equivalente moderno más exacto sería la oratoria rítmica de, por ejemplo, un Winston Churchill:

Lucharemos en las playas,
Lucharemos en los puntos de desembarque,
Lucharemos en los campos y en las calles

en la cual la reiteración (u otros recursos) y el ritmo se unen para hacer que un pasaje resulte doblemente memorable e impresionante.

La reiteración era una técnica favorita de los cananeos, y también es característica de parte de la poesía bíblica más antigua:

Las vestiduras de colores para Sísara,
Las vestiduras bordadas de colores:
La ropa de color bordada de ambos
lados (Jueces 5:30).

El ritmo, aunque es más ajustado que esto en el original, es una flexible cuestión de acentos o pulsaciones, no de número fijo de sílabas. La mayoría de las veces hay tres acentos en un verso, seguidos de otros tres en el verso siguiente con el que se aparea para formar un dístico. Pero esta pauta varía de vez en cuando con un dístico más corto o más largo, o con un terceto, en el mismo pasaje. O también el ritmo predominante puede ser de dísticos en los que a un verso con tres acentos le sigue otro con dos:

¡Cómo cáen los poderósos
en médio de la batálla!

Este último ritmo, con su toque de debilitamiento, se emplea a menudo para vituperios o lamentos (como en el libro de Lamentaciones), y esto ha sugerido para el mismo el nombre *Qinah* (lamento), aunque no se emplee sólo para estos temas.

Lo que constituye casi la marca distintiva de la poesía bíblica, en contraste con la nuestra, es el paralelismo: la repetición del pensamiento de un verso en un segundo verso que lo acompaña:

El dijo, ¿y no hará?
Habló, ¿y no lo ejecutará?
(Números 23:19).

Hay muchas variedades de esto, desde la repetición exacta a la amplificación o antítesis. El paralelismo tiene una dignidad y amplitud que da tiempo para que el pensamiento produzca su efecto en el oyente, y a menudo también brinda la oportunidad de presentar más de una faceta de un solo tema:

Porque mis pensamientos no son vuestros pensamientos,
ni vuestros caminos mis caminos, dijo Jehová
(Isaías 55:8).

El obispo Lowth, en sus conferencias acerca de la poesía hebrea en 1741, introdujo por primera vez el nombre "paralelismo" aplicado a este estilo poético. Lowth señalaba que esta estructura, basada como está en el significado, sobrevive a la traducción a la prosa de cualquier lenguaje con muy poca pérdida, a diferencia de la poesía que depende de una métrica compleja o de un vocabulario especial. Hay, desde luego, puntos de estilo como estos en los versos del Antiguo Testamento, y de vez en cuando recursos tales como la asonancia, la rima, los refranes, los juegos de palabras y acrósticos; pero estos son secundarios. Lo esencial de esta poesía es que tiene grandes temas para transmitir con fuerza a personas de todas clases. En consecuencia, no es afectada y está notablemente libre de lenguaje artificioso.

Por esta razón, la poesía no está aislada en unos pocos libros poéticos, sino que irrumpe en varios contextos en momentos de importancia especial. Los ejemplos antes citados están tomados de libros que podríamos llamar historias (pero los judíos los llamaban los "Profetas Anteriores") y de las profecías. De hecho casi todas las manifestaciones proféticas se dan en esta forma, y con razón se presentan como versos en traducciones recientes de la Biblia.

Los gramáticos judíos, sin embargo, dieron a tres libros del Antiguo Testamento un sistema más elaborado de acentos que al resto, para hacerlos más claramente poéticos. Estos fueron el de Job, el de los Salmos y el de Proverbios. A nuestros oídos, el Cantar de los Cantares hubiera sido mejor candidato que el libro de Proverbios; su poesía lírica pura sería un tercer ejemplo de poesía hebrea, que podría figurar junto a la rica elocuencia del libro de Job y al cantable verso de los Salmos. Acerca del libro de Job se hablará más bajo el título de Sabiduría; pero simplemente como poesía se le ha aclamado como una de las obras maestras de la literatura mundial, por la riqueza y energía de su lenguaje y el poder de su pensamiento. En los Salmos, la poesía se pone a funcionar, para ser "el camino a la puerta del cielo" en el culto o en la enseñanza, suministrando palabras inspiradas para fiestas públicas y ocasiones reales, y para la persona que pudiera venir a confesar sus pecados, o a suplicar curación, o a regocijarse por alguna liberación, o revelación. El Cantar de los Cantares, por contraste, apenas si menciona el nombre de Dios, pero responde extáticamente a su creación y a la gloria final de esta: el don del amor entre el hombre y la mujer. Su presencia en la Biblia es la prueba más venturosa de que el mundo de Dios no se puede dividir adecuadamente en secular y sagrado, y que la santidad no puede ser indiferente a la belleza.

LITERATURA SAPIENCIAL

La sabiduría, en el Antiguo Testamento, es la voz de la reflexión y la experiencia más que del mero mandato o predicación. Se nos persuade, incluso se nos fastidia, para que veamos la relación entre el orden de Dios en el mundo y sus mandatos a los hombres, y lo absurdo de ir contra el genio de su creación.

Asume muchas formas. Un recurso favorito es la comparación vívida, quizás ampliada a parábola o alegoría; la palabra hebrea para esto, *mashal,* equivale a cualquiera de estas cosas, y también a un proverbio o vituperio. Un acertijo o un dicho enigmático es otra forma de poner a pensar a la persona. Y en un nivel más profundo se encuentra la reflexión inquisidora respecto a la forma en que Dios gobierna al mundo, y las metas para las cuáles vive el hombre.

Al igual que la poesía, la Sabiduría no se limita a los libros que agrupamos bajo este nombre (en el Antiguo Testamento, Proverbios, Job, Eclesiastés), porque los proverbios y los dichos penetrantres son parte de toda cultura, e Israel no fue una excepción. En los relatos tenemos, por ejemplo, la fábula de los árboles de Jotán, el acertijo de Sansón, y diversos proverbios, mientras que en los Salmos y en los oráculos proféticos de vez en cuando se hace oír claramente el estilo docente del Sabio (p.e. Salmo 1; Isaías 28:23ss.; Jeremías 17:5ss.; Oseas 14:9). El hecho de que Israel mismo escuchó la sabiduría como una tercera voz junto con la Ley y la Profecía nos confirma al considerarla como un ingrediente distintivo de la Escritura. Incluso hay un proverbio a este respecto: "La ley no faltará al sacerdote, ni el consejo al sabio, ni la palabra al profeta" (Jeremías 18:18).

De todas las reputaciones a causa de la sabiduría, la de Salomón es la más destacada; y esta se basa no sólo en su brillantez personal sino en la protección que brindó al aprendizaje y a las artes. La reina de Saba no fue sino una entre muchos visitantes que acudían a Israel para escucharlo y someterlo a prueba. Los nombres y lugares en I Reyes 4:30-33 dan un vislumbre de un mundo intelectual que pronto halló su capital en Jerusalén; y esta apertura a inquiridores extranjeros encuentra algún eco en la composición de los capítulos 30 y 31:1-9 del libro de Proverbios, que son al parecer obra de conversos no israelitas.

La literatura sapiencial de Israel, entonces, nunca profesó haberse desarrollado en un vacío intelectual. Lo rica que era la cultura circundante se ve cada vez más claro a medida que van poniéndose de manifiesto la sabiduría de Egipto y Mesopotamia. Se han conservado algunas de sus fábulas, dichos populares y preceptos, los cuales se centran más que nada en los temas vitales comunes sobre los que versan los proverbios bíblico se mueve en un nivel uniformemente sobriedad, lenguaje sabio, amabilidad, confianza en la ayuda divina, magnanimidad, amistad. En esto hay una cierta cantidad de sabiduría puramente mundana, pero mucho también que es sano y de altos principios, aunque el material bíblico se mueve en un nivel consistentemente más elevado de fe formada. Otra clase de literatura de estos países profundiza en los problemas del sufrimiento y del significado de la existencia, arguyendo al respecto con considerable detalle en monólogos y diálogos poéticos hábilmente construidos.

Temas de esta hondura se debatieron por escrito, no sólo en época de Salomón sino también durante mil años antes; el Israel de su tiempo fue cualquier cosa menos un remanso cultural. Este hecho debería acabar con la idea (todavía común en ciertos círculos) de que el repertorio de sabiduría de Israel en este tiempo consistía de dichos populares breves que al parecer se fueron convirtiendo gradualmente en unidades más extensas y más religiosas, y sólo en los últimos períodos en los discursos conexos de Proverbios 1-9 o en las indagaciones de los libros de Job y Eclesiastés. Las fechas de estos exigen criterios mejores que un simple esquema de evolución religiosa.

Pero si bien es esclarecedor ver lo elevado del nivel de discusión que existía desde estos tiempos primitivos, la forma en que el Antiguo Testamento trata estos temas sigue siendo característica. En el libro de Job, Dios es visiblemente el Señor fiel y justo, y hay que confiar hasta el fin en sus caminos, aunque no se lleguen a descubrir. Job no tiene que concluir, como uno de los sufrientes babilonios, que lo que es malo en la tierra puede considerarse como bueno en el cielo; ni tampoco es cuestión de aplacar a Dios con regalos; todavía menos de desistir de la lucha y renunciar a él. Y en el libro de Eclesiastés el aparente pesimismo tiene sólo una semejanza superficial con el profundo cinicismo del Diálogo Babilónico entre Amo y Siervo, en el que nada tiene significado ni valor, y sólo subsiste el capricho. El libro de Eclesiastés de hecho reduce a un simple aliento todo lo que el mundo ofrece, pero esto se hace precisamente porque el hombre fue hecho para algo mayor que el tiempo y el espacio: el temor a Dios, cuya valoración de toda obra y "cosa encubierta" como buena o mala llena de significado a toda la existencia (Eclesiastés 12:13-4).

Esta expresión, el temor a Dios, hacia la que el libro de Eclesiastés se orienta como conclusión, es el punto de partida del libro de Proverbios (1:7) y el eje de toda literatura sapiencial (→Job 28:28; Salmo 111:10; Proverbios 9:10). La filosofía secular tiende a medir todas las cosas a partir del hombre, y llega a dudar que la sabiduría pueda jamás ser hallada. Pero con este lema el Antiguo Testamento coloca al mundo en la posición correcta, con Dios a la cabeza, y con su sabiduría como el principio creador y ordenador que todo lo penetra; y el hombre, disciplinado y enseñado por esta sabiduría, encuentra la vida y la plenitud en su voluntad perfecta.

Job

El libro de Job aparece aislado entre los libros del Antiguo Testamento. Es parte del material sapiencial (Proverbios, Eclesiastés; → "Poesía y Literatura Sapiencial", página 316), pero por su forma y tema es único. Nadie sabe quién lo escribió, ni cuándo fue escrito, pero la historia se enmarca en tiempo de los patriarcas. Job es un jeque rico e influyente, rico en rebaños y manadas más que en dinero. Parte del año es hombre de ciudad; en el resto del tiempo se desplaza con su ganado. Pertenece a los tiempos anteriores al sacerdocio y a la religión organizada o a una región en la que no se necesitaba de estas cosas. Nos recuerda mucho a Abraham: un hombre oriental.

Un prólogo en prosa introduce el gran debate entre Job y sus amigos que el autor relata en magnífica poesía. El tema es tan antiguo como las colinas y tan moderno como la era espacial. Si Dios es justo y bueno, ¿por qué deja sufrir al inocente? (¿Por qué las víctimas inocentes de la guerra y el terrorismo? ¿Por qué el niño que muere de cáncer?). Como hombre Job es *realmente* bueno: casi lo mejor que un hombre puede llegar a ser. Sin embargo la calamidad lo abruma. A la pérdida de posesiones y familia le sigue el sufrimiento físico prolongado y horrendo que sacude su fe hasta las entrañas.

Mientras forcejean con el problema, tanto Job como sus amigos se ven limitados, puesto que ignoran el tema más vasto: el desafío de Satanás referido en el prólogo. No tienen seguridad de una vida futura. Para ellos la muerte es el fin. Por ello debe verse que la justicia se hace en esta vida. Según la teología ortodoxa —la posición defendida por los tres amigos— la prosperidad era la recompensa de Dios por la vida buena, y la calamidad su juicio por el pecado de la persona. Hablando en general esto resultaba correcto. Pero los amigos reducían una verdad general a una regla rígida e invariable. Si Job sufre, entonces debe ser un malvado. Pero Job sabe que esto no es verdad. Por eso la argumentación sigue y sigue, sin que ninguno de los dos lados cambie de posición, hasta que llegan a un punto totalmente irreconciliable, momento en el que Dios mismo interviene. Dios no responde a las preguntas de Job. Pero, al ver a Dios, Job queda satisfecho. Si bien la teología de sus amigos había sido demasiado estrecha, su propio concepto de Dios había sido demasiado pequeño.

El libro deja mucho sin resolver. Sólo en el Nuevo Testamento nos acercamos a una respuesta al problema. Al contemplar a Cristo en la cruz vemos el sufrimiento del único Hombre realmente inocente. Y vemos a un Dios que se preocupa tanto de nosotros que está dispuesto a llevar todo el peso del pecado y sufrimiento humanos. Sin embargo el libro de Job no ha pasado de moda. Incluso hoy, las personas que sufren encuentran que este libro habla a sus necesidades como ningún otro libro de la Biblia.

1 - 2 PROLOGO

1:1-5 presentación de Job (→ introducción).

1:6-12: en la corte del cielo Satanás acusa a Job de que sirve a Dios por lo que puede obtener de él. Dios le permite que someta esto a prueba —medida de su confianza en Job— pero Job mismo debe ser respetado.

1:13-22: en un sólo día Job lo pierde todo —posesiones, siervos, familia— pero su confianza en Dios sigue inconmovible (compárese el versículo 21 con las palabras de Pablo en Filipenses 4:11-12).

2:1-6: Satanás ha perdido el primer asalto. Ahora dice que Job en realidad sólo se preocupa por su propia vida. Por eso Dios permite una prueba más, y sólo exime la vida de Job.

2:7-13: el cuerpo de Job se ve entonces totalmente llagado. El gran hombre se convierte en un paria. Su mujer le falta en el cumplimiento de sus obligaciones. Los tres amigos que le siguen siendo fieles lo rodean en silencio, abrumados por lo que ha sucedido, pero aun así Job sigue confiando en Dios.

Uz (1:1): ciudad al este de Palestina, en territorio edomita, o posiblemente en el Haurán, al sur de Damasco.

Hijos de Dios (1:6): ángeles de la corte de Dios en el cielo. Satanás está entre ellos, bajo la autoridad de Dios.

Sabeos (1:15): nómadas de Arabia sudoccidental; *caldeos* (17): nómadas del sur de Mesopotamia, patria de Abraham.

Amigos de Job (2:11): hombres sabios de ciudades en los territorios árabes y edomita, regiones afamadas por sus filósofos.

3 - 14 EL PRIMER ASALTO EN EL DEBATE

3 Primer discurso de Job: la amargura de la vida

El sufrimiento de Job lo hace desear no haber nacido nunca. Anhela hallar la paz y la liberación en la muerte.

Versículo 8: Job se refiere a los magos que pueden "maldecir" un día. Leviatán puede ser el monstruo al que se supone que Dios aprisionó en la creación. En el capítulo 41 el leviatán es un cocodrilo.

Versículo 24: su dieta diaria son suspiros y gemidos.

4 - 5 Primer discurso de Elifaz

Job ha ayudado a menudo a otros con problemas; ahora debería estar dispuesto a tragar su propia medicina. Dios destruye al culpable, no al inocente (4:7). Nadie es irreprochable ante él (17). Los problemas son parte inevitable de la vida (5:7). Lo mejor es acudir a Dios (8), aceptar su reprensión (17), y esperar a ser restaurado en su favor.

Hay mucho de verdad en lo que dice Elifaz, pero su diagnóstico resulta ser equivocado en el caso de Job.

5:4: En la puerta de la ciudad se juzgaban los casos y se hacían los contratos: era el centro de la vida pública.

6 - 7 Respuesta de Job

Es un consejo de mal gusto (6:6-7) decirle a alguien que está en las últimas que sea paciente (11-12). Job sólo desea dejar de existir. Sus amigos no han sabido mostrarle compasión cuando más la necesitaba (14ss.). No ha hecho nada para merecer el sufrimiento (30). La vida es una sucesión de días llenos de dolor y de noches de insomnio (7:3-6).

7:11-2: Job se vuelve a Dios y derrama su corazón ante él: su temor, su anhelo de muerte ¿Por qué no lo dejará Dios? Si el pecado es el problema, ¿por qué no lo perdonará?

6:18-19: las caravanas de comerciantes que atravesaban el desierto venían en busca de agua, y al no encontrarla proseguían hasta morir de sed.

7:5: las llagas de Job eran nido de gusanos.

8 Primer discurso de Bildad

Elifaz había empezado amablemente. Bildad asume una posición más firme a medida que las palabras de Job se vuelven más osadas. Dios es justo. Recompensa al bueno y castiga al malo. Las palabras de Bildad son como sal para una herida abierta (4).

Junco (11): la caña que crecía en los pantanos de Egipto y de la que se hacía papel. → página 88 y 100.

9 - 10 Respuesta de Job

Al igual que Bildad Job cree en la justicia de Dios. Pero su propia situación no armoniza con su creencia. Dios ha condenado a un hombre inocente. ¿Cómo puede alguien pedirle cuentas? Bueno o malo da lo mismo (9:22). El desastre sacude a ambos. ¿Por qué (10:2)? El Creador se ha vuelto Destructor (8). ¿No dará él descanso antes de que acabe la vida (20-22)?

Rahab (Biblia de Jerusalén 9:13): el monstruo legendario del caos.

9:16-19: en su amargura Job ve a Dios como juez injusto. Al igual que muchos hombres antes y después, el problema básico de Job era el conseguir que lo escucharan (19), e incluso si pudiera llegar ante el tribunal no estaría seguro de tener una audiencia justa y de que la ley fuera administrada con imparcialidad.

La historia de Job es de la época patriarcal, en que la riqueza se medía en ovejas y ganado; aquí, beduínos reunidos en el mercado de ovejas de Beerseba.

11 Primer discurso de Zofar

Las palabras de Zofar son las más duras. ¿Se cree Job inocente? Dios lo va abandonando poco a poco (6). Job debe apartarse del pecado (13-14); entonces Dios lo restaurará.

12 - 14 Respuesta de Job

Job recurre al sarcasmo. Sus amigos no son los únicos que pueden resolver cosas. Dios es omnisciente y todopoderoso. Si invierte las normas de sabiduría y justicia, ¿qué se puede hacer en cuanto a ello (12:7-22)? La experiencia de Job desmiente los argumentos de sus amigos (13:1-4). Presentará el caso directamente a Dios, y Dios lo absolverá (18). ¿Cuáles son los cargos contra él (23)? La vida es corta y nadie vuelve de la muerte (14:1-12). Job clama a Dios para que lo esconda en la tierra de los muertos hasta que su ira haya pasado y entonces lo restaure (13-17). Pero la desesperación vuelve. ¿Qué esperanza hay (19)?

15 - 21 EL SEGUNDO ASALTO

15 Segundo discurso de Elifaz

El debate se hace más acalorado. Job ha aguijoneado a sus amigos, y estos no hacen concesiones a pesar de la presión bajo la cual se encuentra. Nunca les cruza por la mente que él pueda ser de verdad inocente. Siguen empeñados en defender su posición y tratando de someter a Job por intimidación.

¡Job es un obstinado y vano palabrero (2)! Todo lo que ha dicho —sus insensatas acusaciones contra Dios; sus intentos de justificarse a sí mismo— simplemente sirven para demostrar su culpa (6). Job se equivoca al decir que los malos salen sanos y salvos. El destino de ellos es terrible (17-35).

16 - 17 Respuesta de Job

El consuelo que sus amigos tienen para ofrecer es frío. Les es muy fácil hablar, cuando es Job el que lleva el dolor. (Como en muchos desde entonces, la compasión silenciosa de sus amigos, 2:13, ayudó más que sus palabras bien intencionadas.) Dios lo ha agotado con sufrimiento y con la crueldad de sus prójimos. Los cuadros que Job pinta (16:9, 12-14) trasmiten su agonía intensa e insoportable: un cuerpo torturado y una mente atormentada ante el pensamiento de que Dios le haya hecho todo esto. Ni siquiera ahora puede creer que Dios es injusto: debe haber alguien que defienda su causa en el cielo (19; → 1 Juan 2:1). Si su caso no se resuelve hasta la muerte, ¿qué esperanza hay (17:13-16)?

17:3: Job le habla a Dios.

18 Segundo discurso de Bildad

Bildad se resiente mucho del repudio airado que hace Job de su consejo. Replica pintando un cuadro terrible del destino de los malos, con la intención de poner a Job en su lugar. Pero Job es inocente, y la diatriba de Bildad está fuera de lugar.

19 Respuesta de Job

Los amigos de Job se han convertido en sus atormentadores, levantando acusaciones falsas y no ofreciendo respuestas a sus desesperadas preguntas. Se encierra en sí mismo (8)., se desespera (10), totalmente sólo (13-16). Se ha convertido en objeto de fastidio para aquellos a quienes más ama (17). Se ve privado hasta de la compasión (21-22).

Pero incluso en sus momentos más tenebrosos, la fe y la esperanza aún brotan de él. Está seguro de la vindicación. Un día Dios mismo defenderá su caso y lo absolverá y ahí estará él para verlo (25-27). Entonces los que lo han acusado tendrán que responder delante de Dios.

20 Segundo (y último) discurso de Zofar

Zofar continúa el tema de Bildad: el destino de los malos. La prosperidad de ellos es breve, su castigo es seguro. Después de esto ya no se oye más de parte de él: o no tiene nada que añadir, o se ha perdido una sección de la tercera tanda de

Para los habitantes del desierto la transición de la riqueza a la pobreza puede ser rápida, ya que dependen de la salud de los rebaños y de la lluvia ocasional para tener pasto.

discursos. Es posible que 27:7-23, que parece tan raro salido de Job, pertenezca en realidad a Zofar.

21 Respuesta de Job

La teología de Zofar está muy bien, pero se desvanece ante la experiencia. La condición de Job, el buen hombre, es lamentable (5). Con todo, más a menudo los malos florecen, viven felizmente y mueren en paz (7-18). Los amigos argüirán que la venganza de Dios cae sobre sus hijos (19). Pero ¿qué clase de justicia es esa? Su mal llamado consuelo no es más que un montón de vanas mentiras.

22 - 31 EL TERCER ASALTO

22 Elifaz habla por tercera y última vez

Se sigue con la misma línea pertinaz de argumentación. Job está equivocado ¡Elifaz hasta hace una lista de sus pecados (5-9)! Según Elifaz, Job había pensado poder esconder este hecho de Dios (14). Si él vuelve a Dios y deja su pecado todo estará bien nuevamente.

Ofir (24): tan famoso por exportar oro (→ 2 Crónicas 8:18) que "Ofir" y "oro fino" vinieron a ser sinónimos. Se desconoce la ubicación.

Job y la demás literatura sapiencial pusieron en entredicho una ortodoxia inadecuada y una visión demasiado estrecha del mundo. Este plano babilónico del mundo, del siglo VII a.C., lo presenta rodeado por el océano, con Babilonia en el Eufrates, montañas al norte de Asiria y ciénagas al sur.

23 - 24 Respuesta de Job

Si sólo pudiera encontrar a Dios y presentarle su caso. Pero Dios no ha de ser hallado, y sus caminos son inexplicables.

Capítulo 24: mira lo que pasa en el mundo. La vida no es ni buena ni justa. Dios demora el juicio, y aquellos que pisotean a los indefensos parecen quedar impunes.

Traspasan los linderos (24:2): o sea, se apoderan de las tierras. Los linderos estaban señalados con mojones o piedras que a veces tenían la inscripción del título de propiedad del terrateniente y de los límites mismos.

Toman en prenda (24:3, 9): toman como garantía por crédito, o se apoderan de ello en pago de deuda.

25 Bildad habla por tercera y última vez

Si el discurso es completo tal como está, los amigos de Job han agotado su argumentación. No tienen nada más que decir. Bildad simplemente reitera la obvia verdad de que nadie es ciento por ciento perfecto delante de Dios. Esto no ayuda a Job. ¿De qué sirve vivir píamente si el castigo de Dios cae igualmente sobre buenos y malos?

26 - 31 Ultima respuesta de Job

Capítulo 26: en el universo creado percibimos un vislumbre del poder dinámico de Dios. Pero ¿quién puede creer que comprende ese poder en toda su plenitud?

Capítulo 27: sus amigos quieren que niegue su integridad, pero Job no va a perjurar. Los versículos 7-23 parecen raros salidos de Job. Este ha sido el argumento que sus amigos han utilizado antes. O bien el pensamiento de Job ha cambiado, o este pasaje en realidad pertenece a uno de los otros (quizás al tercer discurso de Zofar que hace falta).

Capítulo 28: la atención de Job se dirige de nuevo (→ 26:14) a la cuestión de la sabiduría. Este es el meollo de su problema: cómo entender los caminos inexplicables de Dios. Pero no hay minero que pueda descubrir una veta de sabiduría; ni toda la riqueza del mundo no la compraría. Sólo Dios sabe dónde encontrarla. Y el hombre adquiere sabiduría mediante la reverencia a Dios y el repudio del mal.

Capítulo 29: Job recuerda los días dorados en que gozaba del favor de Dios, el antiguo disfrute del hogar, del éxito en los negocios, del respeto universal.

Capítulo 30: "Pero ahora": vuelve al amargo presente, que ha hecho de él el blanco de todos, un paria atormentado incesantemente por el dolor.

Capítulo 31: todo esto ha caído sobre un hombre que ha evitado la inmoralidad incluso en sus pensamientos (1); que ha sido justo con sus empleados (13); que ha sido generoso al ayudar al necesitado (16); que nunca ha estado obsesionado por el dinero (24) ni se ha vuelto idólatra (26-27); no le ha cerrado la puerta a nadie (32); no ha encubierto sus pecados en secreto (33); nunca se ha callado por temor de lo que otros puedan pensar o de cómo puedan reaccionar (34). Job está dispuesto a jurar todo esto delante de Dios. ¿Cuántos de nosotros podríamos honradamente hacer lo mismo?

"Minas en las que se funde el cobre" es sin duda una referencia contemporánea. En las montañas cerca del puerto de Eilat, se labora de nuevo hoy en las "Minas del Rey Salomón".

Reflexión en la ancianidad: judío ortodoxo.

Abadón (26:6; 28:22): otro sinónimo de "Seol", la tierra tenebrosa de los muertos.

Rahab (26:12): → 9:13.

Ofir (28:16): → 22:24.

32 - 37 INVECTIVA DE ELIU

Capítulo 32: Eliú es el prototipo del joven rebelde. A sus mayores les faltan palabras, pero él simplemente estalla de indignación ante la actitud de Job, y se muere por poder hablar.

Capítulo 33: Job se ha declarado víctima inocente de Dios (9-11); pero Dios no responderá a su acusación (13). Eliú dice que Dios habla al hombre por medio de sueños de advertencia (15) y a través del sufrimiento (19) para salvarlo, no para destruirlo (30).

Capítulo 34: Job ha dicho que Dios está equivocado (5-6), y que nada se gana con hacer de él nuestro deleite (9). Pero Dios es el juez de todos: supremo, justo, imparcial (10-30). Job ha añadido a sus otros pecados el resentimiento y la rebelión contra Dios (36-37).

Capítulo 35: Eliú (erróneamente; → 2 Samuel 11:27; 12:13) ve la buena y la mala conducta como un asunto entre hombres (8): Dios está por encima de esto, nada lo afecta. La gente clama a él en medio de su necesidad (9). Pero lo que les preocupa es su propia vida, no él (10-12). Por esto no responde (13).

Capítulo 36: Dios es todopoderoso, omnisciente (5). Es un Maestro que utiliza el sufrimiento para abrir los oídos de los hombres para que escuchen y aprendan en qué se han equivocado (8-10). Job no debería desear la muerte (20), sino aprender la lección (22).

Capítulo 37: Dios es grande. Dispone del trueno y el relámpago, la lluvia y la nieve. Esparce las nubes y los cielos esplendorosos. El hombre es como nada junto al terrible esplendor de Dios, a su santidad inexpugnable. Tienen razón los hombres en temerlo (24). No escucha a la gente (¡como Job!) que se cree demasiado grande.

38-42:6 JOB HALLA SATISFACCION EN LA RESPUESTA DE DIOS

¡Dios interviene precisamente cuando Eliú ha terminado de enumerar las excelentes razones por las que Job no debe esperar respuesta! Dios *es* todopoderoso, y está muy por encima de la humanidad. Pero también está cerca. Escucha, y se preocupa. Job se había imaginado a sí mismo presentando su caso ante Dios, haciendo preguntas. Pero la imaginación no es la realidad. Es Dios, no Job, quien hace las preguntas ahora. Y a lo largo de una serie de preguntas penetrantes Job ve encogerse la opinión que tiene de sí mismo, y agrandarse el concepto que tiene de Dios. Su imagen mental de Dios había sido excesivamente pequeña. El Dios que se le presenta es Dios en un nivel totalmente diferente.

Capítulos 38 y 39: ¿dónde estaba Job cuando Dios hizo el mundo, la luz y las tinieblas, el viento y la lluvia, las constelaciones en su curso? ¿Qué sabe Job acerca de las criaturas salvajes: el león, la cabra, el asno y el buey, el avestruz, el caballo, el águila? ¿Lo hizo él? ¿Los puede alimentar y domesticar *como pude hacerlo Dios*?

Capítulos 40 y 41: ¿es Job igual a Dios, para pedirle cuentas, y discutir su justicia? (las palabras disparatadas de Job lo han puesto muy cerca del pecado del primer hombre.) Mira sólo a dos de mis criaturas, dice Dios: el behemot (el

Puesta de sol en las colinas galileas. Job tuvo que inclinarse ante la majestad de Dios en la creación para verse a sí mismo y ver sus desgracias en perspectiva. Sólo entonces Dios le devolvió su familia, bienes y rebaños.

hipopótamo) y el leviatán (el cocodrilo). Mira lo fuertes que son (40:16; 41:27); lo indomables que son (40:24; 41:1-2). Nada puede hacer el hombre para controlarlos. ¡Qué necedad es, pues, pretender la igualdad con el Dios que los hizo!

42:1-6: contiene la reacción de Job, el punto culminante del libro. Job cae ahora en la cuenta de que ha estado metiéndose en cosas más allá de su comprensión, totalmente fuera de sus raíces. Antes había actuado de oidas; ahora ha visto a Dios por sí mismo, como lo había deseado. Ya no se trata ahora de presentar su caso; es suficiente ver a Dios. Sus preguntas quedan sin respuesta, pero está satisfecho. Es impensable que este Dios pudiera alguna vez abandonarlo o actuar inconsecuentemente. Puede confiar aun cuando no entienda. Ahora puede aceptar lo que venga. Se desvanece su justificación de sí mismo. Job lamenta las cosas terribles que ha dicho. Al ver a Dios y adorarlo, se ve a sí mismo y a su problema en perspectiva.

42:7 - 17 EPILOGO

Los versículos 1-6 son el punto culminante de la historia. Este pasaje final en prosa simplemente lo redondea todo. Job ha sido vindicado, y esto debe demostrarse en forma visible. (No existe promesa de un final feliz para todos los casos de sufrimiento).

Dios ha reprendido a Job por su reacción ante el sufrimiento, pero su integridad es indiscutible. El buen nombre de Job está tan limpio como su conciencia. Los equivocados han sido los tres amigos. La búsqueda de la verdad de parte de Job fue honrada. Los otros no permitieron que la verdad fuera mayor que su comprensión de la misma y en consecuencia se hicieron culpables de representar a Dios equivocadamente. Deben obtener el perdón de Job antes de que Dios los perdone.

Que Dios cambia su suerte es significativo precisamente cuando Job ha aceptado su sufrimiento y perdonado a sus amigos. Se le devuelven los amigos, la prosperidad y la familia, con una larga vida para disfrutarlos.

Salmos

Los salmos expresan toda la gama de sentimientos y experiencias humanas, desde la oscura depresión hasta el exuberante gozo. Se arraigan en circunstancias específicas, con todo son atemporales, y en consecuencia están entre las partes de la Biblia más amadas y leídas. En nuestra edad moderna nos mueven las mismas emociones, nos hallamos perplejos ante los mismos problemas fundamentales de la vida, clamamos al mismo Dios en la necesidad o en la adoración igual que los salmistas de antaño. Nos resulta fácil identificarnos con ellos. Y hallamos que su fe simple y tenaz, y la profundidad de su amor por Dios, son tanto un tónico como un reproche.

Los Salmos, el himnario del Antiguo Testamento, es una colección de cinco libros: 1-41, 42-72, 73-89, 90-106, 107-150. Al final de cada sección (p.e. 1:13) la transición se señala con una "doxología" (atribución formal de alabanza a Dios), siendo el Salmo 150 una doxología de toda la colección. Dentro de los cinco libros a menudo los salmos se agrupan según temas comunes, propósito común, o autor/compilador común. A la mayor parte de los salmos los precede un título o encabezamiento (se omite en la Biblia de Jerusalén) que es posterior al salmo mismo pero que conserva una antiquísima tradición judía. Algunos mencionan al autor o compilador, y se refieren a sucesos específicos en la historia (en la página 247 hay una lista de los relacionados con la historia de la vida de David). Setenta y tres salmos llevan el nombre de David, algunos de ellos, sin duda, dedicados a él como rey; algunos compilados por él; y muchos, seguramente, salidos de su pluma. (I Samuel 16:17-23 y 1 Crónicas 25:1-8 no son los únicos indicios de que el rey fuera poeta y músico bien dotado.) Muchos otros títulos se refieren a los músicos, instrumentos, y marco musical, o indican el tipo de salmo "Masquil", "Mictam", aunque sólo se puede intentar adivinar el significado de muchos de los términos utilizados.

Ha habido muchos intentos de clasificar los salmos, y se pueden agrupar de diferentes formas, por ejemplo por tema. Hay salmos que debaten con Dios y salmos que lo alaban; piden perdón o la destrucción de los enemigos; oraciones por el rey o por la nación; salmos "sapienciales" (→ página 317) y aquellos que indagan en las esferas problemáticas de la vida; y salmos (tal como el 119) que cantan la grandeza de la ley de Dios. Muchos salmos son una mezcla de varios de estos temas comunes. Todos forman parte de la vida religiosa de Israel. Quizás una de las formas más útiles de agrupar los salmos es por los principales tipos literarios:

- Himnos, en alabanza del carácter y las obras de Dios (p.e. Salmos 8; 19; 29).

- Lamentos comunitarios, nacidos de algún desastre nacional (44; 74).

- Salmos reales, que surgen de alguna ocasión especial en la vida del rey en el poder (2; 18; 20; 45).

- Lamentos individuales (3; 7; 13; 25; 51).

- Acciones de gracias individuales (30; 32; 34).

Es muy difícil fechar cada salmo, o descubrir cómo y cuándo fueron compilados, aunque el proceso comenzó con David, si no antes, y continuó hasta los días después del exilio. Los manuscritos hallados en Qumrán han mostrado que la colección entera tal como la poseemos debe haber sido terminada un poco antes del período macabeo (siglo 2 a.C.).

Las palabras de C. S. Lewis subrayan otro punto importante:

"Los salmos son poemas, y poemas para ser cantados: no son tratados doctrinales, ni siquiera sermones... Deben leerse como poemas para poder entenderlos... De lo contrario perderemos lo que hay en ellos y pensaremos ver lo que no es."

Antes de pasar a los salmos mismos, léase el esquema que explica los convencionalismos de la poesía hebrea, página 316.

LIBRO 1

Salmo 1 La bendición que resulta del estudio y práctica de la ley de Dios

Los versículos 1-3 describen al hombre feliz, que en forma decidida se aparta del mal y pone su corazón y mente en la ley de Dios. 4-6, en terrible contraste, describen la vida actual y el destino futuro de los malos.

Versículo 3: compárese el cuadro con Jeremías 17:7-8.

Versículo 4: → la fotografía del aventamiento, página 91.

Salmo 2 El hombre rebelde; el Dios soberano

Versículos 1-3: los que gobiernan el mundo se unen en conspiración futil. 4-6 describen el poder de Dios y su hombre elegido (primordialmente el rey, en último término el Cristo. → Cristo en los Salmos, p. 329).
7-9: Dios delega autoridad. 10-12: el salmo concluye en una nota de solemne advertencia.

Sion (6): la ciudadela de Jerusalén.

Salmo 3 Clamor a Dios en tiempo de peligro

(El título refiere el salmo a la época específica de la rebelión de Absalón contra su padre, el rey David, 2 Samuel 15.)

Los versículos 1-2 describen la situación. 3-6: en Dios, el Dios que responde, hay seguridad y libertad del temor. 7-8: el salmista clama a Dios para que lo salve.

El árbol plantado junto a las aguas era un cuadro vívido en un país árido como Israel. Las raíces de este árbol penetran en el Lago de Galilea.

Salmo 4 Oración para la noche

La confianza en Dios hace descansar la mente y el cuerpo.

Versículo 1: respuestas a la oración en el pasado dan pie a la confianza actual. 2-5: a la reprimenda le sigue el mandato. 6-8 describen el gozo y la paz que nada puede debilitar.

Salmo 5 Oración en la mañana

Acosado por hombres que mienten y lo halagan en tanto que conspiran contra él (6, 8-10), el salmista acude al Dios que aborrece toda apariencia de mal (1-5), al Defensor y Recompensador del bien (11-12). Este es el Dios al que adorará y servirá (7).

Salmo 6 Clamor de angustia

Angustiado de corazón (perturbado en la mente, enfermo en el cuerpo), el salmista ruega a Dios por su vida (1-7), y recibe la seguridad de la respuesta de Dios (8-10).

Seol (5): el mundo tenebroso de los muertos. Aunque los salmistas pensaron en función de alguna clase de existencia continuada más allá de la tumba, ésta era bastante negativa. La muerte aislaba al hombre de todo lo que podía experimentar de Dios durante su vida. Su lengua quedaba inmóvil; no podía ya cantar las alabanzas de Dios.

Salmo 7 Oración para pedir protección y el justo juicio de Dios

El salmista se arroja en brazos de Dios, sabiendo que su causa es justa (1-5). Pide a Dios que limpie su nombre, que defienda al justo y quebrante al malo (6-11). Describe el destino terrible que espera a los que se niegan a arrepentirse (12-16) y concluye con una nota de acción de gracias.

Cristo en los Salmos

El significado primario de los salmos ha de buscarse siempre en su contexto histórico inmediato. Pero esto no agota su significación. Nadie puede leer los salmos sin tomar conciencia de que algunos de ellos y algunos versículos específicos tienen un sentido futuro, más hondo, más allá del simple significado de las palabras. No se menciona por nombre al Mesías, pero se vislumbra su figura, según llegaron a percatarse generaciones posteriores de judíos. Y los escritores del Nuevo Testamento se muestran dispuestos a aplicar estos versículos a Jesús como el Mesías anunciado.

● Algunos salmos, sobre todo "los salmos reales" (de los cuales los más notables son el 2, 72, 110) describen un ideal y divino rey, sacerdote y juez nunca plenamente realizado en ningún rey de Israel. Sólo el Mesías combina estos papeles en el reinado sin fin y universal de paz y justicia que los salmistas describen.

● Otros salmos describen el sufrimiento humano en términos que parecen exagerados en relación con la experiencia ordinaria, pero que resultaron ser una descripción extraordinariamente precisa de los sufrimientos de Cristo. Bajo la inspiración de Dios, los salmistas escogieron palabras e imágenes que iban a adquirir un significado que nunca hubieran imaginado. El salmo 22, el salmo que Jesús citó ya clavado en la cruz (versículo 1, Mateo 27:46), es el ejemplo más sorprendente. Compárese el versículo 16 con Juan 20:25; el versículo 18 con Marcos 15:24. (→el Salmo 69:21 y Mateo 27:34, 48).

● Hay también en los salmos muchos otros versículos que los escritores del Nuevo Testamento aplican a Jesús como el Cristo:

Salmo 2:7, "Mi hijo eres tú": Hechos 13:33;
Salmo 8:6, "todo lo pusiste debajo de sus pies": Hebreos 2:6-10;
Salmo 16:10, "no dejarás mi alma en el Seol...": Hechos 2:27; 13:35
Salmo 22:8, "líbrele él": Mateo 27:43;
Salmo 40:7-8, "El hacer tu voluntad me ha agradado": Hebreos 10:7;
Salmo 41:9, "el hombre de mi paz... alzó contra mí el calcañar": Juan 13:18:
Salmo 45:6, "tu trono es eterno y para siempre": Hebreos 1:8;
Salmo 69:9, "me consumió el celo de tu casa": Juan 2:17;
Salmo 110:4, "tu eres sacerdote para siempre según el orden de Melquisedec": Hebreos 7:17;
Salmo 118:22, "La piedra que desecharon los edificadores...": Mateo 21:42;
Salmo 118:26, "Bendito el que viene en el nombre de Jehová": Mateo 21:9.

El sol se pone detrás de los cedros del Líbano. Se veía expresado el poder de Dios en el esplendor del sol y de las estrellas y, más cerca, en las maravillas de la naturaleza.

Salmo 8 Dios y el hombre

Versículos 2-4: el salmista contempla la grandeza del universo y queda abrumado al sentir la pequeñez del hombre. Se maravilla de que Dios no sólo se preocupe del hombre, sino de que también lo haya puesto sobre todas las criaturas (5-8). El salmo concluye como comenzó, con una exclamación de alabanza a Dios (1, 9).

Versículo 4-6: → Hebreos 2:6-9 y Génesis 1:28.

Salmo 9 Cántico de alabanza

Uno de varios salmos "acrósticos" en los que la primera letra de cada versículo sigue el orden del alfabeto hebreo, que tiene 22 letras. Aquí se emplean sólo las primeras 11 letras (con una omisión), y el acróstico parece continuar (imperfectamente) en el salmo 10.

Los versículos 3-8 dan la razón del estallido de alabanza. Dios ha hecho justicia y defendido al justo. El es una fortaleza inexpugnable (9-10). ¡Gloria a él (11)! Los problemas no han terminado (13), pero la experiencia anterior da pie para seguir esperando (15-20). "¡Venga tu reino!"

Salmo 10 Oración a Dios para defender al desvalido

Versículos 1-11: los tiempos son malos. Los hombres perversos desafían a Dios y violan sus leyes impunemente. Los pobres son sus víctimas desvalidas. 12-18: el salmista clama a Dios que actúe, confiado en que romperá la opresión y defenderá a aquellos que no tienen amparo sino en él.

Salmo 11 Declaración de fe

Sea cual fuere el peligro, el hombre que confía en Dios no tiene que tener miedo (1-3). Sabe que Dios sigue siendo soberano: el defensor de la justicia, el que juzga el mal (4-7).

Salmo 12 Oración para pedir la ayuda de Dios

Rodeado de hombres en cuya palabra no se puede confiar (1-4), el salmista pone su fe en las promesas completamente confiables de Dios.

Salmo 13 De la desesperación a la esperanza

En medio de su angustia al salmista le parece que Dios se ha olvidado de él. ¿Por cuánto tiempo más deberá soportar eso? ¿Terminará todo sólo con la muerte (1-4)? ¡No! Toda su experiencia anterior le garantiza que volverá a tener motivo para alabar a Dios por su bondad (5-6).

Salmo 14 La necedad del hombre impío

La sociedad está corrompida: la inclinación al mal es universal (1-3). Los hombres se rebelan con ceguera voluntaria contra un Dios que no solamente existe sino que castiga y vindica todo acto en contra de su pueblo (4-7).

Versículos 1-3: Pablo utiliza estos versículos para apoyar su argumento de que nadie está sin pecado según las normas de Dios (Romanos 3).

Jacob... Israel (7): el salmista llama a la nación por los dos nombres de su fundador. Al astuto Jacob se le dio el nuevo nombre "Israel" después de su importante encuentro con Dios en Peniel (Génesis 32:28).

Salmo 15 Testimonio del hombre de Dios

¿Qué exige Dios a la persona que busca su compañía? Espera conducta recta, hablar recto (2-3a), relación recta con los demás (3b-4), y un uso recto de la riqueza (5). → el Salmo 24.

Jurando en daño suyo... (4): o sea, el que cumple su palabra cueste lo que cueste.

Versículo 5: una de las leyes judías, → Levítico 25:36-37. No era una prohibición total de prestar con interés, sino sólo en relación a los demás israelitas.

Salmo 16 El camino de la fe

El hombre que afirma su corazón en Dios y pone su vida en las manos de Dios (1-6), encuentra gozo y seguridad en el presente y no tiene que preocuparse por lo que hay adelante (7-11).

Las cuerdas (6): utilizadas para medir el pedazo de tierra que un hombre heredaba.

Versículo 10: el salmista probablemente piensa en una muerte prematura o repentina. Pablo aplica las palabras a Cristo, al ver su significado más profundo (Hechos 13:35-37).

Salmo 17 Llamamiento a Dios basado en una conciencia limpia

Este salmo suscita dos problemas que se presentan en varios otros salmos: la autojustificación y la venganza (→ página 339).

Niña (8): la pupila; una parte del ojo que el hombre protege instintivamente.

Salmo 18 Alabanza a Dios por la liberación

Es una versión revisada del cántico de triunfo de David (2 Samuel 22). La explosión de amor y alabanza (1-3), y los términos cataclísmicos con los que describe el rescate de Dios (7-19), dan cierta idea de su desesperación previa. Debe su vida, sus triunfos, su trono, todas las cosas a Dios (28-50).

Seol (5): → bajo Salmo 6.

Versículos 20-24: en cuanto al problema de la autojustificación → página 339.

Salmo 19 La maravillosa creación de Dios; su ley perfecta

El universo de Dios describe su gloria en un discurso sin palabras (1-4). El pensamiento del

Cabeza en terracota de un demonio babilónico, siglo VI o VII a.C.

salmista pasa directamente del sol, con sus rayos penetrantes, hacia la ley de Dios, pura y limpia, que trae gozo y sabiduría, instrucción e iluminación al corazón del hombre (4b-11); y hacia su propia necesidad de protección y purificación del pecado (12-14).

Salmo 20 Oración por la victoria del rey

Oración nacional; el rey mismo habla en el versículo 6.

Salmo 21 Acción de gracias por el rey

En los versículos 1-7 hay regocijo por toda la bondad de Dios. En los versículos 8-12 se mira al futuro. Con la ayuda de Dios el rey derrotará a todos sus enemigos. El rey y el pueblo se unen para alabarlo (13).

Salmo 22 Sufrimiento y salvación

Fueron las palabras iniciales de este salmo las que Jesús utilizó para expresar su angustia en la cruz (Mateo 27:46). Y los términos que el salmista escogió para describir su propia agonía mental y corporal se convirtieron en una descripción extraordinariamente precisa de las últimas horas del Mesías (→ página 329). El salmista solàmente se *sintió* abandonado por Dios (la confianza vuelve, versículo 22), pero la separación que Jesús experimentó fue real, el agobio aplastante y sofocante del pecado humano que lo ocultó del Padre.

La desesperanza ante el silencio de Dios (1-2) y su propia situación (6-8, 12-18) alternan con la esperanza, esperanza que brota de cada recuerdo del trato que Dios tuvo en el pasado con él (3-5, 9-11). La oración final (19-21) trae nueva garantía interior que se expresa en abierta alabanza (22-31). Si en el nivel más profundo los primeros versículos del Salmo 22 hablan del sufrimiento de Cristo, sin duda que los versículos finales hablan de la liberación universal que él hizo posible.

Toros de Basán (12): Basán, al norte de Galaad y al este del Jordán, era territorio famoso por su ganado.

Salmo 23 Ovejas y Pastor

Este salmo, el más conocido y el más amado de todos, describe a Dios, el Buen Pastor (→ Juan

Un pastor conduce a sus ovejas hacia pastos verdes.

"Aunque ande, en valle de sombra de muerte, no temeré mal alguno..."; valles rocosos en las colinas de Samaria.

10). El provee todo lo que su pueblo necesita. Lo guía a través de la vida. Lo protege de todo daño (1-4). El versículo 5 introduce una segunda imagen: Dios, el anfitrión perfecto, que derrama bondades sobre su pueblo.

Por amor de su nombre (3): o sea, debido a que así es su naturaleza. El amor y el cuidado de Dios armonizan totalmente con su carácter.

Salmo 24 Adoración

Este salmo es un himno procesional, posiblemente escrito para aquella gran ocasión en la vida de David cuando el arca se llevó por primera vez a Jerusalén (2 Samuel 12-15).

Todo el mundo y todas las cosas que hay en él son de Dios. ¿Quién es, pues, digno de estar en su presencia (1-3)? La respuesta (4, y → Salmo 15) llevaría a la desesperación si Dios no fuera "el Dios de Jacob" (6), el contradictorio personaje que Dios levantó para hacerlo fundador de Israel. Versículo 7-10: el arca está a la puerta de la ciudad, ¡abrid las puertas para que Dios mismo entre!

Salmo 25 Oración de un hombre turbado

Salmo acróstico (→ bajo Salmo 9). El salmista es asediado por el ataque incesante de sus enemigos, y está angustiado en su propia conciencia (1-3, 16-21). Profundamente enterado de su necesidad, acude a Dios por ayuda y dirección, pidiendo experimentar de nuevo su perdón y su amor (4-15). ¿Qué versículo más tranquilizador para cualquiera de los hijos de Dios que el versículo 10?

Salmo 26 Oración de un hombre bueno

El salmista no pretende ser perfecto (→ página 339) sino que alega llevar una vida consecuente de confianza y obediencia a Dios. Compárese este autoretrato con la primera parte del Salmo 1.

Las cataratas y "aguas violentas" de la parte alta del Jordán proporcionaban metáforas vívidas a la poesía de los salmistas.

Salmo 27 Confianza y entrega a Dios

El hombre cuyas prioridades son las correctas (4, 8) no tiene nada que temer (1-3, 5-6). Sabe dónde acudir ante los problemas (7-12) y su esperanza está bien fundada (13-14).

Salmo 28 La oración... y su respuesta

El peligro hace clamar por ayuda y suplicar por el castigo de los malos, que son la fuente de los problemas (1-5). La oración se convierte en alabanza ante la garantía de que Dios ha oído y respondido (6-9).

Salmo 29 El trueno de Dios

En el torrente de las lluvias, en los ensordecedores truenos, en el resplandor de los relámpagos, en el rugiente viento que sacude a los grandes bosques, el salmista oye la voz de Dios. Porque Dios los hizo y les da órdenes (3-10). Que las huestes celestiales canten su gloria (1-2), y que él bendiga a su pueblo en la tierra (11).

El estilo de este salmo es muy parecido al de la antigua poesía cananea.

Sirión (6): el Mte. Hermón de 3,000 m en la frontera entre Israel y Líbano.

Cades (8): lugar en el desierto al sur de Beerseba.

Salmo 30 Acción de gracias por prolongar la vida

(Los sucesos en 1 Crónicas 21 quizá suministran el telón de fondo de este salmo.) Los días tenebrosos cuando la vida peligraba ya han pasado (2-3, 6-10). Los tiempos fáciles habían creado un sentido de autosuficiencia (6). Pero esta experiencia ha colocado la vida en perspectiva (5) y ha mostrado al salmista su propia impotencia (7-10). Ahora que el peligro ha pasado, alegre y abiertamente reconoce su deuda de gratitud con Dios (11-12).

Salmo 31 Aflicción y confianza

Versículos 1-8: el salmista acude a refugiarse en Dios (1-5); su confianza se agranda al recordar el trato recibido de Dios en el pasado (6-8). 9-13: su atención se centra de nuevo en el doloroso presente. 14-24: en medio de su tribulación acude de nuevo a Dios, con tal confianza renovada en su bondad y amor que puede incluso alentar a otros (23-24).

Versículo 5: Jesús musitó estas palabras en medio de su agonía (Lucas 23:46).

Salmo 32 La confesión y el gozo ante el perdón de Dios

La culpa reprimida se convierte en una carga intolerable (3-4). La confesión y el perdón traen propia experiencia el salmista alienta a otros a que oren a Dios con confianza. Dios mismo habla en los versículos 8-9.

Salmo 33 ¡Todos a cantar!

Afinad los instrumentos. Cantad fuerte en alabanza al carácter de Dios (4-5) y a su gran poder (6-7). Estad en su presencia con temor (8-9). Alabad su gobierno soberano en los asuntos de los hombres, su cuidado indefectible para todos los que lo honran (10-19). Cantad un cántico de confianza en él (21-22).

Un cántico nuevo (3): que sobrepase lo mejor de lo antiguo. Toda nueva experiencia de Dios pide una nueva alabanza. Juan, en su visión, oyó un nuevo cántico en el cielo (Apocalipsis 5:9-10; 14:3).

Salmo 34 Cuidado de Dios por su pueblo

Poema acróstico (→ bajo Salmo 9). El título parece referirse al incidente en 1 Samuel 21:10-22:1, aunque el nombre del rey ahí es Aquis.

Una persona que tiene para contar un relato tal de la fidelidad de Dios, no puede evitar compartirlo. Se lo debe a Dios y a los demás creyentes (1-10). En la experiencia del salmista, el hombre que honra a Dios encuentra vida (11-14). Sus desgracias pueden ser muchas, pero Dios hace que las supere todas (19-22).

En esta placa de terracota de Babilonia se representa a un músico.

Salmo 35 Oración a Dios para que defienda al justo

(En cuanto a los problemas éticos suscitados por el salmo, → página 339.) Confiado en que el derecho está de su lado (plantea su posición en 7, 11-16, 19-25), el salmista pide a Dios que pague a sus enemigos con su propia moneda (1-6, 17, 26) y así vindicar su nombre. Entonces alabará a Dios y les hablará a otros acerca de su justicia (9-10, 18, 28).

Salmo 36 El amor indefectible de Dios

Los versículos 1-4 describen a un hombre entregado a sus maldades. 5-10 contrastan el carácter de Dios: amoroso, fiel, bueno; la fuente de vida y luz, y de todo lo bueno que el hombre disfruta. 11-12: oración personal.

Salmo 37 El bien y el mal

Poema acróstico (→ bajo Salmo 9) lleno de los dichos proverbiales que tanto gustaban a los escritores sapienciales (→ "Poesía y literatura sapiencial", página 316).

Dondequiera hay gente que desobedece descaradamente la ley de Dios, y que queda impune. No te tiente el enviarlos, dice el salmista. Las cosas no son como parecen (1-2, 7b-9). Los malos están lejos de tener una posición envidiable. Su tiempo se les terminará pronto, pero al pueblo de Dios le esperan bendiciones y seguridad (el mensaje que reiteran los dichos proverbiales de 10-40, los que describen el contraste entre los malos y los buenos). Sigan haciendo el bien; sean pacientes; y confíen en que Dios actuará (3-7a).

Salmo 38 En gran angustia: oración por el perdón

El pecado ha producido enfermedad física (3, 5, 7), al igual que angustia mental (2, 4, 6, 8). Los amigos y la familia están apartados (11), y los opositores tienen la oportunidad que han estado esperando (12, 16). El salmista reconoce su pecado, con amargo pesar, y pide ayuda a Dios (21-22).

Salmo 39 La brevedad de la vida del hombre

El salmista lucha por contener sus pensamientos por temor de deshonrar a Dios, pero éstos se desatan (1-3). Siente la muerte muy próxima; la vida es tan insustancial como un soplo de viento (5-6). Y clama a Dios para que le dé seguridad (4) y lo perdone (8), y le quite sus problemas (10-13).

Salmo 40 Alabanza y oración del corazón pleno

El salmista ha manifestado abiertamente el trato maravilloso que Dios le ha dado (9-10). Reflexiona sobre el pasado con gratitud profunda (1-3), y explica a otros las cosas que ha aprendido acerca de Dios (4-8). Pero sus problemas no han terminado (11-17). Todavía tiene conciencia de su necesidad. Y clama de nuevo a Dios en busca de su ayuda. (Los versículos 13-17 se repiten en el Salmo 70.)

Salmo 41 Oración de un hombre enfermo y solitario

Los versículos 1-3 presentan una verdad general. Feliz es el hombre que ayuda al necesitado; cuando se le presentan problemas encuentra que Dios está cerca para ayudar. 4-12 describen el propio caso del salmista: su enfermedad, su aislamiento, su confianza en Dios. El versículo 13 es una estrofa formal de alabanza a Dios, agregada para indicar el fin del primer libro de los salmos.

LIBRO 2

Salmos 42 y 43 Ansia de Dios

Estos dos salmos comparten el mismo tema y el mismo estribillo (42:5, 11; 43:5), y probablemente comenzaron como un sólo poema.

Esta fotografía de una cabra que bebe a orillás del mar de Galilea refleja la sed que el salmista siente de Dios, la cual compara con el anhelo de un ciervo por las aguas frescas.

El salmista está exiliado en el norte (42-6). rodeado de impíos que se burlan de su fe (42:3, 10; 43:1-2). Sumamente desalentado, contrasta gozos pasados (cuando guiaba a la multitud peregrina hacia el santuario, 42:4) con el infeliz presente. Está lleno del anhelo de la presencia de Dios (42:2; 43:3-4). Y, por oscuras que las cosas

sean, todavía emergen la fe y la esperanza (42:5, 11; 43:5).
Versículo 6: El río Jordán nace cerca de la falda del Mte. Hermón en la frontera septentrional de Israel. El "Monte de Mizar" no ha sido identificado aún.

Salmo 44 Lamento nacional

Este salmo surge por una derrota desastrosa. Israel está desorientado. Después de todos los relatos de las acciones sorprendentes de Dios en su historia anterior (1-3), y de su completa confianza en él (4-8, 17-18), viene ahora esta derrota. Dios los ha abandonado (9-12). Se sienten deshonrados (13-16), y no pueden entender por qué (17-22). Los versículos 23-26 son un verdadero clamor del corazón pidiendo la ayuda de Dios.

El cambio a "mi" y a "mí" en los versículos 4, 6, 15 quizás indica una sola voz (la del rey o sumo sacerdote) que dirige la oración pública.
Versículo 19: "el lugar de chacales", o sea, el desierto.
Versículo 22: Pablo cita estas palabras para describir la experiencia de los cristianos (Romanos 8:36).

Salmo 45 Cántico nupcial real

La ocasión quizás haya sido la boda del rey Acab de Israel con Jezabel, princesa de Tiro (12, y → bajo 8 más abajo). De ser así el reinado de Acab empeoró poco después (1 Reyes 16:29-33).
Versículos 1-9: elocuente alabanza, por parte del poeta, de la majestad y gobierno piadoso del rey. 10-15: unas palabras a la esposa completamente ataviada. Los versículos 16 v 17 se dirigen al rey.
Palacios de marfil (8): otro posible nexo con Acab. Los arqueólogos han descubierto maravillosos marfiles esculpidos en su palacio en Samaria, → página 271.
Ofir (9): → bajo 1 Reyes 9:28.
Tiro (12): importante puerto de mar y ciudad-estado; la moderna Sour en el Líbano.

Salmo 46 "Castillo fuerte es nuestro Dios"

Este salmo, en el que Lutero basó su famoso himno, quizá fue escrito después del ataque de Senaquerib a Jerusalen (2 Crónicas 32). de algún desastre natural, o en anticipo de los sucesos que anunciaban la venida del Mesías. Los versículos 4-5 tienen su paralelo en Apocalipsis 22:1-5, donde el ideal se realiza perfectamente. El salmista se gloría en la presencia de Dios con su pueblo (1, 4-5, 7, 11), y en su protección real e inexpugnable.

Salmo 47 ¡Griten y canten!

Salmo que aclama a Dios como Rey de Israel y Señor del mundo. Que todos se alegren y canten sus alabanzas.

El Monte Sion, captado aquí a la luz del primer sol de la mañana, era una de las colinas sobre las que se edificó la ciudad de Jerusalén. Vino a significar la ciudad y el culto en su templo, y expresaba el anhelo del peregrino y adorador por su hogar espiritual.

Salmo 48 Sión, ciudad gloriosa de Dios

Estallido de alivio y gozo ante la suspensión del ataque a la ciudad (quizá sea la invasión de Senaquerib, → 2 Crónicas 32).

A los lados del norte (2): El mte. Sión en Jerusalén está al sur de Israel. El salmista quizás utilizó esta expresión porque el norte era la sede tradicional de los dioses.

Versículo 7: Biblia de Jerusalén, "así como el viento del este desbarata los navíos de Tarsis". En cuanto a "los navíos de Tarsis", → ba jo 1 Reyes 10:22.

Salmo 49 Meditación sobre la vida y la muerte

Una composición típica de "sabiduría" acerca de las desigualdades de la vida. Al final del camino la muerte aguarda al materialista. Ni siquiera él puede escaparse de esto. La moraleja es semejante a la de la parábola de Jesús sobre el hombre rico (Lucas 12:16-21).

Hablando en general los salmistas no tienen un concepto claro de la vida después de la muerte, y en consecuencia el versículo 15 se toma a menudo como referencia a la muerte prematura. Pero esto socava el razonamiento, que exige una eliminación más allá de la tumba de las desigualdades de la vida.

Salmo 50 Dios le pide cuentas al hombre

El emplazamiento llega en los versículos 1-4. 7-15: Dios habla con advertencia a su pueblo leal. No basta seguir los ritos. Lo que vale es el corazón agradecido, no simplemente la ofrenda de acción de gracias. 16-21: hay serias acusaciones contra aquellos que hablan de los mandamientos de Dios, pero los desobedecen; que andan con los tramposos y en cambio están dispuestos a arruinar a un miembro de su propia familia, prescindiendo de Dios.

Salmo 51 Súplica de perdón

El título relaciona este salmo con el enfrentamiento de Natán con David después de su adulterio con Betsabé y la muerte de Urías (2 Samuel 12). Pero los versículos 18-19 parecen ser posteriores, de la época después de la caída de Jerusalén ante los babilonios.

El salmo mismo es profundamente conmovedor. Nos deja penetrar en el alma de un hombre que ha amado a Dios pero que ha caído en pecado grave. Se le ha hecho verse a sí mismo con los ojos de Dios y está desconsolado. No se excusa; simplemente acepta el juicio de Dios y reconoce su culpabilidad. Todo lo que puede hacer ahora, conociendo el amor y misericordia de Dios, es pedir perdón y la oportunidad de volver a empezar.

Versículo 5: el significado no es que la concepción o el nacimiento sean pecaminosos en sí mismos, sino que el pecado está enraizado desde el primer momento de existencia.

Hisopo (7): hierba que se utiliza en el rito de purificación descrito en Números 19.

Homicidios (14): ciertamente fue así en el caso de David. Preparó la muerte de Urías para ocultar su propio pecado (2 Samuel 11).

Salmo 52 La condenación de los malos

Los versículos 1-4 describen la culpabilidad del hombre; el versículo 5 la represalia segura de

El pueblo de Israel consideraba a Dios como todopoderoso contra las fuerzas del mal. Este relieve ilustra los temores de otros pueblos contemporáneos. El dios asirio Ninurta, armado de arco, arroja al demonio de su templo.

Dios. El versículo 8 y el 9 son una expresión personal de confianza y acción de gracias. La ocasión del salmo, según el título, es la traición de Doeg a David (1 Samuel 22).

Salmo 53

Versión revisada del Salmo 14, → página 330.

Salmo 54 Clamor por ayuda

Según el título, este es el llamamiento de David a Dios después que los zifeos los traicionaron ante Saúl (1 Samuel 23:19ss.).

Salmo 55 Oración de un hombre turbado

El título atribuye el salmo a David. El contenido armoniza bien con el tiempo de la rebelión de Absalón (2 Samuel 15-17), en la que conspiró Ahitofel, el consejero de más confianza de David.

Además de todos estos problemas (1-4, 9-11), la traición de un amigo y hermano creyente es el colmo (12-14, 20-21). El salmista está lleno de emociones contradictorias: temor y deseo de salirse de toda la situación (4-8); y el deseo de ver a sus enemigos derrotados (9, 15). Pero la con-

Autojustificación, imprecación y venganza en los Salmos

Los cristianos al leer los salmos se encuentran por necesidad con dos problemas específicos. Uno es la autojustificación de los salmistas. El otro es su tendencia a invocar con lujo de detalle la venganza más terrible. No podemos simplemente dejar de lado los pasajes ofensivos. Son parte de la palabra de Dios, junto con pasajes que nadie discute. Ni tampoco serviría excusar a los salmistas porque no poseían la enseñanza de Cristo. Porque de hecho poseían la ley. Sabían tan bien como nosotros que nadie es perfecto delante de Dios; y se les había enseñado a comportarse con amor hacia los demás (Levítico 19:17-18), incluso hacia sus enemigos (Exodo 23:4-5). La ley no permitía el desquite a capricho, sino que le ponía límites (ojo por ojo *y nada más*).

● **La autojustificación.** Dos comentarios pueden ayudar aquí. Primero, el salmista no pretende poseer una justicia absoluta sino comparativa (o sea, en comparación con otros, no según las normas de Dios). "Un hombre bueno puede pecar y seguir siendo bueno". Existe la diferencia más radical entre los que tratan de actuar justamente y los que en forma deliberada dejan de lado las leyes comunes de Dios y de la sociedad. David, concretamente, era muy consciente de sus faltas delante de Dios (→ Salmo 51 y 19:11-13). En los salmos, junto con la autojustificación, aparece un arrepentimiento profundo.

En segundo lugar, el salmista muy a menudo se describe a sí mismo como "el demandante indignado" que presenta su caso delante de Dios el Juez. Y, por mucho que nos desagrade su tono de hombre justo, desde este punto de vista indiscutiblemente él está "en lo justo"

● **Las maldiciones y la venganza.** Antes de apresurarnos a condenar estos pasajes como sumamente "no cristianos", vale la pena tener presentes algunos puntos.

El primero se refiere a la santidad de Dios. Al enfatizar el amor de Dios tendemos hoy a mostrarnos demasiado sentimentales acerca de la maldad en toda su dimensión. Pero los salmistas conocían a Dios como Aquel "cuyos ojos son demasiado puros para mirar el mal" que no puede soportar la maldad. Y esto es lo que produce su clamor de venganza sobre los malvados. El carácter mismo de Dios, su buen nombre, lo exige.

Segundo, los salmistas son realistas al reconocer que el bien *no puede* triunfar sin que de hecho se derrote al mal y se castigue lo injusto. Oramos "venga tu reino". Pero a menudo nos horrorizamos cuando los salmistas especifican que significa esto, quizá porque amamos menos el bien y nos oponemos menos al mal de lo que ellos lo hicieron; o porque muchos de nosotros nunca hemos conocido la persecución a causa de nuestra fe; o porque valoramos la vida más que la justicia.

Sin embargo, si los salmistas son culpables de deleitarse de hecho en el destino de los malos, si la venganza personal se mueve bajo el manto de la preocupación por el buen nombre de Dios, tenemos razón en condenar esto, y en tener cuidado. Fácilmente nosotros podemos caer en lo mismo. Pero en el caso del salmista, las ideas equivocadas (si a caso se dan tales ideas) nunca conducen a la acción equivocada. Nunca se presenta el caso de tomar la ley en sus manos; no hay Inquisición. La venganza se ve siempre como algo de Dios, y solamente de él.

fianza llega a triunfar (16-18, 22) porque los amigos pueden ser infieles, pero no Dios.

Salmo 56 "En Dios he confiado"

El salmista tiene mucho por qué preocuparse y sentirse nervioso (1-2, 5-6). Pero sabe la respuesta al temor (3-4, 10-11). Y con seguridad y acción de gracias (12-13) puede dejar a Dios el tratar con sus enemigos (7-9).

El título se refiere al incidente descrito en 1 Samuel 21:10-15.

Salmo 57 Oración en medio de feroces enemigos

Las circunstancias pueden ser desfavorables (4, 6), pero el hombre que llena su mente de Dios puede cantar su alabanza, suceda lo que suceda (1-3, 5, 7-11). Tradicionalmente la oración pertenece al tiempo en que David se estaba ocultando de Saúl (1 Samuel 22:1; 24), pero Pablo y Silas también conocieron la verdad de ello (Hechos 16:19-25).

Salmo 58 Hay un Dios que juzga

El salmista invoca el juicio terrible de Dios sobre los hombres corrompidos y malos en el poder, → página 339.

Congregación (1): alusión sarcástica a los gobernantes y jueces.

Aspid (4): "sordo" porque no responde al encantador de serpientes.

Versículo 8a: según la creencia popular, las babosas y caracoles dejaban rastros viscosos pues se derretían al moverse.

Salmo 59 Oración para pedir protección y castigo

El título relaciona el salmo con el incidente en 1 Samuel 19:11-17, reflejado en el estribillo "volverán a la tarde..." (6, 14). El salmista dirige su oración muy personal (1-4, 9-10, 16-17) al Señor de todas las naciones (5, 8, 13).

Jacob (13): o sea la nación de Israel.

"Dios mío, Dios mío eres tú; de madrugada te buscaré; mi alma tiene sed de ti" (Salmo 63).

Salmo 60 La nación en derrota

El título de este salmo lo relaciona con la campaña referida en 2 Samuel 8, cuando la fe del versículo 12 y la palabra de Dios en el versículo 8 se concretaron finalmente en el triunfo.

Versículo 6-8: se manifiesta el poder de Dios sobre Israel: Siquem, en el corazón del país, entre los montes Ebal y Gerizim; Sucot, ciudad al este del Jordán; Galaad, territorio israelita al este del Jordán; Manasés, Efraín, Judá, los "tres grandes" de las doce tribus. Asimismo sobre los enemigos tradicionales de Israel: los moabitas, al este del mar Muerto; edomitas, al sureste; y filisteos, en la costa mediterránea.

Salmo 61 Oración de un rey agobiado

En posición precaria en el trono (2, 6-7), el rey anhela la seguridad que sólo Dios puede dar (1-4).

Salmo 62 Salmo de anhelo y confianza

Con humildad y confianza el salmista pone su causa en manos de Dios. El hombre siempre tiende a destruir (3-4), pero ¿qué *es* él (9-10)? El poder pertenece a Dios, quien lo utiliza con amor y justicia (11-12).

Salmo 63 El corazón sediento

Una vez gustado el gozo y la satisfacción plenos de la presencia de Dios (2-8), ¿quién puede soportar perderla (1)?

Versículos 9-10: en marcado contraste con el resto del salmo. → comentario acerca de la venganza, página 339.

Salmo 64 Oración para pedir protección

El salmista describe su problema en los versículos 1-6. En 7-9 expresa su certeza de que Dios castigará a todos los que maquinan, traman y calumnian. El castigo se dará exactamente de acuerdo con la defensa (compárese el versículo 7 con los versículos 3-4).

Salmo 65 Himno de acción de gracias

Toda la alabanza sea para Dios, que oye y perdona (1-3), que bendice, satisface y salva (4-5). La alabanza sea para Dios, el Creador y Regulador del mundo natural (6-8). La alabanza sea para Dios, que da la cosecha y hace que toda la tierra cante de gozo (9-13).

Salmo 66 Alabanza y adoración nacional e individual

La alabanza sea para Dios por la liberación nacional, desde los primeros tiempos (5-7) hasta ahora (8-12). Y gracias le sean dadas por su amor y cuidado por cada persona (13-20).

Salmo 67 Cosecha

Ante las bendiciones que Dios ha derramado sobre Israel toda nación cantará su alabanza.

Salmo 68 Cántico de triunfo de Israel

Himno guerrero y procesional, cantado cuando el arca fue llevada a Jerusalén (2 Samuel 6), o en la ceremonia que conmemoraba ese suceso (→ las alusiones en los versículos 1, 7, 17-18, 24-25). El salmo describe una serie de vívidos cuadros del victorioso poder de Dios.

Versículos 1-6, tributo a Dios; 7-10, Dios guía a la nación por el desierto; 11-14, la conquista del territorio; 15-18, Dios escoge el Mte. Sion en Jerusalén para ser su hogar; 19-23, la salvación para Israel, la muerte para el enemigo; 24-27, la procesión; 28-31, que Dios haga derroche de su fortaleza para subyugar a las naciones; 32-35, ¡que todos canten el poder y majestad del Dios de Israel!

Versículos 14-15, 22: "Basán" es el área de las alturas de Golán, al noreste del mar de Galilea. En sentido amplio la región llegaba hasta el Mte. Hermón, que quizá sea la montaña mencionada aquí. "Salmón" es probablemente otra de las montañas de esta región.

Salmo 69 Oración de un hombre oprimido por el sufrimiento

Salmo citado a menudo en el Nuevo Testamento (Juan 2:17; 15:25; Romanos 15:3). El cuadro del salmista en los versículos 2, 14-15 podría tomarse como descripción del caso de Jeremías (Jeremías 38:6). El versículo 35 parece indicar un tiempo posterior a la destrucción total de las ciudades de Judea, pero antes de la caída de Jerusalén misma.

El salmista está en una situación desesperada sin tener la culpa. Lleva el sufrimiento por amor a Dios (1-12). Pide que Dios, en su amor, lo rescate (13-18). La culpabilidad de sus atormentadores es evidente (19-21): que sean castigados por todo lo que han hecho (22-28). Que Dios lo libere para alabarlo; que toda la tierra cante con alabanza ante la restauración del pueblo de Dios (29-36).

Salmo 70 Una súplica de socorro

Estos versículos también aparecen al final del Salmo 40.

Salmo 71 Oración en la ancianidad

Al final de una vida larga y dificultosa (9, 20) todavía no hay descanso (4, 10-11). Pero los problemas le han enseñado al salmista la confianza (6-7). Nada puede hacer que se desespere. Mientras Dios esté con él (9, 12, 18), el futuro está lleno de esperanza (14-16, 19-24).

Salmo 72 Oración por el rey

Este último salmo en el libro segundo bien puede ser del reinado de Salomón (→ título), edad de oro de la paz, la prosperidad y el poder en Israel. Pero también mira más allá hasta el ideal perfecto: un reinado sin fin (5) sobre todo el mundo (8, 11); un gobierno de justicia e integridad divinas (7, 12-14); un tiempo de fertilidad inigualada (16).

El Río (8): Eufrates.

Tarsis, Seba (10): en el sentido de "las avanzadas más remotas del imperio". Seba quizá sea una región en Arabia. Tarsis es probablemente Tartesos en España.

Como el Líbano (16): a pesar de ser pequeño, el Líbano produce en abundancia una variedad sorprendente de frutas y verduras.

LIBRO 3

Salmo 73 Este mundo injusto

¿Cómo es que los que burlan las leyes de Dios prosperan, y los problemas caen sobre los que menos lo merecen (3b-14)? Esto basta para hacer que el bueno se vuelva envidioso y amargado (3, 21), y se sienta tentado a decir cosas que mejor no se dijeran (15). Sólo al acudir a Dios aprende a ver más allá de las apariencias (16, 17). En realidad, el pueblo de Dios tiene todo lo que importa (1, 23-26, 28). Los malos, a pesar de toda su riqueza, están destinados a la destrucción (17-20, 27).

Salmo 74 Lamento por la destrucción del templo

Dios se ha vuelto contra su pueblo (1-2). El templo ha sido profanado y destruido (3-8). ¿Por cuánto tiempo seguirá siendo dueño de la situación el enemigo de Dios (9-11)? El salmista piensa en el poder de su Dios (12-17) y le suplica que guarde su promesa a Israel (19-20) y barra con el enemigo blasfemo (18, 22-23).

Versículos 13-15: descripción de la liberación y éxodo de Egipto, presentado primero como un dragón, luego como el leviatán, el cocodrilo del Nilo.

Salmo 75 Dios es juez

Israel se regocija en la justicia soberana de Dios. Sólo él tiene poder para juzgar a todos los hombres.

Versículos 2-5: Dios habla.

Versículo 5: descripción de arrogante poder.

Salmo 76 Cántico de liberación

Israel se maravilla ante la gloria terrible del Dios que abate todo el poder del enemigo.
Salem, Sion (2): Jerusalén.

Salmo 77 Pasado y presente

El salmista recuerda todos los grandes hechos de Dios por su pueblo (11-20). Pero ahora parece que Dios ya no se preocupa por ellos (5-10), y él

Beduino en cluquillas en el mercado de Beerseba, con el equivalente actual de los antiguos flautines.

no encuentra consuelo en medio de los problemas del presente (1-4).

Versículos 2-6: el problema que determina el pensamiento del salmista puede ser una crisis personal o nacional.

Salmo 78 Lecciones de la historia de Israel

Por mucho tiempo Efraín fue la más poderosa de las doce tribus. Josué era efrateo, y la tribu tuvo gran prestigio bajo los jueces (Jueces 8:2; 12). Pero con la subida de David, Judá ocupó el primer puesto. El salmista reflexiona sobre las razones del rechazo de Efraín, y las encuentra en la historia de Israel.

Dios dio a Israel la ley para que le recordaran (5-8). Pero Efraín desobedeció (9-11). Olvidaron lo que había sucedido en Egipto y en el desierto: los milagros (13-16, 23-29, 44-53), las rebeliones y los castigos (17-22, 30-43). Olvidaron la pauta que se repitió después de la conquista del territorio (54-66). Y Dios escogió a Judá en su lugar, a una ciudad de Judá (Jerusalén) como capital y a un hombre de Judá (David) para ser rey (67-72).

Versículo 9: parece aludir a la derrota de Saúl e Israel en el Mte. Gilboa (1 Samuel 31:1).
Zoán (12): una antigua capital de Egipto.
Versículos 13-16: → Exodo 14 y 17.
Versículos 24-31: → Exodo 16; Números 11.
Versículos 44-51: → Exodo 7-12.
Cam (51): uno de los tres hijos de Noé, antepasado del pueblo egipcio.
Silo (60): santuario principal en Israel por mucho tiempo, probablemente destruido cuando los filisteos capturaron el arca (1 Samuel 4).

Salmo 79 Jerusalén en ruinas

Lamentaciones por la destrucción y el derramamiento de sangre en la caída de Jerusalén (1-4; la ciudad cayó en manos de Babilonia en el 587 a.C., → 2 Reyes 25:8ss.). El pueblo pide a Dios perdón y ayuda (5, 8-10a, 11), y la destrucción del enemigo (6-7, 10b, 12).

Salmo 80 Oración por la restauración de Israel

El tiempo quizá sea después del exilio del reino septentrional de Israel (2 Reyes 17) pero antes de la caída de Jerusalén (2 Reyes 25). (El salmista menciona dos tribus septentrionales, y a Benjamín, pero no a Judá en el sur.)

Se describe a Israel como una gran vid plantada por Dios (8-16), que se extiende hasta las montañas y cedros del Líbano en el norte (10), al oeste hasta el Mediterráneo y al este hasta el río Eufrates (11).

Vallados (12): o sea, las cercas que encierran y protegen la viña.
Versículo 17: el nombre "Benjamín" significa "hijo de la diestra".

Salmo 81 Mensaje de Dios para la cosecha

Versículos 1-5: se conmina al pueblo a que celebre la fiesta de los tabernáculos. Dios recuerda a su pueblo todo lo que ha hecho por ellos (6-7) y todo lo que desea dar (10, 14-16). Sin embargo, en desobediencia obstinada, lo repudian y se buscan los problemas (8-9, 11-13).

Oí lenguaje que no entendía (5): afirmación enigmática, a no ser que se refiera al tiempo de antes de Moisés (→ Exodo 6:3).

Versículo 6: descripción del trabajo de esclavitud de Israel en Egipto.

Meriba (7): → Exodo 17:1-7.

Salmo 82 La justicia de Dios

Hay corrupción e injusticia en los tribunales: Dios pide cuentas a los jueces.

Los dioses (1): probablemente se refiere a aquellos hombres que ejercen sobre otros el derecho divino del juicio.

Salmo 83 Oración para pedir ayuda

La nación está en grave peligro debido a una alianza de todos sus antiguos enemigos, además de la poderosa Asiria (2-8). El pueblo pide la ayuda de Dios, recordando victorias pasadas (9-18).

Hijos de Lot (8): Lot engendró a Moab y a Amón (→ Génesis 19:36-38).

Versículos 9-12: → Jueces 4 y 5. Oreb y Zeeb, Zeba y Zalmuna, eran príncipes madianitas a los que dio muerte Gedeón (Jueces 7 y 8).

Salmo 84 Cántico de un peregrino

Acude con el corazón cantando de gozo ante la perspectiva de adorar a Dios en su templo. Las personas más felices del mundo, le parece a él, son las que pueden estar siempre ahí (4, 10).

El valle de lágrimas (6): posiblemente un valle en sentido literal (→ Biblia de Jerusalén), por el que pasa el peregrino camino a Jerusalén.

Salmo 85 Acción de gracias y oración

Alabanza por el perdón de Dios en el pasado (1-3) y oración para pedir la restauración en el presente (4-7). Todo lo que conoce y ha experimentado del amor y fidelidad de Dios llena de optimismo al salmista (8-13). Lo que a Dios le falta todavía por dar excederá con mucho su bondad pasada.

Salmo 86 Oración de un hombre afligido

Como conoce a Dios —y todo su amor y bondad (5, 7, 13, 15) y poder (8-10)— puede estar

Cuando los salmistas piden juicio sobre sus enemigos no es sin razón. Su lenguaje es blando en comparación con las atrocidades que sufrieron de manos de los asirios y babilonios invasores. El relieve de un soldado asirio que sostiene la cabeza decapitada de su enemigo procede de Tainat, siglo VII a.C.

tranquilo al exponer su caso (1-4, 6-7, 14), y confiar en que Dios contestará.

Afligido y menesteroso (1): "en bancarrota", no financiera, sino delante de Dios.

Salmo 87 Sion; ciudad de Dios, madre de las naciones

Profecía del futuro glorioso de la ciudad santa: una capital cuya ciudadanía incluye aun a antiguos enemigos (4). El Antiguo Testamento ve esto sobre todo en sentido material y geográfico; el Nuevo, en sentido espiritual (Apocalipsis 21:1 - 22:5).

Rahab (4): sinónimo poético de Egipto.

Salmo 88 Clamor de un hombre desesperado

Este es el más desconsolador de todos los salmos. He aquí un hombre que siente que su vida se termina (3-9a), y no espera nada más allá de la muerte (10-12). No tiene a quién acudir sino a Dios, quien lo está abrumando con pruebas (7-8, 13-18). Está al borde de la depresión más tenebrosa. Pero la fe subsiste: ¿cómo se podría explicar de otra manera su clamor persistente a Dios?

El Seol, el sepulcro, el Abadón (3, 4, 11): significan todos la tierra tenebrosa de los muertos.

Salmo 89 Himno y oración

El salmista canta la historia del amor fiel que Dios tiene por Israel; su pacto y promesa al linaje de David (1-37). Pero ahora, en un presente muy diferente, Dios está airado con su pueblo; el pacto está roto. ¿Dónde están sus "antiguas misericordias" (38-51)?

Rahab (10): → en Salmo 87.

Tabor y Hermón (12): Tabor, la colina redondeada cerca de Nazaret desde la que Débora y Barac descendieron para triunfar (Jueces 4-5): Hermón, el pico de 3,000 m en la frontera con el Líbano.

Versículo 52: la "doxología" (→ Introducción) añadida para indicar el fin del Libro 3.

LIBRO 4

Salmo 90 Una vida corta y dura

El título relaciona este salmo con Moisés, quien a menudo debe haberse sentido así en los largos años de vagar por el desierto. El Eclesiastés también comparte el estado de ánimo del salmista.

El Dios eterno (1-4) y el hombre, tan pasajero como una hoja de hierba (5-6). Su vida dura poco, pero aún así debe vivirse bajo el juicio de Dios (7-10). El salmista apela a la compasión de Dios al pedir que se le devuelva el gozo y la alegría (13-17).

Salmo 91 Confiar en Dios y descansar seguro

En este salmo la voz de aliento (1-13) y la voz de Dios (14-16) hablan al hombre de fe. Bajo la protección de Dios nada lo puede afectar: ni hombre ni bestia, de día o de noche; ni la guerra ni el desastre. (Esto no quiere decir que su vida será toda de rosas, o si no el versículo 15 no tendría sentido.)

Versículos 11-12: el diablo citó estos versículos para tentar a Jesús (Lucas 4:9-12). Pero Cristo no tenía necesidad de poner a prueba la verdad de la palabra de Dios, ni había venido al mundo para seguir esta alternativa fácil.

Salmo 92 Cántico para el día de reposo

Gozosa acción de gracias con música y cánticos por todo lo que Dios ha hecho (5-9); su bondad para cada persona, y para todo su pueblo (10-15).

Salmo 93 El Señor reina

Eterno, todopoderoso, sus leyes y santidad no cambian.

Salmo 94 Justicia de Dios

El punto de partida son los malos: cuánto merecen el juicio de Dios; su necia falta de comprensión (1-11). Pero al pensar en Dios, aunque la idea de venganza nunca está lejos, el salmista

pasa a destacar toda la ayuda y amor y bendiciones que Dios derrama sobre su pueblo afligido (12-22).

Los salmos 95-100 son un grupo de salmos escritos en alabanza exultante al Dios que reina sobre toda su creación.

Salmo 95

Alabemos y demos culto a Dios, nuestro Hacedor (1-7a), recordando que espera obediencia (7b-11).

Versículo 8: → Exodo 17:1-7.

Salmo 96

Cántico de la salvación de Dios, de su grandeza y gloria. Cántico de gozo universal ante su venida para juzgar.

Salmo 97

En alabanza a Dios, supremo, triunfante, el Salvador y deleite de todos los que odian el mal.

Salmo 98

Cántico a Dios el Vencedor. Viene para gobernar su reino. Que todo el mundo enloquezca de gozo.

Salmo 99

Dios el Rey, el Santo, está en su trono; Dios que perdona y disciplina a su pueblo, desde el más pequeño hasta el más grande.

Salmo 100

"El Señor es Dios"; "el Señor es bueno". Que toda la tierra cante y esté gozosa.
Sus puertas, sus atrios (4): o sea, el templo.

Salmo 101 El manifiesto del rey

El rey promete erradicar el mal de la vida privada y pública, y recompensar la integridad.

Al fondo, la larga "joroba" del monte Carmelo se hunde en el Mediterráneo.

Casa (2): casa y corte.
Versículo 8: probablemente una alusión a su diaria administración de justicia en Jerusalén.

Salmo 102 Clamor de un hombre angustiado

Los versículos 1-11 describen su sufrimiento: enfermo corporalmente, descorazonado, asediado por los enemigos, aislado por Dios. Su vida se acaba (11), pero Dios no está sujeto al tiempo (24, 27). Es Soberano para siempre (12). Sin duda tendrá compasión de su ciudad y liberará a su pueblo (13-22). Sin duda responderá a la oración del salmista (23-28).

Salmo 103 El amor y la misericordia de Dios

Salmo de humilde y sentida gratitud hacia Dios por todas sus bondades, pero sobre todo por su misericordia y su amor que no cambia. Lo que ha hecho por uno (1-5), lo hace por todos (6-18): por esto, que todos en todas partes lo alaben.

Salmo 104 A Dios el gran Creador

El salmista se maravilla ante la grandeza y el detalle, la perfección e integridad de la obra de Dios en la creación (1-24: el versículo 24 lo resume todo). La tierra y el mar (25-26), con todo lo que hay en ellos, son su obra, y dependen totalmente de él (27-30). Esta línea de ideas conduce a un cántico de alabanza (31-35).
Conejos (18): probablemente el damán sirio, tímido animalito del tamaño de un conejo, que vive entre las rocas (→ referencia pág. 103).
Leviatán (26): comúnmente el cocodrilo (→ Job 41), pero aquí usado en forma más general aplicada a los animales marinos grandes.

Salmo 105 Alabanza a Dios por su pacto con Israel

El llamamiento a la alabanza (1-11) va seguido de la historia de cómo Dios escogió a Israel y le dio la tierra (12-45): los patriarcas (12-15); la historia de José (16-23; Génesis 37-46); la liberación de Egipto (23-38; Exodo 1-12); la provisión de Dios en el desierto (39-42; Exodo 16-17) y la posesión de Canaán (43-45).

Salmo 106 Desobediencia de Israel

El salmo comienza con alabanza (1-5), pero a partir del versículo 6 se convierte en una confesión del pecado de la nación, desde el mismo comienzo hasta la época del salmista.
Versículo 7: el primer ejemplo de rebelión, → Exodo 14:10ss.
Deseo desordenado (14): por la buena comida de Egipto. Dios les dio carne pero los castigó con una plaga (Números 11).
Versículos 16-18: → Números 16.
Becerro en Horeb (19): Horeb = Mte. Sinaí. Mientras Moisés se hallaba en la montaña recibiendo las instrucciones de Dios, el pueblo hizo un becerro de oro para adorarlo según la costumbre egipcia (Exodo 32).
Tierra de Cam (22): → bajo Salmo 78.
Baal-Peor (28): el pueblo se volvió al culto de los ídolos por lo que quedaron expuestos al juicio de Dios (Números 25).
Meriba (32): → Números 20:2-13.
No destruyeron... antes se mezclaron (34-35): Jueces 1 y 2 resumen esta parte de la historia de Israel. De ahí en adelante (40-46) el relato se convirtió en una pauta repetida de rebelión contra Dios, seguida de la ocupación enemiga, seguida de arrepentimiento, seguida de libertad, seguida de otro repudio a Dios.
Versículo 48: la "doxología" que concluye el cuarto libro de salmos.

LIBRO 5

Salmo 107 En alabanza a Dios el Redentor

Un solo tema (el hombre está asediado por dificultades que él mismo escoge o crea, pero Dios lo rescata de todas) es presentado en cuatro relatos metafóricos (el viajero, 4-9; el cautivo, 10-16; el enfermo, 17-22; el navegante 23-32). Las circunstancias difieren para cada persona, pero todos comparten la misma experiencia: al acudir a Dios en su necesidad, Dios escucha y responde. Todos tienen igual motivo para alabarlo. Los versículos 33-43 describen el amor inmutable de Dios al tratar con su pueblo.

Salmo 108 Himno a Dios

El salmo combina extractos del Salmo 57 7-11, y del Salmo 60:5-12.

Versículos 7-13: → bajo Salmo 60.

Salmo 109 Clamor de venganza; petición de ayuda

Personas a las que el salmista ha amado y tratado bien han devuelto mal por bien. No tienen excusa por el ataque que lo ha reducido a una sombra (1-4; 22-25). Su amargura es comprensible, pero la invectiva de 6-20 parece excesiva. → página 339.

Salmo 110 Rey y sacerdote para siempre

Este salmo habla del ideal, realizado plenamente sólo en Cristo, como lo indican claramente los escritores del Nuevo Testamento (Mateo 22:41-46; Lucas 22:69; Hebreos 5:8-10; 10:12-13). → "Cristo en los Salmos", página 329.

Melquisedec (4): el misterioso rey-sacerdote a quien Abraham dio la décima parte de sus bienes (→ Génesis 14:17-10).

Salmo 111 En alabanza a Dios

Este salmo es idéntico en su forma al Salmo 112. Ambos consisten de 22 frases, cada una de las cuales comienza con una de las letras del alfabeto hebreo.

El salmista se regocija ante la grandeza de Dios; su fidelidad y justicia; su integridad y confiabilidad; su provisión y redención. El respeto por Dios es el verdadero punto de partida de toda sabiduría humana.

Salmo 112 Feliz el que respeta y obedece a Dios

En cuanto a la forma, → bajo Salmo 111 en el párrafo que antecede.

El hombre que obedece a Dios y se preocupa de los demás está seguro de ser recompensado. Puede soportar los golpes de la vida, seguro y sin temor.

Versículos 2-3: el salmista describe la recompensa en términos materiales porque en ese tiempo no había un claro concepto del más allá. Lo que dice es *generalmente* (pero no invariablemente) verdadero. El pueblo de Dios es también probado, pero se le dan recursos para hacerle frente a la prueba (7-8).

Los Salmos 113-118 son un grupo de salmos vinculados tradicionalmente a las festividades judías de los Tabernáculos (cosecha) y la Pascua. En los hogares judíos se cantan los Salmos 113 y 114 antes de la comida pascual y los Salmos 115-118 después de ella (→ Mateo 26:30).

Salmo 113 Nuestro Dios incomparable

Está más allá y por encima de su creación, y con todo íntimamente preocupado por el más humilde de su pueblo.

Muladar (7): el basurero, el lugar para los parias (→ Job 2:8).

Salmo 114 Himno pascual: Dios presente en medio de su pueblo

La nación recuerda las maravillas de Dios en favor de ella en tiempo del éxodo.

Versículos 3, 5: se alude a la travesía del mar Rojo (→ bajo Exodo 14) y la travesía posterior del Jordán (Josué 3).

Versículo 8: → Exodo 17:1-6.

Salmo 115 El Dios vivo: ídolos muertos

Salmo que indica la forma en que muchos salmos han de haber sido cantados, por alguien que dirigía y la congregación se unía en la respuesta (9-11, etc.).

Casa de Aarón (12): o sea, los sacerdotes.

Versículo 17: significa que la alabanza es para los vivos; la muerte calla todas las lenguas.

Salmo 116 Himno de gracias

Salmo para la persona que acude para ofrecer en el templo su ofrenda de gratitud. Dios ha escuchado su oración y lo ha sostenido en días

Una versión del arpa antigua era el "nevel", reconstruido aquí en el Museo Músico de Haifa, Israel. Otra era el "kinnor" (→ página 238).

tenebrosos. Ahora abre su corazón lleno de gratitud.

Copa de la salvación (13): este es lenguaje metafórico vívido. Dios le devolvió la vida; ahora se la ofrece a Dios en gratitud.

Salmo 117 Llamamiento a la alabanza

Salmo 118 Himno para la Fiesta de los Tabernáculos

El himno lo cantaban en procesión el rey, los sacerdotes y el pueblo. Al acercarse al templo, el rey recuerda el triunfo de Dios por su pueblo (1-18). Versículos 19-27: la procesión, en la que se llevan ramas, procede desde la puerta hasta el altar.

Versículo 22: la despreciada nación de Israel ha llegado a ser una gran potencia. En tiempo de

Jesús, Israel ya había perdido su posición privilegiada (Mateo 21:42-43).

Salmo 119 En alabanza a la palabra de Dios

Este es el salmo más largo de todos, y el más formal y acabado en conceptos. Hay 22 secciones de ocho versos cada una. Cada sección comienza con una letra del alfabeto hebreo (sucesivamente) y cada verso dentro de la sección comienza con la misma letra. Dentro de esta pauta estilística, el salmista hace una serie de afirmaciones específicas, aunque no aisladas o desconectadas, acerca de la "ley" (enseñanza de Dios) y del individuo, entremezcladas con frecuentes oraciones. Usa diez diferentes palabras descriptivas: la ley de Dios, sus testimonios (instrucción), preceptos, estatutos, mandamientos, ordenanzas (decretos), palabra, caminos (sendas), promesas y juicios (sentencias). Y en la gran mayoría de los versos se da una u otra de estas descripciones. Parece haberse deleitado tanto en la disciplina a la que obliga esta forma poética compleja, como lo hizo en el estudio de la ley misma. En el salmo vemos con cuanta ansia y persistencia se aplica a la tarea de comprender la ley. La aprende de memoria. Anhela más. No permite que nada lo aparte de ella. La palabra de Dios gobierna su vida y conducta, le da esperanza y paz, lo conduce a la vida. Su confianza en ella es ilimitada, y ver que la burlan lo angustia de verdad. Nosotros poseemos mucho más de la palabra de Dios de lo que poseyó el salmista. Pero su amor y consideración por ella a menudo nos pone en vergüenza.

Los Salmos 120-134 (los cánticos "graduales" o "de las subidas") son una colección de cánticos que se cree entonaban los peregrinos camino a Jerusalén para celebrar las tres grandes festividades anuales. En muchos de ellos el pensamiento y las representaciones se centran en la ciudad santa.

Salmo 120 El látigo de las lenguas engañosas

Los salmos están llenos de alusiones a los pecados de la lengua: mentiras, escándalo, calumnia, hipocresía. El hombre de Dios puede sufrir tanto por lo que la gente dice como por lo que la gente hace.

Versículo 5: ¡forma poética de decir que vive entre bárbaros!

Salmo 121 Dios, el Protector

El hombre que confía en Dios sabe dónde acudir ante los problemas. Con Dios protegiéndolo nada lo puede perjudicar.

Los montes (1): quizás aquellos sobre los que se yergue Jerusalén.

Salmo 122 Jerusalén, ciudad de Dios

El peregrino pide por la paz de la ciudad, centro de culto y sede del gobierno para toda la nación.

Salmo 123 Súplica de misericordia

Salmo 124 Dios el Rescatador

Sin la ayuda de Dios la nación no podría haber sobrevivido las arremetidas del enemigo. El mérito es sólo de él. (¡Cuántas veces ha sido así en la historia de Israel!)

Salmo 125 Seguros en Dios

Los que confían en Dios disfrutan de seguridad completa. Pero que los malos tengan cuidado.

Salmo 126 Risa y lágrimas

Salmo que a menudo ha sido asociado con el regreso del exilio y las dificultades que siguieron. Los versículos 1-3 expresan el gozo exuberante del pueblo ante la bendición de Dios; los versículos 4-6, la necesidad de volver a experimentarlo (o bien una oración por la restauración de la nación entera).

Versículo 4: la mayor parte del año los cauces en el desierto meridional (Neguev) están secos; pero cuando llega la lluvia el agua corre por ellos en torrentes.

Salmo 127 La inutilidad del esfuerzo humano sin Dios

Versículo 5: las disputas y los tratos comerciales se resolvían en la puerta de la ciudad. Aquí los hijos mayores apoyan a su padre en su esfuerzo por mantener los intereses de la familia.

Salmo 128 Bendiciones del hombre que respeta y obedece a Dios

El salmista describe todo lo que el hombre de su tiempo pedía de la vida. Pero → también bajo Salmo 112:2-3.

Versículo 3: la vid y el olivo son símbolos de paz y abundancia, la plenitud de la bendición de Dios.

Salmo 129 Oración por la caída de todos los que han oprimido al pueblo de Dios

Versículos 5-8: → página 339.

Salmo 130 Orando, esperando, anhelando, la redención de Dios

Salmo 131 Salmo de simple confianza

Salmo 132 En conmemoración del día en que el arca fue traída a Jerusalén

Versículos 1-10: → 2 Samuel 6:12-15; 11-12: la promcsa dc Dios dc una dinastía rcal (→ 2 Samuel 7:11-16); 13-18: Jerusalén es escogida como centro religioso de Israel.
Efrata (6): Belén, lugar de nacimiento de David.
Campos del bosque (6): topónimo afín a Quiriat-jearim, donde se conservó el arca durante 20 años después de que los filisteos la devolvieran.

Salmo 133 La unidad familiar del pueblo de Dios

Versículo 2: en el punto culminante de la ceremonia de consagración, el sumo sacerdote era ungido con aceite (Exodo 29:7).

Versículo 3: el rocío es visto como símbolo de bendición. El Mte. Hermón se cubre de una cantidad muy grande de rocío, lo cual significaba mayor fertilidad ahí que en otros lugares en tiempos en que no había agua entubada ni regaderas mecánicas.

Salmo 134 Salmo para los que velan en el templo

Salmo 135 Himno de alabanza para el culto público

Este salmo recuerda muchos anteriores. Dios ha de ser alabado por escoger a Israel (1-4), por su grandeza (5-7, 15-18) y sus obras poderosas (8-14). Que los sacerdotes y el pueblo canten su alabanza (19-21).

Sehón... Og (11): → Números 21.

Los torrentes y colinas de Galilea se reflejan en el deleite de los salmistas en la belleza del paisaje que los rodea, que expresa la renovación y refrigerio que Dios da a los que confían en él.

Salmo 136 La "Gran Alabanza" (Hal-lel)

Alterna la descripción de las grandes obras de Dios en la creación (4-9) y la historia (10-24) con el estribillo del pueblo que recuerda el amor inmutable y eterno de Dios.

Versículo 13: → Exodo 14.

Versículo 19-20: → Números 21.

Salmo 137 Lamento de los cautivos en Babilonia

Los antiguos cánticos de júbilo no salen de la garganta de los cautivos ante el recuerdo de la terrible destrucción de su ciudad y templo. En lugar de ello claman por el castigo de los invasores bárbaros.

Hijos de Edom (7): descendientes de Esaú y por ello íntimamente relacionados con Israel, aunque una hostilidad de siglos dividía a los dos. Los edomitas se gozaron ante las noticias de la ruina de Jerusalén (Abdías 8-14).

Versículo 9: → la nota acerca de la maldición y la venganza en los salmos, página 339. Los israelitas sin duda habían sido testigos de precisamente tales atrocidades cometidas por el ejército babilónico en Jerusalén (8).

Salmo 138 Cántico de gracias

Dios ha respondido a la oración. Una vez más ha mostrado su amor fiel. Es grande y elevado; con todo, cuida de hombres y mujeres insignificantes. El salmista tiene para contar una historia ininterrumpida acerca del cuidado protector de Dios por las personas.

Salmo 139 El Dios presente

El salmo se ocupa de la omnisciencia y omnipresencia de Dios, no de manera abstracta, sino en forma sumamente personal. Dios todo lo sabe: me conoce a mí íntimamente, incluso mis pensamientos. Me ha conocido desde antes de nacer (1-6, 13-16). Dios está presente en todas partes: donde quiera que yo vaya, ahí está él. Está siempre conmigo (7-12, 18b). Me aliaré a él en la lucha contra el mal. Que él busque y se ocupe de todo lo que anda mal en mí (19-24).

Salmo 140 Oración para pedir ayuda

El salmista se encuentra en verdaderas dificultades a causa de la trama de hombres violentos y de sus lenguas venenosas. Pide a Dios que lo guarde (1-8) y los castigue (9-11), con el conocimiento confiado de que Dios está en favor del bien y se opone implacablemente al mal (12-13).

Versículos 9-11: → la nota acerca de la maldición y la venganza en los salmos, página 339.

Salmo 141 Oración para pedir reacciones correctas

La atracción del mal es algo de lo que hay que percatarse. El salmista pide que Dios lo aparte de las mismas cosas que condena en otros, en pensamiento, palabra y acción.

Salmo 142 Oración de un hombre solitario y afligido

El título relaciona este salmo con la época en que David huía y se ocultaba de Saúl (1 Samuel 23:19ss.). Clama a Aquel que lo sabe todo acerca de él: el Señor, su refugio.

Salmo 143 Oración para pedir la ayuda de Dios

El salmista ha llegado al final de la resistencia: ya no tiene reservas ni recursos (3-4). Pero en una situación desesperada queda un refugio: Dios mismo (5-12). "Oh Señor... enséñame... líbrame... guíame... saca mi alma de angustia."

Salmo 144 Cántico al Dios de la victoria

¿Qué es el hombre para que el gran Dios piense en él aunque sea por un instante (1-4)? Con todo, Dios acude siempre en su ayuda (5-11). El cántico concluye con una oración por la paz y la prosperidad para la generación futura (12-15).

Los Salmos 145-150 son un grupo de salmos de alabanza a Dios, probablemente para el culto público. Los judíos de hoy los utilizan en la oración diaria. Los Salmos 146-150

comienzan y concluyen todos con un aleluya, ¡"Alaba al Señor"!

Músicos en Egipto, con discos de perfume que gotean por las mejillas; de la tumba de Nebamun, Tebas, alrededor del 1400 a.C.

Salmo 145 Grande es el Señor

Acróstico (→ bajo Salmo 9). Algunas versione toman de la septuaginta griega una letra que falta en el texto hebreo poniéndola como 13b.

Se derrama la alabanza a Dios por su grandeza y poder (1-7, 10-13a), y por su carácter: amoroso, perdonador, bueno y fiel, justo y amable, que satisface las necesidades de su creación (8-9, 13b-21).

Salmo 146 Alabanza personal

Se centra en Dios, esperanza y ayuda de su pueblo, completamente confiable, que cuida de todos los que están en necesidad.

Salmo 147 Alabanza nacional

Dios manda al universo (4), las estaciones (8), las naciones (14), los elementos (16-18), con un poder que lo coloca totalmente por encima y más allá del género humano. Sin embargo su corazón va a las personas, a todos los que están heridos e infelices (2-3). Se complace en aquellos que lo aman y respetan (11). Y da a su pueblo su palabra para que vivan según ella (19). ¡Gloria al Señor!

Salmo 148 Alabanza universal

Todo lo que existe debe alabanza al creador: los ángeles en el cielo; el sol, la luna y las estrellas; la naturaleza; las profundidades; todas las criaturas de la tierra y todo el género humano.

Las aguas que están sobre los cielos (4): o sea, la lluvia.

Cuerno (14): símbolo de poder. Reina Valera da el sentido al traducir "ha exaltado el poderío de su pueblo".

Salmo 149 El cántico del fiel pueblo de Dios

Su pueblo se regocija en la victoria que Dios ha dado, y exulta ante el juicio de las naciones opositoras.

Cántico Nuevo (1): → bajo Salmo 33.

Espadas de dos filos (6): en el Nuevo Testamento la espada de dos filos es una metáfora de la palabra de Dios (Hebreos 4:12; Apocalipsis 1:16).

Venganza (6b-9): → página 339. El triunfo para los oprimidos *debe* acarrear la derrota para las fuerzas opresivas.

Salmo 150 Sinfonía coral de alabanza

Este es el gran clímax y final de toda la colección de salmos. Todos los instrumentos de la orquesta, todo lo que tiene vida y aliento en la creación entera se une a un himno sobrecogedor de alabanza a Dios.

Proverbios

Proverbios es un libro de sabios refranes: no tan sólo una antología, sino un libro de texto oriental, que enseña a los jóvenes la vida sabia y justa por medio de la repetición de pensamientos juiciosos. Es sabiduría condensada en frases cortas y penetrantes, en contrastes dramáticos, en inolvidables escenas tomadas de la vida. Establece lo que es justo y lo que es malo (no simplemente una fórmula mágica para el éxito), porque la "sabiduría" en Proverbios se basa en la reverencia a Dios y la obediencia a sus leyes. El "temor del Señor" es la esencia de toda verdadera sabiduría humana. Este es el punto de partida. Proverbios aplica los principios de la enseñanza de Dios a toda la vida, a las relaciones, hogar, trabajo, justicia, decisiones, actitudes, reacciones, a todo lo que el hombre hace y dice e incluso piensa. Dios ha enseñado lo que es mejor para el hombre. La experiencia lo demuestra.

El libro se divide en ocho secciones principales: una introducción general acerca de la sabiduría (capítulos 1 - 9); seis colecciones de refranes (10:1 - 31:9); y un poema acróstico acerca de la esposa perfecta (31:10-31). Los detalles se pueden ver más adelante.

Se suele estar bastante de acuerdo ahora en que, en su contenido, los Proverbios pertenecen a la época de los primeros reyes de Israel, aunque la composición continuó durante varios siglos. El rey Ezequías, quien llevó a cabo parte de la labor editorial (25:1), reinó 250 años después de Salomón. El libro tal como lo poseemos fue terminado, lo más tarde, en tiempo de Ben Sira (180 a.C.).

El papel exacto que Salomón desempeñó en todo esto no se conoce. Su nombre aparece en el título, y es el autor/compilador de las dos colecciones más largas (10:1-22:16 y capítulos 25-29). Salomón fue un hombre de sabiduría extraordinaria (→ 1 Reyes 3; 4:29-34) y su corte llegó a ser un centro internacional para el intercambio cultural. 1 Reyes 4:32-34 nos habla de que Salomón "compuso tres mil proverbios; y sus cantares fueron mil cinco... Disertó sobre los árboles... sobre los animales, sobre las aves, sobre los reptiles y sobre los peces. Y para oír la sabiduría de Salomón venían de todos los pueblos y de todos los reyes de la tierra, a donde había llegado la fama de su sabiduría". Mediante el matrimonio con la hija del faraón, Salomón tenía vínculos íntimos con Egipto y quizá conoció la *Enseñanza de Amenemopé* que tiene un paralelo tan estrecho con Proverbios 22:17 - 23:14, al igual que otras colecciones de refranes sabios. El y sus sabios entresacaron la sabiduría del oriente, pero no incorporaron nada que no estuviera de acuerdo con las normas de Dios. → "Poesía y literatura sapiencial", introducción, página 316.

A partir del capítulo 10, Proverbios se asimila mejor leyendo unos pocos dichos cada vez. También puede ayudar el estudiarlos por temas (→ página 358). De esta forma uno puede comparar un dicho con otro, y hacerse una idea de la enseñanza general acerca de un tema específico. Es importante tener presente que los proverbios por naturaleza son *generalizaciones*. Afirman lo que es no *invariablemente* sino *generalmente* verdadero. Los escritores no niegan que haya excepciones. Pero las excepciones no entran dentro del campo de los dichos proverbiales. Por ejemplo, en Proverbios se afirma que los que viven según las normas de Dios prosperarán en el mundo. Esto es generalmente así. Pero no es una "promesa" sin más. Job, y sobre todo la vida de Jesús, muestran el otro lado de la moneda.

1:1-7 INTRODUCCION

El libro comienza con una afirmación de su propósito (2-6) y base (7). Está dirigido sobre todo a los jóvenes y los no instruidos, pero nadie es demasiado viejo o demasiado sabio para aprender.

Versículo 1: mejor considerarlo como el título de todo el libro, no sólo de la primera sección. Los propios proverbios de Salomón comienzan en 10:1.

Temor de Jehová (7): frase importante que se repite a menudo en Proverbios (→ página 359). Describe un saludable temor y respeto de Dios que se expresa en obediencia, confianza en Dios y evitación voluntaria del mal (3:7).

1:8 - 9:18 LECCIONES ACERCA DE LA SABIDURIA

El maestro se dirige a sus discípulos como el padre sabio lo haría con su hijo. El joven tiene una decisión vital que hacer: entre el camino correcto y el errado; entre la sabiduría y la necedad; entre seguir el camino de Dios por la vida y seguir el propio. El maestro describe las dos alternativas y muestra a dónde conduce cada una. El tema de cada lección es el mismo: "Adquiere la sabiduría". ¡La repetición sigue siendo un buen método de enseñanza!

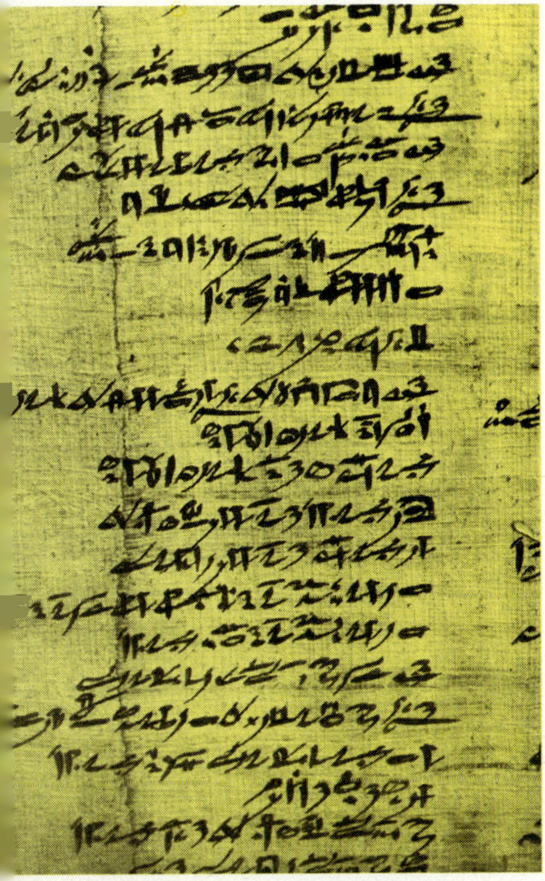

Proverbios tiene su equivalente en las culturas contemporáneas en otras colecciones de sabiduría. *La Sabiduría de Amenemopé,* en este papiro de Tebas, Egipto, data de alrededor del 1000 a.C.

Capítulo 1

Resiste los halagos de los hombres violentos (10-19). Escucha por el contrario la voz de la sabiduría (20-33). Todos los que prescinden de su llamado vivirán para lamentarlo.

Versículo 12: el pozo de la muerte, "Seol", lugar de los muertos.

Sabiduría (20): el maestro describe a la sabiduría como una gran señora. Compite por la atención de todo hombre con otra mujer, la Necedad, que no es toda una dama (→ capítulo 9). → nota acerca de la Sabiduría por temas, página 358.

Capítulo 2

La sabiduría se encuentra en el conocimiento de Dios. Cuesta conseguirla, pero valen la pena los esfuerzos (1-10). Es salvaguardia contra las malas compañías, tanto masculinas (12-15) como femeninas (16-19). Pone los pies del hombre en la senda justa (20).

Capítulo 3

Toma en serio la enseñanza sabia; permanece humilde; confía en Dios (1-12). La sabiduría ofrece lo que el dinero no puede comprar: paz, felicidad, seguridad (13-26). La sabiduría actuó en la creación. Sigue actuando en los mandatos y prohibiciones de la vida y las relaciones diarias (27-35).

Capítulo 4

El maestro transmite la instrucción de su propio padre. La sabiduría es lo que hay que buscar: conduce a la vida. Hay que mantenerse lejos de las malas acciones y de la compañía de los que actúan mal.

Capítulo 5

Sé sabio en cuanto a las mujeres. No aceptes lo fácil, especialmente de una mujer casada. Es una

La "prostituta en la ventana", representada en este relieve de marfil del Palacio de Nimrud, Asiria, era un diseño que utilizaban a menudo los artistas del Cercano Oriente.

femme fatale más que de nombre. Encuentra tu placer en tu propia esposa: procura seguir amándola.

Capítulo 6

Este capítulo ofrece algunas advertencias oportunas. Cuidado con dar fianza sin límites (1-5). Cuidado con la ociosidad (6-11). Cuidado con el destino del "hombre malo" (12-19). Guarda los mandamientos de Dios. Te salvarán de los ardides de las mujeres seductoras.

Seis cosas... siete (16): → bajo 30:15.

Ojos (25): ¡esto parece un toque sorprendentemente moderno! Pero mucho antes del tiempo de Salomón las mujeres usaban maquillaje de los ojos, quizá también pestañas postizas.

Versículo 27: la Biblia de Jerusalén traduce "¿Puede uno meter fuego en su regazo...?"

Capítulo 7

El maestro describe a un joven que cae ante la seducción desvergonzada de una mujer casada. A juzgar por el número de advertencias en Proverbios, esto era bastante común. Incluso Salomón, con toda su sabiduría, fue tan débil como cualquiera en esto, y al final sus mujeres extranjeras lo condujeron a la idolatría (I Reyes 11:1-13).

Capítulo 8

En marcado contraste con la astuta mujer del capítulo 7, que sale sigilosamente al atardecer para conquistarse a su hombre, la Sabiduría invita abiertamente a todos los hombres en medio de sus ocupaciones diarias. Es recta y verdadera, y el valor de su instrucción supera cualquier fortuna terrenal (6-21). Está en el primer lugar de la creación de Dios, es la primerísima de todas las cosas creadas (22-31).

El haragán descansa: en este caso en una cama bajo cubierta ¡en medio de un campo de sandías!

Capítulo 9

Todas las lecciones anteriores del maestro están cristalizadas en esta vívida descripción de la Sabiduría (1-6) y la Necedad (13-18). Ambas invitan al hombre de cabeza vácia y falto de cordura a un festín. La Sabiduría le presenta la vida. En el menú de la Necedad hay sólo muerte.

10 - 22:16 PROVERBIOS DE SALOMON

Al joven se le ha planteado la elección y se le ha apremiado a que escoja la sabiduría. Ahora comienza la instrucción: una instrucción práctica que abarca todos los aspectos de la vida. En esta primera colección, los dichos adquieren su fuerza a base de contrastes. La segunda mitad de cada refrán es la antítesis de la primera. Cada proverbio se basta a sí mismo, aunque algunos forman series por medio de palabras o temas. Revelan una sana psicología y una observación precisa de la vida. Demuestran los resultados de la sabiduría y la necedad en los asuntos prácticos de la vida. En cuanto a la enseñanza en 10:1 - 31:9, → bajo temas, página 358-9.

15:11: incluso los reinos de la muerte (el Seol y el Abadón o Abismo) están abiertos a Dios.

17:8: el hombre confía en que su soborno dé resultado, pero la práctica es mala (→ versículo 23).

Proverbios se ocupaba de los asuntos ordinarios de la vida diaria.

TEMAS IMPORTANTES DE PROVERBIOS 10-31

● Sabiduría y necedad: el hombre sabio y el necio

Esta es la línea principal de todo el libro, el tema de los nueve primeros capítulos (→ páginas 354-357). Los dichos señalan el contraste entre la sabiduría: vivir según las normas de Dios, observando lo que es bueno; y la necedad: el hombre que a capricho sigue sus propias sendas. La sabiduría conduce a la vida y a todo lo que es bueno; la necedad es sólo una vida a medias que termina en la muerte. Los versículos enumerados abajo detallan el curso de acción correcto en muchas circunstancias diferentes. Delinean el carácter del hombre sabio, en contraste con la vida y carácter del ''necio'', que cierra su mente a Dios y a la razón.

10:8, 13-14, 23; 12:1, 15-16, 23; 13:14-16, 20; 14:1, 3, 7-8, 15-18, 24, 33; 15:5, 7, 14, 20-21; 16:16, 21-23; 17:10, 12, 16, 24, 28; 18:2, 6-7, 15; 19:25, 29; 21:22; 22:3; 23:9; 24:3-7, 13-14; 26:1, 3-12; 27:12, 22; 28:26; 29:8-9, 11.

● El justo y el malvado

La respuesta de la persona a las alternativas de la vida determina a cuál de los dos grupos pertenece. El hombre sabio, según la definición de sabiduría en Proverbios, será justo. El necio que se deja emgañar está siempre balanceándose en el borde de lo malo. Lo más probable es que terminará entre los malos. Lor proverbios citados abajo describen la vida justa —la vida de integridad— y las bendiciones que produce a la persona y a la comunidad. Dios ama y protege al justo. Los malos están sometidos a su ira. Si prosperan sólo es por poco tiempo. Se encaminan directamente a la muerte y destrucción.

10:3, 6-7, 11, 20-21, 24-25, 27-32; 11:3-11, 17-21, 23, 28, 30-31; 12:2-3, 5-7, 10, 12-13, 21, 26, 28; 13:5-6, 9, 21-22, 25; 14:9, 11, 14, 19, 32; 15:6, 8-9, 26, 28-29; 16:8, 12-13; 17:13, 15; 18:5; 20:7; 21:3, 7-8, 10, 12, 18, 26-27; 24:15-16; 25:26; 28:1, 12, 28; 29:2, 6-7, 16, 27.

● Las palabras y la lengua

Proverbios insiste muchísimo en el poder de las palabras y del habla, para bien y para mal. Lo que decimos, y cómo reaccionamos a lo que los otros dicen, sea consejo, reprensión, murmuración, o sugerencias tentadoras, delata lo que somos (→ Mateo 12:34-37). La lengua es una fuerza incalculable: se necesita ser sabio para dominarla (→ Santiago 3). Los proverbios citados abajo están llenos de consejos sabios y advertencias oportunas.

10:18-21, 31-32; 11:9, 11-14; 12:6, 14, 17-19, 22; 13:2-3; 14:5, 25; 15:1-2, 4, 23; 16:1, 23-24, 27-28; 17:4, 7, 27; 18:4, 6, 13, 20-21; 19:5, 9; 20:19; 21:6, 23; 22:10; 25:11, 15, 23, 27; 26:20-28; 27:2; 28:23; 29:20.

● La familia

Las modas y los gustos cambian, pero la estructura básica de la vida familiar, sus alegrías y penas, siguen en pie. Sigue habiendo maridos infieles, y esposas que altercan y regañan a su marido hasta el agotamiento. Sigue habiendo hijos de hogares buenos que se desvían. El sabio consejo de Proverbios respecto a lo que propicia una vida hogareña feliz y estable, y respecto a las cosas que la socavan, sigue siendo hoy día igualmente sólido.

Padres e hijos: 10:1; 13:1, 24; 17:21, 25; 19:13, 18, 27; 20:11; 22:6, 15; 23:13-16, 19-28; 28:7, 24; 29:15, 17; 30:11, 17.

Esposas: 12:4; 18:22; 19:13-14; 21:9, 19; 25:24; 31:10-31. (Los consejos principales para los maridos están en la sección anterior, p.e. capítulo 5.)

● **Pereza y trabajo**
Proverbios contiene una buena cantidad de esbozos del hombre perezoso: demasiado holgazán como para comenzar un trabajo, demasiado débil como para continuarlo hasta el fin, bostezando por la vida hasta que es demasiado tarde y la pobreza y el hambre lo asedian. No hay nada que esté en favor de la pereza, sino que ''en toda labor hay fruto''.
10:4-5, 26; 12:11, 24, 27; 13:4; 14:23; 15:19; 18:9; 19:15, 24; 20:4, 13; 21:25; 22:13; 24:30-34; 26:13-16; 28:19.

ALGUNOS TEMAS SECUNDARIOS

● **Ricos y pobres; pobreza y riqueza:** 10:15; 11:4, 24-25; 13:7-8, 11; 14:20-21, 31; 18:11, 23; 19:4, 7, 17; 21:13, 17; 22:1-2, 7, 16, 22-23; 23:4-5; 28:3, 6, 11, 20, 22; 30:8-9.

● **El mundo de los negocios; planes y decisiones:** 11:1, 15, 26; 15:22; 16:3, 9-11, 33; 17:8, 18, 23; 18:16; 19:21; 20:10, 14, 16, 18, 23; 21:14; 22:26-27; 27:23-27; 28:8.

● **El orgulloso y el humilde:** 11:2; 12:9; 15:25; 16:18-19; 18:12; 21:4, 24; 22:4; 29:23.

● **Amigos:** 17:9, 17; 18:24; 19:4, 6; 27:6, 10; **y prójimos:** 25:8-10, 17-18; 26:18-19; 27:10, 14; 29:5.

● **Amos y siervos:** 11:29; 14:35; 17:2; 29:19-21; 30:10, 22-23.

● **Reyes y gobernantes:** 16:13-15; 19:12; 20:2; 23:1-3; 24:21; 25:1-7; 28:15-16; 29:12, 14; 31:4-5.

● **Esperanzas y temores; gozos y penas:** 12:25; 13:12-19; 14:10, 13; 15:13, 30; 17:22; 18:14; 25:20; 27:9.

● **Ira:** 14:17, 29-30; 15:18; 16:14, 32; 19:11-12, 19; 20:2; 22:24-25; 29:22.

● **El ''temor de Jehová''** (aunque la expresión no se encuentra tan a menudo, éste no es un tema secundario; como base de toda sabiduría, es absolutamente fundamental para todo el libro): 10:27; 14:26-27; 15:16-33; 16:6; 19:23; 22:4; 23:17; 24:21. → también en la sección anterior, p.e. 1:7; 3:7.

18:18: En la época del Antiguo Testamento era práctica común buscar la voluntad de Dios echando suertes.

20:10: Levítico 19:35 condena el dar menos peso, y los profetas también denuncian todas estas trampas en los negocios.

22:17 - 24:34 DOS COLECCIONES DE DICHOS DE HOMBRES SABIOS

Parece probable que en esta sección Proverbios utiliza en forma creativa materiales extranjeros (→ introducción, página 354 y "Poesía y Literatura Sapiencial", página 316), además de materiales de los propios "sabios" de Israel. Los dichos de esta sección están más relacionados que en la anterior. Comienzan con "cosas a evitar" (22:22-29). Luego vienen los riesgos del ascenso social (23:1-8); disciplina y consejos para padre e hijo (23:12-28)' una descripción de un ebrio (23:29-35); enseñanza acerca de la sabiduría y la necedad (24:1-14), y de la vida justa (24:15-22). El grupo de dichos adicionales (24:23-34) se centra en la justicia y el trabajo duro, con un esbozo del hombre perezoso en los versículos 30-34. → también bajo temas, páginas 358-9.

Treinta capítulos (Biblia de Jerusalén, 22:20): el hebreo tiene varios posibles significados, pero parece implicar un libro de dichos que consiste de (aproximadamente) 30 párrafos o dichos. (La versión Reina-Valera lo traduce "escrito tres veces".)

Linderos antiguos (22:28): piedras que se colocaban para señalar los límites.

Pozo angosto (23:27): o sea, un pozo del que sería difícil salir.

25 - 29 MAS PROVERBIOS DE SALOMON (COLECCION DE EZEQUIAS)

Bajo el rey Ezequías, Israel regresó a las antiguas normas de culto que habían sido descuidadas. Reparó el templo, reinició los sacrificios y restauró la música del templo según las directrices dadas por David (2 Crónicas 29). ¿Qué es lo mas probable entonces sino que volviera su atención a la sabiduría clásica de Salomón? De cualquier modo, fueron sus hombres los que publicaron esta colección de proverbios de Salomón. En este caso hay más agrupamientos que en 10:1 - 22:16, y estos proverbios, para conseguir efecto, dependen más de la comparación que del contraste. En cuanto a la enseñanza, → bajo temas, páginas 358-9.

25:6-7: Jesús utiliza el mismo tema en Lucas 14:7-10, pero lo amplía para abarcar una actitud total hacia la vida.

Tejer para la venta era uno de los deberes de la buena esposa. Estos retazos de tela están expuestos en el mercado beduino tradicional de Beerseba.

26:4-5: probablemente la intención era que estos dos versículos fueron complementarios, no contradictorios. Comúnmente de nada sirve discutir con un necio, pero hay ocasiones en que su falso razonamiento debe ser puesto en evidencia.

26:8: ¿Qué sería más sin sentido que amarrar una piedra a la honda para que no pudiera salir disparada?

30 DICHOS DE AGUR

Ni Agur ni Lemuel (31:1) eran israelitas, sino de Massá (Biblia de Jerusalén), una tribu árabe descendiente de Ismael, hijo de Abraham. El oriente era famoso por su sabiduría hasta en los tiempos mismo de Cristo (→ Mateo 2:1). Agur es hombre cuya observación minuciosa de la vida y de la naturaleza le ha enseñado humildad.

Tres... cuarta (15): artificio que indica que la lista no es exhaustiva. → también 18, 21, 29 y 6:16.

Versículo 19: halla cuatro cosas sorprendentes: cómo el águila puede volar; cómo la serpiente se puede mover sin patas; cómo el barco puede flotar entre las olas; y la misteriosa atracción que lleva al hombre hacia la mujer.

31:1-9 DICHOS DEL REY LEMUEL

→ bajo capítulo 30 arriba. Lemuel esquematiza la enseñanza de su madre. Nos parece captar un tono de suave reproche en el versículo 2.

Hijo de mis deseos (2): los votos hechos cuando pedía un hijo.

31:10-31 LA ESPOSA PERFECTA

Proverbios describe un cuadro notable del poder de la mujer, tanto para el bien como para el mal. Concluye con este encantador poema acróstico (→ bajo Salmo 9) acerca de la mujer ideal: responsable, capaz, laboriosa y completamente confiable. No sólo su marido, familia y hogar dependen de su provisión y previsión en cuanto a necesidades físicas; le deben su bienestar en un nivel mucho más profundo (11, 12, 26). Su influencia va más allá de este círculo inmediato para llegar a la sociedad en general (20). Y ella encuentra amplio campo para todos sus dones en las esferas más anchas del comprar y vender y de las transacciones comerciales (16, 18, 24). ¿Dónde está su secreto? En ese mismo "temor a Jehová" en el que tiene sus raíces toda verdadera sabiduría.

Agujas en una funda, del Antiguo Israel; halladas en Hazor.

Eclesiastés

Eclesiastés es una pieza de "literatura sapiencial" (→ "Poesía y literatura sapiencial", introducción, página 316), forma popular de escribir en países del cercano oriente en la época del Antiguo Testamento. Hoy día no es una forma común, y nos puede parecer desarticulada, con sus pensamientos, refranes y observaciones acerca de la vida aparentemente sin conexión. Pero el tema de Eclesiastés es notablemente "moderno": lo comparte un buen número de novelas y obras de teatro del siglo XX.

El libro simplemente observa la vida a su alrededor y saca las conclusiones lógicas. Esta es la vida "bajo el sol", la vida tal como el hombre la ve. El autor no impone ideas preconcebidas. La vida como el hombre la vive, sin Dios, es fútil, sin significado, sin propósito, vacía. Es un cuadro frío. La naturaleza y la historia proceden en círculos: no hay nada nuevo. Si uno saca el balance de las ganancias, y las pérdidas de la vida humana, resulta que es mejor estar muerto. La vida es injusta; el trabajo de nada sirve; los goces no satisfacen; la vida buena y el sabio pensar resultan fútiles debido a la muerte. "Sé realista", dice el libro. "Si la vida sin Dios es lo único que hay, vela como es. No finjas. No entierres la cabeza en la arena. Esta es la verdad de la vida".

Pero esto no es, como en tantos escritos modernos, sólo cinismo y desesperación. Dios nunca quiso que el hombre lo dejara fuera a él. Dios puede poner gozo en todos los aspectos de la vida: desde la comida y el trabajo hasta el hogar y el matrimonio (2:24-26; 3:10-15; 5:18-20; 9:7-10). Quiso que el hombre encontrara la satisfacción última no en la vida sino en él. El sabio muere igual que el necio, es cierto, pero la sabiduría sigue siendo buena y justa (2:13). Y Dios juzgará al justo y al malo (3:17). Disfruta la vida, no como un epicúreo ("comamos, bebamos, porque mañana moriremos"), sino como hombre de Dios, porque dependes de él en cuanto a la vida y al disfrute (3:13; 5:19). Una existencia vacía y vana no es inevitable: recuerda a Dios mientras eres joven (12:1); témelo y guarda sus mandamientos (12:13).

La palabra "Eclesiastés" es la traducción griega de "Cohélet" (en Reina Valera "el Predicador") palabra que parece indicar el título oficial del autor más que su nombre. Podría ser un seudónimo de Salomón, quien era "hijo de David, rey en Jerusalén" (1:1, 12) y la encarnación de la sabiduría. ¿Qué hombre estaba en mejores condiciones que él para pronunciarse acerca de la vida, habiéndola saboreado en su plenitud —poder, fama, riquezas, mujeres, todo lo que cualquier hombre podría desear— y habiendo comprobado lo que era la vida tanto bajo Dios como sin él?

Capítulo 1

El autor enuncia su tema: la vaciedad y futilidad de la vida. Los hombres pasan. Los siglos de la naturaleza y de la historia se repiten constantemente. No hay nada nuevo. Incluso la búsqueda de la sabiduría, o el objetivo más elevado del hombre, es vana, porque "quien añade ciencia, añade dolor".

Versículos 1, 12: → introducción.

Debajo del sol (3, 9, 14): expresión frecuente en Eclesiastés. Indica "el mundo, visto simplemente desde un punto de vista humano".

Capítulo 2

¿Qué va a hacer el hombre con su vida (3)? Si vive para el placer —todo el que le pueden dar la riqueza y la posición— la vida sigue siendo vacía (10-11). La sabiduría es mucho mejor que la necedad, pero en último término la muerte nos hace necios a todos. Las cosas por las que laboramos debemos dejarlas para que otros las disfruten. Esta es la futilidad de la vida "debajo del sol". Porque no hay gozo ni satisfacción en la vida aparte de Dios (24-26).

Capítulo 3

En la vida hay un tiempo para todo (1-9). Así lo ha hecho Dios. El hombre entiende el tiempo, pero no puede comprender toda la obra de Dios (11). Entonces aprende a vivir en temor de Dios. Hay injusticia y corrupción en la vida (16ss.), pero Dios ha establecido un tiempo para el justo juicio, aunque todos los hombres deben morir.

Hay injusticia y corrupción en la vida (16ss.), pero Dios ha establecido un tiempo para el justo juicio, aunque todos los hombres deben morir.

Capítulo 4

Son tales las opresiones en la vida que es mejor estar muerto; y es mejor todavía no haber nacido (1-3). Los hombres se agotan con el trabajo, tratando de superarse el uno al otro, nunca deteniéndose a preguntar para qué todo ello (4-8).

A partir de este punto del libro los pensamientos y observaciones se encuentran más a menudo entremezclados con consejos y enseñanzas, en la forma proverbial que adopta el "sabio". La sabiduría puede parecer tonta a los ojos del mundo (1:17, 18, 2:14-17) pero es evidente que "Cohélet" sigue creyendo en ella y desea que los hombres vivan según ella (→ 12:9-11).

Cordón de tres hilos (12): tres son incluso mejor que dos. La cuerda hecha de tres hilos es difícil de romper.

Joven y anciano en la Jerusalén actual.

Capítulo 5

Consejos saludables en cuanto a las promesas hechas a Dios (1-7) y a las actitudes respecto al dinero (10-12). Otro de los males de la vida (13-17) es el fracaso económico. La forma correcta de vivir es disfrutar del trabajo, y disfrutar de la prosperidad si llega, porque estos son dones de Dios. El disfrute es el antídoto de la melancolía que surge por el pasar de los años (10).

Versículos 8-9: el significado del original no está del todo claro. La Biblia de Jerusalén traduce el versículo 8 (9 en la Reina-Valera) de esta forma: "se invocará el interés común y el servicio del rey"; y en nota indica que se trata de "pretextos corrientes para encubrir los abusos".

Capítulo 6

¿De qué vale una larga vida para el hombre si no tiene la oportunidad de disfrutar todo aquello por lo que ha trabajado (1-6)? Mejor haber nacido muerto o haber sido abortado (3). El hombre que se guía por sus apetitos y deseos nunca se satisfará (7-9).

Capítulo 7

El hombre sabio tiene en cuenta la muerte además de la vida (2). Su perspectiva de la vida es seria (1-6). Sabe cómo disfrutar los buenos tiempos y aprender de los malos (14). "Cohélet" observa otra de las anomalías de la vida (15). Hay hombres buenos que mueren jóvenes, y malos que llegan a ancianos en su maldad. La sabiduría lo pone a prueba todo (23), pero la vida no cuenta. El hombre, tal como Dios lo hizo, estaba bien; sus problemas son resultado de sus acciones (29).

Versículo 18: se aconseja evitar los extremos. Los versículos 16-17 resuenan con el tono cínico de la sabiduría mundana. ¡Dios nunca diría que éramos demasiado buenos, ni tampoco nos aconsejaría que hicieramos nada malo!

Versículo 28: sólo ha encontrado un hombre entre mil que merezca el nombre, ¡y ni una sola mujer!

Capítulo 8

La fe no puede resolver el problema del mal: los buenos reciben lo que los malos merecen; los malos son admirados y viven una vida cómoda. El hombre de Dios sólo puede afirmar lo que sabe que es verdad, aunque todas las pruebas estén en contra (12). El goce es lo mejor de la vida, dice "Cohélet" (15). Con todo, dedica sus energías a la sabiduría, si bien Dios le ha

Los siglos pasan, la vida del pueblo cambia poco.

En este relieve de Asiria se representa a un pescador

ocultado al hombre la respuesta a los misterios de la vida (16-17).

Capítulo 9

Un fin, la muerte, llega a todos los hombres, tanto buenos como malos (con esta diferencia, que los buenos están en manos de Dios, 1). Nadie sabe cuánto va a durar (11-12). Por esto hay que trabajar mucho y disfrutar de la vida mientras dura, porque la muerte separa al hombre de todo lo que el mundo le ofrece (7-10). La sabiduría quizá no recompense, pero sigue siendo más valiosa que el poder (13-18).

Capítulo 10

Colección de proverbios sobre la sabiduría y la necedad, refranes sabios y consejos prácticos que continúan en el capítulo 11.

Capítulos 11 y 12

Consejos prácticos que llevan directamente a las conclusiones del autor. Si la vida es larga, regocíjate en ello. Regocíjate en la luz antes de que la oscura noche de la muerte comience. Que los jóvenes gocen en su juventud, recordando siempre a Dios, que les pide cuentas a todos. No esperes hasta la ancianidad. No esperes hasta que la vida se haya vuelto vana y vacía y no quede nada por delante sino la muerte. Teme a Dios, reconócelo con respeto, y obedécele.

12:2-6: el versículo 2 describe la vida que se acerca al fin, las tinieblas de la muerte que se aproxima. Los versículos 3-5 son una serie de descripciones de la ancianidad, cuando el vigor falla, los dientes son pocos, la visión se oscurece. Reina-Valera traduce el versículo 5: "cuando también temerán de lo que es alto, y habrá terrores en el camino; y florecerá el almendro, y la langosta será una carga, y se perderá el apetito; porque el hombre va a su morada eterna, y los endechadores andarán alrededor por las calles." La "cadena de plata..." (6): metáforas de la muerte.

Versículos 9-14: epílogo del autor (o editor). Ha dicho la verdad acerca de la vida, mostrándola en su realidad; sin Dios. Su constructivo consejo cala en todo el libro. Ahora pone de relieve la única cosa en torno a la cual gira la vida del hombre: su actitud hacia Dios. Hay un juicio, en que el bien y el mal serán puestos en su lugar correspondiente. El hombre debe vivir a la luz del mismo. El "temor de Dios" (como lo dice claramente Proverbios) es donde comienza la verdadera sabiduría, y la verdadera vida.

La "vida bajo el sol" no difiere mucho hoy día en las zonas tradicionales del Medio Oriente de lo que era en la época del Eclesiastés. Hombres a lomo de asno van por un sendero desértico y pasan junto a un valle cultivado.

Cantar de los Cantares de Salomón

El "Cantar de los Cantares" es una serie de poemas líricos sobre el tema del amor entre el hombre y la mujer. El ambiente es pastoril: los poemas están llenos de evocaciones del campo. La época, acertadamente, es la primavera. Están llenos de la pasión y deleite del amor humano.

Los poemas no permiten un análisis completo y, en parte por esta razón, han sido objeto de toda clase de interpretaciones. Tanto judíos como cristianos han visto en ellos alegorías: del amor de Dios por Israel; del amor de Cristo por su esposa la Iglesia. Pero los poemas mismos no dan certeza de esto. Algunos ven los poemas como un drama con dos personajes: la esposa y el esposo real; algunos ven tres: Salomón, la muchacha, y su pastor amante. Sin embargo no hay pruebas, aparte del Cantar, de que existiera en Israel esta clase de literatura. Otros consideran que los poemas son una serie de cantos entonados durante la celebración de bodas de una semana en donde el esposo y la esposa eran coronados rey y reina, como en la Siria actual.

Sea cual fuere la forma, los poemas tal como los tenemos celebran la belleza y maravilla del amor humano. Hay un deleite franco y abierto en la atracción física, que subraya el hecho de que Dios quiere que el hombre disfrute del amor físico dentro de las leyes que él ha dado.

Las notas que siguen dan sólo un esquema general del cantar. La Biblia de Jerusalén ofrece un análisis detallado.

Capítulo 1

El Cantar comienza (2-8) con un diálogo entre la esposa, muchacha campesina, y las mujeres de Jerusalén (probablemente la corte o harem). Luego conversan la esposa y el esposo (9-17).

Cantar de los Cantares, el cual es de Salomón (1): el título podría implicar que Salomón lo escribió, o que fue escrito para él o acerca de él. Tuvo tanta fama en el campo del amor (1 Reyes 11:1-3) como la tuvo en el campo de la sabiduría. Pero ¡difícilmente puede ser considerado como el ideal de la dedicación única! Ni tampoco le cabe la imagen del pastor, a no ser que el lenguaje sea pura convención literaria de tipo pastoril. De ahí el atractivo de la interpretación que señala como tres los personajes que figuran en el cantar: la doncella; Salomón, quien trata de ganarse el corazón de ésta; y el enamorado pastor a quien ella permanece fiel.

Cedar (Quedar, 5): tribu árabe nómada. Las tiendas de los beduinos se hacen de piel de cabra negra.

El sol me miró (6): habla de la tez, tostada por el sol.

Carros de Faraón (9): Salomón tenía un próspero negocio de importación y exportación de caballos y carruajes por los que Egipto era famoso (1 Reyes 10:26-29).

Versículos 12-13: "nardo": ungüento perfumado. Las mujeres que podían permitirse semejantes lujos llevaban bolsitas de mirra fragante, colgadas del cuello, debajo del vestido; o en las mejillas, como en el grabado de la página 353.

Versículo 14: un tinte cosmético rojo que se hacía de alheña. "En-gadi": oasis hermoso de agua fresca cerca de las orillas estériles del Mar Muerto.

Capítulo 2

Los pensamientos de la esposa están llenos de la dulzura y el anhelo del amor. El esposo acude a ella en la belleza idílica de la primavera (10ss.). Todo es en un marco campestre. Sólo el versículo 7 contiene algún indicio de la corte.

Versículo 7: → 3:5; 8:4. El significado de este estribillo parece ser que al amor debe permitírsele que crezca naturalmente, a su tiempo. No hay que forzarlo ni estimularlo artificialmente.

Las zorras (15): chacales. Si dañan el capullo no habrá fruto.

Esposa vestida con el aderezo tradicional de los judíos yemenitas.

Capítulo 3

En un episodio de sueño la esposa describe los sentimientos de desolación que produce la separación, y el gozo de la reunión. Los versículos 6-11 describen la gran procesión del rey Salomón.

Madera del Líbano (9): el famoso cedro, importado para la construcción del templo y los palacios.

Capítulo 4

El esposo se gloría en la belleza de su esposa. Las comparaciones son orientales, pero el amor en todo el mundo comparte la misma encantada apreciación de la forma humana.

Manada de cabras (1): sus suaves movimientos ondulados hacen brillar en el sol sus lustrosas pieles de azabache.

Versículos 2-4: sus dientes son blancos y uniformes; sus mejillas llenas y rosadas; el cuello como una torre llena de trofeos.

Senir, Hermón (8): la montaña de 3,000 m. en la frontera entre Israel y Líbano.

Versículo 16: la voz de la esposa invitando al esposo para que disfrute de su "huerto", ella misma.

Capítulo 5

La esposa vuelve a soñar (2-8). Esta vez el esposo llega y ella se retrasa demasiado en dejarlo entrar. Y de nuevo el gozo se vuelve desolación. En respuesta a las mujeres (9) describe la apariencia de él. Es para ella tan "deseable" como ella para él.

Mirra... (5): va perfumada como la esposa en la noche de bodas.

Capítulo 6

Las mujeres preguntan; la esposa responde, y el esposo vuelve a describir la belleza de su único amor. Ni reinas ni concubinas pueden rivalizar con ella.

Tirsa (4): hermosa ciudad, antigua capital del reino septentrional de Israel.

Versículo 12: La Biblia de Jerusalén traduce, "¡sin saberlo, mi deseo me puso sobre los carros de mi pueblo, como príncipe!"

Sulamita (13): si "Sulam" es un lugar, se desconoce su ubicación. No hay fundamento para relacionar a la muchacha con Abisag la sulamita (1 Reyes 1:3-4), como algunos han hecho.

El Cantar de los Cantares está lleno de metáforas tomadas de la naturaleza. Aquí se ven palmeras que bordean el río Jordán.

Capítulo 7

De nuevo el esposo se maravilla ante la belleza física de su esposa. No puede apartar los ojos de ella. Todos los detalles son perfectos. La esposa lo ama totalmente, sin reserva (10-13), en todo el esplendor de la primavera.

Carmelo (5): la montaña de la disputa de Elías con los profetas de Baal, que hoy constituye un marco impresionante del puerto de Haifa.

Mandrágoras (13): planta que desde tiempos primitivos se consideraba que tenía poderes afrodisíacos.

Capítulo 8

La esposa anhela manifestar abiertamente su sentimiento. En el versículo 5 el escenario cambia y los dos están por fin juntos. *Nada* puede destruir el verdadero amor.

Versículos 8-9: los hermanos de la muchacha discuten acerca de cómo preservar su honor. Ella afirma haberlo hecho (10).

La gacela, ágil por las montañas, proporciona una comparación fácil al poeta.

Versículos 11-12: la "viña" es probablemente una alusión poética al harem de Salomón y a su cortejo. ¡Que se quede con él! El amor y persona de la esposa sólo ella lo puede dar: no está a la venta.

4 LOS PROFETAS

Introducción

ALEC MOTYER

Los israelitas se habían convertido en nación. Habían sido redimidos de la esclavitud en Egipto. Se les había dado la ley. Estaban comprometidos a una vida de obediencia a Dios, y a una religión que constantemente les recordaba su dependencia del perdón y misericordia de Dios.

Pero constantemente fallaban en cuanto a su llamamiento y promesas. Debido al culto a los ídolos, la guerra civil, la inmoralidad, la satisfacción de sí mismos, la nación necesitaba que se le recordara una y otra vez el punto central de su existencia.

El llamamiento a la obediencia

Los profetas eran hombres que Dios levantaba para hacer precisamente esto: para invitar al pueblo a que retornara a Dios y a sus caminos. El descuido se había vuelto olvido. La santa ley de Dios para la vida había dejado de ser una fuerza eficaz que moldeara a los hombres y a la sociedad.

A veces la culpa era más un cambio en el orden justo de prioridades. Los sacrificios tenían como fin proveer cuando había recaídas en la desobediencia. Pero hubo períodos en la historia del Antiguo Testamento en que se veían como sustitutos de la vida de obediencia, técnicas rituales para mantener contento a Dios.

Cuando la religión de la nación se corrompía hasta esta clase de ritualismo no moral, los profetas elevaban su protesta. Esto explica toda una serie de versículos en los que los profetas a primera vista parecen negar la autoridad divina que está en la base de los sacrificios (Isaías 1:11ss.; Jeremías 7:21ss.; Oseas 6:6; Amós 5:25; Miqueas 6:6-8). Su intención es más bien sacar al pueblo de las falsas prioridades; insistir en la exigencia primordial de Dios de que su pueblo debe obedecer sus mandamientos y vivir sus normas.

Distinguir lo falso de lo verdadero

Nuestro mundo actual está lleno de voces conflictivas, todas con la pretensión de ser pronunciamientos autoritativos. La opinión religiosa varía tanto que a menudo hay colisiones frontales entre ideas diferentes, todas las cuales se presentan en el nombre de Dios. ¿Cómo podemos saber dónde está la verdad?

Lo que dijeron los profetas en una situación similar fue que lo que está de acuerdo con la Escritura se puede considerar como verdad de Dios. En Deuteronomio 13 el falso profeta es el que aparta a su pueblo hacia "otros dioses" y habla "rebelión contra Jehová vuestro Dios que te sacó de tierra de Egipto... y trató de apartarte del camino por el cual Jehová tu Dios te mandó que anduvieses".

En otras palabras, la verdad acerca de Dios que comunicó Moisés es la norma para comprobar la veracidad de las opiniones del pueblo. Este pasaje menciona específicamente los mandamientos del Señor: ¿suscribe el profeta la antigua moralidad del Mte. Sinaí, o predica una nueva moralidad?

Podemos ver esta prueba en acción en Jeremías 23:9-22. Tanto en su vida personal (versículos 9-15) como en su ministerio público (versículos 16-22), el falso profeta defiende otra moralidad y alienta a sus seguidores a que hagan lo mismo. En consecuencia, deduce Jeremías, este hombre no puede haber estado "en el secreto de Jehová" (versículos 18, 22).

El llamamiento del profeta

El verdadelo profeta afirmaba tener el privilegio de estar en el "secreto" del Señor, palabra que trasmite la idea tanto de consulta (→ 1 Reyes 22:19-22) como de intimidad con Dios.

Esta experiencia de estar en comunión íntima con Dios y de conocer su mente "en secreto" es la que está en el fondo de las tres palabras que describen al profeta. Las tres aparecen en 1 Crónicas 29:29.

La palabra traducida como "profeta" significa "llamado (por Dios)", con la tarea consiguiente de proclamar el mensaje de Dios a los hombres. El llamamiento de Dios no es una invitación sino un nombramiento. Por ejemplo, el Señor "tomó" a Amós (7:15) a fin de hacerlo profeta "a mí pueblo".

Las otras dos palabras hebreas se traducen como "vidente", que significa "el que ve". Estas palabras aluden al hecho de que, por inspiración de Dios, los profetas tienen una capacidad totalmente única de "ver": tanto en los asuntos de los hombres como en la mente de Dios.

Las tres palabras se emplean en forma sinónima en todo el Antiguo Testamento (aunque 1 Samuel 9:9 indica un tiempo en el que parece se utilizaba cierta distinción). Tomadas juntas, muestran los dos lados de la experiencia profética. "Vidente" se refiere al cambio que Dios produce en el hombre al que "toma" para esta tarea (→ 2 Pedro 1:21). "Profeta" indica la revelación por parte de Dios de su mente y voluntad a ese hombre y a través de ese hombre (→ 2 Timoteo 3:16).

"Así dice el Señor"

Los profetas, pues, eran esencialmente hombres a los que Dios escogía para acercarlos a él. El llamamiento del profeta no era hereditario, como el del sacerdote. Y Dios escogía a sus hombres de muchos estratos de la vida. Algunos, como Jeremías y Jonás, fueron reclutas muy reacios, especialmente cuando se enteraron de lo que Dios deseaba que hicieran.

Pero de su comunión con Dios (→ 1 Reyes 17:1) los profetas salieron con su mensaje para sus contemporáneos, y también para nosotros (→ Hechos 7:38). A veces enfatizaban su mensaje por medio de acción dramática (p.ej. Jeremías 19; Ezequiel 4; → 2 Reyes 13:14-19). Pero en su mayoría sus mensajes se presentaban en discursos hablados, cuidadosamente construidos, que ostentaban todas las señales de premeditación y preparación.

Los profetas son muy reticentes en cuanto a cómo recibieron estos mensajes. A menudo no se nos dice nada más que "la palabra de Jehová vino" (p.ej. Jeremías 47:1; Ezequiel 17:1; Zacarías 8:1). "Vino" traduce el verbo hebreo "ser", con el significado de "la palabra del Señor se convirtió en realidad viva y presente", lo cual nos transmite el contenido pero no la naturaleza de la experiencia.

Sin embargo, no cabe duda de que los profetas querían que se tomara en serio su afirmación. "Así dice el Señor" significa precisamente lo que decía. Recibían del Señor las "palabras" mismas (adviértase el plural, Jeremías 1:9; Ezequiel 2:7; 3:4) que pronunciaban.

No podemos ofrecer una descripción lógica de su experiencia. Debemos limitarnos a observar los hechos. Por una parte ellos mismos afirmaban hablar palabras que Dios les daba; por otra parte no fueron evidentemente "grabadoras" impersonales de un "mensaje" externo. Por el contrario, fueron personalidades grandes y llenas de colorido.

De la personalidad mucho más notable del Señor Jesús —Hijo de Dios, Hijo del hombre— sólo podemos concluir que cuando el hombre es totalmente uno con Dios entonces la verdadera humanidad, la personalidad individual plena, llega a la perfección. Así, en el caso de los profetas, Dios los condujo a una intimidad tan grande de comunión consigo mismo, a una armonía tal de mente y voluntad, a una consagración tal de la vida (y todo por medio de las experiencias característica de salvación) que crecieron hasta la plena madurez y también gracias a su inspiración singular, se convirtieron en voceros de Dios (→ Exodo 4:15-16; 6:28-7:1).

El presente y el futuro

Un vistazo al gráfico de las páginas 374-375 mostrará que estos hombres notables estuvieron enraizados en la historia. Dios los colocó deliberadamente en puntos críticos.

Amós habló en un tiempo en que la afluencia económica y el formalismo religioso se combinaron para producir una intensa decadencia y permisividad sociales (→ Amós 3:15-4:1; 4:4-5; 2:6-8).

Oseas se dirigió a una era en la que las formas sociales establecidas se estaban diluyendo ante la vista de los hombres.

Isaías, según la apreciación de la situación por parte de Dios, predicó a un pueblo que al rechazar su mensaje habría sobrepasado el punto sin riesgo y se habría condenado irremisiblemente (Isaías 6:9ss.).

Jeremías forma parte del núcleo de la agonía final de Jerusalén, y Ezequiel de las primeras experiencias traumáticas del cautiverio.

Hablaron en el nombre del Dios que no es simplemente un observador ni un visitante ocasional, sino siempre el soberano activo de la historia humana. Es inevitable, por tanto, que los profetas no sólo explicaran el pasado (Amós 4:6ss.) y pusieran al descubierto la tendencia del presente (Isaías 5:11-13) sino que declararan sobre todo lo que Dios iba a hacer.

Predecir lo que iba a suceder era para ellos consecuencia esencial de su comunión con el Señor de la historia (p.ej. Amós 3:7). Cuando se hallaban en su presencia se sentían obligados a hacer la pregunta vital "¿Hasta cuándo?" (Isaías 6:11) y a esperar oír la respuesta. Pero cuando proclamaban esa pregunta no era para satisfacer la curiosidad de los hombres acerca del futuro; era para utilizar su certeza acerca de todo lo que iba a suceder como medio de conducir al pueblo al arrepentimiento en esos momentos.

El uso profético característicó de la predicción se ve en las palabras de Juan el Bautista, el último y más privilegiado de los profetas. No dijo: "Arrepentíos, a fin de que el reino de Dios pueda venir," sino: "Arrepentíos, porque el reino de los cielos se ha acercado" (Mateo 3:2). Los hechos ciertos del futuro exigen una reestructuración moral en el presente, un arreglar cuentas con Dios (→ Isaías 2:5, 10, 22; 3:1ss.; 31:6-7; etc.).

Los muros de Jerusalén: los profetas se veían a sí mismos como vigilantes que advertían a la nación de las calamidades que se avecinaban.

El mensaje de los profetas

Dios rige la historia; llama a los hombres y a las mujeres al arrepentimiento. Estos son dos de los temas de los profetas. Con tres más constituyen el núcleo de su enseñanza.

● **El Señor como Rector de toda la historia.** Los profetas tomaban esto tan en serio que estaban preparados a arriesgarse a describir los poderosos imperios de su tiempo como "instrumentos" en manos de Dios (Isaías 10:5-15). Esto constituye un problema para Habacuc (1:5-11, 12-17): ¿cómo podía el Dios santo utilizar instrumentos no santos y corruptos? La única respuesta que la Biblia ofrece es reafirmar el control soberano del mundo por parte de Dios, control ejercido en forma tan intrincada que los pecadores actúan en forma responsable según los dictados y presiones de su propia naturaleza, pero el Rector justo y santo preside, gobierna y guía todas las cosas (→ 2 Reyes 19:25, 28; Ezequiel 38:3-4, 10-11, 39:2-3).

● **La necesidad primordial de estar bien con Dios.** Como es Dios quien determina el resultado de toda situación, lo importante no es tener los aliados humanos mejores y más fuertes (→ Isaías 30:1-2; Oseas 5:13) sino estar del lado de Dios, ser justos delante de él (→ Isaías 30:15). Dios actúa siempre para conducir a su pueblo de nuevo a él (Amós 4:6-11); y el profeta emplaza a todo hombre a disponerse personalmente a encontrarse con Dios (Amós 4:12).

● **El fundamento moral de la religión y la sociedad.** Ya hemos mencionado el repudio, por parte de Jeremías, de una religión sin moralidad (Jeremías 7:1-15). Todos los profetas insisten en que para ser justos delante de Dios los hombres y las mujeres deben vivir en obediencia a sus normas y mandamientos, y que esto produce una sociedad sana. Una vez que los hombres se enajenan de Dios, no pueden mantener relaciones adecuadas el uno con el otro (comparar Amós 2:7-8 con 9:12).

● **Mezcla de juicio y esperanza.** Una y otra vez, al escuchar a los profetas analizar la situación en la que viven, vemos que el juicio de Dios es inevitable. Todo el paisaje se llena de nubes amenazadoras de ira acumulada, y sin embargo, de repente, por sorpresa, penetra un brillante rayo de esperanza (Isaías 6:13; 28:5; 29:5; 31:5; Amós 9:11ss. etc.). Esta mezcla de tinieblas y luz, juicio y esperanza, es más que un hecho del mensaje profético: es una necesidad, porque hablaron en el nombre de Yahvéh, el Señor, el Dios que salva a su pueblo y juzga a sus enemigos, el Dios del éxodo (→ "Los Nombres de Dios", página 157).

● **El reino mesiánico.** Utilizamos este título como descripción general del brillante estado futuro que Dios tiene reservado para su pueblo. Se contempla como el establecimiento de la perfecta relación de alianza o pacto (Isaías 54:10; Jeremías 31:31-34; Ezequiel 37:26-27), y también de muchas otras maneras. Pero se describe sobre todo como centrado en una gran Persona que vendrá. El es:

El nuevo "David"	Ezequiel 37:24
El "retoño" o "renuevo" de la desendencia de David (o, para subrayar su entronque divino) el "renuevo de Jehová"	Isaías 11:1; Jeremías 23:5-6; 33:14-16; Zacarías 3:8; 6:12; Isaías 4:2
Emmanuel, "Dios con nosotros"	Isaías 7:14
El "Dios fuerte" que ocupa el trono de David	Isaías 9:6-7 (9:5-6 BJ)
El siervo, que muere por los pecados de su pueblo	Isaías 53
El Vencedor ungido, que conquista los enemigos de su pueblo	Isaías 63:1-6
El Señor mismo que viene tras el predecesor designado	Malaquías 3:1
Nacido en Belén, nacido de una virgen	Miqueas 5:2; Isaías 7:14

La gloria culminante de los profetas del Antiguo Testamento es que Dios les permitió y los capacitó para ver esta esplendidez desde mucho antes. El que todo se cumpliera tan perfectamente en el Señor Jesús pone el sello a sus profecías como la palabra de Dios para los hombres. ¿Y qué mayor incentivo podríamos nosotros tener para conocer los escritos de estos hombres, sino la afirmación misma de Jesús de que sin ellos no podemos entenderlo a él, pero que con ellos podemos conocerlo (Lucas 24:27, 32) y predicarlo al mundo (Lucas 24:44-48)?

Ubicación de los profetas

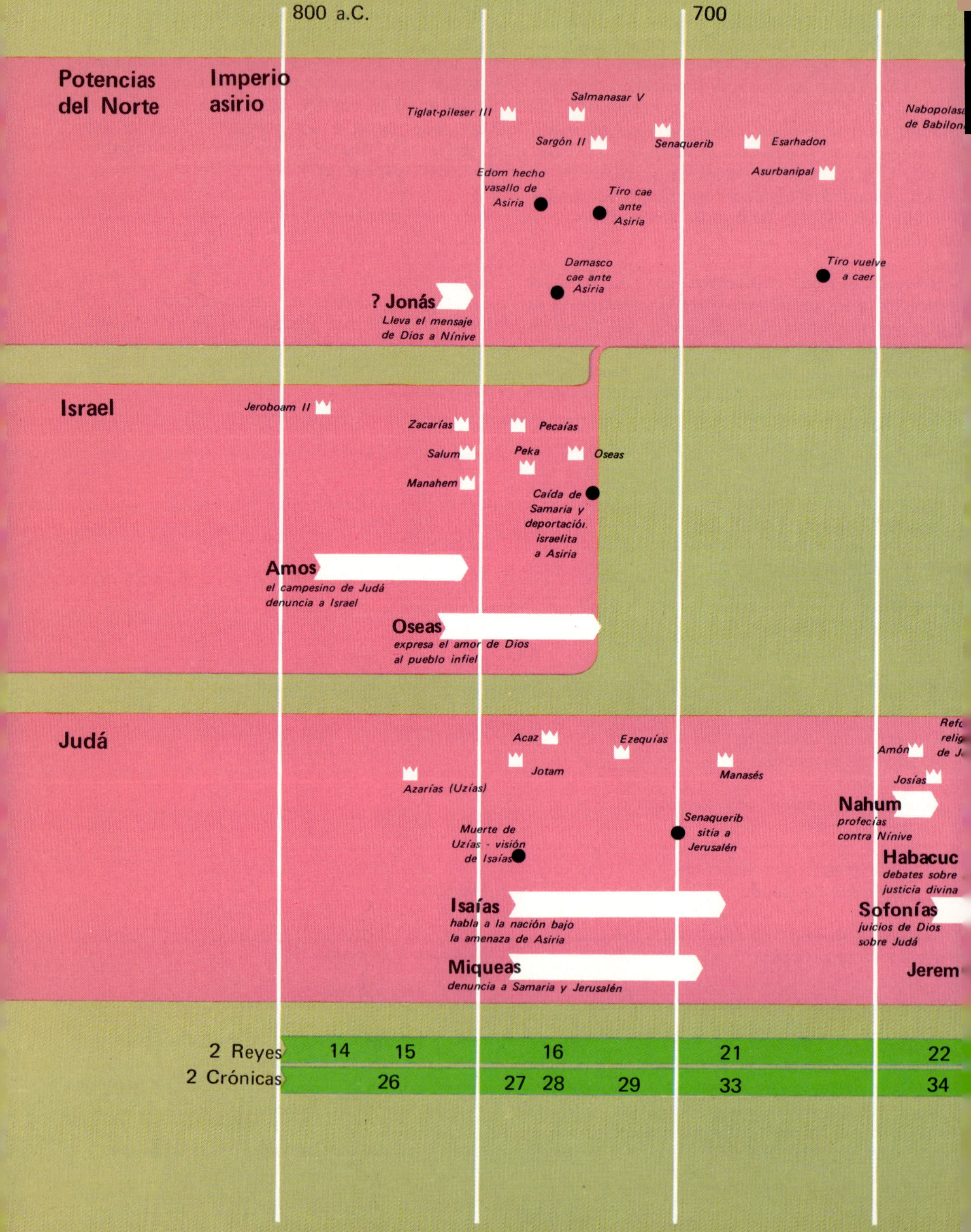

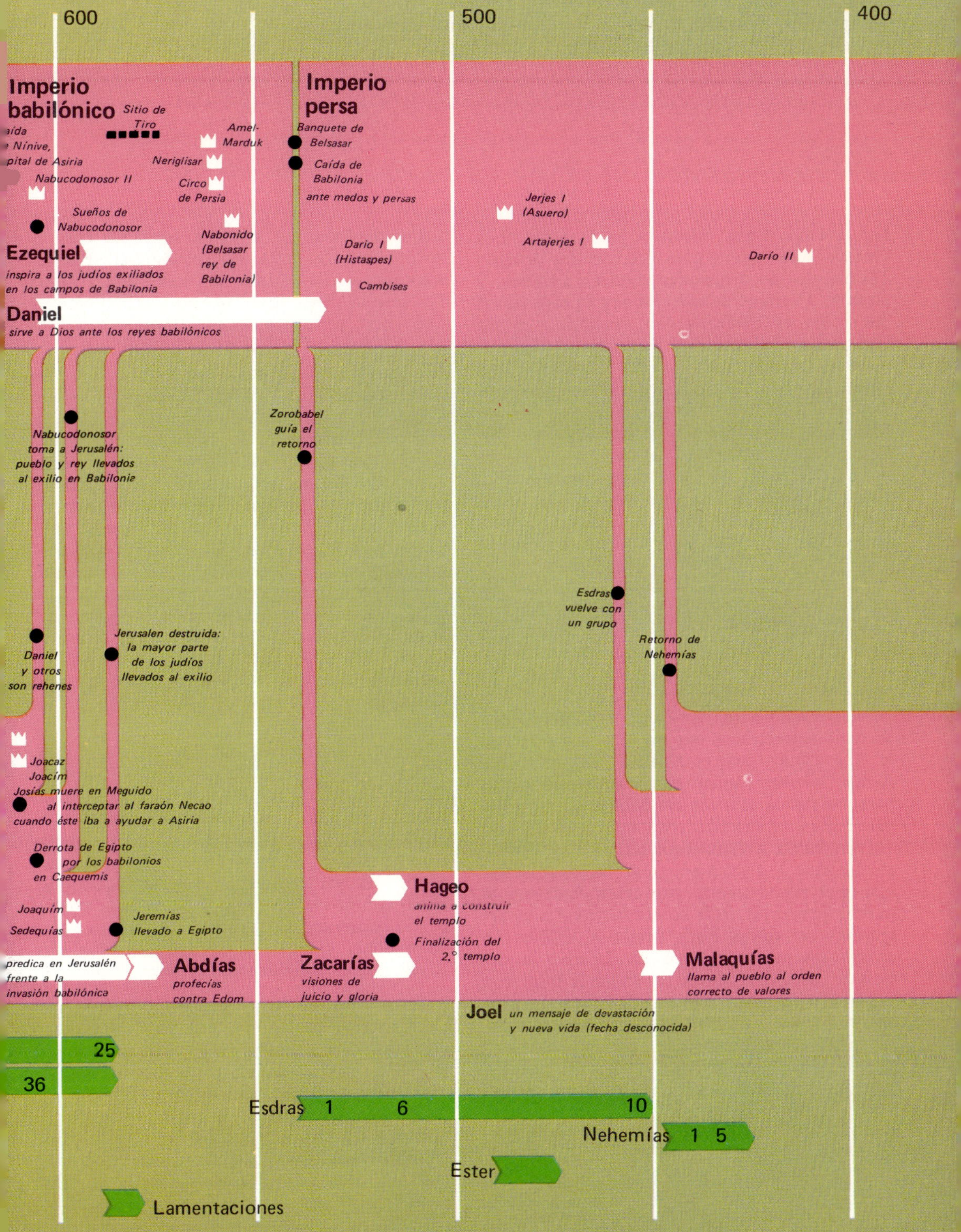

600
500
400
Imperio babilónico
Sitio de Tiro
ída
Nínive,
pital de Asiria
Nabucodonosor II
Sueños de Nabucodonosor
Amel-Marduk
Neriglisar
Circo de Persia
Nabonido (Belsasar rey de Babilonia)
Ezequiel
inspira a los judíos exiliados en los campos de Babilonia
Daniel
sirve a Dios ante los reyes babilónicos
Imperio persa
Banquete de Belsasar
Caída de Babilonia ante medos y persas
Dario I (Histaspes)
Cambises
Jerjes I (Asuero)
Artajerjes I
Darío II
Nabucodonosor toma a Jerusalén: pueblo y rey llevados al exilio en Babilonie
Zorobabel guía el retorno
Esdras vuelve con un grupo
Retorno de Nehemías
Daniel y otros son rehenes
Jerusalen destruida: la mayor parte de los judíos llevados al exilio
Joacaz
Joacím
Josías muere en Meguido al interceptar al faraón Necao cuando éste iba a ayudar a Asiria
Derrota de Egipto por los babilonios en Caequemis
Joaquím
Sedequías
Jeremías llevado a Egipto
Hageo
anima a construir el templo
Finalización del 2.° templo
predica en Jerusalén frente a la invasión babilónica
Abdías
profecías contra Edom
Zacarías
visiones de juicio y gloria
Malaquías
llama al pueblo al orden correcto de valores
Joel un mensaje de devastación y nueva vida (fecha desconocida)
25
36
Esdras 1 6 10
Nehemías 1 5
Ester
Lamentaciones

Isaías

Los profetas. Isaías encabeza la lista de "Los Profetas", la tercera gran sección del Antiguo Testamento. Se mencionan dieciséis profetas, y tenemos 17 libros de sus visiones y profecías (el que sobra es Lamentaciones, conocido en las versiones griegas como "Lamentaciones de Jeremías"). Los cuatro profetas "mayores" son Isaías, Jeremías, Ezequiel y Daniel; los doce profetas "menores", Oseas, Joel, Amós, Abdías, Jonás, Miqueas, Nahúm, Habacuc, Sofonías, Hageo (Ageo), Zacarías y Malaquías.

Los libros de los profetas pertenecen a la época de la decadencia de la nación, del cautiverio y del retorno a su patria. Abarcan, juntos, un período de 250 a 300 años. La mayoría de ellos dirigen sus mensajes primordialmente al reino meridional de Judá: Isaías, Joel, y Miqueas antes de la caída de Jerusalén frente a Babilonia en el 587 a.C.; Jeremías, Habacuc y Sofonías en la época de la caída y durante el cautiverio; Hageo, Zacarías y Malaquías en la época del retorno, 538 a.C. y después. De los otros, Oseas y Amós tuvieron una misión especial para Israel (el reino septentrional que cayó frente a Asiria en el 722 a.C.); Jonás y Nahúm para la capital Asiria, Nínive; Daniel en Babilonia; Ezequiel para los judíos cautivos en Babilonia; y Abdías para Edom, el enemigo constante de Israel.

Dios envió a estos profetas en una misión atemorizante y a veces peligrosa. Se los solía enviar en el último minuto, para tratar de detener al pueblo que corría hacia su destrucción; para advertirles del juicio; para llamarlos a Dios en arrepentimiento; y después de ocurrir la catástrofe, para confortar a los sobrevivientes con la garantía del amor constante de Dios y del propósito que tenía para ellos. En todos los casos, los profetas se presentaban con el convencimiento apremiante de que tenían un mensaje procedente de Dios. Algunos desafiaron la muerte para darlo a conocer.

El libro de Isaías. El puesto que ocupa Isaías al frente de los libros proféticos es bien merecido. No encontramos nada comparable a su tremenda visión de Dios y a la gloria reservada para el pueblo de Dios hasta que llegamos al libro del Apocalipsis de Juan, al final del Nuevo Testamento. Históricamente otros profetas lo antecedieron, pero ninguno fue mayor.

Isaías vivio en Jerusalén en el siglo VIII a.C. (En cuanto a los antecedentes históricos → "La Amenaza de Asiria", página 395.) En el capítulo 6 describe su llamamiento por parte de Dios en el año de la muerte del rey Uzías (Ozías) (alrededor del 740 a.C.). Profetizó por más de 40 años, a lo largo de los reinados de Jotam (hombre piadoso como su padre), Acaz (Ajaz) (uno de los peores reyes de Judá) y Ezequías. Quizá vivió hasta los tenebrosos días del malvado rey Manasés. Supo desde el principio que sus palabras iban a caer en oídos sordos, pero sí, consiguió un gran triunfo. Cuando el ejército asirio de Senaquerib se hallaba a las puertas de Jerusalén en el reinado de Ezequías (701 a.C.), el rey siguió el consejo de Isaías y la ciudad se salvó (capítulos 36-37).

La visión inicial de Dios en toda su gloria en el templo (capítulo 6) impregnó toda la misión de Isaías. Había visto a Dios como el "Santo de Israel" y nunca lo olvidó. Había visto el pecado humano en todo su dramatismo, y tampoco lo olvidó nunca. Y había sido perdonado e incorporado al servicio de Dios. Durante toda su vida, predicó la justicia divina, advirtió acerca del juicio contra el pecado, y consoló a su pueblo con el conocimiento del amor de Dios, su deseo de perdonar, y todas las glorias, reservadas para aquellos que le permanecieran fieles.

En el libro de Isaías tenemos una colección de visiones y profecías que pertenecen a varios períodos de la vida del profeta. No son siempre fáciles de seguir, en parte porque no estamos muy al tanto del lenguaje y la forma de actuar de los profetas y visionarios; en parte porque desconocemos los principios que determinaron la distribución actual del contenido. En ciertos lugares hay una clara secuencia temporal. Otras partes parece que se distribuyeron según el tema. Tam-

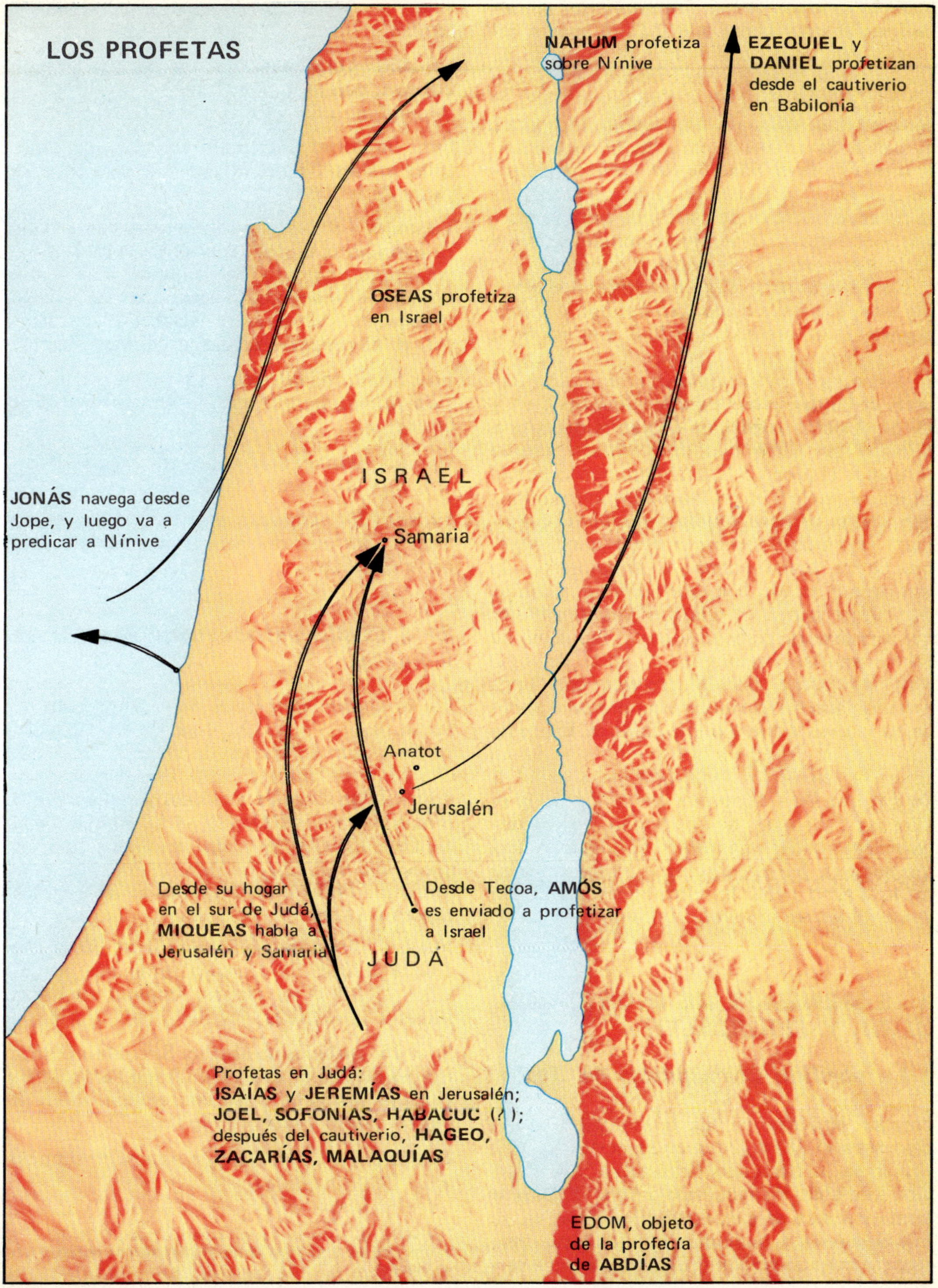
LOS PROFETAS
NAHUM profetiza sobre Nínive
EZEQUIEL y DANIEL profetizan desde el cautiverio en Babilonia
OSEAS profetiza en Israel
ISRAEL
JONÁS navega desde Jope, y luego va a predicar a Nínive
Samaria
Anatot
Jerusalén
Desde su hogar en el sur de Judá, MIQUEAS habla a Jerusalén y Samaria
Desde Tecoa, AMÓS es enviado a profetizar a Israel
JUDÁ
Profetas en Judá:
ISAÍAS y JEREMÍAS en Jerusalén;
JOEL, SOFONÍAS, HABACUC (?);
después del cautiverio, HAGEO,
ZACARÍAS, MALAQUÍAS
EDOM, objeto de la profecía de ABDÍAS

bién, como Isaías fue un visionario, sus pensamientos abarcan libremente todo el ámbito del tiempo. En un momento describe el juicio de Dios sobre la Jerusalén que conoce (sobre la que los asirios estaban a punto de abalanzarse); en el siguiente trata del juicio universal de Dios sobre el mal, el fin del mundo tal como lo conocemos, el comienzo de un reino de paz y justicia perfectas. Lo que él ve sucede en su propio tiempo es la puesta en práctica de principios que son eternos y universales. Y se mueve vertiginosamente de lo particular a lo universal, y viceversa.

No sabemos cómo llegó a recopilarse el libro. Sin duda que Isaías mismo escribió por lo menos algunas de sus profecías (→ 30:8, y el uso de la primera persona en los capítulos 6 y 8). Durante el último siglo ha habido mucha discusión respecto de las diferencias entre los capítulos 1-39 y 40-66. Esto ha conducido a muchos expertos a defender que hubo más de un autor, aunque aceptando el hecho de que el libro quedó escrito en un solo rollo y que el Nuevo Testamento (que cita a Isaías más que a ningún otro libro del Antiguo Testamento) supone un autor único. Algunas de las teorías acerca de su autor, por lo menos en el pasado, han estado abiertas a críticas por cuanto parten de una presuposición básica que simplemente descarta la predicción como tal en los profetas. Según esto, el Isaías del siglo VIII no habría podido predecir con tanta precisión sucesos que ocurrieron mucho después de su muerte (sobre todo, la caída de Babilonia ante Ciro el persa, 44:28ss.). Pero esto va en contra de uno de los temas principales de Isaías 40-48: que Dios demuestra que él y solo él es Dios al anunciar de antemano los acontecimientos que él como Señor de la historia hará que sucedan. Sin embargo, esto no soluciona en modo alguno todas las discusiones acerca del autor. El debate prosigue.

1 - 5 MENSAJE DE DIOS PARA JUDA Y JERUSALEN

1 La sórdida corrupción de Judá

Aunque Jerusalén no fue finalmente destruida sino hasta el 587 a.C., en el tiempo de Isaías la nación ya ha alcanzado virtualmente una situación insoluble. Ha repudiado a Dios. Y Dios se siente hastiado de su degradación moral, de su injusticia social y de su hipocresía religiosa. Pero sigue ofreciendo perdón (18). Sobre los que persistan en rechazarlo caerá un juicio sumarísimo y terrible.

La visión (1): Isaías describe lo que Dios lo capacita para ver con los ojos de la mente "Amoz" no es el mismo que el profeta Amós.

Santo de Israel (4): título especial que Isaías aplica a Dios. Sólo se emplea dos veces en otras partes de la Biblia.

Versículos 7-9: los asirios han derrotado a Judá. El reino septentrional de Israel ya ha caído. Sólo permanece Jerusalén (la "hija de Sión"). En Génesis 19 se describe la destrucción de Sodoma y Gomorra, dos ciudades totalmente corrompidas, en el extremo meridional del Mar Muerto.

Luna nueva y día de reposo (13): el día primero de cada nuevo mes y el sábado semanal eran días santos.

Grana... carmesí (18): ambos son colores intensos; sólo Dios podía "lavarlos".

Encinas (29): arboledas sagradas en que tenían lugar de los ritos cananeos, símbolos de la idolatría de la nación.

2 - 4 El día venidero de Dios: paz y juicio

En estos capítulos Isaías mira muy hacia el futuro, cuando Jerusalén llegará a ser la ciudad de Dios para las gentes de todas las naciones (2:1-5). Pero antes de esto Dios ejecutará su severo juicio sobre las maldades y el orgullo que contaminan a su pueblo (2:6-4:1). Porque el mal no tiene lugar en la ciudad renovada; sólo los pocos que son fieles a Dios sobrevivirán para disfrutarla (4:2-6). Se desarrolla el tema en los capítulos 11-12.

Monte (2:2): el monte Sión, es decir, Jerusalén.
2:6: la práctica de la magia (prohibida en Levítico 19:31) y las alianzas foráneas conducían ambas a la idolatría.

2:13-16: símbolos de orgullo. Salomón utilizó la famosa madera de cedro del Líbano para su templo. Los barcos de Tarsis eran grandes naves de mucho calado, orgullo de la flota.

La viña (3:14): símbolo de la nación. → capítulo 5.

"Si vuestros pecados fueren como la grana": lana, sumergida en tinte rojo, colgada para que se seque, en Hebrón.

Cabeza rapada (3:24): se afeitaban la cabeza como señal de luto o degradación.

4:1: tantos hombres han muerto en la batalla que las mujeres ofrecen sostenerse a sí mismas (cosa insólita en esos tiempos), con tal que el hombre se case con ellas.

El renuevo (Germen, BJ) (4:2): nuevo brote de raíces viejas (→ 11:1); la comunidad ha de renacer.

4:5: nube y llamas: los símbolos de la presencia de Dios cuando cruzaron el desierto (Exodo 13:21).

5 El cántico de la viña

La nación judía es la viña de Dios. Dios ha hecho todo lo necesario para garantizar una buena cosecha. Pero la vendimia es amarga; por esto Dios abandonará la viña (pero no para siempre, → capítulo 27). Jesús emplea la misma metáfora en Mateo 21:33-41.

En la tierra de Judá las grandes fincas conseguidas a expensas de los pobres (8) se convertirán en tierra baldía. Cuatro hectáreas de viña producirán sólo 22 litros; la cosecha será sólo una décima parte de lo sembrado (10). De nuevo el profeta denuncia el orgullo, la lujuria, la embriaguez, la injusticia. Dios dará la señal para que la invasión enemiga (26ss.) —primero Asiria y después Babilonia— los destruya.

Seol (14): el mundo tenebroso de los muertos.

6 VISION DE DIOS POR PARTE DE ISAIAS Y LLAMAMIENTO AL SERVICIO

En cuanto al efecto que esto tuvo en su misión, véase página 376. Isaías tuvo muchas visiones, algunas tan terribles, algunas tan maravillosas, que difícilmente las pudo poner en palabra. Pero ninguna igualó a esta. El conocimiento de que había visto a Dios con sus propios ojos, experimentado su perdón y sido enviado en servicio suyo, lo sostendrían durante toda su vida. Y lo iba a necesitar: porque Dios lo envió a una nación sorda y ciega a sus invitaciones (9-10); una nación que sería destruida y llevada cautiva (11-12). Sin embargo, había esperanza: sobreviviría el germen de una nueva nación (13).

Versículos 9-10: tropezamos aquí, como en otros pasajes, con el modismo hebreo que expresa resultado como si fuera propósito. Dios no quiso impedir que el pueblo se arrepintiera. Envió a Isaías con el propósito expreso de salvar a su pueblo del juicio. Pero cuando lo oyeron, cerraron los oídos y se negaron a actuar.

7 - 12 PRESENTE Y FUTURO

7 La amenaza del norte: Dios advierte al rey Acaz

La fecha es alrededor del 735 a.C. El nuevo rey, Acaz (Ajaz), desafió a Dios (2 Reyes 16), y en consecuencia vio a su reino acosado por todas partes. Cuando se negó a unirse a la alianza siro-israelí contra Asiria, atacaron a Judá. En este momento Isaías va a verlo con el mensaje de Dios (3-9). En los momentos críticos, Acaz acude a Asiria, y no a Dios, en busca de ayuda. Pero Asiria se convertiría pronto en navaja (20) en las manos de Dios, para cortar de su pueblo rebelde el orgullo y la fuerza..

Casa de David (2): la familia real.

Siria y Efraín (2 y 5ss.): Siria (hablando en rigor en esta época, Aram) era gobernada desde Damasco. Según lo predicho, el reino fue aplastado por Asiria en 732. "Efraín" es el reino septentrional de Israel, que también cayó ante Asiria, 734-722 a.C.

Sear-jasub (3): el nombre significa "un remanente retornará". Los nombres de ambos hijos de Isaías representaban un memorial constante de enseñanza; → capítulo 8 y bajo 10:20.

Heredad del Lavador (3): el lavador o batanero necesitaba estar cerca del agua para su labor de limpiar y blanquear la ropa.

Versículo 14-16: la señal parece tener significado tanto presente como futuro. 1. En los pocos años que le toma a un niño concebido ahora a alcanzar una edad en que pueda escoger por sí mismo, Israel y Damasco dejarán de ser una amenaza. 2. Un día nacerá un niño que será de verdad

"Emanuel", "Dios con nosotros" (→ Mateo 1:23).

Mantequilla y miel (15, 22): estos símbolos de abundancia natural en este caso representan una tierra desolada donde el ganado y las abejas suministran los únicos alimentos restantes.

8 La propia familia de Isaías se convierte en señal

Dios tiene muchas formas de hacer llegar su mensaje. Esta vez, el hecho de que Damasco y Samaria se encaminan hacia la caída está encarnado en el nombre del niño menor de Isaías. (Maher-salal-hasbaz significa "despojo rápido, botín apresurado".) Una vez Asiria se haya ocupado de los rebeldes, caerá sobre Judá, hasta que la misma Jerusalén se verá rodeada (→ capítulos 36-37).

La profetisa (3): la esposa de Isaías.

Siloé (6): probablemente un acueducto fuera de Jerusalén. El túnel de Siloé de Ezequías (→ página 301) todavía no había sido construído.

Ríos (7): el Eufrates.

9:1-7 El príncipe de paz

Isaías, con esta visión gloriosa, conduce a sus oyentes muy hacia el futuro. Zabulón y Neftalí en Galilea fueron las primeras tribus aplastadas por los asirios. Serán las primeras en ver la luz, en gustar el gozo, en ser liberadas por el príncipe de paz. Nazaret, en Galilea, fue el hogar de Jesús; Caná de Galilea, el lugar donde comenzó su ministerio público con el primer milagro.

El camino del mar (1) (8:23, BJ): la carretera principal entre Egipto y Siria pasaba por Galilea.

Día de Madián (4) (3, BJ): el día del gran triunfo de Gedeón contra los madianitas, jueces 7.

9:8 (9:7, BJ) - 10:4 Dios advierte a Israel de lo que vendrá

Isaías pasa de repente al presente. Israel (el reino septentrional segregado) está condenado por su arrogancia y rebelión, injusticia y opresión. Ya ha preguntado el juicio, pero no ha aprendido nada con eso. Por consiguiente, Dios no lo perdonará.

(Los asirios se llevaron a muchos israelitas cautivos en 734, pero Samaria resistió hasta 722. Israel había prestado oídos sordos a las advertencias de Amós y a los llamamientos de Oseas, contemporáneo de Isaías, los dos profetas que Dios les había enviado en forma especial.)

La profecía está escrita en cuatro estrofas, y cada una de ellas concluye con el mismo estribillo (12, 17, 21, 10:4) (BJ:11, 16, 20, 10:4).

10:5-34 Dios envía a Asiria contra su pueblo

Dios utiliza a una nación orgullosa y cruel para castigar a su pueblo. Pero no se justifica la excesiva violencia de Asiria: será castigada. Incluso en lo culminante del juicio, Dios nunca pierde de vista su propósito de salvar. Un remanente, patéticamente pocos, de su pueblo sobrevivirá para confiar en él y servirlo.

Versículo 9: lista de ciudades y ciudades-estado que Asiria conquistó, todas sirias excepto Samaria.

No hubo... (14): forma vívida de expresar la ausencia total de resistencia.

Los que hayan quedado (20): el tema del remanente de Israel es asunto clave en Isaías. Se remonta a la época en que Dios lo llamó a su servicio (6:13), y discurre, como hilo de esperanza, por todos los mensajes terribles del juicio. Este mismo remanente fiel va a cumplir todas las promesas gloriosas del futuro.

Versículo 26: → Jueces 7 y Exodo 14.

Versículos 28ss.: Gabaa (Guibeá), al norte de Jerusalén, fue la capital de Saúl; Anatot, unos pocos kilómetros al este, el hogar de Jeremías. Isaías describe un ataque sobre Jerusalén procedente del norte, ruta usual de los ejércitos invasores de países del norte y del este. Senaquerib en realidad atacó por Laquis (Lakis), hacia el sudoeste.

11 - 12 El rey perfecto: el reino perfecto

El tema de pasajes precedentes (2:2-4; 4:2-6; 9:1-7) se desarrolla aquí más plenamente. El rey venidero procederá de la familia de David (Isaí, 1, fue el padre de David). Poseerá el Espíritu mismo de Dios: justo, recto, fiel, como Dios. Su reino será mundial, libre de enemistades y males, completamente transformado. Se congregará todo el pueblo de Dios, y el cántico de la salvación de Dios estará en los labios de todos. Isaías lo describe todo en términos físicos. Pero lo que ve es un cambio radical. Esta es una tierra nueva, centrada en Dios (→ 65:17ss. y Apocalipsis 21).

13 - 23 DIOS ADVIERTE DEL JUICIO A LAS NACIONES

Colección de profecías contra naciones extranjeras dadas en distintas ocasiones. La preocupación de Dios no se limita a Israel. El mundo era suyo entonces; lo es ahora, y su pueblo debería darse cuenta de ello.

13 - 14:23 Babilonia

→ capítulos 46-47. En tiempo de Isaías, Babilonia luchaba para independizarse de Asiria. Aquí avanza 100 años para ver a Babilonia en la cumbre de su poder, y para mirar más allá, al día en que Babilonia a su vez caerá. En 539 Babilonia cayó ante los medos y los persas dirigidos por Ciro. Jerjes destruyó la ciudad en 478, y fue finalmente abandonada en el siglo IV a.C. En el Nuevo Testamento Babilonia es universalizada como la ciudad del hombre rebelde, implacablemente opuesto a Dios (Apocalipsis 17; también sirve como equivalente de Roma).

Ofir (13:12): → bajo 1 Reyes 9:28.

13:21-22: lista de criaturas repugnantes. Los "sátiros" de BJ (cabra, RVR) son demonios de lugares desiertos.

Rey de Babilonia (14:4): la canción de mofa se dirige, no a un rey particular, sino a la dinastía, que representa todo el reino.

14:13: los mismos pensamientos que produjeron el juicio de Dios sobre la predecesora de Babilonia, Babel (Génesis 11:1-9).

14:24-27 Asiria

El destino de Asiria también está sellado (→ bajo 10:5-34). En último término Babilonia destruirá el poder de Asiria. Pero antes de eso habrá una derrota indicativa en la propia tierra de Dios (25; → capítulos 36 - 37).

14:28-32 Filistea

La fecha es probablemente 716 a.C. Asiria está en problemas, y los filisteos (antiguos enemigos de Israel, que ocupan la llanura costera) tratan de persuadir a Judá para que se les una en rebelión. Pero los asirios todavía no están derrotados (29, 31); y los filisteos están condenados. El pueblo de Dios debe aprender a confiar en él.

15 - 16 Moab

Los moabitas eran descendientes del sobrino de Abraham, Lot. Ocupaban la meseta al este del Mar Muerto. Rut procedía de Moab. En ciertas épocas los moabitas estuvieron en buenas relaciones con los israelitas, pero no compartían la fe de Israel. Isaías se siente conmovido ante el espectáculo del sufrimiento de Moab (15:5), que ahora tardará sólo tres cortos años en llegar (16:14). Moab pide ayuda a Jerusalén, y Dios apremia a su pueblo a que acepte a los fugitivos (16:1-5).

Las ciudades de Moab cayeron ante Asiria en campañas sucesivas. Habían de sucumbir de nuevo ante Nabucodonosor de Babilonia.

15:1-9: todas estas son ciudades en Moab. "Nebo" es el monte desde donde Moisés vio la tierra prometida; "Zoar" (Soar) ciudad al extremo meridional del Mar Muerto, perdonada en la destrucción de Sodoma. El "torrente de los sauces" es probablemente el límite entre Moab y Edom en el sur.

Rapada (15:2): → bajo 3:24.

Sela (Roca, BJ) (16:1): "la roca", la fortaleza en Jordania donde ahora está Petra.

16:3-5: estos versículos quizá sean la súplica de Moab a Judá o la palabra de Dios a su pueblo.

Vides de Sibma (16:8ss.): región famosa por su vino; aquí, símbolo de prosperidad nacional.

Los años de un jornalero (14): el hombre contratado no trabaja más que por el tiempo contratado; significa, pues, "tres años, y nada más".

Símbolos de Asera (Cipos, BJ) (8): imágenes para el culto y altares cananeos.

Amorreo, jiveo (BJ) (9): tribus destruidas por los israelitas en la conquista de Canaán. (Nota: RVR sigue el texto hebreo, que no menciona a esos pueblos.)

17 Damasco

Profecía de la primera época de Isaías; → bajo capítulo 7. En respuesta al llamamiento del rey Acaz (Ajaz) para conseguir ayuda contra la alianza siro-israelí, los asirios lanzaron una serie de incursiones en las que saquearon Damasco y el rey Rezín (Rasón) encontró la muerte. Esta profecía también ataca a Israel por unirse a Siria contra su propia nación hermana de Judá.

18 Etiopía (Kus)

Se trata del actual Sudán. En el tiempo de Isaías gobernaba a Egipto una dinastía "etíope". La amenaza asiria trae enviados de lejos. Pero el in-

vasor habra de vérselas con Dios en la víspera misma de la victoria (5-6; → 37:36ss.). Y la lejana nación enviará dones en homenaje agradecido a Dios (7; → 2 Crónicas 32:23).

19 Egipto

Isaías predice la desintegración de Egipto: luchas internas, seguidas de la ocupación, una economía arruinada y la desintegración del liderazgo (1-15). Egipto fue derrotado por Asiria cuando el ejército de Senaquerib asedió Jerusalén (701 a.C.). Otras derrotas culminaron con el despojo de Tebas en 663 a.C., cuando los asirios saquearon los tesoros de siglos en el templo. Pero Dios utiliza la espada para curación, no para anarquía. Los versículos 16-24 revelan su propósito final, la conversión de Egipto. "Aquel día" (o sea, el día del juicio de Dios —tanto temporal como final— expresión frecuente en todo Isaías) es el día de la intervención final de Dios en juicio y salvación a escala mundial. Aquel día, nos dice el Nuevo Testamento, es el día del retorno de Cristo.

Después de la caída de Jerusalén en 587 hubo numerosas colonias influyentes de judíos en Egipto y en Asiria. Incluso se construyó una reproducción del templo judío en Leontópolis, Egipto, alrededor del 170 a.C. Pero todo eso fue sólo una pálida sombra de lo que Isaías contempla aquí.

Zoán (11)... Menfis (13): respectivamente las capitales actual y antigua de Egipto. Zoán (Tanis) estaba en la región del delta; Menfis (Nof, BJ) al sur del mismo, en el Nilo.

Viña en las colinas de Judá: la comparación del pueblo de Dios con una viña es tema frecuente en los profetas (→ también la fotografía que ilustra Juan 15, página 546).

Ciudad de Herez (Ir-ha-Heres, BJ) (18): Heliópolis = On, centro del culto egipcio al sol. Nácar-Colunga traduce "Ciudad del Sol".

20 Egipto y Etiopía (Kus)

"El año" (1) es el 711 a.C., cuando los asirios aplastaron la rebelión filistea en Asdod. No se había concretado el esperado apoyo de Egipto. Dios instruye a Isaías para que represente el papel de esclavo (2) para ilustrar el futuro cautiverio de Egipto y advertir a su pueblo que no confíe en ayuda por ese flanco. En 701 a.C. (→ bajo capítulo 19, arriba) Egipto fue destruido por Asiria.

Desnudo (2): o sea, con sólo un taparrabo.

21 Babilonia; Duma (Edom); Arabia

El "desierto del mar" (1) es Babilonia (9). → bajo capítulos 13 - 14. La caída de Babilonia será buena noticia para los cautivos de Israel (10). Incluso así, Isaías queda aterrado ante lo que ve. Hay un alivio momentáneo para Edom (Duma, 11-12), pero seguirá el juicio (→ 34:5). Ni siquiera las remotas tribus de Arabia (13-16) escaparán al largo brazo de Asiria. Esta profecía se hizo realidad cuando Sargón atacó Arabia en 715 a.C.

Versículo 16: "Cedar" (Quedar), poderosa tribu beduina; "años de jornalero", → bajo 16:14.

22 Jerusalén, el "valle de la visión"

Jerusalén era la base de Isaías, el lugar en el que tuvo las visiones. Rodean a la ciudad valles y montañas, y quizá tuvo en mente un lugar específico. A pesar del alivio temporal en épocas de Ezequías (capítulos 36 - 37), Isaías prevé la futura destrucción de Jerusalén. (Nabucodonosor II de Babilonia llegó a tomar la ciudad después de un terrible asedio en 587 a.C. Se destruyeron las murallas y el templo.) La reacción del pueblo ante el desastre es una mezcla de actividad frenética y puro escapismo (8-13). Los versículos 15ss. se refieren a la época misma de Isaías. Sebna, alto oficial en la corte de Ezequías (36:3), será depuesto, y Eliaquim promovido. Pero resultará incapaz de lidiar con sus dependientes, y su autoridad durará poco.

Elam... Kir (Quir) (6): avanzadas del Imperio asirio que sin duda suministraban conscriptos al ejército.

Casa... del bosque (8): arsenal, → 1 Reyes 7:2; 10:17.

Versículos 9, 11: para cualquier ciudad era vital asegurarse el suministro de agua para el caso de asedio. → 2 Crónicas 32 en cuanto al túnel de Siloé, solución que Ezequías dio al problema.

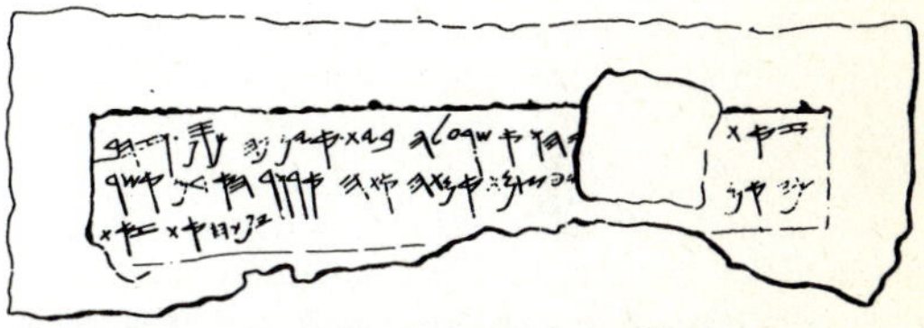

El dintel de una tumba, encontrada en Siloé en Jerusalén, con el nombre de un administrador real, posiblemente Sebna; la tumba estaba entre otras de personas de alto rango, y la inscripción es una de las más largas en hebreo antiguo que se hayan descubierto hasta el presente.

23 Tiro

Durante siglos Tiro (la moderna Sur en el Líbano) dominó el comercio marítimo en el Mediterráneo oriental. Sus colonias, de las cuales Chipre era la más próxima, estaban por todas partes. Y sus mercaderes se aventuraban tan lejos como el océano Indico y el Canal de La Mancha. Un importante artículo de comercio era el trigo egipcio (3). Tiro era una ciudad corrompida por su propia riqueza y éxito, e Isaías advierte del cercano fin. Dijo la verdad. En el 722 la ciudad cayó ante Sargón de Asiria. En el 701 el gobernante de Tiro huyó a Chipre al acercarse Senaquerib. Con la decadencia de Asiria, Tiro recuperó el poder, para perderlo de nuevo ante los babilonios.

Tarsis (6): probablemente "Tarteso" en España.

Caldeos (13): Caldea era parte de Babilonia meridional, pero cuando los reyes caldeos ascendieron al poder en Babilonia, se utilizaba el término para todo el reino babilónico. (BJ trae "Kittim", o sea Chipre.)

Setenta años (15): probablemente cifra redondeada, que significa una vida.

24 - 27 JUICIO FINAL Y TRIUNFO DE DIOS

De lo particular —el juicio de Dios sobre naciones concretas— pasamos a lo universal, su juicio sobre todo el mundo y lo que hay en él. La vida no seguirá para siempre como es. Llegará un momento en que Dios entrará para acabar con el mundo como lo conocemos; cuando la tierra se conmoverá en sus cimientos. Isaías no tenía duda alguna acerca de ello. Tampoco Jesús (→ Mateo 24). Pero el propósito de Dios no es sólo condenar. A un capítulo (24) acerca del juicio le siguen tres (25-27) acerca de su gloriosa salvación.

Un cántico de gozo en Dios, quien hace del débil y desamparado su preocupación (25:1-5), lleva a la descripción de los gozos que esperan al pueblo de Dios al final del juicio (25:6-12). El capítulo 26 prorrumpe de nuevo en cántico. Su tema es la confianza. En la vida hay espera (8ss.), sufrimiento y fracaso (16-18). Pero Dios sostiene a los suyos, incluso en la muerte (19). El cántico de la viña en 27:2-13 contrasta con el capítulo 5. Llegará el día en que el propósito de Dios con su pueblo se cumplirá. El castigo actual quiere ser correctivo. El cautiverio terminará. En la cosecha final todo el pueblo de Dios será conducido a la patria.

Aquel día (24:21, etc.): → bajo capítulo 19.

Moab (25:10): el enemigo actual del pueblo de Dios se equipara a todos esos enemigos.

Tu rocío (26:19): metáfora del poder de Dios para revivir a los muertos.

Leviatán... (27:1): la figura del dragón/ serpiente de la mitología pagana. El juicio de Dios se extiende al ámbito sobrehumano (→ 24:21). La misma figura se emplea en Apocalipsis 12:9 para describir a Satanás.

Símbolos de Asera (Cipos) (27:9): → bajo 17:8, arriba.

27:10-11: se refiere a los opresores, cuyo sufrimiento será mucho mayor que el del pueblo de Dios.

Jinete y arquero, del Tell Halaf, Siria nordoriental, llamada Gozán en la Biblia. Sargón de Asiria estableció allí a los prisioneros israelitas después de 722 a.C.

28 - 31 MAS ADVERTENCIAS AL REBELDE PUEBLO DE DIOS

28 Infortunio para Samaria y los líderes de Judá

Una vez más se vuelve la atención a los pecados de la época de Isaías. Los versículos 1-6, dirigidos a Israel, pertenecen al tiempo antes de la caída de Samaria. La ciudad amante del placer y de los lujos está madura para ser arrancada, y la mano de Asiria se alarga para tomarla. Pero quedará un remanente (→ bajo 10:20, arriba).

Hay un ataque especial a los líderes (7ss.). Los líderes religiosos y gobernantes por igual no han guiado sino descarriado al pueblo. Están tan absolutamente seguros, que creen que pueden ponerle condiciones a la muerte misma. Descubrirán lo equivocados que están (18). La verdadera seguridad radica en Dios.

Versículos 9-13: algunas versiones ponen en el versículo 10 palabras hebreas que suenan como una onomatopeya del balbuceo de un niño, y significa algo como: "orden sobre orden, orden sobre orden; regla sobre regla, regla sobre regla; ora por aquí; ora por allá". Los oyentes de Isaías están burlándose expresamente del mensaje de Dios; 9-10 quizá sea su respuesta burlona al profeta. ¡A los que tratan las palabras de Dios como galimatías, Isaías les dice que Dios transmitirá su próximo mensaje en asirio!

Versículo 21: se refiere a las victorias de David; → 1 Crónicas 14:8-17.

Versículos 23-29: parábola que significa que hay un propósito específico en las acciones aparentemente irracionales de Dios, al igual que el campesino tiene sus razones para trabajar como trabaja.

29 Infortunio para Jerusalén

"Ariel" designa al monte Sión, Jerusalén (8). La ciudad será asediada (3) y luego perdonada momentáneamente (5ss. y → 37:36). La palabra de Dios para su pueblo se ha convertido en libro cerrado, porque sólo la honran de labios para afuera (11-16). Pero llegará el día (17ss.) en que los que se muestran sordos y ciegos en su mensaje oirán y verán, cuando el pueblo de Dios una vez más lo temerá y obedecerá.

Versículo 17: cuadro de cosas invertidas de repente: los bosques se convierten en campos y los campos en bosques. El mismo pensamiento continúa en los versículos siguientes.

Los humildes... los más pobres (19): las personas leales a Dios, no simplemente víctimas de la injusticia social (→ Mateo 5:3, 5).

30 - 31 Infortunio para los rebeldes que confían en Egipto

Judá está aliada con Egipto y se cree segura frente a Asiria (28:15), a pesar de las advertencias anteriores de Isaías. Pero cuando llegue la dificultad, Egipto nada hará (7) en tanto que los asirios invaden Judá (capítulos 36 - 37). Es Dios —Aquel en quien no confían (9-12)— él que a fin de cuentas los salvará (27-33; 31:5-9; 37:36). Los invita de nuevo a que acudan a él (31:6).

Zoán (30:4): → bajo 19:11.

30:6: los dones son trasladados a través del desierto del Neguev hasta Egipto.

Rahab (30:7, Biblia de Jerusalén): sinónimo poético de Egipto. (Reina-Valera pone "fortaleza", sin consignar ese nombre propio.)

30:33: el opresor será totalmente destruido. "Tofet" ("lugar ardiehte") está en el valle de Hinom, en las afueras de Jerusalén, donde en los días más tenebrosos de Israel se sacrificaban niños al dios pagano Moloc (Mélek, BJ; "el rey", RVR). El valle suministró más tarde el nombre equivalente al infierno, "Gehenna".

32 - 35 EL FUTURO GLORIOSO, Y LOS DIAS TENEBROSOS QUE LO PRECEDEN

32 El rey futuro; paz por camino difícil

Isaías ve muy hacia el futuro (1-8), vuelve a su propia época en el versículo 9, y en el versículo 15 mira de nuevo hacia el futuro, a una época de paz duradera, justicia y rectitud producidas por la acción del Espíritu Santo de Dios en su pueblo. Pero antes de que venga el rey, el mal imperante debe ser extirpado y el pueblo debe ser sacudido y sacado de su complacencia. Perderán todo lo que ahora disfrutan, hasta que Dios intervenga de nuevo (15).

Versículo 9: las mimadas mujeres de Jerusalén simbolizan la sociedad del tiempo de Isaías.

Versículo 19: el significado no está claro; "montes" y "ciudad" pueden referirse a los enemigos.

33 Cuando Dios intervenga

Este capítulo tiene muchos cambios de interlocutor y de talante. Isaías no menciona al destructor (1). Su descripción (7-9) se puede aplicar a muchos otros tiempos además del suyo propio. Sólo los que viven por la fe en Dios permanecen inconmovibles en circunstancias como estas (2-6; 15-16). Dios nunca abandona a los suyos; la ciudad que él defiende es inexpugnable (17-24). Su presencia garantiza la estabilidad, prosperidad y seguridad (20-21).

34 Juicio sobre las naciones

Dios vengará un día el mal hecho a su pueblo (8; → también capítulo 24). Edom, el enemigo por excelencia, se escoge como ejemplo. La destrucción es total: todo el territorio quedará inhabitable.

Bosra (6): en varias épocas ciudad capital de Edom.

35 Salvación para el pueblo de Dios

Este capítulo contrasta mucho con el horror del 34. La destrucción da paso a la re-creación. Dios viene para conducir a su pueblo a casa por camino seguro. Ante su presencia todo cambia. El desierto seco y estéril estalla en gozo, y se convierte en paraíso de arroyos, árboles frondosos y los colores brillantes de las flores.

36 - 39 SUCESOS DE LA EPOCA: CRISIS EN EL REINADO DE EZEQUIAS

→ bajo 2 Reyes 18 - 20, un relato casi idéntico, aparte del poema de Ezequías (38:9-20). → también 2 Crónicas 32. La enfermedad de Ezequías y la embajada de Babilonia probablemente precedieron al asedio (alrededor de 705-702 a.C.). Quizás aquí se cambia el orden de los sucesos para suministrar una introducción a los capítulos siguientes, que se centran en Babilonia como la potencia mundial que luego llegó a ser. "Paz en mis días" fue la reacción de Ezequías ante la terrible predicción de conquista y cautiverio (39:5-8). Isaías no halló consuelo en ese pensamiento.

40 - 48 AL BORDE DE LA LIBERTAD

Hasta ahora Isaías se ha preocupado casi exclusivamente de la amenaza de Asiria. Ahora este problema específico ha quedado atrás. Se le da una nueva visión para una situación nueva. Jerusalén se ha salvado de Asiria, pero la ciudad *caerá* ante Babilonia y el pueblo cautivo será

Las invasiones bárbaras de Senaquerib se representan en los bajos relieves de su palacio; este muestra la decapitación de sus prisioneros.

llevado al cautiverio. Esto no será el fin de la nación, aunque lo parecerá. A su debido tiempo Babilonia misma será derrotada por Ciro el persa, quien devolverá a los cautivos a su patria. Dios revela todo esto al profeta, para que pueda consolar y alentar al pueblo, tranquilizándolos ante los tiempos duros que les esperan. Todo esto está tan claro en la mente de Isaías que en adelante se olvida de los sucesos actuales. En 40 - 48 se identifica con los cautivos en Babilonia al final de su largo cautiverio.

40 Mensaje de consuelo: el perdón de Dios y su infinito poder

Hay consuelo para el pueblo de Dios: vendrá como lo prometió (1-11; → capítulo 35). El Dios de Israel es Dios el Creador: incomparable, eterno. Nunca deja de cuidar a su pueblo (12-31).

Doble (2): no dos veces, sino una cantidad justa.

Versículos 3-5: estos versículos sintetizan la misión de Juan el Bautista, → Lucàs 3:1-6.

Versículo 11: Jesús tomó esta metáfora, describiéndose a sí mismo como el buen pastor; → Juan 10:11.

41 "No temas... te ayudaré"

El tono de Dios es serio al traer a capítulo a las naciones (1). Pero con su propio pueblo es infinitamente amoroso y tierno (8ss.). Está cerca para ayudar. Nada tienen que temer.

Del oriente (2)... del norte (25): en 44:28 se menciona al nuevo conquistador, Ciro el persa (desde Israel la ruta era hacia el norte, luego hacia el este).

Versículos 21-24: los dioses paganos —que no son dioses— no pueden predecir el futuro. Sólo Dios, el único verdadero Dios, puede hacer esto.

42 Luz para las naciones

Comienza a exponerse un nuevo tema, junto con la predicción de la caída de Babilonia: el plan de Dios de abrir los ojos de todo el mundo para traer salvación a todo el género humano. Este era, desde el comienzo mismo, el papel indicado para Israel (Génesis 22:18). Así pues, al principio de la serie de "cánticos" de Isaías, el siervo de Dios es la nación (o remanente fiel) de Israel. Pero Israel no cumplió como verdadero siervo de Dios en la forma que éste se proponía (19-25). Y por eso, en la serie de descripciones que siguen (49:1-13; 50:4-9; 52:13-53:12; 61:1-4), se va percibiendo poco a poco que el propósito de Dios a fin de cuentas se cumplirá no por medio de la nación sino por medio de alguien que será su verdadero siervo. Los escritores del Nuevo

Calzada en el desierto... hierba mustia y escasa; sendero en el desierto de Judá.

Dios prometió abrir ríos en el desierto para los pobres cuyas lenguas estaban resecas de sed. En una tierra seca el agua era vital, y símbolo fácil de bendición, vida y prosperidad. Este muchacho disfruta del agua en el antiguo manantial en Jericó.

Testamento no tienen duda de que el siervo que Isaías previó —que salvaría a los hombres, sufriendo en su lugar— era Jesucristo (Mateo 12:15-21). Tienen la autoridad misma de Cristo para afirmarlo (Lucas 4:16-21).

43 El amor y cuidado inquebrantables de Dios

Con su desobediencia constante, el pueblo de Dios ha perdido todo derecho a su cuidado (22-24), pero él perdona (25). En todos sus sufrimientos él está junto a ellos (2). Los liberará de nuevo, simplemente porque los ama (4ss.).
Versículos 16-17: esto se refiere al éxodo de Egipto.

44 - 45 Ningún otro Dios más que Dios; predicción del retorno de Israel

Estos capítulos continúan los temas de toda la sección: Israel como siervo de Dios, objeto de su amor (44:1-5); Dios como Señor de la historia, la única Persona capaz de descorrer el velo del futuro (44:6ss.); los no-dioses sin vida que los hombres adoran; la promesa de Dios de que liberará a su pueblo. En 44:26 - 45:13 se da un

Caldeos que huyen de los perseguidores asirios hacia una ciénaga; las palabras de Isaías acerca del pueblo perseguido y atrapado —y acerca de la presencia de Dios entre ellos— no era simple lenguaje metafórico.

La superstición y miedo que acompañaban al culto a los ídolos se ven expresados en esta estatua colosal, que tiene unos 5 m. de altura.

paso más. La promesa general se hace específica. En el reinado de Ciro, se reedificarán Jerusalén y su templo (→ bajo Esdras 1:1-4 ss.).

Ciro (44:28): muchos encuentran difícil de creer que realmente Isaías hubiera mencionado al rey por su nombre con tanta anticipación. Dios puede revelar lo que ningún hombre podría predecir (41:21-24; 26-27; 42:9; 43:12-13; 44:6-8; 45:18-21).
45:22-25: el amor de Dios va más allá de Israel, hasta el mundo. El Nuevo Testamento aplica el versículo 23 directamente a Cristo; → Filipenses 2:10-11.

46-47 La caída de Babilonia

→ los capítulos 13-14. La denuncia de los dioses paganos alcanza su punto culminante en la sumisión pasiva de los dioses babilónicos Bel y Nebo. Estos ídolos mudos agobian la espalda de sus adoradores. El verdadero Dios es aquél que lleva las cargas de su pueblo, que tiene poder no sólo para hablar sino también para actuar. El capítulo 47 (como 14:4-21) es un canto de mora. A Babilonia se le mostrará tan poca misericordia como ella ha tenido para con otros.

47:1: "virgen hija", la ciudad de Babilonia; "caldeos", → bajo 23:13.

48 El amor paciente de Dios por el infiel Israel

La historia de Israel es un largo relato de hipocresía, rebelión, escepticismo, idolatría. Ha merecido plenamente lo que ha sufrido. Dios siempre quiso paz para su pueblo (18), pero no puede haber "paz para los malos". Ahora ha llegado el momento de la liberación: él dice, "Adelante".

Versículo 16: aquí hay cambio en el que habla; la voz puede ser la del profeta o la del siervo/Mesías, como en 49:1, etc.

49 - 55 EL SIERVO DE DIOS Y LA REDENCION DE SU PUEBLO

Estos capítulos nos dan una serie de descripciones del siervo de Dios y de su misión (→ bajo capítulo 42, arriba) en el curso del mensaje de Dios a su pueblo. El contexto indica generalmente cuándo el término "siervo" se refiere a Israel, y cuándo se refiere a ese personaje que ha de venir representativo del verdadero Israel.

49 - 50 Palabra para renovar el corazón de Israel

El siervo de Dios tiene una misión para Israel; y más allá de Israel, para el mundo (49:6). Consuelo, compasión y restauración son los puntos claves de 49:14 - 50:3. En 50:4ss. se vuelve al siervo de Dios, y por primera vez vislumbramos su sufrimiento y repudio (→ capítulo 53). Pero nada puede apartarlo de su propósito.

50:1: Dios no se divorció de su "esposa" infiel, Israel; la trajo amorosamente a casa (→ Oseas 3:1; Oseas declaró su mensaje a Israel al mismo tiempo que Isaías proclamaba la palabra de Dios en Judá).

51 - 52:12 Liberación y restauración de Israel

Dios insta a su pueblo a que saque consuelo de su historia pasada, y a que espere todavía un éxodo mayor. Ya es tiempo de sacudirse el pesar y el letargo. Hay buenas nuevas. Dios está a punto de acompañar a su pueblo a la patria.

Rahab (51:9): → bajo 30:7.

52:13 - 53:12 El siervo de Dios sufre por su pueblo

El escenario pasa del gozoso regreso a la figura solitaria del que pagó el precio de ello. El llevó todo el peso del pecado que separaba de Dios a la humanidad, y le costó la vida. Isaías, ocho siglos antes de Cristo, lo previó a él claramente. Supo por qué venía y qué haría. Vio al Salvador que daba su vida por el género humano. Vio a Dios que lo levantaba en exaltación. (Comparar 53:5-9 con Mateo 27:11-13, 26-31, 41-43, 57-60. Comparar 53:4-6, 10-12 con Romanos 5:6-9, 18-19; 1 Pedro 2:21-24; Filipenses 2:5-11.)

54 - 55 El reino se difunde; salvación para todas las naciones

Dios se promete a sí mismo en un amor tierno, inquebrantable y perdurable hacia su pueblo. Se establecen en la paz y la seguridad los fundamentos de una ciudad nueva y deslumbrante (54:11ss.; y comparar con Apocalipsis 21:18ss.). Las puertas están abiertas de par en par para acoger a los hombres de todas las naciones que respondan a la invitación de Dios (55:1-7).

La visión en los últimos capítulos de Isaías (ya en 2:2-4; 4:2-6; 9:2-7; 11-12; 25; 35) va mucho más allá de los eventos del retorno desde el cautiverio. La restauración de Israel que ocurrió entonces se convierte en visión del glorioso día final cuando ya no habrá pecado ni tristeza, y todo el Israel de Dios (→ Romanos 9 - 11; Gálatas 3) estará para siempre con el Señor (Apocalipsis 21).

56 - 66 VERGÜENZA DE ISRAEL Y GLORIA DE ISRAEL

Isaías se vuelve de Babilonia y del cautiverio a la tierra de Israel. En estos últimos capítulos se mezclan escenas de pecado y fracaso con escenas de gloria futura.

56:1-8 Bienvenida a los proscritos

En el amor de Dios no hay nada exclusivo. Hay lugar entre su pueblo para todos los que le sigan y obedezcan (1-8), incluso los más despreciados.

56:9 - 59:21 Acusaciones de Dios contra Israel

En 59:1-2 se llega a la entraña del problema: el pecado aparta de Dios a los hombres. Israel ha sido culpable de muchos pecados; los cargos son bien específicos. Los jefes espirituales y seculares se han debilitado por igual y han fallado en sus responsabilidades (56:9-12). La nación ha ido detrás de dioses paganos, asociándose a ritos sexuales y sacrificios de niños (57:4-13; → 2 Crónicas 33:1-9). Su observancia religiosa es una parodia vacía: el pueblo no ama a Dios ni a los demás hombres (58). La sociedad está corrompida en su entraña, llena de mentiras, deshonestidad, injusticia, malicia y violencia (59:1-13). No tiene tiempo para la verdad ni la justicia, ni para el que las define (59:14-15). Todas estas cosas contrastan totalmente con todo lo que Dios, en su sorprendente amor, desea para su pueblo (57:14-19; 58:6-14; 59:20-21).

Agua en el desierto de Neguev; el agua y la vegetación verde en el desierto eran símbolo vívido de vida nueva y restauración nacional.

Lechos (57:2): o sea, sus tumbas.

57:5-8: los ritos paganos implicaban prostitución. Se describe al idólatra israel, infiel a Dios, como prostituta.

Rev (57:9): → en 30:33.

Plaza (59:14): la "corte" de la época, donde se examinaban los casos y se hacía justicia.

59:21: comparar esto con el nuevo pacto descrito en Jeremías 31:31-34.

60 - 62 La gloria de la nación

En el abismo insuperable entre la vergüenza de Israel y su gloria se yergue la figura de Dios Vengador y Redentor (59:16-21). El capítulo 60 describe la increíble transformación. Isaías ve el retorno al favor de Dios en términos muy "terrenales": riqueza fabulosa, poder, influencia. Pero es muy diferente de la tierra que conocemos (17-22); y el Nuevo Testamento traduce el concepto de Isaías en términos espirituales y universales (→ en capítulos 54 - 55).

Aunque no se menciona con el nombre, la voz en 61:1-4 es la del siervo (→ Lucas 4:16-21). En 61:5-9 el pueblo de Dios se convierte en la nación de sacerdotes que él quiso siempre que fuera (Exodo 19:6; y → 1 Pedro 2:9), prorrumpiendo en cánticos de alabanza (10-11). Viene el día (62) en que Dios podrá regocijarse y deleitarse en su pueblo: día que hay que anhelar, por el que hay que orar y prepararse.

60:6-7: "Efa", tribu madianita; "Cedar" y "Nebaiot", tribus árabes. Su riqueza estaba en sus camellos, ovejas y cabras.

Doble honra (61:7): aquí Isaías tiene en mente la parte del primogénito.

63:1-6 Visión del Vengador

Véase también. 59:16ss. Edom (que significa rojo) y su capital, Bosra, representa todos los enemigos del pueblo de Dios. Es un cuadro deprimente; pero hasta que el enemigo sea derrotado, el pueblo de Dios no puede estar libre (→ Apocalipsis 19:11-16).

63:7 - 64:12 Oración por el pueblo de Dios

El recuerdo de todas las bondades y fidelidades pasadas de Dios (63:7-14) lleva a un llamamiento apasionado para que responda a la necesidad urgente de su pueblo.

65 - 66 Respuesta de Dios: cielos nuevos y tierra nueva

Dios responderá a la oración de su pueblo en una forma que supera sus sueños más descabellados. Pero la respuesta será de dos filos: para aquellos que se ponen contra él, la destrucción total, la supresión de todo vestigio del mal; para sus fieles, vida, gozo, paz más allá de lo imaginable, en un cielo y tierra renovados. Así pues, las profecías finales de Isaías ponen de manifiesto los destinos contrastantes de los hombres, en un juego marcado de luz y tinieblas. Dios no puede pasar por alto el mal. Los que siguen su propio camino pecaminoso (65:1-7, 11-14), que se niegan a escuchar a Dios (66:3-4), serán castigados. Pero Dios tiene un lugar reservado en su nuevo mundo para los hombres de fe humilde: no sólo para el Israel fiel, sino para gentes de todas las naciones (66:18-23).

65:8: el racimo es pobre, pero contiene algunas uvas buenas que no deben desperdiciarse.

Fortuna, Destino (65:11): dioses paganos del destino, Gad y Meni, a los que que se les hacían ofrendas de sacrificios.

65:25: → 11:6-9.

66:19: Isaías describe a los hombres que acuden de tierras distantes: de España (Tarsis) en el lejano occidente; de Africa (Fut, Lud) al sur; del lejano norte, Anatolia (Tubal) y al otro lado de Grecia (Javán).

Campesinos regresan a su aldea en las colinas de Judá después de las cosechas.

Escultura en bajo relieve que representa a Asurbanipal, rey de Asiria, de Nínive.

La amenaza asiria

ALAN MILLARD

Durante 200 años, alrededor del 850 al 650 a.C., Asiria eclipsó los reinos de Siria y Palestina. Sus reyes habían llegado al Mediterráneo en tiempo de los jueces de Israel, pero la presión por parte de las tribus arameas, que entonces se establecían por toda Siria, detuvieron el que controlaran tierras tan lejanas.

En el 853 a.C. Salmanasar III dirigió a Asiria contra una coalición que incluía Ben-hadad de Siria y Acab de Israel, aunque no triunfó decisivamente hasta el 841 a.C. Acab puso a Israel en conflicto directo con Asiria, que ahora consideraba a Israel como estado tributario. La embajada de Jehú se escenifica en el Obelisco Negro de Salmanasar, trayendo regalos valiosos.

La actividad asiria dio en cierta medida alivio a Israel de la opresión de Damasco. Aunque el usurpador Hazael reimpuso por breve tiempo su yugo (→ 2 Reyes 8:12; 12:17ss.), fue roto por una campaña asiria alrededor del 800 a.C. cuando Joás pagó un gran tributo, e Israel se expandió rápidamente. Jeroboam II y luego Uzías de Judá parecen haber llegado a ser los principales monarcas de Siria meridional y Palestina en tanto que la suerte de Asiria variaba.

Sin embargo, en el 745 a.C. Tiglat-pileser III comenzó a restaurar el estado imperial de Asiria. Manahem de Israel pagó tributo, pero elementos antiasirios reemplazaron a su hijo con su propio candidato Peka, sólo para verlo desplazado a su debido tiempo por Oseas, aprobado por Asiria. La defección de Oseas produjo la captura asiria de Samaria en el 722 a.C. y la deportación de su pueblo.

La política de exilar la emplearon siempre reyes poderosos, y era una amenaza siempre presente para las naciones más pequeñas. Los reyes asirios no la aplicaron indiscriminadamente: fue para ellos un arma final contra estados obstinadamente rebeldes. Si un vasallo y un pueblo eran leales, vivían tranquilos, incluso con la ayuda de Asiria en caso de ataque enemigo. Las relaciones de Asiria con Israel y Judá deben verse en esta perspectiva.

La posición antiasiria de Peka empujó a Acaz de Judá a los brazos de Asiria en busca de protección, y en consecuencia las políticas independientes de Ezequías produjeron reacciones duras por parte de Senaquerib (701 a.C.). Luego, Manasés permaneció fiel a Asiria, después de una visita obligada a Babilonia (2 Crónicas 33:11), y disfrutó de un largo reinado (alrededor de 687-642 a.C.). Josías se aprovechó de la tolerancia asiria para fortalecer a Judá, pero perdió la vida tratando de impedir que las tropas egipcias fueran a ayudar al último rey asirio (609; 2 Reyes 23:29).

Los profetas Amós, Oseas, Miqueas e Isaías hablaron a estas situaciones. Mostraron que el pueblo de Dios no podía eludir las consecuencias de la falta de fidelidad en los asuntos humanos, como era el caso de las otras naciones que citaban como ejemplos. Mostraron también que el pueblo de Dios no podía eludir las consecuencias de la deslealtad a su alianza con Dios. Dios podía utilizar a otras naciones para castigarlos, cumpliendo así su propósito.

Jeremías

Jeremías aparece en escena unos 100 años después de Isaías. Nació de una familia sacerdotal en Anatot (Anata), unos kilómetros al norte de Jerusalén, alrededor del 640 a.C., y fue llamado a ser profeta de Dios en el 627. 2 Reyes 22 - 25 y 2 Crónicas 34 - 36 ofrecen los antecedentes históricos de las profecías de Jeremías.

El poder de Asiria ya estaba deteriorándose cuando Jeremías comenzó a declarar a Judá el mensaje de Dios. Durante 40 años, en los reinados de los cinco reyes de Judá, Jeremías advirtió del desastre que se aproximaba y apeló en vano a la nación para que se volviera a Dios. Con la muerte del piadoso rey Josías en el 609, se empeoraron los asuntos religiosos y políticos. Judá fue cogido entre dos fuegos entre los poderes mundiales contendientes: Babilonia al norte, y un Egipto resurrecto al sur. Babilonia prevaleció, para convertirse en el instrumento del juicio de Dios sobre su impío pueblo. En el 587 el ejército de Nabucodonosor de Babilonia entró en Jerusalén, destruyó la ciudad y se llevó al pueblo cautivo. A Jeremías se le ofreció una vida cómoda en la corte, pero prefirió permanecer en Judá. Cuando Gedalías (Godolías, gobernador nombrado por Nabucodonosor) fue asesinado, el pueblo huyó a Egipto, llevándose a Jeremías. En cuanto se sabe, acabó su vida allá, todavía declarando las palabras de Dios a los hombres que se negaban a escucharlas.

ULTIMOS REYES DE JUDA

1 Josías 640-609

2 Joacaz 609

3 Joacim 609-597

4 Joaquín 597

5 Sedequías 597-587

Jeremías no fue el único profeta de la época. Entre sus contemporáneos estaban Habacuc y Sofonías; Daniel, en la corte babilónica; y Ezequiel, entre los cautivos en Babilonia. Pero destaca como figura solitaria: aislado por un mensaje de Dios que lo hizo cada vez más impopular; tachado de traidor por abogar por la sumisión a Babilonia. Fue encarcelado y su vida corrió peligro a menudo. Pero este hombre, sensible e inseguro, ni una vez comprometió su mensaje de Dios. No podía sino declarar el destino terrible que veía esperaba a su nación. Y se lamentaba de la negativa tozuda de ésta a reconocerlo. Los tiempos eran tenebrosos; su mensaje, sombrío; sin embargo, descartarlo como pesimista nato resulta injusto. Se perfila una fuerte nota de esperanza a lo largo de todas sus profecías. Después del juicio, después del exilio, Dios restaurará el gozo y prosperidad de su pueblo ya en su propia patria.

El libro de Jeremías (que surgió del manuscrito dictado a Baruc, capítulo 36) es una mezcla gloriosa de formas literarias: prosa y poesía, vilipendio y lamentación, parábola viva, biografía e historia. En varias ocasiones él le añadió algunos segmentos, y no todos ellos llevan fecha. El material no está ordenado históricamente, lo que hace difícil situarlo en la perspectiva adecuada. Los sucesos clave en la vida de Jeremías se enumeran a continuación, y en el texto se indican las fechas, cuantas veces resulta posible.

1 - 25 DIOS HABLA A JUDA Y JERUSALEN

1 Llamamiento de Jeremías para que sea profeta de Dios

La fecha es el 627 a.C. Jeremías es joven, probablemente de unos 20 años, y tan reacio a con-

Lugar de nacimiento de Jeremías: Anatot, en las colinas estériles al norte de Jerusalén.

SUCESOS MAS IMPORTANTES DE LA VIDA DE JEREMIAS

627 Llamamiento a Jeremías para que sea profeta de Dios. Muerte de Asurbanipal, último gran rey de Asiria.

621 Descubrimiento del libro de la ley. Comienza la gran reforma del rey Josías.

612 Nínive, capital de Asiria, sucumbe ante Babilonia.

609 El ejército egipcio se dirige al norte para dar una mano a la caduca Asiria. Josías lo intercepta en Meguido y muere. A su regreso de Asiria, el faraón Necao depone al nuevo rey Joacaz, y coloca a Joacim (Yoyaquim) en el trono.

605 Las fuerzas egipcias son aplastadas en Carquemis por Nabucodonosor de Babilonia.

604 Nabucodonosor somete a Siria, Judá y ciudades filisteas.

598 La alianza con Egipto atrae de nuevo a las fuerzas babilónicas contra Judá.

597 El rey Joacim muere, Jerusalén sucumbe ante Babilonia después de un asedio de dos meses. El nuevo rey Joaquín es deportado con otros a Babilonia. Pone en el trono a su tío Sedequías.

588 Bajo presión del grupo partidario de Egipto, Sedequías (Sedecías) rompe con Babilonia. Asedio de Jerusalén por 18 meses.

587 El ejército babilónico entra en Jerusalén. Deportación del pueblo; saqueo y quema de la ciudad. Tres meses más tarde, es asesinado el gobernador Gedalías (Godolías). Jeremías es llevado a Egipto.

vertirse en portavoz de Dios como Moisés (Exodo 3:10 - 4:17). Su mensaje fue la palabra del mismo Dios. "La palabra de Jehová vino a mí" viene a ser como un estribillo a lo largo del libro, desde el principio al fin. En esto radicaba su certidumbre, y su compulsión.

Versículos 1-3: → introducción.

Almendro... has visto (11-12): hay un juego de palabras en el hebreo. El almendro es el primer árbol que florece en primavera. Las acciones de Dios siguen a sus palabras con la misma prontitud.

Versículo 13: las fuerzas de Babilonia son como una caldera a punto de derramar su ardiente contenido sobre Judá. En este período de la historia judía los problemas siempre venían del norte: los poderosos ejércitos de Asiria primero; luego, en tiempo de Jeremías, los babilonios.

2 - 3:10 Dios acusa a su pueblo de infidelidad

Las naciones paganas son al menos leales a sus ídolos (10-11). No así el pueblo del Dios vivo. En una serie de cuadros vívidos se les presenta su ofensa. Prefieren su propia agua contaminada al manantial puro de Dios (13). Preferirían buscar ayuda en Asiria y en Egipto que en Dios (18). La vida de Israel se ha vuelto estéril (21). Al igual que una esposa que se ha prostituido, la nación ha buscado dioses foráneos (20, 23-25, 33; 3:1-10).

Baal (2-8): el dios cananeo.

Quitim... Cedar (2:10): desde el occidente al oriente (Cedar está en Arabia): todo el mundo pagano.

2:13: comparar con las palabras de Jesús: Juan 4:13-15; 7:37.

Menfis... Tafnes (2:16): ciudades de Egipto: Menfis, cerca de El Cairo; Tafnes, ciudad fronteriza en el delta oriental del Nilo, en la ruta a Palestina.

Extraños (2:25): dioses paganos.

3:1: esto era ilegal; → Deuteronomio 24:1-4.

3:6-10: "Israel" aquí se refiere al reino septentrional cuyo pueblo había sido llevado al cautiverio un siglo antes; en el 722 a.C. (versículo 8). Las reformas religiosas del rey Josías (comenzando en el 621 a.C.), por vastas que fueran, no cambiaron el corazón de la nación.

3:11 - 4:4 "Vuélvete, oh Israel, dice Jehová"

Incluso ahora Dios salvará a su pueblo si se arrepiente. Los sacará del cautiverio como nación unida (18) cuyo culto es una realidad viva, no un simple ritual (16; 4:4; y comparar con 31:31-34)

El arca (16): en la cual se guardaba la ley en el santuario del templo. Ya no se necesita cuando la ley de Dios está escrita en todos los corazones.

Confusión (24): eufemismo por "Baal"

4:4: se circuncidaba a todos los niños varones judíos cuando tenían 8 días, como señal de que habían entrado en la relación de pacto con Dios (Génesis 17:1-14). Pero ninguna señal externa puede hacer a un hombre hijo de Dios si no le acompaña la "circuncisión" del corazón, la mente y la voluntad.

4:5-31 Desastre próximo

Destrucción y devastación están a punto de caer sobre Judá. Se le da a Jeremías una visión anticipada del colapso de la nación frente al ejército babilónico, lo cual lo llena de horror inenarrable (19-31).

Versículo 11: el abrasador viento del desierto es símbolo de destrucción.

Dan (15): la ciudad más septentrional del país; la primera en la senda del invasor.

Versículo 23: Dios está deshaciendo la tierra; → Génesis 1:2.

Versículo 30: cuadro de Jerusalén (la "hija de Sion"), todavía impenitente; todavía buscando ayuda foránea.

5 Corrupción nacional

Dios busca en vano un vestigio de verdad y justicia entre su pueblo. La nación está hundida en idolatría; feliz como sociedad corrompida; sin escrúpulos de conciencia. No toman en cuenta ni a Dios ni a sus profetas. Lo que el pueblo quiere oír es falsa profecía. Dios no tiene otra opción sino el castigo.

Altar pagano en Biblos, Líbano.

6 Declaración de guerra

Todas las advertencias de Dios han caído en oídos sordos. Su llamamiento a los hombres para que anden por "el buen camino" (16) no ha encontrado sino rechazo total. Por esto Dios ha repudiado a su pueblo (30) y lo ha entregado a los ejércitos invasores. Incluso Jerusalén será cercada.

Tecoa, Bet-haquerem (1): dos colinas al sur de Jerusalén.

Pastores (3): cuadro de los campamentos enemigos.

Mediodía (4): no era frecuente atacar en el calor del día.

Sabá (20): en Arabia; famosa por el incienso que exportaba.

Examinarás (27): probando a la nación, como se prueban los metales preciosos.

7 - 8:3 En el templo

El pueblo tenía una fe supersticiosa en el templo. Pensaban que Jerusalén no podía caer a causa del templo; pero estaban equivocados. Dios conoce la diferencia entre el ritual religioso y la verdadera religión (10). Ve todo lo que sucede (9). Jerusalén no es más sacrosanta que Siloé, el santuario destruido de los filisteos (→ bajo 1 Samuel 4). La seguridad y el bienestar descansan en la obediencia a Dios (23).

Versículo 11: Jesús citó estas palabras acerca del templo en sus días (Mateo 21:13).

Efraín (15): la tribu principal del segregado reino septentrional.

Reina del cielo (18): la diosa de la fertilidad Astoret/Astarte/Istar, cuyo culto implicaba inmoralidad sexual.

Versículo 22: Jeremías no niega que el sistema de sacrificios fuera instituido por mandato de Dios (→ Levítico 1 - 7). Pero el pueblo sustituía la obediencia por el sacrificio. Jeremías los apremia a que establezcan el orden recto. Como Samuel dijo mucho antes, "obedecer es mejor que los sacrificios" (1 Samuel 15:22).

Tofet (31): → bajo Isaías 30:33.

8:4-17 Falsa sensación de seguridad

El pueblo se niega a arrepentirse, y los hombres de la religión los ayudan y apoyan con sus suaves palabras. Los escribas (intérpretes profesionales de la ley de Dios), los sabios que aplicaban la ley de Dios a los asuntos prácticos de la vida, los profetas y sacerdotes, todos se guían por igual por el interés propio.

8:18 - 9:26 Lamentación por la destrucción próxima

Jeremías comparte el profundo dolor de Dios ante el pecado de su pueblo y sus trágicas consecuencias. La sociedad está enferma (9:3-6, 8): enferma como resultado directo de que la nación abandona a Dios y a sus leyes y sigue su propio camino (12-14). Tan inevitable ha llegado a ser el juicio (15-16) que ya se puede llamar a las plañideras profesionales (17).

Bálsamo (8:22): Galaad era famosa desde tiempos antiguos por sus ungüentos sanadores (Génesis 37:25).

Ajenjo (9:15): planta de gusto amargo, y por ello símbolo de pesar.

9:25-26: no obstante la señal externa de su pacto (→ en 4:4), el pueblo de Dios se ha hecho como las naciones paganas de alrededor. Y al igual que ellos serán castigados. → capítulos 46 - 51.

10 El Dios vivo y los ídolos hechos por hombres

Los ídolos que el hombre crea, por muy refinados que sean, no tienen vida, ni poder, ni movimiento, ni hablan. No así el Dios de Israel. Este fue uno de los grandes temas de Isaías: Isaías 40:18-20; 44:9-20.

Tarsis... Ufaz (9): Tarsis, Tarteso en la lejana España; Ufaz quizá sea Ofir, famosa por su oro.

Recoge... tus mercaderías (17): prepárate para huir.

Pastores (21): líderes.

Versículos 23-25: la oración de Jeremías por su pueblo.

11:1-17 El pacto roto

Todavía están en vigor las condiciones del pacto de Dios con su pueblo, hecho en el Sinaí después del éxodo (→ Deuteronomio 5ss.). Con su persistente desobediencia a la ley de Dios, y con el culto a los ídolos, Judá ha roto ese acuerdo y caído bajo la maldición (→ Deuteronomio 11:26-28; 27).

Este capítulo parece pertenecer al período después de las reformas de Josías (2 Reyes 23).

11:18 - 12:17 El complot contra la vida de Jeremías

El mensaje de Jeremías suscitó una ira tan intensa que los hombres de Anatot, su ciudad natal, estaban listos a matarlo (18-23). El descubrimiento condujo a Jeremías a preguntarle a Dios acerca de cómo los malos prosperan en el mundo (12:1-4). No es el primero ni el último en quedar perplejo ante esto (→ Salmo 73; Habacuc 1:12-12). En respuesta, ¡Dios le dice que vendrán cosas peores (5-6)! Sin embargo, castigará (7-13), y luego restaurará (14-17).

Espesura del Jordán (12:5): el Jordán discurre por debajo del nivel del mar desde el Mar de Galilea hasta el Mar Muerto; en la época del Antiguo Testamento el río estaba bordeado de malezas densas y vaporosas que albergaban animales salvajes.

Casa, heredad (7), viña (10): metáforas por la nación.

13 El cinto: parábola dramática

Dios utiliza todos los métodos de enseñanza imaginables para hacer llegar su mensaje. Los profetas a menudo representan su mensaje (→ capítulos 18, 19, 32). Los hechos a menudo hablan con más fuerza que las palabras, y se fijan en la mente. A Jeremías no le agradaba el anunciar la venganza de Dios (17), aunque antes la había pedido (11:20).

Versículo 4: el Eufrates representa el cautiverio y exilio de la nación. Está a unos 550 km. de Jerusalén.

Rey y reina (18): casi con certeza Joaquín (Yoyaquim) y Nehusta (Nejustá) (→ 2 Reyes 24:8-16).

14 - 15 La sequía; oración de Jeremías

Hay sequía fuerte y prolongada (14:1-6). El pueblo vuelve a clamar a Dios (7-9). Pero Dios no escucha (10-12). Ni tampoco escuchará las súplicas de Jeremías de que han sido engañados por las mentiras de falsos profetas (13ss.). Sin embargo Jeremías sigue orando por ellos (13-22) aunque Dios está sordo y el pueblo le paga con odio (15:10). Es comprensible la compasión del profeta por sí mismo (15:15-18). El remedio está en apartarse de sí mismo para acudir a Dios en confianza renovada.

Espada, hambre, y pestilencia (14:12): todo ello se consideraba, desde los primeros tiempos, como castigo de Dios. Los tres juntos implican juicio total (→ 16:4; 24:10; Ezequiel 14:21; Apocalipsis 6:8; 18:8).

Tu glorioso trono (21): el templo.

Moisés y Samuel (15:1): ambos intercedieron con éxito por la nación (Exodo 32; 1 Samuel 12:19-25).

15:4: en el reinado de Manasés la nación alcanzó el punto más bajo; → 2 Reyes 21; 2 Crónicas 33.

16 Prohibición a Jeremías de casarse

Al quedarse soltero, en una sociedad en la que esto era casi incocebible, Jeremías se convierte en símbolo vivo del mensaje de Dios. Muy pronto en Jerusalén habrá el hambre y la mortandad más terribles. No es el momento ni el lugar para formar familia. Al quitar Dios de ellos su paz y amor (5), el pueblo conocerá por fin que es el Todopoderoso (21). Pero todavía tiene un futuro para ellos (14-15).

Versículos 6-7: costumbres relacionadas con el duelo, algunas de ellas paganas (→ Levítico 19:27-28).

17 Dios y el corazón humano; el sábado

El pecado de Judá es indeleble (1). Pero Dios todavía les presenta alternativas (5-8; → Salmo 1). Con sólo que el pueblo escuchara (24) se evitaría el juicio.

Irrespeto por el día de descanso que Dios instituyó (19-27; → Exodo 20:8-11) es sin-

Vista hacia el sur desde los muros de la ciudad actual de la antigua Jerusalén, con el valle del Cedrón.

tomático de la desobediencia general de la nación.

Versículo 1: se utilizaba un estilete de acero para gravar inscripciones en roca o piedra. El pecado de la nación está tan indeleblemente grabado en su duro corazón.

Asera (2): → bajo Isaías 17:8.

Versículos 14-18: ésta es la oración de Jeremías.

18 El alfarero y la arcilla; más conjuras contra el profeta

Otra dramática parábola (→ bajo capítulo 13). Al igual que el alfarero humano, Dios tiene el derecho indiscutible de remodelar la nación deteriorada. Nunca podemos presumir que las cosas serán siempre como en el presente (7-10).

En los versículos 18-23 se siente tan herido en carne viva por aquellos que desprecian su mensaje dado por Dios que prorrumpe en una oración realmente vengadora (muy diferente de su reacción en 13:17).

Líbano (14): se refiere al Mte. Hermón, de ordinario coronado de nieve todo el año.

Viento solano (17): → bajo 4:11.

19:1-13 La vasija rota

De nuevo, parábola dramatizada: Dios romperá la ciudad y el pueblo en forma tan segura e irreparable como la vasija que el profeta destroza ante sus ojos.

Hijo de Hinom (2), Tofet (11): → bajo Isaías 30:33.

19:14 - 20:18 Jeremías en el cepo

Jeremías va directamente del valle de Hinom hasta el templo; y allí su mensaje le trae problemas. Con las manos y los pies amarrados en cepos de madera, abre su corazón a Dios. Jeremías no era insensible; dolía el ser odiado y ridiculizado (20:7-8). Sin embargo un impulso interior lo llevaba constantemente a dar a conocer la palabra de Dios (9). Su papel como profeta lo pone bajo tremenda presión. Y su ánimo fluctúa entre fe confiada (11-13) y desolación total (14-18).

Torno de alfarero en acción en Hebrón.

21 Consulta del rey Sedequías (Sedecías)

La fecha es alrededor del 589, cuando Judá se encontraba en la lucha final con Babilonia. Sedequías acude al profeta, esperando encontrar una palabra de consuelo. Pero no es así. La única esperanza está en la rendición.

22 Advertencia para el rey Joacim

Esta profecía es anterior al capítulo 21. Joacim reinó del 609 al 597, el año en que Jerusalén se rindió por primera vez a Babilonia, y Joaquín, de 18 años (Conías, 24) fue llevado al exilio con el primer grupo de cautivos. Los versículos 13ss. contrastan a Joacim, quien ve su reinado en función de palacios de madera de cedro, con su piadoso padre, Josías.

Muerto (10): probablemente el rey Josías, muerto en Meguido.

El que se va (10), Salum (11): el rey Joacaz, llevado a Egipto por el faraón Necao a su regreso de Asiria en el 609.

Líbano, Basán, Abarim (20): cadenas de montañas al norte, noreste y este de Judá.

23 Contra los líderes y falsos profetas

Tanto el gobierno (1-8) como los líderes religiosos (9ss.) reciben una reprimenda punzante. No quedarán sin castigo ni el mal gobierno ni las mentiras dichas en nombre de Dios. Dios pondrá en el trono a un rey de su propia elección (5-8). Con un mensaje tal contra los líderes religiosos (9-40), no sorprende que Jeremías se encontrara con violento odio por parte de sacerdotes y profetas, como le ocurrió al mismo Jesús (26:11; comparar Mateo 21:45-46; 26:66).

Renuevo (5): → bajo Isaías 4:2; 11:1.

La Puerta del Muladar de la antigua Jerusalén.

Adúlteros (10): los que dejaban a Dios para acudir a dioses paganos, cuyo culto implicaba ritos sexuales y prostitución.

Profecía de Jehová (33): o sea, mensaje de Dios.

24 Las dos cestas de higos

La fecha es después del 597 (versículo 1; "Jeconías" es Joaquín) (Yoyaquim). Los cautivos son lo más escogido del pueblo de Dios. (Ezequiel formaba parte de los primeros cautivos, y Daniel había sido llevado á Babilonia todavía antes.) Y Dios moldea un futuro para ellos. Para aquellos que permanecen en Judá no hay futuro sino decepción. Sin embargo, a través de Jeremías Dios sigue ocupándose de sus "higos malos".

25 Predicción de la invasión de Nabucodonosor y el cautiverio

El año es el 605 (1), cuando Nabucodonosor aplastó a los egipcios en Carquemis. Durante 23 años Jeremías había repetido el mensaje de Dios, y el pueblo sigue todavía frío. Ahora les dice que la ciudad caerá y que servirán a los babilonios durante 70 años de cautiverio. El juicio de Dios también caerá sobre las naciones paganas que tanto lo merecen, y sobre Babilonia misma (12-38).

Versículo 13: y en cuanto a las profecías de Jeremías contra las naciones paganas, → capítulos 46 - 51.

26 - 45 VIDA Y EPOCA DE JEREMIAS

26 Reinado de Joacim: la vida de Jeremías en peligro

La fecha es el 609 o después; la situación tiene algo en común con el capítulo 7. Era una de esas

Cesta de higos.

épocas en la que era peligroso declarar toda la verdad de Dios (15), y la forma de hablar directa de Jeremías casi le cuesta la vida. Los sacerdotes y profetas deseaban su muerte (11), pero el nombre de Dios tenía todavía cierto peso entre los gobernantes y el pueblo (16). Urías (20ss.; conocido sólo por este pasaje) tuvo menos suerte.

Silo (6): → bajo capítulo 7.

Versículo 18: → Miqueas 3:12. Las palabras del profeta se recuerdan un siglo después (Miqueas fue contemporáneo de Isaías).

27 - 28 Reinado de Sedequías: el yugo de Babilonia; falsa profecía de Hananías (Jananías)

Es el 597: los babilonios se han llevado a los primeros cautivos de Jerusalén y han colocado a Sedequías (Sedecías) en el trono. Pero ya hay subversión. Jeremías va por las calles de la ciudad con un yugo de madera en prenda de sumisión a Babilonia. Solo por la servidumbre pueden Judá (27:12-15) y las naciones (27:3-11) evitar la destrucción. No era un mensaje popular, y provocó un enfrentamiento con los falsos profetas. Hananías contradijo abiertamente a Jeremías; rompió el yugo (28:1-5, 10), y le dijo al pueblo lo que quería oír. Pero el tiempo demostró la verdad de las palabras de Jeremías (28:15-17; y comparar 27:19-22 con 52:17-23).

29 Carta de Jeremías a los cautivos

Los exiliados a los que Jeremías escribió eran los cautivos deportados con el rey Joaquín (Yoyaquím), entre ellos Ezequiel. Los falsos profetas predecían un pronto retorno. Jeremías aconseja a los exiliados que se establezcan y vivan una vida normal: el cautiverio durará 70 años. Estonces regresarán. Pero, incluso desde Babilonia, sus enemigos le causan problemas (24ss.).

30 - 31 La promesa de un nuevo pacto

El mensaje de esperanza llega en la hora más tenebrosa de la nación. Cuando parecía que sobrevendría la extinción total, Dios prometió a su pueblo un futuro. Serían salvados (30:10ss.) y restaurados (18ss.). Los cautivos regresarían con gozo a su patria (31:7ss.). Y un nuevo pacto reemplazaría al antiguo hecho en el Sinaí, que habían conculcado. Esta vez Dios los restaurará en el interior, dándoles el poder de hacer su voluntad (31:31-34; y comparar Romanos 8:1-4; 2 Corintios 5:17). Al igual que Isaías antes de él, Jeremías aquí prevé eventos futuros. Habla, en lo más inmediato, del regreso del presente cautiverio; en el futuro, del nuevo pacto que Cristo mismo trajo (→ Hebreos 8ss.).

Ramá, Raquel (31:15): Raquel, madre de José y Benjamín, murió en Ramá cerca de Belén. Jeremías la describe como llorando por sus hijos cautivos. Mateo 2:18 ve esto como profecía del dolor causado por el exterminio de los niños mandado por Herodes.

32 Jeremías compra tierra

Era el 588/7 a.C., cuando Jerusalén estaba asediada, y la ciudad natal de Jeremías, Anatot, ocupada por el enemigo. ¡Hanameel (Janamel) tuvo que haber sido un oportunista para tratar de vender tierra entonces! Pero la compra de Jeremías habla más elocuentemente que las palabras: "Dios tiene un futuro para Judá." Y todo el mundo en la ciudad tuvo que haber oído hablar de ello. Jeremías actuó bajo órdenes de Dios; sólo después admite su perplejidad (25). En respuesta Dios resume su propósito inmediato y final para la nación.

Versículo 8: la tierra era heredad familiar; nunca se vendía en el mercado. → Levítico 25:25.

Baruc (12): secretario de Jeremías; → 36:4ss.

Versículo 35: → bajo Isaías 30:33.

33 Promesa inquebrantable de Dios

El tema sigue siendo la restauración futura. Dios reconstruirá donde ha destruido (6ss.). Volverán el gozo y la prosperidad (10-11), y gobernará un rey ideal (14-16). Sucederá tan ciertamente como la noche sigue al día (20).

Versículo 21: → 2 Samuel 7 y Números 25.

Dos familias (24): a juzgar por el versículo 26, esto significa la familia de Jacob (la nación) y la familia de David (los reyes).

34 Los esclavos judíos

La fecha es todavía el 588/7. Después de recibir el mensaje de Dios (1-7), el rey Sedequías da la orden de poner en libertad a todos los esclavos, esperando que esto le ganará el favor de Dios (→ Deuteronomio 15:12ss.). Pero sus propietarios se rebelan de inmediato. Y Dios los condena como violadores de la ley.

Versículos 4-5: → 39:7. No hay mención de la muerte de Sedequías.

Versículos 18-19: la ceremonia invocaba el mismo fin para quienquiera conculcara el pacto. → Génesis 15.

Se ha ido (21): hubo un respiro momentáneo mientras Nabucodonosor se enfrentó con el ejército del faraón (37:5).

35 Los recabitas

Los capítulos 35 - 36 nos hacen retroceder diez años al asedio anterior de Jerusalén. Los recabitas eran descendientes beduinos de Jonadab (Yonadab), quien tomó el lado de Dios contra los adoradores de Baal en 2 Reyes 10:15-23. El temor del ejército invasor los conduce a la ciudad (11), donde su obediencia a una promesa hecha 200 años antes hace avergonzar al pueblo de Dios.

Debajo de Jerusalén, incluso hoy, hay antiguas cisternas para recoger hasta la última gota de agua. En tiempo de Jeremías solían ser redondas, excavadas en la roca. Esta está debajo del convento Ecce Homo en Jerusalén.

36 El rey Joacim quema el rollo de Jeremías

Este es uno de los capítulos más vívidos y dramáticos de toda la Biblia. El año es el 605/4. Se proscribe a Jeremías del templo (5; sin duda para impedirle que repitiera lo que había dicho antes, capítulo 26). Pero no se puede asfixiar la palabra de Dios. El mensaje está escrito; el profeta espera el momento oportuno; y luego, en un sólo día, se le da lectura ante todo el pueblo, los gobernantes y el rey mismo. Joacim puede quemar el rollo, pero no tiene poder ni para destruir el mensaje ni impedir su cumplimiento. Pacientemente, Jeremías y Baruc vuelven a escribir las palabras.

Versículo 30: a los tres meses de la muerte de Joacim su hijo fue deportado a Babilonia.

37 - 38 Encarcelamiento de Jeremías

Sedequías (Sedecías) es rey; el año, el 588 (5). El consejo de Jeremías de que se rindan (38:2) lo lleva a sus mayores problemas. Es arrojado en prisión por influencia subversiva y traidor. Sólo gracias a la acción rápida de un buen amigo, y a la intervención del rey, salva la vida (37:20-21; 38:7-13). Sedequías anhela conocer la palabra de Dios (37:3, 17; 38:14), pero le falta fe y valor para ponerla en práctica. Por ello la terrible visión de Jeremías (38:22-23) se vuelve realidad (39:6-8). Pero incluso en medio del juicio, Dios no pierde de vista a las personas. Se salva la vida de Ebed-melec (39:15-18).

Al profetizar invasión y ruina, Jeremías fue acusado de socavar la moral del pueblo. Pero no era pesimista sólo por serlo. Sólo enfrentándose con la realidad podían evitar la catástrofe de la destrucción y el cautiverio.

Asedio de una ciudad; relieve del Palacio de Asurbanipal en Nínive.

39 - 40:6 Caída de Jerusalén; elección de Jeremías

→ también capítulo 52; 2 Reyes 25; 2 Crónicas 36. Las advertencias de Dios finalmente dan paso al juicio (39:1-10) y Jeremías es el único que puede decidir respecto a su propio futuro (39:12; 40:1-5). Se le ofrece un lugar de honor en la corte babilónica, pero escoge unir su suerte a la de los desposeídos que quedaron en la tierra de Judá.

Ribla (39:5): la base de Nabucodonosor era una ciudad al sur de Hama en Siria.

Gedalías (39:14): hijo del hombre que antes salvó la vida de Jeremías (26:24).

Porque pecasteis (40:3): la nación, no Jeremías.

Mizpa (40:6): ciudad a unos pocos kilómetros de Jerusalén; lugar de asamblea nacional ya en tiempo de Samuel.

40:7 - 41:18 Asesinato del gobernador Gedalías (Godolías)

Gedalías comenzó bien como gobernador. Los que habían huido del ejército regresaron y

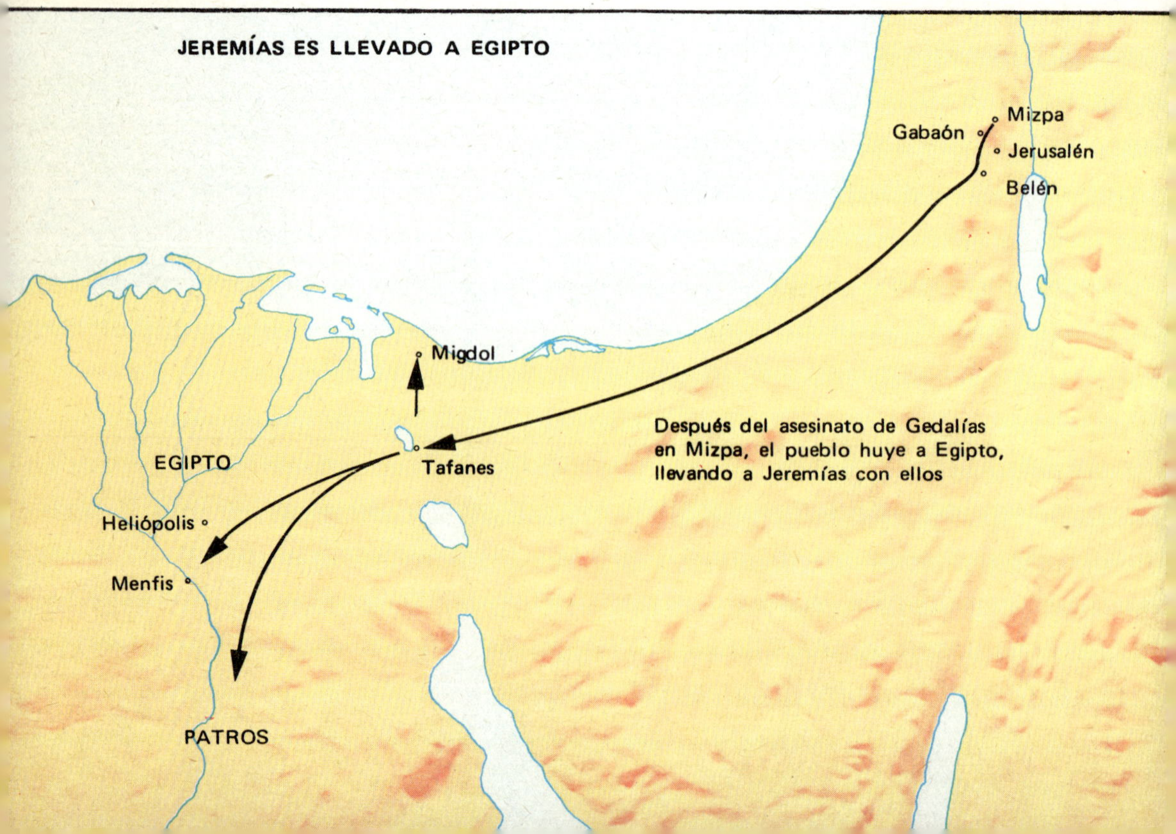

recogieron una buena cosecha, después de los días de hambre de la ocupación. Pero a los tres meses fue asesinado, y el pueblo, por temor de represalias, se aprestó a huir a Egipto.

41:9: → 2 Reyes 15:16ss.

42 - 43:7 Huida a Egipto

A pesar de su determinación declarada de obedecer la palabra de Dios, cuando les llegó el mensaje que les decía que se quedaran, desobedecieron. Egipto les pareció más seguro. Se llevaron a Jeremías y a Baruc con ellos. Y como Dios había predicho (15-18), a su debido tiempo el largo brazo de Nabucodonosor, rey de Babilonia, llegó hasta Egipto (568 a.C.). Según Josefo, había judíos entre los cautivos que se llevó consigo.

43:3: Baruc obviamente ya les había advertido que no fueran a Egipto.

Tafnes (43:7): → bajo 2:16.

43:8 - 44:30 En Egipto: último llamamiento de Jeremías

Jeremías representa su última parábola de la que hay mención (43:8ss.). Pero a pesar de todo lo que ha sucedido, el pueblo sigue negándose a escucharlo. Volverán a adorar a la "reina del cielo" (→ bajo 7:18), y ¡todo volverá a ir bien! Después de esto ya no se oye nada más de Jeremías. La tradición dice que fue lapidado hasta la muerte, en Egipto.

Enladrillado (43:9): los arqueólogos han descubierto una vasta área pavimentada con ladrillos.

Heliópolis (43:13): → bajo Isaías 19:18.

45 Baruc

Este breve capítulo se refiere a la escritura del rollo en el 605 (capítulo 36). Baruc compartió algo de la angustia del profeta. Dios le promete la vida en medio de la mortandad que se avecina (como se la prometió a Ebed-melec, 39:15-18). Esto basta.

46 - 51 PROFECIAS CONTRA LAS NACIONES

Ver 25:13. Jeremías, al igual que Isaías antes de él, ve a Dios dirigiendo la historia del mundo, no sólo una porción de la misma. Dios se ocupa del mal dondequiera que ocurre. Estos capítulos contienen algunas de las piezas poéticas más estupendas del libro.

46:1-26 Egipto

Los versículos 1-12 describen la derrota en Carquemis en el 605. Los versículos 13-26 predicen la invasión de Egipto por Nabucodonosor (que ocurrió en el 568). Isaías y Ezequiel también profetizaron contra Egipto: Isaías 19-20; Ezequiel 29-32.

Versículo 9: estos son los mercenarios de Sudán (Etiopía) y Libia (Put).

Los sucesos de Jeremías 41 ocurrieron junto al "gran estanque de Gabaón". Excavaciones efectuadas allí pusieron al descubierto este gran hoyo, con escaleras que conducen a un túnel hasta un pozo.

Bálsamo (11): → bajo 8:22.

Apis (15, Biblia de Jerusalén): el buey sagrado de Egipto. Dios había destruído los dioses de Egipto.

Amón (25): dios de Tebas.

46:27-28 Consuelo para Israel

47 Filistea

La opresión y el cautiverio han sido la suerte repartida de la gente ordinaria del Medio Oriente a lo largo de la historia. Jeremías vio claramente el sufrimiento y la tragedia que el cautiverio produciría.

→ también Isaías 14:28-32. El faraón Necao dominaba a Gaza en la época de su marcha al norte en el 609, pero la ciudad cambió a menudo de manos. Se predicen calamidades de mano de los babilonios en el norte. Nabucodonosor debe haberse apoderado de ciudades filisteas cuando aplastó a Judá en el 589. Otras profecías: Ezequiel 25:15ss.; Amós 1:6-8; Sofonías 2:4-7; Zacarías 9:5-7.

Gaza (1): ciudad filistea.

Caftor (4): Creta, la isla de la que originalmente procedían los filisteos.

Ascalón (5): ciudad de los anaceos ("anaquitas" en la Biblia de Jerusalén), pueblo de gran estatura que tuvo cierta conexión con los filisteos (Josué 11:22).

48 Moab

→ bajo Isaías 15 - 16. Moab, Amón y Edom parecen haberse unido con Judá en su rebelión contra Nabucodonosor (27:1-3). Probablemente las castigó cuando subyugó a Judá. Otras profecías: Ezequiel 25:8-11; Amós 2:1-3; Sofonías 2:8-11.

Nebo (1): la ciudad, no la montaña.

Quemos o Kemós (7, 13): principal Dios moabita. Betel era el santuario levantado en el reino septentrional de Israel para rivalizar con Jerusalén.

Arnón (20): el río que fue en un tiempo el límite septentrional de Moab.

Dibón (22): la capital.

Brazo (25): símbolo de poder, fortaleza.

Kir-hares o Quir-Jeres (31): capital original de Moab; en la actualidad Kerak en Jordania.

Versículo 37: cuadro de duelo.

49:1-6 Amón

→ bajo Moab, arriba; también Ezequiel 25:1-7. Se condena a Amón por apoderarse de tierra israelita, pero luego será restaurado.
Milcom (1): el dios amonita.
Rabá (2): la capital; la moderna Ammán, capital de Jordania.

49:7-22 Edom

Otras profecías: Isaías 21:11-12; Abdías (quien parece haber tomado algunos pasajes de

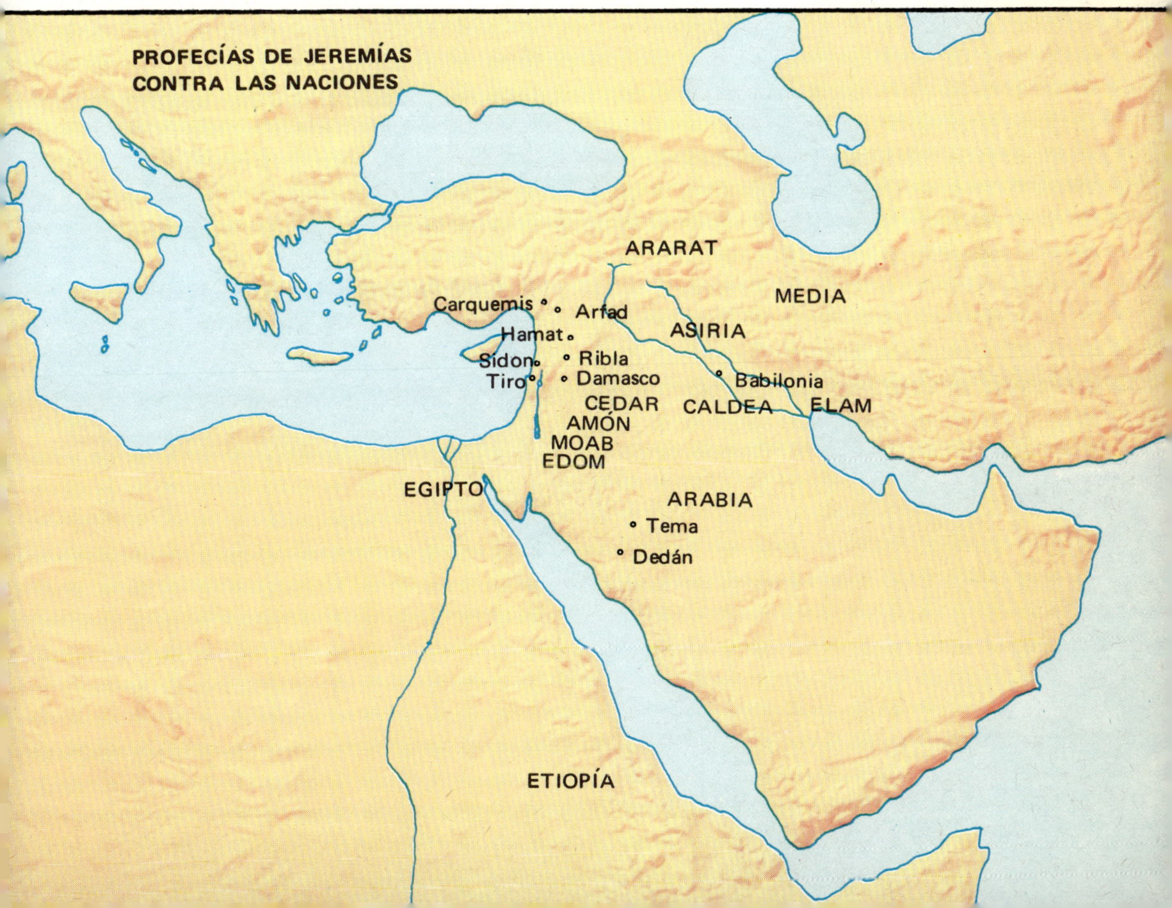

Jeremías). El juicio de Edom será total: → bajo Isaías 34.

Versículo 18: → Génesis 19.

La espesura del Jordán (19): → bajo 12:5.

49:23-27 Damasco

→ Isaías 17.

Hamat (Jamat), Arfad (23): Hama, en Siria; y una ciudad al norte mismo de Alepo.

Ben-adad (27): nombre o título de una serie de reyes sirios.

49:28-33 Cedar

Como se predijo, Nabucodonosor aplastó a esas tribus nómadas en el 599.

Hazor (30): probablemente poblados nómadas; no es la ciudad de Galilea septentrional.

49:34-39 Elam

Jeremías habló en el 597. En menos de un año Elam, al este de Babilonia, fue atacada por Nabucodonosor.

50-51 Babilonia

→ bajo Isaías 13-14 y 46-47. Se envió la impresionante profecía de Jeremías junto con la delegación que fue a Babilonia en el cuarto año del reinado de Sedequías, seis años antes de la caída de Jerusalén. Se le dio lectura pública, y luego se la hundió en el Eufrates, como la misma Babilonia se hundiría frente a su conquistador (51:59-64). Los medos (51:11) caerían como el mar sobre Babilonia, procedentes del norte. Se advierte con antelación al pueblo de Dios para que se pongan fuera de peligro cuando esto suceda. Ciro, a la cabeza de un ejército de medos y persas, se apoderó de Babilonia en el 539. Babilonia fue el instrumento de Dios para castigar a su pueblo (como lo habían sido antes los asirios), pero Dios no podía pasar por alto su orgullo pecaminoso. No puede cerrar los ojos ante el mal; siempre debe llegar el juicio.

Bel, Merodac (Marduc) (50:2): los dioses babilonios.

50:21: se juega con los nombres Merataim y Pecod, dos tribus babilónicas.

Venganza de su templo (50:28; 51:11): Jeremías escribió esta profecía antes de la destrucción del templo: esta nota se añadió probablemente después de la destrucción del templo en el 587.

51:27: Ararat en Turquía oriental; Mini en el Irán noroccidental; Askenaz, los scitios, en la misma zona. Todas estaban sometidas a los medas.

Su mar (51:36): la prosperidad y seguridad de Babilonia dependían de su intrincado sistema de canales y lagos.

Seraías (51:59): hermano de Baruc (32:12).

Hasta aquí (51:64): si se acepta la nota marginal de la Biblia de Jerusalén, esta nota parece pertenecer al final del versículo 58, con lo que 59-64 y el capítulo 52 pasan a ser agregados.

52 APENDICE HISTORICO

→ bajo 2 Reyes 24-25, que son casi idénticos con este capítulo; y Jeremías 39.

Versículos 28-30: los cautivos fueron deportados en 597, 587 y 581.

Versículo 31: con la ascension del hijo de Nabucodonosor (562-560), mejoró la situación para Joaquín, prenda de nueva esperanza para la nación.

Cautiverio en Babilonia

ALAN MILLARD

Ladrillo con el sello del nombre y título de Nabucodonosor II, rey de Babilonia, y de su padre Nabopolasar.

Casi en la misma época en que Jeremías comenzó a profetizar, cayó el Imperio Asirio. El gobernador caldeo de Babilonia meridional asumió el control de Babilonia (626 a.C.) y poco a poco expulsó a las guarniciones asirias de otras ciudades. Luego, aliado con un ejército de medos y escitas de las colinas persas, atacó a Asiria, saqueando por fin a Nínive en el 622 a.C. (→ Nahum). El último vestigio de poder asirio quedó destruido dos años después, y las fuerzas del faraón egipcio Necao aplastaron Carquemis en el 605 a.C. (→ Jeremías 25).

De este modo los caldeos se convirtieron en dueños de la "Media Luna Fértil", aunque las provincias septentrionales del Imperio Asirio cayeron bajo dominación meda. El famoso Nabucodonosor llegó al trono en el 605 a.C. Sus primeros 20 años vieron muchas luchas en su intento de subyugar a las provincias rebeldes, entre ellas Judá.

Después de Carquemis, retuvo a Joacim (Yoyacim), el candidato egipcio, como rey en Jerusalén, exigiendo juramento de fidelidad, y llevándose rehenes (Daniel 1:1). Los judíos no cumplieron con el juramento y volvieron a unir su país con Egipto. Con furia justificada, Nabucodonosor condujo a sus fuerzas para asediar a Jerusalén, cuyo rey se negó a rendirse, a pesar de las súplicas de Jeremías.

El rey murió. Su hijo, Joaquín, reinó un mes o dos hasta que la ciudad cayó y fue llevado al cautiverio en Babilonia (597 a.C.). Allá, según las listas de racionamiento descubiertas en las ruinas, tanto él como su familia recibieron suministros de los almacenes reales. Se dio el trono de Judá a Sedequías (Sedecías), quien tampoco aprendió la lección, cayendo ante los señuelos de Egipto, al igual que sus predecesores.

El destino de Judá era inevitable. Las fuerzas babilónicas volvieron a atacar, tomaron Jerusalén y la saquearon (587/6). Muchos de los sobrevivientes se establecieron en Babilonia, y se colocó el territorio de Judá bajo un gobernador.

Parece que los cautivos fueron llevados a la misma Babilonia, acomodándose tanto en la ciudad capital como en otras ciudades y pueblos. Tenían libertad en cuanto se sabe, para establecerse como parte de la comunidad, mantener sus propias tradiciones y practicar su propia religión según sus deseos. Sin duda que el nuevo ambiente y el renovado esplendor de la antigua Babilonia (que justificaba la jactancia de Nabucodonosor, "¿No es ésta la gran Babilonia que yo edifiqué?" Daniel 4:30) atemorizaron a los hombres de Judá. Algunos quizá creyeron que Marduc de Babilonia y su corte de dioses secundarios eran superiores al Dios de Israel. Otros sin duda encontraron una manera provechosa de vivir en el nuevo ambiente. Otros anhelaban regresar a la tierra prometida (→ Salmo 137).

La impronta de la cultura babilónica se puede ver en las imágenes de las visiones de Ezequiel y en las historias de Daniel. Era una amalgama de conceptos aborígenes y foráneos. En las calles y talleres de la ciudad, exiliados y visitantes de Egipto, Siria y Palestina se codeaban con otros de Cilicia, Caria y Jonia, todos con la misma lengua, el arameo.

Pero el imperio de los reyes caldeos no iba a durar. Como previeron Isaías, Jeremías y Daniel, los hombres de las colinas del este y del norte lo derrotarían. El cuadro, impreciso en Isaías y Jeremías, está claro en Daniel. Media se hizo más poderosa después de sacudirse el dominio escita. Hacia 585 a.C., el yugo meda se extendía hasta la mitad de Anatolia. Y Media era evidentemente rival de Babilonia cuando, en el 550 a.C., su vasallo, Ciro el persa, se apoderó del trono.

En Babilonia, Belsasar gobernó mientras su padre vivió en Arabia septentrional. El rey regresó sólo para ver caer a su reino ante Ciro en el 539 a.C. La política del nuevo rey fue en general pacifista, y permitió generosamente que los judíos regresaran a Jerusalén y restauraran el templo del mismo modo que él restauró otros santuarios.

Lamentaciones

No sabemos quien escribió estas lamentaciones, aunque las versiones griegas mencionan a Jeremías. En el texto hebreo son anónimas. Y difieren, en estilo y contenido, de las profecías de Jeremías. Pero el autor debe por lo menos haber sido contemporáneo del profeta. Los primeros cuatro poemas los escribió obviamente un testigo ocular de la destrucción de Jerusalén en manos de Nabucodonosor y su ejército babilónico en el 587 a.C.

Para el pueblo de Judá, la caída de la ciudad significó más que la pérdida de su hermosa y casi inexpugnable capital. Fue más que la simple destrucción de la capital de la nación: porque Jerusalén era, en un sentido muy especial, la ciudad de Dios. Allí estaba su templo. Allí escogió vivir con su pueblo. Y cuando el fuego arrasó a Jerusalén, el templo quedó destruído y el pueblo fue deportado, supieron que Dios los había entregado a los enemigos. De otro modo no hubiera sucedido. Por esto estas lamentaciones expresan el dolor del poeta, no sólo por el sufrimiento y humillación de su pueblo, sino por algo más hondo y mucho peor: que Dios había repudiado a su pueblo debido al pecado.

Los cuatro primeros poemas tienen el ritmo de la endecha, y están escritos en acróstico. En el 1, 2 y 4, cada uno de los 22 versículos comienza con una letra distinta del alfabeto hebreo. En el 3, hay tres versículos para cada letra. El quinto poema (capítulo 5) tiene también 22 versículos, pero no es ni endecha ni acróstico.

Los poemas todavía se leen en voz alta en las sinagogas judías a mediados de julio para señalar el aniversario de la destrucción del templo en el 587, y para recordar la destrucción posterior en el 70 d.C.

Capítulo 1 La primera lamentación

Jerusalén está sola, desierta, de luto; el pueblo ha desaparecido; el templo ha sido profanado y destruído. Dios la ha juzgado y la ha castigado por la enormidad de su pecado. Ahora, por fin, clama a él.

Capítulo 2 La segunda lamentación

El poeta vuelve a ver la manifestación de la ira de Dios: los niños hambrientos; la matanza, la ruina de la ciudad y del santuario. Vuelve a escuchar las mofas del enemigo, que se regodea sobre el destino de Jerusalén. ¡Qué Dios mire y se compadezca!

Capítulo 3 La tercera lamentación

Vemos la agonía de la nación centrada en la experiencia de una sola persona. En la oscuridad, abatido y vilipendiado hasta el punto en que muere toda esperanza (18), todavía se reaviva la fe ante el pensamiento de Dios en todo su amor y misericordia (19-33). Cuando ya casi está perdido, llega la persuasión de que Dios está cerca (54 ss.). Pero no puede perdonar la amarga provocación de sus enemigos (59-66).

Capítulo 4 La cuarta lamentación

La antigua gloria de la ciudad, y los horrores del asedio. Los gritos de los niños hambrientos, los rostros marchitos; los cuerpos encogidos nunca se olvidarán. Los pecados del pueblo, de los profetas y sacerdotes, han acabado con la ciudad. Y Edom, el antiguo archienemigo, se jacta, no sabiendo que también llegará su castigo (21-22).

Capítulo 5 La quinta lamentación: oración

El poeta describe en forma vívida la derrota: la pérdida de libertad, de la tierra, del respeto; violación y crueldad; trabajos forzados; casi muerte de hambre. Y todo debido al pecado. Pide a Dios la restauración.

Anciana, con velo negro, en la antigua ciudad de Jerusalén.

Ezequiel

En el 597 a.C., el rey Joaquín entregó a Jerusalén al ejército babilonio, y fue llevado al cautiverio. Con él fueron 10.000 hombres: estadistas, soldados, artesanos (2 Reyes 24:14). Y entre ellos estaba el contemporáneo de Jeremías, Ezequiel, más joven que éste, de unos veinticinco años. Ezequiel se estaba preparando como sacerdote, esperando servir en el templo como su padre lo había hecho antes de él. El cautiverio en las llanuras babilónicas, lejos de Jerusalén, significó el final de todas sus esperanzas.

Pero cinco años más tarde, cuando tenía 30 años (la edad en que probablemente hubiera asumido sus responsabilidades como sacerdote, → Números 4:3; y bajo 1:1), Dios lo llamó a servir como profeta. Al llamamiento lo acompañó una visión de Dios que afectó a todo su ministerio (al igual que la de Isaías lo había hecho unos 150 años antes). Vio a Dios en toda su majestad abrumadora, más arriba y más allá del mundo de los hombres, omnividente, omnisciente. Fue una visión de fuego y gloria. Y frente a este brillo enceguecedor, Ezequiel vio el pecado de su pueblo en toda su negrura. Vio la inevitabilidad del juicio. Y durante seis años éste fue su mensaje. Sólo después de la destrucción de la ciudad y el templo de Jerusalén en el 587 comenzó realmente a insistir en la intención de Dios de "resucitar" (capítulo 37) y restaurar a Israel, y a esperar el tiempo en que el ideal se realizaría: el nuevo templo en el que el pueblo de Dios le ofrecería culto perfecto (capítulos 40ss.).

En la declaración del mensaje de Dios a los cautivos, recaía sobre Ezequiel un gran peso de responsabilidad. Se veía a sí mismo como un "centinela", que debe advertir del peligro o ser considerado responsable. Uno de sus temas más característicos es el de la responsabilidad individual delante de Dios. Ezequiel era un hombre extraordinario, visionario, imaginativo, hombre que por su preparación valoraba y entendía el ritual y los símbolos. Era apasionado, consagrado, totalmente obediente a Dios. El expectador más endurecido no podía sino quedar impresionado ante la presentación de Ezequiel de sus sombríos mensajes.

El libro, escrito totalmente en primera persona, aparte de la nota en 1:2-3, está de acuerdo con el hombre. Las profecías están meticulosamente ordenadas y fechadas, incluso hasta el día del mes. El mensaje y el lenguaje son consecuentes (a menudo repetitivos) a lo largo del libro. Discurren a través del mismo tema y expresiones características. Y aunque algunos expertos han discutido la autenticidad y antecedentes de Ezequiel, los distintos argumentos tienden a anularse unos a otros. El mensaje de Ezequiel es muy parecido al de Jeremías (otro profeta dado a parábolas representadas), al que quizás oyó como joven en Jerusalén. Pero aunque escribe en su mayor parte en "fría" prosa, Ezequiel es más espectacularmente descriptivo que los otros profetas. En su caso, la profecía se funde con lo "apocalíptico" (→ Apocalipsis). El libro de la Biblia más parecido en espíritu a Ezequiel es Apocalipsis, que toma muchas de sus imágenes.

Para muchos cristianos Ezequiel es un libro cerrado, aparte de unos pocos pasajes conocidos (el vigía; el valle de los huesos secos; la visión del templo). Es fácil renunciar a leerlo después del primer capítulo: la visión de luces refulgentes y criaturas extrañas y ruedas con ojos. Pero saldríamos perdiendo. Porque en nuestro mundo materialista, centrado en el hombre, necesitamos la visión de Ezequiel del Dios todopoderoso. Necesitamos ver el pecado como Dios lo ve. Necesitamos que se nos recuerde nuestra responsabilidad. Necesitamos saber que Dios es Dios, antes de que lo aprendamos por la vía difícil, como Israel, a través del juicio. La lectura del Antiguo Testamento también nos ayuda a entender el Nuevo. Necesitamos familiarizarnos con Ezequiel a fin de entender el Apocalipsis.

1 - 3 LLAMAMIENTO DE EZEQUIEL Y SU VISION DE DIOS

Ezequiel es un libro de visiones y acciones simbólicas, comenzando con esta gran visión de Dios. Hallándose Ezequiel contemplando la llanura, vio lo que le pareció como una tempestad que se acercaba: truenos, relámpagos, nubes oscuras. Entonces distinguió las figuras de cuatro querubines (→ 10:15), criaturas angélicas, de pie, con las alas extendidas que se tocaban, formando un cuadro vacío. En el centro, ardía el fuego; y encima, bajo la bóveda azul de los cielos, estaba el Señor de gloria en forma humana, sentado en un trono, rodeado de un arco iris deslumbrante. Al lado de cada querubín de cuatro rostros estaba una rueda aterradora, que giraba, moviéndose como un globo y llena de ojos. ¿Quién podría ver esto y vivir?

El Todopoderoso, el Dios de Israel estaba presente con todo su poder en las tierras lejanas de Babilonia. Vino para hacer de Ezequiel su mensajero a los cautivos, el centinela enviado para poner sobre aviso al remanente del rebelde pueblo de Dios (2:1-7; 3:16-21). Y las palabras de Dios, aunque duras, eran satisfactorias (2:8 - 3:3). Se convirtió en misión de Ezequiel de por vida el dar a conocer al pueblo de Dios que él es el Señor. Lo aprenderían primero a través de los terrores del juicio (7:4). Luego verían su poder para restaurar y renovar (36:8-11).

Las criaturas aladas también se utilizaban para decorar las columnas de sostén de la entrada del palacio en Nínive.

El año treinta (1:1): lo más probable es que fuera la edad de Ezequiel. Si, como parece probable, esta era la edad en que el sacerdote asumía sus deberes, habría sido un año de significado especial para el profeta. Pero debe haber sido una experiencia amarga resultar por fin elegible para servir como sacerdote encontrándose en el cautiverio, centenares de kilómetros lejos de Jerusalén y de su templo.

Quebar o Kebar (1:1): de ordinario se lo identifica con el gran canal que discurría desde el Eufrates al norte de Babilonia, cerca de la ciudad de Nipur.

Versículos 2-3: nota añadida para explicar la frase inicial de Ezequiel. La fecha era el 593 a.C. (→ introducción).

Seres vivientes (5): querubines (10:15), las figuras que extienden sus alas sobre el trono de misericordia encima del arca del pacto (Exodo 25:18ss.). Como hijo de sacerdote, Ezequiel quizá conocía las figuras de querubines que decoraban el templo de Salomón. En el arte babilónico aparecen frecuentemente criaturas igualmente aladas, como esfinges.

Versículo 26: aunque normalmente se afirmaba que nadie podía ver a Dios y vivir, hubo algunos que compartieron el privilegio de Ezequiel y describieron lo que vieron (→ Exodo 24:9-11; Isaías 6; Daniel 7; Apocalipsis 4).

Hijo de hombre (2:1): a Ezequiel se le da este tratamiento a lo largo del libro. Significa simplemente "ser humano". Este es el término que Jesús emplea más a menudo para describirse a sí mismo.

Zarzas y espinos... escorpiones (2:6): cuadro vívido de la recepción hostil.

2:10: normalmente un rollo se escribía sólo de un lado; quizá la implicación es que no quedaba nada que Ezequiel pudiera añadir por sí mismo.

3:7: el llamamiento de Isaías, y el de Jeremías, fueron igualmente sobrecogedores: → Isaías 6:9-12; Jeremías 1:17-19.

3:25-27: el significado parece ser que Ezequiel quedaría mudo, excepto en las ocasiones en que Dios tuviera un mensaje para que lo diera. Pero algunos toman esto como una mudez ritual autoimpuesta más bien que como una pérdida real del habla. De cualquier modo, dio más fuerza a las manifestaciones que hizo. La mudez mudó hasta que le llegaron noticias de la caída de Jerusalén (24:27).

4 - 24 PECADO DE ISRAEL: JUICIO DE DIOS

4-5 Ezequiel representa el asedio y destrucción de Jerusalén

Los ingredientes para el drama estaban al alcance de la mano: un gran ladrillo de adobe en el que Ezequiel trazó un esquema de la ciudad; y la bandeja de metal en la que horneaban los bollos planos de pan. El pueblo observó y comprendió el mensaje. Observaron con horror creciente cómo Ezequiel pesaba la escasa cantidad de grano mezclado y se conseguía a duras penas su ración de agua. Vieron al profeta demacrarse, como le ocurriría a la población de Jerusalén bajo asedio. Lo vieron afeitarse la cabeza, para compartir la desgracia de Jerusalén. Lo vieron quemar el cabello y arrojarlo, hasta que solo quedaba un pequeño puñado, que representaba a los mismos cautivos. Fue una lección elocuente.

4:5-6: la versión griega (→ Biblia de Jerusalén) tiene 190 días: desde la caída de Samaria en el 722 a.C. hasta el retorno de los cautivos en el 538 son 184 años. Desde la caída de Jerusalén en el 587 hasta el 538 son 49 años. 40 quizá representa una generación, más que una cifra exacta.

4:9: bajo asedio nadie es meticuloso en cuanto a los ingredientes que se emplean para hacer pan.

Veinte siclos (10): alrededor de 220 gms.

Sexta parte de un hin (11): alrededor de 0.6 de litro.

Impuro (13ss.): al usar estiércol como combustible se contaminaba la comida, según las reglas judías. Le era difícil a Ezequiel, preparado para cultivar la pureza ritual, hacer lo que Dios le indicaba. Compárese con la reacción de Pedro en Hechos 10:9-16.

6 - 7 Contra la tierra de Israel: ha llegado el fin

La palabra hablada refuerza el mensaje representado. La idolatría flagrante del pueblo va a traerles destrucción: juicio ineludible. Entonces sabrán que el Señor es realmente Dios. Una calamidad terrible y total cae sobre el país.

Desierto hacia Diblat (6:14): desde el sur al norte. Diblat, en el río Orontes, está cerca del límite septentrional de Israel.

Criaturas aladas esculpidas en marfil, para decorar un mueble.

Modelo egipcio de hacer pan. La confección de pan de Ezequiel era parte de una detallada lección objetiva para transmitir su mensaje.

El que vende, no llore (7:12): porque se ha visto obligado a vender la tierra que era su heredad.

7:18: la cabeza rapada era señal de desgracia al igual que de luto.

Arrojarán su plata (7:19): el dinero es inútil.

8 - 11 Visión de Jerusalén: su culpa y castigo

Septiembre del 592. Ezequiel es transportado en visión (o, como Juan hubiera dicho, "en el Espíritu") a Jerusalén, y depositado junto al templo (8:1-4). Lo que ve quizá son prácticas reales, o la descripción puede ser simbólica. De cualquier modo el significado está claro. Ha habido un abandono total de la verdadera religión de Israel. Se ha puesto en el templo de Dios una imagen de la diosa cananea Asera/Astarte (la "imagen del celo", 3) como en tiempos del rey Manasés. Los líderes de la nación practican en secreto el culto animal (8:7-13). Las mujeres lloran al dios sumerio Tamuz, que se suponía moría con el año viejo y resucitaba de nuevo con la primavera. Los hombres le vuelven la espalda a Dios para adorar al sol (8:16-18).

En oposición a la creencia popular (8:12) Dios ve y juzga (9:9-10). Solo los que se afligen por la pérdida de la verdadera fe serán perdonados (9:4-6).

Capítulo 10: después del terrible exterminio que hizo que Ezequiel clamara en voz alta por su pueblo (9:8), ve de nuevo la visión de los querubines, la gloria, las ruedas que giran, que vio por primera vez en las llanuras de Babilonia (capítulo 1). No se puede imaginar mayor contraste que esta visión de Dios en toda su gloria y las escenas repugnantes de idolatría en su templo (capítulo 8). Debido a todo esto, la gloria de Dios se apartará finalmente de Jerusalén.

Pero antes Ezequiel ve a dos hombres que reconoce, dirigentes que defendían la resistencia ante Babilonia, a pesar de la insistencia de los profetas de Dios de que esto resultaría fatal (11:1-4). Ezequiel pronuncia el juicio de Dios, y mientras habla, para desconsuelo suyo, Pelatías cae muerto (11:5-13) en confirmación de la palabra de Dios. Pero Dios no está poniendo "punto final" (13). El futuro depende de los cautivos. Y con esta nota, y con este mensaje (25), concluye la visión.

Jaazanías o Yazanías (8:11): su padre fue secretario de estado del rey Josías; su hermano Aicán, amigo de Jeremías. No es la misma persona que en 11:1.

El ramo... (8:17): posible referencia a alguna práctica pagana.

Una señal (9:4): Jeremías, Baruc y el extranjero, Ebed-melec, estaban entre los "marcados" para ser perdonados (Jeremías 40:4; 45; 39:15ss.). En Apocalipsis los hombres de Dios están marcados (14:1), lo mismo que lo están los que se entregan a las fuerzas del mal (13:16). La "señal" aquí es la última letra del alfabeto hebreo, *taw,* escrita como una cruz en la escritura más antigua.

11:3: versículo difícil, con el significado más probable de que este no era el momento para edificar, en tiempo de paz. La olla protege a la carne de las llamas.

Un espíritu nuevo (11:19): compárese con Jeremías 31:33-34; Ezequiel 36:26.

12 Ezequiel representa el papel de un cautivo

Aunque la mayor parte del pueblo se niega a escuchar, el profeta continúa dando a conocer la palabra de Dios (1-3). Al reunir lo indispensable, dispuesto a la huida, y al abrirse paso por el muro de adobe por la noche, Ezequiel representa el papel, no de cualquier cautivo, sino del rey

Sedequías ("el príncipe", 10). Compárese 12-13 con Jeremías 52:7-11. La profecía de Ezequiel demostró ser exacta hasta el último detalle. Fue como Dios dijo que sería, y en un plazo de tiempo muy corto (21-28).

13 Falsos profetas

La labor de Jeremías y Ezequiel se veía constantemente socavada por falsos profetas, que decían al pueblo lo que deseaba oír, y se arrogaban la autoridad de Dios para su mensaje de falsa esperanza. Eran como yeso, que ocultaba la estructura deteriorada de la nación, pero no podía impedir que se derrumbara (10-16); porque lo que Dios dice que sucederá siempre sucede. Entre ellos había profetisas, que practicaban la magia y mantenían bajo su dominio a indefensas personas (17ss.).

Almas (18): toda la persona; la idea de espíritus sin cuerpo era completamente ajena a pensamiento judío.

14 Idolatría y sus consecuencias

Dios exige un lugar único en el corazón de su pueblo. Los que le niegan este lugar al que tiene derecho, adorando además a otros "dioses", están destinados a la destrucción. La mayoría considera a los pocos hombres piadosos que quedan entre ellos como garantía contra el desastre. Pero en esa época ni siquiera un Noé o un Job podrían salvar a nadie como no fuera a sí mismos.

Daniel (14): probablemente un patriarca judío menos conocido, y no el contemporáneo de Ezequiel en el exilio. El nombre del Daniel bíblico se deletrea en forma diferente. Hay también un héroe con este nombre en un canto épico cananeo.

Versículo 21: estos juicios representan los peores temores de los pueblos antiguos (→ bajo Jeremías 14:12).

15 La parábola de la vid

La vid era un símbolo popular en Israel. Ya no había duda de que no daría fruto, y como madera la vid es inútil. Israel está ya parcialmente destruida (4): ya no le queda nada sino la destrucción total (6-8).

16 La esposa infiel: alegoría

Dios tomó a Israel cuando no era nada —un objeto abandonado— y derramó sobre él su amor, haciendo de él una nación grande y gloriosa. Se lo debía todo. Pero la prosperidad la hizo perder la cabeza y, como una esposa que se prostituye, jugó al tira y afloja con naciones extranjeras. Las "cortejó" y dio culto a sus dioses, con todas las odiosas prácticas que ello implicaba (20-29). Se olvidó de Dios; se violó el pacto (como los votos matrimoniales). Dios debe castigar a Israel (35-43): pero también lo restaurará (53, 60).

Amorreo... Hetea (3): se alude al parentesco moral, no literal. Israel había decaído tanto como las naciones que destruyó al conquistar Canaán.

Versículo 4: estos eran los deberes de la comadrona.

Extendí mi manto (8): con este gesto simbólico la pidió en matrimonio. → Rut 3:9. Dios selló el contrato con el pacto de Sinaí.

Versículo 38: el adulterio se castigaba con la muerte.

Versículo 46: "Samaria": capital del reino septentrional, destruida en el 722. "Sodoma": la ciudad del extremo sur del Mar Muerto arrasada por su burda inmoralidad (Génesis 19).

17 Las águilas y la vid

La primera águila es Nabucodonosor de Babilonia, que llevó cautivo al rey Joaquín (3, 4; → introducción). La semilla que planta (5, 13) es Sedequías. Pero Sedequías (Sedecías) muy pronto buscó en Egipto (la segunda águila) ayuda (7, 15), atrayendo a los babilonios para que destruyeran a Jerusalén. En el 587, en tres o cuatro años, se cumplió la predicción de 17-21 (→ Jeremías 52). Pero Dios tomará un "injerto" de la descendencia de los reyes de Israel (el cedro) que crecerá (22-24).

Versículo 8: parece mejor tomar esto como subrayando el hecho de que Sedequías estaba en buena situación bajo Nabucodonosor (como en 5).

18 Toda persona es responsable ante Dios

En oposición a la creencia popular (2), Dios no es tan injusto como para castigar a una generación por los pecados de otra (20). Considera a todo hombre responsable por sus propios pecados. A Dios no le produce placer firmar la sentencia de muerte para nadie (23). Su preocupación es siempre que los hombres se aparten del mal y vivan. (30-32). Y propone con claridad sus normas (5-9; 14-17).

Alma (4): → bajo 13:18 arriba.

Versículo 20: Ezequiel restablece el equilibrio, no niega el principio básico de que en la vida los hijos sí sufren las consecuencias de las malas acciones de sus padres (Exodo 20:5).

19 Lamentación por los gobernantes de Israel

El poema está escrito en el conocido ritmo de la endecha. La leona es Judá; los reyes sus cachorros. El primero (3) es Joacaz, deportado a Egipto por el faraón Necao en el 609. El segundo (5) es Joaquín (→ introducción). Ahora, gracias a la rebelión de Sedequías, serán destruidos tanto la nación como su descendencia real (10-14).

20:1-44 Historia de la rebelión de la nación

Julio/agosto 591. Ezequiel pasa de la alegoría a los hechos históricos. Desde la época en Egipto y

Ezéquiel compartió la vida de un poblado de refugiados, y presentó sus profetas a un pueblo en cautiverio.

el desierto hasta sus propios días, la historia de Israel ha sido una repetición monótona de idolatría y rebelión contra Dios. A lo largo del tiempo, Dios se abstuvo de acabar con la nación. Pero ahora extirpará a los rebeldes (38). A los suyos los restaurará (40-44).

Les di... (25-26): estos difíciles versículos parecen entenderse mejor a la luz de Romanos 1:24, etc. Dios los "entregó" a lo malo que deseaban.

Bama (29): lugar elevado. Hay un juego de palabras en este versículo.

Versículo 37: La Biblia de Jerusalén traduce: "os haré pasar bajo el cayado y os recogeré en pequeño número".

20:45 - 21:32 Fuego y espada

El juicio de Dios caerá sobre toda la nación desde sur a norte como fuego en un bosque (20:45-48). La espada de Dios se esgrimirá contra Israel. Está en las manos del rey de Babilonia (21:19), quien destruirá las ciudades capitales tanto de Amón como de Judá (21:20). (Cinco años después de caer Jerusalén, Nabucodonosor atacó a Amón.)

Neguev (20:46): hoy esta región es árido desierto, pero Palestina como un todo tenía más arbolado en la época del Antiguo Testamento.

Rabá (21:20): Ammán, capital actual de Jordania.

Hasta que venga... (21:27): → Génesis 49:10. Va a venir alguien a quien el reino le pertenece por derecho.

22 Las acusaciones contra Jerusalén

El pueblo de Dios es culpable: culpable de derramamiento de sangre, opresión, extorsión, soborno, y pecado sexual; se han burlado de su religión (6-12). Cuando Dios los pruebe con fuego, no se encontrará vestigio de metal genuino (17-22). Todos los estratos de la sociedad comparten la culpa: gobernantes, sacerdotes, profetas y pueblo común por igual (23-31).

Lo santo y lo profano (26): → bajo Levítico 11.

Versículo 28: → 13:8-16.

23 Parábola de las dos hermanas, Ahola (Oholá) y Aholiba (Oholibá)

Ahola es Samaria, capital del reino septentrional de Israel. Aholiba es Jerusalén. Ambas hermanas se han comportado como prostitutas. Su ansia por amantes (los dioses paganos) es insaciable; su conducta, completamente lamentable. Han andado detrás de Egipto y Asiria. Ahora Judá, superando a su hermana, anda detrás de Babilonia. Jerusalén compartirá el destino de Samaria: vergüenza y destrucción en manos de su último amante. Su castigo es totalmente merecido (45).

Versículo 10: los asirios destruyeron Samaria en el 722 a.C.

Versículo 23: Pecod, Soa y Coa eran probablemente tribus en los límites del Imperio Babilónico. Los babilonios y caldeos no eran pueblos distintos.

24 Jerusalén asediada; muere la esposa de Ezequiel

La fecha es la misma que en 2 Reyes 25:1 y Jeremías 52:4: se suele señalar el 15 de enero del 588 a.C. Jerusalén es como una olla herrumbrada, puesta al fuego para que hierva. La conducta del pueblo ha contaminado a la ciudad. El mismo día en que comienza el asedio, se le muere a Ezequiel su muy amada esposa. Pero Dios le prohíbe las formas acostumbradas de luto. La pérdida personal de Ezequiel es parte de un dolor que no admite expresión. Los hombres se desesperarán por el destino de Jerusalén, pero, como el profeta, no derramarán lágrimas. Y cuando les lleguen las noticias de la caída de la ciudad, Ezequiel podrá por fin hablar con libertad (27; → 3:26-27); el juicio habrá acabado.

Versículo 17: las costumbres de duelo de la época: lamentaciones ruidosas; cabeza desnuda salpicada de polvo y ceniza; pies descalzos; rostro velado; y la comida funeral que se ofrecía a los dolientes.

25 - 32 PROFECIAS CONTRA NACIONES EXTRANJERAS

Aunque los profetas se concentraron sobre todo en Israel/Judá, todos ellos estuvieron muy conscientes de que Dios era Señor de todo el mundo. No hay nación que escape a su juicio; y lo que condena y castiga en su propio pueblo, lo condena también y castiga en otras naciones. Esta colección de profecías señala eficazmente la división en el ministerio de Ezequiel antes y después de la caída de Jerusalén en el 587 a.C.

25 Amón, Moab, Edom, Filistea

En Jeremías 47-49 hay otras profecías. Estas cuatro naciones eran los vecinos más próximos de Israel, y sus enemigos más antiguos. Todas se deleitaron con espíritu de venganza en la ruina de Israel, y por ello Dios las castigará. Poco después de esto, tribus nabateas derrotaron a Amón, Moab y Edom. Los filisteos desaparecieron de la historia después de los tiempos macabeos.

26 - 28:19 Tiro

→ bajo Isaías 23. La fecha de la profecía de Ezequiel es probablemente el fin del año onceno (febrero 586), suponiendo que Ezequiel supo de la caída de Jerusalén ese año, y no en el siguiente (→ bajo 33:21). La predicción del capítulo 26 resultó toda ella verdadera. Tiro no se regocijó por mucho tiempo del destino de Jerusalén. En pocos meses el ejército de Nabucodonosor llegó a sus propias puertas, y estuvo bajo asedio durante 13 años.

Esclavos que remueven tierra; relieve asirio.

Tiro era presa tentadora. La ciudad yacía a los pies de las montañas libanesas y poseía el mejor puerto natural en el Mediterráneo oriental. Era de hecho un doble puerto, ya que la ciudad estaba construída en una isla a corta distancia de la costa (26:5). Como centro de comercio, Tiro era fabulosamente rica, y tenían fama mundial sus productos de cristal y tintes de púrpura. Ezequiel describe adecuadamente la ciudad como una gran embarcación mercantil (capítulo 27) cargada con las mercancías más escogidas, y con todos los recursos humanos y materiales del mundo. Las noticias de su hundimiento enlutarán al mundo. El capítulo 28 es una lamentación por el rey de Tiro, cuyo orgullo la ha conducido a la caída.

Senir (27:5): Mte. Hermón.

Gebal o Guebal (27:9): Biblos, ahora Jubail, en el Líbano.

Daniel (28:3): → bajo 14:14.

28:12ss.: muchas de las metáforas se toman de Génesis 2-3.

28:20-26 Sidón

Otro famoso puerto del Antiguo Testamento, Sidón está en el Líbano, 34 kilómetros al norte de Tiro. Hoy tanto Tiro (Sour) como Sidón son pequeños puertos pesqueros. La acusación contra Sidón es también desprecio por el pueblo de Dios (24). Sidón, al igual que Tiro, cayó ante Nabucodonosor. Los versículos 25-26 son un mensaje de esperanza para Israel.

29 - 32 Egipto

Colección de siete profecías, todas ellas (excepto la que comienza en 30:1) cuidadosamente fechadas.

PROFECIAS DE EZEQUIEL CONTRA LAS NACIONES

● 29:1-16, enero 587. Debido a su insoportable orgullo en colocarse a sí mismo entre los dioses, el faraón ha expuesto toda su tierra a la ira de Dios. Pero aprenderá quién es Dios!

● 29:17-21, día de Año Nuevo 571 (la profecía más tardía del libro). El largo y costoso asedio de Tiro terminó alrededor del 574. Ezequiel afirma que Egipto será la siguiente presa de Babilonia.

● 30:1-19; sin fecha. Ezequiel describe el juicio que Nabucodonosor ejecutará sobre Egipto y sus aliados. Dios pondrá fin a la riqueza de Egipto (10-12) y a sus "dioses" (13ss.).

● 30:20-26, abril 587. El ejército del faraón Ofra (Hofra) ha hecho un medio intento de ayudar a la asediada Jerusalén, pero ha sido derrotado. Su poder será todavía más destruido.

● 31:1-18, junio 587. Se compara a Egipto a un gran cedro (2-9). Debido a su agobiante orgullo el árbol será talado (10-14). Egipto será llevado al lugar de los muertos (15ss.).

● 32:1-16, marzo 585 (después de que habían llegado a los cautivos las noticias de la caída de Jerusalén). Lamentacion por el faraón.

● 32:17-32 (? marzo) 585. Egipto se unirá a las otras naciones caídas: Asiria, Elam, Mesec, Tubal, Edom, Sidón. Quedan confinadas a una gran cámara de inhumación llena de tumbas.

Faraón (29:2): este faraón es Ofrá. Todos los faraones recibían culto como dioses. También lo recibía el cocodrilo del Nilo ("dragón"), 3).

Migdol hasta Sevene (29:10): o sea, de norte a sur: todo el país. Migdol era una ciudad en el delta del Nilo; Sevene (Siene) es la moderna Aswan.

Patros (29:14): alto Egipto.

30:5: aliados de Egipto.

31:3: aunque Reina Valera y otras versiones mencionan a Asiria aquí, la traducción de la Biblia de Jerusalén tiene más sentido.

32:22-30: "Asiria", el gran poder en tiempo de Isaías, aplastada por Babilonia. "Elam", nación al este de Babilonia. "Mesec y Tubal", naciones poco conocidas en la frontera septentrional de Asiria. "Príncipes del norte", posiblemente ciudades-estado al norte de Palestina.

Este bello brocado de seda, tejido todavía en telares de mano en la vieja ciudad de Damasco, evoca la riqueza y lujo de la antigua Tiro.

33 - 48 RESTAURACION DE ISRAEL

33:1-20 Los atalayas

Estos versículos reiteran la enseñanza de dos pasajes anteriores, 3:17-21; 18:5-29.

33:21-33 Los cautivos oyen que Jerusalén ha caido

Las noticias no cogieron por sorpresa a Ezequiel. Dios ya le había restaurado el habla, según lo prometido (24:27), para cuando llegó el mensajero. Algunos textos tienen "año undécimo" en vez de "duodécimo" en el versículo 21, en cuyo caso las noticias toman el tiempo más probable de seis meses para llegar hasta ellos. Los que quedaron en Judá, lejos de arrepentirse, estaban dedicados a anexionarse la propiedad de otros pueblos. Y en Babilonia los cautivos que parecían disfrutar con las palabras de Ezequiel iban a oírle sólo para divertirse. Ni las creían ni actuaban en consecuencia: ¡situación deprimente después de todo lo que había sucedido!

34 Dios acusa a los líderes y al pueblo de Israel

Va a llegar la condenación tanto para "pastores" (1-10) como para "ovejas" (17-22). Han explotado con avaricia, crueldad y egoísmo a los encomendados a su cuidado. Pero Dios será verdadero pastor, que conducirá a su rebaño disperso a buen pasto en su patria (11-16; y → Lucas 15:4-7). Y pondrá a un buen pastor, a un nuevo David, para cuidar de ellos (23-24; y → Juan 10:11), y el rebaño se verá seguro.

35 Profecía contra Edom

Edom va a ser destruida debido a su reacción insensible ante la caída de Israel. No sólo disfrutó, sino que planeó sacar provecho de ella, apoderándose de la tierra (10; las dos naciones son Israel y Judá). → bajo 25:12-14 arriba. Otras profecías contra Edóm: Isaías 21:34; Jeremías 49:7-22; Abdías.

36 Retorno a la patria

Dios le dice a la desolada tierra que pronto será habitada. Su pueblo regresa. La derrota de Israel ha hecho que los hombres desprecien al Dios de Israel como impotente. Su retorno vindicará su honor. Las naciones sabrán, y el pueblo de Dios sabrá, que él es el Señor. Los que regresaron del cautiverio quedaron curados de la idolatría en forma permanente (25). Pero la transformación total de un "corazón nuevo" se realiza sólo "en Cristo" (2 Corintios 5:17). Ezequiel pensaba en algo mucho más complejo que un transplante de corazón: el corazón, en el pensamiento judío, representaba toda la personalidad, el hombre esencial.

37 La visión en el valle de los huesos secos

Después de diez años de cautiverio, y ya destruida Jerusalén, el pueblo había perdido la esperanza. No todas las promesas de restauración que hace Ezequiel hacen brotar un destello en sus oyentes. La nación está muerta. Pero Dios puede tomar incluso esqueletos y convertirlos en un ejército vivo. Ezequiel desempeña su papel dando a conocer la palabra de Dios, pero quien da la vida es el Espíritu de Dios. Israel será rehecha y vivirá de nuevo. Los dos reinos contendientes se convertirán en una nación bajo un rey: un nuevo David. Y aquí (21-28) la promesa a los cautivos se convierte en la bendición plena de la época dorada futura. El retorno es sólo un anticipo de todo lo que Dios tiene reservado para su pueblo.

Uno solo (17): Ezequiel sostiene los dos extremos juntos en su puño cerrado, haciendo que los dos palos parezcan uno.

David (24): el rey ideal, mesiánico, que gobernará para siempre en paz y justicia.

38 - 39 La profecía contra Gog

Magog, Mesec, Tubal (2) y Gomer (6) eran todos hijos de Jafet (hijo de Noé). Dieron el nombre a los pueblos indoeuropeos que vivían en la región del Mar Muerto/Cáucaso, en el extremo norte del mundo entonces conocido. Ezequiel describe una invasión de estas hordas bárbaras procedentes del norte, dirigidas por el no identificado Gog, quien quizá personifica las fuerzas cósmicas del mal. Aliadas con ejércitos procedentes de todas partes (Persia, Sudán y Africa del norte, 5) desencadenará la guerra contra el pueblo de Dios. Y Dios demostrará su poder ante todos, enfrentándose con todas las fuerzas del mal por sí sólo, y destruyéndolas de una vez por todas. "Gog" es el autor del plan, pero la mano del Señor mantiene siempre el control.

El capítulo 39 repite y amplía lo del 38. El ejército de Gog es tan grande que las armas que abandonan proporcionan a Israel suministro de combustible por siete años. Y la matanza es tan grande que toma siete meses limpiar el país. (Para los judíos, el número siete simboliza perfección y plenitud.) El juicio de Dios es algo terrible, y Ezequiel lo presenta en cuadros horripilantes. El hecho de que estos capítulos precedan de inmediato a la visión de Ezequiel del

Figura fenicia de pastor.

nuevo templo, en el que Dios mora entre su pueblo, refrenda todavía más la escogencia por parte de Juan de Gog y Magog como representantes de todos los que se oponen a Dios en la última gran batalla instigada por Satanás al final de los tiempos (Apocalipsis 20:8).

40 - 48 La visión del templo

Estos capítulos fueron escritos unos años después del resto (excepto 29:17-21), en el 573 a.C. Si bien, en gran parte, son de lectura monótona, en un sentido verdadero son el punto culminante de todo el libro. Ezequiel comenzó con una visión de Dios en las llanuras de Babilonia. Termina con una visión de Dios que retorna glorioso a un nuevo templo: Dios en medio de su pueblo de nuevo para no salir ya más.

En cuanto a los detalles, la descripción de Ezequiel no es un simple plano para el segundo templo. Lo que vio no era la antigua Jerusalén, sino una estructura parecida a una ciudad (40:2). Es cierto que el nuevo templo sigue en gran parte la distribución del templo de Salomón, y está todo él preparado para los sacrificios (40:38ss.). Pero cuando Dios regrese en toda su gloria es para vivir para siempre en un templo y en medio de un sacerdocio y un pueblo purificados del mal (capítulo 43). Todo es perfecto. Este es el ideal. Pero no es de tanto alcance como la visión en Apocalipsis. Todavía se contempla en términos terrenales: hay todavía un templo y sacrificios; el pueblo de Dios es sinónimo de Israel (44:6ss.); las leyes continúan, al igual que la muerte, al igual que la necesidad de ofrendar por el pecado (44:15-27). Vuelve a encontrarse la sutil mezcla e inserción del futuro próximo con el distante que es característica de los profetas. Vuelven a establecerse las leyes, las ofrendas, las festividades de Exodo y Levítico (capítulos 45 y 46). Pero de repente, en el capítulo 47, se nos ofrece algo gloriosamente nuevo. Del templo de Dios brota un gran río portador de vida, bordeado de árboles cuyo fruto sirve de alimento y cuyas hojas sirven para curar (→ Apocalipsis 22:1-2). Los nuevos límites de las tribus con lo que termina el libro (47:13ss.) son esbozos, más que geográficamente factibles. Y al final mismo se menciona la ciudad. Ahora ya no es Jerusalén, sino "el Señor está ahí" (comparar con Apocalipsis 21:22ss.).

Codo (40:5): alrededor de 520 mm.

Hijos de Sadoc (40:46): Sadoc, quien reemplazó a Abiatar (1 Reyes 2:26-27, 35), fue el primer sumo sacerdote que ofició en el templo.

43:3: → capítulo 10 y capítulo 1.

47:9-10: se renueva el agua salada del Mar Muerto. El "Mar Grande" es el Mediterráneo.

La visión del templo que tuvo Ezequiel era una detallada reconstrucción de la zona del templo en Jerusalén. Pero de repente fluyó a través de ella un escurridero que se convirtió en arroyo que luego fue el río de vida.

Daniel

Daniel era un judío cautivo en la corte de Babilonia. Fue llevado allí de muchacho unos años antes de Ezequiel. Pertenecía al primer grupo importante de cautivos. Pertenecía a una familia noble (posiblemente real) y era excepcionalmente capaz e inteligente. Hablando en rigor, Daniel era estadista más que profeta. Pero su libro ocupa con derecho un lugar entre los escritos proféticos. Los primeros seis capítulos se refieren a sucesos históricos en Babilonia durante un período de 70 años. Los capítulos restantes, escritos en primera persona, relatan una serie de visiones de eventos futuros. Se emplean dos lenguas: 2:4 - 7:28 están en arameo, la lengua internacional; el resto, en hebreo. Al comienzo mismo de la historia de Israel, Dios tuvo a su hombre, José, en la corte egipcia. También ahora en esta gran época crítica, Dios colocó a Daniel en una posición de influencia en el centro político del Imperio Babilónico, durante todo el período del cautiverio.

Para ayudar a explicar una serie de dificultades históricas en Daniel (→ en el texto más abajo), muchos piensan que el libro tal como lo poseemos fue escrito en el siglo II a.C. por un autor desconocido que utilizó el nombre de Daniel para darle autoridad a su obra. Pero el libro de Daniel era ampliamente aceptado como Escritura en ese mismo siglo, y las autoridades judías eran escrupulosamente cuidadosas en el examen de escritos antes de darles la aprobación oficial. En consecuencia, o bien no tuvieron objección a que el verdadero autor adoptara el nombre del profeta del siglo sexto, o fueron engañados por uno de sus propios contemporáneos. Está el otro problema de que si bien estos hombres vivieron sólo 400 años después de los sucesos referidos en Daniel, no acertaron a ubicar (o por lo menos no supieron discutir) las inexactitudes históricas del libro. En el centro del problema está la cuestión de la predicción, ya que Daniel alude a sucesos muy posteriores a su época. Si se acepta la posibilidad de genuina predicción en la profecía, se puede aceptar el libro como está, como el relato de la vida y visiones del mismo Daniel. Sólo si se niega eso, se ve uno obligado a concluir que el libro no puede ser anterior al siglo II a.C.

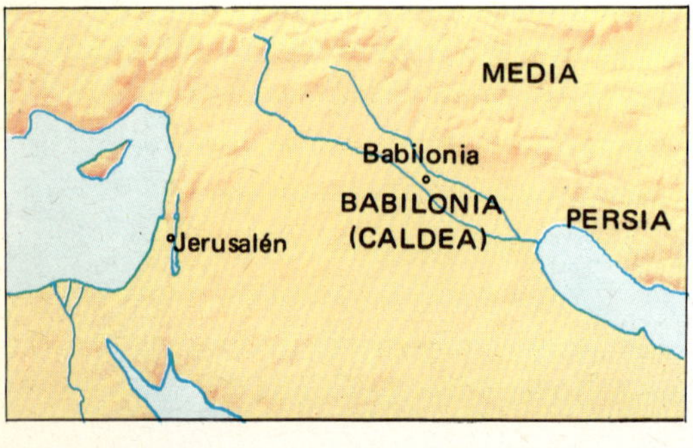

1 - 6 DANIEL EN LA CORTE BABILONICA

1 Daniel y sus amigos se ganan un puesto en la corte de Nabucodonosor

Daniel llegó a Babilonia en el 605 (→ más abajo). El aspecto atractivo y la capacidad natural de Daniel y sus amigos los situaron en una posición superior entre los seleccionados para preparación especial. Pero los babilonios no observaban las reglas judías respecto a alimentos puros e impuros (Levítico 11), ni tampoco vaciaban la sangre cuando mataban animales (Levítico 17:10ss.). Aunque eran jóvenes, Daniel y sus amigos estaban decididos a no comprometer su religión. En consecuencia su único curso de acción fue limitarse a una dieta vegetariana; y prosperaron con ella. Lo que es más, ¡se graduaron de la escuela del rey con honores!

En el año tercero... (1): la fecha es 605. Después de derrotar a Egipto en Carquemis, Nabucodonosor atacó a Jerusalén. Daniel y otros fueron llevados como rehenes debido a la buena conducta inicial del rey Joacím (Yoyaquím), quien había sido colocado en el trono por el faraón egipcio. Daniel utiliza el cómputo babilónico del reinado de Joacím comenzando el año después del año de ascensión. De modo que "el año tercero" aquí es lo mismo que el año cuarto (Jeremías 25:1; 46:2) en el cómputo palestiniense.

Sinar o Senaar (2): antiguo nombre de Babilonia.

Versículo 7: las terminaciones de los nombres hebreos (-el, -iah) los vinculan con el nombre del Dios de Israel. Por lo menos uno de los nuevos nombres (Beltsasar) tiene relación con el de un dios babilónico (→ 4:8).

Año primero del rey Ciro (21): mencionado no porque fuera el año de la muerte de Daniel (→ 10:1), sino porque fue el año del decreto que repatriaba a los desterrados (Esdras 1:1-4).

2 Sueño de Nabucodonosor

Daniel apenas se había graduado cuando se enfrentó con esta prueba. Nabucodonosor o bien había olvidado de verdad su sueño o estaba poniendo deliberadamente difíciles las cosas. Según este capítulo, está claro que la fe de Daniel era mucho más honda que la simple observancia de la ley. Estando en juego su propia vida y la vida de muchos otros, acude a Dios con confianza completa. No le interesan la astrología y la adivinación, en las que tenían fama los babilonios.

La imagen representa a cuatro imperios mundiales: Babilonia (con Nabucodonosor como cabeza), Medo-persia, Grecia y Roma. En la época del Imperio Romano, Dios comenzaría a forjar un nuevo reino eterno que vendría a ser universal. → también en capítulos 7ss. (Los que piensan en términos de un escritor del siglo II que recuerda sucesos ya acontecidos, no pueden incluir al Imperio Romano, y se ven obligados a separar los imperios medo y persa para completar el número cuatro. La historia atestigua que, si bien hubo reyes medos, nunca hubo un imperio medo dominante.)

Caldeos (2): en sentido general el término simplemente significa "babilonios"; luego fue utilizado en un sentido restringido que se aplicaba a una clase de hombres sabios. Daniel utiliza la palabra en ambos sentidos.

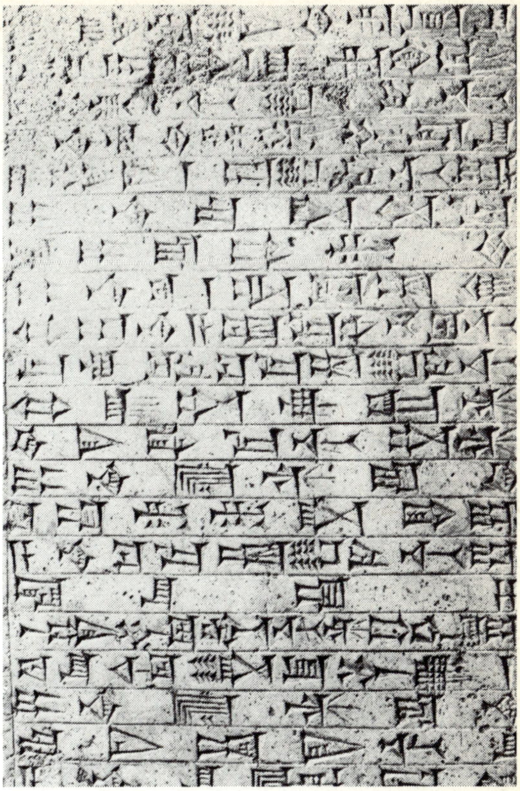

"¿No es esta la gran Babilonia que yo edifiqué...?" preguntó Nabucodonosor. Esta tablilla cuneiforme que conmemora los logros de Nabucodonosor se encontró en Babilonia.

Versículo 4: la sección aramea comienza aquí y concluye en 7:28. No sabemos si el original utilizó ambas lenguas.

3 La imagen dorada y el horno ardiente

Pasan los años y Nabucodonosor, olvidándose de que en cierto momento reconoció al Dios de Israel como supremo, manda levantar su ídolo de 30 m., exigiendo que todo su pueblo lo adore. Pero los compañeros de Daniel no aceptan componendas. Saben que Dios *puede* librarlos de una muerte terrible; no saben si lo *hará* (17). Pero sea como fuere, no lo negarán (18). En el

Cuadrillas de esclavos que desembarcan una estatua colosal de una balsa en el río Tigris; de la decoración del palacio de Senaquerib.

suceso, las llamas matan a aquellos que los arrojan dentro, y abrazan sus propias cadenas; pero salen del horno sin ni siquiera una quemadura. Y un personaje a modo de dios anduvo por el fuego con ellos. El rey vuelve a sentirse impelido a rendir culto.

Sátrapa (2): una de las varias palabras persas antiguas que se dan en Daniel. No hay razón para que Daniel no las usara; eran conocidas desde antes de su época, y vivió hasta el período de la supremacía persa. O quizás esta sección aramea (→ bajo 2:4) es una traducción posterior, o actualizada.

Flauta, tamboril, harpa (5): son todas palabras griegas. Los instrumentos mismos son mesopotámicos, pero las influencias culturales griegas se habían difundido por esta parte del mundo desde antes de Nabucodonosor. Había colonias griegas en muchos lugares, y mercenarios griegos servían en muchos ejércitos.

Horno (6): probablemente para hornear ladrillos, abiertos por arriba y con una puerta al lado, a través de la cual el rey pudo ver a los hombres.

4 La locura del rey

Nabucodonosor mismo autentica esta extraordinaria historia (1-18, 34-37). Quizás al sentir que este sueño va en contra de sí mismo, no acude a Daniel de inmediato (6-8). Es evidente, por la congoja de Daniel, que no desea que el rey enferme. Pero el orgullo del rey por sus logros (y la arqueología demuestra que en realidad *fueron* algo de lo cual estar orgulloso) lo hace prescindir del sabio consejo de Daniel. Es víctima de una manía extraña, que lo hace creer que es un animal. (Se conocen otros casos en los que pacientes han presentado precisamente los mismos síntomas: vagan por el exterior, y viven de hierba y agua.) Pero Dios está actuando en las profundidades de su mente ahora humilde, y al dar culto al único y verdadero Dios, le vuelve la razón.

Difícilmente esperaría uno encontrar en relatos oficiales contemporáneos una alusión abierta a una enfermedad aparentemente vergonzosa. Pero no se conocen por textos antiguos sucesos de los últimos años de Nabucodonosor.

Versículos 3 y 34-35: resonancias de los salmos y de Isaías que quizá reflejan la influencia de Daniel sobre el rey.

Siete tiempos (16): la duración tanto aquí como en otros pasajes en Daniel no se especifica. Era un período definido y limitado que Dios fijaba.

5 Festín de Belsasar

Hablando en rigor, Nabonido (556-539 a.C.) fue el último rey de Babilonia. Pero se retiró a Arabia a principios de su reinado, dejando a su hijo Belsasar en funciones de rey en Babilonia (de ahí el hecho de que Daniel pudiera ser sólo "tercer señor", 16).

La fecha es el 539, 23 años después de la muerte de Nabucodonosor. El gran festín en el palacio discurre normalmente, cuando una mano misteriosa comienza a escribir sobre la pared. Escribe tres palabras. Son pesos, o unidades de dinero: "una mina, una mina, un siclo y medio siclo" (→ el gráfico en la página 104). Se convoca a Daniel, ya anciano, para que interprete; y va al significado básico de las palabras: "número", "peso", "división". Los días del rey estaban realmente contados. Esa misma noche Ciro el Persa se apoderó de la inexpugnable ciudad de Babilonia, así nos lo dicen los antiguos historiadores, desviando el curso del río Eufrates y entrando por la cuenca seca del río, en tanto que los babilonios participaban en un festín de sus dioses.

Músicos; reconstrucción de un relieve asirio.

Vasijas de oro para beber, de esa época; estas son persas, del Tesoro del Oxus.

Padre (2): o sea, antepasado, predecesor. En el Antiguo Testamento la palabra tiene a menudo este sentido.

La reina (10): como las esposas de Belsasar ya estaban allá; quizá haya sido la viuda de Nabucodonosor.

Darío de Media (31): ningún otro documento histórico hasta ahora menciona a nadie por ese nombre, ni coloca a algún gobernante entre Nabónido/Belsasar y Ciro. A Darío se le han dado diferentes identidades, pero ninguna de las sugerencias satisface por completo. Esto no significa que se puede descartar a Darío como personaje ficticio. Como Ciro era tan conocido, el autor difícilmente hubiera podido esperar que su invento pasara por alto.

6 Daniel en el foso de los leones

Toda su vida Daniel ha sido hombre de Dios. Tiene ahora unos ochenta años, y sus enemigos todavía no pueden encontrarle faltas. Sólo lo pueden atacar por su religión (4-5). Daniel podría haber dejado de orar durante un mes, o pudo haber orado en secreto. Pero ahora no está más dispuesto a componendas que cuando era joven. Por esto sus enemigos prevalecen. Las manos del rey están atadas por su propio decreto, pero no la mano de Dios. Daniel estaba tan a salvo de todo daño en el foso de los leones como sus amigos lo habían estado en el horno.

Versículo 8, 15: → Ester 1:19; 8:8.

El foso (16): más probablemente un lugar cerrado, con la parte superior abierta a modo de galería para espectadores. También había una pequeña entrada al lado, que Darío selló (17).

7 - 12 RELATO DE LAS VISIONES DE DANIEL

7 Las cuatro bestias

Al igual que el capítulo 2, es esta una representación descriptiva de la historia. Vuelve a haber cuatro imperios sucesivos, y luego se establece el reino de Dios. El león alado es Babilonia; y el versículo 4 tiene sobre todo presente a Nabucodonosor. El versículo 6 describe el imperio griego de Alejandro el Magno, dividido a su muerte entre sus cuatro generales. Seleucio fundó una dinastía en Siria. Tolomeo fundó una dinastía en Egipto. Y los otros dos reinos eran Grecia y Asia Menor. Los "diez cuernos" (7, 24) equivalen a los dedos de los pies de la imagen en el capítulo 2, aunque la identificación exacta ha sido objeto de controversia. Los versículos 9-12 describen el juicio de Dios sobre los imperios del mundo. En 13-14 Dios da dominio total a "uno como un hijo de hombre", nombre favorito de Jesús para sí mismo. El reino inagurado en la primera venida de Cristo se realizará finalmente cuando regrese (→ Mateo 26:64). Al pueblo de Dios se le opone, en diferentes atuendos a lo largo de la historia, el "cuerno pequeño" (8, 20-21), hasta que Dios finalmente le quita el poder. Apocalipsis 13 toma las comparaciones de este capítulo.

Tiempo, y tiempos, y medio tiempo (25): a menudo se toma en el sentido de tres años y medio; pero → bajo 4:16. Al mal se le da la delantera, pero sólo por un momento estrictamente limitado.

8 El carnero y el macho cabrío

La visión se centra en los imperios segundo y tercero. El carnero de dos cuernos que simboliza Medo-Persia será sustituido por el macho cabrío de pies ágiles: el Imperio Griego de Alejandro. Alejandro mismo es el "gran cuerno". Los "cuatro cuernos" son los reinos en que se dividió su imperio (→ bajo capítulo 7). El pequeño cuerno, en este capítulo, se refiere a Antíoco IV, que gobernó Siria 175-164 a.C. Los versículos 9-14 describen vívidamente las atrocidades de su reinado (→ bajo capítulo 11), que acabó en la revuelta macabea. 1 de Macabeos 1 - 6 (en los Apócrifos) relata este período de la historia judía.

Susa (2): al este de Babilonia; una de las cuatro capitales de Persia.

Príncipe (11, 25): Dios mismo. En su intento de borrar la religión judía, Antíoco desafiaba directamente al Dios de Israel.

Versículo 14: o sea, 2,300 días (→ Génesis 1). Antíoco se inmiscuyó por primera vez en asuntos judíos en el 171; murió en el 164.

Gabriel (16): es la primera vez que se menciona el angel-mensajero de Dios. Gabriel fue quien se apareció a Zacarías, padre de Juan el Bautista, y también a María antes del nacimiento de Jesús.

El fin (17): se refiere usualmente al fin de la historia, al juicio final de Dios. Pero el versículo 26 relaciona la visión con el futuro distante, y el 19 con el período en que acabará el sufrimiento. Los escritores bíblicos a menudo parecen prescindir del tiempo para contemplar sucesos contemporáneos y futuros como un aspecto de los sucesos totales, finales del "fin"

9 Las setenta semanas; oración de Daniel

La fecha es el 538. Babilonia ha gobernado virtualmente a Judá desde la batalla de Carquemis en el 605. El cautiverio de 70 años del que habló Jeremías casi ha terminado. Daniel suplica a Dios por el retorno de su pueblo a la patria. Está completamente identificado con su pueblo, compartiendo la responsabilidad por el pecado (5ss.), y su petición depende exclusivamente de la misericordia de Dios (18). Vio la respuesta a esa oración ese mismo año, pero los problemas de Israel no terminaron. Dios muestra ahora a Daniel lo que les espera.

Los versículos 24-27 son muy difíciles y han sufrido numerosas interpretaciones. Dios ha ordenado un período de 70 x 7 ("setenta semanas de años") en el que se completará la salvación de su pueblo (24). Para los judíos, el número siete mismo simboliza la perfección, lo completo. Y quizás es mejor tomar los números simbólicamente. Pero el período de tiempo entre el decreto de reconstruir y restaurar Jerusalén y el comienzo del ministerio de Jesús (25) se aproxima mucho a las 7 + 62 semanas = 483 días, que en lenguaje profético equivale a 483 años. Llegamos a este total si tomamos las cifras literalmente (aunque hay más de un punto de partida posible, e incluso la fecha final no está absolutamente fijada). El versículo 26 parece apuntar hacia la muerte y repudio de Cristo y a la destrucción del templo que se siguió en el 70 d.C., con una alusión más amplia al fin. Pero no está nada claro el tema del versículo 27. Algunos consideran que se refiere al Mesías, otros al príncipe destructor del versículo anterior.

10 - 11:1 Visión y conflicto

Después de un largo ayuno, Daniel recibe una visión aterradora de una figura gloriosa: muy parecida a la visión de Cristo por parte de Juan en Apocalipsis 1:12-16. Se le hace ver la continua batalla en el reino espiritual entre los que protegen al pueblo de Dios y los que buscan su destrucción (→ Efesios 6:12). Miguel es el ángel custodio especial del pueblo judío (12:1). Los "príncipes" en este capítulo son ángeles protectores de las diferentes naciones.

11:2-45 La lucha por el poder

Este capítulo pretende presentar el curso de la historia futura en detalle. Y desde nuestra posición ventajosa en el tiempo podemos ver su cumplimiento sorprendentemente preciso en la historia del Imperio Griego. Va a haber tres reyes persas más (2; Cambises, Gaumata, y Darío I), seguidos de un cuarto (Jerjes). Jerjes invadió Grecia pero fue derrotado en Salamina en el 480 a.C. El poder pasó entonces a Grecia (3-4; →bajo capítulo 7). El versículo 5 se refiere a Egipto (el "rey del sur") y al ex general de Tolomeo, Seleuco, quien llegó a ser "rey del norte", o sea del poderoso reino de Siria y el este. Cincuenta años después (6) la hija de Tolomeo II se casó con Antíoco II de Siria. Pero se divorció y fue asesinada, y su hermano la vengó atacando a Siria (7). Los versículos 9-13 reflejan las luchas entre los dos poderes al final del siglo III a.C. Los judíos se unieron luego con

Piedra limítrofe babilónica con los emblemas de muchos dioses diferentes (origen de los signos del zodíaco).

Antíoco III de Siria para derrotar a Egipto (14-15). Consiguieron la libertad de Egipto (16), y Antíoco hizo una alianza matrimonial con Tolomeo V (17). Antíoco invadió Asia Menor y Grecia, pero fue derrotado por los romanos en Magnesia en el 190 a.C. (18-19).

El "cobrador de tributos" (20) fue su hijo Seleuco IV, a quien pronto sucedió su hermano Antíoco IV, el perseguidor de los judíos. Los versículos 21-24 describen adecuadamente su carácter y políticas. Gracias a la traición de los propios hombres de Tolomeo, Antíoco controló por breve tiempo a Egipto en el 173. A su regreso atacó a Jerusalén y exterminó a 80.000 judíos (25-28). La vez siguiente que atacó a Egipto la flota romana lo frustró (29-30). Atacó de nuevo a Jerusalén y profanó el templo (31). Lo ayudaron y apoyaron algunos judíos, pero otros se negaron a comprometer su fe, aunque por ello murieron (32-33). Judas Macabeo instigó una revuelta exitosa, con la que ayudó a los fieles (34).

Los versículos 36-45 no describen hechos reales al final de la vida de Antíoco. Quizá se refieren al final de la dominación siria, a manos de Roma, el nuevo rey del norte. O quizá se refieren a sucesos al fin de los tiempos (→ bajo 8:17), prefigurados en los sufrimientos del pueblo de Dios bajo Antíoco. Esto introduce luego al capítulo 12.

12 Liberación

Daniel es el primer libro del Antiguo Testamento que habla explícitamente de resurrección, aunque piensa sólo en la nación judía ("tu pueblo"). Cuando llegue ese día, y hayan pasado todos los terribles problemas, los que se han mostrado sabios con su obediencia fiel hacia Dios resucitarán para brillar como estrellas para siempre. Desaparecerá todo mal. Pero en cuanto al tiempo, está en manos de Dios. Ni siquiera Daniel entiende esto (6-8). ¡Por lo que el camino más sabio sigue siendo un enfoque cauteloso en estos asuntos!

Oseas

Oseas fue uno de los contemporáneos de Isaías, profeta de Dios en el siglo VIII a.C. Pero a diferencia de Isaías, Oseas era del norte. Su mensaje fue para Israel, el reino septentrional, aunque de vez en cuando se refiere a Judá. E Israel en su tiempo estaba en desorden. Oseas se convirtió en profeta al final del reinado del último rey poderoso de la nación, Jeroboam II Profetizó durante los siguientes 40 años, hasta poco antes de la caída de Samaria ante Asiria en el 722 a.C. Y durante ese tiempo el país se encontraba en rápido descenso. El repudio a Dios y la adopción total de prácticas religiosas paganas trajeron consigo un derrumbe moral y político. 2 Reyes 14:23 - 17:41 narra la historia del periodo. Pero el hecho de que después de la muerte de Jeroboam Israel tuviera seis reyes en sólo poco más de 20 años, y que cuatro de ellos asesinaran a sus predecesores, da una idea del estado del país.

Lo que la idolatría de Israel significó para Dios —y cómo él siguió amando y anhelando el retorno de su pueblo— Oseas lo aprendió por medio de una amarga experiencia personal, ya que su propia esposa lo traicionó y lo abandonó. Su mensaje sale directamente del corazón. Y esto es lo que hace que el libro sea único.

1 - 2:1 Esposa e hijos de Oseas

Dios manda a Oseas a casarse con Gomer, una mujer que Dios sabe le será infiel. (Esta parece ser la única interpretación aceptable del versículo 2.) Nacen tres hijos, y a cada uno se le da un nombre que transmite el mensaje de Dios a Israel (compárese con Isaías 8). Por medio del profeta, Dios da a su pueblo una última oportunidad para que se arrepienta antes de que el juicio caiga sobre el país (2 Reyes 17:13-14). Pero aunque se niegan a ello, su amoroso propósito no queda frustrado (1:10 - 2:1).

Jezreel (4): lugar de muchas batallas sangrientas; aquí se refiere a la matanza relatada en 2 Reyes 10. (Yizreel en la Biblia de Jerusalén.)

2:2-23 El infiel Israel; el amor constante de Dios

La voz de Oseas, que alega con su esposa infiel por mediación de sus hijos, se aúna con la voz de Dios que se dirige a Israel. El pueblo da culto a Baal, el dios cananeo de la fertilidad, pensando que es él quien da buenas y abundantes cosechas; cuando es siempre Dios quien lo hace. A Israel se le enseñará con el castigo, y después se convertirá de nuevo en la amada esposa de Dios (19-20).

Acor (15; en BJ, 17): cerca de Jericó; lugar donde Acán pecó y fue castigado (Josué 7).

Baali (16): se debe utilizar otra palabra porque "baal", que era la palabra corriente para "señor/amo/esposo" era también el nombre del dios cananeo.

Jezreel (22): la palabra significa "Dios siembra".

3 Prueba

Gomer, al parecer ahora esclava de otro hombre, es comprada de nuevo y puesta a prueba. Otra vez la acción de Oseas, y su amor constante, proveen una instructiva lección. Por un tiempo también Israel se verá privada de las cosas con las que contaba —su rey y sus emblemas religiosos— pero regresará a Dios a su tiempo.

Tortas de pasas (1): ofrecidas a los dioses paganos.

Versículo 4: el sacrificio y el efod (parte de los ornamentos sacerdotales) pertenecían a la religión legítima; la estatua y los terafines (dioses domésticos) eran parte de la influencia pagana.

4 Idolatría en Israel

De ahora en adelante ya no se menciona más a la familia de Oseas. Pero la experiencia está ahí; y cala en el resto del libro. La verdadera fe en Dios produce obediencia a sus normas. La prostitución de la religión de Israel condujo a la prostitución literal (11-14). El paganismo trajo la degradación sexual tras de sí (13-14) y el derrumbamiento de la ley y el orden en la sociedad (1-2). Y esto sigue siendo así. Los sacerdotes, que no dieron a conocer las leyes de Dios, y sacaron provecho de la situación (4-10), y los hombres de Israel (14), son los culpables por lo que ha sucedido. Y Dios les pide cuentas.

Bet-avén (15): nombre burlesco de Bet-el, uno de los centros religiosos en el reino septentrional.

Efraín (17): Israel. Efraín era la tribu principal.

5:1-14 Juicio

Ha crecido toda una generación para la que Dios es un extraño (7). Suena la alarma en la frontera de Judá, porque Judá comparte el pecado al que Israel se ha adherido (8-12). Ni siquiera el gran rey de Asiria (13; Tiglat-pileser III, → 2 Reyes 16:5ss.) puede salvarlos del juicio de Dios.

Mizpa, Tabor (1-2): lugares en los que había santuarios para el culto de Baal.

5:15-6:6 Arrepentimiento

El sufrimiento encamina al pueblo de nuevo a Dios. Pero no hay un cambio profundo. Su "amor" se evapora tan rápidamente como el rocío bajo el caliente sol. Lo que Dios busca es un amor imperecedero y un verdadero conocimiento de él.

6:7-7:16 Catálogo de maldades

Los sacerdotes se han convertido en carniceros. Hay intriga y homicidio en Siquem, centro de la religiosidad de la nación (6:7-10). En la corte se da lo mismo. Los reyes caen a manos de los agitadores y conspiradores (7:6-7; ⇒ introducción). Israel acude a pueblos extranjeros (8-9), poderes extranjeros (11), dioses extranjeros (16); pero nunca al Señor.

Horno (4-7): horneaban las hogazas planas en "hornillos" en forma de platillos colocados al revés sobre las ascuas. La "torta" (8) debe voltearse para cocinarla por ambos lados.

8 Olvido de Dios

Israel será apresado en el torbellino del juicio de Dios. Han hecho dioses, leyes, reyes que se les acomoden: como si Dios y sus leyes no existieran. Pero ni los ídolos ni los aliados servirán cuando golpee el Dios que han olvidado.
Becerro (5): el primer rey de Israel levantó dos imágenes en santuarios en su propia tierra para rivalizar con Jerusalén como centros religiosos (1 Reyes 12:28). El becerro tenía una larga relación con los cultos paganos en Egipto y en Canaán.

9 Destino terrible para Israel

Probablemente Oseas habló en la culminación de la festividad que señalaba la cosecha de uva (1-5). El pueblo quizá lo llame necio, pero él sabe que es el vigía de Dios y no contendrá su lengua (7-8). Israel se convertirá en nación esclava de Asiria como lo fue en otro tiempo de Egipto. El pecado se ha vuelto habitual, se ha impregnado hasta el punto en que finalmente Dios retira su amor (12, 15).

Gabaa (9): → Jueces 19 (Guibeá en la BJ).

Baal-peor (10): → Números 25.

Gilgal (15): El lugar donde Saul fue proclamado rey (1 Samuel 11;14-15). El ansia del pueblo de tener rey conllevaba semillas peligrosas. Algunos de los reyes posteriores usurparían el lugar de Dios como verdadero líder de su pueblo.

10 Bajo el yugo

En lo exterior, la rica Israel hacía gran alarde de religión (1), pero en lo interior el pueblo se apartaba más y más de Dios. La imagen del becerro en Bet-el se había convertido en el único "rey" de la nación (3-5), rey destinado a la destrucción (6-8). Ahora cosechan lo que por mucho tiempo han sembrado (13). Pero todavía podrían sembrar una semilla totalmente diferente (12).

Salmán (14): probable alusión a la reciente invasión de Galaad por Salamano de Moab.

11 El amor del Padre

Este capítulo nos permite ver el corazón infinitamente amoroso de Dios. Durante toda la larga historia, a partir de Egipto, y a pesar de todo lo que Dios ha hecho por ellos, Israel ha rechazado su amor (1-4). La nación no merece misericordia (5-7). Pero Dios todavía se resiste a destruirlos (8-9). Se debate entre el amor y la justicia, ninguno de los cuales puede negar. Este es el dolor que tomó sobre sí en la cruz de Cristo.

Adma y Zeboim (8): dos ciudades al sur del mar Muerto, probablemente destruidas con Sodoma y Gomorra (Génesis 19).

12 Lecciones de la historia

Este capítulo no es fácil de seguir. Israel necesita que se le recuerde acerca del intrigante Jacob (3-6, 12); de cómo aprendió a depender de Dios y a

Una nación recoge lo que siembra. Dios restaurará la prosperidad al país si su pueblo retorna a él. Trillando la cosecha en las colinas de Judea.

olvidar su orgullosa independencia y confianza en poderes extranjeros. El pueblo se burla de los profetas de su época. Necesitan que se les recuerde que fue por medio de un profeta (Moisés, 13) que Dios dio existencia a la nación.
Versículos 3-4, 12: incidentes relatados en Génesis 25:21-26; 32:22-32; y 29.

13 El solano del juicio de Dios

Israel puede acudir a Baal y a otros ídolos, pero de hecho no hay dios sino Dios (lo que era cierto entonces lo sigue siendo ahora). Los hombres pueden olvidarlo, o prescindir de él, pero existe; y tiene el poder para llevar a cabo todo lo que ha advertido.

El solano (15): el viento asolador del desierto que seca y marchita todo lo que encuentra a su paso.

14 "Vuelve, oh Israel"

Después de los violentos tonos del capítulo 13, este último capítulo está lleno de amor y súplica. El camino está abierto. No hay necesidad de pasar por el fuego del juicio. Los hombres sólo tienen que dar a Dios su lealtad (2-3) para encontrar su amor y perdón, e iniciar una vida nueva y transformada (4-7). Este es el curso verdaderamente sabio (9).

Oseas indica tan claramente el camino. Es más que triste darse cuenta de que sus comteporáneos no hicieron ningún caso: hasta que los asirios arrasaron su espléndida capital, Samaria; llevaron a los israelitas restantes al exilio; y repoblaron su país con extranjeros. Cuando Dios advierte del juicio no está jugando con las palabras. ¿Cuántas de las prácticas que condenó en Israel vemos alrededor nuestro en la sociedad actual? ¿Por cuánto tiempo esperamos que dure su paciencia?

Joel

No sabemos nada en absoluto acerca de este profeta, aparte del nombre de su padre (1:1). Y la profecía contiene pocas pistas en cuanto a la fecha en que fue escrita. Joel obviamente está familiarizado con temas que también se dan en Isaías, Amós y Ezequiel: sobre todo el "día del Señor", cuando Dios finalmente juzgará al mundo y a su propio pueblo. Podemos conjeturar en cuanto a las fechas, y las conjeturas abarcan desde el siglo VIII a.C. hasta el siglo IV a.C. y más tarde, pero el libro mismo es siempre vigente.

1 La desastrosa plaga de langostas

Incluso en nuestro propio siglo Jerusalén ha sufrido la pérdida de toda vegetación a causa de una plaga de langostas como la que Joel describe tan vívidamente. El viento del desierto de Arabia conduce a Palestina un enjambre de varios millones de insectos. La langosta se convierte rápidamente de larva en adulto alado (4), y en todas las fases su apetito es insaciable. Es peor que un ejército invasor: por donde pasa no queda nada verde ni vivo (6-12). No hay nada para ofrecer a Dios (9, 13), o queda tan poco que la gente utiliza todo lo que tiene para evitar la muerte. Para Joel, el enjambre de langostas es una instructiva lección, una advertencia sobre el terror del cercano juicio de Dios (15). Joel pide un día nacional de oración (14).

2:1-27 El día del Señor; arrepentimiento y restauración

El ejército de langostas se convierte en imagen del ejército invasor de Dios en el día de su juicio: el cielo oscurecido con insectos (2); la tierra "asolada" que dejan (3); su avance inexorable y totalmente irresistible (4-9). Así será el juicio de Dios. ¿Quién puede soportarlo (11)? Pero nadie tiene que sufrir el juicio de Dios. Todavía invita a todos a arrepentirse (12). Joel llama a toda la nación para que acudan a Dios y pidan misericordia (13-17). Y en respuesta Dios promete restaurar abundantemente todo aquello de lo que las langostas los han privado. Liberará al país de su gran ejército (25), que ahora se identifica con todos sus enemigos ("del norte", 20: → bajo Ezequiel 38-39; es muy improbable que las langostas procedieran realmente del norte).

2:28 - 3:21 El derramamiento del Espíritu de Dios; Juicio sobre las naciones

Joel previó un día en que el Espíritu de Dios sería derramado, no sólo sobre los sacerdotes y los profetas, sino también sobre gente corriente, sin diferencia de sexo, edad ni clase. No se imaginó que Dios hablaba no sólo de Israel, sino de todas las naciones (Hechos 2). Así también, el juicio de Dios se cierne sobre los hombres de todas las naciones que repudian su llamado, incluyendo a Israel (32). Pero todos los que claman a él, y a los que él llama, eludirán ese juicio.

Las naciones serán castigadas por todo el daño que han hecho al pueblo de Dios (3:2-8). Las multitudes serán reunidas para el juicio de Dios. Ahí decidirá su destino (14). Todo mal desaparecerá en ese día trascendental que sacudirá la tierra. Dios morará en una ciudad y entre un pueblo por fin santificado; y todo el país compartirá esta bendición abundante (16-18).

Tiro, Sidón, Filistea (3:4): → bajo Ezequiel 25-28. Artajerjes III vendió a los sidonios, como esclavos en el 345 a.C., y en el 332 Alejandro Magno vendió a la gente de Tiro y a la ciudad filistea de Gaza como esclavos.

Sabeos (8): famosos comerciantes árabes.
3:10: Joel invierte las famosas palabras de Isaías (Isaías 2:4).

Valle de Josafat (12): probablemente es un nombre simbólico; significa "el Señor juzga".

Plaga de langostas.

Amós

Amós era un laico, pastor y podador de higueras. Su hogar estaba en Tecoa, a unos 18 kilómetros al sur de Jerusalén, en el límite del desierto de Judea. Pero Dios lo envió como profeta al reino septentrional de Israel. Su base de operaciones era el centro religioso de Bet-el, donde Jeroboam I había colocado una imagen de becerro cuando la nación se había dividido por primera vez en dos reinos rivales. Amós vivió en el reinado de Jeroboam II (793-753), época postrimera de prosperidad e influencia de Israel. Pero debajo de la prosperidad la nación estaba corrompida. Amós fue enviado para denunciar la corrupción social y religiosa, y advertir del juicio próximo de Dios. Pero el pueblo cerró los oídos, como lo hicieron con su contemporáneo, Oseas. ¡Y el mismo sacerdote del rey le dijo que regresara a Judá (7:10ss.)! Treinta años después de la muerte de Jeroboam los asirios destruyeron Samaria y se llevaron al pueblo al cautiverio. Israel dejó de existir. Pero el profeta tiene algo que decir a toda nación que se encuentre en la misma situación de Israel. Si se formulan las descripciones de Amós con palabras del siglo XX todavía siguen dando en el blanco.

1 - 2:5 La denuncia contra los vecinos de Israel

Van siendo condenados sucesivamente Siria, Filistea, Tiro, Edom, Amón, Moab y Judá. Sus ofensas son muchas (la fórmula "por tres... por el cuarto" indica un número indefinido). Reciben condenación por sus crímenes contra la humanidad. Sólo Judá es juzgada según las normas totales de la ley de Dios. A los sirios se les acusa de crueldad desenfrenada (al pasar trillos por los cuerpos de sus cautivos, 3); a los filisteos, de vender hombres. Tiro y Edom han transgredido las leyes del parentesco. Las atrocidades de Amón han sido cometidas simplemente para obtener más tierra. Al profanar un cadáver, Moab ha violado una de las antiguas leyes no escritas más universales. Dios castigará a todos y a cada uno.

Hazael, Ben-adad (1:4): reyes de Siria. Hazael se apoderó del trono en tiempos de Eliseo y fundó una dinastía.

Kir (5): lugar de donde procedían originalmente los sirios.

Gaza, Asdod, Ascalón, Ecrón (6-8): cuatro de las cinco ciudades filisteas.

Su hermano (11): Edom e Israel eran descendientes de dos hermanos, Esaú y Jacob.

Trillos, tablas de madera con tachones, en el Museo Agrícola de Jerusalén. En la fotografía de la página 289 se ven en acción.

Rabá (14): la capital amonita; la moderna Ammán, capital de Jordania.

2:6-16 Crímenes de Israel

Los otros profetas dicen claramente que el pecado básico de Israel fue apartarse de Dios para adorar ídolos. Pero Amós enfatiza el deterioro moral y social que resultó de ello. Se han vuelto duros e insensibles en su trato con los demás; jóvenes y ancianos utilizan a las prostitutas del templo; y han amordazado a los portavoces de Dios. Ninguno eludirá el castigo divino.

Versículo 8: la ley ordenaba benévolamente que las prendas de vestir en promesa fueran devueltas a la caída de la noche (Exodo 22:26-27).

Amorreo (9): usado en este caso como término general para los primeros habitantes de Canaán.

Nazareos (11): hombres consagrados a Dios mediante un voto especial que implicaba la renuncia al vino.

Carro/carreta (13): más probablemente una trilladora.

3 Castigo

Israel ha quebrado el pacto con Dios y debe sufrir castigo. Se trata simplemente de causa y efecto (como los otros ejemplos dados en los versículos 3-6). Dios ha hablado; él actuará. Sólo quedará un vestigio de la hermosa Samaria, de sus grandes casas de piedra y exquisitos paneles de marfil: lo suficiente para mostrar que la ciudad existió. Y Dios demolerá los adornos de la degradada religión de Bet-el (versículo 14).

4 Advertencias de Dios

Las mujeres amantes del lujo en Samaria ("vacas de Basán"), que viven a expensas del pobre, serán llevadas con ganchos. (Los asirios de hecho así lo hicieron con sus cautivos.) Mientras abusaba de los demás, el pueblo todavía con-

Amós protestó contra las "casas de marfil" que los ricos construían, las "grandes casas" de los que oprimían a los pobres. Se han encontrado muchos marfiles de la época. Este es de la decoración de un palacio asirio. Algunos de los marfiles los trajeron los asirios de sus campañas en el oeste.

servaba una fachada religiosa (4-5). Pero la religión a modo de "póliza de seguros" es una burla de lo verdadero (→ Santiago 1:26-27). Dios les advirtió hacia dónde se encaminaban, enviándoles hambre y sequía, plaga y enfermedad; pero esto de nada sirvió.

5 "Buscadme, y viviréis"

Al lamento (1-3) le sigue de inmediato un llamado. Dios exhorta a su pueblo para que salve la vida buscándolo. Y esto significa que no debe haber más sacrificios en los corruptos santuarios de la nación (5, 21-23, 25-26), sino una vida reformada: un regreso a las normas divinas de justicia y recta conducta tanto en la vida pública como privada. De lo contrario el "día de Jehová" (18ss.), en el que esperan entrar en la bendición de Dios y ver a sus enemigos destruidos, será un día terrible de condenación para el pueblo de Dios.

La puerta (10): la puerta de la ciudad era el lugar para transacciones comerciales y la administración de justicia.

José (15): Efraín y Manasés (descendientes de los dos hijos de José) eran tribus principales en el reino septentrional.
Versículo 25: el significado parece ser "¿Me ofrecisteis *sólo* sacrificios y ofrendas...? ¿No era también vida recta y obediencia?"
Moloc, Quiún (26): (Sikkut, Kerán; BJ.) dioses asirios asociados con el planeta Saturno.

6 Cautiverio

La abundancia y la vida confortable (entonces como ahora) aislan a los hombres de los verdaderos problemas, y producen una falsa seguridad. La autosuficiencia y el orgullo han sido la caída del hombre desde el principio hasta el fin (p.e. Génesis 11:1-9; Ezequiel 28).
Calne, Hamat (2): dos ciudades en Siria; Hamat es la moderna Hama.
Lo-Debat, Carnáyim (13, BJ): ciudades al este del Jordán que Israel tomó de los sirios. En la Biblia de Jerusalén estos dos nombres aparecen como correcciones; en la RVR no aparecen, sino que se traduce del hebreo "Vosotros que os alegráis *en nada*".
Arabá (14): el árido valle que se extiende hacia el sur desde el mar Muerto hasta el golfo de Acaba.

7 La plomada

Dos veces Amós convence a Dios de que detenga su mano; pero el juicio no se puede demorar para siempre. Israel no desea ceñirse a la línea recta de las normas de Dios.

El hombre de Dios y "la religión oficial" se ven chocar en la confrontación entre Amós y Amasías (10-17). El profeta tiene la autoridad de Dios para su mensaje y no dejará que se le reduzca al silencio. Amasias morirá en el cautiverio. El ejército invasor abusará de su esposa, matará a sus hijos y se apoderará de su tierra.
Se arrepintió Jehová (3, 6): o sea, misericordiosamente cambió de intención (esto no implica que su intención original fuera equivocada).
Higos silvestres (14): Frutos de una especie de higuera llamada sicómoro; no del árbol que también lleva ese nombre.

8 Israel listo para la ruina

A los hombres les gusta pensar que sus "pequeños" pecados son demasiado insignificantes para que Dios los advierta. Pero él lo ve todo: la avaricia y las prácticas violentas; el peso escaso y los productos inferiores. Y los pobres, que siempre salen perdiendo, son su preocupación especial.
Medida... precio (5): este era un doble engaño; el comerciante reducía el tamaño de la medida para el grano (efa) y aumentaba el precio que se pagaba por él (sekel).
Asimá, BJ; "el pecado", RVR (14): diosa siria reverenciada en Israel. Dan, en el extremo norte, era la ciudad donde Jeroboam I erigió su segunda imagen de becerro.

9 Destrucción del mal; el remanente fiel es restaurado

Para la nación como un todo el juicio será ineludible. Dios los tratará como a cualquier nación extraña (7a). Pero para los pocos fieles el futuro reserva bendiciones inimaginadas (11-15).
Caftor (7): Creta, lugar de origen de los filisteos.

Israel sería "tamizado", dijo Amós. Una mujer tamiza grano en Sicar.

Abdías

Profecía de la caída de Edom (→ otras profecías contra Edom en Isaías 34:5-15; Jeremías 49:7-22; Ezequiel 25:12-14; 35:1-15; Amós 1:11-12). Edom ocupaba la región montañosa al sureste del mar Muerto. La capital, Sela (ahora Petra), estaba enclavada en una meseta sobre un acantilado rocoso al que se llegaba por una estrecha garganta. Era virtualmente inexpugnable. Desde fortificaciones montañosas como éstas los edomitas lanzaban sus incursiones sobre Palestina. Como descendientes de Esaú, eran de hecho parientes de Israel, pero nunca hubo afecto entre ambas. La ofensa final, y la ocasión de la profecía de Abdías, fue su invasión sobre Judá mientras Jerusalén era saqueada por los babilonios en el 587 a.C.

Abdías denuncia el orgullo de Edom. Los edomitas pensaban que sus fortificaciones eran invencibles, pero serían completamente destruidas. En el siglo V a.C. los árabes se apoderaron de Edom, y en el siglo II los nabateos dominaron la región (y edificaron la ciudad de Petra en la Jordania actual). Algunos edomitas se establecieron en Judá meridional. Herodes el Grande, gobernador de los judíos en tiempo del nacimiento de Jesús, fue uno de sus descendientes. Después del año 70 d.C. los edomitas desaparecieron completamente de la historia. En contraste con la desposeída Edom, Abdías predice el retorno de Israel para poseer un territorio muy extenso que incluiría el antiguo territorio edomita.

Temán (9): ciudad importante en Edom, patria del amigo de Job, Elifaz; el Mte. Esaú es el Mte. Seir.

Versículo 19: "Neguev", el desierto meridional; "Sefela", el sector montañoso detrás de la llanura costera occidental; "Efraín y Samaria", el reino septentrional de Israel; "Galaad", al este del Jordán.

Versículo 20: "Sefarad", la moderna Sarafand en el Líbano.

La estrecha garganta hacia la fortaleza rocosa de Petra, la capital nabatea de lo que fue Edom.

Jonás

2 Reyes 14:25 hace la única otra mención de este profeta, y esto lo colocaría a mediados del siglo VIII a.C. Nínive, capital de la poderosa Asiria (enemiga de Israel) y tema de este libro, fue destruida por los babilonios en el 612 a.C. Si Jonás no escribió el relato él mismo, entonces fue probablemente escrito después de esta fecha (→ 3:3). Ya sea que tomemos el libro como "historia con una moraleja" o como parábola (y la Biblia contiene muchas parábolas, aunque ninguna tan larga como ésta), no cabe duda acerca del mensaje principal. La preocupación de Dios se extiende más allá de Israel al mundo entero. Jesús centró la atención en dos puntos más: el paralelo con los tres días entre su propia muerte y resurrección; y el pronto arrepentimiento de los ninivitas en contraste con sus oyentes (Mateo 12:40; Lucas 11:32).

1 Jonás huye

4:2 nos dice por qué. Jonás no tenía miedo de ir a Nínive (¡el versículo 12 muestra mucho valor!). Pero conocía a Dios: sabía que si los ninivitas se arrepentían, Dios los perdonaría. Y Jonás deseaba la destrucción de esta cruel y amenazante nación enemiga. Por ello con premeditada desobediencia se dirige en dirección opuesta. Al tratar de salvar su vida los marineros paganos muestran más humanidad que el hombre de Dios (13).

Un gran pez (17): los cachalotes y los grandes tiburones no son desconocidos en el Mediterráneo oriental, y se sabe que pueden engullir a un hombre; no obstante, este incidente tiene claramente como fin que se lo vea como un milagro. Es una de las muchas cosas que Dios "hace", según el relato (→ 1:4; 4:6-8). Las discusiones acerca de esto no deben impedirnos ver la esencia del relato.

2 Oración de Jonás

Este salmo relata el clamor de Jonás a Dios cuando se hallaba a las puertas de la muerte ("el seno del Seol", 2). Por fin entra en razón, recordando su "misericordia" (8). Y Dios, que ya lo ha salvado de la muerte, le da una "segunda vida".

3 Respuesta de Nínive

Al dársele una segunda oportunidad, Jonás obedece prontamente. Y su mensaje produce un efecto notable. Toda la ciudad, desde el más grande al más pequeño, se arrepiente. Y Dios los perdona.

Tres días de camino (3): esto se refiere al distrito de Nínive, no a la ciudad central: la zona metropolitana, por así decirlo.

Dios se arrepintió (10): → bajo Amós 7:3.

4 Dura lección para Jonás

Jonás deseaba que Dios diera su amor y misericordia sólo a Israel. Que los paganos se lleven su merecido. En lugar de regocijarse de que este mensaje provocara una respuesta tan fantástica, se enfureció. Y no era simplemente que no quería aparecer como un tonto. En el corazón de Jonás no había ni una chispa de compasión por el pueblo de Nínive. Y por eso Dios utilizó una planta (la frondosa calabacera) para hacerle sentir algo de su compasión por los hombres y las mujeres: "¿y no tendré yo piedad de Nínive?"

Versículo 11: la ciudad puede muy bien haber albergado esta cantidad de personas. El muro interior formaba un circuito de 12 Km. No discernir "entre su mano derecha y su mano izquierda" expresa su total desconocimiento de Dios y de sus leyes.

Miqueas

Miqueas fue uno de los profetas del siglo VIII a.C., contemporáneo de Amós y Oseas (en el reino septentrional de Israel) y de Isaías (en Jerusalén). Era un campesino, de una localidad al suroeste de Judá, en la frontera filistea. Su mensaje es para Samaria y Jerusalén, ciudades capitales de los dos reinos. Y si se compara con Amós, es evidente que Judá se había contaminado con los mismos pecados que dominaban a Israel. Por esto también Miqueas denuncia a los gobernantes, sacerdotes y profetas; deplora la explotación avariciosa de los indefensos; la falta de honradez en los negocios; la falsa religión. El juicio de Dios caerá sobre Samaria y Jerusalén; sólo después de esto habrá restauración. Pero Miqueas también ve un futuro glorioso, en que Jerusalén llegará a ser el centro religioso del mundo, y Belén dara nacimiento a un David más grande que gobernará a todo el pueblo de Dios.

1 Las dos ciudades

Se describe a Dios como descendiendo del cielo. caminando por las montañas, para destruir a Samaria por su persistente idolatría. La gangrena se ha difundido hasta Judá, y el juicio de Dios está a las puertas de Jerusalén. Miqueas describe la aproximación del ejército invasor, procedente de la llanura costera por las colinas de Judá hasta Jerusalén (10ss., donde los nombres de los lugares a menudo ocultan un juego de palabras). Los padres en Judá llorarán por sus hijos cautivos. En el 722 a.C. los asirios destruyeron a Samaria. En el 701 asediaron a Jerusalén, y la ciudad escapó por un milagro (→ 2 Reyes 18:9-19:37). Miqueas muy probablemente vivió ambas experiencias.

Versículo 1: Jotam (750-732) y Ezequías (729-687) fueron buenos reyes; Acaz (735-716), que introdujo prácticas paganas terribles, incluso el sacrificio de niños, fue uno de los peores. (Las fechas sobrepuestas indican períodos de corregencia.)

Montañas áridas y vegetación exuberante suministraron a los profetas imágenes de esterilidad espiritual y restauración.

2 - 3 Explotación; mal gobierno; sacerdocio pervertido

Los hombres con poder e influencia buscan todos su provecho, y no andan con reparos en cuanto a los medios. Se apoderan, pues, de la propiedad y arruinan a las familias; y al predicador se le dice que eso a él no le importa (2:12-13 pasa de repente al futuro, describiendo a Dios a la cabeza del remanente de su pueblo). Las gentes ordinarias son como animales para los gobernantes (3:1-3). Todo hombre tiene su precio: tanto el juez como el sacerdote y el profeta (3:11).

4 Futura grandeza

Miqueas está lleno de contrastes. Los versículos 1-8 nos llevan a una nueva Jerusalén, desde donde la palabra de Dios se dirige a todos los hombres, y a la que acuden todas las naciones, en una era de paz y abundancia. Los versículos 9-10 nos regresan a la ciudad condenada, a una nación en exilio, al juicio de Dios: no sólo sobre su pueblo, sino sobre todas las naciones de alrededor (11-13).

Versículos 1-3: casi idénticos con Isaías 2:2-4.

Babilonia (10): el enemigo en tiempo de Miqueas era Asiria, pero al igual que Isaías, se adelanta cien años previendo el poder que destruiría a Jerusalén.

5 El rey de Belén

En medio del asedio de los asirios, Miqueas habla de un libertador, *el* libertador definitivo, que procedería, al igual que el David de antes, de Belén (→Mateo 2:1-6). Las perspectivas históricas se confunden, como ocurre a menudo con los profetas, y los sucesos actuales se mezclan con los de un futuro próximo y lejano. En la paz mesiánica incluso los asirios serán derrotados. Pero Judá también será purificada "en aquel día" (10ss.). Todo aquello en lo que ha confiado en lugar de Dios será destruido: ejércitos, defensas, magia y dioses falsos.

Efrata (2): el distrito alrededor de Belén.

Siete... ocho (5): idiomático, en lugar de "número indefinido": por muchos líderes que se necesiten, éstos vendrán.

Nimrod (6): Asiria (→Génesis 10:8-12).

6 Lo que Dios exige de su pueblo

El versículo 8 nos da la esencia del verdadero culto. Dios no acepta substitutos. Aunque los hombres pueden tratar de comprarlo con toda clase de impresionantes regalos, él ve y castigará sus astutas prácticas, su violencia y su engaño.

Versículo 5: →Números 22 - 24.

Sitim hasta Gilgal (5): o sea, en el cruce del Jordán (Josué 3 - 4).

Mi primogénito... (7): el sacrificio del primogénito se introdujo en Israel con otras prácticas paganas en los oscuros días de los últimos reyes de la nación.

Versículo 11: →bajo Amós 8:5.

Omri... Acab (16): dos reyes de Israel notorios por introducir el culto a Baal.

7 Tinieblas y Luz

Miqueas observa la descomposición de la sociedad en su patria. La corrupción que comenzó en las esferas de gobierno ha penetrado en toda la nación. Y ahora se derrumban todas las relaciones humanas. La amistad y la familia no cuentan para nada. El escenario humano es negro. Pero con Dios todavía hay luz. Aún se puede confiar en él. Su promesa no fallará. Reedificará. Liberará de nuevo. En su amor compasivo volverá a perdonar.

Atalayas (4): los profetas eran colocados como atalayas para advertir sobre el juicio venidero (→Ezequiel 3:17-21).

Nahum

El tema de Nahum, al igual que el del libro anterior de Jonás, es Nínive, la gran ciudad capital de Asiria. Pero en tanto que Jonás relata la suspensión de la sentencia de la ciudad, Nahum predice su destrucción. La fecha está entre la caída de Tebas ante los asirios en el 663 a.C. (3:8-10), y la caída de Nínive ante los babilonios y los medos en el 612 a.C. Parece que Nahum fue judío; aparte de esto, no sabemos nada de él, excepto que fue capaz de escribir la poesía más gráfica de todo el Antiguo Testamento.

1 Venganza sobre los enemigos de Dios; consuelo para su pueblo

Nahum comienza no con Nínive, sino con Dios: su poder, su ira, su bondad. Los días de Asiria, cuyos ejércitos habían destruido a Israel y amenazado a la misma Jerusalén menos de un siglo antes, ahora están contados.

Inundación impetuosa (8): la inexpugnable Nínive cayó por fin cuando aguas desbordadas rompieron sus muros, abriendo paso al ejército atacante.

Un consejero (11): posiblemente Senaquerib, el rey asirio que tomó a Laquis y luego asedió a Jerusalén en el 701 a.C. (→ Isaías 36 - 37).

2 El ataque a Nínive

En otro tiempo Dios había utilizado a los ejércitos de Asiria para castigar a su pueblo. Ahora las fuerzas que atacan a Nínive son sus instrumentos. Sangre y estruendo; saqueo y desolación; la guarida del león asirio ha dejado de existir. Nahum describe el asalto final con todos sus horrores.

Carros (4): aparatos de asedio provistos de un ariete (versículo 5 en BJ).

Versículo 6: → bajo 1:8.

La reina (7): quizá se refiera a Istar, la diosa asiria del amor y de la guerra. La Biblia de Jerusalén dice "la Dama".

3 Destrucción

Nahum describe a la ciudad como una prostituta que seduce a las naciones hasta someterlas. Ahora recibirá el castigo de una prostituta (5-6). Compartirá la pena terrible que infligió a la ciudad egipcia de Tebas (No-Amón). (En Tebas, ciudad de Amón, dios estatal de Egipto, se habían acumulado los tesoros de siglos. Los asirios se apoderaron de la ciudad con fuego y matanza y saquearon toda su riqueza.) Aunque la nación es tan grande como un enjambre de langostas (→ fotografía, página 443) desaparecerá como un enjambre que ha volado. A pesar de todo su poder, Nínive se arruinó pronto, sin dejar trazas sino un montículo que hoy día se conoce como Tell Kuyunjik, "el montículo de muchas ovejas".

Etiopía (9): el Sudán actual, que proporcionó una dinastía de reyes egipcios. "Fut" quizá sea Libia o posiblemente Somalía.

En este relieve del Nimrod se nos muestra a unos asirios utilizando un aparato de asedio con ariete.

Habacuc

El profeta Habacuc se enfrenta con el mismo problema que Job y el escritor del Salmo 73: el hecho de que mientras el pueblo de Dios sufre, los malos andan libres. Los sucesos actuales lo enfrentaron con este problema en una forma especialmente aguda. Dios había anunciado que utilizaría a los babilonios, una nación mucho más perversa, para castigar a su propio pueblo. Por esto Habacuc, el hombre de fe, interroga a Dios.

El libro pertenece a la última parte del siglo VII a.C., cuando Jeremías profetizaba en Jerusalén. Algunos lo colocarían antes, otros inmediatamente después de la caída del Imperio Asirio (los babilonios se apoderaron de Nínive en el 612 a.C.) y de la derrota de Egipto en Carquemis en el 605. Babilonia avanza, pero hasta ese momento Judá se ha librado. En el 597 a.C., no mucho después de esto, Jerusalén cayó en manos enemigas, y la ciudad fue destruida en el 587.

1 El dilema del profeta

En respuesta a la primera pregunta de Habacuc (2-4), Dios le pone una piedra de tropiezo todavía mayor (5-11). ¿Cómo puede Dios, que es justo y bueno, que odia el mal, enviar contra su pueblo a una nación que hace de su propio poder un dios como él mismo admite abiertamente? ¿Permitirá que Babilonia ("los caldeos", 6) saqueen por siempre a la humanidad (17)?

2 Respuesta de Dios

La respuesta es no. Cuando se establezcan los resultados finales, sólo el que confía en Dios y le permanece fiel vivirá. Dios castigará el orgullo arrogante de todo hombre. La desgracia sobrevendrá a todo el que se apodera codiciosamente de lo que pertenece a otros; a todo el que por fines egoístas justifica los medios más crueles; a todo el que adquiere poder a costa de otros; a todo el que destruye y deshumaniza; a todo el que da culto a ídolos hechos por el hombre. Todos los que son así, cualquiera que sea su nacionalidad, perderán la vida.

3 El triunfo de la fe: oración de Habacuc

La forma musical de esta oración ha hecho creer a algunos que Habacuc era levita, vinculado al templo. Se centra en Dios mismo: Dios, que se aproxima desde las montañas del desierto meridional (Temán está en Edom; Parán es parte del Sinaí); Dios, rodeado de truenos y relámpagos en la tempestad de su ira; Dios, que pone el mundo a temblar con una mirada. Habacuc ve lo inevitable y violento del juicio. Pero aunque significa la pérdida de todo lo bueno en la vida, hay que confiar en Dios. El profeta esperará el día en que Dios se encargará del invasor (16). Se regocijará en Dios, aunque la vida esté desprovista de todo lo que da gozo y satisfacción naturales.

Torre de vigilancia en las colinas al norte de Jerusalén.

Sofonías

Sofonías profetizó en el reinado del rey Josías (640-609 a.C.), aproximadamente cuando comenzó el ministerio de Jeremías. Por sus fuertes palabras, parece que habló antes de que Josías iniciara su gran programa de reforma en el 621, después de descubrir el libro de la ley en el templo. Los dos reyes anteriores, Manasés y Amón, habían colocado la religión y moralidad de la nación en su nivel más bajo. Sofonías mismo parece haber sido de sangre real, con antepasados que se remontaban a Ezequías, el rey de la época de Isaías, unos 70 años antes.

1 El día grande y terrible del juicio

En el pensamiento popular, el "día de Jehová" produciría bendiciones indescriptibles para todo el pueblo de Dios, y la destrucción de sus enemigos. Amós, años antes de esto, había advertido que en ese día recibiría castigo todo mal, por lo que resultaría un día de tinieblas para muchos israelitas. Sofonías propone el mismo mensaje, en detalle, a Judá. Está próximo el día en que todos los que son culpables de idolatría (4-6), violencia, fraude (9), todos los que permanecen en ociosa indiferencia (12), serán destruidos (este es el significado del versículo 7). Y su clamor se oirá en todos los rincones de la ciudad de Jerusalén (10-11).

Baal (4): el dios cananeo de la fertilidad cuyo culto involucraba licencia sexual y prostitución.

Milcom (5): el dios nacional de los amonitas.

Los collados... Mactes (BJ: Mortero, 10-11): distritos de Jerusalén.

Vino asentado (12): metáfora tomada de la elaboración de vino; uno de los secretos en el proceso es no dejarlo asentarse.

2 Juicio sobre las naciones

La única esperanza para el pueblo de Dios es buscarlo, y comenzar a vivir según sus normas. Si no lo hacen, compartirán el destino de las naciones circundantes: Filistea (4-7) al oeste; Moab y Amón (8-11) al este; Etiopía (12) al sur; Asiria (13-15) al norte.

Gaza, Ascalón, Asdod, Ecrón (4): las restantes cuatro ciudades-estado filisteas.

Cereteos (5): los filisteos, que originalmente procedían de Creta.

Sodoma, Gomorra (9): ciudades en el extremo sur del mar Muerto, destruidas por Dios por su maldad (Génesis 19).

Los de Etiopía (12): la moderna Sudán; la dinastía que en ese tiempo gobernaba en Egipto.

Nínive (13): capital de Asiria; → bajo Nahum, sobre todo en el capítulo 3.

3 Jerusalén condenada; remanente salvado

La ciudad (1-7) no se menciona, pero es claramente Jerusalén. Comenzando con la rebelión contra Dios, y la corrupción de la religión, la podredumbre se expande por todos los sectores de la sociedad. Al final Dios no tiene más alternativa que arrasar la ciudad, pero no completamente. Sofonías ya ha hablado de un "remanente" (2:7, 9). Ahora da más información sobre el propósito de Dios para los pocos humildes y fieles que sobrevivirán cuando sean exterminados todo el orgullo y la autosuficiencia humanos. Hay razón para gran regocijo. Dios está en medio de su pueblo: derramará sobre ellos su amor. Los cambiará y los transformará en "puros de corazón" (9, 13). Con cánticos exultantes serán conducidos a la patria y recuperarán su favor. Todas las naciones del mundo tienen su parte en esto (9).

Hageo

Los últimos tres libros del Antiguo Testamento nos llevan más allá del cautiverio hasta la época en que los judíos fueron repatriados, la época de Esdras y Nehemías. Hageo (Ageo, BJ) comunicó su "palabra del Señor" en el 520 a.C., Zacarías en el 520-518. Cuando el primer grupo de cautivos regresó a su patria bajo la guía de Zorobabel (nieto del rey Joaquín) en el 538, comenzaron con entusiasmo a reconstruir el templo que los babilonios habían destruido en el 587. Pero la oposición y la apatía muy pronto detuvieron el trabajo (Esdras 4:4-5). No se hizo nada durante años, hasta que Hageo y Zacarías comenzaron a mover las cosas (Esdras 5:1-2). Gracias a ellos, el templo estaba construido para el 516. El pequeño libro de Hageo es una de las joyas del Antiguo Testamento. Sigue siendo pertinente, dada su preocupación básica, no por la reconstrucción del templo, sino por las prioridades.

Hageo llega al pueblo cuatro veces con un mensaje de Dios (1:2-15; 2:1-9; 2:10-19; 2:20-23). 1:2-15: la vida es dura, la comida y la ropa son escasos, y los precios aumentan. ¿Por qué? Porque el pueblo ha equivocado sus prioridades. Los hombres están inmersos en sus preocupaciones egoístas. Se olvida a Dios. Y por esto no se obtienen las cosas por las que se trabaja. Porque todas las cosas buenas de la vida son de Dios y él las da o las retiene. Las palabras de Hageo conmueven la conciencia de la nación. En tres semanas se reinician las labores del templo.

2:1-9: 70 años antes había sido demolido el fabuloso templo de Salomón. Muy pocos de los que ahora lo reconstruyen lo vieron, pero todos han oído de él. Y la gloria del mismo no había perdido nada en la descripción. El nuevo templo parece poca cosa en comparación. Pero los constructores deben animarse. El edificio actual no es más que un avance del esplendor y la gloria de los últimos tiempos, la era de paz y prosperidad que todos los profetas han esperado.

2:10-19: se ha reiniciado el trabajo en el templo, pero esto no hace de por sí que los hombres sean "santos" (justos delante de Dios). Lo contagioso es la podredumbre, no la rectitud. (Hageo lo puntualiza basándose en la ley ritual). La anterior indiferencia por Dios produjo toda clase de consecuencias desagradables. Pero apenas comiencen a dar prioridad a lo que debe tenerla, Dios bendecirá todos los aspectos de la vida.

2:20-23: palabras para Zorobabel. Estas promesas mesiánicas se le hacen a Zorobabel como heredero del trono de David, más que como individuo. Ocupa un puesto en la línea hereditaria entre David y Cristo.

Zacarías

Zacarías procedía de una familia de sacerdotes, y junto con Hageo estuvo íntimamente ligado a la reconstrucción del templo después del regreso del cautiverio (→ bajo Hageo y Esdras 5 - 6 los antecedentes históricos). Al igual que Daniel y Ezequiel, Zacarías fue un visionario; su libro transmite la sabiduría de muchos de los profetas anteriores y al mismo tiempo pone en clara perspectiva los sucesos del futuro lejano. Contiene detalladas alusiones al Mesías, que se cumplen claramente en la vida de Cristo. Hay un cambio marcado (debido a un cambio de autor, dirían algunos: alguien que escribió mucho después) entre las visiones de los ocho primeros capítulos y los mensajes hablados de los capítulos 9 - 14.

1:1-17; Los cuatro jinetes

Cronológicamente, los versículos 1-6 encajan entre Hageo 2:9 y 10; la visión de los versículos 7-17, dos meses después del último mensaje de Hageo del que hay constancia. Zacarías es probablemente un hombre joven (su abuelo Iddo había regresado con los cautivos hacia menos de 20 años: Nehemías 12:4). Los versículos 2-6 vuelven a contar la historia pasada, advirtiendo a la generación presente que no se comportara como lo habían hecho sus padres. La primera visión de Zacarías (7-17) es la de cuatro jinetes que patrullan el mundo en nombre de Dios, al igual que las patrullas montadas que vigilaban el Imperio Persa. (El significado de los colores, si lo tienen, se desconoce.) El mensaje es de consuelo y aliento para el pueblo de Dios. Jerusalén será reconstruida, volverá la prosperidad.

1:18-21 Los cuatro cuernos

La segunda visión es una descripción vívida de la destrucción de los poderes hostiles que habían

Jinete en el desierto; en su primera visión Zacarías vio a cuatro jinetes que Dios envió para patrullar la tierra.

aplastado a la nación. ("Cuatro" denota calidad de completo: las cuatro secciones de la tierra.)

2 El cordel de medir

El hombre quizá sea una proyección que hace Zacarías de su propia imagen, que mide la ciudad para reconstruirla. Los muros habían sido destruidos en el 587. No fueron reedificados hasta la época de Nehemías (445, 75 años después de esta profecía). Pero Dios se compromete a proteger a Jerusalén. Invita a los cautivos restantes a que regresen.

La tierra del norte (6): Babilonia; de hecho ubicada al este, pero los ejércitos invasores de Asiria y Babilonia penetraron en Palestina por el norte.

3 La investidura del sumo sacerdote

Se eliminan las corrupciones del cautiverio, cuando resultaba imposible la observancia estricta de leyes dietéticas y de otra clase. Y Josué, sumo sacerdote y compañero del líder Zorobabel en el retorno de los cautivos, es adecuadamente revestido para el oficio. Dios promete enviar al Mesías anunciado durante tanto tiempo, el Renuevo (8, y → Isaías 11) de la familia de David; la "piedra" que todo lo ve y todo lo sabe (las siete facetas son literalmente siete ojos). El será quien conduzca a una época de paz y prosperidad universales (este es el significado de la expresión de la vid y la higuera, 10).

4 El candelabro y los olivos

Estas dos representaciones vuelven a aparecer en Apocalipsis (1:12, 20; 11). El candelabro de siete brazos estaba en el tabernáculo y el templo (→ fotografía, página 179). Aquí quizá represente al pueblo de Dios o a su culto, sostenido y "alimentado" por los líderes reales y sacerdotales, Zorobabel y Josué (los dos olivos). Con comienzos pequeños (el inicio ha ocurrido ya en el templo) se llevarán a cabo grandes cosas, por medio del poder del Espíritu de Dios. Zorobabel colocará la última piedra en el edificio del templo, al igual que puso la primera.

5 Eliminación del pecado

Según el pensamiento antiguo, una maldición poseía poder destructor. Este es el concepto detrás de la visión del rollo. La mujer en medio del efa, o barril, es el pecado personificado; quizás especialmente el pecado de idolatría, ya que es conducida a Babilonia (Sinar es el antiguo nombre) donde se levanta un templo para ella.

6 Los cuatro carros

Esta última visión es como la primera (1:7-17). Dios vigila a todo el mundo. Tiene un control activo. Su "patrulla" tiene poder para juzgar (esta vez hay carros, no sólo jinetes que informan). En los versículos 9-14 la coronación de Josué prefigura el papel dual del Mesías, como sacerdote y rey.

7 La cuestión de ayunos

El ayuno en el quinto mes (julio/agosto) conmemoraba la caída de Jerusalén en el 587. El ayuno en el séptimo mes era en memoria del gobernador asesinado, Gedalías (2 Reyes 25:25). Ahora que el templo era reconstruido, ¿debían continuar los ayunos? En respuesta, Dios los in-

terroga *a ellos* acerca del espíritu en el que ayunaban, y les recuerda las normas que se negaron a observar antes del cautiverio (8-14). Siguen vigentes.

8 Esperanza brillante

Dios promete un futuro glorioso para su pueblo y para Jerusalén. Su propósito es totalmente bueno. El juicio ya ha pasado. Dios retornará para hacer su hogar en la ciudad. Su pueblo disfrutará de paz y abundancia. La justicia prevalecerá. Y hombres y mujeres de todas las naciones acudirán a Jerusalén en busca de Dios. En la época de la profecía sólo unos pocos habían regresado del cautiverio; la reconstrucción apenas había comenzado. Pero era un anticipo de los días maravillosos que vendrían.

Versículo 19: los dos ayunos adicionales eran probablemente para indicar el comienzo del asedio de Jerusalén por parte de Nabucodonosor (el décimo mes) y el quebrantamiento de los muros 18 meses más tarde (el cuarto mes). En respuesta a la pregunta de 7:3, Zacarías responde que Dios desea que todos estos ayunos se conviertan en festividades. El futuro del pueblo de Dios es de regocijo.

9 - 11 Israel y las naciones

→ la introducción en cuanto al problema de continuidad. El capítulo 9 describe la llegada gozosa del Mesías, a lomos de un asno (no de un caballo guerrero), que inicia un gobierno de paz (9-10; → Mateo 21:5). Ante él caerán los antiguos enemigos de Israel (1-8). Ya no habrá más opresión. Los filisteos (5-7) serán absorbidos por Israel, como mucho antes había sucedido con los jebusitas (a quienes David arrebató la ciudad de Jerusalén). Los cautivos judíos serán liberados, y el poder militar de Israel igualará incluso al de la Grecia en ascenso. Dios es la protección y salvación de su pueblo.

El capítulo 10 condena a los negligentes líderes del pueblo de Dios. Está lleno de compasión por el rebaño sin guía. Todos serán conducidos a casa.

En el capítulo 11 el profeta se convierte en pastor del rebaño de Dios, pero el pueblo prefiere la explotación al cuidado genuino. Consiguen lo que quieren (15-16). Se viola el pacto con Dios y la nación se divide.

9:1-7: muchos relacionan esto con el avance de Alejandro después de derrotar a los persas en el 333 a.C.

10:2: ante la ausencia de una verdadera, guía espiritual, el pueblo se aficiona a la magia. Para adivinaciones se utilizaban los antiguos dioses domésticos (terafines).

11:1-3: el "desmonte" en preparación para los israelitas que retornan. En época del Antiguo Testamento los matorrales que bordeaban el Jordán eran guarida de leones.

Treinta piezas de plata (11:12, 13): el profeta sarcásticamente llama a esto un "hermoso precio": este era el precio de un esclavo (Exodo 21:32; y → Mateo 26:15; 27:3-5).

12 - 14 Futuro de Israel

El capítulo 12 describe a Dios que fortalece a su pueblo para una gran batalla contra las naciones (1-9). Pero en medio del triunfo hay luto nacional: el pueblo llora como lloraron los paganos por su moribundo dios de la vegetación (11). La frase "a quien traspasaron" (10) nos hace pensar inevitablemente en Cristo. Pero si Zacarías habla del Mesías, todavía no ha llegado este remordimiento nacional judío por Aquel que crucificaron.

13:1 de nuevo nos hace pensar en Cristo. Los versículos 2-9 describen la "purificación" del pueblo de Dios; la eliminación de todo lo que ofende a Dios. "Los profetas" son falsos profetas; sus "heridas" son infligidas por ellos mismos: parte del frenesí religiosi de los antiguos profetas de Baal (1 Reyes 18:28).

El capítulo 14 describe la última batalla y la era venidera. Dios mismo aparecerá, inaugurando un día perpetuo. La idea de agua que da vida y que fluye de Jerusalén recuerda a Ezequiel 47. Toda la tierra se convertirá en reino de Dios. Los que se enfrentan a Dios serán destruidos. Todos los que sobrevivan le darán culto. Todo será sagrado. Pero el mundo todavía no es perfecto. Subsiste la posibilidad de desobediencia y castigo. Esta no es todavía la nueva Jerusalén de Apocalipsis.

Malaquías

El nombre significa "mi mensajero", que quizá fue el verdadero nombre del profeta o un seudónimo. Según las condiciones que se reflejan en el libro, se suele fechar alrededor del 460-430 a.C., ya sea inmediatamente antes de que Nehemías se convirtiera en gobernador de Jerusalén, o durante su ausencia más adelante. Esto es alrededor de 80 años después de que Hageo y Zacarías incitaran al pueblo a que reconstruyeran el templo. Y desde entonces había penetrado la desilusión. Los tiempos eran difíciles, y la prometida prosperidad no se había materializado. El pueblo tendía a sentir que los profetas lo habían engañado. Que Dios era algo decepcionante. Esto se manifestaba en una actitud cada vez más superficial en cuanto al culto y a las normas que Dios había establecido. El mensaje de Malaquías acerca de las exigencias de Dios a su pueblo resultaba necesario. Y sigue siéndolo.

1 Lo mejor para Dios

El punto de partida de Malaquías es el amor de Dios. Su pueblo, en lucha con dificultades económicas y en escaramuzas constantes con la oposición (→ p.e. Nehemías 1:3; 4), no puede ver muchas pruebas de éste. En respuesta se les dice que miren a su nación hermana, Edom, caída como ellos mismos ante Babilonia, pero no restaurada (→ bajo Abdías). Israel disfruta de una relación única de padre a hijo con Dios. Dios es en un sentido especial su Señor. Pero la actitud de ellos respecto a las ofrendas sacrificiales muestra su desprecio por él: para Dios son suficientes las sobras, aunque ellos conocen bien las normas (Levítico 22; Deuteronomio 15, 17). Ellos deshonran y rebajan su grandeza. Sería mejor cerrar el templo y detener por completo los sacrificios (10).

Amor... aborrecimiento (2-3): la expresión hebrea es demasiado fuerte en español. Significa, no amor/aborrecimiento literales, sino preferencia por uno y no por el otro.

Versículo 11: Dios recibe más culto aceptable por parte de los gentiles: afirmación que tiene como fin sorprender a los oyentes judíos de Malaquías.

2:1-9 Acusaciones de Dios contra los sacerdotes

La tarea que Dios encargó a sus ministros, los levitas, era enseñar la verdad, y dar ejemplo con sus vidas (6). Pero en lugar de apartar al pueblo del pecado, lo han desorientado activamente.

2:10-16 Matrimonio y divorcio

→ bajo Esdras 9 - 10 y Nehemías 13. Cuando se respeta a Dios y a sus leyes, también se respeta a los hombres. La indiferencia hacia Dios se refleja muy pronto en dureza hacia los demás. Los judíos se casaban con mujeres paganas (11), lo cual estaba prohibido (por razones religiosas, no raciales). Lo que es más, los hombres de edad avanzada repudiaban cruelmente a sus esposas por estas atractivas jóvenes extranjeras ¡situación no sin paralelo! Y la vida de familia, como siempre, sufría las consecuencias. A Dios le preocupan estas cosas. Exige fidelidad de su pueblo: fidelidad para sí mismo y fidelidad en las relaciones humanas.

2:17 - 3:18 Justicia; y ofrenda

El pueblo de Dios siempre puede mirar alrededor y ver a hombres y mujeres impíos que prosperan. Parece injusto (2:17; 3:13-15). Pero en la cuenta final habrá justicia absoluta (3:1-5). El Señor vendrá, primero para purificar y luego para juzgar. Y será enviado antes un mensajero para preparar el camino (→ bajo 4:5).

Dios no cambia; ni tampoco su pueblo (6). Estos han sido inconstantes desde el primero hasta el último. Dios les da todo lo que tienen, y con todo le roban incluso lo que le deben legalmente. (El diezmo era una especie de impuesto sobre la renta para proveer el mantenimiento del templo y los "sueldos" de los ministros.) Lo que le damos a Dios es sólo una pequeña devolución de todo lo que le debemos. Cuando por interés propio no damos, nos privamos de todo lo bueno que Dios nos habría dado.

Los versículos 16-18 entibian el corazón. Todavía hay algunos que se alientan mutuamente en el amor del Señor; y él los conoce y honra.

4 El día de Jehová

Llegará el día en que Dios liquidará las cuentas de una vez por todas. Para algunos (los malos) el resplandor violento de ese día abrasará como fuego. Pero los que honran a Dios se regocijarán en sus rayos sanadores.

Los versículo 4-5 sirven como postdata, no sólo para Malaquías sino para el Antiguo Testamento como un todo. Recuerdan las leyes dadas en el Sinaí (Horeb), que siempre deben tenerse presentes. Miran hacia el futuro hacia una nueva era, hacia la obra reconciliadora de Cristo y el final de todas las cosas. Con Malaquías la voz profética del Antiguo Testamento se silencia. Cuatrocientos años más tarde, Dios envió a un último profeta, Juan el Bautista (el prometido "Elías"), a anunciar al Mesías que venía (Mateo 17:10-13).

Sol (2): Malaquías toma su idea (pero no su teología) del disco alado que representaba al dios-sol en el arte persa y egipcio.

Como flor entre espinas, las predicciones de los profetas de un futuro glorioso sobresalen entre las advertencias de juicio y desastre.

Los apócrifos

DAVID CLINES

Para muchas personas la palabra "apócrifos" significa, simplemente, obra de ficción. Un relato apócrifo respecto de un personaje histórico es un cuento fabricado, y a menudo exagerado. Sin embargo, este no es el significado del término cuando se aplica a los antiguos escritos que conocemos como los "apócrifos" del Antiguo Testamento.

La palabra significa en griego "lo oculto", es decir, "los libros ocultos", y el empleo de la misma para estos escritos se remonta al gran erudito bíblico Jerónimo (muerto en 420 d.C.). Este sostenía que estos libros que se encontraban en las Biblias griegas y latina pero no en la Biblia hebrea de la época, no debían considerarse como igualmente autoritativos que los libros canónicos, aunque podían leerse en la iglesia para edificación. Al emplear el término "apócrifo", aludía probablemente a la distinción hecha en 4 Esdras 4:14ss., uno de los libros apócrifos, entre los 24 libros canónicos del Antiguo Testamento (39 según nuestro recuento), y otros que contenían conocimiento y misterios esotéricos adecuados sólo para los sabios y que en consecuencia debían mantenerse "ocultos" para el público en general.

La actitud de la Iglesia

La idea de Jerónimo era minoritaria, aunque un cierto número de expertos, tanto antes de su tiempo como después, han hecho la misma distinción entre los libros del canon hebreo y los libros apócrifos. Sin embargo, desde el siglo I d.C. las iglesias utilizaban al menos algunos libros apócrifos como si fueran Escritura, y continuaron haciéndolo así hasta la Reforma.

Lutero, en su Biblia de 1534, sustrajo los libros apócrifos de su lugar habitual entre los libros bíblicos, y los agrupó al final del Antiguo Testamento bajo el encabezamiento:

"Apócrifos: libros que no se equiparan a las Sagradas Escrituras y sin embargo son útiles y buenos para leer".

La posición anglicana fue muy semejante: el Artículo VI de los Treinta y Nueve Artículos, después de enumerar los libros canónicos del Antiguo Testamento, dice:

"Y los otros Libros (como Hierónimo [Jerónimo] dijo) la Iglesia los lee como ejemplo de vida e instrucción de costumbres; pero no los aplica para establecer doctrina".

Esta afirmación en la Confesión de Fe de Westminster (1647 d.C.) es típica de la posición inferior dada a los apócrifos en las Iglesias Reformadas:

"Los libros comúnmente llamados apócrifos, al no ser de inspiración divina, no son parte del canon de la Escritura; y en consecuencia no tienen autoridad en la Iglesia de Dios, ni han de ser aprobados ni utilizados más que cualesquiera otros escritos humanos".

La Iglesia Católica, por otra parte, en parte como reacción contra las afirmaciones de los reformadores, y en parte para perpetuar lo que había sido habitual en la Iglesia, declaró en el Concilio de Trento (1546 d.C.) que el Antiguo Testamento contenía 45 libros, es decir, además de los 39 libros aceptados universalmente, muchos de los conocidos como Apócrifos. Los católicos se refieren a los libros en disputa como libros "deuterocanónicos", y reservan la palabra "apócrifos" para los libros que los protestantes llaman "seudoepígrafos": obras de naturaleza y fecha semejantes a los apócrifos, pero que nunca se consideraron como canónicos.

Los libros apócrifos

Los Apócrifos, que son en extensión una cuarta parte del Antiguo Testamento, son 15 libros:

Tercero de Esdras (el segundo sería Nehemías; este tercero se llama **Primero de Esdras** en el griego)
Cuarto de Esdras (**Tercero de Esdras** en el griego)
Tobías
Judit
El resto del **Libro de Ester**
El libro de la Sabiduría (Sabiduría de Salomón)
Eclesiástico (Sabiduría de Jesús, hijo de Sirac)
Baruc el profeta
La carta de Jeremías
El Cántico de los Tres Jóvenes
La historia de Susana (Daniel y Susana)
Bel y el Dragón (o Daniel, Bel, y la Serpiente)
La Oración de Manasés
El Libro Primero de los Macabeos
El Libro Segundo de los Macabeos

La Carta de Jeremías falta de la lista en los Treinta y Nueve Artículos, ya que se cuenta como el capítulo sexto de Baruc. Las Biblias católicas no contienen Tercero ni Cuarto de Esdras ni la Oración de Manasés; las añadiduras a Ester se incluyen en Ester y la Carta de Jeremías en Baruc; y el Cántico de los Tres Jóvenes, Susana, y Bel y el Dragón forman parte de Daniel.

Los libros apócrifos, constituyen una colección muy variada de literatura judía del período entre alrededor de 300 a.C. y 100 d.C. La mayoría de los libros se escribieron en hebreo, pero en muchos casos ha desaparecido el original hebreo dado que los judíos mismos, con el tiempo, se negaron a reconocer estos escritos como inspirados. La mayoría de los libros han sobrevivido sólo por su utilización en la versión griega y otras versiones por parte de la Iglesia Cristiana primitiva.

Libros históricos

3 Esdras se parece mucho a nuestro Esdras canónico, aunque comienza la historia con los sucesos de 2 Crónicas 35 (celebración de la Pascua de Josías) y concluye con el relato de la lectura de la ley por parte de Esdras (Nehemías 8). Su mayor añadidura al relato bíblico es el "debate de los tres jóvenes" (3 Esdras 3-4) que se propone explicar cómo Zorobabel obtuvo permiso del rey persa para reedificar el templo.

1 Macabeos es un libro mucho más valioso, ya que es la fuente principal de la historia de la revolución macabea contra los extranjeros y judíos que introducían la cultura griega. Aparte de su deseo obvio de alabar a la familia de los Macabeos, el autor no anda en busca de ningún fin taimado, y nos suministra una historia básicamente confiable, al mismo tiempo que gráfica, de los años entre 175 y 134 a.C.

2 Macabeos abarca más o menos lo mismo que 1 Macabeos, pero es menos confiable. Fue escrito desde un punto de vista específicamente farisaico, y tiende a dar más peso al moralizar y a las observaciones doctrinales que a la precisión histórica.

"Ficción religiosa"

Tobías es un encantador relato de piedad doméstica. Era tan popular entre los primeros cristianos que fue traducido del hebreo al griego, latín, armenio, siríaco, y etiópico. El relato nos dice cómo Tobit judío justo pero afligido, se cura de su ceguera y su hijo Tobías se salva de una muerte desagradable. Contiene muchos elementos folklóricos, y no es en modo alguno un libro histórico.

Judit contiene el relato de una heroína sumamente terrible, que utilizó su encanto para conducir al general asirio invasor Holofernes a la muerte por decapitación. Este relato tan horripilante, no sin momentos más agradables, contiene algunos desatinos históricos notables, pero estos no habrían impedido su propósito de fortalecer la decisión de los luchadores judíos por la libertad en época macabea.

Las añadiduras a **Ester** son expansiones populares del relato bíblico, en parte con el fin de introducir algo de religión en ese libro aparentemente secular, que ni siquiera menciona el nombre de Dios.

Las adiciones a **Daniel** son en parte leyendas acerca de Daniel el sabio y temeroso de Dios (**Susana, Bel y el Dragón**), y en parte textos litúrgicos: **El Cántico de los Tres Jóvenes** contiene una oración histórica atribuida al compañero de Daniel, Azarías, y una doxología (el *Benedicite* del culto cristiano) atribuida a los tres en el horno ardiente.

"Sabiduría"

La literatura sapiencial está representada en los apócrifos sobre todo por el Eclesiástico y la Sabiduría de Salomón. El **Eclesiástico,** compuesto por Josué (o Jesús) ben Sirá (Sirac) alrededor del 180 a.C., ofrece consejos en cuanto a la vida práctica y piadosa según el espíritu de los Proverbios. El capítulo 44 contiene la parte memorable que comienza: "Hagamos ya el elogio de los hombres ilustres." Libro favorito en los primeros siglos cristianos (Santiago 1:19, por ejemplo, probablemente alude a Eclesiástico 5:11), y conocido antes como la Sabiduría de Jesús ben Sirá, llegó a llamarse el "libro de la iglesia" (Eclesiástico).

La Sabiduría de Salomón, compuesto en el siglo I a.C., más vinculado a la ética y retórica griegas, que cualquier otro libro sapiencial judío, rinde homenaje en su título al tradicional fundador de la literatura sapiencial sin pretender seriamente haber sido escrito por Salomón.

Baruc, atribuido igualmente en forma honorífica a un personaje destacado del Antiguo Testamento, contiene una oración de confesión, un poema en alabanza de la sabiduría, y cánticos de consuelo. Su apéndice, la **Carta de Jeremías,** es un ataque contra la idolatría en forma de carta a los cautivos (comparar con Jeremías 29); y la **Oración de Manasés** es una composición libre basada en 2 Crónicas 33:13, 19.

Literatura apocalíptica

En los apócrifos se incluye solo un ejemplo de esta cuarta categoría: **IV Esdras.** Escrito probablemente en el siglo I d.C., IV Esdras comprende algunos capítulos cristianos que "predicen" el repudio de los judíos en beneficio de la iglesia, y un libro judío de visiones del futuro atribuido a Esdras.

Los apócrifos hoy

¿Qué utilidad tienen los apócrifos para el cristiano de hoy? Subsiste el problema teológico de su autoridad. Debemos reconocer el hecho de que los cristianos nunca han tenido acuerdo perfecto respecto a los límites exactos del Antiguo Testamento, aunque están de acuerdo en afirmar su autoridad e inspiración. Hay ciertas pruebas de que la Biblia que Jesús y los apóstoles tuvieron como autoritativa era la Biblia hebrea de 39 libros, que no incluía los apócrifos Incluso los que consideran los apócrifos. como escritura reconocerían que su autoridad es secundaria respecto a la de los 39 libros, y derivada (o dependiente) de ellos.

Pero si bien los cristianos no pueden dar a los apócrifos la misma posición que a los libros del Antiguo Testamento hebreo, encontrarán en ellos pasajes de profunda piedad y espiritualidad.

En *Gracia abundante,* John Bunyan relata cómo, en busca del versículo, "Mirad a las generaciones de antaño y ved: ¿quién se confió al Señor y quedó confundido?", al principio se sintió intimidado al encontrarlo en los apócrifos (Eclesiástico 2:10). Pero vino a darse cuenta de que "como esta frase era el resumen y esencia de muchas de las promesas, era mi deber sacar consuelo de ella, y bendigo a Dios por esa palabra, porque para mí provino de Dios". Quien lee los apócrifos con devoción sabrá cómo tomarlos, porque discernirá, como lo hace siempre que lee literatura religiosa, entre lo que está de acuerdo y lo que no está de acuerdo con los elementos esenciales de su fe.

ISRAEL EN TIEMPOS DEL NUEVO TESTAMENTO

Parte tercera

1 LOS EVANGELIOS Y LOS HECHOS

2 LAS EPISTOLAS

Visión Panorámica de la Historia del Nu

Muchas de las fechas, especialmente de las cartas, son aproximadas

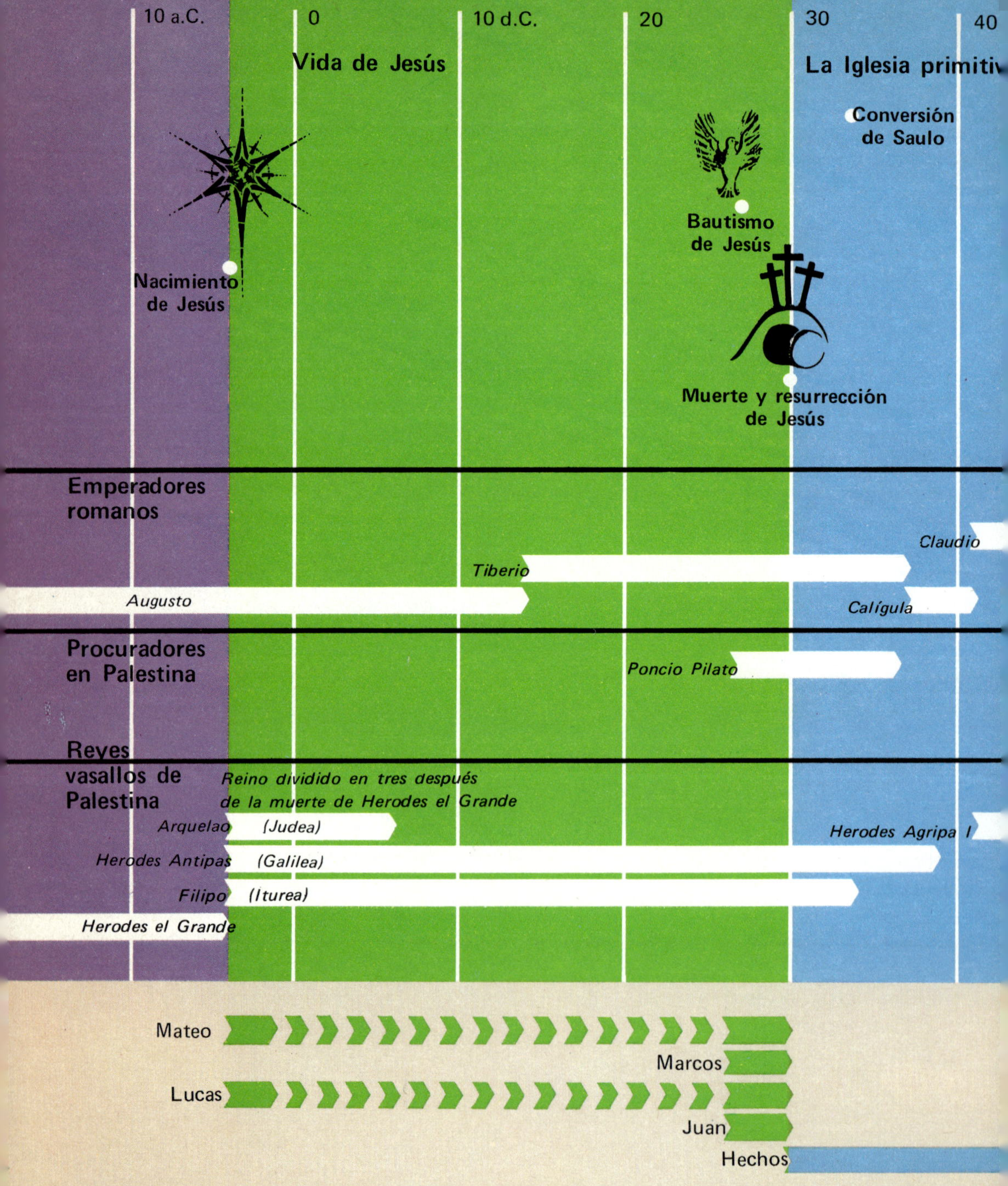

o Testamento

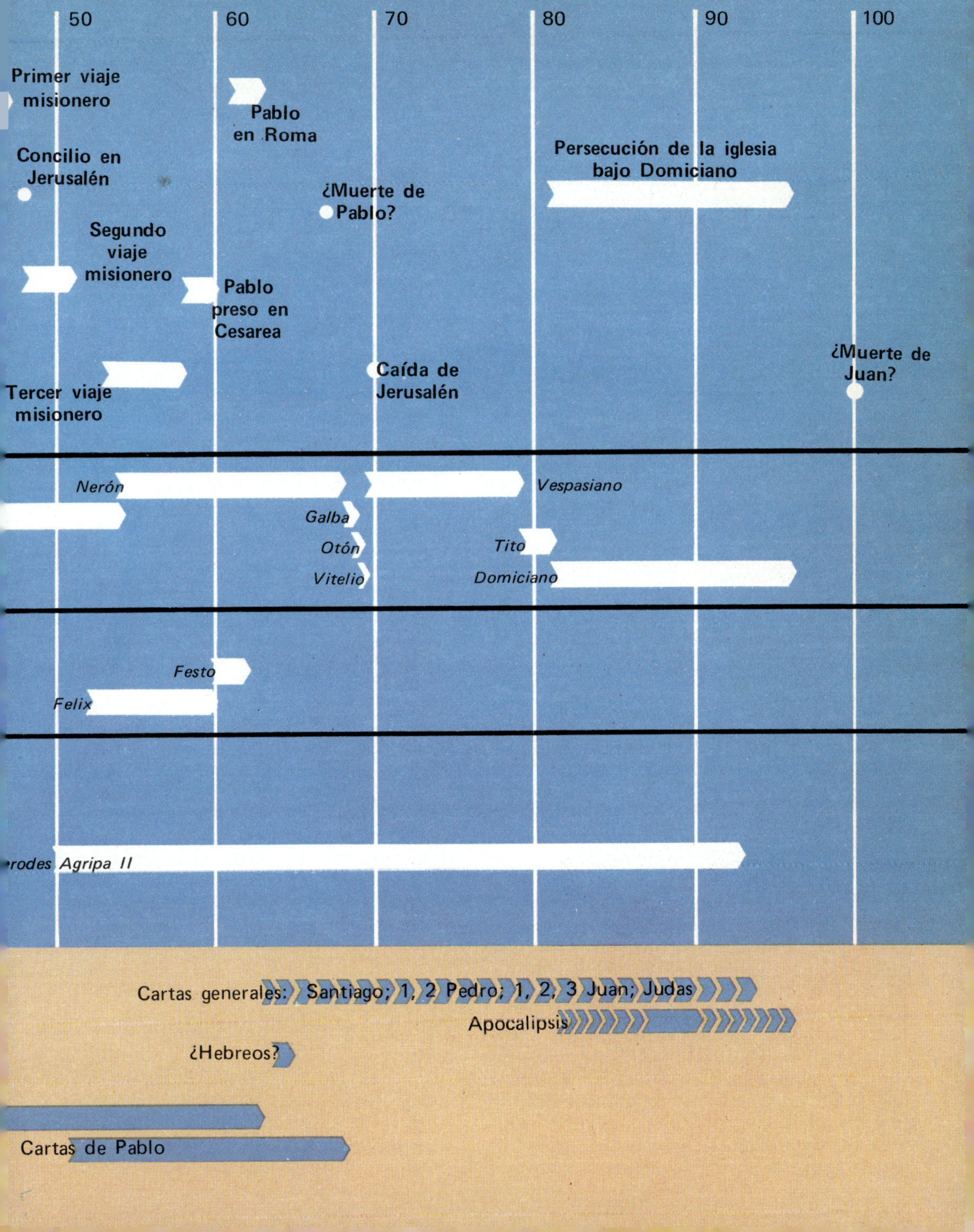

1 LOS EVANGELIOS Y LOS HECHOS

Los Evangelios y Jesucristo

HOWARD MARSHALL

Casi todo lo que sabemos de la vida terrenal de Jesús se encuentra en los cuatro Evangelios del Nuevo Testamento. Era difícil que la vida de un predicador ambulante en un oscuro rincón del Imperio Romano encontrara cabida en los escritos de los historiadores romanos, quienes debían según ellos, ocuparse de cosas más importantes. Tácito se refiere muy brevemente a Jesús, y sólo para explicar el nombre de los "cristianos" que fueron condenados a muerte por Nerón.

Aún los historiadores judíos tienen poco que decirnos. La historia por excelencia de los judíos fue escrita por Josefo hacia fines del primer siglo, y en un punto de su relato se refiere a Jesús como un milagrero que era el Mesías; fue condenado a muerte por Pilato, pero después reapareció a sus discípulos. Es posible que este pasaje haya sido adulterado por algún escriba cristiano posterior (porque ¿acaso Josefo hubiera llamado Mesías a Jesús?), pero probablemente es genuino en sus puntos esenciales.

Otras tradiciones judías acerca de Jesús se han preservado en los escritos de los rabinos. Ellos afirman que practicaba la magia, seducía al pueblo, y decía no haber venido a destruir la ley ni a añadirle nada. Fue colgado en la víspera de la Pascua por herejía y por engañar al pueblo, y tuvo cinco discípulos que sanaban enfermos. Esto nos da alguna idea de cómo había sido considerado Jesús por personas que compartían el punto de vista del Sanedrín, el consejo judío que lo condenó a muerte.

Los descubrimientos más recientes no alteran el cuadro. Los Rollos del Mar Muerto, biblioteca de una secta judía que existió antes y durante el tiempo de Jesús, arroja luz acerca del mundo intelectual de la antigua Palestina, pero no hace la más mínima referencia a Jesús. Lo que se informa acerca de los miembros de la secta y de sus enemigos de ningún modo afecta la historicidad de Jesús.

Una fuente de información más prometedora se halla en los diversos "evangelios" que no están incluidos en el Nuevo Testamento. Esas obras han sido conocidas por largo tiempo, pero en años recientes ha revivido el interés en ellos al descubrirse el "Evangelio de Tomás" en Nag-Hammadi en Egipto. Esta obra contiene una serie de sentencias que se atribuyen a Jesús. Evidentemente fueron redactadas por cristianos radicales, pero es posible que en uno y otro lugar de éste y otros documentos similares se hayan conservado fragmentos de tradiciones genuinas acerca de Jesús. Sin embargo, el hecho de que la Iglesia primitiva los haya excluido del canon de las Escrituras indica que la búsqueda en ellos no puede ser muy fructífera.

Esto significa que para efectos inmediatos nuestro conocimiento de Jesús debe venir solamente del Nuevo Testamento. Y dentro del Nuevo Testamento mismo el campo se estrecha aún más para abarcar solamente los Evangelios. Las cartas de Pablo y los demás escritores apostólicos hacen muy poca referencia a la vida de Jesús como tal, lo que no quiere decir que ellos no hayan dado importancia a su ministerio como hecho histórico, o no hayan recibido gran influencia de lo que él enseñó.

Los relatos de los Evangelios

Debemos, por lo tanto, dirigirnos a los Evangelios para encontrar un registro escrito de la vida y enseñanza de Jesús. Los Evangelios no fueron escritos hasta por lo menos treinta años después de la muerte de Jesús. Durante este período el material que en ellos se incluye fue preservado y transmitido por medio de la palabra hablada y en documentos escritos que ya no existen.

La tradición debió de haberse transmitido cuidadosamente. Los rabinos judíos eran extremadamente cuidadosos en la transmisión de las tradiciones orales, y podemos suponer que los cristianos hicieron lo mismo. El contenido de los Evangelios originalmente fue enseñado en arameo, idioma hablado por Jesús, y en una forma poética que era fácil de memorizar.

La gente recuerda lo que quiere recordar. Esto no significa que los oyentes de Jesús olvidaran a su conveniencia lo que encontraron perturbador y difícil de digerir. Por el contrario, en los Evangelios hay muchas cosas que deben haber causado problemas y dificultades, y sin embargo, han sido fielmente preservadas. La historia de Jesús fue recordada y se transmitió debido a que tenía mucha vigencia en la vida de la Iglesia. Por ejemplo, los primeros cristianos tenían que discutir con los judíos, de modo que era esencial recordar cómo Jesús había disputado con ellos. Teniendo que enfrentarse con decisiones y problemas éticos tales como el matrimonio y el divorcio, necesitaban las enseñanzas de Jesús para servirles de autoridad en tales materias. Por eso es bueno, cuando leemos un pasaje de los Evangelios, que nos preguntemos qué significado o importancia tenía para la Iglesia primitiva. La historia de Jesús no fue preservada a causa de un interés académico en la historia en sí, sino debido a su aplicación práctica a la vida de los primeros cristianos. No era historia "pura" sino historia "aplicada".

La gente también tiene la tendencia a recordar y a transmitir historias y enseñanzas siguiendo ciertas pautas. Las historias de milagros de curaciones, por ejemplo, describen primero la condición del enfermo, la forma en que se produjo la curación, y los resultados que esto trajo. Muchas historias acerca de Jesús describen una situación en la que él se encontró, o una pregunta que se le planteó, y luego culminan con el punto esencial: una sentencia autorizada de Jesús sobre el tema en discusión.

El artículo "Los Evangelios y la crítica moderna", página 530, muestra de qué manera se han usado estos factores para tratar de explicar la composición real de los Evangelios. El ejemplo más claro es el Evangelio de Juan. El autor en cierto modo ha interpretado la historia de Jesús para mostrar su significado a los lectores. Ha ofrecido una especie de comentario del ministerio de Jesús, en el que es difícil distinguir el "texto" original de su "interpretación".

Sin embargo, el punto importante es que realmente hay un "texto" que él nos explica. El no está haciendo un comentario sobre algo que jamás existió. Detrás del Evangelio está la figura de Juan el apóstol, así como el testimonio apostólico sirve de base para los otros Evangelios. Además, los eruditos, cada vez en mayor escala, están reconociendo que aquel a quien describen los cuatro Evangelios es uno: el mismo Jesús. Mientras los críticos de una era anterior afirmaban que el Evangelio de Juan tenía poca o ninguna base histórica, ahora se ve que los cuatro Evangelios se han formado con base en la tradición histórica, y cada uno de ellos preserva diferentes aspectos de la misma.

El propósito de los Evangelistas

El Evangelio de Juan plantea una interrogante acerca de la relación de los Evangelios con la historia. ¿Ocurrió realmente en la historia lo que describen los Evangelios? Ya hemos indicado que los Evangelios se basan en una tradición digna de confianza transmitida con mucho cuidado en la Iglesia. Al mismo tiempo debemos recordar que los Evangelios se preocupan por presentar el significado cristiano de Jesús. Su propósito básico es proclamar el Evangelio, con el fin de convertir al incrédulo y edificar en la fe al creyente.

Esto significa que no son simples informes históricos, como podría ser, por ejemplo, la biografía de algún soldado famoso. Los escritores no eran biógrafos que daban un relato histórico detallado de la vida de Jesús con todos los hechos puestos en el orden cronológico adecuado. Bastará comparar el orden de los sucesos en los capítulos 4 y 5 de Marcos con Mateo 13, 8 y 9 para ver esto claramente.

Además, los Evangelios registran muy poco de algunos aspectos de la vida de Jesús: casi nada se dice de su vida antes de los 30 años; e incluso el relato de su ministerio es incompleto. De ningún modo los incidentes mencionados alcanzan para llenar el tiempo que duró. No tenemos derecho de culpar a los evangelistas por algo que no se propusieron hacer.

Sin embargo, esto no significa que ellos no tuvieran conciencia histórica. Los Evangelios no fueron inventados. En el prefacio de su Evangelio (1:1-4), Lucas pone especial énfasis en el hecho de que estaba haciendo uso de la información provista por auténticos testigos oculares. Ciertamente a él le importaba la historia, y no hay razón para pensar que los demás evangelistas escritores pensaran en forma diferente.

Entonces, ¿qué procuraban hacer? Estaban predicando el Evangelio, las Buenas Nuevas. Presentaban a Jesús como el Cristo, el Hijo de Dios (Marcos 1:1). Escribieron con el fin de que sus lectores creyeran en él para tener vida eterna (Juan 20:31). Por lo tanto, ellos retrataron a Jesús en la forma en que sus seguidores lo vieron. Para ellos no era un hombre ordinario, ni siquiera un profeta singular. El era el Señor a quien Dios levantó de entre los muertos y que estaba vivo y activo en los cielos. No conocieron a otro Jesús sino a éste. Pueden haber tenido criterios diferentes acerca de él antes de su resurrección (véase Lucas 24:19-24), y aun la resurrección no hizo que creyeran todos los que se enteraron de ella. Pero habían llegado a creer en Jesús como resultado del impacto total que él hizo sobre ellos, y por eso no podían presentarlo de otra manera.

Por lo tanto, la historia de los Evangelios es la historia vista por cristianos. Un no cristiano la vería de una manera diferente; podría afirmar, por ejemplo, que la resurrección no pudo haber sucedido. Habría sido interesante tener un relato de la vida de Jesús escrita de ese punto de vista, pero ninguno ha llegado hasta nosotros. Lo que tenemos son los Evangelios escritos por creyentes cristianos, escritos para persuadir a los hombres a creer, pero no por ello menos históricos.

Cuatro retratos de Jesús

Cada uno de los evangelistas nos presenta a Jesús de una manera característica. La grandeza de su persona no podría haberse presentado en un solo cuadro. Por esta razón tenemos cuatro retratos, cada uno de los cuales recalca facetas distintivas del carácter de Jesús.

Mateo enfoca la relación de Jesús con la fe judía. Muestra cómo Jesús vino a cumplir el Antiguo Testamento, pero al mismo tiempo a juzgar a los judíos por su infidelidad a la religión. Ningún otro Evangelio denuncia en forma tan enérgica la actitud hipócrita de los fariseos. Los judíos son invitados a ver en Jesús al Mesías prometido, el Hijo de David, y se pronuncia un juicio contra ellos por no haber respondido a este llamado. Mateo retrata a Jesús como un maestro. Nos ha dado relatos sistemáticos de las enseñanzas de Jesús para la vida interna de la Iglesia y para la misión evangelizadora.

Marcos realza la acción más que la enseñanza. Subraya la forma en que Jesús enseñó a sus discípulos que el Hijo del Hombre debía sufrir y ser rechazado, y que debían prepararse para hallar el mismo sendero. Los que trataran de comprender a Jesús como alguien distinto de un Salvador crucificado no lo comprenderían. Los judíos esperaban un Mesías que fuera líder político y figura gloriosa. Les resultó difícil reconocer a Jesús como el Mesías porque escogió el sendero del servicio humilde y del sufrimiento. Solamente en su segunda venida había de aparecer como Rey de gloria.

El Evangelio de Lucas enfatiza las bendiciones de la salvación traídas por Jesús. Subraya las señales de la venida del Mesías, profetizadas en el Antiguo Testamento y cumplidas en la curación de los enfermos y en la predicación del Evangelio a los pobres y menesterosos. Lucas saca a relucir especialmente la gracia de Dios revelada en Jesús y otorgada a quienes parecían menos dignos de ella, mujeres pecadoras y publicanos rapaces. Porque esto es precisamente lo que significa la gracia: que los hombres y las mujeres nada pueden hacer para merecerla.

Finalmente, el Evangelio de Juan nos revela a Jesús como Aquel que Dios el Padre ha enviado al mundo como Salvador. Como Hijo él tiene la autoridad de su Padre y vive en estrecha comunión con él. Juan se introduce profundamente en las cosas que Dios ha revelado y nos presenta el significado eterno del "Dios hecho hombre".

Bosquejo de la vida de Jesús

Tras estos cuatro relatos hay un personaje que puede ser reconocido como el mismo en todos ellos. Jesús era el hijo de la virgen María, nacido en Belén poco antes de la muerte de Herodes el Grande (4 a.C.). Pasó sus primeros años en Nazaret, donde trabajó como carpintero de la aldea. Cuando Juan el Bautista comenzó a predicar junto al río Jordán (aproximadamente 27 d.C.), Jesús vino y fue bautizado por él. Inmediatamente recibió el don del Espíritu, que lo autorizó a realizar su obra. Con la fuerza del Espíritu él hizo frente a las tentaciones de Satanás, que quería apartarlo de su vocación.

Jerusalén en tiempos del Nuevo Testamento

Esta reconstrucción se halla en el Museo Bíblico de Amsterdam. En la antigua ciudad de Jerusalén siguen las excavaciones y se espera descubrir con más exactitud la extensión de la ciudad. Desde luego, muchos de los detalles en una reconstrucción de este tipo son hipotéticos, pero los principales lugares de importancia en el Nuevo Testamento son los siguientes:

1 **Templo de Herodes**
2 **Valle de Cedrón**
3 **Monte de los Olivos**
4 **Huerto de Getsemaní**
5 **Torre Antonia** (residencia de Pilato)
6 **Estanque de Betesda**
7 **Estanque de Siloé**
8 **Valle de Hinom**
9 **Palacio de Herodes**
10 **Gólgota** (''Lugar de la Calavera'',sitio tradicional de la crucifixión)
11 **El ''Calvario de Gordon''**
12 **Ciudad de David**
13 **Muro occidental (de los lamentos)**

Luego comenzó un ministerio de predicación y curación, principalmente en Galilea. A esto precedió un período en Judea (Juan 1-3), que incluyó algunas visitas a Jerusalén. Terminó con un viaje a Jerusalén que culminó con su arresto y muerte en los días de Pascua (alrededor de 30 d.C.)

El mensaje de Jesús se refería a las Buenas Nuevas del señorío (o reino) de Dios. En el Antiguo Testamento los profetas miraban hacia una era futura en que Dios actuaría con poder y establecería su dominio sobre Israel. Esta esperanza se asociaba con la venida de un rey (o Mesías, en griego "Cristo") que pertenecía al linaje real de David. En el tiempo de Jesús, el pueblo había llegado a esperar un rey guerrero que lo liberara de sus opresores romanos.

Jesús enseñó que esa época tan esperada alboreaba ya. Esperaba la consumación futura del reino de Dios, del cual él iba a ser el Rey. Pero la venida del reino de Dios no se iba a ver por medio de victorias militares, sino en las poderosas obras de curación de Jesús y en su predicación de la salvación. Dios ya estaba actuando en el ministerio de Jesús.

Estas buenas nuevas exigían de los hombres una respuesta. Jesús los llamó a arrepentirse de sus pecados; le ofreció perdón al penitente, y llamó a los hombres para que se hicieran discípulos suyos. Aceptar las buenas nuevas del reino de Dios significaba aceptar a Jesús como Amo. De los muchos que correspondieron, Jesús escogió a doce hombres para que fueran los dirigentes del nuevo pueblo con que Dios iba a reemplazar al antiguo Israel que había rechazado el mensaje de Dios, y para que estuvieran asociados a su obra misionera.

Jesús enseñó a sus discípulos una nueva forma de vida. Se resume en el Sermón del Monte (Mateo 5-7). Jesús tomó los mandamientos del Antiguo Testamento de amar a Dios y al prójimo y les dio nueva vida y vigor.

Jesús enseñaba con tal autoridad y seguridad que los hombres preguntaban quién se creía que era. Algunas personas lo consideraron loco. Otros estaban dispuestos a ver en él al Mesías, pero cuando no se mostró inclinado a dirigir una guerra contra Roma, se apartaron de él. Probablemente por esta razón Jesús no proclamó abiertamente su título de Mesías. Prefirió hablar de sí veladamente como el "Hijo del hombre", frase que tomó de Daniel 7:13 y que llenó con nuevo significado. Para él denotaba un personaje que un día sería investido por Dios con poder y gloria (Marcos 14:62), pero que por el momento permanecería humilde y desconocido (Mateo 8:20), destinado al sufrimiento y a la muerte (Marcos 8:31).

Una vez que sus discípulos se hubieron dado cuenta de su identidad, comenzó a enseñarles que le era necesario morir aunque ellos tardaron en comprender esto. Jesús vio en sí mismo el cumplimiento del papel de siervo de Jehová que sufre humillación y muerte (Isaías 52:13—53:12). Depuso su vida en rescate por los hombres para salvarlos de la muerte (Marcos 10:45; Juan 10:11). Sólo a sus discípulos más cercanos les reveló que él era el Hijo de Dios en un sentido único e íntimo. Y compartió con ellos el privilegio de dirigirse a Dios en oración llamándolo "Abba", "Padre" (Mateo 6:9; 11:25-27: Marcos 14:36).

A lo largo de su ministerio Jesús se vio envuelto en conflictos con las autoridades religiosas, principalmente a causa de su aguda crítica de las tradiciones humanas que apartaban a los hombres de los verdaderos propósitos de la ley de Dios. Atacó la hipocresía que prefería la tradición antes que la ley de Moisés. Sus declaraciones mesiánicas movieron a los líderes judíos a arrestarlo. Tenían temor de que él fuera el centro de una insurrección popular contra Roma, lo cual daría lugar a amargas represalias y a la pérdida de sus propias posiciones privilegiadas (Juan 11:47-53). Por eso, cuando Jesús vino a Jerusalén y les arrojó el guante con su actitud respecto del templo, ellos dieron los pasos necesarios para arrestarlo mediante la traición de uno de sus seguidores.

Mientras tanto, Jesús celebraba su última cena con sus discípulos. Dio nuevo significado a un acostumbrado ritual de mesa al usar el pan y el vino como símbolos: su cuerpo estaba a punto de ser partido por la muerte en favor de ellos, y su sangre iba a ser derramada como sacrificio, para ratificar el nuevo pacto de Dios con los hombres y para introducir su reino. Después de la comida salió a orar, y a enfrentarse con sus enemigos. Lo sometieron a un juicio que parece haber quebrantado las reglas legales. Cuando los testigos no pudieron dar evidencias suficientes para condenarlo, fue obligado a decir lo que sus jueces consideraron una blasfemia (para los cristianos era una simple verdad): que él era el Mesías. Fue condenado a muerte. Los judíos lo entregaron al gobernador romano como un rebelde político antirromano, y aunque el gobernador por su cuenta estaba convencido de su inocencia, dejó que fuera ejecutado con el método romano de la crucifixión.

Sin embargo, a partir del tercer día después de su muerte, muchos de sus discípulos afirmaron que la tumba estaba vacía y que él en persona se les había aparecido vivo. Dios lo había levantadc de entre los muertos. Las apariciones ocurrieron a lo largo de un período de cuarenta días, al final del cual Jesús dio a sus discípulos el mandamiento final de ser sus testigos en todo el mundo, y, como símbolo de su regreso a la presencia del Padre y como promesa de su segunda venida al final del mundo, ascendió delante de ellos.

En breve, esta es la historia del Evangelio. No hay otro Jesús. Los intentos de eruditos escépticos de tirar a un lado la interpretación cristiana y dejar a una persona humana como el verdadero Jesús "histórico", no han tenido fruto.

Nos deja el cuadro de una persona ante quien los hombres tienen que tomar una decisión. A lo largo de los Evangelios Jesús aparece como algo más que un simple hombre. Su mensaje, sus hechos y su persona plantean al lector una opción ineludible.

Mateo

Cada uno de los cuatro Evangelios tiene su propio énfasis especial. Mateo, que escribe para sus compatriotas judíos, se concentra en Jesús como el Mesías largamente esperado, el Cristo predicho en el Antiguo Testamento (véase "Trasfondo religioso del Nuevo Testamento", página 494). Muchos judíos esperaban un caudillo político que los liberara de la dominación romana. Por eso Mateo pone especial cuidado en anotar lo que Jesús dijo acerca de su reino, el reino de los cielos. Nos da gran parte de las enseñanzas de Jesús, las que reúne en cinco secciones principales. Estas las alterna con las secciones narrativas del Evangelio, e incluye el famoso "Sermón del Monte". El Evangelio de Mateo, más que cualquier otro, es el lazo que une al Antiguo Testamento con el Nuevo, al antiguo Israel con la nueva Iglesia universal del pueblo de Dios.

El autor. El Evangelio no da el nombre de su autor, pero desde tiempos remotos se ha atribuido a Mateo, el apóstol que fuera cobrador de impuestos. Poco se sabe de él. Aparte del hecho que el Evangelio se escribió entre los años 50 y 100 d.C., nadie sabe con certeza cuándo o dónde se escribió. Gran parte del material de Mateo es idéntico al de Marcos, y la fuente de información de Marcos fue Pedro. Los estudiosos de la actualidad creen en su mayoría que Mateo se basó en Marcos y no al revés; "Los Evangelios y la crítica moderna", página 530.

1 - 2 NACE JESUS, EL MESIAS

1:1-17 Genealogía de Cristo

→ también Lucas 3:23-38. Las dos listas están en orden inverso y dan diferentes nombres a partir de David (sólo Zorobabel y Salatiel aparecen en ambas). Mateo está mostrando a Jesús como el Mesías, descendiente del linaje real de David. Tal vez esté haciendo una lista de los herederos del trono, mientras que Lucas hace una lista de la

RELATOS Y SUCESOS QUE SOLO MATEO CONSIGNA

Parábolas

La cizaña
El tesoro escondido
La perla de gran precio
La red
El siervo sin misericordia
Los obreros en la viña
Los dos hijos
La boda del hijo del rey
Las diez vírgenes
Los talentos

Milagros

Los dos ciegos
El endemoniado mudo
La moneda en la boca del pez

Incidentes

El sueño de José
La visita de los magos
La huída a Egipto
La matanza de los inocentes
El sueño de la esposa de Pilato
La muerte de Judas (también en Hechos)
Los "santos" resucitados en Jerusalén
El soborno de la guardia
La gran comisión

Algunas de las **enseñanzas** de Jesús se encuentran sólo en Mateo, en cuenta su maravillosa invitación "Venid a mí".

línea particular de José. La lista de Mateo está estilizada y abreviada para que calce en un molde: 14 nombres desde Abraham hasta David; 14 desde David hasta Jeconías; y 14 desde Jeconías hasta Jesús. Este molde de catorce puede haber sido sugerido por el hecho de que las letras hebreas del nombre de David suman esa cantidad. (Las letras del alfabeto también servían de números.)

Hijo de David (1): al Rey David se le prometió una sucesión que no se interrumpiría. Pero Israel dejó de ser una monarquía en tiempo del exilio. Y la promesa pasó a ser comprendida como relativa al Mesías.

Las luces de Belén vistas desde los campos que rodean la aldea que está sobre la cumbre de una colina. → además la foto de la página 516.

Versículos 3-6: era poco habitual que aparecieran mujeres en la lista. Y si el amor y los propósitos de Dios se hubieran limitado a personas decentes de una cierta raza, ninguna de ellas habría aparecido. *Tamar* tuvo un hijo de su suegro Judá (Génesis 38); *Rahab* era una prostituta de Jericó (Josué 2); *Rut* era una mujer moabita extranjera (Rut 1-4); y *la esposa de Urías* era Betsabé, con la cual David cometió adulterio (2 Samuel 11). **Versículo 11:** "padre", como "hijo" (versículo 1), se puede usar en sentido amplio. Josías era el abuelo de Jeconías.

1:18-25 María y José

El relato más completo de Lucas se concentra en María; el de Mateo en José. Se necesita poca

Nazaret queda a más de 400 m. sobre las colinas de Galilea.

imaginación para apreciar el dilema tan humano Sin embargo, el embarazo de María tuvo un comienzo sobrenatural. Mateo recuerda las palabras de Isaías, y les da un significado que el profeta no podría haber soñado. "Jesús" significa "el Salvador"; "Emmanuel", Dios con nosotros, en el mundo de los hombres. (→ también "El nacimiento virginal" página 515.)

Desposada (18): el desposorio, a diferencia del compromiso moderno, era un vínculo legal y no podía ser quebrantado sino por el divorcio

Versículo 25: de aquí se desprende que, después del parto, María y José llevaron una vida conyugal normal (→ también 13:55-56).

2 La llegada de los magos; la matanza; la huida a Egipto

La sabiduría de estos hombres se basaba en las estrellas y en su significado. Eran astrólogos. No tenían dudas acerca de lo que significaba la nueva estrella: el nacimiento del prometido rey de Judá. La tradición, no los Evangelios, dice que se trataba de tres reyes y que los presentes dados al niño tenían significado especial: oro por ser rey; incienso por ser Dios; mirra por ser hombre mortal.

La noticia no fue bien recibida en palacio. Herodes era rey de los judíos (Herodes el Grande, que reinó desde 40 a 4 a. C.). No quería rivales. La matanza que realizó está a tono con las otras crueldades mencionadas en los registros históricos. La pequeña familia huyó a Egipto, tal como lo había hecho la familia de Jacob mucho tiempo antes cuando hubo hambre en la tierra.

Versículo 6: Mateo en parte cita, y en parte interpreta las palabras de Miqueas.

La casa (11): había pasado algún tiempo; la cueva que servía de establo había sido solo un refugio temporal.

Raquel (18): madre de Israel; la muy amada esposa de Jacob que había muerto al dar a luz en Ramá, camino de Belén.

Arquelao (22): heredó un tercio del reino de Herodes, pero sus medidas represivas pronto hicieron que los romanos lo depusieran y tomaran el control de Judea. → "La familia de Herodes", página 540.

3 - 4 BAUTISMO Y TENTACION DE JESUS

3 La predicación de Juan el Bautista; el bautismo de Jesús

→ también Marcos 1:2-11; Lucas 3:2-22. Lucas 1 cuenta la historia del nacimiento de Juan. La apremiante predicación de Juan, que llamaba a los hombres a prepararse para recibir al Mesías, atrae a las multitudes hacia el desierto para oírlo. Andrés, hermano de Pedro, fue uno de los que fueron bautizados por Juan, después de un sincero arrepentimiento de sus malas acciones del pasado. El lavamiento del bautismo simbolizaba una limpieza radical de la vida del hombre, para hacer borrón y cuenta nueva, como preparación para el reino de Dios que estaba a las puertas. Esto no era necesario en el caso de Jesús. El fue bautizado, no para recibir el perdón, sino para identificarse completamente con el hombre. Cuando entró en el Jordán, fue como si estuviera pidiendo que se le entregara la responsabilidad de cargar con el pecado humano. Aceptaba su destino con todo lo que ello implicaba. Las palabras de Dios (17), que combinaban el Salmo 2:7 e Isaías 42:1, proclaman a Jesús como su Hijo, el Mesías, y el Siervo que sufriría por su pueblo.

Versículo 4: → nota bajo Marcos 1:1-8.

Fariseos y saduceos (7): → "Trasfondo religioso del Nuevo Testamento", página 494.

4 La tentación; la vocación de los primeros discípulos; Jesús comienza a enseñar

→ también Marcos 1:12-13; Lucas 4:1-13. En las tentaciones que siguen a su ayuno de cuarenta días, Jesús se enfrenta a todo lo que tendrá que soportar durante su ministerio. Ahora tiene poder, el poder de alimentar al hambriento, de sanar al enfermo, de resucitar a los muertos. ¿Cómo lo usará? ¿Para satisfacer sus propias necesidades? ¿Para probar a Dios? ¿Para lograr que los hombres lo sigan? Cuando se presente la oportunidad, ¿usará este poder para salvarse a sí mismo, o se confiará enteramente a Dios y transitará por el camino de la cruz? Jesús responde a las insinuaciones de Satanás con palabras del Deuteronomio (8:3; 6:16; 6:13), pasajes claves de los cuarenta años que Israel pasó en el desierto cuando Dios probó la obediencia de ellos (Deuteronomio 8:2).

Después del arresto de Juan, Jesús viaja al norte, y establece su base en el pueblo de Capernaum (Cafarnaúm), que estaba junto al lago. Allí llama a sus primeros discípulos y comienza su ministerio público.

Decápolis (25): diez ciudades griegas libres que estaban al sudeste de Galilea. → mapa.

5 - 7 EL SERMON DEL MONTE: NORMAS DE DISCIPULADO

→ también Lucas 6:20-49. El "sermón" es el primero y más largo de las cinco secciones en que Mateo reúne las enseñanzas del Señor. Jesús muestra a sus seguidores cómo debe vivir el hombre, no simplemente acatando una serie de

Los primeros discípulos de Jesús eran pescadores, que fueron llamados mientras remendaban las redes. Estos pescadores se encuentran en la bahía de Acre, en la costa Mediterránea de Israel.

reglas, sino por la obra de una revolución interior de actitud y perspectivas. Lo glorioso es que luego de haber establecido unas normas aparentemente imposibles de cumplir, él proporciona a los hombres el poder para vivir conforme a ellas.

5:1-6 ¿Dónde está la verdadera felicidad?

Jesús invierte las ideas ordinarias de los hombres acerca de la felicidad. Contrariamente a la opinión general, no son los oportunistas, los duros, los que tuercen las normas, quienes alcanzan el éxito verdadero. Los que son verdaderamente felices son los que reconocen la pobreza espiritual (versículo 3) de la confianza en sí mismos, y aprenden a depender enteramente de Dios. Todo lo demás se desprende de esto. Los que pueden tener certeza acerca del futuro son los humildes, los perdonadores, los puros, los que han puesto su corazón en lo recto, los que tratan de curar las divisiones. Aquí y ahora, estos son los que dan sabor a la vida, los que detienen la corrupción, los que iluminan el camino. Por lo que hacen y dicen, y por su manera de reaccionar, muestran a los hombres algo de lo que es Dios mismo.

Una "ciudad sobre un monte" en el norte de Galilea: Tsefat.

5:17-48 La antigua ley y la nueva

Nada puede superar o anular la ley que Dios dio por medio de Moisés. Pero la ley es una norma mínima. Sólo puede referirse a las acciones, no a los pensamientos que las originan. Jesús toma cinco ejemplos para mostrar qué es lo que implican en un nivel personal los principios expresados en la ley. El pecado comienza en la mente y en la voluntad. Es allí donde hay que extirparlo. Las normas de la nueva sociedad, el reino de Dios, están muy por encima de las normas de las cortes de justicia.

El estudio de cinco casos: asesinato (21-26; Exodo 20:13); adulterio (27-32; Exodo 20:14) juramento (33-37; Números 30:2; → Mateo 23:16-22); la venganza (38-42; Exodo 21:24); amar a los demás (43-48; Levítico 19:18; → también Lucas 10:29-37).

La ley y los profetas (17): es decir, todos los preceptos del Antiguo Testamento. Había tres divisiones en la Biblia judía: la Ley (Génesis a Deuteronomio); los Profetas (Anteriores: Josué, Jueces, Samuel, Reyes; y Posteriores: todos los profetas salvo Daniel); y las Escrituras (el resto de nuestro Antiguo Testamento).

Versículo 22: El curso del pensamiento es difícil de captar, a menos que "necio" sea "apóstata" por lo que se señalaría que cualquier hombre que llama a otro desecho de Dios está en peligro de ser él mismo desechado.

Versículo 23: Un sacrificio ofrecido por un individuo no tenía valor si no había arreglado en primer lugar la ofensa cometida contra un prójimo.

Versículos 31-32: En los días de Moisés se podía repudiar a la esposa por capricho, por lo cual la ley le daba cierta seguridad. Jesús entra a considerar el sentido y el propósito fundamental del matrimonio. El lazo contraído cuando los dos llegan a ser "una carne" es indisoluble. El divorcio es inadmisible, salvo en el caso de que una de las partes haya roto ya el lazo. → 19:3-9.

6:1-18 Advertencias contra una religión fingida

Los motivos, los pensamientos, las intenciones, lo que está en lo más profundo del corazón, son

Colinas y valles de Galilea.

las cosas que importan en la religión. Dios no da premio por una ostentación exterior de piedad. Por eso Jesús nos dice que demos, oremos y ayunemos sin llamar la atención hacia nosotros, y Dios nos recompensará. Nuestra oración debe ser sencilla, llena de confianza. Debemos venir a nuestro Padre como hijos, deseosos de agradar, conscientes de nuestras faltas. (Lucas 11:2-4 también registra la Oración del Señor.)

6:19-34 Singularidad de propósito

El hombre puede elegir dónde poner su corazón. Puede entregarse enteramente a la obtención de dinero y de cosas materiales, o a Dios y a las cosas espirituales, pero no a ambas cosas. Cada uno debe decidir su propio orden de prioridades. Los que ponen a Dios en primer lugar pueden descansar seguros de que él conoce todas sus necesidades y de que no dejará de satisfacerlas. Pueden estar libres de toda preocupación.

Versículos 22-23: se hablaba de los ojos como ventanas, que dejaban entrar la luz en todo el cuerpo.

7 Instrucciones y advertencias

No critiques con aspereza (1-5), ten discernimiento (6). No dejes de orar (7-11). Trata siempre a los demás como te gustaría que ellos te trataran (12). Asegúrate de que estás en el camino correcto que lleva a la vida eterna (13-14), porque hay muchos que te quieren desviar (15-20). Muchos otros están enganados (21-23). No bastan las palabras, el único camino seguro es actuar según lo que oímos decir a Cristo (24-27).

Al final de la enseñanza, lo que más impresiona al auditorio es la nota de autoridad. Jamás han oído a nadie hablar como él habla.

8 - 9:34 CURACIONES Y ENSEÑANZA

8:1-17: Milagros de curación

Versículos 1-4: el leproso. Para los judíos los leprosos eran inmundos, intocables. Jesús podía haber curado a este hombre con una mirada, o con una palabra, pero extendió la mano y lo tocó. (Para conocer las reglas acerca de la lepra, → Levítico 13-14: la palabra "lepra" en la Biblia abarca una serie de enfermedades de la piel.)

Versículos 5-13: el siervo del centurión. La misión de Jesús se dirige primeramente a Israel, pero entre su propio pueblo él no ha hallado una fe igual a la del oficial romano que reconoce la autoridad que en él hay.

Versículos 14-17: Jesús cura enfermedades físicas, espirituales y psicológicas en Capernaum (Cafarnaum).

8:18-27 Tempestad y calma

Hijo del hombre (20): una frase que Jesús usa con frecuencia para referirse a sí mismo. Enfatiza su humanidad (Salmo 8:4), pero señala más allá de ella (Daniel 7:13-14).

Versículo 21-22: el discípulo quiere esperar hasta después del funeral de su padre para entonces irse con Jesús. Esto no significa necesariamente que su padre haya muerto. "Primero debo enterrar a mi padre" es un dicho que significa: "Te seguiré más adelante, cuando mi padre haya muerto y yo esté libre para ir". La respuesta de Jesús enfatiza la urgencia de su obra. Exige una respuesta ahora y no en un futuro incierto.

Versículos 23-27: → también Marcos 4:36-41, con algunas diferencias de detalles.

El lago de Galilea, escenario de tantas de las enseñanzas y milagros de Jesús. La vista está tomada desde el puerto pesquero de Tiberias, y mira hacia Magdala y la esquina nordeste del lago.

8:28 - 9:8 Nuevas curaciones

Versículos 28-34: dos hombres poseídos por demonios. En sus relatos, Marcos (5:1-17) y Lucas (8:26-37) centran su atención en solo uno de ellos, "Legión". Aquí Mateo cuenta cómo Jesús restauró a ambos hombres a la normalidad. Pero los residentes de Gadara, pueblo que está a unos nueve kilómetros del lago, prefieren pedirle a Jesús que se vaya, antes que correr el riesgo de perder más cerdos.

9:1-8: el paralítico. Jesús usa la curación física para probar que la curación espiritual, el perdón de los pecados, es tan real como la primera.

Su propia ciudad (9:1): Capernaum (Cafarnaúm) → 4:13.

9:9-17 Vocación de Mateo; preguntas sobre el ayuno

En Marcos (2:13-17) y Lucas (5:27-32) el publicano se llama Leví, y dicen claramente que la fiesta se celebra en su casa. "Mateo" puede haber sido el nombre cristiano de Leví, así como "Pedro" era el de Simón. La presencia de Jesús en compañía de tales personas escandaliza a los piadosos fariseos. Los seguidores de Juan también están perplejos. ¿Por qué Jesús banquetea en tanto que Juan ayunaba? Lucas (5:36-37) da en forma muy clara la respuesta de Jesús. Su enseñanza radicalmente nueva no puede comprimirse dentro del molde del antiguo legalismo. Ha de encontrar nuevas formas de expresión, o si no lo antiguo será destruido y lo nuevo estropeado. Lucas 5:39 es un comentario perceptivo sobre la naturaleza humana, el conservadurismo que desconfía de todo lo nuevo.

9:18-34 Más curaciones

Versículos 18-26: La hija de Jairo, la mujer con flujo de sangre (→ Marcos 5:21-43; Lucas 8:40-56)

Versículo 27-31: los dos ciegos. El porqué se calló (30) no se explica. Posiblemente Jesús está ansioso de evitar que sus milagros den al pueblo una idea concreta de su misión.

Versículos 32-34: El mudo que estaba poseído.

Flautistas (23): cuando alguien moría, se contrataban músicos para tocar cantos fúnebres.

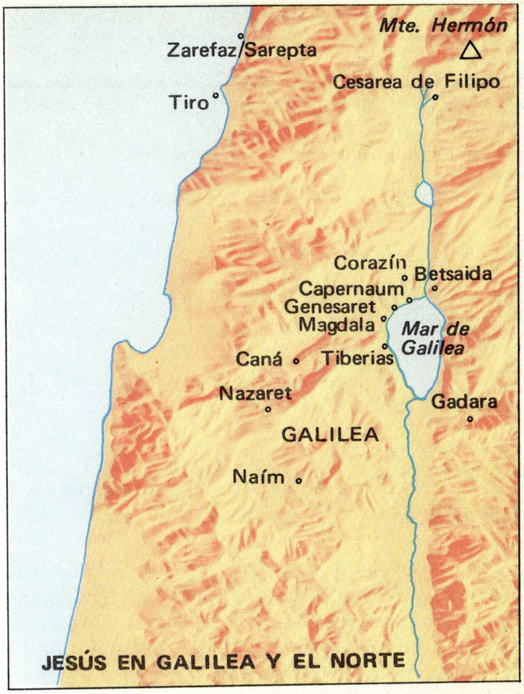

9:35 - 10:42 INSTRUCCIONES DE JESUS A LOS DOCE

Segunda sección didáctica. → también Marcos 6:7-13; Lucas 9:1-6 y otros pasajes paralelos. La elección y la preparación de los Doce fue parte vital de la misión de Jesús. La tarea de esparcir las buenas nuevas de vida eterna quedaría en manos de ellos después de la muerte de Jesús. Ahora los envía por primera vez con el poder de hacer curaciones. Les da sus instrucciones (algunas de carácter provisional; → Lucas 22:35-36) y les advierte acerca del tipo de recibimiento que pueden hallar, tanto ahora como en el futuro. Tienen que esperar pruebas duras; confiar en el cuidado de Dios; no temer a nadie.

El publicano (10:3): Parece que Mateo no podría olvidar jamás que una vez había sido un desechado de la sociedad.

Versículo 23: Jesús dijo que ni siquiera él sabía cuándo sería su segunda venida. La referencia aquí puede ser a su triunfante regreso de la muerte en la resurrección.

Beelzebú (25): → 12:22-24.

La azotea (27): lugar favorito para los chismes y el diálogo.

Versículo 28: solamente Dios, no Satanás, tiene este poder.

Versículos 34-35: la división es un *resultado* de la enseñanza de Jesús. La Biblia a menudo expresa las consecuencias como si fueran por intención deliberada.

Versículo 39: "el que halla", es decir, el hombre que niega su fe para salvar el pellejo.

11 - 12 LOS DERECHOS DE JESUS

Esta es una de las secciones narrativas de Mateo, pero contiene bastantes enseñanzas.

11:1-19 Mensajeros de Juan el Bautista

Juan, encarcelado por Antipas, hijo menor de Herodes el Grande y gobernador de Galilea y Perea, está perplejo por los informes acerca de Jesús. El esperaba que el Mesías viniera a juzgar. La respuesta de Jesús le recuerda el otro aspecto de la obra mesiánica (predicha en Isaías 35:5-6; 61:1), que él está cumpliendo. Juan es el último y el mayor de los profetas del Antiguo Testamento, el Elías de los últimos tiempos vaticinado por Malaquías (4:5). Jesús no piensa mal de Juan por sus dudas. Pero el cristiano más humilde goza de privilegios mucho mayores (11).

Versículo 12: es difícil entender exactamente lo que Jesús quiso decir. Puede estar refiriéndose a militantes zelotes, cuya postura rechazaba, o al hecho de que el reino abre sus puertas a los desesperados por entrar y no a los vacilantes (→ Lucas 16:16).

Versículos 16-17: como niños emberrinchados, los contemporáneos de Jesús se niegan a "jugar a las bodas" con él, y a "jugar a los funerales" con Juan. No prestan atención ni a las buenas nuevas ni a las advertencias.

11:20-30 "Venid a mí"

La mayor parte de los milagros de Jesús ocurrieron en la pequeña zona que está al norte del mar de Galilea, en los alrededores de Capernaum, Corazín y Betsaida. Recibieron tan poca respuesta de parte del pueblo, que fue inevitable el juicio de Dios sobre su incredulidad y soberbia. Tiro y Sidón, los puertos prósperos e impíos denunciados por los profetas (p.e. Isaías 23), y aún Sodoma, sinónimo de maldad (Génesis 19), se habrían conmovido si hubieran visto lo que estas otras ciudades vieron.

Era la gente corriente la que recibía a Jesús, y él estaba contento. A todos los cansados por sus cargas él les ofrece alivio. Todo aquel que entra en su servicio descubrirá que él no es un capataz brusco.

Jesús se refirió en sus historias a escenas conocidas. Entonces, como ahora, los obreros y sus salarios era un tema popular. El campo de la izquierda está en Galilea, y el huerto de la derecha al borde de la llanura de Sarón cerca de las laderas de las montañas de Samaria.

12:1-14 El Señor del sábado

→ Marcos 2:23—3:6.

12:15-37 ¿Esperanza de las naciones o emisario del diablo?

Los fariseos tilbadan a Jesús de agente del diablo (24), a pesar de la transparente bondad de sus obras (22-23). Si hubieran tenido razón, Satanás hubiera estado realizando una carrera suicida (25-29), como todos los que a la manera de los fariseos llaman malo a lo bueno. Están negando con soberbia la obra del Espíritu Santo y hacen que el perdón les sea imposible (31-32).

12:38-50 "Deseamos ver de ti señal"

Después de todos los milagros curativos de Jesús, los escribas y fariseos tienen la desfachatez de demandar una señal espectacular. Sólo una señal se les dará: la resurrección de Jesús de entre los muertos, prueba incontrovertible de que él es quien dice ser.

Versículos 43-45: La historia es una advertencia a quienes se han arrepentido como resultado de lo que han visto y oído. A menos que den el paso siguiente de entrega total, se encuentran en grave peligro.

Versículo 40: Según el cómputo judío, cualquier parte de las 24 horas que forman el día y la noche puede contarse como un día completo. Por eso, desde la tarde del viernes hasta el domingo por la mañana, ellos cuentan tres días y tres noches.

Versículo 42: La reina de Sabá (1 Reyes 10:1-10).

Versículo 49: Probablemente hijos menores de María y José (→ 1:25). Se piensa por lo general que ya José había muerto por entonces.

13:1-52 PARABOLAS ACERCA DEL REINO DE DIOS

Tercera sección didáctica. Jesús presenta varios de sus argumentos por medio de parábolas, o narraciones que podían interpretarse a dos niveles, el superficial o el más profundo. Servían como un modo de escoger a sus seguidores, de descubrir quiénes habían venido simplemente a causa de un milagro y quiénes realmente querían comprender sus enseñanzas. Los primeros se contentaban con escuchar historias; los otros estaban anuentes a considerar el sentido más profundo y pedirle una explicación. Había tanto que se malinterpretaba, aún entre sus discípulos, acerca de la naturaleza de su reino, que necesitaba aclararles los puntos uno por uno.

Versículos 1-9: la semilla y los terrenos (explicado en 18-23) representan la diversidad de reacciones que su mensaje recibirá.

Versículos 24-30: el trigo y la cizaña (explicada en 36-43) se refiere a la mezcla en esta vida de lo bueno y lo malo. Serán separados en el juicio.

Versículos 31-33: la semilla de mostaza y la levadura. De un comienzo pequeño, silencioso y

desapercibido, el reino tendrá crecimiento grandioso.

Versículos 44-45: el tesoro y la perla. Tan valioso es el reino, que vale la pena dar todo lo que tenemos por alcanzarlo.

Versículos 47-50: la red del pescador. Describe la separación de buenos y malos al final de los tiempos.

Versículo 52: Biblia de Jerusalén: "Así, todo escriba que se ha hecho discípulo del Reino de los Cielos..."

13:53 - 14:12 NAZARET RECHAZA A JESUS; LA MUERTE DE JUAN EL BAUTISTA

→ Marcos 6:1-6 y 14-29.

14:13 - 17:27 ENSEÑANZAS Y MILAGROS EN GALILEA Y EN EL NORTE

14:13-36 Alimentación de los cinco mil; Jesús camina sobre el agua

→ Marcos 6:31-36, → además Lucas 9:10b-17; Juan 6:1-21.

15:1-20 Los fariseos y la cuestión de la tradición

→ además Marcos 7:1-23. Desde el principio, la enseñanza de Jesús sobre la religión (6:1-18) lo puso en conflicto con los fariseos. Para ellos la "tradición" (la enseñanza oral de los rabinos que suplementaba e interpretaba las Escrituras) era

El reino de Dios y el reino de los cielos

DAVID FIELD

Las dos expresiones "reino de Dios" y "reino de los cielos" representan exactamente la misma idea. Para el judío devoto la palabra "Dios era demasiado sagrada para usarla con liviandad o con frecuencia. Mateo, que escribe principalmente para los judíos, usa normalmente por esta razón la expresión "reino de los cielos", mientras Marcos y Lucas prefieren la expresión alternativa "reino de Dios", como una expresión más fácil para la comprensión de los no judíos.

Es sorprendente encontrar que ninguna de las dos expresiones aparece en todo el Antiguo Testamento. Aun en el Nuevo Testamento estas frases escasamente aparecen después de los tres primeros Evangelios. Esto destaca la importancia que tuvo el tema del reino en la enseñanza de Jesús mismo. Se nos dice que era medular en su mensaje del Evangelio (Marcos 1:15), y cuando los discípulos fueron enviados en la primera misión, fue el mensaje del "reino" lo que ellos tenían que proclamar (Lucas 9:2; 10:9-11).

El significado del "reino"

Jesús no definió exactamente lo que quería decir con reino de Dios. Pero al responder al cargo de rebelión ante Poncio Pilato tuvo especial cuidado en negar toda pretensión a un dominio temporal y territorial. "Mi reino", dijo "no es de este mundo" (Juan 18:36). Algunos creen que en este versículo debería traducirse "reino" como "reinado" o "autoridad real". El reino de Dios, en la Biblia, normalmente se refiere al reinado activo de Dios en el mundo. A veces Jesús podía hablar de "entrar" en el reino (por ejemplo, Marcos 10:23), en la misma forma que podemos nosotros hablar de entrar en un país, pero la idea que estaba detrás de la palabra que él usó lleva más a menudo el sentido de "gobierno" que el de territorio. Quizás el Padre Nuestro se acerque más a una definición exacta, cuando iguala la venida del reino de Dios con la realización de su voluntad. Donde se hace la voluntad de Dios con perfecta sumisión, allí, según el Nuevo Testamento, se revela su reino.

Aunque los autores del Antiguo Testamento no escribieron acerca del "reino de Dios" como tal, con bastante ansiedad deseaban el gran Día en que él desplegaría su gloria (24:23) en una forma tan dramática que todos los hombres podrían reconocer su reinado (Zacarías 14:9). Este agudo sentido de deseo, esperanza cósmica y anhelo de liberación de la tierra, persistió hasta el tiempo de Jesús. (José de Arimatea, nos dice Marcos, era obligatoria, pero Jesús no vaciló en denunciar la tradición cuando debilitaba o minaba los principios bíblicos. Un ejemplo es la norma que se había establecido acerca de los votos. Quedaba exento del deber de mantener a sus padres el hombre que consagraba a Dios el dinero correspondiente. De esta manera podía disfrutar de él mientras tanto. Lo que importa no son las manos limpias (2), sino un corazón limpio (18).

15:21-39 La mujer cananea; más curaciones; alimentación de cuatro mil

Tiro y Sidón (21) quedan fuera del territorio judío. Jesús no podía negar una petición hecha con una fe tan tenaz.

Versículos 29:39: la diferencia de detalle entre este pasaje y 14:13-21 y el hecho de que Marcos también registra ambos milagros, hacen improbable que este sea un segundo relato del mismo suceso, a pesar de su similitud básica.
Los perrillos (26): término ofensivo para designar a los gentiles. Jesús está probando a la mujer, y conduciéndola a la fe.
Magdala (Magadán) (39): la localización es desconocida.

16:1-12 Jesús advierte contra las enseñanzas de fariseos y saduceos

→ también Marcos 8:11-21. Los fariseos habían exigido una señal una vez antes (12:38ss). Ahora

uno de los que "esperaban el reino de Dios"). Por esta razón, cuando Juan el Bautista anunció que "el reino de los cielos se ha acercado" (Mateo 3:2), inmediatamente fue rodeado por multitudes de personas entusiasmadas que habían venido a ser testigos de la largamente esperada demostración de poder del reinado de Dios en la historia.

El reino de Dios, presente y futuro

La primera predicación de Jesús estaba, según parece, expresada en términos muy similares a los de Juan. Pero según Marcos, introdujo su anuncio de la inminencia del reino con las palabras "El tiempo se ha cumplido" (Marcos 1:15). Esta declaración del cumplimiento da una nota que suena a través de los Evangelios: en Jesús el reino de Dios se había convertido en una realidad viva. Sus milagros, y especialmente sus exorcismos, atestiguan el hecho de que el gobierno soberano de Dios está alcanzando al hombre (Mateo 12:28). Su predicación, con su singular nota de autoridad, es una evidencia de la llegada del reino (Marcos 1:27; Mateo 11:5), por cuanto "el reino de Dios está en medio de vosotros" les dice a sus discípulos (Lucas 17:21), las bendiciones del reino (perdón, salvación y vida eterna) son para que ellos las disfruten, no solamente en el futuro sino también en el presente. Durante siglos los profetas habían anunciado un tiempo en el que el regio poder de Dios se desplegaría sobre la tierra: en la persona y ministerio de Jesús, ese tiempo había llegado.

Si Jesús enseñaba que el reino había llegado realmente en su persona, es igualmente claro que miraba hacia la futura demostración final del poder soberano de Dios. Sus discípulos debían *orar* "Venga tu reino" y velar y estar alertos para ver "el reino de Dios venido con poder" (Marcos 9:1; Mateo 25:1). Los milagros que le vieron realizar, y que ellos mismos realizaron con el poder de él, eran una muestra poderosa de la presencia del reino, pero la batalla con Satanás estaba en su furor, y el resultado, aunque no era incierto, requería una confrontación final (Mateo 25:41). Los pronósticos de una consumación futura se entretejen, por lo tanto, con claras evidencias de la llegada presente del reino, y es obvio por las "parábolas del reino" de Mateo 13 que Jesús tenía la intención de que sus discípulos comprendieran ambas verdades. La semilla se siembra y crece antes de que la cosecha llegue a su clímax.

Las exigencias del reino

El gobierno soberano de Dios, sea presente o futuro, exige la obediente sumisión del hombre. Los hombres no han sido llamados a edificar o establecer el reino por sí mismos, sino solamente a buscarlo y entrar en él (Mateo 6:33; Marcos 9:47). Sus normas éticas son exigentes, mucho más que las de los escribas y fariseos (Mateo 5:20), y piden no solamente un conocimiento teórico sino una expresión práctica (Marcos 12:34). En suma, la entrada en el reino exige la obediencia sin explicaciones de un niño (Marcos 10:15) y hace exigencias absolutas de lealtad y devoción de parte de los discípulos. Sin embargo, la sumisión al reino de Dios va en favor de los mejores intereses del hombre, porque su reino, como el tesoro escondido o la perla de gran precio, es lo único que tiene valor supremo en la vida, por lo cual vale la pena cualquier sacrificio (Mateo 13:44-46).

los saduceos, los racionalistas, se unen a ellos. La respuesta de Jesús es siempre la misma.

16:13-28 La gran confesión de Pedro: Jesús predice su muerte

Simón habla por todos los apóstoles al afirmar su creencia de que Jesús es el Mesías, y Jesús ve en él al hombre de piedra (Pedro) que será después de la amarga experiencia de la negación y el perdón (26:69-75). Es Pedro el portavoz natural que estaría al frente, más que los demás, de la formación de la Iglesia en Pentecostés (Hechos 2—5).

Versículos 21-28: Jesús comienza a preparar a sus discípulos para el sufrimiento que les espera. Pero la reciente promesa se le ha ido a Pedro a la cabeza. La roca empieza a servir de tropiezo. El portavoz de Dios se convierte en abogado del diablo.

Antigua sinagoga en Tsefat, Israel.

Versículo 19: la autoridad dada a Pedro se les da también a los demás (→ 18:18). La idea de las llaves es eco de Isaías 22:22. Dios no está atado por lo que Pedro pueda decir. Pero cualquier cosa hecha por el discípulo en conformidad con la voluntad de Dios tendrá validez permanente.
Versículo 28: → comentario sobre 10:23.

17 La transfiguración y lo que siguió

→ Marcos 9:2-32; Lucas 9:28-45.

Versículos 24-27: como Hijo de Dios, aquél en cuyo favor se cobra el impuesto del templo, Jesús está exento; pero como hombre, identificado con los hombres, lo paga.

18 LA VIDA EN LA COMUNIDAD DE DIOS

Esta es la cuarta sección didáctica de Mateo. El reino de Dios opera según normas completamente diferentes de las del mundo. La búsqueda de posiciones ventajosas queda excluida (1-4), y también la política de "los débiles al paredón" Al contrario, cae sobre los fuertes, la responsabilidad de cuidar de los espiritualmente débiles (5-14). En la nueva comunidad las malas acciones son de importancia; debe hacerse todo lo posible por rectificar al que ha cometido una falta (15-20). Se espera que quienes han recibido el perdón de Dios puedan perdonar en forma ilimitada (21-35).

Versículos 8-9: → bajo Marcos 9:44-45.
Versículos 24, 28: diez mil talentos eran unos sesenta millones de denarios. Un denario era el salario de un día. El énfasis del argumento está en el carácter infinito de la deuda que Dios nos ha perdonado, en comparación con cualquier deuda que nosotros tuviéramos que perdonar a nuestros semejantes.

19 - 20 EL VIAJE A JERUSALEN

19:1-15 El matrimonio y el divorcio

→ también 5:31-32; Marcos 10:2-12; Lucas 16:18. Los rabinos estaban en desacuerdo acerca del divorcio. Algunos lo permitían por cualquier cosa que desagradara al marido; otros solamente por infidelidad. Jesús se remite al propósito que Dios tenía para el hombre y la mujer al puro principio. Ese es el ideal. Moisés, para hacer frente a una situación que estaba muy lejos del ideal, sanciona el divorcio. Jesús dice que la única causa legítima para el divorcio es la infidelidad.

Versículos 10-12: → Versión Popular o Una Paráfrasis del Nuevo Testamento.

19:16 - 20:16 La vida eterna; las desventajas de las riquezas; las recompensas

19:16-30: → también Marcos 10:17-31; Lucas 18:18-30. La primera respuesta de Jesús es la que cualquier maestro judío hubiera dado. Y el hombre, un principal de la sinagoga, podía afirmar que había guardado los mandamientos. Pero Jesús senala a la raíz del problema de este hombre. Su obediencia a los mandamientos no es sincera; sus posesiones significan demasiado para él. A causa de ellas no puede amar a Dios y a su prójimo sin reserva. Entonces Jesús le dice que venda todo. Es mejor no poseer nada que amar a las cosas más que a Dios.

20:1-16: este relato, que ilustra las palabras de Jesús en 19:30, aparece solamente en Mateo. El no está hablando acerca de estructuras salariales, ni está tratando de decir que todos serán iguales en el cielo. El argumento se centra en que muchos que esperan recibir honores sufrirán una dura desilusión en el reino de Dios. Dios honrará a algunas personas que se piensa no merecen tal honra. La vida eterna es para todos los que la reciben: "buenos" y "malos", jóvenes y viejos. Lo notable es la generosidad del viñador (Dios), no su injusticia.

La denuncia de Jesús contra los dirigentes religiosos era muy severa: quienes escandalizaban a los "pequeñitos" solo merecían que se les atara una piedra de molino al cuello para ser lanzados en el mar. Estas piedras de molino se hallan en el Museo Agrícola de Jerusalén.

19:24: ha habido varias explicaciones del "ojo de la aguja", pero parece que Jesús estaba usando una comparación humorística deliberada para sugerir lo imposible: que un camello pueda en efecto pasar por el ojo de una aguja.
19:25: estaban sorprendidos porque pensaban que las riquezas eran una recompensa por la bondad, un índice del estado espiritual de la persona.
19:28: los apóstoles tienen un lugar especial en el nuevo reino. Sólo Mateo recoge estas palabras.
19:29: los que siguen a Jesús recibirán muchas veces más, aquí y ahora, pero con persecuciones (→ Marcos).
20:2: el denario era una moneda romana y correspondía al salario habitual de un día.
20:3-6: las horas son: las 9 a.m. (hora tercera), las 12, las 3 p.m. y las 5 p.m., una hora antes de la puesta del sol, que era cuando los hombres recibían el jornal por el trabajo del día.

"Sepulcros blanqueados" fue la demoledora palabra que Jesús pronunció contra los hipócritas líderes religiosos: blanqueados por fuera, pero llenos de podredumbre en su interior.

20:17-34 Jesús predice nuevamente su muerte; la posición en el reino de Dios; dos ciegos curados

→ además Marcos 10:32-52; Lucas 18:31-43. La paciencia de Jesús es asombrosa. Una y otra vez explica que el reino es para los humildes. No habrá señores en él. Sin embargo, aun cuando él está hablando de su propia muerte, los discípulos se ponen a discutir acerca de sus propias posiciones en el reino. El puesto principal está reservado para el discípulo que, a la manera de su Maestro, esté preparado para vivir en favor de los demás y, si es necesario, a morir por ellos.

Modelo de una sinagoga en el tiempo de Jesús.

Hijos de Zebedeo (20): es decir, Jacobo (Santiago) y Juan.

El vaso o cáliz (22): es decir, la copa del sufrimiento. Jacobo fue el primero de los apóstoles leales en encontrar una muerte violenta (Hechos 12:2).
Versículos 29-34: Marcos y Lucas mencionan sólo un ciego, quizá porque Pedro conocía personalmente a uno de ellos (Bartimeo; véase Marcos).

21 - 25 JESUS EN JERUSALEN

Era primavera, y se estaban reuniendo en Jerusalén personas de lugares distantes y cercanos a fin de celebrar la Pascua, la gran fiesta conmemorativa de la liberación de Egipto. No todos encontraban alojamiento en la ciudad misma. Jesús y sus amigos se quedaron en la ciudad de Betania, donde Marta, María y Lázaro tenían su hogar. Cada día caminaban los tres kilómetros y medio que los separaban de Jerusalén, por sobre la falda del monte de los Olivos, y pasaban por zonas pobladas de árboles.

21:1-11 La entrada triunfal

→ bajo Lucas 19:28-44. Véase además Marcos 11:1-10. Como le es característico, Mateo cita la profecía de Zacarías 9:9.

21:12-17 La purificación del templo

→ también bajo Juan 2:13-25. Los comerciantes trabajaban en el atrio exterior del templo, el atrio de los gentiles. Los judíos que venían del extranjero no podían usar su dinero para pagar los impuestos anuales del templo. Los cambistas fijaban elevadas tasas de cambio. Las entradas anuales por concepto del impuesto del templo se calculan hoy en unos 180.000 dólares, y la ganancia anual de los cambistas en 21.600 dólares. Los pobres, que sólo podían ofrecer el más barato de los sacrificios (dos pichones), tenían que pagar precios exorbitantes por ellos. Los sacerdotes se hacían de la vista gorda ante todo esto. Sin embargo, su indignación no conoce límites ante la "irreverencia" de Jesús. El curó personas en los atrios del templo y permitió que los niños le cantaran las primeras alabanzas de las multitudes...

21:18-22 La higuera

→ también Marcos 11:12-14, 20-24. Una higuera sana produce fruto durante diez meses al año. Puesto que la higuera tenía hojas, debía haber tenido higos verdes. Marcos hace notar que fue al día siguiente cuando los discípulos encontraron seca la higuera. Jesús usa el incidente como lección objetiva: la fe puede mover obstáculos insalvables. Además indica el destino de la nación de Israel, espiritualmente estéril.

21:23-46 La pregunta de los sacerdotes acerca de la autoridad de Jesús

La pregunta es natural a la luz de lo que había ocurrido (12-17). Jesús no da respuesta directa, pero es claro que él y Juan derivaban su autoridad de la misma fuente. En las tres parábolas que siguen, sus críticos se encuentran bajo el fuego de Jesús.

Versículos 28-32: los dos hijos. El primero representa a los líderes religiosos con su falsa obediencia; el segundo representa a los desecha-

Una calle en la ciudad vieja de Jerusalén.

dos de la sociedad que han dado una respuesta genuina a Juan y a Jesús.

Versículos 33-41: la viña (la nación de Israel cuyo propietario es Dios, Isaías 5:1-7). Los hombres a los que Dios ha confiado la dirección espiritual han abusado de los profetas y están a punto de matar a su Hijo.

Versículos 42-43: → Salmo 118:22-23. Jesús transfiere el cuadro de Israel a sí mismo: desechado, crucificado por la nación, pero restaurado por Dios.

22:1-14 La parábola de los invitados a la boda

Jesús ilustra lo que acaba de decir (21:43). Vendrá el día cuando Dios ya no invite a quienes repetidamente se niegan a aceptar su invitación; la invitación será para otros. Los versículos 11-13 son una advertencia para los recién llegados. Los que entran en las bodas deben venir de acuerdo con las condiciones de Dios.

22:15-46 Preguntas de prueba; los fariseos conspiran contra la vida de Jesús

→ bajo Marcos 12:13-44.

23 Jesús denuncia a los escribas y fariseos

Los capítulos 23-25 contienen la quinta y última sección didáctica. El tema es el juicio. Jesús lanza un serio ataque contra los líderes legalistas de Israel que eran altamente respetados. El hombre que se preocupaba tan profundamente y tenía tanta paciencia con el común del pueblo, incluso con los malvados, con los de poco ánimo y con los tontos, no pudo soportar el fingimiento religioso, el orgullo por la justicia propia y la pedantería meticulosa de escribas y fariseos. Aún se esconden el orgullo y el egoísmo bajo aquellas fachadas de "pureza". ¡Cuánto debe de aborrecer las manifestaciones de hipocresía farisaica en sus propios seguidores!

Versículo 2: en la sinagoga se ponían de pie para leer la ley, pero se sentaban para exponerla.

Versículo 10: la palabra "Maestro" es clara. La misma palabra griega se usa hoy para designar un profesor.

Versículo 15: "dos veces más hijo del infierno" es también claro; los recién convertidos a veces son más fervientes que los que se han criado dentro de la fe.

Menta, eneldo (o aneto), comino (23): hierbas comunes de jardín.

Versículo 27: las tumbas se blanqueaban especialmente para la Pascua, a fin de evitar que la gente las tocara por inadvertencia y quedara ceremonialmente impura.

Versículo 35: éste puede ser Zacarías hijo de Joiada (Yehoyadá), puesto que no consta que el profeta Zacarías haya sido asesinado. Génesis 4:8; 2 Crónicas 24:20-21.

Versículos 38-39: Jesús puede estar prediciendo la destrucción de la ciudad. El versículo 39 se refiere a su regreso en gloria y juicio.

24 - 25 La caída de Jerusalén y el regreso de Jesús para juzgar

24:1-44: preguntas y respuestas. → además Marcos 13; Lucas 21 y 17:23ss. Jesús está respondiendo preguntas acerca de cuándo el templo será destruido y qué indicaciones habrá de que el mundo está llegando a su fin. Jerusalén y el templo fueron en efecto destruidos por los romanos en el año 70 d.C. Parece que los discípulos pensaban que el fin vendría casi inmediatamente. Jesús no separa estos dos hechos claramente; ambos forman parte del juicio total de Dios (aunque ya han pasado más de mil novecientos años que separan ambos sucesos). Los discípulos no deben dejarse confundir, porque habrá muchas guerras y desastres naturales, persecuciones y falsos mesías. (4-13, 23-27). Estas no son señales del fin. Habrá tiempo para predicar el evangelio en todo el mundo (14). Y cuando venga el fin, será algo totalmente inesperado (36-44). Pero habrá claras señales de advertencia de la destrucción de Jerusalén (15-22, 32-35).

24:45-25:46: parábolas del juicio. Jesús usa historias para aclarar algunos de los puntos del capítulo anterior.

24:45-51: los siervos buenos y los malos. Debido a que su regreso será totalmente inesperado, los seguidores de Jesús deben estar siempre preparados.

25:1-12: las vírgenes prudentes y las insensatas. Es la misma lección, pero poniendo el énfasis en que un día se acabará el tiempo, y en que la preparación es un asunto enteramente personal y no puede pedirse prestada a otra persona.

25:14-30: los talentos. El talento era una gran suma de dinero, no una moneda. A cada hombre se le confía un capital de acuerdo con su habilidad para el negocio, y se espera que con él obtenga ganancias. Nuestro futuro depende de cómo usemos lo que se nos ha dado en esta vida.

25:31-46: las ovejas y los cabritos. En el juicio, Dios toma en cuenta la forma en que hemos tratado a los demás en esta vida. En la parábola, los "cabritos" son castigados por no haber hecho lo que debían haber hecho.

Versículo 15: Daniel 11:31. Otra traducción que está de acuerdo con la paráfrasis de Lucas es: "Cuando veáis, pues, la abominación de la desolación, anunciada por el profeta Daniel, erigida en el Lugar Santo (el que lea, que lo entienda)". Esta podría ser una referencia a la imagen del emperador que había en la insignia llevada por los soldados romanos.

Versículo 21: más de un millón de personas perdieron la vida en la caída de Jerusalén y el imponente templo de piedras y oro de Herodes fue arrasado hasta los cimientos.

Versículo 28: el cuadro parece ser el de las "águilas" del ejército romano que vuelan sobre el "cuerpo muerto" de la ciudad.

Versículos 29-31: lenguaje simbólico para referirse a la venida de Cristo. A la luz del versículo 36 "inmediatamente", no se puede tomar al pie de la letra. Jesús está nuevamente mirando a distancia las dos veces en que "vendría para juzgar".

Versículo 34: referencia a que la destrucción del templo ocurriría estando vivos sus oyentes. Ocurrió unos cuarenta años después de la predicción de Jesús.

26 - 27 EL GOLPE FINAL: JUICIO Y CRUCIFIXION DE JESUS

26:1-5 Jesús advierte a sus discípulos; los líderes judíos planean su muerte

26:6-13 Una mujer unge a Jesús

→ bajo Marcos 14:3-9.

26:14-29 Judas el traidor; la Ultima Cena

→ además Marcos 14:12-25; Lucas 22:7-38; Juan 13-14.

La primera tarde del festival, Jesús y sus discípulos se reúnen como familia a fin de comer juntos la cena pascual. En el éxodo cada familia

Las palabras de Jesús acerca de la inminente destrucción de Jerusalén se cumplieron dramáticamente en el año 70 d.C. cuando Jerusalén fue destruida y el templo saqueado. En el arco de Tito en Roma está este relieve del candelabro de siete brazos y otros despojos del templo, transportados por los victoriosos romanos.

judía sacrificó un cordero o cabrito y roció la sangre sobre la puerta para estar bajo segura protección cuando la muerte atacara a los primogénitos de toda familia egipcia. Ahora el Cordero de Dios (Juan 1:29) está a punto de ofrecerse a sí mismo a fin de dar vida a todo el mundo. La antigua Pascua se transforma en la Cena del Señor. En el éxodo nació la nación de Israel; por el sacrificio de Cristo nació la Iglesia, un pueblo tomado de todas las naciones. La Pascua miraba hacia el pasado. La Cena del Señor también nos recuerda un suceso del pasado. Pero además mira hacia adelante, al día glorioso cuando Cristo venga y ponga su morada con su pueblo, en un nuevo mundo que no tendrá lugar para el pecado, la muerte ni el dolor.

26:30-56 El huerto de Getsemaní; arresto de Jesús

→ además Marcos 14:26-52; Lucas 22:39-53. Es Lucas quien describe con más vividez la agonía de la oración de Cristo en el huerto. Tan intensa fue la última súplica de Jesús en que pedía a Dios que si quería lo librara de pasar por el sufrimiento que se acercaba, que su sudor caía en forma de grandes gotas de sangre. ¿Qué era lo que lo hacía estremecerse? Ciertamente no se trataba de un sufrimiento físico. No podemos

Un hombre, un niño y asnos en la calle con arcos en la ciudad vieja de Jerusalén.

LA PASCUA Y LA ULTIMA CENA

La cena pascual se celebraba según una fórmula más o menos establecida en toda casa judía. Comienza con una oración: la bendición de la copa (la primera de cuatro copas de vino que se hacían circular en la ceremonia). Luego cada persona toma hierbas y las moja en agua salada (→ Mateo 26:23). El jefe de la familia toma una de las tres tortas de pan sin levadura, la rompe y pone un poco aparte. Entonces, en respuesta a una pregunta del miembro menor de la familia, se cuenta la historia de la primera Pascua y se cantan los Salmos 113 y 114. La segunda copa (→ Lucas 22:17 se llena y se hace circular.

Antes de la cena misma, todos se lavan las manos (probablemente el punto en el cual Jesús lavó los pies de los discípulos, Juan 13:4-12); rezan la acción saber qué fue lo que él enfrentó en aquella hora de soledad. Pero la perspectiva que lo llenó con tanto terror fue el juicio de Dios sobre *nuestros* pecados, el castigo que habría caído sobre nosotros si Cristo no lo hubiera pagado en lugar nuestro. (1 Pedro 2:24).

El momento ha pasado, y cuando la multitud se acerca a arrestarlo, una vez más se encuentra dueño de la situación. Expresa su amor por el traidor. Cuando Pedro saca su espada (Juan 18:10), Jesús cura al hombre herido (véase Lucas). Ningún hombre habría podido mostrar jamás un control tan completo en una situación similar. El había venido a cumplir las Escrituras. Sabía que tenía que ser así, aun cuando todos lo abandonaran.

26:57-68 Juicio ante el sumo sacerdote

→ bajo Marcos 14:53-65.

26:69-75 Pedro niega conocer a Jesús

→ bajo Lucas 22:54-65.

27:1-26 Judas se suicida; Jesús ante Pilato

Solamente Mateo registra el remordimiento de Judas. Devuelve el dinero arrojándolo, pero una conciencia limpia no se compra tan fácilmente. (Hechos 1:16-20 tiene de la historia una versión ligeramente diferente.) En cuanto al juicio ante Pilato, → Lucas 23:1-25.

27:27-56 Burlas y crucifixión

→ bajo Marcos 15:16-41.

27:57-66 Entierro de Jesús; ponen una guardia

→ bajo Marcos 15:42-27. Mateo es el único que menciona la guardia; → además 28:11ss.

28 LA RESURRECCION

→ bajo Lucas 24, y "Los relatos de la resurrección."

Versículos 1-10: Las mujeres oyen la noticia y ven al Señor. Versículos 11-15: Los guardas son sobornados a fin de que mientan. El castigo por quedarse dormido estando de turno era la muerte. Pero quizá Pilato podía también arreglarlo con un soborno. Versículos 16-20: último mandamiento de Jesús. Este, que es el más judío de todos los Evangelios, se cierra con una palabra del Señor que deja abierto el reino a todas las naciones.

de gracias y parten el pan. Se distribuyen hierbas amargas mojadas en salsa (en este momento fue cuando Jesús le dio pan mojado a Judas, Juan 13:26). El clímax del ritual es la comida festiva del cordero asado.

Después de esto fue que Jesús instituyó la Cena del Señor, partiendo el pan que antes había puesto a un lado, y pasando la tercera copa de vino, "la copa de bendición". (Las palabras "esto es...," de Mateo 26:26, 28, deben significar "esto representa..." ya que él estaba allí mismo, dando a los discípulos el pan y el vino.) El ritual termina con el canto de los Salmos del "Hallel" o Aleluya (115-118), y el "gran Hallel", el Salmo 136. Estos salmos son posiblemente el "himno" que menciona Mateo (26:30). Luego se bebe la última copa de vino. El hecho de poner la Cena del Señor en el corazón de la Pascua explica su sentido. Jesús está pensando de sí mismo como el Cordero pascual, ofrecido por la liberación de su pueblo. El vino habla de su muerte, y del nuevo pacto que ratifica, que reconcilia a Dios y al hombre. Hasta que él vuelva, debemos recordar el significado de lo que él ha hecho por nosotros.

El trasfondo religioso del Nuevo Testamento

RICHARD FRANCE

Jesús era judío. La iglesia cristiana comenzó su vida en Palestina, y sus primeros miembros eran judíos. Por esta razón el elemento más importante en el trasfondo religioso del Nuevo Testamento es la religión judía misma.

LA RELIGION JUDIA

El último de los profetas del Antiguo Testamento vivió 400 años o más antes de la aparición de Juan el Bautista. Desde aquel tiempo la religión judía no había permanecido estática. La religión clásica del Antiguo Testamento había evolucionado (o degenerado, dirían algunos) hacia el judaísmo.

Algunas instituciones importantes del judaísmo

● **El templo.** El sencillo templo construido por los judíos que regresaron a Jerusalén después del exilio había sido reemplazado por el magnífico edificio ordenado por Herodes el Grande (40-4 a.C.). Fue comenzado en 19 a.C.; aún no estaba terminado en los días de Jesús (Juan 2:20), y no fue completado sino hasta el año 64, seis años antes de que fuera destruido por los romanos. Fue este imponente complejo de edificios hecho de grandes piedras color crema, mármol y oro, el que despertó la admiración de los discípulos de Jesús (Marcos 13:1). Allí se siguió celebrando el antiguo ritual del sacrificio y del culto, con su elaborado sistema de sacerdotes y siervos del templo, aunque todo se hacía bajo el ojo vigilante de la guarnición romana que ocupaba la fortaleza Antonia, la cual dominaba los atrios (Hechos 21:31ss.). En este sector también, en el atrio de los gentiles (más allá del cual ningún gentil podía pasar, bajo pena de muerte; Hechos 21:28-29; Efesios 2:14), estaba el próspero mercado de animales para el sacrificio y de cambio de moneda para las ofrendas del templo que suscitó la ira de Jesús. En esta parte también, en los pórticos techados, los hombres se reunían para escuchar a cualquier maestro que quisiera difundir sus ideas.

● **La sinagoga.** Había solamente un templo, pero cada comunidad tenía su sinagoga. En ellas no había sacrificio ritual. Era el centro local de adoración y de estudio de la ley. En el día sábado la comunidad se reunía, los hombres de un lado y las mujeres de otro, para oír la lectura y exposición de pasajes establecidos de la Ley y de los Profetas (Lucas 4:16ss.), y para unirse en las oraciones litúrgicas prescritas. Pero la sinagoga era más que un lugar de culto. Era la escuela local, el centro comunal, y la sede de gobierno local. Sus ancianos eran las autoridades civiles de la comunidad, los magistrados y los custodios de la moral pública.

● **La ley y las tradiciones.** Israel siempre había tenido una ley, desde los días de Moisés. Pero desde el tiempo de Esdras (siglo V a.C.), después del exilio en Babilonia, que los profetas vieron como un resultado directo de la desobediencia de la nación a la ley, se puso mayor énfasis en el estudio de ésta, hasta que los judíos se convirtieron en "el pueblo del libro". Este estudio intensivo tuvo como resultado un creciente cuerpo de "tradiciones", que pasaron a ser tan obligatorias como la ley misma. Se necesitó de *escribas*, estudiantes profesionales y expositores de la ley y de las tradiciones, para prescribir las reglas exactas para cada ocasión. Por ejemplo, había treinta y nueve tipos de acciones prohibidas para el sábado: segar y trillar estaba prohibido; esto incluía coger espigas y restregar el grano con las manos (Lucas 6:1-2); el "camino de un día de reposo" (Hechos 1:12; más o menos 900 metros) era el viaje máximo que se permitía. Lamentablemente, en su cuidado meticuloso por los detalles de la tradición los escribas olvidaban a veces el propósito fundamental de la ley misma (Marcos 7:1-13; 3:4-5; Mateo 23:23).

Partidos, sectas y movimientos del judaísmo

● **Los fariseos.** Estos eran los puristas religiosos, un partido que surgió de los "Hasidim" (los leales a Dios) del siglo II a.C. y se concentró en el control de los asuntos religiosos más bien que en los políticos. Su preocupación suprema y su deleite era la observancia de la ley (incluyendo por supuesto las tradiciones) en cada detalle. (La mayoría de los escribas pertenecían al partido de los fariseos). Juzgados por estas normas, eran judíos modelos (Filipenses 3:5-6). Por lo tanto, se mantenían lo más apartados posible de los demás hombres: no podían comer con un no fariseo, pues el alimento podría no haber sido diezmado (es decir, pudiera no habérsele dado la décima parte a Dios).

Inevitablemente quizás, esta política de separación los llevó a desdeñar a los mortales de categoría inferior y a asumir una actitud santurrona que ha hecho de su nombre una palabra de reproche en la actualidad. Esta arrogancia, combinada con un seco legalismo que ponía la exacta observancia ritual por delante del amor y de la misericordia, los hizo entrar en conflicto con Jesús. El no puso en duda la ortodoxia de ellos sino el orgullo y el modo falto de amor con que la sustentaban. La influencia de los fariseos estaba fuera de toda proporción con su número, que raras veces era grande. Los fariseos fueron los que establecieron las líneas para el desarrollo del judaísmo después de la destrucción de Jerusalén en el año 70 d.C. Aseguraron un continuo énfasis en la piedad individual y estrictas normas éticas, así como su bien conocido y rígido legalismo. Eran respetados, si no amados, por los demás judíos.

● **Los saduceos.** Los saduceos eran el otro partido principal del tiempo de Jesús, aunque ya estaba declinando en influencia. Pertenecían mayormente a la rica clase terrateniente que en los primeros tiempos, por medio de la astuta manipulación de ventajas políticas, se había asegurado una posición dominante. Aún controlaban una proporción casi igual de los asientos en el Sanedrín (Consejo supremo judío) con los fariseos (Hechos 23:6-10). Muchos de los principales sacerdotes eran saduceos, o trabajaban en íntima relación con ellos. Su posición religiosa era conservadora, al punto de negarse a aceptar cualquier revelación aparte de los Cinco Libros de Moisés (Génesis a Deuteronomio). De este modo rechazaban las ideas religiosas más recientes, tales como la creencia en la inmortalidad, la resurrección, los ángeles y demonios, que eran promovidas por los fariseos (Marcos 12:18; Hechos 23:8). Como minoría aristocrática, contaban con poco apoyo popular.

● **Los esenios.** Este oscuro ''partido'' ha salido dramáticamente a la luz con el descubrimiento de los Rollos del Mar Muerto en 1947. Los rollos pertenecen a la biblioteca de la *Comunidad de Qumrán,* secta monástica que vivía aislada en el estéril desierto junto a las costas del Mar Muerto. Aunque esta secta no pueda identificarse firmemente como esenia, era ciertamente muy parecida. Fue fundada por un tal ''Maestro de Justicia'', probablemente hacia el año 165 a.C., y subsistió hasta el año 68 d.C., cuando fue destruida durante la sedición judía. Se consideraban como el verdadero pueblo de Dios, y todos los demás, incluso los líderes judíos de Jerusalén, eran sus enemigos. Eran los ''Hijos de la Luz'' y vivían con vistas al día de la batalla final contra los ''Hijos de las Tinieblas'' en que ellos recibirían la victoria y el dominio que se les debía.

Mientras tanto se aislaban de los demás, ocupados en el estudio diligente de las escrituras, sometidos a una estricta disciplina monástica,

Las ruinas de Qumrán, el ''monasterio'' de una comunidad ascética junto al Mar Muerto. Los Rollos del Mar Muerto, su biblioteca, estaban escondidos en cavernas (a la derecha, fuera de la foto: → página 69) a causa de la amenaza de invasión romana y fueron dramáticamente descubiertos en 1947.

amándose unos a otros y odiando a todos los de afuera. Produjeron minuciosos comentarios bíblicos, en los que aplican cada frase de los pasajes del Antiguo Testamento a su propia situación y expectativas. Esperaban la venida de dos Mesías, el de Aarón (sacerdotal) y el de Israel (real), o posiblemente un Mesías que combinara ambos papeles. La importancia de los documentos del Qumrán no es tanto por la secta misma, sino porque dan evidencia de la existencia de una vena ascética y apocalíptica en el judaísmo, completamente apartada del sistema establecido de Jerusalén, y que bien podría haber estado mucho más extendida que este simple grupo aislado. Si antes de 1947 estábamos tentados a pensar que los fariseos y saduceos eran ''los judíos'', debemos ahora reconocer que la situación no era tan simple.

● **Los zelotes.** Mientras fariseos y saduceos trataban de acomodarse en la mejor forma posible al dominio romano, y los hombres de Qumrán soñaban con la poderosa intervención de Dios para librarlos, muchos judíos buscaban la salvación en forma más activa. Los zelotes, como se les llamó más tarde, eran luchadores por la libertad, los revolucionarios del pueblo judío. Fueron ellos los que encendieron la gran rebelión que condujo a la destrucción de Jerusalén por los romanos en el año 70 d.C. En la época de Jesús ya habían ocurrido revueltas fallidas (Hechos 5:36-37, y posiblemente Barrabás) y el pueblo estaba a punto para recibir propaganda revolucionaria. Intensamente patrióticos, los zelotes fundaron su llamamiento en la creencia de que la sujeción a

Roma era traición a Dios, el verdadero Rey de Israel. Por lo menos uno de los apóstoles había sido zelote.

● **El movimiento apocalíptico.** En esta atmósfera floreció el tipo de literatura conocida como de "apocalipsis" (revelación). A partir del segundo siglo a.C. se escribieron muchos apocalipsis en Palestina. Están marcados por un fuerte dualismo: bien y mal, Dios y Satán, luz y tinieblas, que están irreconciliablemente opuestos y chocan entre sí. El presente orden del mundo está bajo el control de las fuerzas del mal, pero la batalla final está por librarse, y entonces los papeles cambiarán. Dios aplastará toda oposición, destruirá todo mal para siempre y creará un nuevo orden bienaventurado, en el que su pueblo fiel será librado de toda opresión y reinará en gloria.

Este mensaje se presenta en visiones extraordinarias, con números simbólicos, y un cuidadoso cálculo de fechas y tiempos, usualmente en forma críptica. Es un mensaje de esperanza para un pueblo casi desesperado, una apelación triunfante a la soberanía del único Dios verdadero, el Dios de Israel. El libro del Apocalipsis del Nuevo Testamento es en muchas formas un apocalipsis típico (aunque escrito desde un punto de vista cristiano), salvo que su autor usa

El templo de Herodes

Reconstrucción que se exhibe en el museo bíblico de Amsterdam. Por supuesto, el estilo y la decoración son conjeturas. → también el artículo de la página 253.

1 **Pórticos**
2 **Atrio de los gentiles**
3 **"Pared de separación" (que impedía la entrada de los que no fueran judíos;** → la foto de la página 567)
4 **Puerta la Hermosa (¿?)**
5 **Atrio de las mujeres**
6 **Atrio de los israelitas**
7 **Atrio de los sacerdotes**
8 **Altar**
9 **Lavatorio de bronce**
10 **El lugar santo (con el lugar santísimo)**

su propio nombre, mientras los autores apocalípticos judíos atribuían sus visiones a personajes famosos del Antiguo Testamento, como Enoc, Moisés, Elías o Esdras. Otras diferencia importante es que los apocalipsis judíos describían historias pasadas como si fueran profecía; mientras que el Apocalipsis de Juan se concentra en el futuro.

● **Esperanzas mesiánicas.** Las extravagantes visiones de los apocalipsis eran solamente una entre las muchas esperanzas acariciadas entonces por los judíos. Muchas figuras mesiánicas del Antiguo Testamento se habían arraigado firmemente en la expectación popular: la aparición de un profeta como Moisés (Deuteronomio 18:15-19); el regreso de Elías (Malaquías 4:5-6); pero sobre todo la llegada del hijo de David, gran rey y guerrero, cuya misión sería dar victoria, páz y gloria a Israel. Algunos veían un lugar para los gentiles en esta esperanza, otros eran exclusivamente nacionalistas. Algunos pensaban en una restauración espiritual, pero la mayoría esperaba una victoria sobre los romanos. Pronunciar la palabra "Mesías" (en griego: "Cristo") agitaba inevitablemente las esperanzas de independencia política, de modo que no es de asombrarse que Jesús pusiera mucho cuidado en evitar que los demás lo llamarán "Cristo". El vino a un pueblo que, si no estaba completamente de acuerdo en *qué* esperaba, estaba unido ansiosamente "esperando la consolación de Israel" (Lucas 2:25). Pero ninguno esperaba que esta viniera por la vía de la cruz.

● **"La dispersión".** Hasta aquí hemos solamente pensado en los judíos de Palestina. Pero la Iglesia cristiana pronto se extendió fuera de Palestina y allí sus primeros contactos fueron también con los judíos. Por lo menos a partir del exilio del siglo VI a.C., los judíos habían comenzado a dispersarse por el mundo del Medio Oriente y del Mediterráneo oriental, de modo que hacia el siglo I d.C. había un millón de judíos en Egipto solamente. En Alejandría los judíos formaban una parte considerable de la población, y en la mayor parte de las ciudades principales había una colonia judía con su propia sinagoga (o por lo menos un lugar para la oración, Hechos 16:13). Estos eran los judíos de la dispersión (en griego: *Diáspora*), que a veces reciben el nombre poco adecuado de judíos helenistas.

El "helenismo", la marea de cultura e ideas griegas que había avanzado por el mundo del Mediterráneo y más allá con las conquistas de Alejandro Magno, era aún la fibra dominante en la cultura del Imperio Romano, y estos judíos dispersos, apartados de la atmósfera más conservadora de Palestina, se adaptaron más pronto a la manera griega de vivir. No que hubieran abandonado su religión y cultura distintiva, y hubieran dejado de ser judíos, sino que estaban más deseosos de aprender y de dialogar con las ideas griegas. Muchos de los escritos judíos posteriores, particularmente los de Alejandría (por ejemplo la Sabiduría de Salomón o los escritos de Filón) tienen profundas influencias de la filosofía griega. Apolo, el judío instruido de Alejandría, pertenecía sin duda a esta escuela antes de su gradual conversión a Cristo.

● **Los prosélitos.** Los judíos a menudo se ven acusados injustamente de un rígido exclusivismo. En realidad, particularmente entre la Dispersión, reconocieron su misión a los gentiles, y hubo sinceros esfuerzos por ganar convertidos. Aceptar la religión no era asunto liviano para un gentil. Debía aceptar la circuncisión y el bautismo, y estar de acuerdo en guardar toda la ley de Moisés, en cuanto a las prescripciones rituales como el sábado y las leyes acerca de los alimentos inmundos. De hecho, debía renunciar a su nacionalidad. Había un considerable número que daba este drástico paso, y a ellos se aplica la palabra "prosélito".

Muchos más fueron atraídos por la fe monoteísta y la moralidad estricta del judaísmo que contrastaba con el politeísmo decadente de Roma. Estaban dispuestos a identificarse con la fe y los ideales de los judíos, pero no llegaban al compromiso total de los prosélitos. Estos simpatizantes, muchos de ellos oficiales ricos e influyentes, se conocen en el Nuevo Testamento como "los que temían a Dios" o "los devotos" (Hechos 13:26, 43, 50; 17:4).

● **Los samaritanos.** Los samaritanos descendían de los israelitas sobrevivientes del reino del Norte que se mezclaron con la población extranjera trasplantada después de la caída de Samaria en el año 722 a.C. Nunca hicieron causa común con Judá, y en el tiempo de Nehemías la brecha era claramente irreparable. La construcción del templo samaritano en el monte Gerizim, con Siquem a la vista (Juan 4:20), puso el sello sobre el rechazo judío de esta secta herética. Fue el rey judío Hircano el que destruyó el templo samaritano en el año 128 a.C. Sin embargo, los samaritanos adoraban a Dios como los judíos. La autoridad de ellos eran los Cinco Libros de Moisés (Génesis a Deuteronomio; pero no el resto del Antiguo Testamento), apenas alterados con respecto de la versión judía. Como muchos de los judíos, esperaban la venida de un profeta como Moisés. El odio y el desdén de los judíos por los samaritanos surgió más de consideraciones históricas y raciales que de cualquier diferencia fundamental en religión.

LA RELIGION GRIEGA Y ROMANA

La antigua religión clásica de los griegos, con su panteón de dioses y diosas que amaban, peleaban y disputaban como hombres y mujeres, se había fusionado en forma eficaz con el politeísmo similar de Roma. Era preservada y patrocinada oficialmente como parte de la cultura grecorromana. La mayoría de los griegos y romanos daban todavía un asentimiento formal a las antiguas creencias y tomaban parte en los rituales, pero ya no de corazón.

Más al este en el Imperio, estos dioses estaban asociados con deidades locales, produciendo a veces resultados absurdos, tales como la identificación de la diosa terrena de la fertilidad de Éfeso con la muy casta Artemisa de los griegos

El sumo sacerdote samaritano Amram, dirigente de la pequeña comunidad de samaritanos que aún sobrevive.

(la Diana romana; Hechos 19:24ss.). El culto licaónico de Zeus y Hermes (los Júpiter y Mercurio de los romanos; Hechos 14:11ss.) era probablemente una dignificación similar de un culto local con los nombres griegos clásicos.

Las nuevas ideas religiosas venían del oriente. Una de ellas era la adoración del emperador. Esta no fue oficialmente patrocinada por los emperadores romanos hasta Domiciano (81-96 d.C.) el cual insistió en que se le llamara ''Señor y Dios''. Pero se practicaba libremente en el oriente por los súbditos agradecidos (o serviles) durante todo el período neotestamentario. Aun antes del nacimiento de Cristo, Herodes el Grande había cambiado el nombre de la ciudad de Samaria a ''Sebaste'' en honor de Augusto (griego: *Sebastós*, ''el digno de ser adorado''), y edificó en ella un templo a Augusto.

Los que querían una fe mas personal y emocional buscaban las religiones de misterios. Los misterios griegos, los de Eleusis, o el culto órfico, se conocían desde hacía tiempo en el occidente, pero la expansión del imperio sacó a la luz cultos similares en Egipto (Isis y Osiris-Serapis), en Persia (Mitra), y en otros lugares de Oriente. Aunque estas religiones diferían en detalle, compartían el elemento de entrega personal mediante la iniciación en lo que era una sociedad secreta cuyos ritos jamás se divulgaban a los extraños. Los ritos a veces se centraban en una mitología de la muerte y resurrección del dios (Perséfone, Orfeo, Osiris y los demás), que se revivía en la forma de un drama en que todos participaban. Inspiraban un espíritu de devoción cálida y personal muy apartada del frío intelectualismo de la religión oficial del estado.

También desde el Oriente vino la fascinación de la astrología (que todavía está entre nosotros), la adivinación, la magia, la adoración de los demonios, y otras prácticas ocultistas, que pretendían dar realidad y eficiencia práctica a la religión.

En el tiempo en que se escribieron las epístolas del Nuevo Testamento había comenzado a desarrollarse una serie de sectas que más tarde (en el siglo II d.C.) se conocieron bajo el nombre general de ''gnosticismo''. Variaban considerablemente en sus detalles, pero compartían la creencia básica de que la ''materia'' era mala y el espíritu era bueno. De ello sacaban la conclusión de que Dios no podía haber creado el mundo de la materia ni podía su Hijo encarnarse en ella. Entonces concibieron a toda una gama de seres subordinados entre Dios y el mundo. Los hombres participan del mal del mundo material, pero ellos también, o algunos de ellos contienen una chispa divina que puede liberarse y de esa manera ser redimida. A fin de ser redimidos los hombres necesitan tener conocimiento (en griego: *gnosis*) de su origen celestial. Estos puntos de vista eran expresados en mitos fantásticos y los daban a conocer a iniciados en sectas como las de las religiones de misterios.

El mundo era, como Pablo lo dice ''*muy* religioso'' (Hechos 17:22). Los hombres ansiaban una fe digna de seguirse, y no una mitología vacía. Era un mundo que buscaba a Dios, que probaba ansiosamente cada camino que pudiera conducir a una religión real, práctica y satisfactoria.

Marcos

Mateo es formal y majestuoso. Marcos rebosa de vida, está lleno de acción. Mateo recoge los dichos de Jesús. Marcos se concentra en las maravillosas cosas que Jesús hizo y en los lugares adonde fue.

Este es el más breve de los Evangelios, y probablemente el primero en escribirse (65-70 d.C. o aún antes). Existe una fuerte tradición primitiva de que Juan Marcos lo escribió en Roma, relatando la vida de Jesús en la forma como la recibió directamente del apóstol Pedro. Esto ciertamente explicaría la extraordinaria vivacidad del Evangelio. Marcos con frecuencia explica las costumbres judaicas, por lo que es obvio que su intención no era dirigirse al lector judío.

Cuenta la historia más o menos en el orden en que los hechos ocurrieron, pasando rápidamente desde el bautismo de Jesús hasta los sucesos críticos de la cruz y la resurrección. Dentro de esta estructura el material tiende a agruparse por temas. Solamente cuatro párrafos de estos dieciséis capítulos son exclusivos de Marcos. Todos los demás aparecen en Mateo, en Lucas o en ambos. Sin embargo, perder a Marcos sería una pérdida inapreciable. En Marcos vemos a Jesús en acción, y mientras lo observamos, las cosas que hace nos convencen de que es el verdadero Hijo de Dios.

El autor. El nombre "Juan Marcos" aparece a menudo en Hechos y en las Epístolas ("Juan" es el nombre judío, "Marcos" el nombre latino). Su madre tenía una casa en Jerusalén donde se reunía la Iglesia primitiva (Hechos 12:12). Era primo de Bernabé, el compañero de Pablo. Marcos empañó la consideración que Pablo le tenía al emprender el regreso cuando el primer viaje misionero iba por la mitad. Pero Bernabé le dio una segunda oportunidad, y posteriormente se ganó el amor y respeto de Pedro y Pablo. Fue un verdadero consuelo para Pablo en la prisión (Colosenses 4), y Pedro, al cual acompañó a menudo, lo amaba como a su propio hijo (I Pedro 5:13).

1:1-13 LAS BUENAS NUEVAS DE JESUS

1:1-8 Juan el Bautista

→ además Mateo 3:1-12; Lucas 3:2-22, y el mapa. Marcos pasa por alto el nacimiento de Jesús. Para él las buenas nuevas comienzan con Juan, la voz que Isaías había predicho que clamaría en el desierto, pidiéndole a la nación que se preparara para la venida de Dios. El resto del relato muestra que Jesús es el Mesías (cuya venida había anunciado Juan) y el Hijo de Dios.

Versículos 2-3: Marcos, al igual que Mateo, interpone referencias del Antiguo Testamento: Exodo 23:20; Malaquías 3:1; Isaías 40:3.

Versículo 8: el agua es un símbolo. Sólo puede hacer una limpieza exterior. El Espíritu Santo puede limpiar el corazón, la mente y la voluntad.

El profeta del desierto: El desierto que se extiende alrededor de Jericó y al sur de Jerusalén es escabroso y poco acogedor. Casi nada crece en él no hay población humana, y está habitado solamente por animales salvajes. Sin lugar a duda, la soledad del lugar y la ausencia de toda distracción hacían que fuera el lugar ideal para la preparación de Juan. Pablo también fue preparado para su misión durante un período pasado en el desierto. Parece que en la completa sencillez de la vida del desierto hay algo que hace que los hombres, (o por lo menos algunos de ellos) se pongan en contacto íntimo con Dios. Bajo la rigurosa luz del sol sólo hay blanco o negro: no hay tonos de gris. No permitía que Juan tuviera lujos: solamente el alimento más sencillo y las vestiduras más burdas. Su túnica de pelo de camello y cinto de cuero puede haberlas usado imitando conscientemente a Elías (→ 2 Reyes 1:8 y la profecía de Malaquías 4:5). Indudable-

El río Jordán, donde bautizara Juan, serpentea desde el lago de Galilea, bastante bajo el nivel del mar y desciende por la depresión del valle semitropical hasta el mar Muerto.

mente, se le reconocía al instante como profeta. No sólo hacía el papel, sino que poseía la seguridad férrea del profeta que tenía un mensaje divino que proclamar. El pueblo venía desde lugares distantes a oírlo, reuniéndose probablemente junto al Jordán cerca de Jericó, cerca del lugar donde Josué había cruzado el río para entrar en la Tierra Prometida hacía ya tantos siglos.

1:9-13 Bautismo y tentación de Jesús

→ bajo Mateo 3-4; Lucas 3:21; 4:1-13. Marcos sólo da un breve resumen.

1:14 — 9:50 JESUS EN GALILEA

Galilea. Esta provincia romana que estaba bajo la jurisdicción de Herodes quedaba al oeste del lago de Galilea. Tenemos la tendencia a pensar que se trata de un remoto distrito campesino. Pero en el tiempo de Cristo la región era próspera, estaba densamente poblada y la cruzaban diversos caminos militares romanos y viejas rutas de comercio que conducían al norte, al sur, al este y al oeste. Las aguas del Mar de Galilea (que tiene unos 20 km de largo y 11 km de ancho) y se encuentra en la profunda depresión del valle del Jordán, a más de 200 metros bajo el nivel del mar son el punto focal de los viajes de Jesús. Separaba el territorio de Herodes del de su hermano Felipe al oriente. La mayoría de los apóstoles procedían de pueblos que estaban en la costa del lago y que gozaba de un clima subtropical. Capernaum (Cafarnaúm) era la base desde la cual Jesús hacía sus viajes. Tiberias (Tiberíades), a 16 kms de distancia, era un balneario famoso por sus aguas termales. Muchos de los enfermos curados por Jesús deben de haber ido a la zona a fin de aprovechar las aguas minerales de Tiberias. En la colina que está detrás del pueblo estaba el espléndido palacio veraniego de Herodes. El lago está rodeado de colinas estériles por el oriente y, en aquellos días, montañas verdes, fértiles y boscosas por el occidente. Sobre sus cumbres y descendiendo como por embudos a través de ellas se cuela el viento que puede azotar el lago con la repentina furia de una tormenta. Hacia el norte, la cima nevada del monte Hermón domina el paisaje. Es el monte de la transfiguración. En los días de Jesús crecían palmeras, olivos, higueras y vides en las laderas de las colinas que rodeaban el lago. En los pequeños pueblos y aldeas de su costa occidental había activos centros industriales: pescado en escabeche para exportación; astilleros; obras de tintorería; alfarería. Juan el Bautista vivió una vida ascética en el desierto. Jesús, por su parte prefirió estar en el núcleo de los acontecimientos, en Galilea, una de las regiones más activas y cosmopolitas de Palestina.

1:14-20 Jesús llama a sus primeros discípulos

La voz de Juan se acalla. Jesús viaja nuevamente al norte y comienza su proclamación pública de las buenas nuevas. Junto al lago de Galilea llama a sus primeros discípulos, todos ellos pescadores. (Juan 1:35-42 completa el trasfondo.)

1:21-45 Jesús comienza a enseñar y a curar

De ahora en adelante Capernaum es el cuartel general de Jesús. Sus enseñanzas en la sinagoga y la curación del endemoniado demuestran una *autoridad* extraordinaria.

Una y otra vez, como en el caso del leproso, Marcos señala la insistencia de Jesús de que se mantenga esto *en secreto*. El pueblo esperaba que el Mesías fuera un dirigente político. Las noticias de los extraordinarios poderes de Jesús que lo señalaban como el Mesías podían fácilmente haber encendido la chispa de un levantamiento contra la ocupación romana. Era imperativo que los milagros fueran acompañados de enseñanza a fin de explicar el tipo de "reino" que Jesús había venido a inaugurar, y la verdadera misión del Mesías.

Versículo 32: el día de reposo terminaba a la puesta del sol, y a esa hora ya no se aplicaban las restricciones de movimiento.

Versículo 44: → Levítico 14:1-32. En la Biblia, la palabra "lepra" abarca una gran variedad de enfermedades de la piel.

2:1-12 El paralítico camina

Es bastante fácil decirle a un hombre que sus pecados están perdonados. Pero al sanarlo, Jesús demuestra en forma visible que tiene poder en la esfera física y en la espiritual. Cuando él habla, algo ocurre.

Versículo 4: la casa debe de haber tenido una escalera exterior que conducía al techo plano a fin de proporcionar un poco más de espacio a la vivienda. El techo debe de haber estado hecho de

En Capernaum el centurión romano local había contribuido con la construcción de una sinagoga. Las ruinas de la sinagoga de Capernaum fotografiadas aquí probablemente son del siglo siguiente, y muestran una combinación del estilo romano con los tradicionales símbolos judíos.

Pesca en el lago de Galilea

GEORGE CANSDALE

Situado hacia el extremo norte de la hondura de la cueva jordánica, el lago de Galilea es el lago de agua dulce más bajo del mundo, con una superficie que está a unos 220 metros por debajo del nivel del mar, y con una profundidad máxima de 50 metros. Mide apenas 20 x 11 km, y tiene un área de unos 270 Km^2. Durante algunos períodos Israel tuvo el control completo del lago, y es extraño que el Antiguo Testamento lo mencione sólo tres veces, en cada caso como un límite.

Aunque la importancia de la pesca la demuestra el número de palabras técnicas hebreas usadas por varios escritores, es sólo en el Nuevo Testamento que aparece Cineret, o Genesaret, como un lago rico en pesca. Es el escenario de muchos de los relatos del Evangelio, con el ministerio de Cristo basado en pueblos que estaban en la ribera norte del lago. Por lo menos siete de los discípulos eran pescadores del lago, lo que en parte explica el énfasis de la pesca. Betsaida, una de las ciudades que rechazó a Cristo, y ciudad de Pedro, Andrés y Felipe, significa ''lugar de redes'' o ''pescadería''.

Salvo dos peces introducidos más tarde, que todavía se pescan en pequeñas cantidades, los peces del lago actualmente son los que Pedro y sus camaradas conocían. Aunque hay unas veinticinco especies nativas, solamente pocas tienen importancia. El más conocido es la tilapia, conocida a veces como ''pez de San Pedro''. Es posible que fuera la pesca principal en los tiempos bíblicos. No hay modo de saber cuánto pescaban, pero actualmente, usando métodos intensivos bajo control científico, la producción anual de tilapia es de unas 300 toneladas y de las demás especies unas mil toneladas. De este total, las sardinas del lago (*Acanthobrama terrae sanctae*) hacen unas ochocientas toneladas, todas pescadas por un método moderno de pesca nocturna.

Más arriba en el valle del Jordán y a unos trescientos metros de Cineret, está lo que fue el lago Hulé (o Húleh) que es llamado ''aguas de Merom'' en Josué 11:5. En aquel tiempo era un lago abierto, pero siglos de erosión provenientes de malos cultivos en las montañas de alrededor, gradualmente lo han reducido a una serie de pantanos y estanques que siguieron siendo un lugar de buena pesca hasta que toda el área fue reclamada para la agricultura en la década de 1950.

Aunque el Antiguo Testamento tiene poco que decir acerca de pescados y pesca, los libros proféticos son ricos en palabras de las cuales es posible deducir algo de los métodos usados. El hebreo *resheth* es una palabra general que se usa para designar la red, y el contexto en Ezequiel 32:3 sugiere que se usaba como una red arrojadiza para pescar cierto tipo de pez. *Jerem* es una red mucho más grande, quizá similar a la red barredera, que se usa comúnmente en la actualidad (→ bajo la *sagene* griega, más abajo). Las palabras hebreas *makmor* y *mikmar* son también grandes redes en Isaías 19:8 y en Habacuc 1:15-16, donde se traduce red y malla. Esta misma red se ponía en el desierto para cazar el órix árabe.

Las palabras griegas en los Evangelios se usan casi siempre literalmente. *Díktyon* bien podría ser una palabra general para designar una red: por ejemplo Mateo 4:20, (Pedro y Andrés) dejaron sus redes y le siguieron . Habían estado arrojando sus redes y debe suponerse que como pescadores profesionales tendrían un conjunto de redes de tipo común. Este uso general se ve probablemente también en las referencias al lavado y remiendo de sus redes. Actualmente este trabajo se hace en forma mucho más fácil y liviana por el uso de filamentos artificiales secos. También parece que *díktyon* debe haber tenido un significado más específico como lo que se llama actualmente una trampa para barbados.

La red que Pedro y Andrés echaban se menciona solamente en este incidente. La palabra griega es *amfiblestron* y se toma usualmente como equivalente a la red arrojadiza que todavía se usa en algunos países tropicales, especialmente en aguas tranquilas y lagunas. Es circular, con pequeñas pesas puestas a intervalos regulares en su perímetro y se lanza con un movimiento circular para que quede extendida y plana sobre el agua. Los pesos se hunden rápidamente hasta el fondo y la cuerda atada al centro se tira, lo que hace que el perímetro se junte, apresando en su interior cualquier pez que haya sido cubierto. Aún se lanza a veces en el lago de Galilea simplemente para demostrar el método antiguo.

La palabra griega *sagene* ocurre solamente una vez, en Mateo 13:47, donde el reino de los cielos es comparado a una red barredera. Se piensa ahora que era una red que podía tener varios centenares de metros de largo. Esa red captura todo tipo y tamaño de peces, que luego se separan en comestibles y no comestibles en la forma en que lo describe la parábola.

tejas o de ramas y barro, algo no muy difícil de deshacer.

Versículo 11: la gente corriente dormía en el piso sobre una estera o cama que podía enrollarse durante el día.

2:13-22 Leví (Mateo) se hace discípulo; la pregunta sobre el ayuno

→ bajo Mateo 9:9-17; Lucas 5:27-39.

Escribas, fariseos (16): → la página 494.

2:23 — 3:6 El propósito del sábado; oposición

→ también Mateo 12:1-14; Lucas 6:1-11. La interpretación judía del cuarto mandamiento (Exodo 20:8-11; 34:21) lo había rodeado de tantas reglas y restricciones que se perdió de vista su propósito primario. El día de reposo tenía el objeto de ayudar al bienestar físico y espiritual del hombre, no de negarle la alimentación y la ayuda. Es un día para hacer el bien, y esto no solamente en una emergencia.

Versículos 25-26: → 1 Samuel 21:1-6. Los panes que David tomó eran los que los sacerdotes ponían cada semana en el altar.

Herodianos (6): partidarios de Herodes Antipas, → página 540. Colaboraban con los romanos, y por lo tanto normalmente aborrecían a los escrupulosos fariseos.

3:7-19 Los Doce

Las multitudes se reúnen en torno a Jesús desde el sur (Judea, Jerusalén, Idumea), desde el este al otro lado del Jordán; y desde Tiro y Sidón, los pueblos costeros del noroeste. → el mapa.

Jesús escogió un círculo íntimo de doce discípulos que fueron los miembros fundadores del nuevo reino, la contraparte de los doce hijos de Jacob, que dieron sus nombres a las tribus de Israel. Pedro, Santiago y Juan formaban su círculo íntimo. Cuatro de los Doce, todos de Galilea, eran socios en una empresa pesquera (Pedro y su hermano Andrés, Santiago y su her-

La parábola de los terrenos (o del sembrador) es ilustrada en esta escena de Galilea con tierra buena, terreno pedregoso, espinas, y espigas que producen grano.

Aquí, en el costado oriental del lago de Galilea, los cerdos gadarenos se precipitaron en el lago. A la distancia está el lugar donde Jesús dio de comer a cinco mil personas.

mano Juan). Uno (Mateo o Leví, que puede haber sido hermano de Santiago el hijo de Alfeo), era un publicano servidor de los romanos. Simón, en el otro extremo de la escala, pertenecía a un grupo guerrillero extremista (los Zelotes) que se había formado a fin de acabar con la ocupación romana. Sabemos poco de los demás. La lista completa aparece también en Mateo 10:2-4 y Lucas 6:12-16. El "Tadeo" de Mateo y Marcos parece ser el mismo "Judas hijo de Jacobo" (Lucas, Hechos 1:13). A Bartolomé a menudo se le identifica con el Natanael de Juan 1. Ciertamente se trataba de un grupo muy variado de hombres.

Versículo 12: → bajo 1:21-45.

3:20-35 Sospecha y acusación

→ bajo Mateo 12:15-37 y 49.

4:1-34 Jesús enseña en parábolas

→ bajo Mateo 13:1-52.
Versículos 1-25: la semilla y los terrenos.
Versículos 26-29: el trigo y la cizaña.
Versículos 30-32: la semilla de mostaza.

Versículo 12: en los modismos judíos, el resultado a menudo se expresa como si fuera intención. Este versículo se refiere a la *consecuencia*, no al *propósito* de la enseñanza de Cristo. Es fácil deducir de los versículos 22-23 que la razón de encubrir el significado es alentar al oyente a buscar la verdad por sí mismo.

4:35-41 Jesús calma una gran tormenta

A veces el mar de Galilea es azotado por tormentas repentinas y furiosas (→ página 500). Jesús tiene poder de dominar los elementos.

5:1-20 Al otro lado del lago; el endemoniado

→ también Mateo 8:28-34; Lucas 8:26-39. El hombre constituía un espectáculo digno de lástima, una personalidad fragmentada a merced de centenares de impulsos conflictivos; totalmente incapaz de una vida normal. ¿Hay algún

contraste más grande que la descripción de 2-5 y el versículo 15? Jesús tenía poder no solamente sobre la naturaleza, sino también sobre la naturaleza humana; y no solamente sobre la naturaleza humana sino también sobre las fuerzas espirituales del mal.
Región de los gadarenos o gerasenos (1): Zona sudeste del lago. Sólo en un punto de la orilla oriental hay un despeñadero (13).
Decápolis (20): diez ciudades griegas libres: → el mapa.

5:21-43 Resurrección de la hija de Jairo; la mujer con flujo de sangre

→ también Mateo 9:18-26; Lucas 8:40-56. La mujer trata de no llamar atención a su presencia, porque el flujo de sangre hace que sea inmunda e intocable para sus conciudadanos judíos. No hay magia en los vestidos de Jesús. El se dio cuenta de la diferencia entre el contacto casual de la multitud y el de alguien que lo tocaba por necesidad. Este incidente debe de haber animado a Jairo. El hecho de que él acudiera a Jesús muestra que no todos los dirigentes religiosos estaban en su contra.
Versículo 39: no estaba simplemente en coma: la niña realmente había muerto. Todos lo sabían (40). Las palabras de Jesús describen la muerte tal como Dios la ve: un sueño del cual despertaremos a un nuevo día.

6:1-13 En Nazaret y sus alrededores; la misión de los Doce

Versículos 1-6: En el pueblo de Jesús no es cuestión de que "un chico de la localidad se destaca" sino de "¿quién se cree que es este carpintero engreído?" No concordaba con el propósito de Jesús el hacer una demostración de sus poderes a fin de convencer a los escépticos (→ Mateo 4:6-7).
Versículos 7-13: → bajo Mateo 9:35 10:42.
Versículo 3: → bajo Mateo 12:49. Jacobo (Santiago) fue después dirigente de la iglesia de Jerusalén (Hechos 15:13). Judas escribió la epístola que lleva su nombre.

6:14-29 Herodes y Juan el Bautista

Un sentimiento de culpa unido a un carácter supersticioso hace que Herodes piense que Jesús es

Cinco panes y dos panecillos. Estos peces del lago de Galilea son conocidos como "peces de San Pedro", porque su boca grande, en la que transportan sus huevos, podría llevar una moneda (→ Mateo 17:27). El pez de la historia de la alimentación de los cinco mil, pudo haber sido un pez escabechado y no uno fresco.

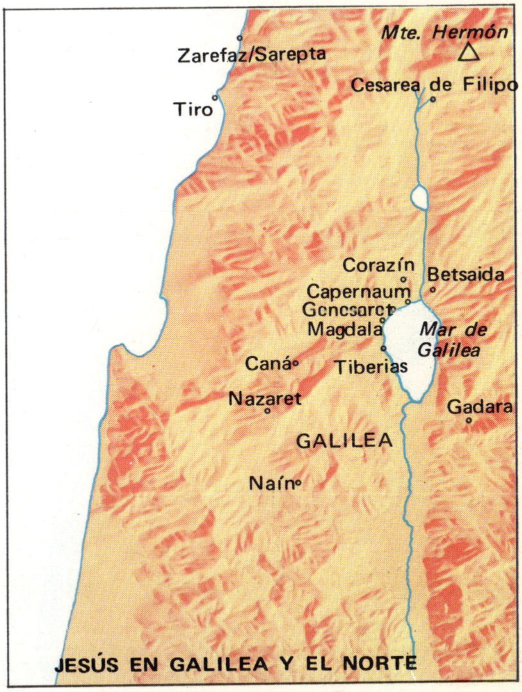

Juan que ha resucitado. Herodes se había divorciado de su esposa a fin de casarse con Herodías, esposa de su medio hermano Felipe. Juan había denunciado esto como incesto (Levítico 18:16; 20:21), y había sido puesto en la cárcel por esta razón. Según Josefo la prisión era la fortaleza de Maqueronte en el extremo sur, al oriente del Mar Muerto. Pero Herodías quería silenciar para siempre la voz del predicador.

6:30-44 El milagro de la alimentación de los 5.000

→ también Mateo 14:13-21; Lucas 9:10b-17; Juan 6:5-14. La muerte de Juan proyecta una sombra. Jesús está muy cansado y sufre muchas presiones. Sin embargo, en vez de enojarse o irritarse con las multitudes que lo siguen, su corazón siente por ellos.

Versículo 37: no es necesario decir que ellos no tenían dinero: el denario era el salario de un día; esto sería más de seis meses de sueldo.

6:45-56 Jesús camina sobre el lago

Ocurrió entre las tres y las seis de la madrugada. Nuevamente es la necesidad de los discípulos la que apela al amor de Jesús. Y nuevamente demuestra su poder supremo sobre la creación: es Señor del viento y del agua.

Salida de sol sobre el monte Hermón, sitio probable de la transfiguración de Jesús.

Borde/orla (56): franja azul que todo israelita debía usar en el borde de su manto. → página 90.

7:1-23 Los fariseos y sus tradiciones

→ bajo Mateo 15:1-20. Marcos añade una nota explicatoria para los lectores no judíos (3-4). Los fariseos no estaban preocupados por la higiene sino por la "pureza" ceremonial. El problema real del hombre no es el de las manos sucias sino el de un corazón contaminado, que no se puede limpiar por más que se lave. Jesús denuncia el error de sus pensamientos.

7:24-37 La hija de la mujer griega; el sordomudo

Versículos 24:30: → bajo Mateo 15:21-28.

Versículos 31-37: como ocurre a menudo, el defecto que tenía el hombre al hablar era resultado de su sordera. Una creencia popular atribuía a la saliva poderes curativos.

8:1-21 Alimentación de los 4.000; piden una señal; la "levadura" de los fariseos

Versículos 1-9: → bajo Mateo 15:29-39. Dalmanuta no se conoce.

Versículos 11-21: → bajo Mateo 16:1-12. Los discípulos muestran falta de discernimiento espiritual. Estaban tan asombrados con la multiplicación de los panes que no podían entender que Jesús les estaba advirtiendo del continuo peligro de la hipocresía religiosa (→ Lucas 12:1) y del materialismo (la preocupación primaria de la facción herodiana).

8:22-26 Un ciego recobra la vista

Jesús una vez más trata de eludir la publicidad. → bajo 1:21-45.

8:27 — 9:1 "¿Quién dicen los hombres que soy yo?"; Jesús predice su muerte

→ bajo Mateo 16:13-28. Aquí y en diversos lugares Marcos escribe con detalles los incidentes en que Pedro falla, pero resta importancia a lo que pudiera decirse en su favor, lo que es comprensible si la información vino de parte de Pedro mismo. Este episodio es un punto en que

Los soldados romanos en el Nuevo Testamento

HAROLD ROWDON

Los soldados romanos tenían varios deberes aparte del servicio militar activo en las conquistas. Servían como policías en las calles cuando había peligro de disturbios, de modo que siempre había una fuerza destacada en Jerusalén. Esta era reforzada durante las festividades judías, cuando grandes multitudes de gente excitada llenaba la ciudad hasta hacerla desbordarse. Los soldados también montaban guardia sobre los prisioneros, actuando como escolta a los que eran trasladados. Estaban siempre presentes en la ejecución de criminales, para prevenir un rescate de último minuto y para llevar a efecto la ejecución.

Los centuriones eran oficiales a cargo de cien hombres. Generalmente habían surgido de las filas y eran escogidos por su valor y confiabilidad. En los Evangelios y en los Hechos se mencionan varios centuriones, dos de ellos por nombre. Todos aparecen en una luz favorable, en cuanto a su consideración por los judíos, su justicia y la respuesta positiva de algunos de ellos a Cristo.

Jesús sanó al siervo de un centurión establecido en Capernaum (Mateo 8:5-13; Lucas 7:1-10). Los líderes judíos locales lo consideraban como amigo de los judíos, y tenían buenas razones para ello, puesto que les había edificado una sinagoga. El centurión a cargo de los soldados que crucificaron a Jesús quedó tan impresionado por lo que vio y oyó que llegó a la conclusión de que Jesús era inocente y divino (Mateo 27:54; Marcos 15:39, 44ss.; Lucas 23:47). En Hechos 10 leemos de *Cornelio,* el centurión temeroso de Dios que se convirtió por la predicación de Pedro. Varios centuriones anónimos estuvieron involucrados en el arresto y encarcelamiento de Pablo (Hechos 21:31 ss.; 22:25; 23:17, 23; 24:23). *Julio* era el centurión que estaba a cargo de Pablo y los demás prisioneros enviados a Roma (Hechos 27:1). Trató a Pablo con toda bondad (versículo 3), aunque hizo más caso al capitán y al propietario del barco que a los consejos de Pablo (versículo 9-11).

Seis centurias de hombres formaban una compañía o cohorte, que era comandada por un tribuno (Hechos 21:31). *Claudio Lisias* era el tribuno a cargo de las fuerzas que guardaban el orden en los atrios exteriores del templo cuando los judíos provocaron el desorden y Pablo fue arrestado (Hechos 21:26ss.; 23:17ss.). Las compañías solían tener nombre. La *compañía Italiana* (Hechos 10:1) era probablemente de reclutas de Italia. La *compañía Augusta* recibía el nombre en honor de Augusto, primer emperador de Roma.

Diez compañías formaban una legión que era comandada por un legado. En teoría, por lo menos, su fuerza consistía de seis mil hombres.

Soldado romano: relieve en el Museo de Damasco.

la historia cambia de curso. De aquí en adelante Jesús enfatiza los sufrimientos que le esperan.

Cesarea de Filipo (27): 40 kilómetros al norte del lago de Galilea. → el mapa.

9:1: → bajo Mateo 10:23.

9:2-13 Los discípulos ven a Jesús transfigurado

→ también Mateo 17:1-13; Lucas 9:28-36. Ahora los apóstoles están seguros de que Jesús es el Mesías. Este vistazo especial de su gloria que le fue permitido al círculo íntimo debe de haber sido de mucho aliento a través de los sucesos que iban a sobrevenir. Moisés (el gran legislador de Israel) y Elías (el primer gran profeta) conversa con Jesús acerca de su ya cercana muerte (Lucas 9:31).

Versículo 2: se cree que la montaña es el monte Hermón que tiene 3.000 metros y está sólo 20 kilómetros al noroeste de Cesarea de Filipo. La tradición de que es el monte Tabor no se ajusta a los detalles geográficos. Pedro quiere prolongar el momento presente. Quizá Moisés y Elías se quedarían si les hicieran refugios como el tabernáculo donde Dios estaba presente en el pasado, antes de la construcción del templo. La gloria de todo lo que vio se le grabó a Pedro indeleblemente en la memoria (2 Pedro 1:16-18).

Versículo 13: "Elías", es decir Juan el Bautista (→ Mateo 17:13). Malaquías (4:5) había predicho una reaparición de Elías para anunciar el día de la venida de Dios.

9:14-29 El muchacho epiléptico

→ también Mateo 17:14-19; Lucas 9:37-42. Los discípulos fracasan por falta de fe (→ Mateo 17:19-20). Sin embargo, Jesús se conformaba hasta con un grano de fe en él (24). Para sanar al joven él no espera a que la fe del padre crezca.

9:30-50 Posición y responsabilidad del cristiano

→ bajo Mateo 18. Ninguna persona que esté llena de ambiciones egoístas puede ser un "gran cristiano". Tiene que poner en primer lugar a las demás personas y luego su yo. Actualmente ponemos mucho énfasis en los logros personales y en el desarrollo completo de la personalidad. Jesús pone esto en su debida perspectiva. Es mejor limitar deliberadamente nuestros logros, limitarnos en esta vida (44-45), que perder el reino de Dios.

Versículos 43-48: Jesús basa este terrible cuadro del infierno en la escena del humeante basurero de Jerusalén en el valle de Hinom (Gehenna), y de los cuerpos muertos que gradualmente sirven de comida a los gusanos.

Versículo 49: "Salados con fuego", es decir, purificados en la "refinería" del sufrimiento.

10 EN CAMINO HACIA JERUSALEN

10:1-12 El divorcio

→ bajo Mateo 19:1-15.

10:13-16 Jesús bendice a los niños

Para entrar al reino de Dios todos debemos ser, no infantiles, sino como niños que le reciben con humildad y confianza (15).

10:17-31 La segura desventaja de la riqueza

→ bajo Mateo 19:16-30; Lucas 18:18-30. Este incidente no implica que todos los seguidores de Cristo deban quedarse sin dinero. El le está hablando a un hombre, no a todos, y en este caso las posesiones del hombre impedían que llegara a ser discípulo. Cualquier cosa que toma en nuestras vidas el primer lugar, el lugar de Dios, debe ser abandonada. Por eso Jesús le dice: "Anda, vende" *y también* "Ven, sígueme".

10:32-45 Jesús predice nuevamente su muerte; los discípulos altercan acerca de su posición futura

→ bajo Mateo 20:17-34.

10:46-52 El ciego Bartimeo

→ también Mateo 20:29-34 (donde hay dos hombres); Lucas 18:35-43. Solamente Mateo nos dice el nombre del mendigo. Como se unió al grupo de los seguidores de Jesús, es de suponer que Pedro lo conoció.

11 - 13 JESUS EN JERUSALEN

11:1-11 La entrada triunfal

→ la introducción a Mateo 21; y → bajo Lucas 19:28-44.

11:12-26 La higuera; la purificación del templo

→ bajo Mateo 21:18-22 y 12-17.

11:27 - 12:12 Los líderes religiosos ponen en duda la autoridad de Jesús; la parábola de la viña

→ bajo Mateo 21:23-46.

12:13-44 Preguntas de prueba; Jesús en el templo

→ también Mateo 22:15-46; Lucas 20:19 21:4. Lucas 20:19-20 da el trasfondo de estas preguntas.

Versículos 13-17: había poco amor recíproco entre los estrictos fariseos y los oportunistas herodianos; sin embargo, unen sus fuerzas a fin de atrapar a Jesús en alguna afirmación poco feliz.

Versículos 18-27: los materialistas saduceos tratan de ridiculizar la idea de la resurrección con un caso absurdo de levirato (→ página 226), pero la burla cae sobre ellos, porque hay una resurrección a una vida en la que no hay unión sexual ni procreación por cuanto no existe la muerte.

Versículos 28-34: la tercera pregunta es genuina. Teniendo seiscientos trece mandamientos para escoger, Jesús responde con las palabras del credo de Israel (el *Shemá;* Deuteronomio 6:4-5) y de Levítico 19:18. Si los fariseos esperaban una respuesta poco ortodoxa (Mateo 22:34-35) quedaron desengañados. La asombrosa sabiduría de Jesús acalló a sus opositores, pero aún no había acabado con ellos (35-40).

En fuerte contraste con la publicidad que los religiosos hacían de sí mismos está el incidente de los versículos 41-44. Lo que cuenta delante de Dios no es el tamaño de la ofrenda, sino la cantidad de amor y sacrificio propio que representa.

13 Juicio sobre Jerusalén: Jesús habla de su segunda venida

→ bajo Mateo 24; → también Lucas 21 y 17:22 ss.

14 - 16 MUERTE Y RESURRECCION DE JESUS

14:1-11 Conspiración contra su vida; el costoso frasco de perfume; la traición

→ también Mateo 26:6-13; Juan 12:1-8. El ministerio público de Jesús está a punto de ter-

Frasco de alabastro con la inscripción "cinamomo"; helenístico, de Egipto.

minar. A medida que se acerca la fiesta de la Pascua (→ Mateo 26), los sucesos avanzan rápidamente a un clímax. Contra el telón de fondo del odio y la traición brilla la historia del amor de una mujer hacia el Señor (3-9). Quizá sintiendo intuitivamente que la tragedia estaba por delante, María (→ Juan 12:3) derrama el precioso aceite perfumado en un gesto sincero y extravagante de afecto (en aquel tiempo un hombre ganaba un denario al día). Este lujoso artículo costaba cerca del salario de un año). Juan (12:1-8) coloca el suceso unos días más temprano y nos cuenta la desagradable verdad de la atracción que el dinero ejercía sobre Judas. En Lucas 7:36-50 la ocasión es similar, pero la mujer es otra.

14:12-25 La Ultima Cena

→ bajo Mateo 26:14-29.

Pilato

HAROLD ROWDON

En 1961 se descubrió en Cesarea una tabla de piedra que llevaba el nombre de Poncio Pilato. Esta es una de las pocas piezas extrabíblicas que sirven de evidencia de la vida y obra de este infeliz. Tácito, el escritor romano, se refiere a la ejecución de Jesús ordenada por Pilato; y dos escritores judíos, Josefo y Filón, relatan diversos incidentes. Aparte de esto tenemos solamente la evidencia bíblica. Además de los relatos dados por los evangelistas, hay breves referencias a él en Hechos 3:13; 4:27; 13:28; 1 Timoteo 6:13.

Pilato era evidentemente un romano de clase media con experiencia militar y administrativa que en el año 26 d.C. fue designado para ocupar el cargo de procurador de Judea. Como procurador o gobernador, poseía poderes muy amplios, especialmente en asuntos militares y financieros. El designaba al sumo sacerdote y controlaba los fondos del templo.

Filón describe a Pilato como un hombre duro, malévolo y brutal. Según Josefo, en una de sus obras históricas Pilato comenzó su antagonismo con los judíos casi tan pronto como fue designado. Permitió que los soldados romanos llevaran sus estandartes a Jerusalén. Estos contenían representaciones del emperador y los judíos se enfurecieron porque les parecía que la ciudad santa había sido profanada por estos símbolos idolátricos. Pilato cedió ante la tormenta y ordenó que fueran quitados los estandartes.

En otra ocasión, según Filón, los judíos objetaron violentamente algunos escudos de oro que Pilato había dedicado en su residencia en Jerusalén. En esta oportunidad Pilato se negó a quitarlos, pero los judíos apelaron al emperador Tiberio, que ordenó que fueran llevados a Cesarea, sede de Pilato.

Josefo relata un incidente que surgió de un plan de Pilato de usar dinero de la tesorería del templo para financiar la construcción de un acueducto para llevar agua a Jerusalén desde una fuente que estaba a unos 40 kilómetros de distancia. Las protestas masivas fueron acalladas por la fuerza y murieron muchos judíos. Este puede ser el incidente a que se refiere Lucas 13:1.

Cada uno de los Evangelios registra el juicio de Jesús ante Pilato (Mateo 27:1-26; Marcos 15:1-15; Lucas 23:1-25; Juan 18:28 - 19:16). Marcos relata la historia básica. Lucas agrega el envío de Jesús a Herodes (23:6-12) y la triple afirmación de Pilato de que Jesús era inocente (23:4, 14, 22). Mateo relata el sueño y el mensaje de la esposa de Pilato (27:19), cómo Pilato se quitó de encima la responsabilidad por la muerte de Jesús (27:24s.), y el envío de una guardia a la tumba (27:62-66). Juan, que había estado presente en el juicio, provee aún mayores detalles.

El último error craso de Pilato fue capturar a una cantidad de samaritanos que se habían reunido en el monte Gerizim, como resultado de un rumor de que los vasos sagrados del tabernáculo estaban escondidos allí. Algunos de los cabecillas fueron ejecutados. En respuesta a la protesta samaritana, Vitelio, gobernador de Siria y superior de Pilato, ordenó que el procurador respondiera ante el Emperador por la forma de tratar el asunto. El emperador reinante, Tiberio, murió antes de que Pilato llegara a Roma. No sabemos el final del asunto, pero Eusebio, el historiador cristiano del siglo IV, anota un informe de que Pilato se suicidó.

Varias tradiciones poco fidedignas existen acerca de Pilato. Varios *Hechos de Pilato,* pretendidos relatos del gobierno del mismo, aparecieron durante los primeros siglos del cristianismo. Son invenciones que tienen el propósito de desacreditar el cristianismo.

Judas traicionó a su Maestro por treinta monedas de plata; estas monedas están alumbradas por una lámpara de aceite.

14:26-52 Getsemaní; Jesús es arrestado

→ bajo Mateo 26:30-56. La mención del joven parecería de escasa importancia (51-62) a menos que se trate de Marcos mismo.

14:53 - 15:15 El juicio judío; Pedro niega a Jesús; el juicio romano

→ bajo Lucas 22:54-71.

Los juicios. El tribunal judío que juzgó a Jesús fue el Sanedrín, la corte suprema de Jerusalén. Sus 71 miembros pertenecían a familias influyentes: ancianos, doctores de la ley, fariseos y saduceos. El sumo sacerdote del año presidía. El Sanedrín tenía amplios poderes en asuntos religiosos y civiles en Judea, pero bajo la ley romana no tenía poder para ejecutar la sentencia de muerte. Por esta razón Jesús también tenía que comparecer ante el gobernador romano acusado de algún delito que mereciera la sentencia de muerte según el derecho romano. La blasfemia era suficiente para los judíos. A fin de asegurarse de que Pilato ratificara la sentencia, el cargo más seguro era el de traición. El juicio judío estuvo muy lejos de ser normal. Se realizó en la noche. No hubo testigos para la defensa. Los testigos de la acusación no estaban de acuerdo entre sí. Y la sentencia de muerte, que no debió haber sido pronunciada hasta el día siguiente del juicio (el día judío iba de un atardecer al otro), fue inmediata.

La secuencia de los sucesos

1. La audiencia con Anás, suegro del sumo sacerdote Caifás (Juan 18:12-14).
2. La sesión a altas horas de la noche en la casa de Caifás antes del Sanedrín (Mateo 26:57-58, Marcos 14:53-65; Lucas 22:54-65; Juan 18:24).
3. La ratificación de la sentencia por el Sanedrín en la madrugada (Mateo 27:1; Marcos 15:1; Lucas 22:66-71).
4. Jesús ante Pilato (Mateo 27:2; 11-14; Marcos 15:2-5; Lucas 23:1-5; Juan 18:28-38).

El sitio tradicional de la crucifixión, el Lugar de la Calavera, está señalado por la Iglesia del Santo Sepulcro. Fue el General Gordon en el siglo pasado quien sugirió que esta colina rocosa a las afueras del muro de la ciudad vieja de Jerusalén tenía una extraordinaria semejanza a una calavera, y podía ser el lugar donde murió Jesús.

Después que los soldados se hubieron burlado de él coronándolo con espinas, Jesús fue llevado para ser crucificado. Murió en completa soledad, llevando el peso del pecado del hombre. Durante tres horas, mientras estuvo en la cruz, hubo tinieblas.

5. Puesto que Jesús es galileo, Pilato lo remite a Herodes (Lucas 23:6-12).

6. Jesús es llevado nuevamente a Pilato. Es escarnecido, sentenciado y entregado a los soldados (Mateo 27:15-26; Marcos 15:6-15; Lucas 23:13-25; Juan 18:29 — 19:16).

15:16-41 Las burlas y la crucifixión

Jesús está ahora completamente solo. Los evangelistas relatan el horror físico de las seis horas (9 a.m. - 3 p.m.) sobre la cruz cuando Jesús pasó por sufrimientos tan profundos en el cuerpo, en la mente y en el espíritu que están lejos del alcance de nuestra imaginación. Pero todo el Nuevo Testamento declara que sus sufrimientos fueron "por nosotros". Con su muerte él pagó completamente el castigo de nuestros pecados. Nos salvó de la sentencia de muerte, haciendo posible el don gratuito de la vida eterna.

Siete veces en aquellas seis horas (las últimas tres en tinieblas) los que miraban lo oyeron hablar:

Las siete palabras en la cruz

1. *"Padre, perdónalos, porque no saben lo que hacen"* (Lucas 23:34) es una oración por el pueblo judío y los soldados romanos.

2. *"De cierto te digo que hoy estarás conmigo en el paraíso"* (Lucas 23:43) son palabras en favor del ladrón arrepentido, que estaba crucificado junto a él.

3. *"Mujer he ahí tu hijo"; "He ahí tu madre"* (Juan 19:26-27) es la entrega de su madre al cuidado de Juan.

4. *"Dios mío, Dios mío, ¿por qué me has desamparado?"* (Mateo 27:46; Marcos 15:34) expresa en las palabras del Salmo 22:1 la agonía de la separación de Dios en el momento en que todo el peso del pecado humano estaba sobre él.

5. *"Tengo sed"* (Juan 19:28).

6. *"Consumado es"* (Juan 19:30).

7. *"Padre, en tus manos encomiendo mi espíritu"* (Lucas 23:46).

Versículo 21: Cirene, en el norte de Africa, tenía una fuerte colonia judía. Alejandro y Rufo evidentemente se hicieron cristianos. Este puede ser el mismo Rufo mencionado en Romanos 16:13.
Salomé (40): esposa de Zebedeo, madre de Santiago y Juan (Mateo 27:56).

15:42-47 El entierro

La muerte por crucifixión era una larga agonía. A menudo tardaba dos días o más. Pero la muerte de Jesús le llevó seis horas. José lo salvó de la indignidad final de ser sepultado en una fosa común.
Día de la preparación (42): es decir, el día antes del sábado, el cual comenzaba a las 6 p.m.

16 La resurrección

→ bajo Lucas 24. Por alguna razón desconocida, probablemente por haberse dañado alguna copia muy antigua del Evangelio, los mejores manuscritos de Marcos que conocemos terminan abruptamente en 16:8. Los versículos 9-20 representan intentos precoces de darle al Evangelio una terminación más satisfactoria.

El cuerpo de Jesús fue envuelto en telas de lino con especias y fue puesto en una tumba cavada en la roca. Esta tumba típica de la época es la Tumba del Huerto, en Jerusalén.

Lucas

Lucas nos da la historia más completa de la vida de Jesús que poseemos. Su Evangelio es la primera parte de una historia de los comienzos del cristianismo formada por dos tomos: Lucas y Hechos. Ambas partes están dedicadas al mismo hombre, el romano Teófilo, y ambas están escritas con el mismo propósito. El Evangelio fue cuidadosamente compilado de fuentes dignas de confianza y de primera mano. Lucas no es simplemente un biógrafo. Su principal interés es conocer la verdad de lo que sucedió en Palestina en los críticos años de la vida de Jesús. Su Evangelio muestra a Jesús como el Salvador de todos los hombres; su venida, como un evento mundial. Nos permite ver a Jesús el Hombre. Su selección de historias refleja su tierno interés por las personas, especialmente los enfermos y desvalidos, los pobres, las mujeres, los niños y los desechados de la sociedad.

El autor. El Evangelio no menciona el nombre del autor, pero toda la evidencia señala a Lucas el médico, compañero de Pablo en sus viajes misioneros (véase la introducción a los Hechos). La forma precisa de describir las enfermedades en este Evangelio corresponde perfectamente con esta idea. El evangelio mismo da evidencia de que el escritor es un hombre educado, con un extenso vocabulario y capaz de clasificar y seleccionar el material. Es un artista de las palabras. Conoce los ambientes griegos y judíos, aunque escribe para los no judíos usando los títulos griegos y citando la versión griega del Antiguo Testamento. La arqueología ha probado que fue un meticuloso historiador. Lucas trabajó con Marcos y lo conocía bien (Colosenses 4:10, 14; Filemón 24), y el Evangelio que Marcos escribió es una de sus principales fuentes.

1:1-4 PREFACIO

La iglesia pronto comprendió la necesidad de tener por escrito las historias y las enseñanzas de Jesús que cirulaban en forma oral. Lucas, que quizá tuvo tiempo y oportunidad de corroborar los hechos durante el encarcelamiento de Pablo en Cesarea, se entregó él mismo a la tarea de compilar un relato exacto.

Teófilo (3): un romano de quien no sabemos nada más, y que debió de haber tenido por lo menos algún interés en el cristianismo. "Excelentísimo" puede ser su título como funcionario de alto rango.

1:5 — 2:52 EL NACIMIENTO E INFANCIA DE JUAN Y DE JESUS

Solamente Mateo y Lucas comienzan sus relatos desde el nacimiento de Jesús. Los dos relatos se complementan. El de Lucas es más completo. Gran parte de la información seguramente proviene de María misma.

Inscripción con el nombre del "divino" Augusto César, el emperador romano que dictó el decreto para la realización del censo que motivó el viaje de José y María a Belén.

1:5-25 El mensaje del ángel a Zacarías

Dios estaba presente en los sucesos que condujeron al nacimiento de Cristo. La concepción de Juan es inexplicable en sí misma sobre una base puramente humana (como la de Isaac, Jacob, Samuel y Sansón). Zacarías estaba en Jerusalén cumpliendo su turno anual de dos semanas en el sacerdocio. Este año le había correspondido el honor de toda una vida. Había sido elegido para ofrecer el incienso él solo en el templo. Y en aquel momento Dios le manda a decir que los largos años de oraciones pidiendo un hijo se han acabado. El quitará el estigma de la esterilidad, y más que eso. Al responder a los profundos anhelos de este matrimonio, Dios al mismo tiempo cumple propósitos mucho más amplios que favorecen a la nación y al mundo. Juan será el vínculo entre el Antiguo y el Nuevo Testamento. Juan será el nuevo Elías (17; Malaquías 4:5), heraldo del Mesías prometido tanto tiempo atrás y a quien tanto se ha esperado.

Versículo 15: comparar la dedicación de Sansón a Dios, Jueces 13:4-5; y las reglas del nazareato, Números 6.

1:26-38 El mensaje del ángel a María

Seis meses después se anuncia el nacimiento del Mesías, esta vez a una doncella escogida para ser su madre, y sin la intervención de un padre humano. La forma sumisa en que María acepta una situación que podría causar escándalo y tal vez la ruptura de su compromiso matrimonial, muestran algo de la calidad de mujer que Dios escogió para cumplir su propósito.

1:39-56 María visita a Elisabet (Isabel)

Habiendo oído la noticia, María emprende un viaje de cuatro o cinco días hacia el sur. El encuentro es de especial gozo y significación porque las dos mujeres tenían mucho que contarse. Sus pensamientos y sentimientos se cristalizan en la bendición de Elisabet y en el himno de alabanza de María. El himno está lleno de frases del Antiguo Testamento que María debe haber amado y conocido desde su niñez (→ especialmente el cántico de Ana, 1 Samuel 2:1-

El nacimiento virginal

JOHN SIMPSON

Tanto Mateo (1:18-25) como Lucas (1:30-35) afirman que Jesucristo fue concebido por la acción del Espíritu Santo, sin la intervención de un padre humano, y por lo tanto nació de una virgen, María. Nosotros llamamos a este suceso el nacimiento virginal, o más exactamente concepción virginal de Jesús.

Tanto en Mateo como en Lucas el énfasis está en el poder y la actividad del Espíritu Santo en el nacimiento de Jesús. Es esto, no la ausencia de padre humano, y ni siquiera la cooperación de la madre virgen, el punto importante. De su madre Jesús nació como un hombre, pero por la acción creativa del Espíritu Santo, él constituye una nueva humanidad, el punto de partida de una nueva raza.

Se arguye que esto podría haber sido posible sin un nacimiento virginal, pero la evidencia bíblica señala a este milagro como el medio que Dios empleó a fin de traer su Hijo al mundo. En ningún lugar se nos dice nada acerca de la fisiología de la encarnación, sino simplemente que fue por la obra del Espíritu Santo que María quedó embarazada.

Esto es todo lo que se puede decir, puesto que lo que aquí nos preocupa es la entrada del Dios infinito en su propia creación, y esto es algo que no puede ser descrito, así como no se puede describir el acto mismo de creación. Ni puede rechazarse el nacimiento virginal por el simple hecho de ser un milagro. El milagro supremo es la encarnación misma, y si podemos aceptar ese milagro, no habrá dificultades para aceptar los medios que Dios escogió para efectuarlo.

El nacimiento virginal raras veces se menciona en el Nuevo Testamento. Eso es como una advertencia para que no lo tomemos fuera de sus proporciones. Las Escrituras afirman el hecho, pero en ninguna parte se dice que el método de su nacimiento afecte la deidad de Cristo, su encarnación o su impecabilidad. La profecía de Isaías 7:14 según la cual una "doncella" concebiría y daría a luz un hijo llamado Emanuel ("Dios con nosotros") se comprendió con un sentido más profundo después del nacimiento de Jesús (→ Mateo 1:22-23). En Marcos 6:3 el pueblo de Nazaret llama a Jesús, "hijo de María", frase que muy bien podría haber sido un insulto basado en el rumor de que José no era su padre. Juan 8:41 contiene una calumnia similar. Algunos han hallado otras referencias al nacimiento virginal en Gálatas 4:4 donde Pablo dice que "Dios envió a su Hijo, nacido de mujer", y nuevamente cuando habla de Jesús como el "segundo Adán" el primero de la nueva raza (1 Corintios 15:45-47).

10). Mateo 1:18-25 nos dice lo que ocurrió después que María volvió al hogar.

1:57-80 El nacimiento de Juan

El extraño nombre del niño, la repentina recuperación del habla de Zacarías y la exultante profecía que pronunció cuando sus pensamientos pudieron expresarse en voz alta, causaron una profunda impresión en la gente que los rodeaba. Esperaban de Juan grandes cosas.

En el desierto (80): en aquel tiempo otras personas cansadas del mundo, también se retiraban de la vida ordinaria y se apartaban de la gente. Por ejemplo, la comunidad esenia de Qumrán floreció en los días de Juan y en la misma zona. Juan, en cambio, tenía un mensaje para su nación. → también la nota bajo Marcos 1:1-8. 1:1-8.

2:1-20 El nacimiento de Jesús

Belén, unos 10 kilómetros al sur de Jerusalén, más o menos 110 kilómetros al sur de Nazaret, tenía una larga historia. Allí vivieron Rut y Booz, y allí nació el Rey David. Pero allí no había lugar para Jesús; solo un establo, una cuna compartida con los animales. Y los únicos que recibieron el aviso de que había llegado el Rey de gloria fueron unos humildes pastores. "Se hizo pobre"; la frase de Pablo fue la verdad literal.

Belén, asentada sobre el lomo de unas montañas al sur de Jerusalén, está todavía rodeada por campos, donde los pastores guardan 'las vigilias... sobre sus rebaños'.

Versículo 2: sabemos que Cirenio (Cirino) gobernó Siria y Cilicia entre los años 6 y 9 d.C., pero el censo mencionado por Lucas ocurre por lo menos nueve años antes. Quizá Cirenio fue gobernador también en un período anterior, o tal vez el nombre debía leerse Saturnino. Lucas ha demostrado ser un historiador tan fidedigno que es difícil pensar que cometiera un error como ese.

Versículo 7: La posada o mesón pudo haber sido la pieza para huéspedes de una casa (→ Mateo 2:11). Los animales posiblemente estaban en una cueva debajo de la casa.

Versículo 14: "paz, buena voluntad para con los hombres". La paz de Dios no llega a los hombres por los méritos de ellos.

2:21-40 La presentación de Jesús en el templo; Simeón y Ana

Levítico 12 da el trasfondo judaico. Cuarenta días después del nacimiento de Jesús, sus padres lo presentan al sacerdote en el templo. Son pobres y no pueden ofrecer un cordero. Todo el procedimiento es de rutina, hasta que Simeón y Ana ven al niño y reconocen al Mesías.

Versículo 39: Mateo 2 proporciona otros sucesos que ocurrieron antes de que la familia se estableciera en Nazaret.

2:41-52 Jesús deja asombrados a los maestros del templo

El muchacho judío, cuando cumplía los doce años, recibía la preparación necesaria para entrar a la posición de adulto en la comunidad religiosa. Esta visita a Jerusalén, por lo tanto fue algo especial para Jesús. Los visitantes afluían hacia Jerusalén al acercarse la Pascua (→ página 492) viajando en grandes grupos para mayor seguridad. Los padres de Jesús no tenían por qué notar su ausencia mientras no se detuvieran aquella noche. Al día siguiente volvieron sobre sus pasos, y a la mañana del tercer día lo encontraron en el templo. Esta es la primera indicación que tenemos de que Jesús comprendía

Escena de mercado en Belén.

su especial relación con Dios. Los siguientes dieciocho años pasan en un silencio absoluto.

3 — 4:13 JUAN EL BAUTISTA Y JESUS

3:1-20 La predicación de Juan

→ también bajo Mateo 3; Marcos 1:2-8. El detalle histórico de Lucas hace posible fechar el ministerio de Juan (y el comienzo del ministerio de Jesús unos pocos meses después) entre los años 26 y 29. Los versículos 10-14 aparecen solamente en Lucas. El verdadero arrepentimiento se demuestra en la vida cotidiana, por medio de la generosidad, la bondad y la honradez. A los soldados se les dice: "No exijas dinero a la fuerza; no acuses a ningún inocente; conténtate con lo que recibes de salario" (*Lo más importante es el amor*).

Versículos 19-20: → bajo Marcos 6:14-29.

3:21-22 Bautismo de Jesús

→ bajo Mateo 3.

3:23-38 Genealogía de Jesús

→ bajo Mateo 1:1-17. Lucas traza la línea más allá de Abraham hasta Adán, enfatizando la obra de Jesús en favor de toda la humanidad, a la vez que establece su aseveración de que es el Mesías descendiente de David.

4:1-13 La tentación

→ bajo Mateo 4; Marcos 1:9-13. Lucas invierte el orden de la segunda y tercera tentación. El verdadero blanco del ataque es la relación de Jesús como Hijo con su Padre. Los intentos de Satanás de socavarla y sembrar dudas no son diferentes de su método de Génesis 3: "¿Conque Dios os ha dicho...?" Pero esta vez no tuvo éxito.

4:14 — 9:50 ENSEÑANZA Y CURACIONES EN GALILEA

→ nota sobre Galilea en la pág. 500.

4:14-30 En Nazaret

Lucas comienza aquí, aunque este no fue el primer suceso en el ministerio de Jesús. El asom-

La gente de Nazaret llevó a Jesús a un precipicio cercano "para despeñarlo".

bro ante las enseñanzas de Jesús rápidamente se torna en hostilidad. Y ante la implicación de que a causa de su incredulidad el evangelio será ofrecido a los no judíos, todo el pueblo trata de lincharlo. → también Mateo 13:53-58; Marcos 6:1-6.

La sinagoga (16-17): cualquiera podía ser invitado a participar en el servicio de las oraciones, las lecturas y el sermón. El dirigente se ponía en pie para orar y leer los rollos, y luego se sentaba para enseñar (20).

Versículos 26-27: → 1 Reyes 17:8-16; 2 Reyes 5:1-14.

4:31-44 Capernaum (Cafarnaúm)

→ bajo Marcos 1:21-45.
Judea (44): El término se usa aquí para designar a Palestina en general, no al sur en particular. Jesús fue allá más tarde.

5:1-11 La pesca; Pedro y sus socios siguen a Jesús

Lucas pone algunos detalles omitidos por Mateo (4:18-22) y Marcos (1:16-20). La decisión de seguir a Jesús se basó en algo más que un contacto casual.

Genezaret (1): otro nombre de Galilea.

5:12-16 Jesús cura a un leproso

→ bajo Mateo 8:1-4.

5:17-26 El paralítico camina

→ bajo Marcos 2:1-12.

Fariseos (17): → página 494.

5:27-39 Leví (Mateo) se hace discípulo; preguntas acerca del ayuno

→ bajo Mateo 9:9-17.

6:1-11 Controversias sobre el sábado

→ bajo Marcos 2:23 — 3:6.

6:12-16 Jesús escoge a los Doce

→ bajo Marcos 3:7-19. Solamente Lucas nos cuenta la oración nocturna de Jesús. El nos presenta más a Jesús como hombre de oración que cualquier otro de los Evangelios.

6:17-49 Jesús enseña a sus discípulos

Es muy probable que esta sea una versión abreviada del sermón de Mateo 5 — 7. Jesús debe de haber enseñado estas verdades en diferentes ocasiones. Habiendo escogido a los Doce, Jesús desciende a cierta distancia por la ladera de la montaña hasta una zona llana. Allí se sienta para enseñar, y los apóstoles, los discípulos y la multitud se reúnen alrededor de él. Sus palabras son para sus seguidores, para quienes comprenden su pobreza personal ante los ojos de Dios y tienen apetito por la verdad espiritual, que lloran ante el mal que encuentran en sus propios corazones. Esta no es cuestión de pobrezas o riquezas materiales.

Versículos 20-23: descripción de los discípulos de Jesús. hombres que parecen dignos de lástima, pero que tienen un gran futuro.

Versículos 24-26: la terrible situación de quienes gozan lo que la vida ofrece ahora y no ven más allá de ello. → bajo Mateo 5:1-16.

Versículos 27-36: el mandamiento de tratar a los demás como Dios nos trata a nosotros, aun

La aldea de Naín, donde Jesús resucitó al hijo de la viuda.

frente a la injusticia; aun a quienes nos oprimen. → bajo Mateo 5:17-48.

Versículos 37-49: → bajo Mateo 7.

7:1-10 El esclavo del centurión

→ bajo Mateo 8:5-13, y "El soldado romano en el Nuevo Testamento", página 507.

7:11-17 Jesús resucita al hijo de la viuda

No tenemos otro relato de este incidente. Es otro ejemplo de la preocupación de Lucas por los desfavorecidos. El hijo de la viuda es el único medio de sustento de ella. Una vez más Jesús se muestra como Señor de la vida y de la muerte. **Naín (11):** aldea al sur de Jerusalén. → el mapa.

Versículo 13: Lucas es el único evangelista que se refiere a Jesús como "el Señor", término que posiblemente no se le aplicó mucho durante su vida.

7:18-35 Mensajeros de Juan el Bautista

→ bajo Mateo 11:1-19.

Versículo 35: "Sin embargo, la sabiduría de Dios demuestra su verdad por medio de todos los que la aceptan". El pueblo se volvía a Dios en respuesta a la predicación de Juan y de Jesús.

7:36-50 En la casa del fariseo

Este es un incidente diferente del relatado en los otros Evangelios. Simón no da ninguna muestra de cortesía a Jesús. Pero una prostituta, a la que le ha dado la posibilidad del perdón, derrama su gratitud con profundo amor, sin preocuparse de lo que los demás piensan. Su amor no *gana* el perdón (47); es consecuencia de él.

8:1-21 "El que tiene oídos... oiga"; Jesús enseña en parábolas

Versículos 1-3: solamente Lucas nos habla del papel que las mujeres desempeñaban en la misión de Jesús. Susana no vuelve a mencionarse, María Magdalena estuvo presente en la crucifixión y ella y Juana estaban en la tumba y vieron al Señor en la mañana de la resurrección. El amor

Los milagros del Nuevo Testamento

HOWARD MARSHALL

Los Evangelios contienen historias de unas treinta y cinco ocasiones diferentes en que Jesús realizó diversos tipos de hechos que parecieron milagrosos a quienes los vieron. Además hay varios pasajes en que se nos dicen en términos generales que Jesús realizó milagros.

Más de la mitad de estas historias acerca de Jesús cuentan cómo sanó a enfermos de diversas enfermedades, incluso fiebre, lepra (probablemente no sea la enfermedad moderna de ese nombre), hidropesía, parálisis, ceguera, sordera y mudez.

En otros casos expulsó demonios de personas que estaban sufriendo desórdenes físicos y mentales.

Tres veces oímos decir que resucitó a personas de entre los muertos.

Las demás historias muestran su poder sobre las cosas: alimentar a una gran multitud teniendo poco alimento, caminar sobre las aguas y acallar una tormenta, maldecir una higuera hasta hacerla marchitarse, cambiar el agua en vino y pescar cantidades enormes de peces.

Objeciones modernas a los milagros

Estas historias dan testimonio de la tremenda impresión que las obras de Jesús hicieron en quienes las vieron. Aun si las historias fueran lejendarias (que no lo son), todavía querríamos saber qué es lo que en Jesús causó tal impresión en la gente como para que contara tales cosas de él. Una cosa es cierta desde el principio: que no podemos dejar de lado los milagros para tratar de tener un Jesús no milagroso; ellos forman parte integral y central de la historia. Entonces ¿por qué la gente trata de desecharlos?

Primero, se arguye que la ciencia rechaza la posibilidad del milagro. Sin embargo, en realidad este argumento no es nada más que la afirmación de una presuposición, a saber, que en el mundo puramente material nada puede suceder que no pueda atribuirse a causas naturales. Pero esa es solamente una suposición acerca de la naturaleza del universo que no puede probarse como verdadera. Cuánto más, podría argüirse a partir de ella que los milagros normalmente no ocurren; pero es ilegítimo pretender por ello que los milagros no pueden ocurrir. Por lo menos debiéramos tener el espíritu abierto en este punto.

Segundo, se arguye de que no tenemos una evidencia histórica digna de confianza para los milagros. Debemos tener buena evidencia de que el pretendido milagro ocurrió y que no puede ser explicado de una manera no milagrosa. Puesto que estamos tratando con algo tan poco usual como el milagro, la evidencia necesita ser extremadamente sólida por cuanto la probabilidad (sigue el argumento) de que los testigos se hayan equivocado es mayor que la de que haya ocurrido el milagro.

La resurrección

Sin embargo, si solamente se pudiera probar la historicidad de un solo milagro, sería suficiente para demostrar que los milagros son posibles y para aceptar la probabilidad de otros. Tal hecho histórico es la resurrección. La evidencia de que testigos dignos de confianza aseguran haber visto a Jesús vivo después de su muerte (1 Corintios 15:3-8) es incontrovertible. La única explicación que tiene sentido en cuanto a la evidencia es que él fue milagrosamente resucitado de entre los muertos. Quien quiera objetarlo debe presentar alguna explicación alternativa bastante convincente.

Si la resurrección realmente ocurrió, entonces hace altamente probable la ocurrencia de los demás milagros. Primero, porque establece la posibilidad de que ocurra lo milagroso. Significa que Dios puede actuar en el orden natural de una forma poco acostumbrada. Segundo, la resurrección es el "sí" de Dios a la vida de Jesús, incluso a la afirmación de Jesús de hacer milagros (Lucas 7:21s.; 11:19).

Esta evidencia es confirmada por la fidedigna tradición histórica de que Jesús obró milagros, la cual se encuentra en los Evangelios. Ciertamente, no podemos probar y afirmar la verdad de cada relato de un milagro sobre bases puramente históricas. En algunos casos, lo que parecía milagroso al primer siglo, podría ser explicable en términos naturales (por ejemplo la curación psicológica de una enfermedad psicosomática); en otros casos podría no haber suficiente evidencia para confirmar o negar el relato del Evangelio.

Propósito de los milagros

Un punto importante que a menudo se presenta contra la historicidad de los milagros del Nuevo Testamento es que se cuentan historias similares de otros grandes hombres de la época. De aquí que es probable que los cristianos, que participaron de las supersticiones de su tiempo, pudieran inventar historias similares acerca de Jesús.

Se podría responder que si fuera necesario que Jesús obrara milagros a fin de ser considerado como "el más grande", según el criterio del primer siglo entonces Dios podría y querría hacer maravillas por medio de él. Es de mayor significado aún el hecho de que las historias de Jesús muestran importantes diferencias con respecto a las de los demás hombres. La importancia de los milagros de Jesús no está tanto en el poder milagroso que exhibió en ellos, sino en la significación que les dio.

- En general, eran efectuados por su pura palabra (Marcos 1:27; 2:11) o por un toque (Marcos 5:41) y no por el uso de trucos.

- No traían gloria para él, sino que tenían el propósito de dar gloria a Dios (Lucas 7:16).

- Daban testimonio del amor de Dios por la humanidad que sufre (Marcos 1:41; 8:2).

- Cumplían las promesas del Antiguo Testamento del tiempo futuro de salvación cuando Dios podría salvar los cuerpos de los hombres al igual que sus almas (Lucas 7:22; Isaías 29:18-19; 35:5-6; 61:1).

- Se hacían con el fin de conducir a los hombres a la fe en el poder salvador de Dios que obraba en Jesús (Marcos 9:23s.). No eran señales que obligaban a atribuirlas al poder de Dios: los fariseos se sintieron capaces de atribuirlas al poder de Satanás (Marcos 3:22). Para los que tenían ojos para ver, sin embargo, constituían la señal de que Dios estaba obrando en Jesús en cumplimiento de sus promesas, y tenían el propósito de despertar y confirmar en ellas su fe en el Mesías.

Todo esto se aplica a los milagros de Jesús mismo. También se aplica a los milagros en la Iglesia primitiva. Los primeros cristianos desplegaron poderes similares a los de Jesús. Oímos el relato de personas enfermas que fueron curadas, muertos que fueron resucitados, la liberación milagrosa de prisioneros, e incluso el poder de infligir juicios físicos. Estas eran señales de que el mismo poder de Dios que obraba en Jesús aún obraba en sus discípulos, confirmando su mensaje de salvación, y además advirtiendo la realidad del juicio de Dios.

de ellas y de otras muchas mujeres que los siguieron desde Galilea jamás flaqueó. María no es la mujer de 7:36ss., pero tuvo una verdadera batalla con su corazón antes de convertirse en discípula.

Versículos 4-15: → bajo Mateo 13:1-52. → también Marcos 4:1-20.

Versículo 10: → bajo Marcos 4:12.

Versículo 19: → bajo Mateo 12:49.

8:22-39 Cruzan en medio de la tempestad; el endemoniado

→ bajo Marcos 4:35-41; 5:1-20.

Versículo 32: el cerdo era un alimento prohibido para los judíos, pero la zona que estaba al norte del lago en su mayor parte no era judía.

8:40-56 La hija de Jairo; la mujer con flujo de sangre

→ bajo Marcos 5:21-43.

9:1-17 La misión de los Doce; Herodes está perplejo; la alimentación de los 5.000

Versículos 1-6: → bajo Mateo 9:35 — 10:42.

Versículos 7-9: Lucas parece tener una fuente de información especial acerca de Herodes, quizá por medio de Juana (8:3).

Versículos 10-17: → también Mateo 14:13-21; Marcos 6:30-44; Juan 6:1-14. Este es otro ejemplo del poder de Jesús.

9:18-27 "¿Y vosotros, quién decís que soy?"; Jesús habla de sus sufrimientos

→ la versión más extensa en Mateo 16:13-28, y Marcos 8:27 — 9:1. Lucas resume esta parte.

9:28-36 Jesús se transfigura

→ bajo Marcos 9:2-13.

9:37-50 El muchacho epiléptico; "¿Quién es el mayor?"

Versículos 37-43: → bajo Marcos 9:14-29.

Versículos 46-48: → bajo Mateo 18 y Marcos 9:30-50.

9:51 — 19:27 EN CAMINO HACIA JERUSALEN: ENSEÑANZAS Y CURACIONES

En esta sección Lucas reúne incidentes y enseñanzas de diversos períodos del ministerio de Cristo bajo el tema general del discipulado. Puede que haya estado pensando en varios viajes hechos a Jerusalén. Gran parte de lo relatado en estos capítulos está solamente en Lucas.

9:51-56 La aldea Samaritana

La insistencia de Jesús en ir a Jerusalén era para los samaritanos lo que una capa roja es para un toro (→ página 497 y bajo 10:29ss).

Versículo 54: ¡nada de raro tiene que Jesús apodara a estos dos hermanos "hijos del trueno"!

9:57-62 No mirar hacia atrás.

→ bajo Mateo 8:18-22.

10:1-24 Jesús envía a los setenta

Compárese esto con las instrucciones dadas por Jesús a los Doce (Mateo 10:5-15). → también Mateo 11:20-27. Aquellos en quienes se depositan las buenas nuevas de Dios tienen derecho de recibir el sustento de las personas beneficiadas con su mensaje. Pero no deben buscar el lujo (lo de "pasar de casa en casa", 7, se refiere a intentar darse una mejor vida). El tiempo es demasiado precioso para gastarlo en formalidades sociales interminables (4). Hay una obra que realizar y un mensaje que dar a conocer. Y Dios mismo juzgará a quienes lo rechazan. Los setenta están llenos de gozo por su nuevo poder. Pero mayor causa de gozo es la seguridad de la vida eterna (20).

Hijo de paz (6): un hombre que ama la paz.

Modelo de una posada oriental.

Versículos 13-17: en relación con los lugares mencionados, → la página 505. Tiro y Sidón: ciudades paganas contras las cuales hablaron los profetas del Antiguo Testamento. "Hades": lugar de los muertos; una frase metafórica: "caerás hasta lo más profundo"

Yo veía a Satanás caer (18): el que pudieran expulsar espíritus malignos en señal de que el poder de Satanás estaba quebrantado. La predicación de una nueva era significa que el poder del mal va a ser finalmente derrotado. Jesús se regocija en este cumplimiento de su ministerio.

10:25-37 Una pregunta capciosa; el buen samaritano

Solamente Lucas relata esta historia. Jesús da una respuesta corriente a la pregunta. El doctor de la ley, disgustado y en un intento de salir airoso formula una segunda pregunta. En vez de responderle directamente, Jesús responde con una parábola. Había una larga historia de odio entre judíos y samaritanos (→ página 497). Los samaritanos eran considerados la escoria, los intocables. Sin embargo, Jesús muestra que este cumple la ley, mientras los compatriotas judíos del hombre herido, aun los líderes religiosos, no lo hacen. El verdadero "prójimo" es el que da ayuda a quienquiera que la necesite, aun a quien ayer, por decirlo así, le golpeó en los dientes.

Versículo 30: el camino que desciende de Jerusalén a Jericó (baja unos 1.100 metros en 27 kilómetros) pasa por un terreno solitario, desolado y rocoso, ideal para perpetrar asaltos.

10:38-42 Marta y María

Las dos hermanas y su hermano Lázaro vivían en Betania, cerca de Jerusalén. Marta se esforzó más de la cuenta a fin de preparar una comida muy elaborada. Habría actuado mejor con hacer una comida sencilla y dedicar tiempo a escuchar a Jesús.

En el camino desierto que desciende en forma empinada desde Jerusalén a Jericó es fácil imaginar a los ladrones de la historia de Jesús.

11:1-13 Jesús enseña a sus discípulos a orar

Mateo (6:9-13) da la forma más extensa de la Oración del Señor. Jesús no está proporcionando simplemente una fórmula de palabras. Su oración nos proporciona una pauta. Nos enseña que debemos ir ante Dios en forma sencilla, hablándole como si le habláramos a nuestro padre, participando de sus intereses y diciéndole confiadamente nuestras necesidades. No debemos desalentarnos si pasa el tiempo y no vemos respuesta. La perseverancia finalmente convence al amigo más reacio, y Dios no es reacio para responder a las oraciones. → también Mateo 7:7-11.

Versículo 7: en una familia pobre dormían todos juntos sobre una estera delgada, en la parte más alta de la pieza única de la casa.

Versículos 11-12: Los peces y las serpientes tienen un aspecto parecido, al igual que los huevos y los escorpiones enrollados.

11:14-36 Oposición; Jesús describe a sus contemporáneos

Versículos 14-23: → bajo Mateo 12:15-37.
Versículos 24-26: → bajo Mateo 12:43-45.
Versículos 29-32: → bajo Mateo 12:38-42.
Versículos 34-36: → bajo Mateo 6:22-23. Solamente Lucas incluye los versículos 27-28.

Versículo 24: se pensaba que los lugares secos y desérticos eran el medio natural de los espíritus malos.

11:37-54 La reprensión de Jesús enfurece a los fariseos

Versículos 37-41: → bajo Mateo 15:1-20.
Versículos 42-52: → bajo Mateo 23.

12 — 13:9 Palabras de advertencia y aliento; estad preparados

Colección de las enseñanzas de Jesús acerca del futuro, y la forma en que los sucesos futuros deben afectar la vida presente aquí y ahora. Las consecuencias de seguir una miope filosofía materialista finalmente resultarán desastrosas. Gran parte de esta sección tiene paralelos en Mateo.

Versículos 1-12: → bajo Mateo 10:26ss.

Versículos 13-21: la parábola del rico insensato, exclusiva de Lucas.

Versículos 22-34: → bajo Mateo 6:9-34.

Versículos 35-48: → bajo Mateo 24:42-51.

13:1-9: los soldados romanos habían dado muerte a algunos peregrinos galileos en el templo durante la Pascua. El pueblo suponía que las víctimas de los dos desastres tenían que haber sido de veras malos, lo cual no era cierto. Toda la nación está madura para ser juzgada, y a todos les espera un destino igualmente horrible si dejan escapar las presentes oportunidades de cambiar de actitud.

Versículo 10: → bajo Mateo 12:15-37.

Versículo 35: para tener libertad de movimiento en el trabajo, la larga túnica se levantaba pasándola por el cinturón.

Versículos 49-50: las buenas nuevas del evangelio se extenderán por la tierra como fuego. Pero primero Jesús debe descender a los más profundos sufrimientos.

13:10-17 La mujer con artritis

Solamente Lucas relata esta historia. Es uno de los numerosos encuentros con los fariseos acerca de curaciones realizadas en sábado. → también Marcos 3:1-6.

Versículo 16: Satanás es en última instancia el culpable de introducir en el mundo el sufrimiento juntamente con el pecado.

13:18-21 Cuadros del reino de Dios

→ bajo Mateo 13, y "El reino de Dios y el reino de los cielos", página 484.

13:22-35 La puerta estrecha

Versículos 22-30: la especulación acerca de cuántos se salvarán es fútil. Lo importante es que cada individuo esté seguro de su propia situación. No es suficiente reconocer a Cristo. El exige una respuesta y el tiempo es limitado.

Versículos 31-35: Jesús no se preocupa por las amenazas de Herodes. El sabe lo que le depara el futuro y siente dolor por el destino de la ciudad que lo llevará a la muerte.

14:1-24 Jesús en una cena; dos parábolas

Versículos 1-6: otra curación en sábado: → 13:10-17; Marcos 3:1-6. ¡La vida humana es barata, el ganado es valioso!

Versículos 7-11: los invitados ocupaban posiciones cuidadosamente distribuidas según el rango y la condición (como se hace en un banquete formal en la actualidad), pero todos querían sentarse a la cabeza de la mesa. Jesús elogia a quien tenga un espíritu genuinamente humilde y no la falsa modestia.

Versículos 12-14: la verdadera generosidad no espera recompensa.

Versículos 15-24: la historia ilustra cómo reacciona la gente ante la invitación que Dios hace por medio de Jesús. Muchos responden con un desaire. No se trata de un caso de "no *puedo* ir", sino de un "no *quiero* ir". Las "razones" son sólo excusas.

Hidropesía (2): abundancia de líquido en partes del cuerpo que provoca hinchazón y dolor.

14:25-35 Cálculo del costo del discipulado

Los invitados de la historia habían calculado mal las prioridades. El llamado de Jesús debe ocupar el primer lugar antes que lo demás. Nadie puede seguirlo a menos que esté preparado para todo lo que ello significa. Demasiadas personas comienzan a edificar en un hermoso estilo y luego se quedan sin fondos (28-29).

Versículo 26: Jesús nos enseña a amar hasta a nuestros enemigos. No nos está diciendo que odiemos a nuestra familia. Quiere decir que debemos amarlo a él más que a cualquier otra cosa (33). Este contraste agudo era una figura en el hablar.

15 La oveja perdida; la dracma perdida; el hijo pródigo

Estas tres historias contrastan fuertemente con la severidad del capítulo 14. Dios cuida de quienes se han descarriado en la vida. Siempre está dispuesto a perdonar a cualquiera que se vuelva hacia él. Los religiosos (1-2), como el hijo mayor de la historia, no muestran amor ni piedad por quienes no se someten a sus normas. Pero Dios se regocija en la redención de este tipo de personas.

Versículo 8: las monedas de plata eran posiblemente la dote de la mujer; se usaban como collar o tocado.

16 El mayordomo infiel; el peligro de poner el corazón en el dinero

Versículos 1-13: Jesús elogia la astucia del mayordomo, no su falta de honradez. El sabe hacer que el dinero trabaje para él.

La figura del pastor que busca su oveja perdida es perenne. Esta estatua de marfil se remonta al siglo IX a.C.

Modelo de una casa lujosa en el tiempo de Jesús.

Versículos 16-17: comparar con Mateo 11:12-13. El énfasis aquí es diferente.

Versículo 18: → bajo Mateo 19:1-15.

Versículos 19-31: El rico y Lázaro. Jesús usa un lenguaje pictórico popular (el seno de Abraham, la gran Sima, etc.). Pero la historia deja en claro que si no respondemos positivamente al mensaje que Dios nos ha dado claramente en la Biblia, no responderemos positivamente a nada. Ninguna cantidad de milagros podrá cambiar las cosas. Nuestro futuro está determinado por nuestra aceptación presente, o por la ausencia de ella.

Versículo 9: es un versículo difícil. Los amigos comprados con dinero no nos pueden hacer entrar al cielo. Pero la forma en que usemos ahora nuestro dinero puede afectar nuestro destino eterno. Es una prueba de cómo administraríamos riquezas de una esfera diferente. ¿Quién es nuestro amor, Dios o el dinero?

17:1-10 Perdón; fe; deber

17:11-19 Los diez leprosos

Fueron enviados al sacerdote con el fin de que él declarara que estaban en condiciones de volver a la sociedad y a la vida normal. Al ir, demostraron su fe en la palabra de Jesús. Todos fueron curados, pero solamente uno se tomó la molestia de volver para decirle "gracias".

Samaritano (16): → página 497.

17:20-37 Enseñanzas acerca del regreso de Jesús

→ bajo Mateo 24. Ningún cálculo puede ayudarnos a determinar la fecha (20-21) o lugar (37) de la segunda venida de Cristo a juzgar. El mundo será tomado desprevenido, como ocurrió en el diluvio...

18:1-14 Más acerca de la oración

Las dos parábolas aparecen solamente en Lucas. Como todas las parábolas de Jesús, son historias tomadas de la vida.

Un pastor dirige a su ganado en busca de pasto fresco a través del desierto en las colinas de Judea.

Versículos 1-8: Dios no es un juez injusto. Si una mujer podía persistir en su petición a pesar de tener en contra la injusticia del juez, ciertamente nosotros podemos seguir orando si la respuesta no llega al instante.

Versículos 9-14: El fariseo "ora" solamente para congratularse a sí mismo. Es al publicano, que no puede encontrar en sí mismo nada de qué enorgullecerse, a quien Dios escucha.

18:15-17 Jesús y los niños

→ también Mateo 19:13-15; y bajo Marcos 10:13-16. Para los discípulos los niños eran una molestia, pero Jesús los amaba. El versículo 17 enfatiza el mismo punto de la historia del fariseo y el publicano: la entrada en el reino de Dios no se niega a quienes van con confianza y humildad.

18:18-34 La pregunta del rico; Jesús predice nuevamente su muerte

→ bajo Mateo 19:16-30; 20:17-19; → también Marcos 10:17-34.

18:35 — 19:10 En Jericó: el mendigo ciego; Zaqueo

18:35-43: → bajo Marcos 10:46-52. 19:1-10: Zaqueo, como Mateo, era un desechado por la sociedad a causa de su trabajo. Se había enriquecido esquilando a su propia nación para que pagara los impuestos romanos. Pero cuando Jesús quiso hospedarse en su casa, Zaqueo se convirtió en un nuevo hombre.

19:11-27 La parábola de las minas

Esta historia es similar a la parábola de los talentos en Mateo. El versículo 11 da la clave. Arquelao, el hijo de Herodes, hizo exactamente lo que hizo el noble de la historia de Jesús: fue a Roma para recibir el título del rey de Judea (fue seguido por una delegación de judíos que se oponía a su nombramiento). Jesús no es un déspota, como Herodes, pero también está a punto de dejar a su pueblo por un tiempo. En su ausencia deben ser fieles en la realización del trabajo encomendado a ellos. El regresará con autoridad para juzgar a todo hombre.

La mina (13): → el diagrama en la página 108.

19:28 — 21:38 JESUS EN JERUSALEN

19:28-48 Entrada triunfal en la ciudad; Jesús en el templo

→ también Mateo 21:1-17; Marcos 11:1-19. Jesús entró montado en un asno (Zacarías 9:9), y no en un caballo de guerra. Venía en misión de paz, pero Jerusalén no quiso recibirlo, y prefirió la vía violenta que condujo a la destrucción total en manos de los romanos en el año 70 d.C.

Betfagé y Betania (29): aldeas que estaban al este del monte de los Olivos a unos 3 kilómetros de Jerusalén.

Versículo 38: Lucas parafrasea en beneficio de sus lectores no judíos.

Versículo 45: → bajo Mateo 21:12-17. Lucas, al igual que Mateo, condensa los sucesos; compárese con Marcos 11:11 y 15ss.

Modelo de la Torre Antonia, en el Convento Ecce Homo.

20:1-18 ¿Con qué autoridad...? La parábola de la viña

→ bajo Mateo 21:23-46. → también Marcos 11:27 — 12:12.

20:19 — 21:4 Los enemigos de Jesús ponen trampas

→ bajo Marcos 12:13-44. → también Mateo 22:15-46.

21:5-38 Jesús habla de la destrucción del templo y el fin del mundo

→ bajo Mateo 24. → también Marcos 13.

Versículos 8-11: señales del fin.

Versículos 12-19: sufrimientos y testimonio de los discípulos.

Versículos 20-24: la caída de Jerusalén: primera fase del fin.

Versículos 25-28: trastornos cósmicos y la venida de Jesús: segunda fase del fin.

Versículos 29-33: la certeza de estos sucesos. "Todo" (32) debe referirse a las señales de advertencia, incluso la caída de Jerusalén. Todas son indicaciones de que la venida de Cristo está cerca: sin embargo, Dios todavía la demora, dando tiempo para que las buenas nuevas sean conocidas en todo el mundo. La higuera es el primer árbol que reverdece en Palestina. → página 97.

Versículos 34-36: la necesidad de estar preparados.

22-24 LAS ULTIMAS HORAS DE JESUS: LA CRUZ Y LA RESURRECCION

22:1-38 Judas el traidor; la Ultima Cena

→ bajo Mateo 26:14-29. → también Marcos 14:12-25; Juan 13 — 14.

Versículo 10: El acarreo de agua era una labor destinada a las mujeres, por lo que este hombre debe haberse destacado entre todas ellas.

22:39-53 En el monte de los Olivos; el arresto

→ bajo Mateo 26:30-56. → también Marcos 14:26-52.

22:54-65 Pedro niega a Cristo; la burla de los soldados

Solamente Pedro y otro discípulo tuvieron el valor de permanecer dentro del círculo visual de Jesús. Pero sin nada que hacer sino esperar, el valor se diluye y el temor prevalece. Tres veces Pedro dice lo que había jurado no decir nunca (22:33; Marcos 14:29-31). Hasta Pedro, líder de los discípulos, lo niega. Después, una sola

Jesús fue llevado a la Torre Antonia para ser juzgado. Allí, en "el Enlosado", fue escarnecido y ridiculizado. El verdadero enlosado fue descubierto a principios de este siglo debajo del Convento de Ecce Homo, edificado en aquel sitio. Estas piedras están rayadas con los juegos de los soldados romanos.

mirada de Jesús bastó para quebrantar el gran corazón del pescador.

22:66 — 23:12 Jesús ante el Sanedrín, ante Pilato, ante Herodes

→ también bajo Marcos 14:53 — 15:15. El cargo de blasfemia merece la pena capital según la ley judía. Pero la acusación y el cargo es presentado en forma diferente ante Pilato a fin de conseguir que Jesús sea hallado culpable de traición. El gobernante romano no está interesado en las ofensas cometidas contra la ley religiosa de los judíos. Herodes estaba en Jerusalén para la Pascua. Si Pilato estaba tratando de eludir la responsabilidad al enviar el prisionero ante Herodes, esto no dio resultado. Es extraño que el contacto tenido por causa de Jesús haya hecho que estos dos enemigos hicieran las paces.
Versículo 3: la respuesta no es comprometedora. Lo que Jesús quería decir con ese título, y lo que Pilato entendía, son dos cosas diferentes. Véase un relato más completo en Juan 18:33-38.

23:13-31 Sentenciado a muerte

Aunque Herodes y Pilato consideraron que Jesús era inocente, fue condenado a muerte, porque Pilato no se atrevió a correr el riesgo de que llegara al emperador otro informe desfavorable (Juan 19:12). El resultado es que un asesino convicto es puesto en libertad, y un inocente es escarnecido y crucificado.

23:32-49 En la cruz; los dos criminales; últimas palabras de Jesús

→ bajo Marcos 15:16-41. Solamente Lucas nos dice que uno de los ladrones que se burlaban se arrepintió y fue perdonado.

Versículo 45: el velo separaba el santuario del resto del templo. Solamente una vez al año podía el sumo sacerdote pasa tras el velo a fin de interceder por el pueblo (Hebreos 9:7). Ahora no se necesita intermediario alguno; todos tenemos acceso a Dios (Hebreos 10:19-22).

La Tumba del Huerto en Jerusalén, ejemplo del siglo I de tumba cavada en la roca.

23:50-56 José se ocupa del entierro → bajo Marcos 15:42-47.

24 ¡Cristo ha resucitado!

En la quietud de aquella mañana de Pascua, la extraordinaria noticia se esparció gradualmente, la luz apareció. La tumba estaba vacía. ¡Jesús estaba vivo! Los detalles dados en los cuatro relatos acerca de lo que ocurrió aquella insigne mañana, son difíciles de armonizar. El hecho de que ocurrió es claro, y ha soportado los exámenes más rigurosos. Al igual que en todas las informaciones sobre cualquier acontecimiento importante, es difícil hacer coincidir con exactitud la información de un gran número de testigos independientes. Una secuencia esquemática de los sucesos se presenta en el artículo "Los relatos de la resurrección", página 529.

No importa qué variaciones haya en el detalle, los hechos principales son absolutamente claros. A la alborada de aquel domingo, los seguidores de Jesús eran hombres acabados. Cuando Jesús murió, el grupo se convirtió en un cuerpo con el corazón quebrantado. Estaban terriblemente asustados. Ya no tenían esperanzas. No esperaban que lo ya ocurrido tuviera trascendencia posteriormente. Pedro, el líder natural, estaba deprimido más allá de lo soportable por la conciencia de haber negado a Cristo. Los dos que caminaban hacia Emaús tipifican el estado de ánimo del resto.

Sin embargo, en cuestión de doce horas todo ha cambiado. No sólo estaba vacía la tumba; Jesús mismo había sido visto, por lo menos en cinco ocasiones, por más de 16 de sus seguidores. Y realmente era Jesús y no un fantasma. Ellos lo reconocieron. Vieron las cicatrices de la crucifixión, y él comió con ellos. Pedro es ahora un hombre nuevo. El desaliento y el duelo son cosas del pasado. Se ha acabado el temor y en su lugar hay un gozo indescriptible. Sobre la concreta certeza de la resurrección descansa toda la historia subsiguiente del cristianismo. Ninguna otra cosa puede dar una explicación de los acontecimientos.

Versículos 50-52: Lucas condensa los sucesos. Como lo expresa claramente en los Hechos, continuación de Lucas, la ascensión ocurrió cuarenta días más tarde.

Los relatos de la resurrección

DAVID WHEATON

Una lectura superficial de los relatos de la resurrección que presentan los cuatro Evangelios podría sugerir que hay varios puntos de discrepancia entre ellos. Un examen más íntimo revela un notable grado de unanimidad, y sugiere que en realidad las aparentes discrepancias proveen evidencia de que los cuatro autores del Evangelio, aunque obtuvieron su información de diferentes fuentes en la iglesia primitiva, concretaron básicamente el mismo relato. Cualquiera que haya oído la evidencia de los varios testigos de un accidente, sabe que en aquella situación las personas con diferentes intereses, trasfondos y temperamentos tienden a notar y recordar distintos elementos de un cuadro compuesto.

Los principales testigos que primero vieron la tumba fueron un grupo de mujeres que recientemente habían estado bajo una fuerte tensión emocional. Inmediatamente después del importantísimo descubrimiento parecen haberse dispersado a fin de llevar la noticia a diferentes personas. Por eso no es sorprendente que los relatos varíen en detalles; sin duda sería más sorprendente y la evidencia sería quizá de menos valor si no fuera de este modo. La variación sugiere que los escritores tomaron su evidencia de más de una fuente, lo cual hace que el acuerdo total de los cuatro relatos sea más impresionante. Los sucesos que se registran pueden presentarse más o menos de la siguiente manera:

La evidencia bíblica

● Un grupo de mujeres va a la tumba temprano el primer día de la semana para embalsamar el cuerpo de Jesús (Mateo 28:1; Marcos 16:1-2; Lucas 24:1, 10; Juan 20:1a).

● Descubren que la piedra ha sido corrida (Mateo 28:2-4; Marcos 16:3-4; Lucas 24:2; Juan 20:1b).

● El cuerpo de Jesús ya no está en la tumba; en cambio ven a un ángel que les explica la situación y les da un mensaje (Mateo 28:5-7; Marcos 16:5-7; Lucas 24:3-7).

● Las mujeres regresan corriendo a Jerusalén para contárselo a los demás discípulos, y son recibidas mayormente con incredulidad (Mateo 28:8; Lucas 24:8-11; 22-23; Juan 20:2).

● Pedro y "el otro discípulo a quien Jesús amaba" van a la tumba y la encuentran vacía; luego regresan a casa (Juan 20:3-10; → Lucas 24:24).

● María Magdalena los sigue de nuevo hacia la tumba y se queda allí después que ellos se han ido. Jesús entonces hace su primera aparición a ella (Juan 20:11-18; Mateo 28:9; Mateo nombra a María Magdalena y a "la otra María").

● En el mismo día se le aparece a Pedro (Lucas 24:34; 1 Corintios 15:5), a los dos que van hacia Emaús (Lucas 24:13-32; → Marcos 16:12-13), y luego a los demás discípulos sin Tomás en Jerusalén (Juan 20:19-23; Lucas 24:36-43; Marcos 16:14). Otras apariciones, que están fuera del propósito de este artículo, se registran en los cuatro Evangelios, en Hechos 1 y en 1 Corintios 15. Lo que surge de todos los relatos es una notable congruencia en dos puntos: que Jesús ahora se revelaba a sí mismo y desaparecía a voluntad, y que solamente se mostraba a sus seguidores.

Discrepancias aparentes

● **¿Qué mujeres fueron a la tumba?** Parece que fueron María Magdalena, María la madre de Santiago, Salomé, Juana, y "las otras mujeres de Galilea" (Lucas 23:55). Juan señala a María Magdalena (20:1) presumiblemente porque fue ella la que llevó la noticia a Pedro y a los demás discípulos: ella misma implica en 20:2 que había otras mujeres con ella: "no sabemos". Así cada uno de los escritores podría mencionar por nombre a aquellos cuya conducta causó un impacto en quienes les proporcionaron la información.

● **¿Cuándo fue retirada la piedra?** Marcos 16:3-4 y Lucas 24:2 implican que había sido corrida antes de que ellas llegaran al lugar. Entonces lo de Mateo 28:2-4 podría haber ocurrido antes de su llegada, y como resultado los guardias se fueron a la ciudad (en 28:11-15 los guardias presumiblemente ya habían llegado a la ciudad y estaban ocupados en dar a conocer su relato en el momento en que las mujeres regresaban de la tumba).

● **¿Cuántos ángeles había?** Cuando llegan las mujeres, el ángel que descendió a mover la piedra (Mateo 28:2) se ha trasladado al interior de la tumba para reunirse con otro (Lucas 24:4; María Magdalena también ve dos, Juan 20:12). Mateo y Marcos pueden referirse solamente al que actuó como portavoz y por lo tanto atrajo la atención de los que les dieron la información, y el plural en Lucas 24:5 ("los hombres dijeron") puede referirse al hecho de que mientras uno hablaba el otro corroboraba.

● **¿Qué dijeron los ángeles?** Una vez más se pueden unir los relatos para que podamos ver todo el cuadro:

No temáis: sabemos por qué habéis venido.
Jesús no está aquí porque ha resucitado.
Mirad la tumba vacía.
Decídselo a sus discípulos; él se encontrará con vosotros en Galilea.
Recordad que él había predicho todo esto.

● **¿Quién fue el primero que vió a Jesús?** Marcos 16:9 dice que primero se presentó a María Magdalena, y esto concuerda con la historia de Juan. Lucas no tiene conflicto con esto. En Mateo 28:9 Jesús se le aparece a María Magdalena (la figura clave) y a "la otra María". Parece probable que esta sea la primera aparición y es natural que cuando la historia se propagó María Magdalena fuera nombrada y la otra María olvidada (así como ocurre con los autores de los Evangelios que mencionan a Bartimeo, pero no dan el nombre del otro ciego; e identifican a Legión, pero no al otro poseído; y solamente Mateo en cada caso menciona a los dos).

Se ha señalado que Mateo y Marcos relataron las apariciones de Jesús a los discípulos en Galilea, y Lucas y Juan en Jerusalén. En realidad, desde luego, Juan nos lleva de regreso a Galilea, y Marcos en su epílogo se refiere a las apariciones en Jerusalén. En el caso de Mateo y Lucas, concuerda con el propósito y la estructura de los escritores que Lucas concluya su Evangelio donde lo empezó, en Jerusalén, y que Mateo lo termine con la proclamación final del Rey sobre un monte (28:16-20).

Los Evangelios y la crítica moderna

LEON MORRIS

Los Evangelios no son biografías, aunque contienen mucha información biográfica. Son libros escritos por cristianos convencidos para recomendar y explicar la fe de ellos a los demás (→ Lucas 1:3-4; Juan 20:31). Son completamente diferentes de cualquier otro tipo de literatura antigua. Esto significa que no se pueden tratar de la misma manera que los demás documentos. Debemos recordar, primero y por sobre todo, que son documentos de fe; y en segundo lugar que proporcionan información histórica.

El estudiante del Nuevo Testamento, entra a los evangelios con preguntas como estas: ¿Qué propósito tenían estos escritos? ¿Hasta qué punto es exacta la historia registrada en ellos? ¿Qué podemos aprender acerca de su método de composición y qué luz arroja esto sobre la intención y los logros de sus autores?

Algunos estudiosos consideran la posibilidad de que los escritores al tratar de recomendar su fe pudieran no estar muy interesados en la exactitud histórica. A veces han llegado a la conclusión de que hay poca historia en ellos. Piensan que la teología era lo más importante para los escritores de los Evangelios, y que jamás tuvieron la intención de que su historia fuera tomada en serio.

Otros piensan que este modo de pensamiento es demasiado subjetivo. Un enfoque más objetivo encuentra buenas evidencias de que los evangelios sí tomaron los hechos con la máxima seriedad; Lucas,por ejemplo, asegura haber hecho un examen cuidadoso de la evidencia antes de escribir su Evangelio (Lucas 1:1-3).

Crítica textual

La primera tarea del estudioso es establecer el texto. La crítica textual, como se la ha llamado, es un estudio paciente de los manuscritos, las versiones (esto es, traducciones a idiomas diferentes del original), las citas que aparecen en escritos antiguos, los leccionarios usados en el culto y cualquier otra cosa que pueda ayudar a establecer el texto.

Detrás de todo esto está el hecho de que el proceso de copiar a mano un libro tan largo como un Evangelio es un trabajo muy arduo y es posible que se introduzcan errores. Pero una comparación cuidadosa de los manuscritos, y un estudio de los métodos de los escribas ayudan al crítico textual a distinguir entre lecturas antiguas y posteriores, y de ese modo puede establecer el texto.

Puesto que hay millares de manuscritos, la crítica textual es una tarea muy ardua. Pero los que se han dedicado a ella concuerdan en que el texto del Nuevo Textamento está en una condición sorprendentemente buena (mucho mejor que el texto de la mayoría de los clásicos). Aunque tengamos dudas en cuanto a la lectura original en este o en aquel punto, esto raras veces afecta algo de importancia. Ninguna de las doctrinas básicas del cristianismo está en duda. Y ahora podemos tener plena confianza de que tenemos el texto del Nuevo Testamento esencialmente en la forma en que fue escrito.

Crítica de las fuentes

Habiendo establecido el texto, los críticos siguen observando que hay importantes similitudes entre los primeros tres Evangelios en comparación con el cuarto. Mateo, Marcos y Lucas describen el ministerio de Jesús en Galilea con un viaje a Jerusalén al final, ocasión en que es arrestado y crucificado. La historia de la pasión con su secuela, la resurrección, ocupa una proporción grande en cada uno de los relatos. Pero aparte de esto y de las historias del nacimiento de Jesús en Mateo y Lucas no hay mucho que pueda localizarse con toda confianza en Judea. Juan, por otro lado, habla de un ministerio más largo (esto queda en claro debido a su referencias a las fiestas de la Pascua) y describe diversos incidentes que ocurrieron en Judea.

Las similitudes entre los primeros tres Evangelios hicieron que se les diera el nombre de "Evangelios Sinópticos": pueden ser puestos uno junto al otro y estudiados juntos. Cuando se hace, sin embargo, salen a la luz las diferencias al mismo tiempo que las similitudes, y surge el problema de la relación entre estos Evangelios (el "problema sinóptico") que ha intrigado a los estudiosos a través de varias generaciones.

En un tiempo se sostenía comúnmente que Mateo había escrito primero y que Marcos lo había abreviado. Algunos aún sostienen este punto de vista, pero la mayoría de los eruditos de la actualidad están impresionados por la mayor frescura de Marcos, y por el hecho de que el orden de Marcos parece siempre ser seguido, ya por Mateo, ya por Lucas. También señalan que, aunque Marcos es el más breve de los Evangelios, se extiende más que Mateo en los relatos que tienen en común, lo que no parece indicar una simple abreviatura. También hay muy poco en Marcos que no esté contenido en Mateo o en Lucas, y por lo tanto, ¿por qué debería este Evangelio haber sido escrito después de los otros? Por estas razones ahora se sostiene comúnmente (aunque no ha sido comprobado del todo) que Marcos fuera escrito primero y que Mateo y Lucas hicieron uso del segundo Evangelio.

También hay una cierta cantidad de material común a Mateo y a Lucas que falta en Marcos. Se piensa comúnmente que esto representa otra fuente, que no subsistió y que se designa por el símbolo Q. La mayoría ve en Q una colección de dichos, con poco material narrativo. Varios estudiosos piensan que se trata de un solo documento. Otros señalan que el parecido en las secciones comunes de Mateo y Lucas varía grandemente. A veces los dos se parecen palabra por palabra (por ejemplo Mateo 3:7-10 Lucas 3:7—9), pero en otros lugares hay considerables diferencias (por ejemplo, las Bienaventuranzas). Por lo tanto, los eruditos suponen la existencia de varios documentos (→ Lucas 1:1) y usan Q para designar el material que ambos han usado en general, sin decidirse por alguna teoría particular de documentos.

Hay otros materiales que aparecen solamente en un Evangelio, y se ve claramente que cada uno de los evangelistas tenía fuentes propias. Los símbolos usados para estos son M para el material que aparece solamente en Mateo y L para el material que aparece solamente en Lucas. Se ha sugerido que en el caso de Lucas esto es de importancia particular. Lucas tiene el material tomado de Marcos en bloques, a veces intercalando entre ellos extensos pasajes. Algunos eruditos sostienen que el autor primero combinó L y Q en un Evangelio que ha sido llamado "Proto-Lucas". Después pasó por el Evangelio de Marcos e incorporó una buena cantidad de él para formar el actual tercer Evangelio. Este punto de vista sobre el origen del Evangelio toma el material de Lucas muy en serio, y ve el Proto-Lucas como antiguo y digno de confianza.

Crítica de las formas

Hasta este punto es hasta donde ha alcanzado la crítica de las fuentes y quizás es todo lo que puede avanzar. En tiempos más recientes se ha tratado de remontar el estudio a una época anterior en que la tradición se transmitía por vía oral. Los críticos formistas prestan atención a las formas de las unidades que constituyen los Evangelios e identifican historias de milagros, historias de pronunciamientos (es decir, historias que conducen a algún dicho memorable) y así sucesivamente. Señalan que estas unidades deben haberse transmitido oralmente, durante muchos años.

¿Por qué fueron preservadas estas historias en particular de la vasta cantidad de material que había originalmente? La respuesta, según la crítica formal, es que servían a las necesidades de los primeros cristianos; fueron las exigencias de la predicación las que determinaron lo que se debía preservar. Muchos críticos formistas son más bien radicales y piensan que los predicadores inventaron historias cuando no tenían alguna adecuada, bajo la creencia de que el Espíritu de Dios los estaba inspirando a decir lo que Jesús hubiera dicho en circunstancias como las que ellos enfrentaban. Habitualmente piensan aquellos que los Evangelios nos dicen más acerca de la fe de la Iglesia primitiva que lo que nos dicen acerca de la enseñanza de Jesús. Este es un juicio altamente subjetivo, y los críticos formistas han sido criticados a menudo por construir hipótesis atrevidas sobre la base de muy poca evidencia real.

Crítica de redacción

Los críticos de la redacción empiezan su trabajo donde lo dejan los críticos de la forma, concentrándose en el marco editorial que une las diversas unidades de la historia del Evangelio. Los críticos de redacción encuentran que estos eslabones son sumamente importantes, porque nos ayudan a ver el propósito de los evangelistas al unir las historias con el relato completo. Así los críticos concluyen que Mateo estaba interesado en la iglesia y proporcionó un manual para los maestros; que Marcos usaba el "secreto mesiánico" para mostrar que la verdadera naturaleza de Jesús no fue conocida hasta que la reveló por la cruz y otros sucesos asociados; y que Lucas era el teólogo de la "historia de la salvación".

No es fácil comparar el cuarto Evangelio con los sinópticos, y algunos piensan que el Jesús del Evangelio de Juan es tan diferente del Jesús de los otros Evangelios que debemos rechazar uno o el otro. Pero Jesús debió ser una figura de tal magnitud que ningún evangelista podía esperar captar toda su personalidad. Se ha sugerido que los sinópticos reflejan la enseñanza pública de Jesús, mientras Juan refleja la enseñanza informal de Jesús a sus discípulos y sus discusiones con sus enemigos. Los dos retratos no son irreconciliables.

Probablemente ningún documento en ningún idioma ha estado sujeto a un examen tan detalladamente crítico como los Evangelios. Han sido pesados críticamente los más minuciosos detalles de vocabulario y de sintaxis por lo que pueden aportar en respuesta a las interrogantes de mayor trascendencia. Que este examen tan detallado haya planteado dificultades, no debe sorprendernos. Difícilmente podría haber sido de otro modo. Pero en el juicio de muchos estudiosos competentes, las dificultades no son de ningún modo insuperables. No debieran causarnos problemas cuando entramos a considerar los Evangelios. Sin menoscabo alguno de su integridad intelectual, aún hoy día el hombre de espíritu humilde puede leer estos libros y hallar en ellos a su Salvador.

→ "Los Evangelios y Jesucristo", página 468.

Juan

El Evangelio de Juan es asombrosamente distinto de los demás. Fue el último que se escribió, probablemente alrededor del año 90 d.C., y parece suponer que los lectores ya conocen los datos de la vida de Jesús. Juan complementa los demás relatos y se concentra en la interpretación y revelación del significado de lo que ocurrió. De entre todos los milagros de Jesús selecciona ciertas "señales" que demuestran claramente quién era. Todo lo que escribe está subordinado al propósito principal de conducir al lector a la fe (20:30-31). Relata principalmente lo que Jesús dijo, especialmente acerca de sí mismo, en un estilo muy diferente del de Mateo, el otro Evangelio que se concentra en los dichos de Jesús. No hay parábolas en Juan. La mayor parte de los sucesos relatados ocurren en Jerusalén o en sus alrededores durante las diversas festividades. Y bien puede ser que Jesús haya usado un método diferente de enseñanza en la ciudad que era la capital y el centro teológico de la nación. La clave del Evangelio de Juan es Jesús como Mesías e Hijo de Dios.

El autor (que pudo, al igual que Pablo, haber usado un secretario) se refiere a sí mismo simplemente como "el discípulo a quien Jesús amaba" (21:20, 24). El es uno de los Doce, y uno de los más íntimos de Jesús y también de Pedro. Esto, unido al hecho de que este Evangelio no menciona al apóstol Juan y describe al Bautista simplemente como "Juan", hace muy probable que su autor sea Juan, hijo de Zebedeo, hermano de Santiago y socio de Pedro y Andrés. La iglesia primitiva ciertamente lo pensaba así, y enseñaba, que el anciano apóstol había escrito o dictado este Evangelio "espiritual" desde Efeso, en la actual Turquía. Juan puede que haya sido primo de Jesús, (Salomé, su madre, habría sido hermana de María: Mateo 27:56; Marcos 15:40; Juan 19:25).

El negocio de la pesca en Capernaum (Cafarnaúm) debe de haber sido floreciente, puesto que la familia había contratado sirvientes y alquilado una casa en Jerusalén. Si el "otro discípulo" de 18:15-16 es Juan, puede haber sido a través de los negocios que Juan llegó a hacerse conocido del sumo sacerdote (Juan 18:15-16). También puede haber sido el discípulo anónimo de Juan el Bautista que se menciona en Juan 1:35, 40.

Juan y Santiago (llamados por Jesús "hijos del trueno") y Pedro eran los líderes de los Doce discípulos y más tarde de la iglesia de Jerusalén. Pertenecían al círculo íntimo de los tres que pudieron ver la transfiguración de Jesús y la resurrección de la hija de Jairo, y que estuvieron junto a él en el huerto de Getsemaní. Jesús encomendó su madre al cuidado de Juan cuando estos

Natanael estaba meditando debajo de una higuera, un lugar de mucha sombra y que da buena protección del fuerte calor del sol.

dos estaban junto a la cruz. No muchos tuvieron la oportunidad de conocer a Jesús tan íntimamente como Juan.

1:1-18 PROLOGO

Juan comienza su Evangelio con una importantísima declaración acerca de Jesucristo: sobre estas verdades se apoyan todo su argumento. En él (el Verbo) Dios habla al hombre. El es la expresión más perfecta y completa de la Persona de Dios que el mundo ha conocido. El está por sobre toda la humanidad, es el que ejecuta las obras de Dios en la creación. Cuando Dios habló (Génesis 1), su Verbo hizo que la vida comenzara a existir. Y fue este Ser Supremo quien se hizo hombre, el hombre que conocemos como Jesús. Su vida resplandeció, y aún resplandece, en medio de las tinieblas de un mundo que se negó a reconocerle. Pero él pone a disposición de quienes hacen con él un pacto de lealtad todo el amor perdonador de Dios (gracia, 16). Y hace posible una vida nueva y transformada (12).

Juan (6): Juan el Bautista (→ bajo Lucas 1, Mateo 3, Marcos 1), el heraldo enviado por Dios para proclamar ante el pueblo la venida de Cristo y para preparar su llegada.

Versículo 14: Juan puede estar pensando especialmente en la transfiguración, la ocasión en que él, Pedro y Santiago vieron algo del esplendor sobrenatural de Jesús (Mateo 17:1-8).

1:19—2:12 LOS PRIMEROS DIAS

1:19-34 Juan el Bautista identifica a Jesús como Mesías

La dramática predicación de Juan atrajo mucho la atención. Pero él no hace que la atención se dirija hacia sí mismo. El no es el Mesías. Tampoco dice ser el segundo Elías predicho (Malaquías 4:5; en cambio, Jesús nos asegura que esta predicción se cumplió en Juan, Mateo 17:10-13). Tampoco es el profeta como Moisés (Deuteronomio 18:15). En cuanto Dios le muestra el Mesías (32-34), Juan hace que los hombres se dirijan a Jesús.

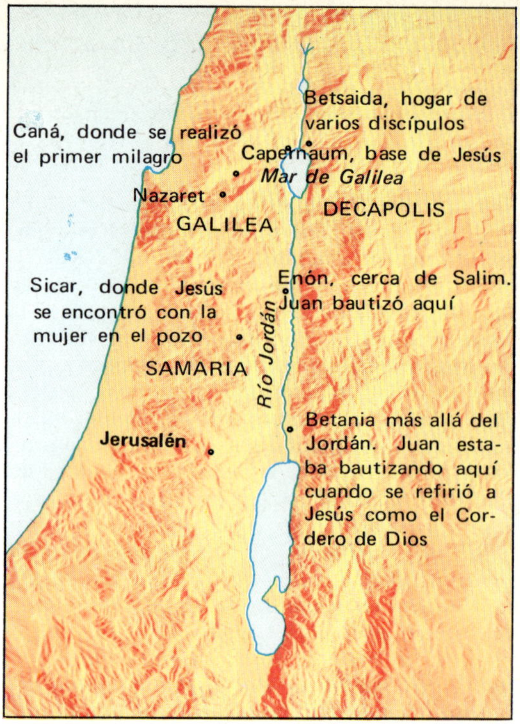

Fariseos (24): → página 494.

El cordero de Dios (29): una frase tomada de los sacrificios del Antiguo Testamento (Levítico 4:32-35; → también Isaías 53:4-12). El pecado pone a cada individuo bajo sentencia de muerte, de separación de Dios. Pero en los tiempos del Antiguo Testamento, Dios aceptaba la muerte de un animal como sustituto por la muerte de una persona. Los nuevos pecados implicaban la necesidad de nuevos sacrificios. Jesús iba a morir para dar su vida de una vez para siempre: iba a ser sacrificado como un cordero por los pecados cometidos por los hombres a través de los siglos.

1:35-51 Primeros seguidores de Jesús

Véase también bajo "Los Doce", Marcos 3:7-19. Al oír las palabras de Juan, dos de sus seguidores se apartaron de él para seguir a Jesús: Andrés el pescador (→ también 6:8-9; 12:22) y un seguidor anónimo, posiblemente el apóstol Juan. La noticia era demasiado buena como para no compartirla; por consiguiente, Andrés trae primero a

Pedro, y luego Felipe (→ también 6:5; 12:21; 14:8) trae al intelectual Natanael.

Versículo 39: parece probable, a juzgar por 19:14, que Juan usa el método romano (y moderno) de contar las horas, en cuyo caso aquí son las 10 a.m.

Versículo 42: tanto "Cefas" como "Pedro" significan "hombre-piedra".

Versículo 48: Natanael estaba siguiendo la costumbre judía de meditar sobre las Escrituras bajo su higuera. Por las palabras de Jesús en el versículo 51, es probable que estuviera pensando en el sueño de Jacob de una escalera entre el cielo y la tierra (Génesis 28:12). Jesús mismo es una "escalera" que da al hombre acceso a Dios.

El Hijo del Hombre (51): es la descripción favorita de Jesús acerca de sí mismo. El título se aplicaba al Mesías (Daniel 7:13-14).

2:1-12 Jesús en la boda

El primer milagro de Jesús ocurre en un escenario hogareño. Las festividades de una boda duraban varios días, y cuando el vino se agotó el novio (que pagaba los gastos) se debe de haber sentido muy avergonzado. Esta es la primera de las siete "señales" seleccionadas por Juan. Todas tienen un propósito: apoyan activamente las afirmaciones de Jesús, y tienen el fin de conducir a las personas a la fe. Aquí el vino nuevo del Evangelio se pone en contraste con el agua de la antigua fe (→ versículo 6). Jesús había venido a traer algo verdaderamente nuevo.

Caná (1): pueblo de Natanel (21:2), unos cuantos kilómetros al nordeste de Nazaret.

Caná de Galilea, escenario de la boda en que Jesús convirtió el agua en vino.

Enorme tinaja en el Museo Rockefeller, Jerusalén.

Versículo 4: nadie, ni siquiera su madre, tiene el derecho de presionar a Jesús; sin embargo, su respuesta no es tan áspera como algunos traductores la hacen sonar. Se podría parafrasear así: "Tu preocupación, madre, yo no la comparto".

Versículo 6: Las tinajas estaban allí para el lavamiento ritual de las manos y los utensilios.

2:13 — 3:36 COMIENZO DEL MINISTERIO PUBLICO DE JESUS: JERUSALEN

2:13-25 Jesús expulsa a los mercaderes del templo

Véase bajo Mateo 21:12-17. Juan coloca este acontecimiento al comienzo del ministerio de Jesús, los otros evangelios, lo colocan al final. Desde luego Jesús puede haber expulsado del templo a los mercaderes en más de una ocasión, pero parece más probable que Juan salte por sobre una cronología estricta para concentrarse en consideraciones más importantes. El incidente ilustra la falta de honradez, la hipocresía y el prejuicio que había en el corazón de la vida religiosa de Israel. Nos hace ver que era inevitable un choque de frente entre Jesús y las actividades religiosas.

Pascua (13): → bajo Mateo 26:14-29.

Versículos 20-21: el templo era en un sentido especial el lugar de la presencia de Dios, lo más cerca que el hombre podría estar de Dios mismo. Con la venida de Jesús aquello cambió: él podía definirse a sí mismo en forma exacta como el Templo de Dios. En cuanto al templo del tiempo de Jesús, → la página 496.

3:1-21 La conversación con Nicodemo

Nicodemo viene en secreto; después se pone abiertamente de parte de Cristo (7:50-51; 19:39). Los hombres necesitan un nacimiento espiritual completamente nuevo para poder entrar en el reino de Dios. La nueva era que Jesús anunciaba no iba a estar limitada por el antiguo ciclo del nacimiento y la muerte física. Era un comienzo radicalmente nuevo, una nueva calidad de vida: la vida eterna.

Los versículos 16-21 podrían ser palabras de Jesús, o bien el comentario de Juan sobre las palabras de Jesús. Contienen el corazón del mensaje del Evangelio. Jesús viene a salvar; pero la consecuencia de su venida para quienes se niegan a recibirlo es el juicio.

Versículo 14: → Números 21:4-9; Jesús se refiere a su crucifixión.

3:22-36 Juan el Bautista mengua

Por un tiempo el ministerio de Jesús se desarrolla paralelamente al de Juan, y Jesús comienza a atraer mayores multitudes. La reacción de Juan, en una situación que va muy en contra de la fibra humana, es absolutamente correcta. No da muestra alguna de amargura o de celos en la alegría que le produce el éxito divino de Jesús.

Los versículos 31-36 podrían ser palabras del Bautista o bien comentarios del apóstol.

Versículo 24: → Marcos 6:17-29. Aquí el escritor, como siempre, supone que sus lectores conocen los datos básicos.

4:1-42 SAMARIA: LA MUJER EN EL POZO

Jesús elige el camino más corto para ir de Jerusalén a Galilea. Este lo llevaba a través de Samaria, camino que los judíos normalmente evitaban, porque más de 700 años de prejuicios religiosos y raciales separaban a judíos y samaritanos (→ página 497). A esto hay que añadir la oración de los judíos: "Bendito eres, oh Señor,... que no me hiciste mujer", y uno puede entender la sorpresa de la mujer samaritana (9) cuando Jesús le habla. Aunque cansado y sediento, no puede pasar por alto la necesidad humana. A medida que la conversación se desarrolla, deja ver claramente a la mujer que su necesidad es espiritual más que física (7-15), moral más que "teológica" (16-26). Como resultado de este encuentro aparentemente insignificante, muchos otros creyeron: algunos, por el testimonio de la mujer, y muchos más, por las propias palabras de Jesús.

Versículo 20: para los samaritanos, el monte Gerizim era el centro de adoración; para los judíos lo era Jerusalén. Jesús dice que el lugar no tiene importancia. Lo que importa es que la adoración sea genuina y espiritual.

4:43-54 GALILEA: CURACION DEL HIJO DEL FUNCIONARIO

Esta es la segunda de las señales que Juan relata (→ arriba, 2:1-12). Jesús jamás realizó milagros solamente para impresionar. Tenían el propósito, como en este caso (versículo 53), de conducir a las personas a la fe. El propósito de Juan al relatarlos es precisamente el mismo.

Versículo 44: Jesús estaba hablando de Nazaret (Marcos 6:1-6). Juan podría estar dándoles a las

Mujeres en un pozo en las colinas de Judea.

palabras una referencia más amplia, a la falta de respuesta positiva en Judea.

5 OTRA VEZ JERUSALEN

5:1-18 Problemas por haber hecho una curación en sábado

Esta es la tercera señal (→ página anterior). Jesús tuvo varios encuentros violentos con las autoridades religiosas por haber hecho curaciones en el día de reposo (Marcos 3:1-6; Lucas 13:10-17; 14:1-6; Juan 9). El no estaba en desacuerdo con el principio general del sábado (asistía con regularidad a la sinagoga), sino con las minuciosas restricciones impuestas por las autoridades religiosas que a menudo iban *contra* el propósito de Dios de dar al hombre un día semanal de descanso. Aquí los judíos lo atacan por dos razones: quebrantamiento del sábado y blasfemia, porque él pone sus obras al mismo nivel que las de Dios (17). La actividad de Dios en el mundo no terminó con la creación.

El estanque de Betesda, con sus cinco pórticos, ha sido descubierto a gran profundidad debajo del nivel de la Jerusalén actual.

5:19-47 Lo que Jesús dice de sí mismo

Los judíos tenían razón. Jesús sí estaba haciéndose igual a Dios (18), aunque esto no significaba que él se atribuyera una autoridad independiente (19). En sólo este pasaje él dice tener:

- conocimiento del plan de Dios (20)
- autorización divina para todo lo que dice y hace (19, 30)
- poder para dar vida eterna (21, 24, 40)
- derecho y autoridad de juzgar a todos los hombres, vivos y muertos (25-29).

El hombre que diga tener estos derechos debe ser "loco, malo o Dios". ¿Qué base tenía para sus afirmaciones?

- lo que Dios dijo en su bautismo (37)
- el testimonio de Juan el Bautista (33-35)
- la evidencia de sus propios milagros (36)
- las palabras del Antiguo Testamento (39).

6 GALILEA

6:1-21 Alimentación de los 5.000; Jesús camina sobre el lago

Véase bajo Marcos 6:30-56. Véase también Mateo 14:13-36; Lucas 9:10b-17. Estas son las señales cuarta y quinta. Los sucesos están claramente grabados en la mente de Juan. Recuerda qué discípulos respondieron a las preguntas de Jesús, recuerda al muchacho, recuerda cuánto habían remado desde la costa cuando vieron a Jesús.

6:22-59 Las multitudes siguen a Jesús; Cristo, el Pan de vida

Toda la muchedumbre está en favor de un Mesías que pueda dar comidas gratuitas (26, 34). Nadie puede vivir sin alimento. Pero la vida es más que la existencia física (27). Jesús viene a dar pan a los que están espiritualmente hambrientos. El es el dador y el don mismo. El es el Pan de la nueva vida, aquél de quien nosotros dependemos enteramente para la existencia. El Pan que comemos, la fuente de vida para nosotros, es su muerte (51). Puesto que el pecado nos ha puesto bajo sentencia divina de muerte, vivimos solamente porque Cristo murió en nuestro favor; conocemos la verdadera vida solamente cuando tomamos posesión de la muerte de él y todo lo que ella significa. El perdón que compró con su muerte es la carne y la bebida de la vida cristiana. Cada uno de nosotros debe recibirlas para sí (52-58). La Cena del Señor proclama este mismo hecho en forma visible (Mateo 26:26-28).

6:60-71 La reacción

Los que interpretaron literalmente las palabras de Jesús sintieron asco. La ley prohibía beber sangre. Los carniceros tenían que hacer su oficio de modo que satisficieran las exigencias de la ley. Sin embargo, si se hubieran puesto a pensar cuál era la razón de esta regla, habrían comprendido. Levítico 17:11 dice: "La vida de la carne en la sangre está, y yo os la he dado para hacer expiación". Jesús está diciendo: "Yo soy la expiación por vuestros pecados; tomad posesión de mi sacrificio". La muchedumbre se aparta de él; no quieren este tipo de Mesías. Pero los Doce se quedan, y siguen con creciente fe.

Las montañas al otro lado del lago Galilea resplandecen con el reflejo de la puesta del sol.

La familia herodiana

E. M. BLAIKLOCK

Cuando los romanos organizaron el Oriente en el año 63 a.C., Pompeyo designó a un sacerdote llamado Hircano para que gobernara Galilea, Samaria, Judea y Perea. Hircano tenía un visir sagaz, un idumeo llamado Antípatro, que sabía cómo usar su poder en forma astuta para ventaja de su familia. Hizo que dos de sus hijos, Fasael y Herodes, obtuvieran gobernaciones claves, y cuando Antípatro fue asesinado en el año 43 a.C., los dos jóvenes le sucedieron juntos en el visirato en la corte de Hircano.

Fasael pronto fue víctima de un ataque de los partos que siguió como consecuencia al asesinato de Julio César, quien había tratado de pacificar sus fronteras. Herodes huyó a Roma e impresionó de tal modo a Octavio (el futuro Augusto) que recibió el mandato de recobrar Palestina, lo que logró entre los años 39 y 36 a.C. Dirigió con todo éxito una administración prorromana durante 34 años, marcada por la construcción del puerto romano, la base en Cesarea y la edificación de un templo a Augusto en Samaria.

Al mismo tiempo se reconcilió con los judíos, que lo odiaban por su sangre idumea, edificando el gran templo en Jerusalén. Era un diplomático soberbio. Dividió la oposición, suprimiendo la antigua aristocracia. Sin embargo, se casó con Mariamne, que pertenecía a la aristocracia, y estableció una nobleza funcionaria. Estimuló la lealtad a su casa fundando un partido judío pro-Herodes, los "herodianos"; estableció una burocracia moldeada según la de los Tolomeos de Egipto; y aseguró su poder por medio de un ejército mercenario y un sistema de plazas fuertes (una de las cuales era Masada). El precio que pagó por su forma de vida arriesgada se vio en la tensión constante dentro de su propia familia, el asesinato, y finalmente la paranoia. Este era el Herodes que era rey cuando Jesús nació. El celo de Herodes por este "rey rival" y la impía matanza de los niños en Jerusalén está de acuerdo con lo que sabemos de su carácter.

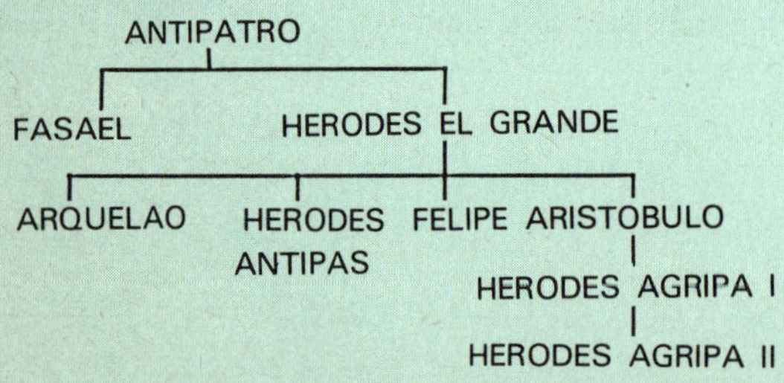

El testamento de Herodes dividió el reino que había gobernado por tanto tiempo, en forma muy diestra y despiadada. Arquelao, hijo de la mujer samaritana Maltace, tomó a su cargo Judea e Idumea, la mejor parte. Herodes Antipas, hijo de la misma madre, recibió Galilea y Perea. Y Felipe, hijo de una judía llamada Cleopatra, tomó Iturea, Traconítide, y los territorios asociados en el nordeste. Arquelao, quien heredo los vicios de su padre pero no su habilidad, contuvo en forma sangrienta los desórdenes que estallaron en Jerusalén. El resultado fue un levantamiento más amplio, que requirió la firme intervención de Varo, gobernador de Siria. El gobierno estúpido de Arquelao continuó hasta el año 6 d.C. cuando la protesta judía hizo que fuera desterrado. Judea fue puesta bajo el control de un procurador (un gobernador responsable antes las autoridades romanas). Herodes Antípatro (Antipas), por otra parte, igualó el reinado de su padre. La sagacidad herodiana para la diplomacia apoyó a su gobierno títere mientras Tiberio fue el emperador. Pero Antipas se equivocó con el loco Calígula. Trató de obtener un título real, por lo que fue depuesto y desterrado, prueba lealmente compartida por la notoria Herodías. Fue Antipas quien aprisionó y ejecutó a Juan el Bautista. También tuvo un breve encuentro con Jesús cuando Pilato le envió el prisionero a Herodes durante el juicio.

Herodes Agripa I, el nieto del primer Herodes, se crió en Roma, trató en mejor forma a Calígula, y así obtuvo la tetrarquía cuando Felipe, el mejor de los tres hermanos, murió. Cuando Antipas fue desterrado, Galilea y Perea pasaron a su poder, y en el año 41 d.C., Agripa recibió del emperador Claudio todos los dominios de su abuelo. Este es el Herodes que aparece en Hechos 12. Murió de una grave enfermedad intestinal en el año 44 d.C. a la edad de 34 años, y Palestina pasó a estar enteramente gobernada por Roma.

Agripa dejó un hijo adolescente que fue designado por Claudio como rey de Cálcide en el año 48. El año 53, los dominios de Felipe el Tetrarca y de Lisanias fueron añadidos por Claudio a este reino, juntamente con una zona en la parte occidental de Galilea, incluyendo la nueva ciudad de Tiberias. El cargo llevaba el título de rey, así que en el año 53 d.C. Agripa pasó a ser Agripa II, último de la línea herodiana. Aparece solamente en el brillante relato de Hechos 25, donde, como huésped del procurador Festo, escuchó la defensa de Pablo.

7 — 10:21 A JERUSALEN PARA LA FIESTA DE LOS TABERNACULOS

7:1-13 Peligro

La última vez que Jesús visitó Jerusalén hubo problemas que acabaron con una conspiración contra su vida (capítulo 5). En esta oportunidad él evita la publicidad.

Tabernáculos (2): septiembre-octubre: la fiesta judía, de la cosecha que duraba ocho días y que conmemoraba las peregrinaciones de la nación en el desierto. → "Fiestas y festivales", página 181.

No subo (8): algunos manuscritos añaden "aún", mostrando así que Jesús no tenía intención de mentir; él esperaba el momento exacto y entonces inició su marcha.

7:14-52 El mensaje de Jesús produce diferentes reacciones

A medida que la oposición aumenta, los individuos toman partido. La enseñanza de Jesús (40) y sus milagros (31), convencen a algunos. Otros ponen objeciones (27, 41-42). Pero ninguno de los que genuinamente quieren hacer la voluntad de Dios queda con dudas (17). Jesús toma sus figuras de la ceremonia señalada para cada día de la fiesta, cuando el agua del estanque de Siloé era ofrecida a Dios. Jesús es la fuente de agua viva, que revive y transforma el sediento corazón humano.

Dispersión (35): comunidades judías en el extranjero.

Versículo 42: podían no haber oído la historia del nacimiento de Jesús. La referencia del Antiguo Testamento es Miqueas 5:2.

7:53 — 8:11 La mujer sorprendida en adulterio

Aunque la historia es completamente genuina, es probable que originalmente no haya estado en este lugar (algunos manuscritos la colocan al final del Evangelio de Juan; otros la ponen después de Lucas 21:38). Los doctores de la ley estaban tratando de sorprender a Jesús. Trataron de que dijera algo en contradicción con la ley de Moisés o contra las autoridades romanas, que no permitían que los judíos ejecutaran sentencias de muerte. Pero Jesús no hizo lo que esperaban: no condenó ni aprobó la conducta de la mujer. Le dio una segunda oportunidad.

8:12-59 Jesús, la luz del mundo

Jesús usa nuevamente una de las ceremonias de la fiesta para explicar su misión. En el crepúsculo encendían cuatro grandes candelabros de oro para simbolizar la columna de fuego con que Dios guiaba a su pueblo a través del desierto durante la noche (Exodo 13:21). Jesús ilumina el camino de la vida de todos los que lo siguen. Da más fuerza a su afirmación de que era en un sentido único, el Hijo de Dios (→ también 5:19-47).

Versículos 12-30: a diferencia de todos nosotros, él sabe de dónde viene y adónde va; él conoce el futuro. El pueblo judío tenía su origen y sus antepasados en este mundo, pero Jesús no.

Versículos 31-47: los demás hombres están esclavizados por el pecado. Jesús es libre y tiene poder para libertar a los demás.

Versículos 48-59: Jesús afirma tener poder sobre la muerte y el destino eterno de los hombres. Solamente Dios tiene estos poderes.

9 El ciego ve; los que ven cierran sus ojos

Jesús es realmente la luz del mundo. Esta sexta señal lo deja claro. También nos da cierta comprensión del problema del sufrimiento humano.

- Aun cuando hay una conexión directa entre el sufrimiento humano y el pecado del hombre, el individuo no necesariamente sufre a causa de los pecados propios o los de sus padres (3).

- Hay oportunidades en que Dios permite los sufrimientos con un propósito. De ellos saca algo bueno, en favor del individuo mismo y de todos los que entran en contacto con él.

Aquí la ceguera del hombre lo conduce a un encuentro con Jesús. Sus ojos fueron abiertos y vio (7). Se le abrió la mente y creyó (35-37). Por contraste, los hombres que ven dejan que el prejuicio y el orgullo los cieguen ante la verdad (40-41). Confrontados por un milagro, todo lo que pueden ver es una regla quebrantada (16). Sus mentes están cerradas. No quieren prestar atención a la sencilla lógica del hombre de la calle (30-34).

Versículo 6: Jesús usa los métodos de la medicina popular (se pensaba que la saliva tenía poderes curativos). Pero el método no es lo más importante. Lo importante es la fe del hombre, demostrada por su pronta obediencia (7).

Enviado (7): tenía este nombre porque el agua llegaba hasta allí por un canal procedente de otra fuente.

Versículo 22: cualquiera que siguiera a Jesús era castigado con la excomunión.

10:1-21 Jesús, el buen pastor

Este pasaje es continuación directa del capítulo 9. El pastor era una figura corriente en Palestina. Pasaba gran parte de la vida con su rebaño; sus ovejas lo conocían y respondían a su voz. El las guiaba hasta los verdes pastos caminando delante, no las dirigía desde atrás, y las protegía de los animales salvajes acostándose a la entrada del redil durante la noche, y de esa manera era "la puerta". En el Antiguo Testamento, Dios a menudo es llamado Pastor de Israel. Los jefes que él escogió también son llamados "pastores" de la nación. Ahora Jesús se describe a sí mismo como el *verdadero* pastor. La frase significa mucho: la relación íntima, personal, entre él y cada uno de sus seguidores; la absoluta seguridad que tenemos en él; su liderazgo y dirección; su constante compañía; su cuidado infaltable; su amor sacrificado.

Versículo 16: El interés de Jesús va más allá de la nación judía y se dirige a un mundo que espera. Judío y no judío, esclavo y libre, hombre y mujer, son todos un rebaño (→ Gálatas 3:28).

10:22-42 JERUSALEN: LA FIESTA DE LA DEDICACION

Esta fiesta, conocida también como festival de las luces y que duraba ocho días, se celebraba en diciembre. Conmemoraba la gran victoria judía de los Macabeos, y la rededicación del templo profanado.

Los judíos permanecen en suspenso porque no quieren creer (24-26). Están dispuestos a apedrear a Jesús como a un hombre que dice ser Dios (33). Pero ellos lo están considerando al

Un pastor conduce su rebaño, cuando el sol se pone tras las colinas de Galilea.

revés. Jesús no es hombre hecho Dios, sino Dios hecho hombre.

11 LAZARO RESUCITA; JESUS, LA RESURRECCION Y LA VIDA

Esta es la séptima señal. La muerte de Lázaro es permitida por la misma razón que la ceguera del hombre (4 y 9:3). Una y otra vez vemos que los milagros de Jesús respaldan las afirmaciones que él ha hecho. No es de asombrarse entonces que tan a menudo diga a su críticos que se fijen en las obras que él hace. El dice que puede dar al hombre vida nueva, espiritual. ¿Qué prueba más clara que ésta de que Lázaro resucite después de estar cuatro días en la tumba? Por esto podemos creer su Palabra. Ni los discípulos ni las dos hermanas podían comprender la conducta de Jesús, pero el resultado para todos ellos fue una renovación de su confianza en él (15, 27, 42). El suceso es decisivo para la fe y la vida por un lado (45), y para el odio y la muerte por el otro (53).

Tomás (16): → también 20:24-29.

Versículo 50: las palabras del sumo sacerdote tenían un sentido que él jamás soñó.

12 ULTIMOS DIAS DE ENSEÑANZA PUBLICA EN JERUSALEN

12:1-8 El costoso frasco de perfume de María

→ bajo Marcos 14:1-11.

12:9-11 La conspiración para matar a Lázaro

12:12-19 Jesús entra triunfalmente en Jerusalén

→ bajo Lucas 19:28-48 y la introducción a Mateo 21. → también Marcos 11:1-11.

Ramas de palmera (13): símbolo de victoria.

12:20-36a Los griegos buscan a Jesús

La llegada de los conversos griegos pone a Jesús cara a cara con su destino. Había llegado el momento de comprar la vida para la humanidad al precio de su propia muerte. Los versículos 20-36 y 44-50 registran su última declaración pública. Está llena de paradojas: vida por medio de la muerte; gloria a través de la ignominia de la cruz; el mundo juzgado en la ejecución de un juicio.

Versículo 25: No es que Jesús quiere que uno tenga deseo de morir. Pero el amor a él y el interés por las cosas eternas debe sobrepasar en peso a cualquier interés egoísta y material.

12:36b-50 Jesús se aparta de la luz pública

Versículos 36b-43: al final del ministerio público de Jesús, y a pesar de todos sus milagros, los judíos siguen sin convencerse. Y muchos de los que sí habían creído estaban demasiado asustados como para decirlo abiertamente.

Versículos 44-50: es importante la reacción que cada uno de nosotros tiene ante Cristo. Como él ha venido con autoridad divina, es esencial definir si creemos en él o no.

Versículo 40: Dios jamás endurece el corazón de alguien que desea responder. Pero al final, si preferimos permanecer ciegos y rechazar persistentemente su verdad, él nos deja volvernos inmunes a ella.

13 — 17:26 ULTIMAS PALABRAS DE JESUS A LOS DOCE

13:1-20 Jesús lava los pies de los discípulos

La ocasión es la Ultima Cena (→ bajo Mateo 26:14-29). Los discípulos han estado discutiendo acerca de quién es el mayor (Lucas 22:24). Jesús les da la respuesta con esta sencilla

Reconstrucción de Jerusalén, con el templo de Herodes a la derecha, el cuartel romano (con anfiteatro) dentro del muro en el centro y hacia la izquierda.

acción. El Maestro, consciente de quién es y de su amor por los hombres, voluntariamente se ha hecho esclavo de ellos (Lucas 22:27). Sus seguidores deben hacer lo mismo.

13:21-30 Judas, el traidor

Judas ya se ha ofrecido para ayudar a los sacerdotes a realizar el arresto en secreto (Lucas 22:3-6). Ha llegado el momento. Los demás discípulos no tienen idea de lo que va a suceder.

Pero Jesús lo sabe. "Era de noche", en forma completamente literal. Pero la luz y las tinieblas adquieren un significado especial en este Evangelio (1:4-9). Estas fueron las horas más oscuras de Jesús, pero nada podía extinguir la luz de su vida (1:5). Judas, en cambio, pasó de la luz a tinieblas tan intensas que lo destruyeron (3:19-20; Mateo 27:3-5).

Versículo 23: muy probablemente Juan mismo; → la introducción.

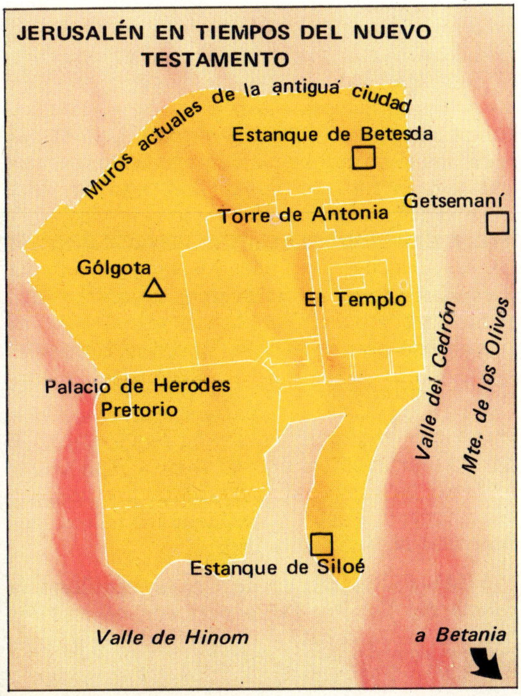

13:31-38 El mandamiento de amarse unos a otros; Jesús predice la caída de Pedro

La perspectiva de la muerte en la cruz, de estar separado de su Padre por la colosal carga del pecado del mundo, aterraba a Jesús (Lucas 22:42-44). Sin embargo, debido a todo lo que eso podía obtener, él podía describirlo con palabras de triunfo y gloria. Fue su amor por los demás lo que lo condujo hasta ese punto. Y es amor de ese mismo calibre el que él desea ver en sus seguidores.

14 Jesús alienta a sus discípulos; "Yo soy el camino, la verdad, y la vida"

Los discípulos están preocupados y confundidos por lo que Jesús dijo de la traición y ante el hecho de que Jesús los pueda dejar. Jesús mismo está preocupado por el efecto que su muerte tendrá sobre ellos. Entonces trata de hacerlos comprender por qué tiene que ocurrir.

Jesús enseñó en los pórticos del área del templo en Jerusalén.

La aldea de Betania cerca de Jerusalén, a donde Jesús solía retirarse para disfrutar de la hospitalidad de sus amigos.

Una vid con el tronco principal, los pámpanos que salen de él, racimos de uva en los pámpanos fructíferos, y los pámpanos estériles cortados para ser quemados.

Su muerte es el regreso al Padre (12, 28). El está preparando el camino por el que los hombres puedan llegar a Dios (6). El va a preparar un hogar permanente para sus discípulos y al debido tiempo vendrá por ellos (2-3). Mientras tanto, su regreso a Dios será para bien de ellos: pondrá en acción un nuevo poder, una nueva seguridad en la oración (12, 14). Pero lo mejor de todo, el Espíritu Santo vendrá a estar con ellos siempre y en todo lugar (y no limitado por un cuerpo físico como Jesús lo ha estado). El enseñará, aconsejará y hará recordar todo lo que Jesús ha dicho (16-17, 26). Y la inquebrantable paz de Jesús los llenará a ellos (27).

Por su parte, los discípulos deben seguir amándolo y confiando en él (1). Y su modo de demostrar su amor es hacer todo lo que él dice (15, 21, 23).

15 — 16 Jesús, la vid verdadera; oposición; la promesa del Espíritu Santo

La conversación continúa mientras se dirigen a Getsemaní (14:31). No queda mucho tiempo.

15:1-17: en el Antiguo Testamento, Israel es la vid, que con mucha frecuencia no produce fruto (→ Gálatas 5:22-23). Pero Jesús era la vid verdadera, el cumplimiento del propósito de Dios en que Israel había fracasado. Los que creen en él son los sarmientos. Cada rama de la vid crece directamente del tronco principal. Durante la poda, los sarmientos que han producido fruto se cortan de modo que tengan un largo de unos cinco centímetros medidos desde el tronco. Entonces ellos "permanecen" en la vid durante la mayor parte del año, mientras todo crece a su alrededor. Luego los sarmientos crecen rápidamente para producir frutos otra vez. Las ramas que no han producido fruto se cortan completamente y sólo sirven para ser quemadas.

15:18 — 16:4a: los que pertenecen a Cristo inevitablemente tendrán que enfrentarse al odio de la humanidad egoísta, tal como Cristo mismo lo hizo. Incluso serán perseguidos por hombres que (como Pablo) considerarán que están haciendo un servicio a Dios.

16:4b-15: la partida de Cristo significará la venida del Espíritu Santo para convencer a los hombres de la verdad y conducirlos a una comprensión más profunda de ella.

16:16-33: en la muerte de Cristo habrá dolor, pero solamente por poco tiempo. Con la resurrección vendrá el gozo permanente.

16:25, 29: figuras de lenguaje.

17 La oración de Jesús en favor de sí mismo y de sus seguidores

Jesús ha cumplido todo lo que vino a hacer durante su vida. Ha transmitido el mensaje de Dios. Ha dado a conocer a Dios. Ahora sólo queda la muerte, y más allá de ella la gloria a la que él renunció para hacerse hombre. Pero sus seguidores quedarán aquí en un mundo hostil. Entonces él ora que Dios los proteja, que la vida de ellos pueda ser conformada por la verdad de la Palabra de Dios; que puedan mostrar tal unidad entre sí, que el mundo sea arrebatado de su incredulidad; y para que ellos puedan, al final, ir a estar con él y ver su gloria por sí mismos.

Versículo 12: se hace referencia a Judas.

18 - 21 JUICIO, MUERTE Y RESURRECCION

18:1-12 Traición y arresto

→ bajo Mateo 26:30-56. → también Marcos 14:26-52; Lucas 32:39-53. Juan omite la oración de Jesús en el huerto. Pero nos da el nombre del esclavo y dice que el que usó la espada fue Pedro.

Versículo 1: → mapa.

18:13 - 19:16 Jesús ante Anás y Caifás; negación de Pedro; Jesús ante Pilato

→ Marcos 14:53 - 15:15; Lucas 22:54 - 23:31. → también Mateo 26:57 - 27:26. Los detalles que proporciona Juan muestran su intimo conocimiento de lo que ocurrió: el frío de la noche, el fuego de carbón (18:18); el golpe al prisionero (18:22); los escrúpulos religiosos de los judíos que les impidieron entrar en la casa del romano en aquella fecha (18:28); el diálogo entre Jesús y Pilato, y de Pilato con los judíos; la terrible apostasía nacional cuando el pueblo de Dios declara que no iene rey sino a César.

El enlosado (19:13): → página 527.

19:14: a diferencia de los demás evangelistas, Juan usa probablemente la hora romana, contando, como nosotros, desde la medianoche. A menos que, como algunos creen, Juan ponga la Pascua un día después que los demás evangelistas (→ Marcos 14:12), la referencia que aquí se hace es a la preparación para el sábado de la semana pascual (19:31).

19:17-37 la crucifixión

→ bajo Marcos 15:16-41; Lucas 23:32-49. → también Mateo 27:27-56. Una vez más Juan muestra su vívido recuerdo de los sucesos: los detalles de la inscripción (20-22); la túnica sin

Fuera de la ciudad de Jerusalén, al otro lado del arroyo Cedrón, está el huerto de Getsemaní, donde las formas retorcidas de los antiquísimos olivos recuerdan la agonía de Jesús.

costura (23-24); el momento en que Jesús confía a su madre al cuidado de Juan (26-27); la evidencia incontrovertible de la muerte de Jesus (34).

Versículo 31: la ley judía decía que los cuerpos de los criminales no debían quedar colgados después de la puesta del sol (Deuteronomio 21:23).

Versículo 34: Juan implica algo más que la simple certeza de que Jesús estaba muerto. Como judío, él no podía menos que verle un significado especial al flujo de sangre (para el sacrificado), y agua (para la purificación). La sangre expía el pecado del hombre, el agua le permite comenzar de nuevo una vida limpia. La muerte de Jesús nos da perdón y nueva vida.

19:38-42 Entierro

→ bajo Marcos 15:42-47. → también Mateo 27:57-66; Lucas 23:50-56. La muerte de Jesús hace que dos discípulos secretos se muestren abiertamente. Solamente Juan menciona la parte realizada por Nicodemo (→ 3:1-15).

Jesús preparó un desayuno junto al lago para los pescadores. Estaban cansados por la pesca de la noche y asombrados ahora por la gran cogida que les había dado.

20 La resurrección; Jesús se aparece a los discípulos en Jerusalén

→ bajo Lucas 24. → también Mateo 28; Marcos 16. Juan da su relato personal de lo ocurrido, lo que oyó y vio por sí mismo, y lo que él supo por medio de María Magdalena. El clímax de todo el Evangelio es la importantísima declaración de fe de Tomás, el realista: "¡Señor mío, y Dios mío!" El propósito de Juan al escribir es conducir a los hombres a esa misma certeza y a una definida creencia en Jesús (31).

Versículo 7: Juan ve los lienzos y el sudario puestos en orden, en su lugar. Pero un espacio vacío separa el sudario de los demás lienzos. Nadie podía robar un cuerpo y dejar los lienzos puestos en esa forma. Sólo el cuerpo de Jesús podía haber pasado por entre ellos. Entonces Juan toma nota y cree.

21 Jesús aparece nuevamente en Galilea; palabras finales del autor

Solamente Juan nos dice de la aparición de Jesús a siete de ellos cuando estaban pescando, como en los primeros días. Juan estaba allí. Recuerda cuántos peces pescaron, y la sorpresa y alivio al descubrir que la red estaba intacta. Recuerda que Jesús le dio a Pedro la oportunidad de cancelar su triple negación con la pregunta repetida tres veces: "¿Me amas?" Recuerda cómo restauró a Pedro a su antigua posición de jefe y le dio la tarea de cuidar de su pueblo. Y recuerda la pregunta de Pedro acerca de su destino y así lo anota.

Habiendo recordado todas estas cosas, cierra su Evangelio con una afirmación de la verdad de lo que ha escrito.

Versículo 18: predicción de la muerte de Pedro: moriría sobre una cruz, al igual que su Maestro.

Hechos de los Apóstoles

El libro de los Hechos abarca un período de unos treinta años, desde el nacimiento de la Iglesia en el día de Pentecostés hasta el encarcelamiento de Pablo en Roma. Describe la expansión del cristianismo por el sector norte del Mediterráneo, por la actual Siria, Turquía y Grecia, hasta el corazón del Imperio Romano. Los "hechos" relatados son principalmente los de los apóstoles Pedro y Pablo, aunque el libro bien pudiera recibir el nombre de "los hechos del Espíritu Santo". Es bajo su dirección que la Iglesia recién nacida traspasa las fronteras nacionales de Israel para convertirse en un movimiento internacional, mundial.

¿Quién lo escribió? Todas las evidencias, desde tiempos remotos, señalan al "querido amigo" de Pablo, Lucas el médico. Lucas escribió los Hechos como una continuación de su primer volumen, el tercer Evangelio. Es el único escritor no judío del Nuevo Testamento. Procedía de Antioquía o posiblemente de Filipos. Aunque tenemos pocos detalles de su vida, sus escritos demuestran que era un historiador bueno y fidedigno. Por la forma en que cambia de "ellos" a "nosotros" en los Hechos (16:10; 20:5; 27:1), sabemos que él estuvo presente en muchos de los sucesos que describe. Estuvo con Pablo en Filipos. Hizo el viaje con él a Jerusalén, estuvo con él los dos años en Cesarea, y participó en el viaje y naufragio cuando se dirigían a Roma. Tuvo muchas oportunidades de obtener las otras informaciones de primera mano: de Pablo, Bernabé y otros de la iglesia de Antioquía; de Santiago el hermano del Señor, y otros de Jerusalén; de Felipe y sus hijas en Cesarea. Sabemos por Lucas 1:1-4 cuán interesado estaba en determinar los datos con exactitud.

¿Por qué escribió? Fue con el fin de dar al romano Teófilo un relato exacto de los verdaderos datos del cristianismo (Lucas 1:1-4). Circulaban muchos rumores extraños y distorsionados al respecto. Esto explica el énfasis de

Cuadro cronológico

No existen puntos fijos de referencia suficientes para asegurar una total exactitud, pero las fechas abajo son correctas, dados uno o dos años.

30 d.C.	Fundación de la Iglesia en Jerusalén (Hechos 1-2)
32/35	Conversión de Pablo (Hechos 9)
34/37	Primera visita de Pablo a Jerusalén (Hechos 9:26ss.)
45 ó 46	Ayuda para aliviar a los hambrientos enviada a Jerusalén desde Antioquía (Hechos 11:27ss.) Muerte de Santiago
46 ó 47	Primer viaje misionero (Hechos 13-14)
48	Concilio apostólico en Jerusalén (Hechos 15)
48-51	Segundo viaje misionero (Hechos 15:36 - 18:22)
50	Pablo llega a Corinto (Hechos 18)
53	Empieza el tercer viaje misionero (Hechos 18:23)
54-57	Estadía de Pablo en Efeso (Hechos 19)
57-58	Pablo en Grecia (Hechos 20)
58 (Junio)	Pablo llega a Jerusalén (Hechos 21)
58-60	Encarcelamiento en Cesarea (Hechos 24-26)
60-61	Apelación a César y viaje a Roma (Hechos 27)
61-63	Encarcelamiento en Roma (Hechos 28:30)

Lucas en la extensión del Evangelio a los gentiles, que, a diferencia de muchos judíos, estaban ansiosos de oír (28:28). También tiene gran interés en explicar las diversas perturbaciones que a menudo siguieron a la predicación. En todas partes los problemas fueron fomentados por judíos celosos, o por intereses creados. Una y otra vez relata cómo las autoridades romanas libraban a los cristianos de todos los cargos de subversión y a veces los protegían de la furia de la multitud.

¿Cuándo se escribieron los Hechos? Muy probablemente al final de los dos años de encarcelamiento de Pablo en Roma o en la primera mitad de la década del sesenta. No hay rastros en él de las persecuciones de Nerón ni de la revuelta judía (66-70 d.C.), ni de la muerte de Pablo (más o menos el año 67). Por el contrario, el libro termina con una nota optimista. Debe de haber sido escrito después del Evangelio, al que algunos dan una fecha posterior al año 70. Pero la evidencia señala a una fecha cercana a 60 d.C., lo que haría posible datar los Hechos hacia el año 63.

1 - 8:1a EL NACIMIENTO DE LA IGLESIA: JERUSALEN

1:1-14 Introducción; los 40 días desde la resurrección a la ascensión

El "primer libro" de Lucas (su Evangelio), es un relato de todo lo que Jesús "comenzó a hacer y enseñar" durante su vida terrenal. Los Hechos continúan la historia de su obra por el poder del Espíritu Santo en la vida de los apóstoles después de la ascensión. Muestra cómo se cumplió la promesa del versículo 8: en Jerusalén (2:1 — 8:1a), Judea y Samaria (8:1b — 11:18), y más allá (11:19 hasta el final).

Una nube (9): Todo lo que un ojo humano podía ver de la gloria de la presencia de Dios (compárese también con Exodo 40:34 y Lucas 9:34-35).

Camino de un día de reposo (12): La ley limitaba la distancia que se podía caminar en sábado a unos 2.000 codos, poco menos de un kilómetro.

María... con sus hermanos (14): Esta es la última vez que se menciona a la madre de Jesús en el Nuevo Testamento, y la primera vez que sus hermanos aparecen asociados con sus discípulos. Sabemos que por lo menos uno de ellos, Santiago, había visto a Jesús resucitado (1 Corintios 15:7).

1:15-26 Elección de un duodécimo apóstol

Hasta donde sabemos, esta es la última oportunidad en que los apóstoles usan el antiquísimo método de echar suertes. No es una decisión tomada al azar, pues fue precedida de mucha oración. El duodécimo hombre tenía que haber estado con Jesús durante su ministerio terrenal y haberlo visto después de la resurrección.

El Monte de los Olivos, escenario de la ascensión de Jesús.

2:1-13 Pentecostés: la venida del Espíritu Santo

Con la venida del Espíritu Santo, hecho inequívocamente evidente por la transformación interior y las señales que podían ser vistas y oídas, se acabó la espera. Los apóstoles y discípulos pasaron a ser la nueva Iglesia, llena de vida y poder, y más diferentes de los discípulos temerosos de antes de lo que uno puede imaginárselo.

Pentecostés (1): la antigua fiesta judía de las primicias, que se celebraba en los comienzos de la cosecha del trigo. Caía cincuenta días después de la Pascua, fecha de la crucifixión de Jesús.

Cada uno les oía hablar en su propia lengua (6): los oyentes judíos y conversos procedían de diferentes países, aunque todos podían hablar el griego o uno de los dialectos arameos: Normalmente habría sido difícil entender el rudo acento galileo de los apóstoles. Pero para asombro de ellos, cada uno en aquel auditorio tan variado los oye hablar en su propio idioma. El acontecimiento de Babel (Génesis 11) se repite aquí en forma dramáticamente inversa.

2:14-47 Sermón de Pedro y lo que siguió

El sermón provoca una reacción inmediata. Tras el bautismo surge un nuevo y feliz sentido de comunidad. La unidad espiritual halla expresión práctica en la disposición a compartir el dinero y las posesiones.

La hora tercera (15): las 9 a.m., y en ese día había ayuno hasta media mañana.

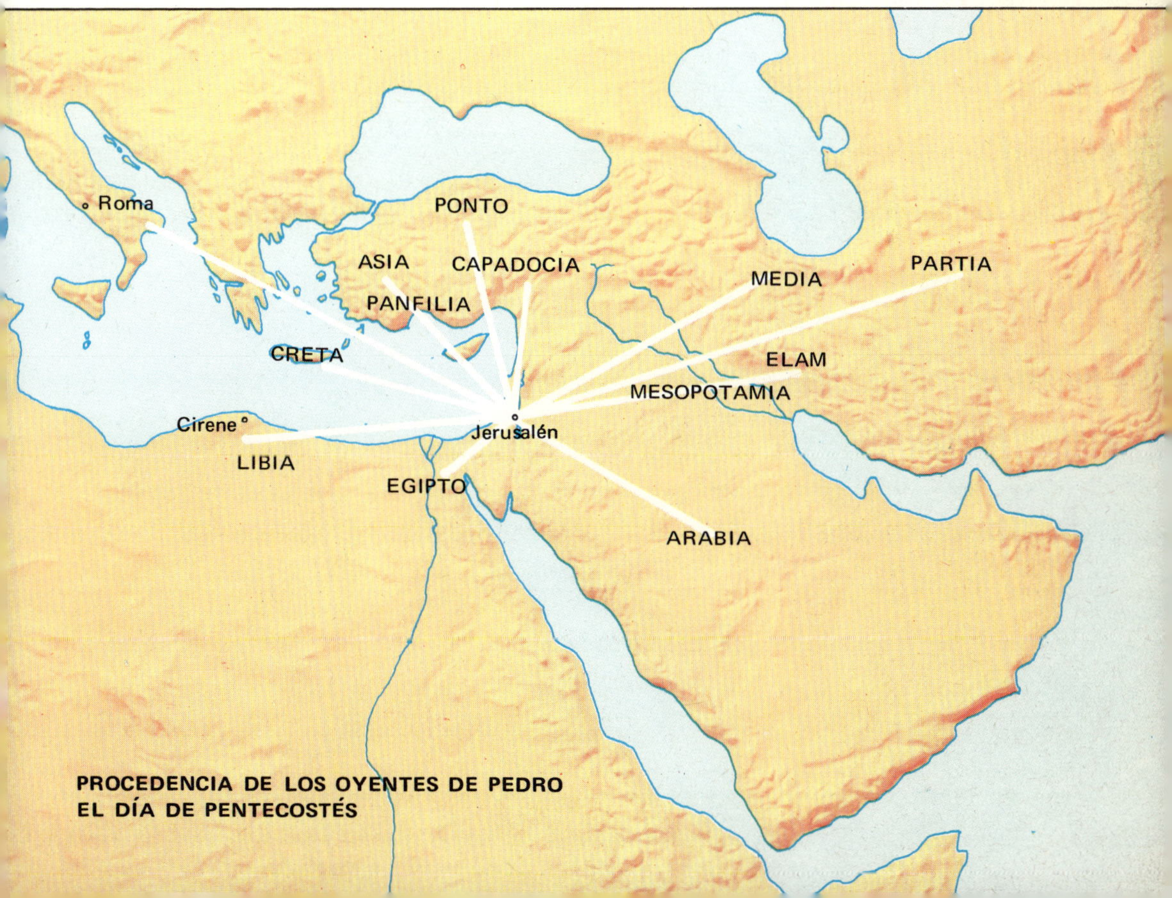

PROCEDENCIA DE LOS OYENTES DE PEDRO
EL DÍA DE PENTECOSTÉS

3 - 4:31 Curación del cojo; detención de Pedro y Juan

La curación y la enseñanza, como en el ministerio de Jesús, van juntas, ambas posibilitadas por el poder del Espíritu de Dios. Es la enseñanza centrada en el Cristo resucitado lo que enoja a los saduceos, y bastante, puesto que ellos negaban la posibilidad de la resurrección. Pablo más tarde produjo una división entre fariseos y saduceos acerca de la misma cuestión (23:6). La resurrección fue la médula del mensaje cristiano desde los mismos comienzos. Por todas partes los apóstoles hablaban de Jesús y la resurrección, tanto que los atenienses pensaron que Pablo estaba hablando de *dos* nuevas deidades (→ 17:18).

Panorama desde el área del templo en Jerusalén hacia el Monte de los Olivos, donde Jesús se despidió de sus discípulos. Los arcos están en la posición de los pórticos que rodeaban el atrio del templo en época del Nuevo Testamento. Allí los discípulos se reunían en el "pórtico de Salomón".

La hora novena (3:1): las 3 p.m. Las horas de oración eran temprano en la mañana, en la tarde (como en este caso) y a la puesta del sol. Las primeras dos coincidían con los sacrificios de la mañana y la tarde.

Anás... Caifás (4:6): Anás era el sumo sacerdote ya retirado, y su yerno, Caifás, era el sumo sacerdote en ejercicio (18-36 d.C.).

Este... es la piedra (11): cita del Salmo 118:22.

Hombres sin letras y del vulgo (13): hombres sin educación y que no pertenecían a las clases doctas.

4:32 - 5:11 Ananías y Safira

La venta de propiedades y su donación como ofrenda era completamente voluntaria, pero algunos fueron movidos menos por la generosidad que por el deseo de impresionar. Al mentirle a la iglesia, Ananías y Safira procuraban

engañar a Dios mismo. La terrible consecuencia sirvió como ejemplo a toda la iglesia.

Bernabé (4:36): los capítulos posteriores muestran cuán acertado era su nombre. Dirigente en la iglesia de Antioquía, él y Pablo fueron enviados juntos como misioneros. Pablo recibió el beneficio del consuelo de Bernabé, al igual que su joven sobrino Juan Marcos.

5:12-42 Los apóstoles ante el concilio

Era otra vez como en los días de Jesús en Galilea, pues muchos eran sanados por los apóstoles. No es asombroso entonces que las autoridades judías se pusieran celosas por la enorme influencia de ellos. Pero ni las amenazas, ni el encarcelamiento, y ni siquiera los latigazos, son armas con las que se pueda resistir al poder de Dios.

El pórtico de Salomón (12): era práctica corriente que se reunieran grupos para enseñar y discutir en los atrios de los edificios públicos, y que los discípulos se reunieran con sus maestros en los atrios del templo. Los cristianos se reunían en el pórtico de Salomón (véase foto en la página 545), pero sabiendo la hostilidad de las autoridades en su contra, los demás se mantenían a distancia.

La sangre de ese hombre (28): los apóstoles abiertamente acusaban al concilio de la muerte de Jesús y temían las represalias.

Colgándole en un madero (30): el palo vertical de la cruz bien podía ser el tronco de un árbol cortado para este propósito. Véase también Deuteronomio 21:22-23.

Gamaliel (34): dirigente de los fariseos; maestro de Pablo. Su consejo es sabio.

6 Se escogen siete ayudantes; Esteban provoca oposición

Los judíos no palestinos de habla griega, se quejaron de falta de justicia en la distribución diaria. La respuesta de los apóstoles es permitirles que escojan de entre ellos siete hombres, hombres de calidad espiritual, para supervisar estos asuntos prácticos. Por lo menos dos de ellos dejaron una marca permanente en la joven iglesia: Esteban, predicador poderoso y primer mártir, y Felipe el evangelista.

El cargo contra Esteban es blasfemia, el mismo cargo que se presentó contra Jesús. Esteban parece haber sido el primero en prever la ruptura inevitable con el culto judío que la nueva enseñanza provocaría.

La sinagoga de los libertos (9): probablemente asistían a ella libertos de los lugares mencionados.

7 - 8:1a Defensa y muerte de Esteban

La defensa asume la forma de un repaso de la historia de la nación. La corte conoce los hechos,

EL DECRETO DE NAZARET

Es probable que esta extraordinaria inscripción se remonte al siglo I d.C. Fue enviada a Nazaret en 1878 a un coleccionista francés. ¿Sería el rumor de que Jesús de Nazaret había resucitado lo que motivó la emisión del decreto?

ORDENANZA DE CESAR. Me place que las tumbas y sepulcros queden sin ser violados a perpetuidad para quienes los han hecho para el culto de sus antepasados, hijos o miembros de su familia. Si, empero, alguien diere información de que otro los ha demolido, o que de alguna manera ha sustraido a las personas sepultadas, o por maldad las ha cambiado a otros lugares a fin de causarles daño, o ha violado el sello u otras piedras, contra tal persona ordeno que se instituya un juicio, tanto por respeto a los dioses, como por consideración del culto de los mortales. Pues habrá de ser mucho más obligatorio honrar a los sepultados. Que esté absolutamente prohibido que cualquiera los moleste. En caso de contravención, deseo que el ofensor sea sentenciado a la pena capital con el cargo de violación de sepultura.

pero la interpretación es revolucionaria. El ardor lo produce el final del discurso (51-53). El Israel de antaño rechazó a los profetas desde José y Moisés hacia adelante. La generación actual ha rechazado al Mesías mismo. Los versículos 44-50 son la respuesta de Esteban al cargo sobre la destrucción del templo. Un edificio permanente para morada de Dios siempre es inferior a la persona de Dios.

Por disposición de ángeles (53): Gálatas 3:19 y Hebreos 2:2 también relacionan a los ángeles con la entrega de la ley, pero no se menciona esto en el Antiguo Testamento.

Los testigos... Saulo (58): los de la acusación, por ley, tenían que arrojar las primeras piedras, aunque en otros aspectos este caso particular era poco más que un linchamiento. El "joven" Saulo tenía probablemente poco más de treinta años. Aparece aquí por primera vez. Como el apóstol Pablo (versión romana de su nombre) es la figura central en los capítulos posteriores de los Hechos. Aquí comparte la culpa de la muerte de Esteban. ("Consentía" puede significar que como miembro del Sanedrín él votó contra Esteban.) Pero la escena de la muerte de Esteban quedó grabada con fuego en la mente de Saulo (22:20), y debe de haber tenido su parte en la preparación para el encuentro en el camino de Damasco.

La predicación cristiana primitiva

MICHAEL GREEN

Lo verdaderamente asombroso de la predicación cristiana primitiva es que no proclamó deberes religiosos ni normas morales, ni siquiera un programa de reforma, sino a una persona: un tal Jesús que fue crucificado y que los cristianos sabían que estaba vivo. Dedicaron todas sus energías a comprenderlo mejor (mediante el estudio del Antiguo Testamento) y hacer una presentación real de él a las personas que jamás lo habían visto. La creencia común y la variedad de la presentación son las notas claves de su logro. Sobre todo es crucial reconocer que el contenido y la dinámica de su predicación era el Resucitado, a quien muchos de ellos habían conocido y seguido durante varios años, mientras había sido carpintero y rabino.

Se ha demostrado que los cristianos primitivos tenían un patrón extensamente uniforme para la predicación de Jesucristo. Era más o menos como sigue:

> "Las antiguas profecías se han cumplido y se ha inaugurado la nueva era con la venida de Cristo. El nació de la familia de David, murió, conforme a las Escrituras, con el objeto de librarnos de este mundo malo. Fue sepultado, resucitó al tercer día como lo predijeron las Escrituras, y ahora ha sido exaltado a la diestra de Dios, como Hijo de Dios y Señor de los vivos y los muertos. Ha dado su Espíritu Santo a sus seguidores como una prenda de su Señorío y como primicia de su venida para ser Juez y Salvador de los hombres en el día final."

Este patrón de enseñanza ya se había desarrollado desde una fecha muy temprana. Puede verse en trozos de predicación primitiva, o en himnos o credos incorporados en las epístolas. Por ejemplo, el texto de Filipenses 2:4-11 es muy antiguo, y posiblemente viene de una iglesia de habla aramea; sin embargo, está tan avanzado doctrinalmente como cualquier porción del Nuevo Testamento. Otras afirmaciones de fe fragmentarias de los primeros días han sido preservadas en pasajes como 1 Corintios 15:3-4; Romanos 1:3-4 y 1 Timoteo 3:16.

También se pueden notar ligeras variaciones de énfasis. Cuando se hablaba principalmente a los judíos, se enfatizaba la liberación que Cristo da de la quebrantada ley de Dios. El perdón, la justificación, y la limpieza son las cosas importantes. Cuando los lectores son predominantemente paganos en trasfondo, el énfasis está en la liberación que Cristo da de las potencias demoníacas de las cuales los hombres del mundo antiguo estaban tan agudamente conscientes.

A los judíos, pues, Jesús era mostrado como Cristo, el Libertador mesiánico, el clímax de la revelación del Antiguo Testamento. A los no judíos, al mundo pagano, era presentado como el Señor y vencedor de todas las fuerzas del mal.

Cuando predicaban al mundo pagano, que no tenía el trasfondo de la revelación de Dios del Antiguo Testamento, los primeros misioneros también tenían que empezar desde el principio en su enseñanza. En los Hechos se nos dan dos ejemplos: uno de predicación a gente común (14:15-17), y otro a gente culta (17:22-31). En ambos

8:1b - 11:18 PERSECUCION: EL EVANGELIO SE EXTIENDE A JUDEA Y SAMARIA

8:1b-25 La reacción de los samaritanos

La persecución que siguió a la muerte de Esteban produjo el primer movimiento de expansión de la iglesia. El ataque parece haberse concentrado en los compatriotas helenistas de Esteban (judíos de habla griega), dejando a los apóstoles en libertad de permanecer en Jerusalén. Por dondequiera que los creyentes perseguidos iban, predicaban las buenas nuevas. En el caso de Felipe hubo tal éxito que dos de los apóstoles fueron a ver lo que estaba ocurriendo.

Este es el gran poder de Dios (10): Simón se consideraba a sí mismo como agente único del Dios supremo.

Para que recibiesen el Espíritu Santo (15-17): todo creyente tiene el Espíritu de Dios: → Romanos 8:9; 1 Corintios 12:13. Pero la señal visible de la venida del Espíritu, dada cuando los apóstoles oficialmente reconocieron que estos miembros de la nación despreciada y enemiga habían llegado a ser hijos de Dios, subraya la significación especial de la bienvenida dada a los samaritanos en la iglesia.

casos los cristianos tratan de establecer el hecho de que hay un solo Dios, desacreditar la idolatría y, por la luz de la revelación natural (Dios el Creador y Sustentador), preparar el camino para la revelación especial de Dios contenida en Cristo. Este modo de proceder había sido usado por los judíos en el siglo anterior más o menos, cuando trataban de propagar el monoteísmo ético de Israel en un mundo inmoral e idólatra, pero anhelante. Constituyó una útil introducción a la proclamación específicamente cristiana, y fue el sistema usado a través de varios siglos.

Ya sea que predicaran a judíos o a gentiles, los primeros cristianos enfatizaban no solamente lo que Dios había hecho por los hombres por medio de Jesucristo, sino lo que él ofrece (nueva vida por el Espíritu Santo, perdón de pecados), y lo que él exige (arrepentimiento, fe y consagración). Esta consagración implica tres facetas que deben ir juntas: bautismo, fe y recepción del Espíritu Santo. Las tres son esenciales para la vida cristiana.

Los Hechos constituyen un argumento de la profundidad que tenía esta predicación primitiva. Se usan palabras que indican que los cristianos actuaban como heraldos, como maestros, como apologistas. Presentaban estas buenas nuevas, argumentaban sobre ellas, daban testimonio de ellas, y mostraban cómo calzaban con las Escrituras del Antiguo Testamento. No era la tarea de cierta clase de cristianos; las mujeres hablaban de ello en la lavandería, los filósofos argumentaban al respecto en las esquinas de las calles, los prisioneros se lo decían a sus compañeros de prisión. Hombres de todo ambiente y cultura demostraron el poder de aquella predicación mediante sus vidas transformadas (→ 1 Corintios 6:9 11) y su gustosa aceptación del sufrimiento y la muerte (por ejemplo, Hechos 20:22-24).

Eran estas cualidades las que recomendaban el nuevo mensaje, y el poder del Espíritu en sus vidas sociales y personales respaldaba sus afirmaciones. Además hubo una característica intelectual que contribuyó grandemente a su éxito. Descubrieron cómo interpretar a Jesús en diversas formas a fin de hacer frente a las diversas necesidades; no estaban rigurosamente limitados. Tampoco eran "sincretistas": no decían que las demás religiones tenían ideas que eran igualmente ciertas y que se podían mezclar con la nueva fe. El cristianismo, como el judaísmo, no tenía nada que ver con el sincretismo del mundo pagano. Pero los cristianos tuvieron éxito, y los judíos no, en dar gran flexibilidad a la expresión de su fe reteniendo al mismo tiempo el principal patrón común y el contenido que hemos visto.

Por ejemplo, la predicación de Jesús de "el reino de Dios" podría tener mucho significado para la mentalidad judía, pero podía ser políticamente revolucionaria en otro lugar. Por eso los predicadores primitivos preferían usar otras expresiones de Jesús como "vida eterna" o "salvación".

También "Hijo del hombre" era una forma peculiar de referencia que tenía connotaciones altamente apocalípticas que eran comprendidas en algunos círculos del judaísmo, pero que no tenían sentido en otros lugares. Por eso estos flexibles predicadores primitivos usaban palabras que llamaban la atención a los paganos, expresiones tales como "Hijo de Dios" o "Señor".

Cuando tenían que interpretar la persona de su Maestro, usaban el lenguaje y las formas de pensamiento familiar a los que trataban de alcanzar. El propósito era dejar tan claro como el cristal la singular obra salvadora del divino Jesús crucificado y resucitado que era el Señor a quien servían, y el mensaje que proclamaban.

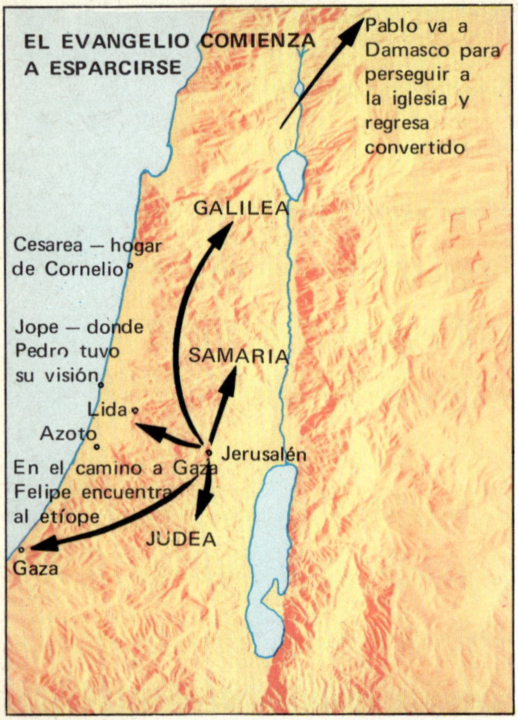

8:26-40 Felipe y el funcionario etíope

En el punto culminante de la campaña de Felipe entre los samaritanos, Dios lo llama para que vaya a satisfacer la necesidad de un individuo.

Un etíope (27): el hombre, prosélito judío, era tesorero no de la Etiopía actual, sino del antiguo reino en el norte de Sudán.

Candace (27): título de la reina madre que gobernaba el país de parte de su hijo. El rey mismo, deificado como hijo del dios Sol, era considerado demasiado santo para desempeñar esas funciones seculares.

La escritura (32): Isaías 53:7-8. La cita es del griego (versión de los Setenta) texto que difiere ligeramente del texto hebreo masorético en el que se basa nuestro Antiguo Testamento.

Cesarea (40): parece que Felipe se estableció en este puerto y allí formó su familia. → 21:8-9.

9:1-31 El camino de Damasco: conversión de Saulo

La conversión de Saulo marca un hito en la historia de la iglesia primitiva. La historia se relata tres veces en los Hechos, una aquí por Lucas, y dos veces por Pablo: 22:5-16; 26:12-18. Jamás una conversión ha significado un cambio tan radical y completo. El encuentro con Cristo fue seguido por tres días de ceguera: Saulo se identificó así con la muerte de Jesús y con los tres días en la tumba, y luego se identificó con él en el bautismo y en la novedad de vida. Para cuando Ananías habló con él, Saulo el perseguidor se había convertido en "el hermano Saulo", hombre que debía ser perseguido a su vez por aquellos cuya causa había dirigido. Con su conversión la iglesia tuvo paz por algún tiempo.

El Camino (2): la iglesia era conocida por este nombre antes que el pueblo de Antioquía inventara el nuevo nombre: "cristiano" (11:26).

Tarso (11): ciudad universitaria con medio millón de habitantes; lugar de contacto entre el

La "calle llamada Derecha" en Damasco todavía es una arteria principal del antiguo mercado cubierto.

Oriente y el Occidente, lo griego y lo oriental. → el mapa, página 558.

9:32-43 Pedro en Lida y Jope: Tabita resucitada de los muertos

Ya que había paz, Pedro siente libertad para visitar a los grupos cristianos. Se establece por un tiempo en Jope (puerto del cual se embarcó Jonás, otro misionero que tenía poco deseo de predicarles a los gentiles . El trabajo de su anfitrión es el "inmundo" trabajo de curtir pieles, quizás indicación de que Pedro ya se había emancipado hasta cierto punto de sus tabúes religiosos. Pero se aproxima un desafío aún más violento.

10 Pedro y Cornelio

Hasta este punto el Evangelio ha sido predicado sólo a judíos, a convertidos al judaísmo (prosélitos) y a samaritanos (que observaban la ley de Moisés). Pero Dios interviene a fin de dejar bien en claro que el mensaje es para todos los hombres (34-35). Prepara a Cornelio y también prepara a Pedro. Tres veces vienen la visión y el mensaje, aparentemente dando órdenes a Pedro de quebrantar las leyes alimenticias judías (→ Levítico 11). Pero cuando llegan los hombres de Cornelio, comprende rápidamente que hay implicaciones mucho más profundas y humanas en su sueño (28). Su enseñanza es seguida por un segundo Pentecostés, la venida del Espíritu Santo sobre los gentiles. Nadie podía negar el bautismo a quienes habían recibido una señal tan obvia del favor de Dios.

Cornelio, centurión (1): uno de los que formaban la espina dorsal del ejército romano. Los centuriones estacionados en Palestina son presentados con una luz muy favorable en el Nuevo Testamento. A Cornelio le gustaba la fe y el culto judío, pero no era un convertido circuncidado (→ artículo en página 507).

El trance de Pedro (9-16): Era el mediodía cuando Pedro cayó en trance, y los hombres de Cornelio se acercaban a Jope. El hambre de Pedro, y quizás el cuero que le proporcionaba sombra, contribuyen a formar las imágenes de la visión que Dios usa para presentar su mensaje.

11:1-18 Los apóstoles aprueban la acción de Pedro

Esta repetición de los sucesos en Cesarea subrayan su significación. La crítica que Pedro recibe de una facción estrecha de judíos cristianos en Jerusalén va a seguir a Pablo en cada etapa de su obra misionera. La admisión de los gentiles a la plena membresía de la iglesia sin circuncidarse, es la cuestión más controvertida de la generación apostólica. Pero Lucas muestra claramente que los apóstoles y dirigentes recibieron un informe completo de Pedro y aprobaron ampliamente su acción, puesto que la mano de Dios era tan evidente en todo.

11:19 - 16:5 ANTIOQUIA Y EL ESFUERZO MISIONERO: EXPANSION A SIRIA Y TURQUIA

11:19-30 Antioquía: la primera iglesia gentil

Casi al mismo tiempo que los sucesos de Cesarea, las cosas están en acción en el norte, en Antioquía (tercera ciudad del mundo en tamaño después de Roma y Alejandría), activo centro comercial y capital de la provincia romana de Siria. El cálido recibimiento que los griegos le dieron al mensaje cristiano hace regresar a Bernabé desde Jerusalén. El, a su vez, sigue a Saulo hasta la ciudad de Tarso. Y de este modo queda preparado el escenario para el siguiente gran movimiento descrito desde el capítulo 13 en adelante.

Una gran hambre... en el tiempo de Claudio (28): Claudio fue emperador entre los años 41-54 d.C. El hambre azotó a Palestina por el año 46.

12 Muerte de Jacobo (Santiago); encarcelamiento de Pedro

Mientras Pablo y Bernabé están en Jerusalén, entregando la donación de Antioquía como ayuda para el hambre, Herodes (haciendo las veces de campeón de la ley) inicia una nueva ola de persecución. Jacobo, uno de los tres apóstoles más cercanos a Jesús, muere. Pero Dios tiene otros planes con Pedro. Ni siquiera la máxima

La primera parada de Pablo y sus compañeros de su primer viaje misionero fue Salamina, en Chipre. Allí se enfrentaron al poder de la civilización romana contemporánea.

seguridad de la prisión presenta problemas para Dios.

Herodes el rey (1): Herodes Agripa I, nieto de Herodes el Grande (Lucas 1:5). El reino le fue entregado por su amigo el emperador Calígula, y fue prolongado por Claudio. Su muerte repentina (23) en el año 44 d.C., también es descrita por el historiador judío Josefo. Véase además la página 540.

Panes sin levadura (3): fiesta de siete días de duración que seguía inmediatamente después de la Pascua, y que era considerada como parte de aquel festival (4).

Cuatro grupos de cuatro soldados (4): un escuadrón de cuatro soldados para cada vigilia de la noche, dos con Pedro, dos en la puerta.

13 - 14 Bernabé y Saulo son enviados: el primer viaje misionero

La iglesia, dirigida por el Espíritu Santo, selecciona sus mejores hombres como pioneros de la obra.

La gira se inicia en **Chipre** (isla donde nació Bernabé; 13:4-12) donde encuentran a Elimas el mago, y logran una conversión notable: la del procónsul Sergio Paulo. Saulo adopta la versión romana de su nombre, Pablo, y se convierte en el líder natural del grupo.

En **Perge** (13:13) Juan Marcos regresa a su tierra por una razón que Pablo considera insuficiente (15:37ss.).

Antioquía de Pisidia (13:14-52): primer sermón de Pablo que se registra; oposición de los judíos.

Iconio (14:1-6): recepción muy variable seguida por un intento de apedreamiento.

Listra (14:6-20): curación del inválido; Pablo y Bernabé son aclamados como dioses.

Derbe (14:20-21): una buena recepción después que Pablo apenas escapa de morir apedreado en Listra. Esto no le impide hacer nuevas visitas a cada uno de los demás pueblos en su viaje de regreso a la costa.

Antioquía de Pisidia era una ciudad romana en una posición elevada que dominaba una extensa área de lo que actualmente es Turquía central. De acuerdo con su táctica acostumbrada, Pablo visitaba primero a los principales centros regionales. La foto corresponde al acueducto edificado para conducir agua a la ciudad, de la cual queda muy poco.

15:1-35 El Concilio en Jerusalén

Diez años o más han pasado desde que los apóstoles aprobaron el ingreso de la familia gentil de Cornelio en la iglesia (capítulos 10-11), y la oposición se ha hecho más fuerte. Cuando los informes del éxito de Pablo llegan a oídos del partido de los de "la salvación por la fe *más* la circuncisión", ven en ello un peligro, y abiertamente se oponen a sus enseñanzas. En una cuestión tan vital, es esencial una decisión autoritati-

El Nuevo Testamento y la historia

E. M. BLAIKLOCK

El Nuevo Testamento narra una historia que había de cambiar el curso de toda la historia subsiguiente. Los cuatro evangelios, al descubrir los años de actividad de Jesús, abarcan diversos niveles de la sociedad en la provincia más turbulenta de Roma, y hacen que se destaque la administración imperial a la vez que señalan claramente la situación que condujo, en el año 66 d.C. a la más terrible de las guerras provinciales del Imperio.

Los Hechos de los Apóstoles continúan el tema. Es un relato escrito por un griego educado, buen historiador por derecho propio, y muestra la triunfante expansión del movimiento que había de cambiar el mundo.

Al movimiento le dio forma uno que puede con toda justicia ser llamado el primer cristiano europeo, el educado rabino Pablo, que dominaba completamente la literatura y el pensamiento filosófico griego (como lo demuestra el discurso pronunciado en el Areópago) y que también era ciudadano romano, supremamente consciente, como lo demuestra su plan evangelístico, del valor, el poder y la importancia del Imperio y la "Pax Romana".

Sométase a prueba a Lucas en los detalles, como la arqueología ha demostrado que puede ser sometida, y ha de erguirse como un hombre de meticulosa exactitud. Léasele a grandes rasgos, y se verá que Efeso y Corinto adquieren vida. Tómense palabras aisladas, por ejemplo "procónsules" (nótese el plural), en la historia del disturbio de Efeso, y se verá la presentación de un pequeño detalle histórico.

Las cartas de Pablo, típicas de la correspondencia antigua, son igualmente iluminadoras en lo histórico. Corinto, viciosa, cosmopolita, pseudofilosófica, políglota, desordenada, argumentativa, cargada de controversia, adquiere vida en la carta a su turbulenta iglesia, en la cual se había infiltrado el espíritu inquieto y el vicio urbano del lugar.

O considérese la poesía del Apocalipsis, el último libro del Nuevo Testamento, con su derroche de simbolismos, que esta época por sobre todas debiera apreciar. Aquí está Roma como en ningún otro lugar se la presenta, a través de los ojos de un amargo enemigo provincial. Roma, tirana, embriagada con sangre, perseguidora despiadada... y condenada.

Quienquiera que conozca el Nuevo Testamento en su contexto y en relación con su trasfondo, ha abierto una ventana a la mentalidad, la sociedad, los problemas y el espíritu del siglo I. Sus tormentas en cierne (la vasta revuelta judía, por ejemplo) saltan a la vista. Su chapucera administración en el Oriente, que levantó el escenario para el desastre, es claramente visible. Su experimentación con reyes títeres, su legislación represiva, sus trazos de anacrónico gobierno de la ciudad, su mal estructurado modo de vida (por ejemplo en Listra), sus divisiones filosóficas, sus grupos colaboradores amén de los más obvios síntomas de la proximidad de la catástrofe, aparecen revelados en el Nuevo Testamento.

Como una colección de documentos históricos, el Nuevo Testamento es singular.

va de los apóstoles y ancianos a fin de evitar un rompimiento total. El recuento que hace Pedro de acontecimientos pasados y el relato de Pablo y Bernabé sobre la obra de Dios entre los gentiles se llevan el día. El resumen final y veredicto lo da Santiago, hermano del Señor y dirigente de la iglesia de Jerusalén, y halla aceptación de todos. A los gentiles sólo se les pide que se avengan a los cristianos judíos en ciertos asuntos sociales, a fin de que la iglesia pueda reunirse como una sola.

15:36 - 16:5 Pablo y Bernabé se separan; se inicia el segundo viaje misionero; nueva visita a las iglesias de la Turquía actual

La discusión acerca de Marcos dio como resultado dos viajes misioneros en vez de uno. El don especial de Bernabé de dar consuelo sin lugar a dudas ayudó a su joven sobrino a obtener la victoria y conseguir más tarde la aprobación de Pablo (2 Timoteo 4:11).

Silas (Silvano) (15:40): representante de la iglesia de Jerusalén (15:22). Como Pablo, era ciudadano romano. Viajó con el apóstol hasta Berea (17:14) y volvió a juntarse con él en Corinto. Silas estuvo asociado con Pablo en la redacción (desde Corinto) de la 1ª y 2ª epístolas a los Tesalonicenses; también, con Pedro en la redacción de su primera carta.

Timoteo (16:3): la decisión de circuncidar a Timoteo fue tomada con el fin de regularizar su posición como judío, no con el objeto de que obtuviera su salvación. Pablo sentía un especial afecto por su leal aunque tímido compañero y sucesor. Llegó a considerarlo casi como a su propio hijo.

Filipos era otra ciudad romana y centro regional; cerca de las ruinas de la antigua ciudad está la ribera del río donde se reunían los "temerosos de Dios". → fotos de las páginas 36 y 609.

16:6 - 19:41 PABLO LLEVA EL EVANGELIO A EUROPA

16:6-40 En Filipos

En Troas (Tróada), junto a la antigua Troya, Lucas se une al grupo por primera vez, y Pablo recibe la orden de pasar a Europa. Uno casi está tentado a pensar que Lucas mismo era el hombre del sueño de Pablo.

La iglesia de Filipos nació de un grupo de convertidos muy variado: una comerciante y su familia, una esclava y un carcelero. Pero los cristianos de Filipos le dieron mucho gozo a Pablo a través de los años, por su amor, su fidelidad en el sostenimiento y su preocupación constante por él (Filipenses 1:3ss.; 4:10ss.; 2 Corintios 8). Cuando Pablo sigue el viaje, Lucas el médico se queda. Filipos era un centro médico. → también bajo Filipenses.

Un lugar de oración (13): pequeños grupos de judíos se reunían frecuentemente a orar. Se necesitaba un mínimo de diez hombres para constituir una sinagoga. La ribera del río en Filipos era un lugar tranquilo cerca de la ciudad.

Tiatira (14): más tarde se formó una iglesia en la ciudad natal de Lidia (→ Apocalipsis 2:18ss.).

17:1-15 Tesalónica y Berea

Tesalónica (1:9): El recibimiento dado a Pablo en este puerto de mar y capital de Macedonia no fue fingido (→ 1 Tesalonicenses 1:2-10; 2 Tesalonicenses 1:3-4). Los judíos estaban celosos porque aquí, como en todo lugar, Pablo se había ganado a "los devotos griegos", personas que ya

Con sus piedras surcadas por las ruedas de los carros, la Vía Ignacia es el camino por el que Pablo y sus compañeros pasaron en su viaje de Filipos a Tesalónica.

El Agora, o foro, en Atenas. La Acrópolis, coronada por el templo del Partenón, se levanta detrás. A la derecha está la colina de Marte. Allí se reunía el consejo de los Areopagitas, ante quienes Pablo fue llamado a explicar sus nuevas esperanzas. En su tiempo probablemente se reunían en un edificio rodeado de columnas como el que aparece en la parte izquierda de la foto.

habían sido atraídas por el judaísmo y que ellos tenían la esperanza de ganar como prosélitos.

Berea (10-15): El grupo judío de aquí era notable por su estudio sin prejuicio de las Escrituras.

17:16-34 Pablo en Atenas

El apóstol Pablo era un estratega. Realizaba su campaña en las grandes ciudades del mundo romano. Escogía centros en las rutas comerciales y puertos, lugares donde había muchas personas que iban y venían. Desde estos centros el mensaje se había de extender rápido como el fuego. Comenzó en lo que actualmente es Turquía, siguió hasta Grecia y luego puso la mira en Roma y más allá, en España. De modo que pasó de Berea a Atenas, ciudad con mil años de historia, que se gloriaba en su grandeza pasada; Atenas, fundadora de la democracia, ciudad de Esquilo, Sófocles, Eurípides, Tucídides, Platón, Sócrates; la más grande universidad, centro filosófico, literario, científico y artístico del mundo, pero terreno duro para el Evangelio.

Los epicúreos (18): materialistas cuya filosofía a menudo consistía en poco más que la persecución del placer.

Los estoicos (18): racionalistas que sustentan una filosofía de suficiencia personal y sufrimiento tenaz.

Nuevos dioses (18): Pablo hablaba en forma tan inseparablemente de Jesús y la resurrección *(anástasis)*, que los atenienses creyeron que les hablaba de nuevas deidades. Varias escuelas filosóficas creían en la inmortalidad del alma, pero los griegos consideraban la idea de la resurrección *del cuerpo* como completamente absurda (32).

El Espíritu Santo en los Hechos

E. W. GROGAN

Los Hechos de los Apóstoles es un libro en el cual el Espíritu Santo se destaca en forma especial. Su actividad es dominante. El libro podría llamarse con toda propiedad "Los Hechos del Cristo resucitado, realizados por el Espíritu Santo a través de los apóstoles".

Una Persona divina

El libro muestra claramente que el Espíritu es personal, porque hacía lo que solamente una persona podía hacer. Hablaba (1:16; 8:29; 10:19; etc.), y hacía que otros hablaran (2:4; 4:8, 31; etc.). Daba testimonio (5:32), enviaba obreros cristianos (13:4), prohibía ciertas acciones (16:6-7) y designaba hombres para los cargos en la iglesia (20:28). Se le asocia con otras personas (15:28) y se cree claramente que es igual a Dios (5:3, 9).

El agente de Cristo

Hechos 1:1 parece implicar que Jesús prosiguió su obra después de la ascensión por medio del Espíritu Santo. El es el don que el Cristo ascendido da a sus discípulos (2:33) y es llamado "el Espíritu de Jesús" (16:7). También se le describe como "la promesa del Padre" (1:4).

El Creador de la Iglesia

La Iglesia en la forma en que la conocemos hoy fue creada el día de Pentecostés. El viento y el fuego (2:2-3) son símbolos del Antiguo Testamento que señalan la deidad (→Exodo 19:18; 1 Reyes 19:11-12). El don de lenguas (2:4-13) puede haber sido escogido deliberadamente por Dios para simbolizar la universalidad final de la iglesia, su presencia entre personas de toda lengua. El Espíritu creó una comunión de amor y unidad (2:43-46) y fue prometido a quienes respondieran al mensaje cristiano (2.38, →también 5.32).

La fuerza unificadora de la Iglesia en expansión

Lucas está vitalmente interesado en el progreso del Evangelio y en la consiguiente expansión de la iglesia por la actividad del Espíritu. La Iglesia del día de Pentecostés estaba compuesta de *judíos* y *prosélitos,* gentiles que habían abrazado el judaísmo y por lo tanto eran contados como si fueran judíos (2:10). Los judíos odiaban a los samaritanos, que eran una raza mixta y tenían una religión cismática. Pero en Hechos 8:14-17 el Espíritu descendió sobre los *creyentes samaritanos*. Es significativo que esto ocurriera sólo después de que los apóstoles (judíos) les impusieran las manos, lo cual era una actitud de amor y compañerismo de parte de ellos y además señalaba el hecho de que "la salvación viene de los judíos" (Juan 4:22). La barrera entre judío y gentil se rompió también en Hechos 10:44-48 (→también 11:1-18) cuando el fenómeno del Pentecostés lo repitió el Espíritu mientras Pedro predicaba el Evangelio a los *gentiles*. La promesa del Espíritu fue dada por primera vez por medio de Juan el Bautista (Mateo 3:11-12; →Hechos 1:5; 11:16); por tanto, Lucas relata cómo también recibió el Espíritu un grupo de *discípulos de Juan* (19:1-7). Estos pasajes revelan cómo el Espíritu unió a estos grupos divergentes y evitó una división.

El poder tras el testimonio de la Iglesia

El Espíritu Santo fue dado a la Iglesia para que esta pudiera testificar de Cristo (1:8; compárese con 4:33). El Espíritu dirigió a la iglesia cuando enviaron a Bernabé y a Saulo a evangelizar a los gentiles (13:1-4), en la misma forma que anteriormente había guiado a Pedro para que predicara el evangelio a Cornelio y a sus amigos (10:19ss.; compárese también con 8:29; 16:6-7). Llenos del Espíritu hablaron con poder (4:8, 31; 6:10) y emprendieron los diversos aspectos de la vida y testimonio de la nueva iglesia (6:3, 5; 11:22-24). El Espíritu Santo les dio poder a los hombres para revelar a Cristo por medio de sus labios y sus vidas.

La vida de la Iglesia

El Espíritu de Dios se ocupa de la vida interior de la Iglesia en todo lugar (9:31). Fue el Espíritu el que nombró ancianos de la Iglesia para que fueran sus guardadores (20:28). La nueva era iba a ser una era de profecía (2:17-18) referente a la instrucción y edificación de la Iglesia misma (15:32) y la predicción de las cosas venideras (11:28; 21:4). La Iglesia reunida en concilio buscó dirección y creyó que esta le fue dada por el Espíritu Santo (15:28).

De esta manera los Hechos ocupa una posición única en la revelación de la persona y el papel del Espíritu Santo. Relata un cumplimiento que también es un nuevo comienzo. Las profecías del Antiguo Testamento y las promesas del Señor Jesús acerca del Espíritu Santo encuentran su cumplimiento en Pentecostés. La nueva era, la era del Espíritu predicada por Jesús y tan evidente en las epístolas, había comenzado.

El Areópago (19): antigua corte de gran prestigio, posiblemente encargada de dar licencia a los oradores públicos.

"En él vivimos y nos movemos..." (28): Pablo cita al poeta griego Epiménides. Según la leyenda, fue él quien aconsejó a los atenienses que construyeran altares anónimos.

18:1-17 Pablo en Corinto

Véase bajo 1 Corintios con respecto al trasfondo. Pablo estuvo allí mientras Galión era procónsul; llegó probablemente en el año 50. La decisión de Galión fue importante para la fe cristiana (→ artículo, página 573).

Aquila y Priscila (2): fabricantes de tiendas o trabajadores en cuero. Se hicieron muy amigos de Pablo. Viajaron a Corinto, Efeso y de nuevo a Roma. En todas partes esta hospitalaria pareja sevía de gran apoyo a las nuevas iglesias.

Edicto de Claudio (2): emitido entre los años 49-50 contra los judíos por "provocar constantes disturbios por instigación de Cresto". Sin lugar a dudas era una alusión a las disputas entre los cristianos y los judíos no cristianos de Roma.

18:18-28 Pablo regresa a Antioquía; comienza el tercer viaje misionero; Apolos encuentra a Aquila y Priscila

Apolos (Apolo) (24): gracias a Aquila y Priscila este elocuente alejandrino se convierte en un hombre de gran influencia en la iglesia de Corinto (→ 1 Corintios 1:12; 3:4ss.).

19 Pablo en Efeso

Efeso era otro gran centro mercantil, aunque su buen puerto ya estaba comenzando a llenarse de sedimento en los días de Pablo. Situado al final de la ruta de caravanas de Asia, la ciudad era puente entre oriente y occidente. La tradición dice que el apóstol Juan vivió allí. El ministerio de Pablo fue tan eficaz que realmente afectó las entradas de los plateros. Probablemente las siete iglesias mencionadas en Apocalipsis 1:11, así como las de Colosas e Hierápolis, fueron también fundadas en este período.

Escuela de Tiranno (9): salón de conferencias que Pablo probablemente usaba durante la hora de la siesta, entre las 11 a.m. y las 4 p.m. (→ nota en la Versión Latinoamericana).

TERCER VIAJE MISIONERO DE PABLO

Las extensas ruinas de Efeso del tiempo de Pablo incluyen el teatro donde la multitud gritó "¡Grande es Diana de los Efesios!". Pasó mucho tiempo antes de que se descubriera el sitio del verdadero templo a la diosa, a cierta distancia de las demás ruinas. Actualmente el templo, una de las maravillas del mundo antiguo, no es más que una zona rectangular de pantano que está sembrado de columnas. El cercano Museo de Efeso contiene dos estatuas de la diosa de tamaño mayor que el normal. Esta es una versión romana hecha en mármol blanco. → otras fotos de Efeso en páginas 573, 605, 607, 646.

La magia... libros (19): tal era la fama de la ciudad por los rollos de papiro sobre magia y encantamientos que estos se conocían en el mundo romano como "cartas efesias".

Diana (Artemisa) (24): el culto adoptó el nombre de la diosa griega, pero se siguió adorando la diosa madre de muchos pechos de la antigua religión del Asia Menor. El templo era una de las siete maravillas del mundo, cuatro veces mayor que el Partenón. "La imagen venida de Júpiter" (35) era un meteorito que, según ellos, se parecía a la diosa y que se guardaba en el templo.

El teatro (29): lugar ideal para que la multitud se reuniera, puesto que le cabían 25.000 personas.

Autoridades de Asia (31): funcionarios importantes especialmente responsables de mantener el orden en las funciones religiosas.

El escribano (35): el principal funcionario civil. Tenía que responder ante los romanos por esta asamblea ilegal.

20 - 28 COMO LLEGO PABLO A ROMA

20:1-16 Pablo parte hacia Jerusalén

La 2ª carta a los Corintios proporciona algunos de los detalles del período abarcado en 20:1-6. El apóstol está promoviendo una colecta para los cristianos pobres de Jerusalén (los hombres de la lista del versículo 4 son delegados de las iglesias gentiles). Su misión a los gentiles había sido muy criticada por los judíos. Este gran gesto es una expresión práctica de la unidad del judío y el gentil en la Iglesia de Cristo. Es de importancia suprema para él; de ahí su determinación de ir a Jerusalén.

Antes de salir de Efeso, Pablo escribió la 1ª carta a los Corintios. Desde Macedonia (1) escribió la segunda. Desde Corinto escribió la carta a los Romanos. Es probable que además haya visitado en este tiempo lo que actualmente es Albania y Yugoslavia ("Ilírico", Romanos

15:19). De regreso a Filipos, Lucas se une al grupo que va hacia a Jerusalén.

Troas (Tróada) (7-12) proporciona un vistazo interesante del culto de la iglesia primitiva: la reunión, la víspera del domingo, en la que celebraron la Cena del Señor seguida por un banquete (11); lo largo de la predicación de Pablo (ellos no tenían el Nuevo Testamento); la casa particular, alumbrada por antorchas; el esfuerzo de oír por tan largo tiempo hasta muy tarde en la noche, lo que fue demasiado para el cansado Eutico.

20:17 - 21:14 Pablo habla con los ancianos de Efeso; de Mileto a Cesarea

Este es el único discurso dirigido a los cristianos que aparece en los Hechos, y el único sermón de Pablo escrito por Lucas que éste realmente escuchó. El apóstol previó con mucha claridad los problemas que la iglesia había de enfrentar desde dentro y desde afuera. En Apocalipsis 2:2 se muestra cuánto caso hicieron los ancianos de esta advertencia.

Pruebas (20:19): tuvo serios problemas en Asia aparte del desorden de Efeso (→ 2 Corintios 1:8-11).

Felipe... uno de los siete (21:8): → Hechos 6:5; 8:4-40.

Pablo estaba continuamente en movimiento, viajando considerables distancias por tierra y frecuentemente tomando el barco para cruzar el Mediterráneo. Uno de los puertos que usó es Tiro, que está en la fotografía.

Agabo (21:10): esta manera objetiva de profetizar era común en el Antiguo Testamento (p. ej. Ezequiel).

21:15 - 23:35 Pablo en Jerusalén: el arresto

A los judíos cristianos de Jerusalén les han estado llegando noticias falseadas de que Pablo había estado enseñando a los *judíos* que abandonen la circuncisión y la ley. Los problemas se complican tanto que el fondo de ayuda al que Pablo había dedicado tanto tiempo ya casi no lo menciona Lucas.

Voto (21:23): compárese con Números 6:13-21. Al identificarse con estos hombres, Pablo abiertamente muestra su respeto y conformidad a la ley.

Ha metido a griegos en el templo (21:28): cualquiera podía entrar en el atrio exterior, pero había avisos en griego y latín que prohibían a los gentiles, bajo pena de muerte, entrar en los atrios interiores; → página 496.

La fortaleza (21:34): la cohorte estaba acuartelada en la torre Antonia. Dos tramos de gradas conducían del fuerte al atrio exterior del templo.

El egipcio (21:38): líder de los "sicarios" o terroristas que se especializaban en el asesinato de romanos y judíos pro romanos. Los "sicarios" asesinaron a Ananías el sumo sacerdote en el año 66.

¿Os es lícito...? (22:25): el ciudadano romano tenía derecho a un justo juicio, y aún cuando fuera culpable no podía ser flagelado. Este horrible azote de varias puntas armadas con piezas de plomo o hueso era mucho más duro de soportar que las varas de los filipenses.

Cesarea (23:23): sede de la administración de la provincia romana de Judea. El tamaño de la escolta proporcionada a Pablo y sus amigos (infantería con armadura pesada, caballería, infantería con armas livianas) es una indicación de la intranquilidad que había en la provincia.

Félix (23:24): sucesor de Pilato; gobernador de Judea entre los años 52-59 d.C. Su residencia era el palacio construido por Herodes el Grande (35).

Inscripción en griego que prohíbe la entrada de los no judíos al recinto del templo, bajo pena de muerte.

24 - 26 En Cesarea: la defensa ante Félix, Festo y Agripa

Pablo permanece dos años bajo custodia en Cesarea, probablemente los años 58-60 d.C. Tres veces comparece ante las autoridades, y la habilidad con que defiende su causa demuestra la habilidad del apóstol. Responde a los cargos con tanta eficacia que sus oyentes se ven forzados a reconocer que no hay culpa en él fuera de la cuestión teológica de la resurrección.

Ante Félix (capítulo 24): Félix, gobernador violento pero ineficaz, fue finalmente depuesto (alrededor del año 59 d.C.) por no haber enfrentado adecuadamente unos motines en Cesarea. Drusila, una judía hija de Herodes

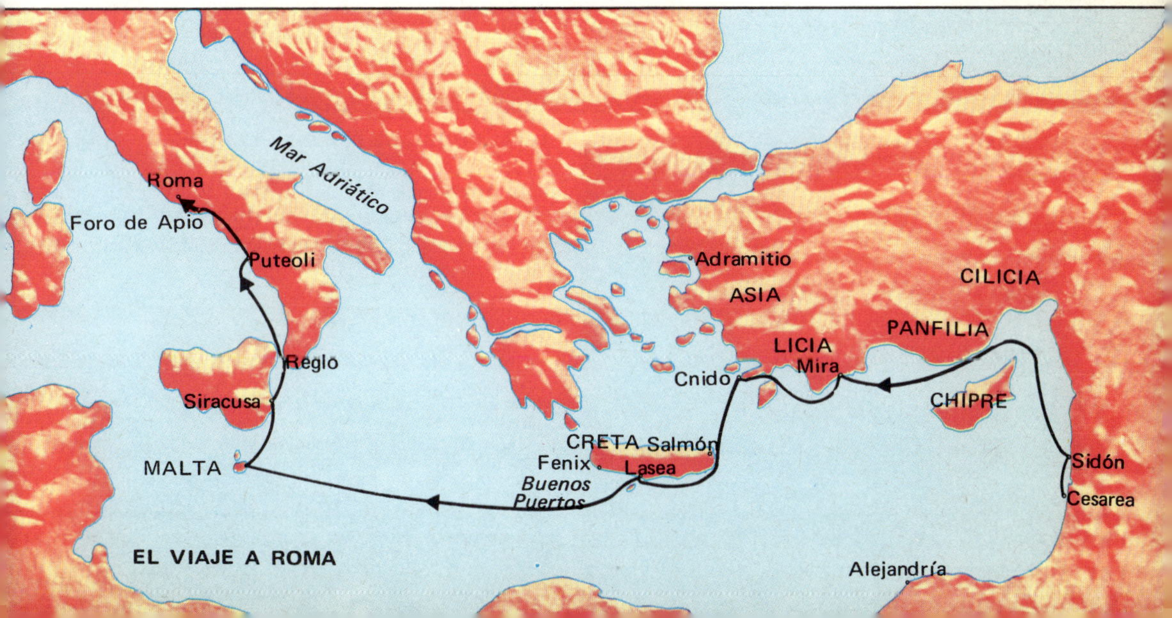

Pablo pasó dos años en una prisión en Cesarea, el puerto edificado por los romanos como base administrativa y de comunicaciones. Allí se pueden ver columnas romanas azotadas por el mar, y convertidas después en fortificaciones para las Cruzadas.

(Hechos 12:1), era su tercera esposa. Posiblemente fue ella la fuente de información de Félix a cerca de "el Camino". La disertación de Pablo acerca de "la justicia y el dominio propio y el juicio venidero" tocó muy de cerca a esta pareja, especialmente porque Félix esperaba recibir un sustancioso soborno de su prisionero (26).

Ante Festo (25:1-12). Festo no fue gobernador por mucho tiempo: murió en el año 62. Su intento de congraciarse con los judíos hizo que Pablo apelara al César. ¡Tenía más esperanzas de justicia de parte de Nerón que del Sanedrín!

Ante Agripa (25:13 — 26:32). Este es Agripa II, hijo del Herodes de Hechos 12:1, bisnieto de Herodes el Grande. Berenice, su hermana y esposa, para completar su poco gloriosa carrera se hizo concubina de los emperadores Tito y Vespasiano. La mención de la resurrección le parece totalmente descabellada a Festo. Agripa se ríe para no perder puntos ante Festo y para no enojar a los judíos negando a los profetas.

La historia de la conversión de Pablo en el capítulo 26 difiere en énfasis del relato hecho en el capítulo 22. Los "aguijones" son las presiones que hicieron que Pablo tuviera un completo cambio en la dirección de su vida. Los versículos 16-18 resumen las palabras del Señor en el camino de Damasco, lo que Ananías dijo, y el mensaje que recibió Pablo en el templo (22:17ss.).

27 - 28 Viaje de Pablo a Roma: el naufragio y el arresto domiciliario

El viaje lo hicieron en tres barcos: un barco de cabotaje desde Cesarea a Mira; un velero de carga (que transportaba granos en su itinerario regular de Alejandría a Roma) desde Mira a Malta; y otro desde Malta a Puteoli (Pozzuoli) en la bahía de Nápoles. Lucas hace un relato magnífico del pasaje tan lleno de sucesos, y da una vívida impresión del valor sobresaliente y de la habilidad de líder de Pablo en medio de los problemas. Al fin Pablo llega a Roma, aunque no en la forma que él había imaginado.

Por haber pasado ya el ayuno (27:9): es decir, la Expiación, septiembre/octubre. Estos eran meses peligrosos para la navegación, que cesaba durante el invierno a partir de mediados de noviembre.

Más allá de lo que se llama actualmente Bahía de San Pablo en Malta, se interna en el mar un banco de arena. Aquí todo cuadra con la descripción que Lucas hace del naufragio: mientras trataban de llegar a la bahía para varar el barco, éste chocó con el banco de arena y comenzó a romperse. La tripulación y los pasajeros usaron madera del barco para flotar hasta la costa, en las aguas más tranquilas de la bahía.

NAVES DE LA EPOCA DEL NUEVO TESTAMENTO

Modelos del Museo Marítimo, Haifa, Israel

Carguero romano

Nave de guerra romana

Recoger el esquife (27:16): el bote había sido remolcado; lo subieron a bordo.

Ceñir la nave (27:17): atando cuerdas en torno al casco.

La Sirte (27:17): arenas movedizas y remolinos procedentes de la costa nordafricana.

Ni sol ni estrellas (27:20): sin las cuales no podían determinar el curso de la nave ni calcular su posición.

Cástor y Pólux (los Dióscuros) (28:11): Patronos de los marineros.

Dos años enteros (28:30): Pablo hizo buen uso de la libertad bajo custodia. No se sabe lo que ocurrió después de ese tiempo. Lo más probable es que haya sido puesto en libertad, haya ido a España como planeaba y luego haya regresado al Oriente antes del segundo encarcelamiento y de la ejecución que ocurrió más o menos en el año 67 d.C.

Fuera de Roma un tramo del antiguo camino romano, la Vía Apia, está bordeado de monumentos. Cerca están las catacumbas, donde los cristianos se reunían secretamente para evitar la persecución.

Trasfondo histórico y político del Nuevo Testamento

COLIN HEMER

El Imperio Persa fue destruido por las espectaculares conquistas de Alejandro Magno (336-323 a.C.). Alejandro tenía el propósito de unir las culturas de Grecia y el Oriente, y desde entonces la influencia griega se extendió en el Mediterráneo oriental. Después de la prematura muerte del conquistador, sus enormes dominios se dividieron. Su general Tolomeo tomó Egipto y también estableció el dominio sobre Palestina. El país tenía importancia estratégica para Tolomeo y sus sucesores, pero recibió bastante autonomía en asuntos religiosos. Muchos judíos emigraron a Alejandría, la nueva capital de Egipto, y su comunidad recibió derechos políticos limitados en aquella ciudad brillante y progresista.

La influencia griega

Todo el período subsiguiente se llama a menudo la era helenística (*hellen* = "griego"). El dialecto griego *koiné* ("común") llegó a ser un idioma internacional. Los judíos de la "dispersión" (expatriados), particularmente en Alejandría, lo adoptaron, y se hizo una traducción del Antiguo Testamento al griego, la versión de los Setenta, ordenada originalmente, según se dice, por el rey Tolomeo II mismo, y completada a mediados del siglo II a.C.

El movimiento helenizante era fuerte también entre los judíos, aunque los hasidim ("piadosos") y después los fariseos resistieron las influencias griegas en nombre de la devoción a la ley judía.

Cuando declinó el poder de los Tolomeos, Palestina cayó finalmente en el año 200 a.C. en manos de Antíoco III ("el Grande"), uno de los seleúcidas, dinastía macedónica rival en Siria. Los seleúcidas al principio trataron las instituciones judaicas con respeto. Pero Antíoco cometió un error fatal. Sus ambiciones en Asia Menor y en Grecia provocaron un choque con el creciente poder de Roma. Fue derrotado decisivamente en el año 190 en Magnesia, Asia Menor occidental, y fue obligado a entregar extensos territorios y a pagar tributos a modo de reparación. De este modo Roma se convirtió en una potencia en el Oriente.

Antíoco IV Epífanes ("dios manifiesto") (175-164 a.C.) trató de restaurar las fortunas de su reino. Se aprovechó de las intrigas entre las facciones judías para imponer a los judíos la cultura griega y establecer después un altar pagano y un culto en el templo de Jerusalén.

Este hecho provocó una reacción violenta. Los patriotas judíos hallaron un líder en el sacerdote Matatías, y luego entre sus cinco hijos. La familia se conoce colectivamente como los macabeos, nombre tomado de Judas Macabeo, el tercer hijo, que fue el primero en asumir la dirección después de la muerte de su padre.

Después de una larga lucha, los hermanos lograron la libertad religiosa para su pueblo y llegaron a establecer un estado judío virtualmente independiente, gobernado por una sucesión de sumos sacerdotes de la familia macabea. Estos gobernantes, conocidos como dinastía de los hasmoneos, tomaron más adelante el título de "reyes". Cultivaron las buenas relaciones con Roma, conquistaron Samaria y Galilea en el norte, y permanecieron en el poder hasta el año 63 a.C. En ese año Pompeyo, el comandante romano en el oriente, intervino en una disputa dinástica, ocupó Jerusalén y anexó Palestina a la provincia romana de Siria, recién organizada a partir de los que fueron dominios de los seleúcidas.

Roma: De república a imperio

El estado romano mismo estaba profundamente dividido por las luchas sociales y partidistas. Se había hecho evidente que sus instituciones municipales eran completamente inadecuadas para el gobierno de sus grandes conquistas. Una serie de guerras civiles romanas tuvieron repercusiones a través del Oriente. Julio César derrotó a Pompeyo y se convirtió en dictador hasta que fue asesinado por los republicanos en el año 44 a.C. Su facción, dirigida por Antonio y Octavio, derrotó a los republicanos dirigidos por Bruto y Casio en Filipos de Macedonia en el año 42. Antonio y Octavio a su vez pelearon por obtener la supremacía, y Octavio obtuvo la victoria decisiva en Accio en la Grecia occidental, en el año 31.

El nuevo amo del mundo romano era aún joven, sobrino nieto e hijo adoptivo del gran Julio César. En el año 27 el senado romano le confirió el título de "Augusto". Tuvo buen cuidado de disimular la extensión de su poder mediante una escrupulosa apariencia de legalidad. Aseguró haber restaurado la República, pero en realidad fundó lo que debemos llamar el "Imperio", aun cuando en teoría la idea de una monarquía hereditaria era aborrecida por los romanos. El y sus sucesores inmediatos dieron nueva paz y prosperidad al mundo del Mediterráneo. Murió en el año 14 d.C.

Entre los escritores del Nuevo Testamento solamente Lucas nombra al emperador romano. Su referencia nos da en forma de bosquejo el marco de los sucesos de los Evangelios y los Hechos. Jesús nació en tiempos de Augusto (Lucas 2:1). La predicación de Juan el Bautista (Lucas 3:1-2) y el ministerio, muerte, resurrección y ascensión de Jesús sucedieron bajo Tiberio (14-37 d.C.). Los viajes de Pablo ocuparon gran parte del reinado de Claudio (41-54 d.C.; mencionado en Hechos 11:28; y 18:2) y de Nerón (54-68), el César al cual Pablo apeló. Pablo llegó a Roma más o menos en el año 60 d.C.

La plenitud de los tiempos

Los tiempos estaban maduros para la venida de Jesús y la expansión del Evangelio. Augusto le había dado a este mundo un respiro de la guerra. Una gran red de caminos nuevos unía al mundo civilizado, cuyo foco era Roma. Las comunicaciones se hicieron mucho más fáciles que antes. El latín y el griego se hicieron idiomas oficiales, y el griego se hablaba en cualquier lugar del Oriente. Era ya el idioma de la versión de los Setenta del Antiguo Testamento, y ahora iba a ser el vehículo natural de las nuevas Escrituras.

Entre los judíos había una ferviente expectación del Mesías profetizado, (→ "El trasfondo religioso del Nuevo Testamento", página 494), y entre los gentiles había una búsqueda menos articulada de una "salvación" personal. Mientras tanto las comunidades judías de la dispersión, diseminadas en centros estratégicos a través del Imperio, proporcionaron un auditorio preparado para la futura predicación de Pablo y los demás.

Gobernantes de Palestina

El más inmediato trasfondo político de los Evangelios se remonta hasta una figura dominante en Palestina, antes de la ocupación romana, un aventurero inescrupuloso, medio judío, llamado Antípatro. El y su hijo Herodes lograron el favor de sucesivos gobernantes romanos y ellos convirtieron a Herodes ("el Grande") en rey de los judíos. Reinó del año 37 al 4 a.C. Jesús nació poco antes de su muerte (→ Mateo 2; Lucas 1:5).

Cuando él murió, su reino fue dividido entre tres de sus hijos. Herodes Arquelao, gobernador de Judea y Samaria (Mateo 2:22), fue depuesto en el año 6 d.C. y fue reemplazado por un gobierno directamente romano bajo "procuradores", gobernantes menores sujetos a los gobernantes de Siria. Galilea y los demás territorios siguieron siendo gobernados en su mayor parte por los Herodes. Herodes Antipas, gobernador de Galilea (4 a.C. 39 d.C.), fue el que ordenó la muerte de Juan el Bautista (Mateo 14 y paralelos). En los Hechos leemos de Herodes Agripa I (muerto el año 44 d.C.; Hechos 12), bajo quien se unió por poco tiempo toda Palestina, y de su hijo Herodes Agripa II (Hechos 25-26. (→ también artículo en la página 540.)

El más conocido de los procuradores es Pilato (26 - 36), conocido de otras fuentes como rudo y violento ofensor de los escrúpulos judíos (→ también página 510). Pablo más tarde apareció también delante de los procuradores Félix y Festo (Hechos 23—26).

Tensiones políticas

Palestina era un país ocupado, y surgió en él un fuerte movimiento de resistencia. Los nacionalistas buscaban un mesías político que pudiera liberar a su pueblo de los romanos. Había pretendientes mesiánicos, especialmente en la turbulenta Galilea. El partido Zelote (de nacionalistas extremos) se resistía a pagar impuestos a Roma.

Mientras tanto, el sumo sacerdote y sus seguidores saduceos colaboraban con los romanos. Anás y su familia en particular tenían intereses creados en la cooperación con las autoridades a quienes debían su puesto. Los Herodes también eran serviles en su dependencia de Roma. Los "publicanos" y sus instrumentos se enriquecían en el proceso de cobrar los impuestos para los romanos.

Evidentemente había muchos que esperaban que Jesús hiciera el papel de líder nacionalista, y que se apartaron cuando mostró que no tenía intenciones de entrar en los planes que ellos tenían para él (→ Juan 6:15, 66). Pero las tensiones de la situación política se hacen obvias en las maniobras realizadas en el tiempo de su juicio. Pilato fue impulsado a la acción solamente por las presuntas implicaciones políticas de la acusación presentada contra Jesús.

El evangelio en el mundo romano

La historia de la época con demasiada frecuencia se mira solamente a través de la perspectiva de los asuntos imperiales romanos. Los Hechos de los Apóstoles se levantan con derecho propio como un documento importantísimo en relación con los descuidados aspectos de la vida y administración provincial. Tenemos allí vívidos cuadros de gobernadores provinciales, reyezuelos y magistrados de ciudades griegas. Asia Menor, la tierra en que se lleva a efecto gran parte del relato, era el verdadero centro de la civilización griega del período, y se convirtió en un foco estratégico del cristianismo gentil. Allí Roma trabajaba por medio de las instituciones cívicas griegas mientras aceptaba y finalmente autorizaba como un lazo de lealtad el culto al gobernante, parte integrante de la mentalidad oriental. En muchas ciudades estratégicas había ricas comunidades judías, con privilegios garantizados por los romanos.

Pablo de Tarso era al mismo tiempo judío, griego y romano, hombre singularmente adecuado para comunicar el Evangelio pasando por sobre las barreras raciales y culturales.

Podemos seguir su ruta a lo largo de grandes caminos, y verlo adaptando su mensaje al carácter individual de cada auditorio. El relato de los Hechos hace notar las diversas instituciones locales con minuciosa exactitud: el "escribano" en Efeso, las "autoridades" (politarcas o gobernantes de la ciudad) en Tesalónica, la corte del Areópago o "Colina de Marte" en Atenas. El orgullo de Filipos en su condición de "colonia" de ciudadanos romanos aparece claramente y con humor irónico (Hechos 16:12, 20-21, 37-39; compárese con Filipenses 3:20). La confirmación de diversos detalles de este tipo es preservada para nosotros en inscripciones contemporáneas hechas en piedras de esas ciudades.

El cosmopolita Pablo encontró en las instituciones romanas una protección y una ayuda para el evangelio. El judaísmo era una religión legalmente reconocida y autorizada, y en Jesús estaba el cumplimiento mesiánico del judaísmo. En Corinto este punto de vista se enfrentó a un serio desafío. Era un caso de prueba y un poderoso precedente legal. Pablo fue acusado ante Galión, el nuevo gobernador romano, de enseñar una religión contraria a la ley (Hechos 18:13). Galión, hermano del famoso filósofo Séneca, tutor del futuro emperador Nerón, no se impresionó. Según su opinión, todo el asunto consistía en un problema de teología sectaria judaica, en la que no se interesó. Pero al desechar el caso, implícitamente reconoció que el mensaje de Pablo tenía derecho a la misma posición que otras formas de judaísmo. Este suceso probablemente pueda fecharse en el año 52: una inscripción de Delfos en Grecia menciona a Galión y da un punto fijo para la cronología de la vida de Pablo.

Pablo hizo pleno uso de sus ventajas de ser ciudadano romano, privilegio poco usual en aquel período para un judío provinciano. En un período de creciente tensión en Palestina ejerció su derecho de apelar al emperador. Finalmente, llegó a Roma como prisionero, pero evidentemente confiado de ser absuelto por la justicia y de predicar el evangelio ante el supremo tribunal de Nerón. El relato de los Hechos se interrumpe repentinamente sin decir cuál fue el resultado.

Este teatro en Efeso fue el escenario del motín contra Pablo y sus compañeros relatado en forma tan dramática en Hechos 19.

Crisis y persecución

La historia de los años siguientes estuvo marcada por sucesos de importantes consecuencias. En el año 64, Nerón usó a los cristianos como cabezas de turco tras el gran incendio que destruyó gran parte de Roma. Dio muerte a gran número de ellos, con todo tipo de refinamientos en cuanto a crueldad. Sin embargo, esto no era parte de una política, sino de un arrebato irracional, y quizás fue limitado geográficamente.

Mientras tanto los sucesos avanzaban hacia el trágico clímax en Palestina. Los errores de los últimos procuradores y el desafío inspirado por los zelotes culminó en una desesperada rebelión y guerra contra Roma (66-70). El comandante romano, Vespasiano, fue proclamado emperador en el año 69 y dejó a cargo de su hijo Tito la terminación de su campaña. En el año 70, Tito capturó Jerusalén, destruyó completamente el templo de Herodes y asoló la ciudad.

El desastre estuvo cargado de profundas consecuencias para judíos y cristianos por igual. Las dos religiones quedaron separadas en forma mucho más decisiva. El gran judaísmo perdió algunos de sus privilegios y el cristianismo quedó enfrentado con nuevos problemas y con el renovado peligro de persecución oficial.

La relación de algunos de los libros posteriores del Nuevo Testamento con la caída de Jerusalén y las primeras persecuciones es motivo de discusión. Hay fuertes razones para creer, por lo menos, que el Apocalipsis pertenece a los últimos años del emperador Domiciano, hijo menor de Vespasiano (81-96). Roma ya no era una potencia protectora, sino un adversario mortal. Domiciano exigió como prueba de lealtad la adoración de sí mismo como "Señor" y "Dios". La gente se tuvo que enfrentar con una alternativa fundamental entre Cristo y César.

2 LAS EPISTOLAS

Introducción

DONALD GUTHRIE

Las epístolas constituyen alrededor de un tercio del Nuevo Testamento. Su contenido es variado, pero todas son importantes porque representan lo que enseñaban los apóstoles y sus compañeros. Combinan la enseñanza acerca de Dios y sobre el Evangelio cristiano con la instrucción sobre la vida y la conducta. También nos permiten ver algunos problemas de la Iglesia primitiva y cómo fueron solucionados.

Como cartas, fueron escritas por personas impulsadas por situaciones o necesidades reales. Por lo tanto, será de ayuda trazar la historia que hay tras ellas. La comprensión de ellas también nos ayudará a conocer las ideas que prevalecían en aquel tiempo. Luego podemos considerar algunos de los temas principales de las cartas.

LAS CARTAS EN GRUPOS

La manera lógica de agrupar las epístolas es por autores, y esto de hecho se ha efectuado en el Nuevo Testamento. Hay trece cartas suscritas por Pablo, una carta anónima (Hebreos), una por Santiago, dos por Pedro, tres de Juan y una de Judas.

Las cartas de Pablo se pueden clasificar en cuatro grupos:

- 1 y 2 Tesalonicenses, son probablemente las primeras y se ocupan principalmente del retorno de Cristo.

- La carta a los Romanos, a los Gálatas y 1 y 2 Corintios tienen en común un énfasis en el Evangelio que predicó Pablo.

- Las "epístolas de la cautividad", en las cuales Pablo menciona que está preso, son las cartas a los Efesios, a los Colosenses, a los Filipenses y a Filemón. Estas cartas contienen algunas de sus enseñanzas más profundas.

- Las "epístolas pastorales", 1 y 2 Timoteo y Tito, están dedicadas a asuntos prácticos de gobierno y organización de la Iglesia.

Las demás cartas se agrupan a menudo bajo el título de "Epístolas generales". Están dirigidas a un público más general y menos definido que las cartas de Pablo. Las excepciones son la carta a los Hebreos, que realmente forma grupo aparte, y la 2 y 3 Juan, dirigidas a un individuo o iglesia específicos.

EL AMBIENTE DE LAS CARTAS

No siempre resulta fácil reconstruir el trasfondo histórico de las cartas. Fueron el producto de la vida de la iglesia primitiva y no fueron escritas sistemáticamente. Proporcionan muchas enseñanzas cristianas fundamentales, pero no de una manera formal, como en tratados teológicos o éticos. El hecho de que las epístolas surgieran de la vida de la iglesia de este modo, constituye también su fuerza: la enseñanza cristiana era dinámica, no estereotipada.

El libro de los Hechos es nuestra única fuente de información histórica acerca de la iglesia primitiva. Pero los Hechos fueron escritos en forma selectiva; no pretenden ser un relato completo de los sucesos; por tanto hay muchos vacíos en nuestro conocimiento.

Esto crea un problema cuando se trata de reconstruir el trasfondo de las cartas. Hay muchos problemas acerca de los cuales no podemos ser dogmáticos, pero la posible reconstrucción que sigue podría ser de ayuda, ya que presenta un bosquejo de la historia de las cartas.

Las primeras cartas

Podemos tener seguridad de las fechas aproximadas por lo menos de las primeras cartas. **1 y 2 Tesalonicenses** fueron escritas durante la estadía de Pablo en Corinto, en su segundo viaje misionero. Una inscripción en Delfos permite fijar esta fecha en los alrededores de 50-51 d.C.

Después de su notable conversión, Pablo había pasado algunos años en Tarso. Había tenido tiempo de meditar sobre las implicaciones de su nueva fe. Tambien había pasado un año enseñando en Antioquía, y unos dos años en la obra misionera, durante los cuales se establecieron muchas iglesias en zonas no judaicas.

De modo que las primeras cartas de Pablo procedían de uno que ya había madurado en su pensamiento cristiano. Eran también esencialmente prácticas y no exigían las grandes afirmaciones de la verdad cristiana que son características de algunas de sus cartas posteriores.

Las cartas "evangélicas"

El segundo grupo bien podría ubicarse en el tiempo del tercer viaje misionero, aunque hay buenos motivos para colocar la carta a los **Gálatas** en el tiempo transcurrido entre el primer viaje y el segundo.

Pablo había navegado de Corinto, en Grecia, a Efeso. Había pasado algún tiempo allí cuando se enteró de ciertas dificultades surgidas en la iglesia de Corinto. También recibió una carta de la iglesia misma. **1 Corintios** fue su respuesta; se trata nuevamente de una carta esencialmente práctica, que arroja luz sobre muchos problemas que enfrentaba la comunidad recién establecida en un ambiente pagano, notorio por su inmoralidad.

Los diversos contactos de Pablo con la iglesia de Corinto no son fáciles de determinar, aunque cuando **2 Corintios** provee cierta información. Pablo pudo haber visitado Corinto después de su primera carta, y haber escrito una nueva carta que no se ha conservado. De todos modos es claro que no estaba muy contento con la actitud de los corintios hacia él. En seguida envió a Tito a Corintio, y él le dio a Pablo mejores noticias acerca de la situación. Entonces en 2 Corintios Pablo expresa su alivio, su anhelo por restaurar las buenas relaciones, y amonesta y alienta a la iglesia.

Poco después Pablo volvió a visitar Corinto. Mientras estaba allí escribió su célebre carta a los **Romanos,** la carta que más se asemeja a un tratado teológico. En ella elabora en detalle el gran tema de la justicia por la fe y muestra los resultados prácticos de la doctrina.

No se sabe a ciencia cierta por qué escribió de esta manera a los romanos. Esperaba visitarlos pronto, por lo que puede haber deseado que ellos conocieran los fundamentos de su pensamiento. Quizá también haya pensado cimentar bien una ulterior extensión misionera hacia España.

Pero no salió todo en la forma en que Pablo lo había planeado. Poco después viajó a Jerusalén, donde fue arrestado. Estuvo encarcelado por algún tiempo en Cesarea. Luego reclamó su derecho de ser juzgado ante el emperador, y llegó a Roma, pero preso.

Las epístolas de la prisión

La tradición favorece a Roma como el lugar desde el cual Pablo escribió varias de sus cartas. Sin embargo, algunos creen que estas "cartas de la cautividad" fueron escritas en Cesarea. También hay una tendencia a pensar que Efeso fue el lugar de origen de la epístola a los Filipenses, sino el de las otras también. Si fue en Roma, concordaría con lo que dice en los Hechos: a Pablo se le concedió considerable libertad cuando estuvo preso allí. Esto también concordaría con las alusiones hechas en estas cartas a frecuentes comunicaciones entre él y sus compañeros.

Las cartas a los **Efesios** y a los **Colosenses** tienen contenidos muy similares. La primera parece tratar en forma general una situación que se ve en forma más específica en la segunda. Una herejía amenazaba a la iglesia en el valle del Lico, al oriente de Efeso, y Pablo escribe su carta a Colosas para fortalecer a los cristianos y darles una enseñanza positiva acerca de la persona y obra de Cristo y así ayudarles a resistir el error. Varios de esos temas se los repite a los efesios, a veces en las mismas palabras, pero aplicados más bien a la doctrina de la Iglesia. A pesar de su título, la carta a los Efesios bien pudo haber sido una circular enviada a diversas iglesias en la provincia de Asia.

La breve epístola a **Filemón** pertenece al mismo periodo. Pablo escribe con mucho tacto, rogando que se trate con benignidad a un esclavo fugitivo. Muchos de los compañeros de Pablo mencionados en su carta a los Colosenses también se mencionan en Filemón.

La carta a los **Filipenses** trata con una situación diferente. Pablo quiere agradecer a los cristianos de Filipos la preocupación que han mostrado al enviarle sus donaciones. La principal razón para escribirles es que quiere regresar a Filipos. También quería preparar el camino para la visita de Timoteo.

El rasgo notable de estas "cartas de la cautividad" es la profundidad de pensamiento cristiano que Pablo muestra en ellas. Quizás era subproducto de un período en que se le había privado de libertad física.

Las epístolas pastorales

Si Pablo escribió estas epístolas en su ancianidad, ya debe de haber estado puesto en libertad en Roma. Las **1 y 2 Timoteo** y la carta a **Tito** muestran algo de su cariño y preocupación por las iglesias y su organización. Algunos han tratado de poner en duda que Pablo haya sido el autor de estas epístolas como en ellas se afirma, en parte porque suponen un segundo período de actividad en Efeso y Creta, del cual no hay rastro en los Hechos.

La epístola a los Hebreos

Esta carta parece haberse originado en Roma o haber sido dirigida a Roma, aunque es imposible tener seguridad al respecto. La carta no se dirige a una iglesia específica sino a un grupo de cristianos judíos que se supone se estaban apartando del cuerpo principal de la iglesia y estaban anhelando las glorias del judaísmo. El autor anónimo muestra la superioridad de Cristo sobre la antigua religión.

Las epístolas generales

Es difícil tener seguridad con respecto a la ubicación histórica de las epístolas generales. **1 Pedro** es la más específica y menciona a los cristianos de cinco distritos provinciales del Asia Menor que estaban bajo la amenaza de persecución. La carta tiene el propósito de alentar a los que están sufriendo por causa de Cristo, y la base de ese aliento se encuentra en los sufrimientos de Cristo mismo.

2 Pedro posiblemente haya sido enviada al mismo círculo general de lectores. Advierte el peligro de una herejía en particular que fomentaba la inmoralidad, y da una idea de las influencias que amenazaban la enseñanza y la conducta de la iglesia primitiva.

1, 2 y 3 de Juan generalmente se consideran entre los últimos escritos del Nuevo Testamento . Probablemente datan de la última década del siglo I. Según la tradición Juan vivió en Asia Menor, por lo que el trasfondo de las cartas es probablemente la vida de la iglesia de allí. Por ejemplo el "docetismo", una herejía que consideraba a Cristo como un ser celestial incapaz de sufrir, y por lo tanto negaba su encarnación, estaba comenzando a arraigarse y a extenderse.

De las demás epístolas, la de **Santiago** es casi completamente práctica y se preocupa de dar aliento y advertencias. Tampoco hay seguridad del medio circundante de esta carta, pero parece no haber razón para dudar que refleja situaciones que se produjeron en los principios de la Iglesia. Podría incluso pertenecer a un período anterior a la caída de Jerusalén en el año 70 d.C. Parece provenir del sector judaizante de la Iglesia. La breve epístola de **Judas** está íntimamente ligada con 2 Pedro, puesto que gran parte del material acerca de las herejías aparece en ambas, y a veces en lenguaje similar. Judas se describe a sí mismo como hermano de Santiago; es razonable suponer que ambos eran hermanos de Jesús.

EL TRASFONDO DE LAS CARTAS

Parece evidente, pues, que todas las cartas pertenecen a la segunda mitad del siglo I, período formativo del desarrollo de la Iglesia primitiva. Por lo tanto, son nuestra única fuente de información acerca de lo que enseñaron los apóstoles.

Para interpretarlas adecuadamente necesitamos entender su trasfondo. Tenemos que saber algo acerca del pensamiento y la práctica en medio de los cuales se escribieron las cartas para que sus ideas adquirieran el significado completo. Los siguiente párrafos simplemente llaman la atención a las áreas principales, para indicar los métodos por los cuales se puede arrojar luz sobre los problemas de interpretación.

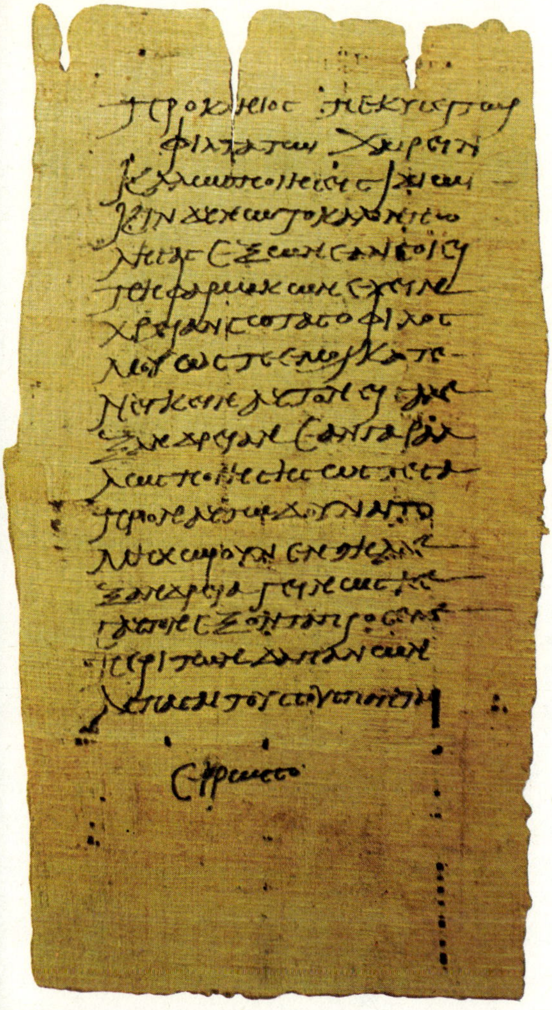

Las cartas de Pablo tuvieron una función importante en sus relaciones con las iglesias. Escritas para la posteridad, se convirtieron en la base de la enseñanza y la práctica cristiana de todos los tiempos. Esta carta en papiro del siglo I d.C., comienza: "Prokleios a su buen amigo Pekysis, saludos..."

El Antiguo Testamento

Aun cuando algunas cartas hacen uso más directo del Antiguo Testamento que otras, hay un entendimiento básico de que el cristianismo es esencialmente un cumplimiento de lo que predecían las Escrituras judaicas. Los escritores, por lo tanto, acuden al Antiguo Testamento como su autoridad. Pablo lo usa frecuentemente para sostener sus argumentos. A veces une varios pasajes en la forma que lo hacían los rabinos con poca consideración por el contexto original (por ejemplo, en Romanos 3), pero con mayor frecuencia cita pasajes separados para dar autoridad a su argumento.

Gran parte de las figuras de las epístolas se toma del Antiguo Testamento: por ejemplo los temas de la "redención" y el "sacerdocio" en 1 Pedro y la alegoría de Sara e Isaac en Gálatas. Muchas de las frases en una carta como la de Santiago son eco del lenguaje del Antiguo Testamento. No cabe duda que, habiendo la iglesia tomado el Antiguo Testamento como sus Escrituras, éstas tuvieron un papel dominante en el pensamiento de los que escribieron las cartas del Nuevo Testamento. Todos estos escritores eran judíos que se habían convertido al cristianismo.

El helenismo

Desde hace mucho tiempo ha sido un punto controversial hasta qué grado el pensamiento griego influyó sobre los escritores. Ciertamente muchas de las primeras actividades misioneras ocurrieron en regiones donde la influencia griega era muy fuerte. Cuando Pablo discute la "sabiduría", no es necesario ver esto como evidencia de influencia helenística. Sin embargo, su interpretación cristiana de la sabiduría no puede comprenderse adecuadamente sino a la luz del tipo de debate común en su tiempo. Asimismo, su idea de "plenitud" también debe entenderse teniendo como base el trasfondo filosófico griego.

El método de argumentación en la carta a los Hebreos, en algunos aspectos, es similar al de Filón de Alejandría (aunque hay diferencias aun más notables). En 1 Juan se encuentra la reproducción de palabras griegas que han sido tomadas y usadas en un sentido cristiano. Las ideas de luz y vida, por ejemplo, tienen paralelos en el pensamiento de la época.

El paganismo

La iglesia del Nuevo Testamento creció en un ambiente pagano. Algunos de los problemas discutidos en las cartas surgen directamente de esto. Tras la situación de 1 Corintios está el ejemplo clásico de las dificultades prácticas que se levantaron en la iglesia como resultado del anterior trasfondo pagano de los convertidos. Algunos cristianos estaban emprendiendo acciones legales contra otros ante jueces paganos, y Pablo tuvo que señalar la incongruencia de esto. Hasta hubo un problema surgido del mercado: la carne ofrecida a los ídolos era la única carne que se vendía, y esto planteaba un problema para las conciencias sensitivas.

La inmoralidad del mundo gentil la pinta vívidamente Pablo en los capítulos iniciales de su epístola a los Romanos. Cuando la iglesia en desarrollo se establece en ese medio, la gracia de Dios, tema tan dominante de las epístolas del Nuevo Testamento, se ve en la forma más triunfante.

CARTAS DEL NUEVO TESTAMENTO

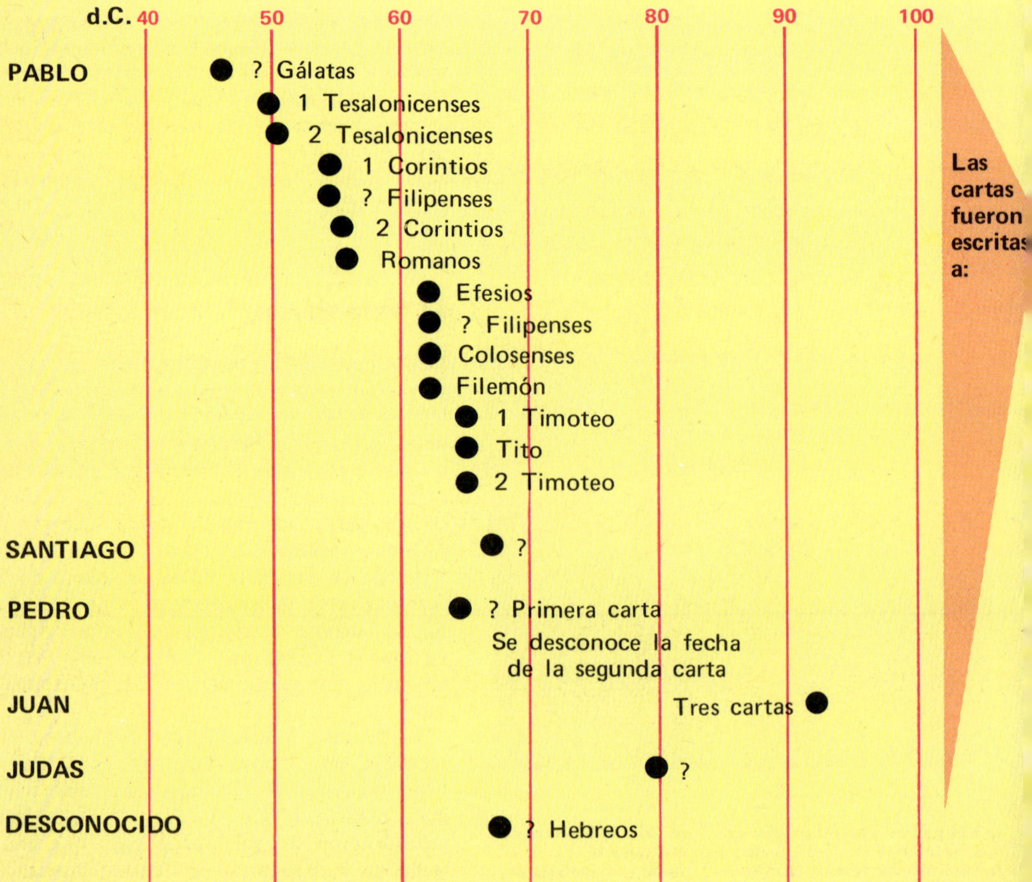

Muchas de estas fechas son muy tentativas: ver texto

El judaísmo

En el mundo antiguo, antes del surgimiento de la iglesia cristiana, la forma más ética de enseñanza religiosa era indudablemente el judaísmo. Muchos de los gentiles más prudentes se hicieron prosélitos adherentes de la fe judía, a causa de su inconformidad con las religiones paganas.

De este grupo creciente de gentiles interesados Pablo ganó muchos conversos en sus viajes misioneros. La carta a los Hebreos señala la superioridad de Cristo sobre el judaísmo, mostrando que el antiguo sistema de adoración tenía su cumplimiento espiritual en el cristianismo.

LOS TEMAS PRINCIPALES DE LAS EPISTOLAS

No es posible resumir aquí todos los temas de una colección tan variada de cartas. En algunas

INDIVIDUOS	Timoteo, Tito, Filemón, Gayo (tercera carta de Juan)
IGLESIAS INDIVIDUALES	Roma (1), Corinto (2), Filipos (3), Colosas (4), Tesalónica (5), segunda carta de Juan (?)
GRUPOS DE IGLESIAS	Galacia (6), cerca de Éfeso (Efesios, 7), Asia Menor (1 Pedro, posiblemente 2 Pedro, 8)
OTROS GRUPOS	Hebreos, Santiago, primera carta de Juan, Judas

se discuten cuidadosamente doctrinas importantes. En otras simplemente se afirman, y en otras solo se sobreentienden. Sin embargo, a pesar de la variedad, hay una uniformidad básica en la enseñanza, explícita o implícita, que fluye por todas ellas.

Dios

Las cartas enseñan que Dios es un Dios santo que exige santidad. El mismo es la norma de conducta cristiana. Además, El es soberano. Los cristianos no tenían la menor duda de que El rige el universo. Pero el punto de vista más característico es el que Jesús enseñó y del cual se hace eco muchas veces en las epístolas: que Dios es Padre. El punto de vista intensamente personal acerca de Dios que todos los escritores de las epístolas comparten surge de esta convicción. Dios es al mismo tiempo Creador y autor de la nueva creación. Pablo describe la reconciliación cósmica del mundo con Dios por medio de su acción de enviar a Cristo.

Cristo

Los primeros cristianos expresaron sus puntos de vista acerca de Jesús en diversas formas. Esto se refleja en las cartas, y muestra la imposibilidad de reducir la persona de Cristo a una fórmula sencilla.

Usan diversos títulos para describirlo. "Jesucristo" se usa para mostrar a Jesús como el cumplimiento de la promesa de un Mesías judío (Cristo). Pero el título más completo. "Señor Jesucristo", también es frecuente y muestra que los cristianos de inmediato reconocen su soberanía.

Los pasajes más característicos de las epístolas de Pablo son aquellos que muestran un punto de vista exaltado de la persona de Cristo. El existía antes que el mundo fuera hecho. Dejó a un lado sus riquezas para hacerse pobre por amor de nosotros (2 Corintios 8:9). Se humilló a sí mismo, haciéndose hombre, a pesar de su posición de igualdad con Dios (Filipenses 2:5-11). El era la "imagen" exacta de Dios (Colosenses 1:15).

Las demás epístolas destacan un punto de vista similar acerca de Cristo. La carta a los Hebreos lo muestra como Dios pleno (capítulo 1), y al mismo tiempo como verdadero hombre (capítulo 2), capaz de representar a su pueblo como su Sumo Sacerdote delante de Dios el Padre. Las cartas de Pedro y Juan no muestran una diferencia esencial. Por medio de Cristo, Dios el Padre da la salvación a los hombres. El es la expresión suprema del amor de Dios.

El hombre y su salvación

El mundo es corrompido y malo. Un comienzo enteramente nuevo, la nueva era introducida por Cristo, es la única respuesta. La nueva creación, la salvación, la vida eterna, este es el tema principal de las epístolas, expuesto en ellas o simplemente reflejado y expresado. La vida en Cristo exige una nueva moralidad, vivir no según la antigua manera de los paganos, sino según la ley del amor de Dios; y esto debe realizarse no solamente en la vida eclesiástica, en una nueva comunidad, sino en el mundo.

Romanos

Pablo, el viajero y ciudadano romano, aún no había llegado a Roma cuando escribió su carta (aproximadamente el año 57). Había realizado tres largos y extensos viajes, llevando por primera vez el mensaje cristiano a través de las provincias orientales del imperio y estableciendo iglesias. Ahora, probablemente en Corinto, a punto de llevar la colecta de ayuda a Jerusalén (→ bajo Hechos 20), Pablo se siente libre al fin de volver sus ojos hacia el occidente, hacia España. Y de camino cumpliría su ambición de muchos años: visitar a los cristianos de Roma. No podía saber que pasarían tres fatigosos años entre la carta y la visita, ni que cuando entrara en Roma lo haría como prisionero (Hechos 28).

La ciudad y la iglesia. Roma, en los días de Pablo, era la capital de un imperio que se extendía desde Bretaña hasta Arabia. Ciudad rica y cosmopolita, era el centro diplomático y comercial del mundo conocido de aquel tiempo. Había un constante ir y venir. La Pax Romana daba cierta seguridad a los viajeros; los caminos romanos posibilitaban la rapidez y facilidad del transporte. Visitantes de Roma habían oído el primer sermón de Pedro en Jerusalén en el día de Pentecostés. Por lo tanto no es sorprendente que hubiera allí una comunidad cristiana grande y floreciente en el tiempo en que escribió Pablo. Estaba constituida por la acostumbrada mezcla de judíos y gentiles. No había un desacuerdo serio entre los dos grupos, como si había ocurrido en las iglesias de Galacia. Pero había cierta tendencia de unos a criticar y despreciar a los demás.

Poco tiempo antes habían surgido problemas con las autoridades. Y aunque ahora todo estaba tranquilo, los cristianos aún eran motivo de sospecha. Su Fundador había, después de todo, tenido que enfrentarse al cargo de actividad traidora contra el emperador. A pesar de sus esfuerzos de vivir como ciudadanos leales de Roma, sólo pocos años después de esta carta (año 64 d.C.), Nerón hizo de los cristianos sus cabezas de turco, echándoles la culpa del incendio de la ciudad. La tradición dice que Pablo, y Pedro también, murieron en la feroz persecución que siguió a esta acusación.

La carta. La epístola a los Romanos tiene un lugar de prominencia entre las cartas del Nuevo Testamento. Cronológicamente va después de las epístolas a los Tesalonicenses, los Corintios y los Gálatas, y precede a los Colosenses y los Efesios. Algunos de los temas de las primeras cartas vuelven a tratarse en esta, que es la afirmación más completa y más razonada que tenemos de las verdades cristianas básicas. Es el manifiesto del evangelio de Pablo. No sabemos qué lo movió a escribir este documento singular. Quizá ya había pensado que arriesgaba su vida al ir a Jerusalén, y presentía que no podría jamás dar su mensaje a los cristianos romanos en persona.

El gran tema de la carta a los Romanos es la fe en Cristo como única base de la aceptación del hombre por Dios, el cual trata a todos los hombres por igual, sean judíos o gentiles. Pablo habla sin tapujos al describir el estado del mundo (1:18-32). Todos nosostros estamos condenados conforme a las normas de Dios. Aun el judío, que tiene el privilegio único de conocer la ley de Dios, no puede guardarla (2-3:20). Pero Dios nos ofrece perdón y nueva vida en forma gratuita. Jesús ha cargado sobre sí nuestra sentencia (capítulo 5). Estamos en libertad para hacer un nuevo comienzo, esta vez con todo el poder de Dios a nuestra disposición (capítulos 6-8). Entonces, ¿por qué, si los gentiles responden a la oferta salvífica de Dios, los judíos la rechazan? Es porque ven la salvación como algo que se obtiene por obras, pero al final ellos también entrarán (capítulos 9-11). El perdón y el amor de Dios nos mueven a vivir en conformidad con nuestro nuevo llamamiento, a dar nueva forma a nuestra manera completa de pensar y vivir. La "buena noticia" de Dios no es un fin en sí misma. Se propone transformar las relaciones humanas —haciendo posible que judíos y gentiles se traten como iguales en la iglesia— y penetrar todos los aspectos de la vida diaria (capítulos 12-15).

El impacto y la influencia de esta epístola es inmensurable. Ha encendido a grandes hombres, —Agustín, Lutero, Juan Bunyan, Wesley— y por medio de ellos ha dado forma a la historia de la iglesia. Pero Dios también ha tocado la vida de innumerables individuos por medio de esta carta, hombres y mujeres corrientes que han leído, creído y obrado en conformidad con la enseñanza del apóstol.

1:1-15 INTRODUCCION

Toda la misión del apóstol se capta en este primer apartado típico (1-6). Pablo, siervo y emisario de Cristo, cuyo encargo es llevar las buenas nuevas de Dios a las naciones, escribe a sus compañeros cristianos en Roma. Su "gracia y paz" unen los saludos tradicionales de griegos y judíos en algo que es exclusivamente cristiano. Romanos es el producto de un intelectual, alguien que tiene una mente aguda, pero que también tiene una personalidad cordial y humana. Todo eso se extrae de los versículos 8-15. Pablo está lleno de aprecio, anhelando ver y departir con un grupo de cristianos que aún no ha conocido.

Santos (7): no se trata de una élite superior, sino de todos los que pertenecen a Cristo.

Bárbaros (14): Se llamaba así a los no griegos por considerárseles incivilizados.

1:16 - 8:39 EL EVANGELIO CRISTIANO

1:16-17 El evangelio en cápsula

Pablo se gloria en su mensaje: que Dios puede salvar —y salvará— a quien esté dispuesto a confiarse completamente a él.

Versículo 17: la primera parte indica que la salvación es un asunto de fe, desde el principio hasta el fin. La cita de Habacuc está abierta a más de una interpretación. Aquí el sentido es: "El que es puesto en la debida relación con Dios por medio de la fe, vivirá". (Versión Popular).

1:18 - 3:20 La vieja humanidad

¿Por qué habría alguien de necesitar "ser puesto en la debida relación con Dios"? Pablo inicia su tesis con un penetrante análisis de la situación del hombre.

El mundo pagano (1:18-32). Aquí el hombre está atrapado en una espiral descendente. La evidencia de Dios le rodea por doquier en el mundo natural que Dios ha creado. Pero el hombre cierra su mente a la verdad. A causa de esto todo su proceso mental se tergiversa. Está decidido a andar por su propio camino, y al final, puesto que se le ha dado verdadera libertad de escoger, Dios lo deja ir. Entonces se sume más y más en la corrupción de su conducta perversa. El pensamiento errado (irracionalidad) y la actuación errada van de la mano. El hombre que rechaza la razón (25), no escuchará tampoco a la conciencia (32).

El moralista y el judío (2-3:20). Aún entre los paganos había individuos con principios elevados y, a su vez, estaban los judíos, que se preciaban de poseer y de conocer la ley de Dios. Unos y otros estaban listos a condenar los vicios del mundo pagano. Pero, ¿estarían acaso en mejor posición? ¿Vive el moralista realmente conforme a sus altas normas? ¿Está tranquila su conciencia? ¿Guarda realmente el judío la ley de la que tanto se enorgullece? Si no, es moralmente tan corrompido como el pagano. Dios juzga con estricta imparcialidad.

Pablo no exageraba al hablar de la gran inmoralidad y decadencia del mundo romano. Está ilustrada en los escritos contemporáneos y en los restos de Pompeya. Poco después de que Pablo escribió esta carta, una violenta erupción del volcán Vesubio sepultó a esta ciudad en lava. Como Sodoma y Gomorra en el Antiguo Testamento, fue completamente destruida.

Pablo se imagina las preguntas con que sus opositores lo acosarían. Las va contestando una por una.

- Entonces, ¿tiene alguna ventaja el judío? Sí, el hecho de que Dios le ha confiado su revelación (3:1-2).

- Si los judíos han fallado en su cargo y serán juzgados, ¿qué pasará con las promesas que Dios les ha hecho? Dios todavía guarda su palabra (3:3-4).

- Pareciera entonces que el pecado humano sirve un buen propósito puesto que hace más patente la bondad de Dios. ¿Por qué entonces debe ser castigado? ¿Por qué no seguir pecando a fin de que la gente pueda percibir aún más claramente la bondad de Dios? Porque Dios es un Juez justo y el fin no justifica los medios (3:5-8).

- ¿Están los judíos en mejor situación que la demás gente? No. Cada uno está esclavizado por el pecado. Y la ley hace culpable —al hombre—, es incapaz de poner a nadie en la debida relación con Dios (3:9-20).

2:6-10: el argumento es acerca de la imparcialidad de Dios, no que la salvación pueda ser ganada, como deja bien en claro 3:20.

La circuncisión (2:25): → bajo Génesis 17.

2:29: en esto hay un juego de palabras; "judío" deriva de "Judá", que significa alabanza.

Justificado (3:20): Pablo suele usar este término jurídico. Significa ser absuelto o recibir un perdón gratuito. → 4:25.

3:21 - 5:21 La absolución

Perdón gratuito en base a la fe (3:21-31). Puesto que Dios es justo, el hombre que infringe la ley debe ser castigado. Toda la raza humana está bajo sentencia de muerte a menos que las exigencias de la justicia puedan satisfacerse de otra manera. Jesús ha proporcionado esa otra manera al interponerse en nuestro favor al costo de su propia vida (el capítulo 5 explica cómo fue posible esto). Ahora Dios perdonará y recibirá a *cualquiera* que venga a él confiando en Jesús. Esto abre la puerta de una nueva vida. Es la esencia del Evangelio que Pablo recibió el encargo de predicar, y el corazón del mensaje cristiano que aún se predica.

El caso de Abraham (capítulo 4). Pablo continúa con su afirmación de 3:21-22, que este mismo principio de fe es inherente a las escrituras del Antiguo Testamento. Si puede probar este punto en el caso de Abraham, padre de la nación judía y el mejor ejemplo de hombre recto, seguramente los opositores judíos se convencerán. Y puede probarlo. Dios aceptó a Abraham no a causa de su vida justa, sino por su fe (4:3; Génesis 15:6), porque a pesar de todas las contrariedades Abraham se aferró a la convicción de que Dios haría lo que había prometido (21). Después vino el pacto del cual la circuncisión era la señal exterior (Génesis 17). En consecuencia, Dios extiende su amistad a todos los que comparten la fe de Abraham y no solamente su identidad nacional.

Cristo y Adán (capítulo 5). La muerte y resurrección de Jesús nos han dado una nueva posición delante de Dios. Tenemos vida. Tenemos paz. Tenemos esperanza. Tenemos la presencia del Espíritu Santo. Hay razón y sentido ahora para soportar las adversidades de la vida (1-5). Pero, ¿cómo puede la muerte de un solo hombre traer como resultado el perdón de millones? La clave está en la solidaridad de la raza humana. El pecado, la desobediencia, comenzó con un hombre (Adán), y se extendió luego a todos sus descendientes. Todos nosotros participamos de la "enfermedad" y su consecuencia inevitable; la muerte, ser separados de Dios. Sobre el mismo principio, Jesús ha puesto la absolución y la vida al alcance de todos. Adán fue cabeza de la vieja humanidad; Jesús es cabeza de la humanidad nueva, renacida. Nosotros estábamos "en" Adán cuando él pecó. Ahora estamos "en Cristo" cuando ponemos nuestra confianza en él.

La gracia (5:2): otra palabra favorita de Pablo. Significa el favor, completamente inmerecido, de Dios.

5:20: todos tenemos la tendencia innata a creer que las leyes se hicieron para ser quebrantadas. El hecho de que algo sea prohibido nos hace realmente desearlo más (→ 7:8).

6 - 8 La nueva humanidad

La vieja vida y la nueva (capítulo 6). El perdón de Dios es suficientemente "grande" como para hacer frente a cualquier cantidad de pecado humano.

¿Significa esto que los cristianos tienen una póliza de seguro para seguir haciendo lo que antes hacían? ¡Qué idea tan absurda! Ser cristianos significa identificarnos con Cristo, ser uno con él, y compartir entonces su muerte y su resurrección. El bautismo —bajar a las aguas y subir de nuevo— nos muestra un cuadro vivo de lo que realmente ha ocurrido. Hay una ruptura tan completa entre la vieja vida y la nueva, como si realmente hubiéramos muerto y vuelto a nacer. Antes estábamos muertos para Dios; ahora estamos vivos para él (11). Hemos recibido una nueva inclinación a la obediencia, con la cual luchamos contra la vieja carga del pecado (17). Y debemos actuar en conformidad con ello. El pecado ya no es nuestro amo. Estamos en el servicio de Dios. El resultado de servir al pecado es la muerte (21), pero el resultado de servir a Dios es la vida: la vida de Dios que obra en nosotros, transformándonos (22).

La ley y sus limitaciones (7 - 8:4). A fin de contrarrestar la extendida creencia de que el hombre pueda "ganarse el pasaje" al cielo, Pablo ha dicho algunas cosas duras acerca de la ley. Ahora se detiene para poner las cosas en orden. Para los judíos como él, que tomaban la cosa en serio, la ley podía ser un verdadero tirano. Cristo nos libra de la lucha mortal de tratar de arreglar las cuentas con Dios mediante la obediencia a la letra de la ley, pero no nos libra para que hagamos lo que nos plazca. No hay nada de malo en la ley de Dios en sí. Es completamente buena. Y el cristiano, con el nuevo poder a su disposición (6, y 8:4) tiene la posibilidad de obedecerla. La raíz del problema, como Pablo demuestra por su propia experiencia, no está en la ley sino en nuestra propia inclinación al pecado (7:14). Y la conversión no termina con la tensión (22-23). Abandonados a nosotros mismos aún nos vemos incapacitados de obedecer. Pero ahora no estamos solos. La ley sirve su propósito cuando nos hace desesperar de nuestros propios esfuerzos. Solamente en este momento estamos en condiciones de pedir a Cristo que haga por nosotros lo que nosotros no podemos hacer por nuestra propia cuenta.

El Espíritu Santo y el propósito eterno de Dios (8:5 - 39). El Espíritu Santo de Dios vive y obra activamente en todo el que pertenece a Cristo (9). El nos ayuda a guardar la ley de Dios. Es su presencia la que nos convence de que realmente somos hijos de Dios (16). En él gustamos anticipadamente (las primicias, 23) de la gloria venidera, un manantial vivo de esperanza dentro de nosotros, y él hace que nuestros anhelos inarticulados se conviertan en oraciones (26-27).

El propósito de Dios es que todos nosotros seamos semejantes a Cristo (29): como él en carácter ahora, como él en gloria cuando llegue el momento. En otras palabras, Dios nos está creando de nuevo a su propia "imagen" (Génesis 1:27). Y cada circunstancia de la vida forma parte de este gran propósito total (28). Nada puede impedirlo. Nadie puede hacer que él nos abandone: tenemos a Cristo en los cielos para que abogue por nuestra causa. Y no hay poder alguno en el cielo ni en la tierra que nos pueda separar de su amor. En consecuencia, sea lo que fuere que nos depare la vida, podemos ser vencedores. Estas son las grandes certezas de la vida cristiana.

Cuerpo del pecado (6:6): no el cuerpo humano, sino "nuestra naturaleza pecadora" (Versión Popular).

Versículo 11: no es cuestión de andarnos con juegos, aparentando ser lo que no somos, sino de ser lo que somos. "Muertos al pecado": en el sentido de que ya ha sido cancelada la cuenta de la vida vieja, no que ya no sintamos su atracción.

Carne (7:5, etc.): Pablo usa a menudo esta palabra en oposición a "espíritu". Con ella quiere decir el "yo" —la vieja naturaleza pecaminosa.

Cuerpo de muerte (7:24: la naturaleza humana, sujeta a las leyes del pecado y la muerte.

Semejanza de carne de pecado (8:3): Pablo escoge las palabras con cuidado. Jesús era un verdadero hombre, pero en un aspecto no era igual a los demás hombres. El no participó de la pecaminosidad que ordinariamente forma parte de la naturaleza humana.

El cuerpo está muerto (8:10: es decir, aún morimos físicamente.

8:11: a los cristianos se les promete una resurrección como la de Cristo.

Abba (8:15): la palabra que el niño hebreo comúnmente usa todavía para decir "papá".

Creación (19 ss.): puesto que el hombre forma parte de la naturaleza, cuando pecó trajo dolor y muerte no solamente sobre sí, sino sobre todo el mundo creado. Por esta razón el día que el hombre sea transformado, la creación participará de su transformación. Habrá entonces un "nuevo cielo y nueva tierra" (Apocalipsis 21:1).

Predestinados (8:29): → la nota sobre la Elección.

9 - 11 LA NACION DE ISRAEL

Mientras Pablo expone el argumento acerca de la gloriosa provisión de Dios para todos los que están "en Cristo", está lleno de angustia por Israel, el pueblo escogido de Dios. ¿Cómo podían ellos negarse a creer en su Mesías prometido? Los gentiles respondieron con entusiasmo al Evangelio, pero los judíos no. Y Pablo bien habría entregado su propia alma para que fuera de otra manera.

¿Qué explicación puede dar de esta extraña anomalía? Dios no ha faltado a su palabra (9:6). En todo momento ha ejercido su soberano derecho de elección (9:6-13). Y no podemos increparlo por ello. El Hacedor tiene el derecho indiscutible de hacer lo que le agrade con lo que él hace (9:4-21). Es solamente por virtud de su paciencia y de su misericordia que un resto orgulloso y rebelde de Israel ha sobrevivido a su juicio (9:22-29). Gentes de otras naciones, al saber de su fracaso, de buen grado recibieron la oferta de Dios de aceptación por medio de la fe. Los judíos, pensando que podían ganar la salvación por la observancia de la ley, se negaron a tomar en cuenta esa oferta (9:30-33).

Pablo mismo participó una vez de este celo errado. Ahora él anhela que los judíos participen de su fe (10:1-4). Dios ofrece la salvación, la vida, a hombres y mujeres, con una sola condición: una declaración abierta de fe en el Cristo resucitado como Senor (10:5-13; → Filipenses 2:11). La tarea del predicador es ver que todos se enteren de la oferta. E Israel *ha* oído, *ha* entendido, y sin embargo sigue negándose a creer (10:14-21).

Entonces, ¿es este el fin de Israel (11:1)? No. El hecho mismo de que Pablo y algunos otros judíos se hayan convertido al cristianismo es una prueba viva de que Dios no ha desechado a Israel. La ceguera de la nación es parcial y temporal. Y les ha abierto la oportuniad a los gentiles. Estos tienen una gran deuda con los judíos; no deben nunca despreciarlos. Y a su debido tiempo, la fe de los gentiles hará que se produzca un gran retorno a Dios entre los judíos. Los caminos de Dios están fuera de nuestro alcance, pero su propósito es perdonar por medio de Cristo al judío y al gentil por igual.

9:12-13: las citas son de Génesis 25:23 y Malaquías 1:2-3. Ambas se refieren a naciones: Israel, descendiente de Jacob; Edom, descendiente de Esaú. No se refieren a individuos. → bajo Abdías.

9:18, 22: → la nota sobre la elección.

Como Sodoma... como Gomorra (9:29): es decir, completamente arrasados. → Génesis 19:24 ss.

10:6-10: en el estilo de los rabinos de su tiempo, Pablo da un comentario sobre las palabras de Moisés en Deuteronomio 30:11-14.

11:7: → nota sobre la Eleccion.

Olivas: Pablo usó como ejemplo la práctica de injertar nuevas ramas en los olivos.

11:17: era una práctica antigua, cuando un olivo cultivado no producía, injertarle una rama silvestre a fin de darle nuevo vigor.

Todo Israel (11:26): la frase se refiere a Israel como un todo, más que a cada judío sin excepción.

Misericordia de todos (11:32): sin distinción, más que sin excepción.

12 - 15:13 LA VIDA CRISTIANA

Con gran amor y a un elevado costo, Dios nos ha salvado la vida. ¿Qué motivo más fuerte podría haber para entregarle nuestra vida a él de ahora en adelante? Esto significa una completa reorientación mental que afecta todo nuestro carácter, nuestros motivos y nuestra conducta (12:1-2).

12 Relaciones humanas

Es en este punto donde comienza la transformación, cuando cada individuo toma su lugar en la nueva "familia" de Cristo. Su opinión acerca de sí desciende. Su opinión respecto de los demás sube. Los dones individuales se destinan al bien de toda la comunidad cristiana. Nos ponemos a disposición de Dios, y no nos apartamos cuando se torna difícil el camino. Cambian las viejas actitudes, no solamente hacia los cristianos, sino hacia el mundo exterior. En vez de buscar la venganza cuando se nos trata mal, tratamos al enemigo como si fuera nuestro mejor amigo y dejamos que Dios juzgue.

Ascuas de fuego, (20): en Egipto la gente pasaba por el ritual de llevar sobre su cabeza un caldero con tizones ardientes como señal de su arrepentimiento.

13 Las autoridades

Dios delega su poder en las autoridades para el bien público. Los cristianos, por lo tanto, deben respetarlas. Deben pagarse los impuestos y observarse las leyes. El cristiano tiene el deber de cumplir con todas las exigencias autorizadas de "César". Solamente cuando estas exigencias entran en conflicto directo con los mandamientos de Dios es lícito decir "no" (Hechos 5:29).

No debemos incurrir en deudas, salvo nuestra permanente obligación de amar, y no de hacer daño, a nuestros semejantes. El

La elección

En Romanos 9 y 10 quizá tengamos el tratamiento más directo de este tema en toda la Biblia. El punto de partida de Pablo es que nadie tiene derecho alguno a pedir la misericordia de Dios. Muestra cómo Dios en su amor ha elegido a ciertos individuos por todas las edades para que desempeñen un papel especial en su plan para el mundo (9:6-13). Y enfatiza la amplitud de la misericordia de Dios (11:28-32). Dios el Creador tiene el derecho de escoger, y a nosotros ni siquiera nos corresponde el desconfiar de su elección ni el dudar de su justicia.

Si Dios selecciona a algunos hombres para perdonarlos, ¿selecciona a otros para destruirlos? Pablo es mucho más cauto respecto a esto. ("¿Y qué...?"). Se conforma con afirmar el derecho que Dios tiene de hacerlo, pero a la misma vez recalca la paciencia de Dios (9:22). Habla del endurecimiento por Dios del corazón humano (9:18; y 1:28), pero en cada caso éstas son personas que adrede han rehusado escucharle. Dios nunca endurece el corazón de alguien en contra de su voluntad.

Los seres no son instrumentos impotentes en manos de un dios caprichoso. La Biblia enseña la elección divina. Asimismo, enseña la responsabilidad del hombre: su libertad para escoger. Puede que no alcancemos a comprender cómo podrán funcionar ambas cosas simultáneamente (tal como resulta difícil comprender cómo los científicos pueden describir la luz tanto en términos de ondas como de partículas, dos ideas que parecen mutuamente contradictorias). Dios trasciende el tiempo: no podemos imaginarnos algo más allá del alcance limitado de nuestro conocimiento. Así es que sólo podemos aceptar lo que Dios dice, y aferrarnos tanto a la soberanía de Dios como a la libertad del hombre para elegir, y no tratar de encontrar un término medio entre ellos.

tiempo que nos queda es breve, y debemos vivirlo en debida forma (11-12: Pablo se refiere a la venida de Cristo).

El Coliseo de Roma fue edificado en el año 80 d.C. Tomó su nombre de la colosal estatua de Nerón que estaba cerca. Aquí 45,000 espectadores podían presenciar las luchas entre gladiadores, y aun batallas navales simuladas. Probablemente el cruel Nerón era el emperador cuando Pablo escribió diciendo que los cristianos debían obedecer y respetar a las autoridades, porque la autoridad es ordenada por Dios.

14 Libertad y responsabilidad

Hay algunos asuntos de conciencia sobre los cuales los cristianos discrepan. Pablo pone el ejemplo de comer carne, 2-3 (→ bajo 1 Corintios 8), y la observancia de las festividades judaicas, 5. No debiéramos tratar de que todos concuerden con nosotros, creando así divisiones. Posiblemente nosotros mismos nos sentimos en libertad de hacer ciertas cosas que podrían producir en un cristiano más débil una mala conciencia. Esta no es razón para despreciarlo. Debemos rendir cuentas, no a otras personas, sino a Cristo. Es mejor limitar nuestra libertad que ejercerla a expensas de otro cristiano.
14:2, 14: existía el problema de que la carne vendida en el mercado había sido sacrificada a los ídolos paganos; también había de tomar en cuenta las leyes alimenticias judías sobre los animales "puros" e "impuros" y su forma de matanza. Si los cristianos judíos insistían en la letra de la ley, y los gentiles se apegaban a la libertad, los dos sectores jamás podrían participar juntos de una comida.

15:1-13 El ejemplo de Cristo

El complacernos a nosotros mismos no tiene nada de cristiano. Las buenas relaciones entre los cristianos son más importantes que "mis derechos". Debemos hacer todo lo posible para promover una verdadera unanimidad, sin considerar la procedencia del otro.

15:14 - 16:27 EPILOGO

15:14-33 Algo personal

En más de veinte años como apóstol al mundo no judío, Pablo ha visto establecerse iglesias a través de los países que ahora llamamos Chipre, Siria, Turquía y Grecia. Ahora él ha descargado su responsabilidad. Una vez terminado su viaje a Jerusalén (acerca del cual tiene sus dudas), puede mirar hacia el occidente.

Ilírico (19): la actual Yugoslavia.

Macedonia y Acaya (26): Grecia del norte y del sur.

16 Saludos a los amigos

Es en cierto modo sorprendente encontrar una lista tan larga de amigos en una iglesia que Pablo jamás ha visitado. (Por esta razón algunos creen que este capítulo originalmente pertenecía a una copia de esta carta que fue enviada a Efeso). Sin embargo, todos los caminos llevan a Roma, y muchos cristianos de las provincias del oriente deben de haber pasado por la capital en una u otra oportunidad. Es obvio que a pesar de la vida ocupada que llevaba, Pablo no perdió el interés en la gente ni en el contacto con ella.

Su última palabra es de advertencia contra un grupo de perturbadores cuya influencia dañina en las iglesias él conocía demasiado bien (17 ss.). Pero, como siempre, al final su pensamiento vuelve a la sabiduría y la gloria del Dios eterno.

Febe (1): probablemente fue Febe, que viajaba de Cencrea, puerto de Corinto, quien llevó la carta de Pablo a Roma.

Priscila y Aquila (3): un matrimonio cuyo hogar estaba en Roma, pero que viajaban extensamente en razón de su oficio de fabricación de tiendas; hicieron un valioso trabajo cristiano en Corinto y Efeso (Hechos 18:2-3; 18-28).

Rufo (13): puede ser el hijo de Simón de Cirene (Marcos 15:21).

Versículo 21: Timoteo es bien conocido en las cartas. El era como un hijo para el anciano Pablo. Jasón puede haber sido el anfitrión de Tesalónica (Hechos 17:5-8). Sosípater (Sosípatro) puede ser el Sópater (Sópatros) de Berea (Hechos 20:4).

Tercio (22): el cristiano que actuaba como secretario de Pablo al escribir esta carta.

Erasto (23): este puede haber sido el mismo funcionario público cuyo nombre fue encontrado inscrito en una baldesa de mármol en Corinto que data de esta época.

1 Corintios

Pablo probablemente escribió esta carta desde Efeso, más o menos en el año 54. En Hechos 18 se relata la estadía de 18 meses de Pablo en Corinto, en su segundo viaje misionero, y se describe la fundación de la iglesia.

La ciudad. La antigua ciudad griega de Corinto fue destruida y reconstruida por los romanos. Estaba en una situación estratégica para controlar el comercio que se realizaba a través de la estrecha faja de tierra que separaba a los mares Egeo y Adriático. Centro comercial floreciente y ciudad cosmopolita donde griegos, latinos, sirios, asiáticos, egipcios y judíos trabajaban codo a codo, era un blanco lógico para Pablo. Establecida una iglesia aquí, el mensaje cristiano podría esparcirse rápidamente a lugares muy distantes.

Sin embargo, en otro sentido es difícil de imaginar un lugar en donde hubiera menos probabilidades para que el cristianismo se arraigara. La ciudad estaba dominada por el templo de Afrodita (diosa del amor; ¡qué contraste con 1 Corintios 13!), construido en las alturas de la acrópolis. Millares de prostitutas del templo, una gran población flotante y la gran mescolanza racial, contribuían a que Corinto tuviera mala fama. El nombre de la ciudad era sinónimo de exceso y licencia sexual. Hasta había una palabra para ello: "corintianizar".

La iglesia. La iglesia cristiana, como la ciudad, era una mezcla de razas y clases sociales. Había unos pocos judíos, pero mayoría de gentiles; algunos ricos y de posición, pero mayormente de las clases bajas. Muchos convertidos procedían de un ambiente pagano licencioso. Tenían poco de qué jactarse, pero aún así, al estilo griego, se enorgullecían de su riqueza intelectual. Discutían en torno a temas tales como "libertad" y "conocimiento". Era un grupo que tenía muy poca cohesión.

La carta. Dos factores existen tras la composición de la primera carta a los Corintios.

1. Pablo había recibido noticias de la iglesia que lo dejaron muy inquieto (1:11; 5:1).

2. Llegó de Corinto una delegación, y (o con) una carta que pedía consejos acerca de varios asuntos (7:1; 16:17).

En la carta, Pablo toma cinco de los asuntos que le fueron informados:

- divisiones en la iglesia;
- un caso de incesto;
- pleitos entre miembros de la iglesia ante tribunales paganos;
- el abuso de la "libertad" cristiana;
- el caos general que reinaba en los cultos de la iglesia, aun en la Cena del Señor.

También responde a las preguntas que los corintos le hicieron por carta:

- preguntas sobre el matrimonio y la vida célibe;
- problemas sobre los alimentos consagrados a los ídolos y las funciones sociales tenidas en los templos;
- si las mujeres debían o no usar el velo, y su lugar en las reuniones públicas;
- el asunto de los dones espirituales;
- el significado de la resurrección de los muertos.

Su respuesta deja al descubierto una de las primeras iglesias, y nos da un vistazo fascinante de su contenido, que no era muy edificante.

1:1-9 Saludos y oración

El encabezamiento y la acción de gracias (1:4-9), son característicos. A Pablo le gusta dar palabras de aliento. De entre todas las cartas a las iglesias, sólo la dirigida a los gálatas carece de esta nota de alabanza.

Sóstenes (1): posiblemente el principal de la sinagoga mencionado en Hechos 18:17. Puede haber estado actuando como secretario de Pablo.

1:10 - 4:21 Bandos rivales

Antes de que se edificaran templos, cuando los cristianos se reunían en casas o salones, con la consecuente necesidad de dividir los grupos grandes, es fácil ver cómo podían producirse las pugnas.

Pablo menciona tres sectas centradas en "jefes" rivales: Pablo (su fundador), Apolos y Cefas (Pedro). Una cuarta secta, en su orgullo, pretendía los derechos exclusivos al calificativo de "cristianos".

Apolos (Apolo) (1:12) era un cristiano judío de Alejandría (Egipto). Cuando llegó a Efeso Aquila y Priscila lo llevaron a su casa para darle más instrucción (Hechos 18:24 ss.). Viajó a la provincia de Acaya (de la que Corinto era capital), donde demostró ser un maestro poderoso y elocuente.

La mención de Pedro (Cefas, 1:12) no significa necesariamente que él haya visitado Corinto. Como jefe de los doce apóstoles era natural que él tuviera seguidores, especialmente entre los cristianos judíos.

Resulta evidente a partir de estos capítulos que el grupo estaba haciendo comparaciones tendenciosas entre Pablo y el más elocuente Apolos. Pablo, aunque era un erudito muy preparado, había tenido sus problemas en Corinto (Hechos 18:9-10; 1 Corintios 2:3). Su principal preocupación era el mensaje de Dios y no pronunciar discursos muy pulidos.

Pero los corintios estaban contaminados con algo del espíritu de la cercana Atenas. Se imaginaban que eran pensadores y se enorgullecían de una supuesta superioridad intelectual. En realidad, como Pablo les dice (3:1-4), su actitud argumentativa y crítica demuestra que todavía están atados por la manera mundana de pensar. Tienen necesidad de enseñanza. Hay que estar recordándoles que la astucia humana está a gran distancia de la sabiduría de Dios (1:18-2:16). No son las personas orgullosas e inteligentes las que aprecian la sabiduría del plan de salvación de Dios por medio de la muerte de Cristo en la cruz, sino los que son espiritualmente sabios. Este tipo de sabiduría que conlleva los valores verdaderos y los juicios reales, es un don de Dios al hombre, por medio de su Espíritu Santo. El hombre tiene que hacerse necio ante los ojos del mundo a fin de llegar a ser verdaderamente sabio (3:18).

En consecuencia, Pablo y Apolos no son rivales, sino socios que trabajan juntos en la obra de edificación de la Iglesia de Dios (3:5-9). Una vez puesto el cimiento básico de la fe en Cristo, todo cristiano es responsable por lo que hace con la nueva vida que se le ha dado. Debemos preocuparnos de edificar algo que perdure (3:10-17).

Las ideas de la filosofía griega constantemente se infiltraban en la comunidad cristiana, apartándola de la verdad de Jesucristo encarnado. Esta estatua del siglo II representa a un filósofo y fue hallada en Efeso.

No debe haber lugar para el orgullo entre los cristianos ni para el desprecio por los demás. Los más grandes cristianos se consideran a sí mismos como esclavos de Dios, nada más. Debemos seguir su ejemplo (capítulo 4).

Los de Cloé (1:11): Posiblemente miembros de la casa de Cloé.

La cruz era un escándalo para los judíos, locura para los gentiles. Esta figura hallada en Halicarnaso representa una ejecución romana.

Estéfanas (1:16): miembro fundador de la Iglesia de Corinto, y uno que estuvo en la delegación enviada por la iglesia a Pablo en Efeso (16:15 ss.).

Judíos y griegos (1:22): reflejan sus características nacionales. Los judíos siempre pedían señales como evidencia concreta. Los griegos veían la salvación como algo que se podía obtener por la sabiduría.

El día (3:13): cuando Cristo vuelva; el día del juicio.

5 Incesto

En el nombre de su cacareada "libertad", la iglesia condona el incesto. Es un caso que habría asustado hasta a los paganos de aquella notoria ciudad. La vieja inmoralidad —y peor aún— había logrado introducirse, y toda la iglesia estaba en peligro (como les había advertido Pablo en una carta previa, 5:9).

La mujer de su padre (5:1): evidentemente su madrastra, pues de otro modo Pablo habría dicho "madre".

Sea entregado a Satanás (5:5): Pablo está expresando el juicio de Dios sobre ese hombre por haber abusado de su cuerpo por medio de una burda inmoralidad sexual. La disciplina inmediata se ejerce para un bienestar posterior. Dicha disciplina incluye sin duda la expulsión de la iglesia.

Levadura (5:6-8): a menudo (aunque no siempre) la levadura se usa como figura del poder corruptor del mal. Los panes para la Pascua se hacían sin levadura, como un recordatorio de la salida precipitada de los israelitas de Egipto. Cristo se ha hecho nuestro sacrificio Pascual, dice Pablo; es hora de que nos libremos de la vieja levadura del mal en nuestra vida.

6:1-11 Litigios

Ni siquiera los judíos llevaban sus causas ante tribunales gentiles, no porque los tribunales fueran corrompidos, sino porque habría sido un reconocimiento de la propia incapacidad judía de operar en conformidad a sus propias leyes. Ciertamente la comunidad cristiana, estos "sabios" corintios, debía ser capaz de solucionar sus disputas internas. Es preferible soportar el mal que llevar a otro ante un tribunal.

Los santos han de juzgar al mundo (6:2): desarrollo de la enseñanza de Cristo en Mateo 19:28. Los ángeles se mencionan como el orden más alto del universo creado.

6:12-20 ¿Libertad o libertinaje?

Los corintios decían tener la libertad de hacer cualquier cosa. "Claro que sí", dice Pablo, "pero yo que ustedes no dejaría que ninguna cosa se dé libertades conmigo" (6:12). Las necesidades sexuales, argumentan ellos, son como el hambre: deben ser satisfechas. De todos modos el cuerpo no tiene importancia. Pero este es un pensamiento errado, producto de las antiguas ideas griegas. Para el cristiano el cuerpo es parte de toda la personalidad. Cuerpo y alma son del Señor. Uno no puede pecar con el cuerpo y mantener el "alma" pura: el hombre es una unidad.

7 Preguntas acerca del matrimonio

Los corintios habían hecho seis preguntas acerca de la vida de soltero y casado. Varias reflejan la tendencia griega a considerar malo el lado físico de la existencia.

- ¿Deben los matrimonios seguir teniendo relaciones sexuales en forma normal después de la conversión? Sí (7:1-7).
- ¿Deben casarse los solteros? Pablo prefiere la soltería, pero solamente para quienes tienen el don del dominio propio (8-9).
- ¿Es permitido el divorcio entre cristianos? No (10-11).
- ¿Y qué del esposo o esposa inconverso? El cristiano debe seguir unido a su cónyuge pagano a menos que el cónyuge desee la separación (12-16).
- Esta pregunta no es tan clara. Lo más probable es que sea: "¿Deben las parejas comprometidas casarse?" Esto es cuestión de decisión personal, pero en los tiempos de tribulación que Pablo ve venir, los solteros podrán realizar con más facilidad las prioridades cristianas (25-38).
- ¿Pueden casarse las viudas? Sí, pero Pablo califica esto (39-40).

8 Alimentos ofrecidos a los ídolos: problemas sobre costumbres sociales

En Corinto era difícil romper completamente con el paganismo. Los gremios y asociaciones tenían sus funciones sociales en los templos. La mayor parte de la carne vendida en los mercados había sido ofrecida primero a los ídolos. Algunos cristianos sostenían que "los ídolos no eran nada". Se sentían en libertad de comer carne y asistir a las comidas de las asociaciones. Pero otros se preocupaban. La libertad está bien, dice Pablo, pero nadie debe ejercer la libertad personal a expensas de la conciencia de otro hombre.

El gran templo de Apolo en Corinto. El hecho de que la carne que se vendía en los mercados había sido ofrecida a los ídolos en templos paganos, era un verdadero problema de conciencia para los cristianos corintios.

9 Ceder los derechos

Pablo toma ejemplos de su propia vida para hacer comprensible esta lección. Si alguien tiene derechos, ciertamente es él como apóstol; sin embargo, él ha renunciado gustosamente a su derecho de tener consigo una esposa en sus viajes y esperar que la iglesia le provea el sustento para ella. Hay cosas más importantes que los derechos. El con gusto restringe su propia libertad, para poder ganar a los hombres para Cristo.

Los que corren... (24-27): los Juegos Istmicos (que seguían en importancia a los Olímpicos), se celebraban cada tres años en Corinto. Cada competidor pasaba diez meses de rígido entrenamiento, con la esperanza de recibir la corona de vencedor, una corona de pino. Pablo tenía miedo, no de perder su salvación, sino de perder su "corona".

Pablo, al escribir desde Efeso donde fue hallada esta escultura, comparó a los cristianos con atletas: estos compiten por una corona corruptible, los cristianos por una corona que jamás se marchita.

10:1-13 Una advertencia de la historia

Es fácil ponerse confiado, especialmente cuando la vida es fácil (10:12-13). El destino de muchos de los hijos de Israel durante la peregrinación en el desierto permanece como una advertencia solemne. (En Hebreos 3:7ss. se da una lección semejante con los mismos sucesos).

10:14 - 11:1 La exhortación de Pablo y resumen

Los cristianos deben escoger entre el Señor y los ídolos (vacíos en sí, pero respaldados por los poderes demoníacos). No puede haber un término medio. Se está jugando con fuego cada vez que se toma parte en los sacrificios paganos. En lo que respecta a la carne, la regla es que haya una preocupación sin egoísmo por el bien de los demás.

La copa de bendición (10:16): nombre dado a la tercera copa en el festín de la Pascua, sobre la cual se pronunciaba una oración de acción de gracias. Bien pudo haber sido ésta la copa con la cual Jesús instituyó su Cena, de donde viene este pensamiento.

11:2-16 Las mujeres y el velo

Ninguna mujer decente podía presentarse sin velo en público en aquel tiempo; el velo garantizaba la seguridad y el respeto en las calles. Pero había diferencia entre la costumbre griega y hebrea cuando se trataba de la oración. La mujer griega, al igual que el hombre, oraba descubierta. Entre los romanos y los judíos, hombres y mujeres oraban con la cabeza cubierta. La iglesia necesitaba una regla.

La regla que Pablo dio se basaba en los papeles relativos de hombres y mujeres en el orden creado. También estaba preocupado de no pasar por sobre las costumbres convencionales de la época y de ese modo desacreditar a los cristianos. Los hombres, por ser la "cabeza" de la creación, no están bajo otra autoridad sino de la de Cristo; ellos, por lo tanto, deben orar descubiertos. Las mujeres deben orar con velo, siendo el velo una señal de la aceptación de la autoridad del marido y de las normas de decencia de la época.

Afrenta su cabeza (4-5): es decir, a Cristo (3). El velo era una señal de sumisión a otra persona. El hombre debe someterse solamente a Cristo. Toda mujer... *afrenta su cabeza*: es decir, a su marido (3). Al dejar el velo, ella desechaba la autoridad de su marido, como si fuera una prostituta.

Cortarse o raparse (6): el castigo para la prostituta en aquel tiempo.

Imagen y gloria de Dios (7): en Génesis 1:26-27 se incluye a ambos sexos en la "imagen" de Dios, pero no se menciona la "gloria".

Por causa de los ángeles (10): los ángeles, representantes del orden, no querrían mirar la inmoralidad, ni aun una apariencia de ella.

11:17-34 Desórdenes en la Cena del Señor

En los primeros días la Cena del Señor se celebraba en el curso de una comida comunitaria. Todos llevaban la comida que podían y luego la compartían. Pero en Corinto no. Ni siquiera esperaban a que todos llegaran para empezar a comer. Algunos se embriagaban mientras otros tenían hambre. No es sorprendente que Pablo no pudiera "alabarlos": era una vergüenza. Los hace recordar las circunstancias en las cuales se celebró la primera Cena. La ofensa de ellos es seria.

Este es mi cuerpo (24-25): este es el registro más antiguo que tenemos de las palabras de Jesús.

Indignamente (17-30): ningún cristiano es "digno" de entrar en la presencia de Dios, pero ese no es el punto en discusión. El juicio ha caído sobre los corintios, no porque no se hayan examinado, sino por excederse con la comida como si nada tuviera que ver con la muerte del Señor.

12-14 Los dones espirituales

En las religiones de aquel tiempo, los trances o el hablar en forma extraña en medio de un éxtasis mostraba el estado espiritual del hombre. No es sorprendente entonces que la iglesia cristiana de Corinto, a la que Dios dio una variedad de dones por su Espíritu Santo, se haya impresionado mucho con los más espectaculares, entre los cuales estaba la capacidad de hablar en "lenguas" desconocidas.

Pablo no desestima estos dones; quisiera que todos hablaran en lenguas, les dice (14:5); él mismo se destaca en este don (14:18). Pero él no pone este don a la cabeza en su escala de valores. Los que buscan experiencias para sí tienen que recordar que la vida de la iglesia es más importante. Hay otros dones que los cristianos deben buscar aún con mayor avidez.

La unidad cristiana no implica uniformidad. Los dones proceden de una sola Fuente, y se dan para el bien de toda iglesia. Cada individuo tiene un papel importante que desempeñar en la vida del único cuerpo. Esto debiera evitar la búsqueda universal de los mismos dones. Lo importante no es cuáles dones son los más impresionantes, sino cuáles sirven más para edificar la Iglesia. Esto significa que la profecía —un mensaje de Dios que todos pueden comprender— es de más valor que las lenguas.

Sin embargo, hay cosas más importantes aún. Tres cualidades de la vida —fe, esperanza y amor— sobrevivirán a todos los dones. Y estos son para todos. Sin ellos nadie es nada. Y el amor cristiano resplandece por sobre todos. Este es el mejor camino; es en esto en lo que de veras debemos poner nuestros corazones. Pablo prorrumpe en un gran himno sobre el tema (capítulo 13), uno de los pasajes más gloriosos de toda la Biblia. Mientras pinta su cuadro de lo que es el amor, consciente o inconscientemente traza el retrato de una persona: Jesús mismo. El es la viva encarnación de este amor abnegado, paciente, liberal, sin egoísmo. Sin amor —sin Cristo— no podría haber iglesia.

En 14:26-33 se nos proporciona un vistazo de un culto de la iglesia primitiva. Nuevamente Pablo pone énfasis en el orden. Prohibe que las mujeres perturben el culto con su conversación (34-35). Por el versículo 35 parece que había algunas que hacían preguntas y comentarios (se sentaban aparte de los hombres). La nueva libertad no era para abusar de ella. Pero es claro, por 11:5, que él no condenaba a las mujeres a un silencio absoluto: el don de profecía se ejercía en público.

12:8: "Por medio del Espíritu, da a algunos la capacidad de hablar con sabiduría, y a otros... la capacidad de hablar con profundo conocimiento" (Versión Popular).

Fe (12:9): no la fe salvífica, sino la fe en medida especial.

Profecía (12:10): palabra inspirada que transmite el mensaje de Dios a los oyentes. *Lenguas*: palabras inspiradas para expresar la alabanza a Dios u otras emociones profundas; la persona que las pronuncia no conoce su significado, y de aquí surge la necesidad de interpretación.

15 La resurrección

Este capítulo es el texto clásico de la Biblia sobre ese tema. La mayor parte de los judíos creían en la resurrección del cuerpo (el mismo cuerpo que había muerto). Para los griegos era el alma lo que era inmortal. La idea de la resurrección les parecía ridícula (→ Hechos 17:32).

Pablo declara que la resurrección de Cristo es de primordial importancia no es una opción adicional. Sobre ella la fe cristiana permanece o cae. Lo que es más, es un hecho y está bien comprobado. La mayor parte de los que vieron al Señor resucitado aún viven (25 años después del suceso). La resurrección de Cristo implica la resurrección de los cristianos. Pero el cuerpo que es resucitado será mejor que el cuerpo que fue sepultado. El antiguo era físico, el nuevo será espiritual e inmortal, pero aún será un cuerpo. Superará al cuerpo viejo de la misma manera que la planta adulta supera a la semilla de la cual surgió.

Se bautizan por los muertos (29): posiblemente en sustitución de los que morían sin bautizarse. Pero el sentido puede ser que la gente se bautizaba con el fin de reunirse con amigos cristianos y parientes que habían muerto.

Fieras en Efeso (32): uno de los espectáculos del circo era ver a los hombres que luchaban con animales salvajes. Pero Pablo probablemente está hablando metafóricamente acerca de lo que él tuvo que pasar ahí. Efeso tenía un teatro magnífico (→ página 573), pero allí no había circo.

16 Asuntos prácticos

Pablo da instrucciones para la recolección del dinero para los pobres de Jerusalén (las iglesias gentiles eran las contribuyentes). Espera hacer una larga visita a Corinto. Da noticias e instrucciones acerca de diversos individuos. La carta termina con los saludos de las iglesias de Asia (Efeso era la capital de la provincia), especialmente de parte de Aquila y Priscila, los fabricantes de tiendas en cuya casa vivió Pablo durante su estadía en Corinto. El saludo final lo escribe él mismo (el resto probablemente fue dictado a un secretario).

Macedonia (5): Filipos y Tesalónica estaban en esta provincia.

Apolos (12): posiblemente no deseaba regresar a causa de la división (3:4).

Entre sus diversas pruebas. Pablo habla de sus luchas con las fieras (acaso literal, acaso metafóricamente). Este mosaico en Pafos, Chipre, muestra a un hombre con una lanza que lucha con un toro.

2 Corintios

Las dos cartas de Pablo a los Corintios están separadas por un intervalo no mucho mayor de un año. La segunda carta probablemente fue escrita cerca del año 56 d.C. desde un pueblo de Macedonia (provincia romana que estaba al norte de Grecia y cuya capital era Filipos).

Después que fue escrita 1 Corintios, parece que las cosas allí llegaron a una culminación, y Pablo tuvo que hacer una visita rápida no programada (la segunda; en su primera visita a Corinto había fundado la iglesia), que fue bastante desagradable tanto para él como para la iglesia (2:1). Prometió regresar (1:16). Pero para evitar una visita aún más penosa (1:23), regresó a Asia (donde pasó graves peligros, 1:8ss) y les escribió una carta muy fuerte que le causó gran angustia (2:4). No pudo estar tranquilo hasta no saber qué reacción habían tenido, de modo que se fue a Troas en la costa, con esperanzas de recibir noticias. Aunque allí las cosas iban bien, no pudo soportar la espera y cruzó el mar Egeo en dirección a Macedonia (2:12-13) donde finalmente Tito se encontró con él y le dio la noticia de que su carta había hecho reconocer su error a los corintios (7:6ss.). Su alivio entonces no conoció límites.

Ahora, mientras les escribe nuevamente, ya ha pasado lo peor, y está considerando hacerles una tercera visita, la que espera sea más feliz. De manera que la parte final de la carta tiene el propósito específico de aclarar el ambiente (13:10). (El hizo la visita, y escribió su epístola a los romanos durante su estadía en Corinto, de modo que se puede suponer que hubo un desenlace feliz a los problemas.)

2 Corintios es quizá la carta más intensamente personal de todas las cartas de Pablo. Podemos sentir el peso de la carga que él soporta del cuidado de todas las iglesias (11:28), la profundidad de su amor por ellos y la angustiada preocupación por su progreso espiritual. Vemos en forma personal el costo de su programa misionero: penalidades, sufrimientos, privaciones y humillaciones casi superiores a lo que pueda soportar un hombre. A través de todo ello, vemos resplandecer su fe inquebrantable que transforma toda circunstancia en bendición.

El carácter personal de la carta la hace difícil de analizar. El pensamiento de Pablo fluye casi ininterrumpido (aparte del paréntesis que hace en el capítulo 8, donde vuelve al asunto del fondo de ayuda para Jerusalén; y luego, en el capítulo 10 donde contesta las acusaciones hechas por sus críticos), y los temas a menudo se repiten. En lo principal, Pablo escribe en defensa de su ministerio, y de su autoridad apostólica dada por Dios.

1:1-7 Saludos y acciones de gracia

En esta carta Timoteo aparece asociado con Pablo. Sus lectores son los cristianos de Corinto y la provincia circundante de Acaya, la cual incluye los grupos de Atenas y Cencrea.

Su oración tiene una nota más personal que de costumbre. En vez de elogiar a la iglesia, Pablo da gracias a Dios por su especial bondad durante las pruebas recientes. Su sufrimiento ha tenido dos efectos muy positivos:

- la conciencia del consuelo de Dios en medio de todo;
- una nueva capacidad de ayudar y consolar a los que están en circunstancias similares.

1:8 - 2:17 Noticias y explicaciones

Frente a la muerte (1:8-14). Ahora queda explicada la razón de la oración de Pablo. Durante su estadía en la provincia de Asia (capital, Efeso), Pablo pasó tribulaciones tan serias que parecía que le iban a costar la vida. A primera vista ésta parece ser una referencia a los disturbios de Efeso relatados en Hechos 19:23-41. Pero allí la vida de Pablo no estuvo en peligro. Es más probable que se haya enfermado seriamente, o que haya estado bajo el peligro de alguna otra turba violenta en algún lugar de Asia Menor.

Pablo da razones de su cambio de planes (1:15 - 2:11). En la primera carta (1 Corintios 16:5), Pablo prometió ir a Corinto vía Macedonia. Después decidió hacer dos visitas en el camino de ida y de regreso de Macedonia (1:16), Realmente no había hecho ninguna, y los corintios lo habían criticado por irresoluto. Pero esta no es la razón de los cambios de planes: él había tomado esa decisión por el estado de cosas que existía en la iglesia. Habiendo tenido con ellos un choque de frente, quería demorar, la visita hasta tanto no fueran mejores las relaciones. De manera que procuró arreglar las cosas por carta, carta que él temía les heriría y que le costó mucho escribir.

El problema parece haber sido el antagonismo personal hacia Pablo de parte de un hombre (2:5-11; no el hombre culpable de incesto, 1 Corintios 5:1). Ahora que la iglesia lo ha disciplinado, Pablo pide que se le perdone.

Viajes recientes de Pablo (2:12-17). Después de escribir la carta, Pablo no pudo estar tranquilo. Fue a Troas con la esperanza de encontrar a Tito en su viaje de regreso de Corinto con noticias de la reacción de la iglesia. No encontrándolo allí, cruzó el mar Egeo hacia Macedonia. El motivo de la acción de gracias de los versículos 14-17 se aclara en el capítulo 7. En Macedonia se encontró con Tito y las noticias que habían de Corinto eran buenas.

Camino que lleva desde Corinto a su puerto. Detrás de las ruinas de la antigua ciudad se levanta la acrópolis fortificada.

Al hacer una lista de los peligros que había pasado por causa del Evangelio, Pablo menciona varios naufragios. Muchos de los barcos mercantes del Mediterráneo que llevaban pasajeros deben de haber sido muy pequeños, como todavía lo son. Al no tener fuerza propulsora, salvo el viento, el viaje por barco era muy peligroso, especialmente fuera de temporada.

Lleva en triunfo (14): Pablo toma este cuadro de la procesión triunfal tributada a los oficiales romanos victoriosos. El general encabezaba un desfile por las calles de Roma acompañado de portadores de incienso y seguido por los cautivos y el botín de la guerra.

3 - 6:10 Ministerio de Pablo

El pasado, el presente y el futuro se entrelazan en estos capítulos. En cuanto al pasado, el antiguo pacto ha sido reemplazado por uno que ofrece nueva vida (3:6-18). El presente es una anomalía: por una parte el apóstol ha sido designado embajador de Dios mismo, y encargado de entregar su maravilloso mensaje a la humanidad (3·4-6; 4:1ss.; 5:16 - 6:2); por otra parte, está sujeto a toda clase de debilidades humanas, persecuciones y sufrimientos (4:7-12; 6:3-10). Pero el futuro, con toda su gloriosa certeza, eclipsa cualquier sufrimiento que pueda deparar el presente (4:13-5:10). Si se pesa el costo del discipulado, increíble en su magnitud, y se compara con el "eterno peso de gloria" que está preparado para el cristiano, se verá todo en su debida perspectiva.

Cartas de recomendación (3:1): en los primeros días, los cristianos que se cambiaban a otro pueblo a menudo llevaban consigo cartas de la antigua iglesia a la nueva. Pablo no tenía necesidad de tal carta: la misma existencia de la iglesia de los corintios es testimonio suficiente.

El rostro de Moisés (3:7ss.): cuando Moisés descendió del Monte Sinaí con las tablas de la ley, el resplandor de su rostro cegaba a los israelitas: ¡tan cerca había estado de Dios! Con el fin de superar el temor de ellos, se pudo un velo sobre su rostro (Exodo 34:29ss.).

En los días de Pablo los espejos daban sólo una imagen apagada e imperfecta porque estaban hechos de metal pulido, como el espejo de bronce de esta foto.

Reflejo de la gloria (3:18): El "espejo", siendo de metal pulido, daba solamente un reflejo imperfecto.

Vasos de barro (4:7): lámparas de alfarería barata (→ versículo 6), o, si se refiere Pablo a la procesión triunfal romana, vasijas de barro escogidas al propio para disimular la magnificencia de los tesoros que contenían.

El tabernáculo terrenal (5:1): nuestro cuerpo físico. Pablo usa una expresión griega corriente, la que al mismo tiempo nos recuerda lo perecedero del cuerpo.

Hallado desnudo (5:3): como un espíritu sin cuerpo.

6:11 - 7:1 La necesidad de una ruptura total

Pablo está profundamente conmovido (6:11-13). Anhela que los corintios sean tan abiertos con él como él ha sido franco con ellos. El cambio de tono en 6:14 es abrupto, pero no hay evidencias de que esta sección haya sido mal colocada, como algunos arguyen. Por su amor para con sus iglesias Pablo siempre demanda de ellas las más elevadas normas. Les ha advertido anteriormente de los peligros de entrar en componendas con el mundo pagano (1 Corintios 8:10). Ahora enfatiza la total incongruencia de que existan relaciones permanentes entre cristianos y paganos.

7:2-16 Pablo se regocija con las buenas nuevas procedentes de Corinto

Había llegado a este punto del relato en 2:13. Ahora lo reinicia. Por fin Tito pudo tranquilizar a Pablo. La reacción de los corintios a su carta había sido cuanto él hubiera deseado. El resultado ha sido enteramente bueno. El alivio y el regocijo del apóstol son abrumadores. Su fe en ellos ha sido completamente vindicada.

No por causa... (12): Expresión judía que significa "no tanto por causa de".

8-9 Asuntos monetarios

Ya habiéndose restaurado la confianza, es posible plantear el asunto del fondo de ayuda para Jerusalén. Tito había ayudado a los corintios a dar comienzo a la colecta, siguiendo las instrucciones de Pablo en su carta anterior (1 Corintios 16). Ahora debe regresar y supervisar la colecta, acompañado por delegados de la iglesia de Macedonia (8:18, 22) como salvaguarda contra cualquier cargo de que Pablo pudiera estar haciendo ganancia personal con los fondos (8:20-21; 12:16-17).

La iglesia de Jerusalén parece haber tenido problemas financieros casi desde el comienzo, posiblemente a causa de la ruptura con el judaísmo que hizo que los convertidos se apartaran de sus familias y a veces perdieran también su trabajo. Los convertidos del islam enfrentan el mismo problema hoy en día. Pablo con prontitud animó a las iglesias gentiles de Galacia, Macedonia y Corinto a que ayudaran a sus hermanos cristianos de Judea. Al hacerlo, ellos aprenderían el deber y la bendición de la ofrenda cristiana sistemática, y al mismo tiempo mostrarían su agradecimiento por lo que debían a la iglesia madre de Judea.

Las instrucciones prácticas aparecen siempre unidas a los principios espirituales en estos capítulos. La ofrenda cristiana es una respuesta de amor al Señor por la dádiva de sí mismo. Los cristianos debieran dar alegre y generosamente sin necesidad de que se les pida. Los que tienen más de lo que necesitan completarán las entradas de los que tienen poco, y de este modo todos tendrán suficiente.

Las iglesias de Macedonia (8:1), incluidas Filipos (→ Filipenses 4:15ss), Tesalónica y Berea. La administración dura de los romanos y una sucesión de guerras civiles había empobrecido a la provincia, y los cristianos perseguidos estarían en peores condiciones que la mayoría.

10 - 12:13 Pablo responde a sus críticos

Pablo ahora se dirige hacia la minoría hostil de Corinto que han dudado de su autoridad y criticado su conducta. Esto se asemeja mucho a la continuación de las viejas facciones rivales de 1 Corintios 1-4, particularmente a la facción judía. Ellos muestran la misma actitud egoísta, las mismas normas erradas de juicio. Han atacado a Pablo en varios aspectos:

- Puede ser un valiente escritor de cartas, pero cara a cara es un cobarde (10:1, 9-11).

● El no es un orador (10:10; 11:6).

● Es un apóstol de segunda categoría (11:5; 12:11); su insistencia en ganarse la vida destaca esto (11:7ss.).

Pablo responde a todos los cargos, demostrando la superficialidad de las normas que han usado para juzgarlo.

● Cuando vaya, se darán cuenta de que así como escribe actúa: pero desearía mejor ejercer su autoridad para edificar la iglesia (10:1-11).

● Su jactancia de nada les vale: la aprobación de Dios es lo que más importa (10:12-18). Sin embargo, él puede sobrepasarlos a todos en cuanto a jactarse, mas se jactará en los sufrimientos y en la debilidad, en la visión y la revelación que Dios le ha dado (11:16-12:10).

● El apostolado no consiste en oratoria y en enseñorearse de la iglesia (11:6, 13-15, 19-20). A Pablo no le falta ninguna de las cualidades del verdadero apostolado (11:6; 12:12). En cuanto a ganarse su sustento, él estaba preocupado de que alguien pensara que era un aprovechador y estaba deseoso de no ser carga para nadie (11:7ss.).

Rey Aretas (11:32): Aretas IV gobernó el reino Nabateo (que se extiende desde el Eufrates hasta el mar Rojo) de Petra, su capital, desde 9 a.C. hasta 40 d.C. Los judíos habían promovido la acción del gobernador: → Hechos 9:22-25.

Visiones y revelaciones (12:1): sabemos de tres visiones de Pablo en Hechos: en el camino a Damasco (9:4ss.); en la casa de Judas (9:12); y en el templo de Jerusalén (22:17ss).

Un hombre en Cristo (12:2-3), es decir, un cristiano. Pablo está hablando de sí mismo. *Hace catorce años;* 41-42 d.C., seis o siete años después de la conversión de Pablo, pero antes de sus grandes misiones a los gentiles. *El tercer cielo,* es una expresión judía que significa estar realmente en la presencia de Dios. Pablo está escribiendo la experiencia más sublime que se puede imaginar.

Un aguijón... en la carne (12:7): puede ser alguna enfermedad física (una enfermedad dolorosa de la vista, o malaria) o una referencia a la incansable oposición que continuamente encontraba. Sea lo que fuere era una constante causa de dolor y depresión —obra de Satanás—; sin embargo, fue el medio que Dios usó para mantener humilde a Pablo, y para demostrar su poder.

12:14 - 13:10 La próxima visita

Pablo sueña con realizar una tercera visita a Corinto. Y y el motivo del carácter de estos últimos capítulos es claro. Tiene temor de encontrar a los mismos grupos disidentes y críticos, y la misma actitud desafiante y el desorden general que lo obligó a escribir la primera carta. Teme ser chasqueado en su orgullo por ellos frente a los típicos pecados "corintios": la promiscuidad sexual, disputas amargas y desórdenes (12:20-21). Por eso los llama a que pongan las cosas en orden antes que él vaya, a fin de que no tenga que disciplinar severamente a la iglesia.

Dos o tres testigos (13:1): el procedimiento establecido por la ley judaica (→ Deuteronomio 19:15).

13:11-14 Conclusión

Después de las instrucciones de último minuto, y de la despedida, Pablo termina la epístola con las hermosas palabras de "la gracia".

Osculo santo (12): un beso en la mejilla había sido un saludo cristiano acostumbrado que expresaba una amorosa relación familiar.

Gálatas

Galacia era una gran provincia romana que se extendía casi de costa a costa, por las montañas y llanuras de la Turquía central. No sabemos cuánto de ella fue evangelizada por Pablo, pero Hechos 13 y 14 relatan cómo fundó iglesias en las ciudades sureñas de Antioquía, Iconio, Listra (ciudad natal de Timoteo) y Derbe en su primer viaje misionero. Además sabemos de dos visitas de confirmación de la obra que realizara después (Hechos 16:6; 18:23).

No mucho después de la primera visita de Pablo, llegaron a Galacia otros maestros judíos. Mientras Pablo les había enseñado que el arrepentimiento y la fe eran todo lo necesario para recibir el perdón de Dios y el don de la nueva vida, estos hombres insistían que los convertidos no judíos también tenían que ser circuncidados y que debían observar la ley judaica —virtualmente hacerse judíos— a fin de ser salvos. (Esto mismo ocurrió en Antioquía de Siria, Hechos 15:1.) Cuando Pablo se enteró de esto, se desesperó (Gálatas 4:20). Comprendió que esto atacaba a las raíces mismas del mensaje cristiano. La salvación, la nueva vida, es don de Dios para todos los que creen. Ningún hombre puede ganarla viviendo la vida perfecta que exige la norma de Dios. Pero estos hombres estaban diciendo que la fe no era suficiente; que había que hacer algo a fin de mercer la salvación. Y se estaba engañando a los gentiles en Galacia. Era una situación desesperada, que exigía la más fuerte de todas las cartas de Pablo.

Probablemente la fecha sea el año 47 d.C., poco antes que el concilio se reunió en Jerusalén para resolver esta misma cuestión (Hechos 15). Pablo toca los mismos puntos 9 ó 10 años más tarde, en la Epístola a los Romanos, cuando circunstancias menos extremas permitían un tratamiento menos apasionado de los problemas. Pero la carta a los Gálatas se destaca, ni más ni menos, como la carta magna de la libertad cristiana.

1 El evangelio de Dios

Desde el comienzo podemos palpar la urgencia de Pablo. La abrupta afirmación de su autoridad (1) y la falta de palabras de elogio, no son típicas de Pablo. Va directamente al grano (6), y no mide las palabras. El asunto es grave. Está en peligro todo el tejido del evangelio de Cristo.

Galacia era una gran provincia en lo que actualmente es la Turquía central. Incluye montañas, extensos altiplanos y lagos. Es probable que Pablo y sus compañeros hayan pasado por el lago Egredir, fotografiado aquí, en camino desde la costa hacia Antioquía de Pisidia durante su primer viaje misionero.

Como si esto fuera poco, los perturbadores judíos han tratado de minar la confianza en Pablo. Lo han acusado de andar en busca de favores (10). Lo han llamado apóstol falso y él se ve forzado a defenderse (1, 11ss.). En directa contradicción de los cargos, Pablo afirma que tiene una autoridad y una comisión dada por Dios. El mismo evangelio que él predica le fue revelado, no por hombre —ni aun por los otros apóstoles— sino por Dios. Este es el argumento que destaca en su breve autobiografía (13-24).

Versículos 4-5: Pablo enfatiza el hecho de que la iniciativa fue de Dios.

Mi conducta en otro tiempo... (13): → Hechos 8:1; 9.

Arabia (17): Probablemente el reino nabateo, cuya capital era Petra en la Jordania actual. Hechos 9:22-23 no menciona esto. Los "tres años" pueden haber sido un año entero y parte de otros dos. Pablo no dice por qué fue. Quizá después de su dramática conversión, necesitaba tiempo a solas para reorientar sus creencias.

Cefas (18): Pedro. Esta parece ser la visita de Hechos 9:26 ss.

Siria y Cilicia (21): Antioquía estaba en Siria, Tarso (ciudad natal de Pablo, Hechos 9:30) en Cilicia, región sudoriental en la costa de la moderna Turquía.

2 La misión de Pablo cuenta con la sanción de los apóstoles

La siguiente visita a Jerusalén de Pablo, parece ser la mencionada en Hechos 11:30. En ella aprovechó la oportunidad para discutir su posición con los demás apóstoles. Esta repentina falta de seguridad no parece ser propia del carácter de Pablo, pero él, después de todo, había estado trabajando mucho por cuenta propia, y lo estaban atacando (4). Los apóstoles no vacilaron en aprobar su obra entre los gentiles: la mano de Dios se veía claramente en ella (7-9). Pero Pedro después no practicó lo que predicaba y tuvo que ser llamado a cuentas por su claudicación (11 ss.). Como judíos, Pedro y Pablo sabían bien que era imposible para cualquiera tratar de ganar la aceptación de Dios (15-16). Habiendo obtenido la libertad por fe en Cristo, ¿cómo podrían poner sus cabezas nuevamente bajo el yugo de la ley? Si las buenas obras hubieran sido suficientes para salvar a un hombre, no hubiera sido necesario que Cristo muriera.

De Jacobo (12): Jacobo no compartía el punto de vista de ellos (→ Hechos 15:13-21).

Comía con los gentiles (12): → Romanos 14:2, 14.

Versículos 17-18: Pablo está diciendo que el verdadero pecado no está en quebrantar las leyes alimenticias de los judíos sino en volverse a la ley para obtener la salvación.

Versículos 19-20; → Romanos 6-7.

3 - 4 Esclavitud bajo la ley

Quienquiera que estuviera dispuesto a cambiar la libertad cristiana por la ley judía es un necio. Los judíos hablan de hacer de los gentiles hijos de Abraham mediante el rito de la circuncisión. Pero los cristianos gentiles ya son hijos y herederos de Abraham porque comparten su fe

Restos de sinagogas han sido hallados en "Galacia" (→ por ejemplo, la foto de Sardis en la página 648.) El partido judío era un elemento fuerte en la Iglesia también. Esta sinagoga de los primeros siglos d.C. está en Baram, en el norte de Israel.

Reloj de sol con símbolos griegos en Efeso. Pablo estaba preocupado de que los gálatas, librados de la esclavitud a los "espíritus elementales del universo", no cayeran en la nueva esclavitud de observar "días, meses y años".

(3:7, 29). Dios aceptó a Abraham siglos antes que la ley fuera dada por medio de Moisés. ¿Cómo podría la ley otorgar libre perdón al hombre? (3:15-18). La ley operó como un freno temporal hasta que la promesa hecha a Abraham fuera cumplida en la venida de Cristo (3:19-24). Ahora, por fe en él somos todos hijos de Dios, sin consideración de raza, estado o sexo.

Los gálatas habían respondido alegremente a la predicación de Pablo. ¿Qué los había hecho cambiar? (4:12-20). ¿Pueden ellos realmente querer despojarse de su libertad? (4:8-9). Los que están bajo la ley son como el hijo que Abraham tuvo por medio de su esclava Agar. Pero los cristianos son libres, herederos, como Isaac, de todas las promesas de Dios.

Rudimentos (4:3, 9): las fuerzas que una vez los controlaban; los no-dioses paganos que una vez sirvieron.

Días... (4:10): las festividades judías.

Enfermedad del cuerpo (4:13): → 2 Corintios 12:7.

Mte. Sinaí (4:24): donde fue entregada la ley a Moisés.

5 - 6 Libertad en Cristo

No es la circuncisión lo que importa, sino lo que ella representa. ¡Pablo se encuentra tan indignado con aquellos que han causado confusión entre los nuevos creyentes que aun desearía que llegaran hasta el extremo de castrarse! (5:12). Cristo nos ha salvado para hacernos libres, libres no para vivir licenciosa e indulgentemente, sino para ponernos a disposición de Dios. Cosechamos lo que sembramos en la vida (6:7-9). Cuando vivimos para agradarnos a nosotros mismos eso se refleja en la forma en que nos comportamos (5:19-21). Cuando vivimos para agradar a Dios cosechamos una vida y un carácter producidos en nosotros por el Espíritu Santo (5:22-24). Y no se pueden confundir los dos. Cristo acabó con la vieja vida (24), y nos hizo nuevas criaturas. Ahora tenemos que actuar en conformidad a ellos, dejando que su Espíritu controle nuestra vida cotidiana y transforme nuestras relaciones (5:25 - 6:10).

En este punto (6:11), Pablo toma la pluma de su secretario para escribir él mismo las últimas líneas. Para él hay sólo una cosa digna de gloriarse: el poder de la cruz de Cristo para regenerar y transformar las vidas humanas.

Las marcas de Jesús (6:17): las cicatrices que Pablo había ganado durante su servicio cristiano (→ 2 Corintios 4:7-12; 6:4-10; 11:23-29); prueba viva, si se necesita todavía una prueba, de que él es un verdadero apóstol de Cristo.

Un pozo en "Galacia", Turquía central.

Efesios

La carta de Pablo a los efesios difiere considerablemente de sus demás cartas. No hay saludos personales como era su costumbre, aunque Pablo había pasado varios años en Efeso y tenía muchos amigos allí. (→ bajo Hechos 19). Esta carta tampoco trata ningún problema en particular, ni da noticias. Hasta las palabras "en Efeso" (1:1) faltan en algunos manuscritos antiguos. Parece probable que la carta a los efesios comenzara como una circular a un grupo de iglesias de la región occidental de la actual Turquía, de la cual Efeso misma era la más importante. Las "siete iglesias" de Juan (Apocalipsis 1:11), estaban en esta zona, al igual que la iglesia de Colosas.

El hecho de que Pablo escribiera desde la prisión (probablemente en Roma a principios de la década del 60) relaciona esta carta con las escritas a los Filipenses, los Colosenses y Filemón, las otras "cartas desde la prisión". De las tres, la de los Colosenses es la que más se acerca en pensamiento a Efesios. Debido a su naturaleza general, la carta proporciona pocos detalles de la situación en las iglesias. Pero es claro que los cristianos gentiles predominaban, y que tenían la tendencia a mirar en menos a los cristianos judíos. Pablo había sido especialmente encargado para trabajar entre los gentiles, pero no quería una iglesia dividida. Por eso el gran tema de su carta es el glorioso plan de Dios de unir en Cristo a los hombres de toda nación y de toda procedencia (1:10). Como cristianos, todos estamos en las mismas condiciones, somos uno. Todos debemos ver el modo de expresar aquella unidad en las relaciones personales y en la forma de nuestra conducta.

1 - 3 EL GRAN PLAN DE DIOS

1:1-14 El propósito eterno de Dios

Pablo contiene el aliento, maravillado al pensarlo. Dios ha derramado su amor sobre nosotros. Desde el mismo principio decidió compartir su riqueza y su gloria espiritual con nosotros, "en Cristo" (la frase clave de Efesios). Cristo está en el corazón mismo del plan de Dios. Cuando creemos en él, su muerte nos libera: podemos recibir el perdón. También podemos compartir su vida nueva resucitada. Somos hechos uno con él, parte de él. Y en él también somos insertados en el gran plan mundial de Dios cuando vivimos para su gloria.

Santos (1); gracia y paz (2): → bajo Romanos 1.

Misterio (9): ninguna mente humana podría haber adivinado el propósito de Dios. Pablo habitualmente usa esta palabra para designar el "secreto abierto" del Evangelio.

1:15-23 La oración de Pablo

El corazón de Pablo se siente conmovido al enterarse de la fe y amor de estos creyentes. Ora para que puedan tener un entendimiento mayor, una comprensión más completa de su glorioso destino, y un conocimiento cada vez mayor del poder que tienen a su disposición. El poder que Dios ejerció al resucitar a Cristo de los muertos y al ponerlo en el control supremo del Universo también obra en nosotros.

2:1-10 De muerte a vida

A causa de nuestra naturaleza pecaminosa, nosotros no podíamos tener comunión con Dios: estar separados de él significa la muerte. Pero Cristo ha llevado nuestra muerte en sí mismo. Dios en su misericordia, sin ningún esfuerzo de nuestra parte, nos ha dado nueva vida en Cristo. El nos ha hecho parte de su nueva creación, nos ha hecho partícipes de una nueva vida con poder de cumplir lo que él desea.

Príncipe de la potestad del aire (2): Satanás, cuyo espíritu rebelde trabaja activamente en el mundo de los hombres.

2:11-22 Paredes derribadas

En el mundo antiguo el judío estaba separado del gentil por barreras raciales, religiosas, culturales y sociales. Si Cristo fue capaz de unir estos dos grupos, entonces no existía ni existe abismo humano alguno que él no pueda cubrir. Y lo hizo. Su muerte en la cruz es el único medio de paz con Dios para todos los hombres, sin distinción. Y todos los que pertenecen a él tienen un vínculo común que es más profundo y fuerte que cualquiera de sus diferencias anteriores de raza, color, posición, sexo, o antecedentes. Judío y gentil son uno en Cristo.

La circuncisión (11): es decir, los judíos. → bajo Génesis 17.

Versículo 12: los cristianos gentiles no tienen razón para darse aires. Hasta ahora han sido extraños. Los judíos, como pueblo de Dios, eran los únicos que tenían esperanza.

3:1-13 Misión de Pablo a los gentiles

Antes de la venida de Cristo, las promesas de Dios habían estado en gran parte limitadas a los

Este camino en Efeso está bordeado con ruinas de edificios. Fue en Efeso que Pablo alquiló la "escuela de Tirano" y enseñó allí el evangelio. La bahía, que ya se estaba obstruyendo por sedimentos en tiempo de Pablo, anteriormente estaba más allá del foro que se ve a la distancia. El magnífico teatro está a la derecha.

judíos. Su propósito para el mundo en total había permanecido en secreto (4-6, 8-9). Cuando Pablo fue encargado de llevar el mensaje de salvación a los gentiles, se abrió una nueva fase en el plan de Dios. Cuando hombres de todas las naciones se unen en Cristo demuestran el poder y la sabiduría de Dios, no sólo al mundo que observa (→ Juan 17:21), sino también a las potencias cósmicas que están más allá y detrás de él (10). La perspectiva del propósito de Dios es asombrosa. A la luz de esto, Pablo podía tener una perspectiva verdadera de sus tribulaciones, y también podemos hacerlo nosotros.

Versículo 3: no necesariamente una carta separada. Pablo acababa de decirles cómo Dios le había revelado su "plan secreto" a él (1:9, etc.).

3:14-21 Pablo ora otra vez

Pablo ha pedido que la iglesia pueda tener entendimiento (1:15-23). Ahora él ora con más urgencia que antes que tengan amor; que sean fuertes; que Cristo haga morada en sus corazones; que Dios los llene completamente. El puede hacer todo esto y mucho más.

4 - 6 CRISTIANOS EN ACCION

4:1-16 Unidad en práctica

La unidad cristiana es un hecho. Estamos unidos por una fe común, una vida común, una lealtad común, un propósito comun. Servimos a un solo Amo. El es la cabeza, nosotros los miembros de un solo cuerpo (→ también 1 Corintios 12-13). Pero no somos idénticos en temperamento, personalidad ni dones. Debemos fortalecer constantemente el lazo por una actitud de amor, de tolerancia del uno hacia el otro, y usando nuestros diferentes dones para el bien común. Tenemos que crecer juntos hasta que seamos todo lo que Cristo quiere que seamos: hasta que seamos de veras semejantes a él.

Versículo 8: después de su ascensión, Cristo dio dones a los hombres (→ versículo 11).

4:17 - 5:20 La nueva vida

La salvación es el don gratuito de Dios, pero lleva consigo la obligación de vivir y comportarse de allí en adelante como Dios quiere (4:1). Esto significa que hay que descartar deliberadamente la forma antigua y egoísta de vivir, apartarse de los hábitos antiguos, y dejar que la nueva vida cambie nuestros pensamientos y remodele nuestras pautas de conducta. Esto exige veracidad y honestidad; desechar la envidia, los rencores y las amarguras, y más bien ser bondadosos y tener una nueva disposición de perdonar. En una palabra, debemos reproducir el carácter de Dios. Todo lo que pensamos, hacemos y decimos debe resistir su análisis.

5:21 - 6:9 Relaciones cristianas: la familia y los criados

Si cada uno subordina su interés (21) al de los demás, ninguno puede enseñorearse. La esposa cristiana da a su marido completo respeto y lealtad. El marido cristiano cuida de su esposa sin egoísmo, con un amor sin exigencias. Cada

Un asiento reservado en el teatro de Mileto, cerca de Efeso, dice "Solamente para judíos y los que temen a Dios". El mensaje cristiano de que somos todos "uno en Cristo" era una doctrina revolucionaria.

"Vestíos de toda la armadura de Dios", escribió Pablo a los efesios; esta es una estatuilla de un soldado romano.

uno depende del otro, y ambos se forman según el modelo de Cristo. A su vez, la relación entre ellos refleja la relación que hay entre Cristo y la Iglesia. En la familia los niños deben a sus padres respeto y obediencia. Los padres deben ejercer la disciplina, y no comportarse como pequeños tiranos. Los esclavos cristianos (y presumiblemente los empleados) sirven a sus amos con tanta voluntad y tan bien como sirven a Cristo. Los amos cristianos (y los patronos) no azotarán ni amenazarán, sabiendo que ellos mismos deben responder ante un Amo.

Templo dedicado al emperador romano Adriano en Efeso.

5:32: el lazo íntimo entre el marido y la mujer es una ilustración de la unidad espiritual de Cristo con su Iglesia.

6:10-24 La armadura de Dios

Pablo no supone que sea fácil mantener estas normas: conservar nuestros pies en la vida cristiana. La lucha ha comenzado. Luchamos contra poderosas fuerzas exteriores. Es una lucha espiritual para la que necesitamos armas espirituales. Pero no hemos sido dejados indefensos. Todo el arsenal de Dios está a nuestra disposición y con su defensa podemos resistir.

Filipenses

Filipos era una colonia en la Vía Ignacia, la gran carretera del norte que iba de este a oeste. Fueron ocupadas por colonos italianos tras las grandes batallas de Octavio, primero contra Bruto y Casio y luego contra su ex-aliado Antonio. Los colonos estaban orgullosos de sus derechos y privilegios especiales y eran intensamente leales a Roma. En Filipos, así como en toda la provincia de Macedonia, las mujeres tenían una alta posición. Tomaban parte activa en los negocios y en la vida pública, situación que se refleja en la iglesia.

La iglesia fue fundada por el año 50 durante el segundo viaje misionero de Pablo (→ Hechos 16:12-40). Cuando Pablo, Silas y Timoteo partieron, Lucas el médico, se quedó. Filipos era un centro médico, y posiblemente haya sido la ciudad de Lucas. Sin duda, él hizo mucho para que el grupo se pusiera en marcha y continuara la expansión evangelizadora. La carta revela una iglesia que participa en los sufrimientos (1:29), y que ha tenido el peligro de división (1:27; 2:2). Parece que algunos se inclinaban hacia una doctrina de perfeccionismo (3:12-13). La llegada de los judaizantes (→ bajo 3:2ss.) introdujo una nueva amenaza. Pero Pablo amaba a esta iglesia y se regocijaba en su progreso.

La carta. Pablo escribió desde la prisión (1:12). Si fue en Roma (Hechos 28:16, 30-31), la fecha fue entre los años 61 y 63. Pero las condiciones eran más difíciles que lo que aparece en los Hechos; el juicio es inminente, y hay posibilidad de muerte. A juzgar de 2:20-21, Timoteo está con él, pero Lucas no. Puede ser, por lo tanto, que el encarcelamiento haya sido uno anterior, no relatado en los Hechos. Se han presentado buenos argumentos en favor de Efeso, lo que daría una fecha de escritura de aproximadamente el año 54. No podemos tener la seguridad de ninguna de las dos posibilidades.

Hay varias razones para haberla escrito. Pablo quería explicar por qué enviaba de regreso a Epafrodito. Quería darles las gracias a los filipenses por sus regalos. Tenía que darles algunas noticias. Además, lo que había sabido acerca de ellos le hacía sentir deseos de darles aliento y consejo. Mientras estaba escribiendo recibió más noticias, lo que hizo que agregara algunas palabras de advertencia (3:1b).

1:1-2 Saludos iniciales

La carta viene de Pablo "y Timoteo", el joven que estaba con Pablo cuando se fundó la iglesia, y que pronto iría nuevamente a Filipos (2:19). Los "siervos de Cristo Jesús" escriben a los "santos": no a un pequeño grupo privilegiado, sino a todos los cristianos, como hombres y mujeres separados para el servicio de Dios. Los "obispos" (supervisores) y "diáconos" (administradores), reciben mención especial.

1:3-11 Oración de Pablo por la iglesia

La oración de Pablo está llena de amor, gozo (nota que caracteriza a la carta) y agradecimiento. Les desea que disfruten de un conocimiento espiritual cada vez más rico y más profundo que moldee la vida de ellos conforme a las pautas de Dios.

El primer día (5): → Hechos 16 12-40.

Mis prisiones (7): → la introducción arriba.

1:12-26 Noticias personales

Pablo habla del pasado (12), del presente (13-18) y del futuro (19-26), pesando las alternativas de vida y muerte.

Las cosas que me han sucedido (12): si Pablo escribe de Roma, esto incluye disturbios causados por una chusma, injusticias, conspiraciones, encarcelamiento, naufragio, y la larga detención bajo constante vigilancia.

Todo el pretorio (13): la fuerza imperial de la cual se tomaban los guardianes de Pablo.

Liberación (19): si el juicio resulta contrario, la muerte lo liberará para llevarlo a la presencia de Cristo; si el juicio es favorable, sus captores le darán la libertad para servir a la iglesia.

El vivir es Cristo... (21): poseer más y más de él, hacerse más y más a su semejanza, hasta que en su muerte sea completado el proceso en un momento glorioso.

1:27 - 2:18 Un llamado a la unidad

Hay algo más que un indicio de división en la iglesia (por ejemplo → 4:2). Pablo les pide que depongan el orgullo, y vivan, trabajen y piensen como uno solo. Cualquier otra cosa va contra el Evangelio y el Señor, cuya vida en la tierra es el ejemplo supremo de humildad. Porque Cristo depuso todo lo que por derecho le correspondía, aun su vida, es que Dios le ha dado el más alto lugar (2:5-11 es probablemente una cita de un antiguo himno de alabanza a Cristo).

Haya este sentir... (2:5): "Tengan entre ustedes la misma manera de pensar que tuvo Cristo Jesús" (Versión Popular).

En forma de Dios (6): la naturaleza real, no solamente la apariencia (también en el versículo 7).

Se despojó (7): "Se rebajó a sí mismo hasta ya no ser nada" (Biblia para Latinoamérica). Al hacerse hombre el Señor se despojó de su gloria, vivió una vida de humilde obediencia. Sin embargo, no se despojó de su deidad esencial.

Piedras tiradas y unos pocos pilares en pie es lo que queda en Filipos, que en tiempos de Pablo era una ciudad importante y colonia romana sobre la Vía Ignacia. A la distancia se ven las ruinas de una iglesia bizantina. → las fotos de las páginas 36 y 560.

"Prosigo a la meta, al premio..." escribió Pablo; el grabado muestra una carrera de carros romanos.

Día de Cristo (16): el día de su venida.

Libación (17): la muerte de Pablo añade solamente el toque final a la verdadera ofrenda, la fe y la vida de la iglesia.

2:19-30 Pablo elogia a sus colaboradores

Versículos 19-23: Timoteo (→ bajo 1:1-2).

Versículos 25-30: Epafrodito. Los filipenses lo habían enviado para ayudar a Pablo. Al enviarlo de regreso, Pablo se esfuerza por dejar en claro que él no ha fallado en su tarea. Al contrario.

3 Advertencia y ejemplo

Pablo estaba por terminar su carta (3:1a), pero noticias nuevas y alarmantes lo hicieron volver a tomar la pluma. No le importa repetir el aviso anterior, como una salvaguarda (3:1b). Deben tener cuidado con los "perros", los judaizantes, aquel grupo de cristianos judíos que seguían a Pablo por todas partes, insistiendo en que los convertidos gentiles debían ser circuncidados y guardar la ley (a pesar del edicto oficial de Hechos 15:19ss.). En realidad están alterando toda la base de la salvación, haciendo que sea "por fe *y*...", en vez de "por fe *solamente*": a esto se debe la ira de Pablo.

La verdadera circuncisión (3): el verdadero Israel, el verdadero pueblo de Dios.

Ganancia... pérdida (7-8): Dios no lleva una cuenta de créditos y débitos. Los mejores logros humanos son basura en comparación con la forma de vida que él exige y que nos proporciona en Cristo.

Prosigo... (12 ss.): como el atleta o el auriga, que no pierde el tiempo mirando hacia atrás, sino que ocupa todos sus nervios y se concentra en el esfuerzo de cruzar la meta o pasar el poste. Pablo contradice la idea de que la perfección pueda alcanzarse aquí y ahora.

Cuyo dios es el vientre (19): es decir, el apetito; cualquier cosa que ellos desean; sueñan con cosas de las cuales deberían avergonzarse.

Nuestra ciudadanía (20): "estado". Tienen que considerarse a sí mismos como una colonia del cielo. Los filipenses, intensamente orgullosos de su situación como colonia romana, debían comprender rápidamente lo que aquello significaba.

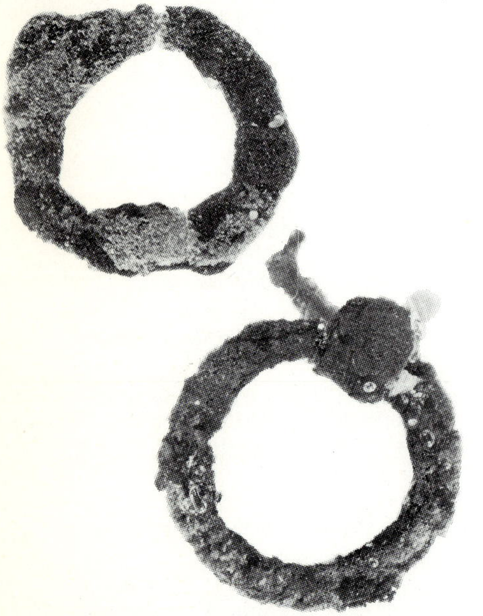

Pablo escribió su carta como "esclavo de Jesucristo". Estas cadenas de esclavo de origen romano fueron halladas bajo el agua en la costa de Israel.

4 Consejos y palabras de aliento: agradecimiento

Versículo 1: un llamado general. Versículos 2-3: llamados personales. Evodia y Síntique son dos mujeres que estaban enemistadas.

Versículos 4-9: regocijaos, regocijaos. El consejo viene de un hombre que está en la cárcel, frente a la muerte; un hombre que ha sido apedreado, golpeado y perseguido por las turbas. Sin embargo, las experiencias que habrían llenado a otros de amargura, lo llenan de un gozo sobreabundante. El secreto está en los versículos 6-7: aprender a depositar todas nuestras preocupaciones en Aquel que tiene cuidado de nosotros. (1 Pedro 5:7). Nada está fuera de su alcance. Habiendo vaciado nuestra mente de las preocupaciones, el paso siguiente es llenarla con aquellas cosas que formarán un verdadero carácter cristiano (8).

Versículos 10-20: aprecio del apóstol por los regalos de la iglesia. Desde el principio lo han apoyado (15) con una generosidad que cubre todas sus necesidades (2 Corintios 8:1-5). A un costo real se han dado a sí mismos y todo lo que poseen. No es extraño, pues, que Pablo ame a estos cristianos: un grupo de hombres y mujeres fieles, leales, preocupados, generosos, y excelentes.

La casa de César (21): miembros cristianos del personal imperial (personal de palacio, si Pablo está en Roma).

Colosenses

Colosas era un pequeño pueblo en el hermoso valle del Lico, unos 160 kilómetros al este de Efeso, cerca de Denizli en la moderna Turquía. En sus vecindades estaban la próspera Laodicea (Colosenses 4:16; → bajo Apocalipsis 3:14 ss.) y Hierápolis. En las tres ciudades había grupos de cristianos.

La iglesia. No tenemos noticias de cómo comenzó. Probablemente durante los tres años que Pablo pasó en Efeso (Hechos 19), se convirtieron dos hombres prominentes de Colosas: Epafras y Filemón. Fueron muy activos en la proclamación del mensaje cristiano en su zona (Colosenses 1:6-7; 4:12-13; Filemón 1-2, 5).

La carta. Aunque Pablo jamás había visitado el grupo de Colosas, se había enterado de él por Epafras. Había mucho que agradecer, pero algunas de las noticias eran motivo de preocupación. Por eso les escribió desde la prisión, probablemente en Roma, por el año 61. Tuvo la oportunidad de enviar la carta con Tíquico (que bien pudo haber llevado la carta a los Efesios al mismo tiempo), y Onésimo el esclavo fugitivo de Filemón que enviaba de regreso a casa (→ bajo Filemón).

El problema. El problema en Colosas era el "sincretismo", la tendencia a introducir ideas de otras filosofías y de otras religiones para ponerlas en un mismo nivel con la verdad cristiana, cosa que también es tal vez la mayor tentación en nuestros días. Era comprensible. Había griegos y judíos en la iglesia de Colosas y también frigios nativos. Era natural que se apegaran a sus propias ideas y quisieran incorporarlas dentro del cristianismo. Parecían inofensivas. Pero Pablo sabía que atacaban al corazón mismo de la fe cristiana. Al tratar de retener la circuncisión, las leyes sobre la alimentación y las festividades (2:11, 16), los cristianos judíos ponían en duda toda la base de la aceptación del hombre delante de Dios (→ bajo Gálatas). La idea de ángeles intermediarios (2:18) era un desafio directo a la supremacía de Cristo. Y la introducción del ascetismo y de la filosofía de altos vuelos hacía volver al hombre a la confianza en sí mismo y en la sabiduría humana (2:18-23), lo que ya había demostrado ser un fracaso. Aunque Pablo no trata estos puntos uno por uno, estos son los pensamientos que yacen tras esta carta. Los colosenses necesitaban aferrarse nuevamente de Cristo, de su completa supremacía y de su total suficiencia. Este es el tema de Pablo.

1:1-14 Saludos iniciales y oración

Es característico de Pablo empezar con acciones de gracias. El coloca en su debido lugar las prioridades cristianas, ¡como también la psicología! Pero su ferviente alabanza es genuina, no sólo azúcar que cubre la píldora del sermón que sigue. Su amor (y su lista de oración) sobrepasaba a las iglesias que él mismo había levantado y alcanzaba a grupos de cristianos que jamás había conocido (2:1). Se sentía inmensamente contento de saber de la fe, amor y esperanza de ellos, y deseaba que Dios les diera una comprensión más completa y madurez espiritual.

1:15-23 Jesucristo el Señor

Jesús es la expresión viva de Dios mismo, activo en la creación y que sostiene todo lo que existe. El fue y es el primero en existencia, en poder, en posición. Tiene el primer lugar en la nueva creación de Dios y en su nuevo pueblo, la Iglesia. El la hizo existir. El es su Cabeza. Por su muerte nos es posible llegar a ser amigos de Dios. Esta es la buena nueva del Evangelio.

Primogénito (15): no el primero en ser creado, sino el heredero cuya posición es única.

Tronos... (16): seres y potencias invisibles, exteriores a nuestro mundo visible.

1:24 - 2:5 La tarea de Pablo

La tarea del apóstol es dar a conocer el mensaje de Dios. Los filósofos sugieren secretos y cosas profundas conocidas solamente por los iniciados. Pero el secreto abierto de Dios es éste: Jesucristo, que vive en cada cristiano y lo prepara para un futuro glorioso. Y Jesús realmente es un "secreto" digno de ser conocido. Esto hace que todos los esfuerzos de Pablo valgan la pena.

Lo que falta... (1:24): Pablo no quiere decir que el sufrimiento de Cristo no haya sido suficiente para nuestra salvación; pero la iglesia, los cristianos, no pueden ser perfeccionados sin sufrir también.

Pablo advirtió a sus lectores contra los falsos apóstoles. Estos, que llevaban enseñanzas falsas y escribían cartas pretendiendo tener autoridad apostólica, deben de haber sido un problema constante. Algunos de estos escritos e historias de la vida de Jesús, llenos de invenciones piadosas pero fantásticas, han sobrevivido. Estos fragmentos de un "Evangelio" desconocido son de la primera mitad del siglo II.

2:6 - 3:4 Enseñanzas erróneas y actitudes correctas

Por diversos flancos se estaban filtrando falsos argumentos en la iglesia de Colosas (→ la introducción más arriba). Eran desconcertantes y peligrosos. Los cristianos no pueden congraciarse con la filosofía ni con el legalismo. Tanto la una como el otro están centrados en el hombre. El cristianismo está centrado en Cristo, o no es cristianismo. En él tenemos todo lo que necesitamos. No necesitamos invocar otros poderes o intermediarios espirituales (2:8, 23), porque Cristo es infinitamente mayor. Ningún rito religioso (2:11) puede darnos más de lo que ya tenemos. Las prácticas del Antiguo Testamento no son más que una sombra de la realidad, la cual es Cristo (16 ss.). El es nuestra vida. El es el único del cual podemos aferrarnos. Dependemos de él, y no de nosotros mismos, ni de nuestra espiritualidad, ni de nuestro ascetismo.

2:12: → Romanos 6.

Comida o bebida... (2:16): a pesar de todo lo que los judíos decían, la salvación no depende de cosas como éstas.

Colosas quedaba a un costado del valle del Lico, cerca de Laodicea y Hierápolis. Con las montañas, arroyos y tierra fértil era un terreno criadero apropiado para las ideas místicas, panteístas o gnósticas, contra las cuales escribió Pablo.

Rudimentos (elementos, BJ) (2:20): los cristianos deben desechar todas las viejas ideas supersticiosas paganas de que los espíritus controlan el mundo.

3:5 - 4:6 La vida vieja y la nueva

Volverse cristiano significa romper definitivamente con la antigua manera egoísta de vivir. Significa la decisión de dejar que la nueva vida que está en nosotros nos gobierne en los pensamientos, en los dichos y en los hechos. Implica una resolución permanente de llegar a ser semejantes a Cristo, de adquirir su carácter (3:10). Su vida, su amor y su perdón son nuestro modelo (3:12ss.). Su palabra (3:16) da forma a nuestro pensamiento. La marca distintiva de la vida cristiana es la oración, la gratitud a Dios, y un amor sin egoísmo que crece en todas nuestras relaciones humanas. Nuestra preocupación ya no es obtener, sino dar.

3:18 - 4:1: → bajo Efesios 5-6, donde Pablo trata el mismo tema en forma más amplia.

4:7-18 Noticias personales

La referencia a Tíquico y Onésimo liga esta carta con Efesios (→ 6:21-22) y Filemón. Estas tres cartas parecen haber sido enviadas al mismo tiempo con el mismo mensajero (la carta de Laodicea, 16, puede ser la de los Efesios). Es grato ver a Marcos de nuevo en acción después del problema que una vez causó entre Pablo y Bernabé (Hechos 13:13; 15:36-40). Aristarco, que aunque era judío venía de Grecia, era otro compañero fiel de Pablo y había estado también en los desórdenes de Efeso (Hechos 19:29). Lucas permaneció con Pablo hasta el fin, pero Demas lo abandonó (2 Timoteo 4:10-11). Epafras, el colosense, había sido ya mencionado (1:7, y → la introducción). Arquipo puede ser el hijo de Filemón (Filemón 2). Ninfas, en Laodicea, es sólo uno (o una) de los que abrieron su casa al grupo de cristianos de la localidad mucho antes de que hubiera edificios para iglesias. Aquila y Priscila en Efeso (1 Corintios 16:19), y más tarde en Roma (Romanos 16:5), Filemón en Colosas y Gayo en Corinto (Romanos 16:23), todos hicieron lo mismo. Toda la Iglesia está en deuda con ellos.

1 y 2 Tesalonicenses

Tesalónica era una ciudad libre, capital de la provincia romana de Macedonia (Grecia del norte). Era un puerto próspero en el mar Egeo, y estaba separado del monte Olimpo por una bahía. También quedaba en la Vía Ignacia, la ruta comercial terrestre desde Dirraquio en el Adriático hasta Bizancio (Estambul). Thessaloniki es ahora una ciudad moderna y floreciente, centro de gobierno para Grecia del norte, y segunda después de Atenas.

La iglesia fue fundada hacia el año 50, después de que Pablo (con Silas y Timoteo) salió de Filipos en el segundo viaje misionero. → Hechos 17:1-9. Pablo no se quedó mucho tiempo en Tesalónica: predicó tres sábados seguidos en la sinagoga y luego un breve período en la casa de Jasón. Después los judíos promovieron desórdenes. Jasón y los demás cristianos fueron llevados ante los magistrados y se les pidió fianza para mantener la paz. Como medida de seguridad, la iglesia recién formada despidió a los misioneros. Pero la persecución continuó de parte de los judíos y de los demás.

Las cartas. Desde Tesalónica Pablo y sus compañeros fueron a Berea; luego Pablo siguió solo hasta Atenas. Parece que Timoteo se juntó con él allí (1 Tesalonicenses 3:1-2), pero casi inmediatamente fue enviado de regreso a Tesalónica para tener más noticias. Pablo estaba muy ansioso de saber qué había sido de los cristianos. Estaba en Corinto cuando Timoteo regresó con buenas noticias. En esta ocasión se escribió 1 Tesalonicenses, que llena de alivio y gozo. Pablo responde a preguntas que habían surgido y repite sus enseñanzas sobre temas en que la iglesia estaba débil. La segunda carta fue escrita pocos meses después, reforzando la enseñanza y aclarando los malentendidos, particularmente sobre la venida de Cristo. Estas dos cartas son las primeras de Pablo que sobreviven (con la posible excepción de Gálatas). Fueron escritas sólo veinte años después de la crucifixión de Jesús.

1 TESALONICENSES

1:1 Saludos iniciales

Pablo es el autor de la carta. Pero escribe asociado con Silvano (= Silas, → Hechos 15:40) y Timoteo, sus compañeros en la misión a Tesalónica, y ahora en Corinto.

1:2-10 Pablo agradece a Dios las buenas noticias recibidas de la iglesia

Lo ocurrido en Tesalónica era obra de Dios. ¿Qué otra explicación habría de la forma en que este pequeño grupo, perseguido, privado desde el principio de sus maestros, se mantuviera firme? Más aún, en pocos meses se habían convertido en un ejemplo de fe inconmovible para el resto de Grecia (7), y esparcían las buenas nuevas extensamente de palabra y de obra. No es extraño que Pablo tenga motivos para dar gracias.

Ellos mismos (9): la gente de Macedonia, Acaya, etc.

Versículos 9-10: el evangelio comprimido. Pablo había predicado el carácter de Dios; a Jesús, su Hijo, que murió para salvar al hombre del juicio; la resurrección y el regreso de Cristo desde el cielo. La promesa de la venida del Señor es especialmente preciosa para todos los que sufren. Estas cartas están impregnadas de ella.

2:1-16 Pablo recuerda su visita

Es claro que los enemigos de Pablo habían estado llevando a cabo una campaña de desprestigio. El apóstol aclara los cargos, recordándoles a los cristianos qué fue lo que realmente ocurrió cuando él estuvo con ellos. No llegó como un charlatán ambulante que ofrece mercaderías dudosas, y que tiene el ánimo de engañar (3). Ni buscaba ganancia en ningún sentido (5). Había venido para dar, no para recibir (8), y estaba dispuesto a sufrir más tribulaciones mientras aún se estaba curando de las heridas de Filipos (2; → Hechos 16:22 ss.). Hasta se negó a recibir apoyo financiero (9).

Cada uno de vosotros (11): Pablo aconsejaba personal e individualmente a quienes tenían consultas que hacerle.

Versículos 15-16: en ningún lugar Pablo habla en forma tan dura acerca de su pueblo. Su tono es profético. Hay un punto desde el cual no pueden volverse quienes tan implacablemente se oponen a Dios. El juicio es tan cierto como si ya hubiera ocurrido (16b).

2:17 - 3:10 Sucesos subsiguientes

Pablo está tan cerca de sus convertidos como un padre de su hijo. No importa la distancia, están profundamente metidos en su corazón y en sus pensamientos. El conocimiento de que ellos están pasando tribulaciones lo llena con una ansiedad insoportable. La felicidad de Pablo, su misma vida, depende de la perseverancia y progreso en la fe de ellos. Por eso anhela verlos y saber de ellos. Está incluso preparado para enfrentarse con Atenas solo, antes que seguir sin tener noticias. Por eso es tan bien recibido el informe de Timoteo, que trae al apóstol un influjo de gozo, un nuevo deseo de vivir.

Satanás nos estorbó (2:18): se las arregla para que las circunstancias mantengan separados al misionero y los convertidos.

Os predecíamos... (3:4): los cristianos del primer siglo recibían desde el comienzo las enseñanzas de que debían esperar tribulaciones y sufrimientos.

3:11-13 La oración de Pablo

Pablo ora por un nuevo encuentro con ellos y por el amor y la santidad en la iglesia.

4 - 5:22 Enseñanzas específicas

● Sobre materias sexuales (4:1-8). Las normas paganas de conducta sexual no alcanzan la altura de las normas judías y cristianas. La presión de las viejas costumbres era fuerte para los recién convertidos.

● Acerca del amor cristiano y la vida correcta (4:9-12). Aun donde ya existe el amor hay lugar para más de ello. Los griegos despreciaban el trabajo manual. Había personas perezosas en la iglesia que se sentían felices de aprovecharse de la generosidad de los demás hermanos. Pero Pablo trabajaba con sus manos y alentaba a los demás a que hicieran lo mismo. La perspectiva de la venida de Jesús podría servir de pretexto para abandonar el aburrido trabajo cotidiano (→ también 2 Tesalonicenses 3:11-12).

● Sobre la venida del Señor (4:13 - 5:11). Dos problemas habían surgido de la enseñanza de Pablo sobre este tema.

1. Algunos habían muerto en los meses transcurridos entre la partida de Pablo y esta carta. ¿Sufrirán alguna pérdida los cristianos que mueren antes de la venida del Señor? (13-18). Nada de eso, dice Pablo. Serán los primeros en resucitar cuando Cristo venga. Muertos y vivos juntos se unirán en el triunfo del Señor y gozarán de su presencia.
2. ¿Cuándo vendrá el Señor? (5:1-11). Nadie lo sabe. Pero él vendrá repentina e inesperadamente, y necesitamos estar preparados.

● Sobre asuntos generales (5:12-22). El tiempo, o el espacio, se está agotando, pero Pablo se las arregla para incluir diecisiete órdenes prácticas y características en estos pocos versículos.

Agravie a su hermano (4:6): el mismo principio se aplica antes y después del matrimonio: la promiscuidad sexual priva a un prójimo de lo que le corresponde legítimamente.

Duermen (13)... durmieron (14): para el cristiano, la muerte es solamente un sueño del cual despierta en la presencia de Cristo.

La coraza (5:8): la fe, el amor y la seguridad de la salvación futura son las defensas del cristiano contra todo ataque. Compárese con Efesios 6:14ss.

5:23-28 Conclusión

La oración de Pablo es amplia: por todo el hombre en todo aspecto ("espíritu, alma, cuerpo"). La autoridad (el mandamiento serio de leer la carta a toda la iglesia) va junto a la humildad. El apóstol, que nunca cesa de orar por sus lectores, sabe cuánto necesita de las oraciones de ellos.

Osculo santo (26): → bajo 2 Corintios 13:12.

2 TESALONICENSES

1:1-2 Saludos iniciales

1:3-12 Elogio y palabras de aliento

Versículos 3:4: los tesalonicenses parecen haber protestado contra el elogio extravagante de Pablo en la primera epístola (capítulo 1). El les responde que es justo dar gracias a Dios por su creciente fe y amor, y por su firmeza frente a la persecución.

Versículos 5-12: el universo es un universo moral; Dios es un Dios justo. Por lo tanto es cierto que los que hacen sufrir a su pueblo y rechazan su verdad, serán irrevocable y eternamente castigados en su venida. Este es un hecho en el que ningún cristiano se deleita.

2:1-12 Los sucesos que culminarán con la venida de Cristo

Este es uno de los pasajes más difíciles de las epístolas de Pablo; hasta Pedro hallaba que Pablo era difícil de entender (2 Pedro 3:16). Alude a enseñanzas que no tenemos registradas por escrito, de modo que mucho de lo que era claro para sus primeros lectores es ahora oscuro. En muchos casos es mejor reconocer que no conocemos el sentido, antes que ponernos a especular.

Algunos de los cristianos tesalonicenses pensaban que el día del Señor ya había comenzado. Pero Pablo jamás ha dicho (o escrito, 2) eso. Antes que venga, dice, habrá una gran rebelión final contra Dios, dirigida por un individuo completamente opuesto a él (→ Apocalipsis 13, y 1 Juan 2:18-25). Al presente hay fuerzas que refrenan el mal, pero al final éstas serán quitadas. La victoria vendrá solamente por medio de Cristo en su venida.

El hombre de pecado (3): no Satanás mismo, sino el jefe de las fuerzas contrarias a Dios, que se hace pasar él mismo por Dios. ("Hijo de perdición" es un modismo hebreo, que significa "aquel que está destinado a la destrucción".)

Quien al presente lo detiene (7): quizá Pablo personaliza el principio de ley y gobierno que impide la completa manifestación del mal; quizá se refiera a un ser angélico. Realmente no lo sabemos.

Poco queda en la actualidad de la antigua Tesalónica. Llamada hoy Thessalóniki, es la segunda ciudad de Grecia. En tiempos romanos la Vía Ignacia pasaba por el arco de Galerio que muestra la foto. La calle todavía tiene el mismo nombre.

Pablo tuvo que decirles a los tesalonicenses que continuaran con su vida cotidiana y que no dejaran de trabajar con la excusa que esperaban la venida del Señor.

Los que se pierden (10): porque no recibieron el evangelio. Vuelven sus espaldas a la verdad que les ofrece salvación. En efecto, como Satanás, ellos dicen "mal, sé tú mi bien" (12).

2:13 - 3:5 Acción de gracias y oración

En marcado contraste, Pablo se dirige ahora a los tesalonicenses. Ellos respondieron a la verdad con gran alegría. Ahora toda la gloria del Señor les espera.

Desde el principio (13): desde la eternidad (→ Efesios 1:4).

La doctrina (15): no las costumbres, sino la verdad acerca de Jesús y su enseñanza, fielmente transmitida por los apóstoles: la misma verdad que poseemos por escrito en el Nuevo Testamento.

Conforte (17): en el antiguo sentido de fortalecer.

3:6-15 La necesidad de trabajar para ganarse la vida

Pablo enfatizó esto en su primera carta (4:11). Pero el entusiasmo despertado por la idea de la venida de Cristo parece haber empeorado la situación en vez de mejorarla. Pablo habla en términos duros contra los vividores que desperdician el tiempo y se aprovechan de los demás. Ellos no pueden encontrar apoyo para esto en la conducta de Pablo.

3:16-18 Conclusión

El presente es difícil; el futuro será aún más difícil (2:3-12). Pero no importa cómo sean los tiempos, no importa lo que esté pasando, el cristiano tiene una fuente de paz inagotable que jamás falta.

En el versículo 17 Pablo toma la pluma de su secretario. Su propia firma autentiza está carta (→ 2:2). Añadía su firma personal a cada una de las cartas del mismo modo.

1 y 2 Timoteo

Timoteo era hijo de un matrimonio mixto: madre judía y padre griego. Su hogar estaba en Listra, en la provincia romana de Galacia (a no mucha distancia de Konya en la Turquía actual). Pablo llegó a Listra en su primer viaje misionero, y parece haber sido entonces cuando Timoteo se convirtió. Hizo tal progreso como cristiano, que cuando Pablo los visitó nuevamente decidió llevar a Timoteo consigo en sus viajes. Los dirigentes de la iglesia local comisionaron formalmente al joven y le dieron su bendición. Desde entonces él pasó a ser el compañero constante de Pablo, leal, de confianza y grandemente amado.

Timoteo no era de una naturaleza valiente, y a menudo se sentía enfermo. Necesitaba de mucho estímulo. Pero la confianza de Pablo en él estuvo bien puesta. En las cartas a las diferentes iglesias habla cordialmente de este "hijo en la fe". Timoteo no solamente viajó con Pablo y se asoció con él en muchas de sus cartas, sino que frecuentemente actuó como enviado de Pablo a las iglesias. Temprano en su ministerio le tocó permanecer en Berea para consolidar y proseguir la obra de Pablo allí y en Tesalónica. Fue enviado a Corinto cuando Pablo supo de los problemas en la iglesia de allí. No era tarea fácil. Cuando Pablo le escribió, él estaba en Efeso en donde supervisaba los grupos cristianos locales, y tenía la responsabilidad de escoger y preparar dirigentes para la iglesia.

Las epístolas. 1 y 2 Timoteo y la carta a Tito pertenecen al final de la vida de Pablo. Pablo estaba en libertad cuando escribió 1 Timoteo y Tito, y había empezado una obra de evangelización en Grecia y en lo que ahora es Turquía. Esto no concuerda con lo que se nos cuenta en los Hechos, por lo que puede suponerse que Pablo había sido libertado de la prisión descrita en Hechos 28, que reinició la predicación por algún tiempo, y luego fue arrestado nuevamente y llevado a Roma para ser juzgado. En 2 Timoteo él está preso y espera ser ejecutado.

En estas "cartas pastorales", título general para las tres cartas, tenemos órdenes de Pablo en cuanto a la forma en que Timoteo y Tito deben solucionar los diversos problemas que han encontrado en la supervisión de las iglesias que están a su cargo. Pablo señala las cualidades que deben buscar al designar los dirigentes de las iglesias. Da consejos acerca de la conducta personal. Frente a la mucha enseñanza falsa y errónea, los insta a que se concentren en lo esencial y que no se desvíen en asuntos secundarios. La mejor manera de contrarrestar las ideas erradas es enseñar la verdad.

La iglesia primitiva no dudaba que estas cartas eran genuinas de Pablo y que habían sido dirigidas a los dos hombres mencionados. Los críticos modernos lo han cuestionado por cuanto éstas difieren de las demás cartas de Pablo con respecto a lenguaje y contenido, y por cuanto atacan herejías del siglo II. Algunos sugieren que son la obra de un escritor de época posterior quien incorporó en ellas algún material genuinamente paulino. Sin embargo, esto suscita nuevos problemas. Pero puede haber una explicación más sencilla.

Sabemos, por ejemplo, que Pablo a menudo se servía de un secretario, y si a éste se le daba un margen de libertad, cualquier argumento basado en el vocabulario resulta muy incierto. El problema acerca del contenido consiste en que Pablo les dice a Timoteo y a Tito cosas que ellos seguramente ya sabían. La razón podría ser que las instrucciones eran para ser leídas a las iglesias sobre las cuales los dos hombres ministraban. Ni siquiera el argumento sobre las herejías resulta seguro en absoluto. En las epístolas no hay nada de que podamos decir categóricamente que Pablo no lo pudo haber escrito.

1 TIMOTEO

1 El problema en Efeso; Pablo y Timoteo

Había habido una fantástica respuesta ante la predicación de Pablo en Efeso y sus alrededores (Hechos 19). Casi de la noche a la mañana habían surgido muchos grupos de cristianos. Pablo comprendió rápidamente lo vulnerables que eran a las enseñanzas erróneas (Hechos 20:29-30). Diez años más tarde estos temores se habían materializado. Leyendas judías apócrifas y genealogías (4) se estaban usando como base para enseñanzas extrañas. Esta era una manera errada de estudiar la ley del Antiguo Testamento, y Timoteo debía evitar que se siguiera extendiendo. El mensaje cristiano debía producir fe, amor y una clara conciencia, no especulación ociosa. Siempre ha parecido más emocionante discutir temas abstrusos que vivir la vida cristiana.

Pablo tenía más de treinta años de ser cristiano. Había viajado con el evangelio durante veinte años. Sin embargo, jamás olvidó que en un tiempo había salido para destruir esta secta (13; Hechos 8:1-3; 9). Jamás dejó de asombrarse de que Dios hubiera tomado a un hombre como él a su servicio. La instrucción de Pablo es buena: "Mantén tu fe; obedece a tu conciencia cristiana".

Profecías (18): indicación (dada ya sea a Pablo, o a Timoteo al comisionarlo) de que Dios había escogido a Timoteo para esta obra.

Entregué a Satanás (20): no sabemos exactamente lo que significa, pero → bajo 1 Corintios 5:5.

2 La oración; el lugar de la mujer

El primer deber de la Iglesia cristiana es la oración. Es en respuesta a la oración que Dios da las condiciones en que los cristianos pueden llevar vidas apacibles y poner todas sus energías en la tarea de dar a conocer las buenas nuevas a todo el mundo (4).

El mensaje cristiano elevó el lugar de la mujer (por ejemplo → Gálatas 3:28). Pero Dios no tenía el propósito de que ellas tomaran la dirección. Hombres y mujeres son iguales delante de él, pero sus papeles en la vida no son idénticos. Por lo tanto, la palabra de Pablo a la mujer cristiana es que tenga buena conducta, que no viva en función del vestido, y no se enseñoree sobre el hombre.

Versículo 15: Pablo no podía haber querido decir que las mujeres ganan la salvación eterna concibiendo hijos (compárese con versículo 5). El pensamiento puede ser consecuencia de los versículos 13-14, es decir, que aunque la mujer fue la primera en pecar, fue por la mujer que nació el Salvador. O quizá quiera decir que las mujeres podrán tener hijos sin mayor peligro.

3 Dirigentes eclesiásticos

Era práctica de Pablo designar a varios ancianos (el mismo oficio de obispos, 1) para encargarse de cada iglesia (Hechos 14:23). Estos a su vez eran ayudados por "servidores" (diáconos, 8). Su lista de requisitos para estos dirigentes tiene buen sentido: deben ser hombres (y mujeres, 11, a menos que éstas sean las esposas de los diáconos) que puedan controlarse a sí mismos y a sus familias, que hayan probado ser cristianos estables, y que tengan el respeto del mundo exterior. Timoteo no tenía por naturaleza un carácter enérgico. La autoridad escrita de Pablo era lo

Cabeza de una mujer romana del siglo II d.C.

mejor que podía poseer al no tener al apóstol mismo consigo (14ss.).

Misterio (9): el secreto revelado por Dios en Jesucristo; la fe cristiana es dada por Dios, y no creada por el hombre.

Versículo 16: parece que Pablo está citando un himno cristiano.

4 Falsos maestros... y los verdaderos

La fuente final de las enseñanzas falsas es el diablo mismo. Son promovidas por hombres que están muertos a la conciencia. Condenan el matrimonio y establecen rígidas normas acerca de comidas, cosas que Dios ha señalado para el bien del hombre. Pretenden que su pensamiento es supercristiano. En realidad, es subcristiano. Timoteo, como verdadero maestro, tiene que dejar esto en claro. No es sólo cosa de palabras. Toda su vida debe reflejar lo que él enseña a los demás. Por eso tiene que dejar que la verdad moldee su propia vida (6); tiene que mantenerse espiritualmente en forma (7, 8). Siempre tiene que cuidarse, y cuidar su enseñanza.

5 - 6:2 Relación con las personas; viudas; ancianos

Tratar a las otras personas como trataríamos a nuestra familia (1-2) es un consejc sano. No había asistencia social en los días de Pablo y las viudas tenían una suerte que no era por ningún motivo envidiable. La iglesia pronto comprendió y aceptó la necesidad de ayudarlas (Hechos 6:1). Pronto tuvieron un problema de magnitud, y no todos los casos merecían una atención especial. La norma de Pablo es que la iglesia debe reservar su ayuda solamente a las que están realmente desprovistas de medios. Había que incluir en la lista solamente viudas ancianas de buen carácter cristiano y dedicadas a la obra cristiana. Las viudas más jóvenes deberían casarse, y cuando fuera posible, las viudas deberían de estar bajo el cuidado de sus propios parientes. En la misma ciudad en que la diosa Diana era servida por una multitud de prostitutas, la reputación de las que servían a Cristo debia estar fuera de todo reproche.

Los ancianos debían ser escogidos con mucho cuidado, tratados con respeto y debían recibir un justo pago por su obra.

Como cristianos, los esclavos son libres, pero no deben arrastrar el nombre de Cristo por el lodo, haciendo que sus amos se enojen (→ también bajo Efesios 6:5ss.; Filemón).

5:9: no "casada solamente una vez", sino "fiel en el matrimonio a un solo hombre"

5:22: "impongas las manos": es decir, "encargues hombres para el servicio cristiano".

5:23: consejo médico sano en aquel tiempo; el vino contrarrestaba algunas de las impurezas dañinas del agua.

6:3-21 La verdadera riqueza; instrucciones personales

El tema de las falsas enseñanzas vuelve a surgir. El conocimiento superior (*"gnosis"*, 20) que estos hombres decían poseer, pronto se convirtió en la herejía del "gnosticismo" cuyos iniciados se sentían libres de descartar algunas verdades cardinales del cristianismo, incluso el hecho de que Cristo era verdadero hombre.

Algunos hombres ven el cristianismo como un camino hacia las riquezas. Los cristianos *son* ricos, aunque no en dinero. No es que el dinero sea malo en sí. Puede ser bueno y debe dársele un uso bueno y generoso. Es el *ansia* de dinero

"He acabado la carrera, me está guardada la corona"
Pablo usa la vívida imagen de la corona de un atleta. Esta, de oro, fue encontrada en Pérgamo.

lo que conduce a toda especie de mal. El "hombre de Dios" (11) anhela tener un verdadero carácter cristiano, y todo su esfuerzo lo concentra en este propósito. El sabe que Jesús volverá un día en gloria y vive a la luz de ese hecho.

La raíz (10): más exactamente, "*una* raíz".

2 TIMOTEO

Esta es la última y la más conmovedora carta de Pablo. Después de una vida de servicio y de sufrimientos por Cristo está nuevamente en prisión, y la muerte es inminente. Está solo, acompañado solamente por Lucas, y ansía ver a Timoteo otra vez. Pero no hay rastros de autoconmiseración; no hay palabras de pesar. Su última palabra es de aliento a todos los que vienen detrás. Puede enfrentar la muerte sin temor y sin dudas. La carrera ha terminado, adelante está la recompensa.

1 "Doy gracias a Dios"

La gratitud era el hábito de la vida cristiana de Pablo. Ya hacía mucho tiempo que había dejado de quejarse de su falta de comodidades. Profunda gratitud llena su corazón ahora, cuando piensa en Timoteo, y anhela que este hombre de muchos temores y de una verdadera fe comparta su misma confianza. El secreto es sencillamente *conocer* a Cristo (12; y → Filipenses 3:10). Tenemos buenas nuevas para el mundo, un evangelio que trae vida a los hombres. No hace falta pedir excusas por él, ni tratar de mejorarlo.

Lágrimas (4): derramadas cuando se separaron.

Aquel día (12): el día de la venida del Señor; el día del juicio.

Todos... en Asia (15): la enseñanza falsa entró de tal manera en Efeso (→ bajo 1 Timoteo 1), que los cristianos rechazaron al mismo hombre a quien debían su fe. Debe de haber sido un momento amargo para Pablo.

2 El servicio activo

Cuesta algo ser cristiano. Ningún hombre sabía esto mejor que Pablo. Timoteo necesitaría una firme determinación para no ser arrastrado por las exigencias de la vida (4) ni desviarse por argumentos estériles y divisivos (16, 23). No todos los que comienzan bien siguen en la carrera. El modo en que vivimos debe demostrar la verdad de la cual hablamos. No hemos sido puestos para altercar y pelear sobre palabras, sino para aferrarnos a la verdad con amabilidad y amor.

Versículos 11-13: es posible que Pablo esté citando un himno.

La resurrección (18): "espiritualizaban" la enseñanza y negaban que hubiera una futura resurrección del cuerpo.

3 Vendrán tiempos peligrosos

Pablo avisa que a medida que se acerque el día de la venida de Cristo el mal se intensificará, aún dentro de la iglesia, (5-6). Los que son fieles a Cristo pasarán por persecución como Cristo mismo predijo (Juan 15:20). Timoteo debe estar firme en la verdad enseñada en las Escrituras. Contienen todo lo que es necesario para la salvación y para una vida recta.

Janes y Jambres (8): en la tradición judaica, los nombres de los magos de Faraón (Exodo 7).

Versículo 11; → Hechos 13-14. Timoteo podría recordar vívidamente estos sucesos puesto que ocurrieron cerca de su casa. Pablo fue apedreado y dejado por muerto en Listra, ciudad natal de Timoteo.

4 Instrucciones finales

Pablo podría ser ejecutado en cualquier momento. La perspectiva no lo desazona. Pero tiene un último encargo que hacerle a Timoteo: que siga declarando el mensaje de Dios, venga lo

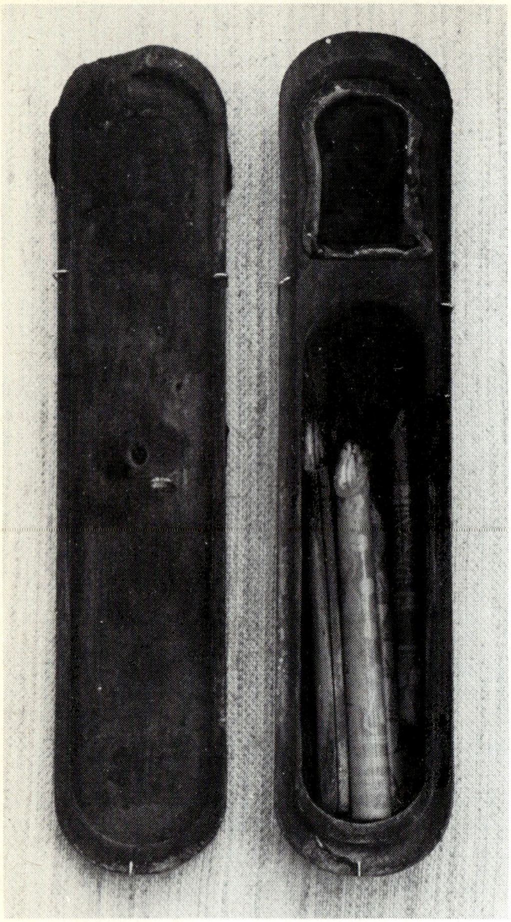

que venga; aunque es triste decirlo, esto no es lo que los hombres ansían oír.

Las noticias personales se dejan para el final. Los compañeros de Pablo —Tito, Tíquico, Trófimo— están todos lejos. Uno está enfermo y otro (Demas) ha desertado. En la primera etapa de su juicio (16), Pablo, como el Señor, quedó solo. Todos sus amigos lo abandonaron y sus enemigos no fueron lentos en aprovecharse de esta soledad. Ahora se acerca el invierno y él desea sus libros y papeles, y su capa de abrigo. Solamente cuenta con la presencia de Lucas, y los cristianos fieles de Roma (21) para confortar su corazón, y la esperanza de que Timoteo y Marcos alcanzarán a llegar a tiempo a donde él está.

Soporta las aflicciones (5): a pesar de sus temores, Timoteo hizo exactamente eso (→ Hebreos 13:23).

Libros y pergaminos (13): posiblemente copias de libros del Antiguo Testamento, las notas de Pablo, o papeles personales.

Alejandro (14): → 1 Timoteo 1:20.

La boca del león (17): esta puede ser una manera de hablar; o bien puede referirse a los leones del circo, a Nerón, o al diablo.

Pablo firmaba las cartas que había dictado y añadía un saludo. Este estuche de madera para plumas contiene cálamos y un tintero lleno hasta la mitad con tinta negra, y data del mismo período.

Tito

Véase la introducción a 1 y 2 Timoteo.

Tito no se menciona en los Hechos, pero por lo que se dice en las epístolas se ve que era uno de los que Pablo recibió en su círculo íntimo. Como griego, su visita a Jerusalén sirve como un caso de prueba para aclarar la posición de los convertidos no judíos (Gálatas 2:1-4). Más tarde, cuando a pesar de la obra de Timoteo los problemas se agravaron en Corinto, Pablo escogió a Tito como el hombre que debía realizar la tarea de solucionarlos. El no solo arregló las cosas, sino que estableció relaciones realmente buenas con la iglesia, prueba de su gran tacto e integridad de carácter (2 Corintios 2; 7; 8; 12). Años más tarde, cuando se escribió esta carta, se encontraba Tito en Creta, enviado nuevamente por Pablo, para consolidar la obra del apóstol. Enfrentaba una situación muy similar a la de Timoteo en Efeso (→ 1 Timoteo). La última mención de Tito está en 2 Timoteo 4:10, cuando estaba lejos (a lo mejor llevando adelante todavía la causa cristiana) en Dalmacia (Yugoslavia).

Creta fue probablemente uno de los primeros lugares en oir el Evangelio cristiano. Había judíos de Creta entre la multitud que escuchó a Pedro el día de Pentecostés (Hechos 2:11). Pero el mensaje cayó en un terreno duro. Los cretenses eran mentirosos tan habituados (1:12), que los griegos acuñaron un verbo especial que significaba mentir: "cretizar". Y por la carta de Pablo se ve claramente que aun los cristianos eran un grupo difícil de gobernar, revoltosos y volubles, que necesitaban una mano firme.

1 Ancianos, y perturbadores

La impresión que tiene de los cretenses y sus mentiras (12) es lo que impone en Pablo la necesidad de ocuparse tanto de la confiabilidad de la palabra de Dios. Cuando Dios nos ofrece la promesa de vida eterna, podemos confiar en ella. El nos dice la verdad y podemos transmitirla con absoluta confianza.

En relación con las cualidades de los dirigentes eclesiásticos (5-9), → bajo 1 Timoteo 3.

Los falsos maestros han provocado una situación tan grave que exige una actuación realmente firme. El empleo de la fuerza física jamás se justifica, pero hay ocasiones cuando las palabras fuertes ciertamente son necesarias. Los peores herejes eran judíos, pero había otros también (10, 14; y → bajo 1 Timoteo 1).

Versículo 12: cita del poeta Epiménides.

Versículo 16: la mejor prueba de la fe es la forma en que vivimos. No basta con llamarnos cristianos.

2 - 3:11 La conducta cristiana

Por la manera en que vivimos podemos desacreditar o reforzar el mensaje cristiano. Las instrucciones de Pablo no arrojan una luz halagadora sobre el temperamento de los cretenses. Por naturaleza era un pueblo beligerante, bueno para discutir, incontrolado, resentido contra toda autoridad, y partidario de la botella. Pero la vida cristiana requiere disciplina, obediencia y respeto a los demás, dentro de la familia y el hogar, dentro de la iglesia y en la relación con las autoridades. Jesús dio su vida para rescatarnos de nuestros antiguos caminos pecaminosos y hacernos un pueblo cuya pasión ferviente es hacer el bien (2:14). El maestro cristiano debe usar su autoridad para insistir en las normas cristianas y debe él mismo dar buen ejemplo. Hacer el bien es un *resultado* de la salvación (3:3-7), no un *mérito* para ganarla.

Lavamiento (3:5): cuadro de la obra purificadora y renovadora del Espíritu Santo que es simbolizada por el bautismo cristiano.

Genealogías (3:9): → bajo 1 Timoteo 1.

3:12-15 Para terminar

Cuando llegue su "relevo", Tito debe unirse a Pablo en Nicópolis, en la costa occidental de Grecia. Tíquico es otro miembro del círculo íntimo de Pablo en la proclamación del Evangelio (Efesios 6:21, etc.). Zenas y Apolos (→ Hechos 18:24-28) pueden haber sido quienes llevaron a Tito la carta de Pablo.

Filemón

Esta es una carta privada de Pablo a Filemón, uno de sus convertidos y un buen amigo. Filemón era un hombre de cierta posición. Un grupo de cristianos de la localidad se reunía regularmente en su casa en Colosas. Uno de sus esclavos, Onésimo, le había robado una suma de dinero (18) y había huido a la gran ciudad (probablemente Roma) donde podía fácilmente pasar desapercibido. Allí de alguna manera estableció contacto con el apóstol prisionero, y por medio de él se convirtió. Pablo amaba a este joven como a un hijo, pero era propiedad legal de Filemón. Era difícil para Pablo, y difícil para Onésimo —que podía esperar un terrible castigo por lo que había hecho—, pero debía regresar y hacer restitución. Pablo no podía conservarlo consigo sin el consentimiento voluntario de Filemón. Entonces él escribió esta "carta adjunta" para Onésimo. Tíquico lo acompañó para darle apoyo moral, y llevó las últimas noticias y una carta de Pablo a la iglesia de Colosas (Colosenses 4:7-9).

El propósito de Pablo al escribir es pedirle a Filemón que sea indulgente. El que regresa es un Onésimo muy diferente del que escapó. Ahora no es solo un esclavo, sino un hermano en Cristo. Pablo quiere que Filemón lo reciba como tal. Podía haber insistido. Tenía autoridad, y Filemón estaba profundamente endeudado con él. Pero en cambio su carta está llena de amor y de tacto, de consideración y de cariñoso elogio. El conoce a este hombre, conoce su fe y su amor cristiano. No tiene necesidad de hacer exigencias. Filemón hará todo lo que él le pida y mucho mas.

Apia (2): probablemente esposa de Filemón. Arquipo podría ser su hijo.

Inútil... (11): Pablo hace un juego de palabras con el nombre de Onésimo, que significa "útil".

Versículos 15-16: no es claro si Pablo tiene la intención de conseguir que Onésimo sea puesto en libertad, pero las líneas expresadas allí son suficientemente radicales como para tener un efecto de largo alcance. La esclavitud estaba de tal modo integrada a la estructura social de aquel tiempo que predicar la libertad habría sido predicar la revolución. La misiva de Pablo no tenía el propósito de iniciar una campaña política sino de predicar un evangelio capaz de transformar la vida humana desde adentro.

Versículos 18-19: el pagaré de Pablo hace recordar el comportamiento del buen samaritano (Lucas 10:35).

Epafras, Marcos... (23-24): → bajo Colosenses 4.

Hebreos

¿Quién escribió la epístola? El origen de la carta a los Hebreos es algo misterioso. Los manuscritos más antiguos son anónimos, y no tienen ninguno de los saludos convencionales que usualmente estaban al comienzo de una carta del siglo I. En realidad es más un tratado que una carta. Aun en los primeros siglos nadie sabía con certeza quién era el autor, aunque muchos la atribuían a Pablo. Actualmente esto se considera muy improbable. Hebreos no refleja ni el pensamiento ni el estilo de Pablo. Pero habiendo visto eso, no estamos más cerca de solucionar el acertijo. La carta nos muestra que el autor conocía a Timoteo (13:23). Escribe en un griego muy pulido. Es un maestro hábil que enseña con claridad. Conoce el Antiguo Testamento al revés y al derecho. La versión que cita es la griega de los Setenta, lo que significa que probablemente es un judío de habla griega (helenista), que escribe a judíos también helenistas. Es un cristiano que ha refleccionado profundamente sobre la relación de su fe con el judaísmo.

¿A quiénes fue enviada? El título "A los Hebreos" es muy antiguo, pero puede no ser original. Por el contenido de la carta, con su discusión sobre sacerdotes, sacrificios y las muchas citas del Antiguo Testamento, se infiere que fue dirigida a un grupo de cristianos judíos. Eran hombres de alguna capacidad intelectual. El grupo había estado establecido por muchos años (2:3; 13:7), y tenía una historia de persecución. Debían haber sido cristianos maduros por este tiempo, capaces de enseñar a otros (5:11 - 6:2). Sin embargo, son retirados y ensimismados. Además parecen inclinarse a volver al judaísmo. Necesitan un fuerte recordatorio de que lo que poseen en Cristo es mucho mejor.

¿Cuándo fue escrita? La fecha más probable es a fines de la década del 60. Si Jerusalén y el templo ya hubieran caído en poder de los romanos, el autor se habría sentido obligado a mencionarlo cuando se refiere a los sacerdotes y sacrificios. De modo que con certeza se puede decir que fue escrita antes del año 70. Si la carta fue enviada a Roma (→ bajo 13:24) y alude a la persecución de Nerón, esto la colocaría entre los años 64 y 70.

¿De qué habla? La carta a los Hebreos fue dirigida a un grupo de judíos cristianos que estaban vacilando entre el cristianismo y el judaísmo. Es en un sentido un complemento a la carta de Pablo a los Romanos, esta vez dirigida a un público judío para explicar la relación de Cristo con todo lo que ha pasado anteriormente en la historia religiosa de Israel. Entonces el escritor compara y hace contrastes de la persona y la obra de Cristo con el sacerdocio y el sistema sacrificial del Antiguo Testamento. El no sólo es incomparablemente mayor y mejor que estos; es la realización final de todo lo que esas cosas anunciaban. El es el perfecto sacerdote, que ofrece un sacrificio perfecto. El ha removido definitivamente la barrera del pecado y ha dado a los hombres el acceso a Dios de un modo que el sistema de sacrificios jamás habría podido hacerlo. Aquello era la copia: él es el modelo original. Aquello era la sombra: él es la realidad que los hombres siempre han estado buscando. Si nos apartamos de él —otra vez hacia un sustituto inferior, otra vez hacia lo que ya ha probado ser un fracaso— lo perdemos todo.

1 Jesucristo: el Hijo de Dios

La epístola comienza con una tremenda afirmación de la deidad de Cristo (1-4). Por medio de Jesucristo Dios ha hecho su revelación suprema y final de sí mismo al hombre. Jesús es la encarnación viva del carácter y la majestad de Dios. El ha enfrentado el problema del pecado humano y lo ha solucionado de una vez por todas. Ahora está junto a Dios, en una posición de poder supremo.

Los ángeles mismos, a los cuales los judíos casi adoraban, adoran a Cristo (6). Son seres espirituales, pero no son más que siervos de Dios

(14). El Hijo está muy por sobre ellos, como lo prueban las Escrituras.

El escritor usa el Antiguo Testamento. Las citas en Hebreos vienen de la versión griega de los Setenta, que difiere en algunos aspectos de nuestro Antiguo Testamento. El escritor, en todo caso, está más preocupado del sentido que de las palabras precisas que se usaron. A veces mezcla el comentario y la cita, como era entonces la costumbre. Si buscamos las referencias, descubrimos que el escritor, como otros autores del Nuevo Testamento, ejerce una sorprendente libertad de interpretación. A algunos versículos se les llena con un significado que está mucho más allá del contexto original. Véase "Citas del Antiguo Testamento en el Nuevo", página 630.

Las citas en este capítulo son del Salmo 2:7; 2 Samuel 7:14; Salmo 97:7 o Deuteronomio 32:43; Salmo 104:4; Salmo 45:6-7; Salmo 102:25-27; Salmo 110:1.

2 Jesucristo: el Hijo del hombre

Si el mensaje de los ángeles, o sea la ley de Moisés, Hechos 7:53, resultó verdadero, cuanto más importante es el mensaje de salvación del Hijo (1-4).

No debemos desestimar a Cristo por haber compartido nuestra naturaleza humana. Dios creó al hombre para un gran destino (7, 8), un destino que ahora podemos comprender, porque Cristo sufrió y murió por todos los hombres (9-10). El se hizo hombre para obtener el perdón en favor de nosotros. Se hizo hombre para ayudarnos.

Versículos 6-8, 12, 13: los textos citados son del Salmo 8:4-6; Salmo 22:22; Isaías 8:17-18.

Perfeccionase (10): la idea aquí no es una mejora moral, sino que por medio del sufrimiento Jesús estuvo perfectamente capacitado para hacer la tarea que Dios le encomendó. Solamente por este medio podía hacer posible la salvación del hombre.

Versículo 17: esta idea está explicada en forma más amplia en el capítulo 5.

3 Jesús mayor que Moisés

Moisés hizo de Israel una nación. Los sacó de la esclavitud en Egipto y los condujo a través del desierto. Les dio la ley de Dios y su sistema de culto. Ningún hombre era tan reverenciado por los judíos, y con razón, pero no podía ser más que el siervo fiel de Dios. Jesús es el Hijo de Dios (1-6).

Los lectores están en una posición muy similar a Israel en el tiempo del éxodo. Ambos han visto actuar a Dios en forma asombrosa. Pero a pesar de esto los israelitas se rebelaron contra Dios en el desierto y jamás entraron en la tierra prometida (11). Lo que les ocurrió a ellos puede ocurrirnos a nosotros si ahora le volvemos nuestras espaldas a Dios.

Versículo 8: → Exodo 17:1-7; Números 20:1-13.

4:1-13 El reposo de Dios

El paralelo se hace más explícito. El "reposo" del que Dios habló era más que una vida estable y segura en la tierra prometida. Por medio del salmista (Salmo 95), centenares de años después de los tiempos de Josué, Dios todavía está llamando a su pueblo para que entre en su reposo. Hay una contrapartida espiritual de la tierra prometida, y el pasaporte para entrar en ella es la fe. Entramos en el reposo eterno de Dios, su paz, cuando confiamos en él y aceptamos su palabra (3). La salvación es su don, y no una recompensa por nuestro duro trabajo (10). No podemos esperar que nuestra verdadera actitud quede escondida de él.

4:14 - 5:10 Jesús: nuestro gran sumo sacerdote

Aarón (5:4) fue el primer sumo sacerdote de Israel escogido por Dios. Era intermediario entre un Dios santo y un pueblo pecador, el intermediario que representa a uno ante el otro. La religión judaica, el sistema al cual se sentían tentados a regresar estos cristianos judíos, todavía tenía su sumo sacerdote. Pero en Cristo tenemos un sumo sacerdote que cumple todos los requisitos establecidos, y aun más de eso, porque no tiene necesidad de hacer expiación por sus propios pecados. El es el perfecto sumo sacerdote escogido por Dios como mediador para todos los tiempos.

Melquisedec (5:6, 10): el rey-sacerdote de Salem a quien Abraham le dio los diezmos de sus posesiones (Génesis 14:18-20). El capítulo 7 desarrolla el pensamiento de estos versículos.

5:8: no es aprender a obedecer, sino aprender el costo y el significado de la obediencia por medio del sufrimiento.

5:9: → bajo 2:10.

5:11 - 6:20 Advertencia y palabras de aliento

El autor interrumpe su exposición para hacer un planteamiento franco. Sus lectores se han quedado varados en el abecé del cristianismo (5:1 - 6:3). Su falta de progreso es en sí bastante grave. Pero es síntoma de algo mucho más serio. Están en peligro de arrojar toda su fe por la borda. La situación exige una táctica enérgica. Entonces el escritor la usa. Si ellos, a pesar de su conocimiento y experiencia cristiana, rechazan deliberadamente a Cristo, no queda esperanza para ellos. No es que Dios se niegue a perdonar, sino que ellos rechazan el único medio disponible de perdón. El pensamiento de ellos está orientado en esa dirección, aunque no han llegado aún al punto del cual no puedan regresar.

Pero también da pronto palabras de aliento. El no puede creer que vayan a llegar tan lejos, o que Dios permita que lo hagan. La fe y la perseverancia llevarán a la comprensión de todo lo que Dios ha prometido. La presencia de Jesús en el cielo garantiza esa esperanza (6:19-20).

6:2: "bautismos": no es la palabra común para el bautismo cristiano. La enseñanza podría ser sobre la diferencia entre el bautismo cristiano y los lavamientos rituales judíos. Con la "imposición de manos" en el bautismo y al encomendar un servicio especial se simbolizaba la concesión del poder del Espíritu Santo.

Modelo del sacrificio en el tabernáculo, el santuario del desierto. → además la foto de página 166.

7 Un nuevo Sumo Sacerdote

En 6:20 se nos conduce de regreso al argumento de 5:10, y este capítulo lo desarrolla. Jesús ha superado al sacedocio levítico haciéndose sumo sacerdote para todos los tiempos. Este hecho es anunciado en el Salmo 110, donde el Mesías se describe como un sacerdote de un orden diferente. La oscura figura de Melquisedec (Génesis 14:18-20) refleja algo de la naturaleza del sacerdocio de Cristo en su doble papel de rey *y* sacerdote; su eternidad; su superioridad al antiguo orden. Leví, en cierto sentido, reconoció esto dando los diezmos a Melquisedec por medio de su antepasado Abraham. Si el sacerdocio de Aarón y sus hermanos levitas hubiera sido suficiente, no habría sido necesario ningún cambio. Ni estos hombres ni su obra era perfecta. Jesús sí lo es. Ellos no pudieron satisfacer nuestras necesidades. Jesús sí puede, y lo hace.

8 Un nuevo pacto

sacerdocio. Jeremías (31:31-34) habló de un nuevo pacto, porque el antiguo trato que Dios había hecho con su pueblo (Exodo 34:10-28; 20) ya había sido quebrantado. El sistema de sacrificios instituido por Moisés, y el tabernáculo que él había levantado, son solo copias. En Jesús tenemos el original, el molde, la realidad. Cuando Jesús se ofreció a sí mismo como sacrificio único y definitivo (7:27) estableció un nuevo y mejor pacto entre Dios y los hombres, el pacto que Jeremías estaba esperando. Y el nuevo da por cancelado el antiguo.

9 - 10:18 Sombra y realidad; el perfecto sacrificio

Los pensamientos del escritor vuelven al tiempo del éxodo, cuando Dios hizo su pacto con Israel por medio de Moisés y le dio el modelo en base al cual tenía que edificar el tabernáculo. (Más tarde el templo fue modelado con el mismo diseño, pero aquí no se está pensando en el templo.) Aunque Dios había decidido vivir con su pueblo, en una tienda como las de ellos, no tenían derecho de acceso a él. El diseño del tabernáculo y todo el sistema de sacrificios de animales enfatizaba la separación de Dios y el pecado del pueblo. Solo un hombre (el sumo sacerdote), una vez al año (en el Día de la Expiación) podía entrar en el santuario interior (9:7). Y la repetición misma del sacrificio hacía que quedara muy en claro su ineficacia (9:25).

Estas cosas son la sombra. Señalan hacia adelante y preparan a los hombres para la venida de Cristo, que es la realidad. Cuando Cristo vino, todo el sistema fue reformado (9:10). Como sumo sacerdote perfecto, se ofreció a si mismo como el perfecto sacrificio (9:14), ofrenda única por el pecado, válida para todos los tiempos. Ha quitado el pecado humano de una vez para siempre, removiendo completamente la mancha, algo que el sacrificio de animales del Antiguo Testamento no tenía fuerza para hacer (10:10-12). Su muerte puso en efecto las condiciones de su testamento (el Nuevo Pacto, 9:16ss.). Hemos sido perdonados. Podemos entrar en la presencia de Dios. Ya no se necesita más sacrificio (10:9).

10:19-39 No retroceder

El camino está abierto. Podemos entrar directamente en la presencia de Dios con sólo quererlo. La muerte de Cristo lo ha hecho posible (19-22).

Si rechazamos aquel sacrificio, no hay otro. Nos condenamos nosotros mismos al juicio de Dios. El nos considera responsables por nuestras acciones (26-31).

Nadie pretende que la vida cristiana es fácil (32ss.). Se requiere valor y perseverancia. Pero es infinitamente digna de vivirse. Si retrocedemos, estamos perdidos eternamente. Si seguimos adelante y confiamos, Dios nos dará todo lo que ha prometido.

A través del velo (20): → Marcos 15:38.

11 La fe

La fe de que se habla aquí, como continuación directa de 10:38-39, no es el primer paso vacilante del hombre hacia Dios. Es una actitud de apoyo confiado en la palabra de Dios. Tener fe es tener la seguridad, no de lo presente y de este mundo, de las cosas tangibles, sino de las cosas futuras, las realidades invisibles (1). El Antiguo Testamento abunda en ejemplos de hombres que poseyeron una fe de este tipo, y que vivieron y murieron conforme a ella. Dios nos ha dado una lista de ellos; está orgulloso de poseerlos y de ser conocido como Dios de ellos (16). Todos ponían su esperanza en el tiempo en que Dios cumpliría sus promesas, pero ninguno de ellos vivió para verlo (13). Esto, porque Dios tenía planes de incluirnos a nosotros, de salvar y perfeccionar a cada uno de los de su pueblo por medio de Cristo (39-40).

Abel demostró su fe, y fue muerto (Génesis 4). Enoc caminó por fe y vivió (Génesis 5:21-24). La fe de Noé salvó a toda su familia (Génesis 6-8). La de Abraham lo llevó lejos de su ambiente y de su hogar (Génesis 12:1-7), y lo convirtió en un extranjero y refugiado. La fe hizo que estuviera dispuesto aun a ofrecer a su propio hijo, confiando en que Dios lo resucitaría (Génesis 22). Isaac, Jacob y José, cada uno en su oportunidad, demostraron su creencia en la promesa de Dios (Génesis 27; 48; 50:24-25). La fe vence el temor (23). Hizo que Moisés prefiriera dejar la corte y participar en la suerte de una nación de esclavos (Exodo 2; 12; 14). Jericó fue tomada por fe, y no por fuerza superior (Josué 2 y 6). Así fue a través de los Jueces: Gedeón (Jueces 6 — 7); Barac (Jueces 4); Sansón 15 — 16); Jefté (Jueces 11 — 12), y durante la vida del rey David y los profetas. La fe de Daniel lo salvó de los leones (33; Daniel 6). Elías y Eliseo hicieron resucitar muertos (35; 1 Reyes 17; 2 Reyes 4). En respuesta a la fe, Dios ha dado a los hombres triunfos y victorias notables. Pero no siempre. La fe también la demuestran por igual quienes soportaron prisiones, torturas y muerte. Jeremías fue golpeado y encarcelado (36; Jeremías 38); se dice que Isaías fue aserrado por la mitad (37); Zacarías fue apedreado (37; 2 Crónicas 24). Y hubo muchos otros.

12 El incentivo para seguir adelante

Estos grandes héroes de la fe nos están contemplando. Están agrupados alrededor de la pista para vernos correr. Despojémonos de todo impedimento, y corramos la carrera cristiana con todas nuestras fuerzas. Cristo no cedió cuando las cosas se pusieron difíciles; tampoco debemos ceder nosotros. Cuando sufrimos no es porque Dios no se preocupe, sino porque él se preocupa tanto, que nos castiga para nuestro propio bien. No debemos desalentarnos y ceder.

Hemos venido a Dios por un camino mejor que los terrores del Sinaí (18-21; Exodo 19): por Cristo mismo. Pero no debemos olvidar quién es Dios. Hacemos bien en escuchar cuidadosamente lo que él dice (25) y tomar en serio sus advertencias (15-17), porque nuestra vida depende de eso. Un día el mundo que conocemos dejará

Citas del Antiguo Testamento en el Nuevo

RICHARD FRANCE

Solo los dichos de Jesús contienen más de 40 citas directas del Antiguo Testamento, las cartas de Pablo casi 100, y el total del Nuevo Testamento alcanza a unas 250. Pero estas citas literales son solamente el comienzo. Hay muchas alusiones que son tan claras que nadie podría negar razonablemente que son intencionales (unas 70 entre los dichos de Jesús y hasta un millar en todo el Nuevo Testamento), y estas no son menos significativas que las citas al pie de la letra. Más allá de este punto los eruditos difieren extensamente en lo que cuentan como alusiones intencionales.

Los escritores del Nuevo Testamento estaban tan llenos del Antiguo Testamento que su lenguaje afloraba naturalmente. Por ejemplo, las Bienaventuranzas (Mateo 5:3-10) no tienen ninguna cita directa del Antiguo Testamento, pero hay dos alusiones verbales obvias (los versículos 3-4 aluden a Isaías 61:1-3, y el versículo 5 al Salmo 37:11), y prácticamente cada frase podría hallar un paralelo en el Antiguo Testamento. Más notable aún: el Apocalipsis, que no contiene citas formales, está modelado en base a pasajes del Antiguo Testamento, particularmente de los libros de Daniel, Ezequiel y Zacarías. El trazar una línea de separación entre las alusiones intencionales y el uso inconsciente de la fraseología del Antiguo Testamento es en gran medida cuestión de gusto.

Predicciones del Antiguo Testamento

Los autores del Nuevo Testamento desde su niñez habían aprendido y amado el Antiguo Testamento, y en consecuencia moldearon sus pensamientos y vidas en base a él, y sus palabras formaban parte de su vocabulario normal. Por lo tanto, no todas estas citas y alusiones son necesariamente el resultado de un propósito teológico establecido. Pero en muchos casos hay mucho más que eso en juego. Los autores del Nuevo Testamento sentían especial placer en señalar cómo se habían cumplido las predicciones de los profetas del Antiguo Testamento en la vida, muerte y resurrección de Jesús y seguían cumpliéndose en el crecimiento de su Iglesia. Mateo señala en su Evangelio una serie de citas introducidas por una fórmula: "para que se cumpliese lo dicho por los profetas" (Mateo 1:22-23; 2:5-6, 15, 17-18, 23, etc.).

Algunos pasajes parecen haber sido especialmente favoritos de los autores del Nuevo Testamento (por ejemplo, Salmo 110:1, 4; Isaías 53; Daniel 7:13-14). En consecuencia, algunos eruditos han sugerido que en la Iglesia primitiva circulaban como colecciones de "testimonios" (oráculos proféticos que se consideraban como referencias a Jesús) o por lo menos que ciertos de existir. Necesitamos estar seguros de que hemos puesto primero las primeras cosas.

Esaú (16-17): → Génesis 25:29-34; 27:34-40.

13:1-17 Agradar a Dios

Dios tiene que ver con todos los aspectos de la vida: cómo usamos nuestro hogar, cómo respondemos ante las necesidades de los demás; con el matrimonio; con nuestro uso del dinero. Nos fortalecemos como cristianos, no por el cumplimiento de un código de observancias religiosas, sino obedeciendo a Dios. Los que dependen de los sacrificios judíos no pueden beneficiarse con el sacrificio de Cristo. Es una elección ineludible, y el principio está aún en pie. Cristo ofrece la salvación a todos, pero hay un matiz de exclusividad en el corazón del cristianismo que los hombres siempre han encontrado difícil de pasar: un sacrificio por el pecado y solamente uno; un camino hacia Dios y solamente uno. El nos llama a que nos identifiquemos con él sin tener vergüenza (13).

13:18-25 Mensajes personales

El autor termina con una oración profundamente conmovedora y una bendición (20-21). Ha

pasajes generalmente eran reconocidos como fuentes abundantes de predicciones acerca de Jesús y de su iglesia a las cuales apelaban en la predicación y el debate.

Cuadros de sucesos futuros

Pero no son menos comunes las alusiones a pasajes en los que no había predicción, pero que los escritores del Nuevo Testamento consideraban "cumplidos" en la venida de Cristo. Jesús mismo hizo varias alusiones de este tipo (véase, por ejemplo Mateo 12:3-6, 40-42; 13:13-14; Marcos 7:6-7), pero el método es desarrollado con más plenitud en la Epístola a los Hebreos, donde todo el ritual de la ley mosaica es considerado como prefiguración de Cristo, el verdadero Sumo Sacerdote y sacrificio perfecto y definitivo.

Este principio se conoce como "tipología", mediante la cual personas, instituciones o hechos del Antiguo Testamento son interpretados como "tipos" de la obra decisiva y futura de Dios en Cristo. El propósito de la tipología es mostrar cómo Jesús cumple no solamente las predicciones explícitas del Antiguo Testamento sino toda su trama para establecer su venida como la encarnación definitiva y completa del plan de la obra salvadora de Dios a través de las edades. Se usa, particularmente, para mostrar que Jesús mismo es el verdadero Israel, y que su Iglesia, por lo tanto, ahora es el pueblo de Dios, en quien las esperanzas y el destino de Israel tendrán su cumplimiento.

El propósito principal de las citas del Antiguo Testamento en el Nuevo, pues, es establecer la convicción de los primeros cristianos de que en la venida de Cristo todo se ha cumplido: los "últimos días" esperados en el Antiguo Testamento han llegado a Dios ha visitado a su pueblo.

Exactitud de las citas

Una comparación cuidadosa de las citas del Nuevo Testamento con los originales del Antiguo Testamento en muchos casos mostrará diferencias de palabras a veces insignificantes, pero muchas veces completamente sorprendentes. En algunos casos la razón puede ser que el texto del Antiguo Testamento que ha llegado a nosotros es incorrecto en ese punto y que el Nuevo Testamento preserva el texto verdadero. Más a menudo, sin embargo, la explicación está en las diferentes versiones del Antiguo Testamento que tenían los autores del Nuevo; a veces hacen eco de los tárgumes arameos, pero en la mayoría de los casos usan la Versión de los Setenta, el texto griego, que con frecuencia difiere del hebreo.

Sin embargo, en diversos casos, la explicación está en que los escritores del Nuevo Testamento no titubeaban en alterar la cita, a fin de interpretarla y darle una explicación como ellos la entendían. El propósito no era alterar el mensaje esencial, sino aclararlo, aunque fuera necesario hacerlo incorporando la interpretación mediante cambios de palabras en la cita, en la misma forma en que el predicador moderno con frecuencia hace una paráfrasis del texto bíblico para "hacer llegar el mensaje" a sus oyentes y para mostrar en qué forma se aplica a su circunstancia particular. La razón por la que ellos se tomaban esas libertades en las citas, libertad ante la cual temblaríamos hoy día, era que estaban convencidos de que el Antiguo Testamento era la Palabra de Dios, que tenía una pertinencia suprema en sus casos, y no escatimaban esfuerzos para hacer llegar esas ideas a sus lectores.

tratado que su carta sea de aliento y no de censura. Espera ver pronto a sus lectores.

Versículo 24: esto puede significar que la carta fue enviada *a* Italia; igualmente puede significar que vino *de* Italia.

En estas monedas están representados dos griegos notables; Santiago criticó a sus lectores por dar lugar a la presunción, prestando más atención al rico que al pobre.

Santiago

La de Santiago es la primera de un grupo de cartas dirigidas a los cristianos en general (/ 1:1), más que a una iglesia en particular. Es una epístola sumamente práctica acerca de la vida cristiana. La libertad cristiana puede resultar en algo turbador para las personas previamente atadas por un estricto código legal de conducta. Si la salvación es un don gratuito de Dios, ¿qué importa entonces cómo vivamos? No hay dudas en la mente de Santiago: es inmensamente importante. De hecho, podemos decir si la fe de alguien es verdadera por la forma en que se comporta. La verdadera fe en Cristo *siempre* se desborda sobre el resto de la vida. Afecta nuestras actitudes básicas hacia nosotros mismos, hacia las demás personas y hacia la vida en general. No debiera haber discrepancia alguna entre la creencia y la acción. Santiago nos recuerda de la necesidad de mostrar normas y valores genuinamente cristianos en todas las áreas de la vida. Es muy fácil ponerse a permitir deslices; es muy fácil que el mundo que nos rodea nos aprisione en sus moldes, para convencernos de que no hay absolutos, que no hay blanco ni negro, que hay solamente tonos grises. Los cristianos de los primeros tiempos necesitaban la epístola de Santiago... y nosotros también.

Poco o nada sabemos de cómo se escribió la carta, ni a quiénes fue dirigida. Ni siquiera estamos seguros de quién fue el autor. El candidato más seguro es el Santiago que fue hermano de Jesús Se convirtió al cristianismo cuando vio a Jesús resucitado (1 Corintios 15:7) y siguió adelante hasta convertirse en líder de la iglesia de Jerusalén (Hechos 12:17; 15:13ss.; 21:18). La carta data de los primeros tiempos, pero la fecha exacta es desconocida.

1 Hechos y no palabras

Este capítulo algo lacónico menciona casi todos los temas que después se tratan más ampliamente: las pruebas (2, 12-15), la paciencia (3; 5:7-11) la sabiduría (5; 3:13-18), la oración (5-8; 4:2-3; 5:13-18), la fe (6; 2:14-26), las riquezas (9-11; 2:1-13); 5:1-6), la lengua (19, 26; 3:1-12; 4:11); el cristianismo en acción (22-25; 2:14-26). El estilo vigoroso y suscinto y algunos de los temas nos recuerdan los Proverbios del Antiguo Testamento y el Sermón del Monte en el Nuevo (Mateo 5-7).

Los comentarios de Santiago en este capítulo nos proporcionan una idea clara de lo que debe ser un cristiano. Tiene una actitud positiva ante las dificultades de la vida, sabiendo su valor. No culpa a Dios cuando las cosas salen mal. Sabe dónde buscar ayuda y orientación. Su escala de valores es correcta Controla su lengua y su temperamento. Trata de descubrir las normas de Dios para vivir en conformidad con ellas. Pone la fe en práctica y de ese modo la demuestra.

Las doce tribus de la dispersión (1): la dispersión es un término técnico empleado para designar a los judíos dispersos en el extranjero. La frase simboliza aquí a todo el pueblo de Dios.

Versículo 27: la verdadera religión se demuestra en el cuidado por los necesitados y en una vida ejemplar. Pero Santiago no está diciendo que estas cosas son todo lo que Dios busca.

2:1-13 Distinciones sociales

Tenemos la tendencia natural a poner en alto a los superiores en la escala social y a despreciar a quienes están debajo de nosotros. Pero los cristianos no deben hacer estas distinciones. Debemos tratar a todos con todo respeto, sin consideración de su posición, capacidad intelectual, raza o color. Cuando no lo hacemos estamos quebrantando uno de los más grandes mandamientos de Dios (8; Marcos 12:28-31).

La ley de la libertad (12): la ley de Cristo, bajo la cual somos perdonados y liberados del pecado, cosa que la ley de Moisés no podía hacer.

2:14-26 Fe y acciones

La fe que se queda en las palabras no es fe. Hasta el diablo cree en Dios de esa manera, pero eso no lo salvará del juicio de Dios. La fe se prueba y se desarrolla cuando obramos en conformidad a ella. Dios aceptó a Abraham (Génesis 15:1-6; 22) y a Rahab (Josué 2), no porque *dijeron* que creían en él, sino porque probaron que creían haciendo lo que hicieron. Es una buena prueba.

Versículo 24: solamente sacando esto de su contexto es que se puede poner a Santiago en contradicción con Pablo (Romanos 4). Santiago está discutiendo la diferencia entre la verdadera fe y las meras palabras; no dice que podamos ganarnos la salvación.

3:1-12 La ambición de enseñar y el control de nuestra lengua

El hombre que quiere ser un maestro en la iglesia debe primero aprender a controlar su lengua. Una palabra mal dicha en público puede tener serias repercusiones. La terrible descripción que hace Santiago no es exagerada. Las palabras pueden ser muy destructivas: echar abajo el carácter, la reputación, las relaciones, y deshacer años de buen trabajo. Por una afirmación descuidada, ponzoñosa, inflamatoria, podemos liberar fuerzas que somos incapaces de detener. Lo que se dice no puede desdecirse. Si podemos allanar las contradicciones en este punto, podemos poner toda nuestra personalidad bajo control.

Rueda... (6): "todo el curso de la vida". (Versión Popular).

3:13-18 La verdadera sabiduría

La sabiduría cristiana es muy diferente de la sabiduría mundana. Los sabios según el mundo están llenos de ambiciones egoístas, ansiosos de avanzar, de reclamar sus propios derechos. Dios cuenta a un hombre por sabio cuando pone a un lado el egoísmo y muestra una preocupación desinteresada por los demás. Esta clase de sabiduría se ve en la personalidad y en la conducta de un hombre, no en la simple capacidad intelectual.

4 - 5:6 ¿A la manera de Dios, o a la del mundo?

Los cristianos pueden venderse al mundo, al mundo hostil, anticristiano y opuesto a Dios, sin darse cuenta de ello. Ocurre cada vez que permitimos que las cosas que buscamos de esta vida dominen nuestro juicio y nuestros principios cristianos. De este material están hechas las guerras. Ocurre cuando tratamos de usar la oración para lograr nuestros propios fines. Ocurre cuando nos ponemos como jueces de los demás. Ocurre cuando planeamos nuestra vida sin tomar en cuenta a Dios. Ocurre cuando la riqueza y el placer se convierten en un fin en sí y la justicia sale volando por la ventana.

¿Cómo podemos evitarlo? Por medio de la oración, el tipo correcto de oración. Resistiendo continuamente a las cosas que sabemos que son malas. Buscando a Dios; considerándonos a nosotros mismos como realmente somos y sometiéndonos a él de todo corazón. Comprendiendo que no podemos contar con nada en esta vida, ni siquiera el mañana, y poniendo entonces toda nuestra dependencia en el Señor. En 4:15 se expresa nuestra actitud completa frente a la vida: no añadir en forma rutinaria un "Dios mediante" a la expresión de *nuestros* propios planes.

Hay un peligro especial en la riqueza (5:1-6; 2:6-7). Envuelve a las personas en una falsa seguridad. Están tan bien aisladas que dejan de sentir algo por los que tienen frío y hambre. Los valores se invierten. Esta vida es tan agradable que ellos pierden de vista la eternidad. Pero Dios lo ve todo, y juzga. Compárese esto con la parábola del rico insensato presentada por Jesús (Lucas 2:16-21).

5:7-20 Paciencia y oración

Job es nuestro modelo de paciencia ante el sufrimiento, y de recompensa; Elías es nuestro ejemplo del poder de la oración (1 Reyes 17:1; 18:1, 4). La vida cristiana es teocéntrica. En la tribulación oramos; en el gozo alabamos. La oración de fe es una fuerza con la que hay que contar. Dios cura al enfermo y perdona el pecado en respuesta a ella. Es la oración, no el aceite, lo que importa. Nada hay más valioso que conducir a un hombre de regreso a Cristo, el cual puede cubrir todos sus pecados. El cielo mismo se regocija (Lucas 15:7).

1 y 2 Pedro

Pedro conoció a Jesús primeramente por intermedio de su hermano Andrés (Juan 1:40-42). Los dos hermanos procedían de una aldea de pescadores, Betsaida; sin embargo, vivían en Capernaum (Cafarnaúm), en el extremo norte del lago de Galilea, cuando Jesús los llamó a que dejaran el oficio de la pesca y se hicieran sus discípulos. Pedro se convirtió pronto en el líder y portavoz del grupo de doce hombres que estuvieron con Jesús durante todo su ministerio. Fue uno de los tres discípulos íntimos que vieron algunos de los más grandes milagros de Jesús y que pudieron verlo en su verdadera gloria (Marcos 9; 2 Pedro 1:16-18). Pero cuando Jesús fue juzgado, Pedro, a pesar de todas sus hermosas palabras, negó haberlo conocido, hecho que jamás olvidó. Sabiendo el remordimiento que tenía, Jesús se apareció a Pedro antes que a ningún otro apóstol después de la resurrección. Y él se convirtió en jefe de la iglesia recién nacida, como Jesús había predicho (Mateo 16:13-20): el primero en predicar el evangelio (Hechos 2). Después de una vida de predicación y enseñanza (acompañado en sus viajes por su esposa), la tradición cuenta que Pedro fue crucificado cabeza abajo en Roma, durante la terrible persecución del emperador Nerón que comenzó en el año 64.

Las epístolas. La primera epístola fue enviada a grupos dispersos de cristianos en las cinco

Una tableta de madera para escribir de los tiempos del Nuevo Testamento. Originalmente tenía seis hojas unidas con una cuerda. Fue hallada en Egipto.

provincias romanas que abarcaban la mayor parte de la Turquía moderna, al norte de los montes Tauro. Pedro probablemente escribió desde Roma (→ bajo 5:13), al comenzar la persecución de Nerón. Tenía consigo a Juan Marcos, y Silvano (Silas) el compañero de Pablo era su secretario. Los cristianos de otras partes del Imperio pronto estarían sufriendo como sufrían los que estaban en Roma. El mensaje de Pedro es de consuelo, esperanza y aliento para que estén firmes.

La segunda carta no menciona el lugar en que se escribió ni los destinatarios. Los eruditos tienen serias dudas sobre si la carta es realmente de Pedro. Ciertamente tiene diferencias de lenguaje y tema con 1 Pedro, y algunos señalan anacronismos y creen que el autor tomó "préstamos" de la carta de Judas. Es posible que un discípulo de Pedro escribiera bajo su nombre, incorporando sus enseñanzas, pero no hay una prueba conclusiva. Tradiciones antiquísimas, y el cuidado que tenían los primeros Concilios de excluir documentos que consideraran como falsificaciones, nos inclinan a dar por sentado que la carta es de Pedro. Cuando escribe está por enfrentarse a la muerte (1:14). La iglesia está acosada y confundida por las falsas enseñanzas acerca de la conducta cristiana y sobre la venida de Cristo. Su tema, por lo tanto, es el verdadero conocimiento.

1 PEDRO

1 Fe y esperanza

Los cristianos pueden estar contentos, aun en tiempos de sufrimiento. Esta es la forma en que se prueba la fe y demuestra su autenticidad. Los días oscuros son breves en comparación con el gozo que hay por delante, cuando la esperanza sea cumplida y nosotros entremos en la posesión de nuestra herencia prometida. Estas son realidades que nada puede cambiar. Un día muy próximo veremos al Señor a quien amamos, en el cual confiamos, y entonces habrá un gozo y una bienaventuranza inexpresables. ¿Qué otro incentivo mayor podría haber para vivir como debiéramos, modelando nuestra conducta según lo que conocemos del carácter de Dios?

Dispersión (1:1): → bajo Santiago 1:1. *Ponto...*: → mapa, página 579.

Versículos 10ss.: los profetas del Antiguo Testamento tenían un mensaje para su generación, pero también miraban hacia el futuro, hacia el tiempo en que Cristo vendría. El autor de Hebreos escribe en el mismo sentido (11:39-40).

2 - 3 Instrucciones para la vida

● Recordad quiénes sois (2:1-10): pueblo de Dios, escogido para dar a conocer las cosas maravillosas que él ha hecho y sigue haciendo. Todos estamos siendo edificados en la estructura de un templo vivo que reposa sobre la obra de Cristo. El mundo ve a Dios en la vida de su pueblo, individual y colectivamente.

● El mundo en grande y las autoridades constituidas (2:11-17). El cristiano siempre será motivo de sospecha, porque es "extranjero" en el mundo, pero debe actuar de tal modo que las acusaciones no tengan base. Hay que obedecer a las autoridades civiles ¡aun cuando Nerón sea el emperador! (→ Marcos 12:17; Romanos 13:1-7). Los cristianos del tiempo de Pedro tenían que vivir bajo el desagradable rumor de que practicaban el incesto, de que tenían orgías sexuales y aún de que permitían el canibalismo.

● Esclavos (2:18-25). El énfasis a través de toda esta sección está en la aceptación de la autoridad y en servir respetuosa y legalmente donde corresponda, no importa cómo sea la otra persona. Si sufrimos injustamente, tenemos el ejemplo de Cristo ante nosotros.

● Esposas y maridos (3:1-7). En cada situación el cristiano debe hacer lo que es correcto y no insistir en sus propios derechos. El amor y el respeto, calidad pura de vida, señalan el camino más seguro para ganarse al cónyuge no cristiano. En una mujer el carácter cristiano es más importante que la última moda. El marido cristiano, por su parte, debe tener consideración. La oración se marchita en una atmósfera de fricción.

● En resumen (3:8-22). Sed de un mismo sentir. Mostrad amor. Sed humildes. Si viene sufrimiento, que sea inmerecido; que sea por haber hecho el bien.

Piedra viva (2:4): metáfora favorita del Nuevo Testamento para referirse a Cristo (→ Marcos 12). Las citas son de Isaías 28:16; Salmo 118:22; Isaías 8:14-15.

Sacrificios espirituales (2:5): por ejemplo, → Romanos 12:1; Hebreos 13:15-16.

Espíritus encarcelados... (3:19-22): Pedro parece decir que Jesús, entre su muerte y resurección, fue y predicó (o proclamó su triunfo) a los espíritus de los hombres desobedientes (o ángeles caídos, → 2 Pedro 2:4-5; Génesis 6:1-8) de los días de Noé. El diluvio que destruyó al mundo salvó a Noé y a su familia al hacer flotar el arca. En forma similar, Pedro ve el agua del bautismo como un símbolo de rescate de la muerte. Desde luego fue el arca, no el agua, lo que salvó a Noé. Así que es el Cristo resucitado, no el bautismo en sí, el que salva a quienes confían en él y son limpiados del pecado.

4 - 5 Cuando viene el sufrimiento

Pedro prevé un tiempo de sufrimiento y persecución para sus lectores. Cuando este tiempo llegue, deben estar listos, juiciosos, alertas, en oración, y amándose sin falta los unos a los otros. No debe ser una sorpresa a los cristianos el sufrir por causa de Cristo. Es una causa de gozo, no de desánimo. Para Cristo los sufrimientos fueron el preludio de la gloria. Así es para los cristianos. Dios siempre guarda sus promesas.

Siendo él mismo un líder, y testigo de la crucifixión, Pedro pide que haya un verdadero espíritu pastoral en todos los dirigentes de la iglesia (5:1-4); → Juan 10 y 21:15ss.). Los más jóvenes deben respetar la autoridad de aquellos. Cada cristiano necesita adquirir un espíritu auténticamente humilde, como el de Cristo. También necesita tener un corazón firme para enfrentar la oposición formidable e inflexible (8-9). Pero Dios cuida de nosotros. El perfecciona nuestro carácter cristiano con las cosas que tenemos que soportar. El lo está controlando todo.

4:1-2: la referencia puede ser a la identificación del cristiano con Cristo en su muerte, y la liberación del pecado, o sea la nueva vida, que sigue.

Ornamento de un collar que data del siglo I; Pedro tuvo que exhortar a sus lectores a que evitaran los trajes ostentosos.

Cabeza de Nerón, el emperador romano instigador de la persecución que es el tema de la carta de Pedro.

A los muertos... (4:6): es decir, a los cristianos que ahora están muertos. Sufrieron el juicio de la muerte, como los demás hombres, pero vivirán.

El amor cubrirá... (4:8): proverbio citado también en Santiago 5:20.

Juicio (4:17): la idea puede estar unida con 4:6 (→ más arriba).

5:5ss.: estos versículos son un eco del pensamiento de Santiago 4:6ss. El "rugido" tiene el propósito de asustar, pero Satanás ya no tiene poder para destruir al cristiano.

Silvano (12): Silas, compañero de Pablo en su segundo viaje misionero (Hechos 15:22, 32ss.), y su ayudante en la redacción de 2 Tesalonicenses.

Babilonia (13): Probablemente un nombre en clave para designar a Roma (→ bajo Apocalipsis 17).

Marcos (13): → introducción al Evangelio de Marcos.

Pedro escribió a los cristianos de lo que hoy es Turquía. Usó cuadros vívidos de siembra y cosecha, rebaños y pastores, "fuentes sin agua y nubes empujadas por la tormenta".

2 PEDRO

1 Conocimiento de Dios y su mensaje

El propósito de nuestra salvación es que seamos como Cristo (4). El crecimiento cristiano depende del conocimiento (2-3), del tipo de conocimiento que se traduce en acción (8). Pedro comparte la decisión de Pablo de conocer a Cristo, y de concentrar todos los esfuerzos en ir creciendo a su semejanza (→ Filipenses 3:10-16). Como Santiago, enfatiza el hecho de que la fe verdadera se muestra en la calidad de vida, en el amor y la bondad (5:11; → Santiago 1:26-27; 2:14-17).

El mensaje cristiano no descansa sobre mito y leyenda, sino sobre la evidencia de testigos oculares (16). Pedro realmente vio a Jesús en toda su gloria, transformado (→ Marcos 9:2-8). Además tenemos el testimonio escrito de los profetas: no una simple opinión humana, sino una palabra de Dios mismo.

Versículo 14: Pedro, frente a la muerte, recuerda las palabras del Señor: Juan 21:18-19.

Versículo 19: las escrituras iluminan nuestro sendero a través de la vida hasta que amanezca el día del regreso de Cristo (Salmo 119:105; Apocalipsis 22:16).

Versículo 20: esto puede significar "no es la interpretación lo que da autoridad al mensaje de los profetas", o "la verdadera interpretación, como el mensaje mismo, es de Dios".

2 Falsos maestros

El argumento de este capítulo está en estrecho paralelo con Judas 4-16. En guerra avisada no muere soldado, y por esta razón Pedro advierte a sus lectores contra los falsos maestros que ya se han introducido en otros grupos cristianos. Ellos están contra la autoridad, no respetan a nadie, enseñan el agradarse a sí mismos, y sus vidas disolutas niegan al Señor y avergüenzan a su Iglesia. Explotan a los demás para ganancia personal. Son mercaderes de falsa esperanza, como manantial seco en el desierto, o nubes que prometen lluvia pero se disipan (17). El castigo de ellos es seguro. El Antiguo Testamento da numerosos ejemplos del castigo de Dios sobre hombres malvados y su capacidad para rescatar a los que son suyos: el diluvio, y la salvación de Noé (Génesis 6 — 8); la destrucción de Sodoma y Gomorra, y el rescate de Lot (Génesis 19).

Angeles 4, 10-11): → bajo Judas.

Balaam (15): parece que este verdadero profeta se convirtió en traidor cuando el precio fue suficientemente alto (Números 31:16).

Versículos 19-22: puesto que todos ellos habían aprendido de Cristo, su conducta muestra que su naturaleza básica no había sufrido cambios.

3 La certeza de la venida de Cristo

Habrá siempre hombres que se burlan de la idea de la venida de Cristo, y habrá más, a medida que pase el tiempo. Pero Pedro y Pablo son unánimes en cuanto al tema (15-16; por ejemplo → 1 Tesalonicenses 4:13 — 5:11; 2 Tesalonicenses 2). Tenemos la palabra de Dios de que así *será*; palabra de tanto poder, que hizo existir a todo el mundo (5; Génesis 1:3). Si Dios "tarda", es por misericordia, no por debilidad. La seguridad de que Cristo vendrá, y de que ello puede ocurrir cualquier día, es nuestro más fuerte incentivo para vivir cristianamente. Queremos estar preparados. Queremos que él se agrade con lo que encuentre, y tal vez nos quede sólo el día de hoy.

Segunda carta (1): la primera puede ser 1 Pedro, o alguna carta ahora perdida.

Según sus propias concupiscencias (3): viven vidas licenciosas para consigo mismos.

Los padres (4): ya sea los padres del Antiguo Testamento, o los primeros cristianos. *Durmieron:* esta es la forma en que Jesús hablaba de la muerte.

Versículo 16: ¡es un consuelo saber que Pedro a veces encontraba que Pablo era difícil de entender! Pero tenía en alta estima los escritos de Pablo, y los colocaba en el mismo nivel de las demás Escrituras. En Romanos 3 se muestra cómo la gente torcía las palabras de Pablo. Tomaban su enseñanza acerca de la libertad, por ejemplo, como una carta blanca para pecar.

1, 2 y 3 Juan

1 JUAN

El evangelio de Juan fue escrito para llevar a los hombres a la fe. Esta carta, cuyo autor es evidentemente la misma persona, tiene el propósito de confirmar a los cristianos en su fe, de renovar la confianza debilitada por las falsas enseñanzas. El Evangelio y la Epístola datan de fines del siglo I. Ya para este tiempo la fe cristiana tenía cincuenta o sesenta años de existencia y se había extendido por todo el imperio Romano. Juan estaba pasando sus últimos años en Efeso, en lo que es hoy Turquía, centro estratégico de la Iglesia cristiana, y probablemente era el único apóstol que aún vivía. Había presión sobre muchos grupos cristianos para incorporar ideas de otras filosofías como parte de la fe.

La Epístola de Juan se escribió para contrarrestar la influencia de alguna primitiva forma de "gnosticismo" propuesta por algunos hombres que habían sido miembros de la iglesia pero que se habían retirado del grupo. Les gustaba pensar de sí mismos como intelectuales que poseían un conocimiento superior de Dios. Hacían una completa distinción entre lo espiritual (que era puro) y lo material (que era malo). En la práctica esto solía conducir a la inmoralidad, porque ninguna cosa que el cuerpo hiciera podía manchar la pureza del espíritu. También conducía a una negación de la naturaleza humana de Cristo, que, o era una apariencia, o era solamente temporal. El Cristo, siendo espíritu, no podía haber muerto, decían.

En este firme pero tierno llamado a sus "hijitos" en la fe, Juan dejó en claro que estas ideas hieren el corazón del cristianismo. Si Cristo no se hizo hombre y no murió por el pecado humano, no hay tal fe cristiana. Si cualquier hombre peca deliberada y habitualmente, no es cristiano. Dios es luz, e invita a los hombres a caminar a la luz de sus mandamientos. El es amor y exige que los de su pueblo se amen unos a otros.

1 Dios es Luz

Juan escribe como quien ha conocido a Jesús personalmente, al Verbo de Dios que da vida (→ Juan 1:1-5). Sabía que Jesús era a la vez Hijo de Dios y verdadero hombre: no una apariencia, sino una persona que se podía ver y tocar.

Jesús, la "luz del mundo" (Juan 8:12), nos muestra que Dios es luz. Por "luz" Juan quiere decir, no sólo la cegante luminosidad de su presencia, sino también la verdad, pureza y perfección moral. Ninguno de los que tienen acceso a él puede vivir en "las tinieblas", permaneciendo en el pecado, en el mal y la mentira, cualidades opuestas a su misma naturaleza. Esto no quiere decir que los cristianos sean perfectos. La penetrante luz de la presencia de Dios nos revela como somos. La amistad con él incluye el vernos a nosotros mismos como realmente somos, y pedirle constantemente perdón.

2 Conocer a Dios es obedecerle

No somos perfectos, pero esa es nuestra meta constante: llegar a ser, comportarnos como Cristo (6). Cuando fracasamos, él ha previsto el remedio (1-2). Ser cristiano significa obedecer a Dios; hacer lo que es correcto; amar, no odiar, a nuestros prójimos. Esta es la verdadera prueba cuando un hombre asegura conocer a Dios. Conocer es obedecer.

Los cristianos primitivos recibieron la enseñanza de que un archienemigo de Cristo, la encarnación del mal, aparecería en el escenario cuando el retorno del Señor fuera inminente (18; la palabra "anticristo" aparece solamente en las cartas de Juan, pero en 2 Tesalonicenses 2 se habla de lo mismo). Juan ve la aparición masiva de falsos maestros, que niegan que el hombre Jesús era el Mesías e Hijo de Dios, como una señal de que el tiempo está cerca.

Permanece (6, 28): → bajo Juan 15.

Hijitos... padres... jóvenes (12-14): el triple mensaje probablemente se usa para dar énfasis. El perdón, el conocimiento de Dios y la victoria sobre el mal son cosas que todos los cristianos poseen.

El mundo (15): el hombre organizado para algún fin propio, sin pensar en Dios, o en abierta hostilidad hacia él. Dios, por supuesto, ama el mundo de los seres humanos (→ Juan 3:16), a pesar de su rebeldía.

La unción (27): Juan se refiere al discernimiento que el Espíritu Santo da a los cristianos. → 4:4-6. Está hablando acerca de los falsos maestros; no está diciendo que los cristianos no necesiten enseñanza.

3 Vida recta; verdadero amor

Para el cristiano, el hijo de Dios, el pecado ya no es inevitable. Por el contrario, es la negación de su nueva naturaleza. Cristo realmente nos ha dado libertad de no pecar, y debemos vivir a la luz de este hecho. No es posible que quien haya nacido en la familia de Dios siga quebrantando su ley deliberada y habitualmente (el griego que usa Juan da el sentido en forma más clara que nuestras versiones: versículos 6 y 9 a la luz de 1:8 - 2:2). Un hombre que se comporta así no puede ser cristiano, no importa lo que diga.

El estilo de vida cristiana puede resumirse en una sola palabra: "amor". El mandamiento de amarse unos a otros reúne en una sola todas las órdenes de Dios acerca de las relaciones humanas. Pero el amor cristiano, el amor de Cristo, es más que palabras y sentimiento. Inevitablemente alcanzará nuestro bolsillo y nuestras posesiones; puede costarnos la vida misma. Podemos medir la realidad de nuestro amor hacia Dios, por nuestra decisión de hacer lo que él dice, y de amar a nuestros semejantes. Si nuestra conciencia es clara en este respecto, podemos tener confianza en que Dios responderá a nuestras oraciones.

4 Distinguir lo falso de lo verdadero; Dios es amor.

Hay una prueba básica por la que se puede juzgar a cualquier maestro: su reconocimiento de Jesucristo como hombre (enfatizado aquí porque esta era la herejía particular del día) y Dios. Ningún hombre que niega esto puede venir con un mensaje de Dios. El Espíritu Santo capacita al cristiano para reconocer la verdad cuando la oye.

Dios es Amor. En la muerte de Cristo por el pecado humano, nos ha mostrado qué es el amor (10). Si realmente compartimos su vida, su naturaleza, aquel amor debe fluir a través de nosotros hacia todas las personas que nos rodean. El amor genuino por Dios debe mostrarse en acciones hacia los demás. Este es el tema favorito de Juan. Pero el amor no es vulgar ni sentimental, ni es incongruente con la franqueza (de la que el versículo 20 es una

Cabeza romana, hallada en Antioquía, del siglo II d.C.

muestra). El amor y la obediencia van juntos (21). Si amamos y obedecemos a Dios no tenemos por qué temer el día del juicio (17-18).

5 Podemos estar seguros

Conocer a Dios es amar a Dios. Amar a Dios es obedecer a Dios. Ser hijo suyo es amar a sus hijos. La vida eterna (la vida de Dios), y la capacidad de derrotar las fuerzas contrarias a Dios en el mundo en que vivimos nos pertenecen si creemos en Jesucristo como el Mesías de Dios. Dios mismo es testigo de que Jesús es su Hijo. "Creer es vivir, ser incrédulo es morir" (12). Podemos estar seguros de estas cosas. Sabemos que él oye lo que pedimos. Sabemos que él siempre responde.

A los falsos maestros les gustaba hablar acerca del "conocimiento". Juan hace su propia lista de cosas que los cristianos saben con certeza. Sabemos la gravedad del pecado; sabemos que ya no es una norma para el creyente. Sabemos que estamos absolutamente seguros en Cristo. Sabemos que pertenecemos a Dios en un mundo perdido. Sabemos que por medio del Hijo de Dios conocemos a Dios mismo, y la vida verdadera.

Versículos 6-8: la versión Reina Valera incluye palabras que no forman parte de la epístola original, y que fueron añadidas posteriormente. Estas se omiten en algunas versiones modernas.

Tres testigos (8): el Espíritu Santo, el bautismo de Cristo y la muerte de Cristo, de los cuales el bautismo cristiano y la Cena del Señor permanecen como memoriales.

Versículo 16: Juan no dice qué es este pecado mortal. El Nuevo Testamento solo habla de un "pecado imperdonable": el que atribuye al diablo la obra del Espíritu Santo, y persistentemente rechaza a Aquel que hace posible el perdón (→ Mateo 12:31-32; Hebreos 6:4-6; 10:26).

Estatuilla de arcilla de Salamina, Chipre, representa a una mujer que escribe con un estilo, sobre una tableta plegable. Puede remontar al siglo IV a.C.

2 JUAN

No hay duda de que estas tres cartas son obra del mismo autor, tradicionalmente el apóstol Juan, puesto que no sabemos de ningún otro apóstol que viviera en ese tiempo. Como apóstol y anciano mayor de la iglesia de Efeso, la elección de la palabra "anciano" ("Presbítero", Biblia de Jerusalén) para referirse a sí mismo es apropiada. La "Señora" es probablemente una iglesia local, más que una persona. Los "hijos" serían entonces los miembros de la iglesia (como en 1 Juan); la "hermana" de la señora sería la iglesia de Juan.

Juan toma aquí otra vez su tema favorito: el mandamiento de Jesús de que los que le siguen se amen unos a otros (5; Juan 15:12-17). Amar a los demás como Jesús nos ama, significa guardar todos los mandamientos. El "amor" que quebranta algunas de las normas básicas que Dios ha puesto para gobernar las relaciones humanas, no es amor. El amor de Jesús es abnegado, no egoísta.

Para el cristiano, el amor y la verdad van de la mano. Pero debe contentarse con lo que Cristo enseñó. Solamente los falsos maestros quieren eliminar o agregar puntos (9-10). Juan está luchando aquí con la misma clase de problemas (7) que en la primera epístola (→ página 640). Desde el comienzo mismo de las misiones cristianas había habido evangelistas y maestros viajeros, que generalmente era responsables ante uno de los apóstoles. Había llegado el momento de endurecerse y negar la hospitalidad a aquellos cuya enseñanza estuviera en contradicción con la verdad fundamental acerca de Jesucristo. Era esencial para la supervivencia del cristianismo.

3 JUAN

Véase 2 Juan arriba. Esta es una carta personal a un individuo. **Gayo** era un nombre común, y no es probable que este Gayo sea alguno de los mencionados en otras partes del Nuevo Testamento. Si la tradición sirve de guía, podría haber sido un dirigente de la iglesia de Pérgamo. Lo que importa más, Gayo era un hombre que "andaba en la verdad", y por lo tanto la practicaba. Sus palabras, sus acciones, su carácter, todos eran de una sola pieza. Su vida y conducta están en notable contraste con la de otro líder local: **Diótrefes.** Gayo, hombre de integridad, está haciendo todo lo que está a su alcance para ayudar a sus hermanos cristianos, especialmente los evangelistas y maestros viajeros que dependían de la hospitalidad y el sustento de los cristianos. Diótrefes está perjudicando el carácter de Juan, al retener su carta, esparcir mentiras, al ensalzar su propia posición como líder e impedir la expansión misionera. Parece que la Iglesia siempre ha tenido estos dictadorcillos, hombres como Diótrefes que se consideran a sí mismos indispensables. El tercer personaje de la carta, **Demetrio,** puede haber sido el mensajero de Juan (¡no había servicio postal!). La vida de este hombre habla por sí misma. Bien merece el alto concepto que Juan tiene de él.

Judas

El autor es Judas, hermano menor de Jesús y de Santiago, ya un anciano (la fecha es incierta, pero pudo haber sido por el año 80). Ya estaba pensando en escribir, cuando las alarmantes noticias que recibió acerca de falsas enseñanzas (→ más abajo) lo hicieron escribir esta breve y vigorosa carta con toda rapidez. La carta es obviamente judía, llena de referencias y alusiones al Antiguo Testamento, y toma sus ilustraciones de por lo menos dos escritos apócrifos judíos (→ más abajo). Judas está tratando una situación muy similar a la que Pedro trató en su Segunda Epístola. En efecto, el grueso de la carta de Judas es paralelo a 2 Pedro 2. Las dos son tan similares, que cualquiera pudo haber usado la del otro, o ambos se basaron en un tratado existente que contraatacaba la falsa enseñanza.

Judas le escribe a un grupo de creyentes amenazados desde dentro por hombres que han "entrado encubiertamente" y que ahora están creando divisiones por su falsa enseñanza. Estos hombres se caracterizan por su arrogancia e inmoralidad y por su pretensión de tener conocimientos superiores. Se levantan contra la autoridad. Son en extremo interesados, demasiado indulgentes consigo mismos. Argumentan que lo negro es blanco si así les conviene.

Pero están destinados a destrucción, como Sodoma y Gomorra lo estuvieron por su inmoralidad y perversión sexual (Génesis 19); como Caín, por haber asesinado a su hermano cuya vida lo acusaba (Génesis 4); como Balaam, que traicionó su posición como profeta (Números 31:8, 16; → 2 Pedro 2:15); y como Coré, por haberse rebelado contra la autoridad establecida por Dios (Números 16). Los ejemplos están cuidadosamente elegidos. Estas son las cosas de las cuales estos maestros son culpables.

La intención de Judas es hacer que la resistencia a tales maestros sea más firme. Los cristianos no están sin defensa, pero deben hacer uso completo de todas sus armas. Deben edificarse en la "fe", el cuerpo definido de verdad que han recibido. Deben orar y usar el poder del Espíritu Santo. Deben vivir a la luz de la segunda venida de Cristo. No tienen que temer ni desesperarse, porque Dios ciertamente puede guardarlos de toda caída.

Los ángeles (6): la afirmación acerca de los "hijos de Dios" en Génesis 6:1-2 condujo a creer en una antigua guerra en el cielo entre los ángeles buenos y los malos, cuyo orgullo y ambición los llevaron a la caída. Constituye una ilustración apta para el argumento de Judas.

Versículo 9: la historia viene del libro apócrifo *Asunción de Moisés*. Miguel fue enviado a sepultar a Moisés, pero el diablo le negó su derecho al cuerpo, alegando que Moisés había asesinado a un egipcio. Judas usa la respuesta circunspecta de Miguel como una lección para que los hombres vigilen sus palabras y para que no traten livianamente al diablo.

Versículos 14-15: cita del apócrifo *Libro de Enoc*. Judas toma esta ilustración de libros que él y sus lectores conocían y respetaban, así como de las Escrituras mismas.

Apocalipsis

El Apocalipsis fue escrito alrededor de los años 90-95, aunque algunos dan fechas anteriores. El autor se llama a sí mismo Juan. El estilo e idioma del Apocalipsis es tan diferente del Evangelio de Juan que muchos han concluido que este escritor debe ser otro Juan. Pero fuera del apóstol no conocemos a nadie que sea tan conocido que se identifique simplemente como "Juan". La tradición dice que el apóstol salió de Israel para establecerse en Efeso, capital de la provincia romana de Asia, en la que estaban localizadas las siete iglesias de Apocalipsis 2 — 3; la iglesia de esa ciudad era una de las destinatarias de las cartas.

El libro fue escrito en un tiempo de persecución. El exilio de Juan en Patmos (1:9) incluía probablemente trabajo forzado en las canteras de la isla. Algunos cristianos habían sido muertos (2:13), y otros estaban encarcelados por su fe. Lo peor estaba por venir (2:10), cuando se hiciera obligatoria la adoración del emperador romano. Los primeros cristianos vivían en ansiosa expectación del regreso de Cristo. Sesenta años después de su muerte esta esperanza todavía no se había realizado. Algunos vacilaron porque eran humanos. Entonces las cartas a las iglesias y el libro entero eran una necesidad para alentarlos a que permanecieran firmes. Dios es el que tiene el control de las cosas, no importa qué aspecto tomen éstas. Cristo, y no el Emperador, es el Señor de la historia. El tiene las llaves del destino mismo. Y *sí* vendrá otra vez para ejecutar juicio. Hay un futuro glorioso y maravilloso para todo creyente fiel, y especialmente para quienes dan sus vidas por Cristo. Este mundo y todo lo que ocurre en él está en las manos de Dios. Su amor y cuidado por su pueblo no fallan.

El mensaje de Juan se transmitió en forma que tiene el propósito de inspirar e instruir a la vez. Los vívidos símbolos, demasiado claros para quienes oyeron en aquel primer tiempo su carta circular a las iglesias, habrían significado poco para las autoridades (que estaban siempre dispuestas a ponerles las garras encima con el cargo de sedición). Es más, estas figuras serían igualmente vívidas para los creyentes de todos los tiempos. Los cristianos aún están soportando las presiones de regímenes totalitarios. La victoria de Cristo y su pueblo tiene vital vigencia hoy, cuando la máquina o el Estado toman tan a menudo el lugar de Dios.

En nuestra era materialista ha sido demasiado fácil no comprender el espíritu del libro. Por un lado, en vez de considerarlo como algo que capta la imaginación, lo reducimos a una lista de sucesos. Por otra parte, reaccionando contra lo racional, lo reducimos a la fantasía y al misticismo. Pero para comprender el Apocalipsis tenemos que considerarlo a la vez como un libro de visión e imaginación *y* como un libro firmemente arraigado en la historia, que proclama a Cristo como Señor de la historia. Hoy, quizá más que nunca, necesitamos sus realidades eternas, sin tiempo, y necesitamos su perspectiva.

Unas pocas consideraciones básicas ayudarán a la interpretación de ese libro a quienes por sin limitación de tiempo, y necesitamos su perspectiva.

- Lo primero que hay que decidir acerca de cualquier pasaje de la Biblia es lo que significó para sus lectores originales; considerarlo a la luz de la historia de la época.

- El Apocalipsis pertenece a un género particular de literatura, la apocalíptica (→ la nota en la página 651). Es poética y visionaria, y expresa su significado por medio de símbolos e imágenes. Tomar literalmente el lenguaje pictórico de este libro, o tratarlo como un tratado lógico o cronológico, es ir contra toda su intención.

- El Apocalipsis está arraigado en el Antiguo Testamento. Allí es donde encontramos las claves del significado de los diferentes símbolos, al comparar texto con texto.

- Los pasajes oscuros siempre deben comprenderse a la luz de los pasajes que son claros; nunca al contrario.

● Este es un libro de visiones. El hecho de que Juan no se preocupe de armonizar los detalles deja en claro que lo que importa es la acción principal de cada cuadro. Debemos tratar las visiones como tratamos las parábolas, mirando primero al cuadro completo y luego tratando de descubrir la idea principal.

● No estamos obligados necesariamente a tomar las visiones de Juan como una secuencia de sucesos que se siguen en orden cronológico. La mente oriental no se preocupa de la cronología tanto como nosotros.

1 INTRODUCCION: LA VISION QUE TUVO JUAN DE CRISTO

En más de un sentido este libro es "la revelación de Jesucristo" (1). El es la fuente de Juan *y* su tema. Jesucristo descorre el velo de los sucesos futuros para que Juan los dé a conocer. No hay en ello nada especulativo. Estas son cosas seguras, cosas que ocurrirán "pronto". La visión de Cristo es también y al mismo tiempo para los oyentes inmediatos de Juan, las siete iglesias de la provincia romana de Asia (Turquía occidental; → el mapa), tanto como para los cristianos de todas las épocas. Ningún verdadero grupo de cristianos está solo y abandonado. Jesús está en medio de su pueblo (12-13, 20): el Cristo viviente con todo su poder y gloria, el Amo de la vida y de la muerte, y del destino humano.

Pronto (1): no conocemos la escala del tiempo de Dios, y los profetas tienden a abreviar el futuro. La palabra sirve para recordarnos que debemos estar preparados.

El que lee (3): lee en voz alta. Esta era la forma en que se daban a conocer las escrituras en los días de Juan.

LAS SIETE IGLESIAS DEL APOCALIPSIS

Un mensajero de Juan, exiliado en Patmos, habría cruzado hasta Efeso para luego seguir una ruta circular. Las siete iglesias se enumeran en el orden en que aquél las hubiera visitado.

Efeso
Ciudad principal de la provincia romana de Asia. Pablo permaneció allí enseñando 2 años en su tercer viaje misionero. Su carta a los "Efesios" se dirige principalmente a la iglesia de aquel lugar. Según la tradición, Juan pasó allí sus últimos días. Se han excavado grandes ruinas (→ también las páginas 565, 573, 605, 607).

Siete iglesias (4, 11): Juan usa bastante el número siete (siete sellos, siete trompetas, siete copas, etc.), lo que habitualmente en este libro significa completo, perfecto. Aquí el número también es literal. De las siete iglesias solamente la de Efeso se conoce bien (Hechos 19). En Hechos 16:14 se menciona a Tiatira como la ciudad de Lidia. La iglesia en la Laodicea se menciona en Colosenses 4:15-16. Las demás no se mencionan en el Nuevo Testamento.

El Alfa y la Omega (8): la primera y la última letras del alfabeto griego.

Patmos (9): pequeña isla griega frente a la costa occidental de Turquía (→ la introducción).

Día del Señor (10): generalmente se entiende que significa domingo.

Espada (16): → Hebreos 4:12. Las palabras de Jesús son de doble filo. Pueden cortar los lazos y dar libertad a un hombre, o pueden administrar justicia.

Hades (18): el lugar donde los muertos esperan la resurrección y el juicio.

Angeles (20): algunos ven esto como una referencia a los ministros o pastores, otros a los ángeles guardianes y otros al espíritu esencial de cada iglesia. En otras partes del Apocalipsis los ángeles son siempre seres celestiales.

2 - 3 MENSAJES ESPECIALES A LAS SIETE IGLESIAS

Las cartas se dirigen a iglesias específicas, pero el mensaje es para toda la iglesia. Vale la pena notar que, con la excepción de Esmirna y Filadelfia, el peligro desde adentro de la iglesia es

Esmirna
Es hoy Izmir, ciudad y puerto principal en la costa occidental de Turquía. Los restos más importantes de los tiempos romanos son del foro, fotografiado aquí. Fue en Esmirna donde por el año 155 el anciano obispo Policarpo se negó a renunciar a Cristo y sufrió el martirio.

Pérgamo
Las ruinas de la antigua ciudad están sobre la acrópolis en lo alto de la moderna ciudad de Bergama. El "trono de Satanás" puede referirse al gran altar de Zeus que dominaba al pueblo. Pérgamo también era la base del culto oficial al emperador, y centro de curación asociado con el Templo de Esculapio.

más destructivo que el peligro desde afuera. Jesús conoce los puntos débiles y fuertes de cada una. La descripción inicial le recuerda a cada iglesia algún aspecto relevante de la persona y obra de Cristo.

2:1-7 Efeso

→ bajo Hechos 19. La iglesia de Efeso estaba firmemente establecida y poseía discernimiento espiritual. Contaba con enseñanza sana, pero faltaba aquel amor por Cristo y por los demás que fue su característica al comienzo.

Nicolaítas (6): desconocidos fuera de este libro. Su conducta aborrecible surgía de las falsas enseñanzas (15) que se habían infiltrado en la iglesia de Pérgamo.

Arbol de la vida (7): la prohibición de Génesis 3:22-24 es levantada para todos los que son fieles a Cristo. El es quien da la vida eterna.

2:8-11 Esmirna

La pequeña iglesia de Esmirna estaba abatida por la pobreza, pero era rica en todo lo que importaba. Las palabras de Jesús son todas de aliento. El ha puesto un límite definido a sus sufrimientos, y les tiene el don de la vida más allá de la muerte.

Sinagoga de Satanás (9): los judíos que acosan a la iglesia no son el pueblo de Dios. → Juan 8:39-44.

Muerte segunda (11): explicada en 20:14-15.

Tiatira
Centro comercial en el camino hacia el oriente, actual pueblo de Akhisar. Nada queda de la ciudad antigua. La referencia a vasijas de barro puede indicar una de las industrias del pueblo. Otra era la púrpura. Lidia, que comerciaba con esas telas teñidas y a quien Pablo encontró en Filipos (Hechos 16:14), era de Tiatira, y podría haber regresado para ayudar a forma la Iglesia allí. Otra mujer fue instrumento para apartar de la fe a los miembros de la iglesia y llevarlos a la inmoralidad. Su mala influencia la hace merecedora del nombre de Jezabel que se le da en la carta, nombre de su contrapartida del Antiguo Testamento.

Sardis
Ex capital del antiguo reino de Lidia. El rey de Sardis, Creso, tenía una riqueza legendaria ("tan rico como Creso"). Luego los griegos colonizaron la zona. Aún quedan pilares del gran templo griego que hubo allí. El gimnasio también ha sido reconstruido; y los arqueólogos quedaron sorprendidos al descubrir esta antigua sinagoga judía.

2:12-17 Pérgamo

En Pérgamo la iglesia había tomado una posición valiente a pesar de la presión exterior, pero algunos miembros habían cedido ante la enseñanza falsa. Como resultado se estaban introduciendo antiguas prácticas paganas.

El trono de Satanás (13): Pérgamo era el principal centro de adoración del emperador en la región. Un inmenso altar a Zeus dominaba la ciudad desde su acrópolis. La gente acudía en masa para ser curada en el templo de Esculapio. La expresión puede aludir a una o todas de estas cosas.

Balaam, Balac (14): → Números 31:16; 25.

Comer cosas sacrificadas a los ídolos (14): → bajo 1 Corintios 8.

Versículo 17: *maná* (Exodo 16), es decir, alimento que Dios proporciona. El significado de la *piedrecita blanca* es desconocido. El *nombre* representa todo el carácter. En el mundo antiguo saber el nombre de un hombre era tener poder sobre él.

2:18-29 Tiatira

Esta era otra iglesia muy confundida. En varios aspectos tenía buena salud, pero en la comunidad había una mujer influyente que abogaba por una condescendencia fácil con el mundo pagano, inmoral e idólatra. Muchos fueron arrastrados por su manera de pensar. Había "cristianos" que se sumergían profundamente en el mal, quizá para demostrar su superioridad moral; quizá porque hacían una falsa distinción entre cuerpo y alma,

Filadelfia

Pequeña ciudad en el costado de un extenso valle que constituía una zona agrícola muy fértil. Actualmente la ciudad de Alasehir deriva su prosperidad de la misma fuente. "Columna en el templo de mi Dios" puede ser una referencia al templo que está en la colina detrás de la ciudad.

Laodicea
Próspera ciudad cerca de Hierápolis y Colosas en el valle del Lico. La carta se refiere a varios factores en la prosperidad del pueblo: la lana fina y el colirio eran dos de los productos de la ciudad, y también era un centro bancario; → en la página 650 una foto que explica las referencias al agua tibia.

al estilo griego. A los que permanecen fieles se les promete el poder de Cristo y su presencia (la estrella de la mañana, → 22:16).

Jezabel (20): la impía esposa del rey Acab; → 1 Reyes 21:25-26.

3:1-6 Sardis

A pesar de toda su reputación, la iglesia de Sardis estaba muriendo de pie. Esta iglesia no tenía que vencer la oposición, sino la apatía, la indiferencia y la autosuficiencia.

Versículo 2: es con su vida que un hombre demuestra la realidad de su fe. Una fórmula de palabras no lo salvará. → Mateo 7:21.

3:7-13 Filadelfia

Esta carta, como la carta a Esmirna, no contiene palabras de reprensión. A juzgar por estas cartas, no son las iglesias más grandes y de aspecto más impresionante o las que tienen más prestigio, las que necesariamente están en mejor forma espiritual. Cristo abre la puerta para una obra eficaz (8 y 1 Corintios 16:9), no a quienes son fuertes, sino a los que son fieles.

Versículo 9: → bajo 2:9.

3:14-22 Laodicea

El peor de los siete casos es una iglesia tan presuntuosa que está totalmente ciega y no ve su verdadera condición. Está tan lejos de lo que debiera ser que Jesús está *afuera* llamando para ser admitido en la vida de los individuos que se llaman cristianos (20). Esta carta está llena de color local. La banca y la manufactura de telas de lana negra hacían que Laodicea fuera rica (17-18). La ciudad estaba orgullosa de su escuela de medicina, y era reconocida por un ungüento especial para los ojos (18). La provisión de agua de Laodicea se llevaba por canales desde manantiales termales que quedaban a cierta distancia, y llegaba tibia a la ciudad (16). La iglesia era como su agua: tibia. No había nada digno de elogio en ella.

Principio (14): "el origen" (Versión Popular), es decir, la fuente primera.

4 JUAN TIENE UNA VISION DEL CIELO

La escena se traslada, característicamente, de lo que está ocurriendo en la tierra, a lo que ocurre en el cielo. Juan continuamente pone esta vida en perspectiva al volverse hacia las realidades eternas. Así el cuadro de las afligidas iglesias se esfuma ante esta sublime visión del trono: Dios controla todo lo que está ocurriendo. Todo habla de su poder y gloria, de su absoluta fidelidad (3, y → Génesis 9:12-17) y pureza (las vestiduras blancas, el "mar" resplandeciente y transparente). Los "ancianos", que representan a todo su pueblo fiel, se unen con los "seres vivientes" que representan a toda la creación, para honrarlo.

Siete espíritus (5): el Espíritu Santo. → bajo 1:4 para el significado de siete.

Cuatro seres vivientes (6): similares, pero no idénticos a los "querubines" de Ezequiel (Ezequiel 1 y 10).

Las aguas de las termas de Hierápolis fluyen por los farallones dejando depósitos de minerales que han formado estas terrazas y cascadas de sedimento calizo. En las cercanías, Laodicea usaba agua que se conducía hasta allá desde estas fuentes termales, agua que llegaba "tibia".

5 - 8:1 LOS SIETE SELLOS

5 El rollo sellado

En este punto Juan comienza a ver las cosas que deben ocurrir (4:1). El rollo contiene el destino del mundo, revelado a Juan en una serie de cuadros (6:1 - 8:1). Solo Cristo tiene el derecho de poner estas cosas en acción, no en virtud de su poder (el León), sino por su muerte expiatoria (el Cordero inmolado). El capítulo 4 representaba a Dios Creador. Este capítulo representa a Dios el Redentor. La respuesta a ambos es alabanza y adoración universal (4:8-11; 5:8-14, y → Filipenses 2:8-11).

Siete cuernos, siete ojos (6): es decir, omnipotente, omnividente.

6 La apertura de los sellos

La apertura de los sellos desencadena una serie de desastres. Tras la conquista (2) vienen la muerte, el hambre y la pestilencia (4-8), los juicios clásicos de Dios que tan a menudo predijeron los profetas (→ bajo Jeremías 14:12; Ezequiel 14:21; los jinetes provienen de Zacarías 1:8). Pero no importa cuál sea el desastre, Dios tiene todo bajo su control. Su amor y cuidado por su pueblo jamás fallan (9-11). Los versículos 12-17 describen los sucesos cataclísmicos que precederán al gran día en que Dios pedirá cuentas. En lenguaje apocalíptico Juan describe la desintegración del mundo fijo y estable que conocemos. → Mateo 24:29; Joel 2; Sofonías 1.

Versículo 2: no es la misma figura de 19:11.

Versículo 6: el precio de los alimentos básicos esenciales está tan inflado que el promedio de la gente deberá pagar el salario de todo un día por una alimentación insuficiente.

7 - 8:1 El pueblo de Dios; el séptimo sello

Los cuatro vientos pueden ser lo mismo que los cuatro jinetes del capítulo 6 (→ Zacarías 6:5). Si es así, Juan ve las fuerzas destructivas retenidas mientras Dios pone la marca de propiedad sobre cada uno de los que le pertenecen. Al cristiano no se le promete una vida terrenal libre

La literatura apocalíptica

El período que se extiende desde el año 200 a.C. hasta el año 100 d.C. fue uno de los más difíciles de la historia judía. Hacía tiempo que la voz de los profetas se había dejado de oír. En vez de la edad de oro que habían predicho, los judíos habían sufrido derrota, ocupación y violentas persecuciones religiosas. No es sorprendente que surgieran en este período de tensión numerosos escritos con características comunes y con la misma preocupación. Constituyeron un cuerpo distinto de literatura conocida como "apocalíptica".

Los escritores volvieron a las visiones y a la inspiración de los profetas. Les interesaba el reino mesiánico, la era de Dios (en contraste con el presente siglo malo) y su venida cataclísmica. Para dar autenticidad a su mensaje, escribían bajo el pseudónimo de algún gran personaje del Antiguo Testamento. Tomando el punto de vista de alguna persona en el pasado distante, tenían la posibilidad de "predecir" los sucesos de su propio tiempo. El tema era expresado en visiones y revelaciones hechas al estilo de Daniel, haciendo gran uso del simbolismo (y a veces de grotescas figuras).

En forma y estilo el Apocalipsis de Juan es similar a este tipo de literatura. Su tema también tenía que ver con las realidades eternas, el fin del mundo, los nuevos cielos y la nueva tierra. Como los autores apocalípticos, Juan está empapado del Antiguo Testamento, y toma el rico conjunto de figuras evocativas de los profetas. Pero hay diferencias vitales. Juan no se adentró en el pasado; no tenía necesidad de un pseudónimo o de una pseudopredicción para dar autenticidad a su mensaje; él sabía, tan ciertamente como Isaías, Jeremías, Ezequiel y Daniel, que lo que él escribía le era dado por Dios, y llevaba el sello de su autoridad (1:1-3; 22:6, 18-20).

de tribulaciones. Pero por ella llegará a una vida completamente libre de sufrimientos en el cielo (14-17). Un silencio solemne sigue a la ruptura del último cielo. Hemos llegado al tiempo del fin.

Después de esto (1, 9): indica una nueva visión, no se refiere al tiempo en relación con los sucesos del capítulo 6.

144.000 (4): este número ha sido motivo de debates, pero parece mejor tomarlo simbólicamente como el total de todo el pueblo de Dios (12 x 12 x 1.000), equivalente a la "gran multitud" (9). Israel significa, no la nación, sino el pueblo de Dios: los creyentes del Antiguo Testamento y los cristianos del Nuevo Testamento por igual.

8:2 - 11:19 LAS SIETE TROMPETAS

8:2-13 Suenan las primeras cuatro trompetas

Las trompetas siguen la misma pauta de los siete sellos, pero los juicios se intensifican. Las oraciones del pueblo de Dios juegan una parte importante en todo esto (5:8; 8:3-4). Las trompetas dan un toque de advertencia. Los juicios, aunque severos, no son totales. Tienen el propósito de despertar a los hombres (9:20-21). En lenguaje descriptivo simbólico, Juan describe cuatro calamidades que afectan al mundo natural: la tierra, el mar, las aguas y los cielos. Los "ayes" del águila solitaria implican que lo peor aún está por venir. El resto de los juicios afectan directamente a la humanidad.

9 La quinta y sexta trompetas

Las fuerzas demoníacas (langostas monstruosas con poder de escorpiones), servidoras del "Destructor" (Apolión o Abadón, 11), son dejadas en libertad. Pero Dios les da un plazo (cinco meses es la longevidad aproximada de una langosta verdadera). Aunque el blanco de ellas serán los hombres, no tienen poder para tocar a los que pertenecen a Dios (4).

Las "langostas" torturan; el ejército de ángeles tiene poder para matar dentro de ciertos límites. Sin embargo, aun después de haber enfrentado las más terribles advertencias, los hombres con gran soberbia se niegan a cambiar sus caminos (20-21). Este es el mundo en que vivimos: un mundo que resiste a Dios hasta el final más amargo; un mundo que prefiere hacerse sus propios "dioses", elegir sus propias normas de conducta.

200.000.000 (16): eran tantos, que Juan tuvo que oír su número. No los pudo contar. Dios siempre tiene poderes colosales a su disposición.

10 - 11:13 Interludio; el librito y los dos testigos

Hay un paréntesis entre la sexta y la séptima trompetas, de la misma manera que lo hubo entre los sellos sexto y séptimo. Dios demora su juicio final, pero no para siempre (6-7). El ángel glorioso le trae a Juan un mensaje para el mundo, un mensaje que es "dulce" para él como cristiano (9; y → Jeremías 15:16; Ezequiel 3:1-3). Pero no saca gozo alguno del amargo mensaje que debe dar a conocer a quienes rechazan a Dios.

El capítulo 11 es difícil. Juan deriva sus símbolos de Ezequiel 40-41 (la medición del templo) y de Zacarías 4 (los olivos). La acción de medir indica la protección y el cuidado de Dios por su pueblo. Los dos olivos representan la Iglesia, fiel hasta la muerte. (La ley del Antiguo Testamento exigía que las evidencias debían ser atestadas al menos por dos testigos; Deuteronomio 19:15). Les hacen la guerra las fuerzas enemigas de Dios, la "bestia" satánica que tiene poder de matar y deshonrar, pero no de destruir o impedir su triunfo.

10:4: Juan recibe órdenes acerca de lo que ha de escribir. No todo lo que ve es para conocimiento público.

Cuarenta y dos meses (11:2): esto es igual a 1.260 días (3), y a "tiempo (un año), tiempos (dos años) y mitad de un tiempo (seis meses)" (12:14). Esto puede haberse derivado de la duración de la tiranía de Antíoco Epífanes en Jerusalén, o de los cuarenta y dos campamentos de Israel en el desierto. Pero la duración precisa del juicio es menos importante que el hecho de que Dios le ha puesto un límite definido.

Sodoma y Egipto (11:8): sinónimos del mal y la opresión. La frase final sugiere a Jerusalén, pero es más probable que "la gran ciudad" aquí, como más adelante en el libro, sea la ciudad del hombre rebelde.

11:14-19 La séptima trompeta

La séptima trompeta anuncia el fin. Jesús reina: el mundo es su reino. ¡Alabado sea Dios! El arca, que estuvo oculta en la parte más sagrada e inaccesible del templo, es ahora visible a todos (19). El camino hacia la presencia de Dios está completamente abierto.

12 - 14 VISIONES RELACIONADAS CON LOS SUFRIMIENTOS DE LA IGLESIA

12 La mujer y el dragón

Juan estaba escribiendo para una iglesia perseguida, y estos capítulos están llenos de aliento para el corazón. La mujer (1, compárese con 17:3ss.) representa al pueblo escogido de Dios, de quien nació primero el Mesías (5) y por medio de él la Iglesia (17). El dragón destructor es Satanás mismo (9). Los versículos 7-12 nos recuerdan que la lucha en que están comprometidos los cristianos es parte de un conflicto mucho mayor (Efesios 6:11-12).

El mensaje principal es claro. Aun cuando Satanás es fuerte y poderoso y su ataque es fiero, le queda poco tiempo. Ha sido vencido por Cristo: puede ser vencido por los creyentes. Su destino es la destrucción; el de la Iglesia es el triunfo. El pueblo de Dios en todo tiempo y en todo lugar está bajo la soberana protección del Señor.

13 Las dos bestias

La bestia del mar (lugar de maldad en el pensamiento judío) es una criatura compuesta de las cuatro bestias que representan los sucesivos imperios mundiales en Daniel 7. Con sus coronas y cuernos (soberanía y poder) y su abierto desafío a Dios, representa al estado autoritario y opuesto a Dios. Su poder lo obtiene del maligno (2, 4) y es aparentemente indestructible (3). Embauca al mundo, pero no a los cristianos (8).

La segunda bestia, el falso cordero que habla con la voz de Satanás (11), es la religión autorizada y dominada por el Estado. En 16:13 y 19:20 se la identifica como el "falso profeta". Imita las cosas verdaderas, y desvía la adoración de los hombres. La negativa a adorarla les cuesta la vida a algunos (15) y a otros, sus medios de vida (17). Para Juan, las dos bestias son el Imperio Romano y el culto al emperador. Pero toda época, incluso la nuestra, tiene sus equivalentes.

Cuarenta y dos meses (5): → bajo 11:2.

La marca (17): indica propiedad, y aceptación de la autoridad de la bestia. Los hombres llevan la "marca" del mundo o el "sello" de Dios, y resulta evidente (16; 7:3).

Cabeza de Domiciano, el emperador romano que comenzó las persecuciones que sirven de trasfondo al libro del Apocalipsis.

El número (17-18): muchos han tratado de identificar a un individuo (por ejemplo Nerón César) puesto que las letras del alfabeto servían como números en tiempos antiguos. Pero la clave puede estar en el simbolismo de los números, puesto que 6 es "un número de hombre". No importa cuántas veces se repita, siempre le falta para ser 7, el número de Dios. No importa cuán poderosa sea la "bestia", no es Dios.

14 El gozo de los redimidos; la siega

Este capítulo está en dramático contraste con los capítulos 12-13. En el mundo el pueblo de Dios puede esperar una hostilidad implacable. En el reino de Dios se truecan las suertes (compárese 9-11 con 13:15-17). El mundo se ha puesto contra Dios; Dios pone su rostro contra el mal. Le ofrece al hombre un Evangelio que es eterno (6); el mayor de los poderes del mundo es temporal (8). Al final habrá justicia absoluta. Todo lo que es bueno será segado con amor; todo lo malo será completamente aplastado (13-20).

Versículos 3-4: → bajo 7:4. En ningún lugar la Biblia implica que la relación sexual en sí sea inmunda, o que sea más piadoso el que es célibe que el que es casado. Por lo tanto el versículo 4 debe referirse a quienes son fieles a Dios. Los profetas suelen usar el mismo lenguaje figurado: el Israel idólatra es una "prostituta", una "adúltera". Las "primicias" son aquella parte de la siega del mundo que pertenece a Dios.

Babilonia (8): → bajo capítulo 17.

Uno semejante al Hijo del Hombre (14): puesto que recibe órdenes (15) debe ser un ángel, no Cristo mismo.

1.600 estadios (20): un *estadio* tenía unos 185 metros. Pero 1.600 *estadios* es claramente otro número simbólico: 4 (que representa la tierra) x 4 x 10 x 10 = destrucción completa de los malvados a través de la tierra.

15 - 16 LAS SIETE ULTIMAS PLAGAS

Los grandes desastres de la historia humana son advertencias acerca del fin, calamidades totales que ocurrirán a quienes se niegan a oír. Las plagas que Juan describe aquí recuerdan vívidamente a las que cayeron sobre Egipto en el tiempo del éxodo. Pero primero vemos el gozo y la seguridad del pueblo de Dios. Ellos no están sujetos a los terrores finales, que están específicamente dirigidos contra el mal (16:2, 9, 11). Una y otra vez el cielo en el Apocalipsis se ve como un lugar de cantos; no el canto de himnos interminables, lúgubres y obligados, sino el canto espontáneo. En el cielo la vida es tan buena, la gente tan completamente feliz y libre de preocupaciones que no pueden dejar de cantar. La alabanza, por fin, surge en forma natural.

El cántico de Moisés (15:3): el gran recocijo después de cruzar el Mar Rojo (Exodo 15). Ambos son cánticos de salvación y libertad.

16:12: el Eufrates separaba al mundo civilizado de las hordas bárbaras que estaban más allá.

Armagedón (16): la colina de Meguido, la famosa fortaleza que estaba al borde de la llanura de Jezreel y que custodiaba el paso por el Carmelo. Fue escenario de tantas batallas, que llegó a simbolizar la batalla misma.

Templo dedicado al emperador romano Trajano en Pérgamo, ubicación de una de las siete iglesias a que se dirige el Apocalipsis.

La gran ciudad... gran Babilonia (19): → bajo capítulo 17.

17 - 20 EL TRIUNFO FINAL DE DIOS

17 - 19:5 La caída de Babilonia

Los profetas del Antiguo Testamento denunciaron con tanta frecuencia y en forma tan vigorosa a la Babilonia literal (→ las referencias abajo) que llegó a ser sinónimo del orgullo y vanagloria humanos. Para Juan y sus lectores, Babilonia, la prostituta amante del lujo, era Roma, la ciudad de las siete colinas (→ versículo 9), la gorda y decadente Roma; Roma, donde los cristianos eran arrojados a los leones y quemados vivos para diversión del público; Roma, la cloaca del Imperio. Pero cada edad tiene su "Babilonia", la personificación de toda la voracidad, la lujuría y el placer que arrastran a los hombres lejos de Dios; las cosas que prometen tanto y dan tan poco. ¡Y Babilonia, símbolo de todo lo que engaña, está condenada!

El capítulo 18, al describir la caída de Babilonia, hace eco del espíritu y lenguaje de todas las grandes profecías de "caídas" en el Antiguo Testamento (Isaías 13 — 14, 24; Jeremías 50 — 51; Ezequiel 26 — 28). Es el pronunciamiento final y completo de la condenación de cada potencia que en toda época se ha nutrido del mal y ha tratado a los hombres como mercaderías que se compran y se venden (13). El pueblo de Dios se siente tentado a hacer la paz con el mundo. Pero se les llama a que tomen una posición sin componendas (4). Ellos serán vindicados. Se hará justicia. Es tan segura, que se puede decir que ya ha ocurrido. Babilonia *ha* caído.

Era y no es (17:8): a veces los poderes malignos actuán desenfrenadamente en la historia humana; a veces lo hacen clandestinamente, pero siempre vuelven.

Siete reyes (17:10): estos podrían ser emperadores, o bien imperios.

Diez reyes (17:12): a veces se entiende que son emperadores romanos, pero Juan está describiendo una coalición futura.

19:2-3: esto no es ánimo vengativo, ni deleitarse por el destino de los demás. El pueblo de Dios fundamenta su vida en la verdad y la justicia. Se regocijan al ver que el mal militante e impenitente ha sido derrotado.

19:6-10 Las bodas de Cristo y su esposa, la Iglesia

Juan pinta un hermoso cuadro. El traje de boda de la novia ha sido tejido con las acciones verdaderamente cristianas en las cuales el Señor mismo se complace.

Versículo 10: Juan apenas necesitaba que se le dijera que adorara solamente a Dios (aquí y nuevamente en 22:9). Pero posiblemente algunos en la iglesia necesitaban esta lección (compárese con Hebreos 1).

Armagedón, o "Har-magedon", significa "colina o monte de Meguido". El montículo dejado por la antigua ciudad se puede ver en esta foto más allá del paso que custodiaba por las colinas del Carmelo.

19:11-21 El Cristo victorioso

Los dos secuaces de Satanás y sus aliados han sido ahora capturados y destruidos en una "guerra" sin armas, armaduras ni batallas. ¡Grande es el poder de Cristo!

Un nombre (12): → bajo 2:17.

20 Erradicación del mal; derrota de Satanás; el juicio final

Se ha argumentado mucho acerca del sentido de este capítulo, que contiene la única mención en la Biblia de un "milenio". Pero veamos primero las cosas que están claras.

Juan ve a Satanás firmemente controlado por Dios (1-3). Ve las almas de los mártires, no de todo cristiano (y esto es importante para la iglesia primitiva que estaba perseguida), resucitados para reinar con Cristo mil años (4-6). Al final las fuerzas del mal se unen para atacar al pueblo de Dios, pero son completamente destruidas, incluso Satanás y sus secuaces (7-10). Hay una resurrección general, cuando todos los hombres se presentan delante de Dios y cada uno es juzgado según su expediente. El veredicto es vida o muerte. Para los que viven ya no habrá más muerte (11-15).

En cuanto a los detalles es necesario ser cauteloso. Aquí tienen validez las mismas reglas de interpretación que en el resto del libro (→ página 645). Preguntar "dónde" se establecerá el reino, y elaborar una cronología de sucesos, es salirse del espíritu del libro. La idea de un milenio terrenal pertenece al Antiguo Testamento, no al Nuevo. Pedro habla sencillamente de "nuevos cielos y nueva tierra". Juan mismo no da una localización (en otras partes del Apocalipsis los tronos están en el cielo, 4). Tampoco menciona secuencia de tiempo, ni la relación de todo esto con la venida de Cristo.

Mil años (2): otros números del Apocalipsis son simbólicos. Mil años son un tiempo suficientemente largo como para mostrar la completa autoridad de Dios sobre Satanás y para compensar con creces los sufrimientos terrenales de los mártires.

Gog y Magog (8): → bajo Ezequiel 38.

Ciudad amada (9): la comunidad del pueblo de Dios en contraste con la "gran ciudad" de Babilonia.

21 - 22:5 EL NUEVO MUNDO DE DIOS

¿Cómo será la nueva era, habiéndose acabado el mal y estando destruida la muerte? Lo que Juan describe es un cielo sobre la tierra. La nueva vida es un largo y despejado día de bodas para todo el pueblo de Dios: el tiempo de mayor felicidad y gozo que se puede imaginar. Y no hay ya nada que pueda estropearlo: no hay tristeza, no hay dolor, no hay separación de los seres amados; ni siquiera hay noche. Dios está siempre allí. Está *cerca*. No hay pecado adentro ni afuera, que nos arrastre, que entorpezca la perfecta relación, que nos haga estar buscando a Dios a tientas o que nos llene de vergüenza. Las ciudades del mundo tienen su riqueza y hermosura, pero no son nada en comparación con el glorioso esplendor, la resplandeciente luminosidad de la ciudad del pueblo de Dios. También hay allí paz, libertad y seguridad. Es infinitamente preciosa e infinitamente digna.

12.000 estadios (21:16): unos 2.220 kilómetros, pero no se pretende que sea tomado literalmente. Es 12 x 1.000 (→ bajo 7:4 y 14:20). Sobre la tierra el pueblo de Dios parece pequeño y está disperso, pero forma parte de una extensa comunidad, una gran ciudad celestial.

21:19-20: la lista de piedras preciosas refleja las que estaban en el pectoral del sumo sacerdote, para representar a Israel (→ el grabado en la página 169).

22:2: al hombre caído se le negó el acceso al "árbol de la vida" (Génesis 3:22-24). Ahora el edicto se invierte. El hombre redimido jamás volverá a abusar de su libertad.

22:6-21 EPILOGO

Las afirmaciones finales pueden parecer algo desarticuladas, pero no les falta vigor. Juan afirma la verdad de lo que ha escrito. En las palabras más severas de su tiempo, advierte que no hay que alterarlas. Sus palabras finales están llenas de urgencia. Lo que ha escrito ocurrirá pronto. La venida de Cristo es inminente. Los hombres entonces habrán fijado sus actitudes. No será posible cambiar. Al final, los que no se han salvado serán perdidos; los que no entren en la vida eterna y en la presencia de Dios quedarán afuera para siempre. Por eso "el que tiene sed, venga", y "tome del agua de la vida gratuitamente".

Parte cuarta

He aquí una guía tanto para la Biblia como para el material que este libro contiene. Está dividida en secciones: Artículos especiales, Temas clave, Oraciones, Milagros y Parábolas de Jesús, Naciones, Personas, Lugares, Asuntos y sucesos. Generalmente da primero las principales referencias bíblicas: puede usarse para encontrar en qué lugar de la Biblia ocurrió algo, o para rastrear algo de la enseñanza principal de la Biblia, o para buscar personas y lugares. También sirve como una serie de índices para este libro. Fotos o artículos pueden buscarse bajo la sección respectiva: por ejemplo, cuadros o mapas de Jerusalén que haya en la obra pueden buscarse bajo el rubro ''Jerusalén'' en el Directorio de lugares. O quien quiera fuentes de información sobre Artes y oficios, o Barcos, o el Calendario, puede localizarlas en la lista de Asuntos.

Temas claves de la Biblia

Pasajes de la Biblia que se refieren a ideas o temas clave, escogidos como ejemplo para un punto de partida del estudio.

ALIANZA → Pacto.

AMOR 1 Corintios 13; Gálatas 5:22; 1 Juan 4:7 - 5:3.
El amor de Dios; el amor de Cristo: Deuteronomio 7:7-8; Proverbios 3:12; Isaías 63:7-9; Jeremías 31:3; Oseas 3:1; 14:4; Juan 3:16; 13:1; 15:9, 12, 13; Romanos 8:35-39; Gálatas 2:20; Efesios 2:4; 3:17-19; Hebreos 12:6; 1 Juan 3:1.
Amor del hombre por Dios: Exodo 20:6; Deuteronomio 6:5; 11:1, 13, 22; Salmos 31:23; 116:1; 119:47-48; Juan 14:15, 21-24; Romanos 8:28; 1 Corintios 8:3; 1 Pedro 1:8.
Amor al prójimo: Levítico 19:18, 34; Mateo 5:43-46; Juan 13:34-35; 14:15, 21-24; 15:9-14; Gálatas 5:13-14; Efesios 4:2, 15-16; Filipenses 2:2; Hebreos 10:24; 1 Juan 4:7 - 5:3.
Amor entre hombre y mujer: Génesis 29:20; 2 Samuel 13:15; Proverbios 5:18-19; Cantar de los Cantares; Efesios 5:25ss.; Colosenses 3:19.

ARREPENTIMIENTO Apartarse del pecado y el egocentrismo para volverse a Dios: 2 Reyes 17:13; 23:25; 2 Crónicas 33:10ss.; Job 42:6; Salmos 51; 78:34; Isaías 1:16-20; 55:6ss.; Jeremías 3:12-14; Ezequiel 33:12ss.; Daniel 9:3-20; Oseas 14:1ss.; Joel 2:12-14; Mateo 3:2,8; 11:20-21; Marcos 1:4; Lucas 5:32; 13:3, 5; 15:7, 10, 18 21; 24:47, Hechos 2:38; 17:30; 20:21; 26:20; 2 Corintios 7:10; Hebreos 12:17; 2 Pedro 3:9; Apocalipsis 2:5.

CARNE *Carne y sangre; el hombre mortal:* Génesis 6:3, 12; Salmo 78:39; Job 19:26; 34:15; Isaías 40:5.
La naturaleza pecadora del hombre: Romanos 7:13-25; 8; Gálatas 5:16-24.

CIELO La morada de Dios, el mundo perfecto e invisible (a veces significa simplemente ''firmamento''): Deuteronomio 26:15; Nehemías 9:6; Mateo 5:45; 6:9; Marcos 13:32; 2 Pedro 1:4.
Nuevos cielos y nueva tierra: Isaías 65:17ss.; 2 Pedro 3:10-13; Apocalipsis 21 - 22.

CREACION Y PROVIDENCIA Génesis 1 - 2; Job 38 - 42:6; Salmos 8; 33:6-22; 104; Isaías 40:21-26; Mateo 6:25-33; Hechos 14:15-18; Romanos 1:18-23; 8:18-23; 13:1-7; Colosenses 1:15-20; Hebreos 1:1-3. En cuanto a la nueva creación, → Vida; en cuanto a los nuevos cielos y nueva tierra, → Cielo.

DESTINO FUTURO Viene el día (en el Antiguo Testamento ''aquel día'', el ''día de Jehová'') en que Dios juzgará a todos los hombres; en que todas las promesas gloriosas hechas a su pueblo se realizarán en un cielo nuevo y una tierra nueva (→ también Cielo, Jesucristo, regreso y Resurrección): Isaías 2 - 4; 65:17-25; etc.; Daniel 12:1-3; Joel; Amós 5; Sofonías; Mateo 24 - 25; Hechos 1:6-11; 1 Corintios 3:10-15; 15:20-28, 35-38; Apocalipsis, especialmente 19 - 22.

DIOS Un solo Dios que se ha revelado en tres personas: Padre, Hijo (Jesucristo) y Espíritu Santo: Deuteronomio 6:4; Génesis 1:1-2 y Juan 1:1-3; Jueces 14:6, etc.; Isaías 40:13; 45:18-22; 61:1; 63:10, etc.; Mateo 28:19; Juan 14:15-26; 2 Corintios 13:14 (BJ 13:13); Efesios 2:18, 4:4-6; 2 Tesalonicenses 2:13-14; 1 Pedro 1:1-2.
Dios en tanto es transcendente: el Espíritu eterno; el Creador: Génesis 1; Deuteronomio 33:26-27; 2 Reyes 8:27; Job 38ss.; Salmos 8; 100; 104; Isaías 40:12-28; 55:9; Juan 4:23-24; Romanos 1:19-20; Apocalipsis 1:8.
El poder de Dios: Génesis 17:1; Exodo 32:11; Números 24:4; Job 40 - 42:2; Isaías 9:6 (BJ 9:5); 45 - 46; Daniel 3:17; Mateo 26:53; Juan 19:10-11; Hechos 12; Apocalipsis 19:1-16.
—su omnisciencia: Génesis 4:10; Job 28:20-27; Salmo 139:1-6; Daniel 2:17-23; Mateo 6:7-8; Juan 2:23-25; 4:25-29; Efesios 1:3-12.
—su omnipresencia: Génesis 28:10-17; Salmo 139:7-12; Jeremías 23:23-24; Hechos 17:26-28.
La manera de ser de Dios, su santidad y justicia: Exodo 20; Levítico 11:44-45; Josué 24:19-28; Salmos 7; 25:8-10; 99; Isaías 1:12ss.; 6:1-5; Juan 17:25-26; Romanos 1:18 - 3:26; Efesios 4:17-24; Hebreos 12:7-14; 1 Pedro 1:13-16; 1 Juan 1:5-10.
—su amor y misericordia: Deuteronomio 7:6-13; Salmos, p.ej., 23; 25; 36:5-12, 103; Isaías 40:1-2, 27-31; 41:8-20; 43; Jeremías 31:2-14; Oseas 6; 11; 14; Juan 3:16-17; 10:7-18; 13:1; 14:15-31; 15:9, 12ss.; Romanos 8:35-38; Gálatas 2:20; Efesios 2:4-10; 1 Juan 3:1-3, 16; 4:7-21.

ELECCION El escogimiento de Dios; su derecho de seleccionar personas para bendecirlas (→ también la nota, p. 586): Romanos 9:18ss.
Dios que escoge individuos para un propósito o tarea particular: Génesis 12:1-2; Exodo 3; 1 Samuel 3; Isaías 6:45; 49; Jeremías 1.
Dios que escoge un pueblo: Deuteronomio 7:6ss.; Romanos 8:28-30; 1 Corintios 1:27ss.; Efesios 1:4-12; 1 Pedro 1:2; 2:9.

ENCARNACION Dios hecho hombre: Mateo 1 - 2; Lucas 1 - 2; Juan 1:1-18; Romanos 8:3; Filipenses 2:6-11; Colosenses 1:13-22; Hebreos 1 - 2; 4:14 - 5:10; 1 Juan 1 - 2:2.

ESPERANZA Una espera confiada: Romanos 4:18; 5:1-5; 8:24-25; 12:12; 15:4; 1 Corintios 13:13; 15:19ss.; Colosenses 1:5, 27; 1 Pedro 1:3ss.; Hebreos 11:1ss.

ESPIRITU Mente, corazón, voluntad; espíritu un tanto distinto de la ''carne'' u opuesto a ella (→ carne; → también Espíritu Santo): 2 Reyes 2:9; Job 32:18; Salmos 31:5; 34:18; 51:10; Isaías 26:9; 31:3; Ezequiel 37:1-10 (''aliento'' y ''espíritu'' traducen una misma palabra hebrea); Mateo 5:3; 26:41; Juan 3:6; 4:23-24; Romanos 2:29; 8; 1 Corintios 2:11ss.; Gálatas 5:16-25; Efesios 4:23.

ESPIRITU SANTO Uno con Dios Padre y Jesucristo, que trabaja activamente en el mundo de los hombres, especialmente en el pueblo de Dios y por medio de él.
Su naturaleza y persona: Génesis 1:1-2; 2 Corintios 3:15-18; 13:14 (BJ 13:13); 12:25-32; 28:19; Juan 14:15-17; 15:26-27; Hechos 5:1-3; 20:28; Romanos 8:9-11; 2 Corintios 3:15-18; 13:14 (BJ 13:13); Efesios 4:29-31.
Su obra: Exodo 31:3; Jueces 3:10; 14:6, etc.; Salmo 51:10-12; Isaías 11:1-3; 32:14-18; 42:1-4; 63:10-14; Ezequiel 36:26-27; Juan 3:5-8; 14:25-26; 16:7-15; Hechos 1:6-8; 2; 11:16-18; Romanos 5:1-5; 8:1-27; 1 Corintios 2:1-13; 12:3-13; 2 Corintios 1:20-22; Gálatas 5:16-25; 2 Pedro 1:20-21.
EVANGELIO La "buena noticia" traída por Jesús: Marcos 1:14-15; Lucas 8:1; etc.
El mensaje evangélico: p. ej. Mateo 4:17; Juan 1:11-13; 3:1-21, 31-36; Hechos 2; 13; 17; Romanos 1 - 8 (en especial 1:16-17; 5:1; 6:23); 2 Corintios 5:17ss.; Gálatas 2:20 4:47; Efesios 1:3ss.; 1 Juan 1:1-4; 5:11-12. → también Reino, Vi da, Salvación.
EXPIACION Reconciliación de Dios con el hombre al ser "cubierto" ante Dios el pecado del hombre: Levítico 4; 16; Romanos 3:25; 1 Juan 2:2; 4:10. → también bajo Reconciliación y Redención.
FE *Confianza en Dios; acto de creer en sus promesas:* Génesis 15:6; Salmo 37:3ss.; Proverbios 3:5-6; Jeremías 17:7-8.
Género de vida: Habacuc 2:4; Hebreos 11; Santiago 2.
Compromiso con Jesucristo, acto de depositar en él la confianza para salvarse: Juan 1:12; 8:24; Hechos 16:30-31; Romanos 1:16-17; 4; Gálatas 3; Efesios 2:8-9; 1 Juan 5:1-5.
Medio de acceso al poder de Dios: Mateo 17:20-21; Marcos 9:23; Santiago 5:13-18.
GOZO Salmos 16:11; 30:5; 43:4; 51:12; 126:5-6; Eclesiastés 2:26; Isaías 61:7; Jeremías 15:16; Lucas 15:7; Juan 15:11; 16:22; Romanos 14:17; 15:13; Gálatas 5:22; Filipenses 1:4; 1 Tesalonicenses 2:20; 3:9; Hebreos 12:2; Santiago 1:2; 1 Pedro 1:8; Judas 24.
GRACIA El amor de Dios derramado sobre el hombre que no lo merece (el Antiguo Testamento usa una variedad de términos): Deuteronomio 7:6-9; Salmos 23:6; 25:6-10; 51:1; Jeremías 31:2-3.
Gracia de Dios en la salvación: Efesios 2:4-9; Romanos 3:19-24; 6:14.
El cristiano depende de la gracia de Dios: 2 Corintios 12:9; Efesios 4:7; 1 Timoteo 1:2; 1 Pedro 5:5; 10; 2 Pedro 3:18.
HOMBRE Creado por Dios, con una naturaleza mortal, pero moral y espiritual, para adorar, obedecer y disfrutar su amistad: Génesis 1 - 2; 17:1ss., etc.; Deuteronomio 5:28-33; 8; 2 Samuel 19:12-13; Salmos 8; 27; 66; 78:5-8; Isaías 40:6-8; 43; Eclesiastés 12:1-7; Miqueas 6:6-8; Lucas 12:13-21; Romanos 1:18-25; 8:18ss.; 1 Corintios 15:45-50; 2 Corintios 5:1-5; 6:16-18.
En rebelión contra Dios: Génesis 3; Jueces 2:11-23; Salmo 2:1-3; Daniel 9:3-19; Romanos 1 - 3; 7:13-25; Hebreos 3:7-19; Apocalipsis 17 - 18. → también Pecado y mal. En cuanto a la re-creación y destino glorioso del hombre en Cristo, → Destino futuro, Vida, Regeneración, Cielo, etc.
IGLESIA *el pueblo de Dios:* Juan 1:12-13; 1 Corintios 12:12-31; 2 Corintios 6:16-18; Gálatas 3:6-29; Efesios 2:11-22; Colosenses 1:15-20; 1 Pedro 2:4-10.
Su fundación: Mateo 16:18-20; 28:16-20; Juan 10:7-18; Hechos 1:6-8; 2.
Su misión y propósito: Mateo 28:19-20; Juan 17:18, 22ss.; Hechos 1:8; 26:16-18; 2 Corintios 5:18-21; Efesios 3:7-13; 5:25-27; Filipenses 1:5-11; 1 Pedro 2:5, 9; Judas 24-25.
Unidad: Juan 17; 1 Corintios 1:10ss.; 11:17ss.; Gálatas 1:6-9; 3:23-29; Efesios 4; 1 Pedro 3:8ss.
Gobierno: Hechos 6:1-6; 13:1-3; 14:21-23; 20:17-35; 1 Corintios 12:4-30; 1 Tesalonicenses 5:12-13; 1 Timoteo; Tito; Hebreos 13:17.
Reuniones: Hechos 2:41-47; 11:19-26; 19:8-10; 20:7-12; 1 Corintios 11:17-33; 14:26-39; Hebreos 10:23-25.
Disciplina: Mateo 18:15-20; Hechos 4:33 - 5:11; 1 Corintios 5; 2 Corintios 2:5-11; Gálatas 6:1-3; 1 Timoteo 5:17-22.
Mensaje: → Evangelio.
INFIERNO "Seol", lugar de los muertos en el Antiguo Testamento (= "Hades" del Nuevo Testamento): Salmos 88:3-5; 139:8; Proverbios 9:18; Isaías 5:14; 38:18; Amós 9:2. En el Nuevo Testamento "gehenna", destino de los que serán en última instancia completamente separados de Dios: Mateo 5:22, 29-30; 10:28; 23:33; 25:41; 2 Pedro 2:4; Apocalipsis 1:18; 20:13-15.
JESUCRISTO *El Hijo de Dios: sus propias afirmaciones:* Mateo 26:59-64; 27:41-44; Marcos 2:1-12; Juan 5:17-47; 6:25-51; 7:16-31; 8:54-59; 10:22-39; 14:8-11; 17:1-5, 20-24; 19:7. También la Palabra de Dios: Mateo 17:1-8; Marcos 1:9-11.
—la opinión de sus discípulos y de los demás: Mateo 16:13-20; 27:50-54; Marcos 1:21-27; 5:1-13; Lucas 1:31-35; Juan 1:29-34, 43-51; 6:66-69; 11; 23-27; 20:28; Hechos 2:22-36; 7:54-60; 9:17-22; 10:34-43; Romanos 1:1-4; Efesios 1:20-23; Filipenses 2:5-11; Colosenses 1:15-20; Hebreos 1; 1 Juan 1:1-4; 2:22-25; 4:9-16.
—en cuanto a la evidencia de sus acciones, → Milagros de Jesús.
Hijo del Hombre: un verdadero ser humano (pero sin pecado, Lucas 4:1-13; 23:39-41; Juan 8:46; 2 Corintios 5:21; Hebreos 4:15; 1 Pedro 2:22-23; 3:18): Gálatas 4:4; Mateo 4:2; 21:18; Marcos 1:41; 10:21; Lucas 7:13; Juan 4:6; 11:33, 35, 38; 13:1; 15:13; Hechos 2:22-23; Hebreos 2:14-18; 4:15; 1 Juan 4:2.
Significado de su muerte: Marcos 8:31-33; Lucas 24:13-27, 44-48; Juan 1:29; 3:14-15; 11:50-52; 12:24; Hechos 2:22-42; 3:12-26; 10:34-43; Romanos 5:6-21; 1 Corintios 11:23-26; Filipenses 2:5-11; Hebreos 10:5-14; 1 Pedro 2:24. → también bajo Perdón y Redención.
La promesa de su regreso: Mateo 24; 26:64; Juan 14: Hechos 1:11; 3:19-21; Filipenses 3:20; Colosenses 3:4; 1 Tesalonicenses 1:10; 4:13 - 5:11; 2 Tesalonicenses 1:5 - 2:12; 2 Pedro 3:8-13. → Mesías.
JUICIO → Destino futuro.
JUSTICIA La recta acción y equidad que caracterizan a Dios y que él demanda de los hombres. Génesis 15:6; 18:23ss.; Levítico 19:15; Deuteronomio 4:8; Job 4:7; 36:7; Salmos 1:5-6; 11:7; 23:3; 34:19; 37:25; 97:6; 98:9; Proverbios 10:2; 11:4ss.; Isaías 53:11; 64:6; Ezequiel 3:20-21; 33:12ss.; Habacuc 1:4, 13; Mateo 5:6, 10, 20; 6:33; 9:13; 13:43; Lucas 18:9; Juan 16:8-10; Romanos 3:10-26; 4:3ss.; 5:17ss.; 6:13ss.; 10:3ss.; 2 Corintios 5:21; 6:14; Efesios 6:14; Filipenses 1:11; Hebreos 12:11; Santiago 5:16; 1 Pedro 2:24; 2 Pedro 3:13; 1 Juan 2:1; 3:7.
JUSTIFICACION Término legal: absolución. El Nuevo Testamento afirma que Dios puede absolver al hombre de quebrantar su ley porque la pena ha sido pagada en la muerte de Jesús (→ también Perdón): Exodo 23:7; Job 13:18; 25:4; Salmos 51:1ss.; 103:6; 143:2; Isaías 50:8-9; 53:11; Lucas 18:14; Hechos 13:39; Romanos 2:13; 3:4, 19-30; 4-2ss.; 5:1-10; 8:30-34; 1 Corintios 6:11; Gálatas 2:15-21; 3:6-14; Tito 3:7; Santiago 2:14-26.
LEY Las indicaciones dadas por Dios para el recto vivir.
Ley ritual y ceremonial: Exodo 25 - 30; 34 - 40; Levítico 1 - 9; 11 - 17; 22 - 25; Deuteronomio 14; 16; 18; 26.
Ley moral y social: Exodo 20:1-17; 21 - 23; Levítico 18 - 20; Deuteronomio 5:1-21; 10:12-21; 15; 19 - 25.
Deleite en la ley: Salmos 1; 19; 37:31; 40:8; 119; Proverbios 29:18.
Su valor permanente: Mateo 5:17-20; 22:36-40; 23:23; Lucas 10:25-28; Romanos 3:31; 8:3-4.
La imposibilidad de cumplir las exigencias de Dios por el esfuerzo humano; las limitaciones de la ley: Juan 7:19; Hechos 13:39; Romanos 2:25-29; 3:19-21; 7:7-25; 8:3; Gálatas 2:16; 3:21-24; Hebreos 7:18-19; Santiago 2:8-12.

LIBERTAD Isaías 61:1; Lucas 4:18; Juan 8:31-36; Romanos 6:16-23; 8:2, 21; 2 Corintios 3:17; Gálatas 3:28; 5:1, 13; Santiago 1:25; 2:12, 1 Pedro 2:16.
MEDIADOR El intermediario, que reconcilia al hombre con Dios (→ también Reconciliación): Gálatas 3:19-20; 1 Timoteo 2:5; Hebreos 8:6; 9:15; 12:24.
MESIAS El Cristo, el libertador escogido por Dios. Deuteronomio 18:15ss.; Salmos 2; 45:6-7; 72; 110; Isaías 9:2-7; 11; 42:1-9; 49:1-6; 52:13 - 53:12; 61:1-3; Jeremías 23:5-6; 33:14-16; Ezequiel 34:22ss.; Daniel 7; Zacarías 9:9-10; Mateo 1:18, 22-23; 16:16, 20; 26:63; Marcos 14:61-62; Lucas 2:11, 26; Juan 4:25, 29; 7:26, 27, 31, 41, 42; 9:22; Hechos 2:36; 3:20-21; 4:26-28; 18:28; 26:22-23.
MISERICORDIA Bondad; prontitud a perdonar (→ también Gracia): Exodo 34:6-7; Nehemías 9:7, 31; Salmos 23:6; 25:6; 40:11; 51:1; 103:4, 8; Daniel 9:9; Jonás 4:2; Miqueas 6:8; Mateo 5:7; Lucas 18:13; Romanos 9:15; 12:1; Efesios 2:4.
MUERTE La consecuencia física y espiritual del pecado del hombre, o sea separación de Dios: Génesis 2:17; Romanos 5:12ss.; 6:23; Efesios 2:1-5.
Victoria sobre la muerte: Juan 5:24; 8:51; 11:25; Romanos 5:17ss.; 6; 8:6-11, 38-39; 1 Corintios 15:26, 54-56; 1 Juan 3:14; Apocalipsis 21:4.
La "segunda muerte": Apocalipsis 2:11; 20:6, 14; 21:8.

MUNDO *El universo creado; la tierra:* 2 Samuel 22:16; Job 34:13; Salmos 24:1; 50:12; 90:2; Mateo 4:8; 16:26; Juan 1:9; Romanos 5:12.
La humanidad: Salmo 9:8; Isaías 13:11; Lucas 2:1; Juan 3:16-17; 8:26; 14:31; 1 Corintios 1:21.

El actual sistema de cosas: Mateo 24:3; 28:20; Lucas 18:30; Efesios 1:21.
El mundo en rebelión contra Dios: Juan 7:7; 8:23; 14:17; 15:18-19; Santiago 4:4; 1 Juan 2:15-17; 4:4-5; 5:4-5.

NUEVO NACIMIENTO → Regeneración.

ORACION → Oraciones de la Biblia.
Enseñanza de Jesús sobre la oración: Mateo 6:5-15; 7:7-11; 26:41; Marcos 12:38-40; 13:33; 14:38; Lucas 11:1-13; 18:1-14.

PACTO Una ''alianza'' o ''acuerdo'' que establece las promesas de Dios al hombre (→ también artículo especial pp. 198-199, y pp. 134, 164-165):
Con Noé: Génesis 6:18; 9:9-17.
Con Abraham: Génesis 15; 17.
Con Israel: Exodo 19ss. Deuteronomio 4ss.
Con David: ¡2 Samuel 7; Salmos 89; 132.
El ''nuevo pacto'': Jeremías 31:31-34; Mateo 26:26-28; 2 Corintios 3; Gálatas 4:21ss.; Hebreos 9:15ss.

PAZ Números 6:26; Salmos 4:8; 85:8-10; 119:165; Proverbios 3:17; Isaías 9:6-7 (BJ 9:5-6); 57:19-21; Jeremías 6:14; 16:5; Ezequiel 34:25; Mateo 10:34; Lucas 1:79; 2:14; 7:50; 19:38, 42; Juan 14:27; Hechos 10:36; Romanos 1:7; 5:1; 8:6; 14:19; Gálatas 5:22; Efesios 2:14-17; 4:3; 6:15; Filipenses 4:7; Colosenses 3:15; 2 Tesalonicenses 3:16; Santiago 3:17-18.

PECADO Y MAL Yerro; desobediencia; rebelión contra Dios. *Su entrada al mundo:* Génesis 2 - 3; 2 Pedro 2:4; Judas 5-7; Apocalipsis 12:7-12.
Satanás, la personificación del mal, y su obra: Génesis 3:1-6; Job 1 - 2; Mateo 4:1-11; 12:22-28; 16:23; Lucas 13:16; 22:3-6, 31; Juan 8:43-47; Hechos 26:15-18; 2 Corintios 2:10-11; 11:14; 12:7; 1 Tesalonicenses 2:18; Hebreos 2:14; 1 Pedro 5:8; 1 Juan 3:8-10; Apocalipsis 2:13; 12:7-17.
La universalidad del pecado, y sus efectos sobre el hombre: Génesis 3:16-24; 4; Deuteronomio 9:6-24; Salmo 14; Isaías 59:1ss.; Jeremías 44; Ezequiel 36:22-32; Mateo 15:16-20; Romanos 1:28-32; 5:12; 6:23; Gálatas 5:19-21; Efesios 2:1-3; Santiago 1:12-15; 4:1-3, 17; 1 Juan 3:4.
Victoria de Dios; destrucción final del pecado: Salmo 103; Romanos 5:15-21; 1 Corintios 15:54-57; 1 Juan 3:4-10; Apocalipsis 20.

PERDON La amante misericordia de Dios: Exodo 34:6-7; Salmo 51; Isaías 55:6-7; 1 Juan 1:5-10.
La muerte de Cristo como fundamento del perdón de Dios: Mateo 26:26-28, Juan 1:29; Hechos 5:31; 13:38; Efesios 1:7; 1 Juan 2:2, 12.
Perdón al prójimo: Mateo 6:14-15; 18:21-35; Efesios 4:32; Colosenses 3:13.

RECONCILIACION *Entre Dios y el hombre:* Romanos 5:6-11; 11:15; 2 Corintios 5:18-20; Colosenses 1:20-22.
Entre los hombres: Mateo 5:23, 24; Juan 17:11, 20-23; 1 Corintios 7:11; 12:12ss.; Gálatas 3:28; Efesios 2:11-22.

REDENCION Pago de un precio para comprar la manumisión y libertad: Levítico 25:25-55; Exodo 13:13; 21:30; 30:12; Números 18:15-16.
Dios redime a su pueblo: Exodo 6:6; Deuteronomio 7:8; 21:8; 2 Samuel 4:9; Job 33:22-28; Salmos 103:4; 107:2; 130:8; Isaías 50:2; 63:9; Oseas 13:14.
Cristo como rescate: Mateo 20:28; Romanos 3:24; 8:23; 1 Corintios 1:30; Gálatas 3:13; Efesios 1:7; 4:30; Colosenses 1:14; Hebreos 9:12, 15; 1 Pedro 1:18, 19; Apocalipsis 5:9; 14:3, 4.

REGENERACION Nacer de nuevo; ser creado de nuevo y vivificado por Dios: Salmo 51:10; Jeremías 24:7; 33:33-34; Ezequiel 11:19; 36:26; Mateo 19:28; Juan 1:12-13; 3:3ss.; Romanos 8:9ss.; 2 Corintios 5:17; Efesios 2:5; Tito 3:5; 1 Pedro 1:23; 1 Juan 2:29; 3:9; 4:7; 5:1, 4, 18.

REINO El gobierno de Dios: el nuevo sistema de cosas (→ artículo especial ''El reino de Dios y el reino de los cielos'', pp. 484-485): Salmos 103:19; 145:11-13; Daniel 2:44; 4:3; 7:13-14, 27; Mateo 3:2; 4:23; 5:3, 10, 19-20; 6:9-10; 33; 13:11, 19, 24-52; 16:19, 28; 18:1-4, 23ss.; 19:12, 14, 23ss.; 20:1ss.; 21ss.; 21:43; 22:2ss.; 23:13; 24:14; 25:1ss.; 34; 26:29; muchas referencias semejantes en Marcos y Lucas; Juan 3:3, 5; 18:36; Hechos 14:22; 28:31; Romanos 14:17; 1 Corintios 4:20; Gálatas 5:19-21; Colosenses 1:13.

RESURRECCION Ser levantado de la muerte a una nueva vida (resurrección corporal como la de Cristo): Job 19:25-27; Salmo 49:14-15; Isaías 26:19; Ezequiel 37; Daniel 12:2; Mateo 22:30-32; Lucas 14:14; 20:34-38; Juan 5:29; 6:39-40, 44, 54; 11:25; Hechos 2:22-36; 4:33; 17:18, 32; 23:6-8; 24:15; Romanos 1:4; 4:24-25; 6:5ss.; 1 Corintios 15; Filipenses 3:10-11; Colosenses 2:12; 3:1-4; 1 Tesalonicenses 4:13ss.; Hebreos 11:35; 1 Pedro 1:3; 3:21; 1 Juan 3:2; Apocalipsis 20:4-6, 11-15.
Relatos de la resurrección de Jesús: Mateo 28; Marcos 16; Lucas 24; Juan 20; 1 Corintios 15:3-8.

REVELACION Lo que Dios da a conocer al hombre. Toda la Biblia es la revelación de Dios; las siguientes referencias sólo esbozan algunos ejemplos: Deuteronomio 29:29; 1 Samuel 3:7, 21; Isaías 22:14; 40:5; Daniel 2:22, 28ss.; Amós 3:7; Lucas 17:30; Juan 12:38; Romanos 1:17-18; 2:5; 8:18; 16:25; 1 Corintios 14:6, 26; 2 Corintios 12:1, 7; Gálatas 1:12; 3:23; Efesios 1:9-10, 17; 3:3, 5; 1 Pedro 1:5, 12-13; 5:1; Apocalipsis 1:1.
Cristo como revelación de Dios.: p. ej. Juan 1:1-18; 14:7; Colosenses 1:15ss.; Hebreos 1:1-3; 2 Pedro 1:16ss.; 1 Juan 1:1ss.; Apocalipsis 1:12-16.
Dios revelado en su creación: Job 38 - 40; Salmos 8; 19; 104; Romanos 1.
Dios especialmente revelado en su poder y gloria: Exodo 24:9-11; 33:18 34:9; 1 Reyes 19:9ss.; Isaías 6; Ezequiel 1; 10; Daniel 7:9-14; Mateo 17:1-5 (transfiguración de Cristo); Apocalipsis 4.

SABIDURIA La expresión de una actitud ante la vida que se centra en Dios y en sus leyes: Exodo 28:3; Deuteronomio 34:9; 1 Reyes 3:5-14; Job 12:13; 28; Salmos 37:30; 104:24; Proverbios 1; 8; 9; Eclesiastés 1:13-18; 2:12-26; Isaías 11:2; Daniel 2:20 23; Mateo 13:54, Lucas 2:52, 21:15; Hechos 6:3; 1 Corintios 1:17 - 2:16; 3:18ss.; Colosenses 3:16; 2 Timoteo 3:15; Santiago 1:5; 3:13-18.

SACRIFICIO *Sacrificios y ofrendas del Antiguo Testamento:* Génesis 4:2-4; 8:20; 22:1-14; Exodo 12 (la Pascua); 29 - 30; Levítico 1 - 9; 16 (la Expiación); 17; 1 Samuel 15:22; Salmos 50:5; 51:15-19; 107:22; Proverbios 15:8; Isaías 43:23-24; Jeremías 6:20; Oseas 3:4; Amós 4:4-5; 5:21-24. (→ también artículos especiales).
En el Nuevo Testamento: Mateo 9:13; 26:28; Lucas 2:24; Juan 1:29; 6:51ss.; Romanos 12:1; 1 Corintios 10:14ss.; Efesios 5:2; Filipenses 2:17; 4:18; Hebreos 5:1-3; 7:27; 9:11-28; 10; 13:15-16; 1 Pedro 2:5.

SALVACION La forma en que Dios rescata al hombre del pecado y la muerte para una vida ''eterna'', una nueva cualidad y dimensión de existencia. El tema de la salvación —Dios como salvador— en toda la Biblia se manifiesta. Es la médula del mensaje cristiano: Exodo 14:30; Números 10:9; Deuteronomio 33:29; Jueces 2:16-18; 1 Samuel 15:23; 1 Crónicas 11:14; Job 22:29; Salmos 28:8-9; 34:6; 37:40; Isaías 30:15; 43:11-13; 45:21-22; 59:1; Jeremías 30:10-11; Oseas 13:4; Mateo 1:21; 10:22; 19:25; 27:42; Lucas 2:11; 8:12; Juan 3:17; 10:9; Hechos 2:21; 4:12; 16:30-31; Romanos 5:9-10; 10:9-13; 1 Corintios 3:15; Efesios 2:8; 1 Timoteo 1:15; 2:4; 4:10; Hebreos 7:25. La salvación se describe también en una serie de metáforas o figuras: Dios cubre el pecado del hombre, → Expiación; absuelve, → Justificación; reconcilia, → Reconciliación; redime, → Redención; da nueva vida, → Regeneración y Vida. → también Evangelio.

SANTIDAD La perfección moral de Dios; su separación del mal y su carácter distintivo: Exodo 3:4-6; 15:11; 1 Crónicas 16:10; Isaías 6:3-5; 10:20; Oseas 11:9; Juan 17:11; Apocalipsis 4:8.
Manifestada en Jesús: Hechos 4:27, 30; Juan 1:14-18; 14:6ss.
En el pueblo de Dios: Exodo 19:6; Lucas 1:74-75; 2 Corintios 7:11; Efesios 4:23-24; Colosenses 3:12ss.; Hebreos 12:10-11; 1 Pedro 1:15-16; 2:9.

SANTIFICACION Hacer santo, apartar para Dios (→ Santidad); ir teniendo un carácter cada vez más como Cristo: Exodo 31:12-15; Levítico 22:9; Deuteronomio 5:12; Josué 3:5; 1 Crónicas 15:14; Ezequiel 37:24-28; Juan 10:36; 15:1-17; 17:17-19; Romanos 12:1ss.; 15:16; 1 Corintios 1:2, 30; 6:11; 7:14; Efesios 4:24; Filipenses 1:9-11, 27; Colosenses 1:10; 1 Tesalonicenses 3:11-13; 4:3-4; 5:23; 2 Tesalonicenses 2:13; 1 Timoteo 4:5; Hebreos 10:10, 14, 29; 2 Pedro 1:3-11; 1 Juan 3:2-3.

TENTACION Prueba: Génesis 3; 22:1; Exodo 17:7; Deuteronomio 6:16; Salmo 95:9; Mateo 6:13; 22:35; 26:41; Hechos 5:9; 1 Corintios 7:5; 10:9-13; Hebreos 2:18; 4:15; Santiago 1:2-4, 13-15.
La tentación de Jesús: Mateo 4:1-11; Marcos 1:12-13; Lucas 4:1-13.

VIDA *Vida humana (→ creación):* Génesis 2:7, 9; Mateo 6:25, etc., etc.
Dios, fuente de vida; sus leyes y sabiduría vivificantes: Deuteronomio 30:15-20; Salmos 36:9; 133:3; Proverbios 8:35; 14:27; Jeremías 21:8.
Vida ''eterna'' (nueva creación): Mateo 7:14; 10:39; 16:25-26; 18:8-9, 19, 16ss., 29; Lucas 12:15; Juan 1:4; 3:15-16, 36; 4:14; 5:24; 6:27, 35, 40, 47-51; 10:10, 28; 11:25; 14:6; 17:3; 20:31; Romanos 6:4ss., 22-23; 8-6; 2 Corintios 4:10-12; 5:17ss.; Gálatas 6:8; Efesios 2:2ss.; 1 Timoteo 6:12; 1 Juan 1:1-2; 3:14; 5:11, 12; Apocalipsis 22:1-2, 17.

Naciones y pueblos de las tierras bíblicas

TERENCE MITCHELL

En cuanto a las zonas ocupadas por las diversas naciones, → el mapa del Mundo de la Biblia, pp.12-13.

ACADIOS Vecinos septentrionales de los Sumerios en la Mesopotamia del 3er milenio. Del idioma semítico acadio se desarrollaron el babilonio y el asirio. Como lugar, Acad se menciona sólo en Génesis 10:10.

AMONITAS Habitantes de la región de Transjordania que estaba al este de donde el valle del Jordán termina en el Mar Muerto. Al sur estaba Moab. La actual Ammán se levanta en el lugar de la principal ciudad amonita, Rabbat-Ammón (la antigua Rabá). Los israelitas no ganaron su territorio en la época de la conquista (Jueces 11:5), pero más tarde fue parcialmente ocupado por las tribus de Rubén y Gad. Los amonitas fueron incorporados sucesivamente al Imperio Asirio, al Babilonio y al Persa. Pero durante su período de independencia constituyeron una amenaza para los israelitas, por lo menos hasta tiempos de los Macabeos, en que la capital se conocía como Filadelfia (1 Macabeos 5:6).

AMORREOS Pueblo nómada de lengua semítica, procedente de la región media del Eufrates, que se expandió a Mesopotamia y Siria-Palestina, y se asentó allí al final del tercer milenio a.C. y a principios del segundo. Su idioma, que sólo se conoce por nombres de personas, es el caso más primitivo de semítico occidental que se registra. Fueron prominentes en la población de Mari, cuyos documentos arrojan mucha luz sobre las costumbres patriarcales. Después de la conquista de Canaán por los israelitas, los amorreos que allí quedaron fueron absorbidos poco a poco (→ 1 Samuel 7:14).

ARABES Habitantes nómadas y seminómadas, de lengua semítica, de la parte norte de la Península Arábiga, que incluía zonas de civilización sedentaria. Durante la mayor parte del primer milenio a.C. los árabes aparecen principalmente como incursores, pero había un flujo constante de pequeños grupos hacia las zonas sedentarias. Y a partir del siglo III a.C. la región al sudeste de Palestina estuvo ocupada por un solo grupo de árabes, los nabateos, que formaron una floreciente civilización basada en el comercio de incienso (→ Sabeos) con sede en Petra.
En tiempos neotestamentarios el dominio nabateo se extendía hasta la región al este de Danasco, donde parece haber habido un representante de su rey Aretas (2 Corintios 11:32). Pablo pasó cierto tiempo en territorio nabateo después de su conversión (Gálatas 1:17).

ARAMEOS Pueblo de lengua semítica, de cercano parentesco con los israelitas (→ Deuteronomio 26:5), que se expandió por toda Mesopotamia y Siria durante la última parte del segundo milenio a.C., y que a principios del primer milenio se halla en dominio de algunas ciudades-estado sirias como Damasco y Hamat (→ también Cilicios). El nombre hebreo "Aram" se traduce habitualmente "Siria", pero el nombre griego *Syría* es el que aparece en el Nuevo Testamento.

ASIRIOS La patria de estos vecinos de los babilonios estaba al norte de Mesopotamia. Durante el segundo milenio Asiria cayó bajo el poder de los amorreos, y desde más o menos 1350 hasta 1100 a.C. fue construyendo un potente estado que ejercía cierto control hacia el oeste hasta el Mediterráneo. En ese tiempo su capital era Asur, pero en 883 a. C. Assurnasirpal II trasladó la capital a Kalhu (la Calá bíblica, la actual Nimrud). Sus sucesores, entre ellos Salmanasar III (858-824), Adadnirari III (810-783), Tiglat-pileser III (o Pul; 744-727), Salmanasar V (726-722), todos los cuales tuvieron contactos con Israel, siguieron allí hasta que Sargón II (721-705) fundó una nueva capital en Dur-Sarrukín, actual Korsabad. Su hijo Senaquerib (704-681) pasó la capital a Nínive. Allí permaneció bajo Esarhadón (Asarjaddón) (680-669), Asurbanipal (668-627; probablemente el Asnapar de Esdras 4:10), y otros reyes menos importantes hasta que en 612 a.C. fue destruida por los caldeos y los medos.

BABILONIOS Herederos de los sumerios y acadios en Mesopotamia del sur. Su capital era Babilonia. El rey más conocido de la primera dinastía babilónica (del tronco amorreo; siglo XVIII a.C., por el tiempo de Abraham) fue Hamurabi, autor de un famoso código legal.
Durante el principio del primer milenio a.C. los babilonios estuvieron sometidos a los asirios. Pero desde 612 hasta 539 a.C. la dinastía neobabilónica o caldea dominó el Asia occidental. Nabucodonosor (604-562), Amel-Marduk (el Evil-Merodac de la Biblia; 561-560), Nergal-sarusar (el Nergal-Sarezer bíblico, en griego Neriglissar; 559-556) y Belsazar (Baltasar) fueron reyes de esta dinastía mencionados en el Antiguo Testamento. Babilonia cayó ante Ciro el Persa en 539 a.C.

CALDEOS Así como los arameos se extendieron a través de la Mesopotamia septentrional, así también los caldeos (un pueblo tribal emparentado con ellos) ocuparon los pantanos del sur. Durante los siglos IX y VIII a.C. tuvieron con frecuencia sometida a Babilonia (p. ej. Merodac-baladán, 2 Reyes 20:12ss.). Después de una larga lucha contra Asiria, la dinastía caldea se estableció allí en 626 a.C.

CANANEOS Pobladores sedentarios de Palestina y Siria meridional, que tenían una floreciente civilización urbana en el segundo milenio a.C. La corrupta religión de Canaán que se critica en el Antiguo Testamento está ilustrada por textos de Ugarit (la actual Ras Shamra). El hebreo es un dialecto del idioma cananeo (Isaías 19:18), y la lengua ugarítica, pariente suya, nos ayuda sobremanera a comprenderlo.

CARIOS Pueblo de habla indoeuropea procedente del sudoeste del Asia Menor. Fueron empleados por los israelitas como tropas mercenarias en el siglo IX a.C. (2 Reyes 11:4, 19 BJ; no mencionados en RVR).

CILICIOS Habitantes de la región cuyo centro es Tarso (ciudad natal de Pablo). Cilicia (Kue) se menciona como aprovisionadora de caballos para el comercio de Salomón con Siria (1 Reyes 10:28-29). Ese texto parece indicar que Salomón conseguía caballos de Egipto y Cilicia, y carros de Egipto, y los negociaba con ganancia a los estados hititas y arameos de Siria.

CIMERIOS Pueblo estepario que cruzó el Cáucaso en los siglos VIII-VII a.C. y subió contra los asirios en Persia del noroeste, y asoló luego los reinos de Frigia y Lidia en el Asia Menor. Se los menciona en Ezequiel 38:6 (Gomer) en relación con otros pueblos norteños (→ Frigios).

CRETENSES Habitantes de la isla de Creta, sede de la gran civilización minoica en los milenios tercero y segundo a.C. En el Antiguo Testamento a Creta se la llama "Caftor" (Génesis 10:14; Deuteronomio 2:23). Se dice que los filisteos procedían de la zona dominada por los cretenses (Jeremías 47:4; Amós 9:7).
La civilización minoica de Creta no resistió las invasiones de los Pueblos del Mar (→ Filisteos) a fines del segundo milenio a.C., y en el primer milenio Creta era ya una simple parte de la zona cultural griega. El Antiguo Testamento habla de algunos de ellos, los "cereteos", que se establecieron cerca de los filisteos en el sur de Palestina (1 Samuel 30:14). Algunos, como los filisteos, se unieron a las tropas mercenarias de David (2 Samuel 8:18; 15:18; 20:7, y → 1 Reyes 1:38, 44). Se menciona a unos cretenses entre los que estuvieron presentes el día de Pentecostés (Hechos 2:11).

CHIPRIOTAS Pobladores de la isla de Chipre, a la cual el Antiguo Testamento se refiere con el antiguo nombre "Elisa" (Génesis 10:4; Ezequiel 27:7). En otros documentos se la llama Alashia. Los chipriotas se llaman a veces Quitim (Kittim) (Génesis 10:4; Números 24:24). En ese período Chipre no suele aparecer en la Biblia. El nombre Quitim se le da a la isla en Isaías 23:1, 12, pero se la califica de "costas" en Jeremías 2:10 y Ezequiel 27:6, lo cual sugiere una extensión a las regiones cercanas de tierra firme. En Daniel 11:30 se menciona en forma figurada para referirse a Roma. En el Nuevo Testamento la isla de Chipre aparece con frecuencia en los Hechos.

DEDANITAS Moradores de Dedán, hoy Al-'Ula, en Arabia del noroeste, que hacia el siglo VII a.C. florecían desde su posición en la ruta comercial a Arabia meridional (→ p. ej. Isaías 21:13; Jeremías 25:23;

Ezequiel 25:13; 38:13). Por el siglo V a.C. los mineos establecieron una colonia comercial en Dedán, y hacia el siglo I a.C. llegó a ser parte de los territorios nabateos.

EDOMITAS Vecinos meridionales de los moabitas, cuyo territorio se extendía principalmente hacia el este del wadi de Arabá. Ellos, como los moabitas, rehusaron dejar pasar a los israelitas en la época de la conquista.
Los edomitas permanecieron hostiles a los israelitas. En el siglo VI, caída ya Jerusalén, muchos inmigraron a Judea meridional, y los siguieron otros en los siglos siguientes, cuando su patria vino a formar parte del reino nabateo (→ Arabes). Judea meridional llegó a llamarse Idumea (1 Macabeos 4:29; 5:65), e idumeos, sus habitantes (Marcos 3:8). Los Herodes que gobernaban Judea en tiempos neotestamentarios eran idumeos.

EGIPCIOS Habitantes de Egipto, cuya civilización altamente desarrollada estaba al nivel de la de Mesopotamia. Cuando Abraham tuvo contacto con Egipto en el período del Reino Medio (cerca de 2100-1800 a.C.) su civilización tenía ya más de mil años. Fue posiblemente durante el Segundo Período Intermedio (hacia 1800-1600 a.C.) que José y su pueblo se instalaron allí. Y el éxodo tuvo lugar durante el Reino Nuevo (cerca de 1600-1100 a.C.), probablemente en el tiempo del faraón Ramsés II, de la XIX dinastía (hacia 1290-1224 a.C.). Israel se menciona como una de las naciones palestinas en la llamada "Estela de Israel" de su sucesor Merneptah (hacia 1224-1220 a.C.).
En el primer milenio a.C., los grandes días de la civilización egipcia habían pasado ya. Un nuevo intento de conquistar Asia lo hizo en el siglo X Sesonq I (el Sisac bíblico; 1 Reyes 11:29-40; 14:25-26), y Salomón comerció con Egipto en el mismo siglo (→ Cilicios). Además se casó con la hija de un faraón. Pero aunque los caudillos egipcios intervinieron en Palestina y Siria después de esto (2 Reyes 19:9, → Etíopes; 23:29; 24:1-7; Jeremías 37:5-19; 46:1-26; Ezequiel 17:11-21), Egipto era ya una "caña cascada" (2 Reyes 18:21; Isaías 36:6). El país formó parte sucesivamente de los Imperios Persa, Helenístico y Romano.

ELAMITAS Vecinos orientales de los sumerios y babilonios (Elam = actual Khuzistán en el sudoeste de Persia), cuya capital, Susa, se hizo importante bajo sus sucesores los persas.
Unos peregrinos de Elam estuvieron en Jerusalén para Pentecostés (Hechos 2:9).

ESCITAS Pueblo nómada de las estepas, del cual un grupo siguió a los cimerios por el Cáucaso desde el sur de Rusia hacia el noroeste de Persia en el siglo VII a.C., donde se hicieron vecinos y aliados de los maneos. Esta alianza se refleja en Jeremías 51:27, donde los urartios (Ararat) los maneos (Mini) y los escitas (Askenaz) son llamados contra Babilonia. Por un tiempo rivalizaron con los medos, pero por fin llegaron a formar parte de su imperio y del de los Aqueménidas que les sucedieron. El mayor número de los escitas permaneció en el sur de Rusia.

ETIOPES Vecinos meridionales de los egipcios, que habitaban, no la Etiopía actual, sino el territorio a lo largo del Nilo desde Asuán hasta Jartum, cuya parte norte corresponde a Nubia. Antiguamente esto se llamaba Cus. En el primer milenio Etiopía, con su capital en Napata, igualó a veces el poder de Egipto, su antiguo dominador. En el siglo IX los egipcios contrataron a un general etíope para atacar Palestina (2 Crónicas 14:9-15). En los siglos VIII-VII una dinastía etíope (la XXV) se apoderó de Egipto e intervino en Palestina (2 Reyes 19:9) y continuaron sirviendo bajo los faraones saítas de la XXVI dinastía (Jeremías 46:9). Etiopía era el límite más remoto del Imperio Persa (Ester 1:1; 8:9), y aunque sus oficiales viajaran al Cercano Oriente (Hechos 8:27), estaba demasiado lejos como para quedar bajo el dominio permanente de las grandes potencias.

FENICIOS Habitantes de la costa del Levante al norte de Palestina, de lengua semítica. Participaron mucho en el comercio del Mediterráneo oriental a partir del siglo XI a.C., y sus bases eran las ciudades de Tiro, Sidón y Biblos (1 Reyes 5:18; Ezequiel 27:9). Su nombre es griego, *Foiniké,* y probablemente significa "(tierra del) tinte púrpura" (de *foinós,* "rojo"). Se llamaban a sí mismos cananeos, pues descendían de estos, y aparecen en el Antiguo Testamento como tirios o, algunas veces, sidonios (p. ej. 1 Reyes 5:6).

FILISTEOS Parte de un grupo conocido como Pueblos del Mar, que emigró al Cercano Oriente desde la zona del Egeo en los siglos XIV-XIII a.C. Fueron rechazados por egipto y se asentaron en la costa sur de Palestina, donde amenazaron a los israelitas recién establecidos, hasta que fueron finalmente vencidos por David. Los filisteos que tuvieron que ver con los patriarcas (Génesis 21, 26) eran posiblemente pueblos egeos anteriores, diferentes de los de la Edad de Bronce tardía. Los filisteos siguieron ocupando la costa meridional de Palestina, y un contingente de ellos formaba parte de la guardia personal de David. Por fin perdieron su independencia ante David (2 Samuel 5:25), y lo más probable es que fueran asimilados casi totalmente, aunque retuvieron ciertas diferencias culturales (→ Nehemías 13:24; 1 Macabeos 10:83-84).

FRIGIOS Pueblo de lengua indoeuropea que ocupó la parte centro-occidental del Asia Menor después de la caída del poder hitita, y estableció allí un reino a principios del primer milenio a.C. Frigia fue invadida por los cimerios en el siglo VII a.C., y luego formó parte del reino de Lidia.
Probablemente los frigios han de identificarse con el Mushku de las inscripciones asirias y el "Mesec" de la Biblia, que aparece como un pueblo belicoso del norte (Ezequiel 32:26; 38:2-3; 39:1).

GRIEGOS Conocidos en el Cercano Oriente por el nombre de su territorio asiático, Jonia —el "Javán" (Yaván) del Antiguo Testamento (Isaías 66:19; Ezequiel 27:13; Daniel 8:21; 10:20; 11:2; Zacarías 9:13). En el Nuevo Testamento se les da el nombre de *helenos,* griegos (Romanos 1:14, aunque esta palabra solía aplicarse a los gentiles en general, p. ej. Juan 7:35).

HITITAS (HETEOS) Pueblo de lengua indoeuropea que estableció una civilización en el centro de Asia Menor y dominó gran parte de Siria septentrional en los siglos XIV y XIII. Su imperio fue destruido por invasores del norte (→ Filisteos) hacia 1200 a.C. Muchos de los heteos mencionados en el Antiguo Testamento son neo-hititas o sirio-hititas.
Después de la destrucción del Imperio Hitita en Asia Menor, parte del pueblo emigró al norte de Siria y dominó ciudades-estado como Carquemis (→ también Cilicia). Estos pueblos, conocidos ahora como neo-hititas o sirio-hititas, fueron los heteos bíblicos del tiempo de los reyes de Israel.

HURRITAS Pueblo norteño que se expandió por el Cercano Oriente durante el segundo milenio a.C. Sobresalieron en la población de Nuzi, donde documentos del siglo XV a.C. atestiguan costumbres semejantes a las de los patriarcas.
Aparecen en la Biblia como "horeos" (joreos) y probablemente "heveos" (jiveos) (la "v" representa la *w* hebrea, que en la caligrafía tardía podía confundirse con la *r*).

LIDIOS Pueblo de lengua indoeuropea que desde el oeste de Asia Menor avanzó a los territorios de Frigia, se enfrentó a Media, y sucumbió ante Persia en el siglo VI a.C. Probablemente son el "Lud" de Isaías 66:19; Jeremías 46:9; Ezequiel 27:10; 30:5, aunque los nombres que se les asocian en el segundo y cuarto de estos textos pueden sugerir un pueblo de Africa del norte.

MADIANITAS Vecinos meridionales de los edomitas, cuyo territorio se extendió a veces hasta Hijaz en Arabia. Estos seminómadas que montaban camellos constituyeron una amenaza para los israelitas en tiempos de los Jueces.

MANEOS → Escitas.

MEDOS Pueblo de lengua indoeuropea que mantuvo un imperio en Persia y Asia Menor en los siglos VII y VI a.C., desde su capital Ecbátana, la actual Hamadán, en el noroeste de Irán. En 550 a.C. Ciro de Persia anexionó Media a su imperio en expansión. Desde entonces los medos tuvieron un lugar prominente en la vida de Persia.
Respecto de su presencia en Pentecostés, → Elamitas.

MOABITAS Habitantes de la región delimitada por el norte de Amón, al oeste por el Mar Muerto, y al sur por Edom. Los moabitas pasaron en gran parte por las mismas etapas que los → amonitas.
A menudo tuvieron conflictos con Israel. No quisieron dejar pasar a los israelitas por su territorio en tiempos de la conquista. Su propio relato de un episodio del siglo IX consta en la Piedra Moabita. La Piedra Moabita (o de Mesha) muestra que hablaban un idioma semítico-cananeo muy relacionado con el hebreo.

NABATEOS → Arabes

PERSAS Pueblo de habla indoeuropea que venció a los babilonios en el siglo VI a.C. y prosiguió al establecimiento de un imperio que se extendía desde la India hasta el Egeo y Egipto. Sus capitales principales eran Pasargadas y Persépolis en las montañas del sudoeste de Persia, y en la antigua capital elamita de Susa en la planicie baja. Su imperio, administrado con liberalidad, duró hasta que se hizo parte

del imperio aún mayor de Alejandro Magno en el siglo IV a.C.
SIRIOS → Arameos
SUMERIOS Primitivos habitantes de Sumer, parte meridional de Babilonia, y artífices de la civilización babilónica que más tarde los absorbió y los sucedió en el sur de Mesopotamia. Su apogeo fue durante el tercer milenio a.C. Después de 2000 a.C. más o menos, su lengua fue reemplazada por el acadio en el uso común. Se preservó, sin embargo, como idioma erudito, en los textos literarios sumerios, hasta tiempos helenísticos. Los sumerios no se mencionan en la Biblia, pero el "Sinar" (Senaar) del Génesis es probablemente la contraparte del sumerio *kengir* = acadio *sumeru*, que designa la tierra de Sumer. En el Génesis parece referirse a Babilonia entera.
URARTIOS Pueblo que hablaba un idioma relacionado con el hurrita, y que emergió como potencia militar en la región de Armenia en el siglo IX a.C. Eran posiblemente descendientes de los hurritas que habían ocupado esa zona. Constituían una amenaza militar para los asirios, contra los cuales sostuvieron varias guerras. Su dios principal era Haldi, por lo cual algunos autores los han llamado calditas (que no han de confundirse con los → caldeos). Se dice que el arca de Noé encalló en los montes de Ararat (Génesis 8:4), es decir, en algún lugar de lo que más tarde fue Urartu, aunque no necesariamente en el actual monte Ararat, que sólo en fecha más tardía recibió ese nombre.

Personajes de la Biblia

Lista de los que desempeñaron un papel significativo en el relato bíblico, junto con las referencias de la Biblia más importantes.

AARON Hermano y portavoz de Moisés; primer sumo sacerdote de Israel: Exodo 4 - Números 33/pp. 156ss. *Ante Faraón:* Exodo 5ss. *Vestiduras y consagración de Aarón:* Exodo 28 - 29; Levítico 8. *El becerro de oro:* Exodo 32. *Ritual de la expiación:* Levítico 16. *Aarón y María desafían a Moisés:* Números 12. *La vara de Aarón*: Números 17. *Muerte*: Números 33:38-39.
ABDIAS 1. Administrador de la casa de Acab que salvó a 100 profetas de Dios: 1 Reyes 18. **2.** Profeta cuyo mensaje contra Edom está escrito en el libro de Abdías/p.447.
ABED-NEGO Uno de los compañeros de Daniel deportados a Babilonia: Daniel 1 - 3/pp.430, 432.
ABEL Segundo hijo de Adán y Eva; hermano de Caín: Génesis 4/p.129.
ABIAS Hijo de Jeroboam I: 1 Reyes 14/p.264. 2.
ABIAS/ABIAM (ABIYYAM) Hijo de Roboam; rey de Judá; 1 Reyes 15; 2 Crónicas 13/p.265.
ABIATAR Hijo de Ahimelec, sacerdote de Nob que se unió a David; se hizo sumo sacerdote adjunto a la par de Sadoc: 1 Samuel 22:20ss.
ABIGAIL Esposa de Nabal; se casó luego con David: 1 Samuel 25/pp.240-241.
ABIMELEC (ABIMELEK) 1. Rey(es) de Gerar: Génesis 20; 26/pp.140, 143. **2.** Hijo de Gedeón: Jueces 8:31ss.
ABIRAM (ABIRON) Conspiró contra Moisés con Coré y Datán: Números 16/p.189.
ABISAG Muchacha de Sunem que cuidaba a David: 1 Reyes 1 - 2/p.251.
ABISAI Hermano de Joab, uno de los treinta guerreros de David: 1 Samuel 26:6ss./p.241.
ABIU (ABIHU) Hijo de Aarón; destruido junto con Nadab: Exodo 6:23; Levítico 10/p.174.
ABNER Comandante del ejército de Saúl; muerto por Joab y Abisai: 1 Samuel 14:50 - 2 Samuel 3/pp.237-243.
ABRAHAM/ABRAM Padre de la nación de Israel; hombre de notable fe: Génesis 11:26 - 25:10/pp.135-142. *Dios lo llama:* Génesis 12. *Se encuentra con Melquisedec:* 14. *Alianza con Dios:* 17. *El "sacrificio" de Isaac:* 22. *Muerte*: 25:8.
ABSALON Hijo de David; dirigió una rebelión contra su padre: 2 Samuel 3 - 18/pp.246-248.
ACAB (AJAB) Rey de Israel (marido de Jezabel) que se apoderó de la viña de Nabot; opositor de Elías: 1 Reyes 16:29 - 22:40/pp.265-268.
ACAN (AKAN) Lapidado por coger el botín de Jericó: Josué 7/p.211.
ACAZ (AJAZ) Hijo de Jotam, rey de Judá; padre de Ezequías: 2 Reyes 15:38ss.; 2 Crónicas 27:9ss.
ADAN El primer hombre; creado por Dios y puesto a cargo del jardín del Edén. Por su desobediencia trajo el pecado y la muerte sobre todo el género humano: Génesis 1 - 4; → Romanos 5:12ss., etc. pp.127-128, 583ss.
ADONIAS Hijo de David que trató de usurpar el trono destinado a Salomón: 1 Reyes 1 - 2/pp.251-252.
AGABO Profeta que predijo una hambruna y el encarcelamiento de Pablo: Hechos 11:27-30; 21:7-14/pp.557-558, 566.
AGAR Esclava egipcia de Sara; madre de Ismael: Génesis 16; 21/p.140.
AGRIPA Herodes Agripa II, que escuchó la defensa de Pablo en Cesarea: Hechos 25:13 - 26:32/p.568. Artículo p.540.
AHIAS (AJIAS) Profetizó a Jeroboam la rebelión de las diez tribus: 1 Reyes 11:29ss.; 14/p.264.
AHIMAAS (AJIMAAS) Hijo de Sadoc que proveyó informes a David durante la rebelión de Absalón y le trajo noticias de victoria: 2 Samuel 17:17ss.; 18/p.248.
AHIMELEC (AJIMELEK) Sacerdote de Nob, muerto por ayudar a David: 1 Samuel 21 - 22/pp.239-240.
AHITOFEL (AJITOFEL) Consejero de confianza de David que apoyó a Absalón: 2 Samuel 15:12 - 17:23/pp.247-248.
ALEJANDRO 1. Hijo de Simón de Cirene: Marcos 15:21. **2.** Dirigente de Jerusalén: Hechos 4:6. **3.** Judío presente en el motín de Efeso: Hechos 19:33. **4.** Cristiano que apostató: 1 Timoteo 1:20. **5.** Opositor de Pablo: 2 Timoteo 4:14. (Tal vez no todos estos sean personajes diferentes.)
AMAN Villano del libro de Ester, que conspiró contra los judíos: Ester/pp.314-315.
AMASA Comandante del ejército de Absalón; muerto por Joab; 2 Samuel 17:25; 20.
AMASIAS Hijo de Joás, rey de Judá: 2 Reyes 12:21 - 14:21; 2 Crónicas 24:27ss./p.276.
AMNON Hijo de David; violó a Tamar y fue muerto por Absalón: 2 Samuel 13/p.246.
AMON Hijo de Manasés, rey de Judá: 2 Reyes 21; 2 Crónicas 33/p.282.
AMOS Profeta de Tecoa que declaró el mensaje de Dios a Israel: Amós/p.444.
ANA 1. Madre de Samuel: Samuel 1-2/pp.231-232. **2.** Profetisa en el templo cuando Jesús fue presentado allí: Lucas 2:36-38/p.516.
ANANIAS 1. Discípulo que intentó engañar a la iglesia: Hechos 5/p.552. **2.** Discípulo de Damasco enviado a Saulo: Hechos 9/p.556. **3.** Sumo sacerdote que lanzó cargos contra Pablo: Hechos 23:2; 24:1.
ANAS Sumo sacerdote judío, suegro de Caifás ante quien Jesús fue juzgado: Juan 18:13ss./p.547.
ANDRES Hermano de Pedro, pescador también; uno de los 12 apóstoles: Mateo 4.18, etc.; Juan 1:40ss./pp.503, 535.
ANTIOCO Nombre de los reyes seleúcidas de Siria en la época intertestamentaria: pp.437, 571.

AOD (EHUD) Paladín israelita que asesinó a Eglón de Moab: Jueces 3/p.221.
APOLOS (APOLO) Judío de Alejandría instruido por Priscila y Aquila; predicador poderoso que influyó sobre la iglesia de Corinto: Hechos 18:24ss.; 1 Corintios 4/pp.564, 590ss.
AQUILA Y PRISCILA Matrimonio cristiano; instruyeron a Apolos y sirvieron a la Iglesia en diversos lugares: Hechos 18; Romanos 16:3, etc./pp.564, 588.
AQUIS (AKIS) Rey de Gat con quien David se refugió: 1 Samuel 21; 27-29/ pp.239, 242.
ARAUNA/ORNAN Hombre a quien David le compró su era, asiento del templo: 2 Samuel 24:16ss.; 1 Crónicas 21:15ss./p.289.
ARETAS Gobernante de Arabia: 2 Corintios 11:32/p.600.
ARISTARCO Compañero y colaborador de Pablo: Hechos 19:29ss.; Colosenses 4:10; Filemón 24/p.613.
ARQUELAO Hijo de Herodes el Grande; gobernante de Judea: Mateo 2:22/p.476.
ARQUIPO Colosenses 4:17; Filemón 2/p.625.
ARTAJERJES Rey de Persia: Esdras 4:7ss.; Nehemías 2:1/p.309.
ARTEMISA → Diana.
ASA Rey de Judá: 1 Reyes 15:8ss.; 2 Crónicas 14:1ss./pp.625, 297.
ASAEL (ASAHEL) Sobrino de David; muerto por Abner: 2 Samuel 2:18ss./pp.242-243.
ASAF Levita, director del coro de David; mencionado en los títulos de algunos de los Salmos: 1 Crónicas 15:17ss.; 25:1ss./p.291.
ASARJADDON → Esar-hadón.
ASUERO Rey de Persia que hizo a Ester su reina: Ester/pp.313/315.
ASURBANIPAL Rey de Asiria: *fotos* pp.303, 395.
ATALIA Hija de Jezabel que se casó con Joram de Judá y usurpó el trono tras la muerte de su hijo: 2 Reyes 11; 2 Crónicas 22/pp. 276, 298-299.
AUGUSTO Primer emperador romano, que ordenó el censo que trajo a María y José a Belén: Lucas 2:1.
AZARIAS Nombre de varios individuos, especialmente el hijo de Amasías, rey de Judá: 2 Reyes 14:21ss.; 2 Crónicas 26/p.276.
BAASA (BASA) Usurpó el trono de Israel al hijo de Jeroboam: 1 Reyes 15:16ss.
BALAAM Profeta llamado por Balac para que maldijera a los israelitas: Números 22:5 - 24:25/p.190.
BALAC Rey moabita que contrató a Balaam para maldecir a Israel: Números 22:2 - 24:25/p.190.
BALTASAR → Belsasar.
BARAC Uno de los Jueces; con Débora derrotó a Sísara y a los cananeos: Jueces 4:6ss.
BARRABAS Bandido liberado con preferencia a Jesús: Mateo 27:16ss., etc.
BARTOLOME Uno de los 12 apóstoles: Mateo 10:3, etc.
BARTIMEO Ciego curado por Jesús: Marcos 10:46ss./p.508.
BARUC Secretario de Jeremías: Jeremías 32:12ss./p.405.
BARZILAI (BARZIL-LAY) Amigo leal de David durante la rebelión de Absalón: 2 Samuel 17:27ss.; 19:31ss./p.249.

BASA → Baasa.
BELSASAR (BALTASAR) Rey de Babilonia derrotado por los persas: Daniel 5/pp.432-434.
BELTSASAR Nombre babilónico dado a Daniel: Daniel 1:7/p.431.
BENAIA (BENAIAS) Uno de los oficiales de David responsables por proclamar rey a Salomón: 1 Reyes 1 - 2/p.251.
BEN-ADAD (BEN-HADAD) Nombre de varios gobernantes de Damasco: 1 Reyes 15:18ss.; 20:1ss.; 2 Reyes 6:24ss.; 8:7ss.; 13:3ss./p.266.
BENJAMIN Hijo menor de Jacob; Raquel murió al darlo a luz: padre de la tribu de Benjamín que se puso de parte de Judá en la división del reino: Génesis 35:18; 42 - 49/pp.142, 149-150.
BERENICE Hermana de Herodes Agripa II; estuvo con él cuando se oyó el caso de Pablo en Cesarea: Hechos 25:13ss.
BERNABE Levita de Chipre, encargado por la iglesia de Antioquía para un servicio misionero junto con Pablo: Hechos 4:36; 9:27; 12:25ss./pp.552-553.
BETSABE Esposa de Urías el hitita; David cometió adulterio con ella y luego se casó con ella; madre de Salomón: 2 Samuel 11-12; I Reyes 1 - 2/pp.245-246.
BEZALEEL (BESALEL) Artesano escogido para construir el tabernáculo y sus accesorios: Exodo 35:30ss.
BILDAD Uno de los tres amigos de Job: Job 2:11, etc./p.320.
BILHA Esclava de Raquel, madre de Dan y Neftalí: Génesis 29:29; 30:3, etc.
BOOZ Propietario belemita que llegó a ser esposo de Rut y antecesor de David: Rut 2 - 4/pp.226-228.
CAIFAS Sumo sacerdote ante quien compareció Jesús: Mateo 26:3; Lucas 3:2; Juan 18:13ss./pp.511, 547.
CAIN Hijo mayor de Adán y Eva, que mató a su hermano Abel: Génesis 4/p.129.
CALEB Enviado a espiar Canaán; sólo él y Josué de entre los doce aconsejaron avanzar; en su ancianidad reclamó la posesión del Hebrón y expulsó a los anaceos: Números 13 - 14; Josué 14 - 15/p.188.
CAM Hijo de Noé; padre de numerosas naciones: Génesis 5:32; 9:18ss.; 10:6ss./pp.134-135.
CANAAN Hijo de Cam; maldecido por su abuelo Noé: Génesis 9:18ss./p.134.
CEFAS → Pedro.
CESAR Emperador de Roma; en los Evangelios, Augusto (Lucas 2:1) o Tiberio; en los Hechos, Claudio; en las demás partes, Nerón: Mateo 22:17ss.; Juan 19:12ss.; Hechos 17:7; 25:8ss.; Filipenses 4:22/pp.571-573; *fotos*: Nerón p.637; Domiciano p.653.
CETURA (QUETURA) Segunda esposa de Abraham, después de la muerte de Sara: Génesis 25:1ss./p.142.
CIRENIO (CIRINO) Gobernador de Siria cuando nació Jesús: Lucas 2:2/p.516.
CIRO Rey de Persia que desplazó a los babilonios e hizo volver a los judíos de su deportación: Esdras 1:1ss. - 6:14; Isaías 44:28ss.; Daniel 1:21/pp.306, 390, 431.
CIS (QUIS) Padre del rey Saúl:K 1 Samuel 9: [illegible]s.
CLAUDIO Emperador de Roma: Hechos 11:28; 18:2/p.564.
CLAUDIO LISIAS Tribuno militar de Jerusalén que tomó a Pablo bajo custodia: Hechos 21:31 - 23:30/p.507.

CLEMENTE Cristiano filipense, colaborador de Pablo: Filipenses 4:3.
CLEOFAS Uno de los dos que se encontraron con Jesús resucitado en el camino de Emaús; Lucas 24:13ss.
COAT (QUEHAT) Hijo de Leví; cabeza de una de las tres familias levíticas; antepasado de Moisés: Exodo 6:16ss.; Números 3/pp.185-186.
CORE Levita que con Datán y Abiram conspiró contra Moisés y Aarón: Números 16/p.189.
CORNELIO Centurión romano a cuya casa fue enviado Pedro a predicar el Evangelio: Hechos 10/p.557.
CRESCENTE Compañero de Pablo, enviado a Galacia: 2 Timoteo 4:10.
CRISPO Converso de Corinto bautizado por Pablo: Hechos 18:8; 1 Corintios 1:14.
CUSAN-RISATAIM (KUSAN-RISEATAYIM) Opresor de Israel en tiempos de los Jueces: Jueces 3:7ss./p.221.
DALILA Mujer filistea que traicionó a Sansón: Jueces 16/p.224.
DAN Uno de los 12 hijos de Jacob y antepasado de la tribu de Dan: Génesis 30:5-6, etc.
DANIEL Llevado cautivo a Babilonia cuando joven y entrenado para el servicio en la corte; intérprete de sueños y visionario; uno de los grandes profetas del Antiguo Testamento: Daniel/pp.430ss.
DARIO 1. Darío el Medo, que pasó al trono de Babilonia tras la muerte de Belsasar; conocido sólo por el libro de Daniel: Daniel 5:31/p.434. **2.** Darío I, rey de Persia, bajo el cual se reconstruyó el templo: Esdras 4 - 6; Hageo 1:1; Zacarías 1:1/p.307. **3.** Darío II: Nehemías 12:22.
DATAN Se rebeló contra Moisés con Coré y Abiram: Números 16/p.189.
DAVID El pastorcillo que llegó a ser el segundo rey de Israel y fundó el linaje real del cual finalmente nació el Mesías; autor y recopilador de muchos de los Salmos: 1 Samuel 16 - 1 Reyes 2; 1 Crónicas 11 - 29/p.238ss. 287ss. *Ungido como rey por Samuel:* 1 Samuel 16. *David y Goliat:* 17. *Amistad con Jonatán:* 18 - 20. *David huye de Saúl:* 19 - 31. *Elegía por Saúl y Jonatán:* 2 Samuel 1. *Toma de Jerusalén:* 5. *Entrada del Arca a Jerusalén:* 6; 1 Crónicas 15. *Dios le promete una dinastía perdurable:* 2 Samuel 7: 1 Crónicas 17. *David y Betsabé:* 2 Samuel 11 - 12. *Rebelión de Absalón:* 15 - 18. *Preparativos para el templo:* 1 Crónicas 22ss. *Sucesión de Salomón y muerte de David:* 1 Reyes 1 - 2:11; 1 Crónicas 29.
DEBORA Profetisa del tiempo de los Jueces que se unió con Barac para vencer a Sísara: Jueces 4 - 5/pp.221-222.
DEMAS Colaborador de Pablo que al final lo abandonó: Colosenses 4:14; 2 Timoteo 4:10/pp.613, 622.
DEMETRIO 1. Platero de Efeso: Hechos 19:24. **2.** Cristiano elogiado por Juan: 3 Juan 12/p.643.
DIANA (ARTEMISA) Diosa de los efesios: Hechos 19/p.565 (*con fotos*).
DINA Hija de Jacob, cuya violación por Siquem fue cruelmente vengada por Simeón y Leví: Génesis 34/p.146.
DIONISIO Miembro del consejo del Areópago de Atenas que se hizo cristiano: Hechos 17:34.

DIOTREFES Dirigente de una iglesia que era muy egoísta y a quien Juan denunció: 3 Juan 9-10/p.643.
DOEG Esclavo edomita de Saúl que le informó que Ahimelec había ayudado a David: 1 Samuel 21:7; 22:9ss./p.240.

DORCAS/TABITA Mujer notoria por sus buenas obras, a quien Pedro resucitó de entre los muertos: Hechos 9:36ss.
DRUSILA Esposa judía del procurador Félix, que oyó el caso de Pablo: Hechos 24:24/p.568.

EBED-MELEC Esclavo etíope de Sedequías (Sedecías) que le salvó la vida a Jeremías: Jeremías 38; 39:16ss./p.408.
EFRAIN Hijo de José; antepasado de la tribu de Efraín: Génesis 41:52; 48:13ss., etc./p.150.

EFRON Hitita a quien Abraham le compró la caverna de Macpela: Génesis 23/p.141.
EGLON Rey de Moab muerto por Aod: Jueces 3/p.221.
ELA Nombre de diversos individuos, en especial el hijo de Baasa, rey de Israel, asesinado por Zimri: 1 Reyes 16/p.265.
ELCANA Padre de Samuel: 1 Samuel 1.

ELEAZAR Hijo de Aarón, consagrado sacerdote y puesto sobre los levitas: Exodo 6:23; Levítico 10; Números; Josué 14:1, etc./pp.173ss.
ELI Sacerdote y juez de Silo, predecesor de Samuel: 1 Samuel 1 - 4/pp.231ss.
ELIAQUIM (ELYAQUIM) Nombre de varios personajes, siendo el más notable de ellos el administrador de la casa de Ezequías que negoció con los oficiales de Senaquerib: 2 Reyes 18:18ss.; Isaías 36.
ELIAS Uno de los más grandes profetas de Israel, contemporáneo de Acab· Reyes 17 - 2 Reyes 2/pp.265ss. *La sequía:* 1 Reyes 17. *Contienda con los profetas de Baal*: 18. *El "silbo apacible y delicado"*: 19. *El carro de fuego:* 2 Reyes 2. *Aparición de Elías en la transfiguración de Cristo:* Marcos 9:4ss.
ELIASIB (ELYASIB) Sumo sacerdote en tiempos de Nehemías; participó en la reconstrucción de las murallas de la ciudad; después entró en componendas con los enemigos de Nehemías: Nehemías 3:13.
ELIEZER Nombre de varios individuos, entre ellos el siervo principal y heredero adoptivo de Abraham: Génesis 15:2.
ELIFAZ Uno de los tres amigos de Job: Job 2:11, etc./pp.320ss.
ELIMAS Mago que se opuso a Pablo y Bernabé en Chipre: Hechos 13/p.558.
ELIMELEC (ELIMELEK) Esposo de Noemí: Rut 1:2.
ELISABET (ISABEL) Esposa de Zacarías y madre de Juan el Bautista: Lucas 1/p.515.
ELISEO Sucesor de Elías como profeta de Israel: 1 Reyes 19:16ss.; 2 Reyes 2 - 9; 13/pp.266ss. *Eliseo y la sunamita:* 2 Reyes 4. *Curación de Naamán:* 2 Reyes 5.
ELIU (ELIHU) Joven rebelde de la historia de Job: Job 32:2ss./p.325.
ENOC (HENOC) Descendiente de Set, hijo de Adán, que "anduvo con Dios" y fue llevado a su presencia sin morir: Génesis 5:18-24/p.131.
EPAFRAS Amigo y colaborador de Pablo: Colosenses 1:7, etc./p.611.

EPAFRODITO Cristiano enviado a Pablo por la iglesia filipense: Filipenses 2:25ss./p.608-610.
ERASTO 1. Ayudante de Pablo, enviado a Macedonia con Timoteo: Hechos 19:22; 2 Timoteo 4:20. **2.** Tesorero municipal de Corinto: Romanos 16:23/p.588.
ESAR-HADON (ASARJADDON) Sucedió a Senaquerib en el trono de Asiria: 2 Reyes 19:37.
ESAU Hijo de Isaac y Rebeca; gemelo de Jacob; vendió su bendición y le fue usurpada su primogenitura: Génesis 25:25ss.; 27 - 28:9; 32 - 33; 36/pp.143, 145-146.
ESDRAS Sacerdote y escriba que volvió a Jerusalén con un grupo de deportados; iniciador de la restauración de la ley judaíca: Esdras 7 - 10; Nehemías 8 - 9/pp.307-308, 310.
ESTEBAN Uno de los siete hombres escogidos para encargarse de los asuntos prácticos de la Iglesia; primer mártir cristiano: Hechos 6 - 7/pp.553-554.
ESTEFANAS Cristiano corintio bautizado por Pablo: 1 Corintios 1:16; 16:15ss./p.591.
ESTER *Cautiva judía que se hizo reina del rey persa Asuero; heroína del libro de Ester/pp.313-315.*
EUNICE Madre de Timoteo: 2 Timoteo 1:5.
EUTICO Joven que se cayó de una ventana durante la plática de Pablo en Troas y que fue devuelto a la vida: Hechos 20:9ss.
EVA La primera mujer; Satanás le insistió que desobedeciera a Dios: Génesis 3/p.128.
EVIL-MERODAC Amel-marduk o Avil-marduk, rey de Babilonia, que soltó a

Milagros de Jesús

	Mateo	Marcos	Juan	Lucas
Curación de desórdenes físicos y mentales				
Leproso	8:2-3	1:40-42	5:12-13	
Siervo del centurión	8:5-13		7:1-10	
Suegra de Pedro	8:14-15	1:30-31	4:38-39	
Dos gadarenos	8:28-34	5:1-15	8:27-35	
Paralítico	9:2-7	2:3-12	5:18-25	
Mujer con hemorragia	9:20-22	5:25-29	8:43-48	
Dos ciegos	9:27-31			
Hombre mudo y endemoniado	9:32-33			
Hombre con una mano seca	12:10-13	3:1-5	6:6-10	
Endemoniado ciego y mudo	12:22		11:14	
Hija de la mujer cananea	15:21-28	7:24-30		
Muchacho epiléptico	17:14-18	9:17-29	9:38-43	
Bartimeo, y otro ciego	20:29-34	10:46-52	18:35-43	
Sordomudo		7:31-37		
Endemoniado, en la sinagoga		1:23-26	4:33-35	
Ciego de Betsaida		8:22-26		
Mujer encorvada			13:11-13	
Hidrópico			14:1-4	
Diez leprosos			17:11-19	
Oreja de Malco			22:50-51	
Hijo de un funcionario en Capernaum				4:46-54
Paralítico del estanque de Betesda				5:1-9
Ciego de nacimiento				9
Dominio sobre fuerzas de la naturaleza				
Apaciguamiento de la tempestad	8:23-27	4:37-41	8:22-25	
Jesús camina sobre el agua	14:25	6:48-51		6:19-21
Alimentación de los 5.000	14:15-21	6:35-44	9:12-17	6:5-13
Alimentación de los 4.000	15:32-38	8:1-9		
Moneda en la boca del pez	17:24-27			
La higuera seca	21:18-22	11:12-14 20-26		
Pesca milagrosa			5:1-11	
Conversión del agua en vino				2:1-11
Otra pesca milagrosa				21:1-11
Muertos devueltos a la vida				
Hija de Jairo	9:18-19, 23-25	5:22-24, 38-42	8:41-42. 49-56	
Hijo de la viuda en Naín		7:11-15		
Lázaro				11:1-44

Joaquín de la cárcel: 2 Reyes 25:27; Jeremías 52:31.

EZEQUIAS Uno de los más notables reyes de Judá; contemporáneo de Isaías, sitiado en Jerusalén por los asirios: 2 Reyes 18 - 20; 2 Crónicas 29 - 32; Isaías 36 - 39/pp.281-282.

EZEQUIEL Gran profeta y visionario del Antiguo Testamento cuyas profecías a los cautivos judíos en Babilonia se registran en el libro de Ezequiel/pp.416ss. *Ezequiel tiene visiones de Dios:* Ezequiel 1; 10. *El vigía:* 3; 33. *Muerte de la esposa de Ezequiel:* 24. *Valle de los huesos secos:* 37. *Visión del templo:* 40ss. *El río de vida:* 47.

FARAON Título de los reyes de Egipto, notablemente los siguientes: **1.** El faraón de Abraham: Génesis 12:10ss. **2.** El faraón de José: Génesis 40ss./pp.149, 153. **3.** El faraón del éxodo: Exodo 5ss./pp.153-154, 156ss. **4.** El faraón que dio su hija a Salomón como esposa: 1 Reyes 9:16, etc. **5.** El faraón que albergó a Hadad: 1 Reyes 11. **6.** Sisac, que ayudó a Jeroboam y atacó Jerusalén: 1 Reyes 11:40; 14:25ss.; 2 Crónicas 12/pp.154, 264, 296-297. **7.** So: 2 Reyes 17:4. **8.** Tirhaca: 2 Reyes 19:9; Isaías 37:9/p.281. **9.** Necao (→ abajo). **10.** Hofra: Jeremías 44:30; Ezequiel 29:2/p.425.

FEBE Diaconisa de Cencreas: Romanos 16:1-2/p.588.

FELIPE 1. Uno de los 12 apóstoles: Mateo 10:3; Juan 1:43ss.; 6:5ss.; 12:21-22; 14:8/p.535. **2.** (Filipo) Hijo de Herodes el Grande; marido de Herodías: Marcos 6:17/p.505. **3.** (Filipo) Otro hijo de Herodes; tetrarca de Iturea: Lucas 3:1. **4.** Servidor y evangelista de la Iglesia primitiva: Hechos 6; 8; 21:8-9/pp.553, 555-556.

FELIX Procurador romano que mantuvo preso a Pablo en Cesarea: Hechos 23:24 - 24:27/pp.567-568.

FESTO Sucesor de Félix como procurador de Judea; atendió la causa de Pablo en Cesarea: Hechos 25 - 26/p.568.

FILEMON Cristiano, amo del esclavo Onésimo, a quien Pablo escribió su epístola/p.625.

FINEES (PINJAS) 1. Sacerdote, nieto de Aarón: Exodo 6:25; Números 25; 31:6; Josué 22:13ss. **2.** Hijo de Elí, muerto por los filisteos cuando la captura del arca: 1 Samuel 2:12ss.; 4/p.232.

GABRIEL El ángel enviado a interpretar la visión de Daniel; a Zacarías para anunciar el nacimiento de Juan el Bautista; a María para anunciar el nacimiento de Jesús: Daniel 8:16; 9:21; Lucas 1:19, 26/p.435.

GAD Hijo de Jacob y la criada de Lea, Zilpa; antepasado de una de las tribus de Israel: Génesis 30:11; 49:19.

GALION Procónsul de Acaya (y hermano de Séneca, el tutor de Nerón) cuya sentencia contra los judíos que acusaban a Pablo dio nueva libertad a la Iglesia: Hechos 18/pp.564, 573.

GAMALIEL Rabino influyente y miembro del Sanedrín que aconsejó proceder con cautela respecto de los apóstoles: Hechos 5:34ss.; 22:3/p.553.

GAYO 1. Macedonio implicado en el motín de Efeso: Hechos 19:29. **2.** Compañero de Pablo en el viaje a Jerusalén: Hechos 20:4. **3.** Corintio a quien Pablo bautizó: 1 Corintios 1:14. **4.** Destinatario de la tercera carta de Juan: 3 Juan 1/p.643. Estos cuatro pueden ser o bien no ser diferentes personas.

GEDALIAS (GODOLIAS) Designado gobernador de Judá por Nabucodonosor; asesinado unos pocos meses después: 2 Reyes 25; Jeremías 39:14 - 41:18/pp.283, 409.

GEDEON Libertó a Israel de los madianitas en tiempos de los Jueces: Jueces 6 - 8/p.222.

GERSON (GUERŠON) Hijo de Leví; cabeza de una de las tres familias levíticas: Exodo 6:16-17; Números 3:17ss./pp.185-186.

GESEM (GUEŠEM) Arabe, uno de los principales adversarios de Nehemías: Nehemías 2:19; 6:1ss./p.309.

GIEZI (GUEJAZI) Siervo de Eliseo, castigado por buscar una recompensa de Naamán: 2 Reyes 4 - 5; 8:4s./pp.273-274.

GODOLIAS → Gedalías.

GOG Jefe de pueblos norteños invasores que serán destruidos por Dios: Ezequiel 38 - 39/pp.426-427. "Gog y Magog": citados como símbolos de las fuerzas opuestas a Dios en el combate final: Apocalipsis 20:8/p.656.

GOLIAT Paladín filisteo muerto por David: 1 Samuel 17/p.238.

HABACUC Profeta cuyo asombro ante el uso que Dios hace de los caldeos para castigar a su propio pueblo está escrito en el libro de Habacuc/pp.452-453.

HADAD-EZER Rey de Soba, derrotado por David: 2 Samuel 8; 10; 1 Reyes 11:23; 1 Crónicas 18 - 19.

HADASA (HADASSA) Nombre anterior de Ester.

Parábolas de Jesús

	Mateo	Marcos	Lucas
La lámpara bajo el almud	5:14-15	4:21-22	8:16; 11:33
Las casas sobre la roca y la arena	7:24-27		6:47-49
Remiendo nuevo en vestido viejo	9:16	2:21	5:36
Vino nuevo en odres viejos	9:17	2:22	5:37-38
El sembrador; varias clases de tierra	13:3-8	4:3-8	8:5-8
La semilla de mostaza	13:31-32	4:30-32	13:18-19
La cizaña	13:24-30		
La levadura	13:33		13:20-21
El tesoro escondido	13:44		
La perla de gran precio	13:45-46		
La red barredera	13:47-48		
La oveja perdida	18:12-13		15:4-6
Los dos deudores (el siervo inmisericorde)	18:23-24		
Los obreros en la viña	20:1-16		
Los dos hijos	21:28-31		
Los labradores malvados	21:33-41	12:1-9	20:9-16
Invitación a la boda; hombre sin vestido de boda	22:2-14		
La higuera, anunciadora del verano	24:32-33	13:28-29	21:29-32
Las diez vírgenes	25:1-13		
Los talentos (Mateo); las minas (Lucas)	25:14-30		19:12-27
Las ovejas y los cabritos	25:31-36		
El crecimiento de la semilla		4:26-29	
El acreedor y los deudores			7:41-43
El buen samaritano			10:30-37
El amigo necesitado			11:5-8
El rico insensato			12:16-21
Los siervos vigilantes			12:35-40
El mayordomo fiel			12:42-48
La higuera estéril			13:6-9
Asientos de honor en el banquete de bodas			14:7-14
La gran cena y los convidados displicentes			14:16-24
Cálculo de los gastos			14:28-33
La moneda perdida			15:8-10
El hijo pródigo			15:11-32
El mayordomo infiel			16:1-8
El rico y Lázaro			16:19-31
El amo y el siervo			17:7-10
La viuda insistente y el juez injusto			18:2-5
El fariseo y el publicano			18:10-14

HAGEO (AGEO) Profeta que arengó al pueblo a reconstruir el templo tras el regreso de la deportación: Hageo/p.455.
HAMURABI Rey de Babilonia, compilador de un código de leyes: *foto* p.202.
HANAMEEL (JANAMEL) Primo de Jeremías que le vendió el campo de Anatot durante la invasión babilónica: Jeremías 32/p.405.
HANANI (JANANI) Hermano de Nehemías, que le informó de los problemas en Jerusalén: Nehemías 1:2/p.309.
HANANIAS (JANANIAS) Falso profeta censurado por Jeremías 28/p.405.
HAZAEL (JAZAEL) Usurpó el trono de Siria tras asesinar a Ben-adad, cumpliendo la predicción de Eliseo: 1 Reyes 19:15-17; 2 Reyes 8ss./p.266, 274.
HEMAN Designado por David como uno de los directores de la música del templo: 1 Crónicas 16:41-42; 25/p.291.
HERODES 1. Herodes el Grande: Mateo 2; Lucas 1:5. **2.** Herodes Antipas: Mateo 14; Marcos 6; Lucas 3; 9; 23; Hechos 4:27; 13:1. **3.** Herodes Agripa I; Hechos 12/ → artículo especial ''La familia herodiana'', p.540.
HERODIAS Esposa de Herodes Antipas que causó la muerte de Juan el Bautista: Mateo 14; Marcos 6; Lucas 3:19/p.505.
HILCIAS (JILQUIAS) Sumo sacerdote del tiempo de Josías; descubrió el libro de la ley: 2 Reyes 22 - 23; 2 Crónicas 34/ p.282.
HIMENEO Disciplinado por Pablo por perturbar la fe de la gente con falsas enseñanzas: 1 Timoteo 1:20; 2 Timoteo 2:17.
HIRAM (JIRAM) Rey de Tiro, aliado con David y Salomón; proveyó cedro y mano de obra calificada para el templo; se unió con Salomón para mantener una flota mercante en el Mar Rojo: 1 Reyes 5; 9 - 10/ pp.255, 258.
HULDA (JULDA) Profetisa consultada por Hilcías después que éste descubrió el libro de la ley: 2 Reyes 22:14ss.; 2 Crónicas 34:22ss.
HUSAI (JUŠAY) Amigo de David que persuadió a Absalón a no seguir el consejo de Ahitofel: 2 Samuel 15:32 - 17:15/ pp.247-248.
ISAAC Hijo de Abraham; padre de Jacob y Esaú: Génesis 21 - 35/pp.140ss. *''Sacrificio'' de Isaac:* Génesis 22. *Esposa de Isaac:* 24. *Bendición de Jacob:* 27.
ISACAR Hijo de Jacob y padre de una de las tribus de Israel: Génesis 30:18; 49:14s.
ISAI (JESE) Padre de David; nieto de Rut y Booz: 1 Samuel 16 - 17.
ISAIAS Gran profeta del Antiguo Testamento: 2 Reyes 19 - 20; Isaías/pp. 281-282, 376ss. *Vocación:* Isaías 6. *Grandes profecías: el renuevo,* Isaías 4; *Emmanuel* 7; *la gran luz, un hijo nos ha nacido,* 9; *el retoño de Isaí, morará el lobo con el cordero,* 11 - 12; *El yermo florecerá,* 35; *consolaos, pueblo mío,* 40; *''cantos del Siervo'',* 42; 49; 50; 52 - 53; *levántate, resplandece,* 60; *invasión de Senaquerib:* 36 - 39.
IS-BOSET (ISBAAL) Hijo de Saúl, hecho rey por Abner: 2 Samuel 2 - 4/p.243.
ISMAEL Hijo de Abraham y Agar: Génesis 16 - 17; 25/pp.140-142.
ISRAEL Nombre posterior de Jacob, y del pueblo descendiente de él.
ITAI (ITTAY) Filisteo de Gat que estuvo de parte de David durante la sedición de Absalón: 2 Samuel 15; 18.
ITAMAR Hijo de Aarón; sacerdote de Israel: Exodo 6:23; Números 3ss./p.186.
JABIN (YABIN) Rey de Hazor cuyo ejército fue batido por Débora y Barac: Jueces 4/p.222.
JACOB Hijo de Isaac que suplantó a su hermano mayor Esaú; padre de las doce tribus de Israel: Génesis 25 - 49/pp.142ss. *La primogenitura:* Génesis 25. *Bendición de Isaac:* 27. *Sueño en Betel:* 28. *Jacob y Labán:* 29 - 31. *Jacob lucha con Dios:* 32. *Promesa de Dios:* 35. *Viaje a Egipto:* 44. *Bendición de sus hijos:* 49.
JACOBO → Santiago.
JAEL (YAEL) Mujer de Heber que mató a Sísara con una estaca de tienda: Jueces 4/p.223.
JEFET Uno de los tres hijos de Noé; antepasado de numerosas naciones: Génesis 5:32; 9:18ss.; 10:1ss./p.135.
JAIRO Principal de la sinagoga, cuya hija Jesús devolvió a la vida: Marcos 5:1ss./pp.504-505.
JASON Anfitrión de Pablo que tuvo que responder por él en Tesalónica: Hechos 17:5ss.
JEDUTUN (YEDUTUN) Designado por David como uno de los directores de la música del templo: 1 Crónicas 16:41-42; 25/p.291.
JEFTE El juez cuyo voto tuvo por resultado la muerte de su propia hija: Jueces 11 - 12/p.223.
JEHU Ungido por Dios por medio de Eliseo para destruir el linaje de Acab y hacerse rey de Israel: 2 Reyes 9 - 10/pp.274-276.
JEHUDI (YEHUDI) Funcionario de la corte de Joacim que le leyó al rey el rollo de Jeremías: Jeremías 36.
JEREMIAS Gran profeta de Judá en el tiempo de su caída ante Babilonia: 2 Crónicas 35:25; 36:12, 21-22; Jeremías/pp.302-303, 396ss. *Vocación:* Jeremías 1. *El alfarero:* 18 - 19. *El yugo de Babilonia:* 27 - 28. *La nueva alianza:* 31. *Compra del campo:* 32. *Lectura del rollo:* 36. *En la cisterna:* 38. *Llevado a Egipto:* 43.
JEROBAAL (YERUBBAAL) Otro nombre de Gedeón.
JEROBOAM 1. Jeroboam I, primer rey del reino septentrional de Israel, que levantó santuarios rivales de Jerusalén: 1 Reyes 11:26 - 14:20/pp.263-264. **2.** Jeroboam II, uno de los más ilustres reyes de Israel; los profetas denunciaron los males sociales y el vacío ritual de su época: 2 Reyes 14:23-29; Amós 7/pp.277, 444.
JESE → Isaí.
JESUCRISTO → bajo Temas clave y bajo Asuntos y acontecimientos.
JETRO/REUEL Suegro de Moisés: Exodo 2:16ss.; 3:1; 4:18; 18/p.164.
JEZABEL Princesa de Tiro y Sidón que se casó con Acab e introdujo en Israel el culto de Baal; culpable de la muerte de Nabot; puesta a muerte bajo órdenes de Jehú: 1 Reyes 16:31; 18:4, 13, 19; 19:1-2; 21; 2 Reyes 9/pp.265ss.
JOAB Sobrino de David y comandante de su ejército; culpable de la muerte de Abner; reconcilió a David con Absalón; apoyó a Adonías contra Salomón: 2 Samuel 2 - 3; 10 - 11; 14; 18 - 20; 24; 2 Reyes 1 - 2; también 1 Crónicas 11ss./pp.242-243, 247-252.
JOACAZ 1. Hijo de Jehú, rey de Israel: 2 Reyes 13 - 14/p.276. **2.** Hijo de Josías, rey de Judá; depuesto por el faraón Necao: 2 Reyes 23:30ss.; 2 Crónicas 36/pp.283, 302.
JOACIM (YOYAQUIM) Eliacim, hijo de Josías, rey de Judá; puesto en el trono por el faraón Necao; rey que quemó el rollo de profecías de Jeremías; 2 Reyes 23:34ss.; 2 Crónicas 36; Jeremías 22:18ss.; 26; 36/pp.283, 302, 403, 405, 406.
JOAQUIN Hijo de Joacim, rey de Judá; llevado a Babilonia por Nabucodonosor, encarcelado por su sucesor: 2 Reyes 24; 25:27ss.; 2 Crónicas 36; Jeremías 52:31ss./pp.283, 302, 412.
JOAS 1. Rescatado de la masacre de Atalía para hacerse rey de Judá; reparó el templo: 2 Reyes 11 - 12; 2 Crónicas 24/pp.276, 298-299. **2.** Rey de Israel: 2 Reyes 13/p.276.
JOB Personaje central del libro de Job que explora el problema del sufrimiento/ pp.319ss.
JOEL Profeta del tiempo de Uzías, conocido sólo por el libro de Joel/pp.442-443.
JOHANAN (YOJANAN) Líder judío que advirtió a Gedalías del complot para darle muerte; buscó pero desobedeció el consejo de Jeremías acerca de ir a Egipto: Jeremías 40 - 43.
JOIADA (YEHOYADA) Nombre de varios individuos, en especial el sumo sacerdote culpable del golpe que destronó a Atalía y colocó a Joás en el trono de Judá: 2 Reyes 11 - 12; 2 Crónicas 23 - 24/pp.276, 299.
JONADAB (YONADAB) 1. Miembro de la familia de David, implicado en la violación de Tamar: 2 Samuel 13. **2.** Hijo de Recab, que ayudó a Jehú a exterminar a los adoradores de Baal: 2 Reyes 10.
JONATAN Hijo mayor de Saúl; amigo jurado de David: 1 Samuel 13 - 14; 18 - 20; 23:16-18; 31:2/pp.237-239, 242.
JONAS Profeta cuya misión a Nínive se narra en el libro de Jonás/p.448.
JORAM 1. Hijo de Acab, rey de Israel, muerto por Jehú: 2 Reyes 3; 8 - 9; 2 Crónicas 2; 22/pp.274. **2.** Hijo de Josafat, rey de Judá: 2 Reyes 8:16ss.; 2 Crónicas 21/pp.274, 298.
JOSABA (YEHOSEBA) Princesa de Judá y esposa de Joiada que salvó la vida a Joás: 2 Reyes 11:2-3; 2 Crónicas 22:11-12/p.276.
JOSAFAT Hijo de Asa, rey de Judá; aliado por matrimonio a Acab de Israel; combatió junto a él contra los sirios en Ramot de Galaad: 1 Reyes 22; 2 Reyes 3; 2 Crónicas 17 - 2-21/p.297.
JOSE 1. Hijo predilecto de Jacob, uno de los grandes héroes del Antiguo Testamento: Génesis 30:24; 37 - 50/pp.146ss. *Jose vendido a los egipcios:* Génesis 37. *La mujer de Potifar:* 39. *En la cárcel:* 40. *Sueño del faraón:* 41. *Hambruna; José y sus hermanos:* 42 - 45. *Muerte:* 50. **2.** Esposo de María madre de Jesús: Mateo 1 - 2; Lucas 1:27; 2/pp.475-476. **3.** José de Arimatea, discípulo secreto de Jesús que proporcionó su sepulcro: Mateo 27:57ss.; Marcos 15:43; Lucas 23:50ss.; Juan 19:38ss./pp.513, 528.

JOSIAS Rey de Judá que emprendió una reforma religiosa a fondo; muerto en combate contra el faraón Necao en Megido: 2 Reyes 21:24 - 23:30; 2 Crónicas 33:25 - 35:27/pp.282, 302.
JOSUE Sucedió a Moisés como caudillo de Israel; introdujo al pueblo a la tierra prometida: mencionado a partir de Exodo 17:9, pero especialmente en el libro de Josué/pp.164, 194, 202, 209ss. *Victoria contra Amalec:* Exodo 17. *Exploración del país:* Números 13 - 14. *Designado sucesor de Moisés:* Números 27. *Moisés lo instala en el cargo:* Deuteronomio 31; 34:9ss. *Paso del Jordán:* Josué 4. *Jericó:* 6. *Distribución del país:* 13ss. *Discurso de Josué a Israel:* 23 - 24.
JOTAM Hijo de Uzías, rey de Judá: 2 Reyes 15; 2 Crónicas 26 - 27/pp.279, 299.
JUAN 1. El apóstol Juan, hijo de Zebedeo, hermano de Santiago, cuya enseñanza consta en el cuarto Evangelio, las epístolas de Juan, y el Apocalipsis: Mateo 4:21ss.; 10:2; 17:1ss.; Marcos 5:37; 10:35ss.; Lucas 9:49ss.; Hechos 3 - 4/pp.503, 533ss.; 551-552, 640ss., 645ss., **2.** Juan el Bautista, precursor del Mesías: Lucas 1; 3; 7:18ss.; Mateo 3; 11; Marcos 1; 6, etc.; Juan 1; 3:22ss./pp. 477, 482, 499, 516-517, 534, 536. **3.** Juan Marcos → Marcos.
JUANA Una de las mujeres que ayudaban a Jesús y a los doce; presente la mañana de la resurrección: Lucas 8:3; 24:10/pp.519, 521.
JUDA Uno de los doce hijos de Jacob, antepasado de la tribu real de Israel: Génesis 29:35; 37 - 38; 43ss.; 49:8-9/pp.147, 150.
JUDAS Nombre de varios individuos del Nuevo Testamento, entre ellos: **1.** Judas hijo de Santiago, uno de los 12 apóstoles: Lucas 6:16, etc./p.503. **2.** El hermano de Jesús, que puede haber escrito la epístola de Judas: Mateo 13:55. **3.** Judas Iscariote, que traicionó a Jesús: Mateo 10:4; 26:14ss.; 27:3ss.; Juan 13; 18/pp.491, 493, 545.
KEDORLAOMER → Quedorlaomer.
KUSAN-RISEATAYIM → Cusan-risataim.
LABAN Hermano de Rebeca; tío de Jacob que lo sobrepasó en su propia astucia: Génesis 24:29; 28 - 30/pp.144-145.
LAMEC (LAMEK) 1. Descendiente de Caín: Génesis 4/p.129. **2.** Padre de Noé: Génesis 5:28ss./p.131.
LAZARO Hermano de Marta y María; resucitado de entre los muertos por Jesús: Juan 11 - 12:11/p.542.
LEA Hija mayor de Labán; esposa de Jacob y madre de seis de sus hijos: Génesis 29:16 - 33:7/pp.144-145.
LEMUEL Rey, la enseñanza de cuya madre se declara en los Proverbios 31:1-9/p.361.
LEVI Uno de los 12 hijos de Jacob, antepasado de la tribu que dio a Israel sus sacerdotes y ministros: Génesis 29:34; 34:25ss.; 49:5ss./pp.146, 150.
LIDIA Mujer comerciante de Tiatira convertida en Filipos: Hechos 16:14-15/p.561.
LOT Sobrino de Abraham que escogió vivir en Sodoma y por poco escapó la destrucción: Génesis 11:31 - 14:16; 19/pp.136, 139.
LUCAS Autor del tercer Evangelio y de los Hechos; médico; compañero de Pablo en sus viajes misioneros: Colosenses 4:14; 2 Timoteo 4:11; Filemón 24/pp.514ss.; 549ss., 613, 622.
MAGOG → Gog.
MALAQUIAS Nombre o seudónimo del autor del libro de Malaquías/pp.459-460.
MALCO Siervo del sumo sacerdote; Pedro le cortó la oreja cuando arrestaron a Jesús en el huerto de Getsemaní: Juan 18:10.
MANAHEM (MENAJEM) Rey de Israel: 2 Reyes 15/p.278.
MANASES 1. Hijo de José, antepasado de una de las tribus de Israel: Génesis 41:51; 48/p.150. **2.** Hijo de Ezequías, rey de Judá: 2 Reyes 21; 2 Crónicas 33/pp.282, 300.
MANOA (MANOAJ) Padre de Sansón; Jueces 13/p.224.
MARCOS Autor del segundo Evangelio; compañero de Pablo y Bernabé, y también de Pedro: Hechos 12:12, 25; 13:13; 15:36ss.; Colosenses 4:10; 2 Timoteo 4:11; Filemón 24; I Pedro 5:13/pp.499ss., 558, 560, 613, 622.
MARDOQUEO Primo de Ester, que la apremió a actuar y salvar al pueblo judío de la masacre: Ester 2:5 - 10:3/pp.313-315.
MARIA Nombre de una mujer del Antiguo Testamento y varias del Nuevo: **1.** Hermana mayor de Moisés y Aarón; cantó triunfante tras el paso del Mar Rojo; castigada luego con lepra por rebelarse contra Moisés: Exodo 2:4ss.; 15:20-21; Números 12; 20:1/pp.156, 162, 187, 190. **2.** María la madre de Jesús y esposa de José: Mateo 1; 2:11; 13:55; Lucas 1 - 2/pp.475-476, 514-516. **3.** María la hermana de Marta y Lázaro, que ungió a Jesús: Lucas 10:39ss.; Juan 11; 12:3ss./p.509, 522, 542. **4.** María Magdalena, que fue curada por Jesús y la primera en verlo después de la resurrección: Mateo 27:55-56, 61; 28:1ss.; Marcos 15:40ss.; Lucas 8:2; Juan 20/p.548. **5.** María la madre de Juan Marcos: Hechos 12:12. **6.** María la madre de Santiago, "la otra María", y María la esposa de Cleofás, que probablemente sean una y la misma persona: Mateo 27:56, 61; 28:1; Juan 19:25.
MARTA Hermana de María y Lázaro en cuya casa se hospedó Jesús: Lucas 10:38ss.; Juan 11; 12:2/p.522.
MATEO Cobrador de impuestos que se hizo uno de los 12 apóstoles y autor del primer Evangelio: Mateo 9:9; 10:3, etc./p.503.
MATIAS Escogido para reemplazar a Judas Iscariote como duodécimo apóstol: Hechos 1:15ss.
MATUSALEN El patriarca más longevo de los enumerados en Génesis 5/p.131.
MEFI-BOSET (MERIBBAAL) Hijo de Jonatán, hijo de Saúl; honrado por David por amor a Jonatán: 2 Samuel 4:4; 9; 16:1ss.; 19:24ss./pp.245, 248, 249.
MELQUISEDEC Sacerdote y rey de Salem que se encontró con Abraham y lo bendijo: Génesis 14:18ss.; → Hebreos 5 - 7/pp.136, 628.
MERAB Hija de Saúl, prometida de David: 1 Samuel 14:49; 18:17ss.
MERARI Hijo de Leví, fundador de una de las tres familias Levíticas: Exodo 6:16ss.; Números 3/pp.185-186.
MERODAC-BALADAN Marduk-apla-iddina II, rey de Babilonia que envió una embajada a Ezequías: Isaías 39.
MESAC Uno de los tres compañeros de Daniel cautivos en Babilonia; echado al horno de fuego, pero incólume: Daniel 1; 2:49; 3/pp.430, 432.
MICAL (MIKAL) Hija de Saúl, esposa de David, que le ayudó a escapar de Saúl, pero desaprobó que bailara ante el arca: 1 Samuel 14:49; 18:20ss.; 19:11ss.; 25:44; 2 Samuel 3:13-16; 6:16ss./pp.239, 243-244.
MIGUEL Angel custodio en Daniel 10; 12:1; también Judas 9; Apocalipsis 12:7/pp.436, 644.
MIQUEAS 1. Profeta de tiempos de Isaías cuyas profecías constan en el libro de Miqueas/pp.449-450. **2.** Efraimita que instaló a un levita como sacerdote de su casa: Jueces 17 - 18/p.225. **3.** Profeta llamado por Acab: 1 Reyes 22; 2 Crónicas 18/p.268.
MOISES Gran caudillo y legislador que condujo a Israel fuera de Egipto hacia el Sinaí, y durante los años de peregrinación en el desierto: Exodo 2 - Deuteronomio 34/pp.155ss. *Nacimiento y crianza por la hija del faraón:* Exodo 2. *La zarza ardiente:* 3 - 4. *Contienda con el faraón:* 7 - 12. *Paso del Mar Rojo:* 14. *Agua de la roca:* 17; Números 20. *Sinaí; emisión de la ley:* Exodo 19ss. *El becerro de oro:* 32. *Los espías:* Números 13 - 14. *Designación de un sucesor:* 27. *Instrucción al pueblo para cuando entre en posesión del país:* Deuteronomio 6ss. *Discurso final a la nación:* 31. *Bendición de Moisés:* 33. *Muerte:* 34.
NAAMAN Comandante del ejército sirio, curado de la lepra por Eliseo: 2 Reyes 5/p.273.
NABAL Esposo de Abigail; propietario que rehusó hospedar a David al pedírselo éste: 1 Samuel 25/p.240.
NABOT Matado para que Acab pudiera apoderarse de la viña que codiciaba: 1 Reyes 21/p.268.
NABUCODONOSOR Rey de Babilonia que capturó Jerusalén y llevó a los judíos al cautiverio; Daniel interpretó sus sueños; 2 Reyes 24 - 25; 2 Crónicas 36; Jeremías 21:2 - 52:30; Ezequiel 26:7ss.; 29:18ss.; 30:10; Daniel 1 - 4/pp.283, 404, 406, 409-412, 424-425, 430-432.
NABUZARADAN (NEBUZARADAN) Capitán de la guardia de Nabucodonosor en Jerusalén: 2 Reyes 25; Jeremías 39; 52.
NACOR (NAJOR) Hermano de Abraham que se estableció en Harán y fue el antepasado de varias tribus arameas: Génesis 11:27ss.; 22:20ss.; 24:10ss.
NADAB Hijo de Aarón que, con Abiú, cometió sacrilegio y murió: Levítico 10/p.174.
NAHUM Profeta cuya profecía contra Nínive está en el libro de Nahúm/p.451.
NATAN Profeta que transmitió la palabra de Dios a David y ayudó a colocar a Salomón en el trono: 2 Samuel 7; 12; 1 Reyes 1; 1 Crónicas 17/pp.246, 251.
NATANAEL Uno de los 12 apóstoles, probablemente el mismo que Bartolomé; de Caná; Juan 1:45-51; 21:2/pp.503, 535.
NECAO (NEKO) Faraón que mató a Josías en la batalla de Megido, derrocó a Joacaz y puso en el trono a Joacim: 2 Re-

yes 23; 2 Crónicas 35:20 - 36:4/pp.282-283, 302.
NEFTALI Uno de los 12 hijos de Jacob; antepasado de una de las tribus de Israel: Génesis 30:8; 49:21.
NEHEMIAS Copero del rey persa; retornó a Jerusalén y organizó la reconstrucción de las murallas; sus memorias están registradas en el libro de Nehemías/pp.309ss.
NERGAL-SAREZER Oficial mayor del ejército de Nabucodonosor: Jeremías 39.
NICODEMO Dirigente judío que vino secretamente adonde Jesús: Juan 3; 7:50ss.; 19:39/pp.536, 548.
NOE Hombre piadoso salvado del diluvio que destruyó al resto de la humanidad; padre de Cam, Sem y Jafet: Génesis 6 - 9/pp.131-134.
NOEMI Suegra de Rut; de Belén: Rut/pp.226-228.
OBED Hijo de Rut y Booz; abuelo de David: Rut 4:13ss.
OBED-EDOM Filisteo en cuya casa permaneció el arca tras la muerte de Uza: 2 Samuel 6:10ss.; 1 Crónicas 13.
OCOZIAS 1. Hijo de Acab; rey de Israel: 1 Reyes 22:40ss. **2.** Hijo de Joram, rey de Judá: 2 Reyes 8:24ss.; 2 Crónicas 22:1ss./p.298.
OFNI Y FINEES (JOFNI Y PINJAS) Hijos disolutos de Elí: 1 Samuel 2; 4/p.232.
OG Rey de Basán, al este del Jordán, vencido por los israelitas: Números 21:32ss.; Deuteronomio 3/pp.195-196.
OMRI Poderoso rey de Israel que hizo de Samaria su capital: 1 Reyes 16/p.265.
ONESIFORO Cristiano que ayudó a Pablo en la prisión: 2 Timoteo 1:16ss.; 4:19.
ONESIMO Esclavo fugitivo; tema de la carta de Pablo a Filemón/pp.613, 625.
ORFA (ORPA) Nuera de Noemí: Rut 1/p.226.
ORNAN → Arauna.
OSEAS 1. Profeta del amor de Dios por su pueblo infiel: Oseas/pp.430ss. **2.** Ultimo rey del reino septentrional de Israel: 2 Reyes 17/p.279.
OTONIEL (OTNIEL) Uno de los Jueces: Jueces 3:7-11/p.221.
PABLO/SAULO Apóstol de los gentiles y autor de 13 cartas del Nuevo Testamento: Hechos 7:58 - Filemón/pp.554, 556ss. *Martirio de Esteban:* Hechos 7:58ss. *Persecución de la Iglesia:* 8:3; 9:1ss. *Conversión:* 9 (22; 26). *Primer viaje misionero:* 13 - 14. *Concilio de Jerusalén:* 15. *Segundo viaje misionero:* 15:36 - 18:22. *Tercer viaje misionero:* 8:23 - 20:37. *En Jerusalén; arresto:* 21 - 23. *Cesarea; defensa ante Félix y Agripa:* 24 - 26. *Viaje a Roma:* 27 - 28. → también los pasajes más personales de las epístolas: p.ej. 2 Corintios 1 - 2; 7; 11 - 12; Gálatas 1:11 - 2:21; Filipenses 1:12ss.; 3; 1 Tesalonicenses 2 - 3; 2 Timoteo 4:6ss., etc.
PASUR (PASJUR) Sacerdote que puso a Jeremías en el cepo: Jeremías 20.
PEDRO Apóstol y jefe de la Iglesia primitiva: los Evangelios; Hechos 1 - 15; Gálatas 1 - 2; 1 y 2 Pedro/pp.486, 503, 527, 548, 550ss., 602, 635ss. *Vocación:* Mateo 4:18ss., etc. *Reconocimiento de Jesús como Mesías:* Mateo 16:13ss., etc. *Presencia en la transfiguración:* Mateo 17, etc. *Negación de Jesús:* Mateo 26:69ss., etc. *Admonición de Jesús:* Juan 21. *Sermón de Pentecostés:* Hechos 2. *Curación del paralítico del templo:* 3. *Ante las autoridades:* 4. *Liberación milagrosa de la cárcel:* 5 y 12. *En Samaria:* 8:14ss. *Resurrección de Tabita:* 9:36ss. *Visión, y visita a Cornelio:* 10. *En el Concilio de Jerusalén:* 15.
PEKA (PECAJ) Le usurpó a Pekaía el trono de Israel: 2 Reyes 15:25 - 16:5/p.279.
PEKAIA (PECAJIAS) Rey de Israel asesinado por Peka: 2 Reyes 15:22-26/p.279.
PELATIAS Dirigente de Jerusalén cuya muerte vio Ezequiel en una visión: Ezequiel 11/p.419.
PENINA Segunda esposa de Elcana, que se burlaba de la estéril Ana: 1 Samuel 1/p.232.
PILATO Procurador romano de Judea que, temiendo perder el puesto, permitió a los judíos crucificar a Jesús: Mateo 27; Marcos 15: Lucas 3:1; 13:1; 23; Juan 18 - 19/ → artículo especial p.510.
POTIFAR (PUTIFAR) Funcionario del faraón, en cuya casa sirvió José: Génesis 37:36; 39/p.147.
PRISCILA Aquila y Priscila.
PUBLIO Principal de la isla de Marta cuyo padre fue curado por Pablo: Hechos 28:7ss.
PUL Nombre de Tiglat-pileser como rey de Babilonia.
QUEDORLAOMER (KEDORLAOMER) Rey de Elam que encabezó una incursión punitiva contra Sodoma y Gomorra; perseguido y muerto por Abraham: Génesis 14/p.137.
RABSACES, RABSARIS, TARTAN Títulos de los funcionarios asirios enviados por Senaquerib a conversar con Ezequías e intimidar al pueblo: 2 Reyes 18 - 19; Isaías 36 - 37/p.281. (En BJ, ''comandante en jefe, gran eunuco y copero mayor''.)
RAHAB (RAJAB) Prostituta de Jericó que ocultó a los dos espías: Josué 2; 6/p.209.
RAMSES II Probablemente el faraón del éxodo (→ Faraón): pp.153-155; *fotos* pp.160-161.
RAQUEL Hija de Labán; esposa favorita de Jacob; madre de José y Benjamín: Génesis 29 - 35/pp. 144-146.
REBECA Esposa de Isaac, traída a él por el siervo de Abraham; hizo de Jacob su hijo favorito: Génesis 24 - 28/p.142.
REUEL Otro nombre de Jetro.
REZIN/REZON (RASON) 1. Rezín, rey de Siria, que atacó Judá y fue muerto por Tiglat-pileser: 2 Reyes 15:37 - 16:9; Isaías 7:1ss. **2.** Rezón, rey de Damasco, que acosó a Israel en tiempos de Salomón: 1 Reyes 11:23ss./p.262.
RIZPA (RISPA) Concubina de Saúl cuyos hijos entregó David a los gabaonitas para que los mataran: 2 Samuel 3:7; 21/pp.243, 250.
ROBOAM Hijo de Salomón cuyo gobierno despótico dividió el reino en dos: 1 Reyes 11:43 - 14:31; 2 Crónicas 9:31 - 12:16/pp.263-264, 296.
RODE Muchacha que abrió la puerta a Pedro después de que el ángel lo liberó de la cárcel: Hechos 12:12ss.
RUBEN El mayor de los 12 hijos de Jacob que trató de salvar a José; antepasado de una de las tribus de Israel: Génesis 29:32; 30:14; 35:22; 37:42; 49:3s./p.146.
RUT Mujer moabita cuyo cariño por Noemí la llevó a Belén, para hacerse esposa de Booz y bisabuela del rey David: Rut/pp.226-228.
SADOC (SADOQ) Sacerdote de la corte de David, junto con Abiatar; fundador del linaje de sumos sacerdotes de Israel: 2 Samuel 15; 17:15; 19:11; 1 Reyes 1; 2:25; 1 Crónicas, etc./p.251.
SADRAC Uno de los tres compañeros de Daniel cautivos en Babilonia; echado al horno pero salido intacto: Daniel 1; 2:49; 3/pp.430, 432.
SAFAN Funcionario de Josías que le informó del descubrimiento del libro de la ley: 2 Reyes 22; 2 Crónicas 34.
SAFIRA Con su marido Ananías, culpable de engañar a la Iglesia: Hechos 5/p.552.
SALMANASAR Sucesor de Tiglat-pileser de Asiria que tomó Samaria y se llevó a los Israelitas a la cautividad: 2 Reyes 17.
SALOME Una de las mujeres que acompañaron a Jesús y a los discípulos desde Galilea; presente en la crucifixión y la mañana de la resurrección: Marcos 15:40-41; 16:1/p.513.
SALOMON Hijo de David; rey de Israel en su edad de oro; dotado de gran sabiduría; constructor del templo; autor y recopilador de sentencias sabias: 2 Samuel 12:24; 1 Reyes 1 - 11; 1 Crónicas 22:5 - 23:1; 28 - 2 Crónicas 9; Proverbios 1:1; 10:1; 25:1, etc./pp.251ss., 289ss., 354ss., 362, 367-369. *Nacimiento:* 2 Samuel 12:24. *Constituido corregente:* 1 Reyes 1. *Pide sabiduría:* 1 Reyes 3; 2 Crónicas 1. *Construcción del templo:* 1 Reyes 6 - 7; 2 Crónicas 3 - 4. *Dedicación del templo:* 1 Reyes 8; 2 Crónicas 5 - 7. *Visita de la reina de Sabá:* 1 Reyes 10; 2 Crónicas 9. *Muerte:* 1 Reyes 11:43; 2 Crónicas 10:31.
SALUM Usurpó el trono de Israel y fue rey por sólo un mes: 2 Reyes 15:10ss./p.278. Es también otro nombre de Joacaz de Judá.
SAMGAR Uno de los jueces de Israel: Jueces 3:31 5:6/p.221.
SAMUEL Juez y profeta que ungió a los dos primeros reyes de Israel: 1 Samuel 1 - 4:1; 7 - 16; 19:18ss.; 25:1; 28/pp.231ss. *Nacimiento:* 1 Samuel 1. *Dios le habla en el templo:* 3. *Israel pide rey:* 8. *Samuel y Saúl:* 9ss. *Samuel* unge a David: 16. Muerte: 25:1. *Saúl invoca a Samuel mediante la pitonisa de Endor:* 28.
SANBALAT (SAMBAL:LAT) Adversario constante de Nehemías: Nehemías 2:10, 19; 4; 6/p.309.
SANSON Paladín de Israel contra los filisteos en tiempo de los Jueces: Jueces 13 - 16/p.224.
SANTIAGO (JACOBO) 1. Hijo de Zebedeo, hermano de Juan; uno de los 12 apóstoles: Mateo 4:21s.; 10:2; 17:1ss.; Marcos 10:35ss.; Hechos 12:2/pp. 503, 558. **2.** Hijo de Alfeo; otro de los apóstoles, probablemente el mismo que ''Santiago el menor'': Mateo 10:3, etc. **3.** Hermano de Jesús que llegó a ser jefe de la iglesia de Jerusalén; autor de la epístola de Santiago: Mateo 13:55; Hechos 12:17; 15:13ss.; 21:18; 1 Corintios 15:7; Gálatas 1:19; 2:9 Santiago/pp.550, 560, 633-634.
SARA/SARAI Esposa de Abraham; en su vejez, madre de Isaac: Génesis 11:29-23:19/pp.136ss. *Sara entrega Agar a Abraham:* Génesis 16. *promesa de un*

hijo: 18. *Nacimiento de Isaac:* 21. *Muerte de Sara:* 23:1.
SATANAS → el rubro "Pecado y mal" en los Temas clave.
SAUL Primer rey de Israel: 1 Samuel 9:2 - 31:3/pp.234ss. *Ungido rey:* 1 Samuel 10. *Rechazado por su desobediencia:* 15. *Consulta a la médium:* 28. *Muerte:* 31 (también 2 Samuel 1).
SAULO → Pablo.
SEBNA Alto funcionario bajo Ezequías que negoció con la delegación asiria de Senaquerib: 2 Reyes 18-19; Isaías 36 - 37.
SEDEQUIAS (SEDECIAS) 1. Ultimo rey de Judá, cuya rebelión hizo venir al ejército de Nabucodonosor y la destrucción de Jerusalén: 2 Reyes 24 - 25; 2 Crónicas 36; Jeremías 21; 32; 34; 37 - 39, etc./pp.283, 302. **2.** Falso profeta del tiempo de Acab: 1 Reyes 22; 2 Crónicas 18.
SEFORA Hija de Jetro; esposa de Moisés: Exodo 2:21; 4:24ss.; 18/pp.156, 164.
SEHON (SIJON) Rey amorreo del este del Jordán vencido por los israelitas: Números 21/p.190.
SEM Uno de los tres hijos de Noé; antepasado de numerosas naciones: Génesis 6:10 - 10:31/p.135.
SENAQUERIB Rey de Asiria cuyo ejército sitió a Ezequías en Jerusalén: 2 Reyes 18:13ss.; 2 Crónicas 32; Isaías 36:1ss./pp.281, 300.
SERGIO PAULO Procónsul de Chipre que solicitó escuchar el mensaje de Pablo: Hechos 13:7ss./p.558.
SESBASAR Se le confió el tesoro del segundo templo, del cual echó los cimientos: Esdras 1:8ss.; 5:14ss.
SET Hijo de Adán y Eva nacido después de la muerte de Abel: Génesis 4:25ss./p.129.
SIBA Siervo de Saúl que le habló a David de Mefi-boset: 2 Samuel 9; 16/p.248.
SILAS/SILVANO Dirigente de la iglesia de Jerusalén que fue con Pablo en sus viajes misioneros y actuó como su secretario para algunas de las cartas a las iglesias: Hechos 15:22 - 18:5; 2 Corintios 1:19; 1 Tesalonicenses 1:1; 2 Tesalonicenses 1:1; 1 Pedro 5:12/pp.560, 614, 638.
SIMEI (SEMEI) Benjaminita que maldijo a David cuando la rebelión de Absalón: 2 Samuel 16; 19; 1 Reyes 2/p.248.
SIMEON 1. Uno de los 12 hijos de Jacob, antepasado de una de las tribus de Israel; dejado como rehén de José en Egipto: Génesis 29:33; 34:25ss.; 42:24ss.; 49:5ss./pp.146, 150. **2.** El hombre piadoso presente cuando Jesús fue presentado en el templo, y cuya oración se conoce como *Nunc Dimittis:* Lucas 2:22-35/p.516.
SIMON 1. Simón Pedro: → Pedro. **2.** Simón el Zelote, uno de los 12 apóstoles: Mateo 10:4, etc., Hechos 1:13/p.503. **3.** Uno de los hermanos de Jesús: Mateo 13:55. **4.** Simón el leproso, en cuya casa en Betania fue ungido Jesús: Mateo 26:6; Marcos 14:3. **5.** Fariseo: Lucas 7:40ss. **6.** Simón de Cirene, que llevó la cruz a cuestas: Mateo 27:32, etc. **7.** Simón Mago, que intentó comprar el don del Espíritu: Hechos 8/p.555. **8.** Simón el curtidor, en cuya casa en Jope tuvo Pedro su visión: Hechos 9:43ss./p.557.
SIQUEM Príncipe que raptó a Dina, la hija de Jacob: Génesis 34/p.146.
SISAC (SOSAQ) → Faraón.
SISARA Comandante del ejército cananeo muerto por Jael: Jueces 4 - 5.
SO → Faraón.
SOFONIAS Profeta cuyas profecías constan en el libro de Sofonías/p.454.
SOSTENES Jefe de la sinagoga de Corinto: Hechos 18:17; tal vez sea el mismo mencionado en 1 Corintios 1:1.
TABITA → Dorcas.
TAMAR 1. Nuera de Judá que le dio gemelos: Génesis 38. **2.** Hija de David violada por Amnón: 2 Samuel 13/p.246.
TARE (TERAJ/TARA) Padre de Abraham: Génesis 11:24ss./p.135.
TARTAN → Rabsaces.
TEOFILO Romano a quien Lucas dirigió su Evangelio y los Hechos: Lucas 1:3; Hechos 1:1/pp.514, 550.
TIBERIO Emperador romano: Lucas 3:1.
TIGLAT-PILESER (TEGLATFALASAR) Poderoso rey de Asiria a quien Acaz recurrió para pedir ayuda contra Siria e Israel: 2 Reyes 15:29; 16:7ss.; 2 Crónicas 28:16ss./pp.279, 300.
TIMOTEO Joven compañero de Pablo, misionero con él, que tuvo luego a su cargo la iglesia de Efeso; Pablo le envió dos cartas sobre el asunto del gobierno de las iglesias: Hechos 16:1ss.; 17:14; 18:5, 19:22; 20:4; 1 Corintios 4:17; 16:10; 2 Corintios 1:19; Filipenses 2:19ss.; 1 Tesalonicenses 3:2ss.; 1 y 2 Timoteo; Hebreos 13:23/pp.560-561, 608, 615, 618ss.
TIQUICO Cristiano que fue con Pablo a Jerusalén; acompañó a Onésimo a Colosas, llevando cartas de Pablo; Hechos 20:4; Efesios 6:21; Colosenses 4:7ss.; 2 Timoteo 4:12; Tito 3:12/pp.613, 622.
TIRHACA → Faraón.
TITO Compañero de Pablo y misionero con él, arregló las cosas con la iglesia de Corinto; enviado a Creta, adonde Pablo le mandó una carta de consejo: 2 Corintios 2:13; 7:6ss.; 8; 12:18; Gálatas 2; 2 Timoteo 4:10; Tito/pp.598, 599, 622-624.
TOBIAS Adversario de Nehemías: Nehemías 2; 4; 6; 13/pp.309, 312.
TOMAS Uno de los 12 apóstoles, que estaba ausente cuando los demás vieron por primera vez a Cristo resucitado: Mateo 10:3, etc.; Juan 11:16; 14:5; 20:24ss./p.548.
TROFIMO Cristiano efesio que fue con Pablo a Jerusalén: Hechos 20:4; 21:29; 2 Timoteo 4:20/p.622.
URIAS 1. Guerrero hitita del ejército de David; esposo de Betsabé; enviado por David a morir; 2 Samuel 11/p.245. **2.** Sacerdote en Jerusalén: 2 Reyes 16. **3.** Profeta del tiempo de Jeremías ejecutado por Joacim: Jeremías 26:20ss./p.405.
UZA (UZZA) Hombre que tocó el arca mientras la sacaban de Quiriat-jearim y murió: 2 Samuel 6/p.244.
UZIAS (OZIAS) Otro nombre de Azarías.
VASTI Reina depuesta por Asuero: Ester 1/p.313.
ZABULON Uno de los 12 hijos de Jacob; antepasado de una de las tribus de Israel: Génesis 30:20; 49:13/p.150.
ZACARIAS Nombre de muchas personas, notablemente las siguientes: **1.** El profeta que, con Hageo, apuró al pueblo a reconstruir el templo, y cuyas profecías están escritas en el libro de Zacarías/pp.456ss. **2.** El padre de Juan el Bautista: Lucas 1/pp.514-515.
ZAQUEO Cobrador de impuestos que se trepó a un árbol para alcanzar a ver a Jesús: Lucas 19:1-10/p.526.
ZERA (ZERAJ) Etíope que invadió Judá y fue derrotado por Asa: 2 Crónicas 14:9-14/p.297.
ZILPA Sierva de Lea, que le tuvo dos hijos a Jacob: Génesis 29:24; 30:9-10.
ZIMRI Gobernante de Israel durante una semana: 1 Reyes 16/p.165.
ZOFAR (SOFAR) Uno de los tres amigos de Job: Job 2:11, etc./pp.321ss.
ZOROBABEL Líder en el retorno de los cautivos y la reconstrucción del templo: Esdras 2:2; 3 - 5; Hageo; Zacarías 4/pp.455-456.

Directorio de lugares

ABANA Uno de los dos ríos de Damasco mencionados por Naamán: 2 Reyes 5:12.
ABEL-BET-MAACA Población del norte de Palestina, cerca del lago Huleh, hasta la cual persiguió Joab a Seba: 2 Samuel 20; también 1 Reyes 15:20/*Mapa* p.116C1.
ABEL-MEHOLA (ABEL-MEJOLA) Lugar hasta el cual Gedeón persiguió a los madianitas; pueblo natal de Eliseo: Jueces 7:22; 1 Reyes 9:16/*Mapa* p.222.
ABILENE Región que circunda a Damasco, de la cual era tetrarca Lisanias: Lucas 3:1/*Mapa* p.464D1.
ACAD Zona y ciudad importante de Babilonia fundada por Nimrod: Génesis 10:10.
ACAYA Provincia de la Grecia meridional, gobernada desde Corinto: Hechos 18:12, etc./*Mapa* p.579.
ACOR (AKOR) Valle cerca de Jericó, donde Acán fue lapidado: Josué 7:24.
ADAM Lugar donde se detuvo el Jordán para permitir el paso de los israelitas: Josué 3:16/*Mapa* p.116C4.
ADMA Cerca de Sodoma; una de las "ciudades del llano": Génesis 10:19; 14:2/*Mapa* p.137.
ADRAMITIO Pablo zarpó hacia Roma en un buque de este puerto cercano a Troya, en la costa occidental de la actual Turquía: Hechos 27:2/*Mapa* p.567.
ADULAM David, huyendo de Saúl, se escondió en una cueva cerca de esta población de Judá: 1 Samuel 22:1; 2 Samuel 23:13/*Mapa* p.241.
AFEC (AFEQ) Fue aquí donde los israelitas perdieron el arca, que quedó en manos de los filisteos: 1 Samuel 4:1; también 29:1/*Mapa* p.116B4.
AHAVA Río y lugar de Babilonia donde acampó Esdras: Esdras 8:15, 21, 31.
AJALON (AYYALON) Villa amorrea; ciudad de refugio; fortificada por Roboam: Josué 19:42; 21:24; 1 Crónicas 6:69; 8:13, etc./*Mapa* p.116B5.
VALLE DE AJALON Lugar donde "se detuvo el sol" mientras Josué combatía: Josué 10/*Mapa* p.116.
ALEJANDRIA Puerto principal de Egipto, con numerosa población judía; patria de Apolos: Hechos 6:9; 18:24, etc./*Mapa* p.567.
AMON Estado al este del Jordán; su capital es Rabá, la actual Ammán; → "Amonitas" en *Naciones y pueblos de las tierras bíblicas*/*Mapa* pp.12-13.
ANATOT Pueblo natal de Jeremías, inmediatamente al norte de Jerusalén: Jeremías 1:1/*Mapa* p.116B5 *Foto* p.379.
ANFIPOLIS Pueblo en la ruta de Pablo a través de Grecia septentrional: Hechos 17:1/*Mapa* p.560.
ANTIOQUIA 1. Ciudad importante sobre el río Orontes en Siria; centro relevante de la iglesia primitiva; base desde la cual emprendían sus viajes Pablo y Bernabé: Hechos 11; 13:1, etc./*Mapa* p.558. **2.** Antioquía de Pisidia: pueblo visitado por Pablo en su primer viaje misionero: Hechos 13:14ss./*Mapa* p.558 *Foto* p.559.
ANTIPATRIS (ANTIPATRIDA) Hasta aquí trajeron a Pablo vigilado por una escolta: Hechos 23:31/*Mapa* p.464B4.
AR Ciudad principal de Moab: Números 21:15/*Mapa* p.116C6.
ARABA Depresión que se extiende desde el Mar de Galilea hasta el Golfo de Aqaba; el mar de la Arabá es el Mar Muerto: Deuteronomio 1:1; 3:17, etc.
ARABIA Este nombre se refiere habitualmente a Arabia del norte; → "Arabes" en *Naciones y pueblos de las tierras bíblicas.*
ARAD Ciudad cananea del Neguev derrotada por Josué: Números 21:1; Josué 12:14/*Mapa* p.116B6.
ARAM Nombre de los estados de Siria meridional, especialmente Damasco: → también "Arameos" en Naciones y pueblos de las tierras bíblicas/*Mapa* pp.12-13.
ARARAT Montañas donde se posó el arca después del Diluvio; región del lago Van en Turquía y Armenia: Génesis 8:4/*Mapa* p.131.
AREOPAGO Pablo compareció ante el consejo que anteriormente se reunía en esta colina (colina de Marte) en Atenas: Hechos 17/*Foto* p.562.
ARGOB Parte del reino de Og en Basán, al este del Jordán: Deuteronomio 3; 1 Reyes 4:13/*Mapa* p.255.
ARMAGEDON (HARMAGUEDON) Lugar de reunión para la gran batalla final (→ también Megido): Apocalipsis 16:16.
ARNON Río que desemboca en el Mar Muerto desde el este; límite entre los amorreos y Moab: Números 21:13, etc./*Mapa* p.196.
AROER Población en la ribera norte del Arnón: Deuteronomio 2:36, etc.; 2 Reyes 10:33/*Mapa* p.116C6.
ASCALON Ciudad filistea: Jueces 14:19; 1 Samuel 6:17/*Mapa* p.116A5 *Foto* p.224.
ASDOD/AZOTO Ciudad filistea donde el arca permaneció en el templo de Dagón: 1 Samuel 5; también 2 Crónicas 26:6; Isaías 20:1; Hechos 8:40, etc./*Mapa* p.116A5.
ASER Territorio de la tribu de Aser: Josué 19:24-31/*Mapa* p.215.
ASIA Provincia romana cuya capital era Efeso; parte occidental de la actual Turquía: Hechos 19, etc./*Mapa* p.579.
ASIRIA País de la Mesopotamia septentrional; gran potencia de los siglos IX-VII a.C. (época de Isaías), etc.; → "Asirios" en *Naciones y pueblos de las tierras bíblicas*/*Mapa* pp.12-13.
ASON (ASSO) Puerto marítimo de la costa occidental de la actual Turquía: Hechos 20:13/*Mapa* p.564
ATALIA Puerto marítimo del primer viaje misionero de Pablo, en la costa sur de la actual Turquía: Hechos 14:25/*Mapa* p.558.
ATAROT Población al este del Jordán: Números 32:3/*Mapa* p.116C5.
ATENAS Centro cultural de la civilización griega y ciudad universitaria, donde Pablo predicó: Hechos 17/p.562 *Mapa* p.560 *Foto* p.562.
AZECA Ciudad hasta la cual persiguió Josué a los amorreos: Josué 10:10.
AZOTO → Asdod.
BABEL Sitio de la gran torre (Génesis 10:10), identificado con Babilonia.
BABILONIA Ciudad sobre el Eufrates; llegó a ser la capital de Babilonia en el sur de Mesopotamia: 2 Reyes 20:12ss.; Jeremías 50, etc./*Mapa* p.304.
BASAN Región al este del Mar de Galilea; reino de Og; famosa por su ganado Números 21:33; 32:33, etc./*Mapa* p.116C2.
BEERSEBA (BERSEBA) La población más al sur de Israel, sobre la ruta comercial a Egipto: Génesis 21:14, 31; 26:23ss. etc./*Mapa* p.116A6.
BELEN Población a pocos kilómetros al sur de Jerusalén; aquí se estableció Rut y nacieron tanto David como Jesús; Rut; 1 Samuel 16; 2 Samuel 23:13ss.; Mateo 2; Lucas 2/*Mapa* p.116B5 *Fotos* pp.475, 516, 517.
BENJAMIN Territorio de la tribu de Benjamín: Josué 18:11-28/*Mapa* p.215.
BEREA Población de la Grecia septentrional donde predicó Pablo: Hechos 17:10/*Mapa* p.560.
BETANIA Hogar de Marta, María y Lázaro, en las afueras de Jerusalén: Juan 11:1; 12:1/*Mapa* p.464B5 *Foto* p.546.
BET-EL Lugar donde Jacob tuvo su sueño; ciudad-santuario que llegó a ser lugar oficial de peregrinación del reino septentrional de Israel: Génesis 28; Jueces 20:18, 26; 1 Samuel 7:16; 1 Reyes 12:28ss.; Amós 7:10ss., etc./*Mapa* p.116B4.
BETESDA (BEZATA) Estanque de Jerusalén donde Jesús curó a un inválido: Juan 5:2/*Mapa* p.545 *Foto* p.538.
BETFAGE Lugar cercano a Betania desde donde Jesús envió unos discípulos a traer el asno para su entrada en Jerusalén: Marcos 11:1/*Mapa* p.464B5.
BET-HORON (BET-JORON) (ALTO Y BAJO) Cerca del escenario de la victoria de Josué: Josué 10:10/*Mapa* p.116B4.
BETSAIDA Población cerca de la ribera del lago de Galilea; hogar de Felipe, Andrés y Pedro: Juan 1:44; Marcos 8:22; Mateo 11:21/*Mapa* p.464C2.
BET-SAN Población en cuyas murallas colgaron los filisteos el cadáver de Saúl: 1 Samuel 31:10/*Mapa* p.116C3 *Foto* p.243.
BET-SEMES Lugar adonde los filisteos devolvieron el arca: 1 Samuel 6; también 2 Reyes 14:11/*Mapa* p.116B5 *Foto* p.233.
BET-SUR Ciudad poblada por los descendientes de Caleb; fortificada por Roboam: 1 Crónicas 2:45; 2 Crónicas 11:7/*Mapa* p.116B6.
BITINIA Provincia romana junto al Mar Negro: Hechos 16:7/*Mapa* p.579.
BOSRA Población de Edom denunciada por los profetas: Isaías 34:6, etc.
BUENOS PUERTOS Bahía de Creta, en el viaje de Pablo a Roma: Hechos 27:8/*Mapa* p.567.
CADES-BARNEA Oasis en el desierto al sur de Beerseba; alrededor de esta zona se pasaron casi todos los años de la peregrinación de Israel en el desierto: Números 13:26; 20:1, 14; 33:36, etc.; Josué 14:7/*Mapa* p.163.
CALA Una de las ciudades principales de Asiria, fundada por Nimrod: Génesis 10:11/*Mapa* p.279.
CALDEA Babilonia meridional; patria de la familia de Abraham; → "Caldeos" en *Naciones y pueblos de las tierras bíblicas:* Génesis 11:28; Isaías 48:20, etc./*Mapa* pp.12-13.

CAMINO REAL Carretera que va desde el Golfo de Aqaba, por el este del Mar Muerto, hasta Siria; Edom rehusó dejar pasar a Moisés por ella: Números 20:17, etc./*Mapa* p.196.
CANA Pueblo de Galilea donde Jesús convirtió el agua en vino: Juan 2:1ss./*Mapa* p.464B2 *Foto* p.535.
CANAAN País que poblaron los israelitas, y territorio fenicio hacia el norte; → "Cananeos" en *Naciones y pueblos de las tierras bíblicas*/*Mapa* pp.12-13. Génesis 11:31; Números 33:51, etc.
CAPADOCIA Provincia romana en lo que es hoy la Turquía oriental: Hechos 2:9; 1 Pedro 1:1/*Mapa* p.579.
CAPERNAUM (CAFARNAUM) Pueblo junto al Lago de Galilea; base de Jesús durante su ministerio: Mateo 4:13; Marcos 1:21; Lucas 7:1-10; 10:15, etc./*Mapa* p.464C2 *Foto* p.501.
CARMELO Cadena de colinas que se proyectan hacia el mar cerca del actual puerto de Haifa; escenario de la contienda de Elías con los profetas de Baal: 1 Reyes 18:19ss.; también 2 Reyes 2:25; 4:25/*Mapa* p.116B3 *Fotos* pp.266, 346.
CARQUEMIS (KARKEMIS) Ciudad sobre el Eufrates, en el norte de Siria; aquí Nabucodonosor de Babilonia derrotó a los Egipcios: Jeremías 46:2/*Mapa* p.302.
CEDES (QUEDES) Población cananea en Galilea conquistada por Josué; hogar de Barac; Josué 12:22; Jueces 4:6; también 2 Reyes 15:29, etc./*Mapa* p.116C1.
CEDRON Valle entre Jerusalén y el Monte de los Olivos; David lo cruzó al huír de Absalón; Jesús lo cruzó hacia Getsemaní: 2 Samuel 15:23; 1 Reyes 15:13; 2 Reyes 23:4; Juan 18:1/*Mapa* p.248 *Fotos* pp.249, 401.
CENCREAS Puerto de Corinto: Hechos 18:18; Romanos 16:1/*Mapa* p.560.
CESAREA Población romana en la costa de Palestina; residencia de los procuradores; hogar de Felipe y de Cornelio; lugar donde Pablo estuvo preso: Hechos 10; 11; 21; 23/*Mapa* p.464A3 *Foto* p.568.
CESAREA DE FILIPO Población al pie del monte Hermón y fuente del Jordán; cerca de aquí hizo Pedro su gran confesión de fe: Mateo 16:13ss./*Mapa* p.464C1.
CILICIA Provincia Romana en la actual Turquía meridional, con Tarso por capital: Hechos 21:39/*Mapa* p.579.
CINERET (KINNERET) Otro nombre del lago de Galilea (posiblemente por su forma de "arpa"), y población: Deuteronomio 3:17/*Mapa* p.116C2.
CIRENE Ciudad de Libia, en Africa del norte; hogar de Simón que cargó la cruz de Jesús: Mateo 27:32; también Hechos 2:10; 11:20/*Mapa* p.551.
CISON (QUISON) Río mencionado en la narración de la victoria de Barac, y en la de cómo Elías mató a los profetas de Baal; desemboca en el mar al norte del monte Carmelo: Jueces 5:21; 1 Reyes 18:40/*Mapa* p.116B2.
COLOSAS Ciudad en lo que es hoy Turquía sudoccidental, a cuya iglesia escribió Pablo una carta: Colosenses 1:2/p.611 *Mapa* p.579 *Foto* p.613.
CORAZIN Villa de Galilea que Jesús condenó por su incredulidad: Mateo 11:21/*Mapa* p.464C2.
CORINTO Ciudad principal del sur de Grecia, donde Pablo fundó una iglesia: Hechos 18/p.589 *Mapa* p.560 *Fotos* pp.592, 597.
CRETA Judíos de Creta escucharon el sermón de Pedro en Pentecostés; Tito estuvo más tarde encargado de la iglesia de ahí: Hechos 2:11; Tito 1:5/*Mapa* p.623.
CUS (KUS) El Sudán: Génesis 10:6, etc./*Mapa* p.134.
CHIPRE Patria de Bernabé; primera escala en el primer viaje misionero de Pablo: Hechos 4:36; 13:4/*Mapa* p.558.
DALMACIA Provincia romana en el este del Adriático, donde predicó Tito: 2 Timoteo 4:10/*Mapa* p.623.
DAMASCO Ciudad principal de Siria; patria de Naamán; visitada por Eliseo; denunciada por los profetas; de camino a Damasco a perseguir a la Iglesia, Pablo se convirtió: Génesis 15:2; 2 Reyes 5; 8; Isaías 17; Hechos 9, etc./*Mapa* pp.245 *Foto* p.556.
DAN Territorio de la tribu de Dan; ciudad más septentrional de Israel donde Jeroboam levantó un santuario: Josué 19:40-48; 1 Reyes 12:25ss./*Mapas* pp.215, 116C1 *Foto* p.263.
DECAPOLIS Grupo de ciudades griegas libres, especialmente al sur del Mar de Galilea y al este del Jordán: Mateo 4:25; Marcos 5:20; 7:31/*Mapa* p.464C3.
DEDAN → "Dedanitas" en *Naciones y pueblos de las tierras bíblicas*/*Mapa* pp.12-13.
DERBE Pueblo en la actual Turquía visitado por Pablo en su primero y segundo viajes misioneros: Hechos 14; 16:1; 20:4/*Mapa* p.558.
DIBON Ciudad moabita: Números 21:30; 32:34; Isaías 15:2/*Mapa* p.116C6.
DOR Ciudad cananea en Palestina septentrional: Josué 11:2; 1 Reyes 4:11/*Mapa* p.116B3.
DOTAN En Dotán, los hermanos de José lo vendieron a los madianitas; aquí Eliseo fue liberado del ejército sirio que lo rodeaba: Génesis 37:17; 2 Reyes 6/*Mapa* p.116B3.
EBAL Monte cerca de Siquem sobre el cual las tribus habían de pronunciar la maldición sobre los que transgredieran la ley: Deuteronomio 11:29; Josué 8:30/*Mapa* p.116B4 *Foto* p.296.
ECRON Una de las cinco ciudades filisteas, donde se mantuvo el arca; denunciada por los profetas: 1 Samuel 5:10; Jeremías 25:20, etc./*Mapa* p.116A5.
EDEN "Jardín", cuna de la raza humana, en Mesopotamia: Génesis 2:8.
EDOM Región montañosa al sur del Mar Muerto, ocupada por los descendientes de Esaú; → "Edomitas" en *Naciones y pueblos de las tierras bíblicas:* Génesis 32:3; Números 20:14ss.; 1 Samuel 14:47, etc.; Isaías 34:5ss., etc./*Mapa* pp.12-13.
EDREI Ciudad donde Og fue derrotado: Números 21:33/*Mapa* p.116D3.
EFESO Capital de la provincia romana de Asia (Turquía occidental); centro importante de la Iglesia primitiva: Hechos 18:19; 19; 20.17, Efesios 1:1RVR; Apocalipsis 2:1-7/ p.564 *Mapa* p.560 *Fotos* pp.83, 565, 573, 593, 603, 605, 607, 646.
EFRAIN Territorio de la tribu de Efraín: Josué 16:4-10, etc./*Mapa* p.215.
EFRATA Otro nombre de Belén.
EGIPTO → el artículo en pp.151-154 y "Egipcios" en *Naciones y pueblos de las tierras bíblicas;* el Torrente de Egipto era el límite entre Israel y Egipto: Números 34:5, etc.
EGLON Población destruida por Josué: Josué 10:34/*Mapa* p.212.
ELA (VALLE DEL TEREBINTO) Valle donde David degolló a Goliat: 1 Samuel 17:2/*Mapa* p.116B5.
ELAM País situado al este de Babilonia, cuya capital era Susa; → "Elamitas" en *Naciones y pueblos de las tierras bíblicas:* Génesis 14:1; Nehemías 1:1; Isaías 21:2, etc.; Hechos 2:9/*Mapa* pp.12-13.
ELAT/EZION-GEBER Asentamientos en el extremo norte del Golfo de Agaba; aquí construyó Salomón su flota: Deuteronomio 2:8; 1 Reyes 9:26, etc./*Mapa* p.295.
EMAUS El día de su resurrección, Jesús se apareció a dos discípulos que caminaban hacia este pueblo: Lucas 24:13.
ENDOR Lugar del norte de Israel donde Saúl consultó a la médium: 1 Samuel 28:7/*Mapa* p.116B3.
EN-GADI Fuente al oeste del Mar Muerto donde David se refugió: 1 Samuel 23:29 (BJ24:1), etc./*Mapa* p.116B6 *Foto* p.240.
ENON (AINON) JUNTO A SALIM Lugar donde Juan bautizaba: Juan 3:23/*Mapa* p.464C3.
EREC Ciudad de Babilonia: Génesis 10:10; Esdras 4:9.
ESCOL (ESKOL) Valle de donde los espías trajeron uvas: Números 13:23.
ESMIRNA La actual Izmir en Turquía; ciudad de una de las siete iglesias a las que escribió Juan: Apocalipsis 1:11; 2:8-11/*Mapa* p.646 *Foto* p.647.
ESTAOL Ciudad mencionada en el relato de Sansón: Jueces 13:25; 16:31/*Mapa* p.116B5.
ETIOPIA Llamada habitualmente Cus en el Antiguo Testamento; se refiere al Sudán; → "Etíopes" en *Naciones y pueblos de las tierras bíblicas:* 2 Reyes 19:9; Isaías 18:1, etc.; Jeremías 38:7ss.; Hechos 8:27ss./*Mapa* pp.12-13.
EUFRATES Gran río de Mesopotamia que corre desde Turquía hasta el Golfo Pérsico, llamado a menudo "el Río" en el Antiguo Testamento; uno de los ríos del jardín del Edén: Génesis 2:14; 15:18, etc.
EZION-GEBER (ESYON-GUEBER) → Elat.
FENICE (FENICA) Puerto de Creta: Hechos 27:12/*Mapa* p.567.
FENICIA País costero al norte de Israel cuyas ciudades principales eran Tiro y Sidón: Abdías 20; Marcos 7:24ss.; Hechos 11:19; 15:3/*Mapa* p.383.
FILADELFIA Ciudad de una de las siete iglesias a las que escribió Juan: Apocalipsis 1:11; 3:7-13/*Mapa* p.646 *Foto* p.649.
FILIPOS Colonia romana en el norte de Grecia, sobre la gran Vía Ignacia; primer lugar de Europa donde Pablo estableció una iglesia; aquí un temblor de tierra lo liberó de la cárcel; luego envió una carta a la iglesia de Filipos: Hechos 16; 20:6; Filipenses/p.608 *Mapa p.560 Fotos* pp.36, 560, 609.
FILISTEA Tierra de los filisteos en la costa de Israel; → "Filisteos" en *Naciones y pueblos de las tierras bíblicas*/*Mapa* pp.12-13.
FRIGIA Región de lo que es hoy Turquía centrooccidental, que incluye a Antioquía de Pisidia e Iconio, pueblos visitados por Pablo en su primer viaje misionero: Hechos 2:10; 13:14ss.; 16:6/*Mapa* p.560.

GABAA 1. (GUEBA) Población que aparece en la historia de Jonatán y su escudero; límite norte de Judá: 1 Samuel 14; 2 Reyes 23:8; Nehemías 11:31/*Mapa* p.116B5. **2. (GUIBEA)** Villa a pocos kilómetros al norte de Jerusalén; hogar de Saúl: Jueces 19; 1 Samuel 10:5, 10, 26ss; 13; 14; 23:19, etc./*Mapa* p.116B5. (En la RVR ambas son Gabaa.)

GABAON Los habitantes de este pueblo enredaron a Josué en una componenda que Saúl rompió después; aquí pelearon los hombres de David e Is-boset; santuario en tiempos de Salomón, donde permanecía el tabernáculo: Josué 9; 2 Samuel 2:12ss.; 20:8; 21: 1 Reyes 3:4ss.; 1 Crónicas 21:29/*Mapa* p.116B5 *Foto* p.409.

GAD Territorio de la tribu de Gad: Josué 13/*Mapa* p.215.

GALAAD Región israelita al este del Jordán; famosa por sus rebaños y sus especias; lugar de donde provinieron Jaír, Jefté y Elías: Génesis 37:25; Josué 17:1; Jueces 10:3; 11; 1 Reyes 17:1; Cantar de los Cantares 4:1/*Mapa* p.255.

GALACIA Provincia romana en lo que es hoy Turquía central, donde Pablo fundó iglesias a las cuales les escribió: Hechos 16:6; 18:23; Gálatas 1:2/ *Mapa* p.579 *Fotos* pp.601, 603.

GALILEA Región y lago en el norte de Israel; hogar de Jesús y varios discípulos; centro de gran parte del ministerio de Jesús: 1 Reyes 9:11; 2 Reyes 15:29; Isaías 9:1 (BJ8:23); Lucas 4:14; 5:1ss.; 8:22ss.; Juan 21 , etc.; Hechos 9:31/p.500 *Mapa* p.464B3 *Fotos* pp.18, 326, 328, 336, 351, 478-480, 502, 504, 539, 543, 548.

GAT Una de las cinco ciudades filisteas; patria de Goliat; luego, refugio de David: Josué 11:22; 1 Samuel 5:8; 17:4; 21:10ss., etc./*Mapa* p.233.

GAT-HEFER (GAT DE JEFER) Lugar de procedencia de Jonás: 2 Reyes 14:25/*Mapa* p.116B2.

GAZA Una de las ciudades filisteas; aparece en la historia de Sansón; Josué 13:3; Jueces 16; 1 Samuel 6:17, etc./*Mapa* p.116A6.

GEBAL Ciudad fenicia de Biblos en Líbano; proporcionó obreros para el templo: Josué 13:5; 1 Reyes 5:18 (BJ 5:32)/*Mapa* p.424.

GENESARET Otro nombre del lago de Galilea.

GERAR Ciudad al sur de Israel regida por Abimelec en tiempos de Abraham: Génesis 10:19; 20:1ss; etc./*Mapa* p.116A6.

GERIZIM Monte situado frente al Ebal, cerca de Siquem, donde se pronunciaba la bendición sobre los que guardaban la ley; lugar de la parábola de Jotam, y después del templo samaritano: Deuteronomio 27:12; Jueces 9:7; Juan 4:20/*Mapa* p.116B4 *Foto* p.296.

GESUR Región y aldea en el sur de Siria; aquí se refugió Absalón, en la casa de su madre: Josué 12:5; 2 Samuel 3:3; 13:38, etc./*Mapa* p.245.

GETSEMANI Huerto al otro lado del valle de Cedrón en Jerusalén, adonde fue Jesús la noche de su arresto: Mateo 26:36; Juan 18:1, etc./*Mapa* p.245.

GEZER Josué emprendió campaña contra este pueblo cananeo; el faraón se la dio a Salomón, que la fortificó; Josué 10:33, etc.; 1 Reyes 9:15-16/p.259 *Mapa* p.212 *Foto* p. 251.

GIHON (GUIJON) Uno de los cuatro ríos del jardín del Edén; también una fuente fuera de Jerusalén donde Salomón fue ungido rey y desde la cual Ezequías entubó el agua por un túnel hacia la ciudad: Génesis 2:13; 1 Reyes 1:38; 2 Crónicas 32:30/*Mapa* y *Foto* p.301.

GILBOA (GELBOE) Cadena de colinas donde Saúl congregó su ejército para la batalla contra los filisteos en la cual murieron él y Jonatán: 1 Samuel 28:4; 31, etc./*Mapa* p.116B3.

GILGAL Lugar cerca de Jericó donde los israelitas marcaron el paso del Jordán; sede de un importante santuario; dentro de la zona de Samuel como juez: Josué 4:20; Jueces 3:19; 1 Samuel 7:16; 10:8, etc.; 2 Samuel 19:15; Oseas 4:15, etc./*Mapa* p.116C5.

GOMORRA Ciudad en el extremo sur del Mar Muerto, violentamente destruida por su perversidad: Génesis 14; 19; Isaías 1:9-10, etc.; Mateo 10:15, etc./*Mapa* p.137.

GOSEN Región del delta egipcio donde se establecieron Jacob y su familia: Génesis 45:10; Exodo 8:22, etc./*Mapa* p.163.

GOZAN Población del norte de Mesopotamia anexionada por los asirios, a la cual fueron deportados los israelitas: 2 Reyes 17:6; 19:12.

GRECIA Las conquistas de Alejandro pusieron a Israel bajo el dominio griego (junto con el resto del Mediterráneo oriental) y bajo la influencia de la civilización, cultura y pensamiento de Grecia: → "Griegos" en *Naciones y pueblos de las tierras bíblicas:* Daniel 11; Juan 12:20; Hechos 6; 17; 18/*Mapas* pp.12-13, 304.

HABOR (JABOR) Tributario del Eufrates; a sus orillas estaba Gozán: 2 Reyes 17:6.

HAI (AY) Escenario de una de las primeras batallas de Josué en la tierra prometida: Josué 7 y 8/pp.213-214, *Mapa* p.116B4.

HAMAT (JAMAT) Hamá, ciudad sobre el río Orontes, en Siria; límite septentrional ideal de Israel; tomada por Asiria: Josué 13:5; 2 Samuel 8:9; 1 Reyes 8:65; 2 Reyes 17:24; 18:34, etc./*Mapa* p. 411.

HARAN Ciudad del norte de Mesopotamia a la cual fue Abraham en la primera etapa de su viaje a Canaán; aquí sirvió Jacob a Labán; dominada luego por Asiria: Génesis 11:31; 12:4-5; 29:4, etc.; 2 Reyes 19:12/*Mapa* p.137.

HAROD (EN-JAROD) Fuente donde Gedeón acampó y escogió la pequeña fuerza que derrotó a los madianitas: Jueces 7:1/*Mapa* p.222.

HAZOR (JASOR) Importante ciudad cananea en el norte de Israel; Josué derrotó a Jabín de Hazor y destruyó la ciudad; el ejército de otro Jabín de Hazor fue vencido por Débora y Barac; reconstruida y fortificada por Salomón; cayó ante Asiria; Josué 11; Jueces 4; 1 Reyes 9:15; 2 Reyes 15:29/pp.213-214, 259/*Mapa* p.116C2 *Fotos* pp.25, 277.

HEBRON Llamada antes Quiriat-arbá, en las colinas de Judea; base de Abraham y los patriarcas, que fueron sepultados en la caverna de Macpela; conquistada por Caleb; primera capital de David; donde centró Absalón su insurrección: Génesis 13:18; 23; 35:27; Josué 14:6-15; 2 Samuel 2:1-4; 15:6ss., etc./*Mapa* p.116B6 *Fotos* pp.143, 244.

HELIOPOLIS (ON) Ciudad sagrada del dios del sol en el antiguo Egipto: Génesis 41:45; Jeremías 43:13/*Mapa* p.147.

HERMON Monte de casi 3.000 metros en el límite entre Israel, Líbano y Siria; llamado también Sirión; sus nieves forman parte de los manantiales del Jordán; es probablemente la montaña donde Jesús se transfiguró: Josué 12:1, etc.; Salmos 42:6; 133:3; Mateo 17:1, etc./*Mapa* p.464C1 *Foto* p.506.

HESBON (JESBON) Ciudad moabita, amorrea y luego israelita al este del Jordán: Números 21:25ss., etc./*Mapa* p.116C5.

HIERAPOLIS Población con fuentes termales medicinales en el valle del Lico (Turquía occidental) cerca de Laodicea y Colosas; Epafras puede haber fundado la iglesia de ese lugar: Colosenses 4:12-13/*Mapa* p.579, *Foto* p.650.

HINOM Valle fuera de Jerusalén; en el tiempo de los profetas se adoraba aquí a Moloc, con sacrificios de niños; más tarde, lugar donde se incineraban cadáveres y basura; dio el nombre al infierno, Gehenna: 2 Reyes 23:10; Jeremías 7:31-32, etc./*Mapa* p.248 *Foto* p.249.

HITO *Foto* p. 249.

HOREB Otro nombre del monte Sinaí.

HORMA (JORMA) Lugar donde, a causa de su desobediencia, los israelitas fueron vencidos por los cananeos: Números 14:45; también 21:3; Josué 15:30, etc./*Mapa* p.116B6.

IBLEAM (YIBLEAM) Ciudad del norte de Israel donde Jehú mató a Ocozías: Josué 17:11-12; 2 Reyes 9:27; 15:10/*Mapa* p.116B3.

ICONIO Actual Konya en Turquía; aquí predicó Pablo en su primer viaje misionero: Hechos 13:51; 14:19-21/*Mapa* p.558.

IDUMEA Edom, que después de la deportación abarcó también parte de Judá; la familia de Herodes era de origen idumeo/*Mapa* p.464A7.

ILIRICO Provincia romana en lo que es hoy Yugoeslavia, donde Pablo predicó: Romanos 15:19/*Mapa* p.579.

ISACAR Territorio de la tribu de Isacar: Josué 19:17-23/*Mapa* p.215.

ISRAEL Tierra ocupada por las doce tribus; después del cisma, el reino septentrional, que excluye a Judá y Benjamín/*Mapas* pp.116, 464.

ITUREA Tetrarquía de Filipo al nordeste del Mar de Galilea: Lucas 3:1/*Mapa* p.464C1.

JABES (YABES) DE GALAAD Ciudad al este del Jordán que aparece en Jueces 21 y en la historia de Saúl: 1 Samuel 11; 31:11-13/*Mapa* p.116C4.

JABOC (YABBOQ) Afluente que desemboca en el Jordán desde el este, junto al cual peleó Jacob con el ángel; límite de Amón: Génesis 32:22ss.; Números 21:24/*Mapa* p.116C4.

JAVAN (YAVAN) Litorales e islas ocupados por los jonios (griegos).

JAZER (YAZER) Aldea amonita capturada por los israelitas; famosa por sus vides: Números 21:32; 1 Crónicas 26:31; Isaías 16:8-9/*Mapa* p.247.

JEBUS (YEBUS) Primitivo nombre de Jerusalén: Josué 18:28, etc.

JERICO Ciudad con fuentes de agua

dulce en el desierto al norte del Mar Muerto, que resguardaba los vados del Jordán, a la cual envió Josué espías; la primera gran victoria de Israel en la tierra prometida fue en Jericó; aparece en los Jueces y en el ciclo de Elías-Eliseo; aquí dio Jesús la vista a Bartimeo, y Zaqueo se convirtió; en la parábola del Buen Samaritano, el judío fue atacado en el camino de Jerusalén a Jericó; Josué 2; 6; Jueces 12:13; 2 Reyes 2; Marcos 10:46; Lucas 19:1ss.; 10:30/pp.213-214 *Mapa* p.116C5 *Fotos* pp.84, 85, 208, 272, 389.

JERUSALEN Probablemente la "Salem" de donde era el rey Melquisedec; tomada por David a los jebuseos; llegó a ser la capital y ciudad santa de Israel, y del reino meridional de Judá después del cisma; aquí construyó Salomón el templo; sitiada por los asirios durante el reinado de Ezequías; sitiada y arrasada por los babilonios; Zorobabel reconstruyó el templo después de la cautividad; Nehemías reconstruyó las murallas; la ciudad y el templo fueron despojados y profanados por Antíoco Epífanes; cuando los romanos se apoderaron del Imperio Griego, Jerusalén permaneció sometida; Herodes reconstruyó el templo; aquí fue presentado el niño Jesús, y aquí vino a los 12 años; visitó Jerusalén durante su ministerio; su proceso, crucifixión y resurrección tuvieron lugar aquí; en Jerusalén nació la Iglesia el día de Pentecostés, y de ahí se expandió por todo el mundo; también aquí se celebró el concilio para tratar la posición de los gentiles: Génesis 14:18; 2 Samuel 5; 1 Reyes 6; 2 Reyes 18; 19; 25; Esdras 5; Nehemías 3ss.; Lucas 2; 19:28 - 24, etc.; Juan 5, etc.; Hechos 2; 15/*Mapas* pp.248, 116B5 *Fotos* pp.246, 249, 292-293, 308, 313, 337, 372, 401, 404, 406, 415, 489, 511, 526, 527, 528, 545, 552, contratapa posterior. *Reconstrucción* p.471.

JEZREEL (YIZREEL) Ciudad y valle en el norte de Israel donde Acab tenía su palacio y Nabot su viña; a Jezreel vino Joram herido; aquí murió Jezabel: 1 Samuel 29:1; 1 Reyes 18:45-46; 21; 2 Reyes 8:29; 9:30-37/*Mapa* p.116B3.

JOPE Puerto marítimo de Israel (actual Jaffa), donde Jonás se hizo a la mar; aquí tuvo Pedro su visión y Cornelio mandó a buscarlo; 2 Crónicas 2:16; Jonás 1:3; Hechos 9:36ss.; 10/*Mapa* p.116A4.

JORDAN Río principal de Israel que corre a través del Mar de Galilea hasta el Mar Muerto; los israelitas cruzaron el río para entrar en la tierra prometida; David lo atravesó hacia el este huyendo de Absalón; Naamán se lavó en el Jordán y sanó; en el Jordán bautizó Juan al pueblo y a Jesús: Josué 3; 2 Samuel 2 Samuel 17:22ss.; 2 Reyes 2:6-8, 13-14; 5; Marcos 1:5, 9, etc./*Mapa* p.116C *Fotos* pp.273, 368, 334, 500.

JUDA Territorio de la tribu de Judá, del cual forman parte la región montañosa de Judá y el desierto de Judea (que limita el lado occidental del Mar Muerto); más tarde, nombre del reino meridional: Josué 15; 1 Reyes 12:21, 23/*Mapa* p.215. Para las fotos, → bajo Judea.

JUDEA Nombre griego y romano de Judá, que a veces incluye y a veces excluye a Galilea y Samaria: Lucas 4:44; 3:1, etc. *Mapa* p.464B5 *Fotos* pp.17, 241, 389, 394, 525.

KEILA (QUEILA) Ciudad que David salvó del ataque filisteo, y donde se refugió: 1 Samuel 23/*Mapa* p.241.

KIR, KIR-HARESET (QUIR-JERES) Ciudad fortificada de Moab: 2 Reyes 3; Isaías 15:1; 16:7/*Mapa* p.116C6.

KUE (COA) Región de lo que es hoy el sur de Turquía (Cilicia) de donde Salomón importaba caballos: 1 Reyes 10:28 NC,TA (BJ traduce Cilicia; RVR no lo consigna.)/*Mapa* p.295.

LAODICEA Población del valle del Lico en la actual Turquía occidental; Pablo indicó que su carta a los Colosenses se llevara también a esa iglesia; una de las siete iglesias a que se dirige Juan en el Apocalipsis: Colosenses 2:1; 4:13-16; Apocalipsis 1:11; 3:14-22/*Mapa* p.579 *Foto* p.649.

LAQUIS (LAKIS) Notable ciudad fortificada en las colinas al sudeste de Jerusalén; aparece en el relato de la conquista; lugar donde fue asesinado Amasías; blanco del ataque asirio y babilonio: Josué 10; 2 Reyes 14:19; 18:14, 17; Jeremías 34:7/*Mapa* p.116A6 *Fotos* pp.83, 283.

LIBANO El país actual y su cordillera; famoso por sus cedros (que se usaron para construir el templo) y por sus frutas: 1 Reyes 5:6; Salmo 72:16; Isaías 2:13, etc./*Fotos* de cedros pp.253, 330.

LIBNA Ciudad fortificada de la tierra baja tomada por Josué; se rebeló contra Joram; atacada por Senaquerib: Josué 10:29-30; 2 Reyes 8:22; 19:8, etc./*Mapa* p.116A5.

LICIA Región de lo que es hoy Turquía sudoccidental: Hechos 27:5/*Mapa* p.579.

LIDA La Lod veterotestamentaria y moderna, cerca de Jaffa: Hechos 9:32, 35/Mapa p.464B5.

LISTRA Pueblo natal de Timoteo, donde Pablo curó a un cojo y fue aclamado como dios (no lejos de Konya en la actual Turquía): Hechos 14:6ss.; 16/*Mapa* p.558.

LODEBAR Lugar al este del Jordán donde vivió Mefiboset: 2 Samuel 9:4/*Mapa* p.116C3.

LUD → "Lidios" en *Naciones y pueblos de las tierras bíblicas*/*Mapa* pp.12-13.

LUZ Nombre primitivo de Bet-el.

MAACA (MAAKA) Región al sudeste del monte Hermón, mencionada en las campañas de David: Josué 12:5; 2 Samuel 10/*Mapa* p.245.

MACEDA (MAQUEDA) Josué tomó la ciudad y mató a cinco reyes amorreos en una caverna cercana: Josué 10:16ss./*Mapa* p.116B5.

MACEDONIA Provincia romana de Grecia septentrional, que incluía Filipos, Tesalónica y Berea: Hechos 16:9ss.; 20:1ss.; 2 Corintios 9, etc./*Mapa* p.567.

MADIAN Región del noroeste de Arabia; → "Madianitas" en *Naciones y pueblos de las tierras bíblicas;* Moisés se quedó allí tras escapar del faraón; Gedeón derrotó a los invasores madianitas: Exodo 2:15; Jueces 6, etc./*Mapa* pp.12-13.

MAHANAIM (MAJANAYIM) Lugar al este del Jordán, cerca del río Jaboc mencionado en el relato del retorno de Jacob; cuartel de David durante la sedición de Absalón; Génesis 32:2; 2 Samuel 17:24, etc./*Mapa* p.245.

MALTA Aquí naufragó Pablo en su trayecto hacia Roma: Hechos 27:39 - 28:10/*Mapa* p.567 *Foto* p.568.

MAMRE (MAMBRE) Lugar cerca de Hebrón donde estuvo Abraham: Génesis 13:18; 18:1; 23:17, etc.

MANASES Territorio de la tribu de Manasés. Josué 13:29-31; 17:7-13/*Mapa* p.215.

MAON Aldea cerca de la cual David se refugió de Saúl, y donde vivía Nabal: I Samuel 23:24; 25:2/*Mapa* p.116B6.

MAR GRANDE Nombre aplicado al Mediterráneo en todo el Antiguo Testamento.

MAR ROJO El "Mar de las Cañas" cruzado por los israelitas en el éxodo; → p.163.

MAR SALADO Nombre del Mar Muerto en el Antiguo Testamento/*Fotos* pp.139, 140.

MARESA Ciudad fotificada por Roboam, cerca de la cual Asa derrotó a Zera de Etiopía: 2 Crónicas 11:8; 20:37; 14:9; Miqueas 1:15/*Mapa* p.116A6.

MEDIA Irán noroccidental; sujeta a Asiria; aliada de Babilonia; sometida por Ciro; miembro de la confederación medo-persa; → "Medos" en *Naciones y pueblos de las tierras bíblicas*/*Mapa* pp. 12-13.

MEGIDO (MEGUIDDO) Josué venció al rey de esta ciudad cananea que domina el paso por las colinas del Carmelo; su posición estratégica la ha hecho escenario de múltiples batallas, y de ahí su uso simbólico con el nombre de Armagedón (Har-Maguedón, monte de Megido) en el Apocalipsis; cerca de aquí fue vencido Sísara; Salomón fortificó la ciudad; Ocozías murió en ella; asimismo Josías, muerto en la batalla contra el faraón Necao: Josué 12:21; Jueces 5:19; 1 Reyes 9:15; 2 Reyes 9:27; 23:29/p.259 *Mapa* p.116B3 *Fotos* pp.207, 270, 299, 655.

MENFIS (NOF) Antigua capital de Egipto: Jeremías 2:16; 46:14, etc./*Mapa* p.151.

MESOPOTAMIA La tierra situada entre el Tigris y el Eufrates; el nombre se hace extensivo con frecuencia a Babilonia, hacia el sur; incluye Harán y Padán-aram, donde se asentó parte de la familia de Abraham: Génesis 24:10; Deuteronomio 23:4, etc.; Hechos 2:9/*Mapa* p.13.

MICMAS (MIKMAS) Lugar donde el ejército de Saúl se alistó contra los filisteos: 1 Samuel 13:2; 14/*Mapa* p.116B5.

MILETO Puerto donde Pablo les habló a los ancianos de Efeso: Hechos 20:15, 17; también 2 Timoteo 4:20/*Mapa* p.564.

MIRA Puerto en el trayecto de Pablo a Roma: Hechos 27:5/*Mapa* p.567.

MISIA Región que Pablo atravesó de camino a Troas: Hechos 16:7-8/*Mapa* p.560.

MITILENE Aquí fondeó el barco de Pablo, en la isla de Lesbos, en la ruta hacia Jerusalén: Hechos 20:14/*Mapa* p.564.

MIZPA (MISPA) El nombre, que significa atalaya, se refiere a diversos lugares: en especial uno cerca de Jerusalén donde los israelitas se congregaban en tiempos de Samuel y de los Jueces; aquí fue presentado Saúl como rey; fortificada luego por Asa; residencia de Gedalías: Jueces 20:1; 1 Samuel 7:5ss.; 10:17; 1 Reyes 15:22; 2 Reyes 25:23/*Mapa* p.116B5.

MOAB País al este del Mar Muerto; → "Moabitas" en *Naciones y pueblos de las tierras bíblicas;* patria de Rut; en constante conflicto con Israel; denunciada frecuentemente por los profetas: Rut 1; 2 Samuel 8:2; 2 Reyes 3; Isaías 15, etc./*Mapa* pp.12-13.

CAMPOS DE MOAB Lugar donde se congregaron los israelitas antes de cruzar el Jordán: Números 22:1; 35:1; etc./*Mapa* p.116C5.

MORE Colina donde los madianitas acamparon contra Gedeón: Jueces 7:1/*Mapa* p.116B3 *Foto* p.223.

MORESET, MORESET-GAT Patria del profeta Miqueas: Miqueas 1:1, 14.

MORIAH (MORIA) Montañas donde Abraham recibió la orden de sacrificar a Isaac; asiento de Jerusalén; **MONTE MORIAH:** asiento del templo de Salomón: Génesis 22:2; 2 Crónicas 3:1.

MONTE DE LOS OLIVOS Colina que domina Jerusalén; por aquí huyó David de Absalón; desde allí entró triunfante Jesús a Jerusalén, y lloró por la ciudad; en sus laderas estaba Getsemaní; la aldea de Betania estaba al otro lado; es el monte de la ascensión: 2 Samuel 15:30; Zacarías 14:4; Lucas 19:29, 37, 41; 22:39; Hechos 1:12, etc./*Mapa* p.545 *Foto* p.550.

NAIN Lugar de Galilea donde Jesús hizo revivir al hijo de la viuda: Lucas 7:11/*Mapa* p.464B3 *Foto* p.518.

NAZARET Ciudad de Galilea donde vivían José y María; hogar de Jesús: Lucas 1:26ss.; 2:39, 51; 4:16ss., etc./*Mapa* p.464B2 *Fotos* pp.476, 517.

NEAPOLIS Puerto cerca de Filipos, en el norte de Grecia (actual Kavalla): Hechos 16:11/*Mapa* p.560.

NEBO Ciudad y monte de Moab desde donde Moisés contempló la tierra prometida, y donde murió: Deuteronomio 32:49-50; 34:1ss./*Mapa* p.116C5.

NEFTALI Territorio de la tribu de Neftalí en Galilea: Josué 19:32-39/*Mapa* p.215.

NEGUEV (NEGUEB) Región árida en el extremo sur de Israel que se extiende hasta Sinaí, sobre la ruta hacia Egipto; aquí apacentaron los patriarcas sus rebaños, y anduvieron errantes los israelitas antes de entrar en Canaán: Génesis 20:1, etc.; Números 13:17; 21:1, etc./*Mapa* p.163 *Fotos* pp.16, 184, 188, 193, 392-393.

NILO El gran río de Egipto sobre el cual se basaba su economía; aparece en el sueño del faraón; aquí fueron ahogados los niños israelitas y escondido Moisés; contaminado con las plagas; mencionado a menudo por los profetas: Génesis 41:1ss.; Exodo 1:22; 2:3ss.; 7:14ss.; Isaías 18:2, etc./*Mapa* p.151.

NINIVE Ciudad que se hizo capital de Asiria durante el reinado de Senaquerib; Jonás fue enviado a salvarla; Nahúm profetizó contra ella; cuando cayó ante Babilonia, se desmoronó la potencia de Asiria: Génesis 10:11; 2 Reyes 19:36; Jonás 1:2; 3; Nahúm 1:1/*Mapa* p.279.

NOB Lugar donde David se encontró con Ahimelec, y tomó la espada de Goliat; sus sacerdotes fueron muertos por Doeg: 1 Samuel 21; 22/*Mapa* p.241.

OFIR País de ubicación desconocida, famoso por su oro: 1 Reyes 9:28, etc.

ON Otro nombre de Heliópolis de Egipto.

PADAN-ARAM Lugar donde vivía Labán, en el norte de Mesopotamia: Génesis 28:2, etc./*Mapa p.137.*

PAFOS Ciudad del sudoeste de Chipre visitada por Pablo en su primer viaje misionero: Hechos 13:6ss./*Mapa* p.558 *Foto* p.595.

PANFILIA Región de lo que es hoy Turquía sudoccidental, y que incluye a Perge: Hechos 2:10; 13:13/*Mapa* p.579.

PARAN Región desértica cerca de Cadesbarnea que los israelitas atravesaron después del éxodo: Números 10:12, etc./*Mapa* p.163.

PATMOS Isla frente a la costa de Turquía, donde tuvo Juan sus visiones: Apocalipsis 1:9/*Mapa* p.646.

PENIEL (PENUEL) Junto al río Jaboc donde Jacob luchó con el ángel: Génesis 32:22ss./*Mapa* p.116C4.

PERGAMO Ciudad de una de las siete iglesias a que Juan escribió: Apocalipsis 1:11; 2:12-17/*Mapa* p. 646 *Fotos* pp.647, 654.

PERGE Primera escala de Pablo en su primer viaje misionero, en lo que hoy es Turquía: Hechos 13:13; 14:25/*Mapa* p.558.

PERSIA País que conquistó Media y derrotó a Babilonia para establecer un imperio que continuó hasta las conquistas de Alejandro Magno; Ciro, rey de Persia, permitió a los judíos regresar de su cautiverio. Ester fue reina de Persia: Esdras 1:1; Ester 1:3; Daniel 8:20; 10:1, etc/→ "Persas" en *Naciones y pueblos de las tierras bíblicas*/*Mapa* pp.12-13.

PISGA Uno de los picos del monte Nebo/*Mapa* p.196.

PISIDIA Región montañosa de la Turquía interior: Hechos 13:14; 14:24/*Mapa* p.558.

PITON (PITOM) Una de las ciudades de almacenaje en el Delta, construida para el faraón por los esclavos israelitas: Exodo 1:11.

PONTO Provincia romana a orillas del Mar Negro; judíos de ese lugar estaban en Jerusalén el día de Pentecostés; patria de Aquila: Hechos 2:9; 18:2; 1 Pedro 1:1/*Mapa* p.579.

PUT País africano, probablemente parte de Libia: Jeremías 46:9; Ezequiel 27:10, etc.

PUTEOLI (POZZUOLI) Puerto italiano donde Pablo desembarcó yendo a Roma: Hechos 28:13/*Mapa* p.567.

QUEBAR (KEBAR) Río de Babilonia junto al cual se establecieron Ezequiel y los cautivos: Ezequiel 1:1, etc.

QUERIT (KERIT) Arroyo junto al cual vivió Elías durante la hambruna: 1 Reyes 17:3/*Mapa* p.116C4.

QUIRIATAIM (QUIRYATAYIM) Lugar al este del Jordán que le tocó en suerte a Rubén; luego en manos moabitas: Josué 13:19; Jeremías 48:1/*Mapa* p.116C6.

QUIRIAT-ARBA Nombre primitivo de Hebrón.

QUIRIAT-JEARIM (QUIRYAT-YEARIM) Ciudad principal de los gabaonitas, donde permaneció el arca por 20 años antes de que David se la llevara a Jerusalén : Josué 9: 1 Samuel 6:19 - 7:2/*Mapa* p.116B5 *Foto* p.234.

QUITIM (KITTIM) Nombre de Chipre; luego, de los litorales del Mediterráneo oriental en general.

RABA Capital de Amón (actual Ammán): Deuteronomio 3:11; 2 Samuel 12:26; 17:27; Jeremías 49:2, etc./*Mapa* p.116C4.

RAMA Ciudad importante de la tribu de Benjamín, probablemente 8 km. al norte de Jerusalén; mencionada en relación con Débora, la historia del levita, las fortificaciones de Baasa y Asa, y la liberación de Jeremías: Jueces 4:5; 19:13; 1 Reyes 15:17, 22; Jeremías 40:1; Mateo 2:18/*Mapa* p.221.

RAMESES (RAMSES) Una de las ciudades de almacenaje en el Delta construidas para el faraón por los esclavos israelitas: Exodo 1:11/*Mapa* p.163.

RAMOT DE GALAAD Ciudad de refugio al este del Jordán que figuró en las guerras con Siria; capital de uno de los distritos de Salomón; aquí mataron a Acab en combate y fue ungido Jehú: Josué 20:8; 1 Reyes 4:13; 22ss.; 2 Reyes 8:28ss.; 9/*Mapa* p.116D3.

REFAIM Valle donde David combatió contra los filisteos: 2 Samuel 5:18, etc.

REGIO Puerto italiano donde fondeó el barco en que iba Pablo: Hechos 28:13/*Mapa* p.567.

RIBLA Esta ciudad sobre el Orontes fue la base militar del faraón Necao, y luego de Nabucodonosor; aquí fue cegado Sedequías y muertos sus hijos: 2 Reyes 23:33; 25:6-7/*Mapa* p.302.

ROGEL (ROGUEL) Fuente cerca de Jerusalén; aquí, Jonatán y Ahimaas aguardaron noticias de Absalón; Adonías celebraba aquí un banquete cuando Salomón fue proclamado rey: 2 Samuel 17:17; 1 Reyes 1:9.

ROMA Capital del Imperio Romano; había judíos de Roma presentes en Jerusalén el día de Pentecostés; fueron expulsados más tarde por Claudio; Pablo les escribió a los cristianos de Roma, proyectó visitarlos, y por fin llegó a la ciudad prisionero: Hechos 2:10; 18:2; Romanos 1:7, 15; Hechos 28/p.581 *Fotos* pp.570, 587.

RUBEN Territorio de la tribu de Rubén: Josué 13:15-23/*Mapa* p.215.

SABA País árabe cuya reina visitó a Salomón: 1 Reyes 10.

SAL Valle donde David venció a los edomitas: 2 Samuel 8:13/*Mapa* p.245.

SALAMINA Población de Chipre que visitaron Pablo y Bernabé: Hechos 13:5/*Mapa* p.558 *Foto* p.558.

SALEM → Jerusalén.

SAMARIA Levantada por Omri como capital del reino septentrional de Israel; Acab añadió un templo y un palacio; sitiada por Siria; denunciada por los profetas debido a su riqueza y corrupción; sitiada y tomada por los asirios; después de esto Samaria llega a ser el nombre de la región en general: 1 Reyes 16:24, 32; 22:39; 2 Reyes 6:24; Amós 3:9ss. etc.; 2 Reyes 17; Nehemías 4:2; Juan 4:4ss. etc./*Mapa* p.116B4 *Fotos* pp.271, 274, 333.

SARDIS (SARDES) Ciudad de una de las siete iglesias a las que escribió Juan: Apocalipsis 1:11; 3:1-6/*Mapa* p.646 *Foto* p.648.

SAREPTA Población que pertenece a Sidón, donde estuvo Elías; allí hizo revivir al hijo de la viuda: 1 Reyes 17:8ss./*Mapa* p.267.

SARON Llanura costera de Israel: Isaías 35:2, etc./*Mapa* p.116B4 *Foto* p.18.

SEFARVAIM Los pobladores de esta ciudad vencida por los asirios fueron traídos a Samaria: 2 Reyes 17:24; 18:34.

SEIR Otro nombre de Edom.
SELA Capital de Edom, probablemente en el mismo lugar que Petra: Isaías 16:1.
SELEUCIA Puerto de Antioquía de donde zarpó Pablo en su primer viaje misionero: Hechos 13:4/*Mapa* p.558.
SENIR Otro nombre del monte Hermón, o de un pico cercano.
SICAR Población samaritana; lugar del pozo de Jacob: Juan 4:5-6/*Mapa* p.464B4.
SIGLAG (SIQUELAG) Villa tomada por los filisteos y entregada a David por Aquis; blanco de incursiones de los amalecitas: 1 Samuel 27:6; 30/*Mapa* p.241.
SIDIM Valle donde Quedorlaomer luchó contra los reyes del llano: Génesis 14:3/*Mapa* p.137.
SIDON Puerto fenicio y ciudad mercantil, vinculada con Tiro; condenada por los profetas; visitada por Jesús: Génesis 49:13; 1 Reyes 17:9; Isaías 23, etc.; Mateo 15:21; Lucas 6:17; Hechos 27:3/*Mapa* p.215.
SILO Ciudad-santuario donde Elí fue sacerdote e hizo Ana su voto; aquí se guardaba el arca, y aquí recibió Samuel su vocación; probablemente destruida por los filisteos: 1 Samuel 1-4/*Mapa* p.116B4 *Foto* p.232.
SILOE Estanque de Jerusalén hacia el cual Ezequías entubó el agua por un túnel de roca desde el manantial de Gihón; aquí envió Jesús al ciego para que sanara: 2 Reyes 20:20; Juan 9:7/p.301.
SIMEON Territorio de la tribu de Simeón: Josué 19/*Mapa* p.215.
SINAI Montaña en la península de Sinaí donde Moisés recibió la ley y el pueblo adoró el becerro de oro; también la zona desértica circundante: Exodo 19ss./*Mapa* p.163 *Foto* p.165.
SINAR (SENAAR) Otro nombre de Babilonia.
SINIM Sevené, o sea la actual Asuán, en Egipto: Isaías 49:12; Ezequiel 29:10.
SION Una de las colinas de Jerusalén; la ciudad de David; representa también a Jerusalén como ciudad del templo de Dios/*Foto* p.337.
SIQUEM Importante población antigua cerca del monte Gerizim; aparece en los relatos de Abraham e Isaac, la renovación de la alianza por parte de Josué, y Abimelec el hijo de Gedeón; primera capital del reino septentrional: Génesis 12:6; 33:18; 34; 37:12ss.; Josué 24; Jueces 9; 1 Reyes 12, etc./*Mapa* p.116B4 *Fotos* pp.146, 218, 296.
SIRACUSA Ciudad de Sicilia donde estuvo Pablo cuando iba para Roma: Hechos 28:12/*Mapa* p. 567.
SIRIA En el Antiguo Testamento, el país arameo (luego sirio) cuya capital era Damasco; a veces aliado, a menudo enemigo de Israel; → "Arameos" en *Naciones y pueblos de las tierras bíblicas;* en el Nuevo Testamento, la provincia romana de la cual formaba parte Palestina/*Mapa* p.464C1.
SITIM Campamento israelita desde el cual fueron enviados a Jericó los espías; probablemente ocurrió aquí el episodio de Balaam, y aquí fue designado Josué como sucesor de Moisés: Josué 2:1; 3:1; Números 22ss.; 25ss./*Mapa* p.116C5.
SOBA Algún lugar de la región de Damasco; reino arameo derrotado por David: 2 Samuel 8:3; 10:6; 1 Reyes 11:23/*Mapa* p.245.
SUCOT (SUKKOT) Primer descanso en la jornada de los israelitas desde Egipto: Exodo 12:37/*Mapa* p.163. También, una ciudad donde se detuvo Jacob, y que rehusó ayudar a Gedeón: Génesis 33:17; Jueces 8/*Mapa* p.116C4.
SUNEM Lugar donde acamparon los filisteos para la batalla de Gilboa; ciudad de donde provenía Abisag; lugar donde estuvo Eliseo e hizo revivir a un niño: 1 Samuel 28:4; 1 Reyes 1:3; 2 Reyes 4/*Mapa* p.116B3.
SUR Región desértica adonde huyó Agar y por donde pasaron los israelitas: Génesis 16:7; Exodo 15:22/*Mapa* p.163.
SUSA Capital de Elam donde los reyes persas pasaban parte del año: Esdras 4:9; Nehemías 1:1; Ester 1:2/*Mapa* p.305.
TAANAC (TANAK) Ciudad cananea cerca de la cual combatieron Barac y Sísara: Josué 12:21; Jueces 5:19/*Mapa* p.116B3.
TABOR Montaña muy visible en la llanura de Jezreel, donde Barac reunió sus fuerzas para combatir a Sísara: Jueces 4/*Mapa* p.116B3 *Foto* p.222.
TAFNES (TAFNIS) Ciudad del Delta en Egipto adonde fue llevado Jeremías: Jeremías 43:7-8/Mapa p.408.
TANIS → Zoán.
TARSIS Lejano derrotero de Jonás, y fuente de minerales; tal vez sea Tartessus en España; la designación "nave de Tarsis" describe el buque más que su destino: Jonás 1:3; Isaías 23:6; Ezequiel 38:13, etc.
TARSO Ciudad importante en lo que es hoy Turquía del sur; ciudad natal de Pablo: Hechos 9:11, 30; 21:39/*Mapa* p.558.
TEBAS Capital de Egipto saqueada por los asirios: Jeremías 46:25; Nahúm 3:8/*Mapa* p.151.
TECOA Población en las colinas de Judea desde donde vino a David la mujer sabia; patria de Amós: 2 Samuel 14; Amós 1:1/Mapa p.377.
TEMAN Parte de Edom; sus habitantes tenían fama de sabios; patria de Elifaz, amigo de Job: Jeremías 49:7; Job 2:11/*Mapa* p.411.
TESALONICA Ciudad importante de Grecia septentrional (actual Thessaloniki) evangelizada por Pablo; él escribió dos cartas a la iglesia del lugar: Hechos 17; 1 y 2 Tesalonicenses/p. 614 *Mapa* p.560 *Foto* p.616.
TIATIRA Patria de Lidia, la que se convirtió en Filipos; una de las cartas de Juan a las siete iglesias se dirigía a la de Tiatira: Hechos 16:14; Apocalipsis 1:11; 2:18-29/*Mapa* p.646 *Foto* p.648.
TIBERIAS (TIBERIADES) Balneario en la costa occidental del Mar de Galilea, construido por Herodes Antipas y llamado así en honor al Emperador Tiberio: Juan 6:23/Mapa p.464C2.
TIGRIS Segundo gran río de Mesopotamia: Génesis 2:14.
TIMNAT (TIMNA) Hogar de la mujer filistea de Sansón: Jueces 14/*Mapa* p.116A5.
TIMNAT-SERA Población donde fue enterrado Josué: Josué 24:30/*Mapa* p.116B4.
TIRO Puerto y ciudad-estado fenicia en la costa del Líbano; famoso centro mercantil; Hiram de Tiro proveyó a David y Salomón madera para el templo; Jezabel era la hija de un rey de Tiro y Sidón; los profetas condenaron la soberbia y lujo de Tiro: 2 Samuel 5:11; 1 Reyes 5; 9:10-14; 16:31; Isaías 23, etc./*Mapa* p.116B1 *Fotos* pp.252, 566.
TIRSA Antigua ciudad cananea que llegó a ser la primitiva capital del reino septentrional de Israel: Josué 12:24; 1 Reyes 14:17; 15:21, etc./*Mapa* p.116B4.
TISBE Patria de Elías, en Galaad: 1 Reyes 17:1/*Mapa* p.116C4.
TOB Región aramea al nordeste de Israel, mencionada en relación con Jefté y David: Jueces 11:3; 2 Samuel 10:6/*Mapa* p.245.
TOFET Lugar de sacrificios de niños en el valle de Hinom.
TOLEMAIDA Nombre griego de Aco (Acre): Hechos 21:7/*Mapa* p.464B2.
TRACONITE (TRACONITIDA) Región al nordeste de Israel en la tetrarquía de Herodes Filipo: Lucas 3:1/*Mapa* p.464D2.
TROAS (TROADA) Puerto cerca de Troya en el noroeste de Turquía, usado varias veces por Pablo; aquí tuvo él su sueño del macedonio, y revivió a Eutico: Hechos 16:8ss.; 20:5ss.; 2 Corintios 2:12/Mapa p.560.
UR Famosa ciudad en el sur de Babilonia; patria de Abraham: Génesis 11:28ss., etc./*Mapa* p.137.
UZ (US) Patria de Job, probablemente en la región de Edom: Job 1:1.
ZABULON Territorio de la tribu de Zabulón: Josué 19:10-16/*Mapa* p.215.
ZEBOIM (SEBOYIM) Ciudad al sur del Mar Muerto, destruida con Sodoma y Gomorra: Génesis 10:19; 14; Deuteronomio 29:23/*Mapa* p.137.
ZIF Zona adonde David huyó de Saúl; pero los hombres de la ciudad lo traicionaron: 1 Samuel 23:14ss./*Mapa* p.241.
ZIN (SIN) Región desértica cerca de Cades-barnea donde los israelitas anduvieron errantes después del éxodo: Números 13:21; 20:1; 27:14, etc./*Mapa* p.163.
ZOAN/TANIS Antigua ciudad en el delta egipcio: Números 13:22; Isaías 19:11, etc./*Mapa* p.151.
ZOAR Ciudad cerca de Sodoma adonde huyó Lot y escapó de la destrucción: Génesis 13:10; 14:2, 8; 19:18ss./*Mapa* p.137.
ZORA Lugar natal de Sansón: Jueces 13:2; 16:31/*Mapa* p.225.

Artículos especiales

Asuntos y acontecimientos

Reconocimientos

TEXTO
El artículo *Uso de la Biblia en arqueología*, p.259, ha sido adaptado de un programa de televisión de BBC2, "Hazor, ciudad de la Biblia", del 27 de mayo de 1972, con el amable permiso del Prof. Yigael Yadin. Se agradece la ayuda de la señorita Mary Hart en la preparación del material para *Temas clave* en la Parte Cuarta.

ARTES GRAFICAS
El diseño gráfico de los cuadros de las pp.22-23, 30-31, 56-57, 75, 78, 104-105, 106-107, 108-109, 112-113, 118-121, 132, 153, 284-285 lo hizo A. R. Cantale.
El modelo de relieve usado para los mapas de Israel es hecho por Dupliterre; otros modelos en relieve usados bajo la fina concesión de Oxford University Press.

FOTOS
Todas las fotografías fueron tomadas por David Alexander (a excepción de las que se reconocen abajo por separado), incluso las siguientes tomadas con la ayuda y permiso que se consignan:
Convento de las Hermanas de Nazaret, Israel: p.46.
Convento Ecce Homo, Jerusalén: pp.406, 526, 527.
Departamento Israelí de Antigüedades y Museos: pp.85, 94, 154, 162 (figurilla), 170 (buey), 173, 235, 262 (sello), 266, 270, 536.
Ministerio de la Iglesia hacia los judíos: pp.179, 488, 522, 525.
Museo Agrícola, Jerusalén: pp.141 (odre), 444.
Museo de Antigüedades Bíblicas, Amsterdam: pp.166, 167, 169, 256, 288, 471, 496, 628.
Museo Arqueológico, Estambul: pp.110, 301, 390, 427, 567, 620, 632 (ambas).
Museo Arqueológico Hatay, Antakya, Siria: p.141 (cabeza de carnero), 344, 637 (moneda), 641.
Museo Arqueológico de Izmir, Turquía: pp.590, 591, 619, 653.
Museo Británico, Londres: pp.11, 15, 43, 67, 82, 86 (jeroglífico, cuneiforme), 87 (óstraca), 136, 143, 148, 149 (manual de sueños), 152, 153, 156, 159 (libro), 160, 161, 162 (daga), 163, 170 (campanilla), 200, 215, 221, 232, 239, 257, 258, 262 (pesas), 264, 277, 278, 281, 282, 291 303, 313, 314, 323, 335, 353, 355, 356, 365, 386, 388, 390 (relieve), 413, 417, 419, 423, 431, 432, 434, 436, 445, 509, 524, 577, 598, 607, 622, 635, 637 (adorno), 642.
Museo de Damasco, Siria: p.507.
Museo de Efeso, Selcuk, Turquía: pp.565, 603.
Museo Musical de Haifa y Biblioteca Amli, Israel: pp.187, 210, 238, 349, 433.
Museo de Hazor, Israel: pp.25, 361.
Museo de Megido, Israel: p.207.
Sociedad Bíblica Británica y Extranjera; Londres: pp.70, 73, 76, 77, 88 (rollo).
Vernon Durrant: p.159.
Otras fotos han sido proporcionadas por los siguientes:
Aerolíneas Reales Jordanas: p.447.
Biblioteca Fotográfica Barnaby: p.135.
Camera Press, Londres: pp.26, 44, 63, 95, 101 (paloma), 102 (serpiente), 171, 511, 544.
George Cansdale: pp.101 (perdiz), 503.
Alan Millard: pp.83, 186, 267, 290.
Museo Asmoleo, Oxford: pp.268, 27, 418 (Departamento de Antigüedades).
Museo Británico: pp.86 (hebreo), 87 (arameo, griego), 88 (papiro, códex), 130, 133, 149 (figurilla egipcia), 202, 275, 280, 331, 338, 395, 408, 612.
Museo Marítimo de Haifa, Israel: pp.260-261, 569, 610.
Nigel Hepper: todas las fotos de pp.97-100 excepto la palma datilera, el olivo y la acacia.
Revista Observer (Transworld Feature Syndicate): p.366.
Shell International Petroleum Co. Ltd.: p.443.
Clifford Shirley: p.53.
Sociedad Bíblica Británica y Extranjera: pp.41, 54.
Sociedad Zoológica de Londres: pp.102 (escorpión), 103 (oso).
Tear Fund: p.62.
D. J. Wiseman: p.239.